晋江市人大志

(2002—2022)

上册

晋江市人大志编纂委员会　编

方志出版社
Publishing House of Local Records

图书在版编目（CIP）数据

晋江市人大志：2002—2022 / 晋江市人大志编纂委员会编. — 北京：方志出版社，2024. 12. — ISBN 978-7-5144-6268-5

Ⅰ. D624.574

中国国家版本馆 CIP 数据核字第 2024YJ1482 号

责任编辑：刘方圆
责任校对：张玉霞
责任印制：梅中英
出 版 者：方志出版社
地　　址：北京市朝阳区潘家园东里 9 号（国家方志馆 4 层）
邮　　编：100021
网　　址：http://www.zgfzcb.cn
发　　行：方志出版社图书营销中心（010-67110500）
印　　刷：泉州市精彩数字印刷有限公司
开　　本：787 毫米 × 1092 毫米　1/16
印　　张：50.5
字　　数：996 千字
版　　次：2024 年 12 月第 1 版
印　　次：2024 年 12 月第 1 次印刷
定　　价：220.00 元（全二册）

《晋江市人大志（2002—2022）》编纂委员会

主　　任：林仁达

副 主 任：黄文福　潘子良　洪元程　王清龙

委　　员：姚　腾　陈晶晶　林劲松　尤金榜　洪明照

许特级　柯碧玲　朱文育　张明智　许良晓

蔡银青　陈伟荣

《晋江市人大志（2002—2022）》编辑室

主　　编：黄文福

副 主 编：姚　腾

成　　员：陈晶晶　林劲松　尤金榜　洪明照　许特级

柯碧玲　朱文育　李蔚民　张明智　卢智健

张雅琪　许良晓　蔡银青　罗　林　汪四林

执行主编：陈伟荣

编　　务：陈其泉　蔡坤函　许国梁　王景南　颜才根

吴媚娜　彭志颖　李思蓉　丁锦凉　刘小燕

凡　例

一、《晋江市人大志(2002—2022)》（以下简称“本志”）是《晋江市人大志》的续志，记述上限为2002年1月，与第一部下限2001年衔接，下限为2022年12月。本志以马克思列宁主义、毛泽东思想、邓小平理论、“三个代表”重要思想、科学发展观、习近平新时代中国特色社会主义思想为指导，坚持辩证唯物主义和历史唯物主义的立场、观点和方法，实事求是地记述晋江市人民代表大会的发展历程及其常委会工作情况，力求做到思想性、资料性和科学性的统一。

二、本志体裁的运用形式：本志采用述、记、志、图、表、录等体裁以类系事、横排纵述。

三、本志用规范的现代语体文记述；采用国家统一规范的简化汉字；数字用法、标点符号用法分别采用国家标准《出版物上数字用法》(GB/T 15835—2011)、《标点符号用法》(GB/T 15834—2011)，计量单位采用国家技术监督局1993年12月发布的《量和单位》系列国家标准。

四、本志概述综述晋江市从2002年1月至2022年12月历届人民代表大会及其常务委员会依法行政履职的工作历程，总揽全志；专志按晋江市人大代表与选举、晋江市人民代表大会会议、晋江市人大常委会、镇人民代表大会及其主席团、街道人大工委五大部分，分章、节叙述；大事记按时序记述晋江市人大历史上的大事；附录选录2002—2022年晋江市人民代表大会会议决定决议、晋江市人大常委会决定决议、晋江市人大常委会重要文件。

五、本志的一些名称首次出现时，采用全称表述，后用简称。如：人民代表大会简称人代会，人民代表大会代表简称人大代表或代表，中国共产党晋江市委员会简称市委，晋江市人民代表大会常务委员会简称市人大常委会或常委会，晋江市人民政府简称市政府，晋江市监察委员会简称市监委，晋江市人民法院简称市法院，晋江市人民检察院简称市检察院，市政府、市监察委、市法院、市检察院简称“一府一委两院”，晋江市街道人大工作委员会简称街道人大工委。机构称谓按原来的名称表述，更名的加注或加括号说明。

六、本志资料来源于中共晋江市委党史和地方志研究室、晋江市档案馆、晋江市人大机关档案室的档案资料以及有关当事人口述资料等。资料不注明出处。

序

习近平总书记强调,“要高度重视修史修志”,“不忘历史才能开辟未来,善于继承才能善于创新”。《晋江市人大志(2002—2022)》如期面世,这是我市人大工作的一大盛事,可喜可贺!谨向晋江市从事人大工作的各位老领导、老同志致以崇高的敬意,向为本书编纂工作提供指导和帮助的各位专家、各界人士以及编委会全体同志表示衷心的感谢!

勇立潮头,奋楫扬帆。在“晋江经验”的引领下,晋江走出了一条独具特色的县域发展道路。与时代同步、伴改革前行,在中共晋江市委的领导下,晋江市人大及其常委会认真履行宪法和法律赋予的职责,始终坚持围绕中心、服务大局,传承“晋江精神”、凝聚“晋江力量”,不断丰富拓展“晋江经验”的人大实践,彰显了人民代表大会制度的优越性。20多年来,一届又一届人大代表,充分发挥主体作用,为晋江经济社会发展和民主法治建设作出了不可磨灭的贡献,一代又一代人大工作者,不断开拓创新、拼搏进取,为坚持和完善人民代表大会制度辛勤耕耘,也为本志的编撰奠定了坚实基础。

本志是第二部《晋江市人大志》,承续第一部志书的脉络和内容,采用述、记、志、图、表、录等多种形式,所记录的涉及晋江市第十三届、十四届、十五届、十六届、十七届、十八届人民代表大会及其常务委员会的履职历史,亮点纷呈、历历在目,不少开创性的工作,至今仍然有启迪意义。比如:在全省首先探索开展满意度测评、“两官”(法官、检察官)履职评议、“一镇街一亮点”创建活动、人大代表联系群众活动室建设等都产生了良好的政治效果、法律效果和社会效果。

修志问道，以启未来，我们冀望晋江人大事业薪火相传，贤能接踵而至。全市人民、各级人大代表、人大工作者要深入学习贯彻党的二十大精神，在市委的坚强领导下，聚焦建设中国民营经济强市，加快构建“一三一三七”发展格局（一个篇章：在社会主义现代化建设新征程中谱写“晋江经验”新篇章；三个战略目标：中国式现代化建设先行示范、全方位推进高质量发展超越主力领军、共同富裕县域范例；“一三七”发展格局：坚持创新发展这一鲜明主线，推进“产城人”深度融合发展，全力落实“七个着力”工作主抓手，着力构建全方位科技创新体系，着力构建现代化经济体系，着力建设品质城市，着力推进乡村振兴战略，着力优化民生福祉，着力服务和融入新发展格局，着力提升县域治理现代化水平），踔厉奋发、勇毅前行，为创新发展“晋江经验”，奋力打造中国式现代化县域示范不懈奋斗！

晋江市人大常委会党组书记、主任 林仁建

2023 年 12 月 28 日

晋江市地图

比例尺 1：125 000

上级监督指导

2002 年以来，上级人大常委会不断加强对晋江市人大常委会的监督、指导与联系，促使晋江市人大常委会工作水平不断提高。

2003 年 6 月 4 日，泉州市人大常委会组织代表到晋江市视察《中华人民共和国海域使用管理法》《中华人民共和国渔业法》执行情况。图为座谈会现场

全国人大代表福建视察团视察五里工业园区

全国人大代表福建视察团视察紫帽高尔夫球场

全国人大代表福建视察团视察市公安局指挥中心

全国人大代表福建视察团视察市公安局民警训练

▲ 2003 年 10 月 27 日，十届全国人大代表福建视察团到晋江市视察工作

▲ 2004 年 10 月 20 日，福建省人大常委会人事代表室、信访局联合到晋江市开展人大代表接访群众工作调研。图为调研座谈会现场

▲ 2007年6月27日，福建省人大常委会副主任曾喜祥（中）带领检查组检查晋江市落实省人大关于《中华人民共和国法官法》《中华人民共和国检察官法》执法检查意见整改情况

▲ 2011年7月7日，泉州市人大常委会到晋江市检查《中华人民共和国消防法》和《福建省消防条例》贯彻执行情况。图为座谈会现场

▲ 2018 年 9 月 17—18 日，全省人大代表联系群众活动室建设现场推进会在晋江市召开。图为 9 月 18 日，福建省人大常委会副主任潘征（主席台中）出席会议并讲话

▲ 2019 年 4 月 9 日，福建省全省人大侨台民宗工作座谈会在晋江市委党校召开。全国人大华侨委委员叶双瑜（主席台左四）到会指导，省人大常委会副主任吴洪芹（主席台右四）出席会议并讲话

▲ 2022 年 1 月 14 日，泉州市人大常委会主任李建辉（前排右二）带领新一届泉州市人大常委会领导班子成员前往晋江经验馆，开展传承弘扬“晋江经验”专题研讨活动

▲ 2022 年 7 月 20 日，福建省人大常委会副主任吴洪芹（中）一行到晋江市开展《关于加大力度扶持和完善婴幼儿托育服务的建议》（第 1195 号）督办调研

镇（街道）工作聚焦

2002 年以来，晋江市人大在晋江市委的坚强领导下，认真贯彻落实历年市委的人大工作会议精神，加强与晋江市政府、市监察委、市法院、市检察院的联系，紧密配合，形成合心合力合拍、同向同步同行的工作格局。同时，坚持工作指导和基层探索有效互动，推动镇（街道）人大形成一批各具特色的创新典型，全市人大工作整体实效不断增强。

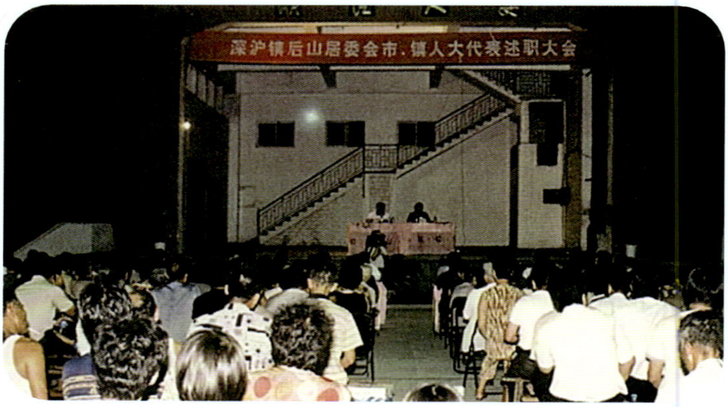

▶ 2002 年 7 月 26 日，全市首次人大代表述职大会在深沪镇召开

▲ 2002 年 9 月 27 日，晋江市人大常委会在英林镇召开晋江市镇人大主席团工作会议，研究部署 2002 年镇级人大换届选举工作事宜

◀ 2004年8月18日，晋江市人大常委会青阳、西园、罗山、新塘、灵源街道工作委员会揭牌授印仪式举行。图为晋江市人大常委会新塘街道工作委员会揭牌仪式

▲ 2005年3月1日，晋江市人大常委会与“一府两院”工作联席会第三次会议召开

▲ 2005年7月25日，晋江市镇（街道）人大工作会议召开

▲ 2006年4月10日，晋江市召开人大系统“双先双优”表彰会暨镇（街道）人大工作会议

◀ 2009年7月30日，晋江市第十五届人大常委会与"一府两院"工作联席会第五次会议召开

▶ 2009年8月11日，晋江市镇（街道）人大工作座谈会召开

◀ 2012年4月6日，晋江市第十六届人大常委会与"一府两院"工作联席会第一次会议召开

▶ 2013年10月22日，晋江市镇（街道）人大工作座谈会召开

◀ 2014 年 8 月 19 日，晋江市镇（街道）人大工作座谈会召开

▶ 2017 年 1 月 13 日，晋江市市镇两级人大换届选举工作总结会召开

◀ 2020 年 5 月 28 日，全市镇（街道）人大工作会议召开

▶ 2022 年 3 月 3 日，晋江市委人大工作会议召开

晋江市人民代表大会会议

2002—2022 年，晋江市人大依法履职，召开第十三届至第十八届人民代表大会会议共 22 次。

▶ 2002 年 1 月 15—18 日，晋江市第十三届人民代表大会第四次会议在青阳召开

◀ 2003 年 2 月 12—14 日，晋江市第十三届人民代表大会第五次会议在青阳召开

▶ 2004 年 1 月 11—15 日，晋江市第十四届人民代表大会第一次会议在青阳召开

◀ 2005年1月25—28日，晋江市第十四届人民代表大会第二次会议在青阳召开

▶ 2006年1月16—19日，晋江市第十四届人民代表大会第三次会议在青阳召开

◀ 2006年12月14—18日，晋江市第十五届人民代表大会第一次会议在青阳召开

◀ 2007 年 12 月 30 日至 2008 年 1 月 2 日，晋江市第十五届人大第二次会议在青阳召开

▶ 2009 年 1 月 16—19 日，晋江市第十五届人民代表大会第三次会议在青阳召开

▲ 2010 年 1 月 18—21 日，晋江市第十五届人民代表大会第四次会议在青阳召开

◀ 2011 年 1 月 20—23 日，晋江市第十五届人民代表大会第五次会议在青阳召开

▲ 2011 年 12 月 15—19 日，晋江市第十六届人民代表大会第一次会议在罗山召开

▶ 2013 年 1 月 13—16 日，晋江市第十六届人民代表大会第二次会议在罗山召开

▲ 2014 年 1 月 1—4 日，晋江市第十六届人民代表大会第三次会议在罗山召开

▲ 2015 年 1 月 19—22 日，晋江市第十六届人民代表大会第四次会议在罗山召开

◀ 2016 年 1 月 5—8 日，晋江市第十六届人民代表大会第五次会议在罗山召开

▶ 2016 年 12 月 15—19 日，晋江市第十七届人民代表大会第一次会议在罗山召开

▲ 2017 年 12 月 27—29 日，晋江市第十七届人民代表大会第二次会议在罗山召开

▲ 2018 年 12 月 26 日至 12 月 29 日，晋江市第十七届人民代表大会第三次会议在罗山召开

▲ 2019 年 12 月 24—27 日，晋江市第十七届人民代表大会第四次会议在罗山召开

▶ 2021 年 1 月 11—13 日，晋江市第十七届人民代表大会第五次会议在罗山召开

◀ 2021 年 12 月 21—24 日，晋江市第十八届人民代表大会第一次会议在罗山召开

▶ 2022 年 12 月 27—29 日，晋江市第十八届人民代表大会第二次会议在罗山召开

晋江市人大常委会会议

召开人大常委会会议是人大常委会依法履行职权的基本方式。晋江市第十三届至第十八届人大常委会，在 2002 年 1 月至 2022 年 12 月的任期内，共召开常委会会议 163 次。会议充分发扬民主，实行民主集中制，集体行使职权，听取和审议“一府一委两院”重大工作情况报告和专项工作报告，审议通过国家机关工作人员职务任免，讨论决定有关重大事项等，充分行使监督职权。

▲ 2002 年 8 月 9 日，晋江市第十三届人大常委会第二十六次会议召开

▲ 2004 年 8 月 6 日，晋江市第十四届人大常委会第三次会议召开

▲ 2007 年 6 月 28 日，晋江市第十五届人大常委会第三次会议召开

▲ 2013 年 12 月 18 日，晋江市第十六届人大常委会第十三次会议召开

▲ 2020 年 11 月 24 日，晋江市第十七届人大常委会第三十次会议召开。图为新任命人员向宪法宣誓

▲ 2021 年 7 月 21 日，晋江市第十七届人大常委会第三十七次会议召开

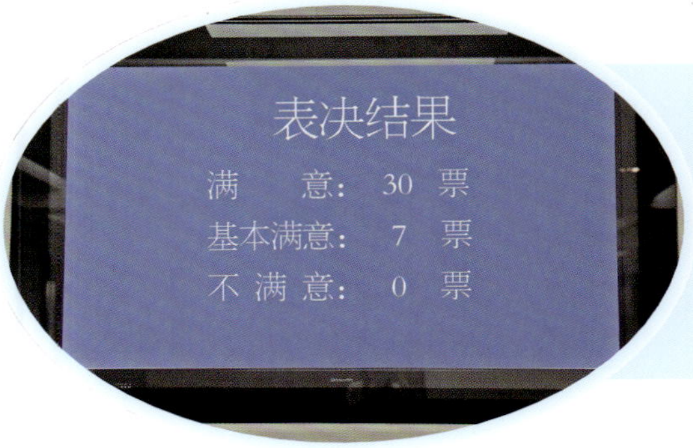

◀ 2022 年 4 月 28 日，晋江市第十八届人大常委会第二次会议召开，对市人民政府关于 2021 年度环境状况和环境保护目标完成情况的报告进行满意度测评。图为测评数据

常务委员会主任（扩大）会议

2002—2022 年，晋江市人大常委会先后召开 364 次主任（扩大）会议，处理人大常委会的日常工作。

◄ 2010 年 9 月 8 日，晋江市第十五届人大常委会第六十五次主任（扩大）会议召开

► 2014 年 4 月 21 日，晋江市第十六届人大常委会第四十二次主任（扩大）会议召开

◄ 2018 年 6 月 21 日，晋江市第十七届人大常委会第二十二次主任（扩大）会议召开

晋江市人大常委会活动

2002 年以来，晋江市人大常委会积极组织开展视察、执法检查、调研、工作评议与专题询问、履职评议（对法官、检察官开展履职评议）、督促建议办理、培训、“双联”活动（市人大常委会组成人员同市人大代表、市人大代表同人民群众的联系活动）等，不断发展全过程人民民主，为奋力推进中国式现代化的晋江实践作出了积极贡献。

（一）视察

视察市博物馆工程

视察旧城改造工地

视察世纪公园

视察祖昌体育馆

▲ 2002 年 11 月 13 日，晋江市人大常委会组织代表视察迎建市十周年系列工程

◀ 2004 年 12 月 16 日，晋江市人大常委会组织代表视察九十九溪防洪排涝治理工程

▶ 2006 年 4 月 12 日，晋江市人大常委会组织代表视察春耕生产情况

◀ 2008 年 3 月 26 日，晋江市人大常委会组织代表视察学前教育工作情况

▶ 2009 年 7 月 30 日，晋江市人大常委会视察组视察城市管理工作情况

▲ 2009年8月26日，晋江市人大常委会视察组视察九十九溪下游及小流域治理工作情况

◀ 2012年5月16日，晋江市人大常委会组织代表视察行政审批服务中心工作情况。图为工作情况汇报座谈会现场

► 2013年11月26日，晋江市人大常委会组织代表视察市城市道路改造及景观提升工作情况

▶ 2014 年 11 月 20 日，晋江市人大常委会组织代表视察城建项目安置房回迁工作情况

◀ 2015 年 9 月 15 日，晋江市人大常委会组织代表视察晋江市急救中心（站）

▶ 2017 年 5 月 27 日，晋江市人大常委会组织代表视察晋江市全民健身运动场馆建设情况

◀ 2020 年 10 月 14 日，晋江市人大常委会组织代表视察晋江市未成年人检察工作情况

▶ 2020 年 10 月 21 日，晋江市人大常委会组织代表视察晋江市第三医院改造提升工作情况

▲ 2020 年 11 月 26 日，晋江市人大常委会组织代表视察基层养老提质增效情况

▲ 2021 年 5 月 28 日，晋江市人大常委会组织代表视察九十九溪流域田园风光项目建设情况

◀ 2021 年 8 月 13 日，晋江市人大常委会组织代表视察晋江市公安智慧警务工作情况

◀ 2022 年 4 月 26 日，晋江市人大常委会组织代表专题视察“晋江市 2021 年度环境状况及环境保护目标”完成情况。图为在陈埭镇视察“蓝色海湾”泉州湾河口湿地

▶ 2022 年 5 月 27 日，晋江市人大常委会组织代表实地观摩梅青社区“党建＋”邻里中心

◀ 2022 年 6 月 22 日，晋江市人大常委会组织代表视察晋江市法院一站式多元解纷和诉讼服务体系建设情况

(二)执法检查

▲ 2004年10月26日，晋江市人大常委会组织代表跟踪检查晋江市《中华人民共和国食品卫生法》执行情况

▲ 2005年4月13日，晋江市人大常委会组织代表检查晋江市《中华人民共和国建筑法》执行情况。图为检查市区旧城改造二期工程

► 2006年4月21日，晋江市人大常委会组织代表检查晋江市《中华人民共和国职业教育法》执行情况

◄ 2007年8月16日，晋江市人大常委会组织代表检查晋江市《宗教事务条例》执行情况

▲ 2010 年 10 月 20 日，晋江市人大常委会组织代表跟踪检查《晋江市人大常委会关于我市自来水普及工作的审议意见》落实情况。图为汇报座谈会现场

◀ 2009 年 9 月 16 日，晋江市人大常委会组织代表检查全市实施《中华人民共和国归侨侨眷权益保护法》情况

▶ 2011 年 5 月 12 日，晋江市人大常委会组织代表跟踪检查市政府落实《晋江市人大常委会关于我市基层文化建设工作的审议意见》情况

▲ 2011 年 10 月 27 日，晋江市人大常委会组织代表跟踪检查《晋江市人大常委会关于我市实施〈中华人民共和国残疾人保障法〉情况的审议意见》落实情况。图为座谈会现场

◀ 2013 年 3 月 19 日，晋江市人大常委会跟踪检查《关于实施〈中华人民共和国治安管理处罚法〉情况的审议意见》的落实情况

▶ 2017 年 5 月 17 日，晋江市人大常委会组织代表实地检查晋江市实施《中华人民共和国非物质文化遗产法》工作情况

◀ 2021 年 8 月 6 日，晋江市人大常委会组织代表实地检查晋江市实施《泉州市市容和环境卫生管理条例》情况

▶ 2021 年 10 月 20 日，晋江市人大常委会组织代表实地检查晋江市实施《中华人民共和国消防法》和《福建省消防条例》情况

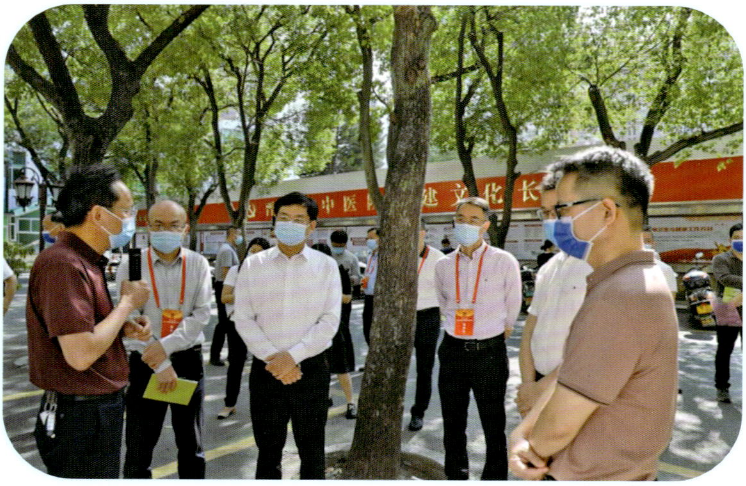

◀ 2022 年 11 月 14 日，晋江市人大常委会组织代表实地检查晋江市实施《中华人民共和国中医药法》情况。图为检查组一行检查晋江市中医院

（三）调研

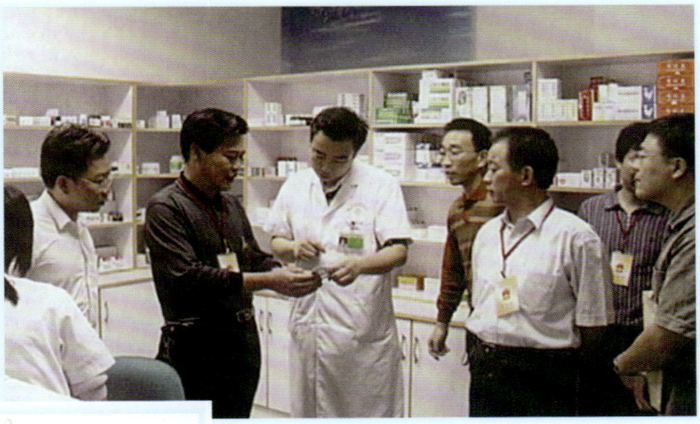

▶ 2004 年 10 月 25 日，晋江市人大常委会组织代表调研晋江市药品市场管理工作情况

◀ 2007 年 12 月 11 日，晋江市人大常委会组织代表调研晋江市重点项目市区污水处理厂建设情况

▶ 2011 年 9 月 25 日，晋江市人大常委会组织代表调研晋江市食品安全工作情况

◀ 2018 年 5 月 15 日，晋江市人大常委会组织代表调研晋江市鞋类电子商务发展情况

◀ 2020 年 6 月 18 日，晋江市人大常委会组织代表调研九十九溪入河排污口排查工作情况

▶ 2021 年 8 月 9 日，晋江市人大常委会组织代表到晋江市中医院调研“健康晋江”行动项目工作

◀ 2022 年 6 月 22 日，晋江市人大常委会组织代表专题调研开放招商工作情况。图为到陈埭镇华宝智能科技与上工申贝合作项目

（四）工作评议与专题询问

▶ 2004年11月1日，晋江市人大常委会召开评议公安工作座谈会

◀ 2007年2月18日，晋江市人大常委会评议市环保局工作会议召开

▶ 2010年10月11日，晋江市人大常委会在安海镇召开评议市电力公司创建“人民满意单位”活动测评会

▲ 2012 年 8 月 27 日，晋江市人大常委会召开评议市行政审批服务中心工作会议

▲ 2015 年 5 月 14 日，晋江市人大常委会举行市公安局“人民满意单位”授牌仪式

◀ 2016 年 6 月 30 日，晋江市人大常委会物业管理专题询问会议召开

▶ 2018 年 8 月 24 日，晋江市第十七届人大常委会第十三次会议评议市扶贫办精准扶贫工作

▲ 2021 年 9 月 17 日，晋江市第十七届人大常委会第四十一次会议暨城乡人居环境整治专题询问会议召开

（五）履职评议

▲ 2021 年 6 月 4 日，晋江市人大常委会员额检察官履职评议工作动员会召开

▲ 2021 年 7 月，晋江市人大常委会在全省率先对部分法官、检察官开展履职评议，加强对法官、检察官任后监督，促进司法公平正义。图为案件评查

◀ 2021 年 9 月 24 日，晋江市第十七届人大常委会第四十二次会议首次对市法院部分法官、市人民检察院部分检察官进行履职评议。图为法官上台报告履职情况

▲ 2022 年 7 月，晋江市人大常委会对部分法官、检察官开展履职评议，加强对法官、检察官任后监督，促进司法公平正义。图为听庭评价

（六）督促建议办理

▲ 2007 年 11 月 8 日，晋江市人大常委会组织代表对市第十五届人大第一次会议代表重点建议办理落实情况进行检查。图为检查龙湖溢洪道口水资源保护情况

▲ 2009 年 11 月 26 日，晋江市人大常委会对市第十五届人大第三次会议代表重点建议办理落实情况进行检查。图为检查安平桥的治理情况

▲ 2010 年 10 月 12 日，晋江市人大常委会对市第十五届人大第三次会议代表重点建议办理落实情况进行跟踪检查

▲ 2011 年 8 月 17 日，晋江市人大常委会跟踪检查市第十五届人大第四次、五次会议重点代表建议办理落实情况

▲ 2016 年 7 月 25 日，晋江市第十六届人大常委会第五次会议召开，对代表建议办理不满意件重新交办

▲ 2018 年 10 月 17 日，晋江市人大常委会对市第十七届人大第二次会议 3 件重点督办代表建议的办理落实情况进行检查。图为检查食品安全监督管理工作

◀2019年10月22日，晋江市人大常委会检查市第十七届人大第三次会议第33、137号重点代表建议办理情况。图为检查学校食品卫生安全工作

2021年10月19日，晋江市人大常委会实地检查市第十七届人大第五次会议第7、36、88号重点督办代表建议办理落实情况

检查市行政服务中心工作情况

检查梅岭街道双沟农贸市场

检查紫帽镇紫湖郊野公园建设情况

（七）培训

▲ 2006年12月27日，泉州市第十四届人民代表大会晋江代表团培训班举办

▲ 2010年9月1日，晋江市人大常委会举办福建省、泉州市、晋江市三级人大代表第八期培训班

▲ 2011年8月24日，晋江市人大常委会在市委党校举办福建省、泉州市、晋江市三级人大代表第十期培训班

▲ 2012年12月10日，晋江市人大常委会机关党支部举办学习党的十八大精神专题讲座

◀ 2014年8月29日，晋江市人大常委会举办《中华人民共和国非物质文化遗产法》专题学习讲座

▶ 2016 年 3 月 9—15 日，晋江市人大常委会在全国人大深圳培训基地举办晋江市“贯彻五中全会精神，切实提高人大工作水平”专题培训班

◀ 2017 年 4 月 17 日，晋江市第十七届人大代表履职培训班正式开班

▶ 2018 年 7 月 3 日，晋江市人大常委会举办晋江“十三五”规划中期评估专题讲座

◀ 2019 年 12 月 17 日，晋江市人大常委会机关举办新形势下意识形态工作专题讲座

◀ 2020 年 8 月 13 日，晋江市人大常委会机关举办《中华人民共和国民法典》相关知识专题讲座

▶ 2021 年 6 月 25 日下午，晋江市人大常委会举办《泉州市市容和环境卫生管理条例》专题讲座

◀ 2022 年 6 月 9 日，晋江市第十八届人大代表履职能力提升班（第一期）在厦门国家会计学院举办解放思想大讨论学员交流活动

▶ 2022 年 8 月 4 日，晋江市人大常委会举办未成年人保护法律制度专题讲座

（八）“双联”活动

▲ 2021 年 3 月 19 日，晋江市人大常委会到西园街道开展人居环境整治工作调研暨“双联”活动

▲ 2021 年 4 月 7—8 日，晋江市人大常委会到池店镇召开城乡人居环境整治工作调研暨“双联”活动座谈会

◀ 2021 年 4 月 16—21 日，晋江市人大常委会到深沪镇开展人居环境整治工作调研并召开“双联”活动座谈会

▶ 2021 年 4 月 20 日，晋江市人大常委会到梅岭街道开展人居环境整治工作调研暨专题“双联”活动。图为座谈会现场

◀ 2022 年 7 月 14 日，晋江市人大常委会到金井镇就“解放思想再出发，人大代表在行动”专题开展“双联”活动

（图片均由晋江市人大常委会办公室提供）

总目录

第二章　晋江市人民代表大会会议

第三章　晋江市人大常委会

第四章　镇人民代表大会及其主席团

第五章 街道人大工委

上册目录

第一章　晋江市人大代表与选举

第二章　晋江市人民代表大会会议

第三章 晋江市人大常委会

概　述

晋江市，福建省辖县级市，由泉州市代管。晋江市地处福建省东南沿海，泉州市东南部，因西晋永嘉年间（307—313），中原百姓避战乱南迁，据江居住而得名。晋江陆域面积649平方千米，海域面积957平方千米，海岸线长121千米。1992年撤县设市，现辖13个镇、6个街道以及晋江经济开发区。根据第七次全国人口普查数据，截至2020年11月1日零时，晋江市常住人口为2061551人，为II型大城市。2022年，晋江市地区生产总值超3200亿元，同比增长4.50%；一般公共预算总收入230.50亿元，其中本级收入150亿元，同口径增长6.17%，县域经济基本竞争力保持全国第四。习近平同志在福建工作期间，曾6年7次深入晋江调研，系统总结提炼出以“六个始终坚持”（始终坚持以发展社会生产力为改革和发展的根本方向，始终坚持以市场为导向发展经济，始终坚持在顽强拼搏中取胜，始终坚持以诚信促进市场经济的健康发展，始终坚持立足本地优势和选择符合自身条件的最佳方式加快经济发展，始终坚持加强政府对市场经济发展的引导和服务）和“正确处理好五大关系”（处理好有形通道和无形通道的关系，处理好发展中小企业和大企业之间的关系，处理好发展高新技术产业和传统产业的关系，处理好工业化和城市化的关系，处理好发展市场经济与建设新型服务型政府之间的关系）为主要内容的“晋江经验”，2019年习近平总书记又强调“‘晋江经验’现在仍然有指导意义”。

人民代表大会制度是中华人民共和国的根本政治制度。《中华人民共和国宪法》规定：“人民依照法律规定，通过各种途径和形式，管理国家事务，管理经济和文化事业，管理社会事务。”晋江市人民代表大会，经历了初建、建立、中断、恢复和逐步完善的曲折发展过程。

1949年9月晋江解放，人民民主政权在各区、乡先后建立。1949年11月，按照《中国人民政治协商会议共同纲领》规定，召开晋江县首届各界人民代表会议第一次会议，选举产生常务委员会，作为政府传达政策、联系群众的协议机关。从1952年7月县第二届各界人民代表会议第一次会议起，开始代行县人民代表大会部分职权。县各界人民代表会议共举行两届14次会议，对当时开展的征粮反霸、土地改革、抗美援朝、镇压反革命、对私改造以及恢复和发展生产等重大事项，都相应作出决议，付诸实施。各界人民代表会议是人民行使当家作主权利的一种初级形式，为以后实行人民代表大会制度奠定基础。这是人民代表大会制度在晋江的初建阶段。

根据中央人民政府委员会颁布的《全国人民代表大会及地方各级人民代表大会选举

法》规定，晋江县于 1953 年 7 月至次年 3 月开展第一次基层选举县人大代表工作（以下简称“普选”）。1954 年 6 月，晋江县第一届人民代表大会第一次会议隆重召开，标志着人民代表大会制度在晋江正式建立。1955 年 12 月，县第一届人民代表大会第二次会议根据 1954 年《中华人民共和国宪法》的规定，将县人民政府改名为县人民委员会，并选举产生县人民委员会组成人员。至 1966 年，全县共进行过 6 次普选，举行过 5 届 8 次人民代表大会。

1966 年“文化大革命”开始后，人民代表大会制度遭到严重破坏。1968 年 10 月，县革命委员会取代县人民代表大会和县人民委员会的职权，人民代表大会制度因此中断多年。

1976 年 10 月粉碎江青反革命集团后，国家的政治生活重新走上正常的轨道。1978 年 3 月，晋江县召开第七届人民代表大会第一次会议，得以恢复。

1978 年 12 月召开的中共十一届三中全会，提出了发展社会主义民主和健全社会主义法制的任务。1980 年 12 月召开的县第八届人民代表大会一次会议，根据五届全国人大二次会议通过的《中华人民共和国全国人民代表大会和地方各级人民代表大会选举法》和《中华人民共和国地方各级人民代表大会和地方各级人民政府组织法》规定，开始将县人民代表大会代表的产生，由间接选举改为直接选举，等额选举改为差额选举，并设立常务委员会。这是选举制度的一项重大改革，是人民代表大会制度的一个重大发展。1984 年的换届选举与建乡工作同步进行，废止 1958 年开始实行的农村人民公社政社合一的体制。建立乡（镇）人民政府。1987 年后进一步加强基层社会主义民主政治建设，各乡镇设立常设的人大主席团机构和主席团主席。

1954 年 6 月至 2001 年 3 月，晋江市共进行 13 次人大代表选举，召开 13 届、30 次人民代表大会会议。

2002 年 1 月至 2022 年 12 月，晋江市共进行 5 次人民代表大会代表选举，召开 6 届人民代表大会 22 次会议、163 次人大常务委员会会议和 364 次人大常务委员会主任（扩大）会议。

在 2002 年 1 月至 2022 年 12 月，晋江市人大及其常委会依法行使监督权、重大事项决定权、人事任免权。

在依法行使监督权方面，晋江市人大及其常委会始终把监督工作作为人大工作的重中之重，认真探索，积极实践。一是听取与审议“一府一委两院”有关工作报告 497 个。二是在开展执法检查活动中，市人大常委会紧紧围绕经济建设中心，服从和服务于党的工作大局，把保证宪法、法律在本行政区域内的有效实施摆在首要位置，针对群众反映较强烈的热难点问题，先后组织对《中华人民共和国环境保护法》《中华人民共和国审计法》《中华人民共和国归侨侨眷权益保护法》等法律法规实施情况的执法检查。三是通过组织代表对市环境保护局、市政园林局、市卫生局、电力公司等工作进行评议，督促抓好突出问题的整改，提高工作效率和服务水平。四是开展专题询问，推动工作。比如，坚持长年问水，连续监督《关于加快推进我市生态水域建设的决议》执行情况，组织生态水域建设专题询问，逐河、逐段、逐点问诊把脉，一体推进水法执法检查。监督推进河道污染源整治、市区水系连通生态补水工程、星级河道创建，推动全市 21 条流域水质持续向好。

在依法行使重大事项决定权方面，晋江市人大及其常委会经过深入调研、集思广益，慎重作出决定、决议 304 项。

在依法行使人事任免权方面，晋江市人大及其常委会于 2001 年 12 月 19 日晋江市第十三届人大常委会第二十一次会议通过了《晋江市人民代表大会常务委员会任免国家机关工作人员暂行办法》；2013 年 6 月 26 日，晋江市第十六届人大常委会第十次会议通过《晋江市人民代表大会常务委员会任免国家机关工作人员规定》，使市人大常委会对权限范围内的晋江市国家机关工作人员的任命、免职、撤职、决定代理职务以及通过人选、接受辞职等进一步规范。在 2002 年 1 月至 2022 年 12 月，晋江市人大及其常委会任免国家机关工作人员 957 人次。

历届晋江市人大及其常委会在中国共产党的领导下，认真履行宪法和法律赋予的职权，逐步完善中国特色社会主义民主政治制度，推动了物质文明、政治文明、精神文明、社会文明、生态文明的协调发展。

大事记

2002 年

1 月 4 日，晋江市第十三届人大常委会第六十次主任（扩大）会议召开。

1 月 9 日，晋江市第十三届人大常委会第二十二次会议召开。

1 月 10 日，福建省人大常委会委员陈子诚率省人大农经委及省农业厅有关人员在泉州市人大常委会副主任张贻伦、农经委主任黄炯辉、泉州市农业局有关领导及其他相关人员陪同下，到晋江市开展《福建省农业生态环境保护条例（草案）》的立法调研活动。晋江市人大常委会副主任张景锻、市政府副市长陈少华、市人大常委会农经委、城建委、法制委及政府办、农办、农业局、环保局有关领导陪同调研。

1 月 11 日，市人大常委会副主任张景锻、城建委主任杨兴生参加泉州市人大城建委召开的工作座谈会。

1 月 15—18 日，晋江市第十三届人民代表大会第四次会议在青阳召开。

1 月 22 日，泉州市人大常委会副主任洪辉煌带领华侨委、代表联络委负责人到晋江市考察调研。洪辉煌一行在市人大常委会主任陈章进，副主任吴松茂、王金战陪同下，考察了陈埭镇冠盛通讯器材公司、恒强鞋业公司，并就民族教育工作召开座谈会，深入了解陈埭回民聚居区的教育工作情况，对今后民族教育工作提出建设性意见。

1 月 24 日，市人大常委会法制委主任庄永添主持召开市人大常委会与“一府两院”第八次信访联席会议。会上，各成员单位通报了 2001 年第四季度信访热点、难点问题，汇报了第七次信访联席会议交办信访件的办理情况。市人大常委会陈永恩副主任和市法院、检察院、公安局、监察局、建委、环保局、土地局、劳动局等单位分管领导和信访工作负责人出席会议。市信访局应邀列席会议。

2 月 1 日，市人大常委会主任陈章进、市委常委、组织部部长李建辉率市人大农经委、组织部、人事局、妇联、地税局及农办领导到英林镇沪厝安村召开扶持相对薄弱村现场办公会。与会人员视察了该村的村容村貌、旧宅区改造、交通道路等。

2 月 5—6 日，市人大常委会副主任蔡天赞率代表联络委蔡体面副主任及所在镇人大主席团主席（或副主席）慰问部分病困代表及去世代表遗属。

2 月 8 日，晋江市第十三届人大常委会第六十一次主任（扩大）会议召开。

2月23日，厦门市人大常委会办公室主任陈金镇一行5人到晋江市学习考察。市人大常委会副主任吴松茂陪同考察。

2月27日，晋江市第十三届人大常委会第六十二次主任（扩大）会议召开。

2月28日至3月6日，应香港东区区议会及晋江同乡会邀请，市人大常委会副主任陈永恩率“晋江市赴港文化交流团”一行45人赴港参加“新世纪、新东区”地区节以及闽南文化系列活动。

3月2日，丰泽区人大常委会副主任丁灿辉一行4人到晋江市学习考察。市人大常委会副主任蔡天赞陪同。

3月4日，晋江市第十三届人大常委会第二十三次会议召开。

同日，镇人大主席团工作暨市人大系统1999—2001年度“双先双优”表彰会议召开。会议总结了全市镇人大主席团2001年工作，交流了新一年的工作计划，并表彰了先进。出席会议的有：市人大常委会主任、副主任，办公室、各工委主任、副主任，办公室主任科员；各镇人大主席团主席、副主席、秘书；受表彰的先进人大代表小组代表、优秀人大代表、优秀人大工作者。会议由市人大常委会主任陈章进主持，副主任吴松茂宣读了《晋江市人大常委会关于表彰晋江市人大系统1999—2001年度先进镇人大主席团、先进人大代表小组、优秀人大代表、优秀人大工作者的决定》，市人大常委会副主任蔡天赞作了题为《与时俱进、探索创新，努力提高全市人大工作整体水平》的讲话。

3月10—15日，市人大常委会主任陈章进率泉州市第十三届人大晋江代表团代表参加泉州市十三届人大二次会议。

3月11—23日，市人大常委会副主任吴松茂率晋江陈埭商会商务考察团赴德国参加杜塞尔多夫（93届）国际鞋类博览会。

3月18—22日，市人大常委会副主任陈永恩、张景锻带领部分常委会委员对市人民法院提请任命的陈国钧等11位审判人员进行任前考察。

4月2日，庆祝《中华人民共和国全国人民代表大会和地方各级人民代表大会代表法》颁布10周年座谈会召开。市人大常委会主任、副主任和部分省、泉州市、晋江市人大代表以及市法院、检察院、市委办、人大办、政府办、市人大代表联络委负责人、各镇人大主席团主席（副主席）参加了座谈。座谈会由副主任蔡天赞主持。

同日，晋江市第十三届人大常委会第六十三次主任（扩大）会议召开。

4月8日，晋江市第十三届人大常委会第二十四次会议召开。

4月10日，福建省人大常委会副主任王建双率秘书长曾喜祥、人事代表室副主任陈启辉等在泉州市人大常委会主任薛祖亮、副主任孙增福等的陪同下到晋江市作乡镇人大换届选举工作调研。晋江市委书记朱明、副书记吕炜民、常委李建辉、市人大常委会主任陈章进、副主任蔡天赞和办公室、法制委、代表联络委负责人以及部分镇党委书记、人大主席陪同调研和参加座谈。

4 月 11 日，“三个代表”重要思想学习教育回访复查活动动员会召开，市人大常委会副主任陈永恩作动员报告，机关党支部王志勇书记通报了机关学教活动开展情况。

4 月 12—13 日，以福建省人大常委会委员包应森为组长、农经委副主任陈竹丛等为成员的省人大常委会关于开展农业农村经济结构调整和农民增收问题“百村调研”小组到晋江市开展乡镇工业园区专题调研。晋江市人大常委会副主任张景锻、市政府副市长方玉銮和市人大常委会农经委、市经济贸易局负责人等陪同调研。

4 月 23 日，泉州市人大常委会魏声外副主任一行到陈埭镇进行工作调研。晋江市人大常委会副主任、陈埭镇党委书记王金战和市人大常委会法制委、代表联络委有关人员陪同调研。

4 月 24 日，泉州市人大常委会农经委主任黄炯辉一行到晋江市开展农业和农村经济结构调整情况调研。市人大常委会副主任张景锻和办公室、农经委、财经委、农办、农业局、经贸局、海洋与渔业局负责人等陪同调研。

同日，福建省人大常委会法制委主任毕振东一行到晋江市开展《福建省人才市场管理条例》立法调研。晋江市人大常委会副主任蔡天赞、市政府副市长洪于权和市人事局负责人陪同调研。部分省、泉州市人大代表以及企业界代表参加下午的座谈。

4 月 25 日，组织泉州市十三届人大晋江第一小组代表到晋江市人民法院旁听原告郑经伦诉被告陈美华离婚一案的审理过程。市人大常委会副主任陈永恩和法制委、代表联络委人员参加旁听活动。

5 月 2 日，福建省人大常委会副秘书长张振朗一行到晋江市调研。晋江市人大常委会副主任张景锻陪同调研。

5 月 6 日，安溪县人大常委会一行到晋江市学习考察。晋江市人大常委会办公室主任王逸民陪同考察。

5 月 9 日，市人大常委会副主任蔡天赞率代表联络委负责人等到安海、深沪镇检查贯彻代表法情况及调研下一阶段镇人大主席团工作和探索组织代表述职事项。

5 月 10 日，晋江市第十三届人大常委会第六十四次主任（扩大）会议召开。

5 月 13 日，福建省人大常委会副主任黄松禄率省人大常委会《中华人民共和国消防法》执法检查组到晋江市开展《中华人民共和国消防法》执法检查。晋江市委副书记陈长庚、市人大常委会副主任陈永恩、市政府副市长洪于权以及市人大常委会法制委、安全生产监督管理局、公安局、劳动和社会保障局、规划建设局、财政局、教育局、广电局负责人陪同检查。

同日，福建省人大常委会立法调研组到晋江市对《福建省畜牧屠宰管理条例》进行立法调研。

5 月 15 日，晋江市 2002 年人大代表建议、批评、意见和政协提案交办会议召开。市人大常委会副主任蔡天赞、市政府副市长陈少华、市政协副主席吴乌秀和市委办、市人大代表联络委、市政府办、市政协办、各承办单位负责人及秘书科长出席会议。

5 月 15—16 日，泉州市人大常委会副主任洪辉煌、魏坚率部分常委会委员、市人大代表及有关部门负责人，对晋江市贯彻执行《国务院关于基础教育改革与发展的决定》的情况进行视察。市人大常委会副主任吴松茂、市政府副市长陈健倩和市人大常委会教科文卫委、市教育局负责人等陪同视察。

5 月 21 日，泉州市人大常委会副主任魏声外、周真平率法制委主任吴炳煌、城建委主任吕良茴等到晋江市检查代表法贯彻实施情况。晋江市人大常委会主任陈章进、副主任张景锻、蔡天赞及代表联络委负责人等陪同检查。

5 月 30 日，晋江市第十三届人大常委会第六十五次主任（扩大）会议召开。

5 月 31 日，市人大常委会主任陈章进率副主任陈永恩、张景锻、蔡天赞和办公室、代表联络委负责人等到安海、磁灶镇走访慰问五届全国人大代表黄宝礼和七届、八届全国人大代表吴孝凯。

6 月 4 日，晋江市第十三届人大常委会第二十五次会议召开。

6 月 6—17 日，市人大常委会副主任陈永恩、蔡天赞率部分委员和代表往昆明等地考察学习。

6 月 21 日，《晋江市人大志》编委会会议召开，讨论修改《晋江市人大志》。

6 月 25 日，福建省人大常委会教科文卫委到晋江市对《中华人民共和国著作权法》执行情况进行调研。副主任吴松茂陪同调研。

7 月 2 日，晋江市第十三届人大常委会第六十六次主任（扩大）会议召开。

7 月 5 日，晋江市第十三届人大常委会第二十六次会议召开。

7 月 6 日，福建省人大常委会副主任黄贤模率省人大执法检查组一行在泉州市人大常委会副主任魏声外的陪同下，到晋江市检查《福建省各级人民代表大会常务委员会信访工作条例》的贯彻落实情况。

7 月 9 日，晋江市第十三届人大常委会第六十七次主任（扩大）会议召开。

7 月 16 日，市人大常委会副主任蔡天赞率联络委负责人等到深沪镇调研。

同日，市人大常委会副主任陈永恩牵头组织常委会部分委员、人大代表和有关单位负责人对《中华人民共和国治安管理处罚条例》执行情况进行检查。

7 月 18 日，泉州市人大常委会副主任张贻伦率视察组到晋江市视察《中华人民共和国防洪法》执行情况，市人大常委会副主任张景锻、市政府副市长陈少华和市人大农经委、市政府办、水利局、交通局、水土办等单位负责人陪同视察。

7 月 25 日，晋江市第十三届人大常委会第六十八次主任（扩大）会议召开。

7月26日，深沪镇召开全市首次人大代表述职大会。市人大常委会主任陈章进，副主任陈永恩、吴松茂、张景锻、蔡天赞，办公室和各工委主任、副主任、主任科员，各镇人大主席团主席、副主席及深沪镇党委书记、镇长等到会观摩。

7月31日，市人大常委会与“一府两院”第十次信访联席会议召开。市人大常委会副主任陈永恩和市法院、检察院、市人大法制委、市公安局、监察局、规划建设局、环保局、国土资源局、劳动与社会保障局等单位分管领导和信访工作负责人出席会议。

8月2日，泉州市人大常委会副主任周子澄一行到晋江市对制造业信息化工作进行调研。市人大常委会副主任吴松茂和市人大教科文卫委、政府办、计划局、经贸局、科技局等有关单位负责人陪同调研。

同日，晋江市第十三届人大常委会第六十九次主任（扩大）会议召开。

8月9日，晋江市第十三届人大常委会第二十六次会议召开。会议决定任命王庆芬为晋江市人民政府副市长，接受陈健倩辞去晋江市人民政府副市长职务的请求。

8月10日，安徽省人大常委会副主任朱维芳率安徽省的全国人大代表一行在省人大常委会人事代表委副主任陈启辉、泉州市人大常委会副主任孙增福等的陪同下到晋江市考察。市人大常委会副主任蔡天赞、王金战和代表联络委负责人陪同考察。

8月20日，晋江市第十三届人大常委会第七十次主任（扩大）会议召开。

8月23日，晋江市第十三届人大常委会第二十七次会议召开。

9月3日，福建省人大常委会委员陈训敬、苏玉泰一行6人到晋江市开展《福建省实施〈中华人民共和国工会法〉办法》立法调研。

9月4—7日，市人大常委会主任陈章进率部分常委会委员和镇人大主席团主席到黑龙江省齐齐哈尔市富拉尔基区参加十四省（区）十八区（市）人大工作研讨会第十次会议，并作关于《提高研讨质量，促进成果转化》的发言。

9月5日，福建省人大常委会副主任施性谋率省人大常委会“严打”“整规”检查组到晋江市检查严打整治斗争、整顿和规范市场经济秩序工作情况。

9月10日，市人大常委会听取市交警大队工作情况汇报会召开。市人大常委会党组书记施并章和副主任陈永恩、蔡天赞、王金战及办公室、各工委主任、副主任参加了会议。

9月18日，市人大办、政府办联合召开人大代表建议不满意件重新办理交办会。市人大常委会副主任蔡天赞、市政府副市长洪于权和市人大常委会代表联络委、农经委、城建委、法制委及不满意件承办单位领导和经办人员参加了会议。

9月19日，市人大常委会组织部分福建省、泉州市人大代表到市法院旁听被告人王某某故意伤害一案的庭审过程。市人大常委会党组书记施并章、副主任陈永恩及法制委、代表联络委的有关人员参加旁听活动。

9月24日，泉州市人大常委会副主任张贻伦一行到晋江市开展《中华人民共和国水土保持法》执行情况检查。市人大常委会党组书记施并章、副主任张景锻、市政府副市长陈少华等陪同检查。

9月25日，市人大常委会组织部分市人大代表检查《晋江市人大常委会关于在全市公民中开展“四五”普法教育的决议》执行情况。市人大常委会主任、党组书记、副主任和办公室、各工委负责人和部分泉州市十三届人大代表等参加检查。

9月27日，晋江市镇人大主席团工作会议在英林镇政府会议室召开。市人大常委会主任、党组书记、副主任，办公室和各工委主任、副主任、主任科员，各镇人大主席团主席、副主席、秘书，各镇兼管人大主席团工作的镇党委书记和协助镇人大主席团工作的主任科员、副主任科员参加会议。会议由市人大常委会陈永恩副主任主持，陈章进主任、施并章党组书记、蔡天赞副主任分别作了讲话。

10月11日，泉州市人大常委会副主任魏声外率《中华人民共和国消防法》执法检查组到晋江市检查《中华人民共和国消防法》贯彻落实情况。晋江市人大常委会陈永恩副主任、市政府洪于权副市长及有关部门负责人陪同检查。

10月15日，晋江市第十三届人大常委会第七十一次主任（扩大）会议召开。

10月16日，泉州市人大常委会副主任张贻伦一行到晋江市检查《福建省森林条例》执行情况。晋江市人大常委会副主任张景锻、副市长陈少华和有关部门负责人陪同检查。

10月25日，晋江市第十三届人大常委会第七十二次主任（扩大）会议召开。

10月30日，晋江市第十三届人大常委会第二十八次会议召开。

11月4日，晋江市2002年镇级人大换届选举工作会议召开。中共泉州市委常委、晋江市委书记、市长，市人大常委会主任，市人大常委会党组书记，市政协主席，市委副书记、市镇（场）换届选举工作领导小组组长，市委副书记、纪委书记，市委常委、组织部部长、市镇（场）换届选举工作领导小组副组长，市人大常委会副主任，市镇（场）换届选举工作领导小组成员，市人大常委会办公室和各工委主任、副主任、主任科员以及换届选举办公室成员，各镇选举委员会成员和选举办主任、副主任，市派驻各镇换届选举工作督查指导组副组长、成员等共260多人参加了会议。会议由市委副书记吕炜民主持。市人大常委会主任陈章进部署晋江市2002年镇级人大换届选举工作，市人大常委会副主任、市镇（场）换届选举工作领导小组副组长蔡天赞就换届选举业务工作作具体指导。

11月7日，晋江市第十三届人大常委会第七十三次主任（扩大）会议召开。

11月11日，福建省人大常委会人事代表工作室副主任李晓吾一行在泉州市人大常委会副主任孙增福、人事代表委主任张清波的陪同下，到晋江市检查镇级人大换届选举工作进展情况。晋江市人大常委会副主任、市选举办主任蔡天赞等陪同检查。

11 月 11—12 日，市人大常委会主任、党组书记、副主任带领 5 个小组，分别到各镇检查了解镇级人大换届选举工作情况。

11 月 12 日，晋江市第十三届人大常委会第七十四次主任（扩大）会议召开。

11 月 13 日，市人大常委会组织部分市人大代表视察晋江市迎接建市十周年“八大系列工程”。市人大常委会党组书记施并章，市人大常委会主任陈章进、市人大常委会副主任陈永恩、吴松茂、张景锻、蔡天赞，福建省九届人大晋江代表小组代表、泉州市十三届人大晋江第三代表小组代表以及晋江市人大常委会办公室及各工委主任、副主任参加视察。市人民政府副市长吴清滨及有关部门负责人陪同视察。

11 月 20 日，晋江市第十三届人大常委会第七十五次主任（扩大）会议召开。

11 月 21 日，晋江市 2002 年镇级人大换届选举工作第一阶段汇报会召开。市人大常委会党组书记施并章，市人大常委会主任陈章进，换届选举工作领导小组副组长、市委常委、组织部部长李建辉，换届选举工作领导小组副组长、市人大常委会副主任、选举办主任蔡天赞，市选举办副主任、各工作小组组长、副组长，市派驻各镇督查指导组副组长，各镇选举委员会副主任、选举办主任、人大主席团秘书，市人大常委会办公室、各工委主任、副主任、主任科员等参加了会议。会议由副主任蔡天赞主持。书记施并章、主任陈章进分别在会上作了讲话，副主任蔡天赞对下阶段换届选举各项工作作了具体部署。

同日，市人大常委会办公室与青阳镇党委、政府联合在市区阳光广场举办广场文化艺术节活动。艺术节的主题是：以党的十六大精神为指导，结合晋江市 2002 年镇级人大换届选举和庆祝宪法颁布 20 周年，加强民主法制宣传，丰富群众文化生活，深化社会主义精神文明建设，推进城市化进程。

11 月 22 日，晋江市第十三届人大常委会第二十九次会议召开。

同日，泉州市人大财经委主任卓秀华一行到晋江市对兴业皮革公司、恒达集团的生产经营和发展情况进行调研。晋江市人大常委会副主任陈永恩及有关部门负责人陪同调研。

11 月 29 日，市人大常委会组织部分市人大代表视察《市十三届人大三次会议关于治理九十九溪下游严重内涝的决议》执行情况。市人大常委会主任陈章进、党组书记施并章，市委副书记王景星，市人大常委会副主任陈永恩、张景锻、蔡天赞、部分委员和领衔提议案的部分代表参加视察。市政府副市长朱新民及有关部门负责人陪同视察。

11 月 29—30 日，市人大常委会党组书记、主任、副主任率办公室、各工委主任、副主任到各镇检查指导 2002 年镇级人大换届选举工作。

12 月 4 日，市人大常委会召开纪念现行宪法颁布实施 20 周年座谈会。市人大常委会党组书记施并章，副主任陈永恩、吴松茂、张景锻、蔡天赞和部分人大代表及有关部门负责人参加座谈。

同日，市人大常委会法制委与市委宣传部、市司法局共同组织了纪念现行宪法颁布实施20周年文艺踩街活动。

12月4—6日，组织晋江市的泉州市第十三届人民代表大会代表参加泉州市第十三届人民代表大会第三次会议。

12月6日，晋江市2002年镇级人大换届选举工作第二阶段汇报会召开。

12月9日，晋江市镇级换届选举工作领导小组与市人大常委会联合召开镇人大换届选举工作研讨会。市人大常委会党组书记施并章，市人大常委会主任陈章进，市镇级换届选举工作领导小组组长、市委副书记吕炜民，领导小组副组长、市委常委、组织部部长李建辉，领导小组副组长、选举办主任、市人大常委会副主任蔡天赞，各镇选举委员会主任、派驻各镇督查组副组长和市选举办有关人员参加会议，会议由吕副书记主持。

2003年

1月6日，组织福建省十届人大晋江代表小组代表参加福建省十届人大一次会议。晋江市人大常委会党组书记施并章列席会议。

1月13日，晋江市第十三届人大常委会第七十六次主任（扩大）会议召开。

1月16—17日，组织慰问5位病困的各级人大代表、6位去世代表遗属。

1月18日，晋江市第十三届人大常委会第三十次会议召开。

1月23日，全市镇级人大换届选举工作总结会召开。市人大常委会党组书记施并章，市委副书记、镇（场）换届选举工作领导小组组长吕炜民，市委常委、组织部部长、镇（场）换届选举工作领导小组副组长李建辉，市人大常委会副主任、镇（场）换届选举工作领导小组副组长、选举办主任蔡天赞，镇（场）换届选举工作领导小组成员，市派驻各镇换届选举工作督查指导组、市人大常委会机关办公室及各工委、市选举办、各镇选委会的有关人员参加会议。会议由李常委主持，蔡副主任就晋江市2002年镇级人大换届选举工作作了总结，吕副书记在会上作讲话。

2月12日，晋江市人大常委会组织视察晋江市博物馆。

2月12—14日，晋江市第十三届人民代表大会第五次会议在青阳召开。

2月21日，晋江市第十三届人大常委会第七十七次主任（扩大）会议召开。

2月23—27日，组织泉州市人大晋江代表组代表参加泉州市第十三届人民代表大会第四次会议。

2 月 25 日，学习贯彻《福建省档案管理条例》座谈会召开，市直有关单位负责人和各镇党委秘书参加会议。市人大常委会副主任吴松茂出席会议并就宣传贯彻条例提出意见。

2 月 28 日，晋江市第十三届人大常委会第三十一次会议召开。

3 月 6 日，市人大常委会机关组织干部职工学习《中华人民共和国道路交通管理条例》。

同日，福建省人大常委会人事代表工作室副主任李晓吾一行到晋江市调研 2003 年县级人大换届选举工作。

3 月 10 日，晋江市第十三届人大常委会第七十八次主任（扩大）会议召开。

3 月 17 日，市人大常委会公安交警执法检查组分成 3 个小组，分别在市人大和青阳、龙湖、罗山、安海、磁灶等镇召开汇报座谈会，听取交警大队各中队工作汇报和全市 15 个镇的部分人大代表的意见、建议。

3 月 18 日，组织部分泉州市人大代表旁听法庭庭审。市人大常委会主任施并章、副主任陈永恩参加旁听。

3 月 20 日，市人大常委会机关组织学习《中华人民共和国中小企业促进法》。施并章主任在会上就建设学习型机关提出意见。

3 月 21 日，晋江市镇人大主席团工作暨人大干部培训会议召开，部署 2003 年镇人大主席团工作，并对新一届镇人大主席团主席、副主席、秘书进行培训。市人大常委会主任、副主任，办公室及各工委主任、副主任、主任科员，各镇人大主席团主席、副主席、秘书等参加了会议。十届全国人大代表李春兴传达了十届全国人大一次会议精神，市人大常委会副主任陈永恩、张景锻、蔡天赞分别就依法治市知识、人大监督工作、乡镇人大的职权及其主席团工作等 3 个专题作了讲座。

3 月 25 日，市人大常委会执法检查监督组在市人大 5 楼召开会议，听取市政府关于晋江市 2002 年《中华人民共和国土地管理法》执行情况汇报，并组织部分常委会组成人员和人大代表到青阳霞浯村农田保护区、九十九溪整治工程、紫帽高尔夫球场等地视察。

3 月 26 日，市人大常委会《中华人民共和国土地管理法》执法检查监督组分成 6 个小组，分别到金井、安海、东石、磁灶、罗山、青阳 6 个镇召开代表座谈会，听取人大代表对晋江市《中华人民共和国土地管理法》执行情况的意见、建议。

3 月 28 日，晋江市第十三届人大常委会第七十九次主任（扩大）会议召开。

3 月 31 日，晋江市召开 2003 年人大代表建议和政协委员提案交办会议。市人大常委会副主任蔡天赞、副市长王庆芬、市政协副主席吴乌秀参加会议。副主任蔡天赞在会上强调指出，办理人大代表建议要做到认识到位、措施到位、督查到位、进度到位。

4 月 2 日，市人大常委会与“一府两院”第十三次信访联席会议召开，交办 5 件信访件。

4月7日，市人大常委会机关组织干部职工学习《中华人民共和国价格法》。

4月8日，三明市人大常委会原主任陈刚挺一行17人到晋江市考察。市人大常委会主任施并章陪同考察。

4月9日，市人大常委会召开《中华人民共和国土地管理法》执法检查反馈会。市人大常委会执法检查监督组全体成员，市政府吴清滨副市长，市法院、政府办领导和国土局正、副局长参加了会议。

4月10日，市人大常委会《中华人民共和国价格法》执法检查监督组分成四个组分别到英林、深沪、永和、池店等镇召开人大代表座谈会，听取人大代表对晋江市《中华人民共和国价格法》执行情况的意见、建议。

4月11日，市人大常委会机关组织干部职工学习《中华人民共和国职业病防治法》。

同日，晋江市第十三届人大常委会第八十次主任（扩大）会议召开。

4月14日，宁夏固原市及所属各县（区）人大常委会领导到晋江市考察，了解人大在支持民营企业发展方面所作的工作。市人大常委会副主任罗云陪同考察。

4月15日，市人大常委会《中华人民共和国职业病防治法》执法检查监督组分成两个小组到陈埭、内坑镇实地视察，并召开人大代表座谈会，听取人大代表对晋江市《中华人民共和国职业病防治法》执行情况的意见、建议。

4月16日，道路交通管理工作检查反馈会召开，市人大常委会执法检查监督组全体成员，市政府洪于权副市长，市政府办、公安局、规划建设局、市政局、交通局、物价局、城监大队领导和市交警大队大队长、教导员、交管股股长、各中队中队长参加了会议。

4月17日，仙游县人大常委会郑孟栋副主任一行5人到晋江市考察，了解晋江市在改善投资软环境和机关效能建设方面的做法和经验。市人大常委会副主任蔡天赞陪同考察。

同日，晋江市第十三届人大常委会第八十一次主任（扩大）会议召开。

4月22日，市人大常委会召开宣传贯彻《中华人民共和国农业法》《中华人民共和国农村土地承包法》工作座谈会，市直涉农单位和各镇人大主席团负责人参加座谈。市人大常委会副主任苏银楼、副市长朱新民参加会议。

4月23日，市人大常委会机关召开学习贯彻《福建省实施〈中华人民共和国工会法〉办法》座谈会。市委副书记吕炜民、市人大常委会副主任陈永恩参加会议。

4月24日，市人大常委会机关组织干部职工观看电教片《共和国反贪风云》，学习《中共泉州市委关于在全市深入开展向谷文昌同志学习的通知》。

4 月 28 日，晋江市第十三届人大常委会第三十二次会议召开。

4 月 30 日，市人大常委会机关组织干部职工学习各级关于防治非典型肺炎工作的会议精神、文件。

5 月 7 日，晋江市第十三届人大常委会第八十二次主任（扩大）会议召开。

5 月 8 日，市人大常委会机关组织干部职工学习《中华人民共和国农业法》。

5 月 9 日，以泉州市人大常委会副主任张贻伦为组长的执法检查组到晋江市检查晋江水系水质污染整治工作。晋江市人大常委会副主任张景锻陪同检查。

5 月 13 日，市人大常委会组织市人大常委会部分组成人员、省十届人大晋江代表小组代表、泉州市十三届人大晋江第三代表小组代表视察晋江市农业产业化进展情况。视察组实地视察了安海吉隆农业综合开发有限公司、东石喜多多食品公司，听取了朱新民副市长代表市政府所作的《关于我市农业产业化工作情况汇报》。

5 月 14 日，晋江市第十三届人大常委会第八十三次主任（扩大）会议召开。

5 月 19 日，晋江市第十三届人大常委会第八十四次主任（扩大）会议召开。

5 月 20 日，晋江市第十三届人大常委会第三十三次会议召开。

5 月 21 日，泉州市人大常委会主任薛祖亮在晋江市人大常委会主任施并章、副市长方玉銮等的陪同下，到池店御辇村走访结对帮扶户、残疾人曾文淮。并到池店寰球鞋服公司、永和侨晖化纤公司了解企业运营情况。

同日，市人大常委会办公室、机关党支部制定《关于开展以艰苦奋斗、勤政廉政为主题的宣传教育活动的意见》，组织开展主题教育活动。

同日，市人大常委会主任、副主任和部分委员分成 7 个组，到英林等 7 个镇召开人大代表座谈会，征求代表对人大工作的意见、建议。市、镇两级人大代表共 95 人参加座谈，提出了 30 条建议、意见。

5 月 23 日，泉州市人大常委会副主任魏声外等一行在泉州市政府有关领导陪同下，到晋江市检查《中华人民共和国残疾人保障法》贯彻实施情况。检查组听取了晋江市政府有关工作情况汇报，实地检查了东石康益日用雨具厂、英林残疾人服装培训基地。市人大常委会副主任陈永恩、副市长洪于权参加了检查活动。

同日，市人大常委会机关组织干部职工学习各级关于防治非典型肺炎工作的会议精神、文件。

5 月 27 日，以全国人大常委会委员、环资委主任委员毛如柏为组长的执法检查组一行到晋江市检查固体废物污染环境防治情况。检查组实地检查了陈埭镇富士达公司和洋埭固体废弃物焚烧炉。福建省委常委、常务副省长黄小晶，省人大常委会副主任洪华生，省人大常委会委员、环资委主任委员洪长平，晋江市人大常委会主任施并章、副主任张景锻、晋江市人民政府副市长吴清滨等陪同检查。

5 月 28 日，晋江市第十三届人大常委会第八十五次主任（扩大）会议召开。

6月4日，泉州市人大常委会副主任魏声外、张贻伦、孙增福一行在晋江市人大常委会主任施并章、副主任苏银楼、副市长朱新民等的陪同下，视察晋江市《中华人民共和国海域使用管理法》《中华人民共和国渔业法》执行情况。

6月5日，市人大常委会组织部分泉州市第十三届人大晋江代表组代表对晋江市法院基层人民法庭工作进行视察。市人大常委会副主任陈永恩、蔡天赞参加视察。

6月10日，市人大常委会主任、副主任率部分委员和人大代表视察沿海大通道建设和骨干公路两侧整治绿化情况。

6月12日，福建省人大常委会秘书长陈光普、法制工委主任包志荣一行到晋江市召开《福建省出生人口性别比异常防治条例（草案）》立法调研座谈会。泉州市人大常委会副主任周子澄、晋江市人大常委会主任施并章、副主任吴松茂，晋江、石狮的部分人大代表、有关部门负责人和基层计生干部参加座谈。

6月26日，福建省人大常委会委员、农经委主任陈世泽一行到晋江市进行外向型农业调研。调研组实地走访了闽南水产品公司、喜多多食品公司、福源食品公司并召开调研座谈会。泉州市人大常委会副主任张贻伦，晋江市人大常委会主任施并章、副主任苏银楼，副市长朱新民陪同调研。

同日，泉州市人大常委会副主任魏声外一行到晋江市检查公安边防执法工作。晋江市人大常委会副主任陈永恩、蔡天赞陪同检查。

6月27日，晋江市第十三届人大常委会第三十四次会议召开。

7月11日，晋江市第十三届人大常委会第八十六次主任（扩大）会议召开。

7月17日，市人大常委会组织部分市人大代表对晋江市劳动用工情况进行视察。视察组分成3个小组分别到陈埭、安海、青阳镇的企业实地视察，向企业员工了解情况，召开座谈会听取市、镇两级政府关于劳动用工情况汇报和企业工会负责人对当前晋江市劳动用工管理现状的看法和意见。

7月21—22日，市人大常委会主任、副主任分别率6个小组到各镇开展换届选举工作调研。

7月30日，晋江市第十三届人大常委会第八十七次主任（扩大）会议召开。

8月1日，晋江市第十三届人大常委会第八十八次主任（扩大）会议召开。

8月6日，市人大常委会组织部分市人大代表视察外来人口计生管理工作情况。视察组实地视察了陈埭镇诚安鞋业公司和花厅口村，在陈埭镇政府召开汇报座谈会，听取市政府关于外来人口计生管理工作情况汇报，就晋江市外来人口计生管理工作进行座谈，提出意见建议。市人大常委会主任、副主任及部分市人大常委会委员参加视察，王庆芬副市长及市计生局有关人员陪同视察。

8月8日，晋江市第十三届人大常委会第八十九次主任（扩大）会议召开。

8月22日，《福建省预防职务犯罪条例（草案修改稿）》征求意见座谈会召开，副主任陈永恩，法院、检察院、公安局、司法局、政府办、财政局等有关单位负责人参加座谈。

8 月 29 日，晋江市第十三届人大常委会第三十五次会议召开。

9 月 2 日，晋江市第十三届人大常委会第九十次主任（扩大）会议召开。

10 月 10 日，晋江市第十三届人大常委会第九十一次主任（扩大）会议召开。

同日，市人大常委会与“一府两院”第十五次信访联席会议召开。

10 月 17 日，市人大常委会组织部分市人大代表对晋江市实施“双高普九”工作情况的专项检查。市人大常委会吴松茂副主任率各工委（办）负责人到龙湖镇、罗山镇阳溪中学、罗山中学着重检查招生、巩生、危旧校舍改造及镇财投入教育等情况，召开座谈会听取市镇两级政府关于“双高普九”工作情况的汇报。市政府颜子鸿副市长，市教育局、教育督导室、财政局、审计局、规划建设局有关领导陪同进行检查。

10 月 21 日，市人大常委会视察组分成两个小组，分别到陈埭、英林镇实地视察，并召开座谈会，听取人大代表的意见、建议；10 月 24 日，召开汇报会，听取市政府工作情况汇报。

10 月 27 日，十届全国人大代表福建视察团到晋江市视察工作。视察团一行先后视察了紫帽高尔夫球场、五里工业园区、市博物馆、凤竹公司、市体育中心、公安局，并分别在工业园区和公安局召开座谈会，听取有关工作情况汇报。泉州市、晋江市两级领导孙增福、施并章、吕炜民、陈永恩、洪于权等陪同考察。

10 月 28 日，晋江市第十三届人大常委会第九十二次主任（扩大）会议召开。

10 月下旬，市人大常委会组织部分市人大代表视察晋江市“三合一”厂房整治落实情况。

11 月 5 日，晋江市第十三届人大常委会第三十六次会议召开。

11 月 12 日，全市人大换届选举工作会议召开。市人大常委会主任、市选举委员会主任施并章，市委常委、组织部部长、市选举委员会副主任李建辉，市委常委高向荣，市人大常委会副主任吴松茂、张景锻、蔡天赞、罗云、苏银楼，市选举委员会成员，市人大常委会办公室、各工委主任、副主任、主任科员以及选举办公室主任、副主任、各工作小组组长、副组长，市选举委员会派驻各镇选举联络组成员，各镇党委书记、人大主席团主席（或副主席）、镇党委组织委员、宣传委员、人大秘书，市直有关单位、良种场的主要领导以及选举办全体工作人员共 160 多人参加了会议。

11 月 14 日，市人大常委会先后召开市人大换届选举工作联络组、宣传组、秘书组会议，部署选举联络工作有关事项。

11 月 21 日，晋江市第十三届人大常委会第九十三次主任（扩大）会议召开。

11 月 28 日，晋江市第十三届人大常委会第九十四次主任（扩大）会议召开。

12 月 4 日，市人大换届选举工作第一次阶段汇报会议召开。市领导施并章、王景星、李建辉、蔡天赞，市选举办主任、副主任，各选举工作联络组组长，各镇（街道）选举办事处主任、副主任等参加了会议。会议由副书记王景星主持，主任施并章就如何做好提名推荐和酝酿协商代表候选人阶段工作提出八点要求，副主任蔡天赞就提名推荐和酝酿协商代表候选人阶段工作作了具体部署。

同日，晋江市第十三届人大常委会第三十七次会议召开。

12月9日，市人大常委会组织部分市人大代表视察晋江市城市规划及市区重点工程建设情况。视察组实地视察了市区旧城改造一期工程、泉安路立面改造工程、福埔环岛、垃圾焚烧处理场，听取了市政府关于城市规划修编及市区重点工程建设情况汇报。市人大常委会部分组成人员参加了视察。

12月11日，市人大常委会组织部分市人大代表视察《市十三届人大三次会议关于治理九十九溪下游严重内涝的决议》执行情况。视察组实地察看了九十九溪六原港支流、倒虹吸工程、田美大桥、沿江支流等重点地段的工程进展情况。市委副书记王景星，部分市人大常委会组成人员、泉州市十三届人大代表参加视察，市政府办、水利局、交通局、国土局等单位负责同志陪同视察。

12月19日，市人大换届选举工作第二次阶段汇报会议召开。市领导施并章、王景星、蔡天赞，市选举办主任、副主任，各选举工作联络组组长，各镇（街道）选举办事处主任、副主任等参加了会议。会议由副书记王景星主持。副主任蔡天赞就投票选举阶段工作作了具体部署。

12月19—20日，福建省人大常委会原主任袁启彤到晋江市调研乡镇企业与“三农”问题、企业甄别改制工作。市领导施并章、罗云、方玉銮陪同考察。

12月22日，晋江市第十三届人大常委会第九十五次主任（扩大）会议召开。

12月23—30日，全市244个选区先后组织投票选举市第十四届人大代表。其中，242个选区选举产生晋江市第十四届人民代表大会代表314名（2个选区因确定正式代表候选人不足法定差额数，将另行组织选举），部队选举产生代表2名，代表共316名。

2004年

1月2日，晋江市第十三届人大常委会第三十八次会议召开。

1月11—15日，晋江市第十四届人民代表大会第一次会议在青阳召开。

2月9日，晋江市第十四届人大常委会第一次主任（扩大）会议召开。

2月11日，市人大常委会与“一府两院”信访联席会议召开。

2月20日，晋江市第十四届人大常委会第二次主任（扩大）会议召开。

2月23日，晋江市第十四届人大常委会第一次会议召开。

同日，福建省人大《福建省专利保护条例（草案）》立法调研座谈会在晋江市召开。

3月10日，福建省人大《人民政坛》主编姚金清一行到晋江市采访人大常委会司法监督情况。

3月11日，全市镇（街道）人大工作会议召开。市人大常委会主任、副主任，各工委办主任、副主任、主任科员，各镇人大主席团主席、副主席、秘书，各街道协助人大工作的主任科员、副主任科员参加了会议。市人大常委会副主任蔡天赞在会上作了题为《与时俱进　务实创新　努力提高人大工作实效》的讲话，市人大常委会主任施并章在会上作了晋江市2003年人大换届选举工作总结。

3月16日，市人大常委会副主任林进德率法制工委人员到安海、东石镇调研民政优抚安置工作。

3月17日，市人大常委会副主任林进德率各工委负责人与部分泉州市第十三届人大代表旁听市法院庭审。

3月23日，福建省人大法制委主任包玉荣一行到晋江市召开《福建省专利保护条例（草案）》立法调研座谈会，并到恒安公司等地实地调研。

3月24日，主任施并章、副主任林进德、办公室主任王逸民、法制工委主任陈紫凡参加泉州市人大常委会举办的宪法知识讲座。

3月26日，晋江市第十四届人大常委会第三次主任（扩大）会议召开。

3月31日，法制委陈紫凡主任、庄永添、苏晓瑜到南安、德化县人大了解有关交警工作。

4月1日，市人大常委会法制工委人员参加常委会盘活与经营土地资源调研座谈会。

4月6日，泉州市人大关于《中华人民共和国著作权法》执行情况调研座谈会在晋江市召开。

4月7日，市人大常委会与“一府两院”第17次信访联席会议召开。

4月12日，福建省人大常委会副主任曹德淦一行到晋江市视察。曹德淦一行先后视察了紫华药业、三力机车、锦兴化纤、五里工业园区、沿海大通道衙口段等地。泉州市委常委、晋江市委书记，晋江市人民政府市长，市人大常委会主任和市人大办、政府办、外经局、经贸局、交通局等单位负责人陪同视察。

4月16日，市人大常委会妇女儿童工作组扩大会议召开，讨论制定《晋江市人大常委会维护妇女儿童合法权益联席会议制度》。

4月23日，晋江市第十四届人大常委会第四次主任（扩大）会议召开。

4月28—30日，市人大常委会组织对市法院发回重审、重大改判案件进行检查。

4月30日，晋江市第十四届人大常委会第二次会议召开。

4月，共受理人民群众来信38件，来访25批239人次。

5月10日，市人大常委会组织视察晋江市突发性公共卫生事件应急体系建设情况。市人大常委会主任、副主任、部分市人大常委会委员和泉州市人大代表参加了视察。视察组实地视察了市医院、市卫生防疫站、安海留验站等突发性公共卫生事件的预防控制、应急救治体系的建设，并听取了市政府的工作汇报。

5月18日，组织机关学习《公安机关办理行政案件程序规定》，市公安局业务人员主讲。

5月19—25日，市人大常委会组织部分市人大代表调研晋江市农村劳动力转移和劳动用工情况。

5月24日，晋江市第十四届人大常委会第五次主任（扩大）会议召开。

5月24—26日，市人大常委会部分组成人员到市检察院对拟任检察员的洪祖荣、杨白兰、姚颖、颜方刚进行任前“三个一”考察。

5月，共受理人民群众来信36件，来访8批23人次。

6月，市人大常委会开展“宪法和人大制度”知识宣传系列活动。

6月2日，晋江市第十四届人大常委会第六次主任（扩大）会议召开。

6月15—18日，市人大常委会开展饮用水卫生质量调研活动。市人大常委会副主任林文聘带队，调研组一行深入晋江市全部自来水厂和引水工程等供水设施、设备进行实地查看，并召开了市直有关部门和有关自来水厂负责人参加的座谈。共同分析了晋江市自来水质量的现状和存在问题的原因。探讨提高晋江市自来水卫生质量。

6月17日，晋江市第十四届人大常委会第七次主任（扩大）会议召开。

6月27—29日，福建省人大人民政坛杂志社到晋江采访“司法监督在晋江”专题。

6月，共受理人民群众来信44件，来访11批，39人次。

7月7日，泉州市人大常委会副主任张贻伦率检查组到晋江市检查《中华人民共和国水污染防治法》贯彻实施情况。检查组先后到安海镇可慕制革集控区、安平桥、东石电镀集控区进行实地检查，听取了晋江市贯彻实施《中华人民共和国水污染防治法》有关情况的汇报。市人大常委会副主任苏银楼、副市长吴清滨，泉州市、晋江市两级市人大常委会城建工委和环保局、水利局有关领导陪同视察。

7月13日，由市委宣传部、市人大常委会法制工委、市司法局联合主办，市直党工委、市广电局协办的晋江市“宪法和人大制度知识”竞赛决赛在梅岭街道文体活动中心举行。经过激烈角逐，梅岭街道代表队获一等奖，公安系统代表队、灵源街道代表队、综合队（由预赛笔试中团体没进入前七名的个人前三名组成）获二等奖，党群系统代表队、宣传系统代表队、内坑镇代表队获三等奖。

7月16日，市人大常委会组织部分市人大代表视察晋江市纺织服装业科技创新、产业升级情况。视察组到龙湖镇南方织造公司、金井镇天姿纺织公司、七匹狼集团公司进行实地视察，听取了市政府关于纺织服装业科技创新、产业升级情况汇报。市人大常委会主任施并章，副主任罗云、林文聘、苏银楼，办公室、各工委主任、副主任、主任科员，泉州市第十三届人民代表大会晋江代表团第二、三小组代表参加视察，市人民政府副市长颜子鸿，市政府办、市科技局领导陪同视察。

7 月 24 日，全国人大华侨委副主任、省人大常委会原副主任王建双一行到晋江市的凤竹集团参观考察，并看望了全国人大代表、福建凤竹集团董事长李春兴。泉州市人大常委会主任，泉州市委常委、晋江市委书记，晋江市人民政府市长，晋江市人大常委会主任，市委常委、市委办公室主任等陪同参观考察。

7 月 26 日，晋江市第十四届人大常委会第八次主任（扩大）会议召开。

7 月 28 日，由泉州市依法治市办公室、泉州市人大常委会办公室主办，泉州市人大常委会法制工委、市司法局承办，泉州市直党工委、市广电局、泉州电视台协办的泉州市“宪法和人大制度知识”竞赛决赛在泉州电视台举行。晋江市人大常委会副主任林进德、罗云带领由市公安局陈敏、龚晶莹，梅岭街道庄美媚组成的晋江市代表队参赛，并获一等奖。

7 月 29 日，泉州市人大常委会副主任魏坚带领执法检查组到晋江市检查《中华人民共和国台湾同胞投资权益保护法》《福建省实施〈中华人民共和国台湾同胞投资权益保护法〉办法》执行情况。泉州市政府副市长曾华彬、晋江市人大常委会副主任苏银楼、副市长张永宁等陪同检查。检查组听取了晋江市政府的工作汇报，与晋江市台办、规划局、国土局、工商局、地税局、国税局等单位领导进行了座谈，并实地检查了台资企业胜昌制衣厂、钻石体育用品公司。

8 月 2 日，晋江市第十四届人大常委会第九次主任（扩大）会议召开。

8 月 6 日，晋江市第十四届人大常委会第三次会议召开。

8 月 11 日，泉州市、晋江市人大常委会两级联动，组织人大代表视察安全生产。视察组听取晋江市安全生产工作情况汇报后，分成两个小组，分别到银利大厦、浪亚纺织有限公司、爱乐假日酒店、陈埭镇德尔惠鞋业有限公司、陈埭镇政府、罗山街道办事处、永和镇政府进行实地检查，并抽查了青阳、罗山、永和的一些危险品生产企业、储备仓库、建筑工地、非煤矿山等。参加视察的有泉州市人大常委会主任薛祖亮、副主任洪辉煌、周真平，晋江市人大常委会主任施并章，副主任林进德，部分泉州市、晋江市人大常委会委员和部分泉州市人大代表。泉州市政府副市长杨俊峰，晋江市政府副市长郭鸿荣，泉州、晋江两级安监局、卫生局、技术监督局、国土局、交通局、公安局、劳动局、企业局、经济发展局、建设局、规划建设局、消防等部门负责人陪同视察。

8 月 12 日，福建省人大常委会到晋江市开展《中华人民共和国职业病防治法》及《福建省职业病防治条例》执法检查。检查组一行在省人大常委会副主任黄贤模的率领下，先后抽查、检查了晋江市永和镇的石材加工企业，青阳街道办事处和陈埭镇的鞋业生产企业。泉州市人大常委会副主任周子澄、晋江市人大常委会主任施并章陪同检查。

8月18日，晋江市人大常委会青阳、梅岭、西园、罗山、新塘、灵源街道工作委员会举行授印揭牌仪式。市人大常委会主任施并章，市政协主席陈长庚，市委副书记丁聪枝、市委常委高向荣，市人大常委会副主任林进德、蔡天赞、罗云、林文聘、苏银楼及助理调研员黄小闽，市政府副市长吴清滨、张永宁，市政协副主席洪学谋分别出席了各自挂钩街道的授印揭牌仪式，代表市五套班子对街道人大工委的设立表示祝贺。

8月20日，市人大常委会在磁灶镇召开镇（街道）人大工作座谈会。市人大常委会主任施并章，副主任林进德、蔡天赞、罗云、林文聘、苏银楼出席了会议。市人大常委会办公室、各工委主任、副主任、主任科员、副主任科员，各镇人大主席团主席、副主席、秘书，各街道人大工委主任、副主任参加会议。会议由副主任林进德主持。会上，磁灶、安海、深沪、龙湖、池店、紫帽、西滨、英林镇人大主席团和西园街道人大工委负责人先后在会上发言。副主任蔡天赞在会上作了题为《认真履行职责，务求工作实效》的讲话。

8月28日，以福建省人大常委会委员、内务司法委员会主任陈元春为组长，省人大常委会委员、法制委委员、水利厅原厅长黄心炎，泉州市人大常委会副主任魏声外，福建省人大代表、民革福建省委副主委、泉州市主委陈立德等为成员的省人大执法检查组在省公安厅禁毒总队副总队长张聪胜，泉州市人大常委会法制工委主任吴炳煌，泉州市公安局禁毒支队支队长李永木的陪同下到晋江市检查《福建省禁毒条例》的贯彻实施情况。检查组听取了晋江市“一府两院”关于贯彻实施《福建省禁毒条例》的情况汇报，召开了人大代表座谈会，到西滨镇实地察看了创建“无毒害社区”工作情况。

9月2日，晋江市第十四届人大常委会第十次主任（扩大）会议召开。

9月6日，市人大常委会与“一府两院”工作联席会第二次会议在市政府三楼会议室召开。市人大常委会主任施并章、副主任林进德、蔡天赞、罗云、林文聘、苏银楼、助理调研员黄小闽，市人民政府市长杨益民，副市长颜子鸿、陈晋永、郭鸿荣、吴冬冬，市检察院检察长陈国平、市法院副院长林德育参加了会议。会上，市人大常委会通报了开展对市公安局工作评议有关情况及纪念全国人民代表大会制度建立50周年、地方人大常委会设立25周年的一系列活动安排，市人大常委会与“一府两院”就相关工作进行了交流。

9月7日，泉州市人大常委会副主任张贻伦带领执法检查组到晋江市检查《福建省渔港和渔业船舶管理条例》的实施准备情况。检查组实地察看了深沪中心渔港，详细了解晋江市渔港、码头和渔业船舶的管理情况，并在深沪镇召开汇报座谈会，听取市政府关于《福建省渔港和渔业船舶管理条例》实施准备工作情况汇报。晋江市人大常委会副主任苏银楼、副市长陈晋永，市人大常委会农经工委、政府办、农业局、深沪镇、金井镇、东石镇有关负责人陪同检查。

9 月 8 日，晋江市第十四届人大常委会第十一次主任（扩大）会议召开。

同日，泉州市人大常委会副主任周子澄率检查组到晋江市检查《关于泉州市执行文物保护法情况的审议意见》的落实情况。检查组听取了晋江市人民政府的工作汇报，实地察看了全国重点文物保护单位安平桥的保护整治情况。晋江市人大常委会副主任林文聘，市人民政府副市长颜子鸿，市人大常委会教科文卫工委、政府办、文体局、环保局、国土资源局、安海镇人大主席团、镇人民政府等单位领导陪同检查。

9 月 9 日，晋江市第十四届人大常委会第四次会议召开。

9 月 14 日，泉州市人大常委会主任薛祖亮、副主任张千秋一行到晋江市视察两江流域“零点计划”行动进展情况。晋江市人大常委会主任施并章、副市长吴清滨及两级有关职能部门负责人陪同视察。视察组采取随机抽查的方式，先后视察了安海可慕制革集控区、建大印染厂，东石电镀集控区、深沪东海安工业污水处理厂及在建的晋江市垃圾焚烧发电厂、城市污水处理厂，并听取了晋江市政府关于落实《晋江、洛阳江流域工业污染源综合治理“零点计划”行动方案》的情况汇报。

9 月 24 日，晋江市召开庆祝全国人民代表大会成立 50 周年、地方人大设立常委会 25 周年大会。出席庆祝大会的有市委、市人大、市政府、市政协、市纪委、市法院、市检察院领导；曾担任过市人大常委会主任、副主任的老干部；市第十四届人大常委会委员；各民主党派主要负责人；晋江的历届全国人大代表，现职省人大代表、泉州市人大代表、晋江市人大代表；市人大机关全体人员；中央、省、泉州市驻晋江直属单位主要领导，市直机关、市直事业单位、市属国有企业主要领导；各镇党委书记、人大主席团成员，各街道党工委书记、人大工委主任、副主任；部分市法院审判员、检察院检察员和公安民警。会议由市人大常委会主任施并章主持。

9 月 25 日，晋江市举行庆祝全国人民代表大会成立 50 周年、地方人大设立常委会 25 周年踩街活动。由全市各街道、机关事业单位 1000 多人组成的 20 个方队，从青阳街道阳光广场出发，沿着新塘岸街、新华街、爱国楼步行至市体育场。市人大常委会主任施并章，市委副书记、纪委书记周伯恭，市人大常委会副主任林进德、蔡天赞、林文聘、苏银楼，市政府副市长王庆芬，市政协副主席庄铭理，市人大常委会委员，市政府成员单位主要领导，各镇人大主席团主席、副主席，各街道人大工委主任、副主任参加了踩街活动。

9 月 29 日，晋江市第十四届人大常委会第十二次主任（扩大）会议召开。

10 月 11 日，市人大常委会邀请省委党校法学部副教授李小勇到机关作“加强党的执政能力建设与人大工作面临的新机遇、新挑战”专题讲座。市人大常委会组成人员和机关全体人员，各镇人大主席团主席（副主席）、各街道人大工委主任（副主任）、秘书等100多人参加讲座。

10月13日，晋江市第十四届人大常委会第十三次主任（扩大）会议召开。

10月14日，泉州市人大常委会副主任张千秋、周真平率检查组对晋江市重点项目建设情况进行检查。检查组听取了晋江市政府关于泉州市重点项目及LNG电厂前期工作等情况汇报，实地察看了福建百宏聚合纤维公司差别化化学纤维项目、晋江兰峰制革公司PU革项目。晋江市人大常委会副主任苏银楼、市政府副市长郭鸿荣，泉州、晋江两级人大常委会财经工委、城建工委，政府办、计委、经济发展局、规划建设局、交通局、国土局负责人陪同检查。

10月20日，福建省人大常委会人事代表室、信访局联合到晋江市开展人大代表在基层轮流接访群众活动情况调研。调研组一行分别与晋江市人大常委会副主任林进德、蔡天赞，市人大常委会代表联络工委、法制工委，陈埭镇、磁灶镇、东石镇、紫帽镇、深沪镇人大主席团负责人等进行了座谈交流。

10月20—21日，应晋江市人大常委会施并章主任的邀请，台湾嘉义县议长侯清河一行25人于上午在晋江市进行访问交流，这是台湾地区首个议会访问团来到晋江市访问。访问团一行参观了晋江市部分市政设施和建设项目，听取了晋江市人民政府关于晋江市情的介绍，与晋江市人大常委会进行了座谈。

10月21日，市人大常委会组织机关离退休老干部参观施琅纪念馆、深沪湾海底古森林遗址和深沪中心渔港。

10月22日，晋江市第十四届人大常委会第十四次主任（扩大）会议召开。

10月25日，市人大常委会组织部分市人大代表调研晋江市药品市场管理工作。市人大常委会副主任林文聘，市人大常委会部分工委负责人及部分市人大代表参加调研。市药监局有关人员陪同调研。调研组实地察看了晋江市医院药房、东方医院药房、青华第二卫生所、晋江市医药公司第二门市部，召开汇报座谈会，听取市药监局关于药品管理市场管理情况汇报，并进行座谈。

10月26日，市人大常委会组织部分市人大代表跟踪检查晋江市贯彻执行《中华人民共和国食品卫生法》情况。市人大常委会主任施并章，副主任林进德、蔡天赞、林文聘、苏银楼，办公室、各工委主任、副主任、主任科员、副主任科员参加了检查。市政府副市长王庆芬，市卫生局有关人员陪同检查。检查组随机抽查了市区的多家酒店及快餐店，听取了市政府关于贯彻实施《中华人民共和国食品卫生法》工作汇报。

10月29日，晋江市第十四届人大常委会第五次会议召开。

11月1日，晋江市第十四届人大常委会第十五次主任（扩大）会议召开。

11月9日，市人大常委会组织部分市人大代表对《福建省华侨捐赠兴办公益事业管理条例》的执行情况进行检查。市人大常委会副主任林文聘，市人大常委会部分工委、“五侨”联席会议成员单位、龙湖镇、东石镇人大主席团领导及部分市人大代表参加了检查。检查组先后到龙湖镇阳溪中学、西湖村，东石镇侨声中学的几个华侨捐赠公益事业进行实地检查，并听取了市侨台外事局关于晋江市贯彻《福建省华侨捐赠兴办公益事业管理条例》的情况汇报。

11 月 10 日，晋江市第十四届人大常委会第十六次主任（扩大）会议召开。

11 月 22 日，市人大常委会组织部分市人大代表对市十四届人大一次会议确定的重点代表建议的办理落实情况进行检查，检查采取听取主办单位领导汇报、座谈的形式进行。市人大常委会主任施并章，副主任林进德、蔡天赞、罗云、林文聘、苏银楼，办公室、各工委主任、副主任、主任科员、副主任科员，重点建议领衔代表参加检查。市政府副市长王庆芬，市委编办、政府办、经济发展局、规划建设局、市政园林局领导陪同检查。

11 月 23 日，晋江市第十四届人大常委会第十七次主任（扩大）会议召开。

同日，晋江市第十四届人大常委会第六次会议召开。

12 月 2 日，市人大常委会举行聘任工作委员会兼职委员仪式。市人大常委会主任施并章，副主任蔡天赞、罗云、林文聘、苏银楼，农经工委、财政工委、城建工委领导与新聘任的 11 位兼职委员进行了座谈，市人大常委会领导为兼职委员颁发了聘书。

12 月 9 日，市人大常委会、市政协联合组织视察沿海大通道建设情况。视察组实地视察了沿海大通道深沪段、金井段、英林段，听取了市政府关于沿海大通道建设情况的报告。参加视察的有市政协主席陈长庚，市人大常委会副主任林进德、蔡天赞、罗云、苏银楼，市政协副主席方玉銮、洪学谋、郭金醒，市人大常委会办公室及各工委主任、副主任、主任科员、副主任科员，部分省、泉州、晋江市人大代表，市政协各办主任、副主任，部分省、泉州、晋江市政协委员。陪同视察的有市政府王庆芬副市长，市政府办、经济发展局、公安局、财政局、规划建设局、交通局、农业局、国土资源局、安监局、工业园区管委会、安平管理处、陈埭、池店、安海、东石、英林、金井、龙湖、深沪镇、新塘街道办事处等有关单位负责人。

同日，晋江市第十四届人大常委会第十八次主任（扩大）会议召开。

12 月 16 日，市人大常委会组织部分市人大代表视察《市十三届人大三次会议关于治理九十九溪下游严重内涝的决议》执行情况。作为市十三届人大三次会议第一号议案，九十九溪下游防洪排涝工程自 2001 年以来已完成总投资 1415.33 万元，完成河道整治 14.14 千米，农桥 8 座，晋东平原排涝工程排灌设施 9 座，并取得了明显的防洪排涝效果。参加视察的有市人大常委会主任施并章，副主任林进德、罗云、林文聘、苏银楼，泉州市第十三届人大晋江代表团第二、三小组代表，晋江市人大常委会办公室、各工委主任、副主任、主任科员、副主任科员和西园人大工委、陈埭镇、池店镇人大主席团负责人，部分晋江市人大代表，市人大常委会农经工委兼职委员。市政府副市长陈晋永，市政府办、水利局、市政园林局、国土局、交通局、西园街道办事处、陈埭镇、池店镇有关领导陪同视察。

12月17日，晋江市第十四届人大常委会第十九次主任（扩大）会议召开。

12月23日，市第十四届人大常委会第六次会议召开。

2005年

1月10日，晋江市第十四届人大常委会第二十次主任（扩大）会议召开。

1月12日，晋江市第十四届人大常委会第七次会议召开。

1月25—28日，晋江市第十四届人民代表大会第二次会议在青阳召开。

2月28日，晋江市第十四届人大常委会第二十一次主任（扩大）会议召开。

3月1日，晋江市召开市人大常委会与“一府两院”工作联席会第三次会议。市人大常委会主任、市长、副市长及市人民法院、市检察院主要领导出席。

同日，泉州市人大常委会主任薛祖亮到晋江市调研检查保持共产党员先进性教育活动工作。

3月2日，晋江市的十届全国人大代表李春兴抵京参加全国两会。

3月3日，晋江市第十四届人大常委会第二十二次主任（扩大）会议召开。

3月4日，晋江市第十四届人大常委会第八次会议召开。

同日，晋江市人大常委会组织视察晋江市公安局。

3月9日，泉州市人大常委会副主任周子橙率检查组一行到晋江市检查《中共中央国务院关于进一步加强和改进未成年人思想道德建设的若干意见》贯彻落实情况。实地视察晋江一中、晋江第二实小、紫帽中学（晋江市中小学生劳动技术教育基地）、市科技馆、市博物馆等。

3月21日，晋江市第十四届人大常委会第二十三次主任（扩大）会议召开。

4月13日，市人大常委会组织部分市人大代表检查晋江市执行《中华人民共和国建筑法》的情况。市人大常委会主任施并章、副主任林进德、蔡天赞、林文聘、苏银楼，市人大常委会办公室及各工委主任、副主任、主任科员、副主任科员，部分泉州市、晋江市人大代表参加检查。市政府王庆芬副市长、市政府办公室、规划建设与房管局、市政园林局、行政执法局、安监局等部门的领导陪同检查。

4月14日，晋江市第十四届人大常委会第二十四次主任（扩大）会议召开。

4月20日，晋江市第十四届人大常委会第二十五次主任（扩大）会议召开。

4月22日，晋江市第十四届人大常委会第九次会议召开。

5月12—13日，福建省人大常委会副主任曹德淦率省人大执法检查组对晋江市开展《中华人民共和国海洋环境保护法》和《福建省海洋环境保护条例》执法检查。实地检查东石电镀集控区、东海垵工业集控区及深沪湾海底古森林自然保护区。晋江市领导施并章、陈晋永陪同。

5月17日，晋江市第十四届人大常委会第二十六次主任（扩大）会议召开。

6月2日，晋江市第十四届人大常委会第二十七次主任（扩大）会议召开。

6月15日，泉州市人大常委会副主任周予澄带队到晋江市开展医疗服务市场情况调研。实地察看梅岭社区服务中心（青阳卫生院）、金井中心卫生院、英墩华侨医院、长江医院。

6月17日，晋江市第十四届人大常委会第二十八次主任（扩大）会议召开。

6月23日，晋江市第十四届人大常委会第二十九次主任（扩大）会议召开。

6月28日，晋江市第十四届人大常委会第十次会议召开。

7月15日，晋江市第十四届人大常委会第三十次主任（扩大）会议召开。

7月25日，市人大常委会在东石镇召开全市镇（街道）人大工作座谈会，市人大常委会领导施并章、蔡天赞分别讲话。

7月26日，晋江市第十四届人大常委会第三十一次主任（扩大）会议召开。

8月10日，市委邀请省人大常委会副主任、省宪法与人大制度研究会会长宋峻为晋江市委学习中心组作题为《宪法与人大制度》的讲座。市五套班子领导成员出席。

同日，晋江市第十四届人大常委会第三十二次主任（扩大）会议召开。

8月11日，晋江市第十四届人大常委会第十一次会议召开。

8月17日，晋江市第十四届人大常委会第三十三次主任（扩大）会议召开。

8月25日，市人大常委会副主任林文聘带队到金源自来水厂调研自来水普及和水质情况。

9月7日，福建省人大常委会副主任黄贤模，在泉州市人大常委会副主任周子澄陪同下，到晋江市就《福建省体育经营活动管理条例（草案）》《福建省实施〈中华人民共和国国家通用语言文字法〉办法（草案征求意见稿）》进行立法调研。

9月26日，晋江市第十四届人大常委会第三十四次主任（扩大）会议召开。

9月27日，晋江市第十四届人大常委会第三十五次主任（扩大）会议召开。

9月28日，全国人大常委会副委员长蒋正华率全国人大常委会《中华人民共和国农业法》检查组在福建省、泉州市两级领导曹德淦、张贻伦、洪泽生陪同下到晋江市检查《中华人民共和国农业法》执行情况。

9月30日，晋江市第十四届人大常委会第十二次会议召开。

10月9日，晋江市第十四届人大常委会第三十六次主任（扩大）会议召开。

10月12日，晋江市委召开全市人大工作会议，泉州市委副书记、晋江市委书记李建国、市人大常委会主任施并章分别作了讲话。市政府杨益民市长及市法院院长、检察院检察长分别作了表态发言。

同日，全国人大常委会副委员长何鲁丽率全国人大常委会执法检查组到晋江市检查《中华人民共和国劳动法》实施情况。市长杨益民作了汇报。泉州、晋江市领导傅圆圆、周真平、杨益民陪同检查恒安集团、亲亲食品等企业。

10月26日，晋江市第十四届人大常委会第三十七次主任（扩大）会议召开。

10月27日，晋江市第十四届人大常委会第三十八次主任（扩大）会议召开。

11月12日，全国人大常委会副委员长何鲁丽率全国人大常委会执法检查组在福建省人大常委会副主任朱亚衍的陪同下，对晋江市贯彻实施《中华人民共和国劳动法》情况进行检查。实地考察恒安集团、亲亲股份有限公司、钻石体育用品有限公司。

11月16日，晋江市第十四届人大常委会第十三次会议召开。

11月18日，晋江市第十四届人大常委会第三十九次主任（扩大）会议召开。

11月26—27日，福建省的十届全国人大代表到晋江市安踏公司、七匹狼公司、东石华懋电镀集控区、晋江垃圾焚烧发电厂等进行实地视察。市领导李建国、施并章、杨益民陪同。

11月30日，市人大常委会副主任罗云率市直有关部门负责人到西园街道办事处接待群众来访。

12月9日，晋江市第十四届人大常委会第四十次主任（扩大）会议召开。

12月13日，重庆市委书记、人大常委会主任黄镇东率党政代表团到晋江市考察。省、泉州、晋江市领导曹德淦、郑道溪、李建国、廖小军、施并章、高向荣、陈少华陪同考察垃圾焚烧发电厂、安踏鞋业、浔兴拉链、百宏织造等企业。

12月14日，晋江市第十四届人大常委会第四十一次主任（扩大）会议召开。

12月15日，晋江市第十四届人大常委会第十四次会议召开。

12月23日，晋江市第十四届人大常委会第四十二次主任（扩大）会议召开。

12月29日，晋江市第十四届人大常委会第十五次会议召开。

2006年

1月16—19日，晋江市第十四届人民代表大会第三次会议在青阳召开。

2月14日，晋江市第十四届人大常委会第四十三次主任（扩大）会议召开。

2月16日，泉州市人大常委会主任傅圆圆率检查组一行到晋江市开展近海水域环境污染治理情况检查。实地检查陈埭坊脚、军垦农场桥、陈埭垃圾转运站、金丰染整公司、优兰发纸业及晋江仙石污水处理厂、乌边港水闸等。市领导施并章、苏银楼陪同。

2 月 17 日，晋江市第十四届人大常委会第四十四次主任（扩大）会议召开。

2 月 22 日，晋江市第十四届人大常委会第四十五次主任（扩大）会议召开。

2 月 24 日，晋江市第十四届人大常委会第十六次会议召开。

2 月 28 日，福建省人大常委会副主任黄贤模率全省人大教科文卫工作座谈会人员到晋江市考察。

3 月 16 日，晋江市第十四届人大常委会第四十六次主任（扩大）会议召开。

3 月 24 日，晋江市第十四届人大常委会第四十七次主任（扩大）会议召开。

3 月 28 日，泉州市人大常委会主任傅圆圆率调研组一行到安海镇开展社会主义新农村建设工作调研。调研组一行深入安海镇西门、前蔡村，实地调研新农村建设情况。

3 月 31 日，晋江市第十四届人大常委会第四十八次主任（扩大）会议召开。

4 月 10 日，市人大常委会召开全市镇（街道）人大工作会议，回顾总结过去一年全市镇（街道）人大工作，研究探讨新一年的工作思路，并对 2002—2005 年“双先双优”进行表彰。共表彰 6 个先进镇人大主席团、街道人大工委，13 个先进人大代表小组，33 名优秀人大代表，19 名优秀人大工作者。市人大常委会主任施并章、副主任蔡天赞分别讲话。

4 月 11 日，泉州市人大常委会主任傅圆圆，副主任魏坚、周真平到晋江市就近海水域环境污染治理工作进展情况进行第二次检查。实地检查峰安制革厂、凤竹纺织科技有限公司，泉州市、晋江市领导王亚君、杨益民、施并章、苏银楼、陈晋永陪同。

4 月 12 日，市人大常委会组织视察春耕生产情况。

4 月 13 日，福建省人大常委会原副主任、省老年基金会会长童万亨一行在泉州市人大常委会副主任林伯前陪同下，到晋江市调研农村养老保障体系建设情况。

4 月 14 日，晋江市第十四届人大常委会第四十九次主任（扩大）会议召开。

4 月 21 日，市人大常委会组织部分市人大代表检查《中华人民共和国职业教育法》执行情况。

4 月 27 日，晋江市第十四届人大常委会第五十次主任（扩大）会议召开。

4 月 28 日，晋江市第十四届人大常委会第十七次会议召开。

5 月 11 日，以福建省人大常委会原主任袁启彤为组长的社会主义新农村建设专题组到晋江市开展工作调研，实地考察安海镇前蔡村新农村建设示范点、晋江福源食品有限公司、东石喜多多食品有限公司、深沪东华生态农业发展有限公司。市领导杨益民、施并章、林进德、陈晋永陪同。

5 月 12 日，晋江市第十四届人大常委会第五十一次主任（扩大）会议召开。

6 月 2 日，晋江市第十四届人大常委会第五十二次主任（扩大）会议召开。

6 月 8 日，福建省人大常委会副主任贾锡太率执法检查组到晋江市开展《中华人民共和国节约能源法》执行情况检查。实地检查晋江三益钢铁有限公司。市领导施并章、罗云、张永宁陪同。

6月9日，晋江市第十四届人大常委会第五十三次主任（扩大）会议召开。

6月15日，晋江市第十四届人大常委会第十八次会议召开。

6月16日，晋江市第十四届人大常委会第五十四次主任（扩大）会议召开。

6月19日，泉州市人大常委会主任傅圆圆率调研组一行到晋江市开展换届选举工作调研。市人大常委会副主任蔡天赞介绍晋江市历来的做法和成效。

7月14日，晋江市第十四届人大常委会第五十五次主任（扩大）会议召开。

7月20日，晋江市第十四届人大常委会第五十六次主任（扩大）会议召开。

8月8日，晋江市第十四届人大常委会第五十七次主任（扩大）会议召开。

8月22日，晋江市第十四届人大常委会第十九次会议召开。

8月30日，晋江市第十四届人大常委会第五十八次主任（扩大）会议召开。

9月13日，晋江市第十四届人大常委会第五十九次主任（扩大）会议召开。

10月10日，晋江市第十四届人大常委会第六十次主任（扩大）会议召开。

10月16日，晋江市第十四届人大常委会第二十次会议召开。

10月31日，晋江市第十四届人大常委会第六十一次主任（扩大）会议召开。

11月10日，晋江市第十四届人大常委会第二十一次会议召开。

11月21日，泉州市人大常委会主任傅圆圆率视察组到晋江对近海水域污染治理情况进行视察。视察组一行先后实地视察仙石污水处理厂建设进展情况、九十九溪整治现场、仙石污水处理厂配套1号泵站建设进展情况。

11月6日，晋江市第十四届人大常委会第六十二次主任（扩大）会议召开。

11月15日，晋江市第十四届人大常委会第六十三次主任（扩大）会议召开。

11月30日，晋江市第十四届人大常委会第六十四次主任（扩大）会议召开。

12月5日，晋江市第十四届人大常委会第二十二次会议召开。

12月8日，福建省人大常委会原副主任童万亨一行到晋江市考察爱心护理工程试点单位和养老服务机构情况。

12月13日，晋江市第十四届人大常委会第二十三次会议召开。

12月14—18日，晋江市第十五届人民代表大会第一次会议在青阳召开。

12月17日，泉州市第十四届人民代表大会第一次会议晋江代表团举办培训班培训。

2007年

1月26日，晋江市第十五届人大常委会第一次主任（扩大）会议召开。

2月6日，晋江市第十五届人大常委会第一次会议召开。

2月8日，晋江市召开2006年市、镇两级人大换届选举工作总结会，回顾总结2006年市、镇两级人大换届选举工作经验。市领导杨益民、王景星、李元巍、蔡天赞出席会议。泉州市委常委、晋江市委书记、市选举工作领导小组组长杨益民代表市委、市政府向全体选举工作人员的辛勤工作以及取得的成绩表示衷心的感谢，同时强调要毫不动摇地坚持和完善人民代表制度。

2月18日，市人大常委会召开评议市环保局工作会议。

3月1日，市人大常委会向36位受聘担任市人大常委会各委员会兼职委员颁发聘书。他们将履行兼职委员的职责，成为人大工作的智囊团，进一步拓宽人大常委会听取民声、了解民意的渠道。

3月3—16日，全国人大代表、晋江市凤竹集团公司董事长、梅岭街道竹树下社区党支部书记李春兴赴北京参加第十届全国人民代表大会第五次会议，

3月9日，晋江市召开2007年建议办会，总结2006年建议办理工作，研究办理晋江市十五届人大一次会议代表建议、意见，确保2007年办理工作按时高质量完成。

3月19日，晋江市第十五届人大常委会第二次主任（扩大）会议召开。

3月28日，晋江市第十五届人大常委会第三次主任（扩大）会议召开。

4月12日，晋江市第十五届人大常委会第四次主任（扩大）会议召开。

4月25日，福建省人大常委会副主任朱亚衍率调研组到晋江市开展村镇规划建设管理情况的调研，重点视察新农村规划建设及农村家园清洁方面的措施。调研组先后实地考察深沪镇运伙村、垃圾焚烧发电厂、梅花伞业股份有限公司、东石镇梅塘村等地。在东石镇召开汇报座谈会，听取泉州市政府关于村镇规划建设管理情况的汇报，并与泉州市、晋江市相关职能单位负责人，晋江市沿海镇、村领导进行座谈。

4月30日，晋江市第十五届人大常委会第二次会议召开。

5月24日，晋江市第十五届人大常委会第五次主任（扩大）会议召开。

6月11日，在闽的全国人大代表一行在晋江市领导吴清滨陪同下视察晋江市仙石污水处理厂、垃圾焚烧发电综合处理厂、晋江热电有限公司、福建凤竹纺织科技股份有限公司等项目运行情况。

6月14日，晋江市第十五届人大常委会第六次主任（扩大）会议召开。

6月18日，市人大常委会组织视察到晋江市务工人员子女就学情况。实地察看荆山外来工子弟学校、青阳街道高霞小学、中和小学、南区中学。晋江全市282所公办小学，到晋江市务工人员子女占一半以上的就有156所。

6月27日，福建省人大常委会检查组一行在省人大常委会副主任曾喜祥带领下，到晋江市就《中华人民共和国法官法》《中华人民共和国检察官法》执法检查意见整改

落实情况进行检查。

6 月 28 日，晋江市第十五届人大常委会第三次会议召开。

7 月 2 日，福建省人大常委会副主任黄贤模率省科技进步考核组对晋江市申报2005—2006 年度全国科技进步先进市工作进行实地考核。考核组实地考察福建凤竹纺织科技股份有限公司。

7 月 17 日，晋江市第十五届人大常委会第七次主任（扩大）会议召开。

7 月 24 日，泉州市的省第十届人大代表到晋江市开展三个专题调研。代表们分成三个调研组分别深入企业、基层，就晋江市中心市区重点城建项目实施情况、节能减排情况和台资聚集区建设情况进行专题调研。省第十届人大代表廖小军、杨益民、陈荣洲、吴共湖参加调研。

7 月 25 日，全市镇（街道）人大工作座谈会在紫帽镇召开。市人大常委会主任王景星，副主任林进德、蔡天赞、罗云、颜子鸿出席座谈会。座谈会由林进德副主任主持。

7 月 26 日，市人大常委会组织部分市人大代表对市人民政府落实《晋江市人大常委会关于〈福建省沿海防护林条例〉执行情况的审议意见》情况进行跟踪检查。实地检查沿海大通道非规划林地和风口造林情况及沿海防护林木麻黄造林基地，听取市政府关于落实情况的报告并进行座谈。

7 月 30 日，晋江市人大常委会组织部分市人大代表检查晋江市重点项目建设情况。市领导王景星、丁聪枝、颜子鸿、罗云参加检查。截至 6 月底，全市在建重点项目开工65 个，开工率达到 79.3%。

7 月 31 日，晋江市第十五届人大常委会第八次主任（扩大）会议召开。

8 月 10 日，晋江市第十五届人大常委会第九次主任（扩大）会议召开。

8 月 14 日，晋江市第十五届人大常委会第十次主任（扩大）会议召开。

8 月 16 日，市人大常委会组织部分市人大代表检查晋江市执行《福建省宗教事务条例》情况。实地察看池店庆莲寺、青阳基督教堂，听取灵源街道办事处、池店镇政府关于贯彻执行《福建省宗教事务条例》情况的汇报并进行座谈。

8 月 23 日，全国人大常委会信访局副局长王占锋一行到晋江市调研涉及行政诉讼方面的信访问题。

8 月 27 日，市人大常委会组织部分市人大代表食品安全监管工作调研。实地察看曾井综合市场、翰林池市场、市区肉联厂、陈埭威龙超市、福建蜡笔小新食品有限公司。

8 月 28 日，市人大常委会组织部分市人大代表视察全市“百村示范、村村整治”工作。实地察看罗山街道许坑社区、永和镇玉湖村、安海镇西门村新农村建设工作现场。

8 月 29 日，福建省人大常委会党组副书记、副主任陈营官率省委调研检查组到晋江，调研检查《中共福建省委关于进一步加强人大工作的决定》的贯彻落实情况。在泉州、晋江市领导傅圆圆、杨益民、李建辉、王景星等陪同下参观晋江青阳街道阳光社区。

8 月 31 日，晋江市第十五届人大常委会第四次会议召开。

9 月 4 日，晋江市召开人大常委会与“一府两院”联席第二次会议。市人大常委会、市政府、市法院、市检察院先后通报上半年工作情况及下阶段的主要工作安排。

同日，市人大常委会主任王景星到安海视察安海小流域整治情况。

9 月 17 日，晋江市第十五届人大常委会第十一次主任（扩大）会议召开。

9 月 29 日，晋江市第十五届人大常委会第十二次主任（扩大）会议召开。

10 月 17 日，泉州市人大常委会主任傅圆圆率检查组到晋江检查 2007 年泉州市重点项目建设情况。泉州、晋江市领导廖小军、王景星等陪同检查。

10 月 19 日，晋江市人大常委会组织部分市人大代表视察晋江市近海水域环境污染治理和小流域综合治理工作进展情况，集中分析整治现状。市人大常委会主任王景星参加。

10 月 22 日，晋江市第十五届人大常委会第十三次主任（扩大）会议召开。

10 月 30—31 日，晋江市第十五届人大常委会第五次会议召开。

11 月 8 日，市人大常委会组织对晋江市十五届人大一次会议代表重点建议办理落实情况进行检查。检查组一行先后实地察看了龙湖溢洪道口水资源保护情况，沿海大通道深沪段防护林建设情况，季延中学路口交通整治情况。听取了市政府关于市十五届人大一次会议代表重点建议办理落实情况的报告，听取了各承办单位关于市十五届人大一次会议代表重点建议办理落实情况的报告，并进行了座谈。

同日，晋江市第十五届人大常委会第十四次主任（扩大）会议召开。

11 月 19 日，晋江市第十五届人大常委会第十五次主任（扩大）会议召开。

11 月 22 日，市人大常委会组织全市的全国、福建省、泉州市人大代表视察晋江市经济社会发展情况。视察组一行先后实地视察 LNG 燃气电厂、百宏公司、桥南片区、安踏公司。

11 月 27 日，晋江市第十五届人大常委会第六次会议召开。

11 月 30 日，晋江市第十五届人大常委会第十六次主任（扩大）会议召开。

12 月 4 日，晋江市第十五届人大常委会第七次会议召开。

12 月 11 日，晋江市人大常委会组织部分市人大代表调研晋江市重点项目市区污水处理厂建设情况。

12 月 12 日，晋江市第十五届人大常委会第十七次主任（扩大）会议召开。

12 月 13 日，泉州市人大常委会视察组一行，对晋江市近海域污染治理决议执行情况进行视察。视察组听取晋江市关于近海域环境污染治理工作情况汇报及晋东平原排污专项规划编制及论证情况的专题汇报。实地察看仙石污水处理厂、晋东排污一期工程。

泉州、晋江市领导傅圆圆、王景星等参加。

12月17日，晋江市第十五届人大常委会第八次会议召开。

12月24日，晋江市第十五届人大常委会第十八次主任（扩大）会议召开。

12月27日，晋江市第十五届人大常委会第九次会议召开。

12月30日至2008年1月2日，晋江市第十五届人民代表大会第二次会议在青阳召开。

2008年

1月29日，晋江市第十五届人大常委会第十九次主任（扩大）会议召开。

2月21日，晋江市第十五届人大常委会第二十次主任（扩大）会议召开。

2月29日，晋江市第十五届人大常委会第十次会议召开。

3月10日，晋江市第十五届人大常委会第二十一次主任（扩大）会议召开。

3月26日，市人大常委会组织部分市人大代表视察全市不同类别学前教育发展情况。副市长蔡萌芽参加。

4月9日，晋江市第十五届人大常委会第二十二次主任（扩大）会议召开。

4月18日，晋江市第十五届人大常委会第十一次会议召开。

5月6日，市人大常委会对《晋江市人大常委会关于防震减灾工作的视察意见》落实情况进行跟踪检查。检查组实地察看晋江市医药恒温药品仓库（面积30.28平方米，可存放供50万人需求的应急生化制品药品，是泉州地区最为先进的生化制品药品恒温冷藏仓库）、世纪公园地震应急避难场所和地震应急指挥中心（占地面积26.7公顷，建成后最少能安排应急避难灾民3.76万人，这是全省首个县级避难场所）。

5月19日，市人大常委会组织部分市人大代表视察晋江市饮用水水源保护工作情况。实地视察南高干渠、田洋取水口、东山水库、溪边水库、龙湖等5个晋江老百姓“水缸”水源点。检查结果表明，晋江饮水水源情况不容乐观。

5月23日，晋江市第十五届人大常委会第二十三次主任（扩大）会议召开。

5月30日，原全国人大常委会委员、省人大常委会副主任、民建省委会主委林强到晋江市考察部分会员企业并拜访部分民建老会员。

6月5日，福建省人大常委会副主任袁锦贵率调研组到晋江市开展“从各层次、各个领域扩大公民有序政治参与”课题调研。实地调研安踏（中国）有限公司、福建七匹狼实业股份有限公司、青阳街道阳光社区。

同日，晋江市第十五届人大常委会第二十四次主任（扩大）会议召开。

6月11日，晋江市第十五届人大常委会第十二次会议召开。

6月19日，福建省人大常委会执法检查组一行在省人大常委会副主任王美香带领下，到晋江市检查《中华人民共和国人口与计划生育法》和《福建省人口与计划生育条例》（以下简称“一法一例”）的实施贯彻情况。检查组实地考察晋江市计生服务站、陈埭外来员工服务管理中心、德尔惠鞋业有限公司、清美（中国）有限公司。

6月26日，晋江市第十五届人大常委会第二十五次主任（扩大）会议召开。

7月4日，福建省人大代表傅圆圆、周真平等一行到晋江市总部商务区、七匹狼实业股份有限公司等地考察。

7月9日，市人大常委会组织市荣誉市民考察调研晋江市经济建设情况。

7月16日，泉州市人大常委会主任傅圆圆带队到晋江市检查泉州理工学院迁建项目进展情况。

7月18日，晋江市第十五届人大常委会第二十六次主任（扩大）会议召开。

8月14日，市人大常委会组织部分市人大代表视察全市新农村建设工作情况，先后视察紫帽紫湖村、磁灶洋宅村、磁灶大埔村及陈埭四境社区，市人大常委会主任王景星参加。

8月18日，晋江市人大常委会召开职业教育发展情况汇报座谈会。晋江市现有中等职业学校6所，2008年春季招生2245人，秋季招生2202人，在校生达到12250人，创历史新高。

8月19日，晋江市第十五届人大常委会第二十七次主任（扩大）会议召开。

8月28日，晋江市第十五届人大常委会第十三次会议召开。

9月9日，晋江市第十五届人大常委会第二十八次主任（扩大）会议召开。

9月19日，晋江市第十五届人大常委会第二十九次主任（扩大）会议召开。

9月23日，市人大常委会组织市人大代表和市直有关部门领导对晋江市法院“两庭建设”（“两庭”即审判法庭和人民法庭）工作情况进行视察。

9月27日，全国人大常委会副委员长华建敏在福建省人大常委会副主任徐谦、泉州市人大常委会主任傅圆圆，泉州市委常委、晋江市委书记杨益民陪同下，到晋江市进行劳动合同法执法检查。

10月16日，福建省人大常委会副主任庄先在晋江对水土保持法和全省实施办法检查的整改落实情况进行跟踪检查。检查组实地检查金井镇钞岱水库水源区水土保持生态建设情况和深沪镇沿海防护林首峰段建设情况。

10月20日，晋江市第十五届人大常委会第三十次主任（扩大）会议召开。

10月28日，晋江市第十五届人大常委会第三十一次主任（扩大）会议召开。

10月31日，晋江市第十五届人大常委会第十四次会议召开。

11月4日，泉州市人大常委会主任傅圆圆率调研组到晋江市开展年度城市规划实施情况专题调研，实地察看滨江片区、中国鞋都。

11月5日，晋江市第十五届人大常委会第三十二次主任（扩大）会议召开。

11 月 17 日，晋江市第十五届人大常委会第三十三次主任（扩大）会议召开。

11 月 21 日，晋江市第十五届人大常委会第十五次会议召开。

11 月 27 日，泉州市第十四届人大三次会议代表建议办理工作视察和汇报会在晋江召开。市长李建辉重点汇报食品安全监管和沿海大通道晋江段建设等相关项目的工作情况。2008 年，晋江市承办泉州市人大代表建议 19 件。其中，主办 9 件，协办 10 件。代表建议已全部按规定办复，按期办复率、代表满意率或基本满意率均达 100%。

12 月 3 日，晋江市第十五届人大常委会第三十四次主任（扩大）会议召开。

12 月 23 日，晋江市第十五届人大常委会第三十五次主任（扩大）会议召开。

12 月 29 日，晋江市第十五届人大常委会第三十六次主任（扩大）会议召开。

12 月 31 日，晋江市第十五届人大常委会第十六次会议召开。

2009 年

1 月 14 日，晋江市第十五届人大常委会第三十七次主任（扩大）会议召开。

1 月 16—19 日，晋江市第十五届人民代表大会第三次会议在青阳召开。

2 月 15 日，市人大常委会主任王景星到百宏、逸海等 5 家企业调研，了解企业运行情况。

2 月 16 日，晋江市第十五届人大常委会第三十八次主任（扩大）会议召开。

2 月 20 日，晋江市第十五届人大常委会第三十九次主任（扩大）会议召开。

2 月 27 日，晋江市第十五届人大常委会第十七次会议召开。

3 月 26 日，全国人大常委会委员、国家自然科学基金会副主任、中科院院士、农工党中央副主席姚建年走访农工党晋江市委会，并与农工党晋江市委会党员进行座谈。

同日，晋江市第十五届人大常委会第四十次主任（扩大）会议召开。

3 月 31 日，泉州市人大常委会主任傅圆圆率检查组到晋江市检查近海水域环境污染治理进展情况。

4 月 15 日，市人大常委会主任王景星带队视察晋江市重点科技项目进展情况。

同日，晋江市第十五届人大常委会第四十一次主任（扩大）会议召开。

4 月 21 日，晋江市第十五届人大常委会第十八次会议召开。

4 月 29 日，福建省人大常委会副主任王美香率闽台交流合作环境建设调研组到晋江市，在美旗公司与泉州台企代表座谈与交流。泉州市人大常委会主任傅圆圆、市长李建辉等陪同调研。

5 月 7 日，晋江市第十五届人大常委会第四十二次主任（扩大）会议召开。

5 月 15 日，十一届全国人大常委会副委员长周铁农一行到晋江市考察安踏集团。

同日，晋江市第十五届人大常委会第十九次会议召开。

6月4日，福建省人大常委会组织在闽的十一届全国人大代表到晋江开展专题调研活动。泉州、晋江市领导傅圆圆、孙增福、陈荣洲、尤猛军、王景星、蔡天赞、陈晋永陪同调研。

6月12日，晋江市第十五届人大常委会第四十三次主任（扩大）会议召开。

6月24日，晋江市第十五届人大常委会第二十次会议召开。

7月1日，市人大常委会、市委组织部、金井镇党委、政府和七匹狼集团党委举行联谊活动，庆祝建党88周年。

7月3日，晋江市第十五届人大常委会第四十四次主任（扩大）会议召开。

7月9日，晋江举行福建省、泉州市、晋江市三级人大代表第五期培训班，邀请福建省人大常委会委员、法工委副主任徐平作《中华人民共和国宪法》辅导讲座。

7月24日，晋江市第十五届人大常委会第四十五次主任（扩大）会议召开。

7月30日，市人大常委会组织部分市人大代表视察组到湖光西路、湖中路、七一路、晋江市公安局110指挥中心、敏月公园、曾井公交车站等处，视察晋江城市管理工作情况，并召开座谈会，听取市政府关于城市管理工作情况汇报。

同日，市人大常委会与市政府、法院、检察院召开工作联席会第五次会议，市领导尤猛军、王景星出席。

8月3日，晋江市第十五届人大常委会第四十六次主任（扩大）会议召开。

8月3—8日，全市19个镇（街道）386个村（居）委会全面换届选举工作基本完成。

8月6日，福建省人大常委会副主任郑道溪率有关人员到晋江市调研检查省委《关于进一步加强人大工作的决定》贯彻落实情况。市委书记杨益民作汇报，泉州、晋江市领导傅圆圆、尤猛军、王景星等出席。

8月11日，市人大常委会在安海召开全市镇（街道）人大工作座谈会。

8月13日，泉州市人大常委会主任傅圆圆到晋江市视察泉州港围头湾港区通海航道工程建设情况。

8月24日，福建省人大常委会委员、华侨工作委员会主任何锦龙率领调研组，到晋江市开展散居社会归难侨情况专题调研。

同日，晋江市第十五届人大常委会第四十七次主任（扩大）会议召开。

8月26日，市人大常委会组织部分市人大代表视察乌边港水闸、九十九溪上游防洪排涝工程一期工程砌坑段C1标段（砌坑鱼鳞闸）及湖漏溪入海口段河道整治工程（鲤鱼穴桥）等九十九溪下游及小流域治理工作情况。

8月28日，晋江市第十五届人大常委会第四十八次主任（扩大）会议召开。

8月31日，晋江市第十五届人大常委会第二十一次会议召开。

9月1日，市人大常委会召开归侨侨眷代表座谈会，了解晋江市归侨侨眷的基本生活情况和基本权益是否得到保障，以及在实际中仍需解决的困难。

9月3—4日，市领导杨益民、王景星等及泉州市十四届人大代表晋江市成员到厦门考察，学习思明区企业总部规划营运经验、“飞地”工业的管理和经营模式，以及失地农民生活保障经验。

9月14日，晋江市领导尤猛军、王景星、周伯恭到市人大、政协听取人大代表、政协委员对滨江商务区首期开发建设项目意见和建议。

9月15日，全国人大常委会委员、国家自然科学基金委副主任、中国科学院院士姚建年一行到晋江市考察金保利公司以及省包装印刷产业（晋江）基地，并听取相关部门的汇报。

9月16日，市人大常委会组织部分市人大代表检查组检查全市实施《中华人民共和国归侨侨眷权益保护法》《福建省实施〈中华人民共和国归侨侨眷权益保护法〉办法》的情况。

9月17日，市委召开常委会。会议学习省委书记卢展工在《中共福建省委关于进一步加强人大工作的决定》贯彻落实情况调研检查汇报会上的讲话精神等，研究确定滨江商务区首批14个开发建设项目。

9月24日，市人大常委会组织部分市人大代表视察全市小学薄弱校改造工作情况。

9月25日，市人大常委会组织全市的全国、省、泉州市人大代表视察全市经济社会发展情况。

9月27日，全国人大常委会副委员长路甬祥率领中央检查组一行到晋江市，检查《中华人民共和国食品安全法》执行情况。

9月28日，市人大常委会组织部分市人大代表视察全市安全生产工作情况。实地视察奇士鞋业有限公司、市委党校迁建工程及长成发新树脂有限公司。

10月16日，市人大常委会视察组实地察看旧城改造二期安置房、罗山街道百宏雅苑小区安置房管理情况。

10月23日，市人大常委会组织部分市人大代表视察晋江市水土保持工作情况。

同日，晋江市第十五届人大常委会第四十九次主任（扩大）会议召开。

同日，市人大常委会在市委党校举办人大代表第六期培训班，来自晋江市的省第十一届人大代表、泉州市第十四届人大代表、晋江市第十五届人大代表共320多人参加这次培训。

10月26日，晋江市第十五届人大常委会第五十次主任（扩大）会议召开。

10月27日，晋江市第十五届人大常委会第二十二次会议召开。

10月28日至11月5日，市人大常委会主任王景星率队到山东济南市南区参加全国14个省20个区（市、县）人大工作座谈会。

10 月 30 日，全国人大常委会原副委员长王汉斌率中央检查组一行到晋江市，考察利郎公司和七匹狼公司。

10 月 30 日，泉州市人大常委会主任傅圆圆率视察组到晋江市视察“近海水域环境污染治理决议”执行情况。实地视察安海可慕截污工程、安平开发区污水处理厂、九十九溪苏厝桥、内沟河阳光段、晋江市在线监测监控系统，并召开座谈会。

11 月 26 日，晋江市人大常委会组织对市十五届人大三次会议确定的 5 件代表重点建议办理落实情况进行检查，实地检查安平桥、内沟河普贤段的治理情况。

12 月 22 日，晋江市第十五届人大常委会第五十一次主任（扩大）会议召开。

12 月 25 日，晋江市第十五届人大常委会第五十二次主任（扩大）会议召开。

12 月 28 日，晋江市第十五届人大常委会第五十三次主任（扩大）会议召开。

12 月 29 日，晋江市第十五届人大常委会第二十三次会议召开。

2010 年

1 月 14 日，晋江市第十五届人大常委会第二十四次会议召开。

同日，晋江市第十五届人大常委会第五十四次主任（扩大）会议召开。

1 月 18—21 日，晋江市第十五届人民代表大会第四次会议在青阳召开。

3 月 4 日，晋江市第十五届人大常委会第五十五次主任（扩大）会议召开。

3 月 17 日，市人大常委会主任王景星带队调研全市旅游开发工作，实地调研紫帽山金粟洞、宋代古窑址、草庵寺、灵源山景区、龙山寺。

3 月 25 日，晋江市第十五届人大常委会第五十六次主任（扩大）会议召开。

3 月 29 日，由省人大常委会副主任庄先带队的省委、省政府农村工作调研检查组到晋江，围绕农村工作及农民工问题开展调研。调研组实地调研深沪镇绿泉农业综合开发公司、深沪运伙村及金井镇滨海新城。

3 月 30 日，晋江市第十五届人大常委会第二十五次会议召开。

3 月 31 日，市领导王景星视察近海水域环境污染治理工作的进展情况，实地检查九十九溪苏厝桥河段、内沟河阳光段等，集中分析整治现状。

4 月 4 日，中国科学院院士、中国农工民主党副主席、全国人大常委会委员姚建年到晋江视察农工党晋江市委会工作。12 日，在晋江市调研绿色能源、高新科技项目发展情况。

4 月 7 日，福建省人大常委会副主任郑道溪率省人大常委会环保执法检查组到晋江市检查。实地走访市区沟河、位于深沪东海垵开发区内的超鸿五金精品有限公司和东海垵漂染集控区。

4 月 9 日，泉州市人大常委会主任傅圆圆率检查组，对 2010 年度晋江市近海水域环境污染治理项目计划制订情况、资金计划安排落实情况，2009年度未完成整治任务的项目进展情况、污水处理厂运行及配套管网建设情况等进行检查，并听取晋江市关于近海水域环境污染治理工作情况的汇报。

4月11日，全国人大常委会副秘书长何晔晖一行到晋江市，考察安踏体育用品有限公司。福建省人大常委会副主任马潞生及泉州、晋江市领导杨益民等陪同。

4月14日，晋江市第十五届人大常委会第五十七次主任（扩大）会议召开。

4月15日，福建省人大常委会副主任袁锦贵，省人大常委会委员、省妇联主席刘群英率检查组到晋江市开展《中华人民共和国妇女权益保障法》执法检查。检查组实地走访青阳街道阳光社区、晋江市法院和恒安集团有限公司。

4月23日，晋江市第十五届人大常委会第五十八次主任（扩大）会议召开。

4月29日，晋江市第十五届人大常委会第二十六次会议召开。

5月7日，晋江市第十五届人大常委会第五十九次主任（扩大）会议召开。

5月12日，全国人大常委会财经委副主任委员闻世震一行，到晋江市调研国民收入分配、收入差距等情况。省人大常委会副主任刘德章，晋江市领导尤猛军、王景星等陪同。

5月27日，晋江市第十五届人大常委会第六十次主任（扩大）会议召开。

6月12日，晋江市第十五届人大常委会第六十一次主任（扩大）会议召开。

6月29日，晋江市第十五届人大常委会第二十七次会议召开。

7月7日，福建省十一届全国人大代表专题调研组到晋江市开展以“加快经济发展方式转变，推进福建发展和海西建设”为总课题的专题调研。

7月13日，晋江市第十五届人大常委会第六十二次主任（扩大）会议召开。

7月20日，福建省人大常委会委员朱明率执法检查组到晋江市开展《中华人民共和国海洋环境保护法》和《福建省海洋环境保护条例》实施情况检查。

7月21日，市人大常委会组织调研梅岭组团改建工程、晋江市火车站站前广场客运站及配套设施建设和内坑旧街二期改造建设情况。

8月20日，晋江市第十五届人大常委会第六十三次主任（扩大）会议召开。

8月24日，晋江市第十五届人大常委会第六十四次主任（扩大）会议召开。

8月27日，市人大常委会召开全市镇（街道）人大工作座谈会。

8月31日，晋江市第十五届人大常委会第二十八次会议召开。

9月1日，市人大常委会举办省、泉州市、晋江市三级人大代表培训班。

9月8日，晋江市第十五届人大常委会第六十五次主任（扩大）会议召开。

9月15日，晋江市的泉州市第十四届人大代表一行到永春县开展调研活动，实地调研永春城南精品街、永春轻工基地、中国汇源果汁福建基地（永春）等8个项目。

9月25日，晋江市第十五届人大常委会第六十六次主任（扩大）会议召开。

9 月 28 日，市人大常委会主任王景星率队检查残疾人保障工作。实地走访龙湖长顺水洗公司、市图书馆视障阅读室、残疾人服务中心大楼、特教学校和晨露幼儿潜能开发中心。

10 月 11 日，市人大常委会在安海镇召开评议市电力公司创建“人民满意单位”活动测评会。

10 月 12 日，市人大常委会组织部分市人大代表对市十五届人大三次会议代表重点建议办理落实情况进行跟踪检查。

10 月 14 日，市人大常委会组织部分市人大代表视察晋江市检察机关的渎职侵权工作开展情况。

10 月 20 日，市人大常委会组织部分市人大代表跟踪检查《晋江市人大常委会关于晋江市自来水普及工作的审议意见》落实情况。

同日，晋江市第十五届人大常委会第六十七次主任（扩大）会议召开。

10 月 27 日，晋江市第十五届人大常委会第二十九次会议召开。

11 月 8 日，晋江市第十五届人大常委会第六十八次主任（扩大）会议召开。

11 月 29 日，晋江市第十五届人大常委会第六十九次主任（扩大）会议召开。

12 月 14 日，晋江市第十五届人大常委会第七十次主任（扩大）会议召开。

12 月 17 日，晋江市第十五届人大常委会第三十次会议召开。

2011 年

1 月 11 日，晋江市第十五届人大常委会第三十一次会议召开。

同日，晋江市第十五届人大常委会第七十一次主任（扩大）会议召开。

1 月 20—23 日，晋江市第十五届人民代表大会第五次会议在青阳召开。

2 月 18 日，晋江市第十五届人大常委会第七十二次主任（扩大）会议召开。

2 月 28 日，晋江市第十五届人大常委会第三十二次会议召开。

3 月 8 日，市人大常委会举行授牌仪式，市人大常委会主任王景星授予晋江市电力有限责任公司“人民满意单位”牌匾。这是市人大常委会成立 31 年来，首次依法向市域单位授予“人民满意单位”称号。

4 月 22 日，晋江市第十五届人大常委会第七十三次主任（扩大）会议召开。

4 月 27 日，泉州市人大常委会副主任周真平率队到晋江市调研农作物良种推广、测土配方施肥项目、新农药示范推广、农业新机具推广等新技术推广应用情况。

4 月 28 日，晋江市人大常委会组织部分市人大代表视察城市重点项目建设情况。

5 月 9 日，晋江市第十五届人大常委会第三十三次会议召开。

5 月 12 日，市人大常委会组织部分市人大代表对晋江市政府落实《晋江市人大常委会关于我市基层文化建设工作的审议意见》情况进行跟踪检查。

5月20日，晋江市第十五届人大常委会第七十四次主任（扩大）会议召开。

6月13日，晋江市人大常委会组织部分市人大代表视察新农村建设情况。

6月24日，市人大常委会主任王景星率队视察晋江市学前教育工作情况，并召开座谈会。

6月29日，晋江市第十五届人大常委会第七十五次主任（扩大）会议召开。

7月7日，泉州市人大常委会副主任陈全顺率检查组到晋江市开展《中华人民共和国消防法》及《福建省消防条例》执法检查。

7月22日，晋江市第十五届人大常委会第七十六次主任（扩大）会议召开。

7月28日，晋江市第十五届人大常委会第三十四次会议召开。

8月17日，晋江市人大常委会组织跟踪检查市十五届人大四次、五次会议重点代表建议办理落实情况。

8月18日，晋江市第十五届人大常委会第七十七次主任（扩大）会议召开。

8月24日，市人大常委会在市委党校举办省、泉州市、晋江市三级人大代表培训班。

8月30日，晋江市第十五届人大常委会第三十五次会议召开。

9月23日，晋江市第十五届人大常委会第七十八次主任（扩大）会议召开。

9月25日，晋江市人大常委会组织部分市人大代表调研晋江市食品安全工作情况。

9月30日，晋江市第十五届人大常委会第七十九次主任（扩大）会议召开。

10月8日，晋江市第十五届人大常委会第三十六次会议召开。

10月10日，福建省人大常委会副主任马潞生率领省执法检查组到晋江市开展《中华人民共和国食品安全法》执法检查。

10月27日，市人大常委会组织部分市人大代表开展《中华人民共和国残疾人保障法》跟踪检查活动。

10月28日，晋江市第十五届人大常委会第八十次主任（扩大）会议召开。

11月7日，晋江市第十五届人大常委会第八十一次主任（扩大）会议召开。

11月8日，泉州市人大常委会副主任周真平到晋江市视察近海水域污染治理决议执行情况。

11月17—21日，市人大常委会组织部分市人大代表调研晋江市城建项目回迁安置房建设情况。

11月18日，晋江市第十五届人大常委会第三十七次会议召开。

同日，晋江市第十五届人大常委会第八十二次主任（扩大）会议召开。

12月2日，晋江市第十五届人大常委会第八十三次主任（扩大）会议召开。

12月6日，晋江市第十五届人大常委会第三十八次会议召开。

12 月 9 日，南平市人大常委会副主任吴荣才率党政考察团到晋江市开展山海协作活动。

12 月 15—19 日，晋江市第十六届人民代表大会第一次会议在罗山召开。

2012 年

2 月 3 日，福建省人大常委会原主任袁启彤到晋江市调研城市建设和企业发展情况。市人大常委会主任陈健倩陪同调研。

2 月 6 日，晋江市第十六届人大常委会第一次主任（扩大）会议召开。

2 月 10 日，福建省人大常委会内司工委副主任陈乙熙到晋江市开展《福建省实施〈中华人民共和国村民委员会组织法〉办法》《福建省村民委员会选举办法（修订草案）》立法调研。市人大常委会副主任姚志强陪同调研。

2 月 14 日，晋江市第十六届人大常委会第一次会议召开。

2 月 16 日，福建省人大常委会法工委主任张大共到晋江市开展《福建省学校安全管理条例（草案修改稿）》立法调研。市人大常委会副主任姚志强、副调研员黄小闽陪同调研。

2 月 24 日，市人大常委会财经委组织部分市人大代表跟踪检查《晋江市人大常委会关于我市加快发展第三产业的审议意见》落实情况。市人大常委会主任陈健倩、副主任庄天怀参加检查。

2 月 29 日，市人大常委会组织部分市人大代表跟踪检查市政府落实《晋江市人大常委会关于我市养老事业发展情况的视察意见》情况。市人大常委会副主任姚志强参加检查。

3 月 6 日，市人大常委会教科文卫委跟踪检查市政府落实《晋江市人大常委会关于我市学前教育工作情况的视察意见》情况。市人大常委会副调研员黄小闽参加检查。

3 月 8 日，福建省人大常委会委员、研究室副主任许长荣到晋江市调研基层人大工作。市人大常委会主任陈健倩、党组副书记丁聪枝陪同调研。

3 月 16 日，市人大常委会召开全市镇（街道）人大工作会议。市人大常委会领导陈健倩、丁聪枝、林庆峰、连泉富、姚志强、黄小闽等出席会议。

3 月 29 日，市人大常委会组织部分市人大代表视察晋江市近海水域环境污染治理情况。市人大常委会主任陈健倩、党组副书记丁聪枝、副主任林庆峰参加视察。

4 月 5 日，晋江市第十六届人大常委会第二次主任（扩大）会议召开。

4 月 6 日，市人大常委会组织部分市人大代表视察晋江市春耕生产情况。市人大常委会领导陈健倩、林庆峰、连泉富、黄小闽参加视察。

同日，市第十六届人大常委会与“一府两院”工作联席会第一次会议在市人大五楼会议室召开，会议由市人大常委会主任陈健倩主持。市人大常委会领导丁聪枝、林庆峰、连泉富、姚志强、庄天怀出席了会议。

同日，福建省人大常委会教科文卫工委主任王豫生到晋江市开展《福建省科学技术进步条例（修订草案）》立法调研。市人大常委会副调研员黄小闽陪同调研。

4月16日，福建省人大常委会副主任庄先到晋江市开展调研检查工作。市人大常委会主任陈健倩、副主任连泉富陪同调研检查。

4月17日，福建省人大常委会党组书记、副主任徐谦到晋江市开展《中华人民共和国安全生产法》和《福建省安全生产条例》执法检查。晋江市人大常委会主任陈健倩、副主任庄天怀陪同检查。

4月19日，晋江市第十六届人大常委会第三次主任（扩大）会议召开。

4月24日，市人大常委会组织部分市人大代表实地调研晋江市植树造林绿化工作情况。市人大常委会领导陈健倩、连泉富、姚志强、黄小闽等参加调研。

4月25—26日，福建省人大常委会环城工委副主任林坚飞、徐江到晋江市调研小城镇综合改革试点工作。市人大常委会主任陈健倩、副主任林庆峰陪同调研。

4月26日，晋江市第十六届人大常委会第二次会议召开。

4月27日，市人大常委会组织视察晋江市旅游工作情况。市人大常委会主任陈健倩，副主任林庆峰、连泉富等参加视察。

4月28日，市人大常委会组织部分市人大代表对城市重点项目建设情况进行视察。市人大常委会领导陈健倩、丁聪枝、林庆峰、连泉富、姚志强、庄天怀、黄小闽等参加视察。

5月8日，晋江市人大常委会组织部分市人大代表检查市十六届人大一次会议重点代表建议的办理情况。市人大常委会副主任姚志强参加检查活动。

5月10日，市人大常委会财经委组织部分市人大代表对《晋江市人大常委会关于我市经济开发区开发建设情况的审议意见》落实情况进行跟踪检查。市人大常委会副主任庄天怀参加检查。

同日，市人大常委会教科文卫委组织部分市人大代表对《晋江市人大常委会关于我市医药卫生体制改革实施情况的审议意见》落实情况进行跟踪检查。市人大常委会副调研员黄小闽参加检查。

5月11日，泉州市人大常委会副主任潘燕燕到晋江市调研气象探测环境和设施保护情况。市人大常委会副主任连泉富陪同调研。

5月16日，市人大常委会组织部分市人大代表视察晋江市行政审批服务中心工作情况。市人大常委会领导陈健倩、林庆峰、连泉富、姚志强、庄天怀、黄小闽等参加视察。

同日，泉州市人大常委会副主任张建生到晋江市检查《中华人民共和国档案法》及《福建省档案条例》贯彻实施情况。市人大常委会副调研员黄小闽陪同检查。

5月21日，市人大常委会组织部分市人大代表实地检查晋江市实施国务院《宗教事务条例》情况。市人大常委会领导陈健倩、林庆峰、连泉富、姚志强、庄天怀、黄小闽参加检查。

5月22日，晋江市第十六届人大常委会第四次主任（扩大）会议召开。

同日，晋江市第十六届人大常委会第五次主任（扩大）会议召开。

5月23日，市人大常委会组织实地调研晋江市土地管理工作情况。市人大常委会领导陈健倩、林庆峰、连泉富参加调研。

5月24日，市人大常委会环城委跟踪检查《晋江市人大常委会关于我市保障性住房（经济适用房、廉租房）建设和危房改造情况的审议意见》落实情况。市人大常委会副主任林庆峰参加检查。

6月5日，市人大常委会农经委组织部分市人大代表对《晋江市人大常委会关于我市实施〈中华人民共和国农产品质量安全法〉的审议意见》落实情况进行跟踪检查。市人大常委会副主任连泉富参加检查。

6月7日，福建省人大常委会执法检查组到晋江市检查《中华人民共和国残疾人保障法》贯彻实施情况。晋江市人大常委会主任陈健倩、副主任姚志强陪同检查。

同日，晋江市第十六届人大常委会第六次主任（扩大）会议召开。

6月13日，市人大常委会组织对新农村建设情况进行视察。市人大常委会领导陈健倩、林庆峰、连泉富、姚志强参加视察。

6月14日，晋江市第十六届人大常委会第七次主任（扩大）会议召开。

6月15日，福建省人大常委会财经工委副主任刘朝阳、张炯佳到晋江市开展《福建省邮政条例》立法调研。市人大常委会副调研员黄小闽陪同调研。

同日，泉州市的省十一届人大代表第一代表组到晋江市开展民营企业“二次创业”专题调研活动。市人大常委会主任陈健倩、副主任姚志强陪同调研。

同日，泉州市人大常委会副主任陈全顺到晋江市走访部分企业界的泉州市第十五届人大代表，了解企业“二次创业”情况。市人大常委会副调研员黄小闽陪同走访。

6月21日，晋江市第十六届人大常委会第三次会议召开。

6月28日，市人大常委会组织部分市人大代表实地检查晋江市实施《中华人民共和国治安管理处罚法》情况。市人大常委会领导陈健倩、丁聪枝、林庆峰、连泉富、姚志强等参加检查。

6月29日，晋江市第十六届人大常委会第八次主任（扩大）会议召开。

7月9日，泉州市人大常委会主任陈海基率“二次创业”专题调研组到晋江市调研推进民营企业“二次创业”情况。市人大常委会主任陈健倩、副调研员黄小闽等陪同调研。

7月12日，市人大常委会组织对引水第二通道建设情况进行视察。市人大常委会领导陈健倩、林庆峰、连泉富、姚志强参加视察。

同日，莆田市人大常委会副主任陈国林率队到晋江市考察晋江市农村土地征收征用情况。市人大常委会副主任连泉富陪同考察。

7月18日，市人大常委会环城委跟踪检查《晋江市人大常委会关于我市实施国务院〈物业管理条例〉和〈福建省物业管理条例〉情况的审议意见》落实情况。市人大常委会副主任林庆峰参加检查。

7月19日，晋江市第十六届人大常委会第九次主任（扩大）会议召开。

7月20日，市人大常委会办公室、市政府办公室联合召开晋江市十六届人大一次会议代表建议办理不满意件重新交办会，市人大常委会副主任姚志强出席会议。

7月26日，市人大常委会召开评议市住房和城乡规划建设局工作会议。市人大常委会领导陈健倩、丁聪枝、林庆峰、连泉富、姚志强、庄天怀、黄小闽出席会议。

7月27日，市人大常委会召开全市镇（街道）人大工作座谈会。会议由市人大常委会副主任姚志强主持。市人大常委会主任陈健倩，党组副书记丁聪枝，副主任林庆峰、连泉富、庄天怀，副调研员黄小闽等出席会议。

8月6日，晋江市第十六届人大常委会第十次主任（扩大）会议召开。

8月14日，市人大常委会组织对晋江市文化事业重点项目建设情况进行视察。市人大常委会领导陈健倩、丁聪枝、林庆峰、连泉富、姚志强、黄小闽参加视察。

8月16日，晋江市第十六届人大常委会第十一次主任（扩大）会议召开。

8月21日，市人大常委会组织部分市人大代表检查市十六届人大一次会议重点代表建议办理落实情况。市人大常委会主任陈健倩，党组副书记丁聪枝，副主任林庆峰、连泉富、姚志强，副调研员黄小闽等参加检查。

8月23日，晋江市第十六届人大常委会第四次会议召开。

8月24日，在泉州市人大代表、南安市人大常委会主任黄永俊的带领下，南安市的泉州市十五届人大代表一行50多人到晋江市开展年中异地调研活动。市人大常委会主任陈健倩、副主任姚志强陪同调研。

9月6日，市人大常委会教科文卫委跟踪检查《晋江市人大常委会关于我市实施〈中华人民共和国科学技术进步法〉情况的审议意见》落实情况。市人大常委会副调研员黄小闽参加检查。

同日，晋江市第十六届人大常委会第十二次主任（扩大）会议召开。

9月13日，在泉州市人大代表、晋江市人大常委会主任陈健倩的带领下，晋江市的泉州市第十五届人大代表一行50多人到石狮市开展年中异地专题调研活动。市人大常委会副主任林庆峰、连泉富、姚志强陪同调研。

9 月 17 日，市人大常委会组织部分市人大代表视察城市重点项目建设情况。市人大常委会领导陈健倩、林庆峰、连泉富、姚志强、黄小闽参加视察。

9 月 25 日，市人大常委会组织部分市人大代表实地调研晋江市食品安全工作情况。市人大常委会领导陈健倩、丁聪枝、林庆峰、姚志强、黄小闽参加调研。

9 月 26 日，晋江市第十六届人大常委会第十三次主任（扩大）会议召开。

10 月 8 日，晋江市第十六届人大常委会第十四次主任（扩大）会议召开。

10 月 9 日，市人大常委会主任陈健倩率队到内坑镇砌坑村、后坑村、长埔村开展“下基层、解民忧、办实事、促发展”现场办公。市人大常委会副主任、人大常委会机关党支部书记姚志强，市人大常委会办公室主任、机关支部副书记谢江漫参加办公会。

10 月 10 日，市人大常委会在市委党校举办晋江市的福建省、泉州市、晋江市三级人大代表第二期培训班。人大代表中的市领导陈健倩、林庆峰、姚志强、庄天怀、黄小闽以及省、泉州、晋江市三级人大代表共 270 多人参加了培训。培训班由市人大常委会副主任姚志强主持。

10 月 18 日，市人大常委会环城委组织部分市人大代表对《晋江市人大常委会关于城建项目回迁安置房建设情况的审议意见》落实情况进行跟踪检查。市人大常委会副主任林庆峰参加检查。

10 月 19 日，晋江市第十六届人大常委会第十五次主任（扩大）会议召开。

10 月 20 日，市人大常委会组织机关退休干部职工参观考察晋江市经济发展情况。市人大常委会领导陈健倩、丁聪枝、林庆峰、连泉富、姚志强、庄天怀、黄小闽等参加活动。

10 月 25 日，晋江市第十六届人大常委会第十六次主任（扩大）会议召开。

10 月 26 日，晋江市第十六届人大常委会第五次会议召开。

10 月 29 日，市人大常委会组织晋江市的省十一届人大代表、泉州市十五届人大代表一行 40 多人视察晋江市经济社会发展情况。泉州市人大代表中的晋江市领导陈健倩参加了视察活动，市人大常委会副主任姚志强等陪同视察。

11 月 8 日，晋江市第十六届人大常委会第十七次主任（扩大）会议召开。

11 月 22 日，市人大常委会机关召开学习贯彻党的十八大精神专题学习会，会议书面传达了党的十八大召开盛况和党的十八大精神。市人大常委会主任陈健倩主持会议，并就市人大机关认真学习领会、深入贯彻落实党的十八大精神进行全面动员和部署。

同日，晋江市第十六届人大常委会第十八次主任（扩大）会议召开。

11 月 23 日，市人大常委会组织部分市人大代表实地调研晋江市文化体制改革工作情况。市人大常委会领导丁聪枝、林庆峰、黄小闽参加调研。

11 月 29 日，市人大常委会组织部分市人大代表视察晋江市现代物流体系建设情况。市人大常委会领导陈健倩、丁聪枝、姚志强、黄小闽参加视察。

12 月 10 日，市人大常委会机关党支部举办学习党的十八大精神专题讲座。市人大常委会党组书记、主任陈健倩，党组副书记丁聪枝，常委会副主任连泉富、副调研员黄小闽及机关全体党员、干部职工参加讲座，常委会退休的非党老领导也应邀参加了学习讲座。

12 月 13 日，晋江市第十六届人大常委会第十九次主任（扩大）会议召开。

12 月 24 日，晋江市第十六届人大常委会第六次会议召开。

12 月 31 日，晋江市第十六届人大常委会第二十次主任（扩大）会议召开。

2013 年

1 月 13—16 日，晋江市第十六届人民代表大会第二次会议在罗山召开。

2 月 6 日，晋江市第十六届人大常委会第二十一次主任（扩大）会议召开。

2 月 8 日，晋江市第十六届人大常委会第二十二次主任（扩大）会议召开。

2 月 17 日，晋江市第十六届人大常委会第七次会议召开。

2 月 20 日，晋江市第十六届人大常委会第二十三次主任（扩大）会议召开。

2 月 28 日，晋江市第十六届人大常委会第八次会议召开。

3 月 14 日，晋江市第十六届人大常委会第二十四次主任（扩大）会议召开。

3 月 19 日，晋江市人大常委会内司委跟踪检查晋江市政府落实《晋江市人大常委会关于我市实施〈中华人民共和国治安管理处罚法〉情况的审议意见》情况。市人大常委会副主任姚志强参加检查。

3 月 22 日，晋江市第十六届人大常委会第二十五次主任（扩大）会议召开。

4 月 2 日，市人大常委会召开全市镇（街道）人大工作会议。市人大常委会主任陈健倩，副主任林庆峰、连泉富、姚志强，副调研员黄小闽等出席会议。会议由市人大常委会副主任姚志强主持。

4 月 16 日，泉州市人大常委会副主任吕竞到晋江市走访所挂钩联系的重点工业企业，泉州市人大常委会秘书长吴春林、人事代表委副主任刘刚参加走访，市人大常委会副主任姚志强陪同。

4 月 17 日，晋江市第十六届人大常委会第二十六次主任（扩大）会议召开。

4 月 24 日，市人大常委会组织视察市区农贸市场建设及管理工作情况。市人大常委会领导陈健倩、林庆峰、姚志强、黄小闽参加视察。

4 月 26 日，晋江市第十六届人大常委会第九次会议召开。

5 月 3 日，市人大常委会组织部分市人大代表对市检察院监所检察工作情况进行视察。市人大常委会领导陈健倩、丁聪枝、林庆峰、姚志强、黄小闽参加视察。

5 月 15 日，晋江市第十六届人大常委会第二十七次主任（扩大）会议召开。

5 月上旬以来，市人大常委会组织部分市人大代表对晋江市实施《福建省学校安全管理条例》情况进行检查。检查组先后组织开展了两场实地检查，市人大常委会领导陈健倩、丁聪枝、林庆峰、姚志强、黄小闽参加检查。

5 月 22 日，市人大常委会组织部分市人大代表对晋江市镇级综合文化站、街道文化中心建设情况进行视察。市人大常委会领导陈健倩、丁聪枝、林庆峰、黄小闽参加视察。

6 月 5 日，市人大常委会组织部分市人大代表对晋江市海岸带保护利用规划情况进行实地视察。市人大常委会领导陈健倩、林庆峰、连泉富、黄小闽参加视察。

6 月 14 日，福建省人大常委会黄琪玉副主任带队到晋江市调研耕地保护及集约节约用地等相关工作。

6 月 18 日，晋江市第十六届人大常委会第二十八次主任（扩大）会议召开。

6 月 21 日，市人大常委会组织部分市人大代表实地检查晋江市行政审批服务中心创建“人民满意单位”活动情况。市人大常委会领导陈健倩、丁聪枝、林庆峰、连泉富、黄小闽等参加检查。

6 月 26 日，晋江市第十六届人大常委会第十次会议召开。

7 月 3 日，晋江市第十六届人大常委会第二十九次主任（扩大）会议召开。

7 月 4 日，市人大常委会内司委组织部分市人大代表跟踪检查晋江市政府落实《晋江市人大常委会关于我市人民调解工作情况的审议意见》情况。市人大常委会副主任姚志强参加检查。

7 月 5 日，市人大常委会、市政府联合召开市十六届人大二次会议部分重点代表建议办理情况汇报会。市人大常委会副主任姚志强主持会议，市政府副市长曾献礼出席会议。

7 月 8 日，市人大常委会组织部分市人大代表视察工业污染源综合治理情况。市人大常委会领导陈健倩、林庆峰、连泉富、姚志强、庄天怀参加视察，市政府副市长王茂泉陪同视察。

7 月 18 日，市人大常委会组织部分市人大代表视察晋江市工业旅游工作情况。市人大常委会领导陈健倩、丁聪枝、林庆峰、连泉富、姚志强、庄天怀、黄小闽等参加视察，市政府副市长黄敬前陪同视察。

7 月 26 日，晋江市第十六届人大常委会第三十次主任（扩大）会议召开。

7 月 30 日，市人大常委会组织部分市人大代表视察晋江市市容市貌管理工作情况。市人大常委会领导陈健倩、林庆峰、连泉富、姚志强、庄天怀、黄小闽参加视察，市政府副市长张淑语陪同视察。

8月1日，泉州市的省十二届人大代表第一代表组一行35人，在代表组组长、晋江市市长刘文儒的带领下，到晋江市开展试点小城镇建设情况专题调研活动。泉州市副市长李建辉，晋江市领导陈荣法、陈健倩、姚志强等陪同调研。

8月9日，市人大常委会办公室、市政府办公室联合召开晋江市十六届人大二次会议代表建议办理不满意件重新交办会，市人大常委会副主任姚志强、市政府副市长曾献礼出席会议并讲话。

8月16日，晋江市第十六届人大常委会第三十一次主任（扩大）会议召开。

8月26日，晋江市第十六届人大常委会第三十二次主任（扩大）会议召开。

8月27日，晋江市第十六届人大常委会第十一次会议召开。

同日，市人大常委会召开评议市行政审批服务中心创建“人民满意单位”工作会议。市领导陈健倩、曾清金、林庆峰、连泉富、姚志强、庄天怀、曾献礼出席会议。

8月30日，晋江市第十六届人大常委会第三十三次主任（扩大）会议召开。

9月6日，市人大常委会在市委党校举办省、泉州市、晋江市三级人大代表第四期培训班。代表中的市领导陈健倩、林庆峰、姚志强、庄天怀、曾献礼、黄小闽以及省、泉州市、晋江市三级人大代表共300多人参加了培训。培训班由市人大常委会副主任姚志强主持。

同日，市人大常委会组织在晋江市的泉州市第十五届人大代表一行50多人到惠安县开展年中异地专题调研活动。代表中的市领导刘文儒、陈健倩、曾清金、林仁达、曾献礼参加调研。市人大常委会副主任林庆峰、姚志强、庄天怀陪同调研。

9月26日，晋江市第十六届人大常委会第三十四次主任（扩大）会议召开。

10月9日，市人大常委会组织部分市人大代表调研近海水域环境污染整治工作情况。常委会领导陈健倩、林庆峰、连泉富、姚志强、黄小闽参加调研，市政府副市长王茂泉陪同调研。

10月18日，晋江市第十六届人大常委会第三十五次主任（扩大）会议召开。

10月22日，市人大常委会召开全市镇（街道）人大工作座谈会。市人大常委会主任陈健倩，副主任连泉富、姚志强、庄天怀等出席会议。会议由市人大常委会副主任连泉富主持。

10月28日，晋江市第十六届人大常委会第十二次会议召开。

10月31日，市人大常委会组织晋江市的省第十二届人大代表、泉州市第十五届人大代表视察晋江市经济社会发展情况。泉州市人大代表、晋江市人大常委会主任陈健倩参加了视察活动，晋江市委常委、市政府常务副市长许宏程、市人大常委会副主任姚志强等陪同视察。

11月1日，市人大常委会组织部分市人大代表视察晋江市中心城区群众性体育设施建设情况。市人大常委会领导陈健倩、姚志强、庄天怀、黄小闽参加视察，市人民政府副市长丁峰陪同视察。

11月5日，晋江市第十六届人大常委会第三十六次主任（扩大）会议召开。

11月6日，市人大常委会华侨委组织部分市人大代表跟踪检查市政府落实《晋江市人大常委会关于我市实施国务院〈宗教事务条例〉情况的审议意见》情况。市人大常委会副主任连泉富参加检查。

11月22日，市人大常委会组织部分市人大代表视察晋江市水土保持工作情况。市人大常委会领导陈健倩、林庆峰、连泉富、姚志强参加视察，市人民政府副市长李自力陪同视察。

11月26日，市人大常委会组织部分市人大代表视察城市道路改造及景观提升工作情况。市人大常委会领导陈健倩、林庆峰、连泉富、姚志强、庄天怀、黄小闽参加视察，市人民政府市长助理金俊弘陪同视察。

11月28日，晋江市第十六届人大常委会第三十七次主任（扩大）会议召开。

12月10日，晋江市第十六届人大常委会第三十八次主任（扩大）会议召开。

12月11日，市人大常委会领导陈健倩、姚志强观摩指导东石镇的市人大代表向选区选民述职活动。

12月16日，市人大常委会领导陈健倩、姚志强观摩指导青阳街道的市人大代表向选区选民述职活动。

12月18日，晋江市第十六届人大常委会第十三次会议召开。

2014年

1月1—4日，晋江市第十六届人民代表大会第三次会议在罗山召开。

2月17日，晋江市第十六届人大常委会第三十九次主任（扩大）会议召开。

2月28日，晋江市第十六届人大常委会第十四次会议召开。

3月5日，晋江市第十六届人大常委会第四十次主任（扩大）会议召开。

3月18日，市人大常委会举行授予晋江市行政审批服务中心“人民满意单位”授牌仪式。市领导陈健倩、曾清金、林庆峰、连泉富、姚志强、庄天怀、曾献礼出席仪式。

同日，市人大常委会机关召开深入开展党的群众路线教育实践活动动员大会。市人大常委会副主任、机关党支部书记姚志强作动员部署。

3月21日，市人大常委会党组召开深入开展党的群众路线教育实践活动第一次专题讨论会，市人大常委会领导陈健倩、林庆峰、连泉富、姚志强、庄天怀、黄小闽参加学习讨论。

3 月 27 日，泉州市人大常委会副主任张建生带队到晋江市调研公立医院改革工作，晋江市政府副市长曾献礼、市人大常委会副调研员黄小闽陪同调研。

3 月 31 日，市人大常委会召开晋江市镇（街道）人大工作会议。市人大常委会主任陈健倩，副主任林庆峰、连泉富、姚志强、庄天怀，副调研员黄小闽等出席会议。会议由林庆峰副主任主持。

4 月 2 日，市人大常委会主任陈健倩到教育实践活动挂钩联系点市环保局开展调研活动，听取党员干部群众对市四套领导班子及成员、市环保局领导干部“四风”问题的意见建议和市环保局开展教育实践活动的意见建议。

4 月 4 日，市人大常委会党组召开深入开展党的群众路线教育实践活动第二次专题讨论会，市人大常委会领导陈健倩、林庆峰、连泉富、姚志强、庄天怀、黄小闽参加学习讨论。

4 月 8 日，晋江市第十六届人大常委会第四十一次主任（扩大）会议召开。

4 月 10 日，福建省人大常委会党组书记、副主任徐谦一行，在泉州市人大常委会主任陈海基的陪同下，到晋江市开展监督工作调研，市领导陈荣法、刘文儒、陈健倩、庄天怀参加座谈。

4 月 11 日，市人大常委会组织部分市人大代表实地调研晋江市禽畜养殖污染整治工作情况。市人大常委会领导陈健倩、林庆峰、连泉富、庄天怀参加调研，市政府副市长李自力陪同调研。

4 月 15 日，晋江市第十六届人大常委会第十五次会议召开。

4 月 17 日，市人大常委会党组召开深入开展党的群众路线教育实践活动第三次专题讨论会。泉州市委第五督导组副组长江振平到会指导，市人大常委会领导陈健倩、林庆峰、连泉富、姚志强、黄小闽参加讨论。

4 月 21 日，晋江市第十六届人大常委会第四十二次主任（扩大）会议召开。

4 月 22 日，福建省人大常委会副主任刘群英率执法检查组，在泉州市人大常委会副主任张建生的陪同下，到晋江市开展专利“一法一条例”执法检查。晋江市人大常委会主任陈健倩、市政府副市长丁峰陪同检查。

4 月 23 日，市人大常委会组织部分市人大代表视察晋江市科技公共服务平台建设情况。市人大常委会领导陈健倩、林庆峰、连泉富、庄天怀、黄小闽参加视察，市政府副市长黄敬前陪同视察。

4 月 25 日，市人大常委会组织部分市人大代表视察晋江市金融改革工作情况。市人大常委会领导陈健倩、林庆峰、连泉富、姚志强、庄天怀、黄小闽参加视察，市政府副市长王茂泉陪同视察。

同日，市人大常委会党组召开深入开展党的群众路线教育实践活动第四次专题讨论会。市人大常委会领导陈健倩、林庆峰、连泉富、姚志强参加学习讨论。

4 月 28 日，市人大常委会组织部分市人大代表对晋江市植树造林绿化工作情况进行视察。市人大常委会领导陈健倩、林庆峰、连泉富、姚志强、庄天怀、黄小闽参加视察，市政府副市长李自力陪同视察。

4 月 29 日，召开市人大常委会与“一府两院”联席会。

同日，市人大常委会组织机关党员干部开展第三次集中学习和交流讨论活动。市人大常委会领导陈健倩、姚志强参加会议，市委第 11 督导组到会指导。

5 月 9 日，泉州市人大常委会副主任吕竞到晋江市走访部分挂钩联系企业，市人大常委会副主任姚志强陪同走访。

5 月 15 日，晋江市第十六届人大常委会第四十三次主任（扩大）会议召开。

5 月 23 日，泉州市人大常委会副主任陈万里到晋江市走访挂钩联系的重点项目和企业，市人大常委会主任陈健倩陪同走访。

5 月 29 日，市人大常委会党组召开党组（扩大）会议，传达全市党的群众路线教育实践活动工作推进会精神，部署下阶段党的群众路线教育实践活动工作，并讨论修改党组对照检查材料。市人大常委会领导陈健倩、林庆峰、连泉富、姚志强、庄天怀、黄小闽参加会议。

5 月 30 日，市人大常委会组织部分市人大代表对商品混凝土管理工作情况进行视察。市人大常委会领导陈健倩、林庆峰、连泉富、姚志强、庄天怀、黄小闽参加视察，市政府副市长张淑语陪同视察。

6 月 12 日，市人大常委会组织部分市人大代表对晋江市实施《中华人民共和国传染病防治法》情况进行实地检查。市人大常委会领导陈健倩、林庆峰、连泉富、姚志强、庄天怀、黄小闽参加检查，市政府副市长曾献礼陪同检查。

6 月 13 日，市人大常委会组织部分市人大代表对晋江市公安局创建“人民满意单位”活动情况进行实地检查。市人大常委会领导陈健倩、林庆峰、连泉富、姚志强、庄天怀、黄小闽参加视察，市政府副市长李自力陪同视察。

6 月 17 日，晋江市第十六届人大常委会第四十四次主任（扩大）会议召开。

6 月 23 日，市人大常委会组织对国务院《物业管理条例》和《福建省物业管理条例》实施情况进行实地检查。市人大常委会领导陈健倩、林庆峰、连泉富、姚志强、庄天怀、黄小闽参加视察，市政府副市长张淑语陪同视察。

6 月 24 日，晋江市第十六届人大常委会第十六次会议召开。

6 月 27 日，市人大常委会组织视察晋江市民族村经济社会发展情况。市人大常委会领导陈健倩、林庆峰、连泉富、姚志强、黄小闽参加视察，市政府副市长丁峰陪同视察。

7月3日，晋江市第十六届人大常委会第四十五次主任（扩大）会议召开。

7月30日，市人大常委会办公室、市政府办公室联合召开晋江市十六届人大三次会议代表建议办理不满意件重新交办会。市人大常委会主任陈健倩、副主任姚志强参加会议，会议由市政府副市长曾献礼主持。

7月31日，市人大常委会组织部分市人大代表对晋江市生态水域建设情况进行检查。市人大常委会领导陈健倩、林庆峰、连泉富、庄天怀、黄小闽参加检查活动，副市长王茂泉陪同检查。

8月6日，晋江市第十六届人大常委会第四十六次主任（扩大）会议召开。

8月8日，在福建省人大代表、晋江市市长刘文儒的召集下，泉州市的福建省十二届人大代表第一小组到晋江市调研新型城镇化建设情况。福建省人大代表、泉州市人大常委会副主任陈全顺参加了调研活动。泉州市人大常委会副主任吕竞、人事代表委主任郑玉宝，晋江市人大常委会主任陈健倩、副主任姚志强陪同调研。

8月18日，晋江市第十六届人大常委会第四十七次主任（扩大）会议召开。

8月19日，市人大常委会召开全市镇（街道）人大工作座谈会。市人大常委会领导陈健倩、林庆峰、连泉富、姚志强、庄天怀、黄小闽出席会议。姚志强主持会议。

8月22日，市人大常委会组织对食品安全监督管理工作进行专题询问。市人大常委会领导陈健倩、林庆峰、连泉富、姚志强、庄天怀、黄小闽出席会议，市人民政府副市长王茂泉及相关部门负责人到会应询。

8月27日，晋江市第十六届人大常委会第十七次会议召开。

同日，市人大常委会召开评议晋江市公安局工作会议。市领导陈健倩、曾清金、吴清滨、林庆峰、连泉富、姚志强、庄天怀、李自力、黄小闽出席会议。

8月29日，市人大常委会举办《中华人民共和国非物质文化遗产法》学习讲座。

9月4日，晋江市第十六届人大常委会第四十八次主任（扩大）会议召开。

9月11日，市人大常委会组织部分市人大代表对《晋江市人大常委会关于晋江市道路交通安全整治工作情况的审议意见》落实情况进行跟踪检查。市人大常委会副主任姚志强参加检查。

9月23日，晋江市人大常委会在市委党校举办晋江市的福建省、泉州市、晋江市三级人大代表第六期培训班。人大代表中的市领导陈健倩、林庆峰、连泉富、姚志强、庄天怀、曾献礼、黄小闽以及省、泉州市、晋江市三级人大代表共290多人参加了培训，姚志强主持培训班。

同日，市人大常委会主任陈健倩率晋江市的泉州市十五届人大代表一行60多人到安溪开展年中异地专题调研活动。泉州市人大代表、晋江市领导刘文儒、曾献礼等参加调研活动。

10月10日，晋江市第十六届人大常委会第四十九次主任（扩大）会议召开。

10月16日，德化县的泉州市十五届人大代表一行30多人到晋江市开展年中异地专题调研活动。晋江市领导陈荣法、刘文儒、陈健倩、许宏程、林庆峰等陪同调研。

10月17日，市人大常委会组织部分市人大代表视察晋江市社区居家养老服务工作情况。市人大常委会领导陈健倩、林庆峰、连泉富、黄小闽参加视察，副市长丁峰陪同视察。

10月20日，市人大常委会组织部分市人大代表实地调研晋江市城乡公共交通服务管理工作情况。市人大常委会领导陈健倩、林庆峰、连泉富、庄天怀、黄小闽参加调研，市政府副市长曾献礼陪同调研。

10月21日，市人大常委会组织部分市人大代表实地调研晋江市近海水域环境污染整治工作及整改情况。市人大常委会领导陈健倩、林庆峰、连泉富、庄天怀、黄小闽参加调研，副市长李自力陪同调研。

同日，晋江市第十六届人大常委会第五十次主任（扩大）会议召开。

10月28日，晋江市第十六届人大常委会第十八次会议召开。

11月10日，市人大常委会组织部分市人大代表视察晋江市小流域整治工作情况。市人大常委会领导陈健倩、连泉富、庄天怀、黄小闽参加视察，副市长李自力陪同视察。

11月18日，市人大常委会组织部分市人大代表视察晋江市五大新兴产业培育情况。市人大常委会领导陈健倩、林庆峰、连泉富、庄天怀、黄小闽参加视察，副市长王茂泉陪同视察。

11月20日，市人大常委会组织部分市人大代表视察城建项目安置房回迁工作情况。市人大常委会领导陈健倩、林庆峰、连泉富、庄天怀、黄小闽参加视察，副市长史思泉陪同视察。

11月24日，晋江市第十六届人大常委会第五十一次主任（扩大）会议召开。

12月4日，晋江市第十六届人大常委会第五十二次主任（扩大）会议召开。

12月11日，晋江市第十六届人大常委会第五十三次主任（扩大）会议召开。

12月19日，晋江市第十六届人大常委会第十九次会议召开。

2015年

1月9日，晋江市第十六届人大常委会第五十四次主任（扩大）会议召开。

1月15日，晋江市第十六届人大常委会第二十次会议召开。

1月19—22日，晋江市第十六届人民代表大会第四次会议在罗山召开。

2月12日，晋江市第十六届人大常委会第五十五次主任（扩大）会议召开。

2月27日，晋江市第十六届人大常委会第二十一次会议召开。

3月25日，市人大常委会组织部分市人大代表实地检查《中华人民共和国文物保护法》实施情况。市人大常委会领导林庆峰、庄天怀、黄小闽参加检查，市政府副市长史思泉陪同检查。

同日，市人大常委会副主任姚志强出席市政府2015年人大代表建议交办会，并就做好代表建议办理工作提出要求。

3月27日，晋江市第十六届人大常委会与"一府两院"工作联席会第五次会议在市人大常委会四楼会议室召开。市人大常委会领导陈健倩、林庆峰、连泉富、姚志强、庄天怀、黄小闽，市人民政府领导刘文儒、许宏程、张强、曾献礼、丁峰、王茂泉、李自力、张淑语、史思泉、王文晖、黄少伟，市人民法院院长李小兴，市人民检察院检察长邱仲华出席会议。会议由市人大常委会陈健倩主任主持。

同日，市人大常委会组织部分市人大代表对晋江市第十六届人大常委会第十四次会议通过的《关于确定市树市花的决定》和《关于设立"全民动员 绿化晋江"义务植树活动月的决定》进行跟踪检查。市人大常委会副主任连泉富参加检查。

4月9日，市人大常委会召开全市镇（街道）人大工作座谈会。市人大常委会领导陈健倩、姚志强、庄天怀、黄小闽参加会议。

4月16日，晋江市第十六届人大常委会第五十六次主任（扩大）会议召开。

4月22日，福建省人大常委会党组书记、副主任徐谦在泉州市人大常委会副主任张建生陪同下，到晋江市检查泉州装备制造研究所建设情况。晋江市领导陈荣法、陈健倩、王茂泉陪同检查。

4月28日，晋江市第十六届人大常委会第二十二次会议召开。

同日，福建省人大常委会法制委委员、办公厅巡视员温佳禄带队到晋江市开展《福建省电力设施建设保护和供用电条例》立法调研。晋江市领导庄天怀、曾献礼陪同调研。

5月5日，晋江市第十六届人大常委会第五十七次主任（扩大）会议召开。

5月6日，市人大常委会组部分市人大代表织对《中华人民共和国民事诉讼法》实施情况进行实地检查。市人大常委会领导陈健倩、林庆峰、姚志强、庄天怀、黄小闽参加检查，市人民法院院长李小兴陪同检查。

5月14日，晋江市人大常委会举行市公安局"人民满意单位"授牌仪式。市领导刘文儒、陈健倩、曾清金、吴清滨、林庆峰、姚志强、庄天怀、李自力、黄小闽出席仪式。

5月15日，泉州市人大常委会副主任吕竞带队到晋江市调研海洋渔业发展情况。晋江市领导陈健倩、李自力陪同调研。

5月19日，泉州市人大常委会副主任洪泽生带队到晋江市调研社会救助工作情况。

晋江市领导姚志强、丁峰陪同调研。

5 月 20—22 日，市人大常委会副主任姚志强带队检查晋江市政府办理市十六届人大四次会议重点代表建议落实情况，市政府副市长曾献礼陪同检查。

6 月 5 日，泉州市人大常委会主任陈万里带队到晋江市走访泉州市人大代表、调研镇（街道）人大工作情况。晋江市领导刘文儒、陈健倩陪同调研。

6 月 17 日，晋江市第十六届人大常委会第五十八次主任（扩大）会议召开。

6 月 19 日，市人大常委会组织视察晋江市文明城市创建工作情况。市人大常委会领导陈健倩、林庆峰、连泉富、姚志强、庄天怀、黄小闽参加视察，市委常委林惠玲应邀参加视察，市政府副市长张淑语陪同视察。

6 月 23 日，晋江市第十六届人大常委会第五十九次主任（扩大）会议召开。

6 月 29 日，晋江市第十六届人大常委会第二十三次会议召开。

7 月 2 日，晋江市第十六届人大常委会第六十次主任（扩大）会议召开。

7 月 8 日，泉州市人大常委会主任陈万里到晋江市开展加快实体经济发展情况调研，晋江市领导刘文儒、陈健倩、王茂泉陪同调研。

7 月 13 日，市人大常委会组织部分市人大代表检查晋江市实施对《中华人民共和国气象法》情况。市人大常委会领导陈健倩、林庆峰、连泉富、姚志强、庄天怀、黄小闽参加检查，副市长李自力陪同检查。

7 月 17 日，洛江区的泉州市十五届人大代表到晋江市调研，晋江市领导陈健倩、姚志强、张淑语陪同调研。

7 月 21 日，市人大常委会开展《晋江市海岸带保护利用规划》执行情况跟踪检查，市人大常委会副主任连泉富参加检查。

7 月 28 日，晋江市第十六届人大常委会第六十一次主任（扩大）会议召开。

8 月 3 日，市人大常委会办公室、市政府办公室联合召开晋江市十六届人大四次会议代表建议不满意件重新交办会，市人大常委会主任陈健倩、副主任姚志强参加会议。会议由市政府副市长曾献礼主持。

8 月 6 日，市人大常委会组织部分市人大代表对工业污染源综合整治工作情况进行视察。市人大常委会领导陈健倩、林庆峰、姚志强、庄天怀、黄小闽参加视察，副市长王茂泉、王文晖陪同视察。

8 月 13 日，市人大常委会组织部分市人大代表视察特色现代农业发展情况。市人大常委会领导陈健倩、林庆峰、连泉富、姚志强、庄天怀、黄小闽参加视察，市人民政府副市长李自力陪同。

8 月 17 日，晋江市第十六届人大常委会第六十二次主任（扩大）会议召开。

8 月 20 日，市人大常委会党组开展“三严三实”专题教育第二次集中学习研讨。市人大常委会领导陈健倩、林庆峰、连泉富、姚志强、庄天怀、黄小闽等参加学习研讨。

8月25日，晋江市第十六届人大常委会第二十四次会议召开。

9月9日，泉州市人大常委会副主任张建生到晋江市调研公立医院和基层医疗机构综合改革工作，晋江市领导曾献礼、黄小闽陪同调研。

9月15日，市人大常委会组织部分市人大代表视察晋江市急救中心（站）建设情况。市人大常委会领导陈健倩、林庆峰、连泉富、姚志强、庄天怀、黄小闽参加视察，市人民政府副市长曾献礼陪同视察。

同日，泉州市人大常委会副主任吕竞到晋江市调研台资企业发展情况，晋江市领导连泉富、丁峰陪同调研。

9月17日，市人大常委会组织部分市人大代表视察小流域整治工作情况。市人大常委会领导陈健倩、林庆峰、连泉富、姚志强、黄小闽参加视察，市人民政府副市长李自力陪同视察。

10月9日，市人大常委会组织部分市人大代表视察基层警务建设工作情况。市人大常委会领导陈健倩、林庆峰、连泉富、姚志强、庄天怀、黄小闽参加视察，市人民政府副市长曾献礼陪同视察。

10月10日，市人大常委会组织部分市人大代表调研中心城区教育规划与布局工作情况。市人大常委会副调研员黄小闽参加调研，市人民政府副市长史思泉陪同调研。

10月15日，鲤城区的泉州市十五届人大代表到晋江市调研，晋江市领导陈健倩、许宏程、姚志强陪同调研。

10月20日，晋江市第十六届人大常委会第六十三次主任（扩大）会议召开。

10月21日，市人大常委会组织部分市人大代表实地检查部分小区的物业管理整改情况，市人大常委会领导陈健倩、林庆峰、连泉富、姚志强、庄天怀参加检查，市人民政府副市长张淑语陪同检查。

10月22日，市人大常委会在市委党校举办晋江市的福建省、泉州市、晋江市三级人大代表第八期培训班。人大代表中的市领导陈健倩、曾清金、林庆峰、连泉富、姚志强、庄天怀、曾献礼、黄小闽、张文节以及省、泉州市、晋江市三级人大代表共300多人参加了培训。培训班由市人大常委会副主任姚志强主持。

同日，市人大常委会组织在晋江市泉州市第十五届人大代表一行30多人到永春县开展年中异地专题调研活动。代表中的市领导陈健倩、曾清金、林仁达参加调研。市人大常委会副主任林庆峰、连泉富、姚志强陪同调研。

10月23日，市人大常委会组织部分市人大代表视察晋江市文化旅游工作情况。市人大常委会领导陈健倩、林庆峰、连泉富、姚志强、庄天怀参加视察，市人民政府副市长史思泉陪同视察。

10月27日，晋江市第十六届人大常委会第二十五次会议召开。

10月29日，市人大常委会组织部分市人大代表视察晋江市水利网建设情况。市人大常委会领导陈健倩、林庆峰、连泉富、姚志强、黄小闽参加视察，市人民政府副市长李自力陪同视察。

11 月 12 日，市人大常委会组织部分市人大代表视察美丽乡村建设情况。市人大常委会领导陈健倩、林庆峰、连泉富、姚志强、庄天怀、黄小闽参加视察，市人民政府副市长李自力陪同视察。

11 月 17—18 日，柳州市人大常委会副主任梁樑到晋江市参观考察体育产业发展情况，市人大常委会副调研员黄小闽陪同考察。

11 月 27 日，市人大常委会组织部分市人大代表视察晋江市产业转型升级情况。市人大常委会领导陈健倩、林庆峰、连泉富、姚志强、庄天怀、黄小闽参加视察，市人民政府副市长王茂泉陪同视察。

12 月 1 日，市人大常委会组织部分市人大代表视察晋江市社会救助“救急难”工作情况。市人大常委会领导陈健倩、林庆峰、连泉富、姚志强参加视察，市人民政府副市长王文晖陪同视察。

12 月 3 日，市人大常委会组织部分市人大代表检查晋江 2015 年“为民办实事”项目落实情况。市人大常委会领导陈健倩、林庆峰、姚志强、黄小闽参加检查，市人民政府副市长曾献礼陪同检查。

12 月 7 日，市人大常委会组织部分市人大代表检查晋江市第十六届人大第三次会议《关于加快推进我市生态水域建设的决议》执行情况。市人大常委会领导陈健倩、林庆峰、连泉富、姚志强、庄天怀、黄小闽参加检查，市人民政府领导李自力、张淑语、史思泉、王文晖、黄少伟和相关部门负责人陪同检查。

12 月 9 日，晋江市第十六届人大常委会第六十四次主任（扩大）会议召开。

12 月 17 日，晋江市第十六届人大常委会第六十五次主任（扩大）会议召开。

12 月 23 日，晋江市第十六届人大常委会第二十六次会议召开。

2016 年

1 月 5—8 日，晋江市第十六届人民代表大会第五次会议在罗山召开。

2 月 17 日，晋江市第十六届人大常委会第六十六次主任（扩大）会议召开。

2 月 25 日，晋江市第十六届人大常委会第二十七次会议召开。

3 月 3 日，市人大常委会主任陈健倩主持召开市十六届人大常委会与“一府两院”工作联席会第六次会议，市人大常委会、市人民政府领导和市人民法院、检察院主要领导参加会议。

3 月 10 日，晋江市“贯彻五中全会精神　切实提高人大工作水平”专题培训班在全国人大深圳培训基地开班。市人大常委会领导陈健倩、林庆峰、连泉富、姚志强参加培训。

3月23日，泉州市人大常委会副主任张建生带队到晋江市开展泉州海上丝绸之路史迹保护立法调研，晋江市领导张淑语、黄小闽陪同调研。

3月28日，河北省魏县人大常委会副主任李庆民带队到晋江市考察糖果业转型工作，市人大常委会副主任庄天怀陪同考察。

4月1日，泉州市人大常委会副主任曾巍带队到晋江市开展市县乡人大换届选举工作调研，市人大常委会领导陈健倩、姚志强、庄天怀参加座谈会。

4月7日，泉州市人大常委会副主任洪泽生走访挂钩联系的金井镇塘东村，晋江市领导曾清金、庄天怀陪同走访。

4月11日，福建省人大常委会人事代表工作室副巡视员郑勤建带队到晋江市开展县乡人大换届选举工作调研，晋江市人大常委会主任陈健倩、副主任姚志强陪同调研。

4月15日，湖南省长沙县人大常委会副主任周安伟带队到晋江市考察，市人大常委会副主任林庆峰、连泉富陪同考察。

4月19日，泉州市人大常委会副主任洪泽生、曾巍率领泉州市人大常委会机关第四党支部党员同志到晋江市开展活动，晋江市人大常委会副主任姚志强陪同参观。

4月20日，市人大常委会组织部分市人大代表实地检查晋江市城乡规划编制及执行情况。市人大常委会领导陈健倩、林庆峰、连泉富、姚志强、庄天怀、黄小闽参加检查，市人民政府副市长张淑语陪同检查。

同日，晋江市第十六届人大常委会第六十七次主任（扩大）会议召开。

4月27日，市人大常委会组织部分市人大代表视察妇幼健康优质服务工作情况。市人大常委会领导陈健倩、连泉富、姚志强、庄天怀、黄小闽参加视察，市人民政府副市长史思泉陪同视察。

4月28日，晋江市第十六届人大常委会第二十八次会议召开。

同日，市人大常委会副主任姚志强带队现场督查部分代表建议办理情况。

5月5日，市人大常委会机关召开“两学一做”学习教育动员部署会，市人大常委会领导陈健倩、林庆峰、连泉富、黄小闽及机关党支部全体党员参加了会议。

5月10日，福建省人大常委会教科文卫工委主任宋闽旺带队到晋江市调研海丝文化建设情况，市领导史思泉、黄小闽陪同调研。

5月13日，市人大常委会组织部分市人大代表对晋江市造林绿化工作情况进行视察。晋江市人大常委会领导陈健倩、林庆峰、连泉富、姚志强参加视察，市人民政府副市长王文晖陪同视察。

同日，泉州市人大常委会副主任张建生带队到晋江市开展“数控一代”示范工程及

“泉州制造 2025”实施情况调研。晋江市领导黄小闽、黄少伟陪同调研。

同日，深圳市南山区人大常委会常务副主任王晓星、副主任曾令格一行到晋江市交流考察，市人大常委会副主任林庆峰、姚志强陪同考察。

5 月 16 日，市人大常委会机关党支部举办“两学一做”学习教育专题讲座。市人大常委会领导陈健倩、林庆峰、连泉富、姚志强以普通党员身份和其他党员同志一起参加学习。

5 月 20 日，泉州市人大常委会副主任吕竞带队到晋江市开展生态景观工作情况调研，晋江市领导连泉富、丁峰陪同调研。

同日，福建省人大常委会委员、研究室主任徐平到晋江市开展县乡人大工作调研，市人大常委会副主任姚志强陪同调研。

5 月 25 日，市人大办、政府办联合召开第十六届人大第五次会议重点代表建议办理落实情况汇报会。市人大常委会副主任姚志强、市人民政府副市长曾献礼出席会议。

5 月 27 日，常州市人大常委会副主任盛建良带队到晋江市参观考察，市人大常委会副主任林庆峰陪同参观。

同日，全国人大常委会办公厅信访局六处处长高树进带队到晋江市调研检察院侦查监督工作情况。福建省人大常委会办公厅信访局一处处长蔡闽民、泉州市人大常委会副秘书长蔡碧毓、晋江市人大常委会副主任姚志强等陪同调研。

5 月 31 日，市人大常委会党组召开“两学一做”学习教育第一专题学习讨论会。市人大常委会党组书记、主任陈健倩作重点发言，党组成员林庆峰、连泉富、姚志强、谢江漫作补充发言。

6 月 5 日，全国人大常委会副委员长向巴平措率领调研组到晋江市调研城镇化进程中的民族工作。省人大常委会副主任张广敏，泉州市领导吕竞、周真平，晋江市领导陈健倩、许宏程、陈长义、连泉富陪同调研。

6 月 8 日，市人大常委会机关党支部开展“两学一做”学习教育第一专题学习讨论，市人大常委会领导陈健倩、林庆峰、连泉富、姚志强以普通党员的身份参加讨论。

6 月 14 日，泉州市人大常委会领导陈万里、朱团能率调研组到晋江市调研现代服务业发展情况。泉州市、晋江市领导李建辉、陈灿辉、陈健倩、薛宗炎陪同调研。

6 月 14—21 日，市人大常委会组织在晋江市的部分泉州市人大代表到全国人大北戴河基地学习培训。市人大常委会领导林庆峰、连泉富、黄小闽参加培训。

6 月 22 日，福建省人大常委会副主任陈伦带队到晋江市开展《中华人民共和国环境保护法》执法检查。泉州市领导林伯前、张建生，晋江市领导陈健倩、林庆峰、王茂泉陪同检查。

同日，晋江市第十六届人大常委会第六十八次主任（扩大）会议召开。

6月25日，广东省人大常委会委员张宇航带队到晋江市考察体育产业工作，晋江市人大常委会副调研员黄小闽陪同考察。

6月26日，琼中黎族苗族自治县人大常委会考察组到晋江市考察，市人大常委会副主任连泉富陪同考察。

6月27日，市人大常委会对晋江市物业管理工作进行实地检查。市人大常委会领导陈健倩、林庆峰、连泉富、姚志强、黄小闽参加检查，市人民政府副市长张淑语陪同检查。

6月28日，晋江市第十六届人大常委会第六十九次主任（扩大）会议召开。

6月30日，晋江市第十六届人大常委会第二十九次会议召开。

7月4日，市人大常委会机关党支部书记、办公室主任谢江漫主持召开党员会议，选举出席中共晋江市直机关市委综合系统党员代表会议的代表。市人大常委会领导陈健倩、林庆峰、连泉富等党员领导参加会议。

7月6日，市委书记刘文儒带领新任的市人大常委会党组书记洪于权、党组副书记郭鸿荣和常委会副处级干部林友竹到市人大常委会机关报到。市人大常委会副主任林庆峰、连泉富、姚志强，副调研员黄小闽以及机关全体干部职工参加会议。

7月8日，晋江市第十六届人大常委会第七十次主任（扩大）会议召开。

7月12日，市人大常委会党组书记洪于权主持召开党组（扩大）会议，学习贯彻习近平总书记在庆祝中国共产党成立95周年大会上的重要讲话精神，交流学习体会。市人大常委会领导陈健倩、郭鸿荣、林庆峰、连泉富、姚志强、庄天怀、林友竹，党组成员谢江漫参加会议。

7月15日，晋江市十六届人大常委会第三十次会议召开。

7月19日，福建省人大常委会副主任叶双瑜率领在福建省的部分第十二届全国人大代表，在泉州市领导康涛、陈万里、朱团能的陪同下，到晋江市开展“实施创新驱动加快制造业升级”专题调研，晋江市领导刘文儒、陈健倩、王茂泉、姚志强等陪同调研。

7月20日，市委书记刘文儒、副书记陈晋永到市人大常委会机关开展走访活动。市人大常委会领导陈健倩、郭鸿荣、林庆峰、姚志强、黄小闽等参加活动。

同日，市人大常委会组织晋江市的泉州市第十五届人大代表到泉港区开展异地调研。市领导陈健倩、林仁达、曾献礼等以代表身份参加调研，市领导郭鸿荣、姚志强陪同调研。

7月21日，泉州市人大常委会副主任张建生带队到晋江市开展城市管理行政执法工作调研。晋江市领导林庆峰、张淑语陪同调研。

7月25日，市人大常委会组织部分市人大代表视察道路交通事故多发路段整治工作情况，市人大常委会领导陈健倩、洪于权、郭鸿荣、林庆峰、连泉富、姚志强、黄小闽参加视察，副市长王文晖陪同视察。

同日，晋江市召开第十六届人大第五次会议代表建议办理不满意件重新交办会议，市领导陈健倩、姚志强、曾献礼参加会议。

同日，晋江市第十六届人大常委会第七十一次主任（扩大）会议召开。

8 月 4 日，泉州市人大常委会吕竞带队到晋江市开展《中华人民共和国森林法》执法检查，晋江市领导连泉富、张淑语陪同检查。

8 月 5 日，市人大常委会机关党支部举办“两学一做”学习教育专题辅导讲座。市人大常委会领导洪于权、郭鸿荣、林庆峰、连泉富、姚志强参加讲座。

8 月 8 日，泉州市的省第十二届人大代表第一小组到晋江市开展供给侧结构性改革专题调研。福建省人大代表、市委书记刘文儒，福建省人大代表、市人大常委会党组书记洪于权随团调研，泉州市、晋江市领导曾巍、王茂泉、潘子良、姚志强、庄天怀、王文晖、薛宗炎、陈云腾陪同调研。

8 月 11 日，市人大常委会组织部分市人大代表对市第十六届人大第五次会议重点代表建议办理落实情况进行检查。市人大常委会领导林庆峰、连泉富、姚志强参加检查，市政府曾献礼副市长陪同检查。

8 月 12 日，市人大常委会机关党支部开展“两学一做”学习教育第二专题“坚守纪律底线、培养高尚情操”学习讨论。

8 月 16 日，市人大常委会检查《中华人民共和国环境保护法》执行情况。市人大常委会领导陈健倩、洪于权、郭鸿荣、林庆峰、连泉富、姚志强参加检查。市委常委、副市长王茂泉陪同检查。

8 月 17 日，市人大常委会调研农村食品安全监管体系建设情况。市人大常委会领导陈健倩、郭鸿荣、林庆峰、连泉富、姚志强参加调研。市领导潘子良、庄天怀陪同调研。

同日，市人大常委会党组书记洪于权主持召开市人大常委会党组“两学一做”学习教育第二专题“坚守纪律底线、培养高尚情操”学习讨论会。市人大常委会领导陈健倩、郭鸿荣、林庆峰、连泉富、姚志强参加会议。

8 月 18 日，晋江市第十六届人大常委会第七十二次主任（扩大）会议召开。

8 月 24 日，丰泽区的泉州市第十五届人大代表到晋江市调研。泉州市人大代表、丰泽区委书记黄景春，泉州市人大代表、丰泽区人大常委会党组书记林建扬等参加调研。晋江市领导陈健倩、洪于权、姚志强、曾献礼陪同调研。

8 月 25 日，晋江市第十六届人大常委会第三十一次会议召开。

9 月 6 日，福建省人大常委会副主任邓力平带队到晋江市调研深化行政审批制度改革工作情况。泉州市人大常委会主任陈万里、泉州市政府副市长季翔峰，晋江市领导张文贤、洪于权、姚志强陪同调研。

9月8日，泉州市人大常委会副主任张建生带队到晋江市调研重点流域环境污染综合整治工作。晋江市领导连泉富、张淑语陪同调研。

9月13日，泉州市人大常委会副主任吕竞带队到晋江市检查食品安全工作情况。

9月23日，市人大常委会组织部分市人大代表视察晋江市美丽乡村建设情况。市人大常委会领导陈健倩、林庆峰、连泉富、黄小闽参加视察，市政府副市长王文晖陪同视察。

9月27日，晋江市第十六届人大常委会第七十三次主任（扩大）会议召开。

9月29日，晋江市第十六届人大常委会第三十二次会议召开。

9月30日，市选举委员会召开第一次会议。市领导陈健倩、洪于权、许仰东、吴忠刘、姚志强参加会议。

10月9日，晋江市召开市镇两级人大换届选举工作会议，部署换届选举有关工作。市领导陈健倩、洪于权、许仰东、吴忠刘、林庆峰、连泉富、姚志强参加会议。

10月10日，市选举委员会办公室暨市镇换届选举联络督导组会议召开，会议明确了选举办各工作组和联络督导组的职责分工，部署工作任务。市领导姚志强出席会议。

10月14日，市人大常委会组织部分市人大代表对《晋江市人大常委会关于城乡公共交通服务管理工作专题询问意见》研究处理情况进行跟踪检查。市人大常委会领导陈健倩、洪于权、林庆峰、连泉富、姚志强参加检查，副市长李自力陪同检查。

10月18日，晋江市第十六届人大常委会第七十四次主任（扩大）会议召开。

10月19日，市人大常委会实地检查生态水域建设情况。市人大常委会领导陈健倩、洪于权、林庆峰、连泉富参加检查，市委常委、副市长王茂泉陪同检查。

10月24日，2016年泉州市市县两级人大常委会主任座谈会在洛江举行。会议传达了2016年度省市人大常委会主任座谈会精神，围绕“提高代表履职能力，充分发挥代表作用”议题进行交流研讨。市人大常委会党组书记洪于权参加会议。

10月25日，晋江市第十六届人大常委会第七十五次主任（扩大）会议召开。

10月26日，晋江市第十六届人大常委会第三十三次会议召开。

10月27—28日，福建省人大常委会副主任刘群英带队到泉州市开展《福建省体育经营活动管理条例》实施情况执法检查。其间，对晋江市祖昌体育馆进行实地检查。

10月28日，晋江市召开市镇两级人大换届选举工作第一次阶段汇报会。市选举委员会领导陈健倩、洪于权、吴忠刘、姚志强出席会议。

11月1日，西藏自治区人大常委会委员、代表人事选举工作委员会主任桑珠带队到晋江市考察，市人大常委会副主任人选曾献礼陪同。

11月4日，市人大常委会机关党支部举办“两学一做”专题教育第三专题辅导讲座，邀请市委党校高级讲师冯涛主讲。讲座后由市人大常委会党组书记上党课。市人大常委会领导洪于权、林庆峰、连泉富、姚志强、黄小闽等参加讲座。

同日，市人大常委会党组召开“两学一做”学习教育第三专题“坚持根本宗旨、发挥党员作用”学习讨论会。市人大常委会领导洪于权、郭鸿荣、林庆峰、连泉富、姚志强参加会议。

11 月 7 日，市人大常委会组织部分市人大代表对晋江市侨捐兴办公益事业管理情况进行实地调研。市人大常委会副主任连泉富参加调研。

11 月 10 日，市人大常委会组织部分市人大代表视察创新创业服务体系建设情况。市人大常委会领导陈健倩、洪于权、林庆峰、连泉富参加视察，市政府副市长庄天怀陪同视察。

11 月 14 日，晋江市人大常委会组织部分市人大代表对晋江市政府落实为民办实事项目情况进行检查，晋江市人大常委会领导陈健倩、洪于权、林庆峰、曾献礼、连泉富、姚志强参加检查，副市长庄天怀陪同检查。

11 月 15 日，晋江市第十六届人大常委会第七十六次主任（扩大）会议召开。

11 月 16 日，市镇两级人大换届选举工作第二次阶段汇报会召开。市领导陈健倩、洪于权、许仰东、姚志强参加会议。

11 月 30 日，晋江市第十六届人大常委会第七十七次主任（扩大）会议召开。

12 月 5 日，晋江市第十六届人大常委会第三十四次会议召开。

12 月 8—9 日，泉州市人大常委会召开学习贯彻党的十八届六中全会和省第十次党代会、市第十二次党代会精神读书班暨 2017 年工作务虚会。市人大常委会党组书记洪于权参加会议。

12 月 15—19 日，晋江市第十七届人民代表大会第一次会议在罗山召开。

2017 年

1 月 7—11 日，市人大常委会组织晋江市的泉州市第十六届人大代表参加泉州市第十六届人民代表大会第一次会议。市人大常委会领导洪于权参加会议。

1 月 13 日，晋江市召开市镇两级人大换届选举工作总结会。

1 月 16 日，晋江市第十七届人大常委会第一次主任（扩大）会议召开。

1 月 20 日，晋江市第十七届人大常委会第一次会议召开。

同日，晋江市第十七届人大常委会第二次主任（扩大）会议召开。

2 月 10 日，晋江市第十七届人大常委会第三次主任（扩大）会议召开。

2 月 17 日，晋江市第十七届人大常委会第二次会议召开。

3 月 24 日，市人大常委会召开市镇（街道）人大工作座谈会。市人大常委会领导洪于权、连泉富、姚志强、林友竹参加会议。

3 月 27—28 日，市人大常委会组织部分市人大代表检查晋江市生态水域建设情况。市人大常委会领导洪于权、连泉富分别带队检查，市政府副市长王茂泉、李自力陪同检查。

3 月 30 日，市人大常委会洪于权主任带队前往莆田考察学习水系治理建设工作。市人大常委会领导曾献礼、连泉富、姚志强、林友竹参加考察。

4 月 6 日，市人大常委会洪于权主任主持召开市第十七届人大常委会与“一府两院”工作联席会，市人大常委会、市政府领导和法院、检察院主要领导等参加会议。

4 月 12—15 日，市人大常委会在全国人大深圳培训基地举办全市人大系统深圳培训班。晋江市第十七届人大常委会组成人员、各镇（街道）人大正、副主席及工委正、副主任和人大常委会机关科级以上干部参加培训。

4 月 12—13 日，福建省人大常委会委员、法制委主任委员杨益民率调研组到晋江市开展《福建省食品安全条例》立法调研。泉州市领导曾巍、晋江市领导刘文儒、陈晋永、连泉富陪同调研。

4 月 17 日，市第十七届人大代表履职培训班（第一期）正式开班。

4 月 20 日，晋江市第十七届人大常委会第四次主任（扩大）会议召开。

4 月 27 日，晋江市第十七届人大常委会第三次会议召开。

4 月 28 日，市人大常委会在人大常委会机关四楼会议室组织召开宗教场所管理工作座谈会。市人大常委会领导林友竹参加活动。

5 月 5 日，晋江市第十七届人大常委会第五次主任（扩大）会议召开。

5 月 11 日，泉州市人大常委会副主任张建生到晋江调研华侨回国定居工作。市人大常委会领导林友竹陪同调研。

5 月 16 日，泉州市人大常委会党组书记陈万里到晋江市检查中发〔2015〕18 号、闽委发〔2015〕23 号文件贯彻落实情况。泉州市人大常委会副主任张建生，泉州市人大常委会党组成员、秘书长欧阳秋虹，晋江市领导刘文儒、洪于权、陈晋永、郭鸿荣、连泉富、姚志强、林友竹参加检查。

5 月 17 日，市人大常委会组织部分市人大代表实地检查晋江市实施《中华人民共和国非物质文化遗产法》情况。市人大常委会领导洪于权、郭鸿荣、连泉富、姚志强、林友竹参加检查。市政府副市长黄少伟陪同检查。

5 月 27 日，市人大常委会组织部分市人大代表视察晋江市全民健身运动场馆建设情况。市人大常委会领导郭鸿荣、连泉富、姚志强、林友竹参加视察。

6 月 8 日，福建省人大常委会副主任彭锦清带队到晋江市开展第 1357 号代表建议《加强食用农产品监督　从源头保障食品安全》督办工作调研，晋江市人大常委会主任洪于权陪同调研。

6月20日，晋江市首个片区人大代表联络站在池店镇桥南片区成立，市人大常委会副主任姚志强出席揭牌仪式。

6月21日，晋江市第十七届人大常委会第四次会议召开。

6月12日，晋江市第十七届人大常委会第六次主任（扩大）会议召开。

6月29日，晋江市第十七届人大常委会第七次主任（扩大）会议召开。

7月12日，全国人大常委会办公厅新闻局副局长曲卫国率调研组一行到晋江市调研，市人大常委会副主任曾献礼陪同调研。

7月14日，市人大常委会召开代表建议不满意件重新交办会，市人大常委会主任洪于权、副主任姚志强参加会议。

7月19日，晋江市第十七届人大常委会第八次主任（扩大）会议召开。

8月4日，市人大常委会组织部分市人大代表对晋江市实施《中华人民共和国水法》情况进行实地检查，市人大常委会领导郭鸿荣、曾献礼、连泉富、姚志强、林友竹参加检查，市政府副处级干部颜宏达陪同检查。

8月18日，晋江市第十七届人大常委会第九次主任（扩大）会议召开。

8月23日，市人大常委会召开生态水域建设检查存在问题交办会。市领导张文贤、洪于权、郭鸿荣、曾献礼、连泉富、姚志强、林友竹等参加会议。

8月25日，晋江市第十七届人大常委会第五次会议召开。

8月29日，市人大常委会在人大常委会机关四楼会议室召开晋台青少年工作座谈会。市人大常委会领导林友竹参加活动。

9月1日，晋江市第十七届人大常委会第十次主任（扩大）会议召开。

9月11日，市人大常委会在金井镇围头村调研滨海旅游资源情况。市人大常委会领导林友竹参加活动。

9月20日，市人大常委会召开贯彻落实《福建省人大常委会办公厅关于印发〈中共福建省人大常委会党组关于加强和改进人大代表履职有关工作的实施意见〉的通知》专题工作会议，市人大常委会领导洪于权、曾献礼参加会议。

9月27日，晋江市第十七届人大常委会第十一次主任（扩大）会议召开。

9月29日，市人大常委会视察晋江市创新孵化平台建设情况，市人大常委会领导洪于权、曾献礼、连泉富、林友竹参加视察，市政府副市长王文晖陪同视察。

10月11日，市人大常委会组织部分市人大代表实地调研晋江市义务教育资源布局情况，市人大常委会领导洪于权、曾献礼、连泉富、林友竹参加调研，市政府副市长王文晖陪同调研。

10月12日，市人大常委会组织实地检查市第十七届人大一次会议第2—4号重点代表建议办理情况，市人大常委会领导洪于权、郭鸿荣、曾献礼、连泉富、林友竹参加调研。

10月13日，晋江市第十七届人大常委会第十二次主任（扩大）会议召开。

10月17日，市人大常委会组织部分市人大代表实地检查社区矫正相关工作情况，市人大常委会领导曾献礼、连泉富、林友竹参加检查，市政府副市长庄天怀陪同调研。

10月20日，晋江市第十七届人大常委会第十三次主任（扩大）会议召开。

10月25日，市人大常委会在新塘街道调研文化旅游情况。市人大常委会领导林友竹参加活动。

10月30日，晋江市第十七届人大常委会第六次会议召开。

11月10日，晋江市第十七届人大常委会第十四次主任（扩大）会议召开。

11月22日，市人大常委会在安海镇调研乡村旅游情况。市人大常委会领导林友竹参加活动。

11月24日，市人大常委会组织部分市人大代表视察晋江市美丽乡村建设情况，市人大常委会领导曾献礼、林友竹参加视察。

11月28日，市人大常委会组织部分市人大代表检查市政府2017年为民办实事项目落实情况，市人大常委会领导洪于权、曾献礼、姚志强参加检查，副市长黄少伟陪同检查。

11月29日，晋江市第十七届人大常委会第七次会议召开。

同日，晋江市第十七届人大常委会第十五次主任（扩大）会议召开。

12月7日，市人大常委会组织部分市人大代表检查晋江市生态水域建设情况，市人大常委会领导郭鸿荣、曾献礼、连泉富、姚志强、林友竹参加检查。

12月8日，福建省人大侨台工委副主任叶勇鹏到晋江调研宗教场所管理情况。市人大常委会领导林友竹陪同调研。

同日，晋江市第十七届人大常委会第十六次主任（扩大）会议召开。

12月15日，晋江市第十七届人大常委会第八次会议召开。

12月22日，晋江市第十七届人大常委会第十七次主任（扩大）会议召开。

12月27—29日，晋江市第十七届人民代表大会第二次会议在罗山召开。

12月29日，晋江市第十七届人大常委会第九次会议召开。

同日，晋江市第十七届人大常委会第十八次主任（扩大）会议召开。

12月，市人大常委会专题询问晋江市生态水域建设情况。

2018年

2月10日，市人大常委会党组召开2017年度民主生活会和述职述廉会议，党组成员洪于权、郭鸿荣、连泉富、姚志强参加会议，常委会领导曾献礼、林友竹列席会议。

2月13日，晋江市第十七届人大常委会第十九次主任（扩大）会议召开。

2月27日，晋江市第十七届人大常委会第十次会议召开。

3月6日，市人大常委会召开自来水水质安全座谈会，市人大常委会领导洪于权、林友竹参加会议。

3月12日，泉州人大常委会副主任朱团能到晋江市调研2017年全市环境状况和环境保护目标完成情况，市人大常委会领导林友竹陪同调研。

3月13日，泉州人大常委会副主任朱团能到晋江市调研国有企业发展情况，晋江市人大常委会连泉富副主任陪同调研。

3月14日，2018年人大代表建议和政协委员提案交办会召开，市人大常委会姚志强副主任参加会议。

3月16日，泉州人大常委会副主任张建生到晋江市调研建设和发展新型研发机构工作情况，市人大常委会曾献礼副主任陪同调研。

3月20日，福建省人大常委会法工委到晋江调研《福建省少数民族教育保障条例》相关落实工作。市人大常委会领导林友竹陪同调研。

同日，泉州人大常委会副主任许文贵到晋江市调研全市流域水环境保护2017年重点项目建设进展情况，市人大常委会领导林友竹陪同调研。

3月21日，德化县人大到晋江市学习考察代表工作，市人大常委会副主任姚志强陪同调研。

3月22日，全市镇（街道）人大工作会议召开，市人大常委会领导洪于权、曾献礼、连泉富、姚志强、林友竹参加会议。

3月23日，上杭县人大到晋江市学习考察代表工作，市人大常委会副主任姚志强陪同考察。

3月27日，湖北省恩施土家族苗族自治州人大常委会副主任陈晓燕一行到晋江市考察特色小镇创建工作。

3月28日，深圳市罗湖区人大到晋江市考察，市人大常委会副主任姚志强陪同考察。

4月8日，市人大常委会开展2018年第一轮生态水域建设现场检查活动，市人大常委会领导洪于权、曾献礼、连泉富、姚志强、林友竹参加活动。

4月11日，市人大常委会开展2017年全市环境状况和环境保护目标实地调研活动，常委会领导洪于权、曾献礼、连泉富、姚志强、林友竹参加调研。

同日，市人大常委会与“一府两院”工作联席会议召开，常委会领导洪于权、郭鸿荣、曾献礼、连泉富、姚志强、林友竹参加会议。

4月12日，市人大常委会在人大常委会机关四楼会议室召开华侨权益保护工作汇报会。市人大常委会领导林友竹参加活动。

4 月 13 日，大连市人大常委会申控工委副主任夏卫红到晋江市考察申诉控告信访工作，市人大常委会领导林友竹陪同考察。

同日，泉州市人大常委会副主任吴友才到晋江市开展《中华人民共和国人民调解法》执法检查，市人大常委会副主任姚志强陪同检查。

同日，晋江市第十七届人大常委会第二十次主任（扩大）会议召开。

4 月 18 日，泉州市人大常委会人事代表工委到晋江市检查闽常办综〔2017〕79 号、泉人大办〔2017〕69 号文件贯彻落实情况。

4 月 19 日，河北省黄骅市人大到晋江市考察公共文化服务体系建设情况，市人大常委会副主任曾献礼陪同考察。

4 月 20 日，晋江市第十七届人大常委会第十一次会议召开。

4 月 23 日，上海市金山区人大常委会到晋江市考察华侨权益保护工作，市人大常委会领导林友竹陪同考察。

4 月 25 日，晋江市第十七届人大常委会第二十一次主任（扩大）会议召开。

4 月 26 日，食用农产品质量安全工作专题讲座举办，市人大常委会领导洪于权、连泉富、姚志强、林友竹参加讲座。

5 月 4 日，泉州市人大宣传工作会议召开，晋江市人大常委会副主任曾献礼参加会议。

5 月 8 日，泉州市人大代表工作座谈会召开，晋江市人大常委会副主任姚志强参加会议。

5 月 9 日，市人大常委会领导姚志强、林友竹到市市政园林局检查第 1 号重点督办的代表建议落实情况。

5 月 10 日，市人大常委会领导洪于权、林友竹带队赴惠安学习考察生态水域治理先进经验。

同日，泉州市人大常委会副主任张建生到晋江市调研国家知识产权示范城市创建工作情况，晋江市人大常委会副主任曾献礼陪同。

5 月 11 日，市人大常委会领导姚志强、林友竹到市水利局检查第 65、148 号重点督办的代表建议落实情况。

同日，《中华人民共和国老年人权益保障法》专题讲座举办，市人大常委会领导洪于权、曾献礼、林友竹参加会议。

5 月 15 日，市人大常委会专题调研晋江市电子商务发展情况。调研组一行先后深入福建一品云创信息技术股份有限公司、泉州勾勾手电子商务有限公司、晋江健儿鞋服有限公司、大黄蜂体育用品有限公司等电子商务企业，详细了解晋江市电商企业的建设和运营情况。

5 月 23 日，“知行学堂”暨中华传统文化讲座及党员学习会议和党小组会召开，市人大常委会领导洪于权、曾献礼、连泉富、姚志强、林友竹参加讲座。

6月4日，市人大常委会领导走访高铁指挥部。

同日，江苏省张家港市人大到晋江市考察宗教工作法治建设，晋江市人大常委会领导林友竹陪同考察。

6月5日，广东佛山顺德区到晋江市考察学前教育工作，晋江市人大常委会副主任曾献礼陪同考察。

6月6日，市人大常委会组织实地检查晋江市老年人权益保障“一法一条例”实施情况，市人大常委会领导洪于权、曾献礼、连泉富、姚志强、林友竹参加检查。

6月7日，泉州人大常委会副主任蔡思红带队到晋江市调研环城类代表建议办理情况，市人大常委会领导林友竹陪同调研。

6月12日，福建省人大常委会到晋江市开展《中华人民共和国大气污染防治法》执法检查，晋江市人大常委会主任洪于权陪同检查。

6月21日，市人大常委会精准扶贫工作评议部署会召开，领导洪于权、曾献礼、连泉富、林友竹参加会议。

同日，晋江市第十七届人大常委会第二十二次主任（扩大）会议召开。

6月28日，晋江市第十七届人大常委会第十二次会议召开。

7月3日，晋江市人大常委会举办“十三五”规划中期评估专题讲座。

7月6日，晋江市第十七届人大常委会第二十三次主任（扩大）会议召开。

7月11日，泉州市人大常委会副主任朱团能带队到晋江调研国民经济和社会发展计划、预算执行情况，市人大常委会领导洪于权、连泉富参加。

7月12日，泉州人大常委会副主任蔡思红带队到晋江市调研环湾城市规划建设情况，市人大常委会领导林友竹参加。

7月17日，代表建议不满意件交办会在市人大四楼会议室召开，市人大常委会领导洪于权、姚志强参加。

7月18日，市人大常委会组织部分市人大代表实地检查晋江市贯彻实施《中华人民共和国精神卫生法》情况。市人大常委会领导洪于权、郭鸿荣、曾献礼、连泉富、姚志强、林友竹参加。

同日，安溪县的泉州市人大代表到晋江市调研，市人大常委会领导洪于权、郭鸿荣、曾献礼、连泉富、姚志强、林友竹陪同。

7月30日，泉州市委人大工作会议召开，晋江市人大常委会主任洪于权参加。

8月1日，实地调研市区殡丧事务管理工作，市人大常委会领导洪于权、曾献礼参加。

8月4日，福建省人大常委会委员、侨台工委陈雄主任一行到晋江市调研涉台工作。市人大常委会领导林友竹陪同。

8月8日，福建省人大内司工委主任朱淑芳一行到晋江市调研深化司法体制改革和执行工作情况，晋江市人大常委会领导洪于权、姚志强陪同。

8月16日，晋江市第十七届人大常委会第二十四次主任（扩大）会议召开。

8月23—24日，晋江市第十七届人大常委会第十三次会议召开。

8月24日，晋江市第十七届人大常委会第十三次会议评议市扶贫办精准扶贫工作情况。

9月4日，泉州市人大常委会副主任许文贵一行到晋江市检查全市流域水环境保护工作情况，市人大常委会领导林友竹陪同。

9月5日，市人大常委会副主任曾献礼带队走访晋江市退教协并座谈。

同日，晋江市第十七届人大常委会第二十五次主任（扩大）会议召开。

9月6日，泉州市人大常委会副主任张建生到晋江市调研海外华文教育工作情况，市人大常委会领导林友竹陪同。

9月7日，市人大常委会副主任连泉富、姚志强组织部分泉州市人大代表赴全国人大北戴河培训基地培训。

9月17—18日，全省人大代表联系群众活动室建设现场推进会在晋江市召开，福建省人大常委会副主任潘征出席会议。晋江市人大常委会领导洪于权、姚志强参加。

10月16日，《中华人民共和国宪法》讲座在市委党校会堂举办，市人大常委会领导洪于权、曾献礼、姚志强、林友竹参加。

10月17日，市人大常委会实地检查市第十七届人大第二次会议3件重点督办代表建议办理落实情况，市人大常委会领导洪于权、连泉富、姚志强、林友竹参加。

10月18日，全省人大系统庆祝改革开放40周年研讨会在晋江召开。福建省人大常委会副主任、党组书记张广敏出席会议并讲话。福建省人大常委会副主任、党组副书记黄琪玉主持会议，福建省人大常委会副主任邓力平、吴洪芹、檀云坤，秘书长刘道崎出席会议。泉州市领导康涛、陈万里、刘文儒等出席会议。泉州市人大常委会代理主任朱团能在会上作交流发言。晋江市人大常委会领导洪于权、曾献礼参加会议。

10月22日，晋江市第十七届人大常委会第二十六次主任（扩大）会议召开。

10月26日，市人大常委会组织退休老干部视察经济社会发展暨重阳节活动，市人大常委会领导洪于权、郭鸿荣、曾献礼、姚志强、林友竹参加。

同日，晋江市第十七届人大常委会第二十七次主任（扩大）会议召开。

10月30日，晋江市第十七届人大常委会第十四次会议召开。

11月1日，市人大常委会组织部分市人大代表视察晋江市特色现代农业工作情况，市人大常委会领导洪于权、连泉富、林友竹参加。

11月8日，市人大常委会组织部分市人大代表视察旅游市场规范管理工作情况。市人大常委会领导洪于权、曾献礼、连泉富、林友竹参加。

11 月 9 日，晋江市第十七届人大常委会第二十八次主任（扩大）会议召开。

11 月 10 日，全国人大财经委副主任委员、常委会预算工委主任史耀斌到晋江市调研财政经济运行情况、听取“晋江经验”介绍，市人大常委会领导洪于权、连泉富陪同调研。

11 月 27 日，晋江市第十七届人大常委会第十五次会议召开。

12 月 3 日，市人大常委会检查生态水域决议落实情况，市人大常委会领导郭鸿荣、曾献礼、连泉富、姚志强、林友竹参加。

12 月 7 日，晋江市第十七届人大常委会第二十九次主任（扩大）会议召开。

12 月 12 日，晋江市人大常委会代表之家主题活动召开，市人大常委会领导洪于权、姚志强参加。

同日，晋江市第十七届人大常委会第三十次主任（扩大）会议召开。

12 月 13 日，福建省人大常委会副主任邓力平到晋江市开展联系省人大代表工作，市人大常委会副主任姚志强陪同。

12 月 14 日，晋江市第十七届人大常委会第十六次会议召开。

12 月 24 日，晋江市第十七届人大常委会第三十一次主任（扩大）会议召开。

12 月 26—29 日，晋江市第十七届人民代表大会第三次会议在罗山召开。

12 月 29 日，晋江市第十七届人大常委会第十七次会议召开。

同日，晋江市第十七届人大常委会第三十二次主任（扩大）会议召开。

同日，晋江市第十七届人大常委会第三十三次主任（扩大）会议召开。

2019 年

1 月 29 日，市人大常委会党组召开 2018 年度述责述廉会议，市人大常委会党组成员洪于权、郭鸿荣、连泉富、姚志强、陈钖岑参加会议，常委会领导曾献礼、林友竹列席会议。

1 月 29 日，市人大常委会党组召开 2018 年度民主生活会，市人大常委会党组成员洪于权、郭鸿荣、连泉富、姚志强、陈钖岑参加会议，常委会领导曾献礼、林友竹列席会议。

1 月 30 日，市人大常委会机关党支部召开 2018 年度组织生活会和开展民主评议党员，市人大常委会领导洪于权、郭鸿荣、曾献礼、连泉富、姚志强、林友竹参加会议。

2 月 20 日，晋江市第十七届人大常委会第三十四次主任（扩大）会议召开。

2 月 26 日，福建省人大常委会委员、法制委副主任委员、法工委主任李明蓉一行到晋江市调研，市人大常委会领导洪于权、姚志强陪同调研。

2月27日，晋江市第十七届人大常委会第十八次会议召开。

3月4日，泉州市人大常委会副主任许文贵一行到晋江市开展海岸线保护管理情况调研，晋江市人大常委会领导洪于权、林友竹陪同调研。

3月8日，泉州市人大常委会到晋江市开展《泉州市晋江洛阳江流域水环境保护条例（草案）》立法调研，晋江市人大常委会领导林友竹陪同调研。

3月11日，市人大常委会党组2018年度述责述廉整改工作汇报会召开，市人大常委会党组成员洪于权、郭鸿荣、连泉富、姚志强、陈钖岑参加会议，常委会领导曾献礼、林友竹列席会议。

3月14日，泉州市人大常委会主任陈灿辉到晋江市调研“人大代表联系群众活动室”建设情况，晋江市人大常委会领导洪于权、姚志强陪同调研。

3月15日，市人大常委会召开市第十七届人大三次会议代表建议交办会，市人大常委会副主任姚志强参加会议。

3月20日，市人大常委会召开2019年镇（街道）人大工作会暨全市人大代表联系群众活动室建设推进会，市人大常委会领导洪于权、曾献礼、连泉富、姚志强、林友竹参加会议。

3月28日，福建省诚信促进会会长、省人大常委会原副主任陈伦到晋江市开展学习推广“晋江经验”调研，晋江市人大常委会副主任连泉富陪同调研。

3月29日，市人大常委会组织部分市人大代表实地调研2018年度环境状况和环保目标完成情况，市人大常委会领导洪于权、郭鸿荣、林友竹参加活动。

4月8日，泉州市人大常委会主任陈灿辉一行到晋江市参加行政审批服务提质提速工作推进会，晋江市人大常委会领导洪于权、曾献礼参加会议。

4月9日，全省人大侨台民宗工作座谈会在晋江市委党校召开。全国人大华侨委委员叶双瑜到会指导。福建省人大常委会副主任吴洪芹出席会议并讲话。晋江市人大常委会领导洪于权、林友竹参加活动。

4月11日，全国人大宪法和法律委员会副主任委员胡可明一行到晋江市调研《中华人民共和国土地管理法》和《中华人民共和国房地产管理法》修正案（草案）有关工作，晋江市人大常委会领导洪于权、林友竹陪同调研。

4月16日，晋江市第十七届人大常委会第三十五次主任（扩大）会议召开。

4月17—18日，福建省人大常委会委员、法制委主任委员杨益民一行到晋江市开展《福建省电梯安全管理条例》修改工作立法调研，晋江市人大常委会领导洪于权、连泉富陪同调研。

4月18日，福建省人大常委会副主任雷春美、檀云坤到晋江市开展促进革命老区发展暨全省人大建设工作情况专题调研，晋江市人大常委会领导洪于权、姚志强陪同调研。

4月22日，市人大常委会机关党支部开展主题党日暨“树清廉家风、创廉洁机关”活动，市人大常委会领导洪于权、郭鸿荣、曾献礼、连泉富、姚志强、林友竹参加活动。

4月23日，晋江市第十七届人大常委会第十九次会议召开。

4月26—30日，晋江市市镇人大科级以上干部浙江大学研修班在浙江大学全国干部教育培训基地举办，市人大常委会领导洪于权、曾献礼、连泉富、林友竹参加活动。

5月5日，晋江市第十七届人大常委会第三十六次主任（扩大）会议召开。

5月8日，市人大常委会到青阳街道、磁灶镇调研晋江市贯彻落实惠台政策情况。市人大常委会领导林友竹参加活动。

5月15日，市人大常委会机关党支部党员大会暨“两学一做”第二专题学习讨论会召开，市人大常委会领导洪于权、郭鸿荣、连泉富、林友竹参加活动。

5月16日，福建省人大常委会副主任檀云坤一行到晋江市调研民事行政检察工作，晋江市人大常委会主任洪于权陪同调研。

同日，全国人大常委会委员、财经委委员徐如俊一行到晋江市调研中小企业融资促进工作，晋江市人大常委会领导洪于权、连泉富陪同调研。

5月17日，泉州市人大常委会副主任张建生到晋江市开展《中华人民共和国传染病防治法》实施情况检查，晋江市人大常委会副主任曾献礼陪同检查。

5月22—23日，晋江市人大常委会组织部分市人大代表检查晋江市实施《中华人民共和国老年人权益保障法》《福建省老年人权益保障条例》情况。

5月23日，泉州市人大常委会副主任许文贵到晋江市调研水流域环境保护情况，晋江市人大常委会领导林友竹陪同调研。

5月30日，市人大常委会举办“知行学堂”暨中华传统文化讲座，市人大常委会领导洪于权、郭鸿荣、曾献礼、姚志强、林友竹参加活动。

6月5日，福建省人大常委会副主任黄琪玉一行到晋江市开展《中华人民共和国渔业法》和《福建省实施〈中华人民共和国渔业法〉办法》执法检查，晋江市人大常委会领导洪于权陪同检查。

6月18日，市人大常委会组织部分市人大代表视察市区水系连通生态补水工程建设情况，市人大常委会领导洪于权、连泉富、姚志强、林友竹参加活动。

6月19日，晋江市第十七届人大常委会第三十七次主任（扩大）会议召开。

6月26日，晋江市第十七届人大常委会第二十次会议召开。

6月27日，市人大常委会组织开展主题党日活动暨新时代文明实践活动——参观泉州市党内政治生活体验馆，市人大常委会领导洪于权、连泉富、姚志强、林友竹参加活动。

7月1日，晋江市庆祝中国共产党成立98周年暨“两优一先”表彰大会举行，市人大常委会主任洪于权参加。

7月5日，市人大常委会组织部分泉州市人大代表到厦门国家会计学院培训，市人大常委会副主任姚志强参加。

7月10日，晋江市第十七届人大常委会第三十八次主任（扩大）会议召开。

7月15日，市人大常委会领导洪于权、曾献礼会见浙江晋江商会到晋江市考察团一行。

7月16日，江西省赣州市人大常委会副主任欧阳世麟一行到晋江市考察纺织服装产业发展工作，晋江市人大常委会副主任连泉富参加有关活动。

7月17日，市人大常委会组织部分市人大代表视察晋江市卫生应急救援体系建设工作，市人大常委会领导洪于权、曾献礼、姚志强参加视察，副市长黄少伟陪同视察。

同日，市人大常委会召开市第十七届人大第三次会议代表建议办理不满意件重新交办会，市人大常委会领导洪于权、姚志强，市政府副市长王文晖参加。

7月21—27日，市人大常委会组织晋江市的泉州市十六届人大代表参加履职能力提升班，市人大常委会领导洪于权、姚志强参加。

7月30日，市人大常委会召开机关党员大会并开展“两学一做”第三专题学习讨论（悟初心、守初心、践初心），市人大常委会领导洪于权、郭鸿荣、曾献礼、连泉富、姚志强、林友竹参加。

8月1日，市人大常委会跟踪检查《中华人民共和国精神卫生法》审议意见研究处理情况，市人大常委会领导洪于权、曾献礼、姚志强、林友竹参加检查活动，副市长黄少伟陪同检查。

8月2日，市人大常委会机关党支部举办主题党日活动——关爱生命“救”在身边的“知行学堂”暨卫生应急救护培训讲座，市人大常委会领导洪于权、郭鸿荣、曾献礼、连泉富、林友竹参加活动。

8月9日，南平市光泽县人大常委会副主任徐仲华一行到晋江市考察人大代表联系群众活动室建设工作，晋江市人大常委会副主任姚志强陪同。

8月12日，浙江省海宁市人大常委会副主任朱祥华一行到晋江市考察科技工作，晋江市人大常委会领导林友竹陪同。

8月18—19日，泉州市的省十三届人大代表第一调研组在泉州市委常委、晋江市委书记刘文儒的陪同下，到晋江市开展“践行‘晋江经验’坚持高质量发展落实赶超”专题调研活动，福建省人大代表、晋江市市长张文贤随团调研，市领导洪于权、潘子良、姚志强陪同调研。

8月20日，市人大常委会领导洪于权、曾献礼、连泉富、林友竹走访调研晋江机场公司。

8月22日，晋江市第十七届人大常委会第三十九次主任（扩大）会议召开。

8月23日，泉州市十六届人大代表（洛江组）一行到晋江市调研，晋江市领导洪于权、李自力、曾献礼、姚志强陪同调研。

8 月 26 日，市人大常委会副主任连泉富到英林镇埭边村调研薄弱村“奋蹄马”工作并听取镇党委关于辖区村（社区）分析站队情况汇报。

8 月 27 日，晋江市第十七届人大常委会第四十次主任（扩大）会议召开。

8 月 28 日，苏州市吴江区人大常委会主任沈金明一行到晋江市考察经济社会发展工作，晋江市人大常委会领导洪于权、连泉富陪同。

同日，南平市顺昌县人大常委会副主任林瑞英一行到晋江市考察农村集体经济组织成员身份确认工作，市人大常委会领导林友竹陪同。

8 月 29 日，晋江市第十七届人大常委会第二十一次会议召开。

同日，晋江市第十七届人大常委会第四十一次主任（扩大）会议召开。

8 月 30 日，市人大常委会主任洪于权到罗山街道开展软弱涣散社区党组织调研分析工作，并走访挂钩联系的重点纳税企业。

同日，市人大常委会领导郭鸿荣、连泉富、姚志强分别走访挂钩联系的重点纳税企业。

9 月 3 日，泉州市人大常委会副主任朱团能一行到晋江市调研泉州市第十六届人大常委会第十六次会议通过的《关于依法推动打好防范化解重大风险、精准脱贫、污染防治三大攻坚战的决定》执行情况，晋江市人大常委会副主任连泉富陪同调研。

9 月 4 日，晋江市第十七届人大常委会第四十二次主任（扩大）会议召开。

9 月 10 日，晋江市人大常委会组织部分省、泉州市、晋江市人大代表视察晋江市养老事业发展情况，晋江市人大常委会领导洪于权、曾献礼、连泉富、姚志强、林友竹参加视察，副市长王文晖陪同视察。

9 月 11 日，晋江市人大常委会组织泉州市十六届人大代表（晋江组）前往安溪县开展异地调研，晋江市人大常委会领导洪于权、曾献礼、连泉富、姚志强、林友竹参加调研。

9 月 19 日，市人大常委会党组暨机关召开“不忘初心、牢记使命”主题教育部署会议，市人大常委会领导洪于权、郭鸿荣、连泉富、姚志强、林友竹参加会议，市委第 9 巡回指导组到会指导。

9 月 25 日，市人大常委会庆祝中华人民共和国成立 70 周年“笔墨放歌、礼赞祖国”书画展开幕暨参观展览活动，市人大常委会领导洪于权、郭鸿荣、曾献礼、连泉富、姚志强、林友竹参加有关活动。

同日，泉州市人大常委会副主任许文贵一行到晋江市调研全市流域水环境保护情况，晋江市人大常委会领导林友竹参加。

9 月 26 日，市人大常委会机关组织退休干部职工参观晋江市经济社会发展情况，市人大常委会领导洪于权、曾献礼陪同。

9月30日，市人大常委会机关开展“不忘初心、牢记使命”主题教育第二次集中学习研讨，市人大常委会领导洪于权、郭鸿荣、曾献礼、连泉富、姚志强、林友竹参加。

10月9日，市人大常委会副主任姚志强参加晋江市陶瓷行业人大代表联系群众活动室揭牌活动。

10月10日，市人大常委会机关开展专题主题党日活动，组织全体党员瞻仰泉州中心县委纪念馆，参观“不忘初心、牢记使命”主题教育档案文献馆，集中观看主题教育影片，召开“不忘初心、牢记使命”主题教育第三次集中学习研讨，市人大常委会领导洪于权、郭鸿荣、曾献礼、连泉富、姚志强、林友竹参加。

10月15日，市人大常委会组织部分市人大代表视察晋江市《中华人民共和国农产品质量安全法》实施情况，市人大常委会领导洪于权、曾献礼、连泉富、林友竹参加视察，副市长张汉杰陪同视察。

同日，泉州市十六届人大代表（鲤城组）一行到晋江市调研，晋江市领导洪于权、李自力、姚志强陪同调研。

同日，福建省人大法制委委员、常委会法工委副主任徐华一行到晋江市开展《福建省女职工劳动保护条例（草案修改稿）》立法调研，福建省人大常委会法工委副主任王少伟一行到晋江市开展校企合作调研，晋江市人大常委会副主任曾献礼陪同调研。

10月16日，市人大常委会组织部分市人大代表实地检查晋江市第十六届人大第三次会议《关于加快推进我市生态水域建设的决议》落实情况，市人大常委会领导洪于权、曾献礼、林友竹参加检查，副市长张汉杰陪同检查。

10月17日，泉州市人大常委会主任陈灿辉到晋江市开展“双联”及慰问活动，市人大常委会主任洪于权陪同。

10月17—18日，市人大常委会领导洪于权、郭鸿荣、曾献礼、连泉富、姚志强、林友竹参加市委举办的主题教育读书班，分别围绕“加强政治建设”和“发扬斗争精神、增强斗争本领”两个主题进行研讨。

10月21日，市人大常委会组织部分市人大代表实地调研晋江市区交通秩序整治相关工作情况及市第十七届人大第三次会议第142号重点督办代表建议《关于加强市区停车管理的建议》办理情况。市人大常委会领导洪于权、曾献礼、连泉富、姚志强、林友竹参加调研，副市长张汉杰陪同调研。

10月22日，泉州市人大常委会副主任张建生到晋江市调研《泉台旅游文化交流合作若干措施》落实情况。晋江市人大常委会领导林友竹陪同调研。

同日，市人大常委会实地检查市第十七届人大第三次会议第33、137号重点代表建议办理落实情况，市人大常委会领导曾献礼、连泉富、姚志强、林友竹参加检查，副市长张淑语陪同检查。

10 月 23 日，晋江市第十七届人大常委会第四十三次主任（扩大）会议召开。

10 月 25 日，市人大常委会党组暨机关召开“不忘初心、牢记使命”主题教育第五次学习研讨会，市人大常委会领导洪于权、郭鸿荣、曾献礼、连泉富、姚志强、林友竹参加。

10 月 30 日，晋江市第十七届人大常委会第二十二次会议召开。

10 月 31 日，市人大常委会举办家风助廉活动——“知行学堂”中华传统文化讲座，市人大常委会领导洪于权、曾献礼、连泉富、姚志强参加活动。

11 月 6 日，晋江市第十七届人大常委会第四十四次主任（扩大）会议召开。

11 月 7 日，市人大常委会党组暨机关召开“不忘初心、牢记使命”主题教育第六次学习研讨会，市人大常委会领导洪于权、郭鸿荣、曾献礼、连泉富、姚志强、林友竹参加。

同日，晋江市第十七届人大常委会第二十三次会议召开。

同日，晋江市第十七届人大常委会第四十五次主任（扩大）会议召开。

11 月 12 日，福建省全国人大代表到晋江市开展集中视察活动，市人大常委会领导洪于权、姚志强陪同视察。

11 月 13 日，市人大常委会组织部分市人大代表视察晋江市 2020 年第 18 届世界中学生运动会场馆建设情况，晋江市人大常委会领导洪于权、曾献礼、连泉富、姚志强、林友竹参加视察，副市长黄少伟陪同视察。

11 月 14 日，市人大常委会党组召开“不忘初心、牢记使命”主题教育调研成果交流会，市人大常委会领导洪于权、郭鸿荣、曾献礼、连泉富、姚志强、林友竹参加会议，泉州市委第四巡回指导组组长黄春淮到会指导。

同日，市人大常委会组织视察晋江市宗教组织参与公益慈善事业情况，市人大常委会领导洪于权、曾献礼、连泉富、姚志强、林友竹参加视察，市领导颜宏达陪同视察。

11 月 15 日，市人大常委会主任洪于权为市人大常委会机关党员上主题教育专题党课，市人大常委会领导郭鸿荣、曾献礼、连泉富、姚志强、林友竹参加。

同日，市人大常委会党组召开“不忘初心、牢记使命”主题教育对照党章党规找差距专题会议，晋江市人大常委会领导洪于权、郭鸿荣、曾献礼、连泉富、姚志强、林友竹参加，泉州市委第四巡回指导组到会指导。

11 月 18 日，市人大常委会主任洪于权参加洪肇设慈善基金捐赠仪式。

11 月 19 日，市人大常委会领导林友竹参加龙湖镇尊道小学建校 110 周年办学成果汇报会。

同日，市人大常委会副主任姚志强到池店镇调研指导“不忘初心、牢记使命”主题教育工作和代表选举工作。

11月20日，市人大常委会主任洪于权到罗山街道调研指导“不忘初心、牢记使命”主题教育工作。

11月21日，市人大常委会副主任姚志强为市人大机关党员上主题教育专题党课，市人大常委会领导洪于权、郭鸿荣、曾献礼、连泉富、林友竹参加。

同日，市人大常委会机关召开学习贯彻党的十九届四中全会精神专题研讨会，市人大常委会领导洪于权、郭鸿荣、曾献礼、连泉富、姚志强、林友竹参加会议。

11月22日，市人大常委会副主任连泉富到英林镇调研指导“不忘初心、牢记使命”主题教育工作，并为埭边村党员上主题教育专题党课。

11月29日，市人大常委会实地检查2019年度为民办实事工作情况，市人大常委会领导洪于权、曾献礼、连泉富、林友竹参加检查。

12月4日，市人大常委会组织晋江市的省、泉州市人大代表视察晋江市经济社会发展状况，市人大常委会副主任姚志强、市政府副市长李志强陪同视察。

同日，市人大常委会党组召开“不忘初心、牢记使命”主题教育专题民主生活会，市人大常委会领导洪于权、郭鸿荣、曾献礼、连泉富、姚志强参加会议。

12月5日，市人大常委会机关党支部召开“不忘初心、牢记使命”主题教育专题组织生活会并进行民主评议党员，市人大常委会领导洪于权、郭鸿荣、曾献礼、连泉富、姚志强、林友竹参加会议。

12月6日，晋江市第十七届人大常委会第四十六次主任（扩大）会议召开。

12月9日，山东省济宁市任城区人大常委会主任贾存琰一行到晋江市考察学习“晋江经验”及人大国有资产监管工作情况，晋江市人大常委会领导连泉富陪同考察。

同日，市人大常委会主任洪于权到罗山街道参加山仔社区专题组织生活会。

同日，市人大常委会副主任连泉富到英林镇参加港塔村专题组织生活会。

12月10日，市人大常委会副主任郭鸿荣到永和镇参加马坪村专题组织生活会。

12月12日，晋江市第十七届人大常委会第二十四次会议召开。

同日，晋江市第十七届人大常委会第四十七次主任（扩大）会议召开。

12月17日，市人大常委会机关举办新形势下意识形态工作专题讲座，市人大常委会领导洪于权、郭鸿荣、曾献礼、姚志强、林友竹参加讲座。

12月19日，福建省人大常委会机关召开全省人大系统先进集体和先进工作者表彰视频会，晋江市人大常委会人事代表委员会被评为福建省人大系统先进集体。

12月24—27日，晋江市第十七届人民代表大会第四次会议在罗山召开。

12月30日，市人大常委会党组中心组召开学习研讨会，围绕学习《习近平在福州》采访实录开展交流研讨，市人大常委会领导林仁达、郭鸿荣、曾献礼、连泉富、姚志强、林友竹参加。

2020 年

2 月 21 日，晋江市第十七届人大常委会第四十八次主任（扩大）会议召开。

2 月 28 日，市第十七届人大常委会第二十五次会议召开。

3 月 26 日，泉州市人大常委会副主任张建生到晋江市调研公共文化服务体系建设情况，晋江市领导曾献礼、黄少伟陪同调研。

4 月 9 日，泉州市人大常委会副主任朱团能带队到晋江市开展“控疫情、促复工、抓安全”专题“双联”（联系代表、联系群众）活动。晋江市人大常委会主任林仁达、副主任姚志强参加会议。

4 月 14 日，市人大常委会在市侨联对《中华人民共和国归侨侨眷权益保护法》实施情况开展调研。市人大常委会领导林友竹参加活动。

4 月 21 日，晋江市第十七届人大常委会第四十九次主任（扩大）会议召开。

4 月 28 日，晋江市第十七届人大常委会第二十六次会议召开。

4 月 29 日，泉州市人大常委会副主任吴汉宗带队到晋江市开展加快高新、传统、重化三大板块建链强链补链情况调研活动，晋江市领导连泉富、庄天怀陪同调研。

5 月 7 日，晋江市第十七届人大常委会第五十次主任（扩大）会议召开。

5 月 12 日，泉州市人大常委会副主任黄阳春带队到晋江市开展《泉州市市容和环境卫生管理条例（草案）》《泉州市机动车停车条例（草案）》立法调研，晋江市人大常委会领导林友竹陪同调研。

5 月 13 日，泉州市人大常委会副主任吴汉宗带队到晋江市开展城乡居民基本医保基金使用管理情况专题调研，晋江市领导连泉富、陈传芳陪同调研。

5 月 14 日，泉州市人大常委会副主任张建生到晋江市调研师德建设长效机制情况，晋江市领导曾献礼、颜宏达陪同调研。

5 月 28 日，晋江市人大常委会召开 2020 年全市镇（街道）人大工作会议。

6 月 10 日，泉州市人大常委会副主任许文贵到晋江市检查《中华人民共和国野生动物保护法》及《福建省实施〈中华人民共和国野生动物保护法〉办法》实施情况和“两个决定”贯彻落实情况，市人大常委会领导林友竹陪同检查。

6 月 16 日，晋江市第十七届人大常委会第五十一次主任（扩大）会议召开。

6 月 18 日，市人大常委会组织部分市人大代表调研九十九溪入河排污口排查工作。

6 月 23 日，晋江市第十七届人大常委会第二十七次会议召开。

7 月 3 日，晋江市第十七届人大常委会第五十二次主任（扩大）会议召开。

7 月 9 日，泉州市人大常委会主任陈灿辉一行到晋江市调研城市快速通道规划建设进展情况，市领导张文贤、林仁达陪同调研。

7月10日，泉州市人大常委会副主任张建生一行到晋江市开展泉台人才交流合作情况专题调研，晋江市人大常委会领导林友竹陪同调研。

7月15日，泉州市人大常委会副主任许文贵一行到晋江市调研农村人居环境整治工作，晋江市领导林仁达、张汉杰、林友竹陪同调研。

8月6日，晋江市第十七届人大常委会第五十三次主任（扩大）会议召开。

8月13日，晋江市人大常委会机关举办《中华人民共和国民法典》相关知识专题讲座。

8月20日，晋江市第十七届人大常委会第五十四次主任（扩大）会议召开。

8月27日，晋江市第十七届人大常委会第二十八次会议召开。

9月2日，泉州市的省十三届人大代表第一调研组到晋江市开展“统筹推进疫情常态化防控和经济社会发展工作”专题调研活动。福建省人大代表、晋江市市长张文贤随团调研，晋江市人大常委会领导林仁达、姚志强陪同调研。

9月3日，晋江市第十七届人大常委会第五十五次主任（扩大）会议召开。

9月15日，泉州市人大常委会副主任蔡思红一行到晋江市开展加快垃圾分类处理利用情况调研工作，晋江市领导林仁达、张淑语、林友竹陪同调研。

9月22日，泉州市人大常委会副主任张建生一行到晋江市调研宗教人才队伍建设工作，晋江市领导林友竹陪同调研。

9月25日，全国人大民族委员会副主任委员史大刚在福建省人大常委会委员、华侨工委副主任王维川的陪同下，到晋江市调研少数民族流动人口服务管理工作。晋江市领导刘文儒、林仁达、林友竹陪同调研。

10月14日，市人大常委会组织部分市人大代表视察晋江市未成年人检察工作情况。

10月15日，晋江市人大常委会组织部分市人大代表对市第十七届人大第四次会议第13、131号重点代表建议的办理落实情况进行检查。

10月21日，市人大常委会组织部分市人大代表视察晋江市第三医院改造提升工作情况。

10月22日，福建省人大常委会委员、财经委副主任委员、常委会财经工委主任梁晋阳一行到晋江市开展行政事业性国有资产调研工作，晋江市领导林仁达、李自力、连泉富陪同调研。

10月23日，晋江市第十七届人大常委会第五十六次主任（扩大）会议召开。

10月29日，晋江市第十七届人大常委会第五十七次主任（扩大）会议召开。

10月30日，晋江市第十七届人大常委会第二十九次会议召开。

同日，晋江市第十七届人大常委会第五十八次主任（扩大）会议召开。

11月2—3日，福建省人大常委会委员、省人大监察和司法委员会委员陈飞到晋江市开展联系基层代表活动，晋江市人大常委会领导林仁达、姚志强陪同。

11 月 4—5 日，市人大常委会在青阳街道、西园街道、金井镇、龙湖镇调研新生代华侨资源涵养情况。市人大常委会领导林友竹参加活动。

11 月 6 日，晋江市第十七届人大常委会第五十九次主任（扩大）会议召开。

11 月 23 日，晋江市第十七届人大常委会第六十次主任（扩大）会议召开。

11 月 24 日，晋江市第十七届人大常委会第三十次会议召开。

同日，晋江市第十七届人大常委会第六十一次主任（扩大）会议召开。

11 月 26 日，晋江市人大常委会组织各级人大代表实地查看晋江市 2020 年为民办实事项目。

12 月 7 日，晋江市第十七届人大常委会第六十二次主任（扩大）会议召开。

12 月 8 日，晋江市第十七届人大常委会第三十一次会议召开。

12 月 23 日，晋江市第十七届人大常委会第六十三次主任（扩大）会议召开。

12 月 24 日，晋江市第十七届人大常委会第三十二次会议召开。

12 月 30 日，晋江市第十七届人大常委会第六十四次主任（扩大）会议召开。

2021 年

1 月 6—7 日，全省人大系统深入学习贯彻习近平总书记关于坚持和完善人民代表大会制度的重要思想暨 2020 年福建省人大常委会课题调研经验交流会在晋江召开。福建省人大常委会副主任潘征出席会议并讲话。泉州市、晋江市领导陈灿辉、刘文儒、张建生、林仁达、曾献礼参加活动。

1 月 8 日，晋江市第十七届人大常委会第六十五次主任（扩大）会议召开。

1 月 9 日，晋江市第十七届人大常委会第三十三次会议召开。

1 月 11—13 日，晋江市第十七届人民代表大会第五次会议在罗山召开。

2 月 22 日，泉州市领导陈灿辉、吕刚到晋江市开展“再学习、再调研、再落实”暨《加快新基建建设，推动数字经济加速发展》调研，市人大常委会主任林仁达陪同调研。

1 月 25 日，晋江市第十七届人大常委会第六十六次主任（扩大）会议召开。

2 月 19 日，晋江市第十七届人大常委会第六十七次主任（扩大）会议召开。

2 月 23 日，晋江市第十七届人大常委会第六十八次主任（扩大）会议召开。

3 月 2 日，晋江市第十七届人大常委会第六十九次主任（扩大）会议召开。

3 月 5 日，晋江市第十七届人大常委会第三十四次会议召开。

3 月 11 日，泉州市人大常委会副主任吴汉宗带队到晋江市开展联系代表和群众活动，晋江市人大常委会副主任姚志强陪同调研。

3 月 12 日，泉州市人大常委会副主任吴友才一行到晋江市开展《中华人民共和国归侨侨眷权益保护法》《中华人民共和国归侨侨眷权益保护法实施办法》《福建省实施〈中华人民共和国归侨侨眷权益保护法〉办法》执法检查，晋江市领导黄文福、林友竹参加相关活动。

3月15日，晋江市人大常委会召开党组暨机关党史学习教育动员大会。市人大常委会党组书记、主任林仁达出席会议并讲话，市人大常委会党组副书记、副主任郭鸿荣主持会议，市人大常委会领导曾献礼、姚志强、王清龙、林友竹参加会议。

3月17日，福建省人大常委会副主任吴洪芹带队到晋江市开展《中华人民共和国科学技术进步法》《福建省科学技术进步条例》执法检查暨福建科技创新情况专题调研。泉州市人大常委会副主任许文贵，晋江市政府市长张文贤、市人大常委会主任林仁达、副主任曾献礼陪同调研。

3月18日，泉州市人大常委会副主任吴友才一行到晋江市调研检察机关落实认罪认罚从宽制度工作情况，晋江市人大常委会副主任姚志强陪同调研。

3月19日，晋江市召开2021年人大代表建议政协委员提案交办会议，晋江市领导姚志强、林庆峰出席会议。

同日，晋江市人大常委会副主任王清龙带队到西园街道开展城乡人居环境整治情况现场调研暨专题“双联”（市人大常委会组成人员同市人大代表，市人大代表同人民群众的联系）活动。

3月23日，泉州市人大常委会副主任黄阳春一行到梧林传统村落开展立法调研，晋江市人大常委会副主任曾献礼陪同调研。

同日，福建省人大常委会副主任严可仕带队到晋江市调研全面推进乡村振兴情况。泉州市、晋江市领导陈灿辉、许文贵、朱启平、张文贤、林仁达、郭鸿荣、张汉杰陪同调研。

3月29—30日，晋江市人大常委会领导郭鸿荣、林友竹带队到新塘街道开展城乡人居环境整治情况专场调研暨专题“双联”活动。

4月7—8日，晋江市人大常委会副主任姚志强带队到池店镇开展城乡人居环境整治情况现场调研暨专题“双联”活动。

4月8日，晋江市人大常委会召开2021年全市镇（街道）人大工作会议，市人大常委会领导林仁达、郭鸿荣、曾献礼、姚志强、林友竹参加会议。

4月9日，晋江市人大常委会组织部分市人大代表视察晋江市2020年度环境状况和环保目标完成情况，市人大常委会领导林仁达、曾献礼、姚志强、王清龙、林友竹参加视察。

4月13日，全国人大常委会副委员长张春贤率领执法检查组到泉州市，就《中华人民共和国中医药法》实施情况开展执法检查，全国人大常委会委员、教科文卫委员会副主任委员殷一璀等参加检查。执法检查组一行深入泉州市中医院、正骨医院文化馆、晋江市中医院等实地考察，了解中医药法实施、中医药人才队伍建设、中医药行业发展趋势等情况，并与医疗工作者展开交流互动，听取有关意见建议。

4 月 14 日，晋江市人大常委会组织部分市人大代表视察侨乡文化史迹保护工作情况，市人大常委会领导林仁达、姚志强、林友竹参加视察，市政府副市长李志强陪同视察。

4 月 16—21 日，晋江市人大常委会副主任曾献礼带队到深沪镇开展城乡人居环境整治现场调研暨专题“双联”活动。

4 月 20 日，晋江市人大常委会主任林仁达，副主任曾献礼带队到梅岭街道开展城乡人居环境整治情况现场调研暨专题“双联”活动。

4 月 22 日，晋江市第十七届人大常委会第七十次主任（扩大）会议召开。

4 月 23 日，晋江市人大常委会召开城乡人居环境整治专题询问调研问题交办会，会议通报城乡人居环境整治专题询问调研情况并交办问题，市人大常委会领导郭鸿荣、王清龙、林友竹，市政府副市长张淑语参加会议。

4 月 26 日，晋江市人大常委会组织部分市人大代表视察晋江创新型县（市）创建工作情况。市人大常委会领导林仁达、曾献礼、姚志强、林友竹参加视察，市政府副市长庄天怀陪同视察。

4 月 29 日，晋江市第十七届人大常委会第三十五次会议召开。

5 月 1 日，市人大常委会华侨民宗委联合市司法局、新塘街道开展《福建省华侨权益保护条例》普法宣传活动。市人大常委会领导林友竹参加活动。

5 月 7 日，晋江市第十七届人大常委会第七十一次主任（扩大）会议召开。

5 月 19 日，全国人大常委会委员、华侨委员会副主任委员曹鸿鸣一行围绕进一步发挥海外侨胞在“一带一路”建设中的重要作用到晋江市梧林传统村落进行专题调研，泉州市人大常委会副主任吴友才，晋江市人大常委会领导林仁达、林友竹陪同调研。

5 月 28 日，晋江市人大常委会组织部分市人大代表视察九十九溪流域田园风光项目建设情况。市人大常委会领导郭鸿荣、王清龙、林友竹参加视察，市政府副市长张淑语陪同视察。

6 月 2 日，晋江市第十七届人大常委会第七十二次主任（扩大）会议召开。

6 月 4 日，在市法院、市检察院分别召开法官、检察官履职评议动员大会。晋江市人大常委会主任林仁达参加并作动员讲话。

6 月 18 日，全国人大常委会委员、民族委员会副主任委员洛桑江村一行围绕巩固民族地区脱贫攻坚成果同乡村振兴衔接情况到安踏集团进行专题调研。泉州市人大常委会领导陈灿辉、吴友才，晋江市领导林仁达、黄文福、林友竹陪同调研。

6 月 22 日，晋江市第十七届人大常委会第七十三次主任（扩大）会议召开。

6 月 23 日，泉州市人大常委会副主任许文贵一行到晋江市开展乡村建设行动和农村人居环境整治调研活动，晋江市人大常委会副主任郭鸿荣陪同调研。

6月25日，晋江市人大常委会机关举行“光荣在党50年”纪念章颁发仪式，市人大常委会领导林仁达、郭鸿荣、曾献礼、王清龙参加颁发仪式。

同日，晋江市人大常委会举办《泉州市市容和环境卫生管理条例》专题讲座。本次讲座邀请华侨大学法学院王启玉教授主讲。

6月28日，晋江市第十七届人大常委会第七十四次主任（扩大）会议召开。

6月29日，晋江市第十七届人大常委会第三十六次会议召开。

同日，晋江市第十七届人大常委会第七十五次主任（扩大）会议召开。

6月，中共晋江市人大常委会机关支部委员会被中共泉州市委授予“先进基层党组织”称号。

6月，市人大常委会在陈埭镇、龙湖镇、内坑镇调研城市少数民族流动人口服务管理工作。市人大常委会领导林友竹参加活动。

7月1日，市人大常委会华侨民宗委联合市融媒体中心、晋江乡讯社举办“红色侨史”特刊征文活动。市人大常委会黄文福副主任参加活动。

7月14日，泉州市人大常委会副主任许文贵一行到晋江市调研科技创新平台建设情况，市领导赖有为、曾献礼陪同调研。

7月20日，晋江市第十七届人大常委会第七十六次主任（扩大）会议召开。

7月21日，晋江市第十七届人大常委会第三十七次会议召开。

同日，晋江市第十七届人大常委会第七十七次主任（扩大）会议召开。

7月23日，晋江市第十七届人大常委会第七十八次主任（扩大）会议召开。

7月26日，晋江市第十七届人大常委会第三十八次会议召开。

7月，市人大常委会在全省率先对部分法官、检察官开展履职评议，加强对法官、检察官任后监督，促进司法公平正义。

8月6日，市人大常委会组织部分市人大代表实地检查晋江市实施《泉州市市容和环境卫生管理条例》情况，市人大常委会领导林仁达、黄文福、潘子良、王清龙、曾献礼、姚志强、林友竹参加检查，市政府领导张健龙陪同检查。

8月9日，晋江市人大常委会组织部分市人大代表到晋江市中医院调研“健康晋江”行动项目工作。

同日，晋江市第十七届人大常委会第七十九次主任（扩大）会议召开。

8月10日，晋江市第十七届人大常委会第三十九次会议召开。

8月12日，市人大常委会主任林仁达主持召开城乡人居环境整治专题会议，市领导王明元、潘子良、王清龙、郭鸿荣、王也夫、张健龙、林友竹参加会议。

8月13日，市人大常委会组织部分市人大代表视察智慧警务工作情况，市人大常委会领导林仁达、黄文福、王清龙、曾献礼、姚志强、林友竹参加视察，市政府副市长李森建陪同视察。

8 月 18 日，福建省人大常委会委员陈万里一行到晋江市开展联系基层代表和群众活动，晋江市领导林仁达、潘子良、姚志强陪同。

同日，晋江市第十七届人大常委会第八十次主任（扩大）会议召开。

8 月 19 日，福建省市县乡人大换届代表选举工作指导小组成员，福建省人大常委会委员、省人大法制委主任委员薛云官一行到晋江市开展县乡人大换届代表选举工作调研，晋江市领导林仁达、姚志强陪同。

同日，晋江市第十七届人大常委会第四十次会议召开。

8 月 25 日，福建省人大常委会副主任严可仕一行到晋江市开展《中华人民共和国土地管理法》及《福建省实施〈中华人民共和国土地管理法〉办法》执法检查。泉州市、晋江市领导许文贵、王明元、林仁达、吴志朴、王清龙陪同。

9 月 1 日，晋江市第十七届人大常委会第八十一次主任（扩大）会议召开。

9 月 3 日，福建省人大常委会党组书记、副主任雷春美带队到晋江市开展《中华人民共和国残疾人保障法》和《福建省实施〈中华人民共和国残疾人保障法〉办法》执法检查。泉州市、晋江市领导吴汉宗、张文贤、王明元、林仁达、庄怀璇、王清龙、陈希陪同检查。

9 月 16 日，晋江市第十七届人大常委会第八十二次主任（扩大）会议召开。

9 月 17 日，晋江市第十七届人大常委会第四十一次会议召开。

9 月 23 日，晋江市第十七届人大常委会第八十三次主任（扩大）会议召开。

9 月 24 日，晋江市第十七届人大常委会第四十二次会议召开。

9 月 27 日，晋江市 2021 年市镇两级人大换届选举工作会议召开，市委书记张文贤出席并讲话。市委副书记、市政府代市长王明元出席会议。市人大常委会主任林仁达主持会议。市委常委、宣传部部长黄少伟，市委常委、组织部部长陈友爱在会上作具体部署。市领导吴忠刘、黄天凯、庄怀璇、潘子良、姚志强、林庆峰出席会议。

同日，市选举委员会第一次会议召开，市人大常委会主任、市选举委员会主任林仁达出席并讲话。市人大常委会副主任、市选举委员会副主任姚志强主持会议。市领导、市选举委员会副主任陈友爱、庄怀璇、潘子良参加会议。

10 月 11 日，市选举委员会办公室暨市镇换届选举联络督导组会议召开，会议明确了选举办各工作组和联络督导组的职责分工，部署工作任务。市人大常委会副主任、市选举委员会副主任姚志强出席会议并作讲话。

10 月 14 日，市人大常委会组织部分市人大代表视察晋江市生态公益林保护建设工作情况。市人大常委会领导林仁达、郭鸿荣、曾献礼、姚志强、林友竹参加视察，市政府副市长张健龙陪同视察。

10月15日，市人大常委会组织部分市人大代表专题视察晋江市第十六届人大第三次会议《关于加快推进我市生态水域建设的决议》落实情况。市人大常委会领导林仁达、黄文福、王清龙、曾献礼、林友竹参加视察，市政府副市长陈希陪同视察。

10月19日，市人大常委会组织部分市人大代表实地检查市十七届人大五次会议第7、36、88号重点督办代表建议办理落实情况。市人大常委会领导林仁达、黄文福、潘子良、王清龙、姚志强、林友竹参加检查，市政府副市长张健龙陪同检查。

10月20日，市人大常委会组织部分市人大代表实地检查晋江市实施《中华人民共和国消防法》和《福建省消防条例》情况。市人大常委会领导林仁达、黄文福、王清龙、曾献礼、林友竹参加检查，市领导黄思添陪同检查。

10月21日，晋江市第十七届人大常委会第八十四次主任（扩大）会议召开。

10月22日，市人大常委会在市人大常委会机关四楼会议室召开调研全域旅游发展情况座谈会。市人大常委会领导黄文福、林友竹参加活动。

10月28日，晋江市第十七届人大常委会第四十三次会议召开。

同日，晋江市召开2021年市镇两级人大换届选举工作第一次阶段汇报会。市人大常委会主任、市选举委员会主任林仁达，市领导、市选举委员会副主任陈友爱、庄怀璇、潘子良、姚志强，市选举办副主任林嘉达出席会议。

同日，晋江市第十七届人大常委会第八十五次主任（扩大）会议召开。

10月，市人大常委会就全域旅游发展情况相继组织部分市人大代表前往青阳街道、罗山街道、新塘街道、紫帽镇、龙湖镇、安海镇、磁灶镇进行实地调研。市人大常委会领导黄文福、林友竹参加活动。

11月11日，晋江市第十七届人大常委会第八十六次主任（扩大）会议召开。

11月15日，晋江市人大常委会组织部分市人大代表专题视察《关于加快推进我市生态水域建设的决议》落实情况。

11月16日，晋江市召开2021年市镇两级人大换届选举工作第二次阶段汇报会。市人大常委会主任、市选举委员会主任林仁达，市领导、市选举委员会副主任陈友爱、庄怀璇、潘子良、姚志强参加会议。

11月19日，晋江市第十七届人大常委会第八十七次主任（扩大）会议召开。

11月24日，晋江市第十七届人大常委会第八十八次主任（扩大）会议召开。

11月26日，晋江市第十七届人大常委会第四十四次会议召开。

12月1日，晋江市第十七届人大常委会第八十九次主任（扩大）会议召开。

12月2日，晋江市第十七届人大常委会第四十五次会议召开。

12月15日，晋江市第十七届人大常委会第九十次主任（扩大）会议召开。

12月21—24日，晋江市第十八届人民代表大会第一次会议在罗山召开。

2022 年

1 月 14 日，泉州市人大常委会主任李建辉带领新一届泉州市人大常委会领导班子成员前往晋江经验馆，开展传承弘扬“晋江经验”专题研讨活动。晋江市领导张文贤、林仁达、黄文福、潘子良、王清龙、曾献礼陪同参加活动。

1 月 18 日，晋江市人大常委会党组召开 2021 年度述责述廉会议。晋江市人大常委会党组书记、主任林仁达带头述责述廉，并对党组成员述责述廉情况逐一进行点评。会上，晋江市人大常委会党组成员围绕《中国共产党党内监督条例》规定的述责述廉重点，逐一述责述廉，深入查找存在的问题和不足，并提出具体改进措施。现场还对党组成员述责述廉情况进行无记名填表评议。

1 月 27 日，晋江市人大常委会党组书记、主任林仁达主持召开党史学习教育专题民主生活会。市人大常委会副主任黄文福、潘子良、王清龙参加会议，市人大常委会领导曾献礼列席会议，市委组织部有关领导到会指导。

1 月 28 日，晋江市人大常委会党组暨机关召开党史学习教育总结会议。市人大常委会领导林仁达、黄文福、潘子良、王清龙、曾献礼参加会议，市委党史学习教育第 12 巡回指导组组长朱金祥到会指导。

1 月 29 日，晋江市人大常委会机关召开全体干部职工会议，市人大常委会领导林仁达、黄文福、潘子良、王清龙、曾献礼参加会议。会议通报泉州市纪委监委近期查处的 3 起违反中央八项规定精神典型案例，传达上级有关节假日期间纪律要求。随后，林仁达主任总结回顾过去一年工作，谋划思考新一年工作，并对春节期间有关事项作了强调。

2 月 22 日，晋江市第十八届人大常委会第一次会议召开。

2 月 16 日，晋江市第十八届人大常委会第一次主任（扩大）会议召开。

3 月 3 日，晋江市委召开人大工作会议。会上，晋江市人大常委会主任林仁达部署人大工作。泉州市委常委、晋江市委书记张文贤作强调讲话。

3 月 11 日，晋江市第十八届人大常委会第二次主任（扩大）会议召开。

4 月 26 日，晋江市人大常委会组织部分市人大代表专题视察晋江市 2021 年度环境状况及环境保护目标情况。

4 月 27 日，晋江市人大常委会机关召开全体干部职工会议，市人大常委会领导林仁达、黄文福、潘子良、王清龙、曾献礼参加会议。会议组织传达学习习近平同志在 2 月 3 日中共中央政治局常务委员会会议的重要讲话和 4 月 15 日省委常委会会议精神，并通报十起违反中央八项规定精神典型案例；开展 2022 年第一季度绩效考核民主测评。随后，市人大常委会主任林仁达开展“五·一”节前集体廉政谈话。

同日，晋江市第十八届人大常委会第三次主任（扩大）会议召开。

4 月 28 日，晋江市第十八届人大常委会第二次会议召开。

5 月 6 日，晋江市第十八届人大常委会第四次主任（扩大）会议召开。

5 月 12 日，福建省人大常委会党组书记、副主任梁建勇，党组副书记、副主任周联清带队赴晋江市，开展传承弘扬“晋江经验”学习调研，研究推动贯彻落实习近平总书记到闽考察重要讲话精神、中央及省委人大工作会议精神取得更大成效。省人大常委会秘书长黄新銮，常委会委员廖世铢、梁晋阳、陈灿辉和部分全国人大代表、省人大代表参加。泉州市人大常委会主任李建辉、秘书长颜朝晖等陪同调研。学习调研组深入实地察看晋江市第二体育中心、安踏 982 创动空间等，重温习近平同志在福建工作期间总结的“晋江经验”，调研晋江市贯彻落实习近平同志到闽考察重要讲话精神，推进数字经济、科技创新、文化体育产业发展以及疫情防控和复工复产等情况。

5 月 17 日，市人大常委会举行“侨与‘晋江经验’”征文活动启动仪式。市人大常委会副主任黄文福参加活动。

5 月 19 日，市人大常委会华侨民宗委联合市司法局、青阳街道举办《中华人民共和国旅游法》线上 + 线下普法活动。市人大常委会副主任黄文福参加活动。

5 月 23 日，福建省人大常委会委员、侨台工委副主任王维川、省人大侨台工委副主任叶勇鹏一行到晋江市调研涉台工作。晋江市人大常委会副主任黄文福陪同调研。

5 月 27 日，晋江市人大常委会组织部分市人大代表实地观摩梅青社区“党建 +”邻里中心。

6 月 1 日，晋江市人大常委会调研晋江市侨乡文化建设工作情况，市人大常委会副主任黄文福参加活动。

6 月 2 日，晋江市第十八届人大常委会第五次主任（扩大）会议召开。

6 月 15 日，晋江市人大常委会组织部分市人大代表实地检查晋江市实施《中华人民共和国消防法》和《福建省消防条例》情况的审议意见落实情况。市人大常委会领导林仁达、黄文福、潘子良、王清龙、曾献礼参加检查，市政府副市长、陈埭镇党委书记张健龙陪同检查监管平台，市政府副市长丁鸿雨全程陪同检查。

6 月 15—16 日，福建省人大常委会副主任严可仕一行到晋江市开展《中华人民共和国森林法》和《福建省森林条例》执法检查。执法检查组一行先后检查紫帽山松材线虫病防控和山体生态修复、泉州“蓝色海湾”红树林生态修复以及林业产业发展等方面的情况，并召开座谈会，听取晋江市政府贯彻实施森林“一法一例”情况汇报及相关意见建议。福建省人大常委会委员阮军、陈灿辉，部分福建省人大代表及省林业局负责人参加检查。

6 月 16 日，晋江市人大常委会组织部分市人大代表实地检查《市人大常委会关于城乡人居环境整治工作专题询问的意见》暨《市人大常委会关于我市实施〈泉州市市容和环境卫生管理条例〉审议意见》落实情况。市人大常委会领导林仁达、黄文福、潘子良、王清龙、曾献礼参加检查，市政府副市长陈希陪同检查。

6月17日，晋江市第十八届人大常委会第六次主任（扩大）会议召开。

6月22日，晋江市人大常委会专题调研开放招商工作。实地调研部分招商项目，并召开座谈会。市政府副市长、陈埭镇党委书记张健龙陪同调研相关项目。

同日，晋江市人大常委会组织部分市人大代表视察晋江市法院一站式多元解纷和诉讼服务体系建设情况。市人大常委会领导林仁达、黄文福、潘子良、王清龙、曾献礼参加活动。

6月23日，晋江市第十八届人大常委会第三次会议召开。

6月27—29日，市人大常委会举办晋江市第十八届人大代表履职能力提升班（第二期）。

6月28日，福建省人大常委会副主任檀云坤到晋江市开展《福建省实施〈中华人民共和国反恐怖主义法〉办法》立法调研。调研组到陈埭镇宇踏鞋厂，实地了解该厂在关注人员集中务工方面的主要做法和情况。晋江市人大常委会领导林仁达参加活动。

6月29日，晋江市人大常委会召开调研新时代晋江市民族工作情况座谈会，市人大常委会副主任黄文福参加会议。

同日，市人大常委会在市人大常委会机关四楼会议室召开调研新时代民族工作情况座谈会。市人大常委会副主任黄文福参加活动。

6月，晋江市人大常委会分两期举办市第十八届人大代表履职能力提升班。晋江市人大常委会党组书记、主任林仁达在开班仪式上作动员讲话。6月7—10日，晋江市第十八届人大代表履职能力提升班（第一期）举办。

7月2日，福建省人大常委会委员、侨（台）工委主任陈雄一行到晋江市开展铸牢中华民族共同体意识推动新时代民族工作高质量发展情况调研。调研组一行先后实地调研陈埭民族中学和宇踏公司，详细了解晋江新时代民族工作开展情况。随后，调研组一行到世晋青之家为省人大常委会侨台民宗基层联系点揭牌。晋江市人大常委会领导林仁达、黄文福参加活动。

7月5日，晋江市第十八届人大常委会第七次主任（扩大）会议召开。

7月7日，晋江市人大常委会组织部分市人大代表实地检查梧垵溪整治工作，市人大常委会副主任、梧垵溪协管处级领导王清龙参加检查。

7月8日，晋江市人大常委会党组书记、主任林仁达为晋江市人大机关干部职工讲授题为《践行全过程人民民主，着力打造“四个机关”，奋力谱写“晋江经验”人大新篇章》的专题党课，市人大常委会领导王清龙、曾献礼参加活动。

同日，晋江市人大常委会开展检查市第十八届人大第一次会议第49号重点代表建议办理进展情况活动。

7 月 14—21 日，市人大常委会主任林仁达带队到金井镇、市人大常委会副主任黄文福带队到东石镇、市人大常委会副主任潘子良带队到陈埭镇、市人大常委会副主任洪元程带队到龙湖镇、市人大常委会副主任王清龙带队到紫帽镇、市人大常委会领导曾献礼带队到深沪镇就“解放思想再出发，人大代表在行动”专题开展“双联”活动。

7 月 18—19 日，泉州市第十七届人大代表（晋江组）一行前往安溪县开展年中专题调研活动。晋江市领导张文贤、林仁达、黄文福、潘子良、洪元程、王清龙参加调研。

7 月 20 日，福建省人大常委会副主任吴洪芹一行到晋江市开展《关于加大力度扶持和完善婴幼儿托育服务的建议》（第 1195 号）督办调研。泉州市、晋江市领导李文生、林仁达、陈希、陈传芳、曾献礼陪同调研。

7 月 20 —21 日，晋江市人大常委会召开晋江市国土空间提质增效工作情况调研座谈会，市人大常委会副主任王清龙参加会议。

7 月 21 日，福建省人大常委会委员、侨（台）工委主任陈雄一行到晋江开展铸牢中华民族共同体意识推动新时代民族工作高质量发展情况调研。泉州市、晋江市领导李文生、林仁达、黄文福、陈传芳陪同调研。

同日，福建省人大常委会委员、侨台工委陈雄主任一行为“世晋青之家”（省人大常委会侨台民宗基层联系点）揭牌。晋江市领导林仁达、黄文福、陈传芳参加活动。

7 月 22 日，晋江市人大常委会召开关于市监委惩治涉黑涉恶腐败和“保护伞”工作情况调研座谈会，市人大常委会副主任潘子良参加会议。

7 月 28 日，晋江市人大常委会组织部分市人大代表对高标准农田建设情况进行视察。市人大常委会领导林仁达、潘子良、洪元程、王清龙、曾献礼参加视察，市政府副市长张健龙陪同视察。

7 月 29 日，泉州市十七届人大代表（泉港活动组）一行在泉港区领导的带领下到晋江开展年中专题调研活动。晋江市领导王明元、林仁达、黄文福、洪元程、陈文斗陪同调研。

7 月，晋江市人大常委会对部分法官、检察官开展履职评议，加强对法官、检察官任后监督，促进司法公平正义。

8 月 4 日，晋江市人大常委会举办未成年人保护法律制度专题讲座。本次讲座邀请福建省人大常委会监察司法工委监督处黄进喜处长主讲。

8 月 9 日，晋江市人大常委会组织部分市人大代表对城市建成区水体整治工作进行现场检查，市人大常委会副主任王清龙参加检查。

8 月 24 日，晋江市第十八届人大常委会第八次主任（扩大）会议召开。

8 月 30 日，晋江市第十八届人大常委会第四次会议召开。

8 月 31 日，晋江市领导林仁达、李自力带队到金井镇开展安全生产、疫情防控检查活动。

9 月 6 日，晋江市第十八届人大常委会第九次主任（扩大）会议召开。

9 月 20 日，市人大常委会华侨民宗委联合市人大机关党支部在中国海峡（晋江）人才市场举办市人大机关解放思想大讨论“侨与晋江经验”主题交流活动。市人大常委会黄文福副主任参加活动。

9 月 27 日，晋江市领导林仁达、李自力带队到金井镇开展安全生产检查暨“千名干部进千企　一企一策促发展”调研活动。

9 月 28 日，由福建省人大书画院指导，泉州市人大常委会办公室、晋江市人大常委会办公室联合举办的“讴歌新时代　奋进新征程——喜迎党的二十大暨纪念‘晋江经验’20 周年书画联展”在晋江美术馆开幕。全国人大华侨委员会委员、省人大书画院院长叶双瑜，泉州市人大常委会主任李建辉，泉州市委常委、晋江市委书记张文贤，泉州市人大常委会副主任吴友才、高向荣，晋江市人大常委会主任林仁达、副主任黄文福参加开幕式。展览荟萃了省、市人大系统及省内书画名家精心创作的 100 多件书画佳作。参展的艺术家和人大常委会机关工作人员怀揣着热爱党、热爱祖国、热爱人民的政治情怀，以书画为载体讴歌新时代、新风尚、新成就，讴歌“晋江经验”的成功探索、先进典型和生动实践。

10 月 11 日，晋江市第十八届人大常委会与“一府两院”工作联席会议召开。会上，晋江市人大常委会、市政府、法院、检察院依次通报 2022 年来工作情况及下阶段重点工作，并开展交流讨论。

10 月 12 日，晋江市人大常委会组织部分市人大代表对市十八届人大一次会议第 11、41、49 号重点督办代表建议办理落实情况进行实地检查。市人大常委会领导林仁达、黄文福、潘子良、洪元程参加活动，市政府副市长张勇陪同检查。市十八届人大一次会议第 11、41、49 号重点督办代表建议分别为：关于构建社会各方共同参与机制，助力乡村振兴的建议；关于加快“全市一区”整合，推进晋江经济开发区高质量发展的建议；关于加快科技赋能，促进传统产业转型升级的建议。

10 月 14 日，晋江市人大常委会组织部分市人大代表视察晋江市公益林保护建设工作情况。

10 月 21 日，晋江市第十八届人大常委会第十次主任（扩大）会议召开。

10 月 26 日，晋江市人大常委会党组书记、主任林仁达主持召开党组（扩大）会议，传达学习党的二十大精神和党的十九届七中全会、二十届一中全会精神以及省委常委会（扩大）会议、泉州市委常委会（扩大）会议、晋江市委常委会（扩大）会议精神，研究部署市人大常委会贯彻落实意见。会议还传达贯彻《中共中央办公厅关于印发〈推进领导干部能上能下规定〉的通知》文件精神等。

10 月 28 日，晋江市第十八届人大常委会第五次会议召开。

同日，晋江市第十八届人大常委会第十一次主任（扩大）会议召开。

11 月 3 日，泉州市十七届人大代表南安代表团一行在南安市领导张桂森、黄景阳的带领下到晋江调研。泉州市、晋江市领导张文贤、王明元、林仁达、黄文福、潘子良陪同调研。

11 月 4 日，晋江市第十八届人大常委会第十二次主任（扩大）会议召开。

11 月 14 日，晋江市人大常委会组织部分市人大代表实地检查晋江市实施《中华人民共和国中医药法》情况。市人大常委会领导林仁达、洪元程、王清龙、曾献礼参加检查，市领导颜宏达陪同检查。

11 月 16 日，晋江市人大常委会组织部分市人大代表专题视察生态水域建设情况。市人大常委会领导林仁达、潘子良、洪元程、王清龙参加视察，市领导陈文斗陪同视察。

12 月 12 日，泉州市十七届人大代表（晋江组）前往石狮市开展调研活动。晋江市领导张文贤、林仁达、陈友爱、黄文福、潘子良、王清龙、陈文斗参加调研。

同日，晋江市人大常委会组织部分市人大代表视察晋江市乡村旅游发展情况。市人大常委会领导林仁达、黄文福、潘子良、王清龙、曾献礼参加视察，市政府副市长张勇陪同视察。

12 月 13 日，晋江市第十八届人大常委会第十三次主任（扩大）会议召开。

12 月 15 日，晋江市第十八届人大常委会第六次会议召开。

12 月 23 日，晋江市第十八届人大常委会第十四次主任（扩大）会议召开。

12 月 27—29 日，晋江市第十八届人民代表大会第二次会议在罗山召开。

第一章　晋江市人大代表与选举

地方各级人大代表是地方各级国家权力机关的组成人员，市人大常委会认真指导抓好各届人大代表的选举工作。

第一节　晋江市人大代表的产生

一、选举方法

2002—2022 年，采取直接选举和差额选举的方法，选举晋江市第十四至十八届人民代表大会代表。

代表在参加代表大会期间，依法行使提议案权、审议权、选举权、表决权等各项职权。在闭会期间，积极宣传大会的决议、决定，协助市政府推行工作，反映人民群众的意见和要求，参加视察和专题调研等活动。

二、选举机构

人民代表大会代表的选举，均严格依法进行。2002—2022 年共进行 5 次市人大换届选举，每次均成立选举委员会，作为人民代表大会代表选举机构。

2003 年 11 月开始进行第十四届人民代表大会代表换届选举，市人大常委会决定成立晋江市选举委员会和各镇（街道）选举办事处，市选举委员会由施并章任主任，选委会下设办公室。全市镇（街道）成立 3—6 人的选举办事处。市选举委员会受市人大常委会的领导，镇（街道）选举办事处受市选举机构指导。随后进行的几届市人大代表选举做法与第十四届基本一致。

晋江市历届选举委员会成员名录（2003—2021 年）一览表

表 1-1

届次	职务	姓名
十四届（2003年）	主任委员	施并章
	副主任委员	王景星　李建辉　蔡天赞

续表 1-1

届次	职务	姓名
十四届（2003年）	委员	庄铭理 连泉富 陈和平 张永宁 黄延艺 叶水应 张孙厚 陈诗从 王逸民 蔡体面 李瑞阳 柯明泉 黄少伟 陈　健 黄诗舰 许家斗 庄应瑞 洪天炳 黄天凯 颜惠玉
十五届（2006年）	主任委员	施并章
	副主任委员	王景星 李元巍 蔡天赞
	委员	庄铭理 叶荣宗 陈云腾 胡毅雄 姚志强 唐春晓 朱向阳 蔡水利 陈建军 蔡体面 李瑞阳 柯明泉 黄少伟 庄文彬 许乔良 林　峰 吴鸿造 庄应端 洪天炳 陈传芳 颜惠玉
十六届（2011年）	主任委员	王景星
	副主任委员	陈健倩 李元巍 丁聪枝 罗　云 姚志强
	委员	喻青松 颜宏达 傅天宝 王志宏 柯荣围 陈秋景 林劲松 谢江漫 蔡体面 林德育 陈国明 唐春晓 陈建生[①] 李森建 许乔良 林　峰 李章凯 吴晋居 彭培育 柯枫伟 颜惠玉
十七届（2016年）	主任委员	陈健倩
	副主任委员	洪于权 许仰东 吴忠刘 姚志强
	委员	庄祖奇 吴尊意 林嘉达 柯荣围 陈秋景 林劲松 谢江漫 许乔良 吴庆锥 陈国明 陈进福 陈建生 苏家明 叶苍榆 吴飞跃 肖金树 李友加 彭培育 蔡少林 吴丹红 邓炎斌
十八届（2021年）	主任委员	林仁达
	副主任委员	陈友爱 庄怀璇 潘子良 姚志强
	委员	林嘉达 蔡韵清 陈英煌 吴清淡 陈秋景 王经勤 李蔚民 陈晶晶 吴庆锥 庄如梅 蔡文思 陈建生 林永红 苏家明 周先进 许嘉丰 陈元福 李友加 纪刚宏 吴鸿斌 张　雯 许清心 邓炎斌

① 2023年11月，陈建生涉嫌严重违纪违法，接受晋江市纪委监委纪律审查和监察调查，下同。

第二节 晋江市人大代表名额

晋江市人民代表大会代表名额，均根据《中华人民共和国地方各级人民代表大会和地方各级人民政府组织法》(以下简称《地方组织法》) 和《中华人民共和国全国人民代表大会和地方各级人民代表大会选举法》(以下简称《选举法》) 以及晋江市各个时期的人口状况而确定。

一、晋江市第十四届人大代表名额

晋江市第十四届人民代表大会代表名额为322名，根据《选举法》，全市244个选区，有242个选区于2003年12月23日至30日先后选举产生晋江市第十四届人民代表大会代表314名，有2个选区另行组织选举。驻晋江部队根据《中国人民解放军选举全国人民代表大会和县级以上地方各级人民代表大会代表的办法》，选举产生代表2名。全市共选举产生代表316名。2004年1月2日，经市第十三届人大常委会代表资格审查委员会审查，并提交市第十三届人大常委会第三十八次会议审议，确认选举符合法律规定，316名代表的代表资格全部有效。

二、晋江市第十五届人大代表名额

晋江市第十五届人民代表大会代表名额322名。根据《选举法》《福建省县、乡两级人民代表大会代表直接选举实施细则》，全市242个选区，于2006年11月23日至12月2日，先后选举产生晋江市第十五届人民代表大会代表317名。驻晋江部队根据《中国人民解放军选举全国人民代表大会和县级以上地方各级人民代表大会代表的办法》，选举晋江市第十五届人民代表大会代表2名。全市共选举产生代表319名。经晋江市第十四届人大常委会代表资格审查委员会审查，并提交市第十四届人大常委会第二十二次会议审议，确认选举符合法律规定，319名代表的代表资格全部有效。市第十四届人大常委会第二十二次会议以来，青阳代表团张建才代表因工作需要调离本市行政区域，内坑代表团杨祥巧代表去世。以上2位代表的代表资格终止。2006年12月13日，晋江市第十五届人民代表大会代表317名，代表缺额5名。

三、晋江市第十六届人大代表名额

晋江市第十六届人民代表大会代表名额333名。根据《选举法》《福建省县、乡两级人民代表大会代表直接选举实施细则》，全市224个选区，于2011年11月23日至30日，先后选举产生晋江市第十六届人民代表大会代表323名。驻晋江部队根据《中国人民解放军选举全国人民代表大会和县级以上地方各级人民代表大会代表的办法》，选举产生代表 2 名。全市共选举产生代表 325 名。2011 年 12 月 6 日，经晋江市第十五届人大常委会代表资格审查委员会审查，并提交市第十五届人大常委会第三十八次会议审议，确认选举程序符合法律规定，325 名代表的代表资格全部有效。

四、晋江市第十七届人大代表名额

晋江市第十七届人民代表大会代表名额 333 名。根据《选举法》《福建省县、乡两级人民代表大会代表直接选举实施细则》，全市 223 个选区，于 2016 年 11 月 24 日至 29 日，先后选举产生晋江市第十七届人民代表大会代表 325 名。驻晋江部队根据《中国人民解放军选举全国人民代表大会和县级以上地方各级人民代表大会代表的办法》，选举产生晋江市第十七届人民代表大会代表 2 名。全市共选举产生晋江市第十七届人民代表大会代表 327 名。2016 年 12 月 5 日，经市第十六届人大常委会代表资格审查委员会审查，并提交市第十六届人大常委会第三十四次会议审议，326 名代表选举程序符合法律规定，代表资格有效；1 名代表资格正在核查中，延迟确认。

五、晋江市第十八届人大代表名额

晋江市第十八届人民代表大会代表名额 392 名。根据《选举法》《中国人民解放军选举全国人民代表大会和县级以上地方各级人民代表大会代表的办法》《福建省县、乡两级人民代表大会代表直接选举实施细则》，全市 235 个选区，于 2021 年 11 月 24 日至 27 日，先后选举产生晋江市第十八届人民代表大会代表 383 名。2021 年 12 月 2 日，经市第十七届人大常委会代表资格审查委员会审查，并提交市第十七届人大常委会第四十五次会议审议，确认选举符合法律规定，383 名代表的代表资格全部有效。

第三节　晋江市人大代表产生办法

2002—2022 年，晋江市共进行第十四、十五、十六、十七、十八届 5 次市人大代表选举。这 5 届的人大代表选举，按照《中华人民共和国全国人民代表大会和地方各级人民代表大会代表法》(以下简称《代表法》) 的有关规定，采取直接选举和差额选举的方法。其做法按 4 个步骤进行：

一、培训宣传

这 5 届市人大代表选举工作，各项工作准备做得比较充分。一是培训骨干，加强指导。二是对换届选举宣传工作进行了全面部署。如，十四届市、镇人大换届选举时，采用抽调机关干部派驻各选区的方式，开展联络指导工作。充分利用广播、有线电视、宣传栏、宣传板报、标语、宣传车，积极向《泉州晚报》、泉州电视台等上级新闻媒体供稿。十五届市、镇人大换届选举时，市镇两级通过召开换届选举工作会、阶段性工作汇报会，采取集中培训、下发工作简报及指导性材料等做法，加强对各级选举工作人员的业务培训，进一步做到时间界线明朗化、有关概念清晰化、工作内容程序化、工作要求具体化。市委宣传部、市选举办联合下发《关于做好 2006 年我市市镇两级人大换届选举活动宣传报道工作的意见》，强调了宣传工作的指导思想和总体原则，根据换届选举各个阶段工作特点，明确宣传要点，提出具体要求。十六届市、镇人大换届选举时，在选举工作各个阶段，市选举办公室编发了《这次县镇人大代表换届选举与往届相比有哪些不同》等材料，以《选举工作简讯》形式，进行具体业务指导。在各镇召开新一届人大一次会议前及时召开业务工作培训会议，拟出镇新一届人大会议日程表（参考稿）等参考材料，从规范会议文件材料格式、统一会议时间和程序等方面，对新一届人大一次会议各项筹备工作进行指导，为各镇依法有序开好会议提供了组织和业务支持。市委宣传部召开市镇两级人大换届选举宣传工作会议，对人大换届选举宣传工作进行全面部署。在宣传过程中，坚持正确的政治方向，把握正确的舆论导向，注重群众参与度、形式新颖性、内容针对性。十七届市、镇人大换届选举时，举办市镇两级人大换届选举工作业务培训会，邀请省人大常委会人事代表工作室副巡视员郑勤建前来授课，对全市 500 多名换届选举工作人员进行了业务培训。同时，组织市人大常委会机关、镇街人大负责人及市选举办工作人员认真学习新修改的《地方组织法》《选举法》《代表法》等相关法律法规和各级有关文件。各镇也分别召开培训会及阶段业务培训会，对各阶段工作进行业务说明和业务培训，使换届选举工作负责人和业务骨干更好地熟悉和掌握选举的法律程序和有关业务。市委组织部、宣传部以及市选举办通过召开换届选举宣传专题会议，进一步明确宣传工作的职责和任务。加大宣传力度，除采用广播、宣传栏、宣传板报、标语、大型户外广告牌、LED 电子屏幕等传统宣传形式外，还充分发挥主流媒体的舆论导向作用，善于运用微信、微博、手机客户端等新兴媒体，采取接地气、有实效的办法进行宣传，《晋江经济报》、晋江广播电视台、晋江新闻网做好选举工作的动态报道。录制普通话、闽南话双语音频的《致全体选民的一封信》，以公益广告形式播发，镇村两级通过广播、宣传车进行宣传，扩大宣传的覆盖面和选民的知晓率。编发 5 期《选举工作简报》，微信、微博、手机客户端点阅量累计近 10 万人次。十八届市、镇人大换届选举时，市镇两级选举工作机构开展“多形式、分阶段、全覆盖”的业务培训，全面诠释换届选举工作的新规定、新要求、新变化，系统阐明各个阶段的时间节点、工作重点、注意事项，实现“操盘手”全员培训。市选举办还为各镇街统一购买《选举法导读与释义》《乡镇人大选举工作手册》等业务图书 150 册，刻制全国人大换届选举业务培训讲座视频光盘，全方位强化换届选举工作人员的素养和业务能力。市委专门成立

19 个市镇换届选举联络督导组，制订具体督导计划，进驻镇街衔接换届选举工作，加强全过程督导。市人大常委会成立联系指导工作组，27 名市人大常委会领导干部深入基层一线指导换届选举各阶段工作。各镇街建立挂钩指导选区工作机制，加强分类指导，掌握选举动态，及时化解矛盾，确保换届选举工作依法有序进行。各级选举工作机构、新闻媒体充分利用广播、宣传栏、标语、LED 电子屏幕、微信等媒介，采取接地气、有实效的办法，对人民代表大会制度、选举日、选民登记、代表人选标准、投票选举方法等进行宣传。编发 6 期《选举工作简报》，录制《致全体选民的一封信》普通话和闽南语双语录音带，镇街通过广播、宣传车进行宣传，不断扩大宣传覆盖面，充分调动选民参与选举的积极性。全市市级选区参选率为 96.19%，比上届提升 6.66 个百分点；镇级选区参选率为 95.18%，比上届提升 0.26 个百分点。通过广泛、深入地开展宣传活动，为顺利完成换届选举工作打下良好的基础。

二、选区登记

全市按照便于选民参加选举活动和选举的组织工作、便于选民了解代表、便于代表联系选民、接受选民监督的原则，采取镇（街道）按村（居）、市直单位按系统或工作单位、居住状况的形式划分选区。

选民登记按选区进行，凡年满 18 周岁、具有选民资格的公民都应进行选民登记，选民名单于选举日前 20 天公布。

晋江市第十四至第十八届人大代表选举的选民登记情况表

表 1-2　　　　单位：人

届次	总人口	18 周岁以上人口总数	选民数	无法行使选举权人数	暂停选举权人数	剥夺选举权人数
十四届	1022368	720374	722356	209	105	24
十五届	1035489	787263	785835	303	131	35
十六届	1065795	898651	890746	143	60	53
十七届	1134251	907596	906577	133	21	87
十八届	1236336	944640	943749	566	40	117

三、推荐协商人大代表候选人

晋江市在历届推荐协商人大代表候选人时，均重视代表的先进性和代表性。各政党、各人民团体可以联合或者单独推荐候选人，选民也可以联名推荐候选人。要求代表候选人的名额应多于应选代表名额的三分之一至一倍。在方法上，各届均采取由各选区的选民反复酝酿、讨论、协商的方法，根据多数选民的意见，确定正式代表候选人名单，于选举日 5 天前公布。

晋江市第十四至第十八届人大代表候选人人数一览表

表 1-3

届次	应选代表（人）	候选人（人）	占应选代表比例（%）
十四届	316	556	175.95
十五届	319	558	174.92
十六届	325	551	169.54
十七届	327	553	169.11
十八届	383	618	161.36

四、投票选举

晋江市第十四至第十八届人大代表的投票选举工作，按照《选举法》规定的选举程序进行:(1)全市统一规定选举日;(2)一律采取无记名投票;(3)实行差额选举;(4)根据选民居住状况，分别采取召开选举大会、设立投票站和流动票箱的形式进行投票。由于这几届直接选举的宣传、组织工作和各项准备工作做得周密、充分，投票选举工作达到选民参与率高、选举一次性成功率高的要求。

晋江市第十四至第十八届人大代表选举情况表

表 1-4

届次	选举方式			参选情况		选举次数选区	
	投票大会（场）	设投票站（个）	流动票箱（个）	参选人数（人）	占选民总数（%）	一次（个）	二次（个）
十四届				690543	96.41	226	16
十五届				743974	94.67		
十六届	224	1399	897	845132	94.88	211	12
十七届	223	1808	1246	811645	89.53	215	7
十八届				900776	95.45	235	0

第四节 晋江市人大代表结构

一、晋江市第十四届人大代表结构

2003 年 11 月至 2004 年 1 月，进行晋江市第十四届人大代表换届选举。这一届代表的产生及代表的构成特点是:(1)在整个换届选举工作中，坚持以马克思列宁主义、毛泽东思想、邓小平理论和“三个代表”重要思想为指导，认真贯彻落实党的十六大、十六届三中全会精神，根据《中华人民共和国宪法》(以下简称《宪法》)及《地方组织法》《选举法》等有关法律法规，按照闽委〔2003〕12号文件以及省、泉州市换届选举工作会议精神开展工作。晋江市第十四届人民代表大会候选人人选，是由各政党、各人民团体，以及选民10人以上联合提名推荐，经过充分酝酿协商后，按法定差额确定正式代表候选人，以无记名投票方式进行选举。这次代表选举过程，体现了坚持党的领导，充分发扬民主，严格依法办事的原则。(2)选民民主意识增强，参与积极性提高。全市参加选民登记的选民716239名，参加投票选举的690543名，参选率为96.41%。共提名正式代表候选人556名，其中，选民10人以上联合提名的225名，占提名总数的40.47%；当选的114名，占代表总数的36.08%；非候选人当选的6名，占代表总数的1.90%。242个选区有226个选区一次选举成功，占选区总数的93.39%。16个选区二次选举成功，占6.61%。池店、永和、西滨、英林、罗山、新塘等6个镇（街道）的所有选区一次选举成功。(3)代表具有代表性和广泛性。代表中，男性261名，占82.59%；妇女55名，占17.41%。工人15名，占4.75%；农民126名，占39.87%；干部96名，占30.38%；知识分子16名，占5.06%；解放军2名，占0.63%；其他61名，占19.30%。少数民族11名，占3.48%。中共党员206名，占65.19%；民主党派5名，占1.58%；群众105名，占33.23%。各行业、各阶层、各方面都有代表，代表的构成趋于合理。(4)代表的素质进一步提高。选举工作在推荐、酝酿、协商候选人的过程中，注意对照代表条件，努力选出高素质的代表。代表中，文化程度大学本科及以上的36名，占11.39%；大专及高职的53名，占16.77%；中专、职高及高中的92名，占29.11%；初中及以下的135名，占42.72%。年龄35岁以下的43名，占13.61%；36岁至55岁的249名，占78.80%；56岁以上的24名，占7.59%；中青年占绝大多数。(5)市级国家机关领导人员中，35岁以下的占5.40%，36岁至55岁的占89.20%。大专以上文化程度的75.60%，具有年富力强、政治素质好、文化程度较高的特点。一些开拓进取、实绩突出、群众拥护的干部，进入市级国家机关领导班子。

二、晋江市第十五届人大代表结构

2006年10月至2007年1月，进行晋江市第十五届人大代表换届选举。这一届代表的产生及代表的构成特点是:(1)在换届选举过程中，坚持以马克思列宁主义、毛泽东思想、邓小平理论和“三个代表”重要思想为指导，根据《宪法》《地方组织法》《选举法》等有关法律法规和《中共福建省委转发〈中共福建省人大常委会党组关于做好县乡两级人民代表大会换届选举有关工作的意见〉的通知》(闽委〔2006〕38号）以及《中共泉州市委转发市人大常委会党组〈关于做好全市县、乡两级人民代表大会换届选举有关工作的意见〉的通知》(泉委〔2006〕126号）精神，按照中共晋江市委批转的实施方案安排，坚持党的领导，充分发扬民主，严格依法办事。(2)从选举结果看，市、镇两级人大代表和市、镇两级国家机关领导人员结构趋于合理、整体素质进一步提高。选举产生的319名市人大代表中，男性270名，占84.64%；妇女49名，占15.36%。汉族311名，占97.49%；少数民族8名，占2.51%。公务员77名，占24.14%；社会团体负责人2名，占0.63%；国有企业负责人1名，占0.31%；非国有企业负责人89名，占27.90%；工人22名，占6.90%；农民105名，占32.92%；教学人员11名，占3.45%；卫生专业技术人员2名，占0.63%；金融业务人员1名，占0.31%；解放军2名，占0.63%；其他7名，占2.19%。中共党员204名，占63.95%；民主党派5名，占1.57%；群众110名，占34.49%。文化程度大学本科及以上的48名，占15.05%；大专及高职的56名，占17.55%，比上届提高5.1个百分点；中专、职高及高中的89名，占27.90%；初中及以下的126名，占39.50%，比上届下降2.9个百分点。年龄35岁以下的37名，占11.60%；36岁至55岁的251名，占78.68%；56岁以上的31名，占9.72%；中青年占绝大多数。连任的老代表共122名，占代表总数的38.24%。选举产生的1022名镇人大代表中，男性855名，占83.66%，女性167名，占16.34%；中共党员622名，占60.86%，非中共人士400名，占39.14%；汉族986名，占96.48%，少数民族36名，占3.52%；35岁以下的174名，占17.03%，36岁至55岁的735名，占71.92%，56岁以上的113名，占11.06%；大学本科及以上文化程度的84名，占8.22%，大专及高职的123名，占12.04%，中专、职高及高中的289名，占28.28%，初中及以下的526名，占51.47%。代表中，大专以上文化程度的比上届提高5.54个百分点，初中及以下文化程度的比上届下降4.95个百分点，连任老代表共335名，占代表总数的32.78%。新一届市级国家机关领导人员中，女性占12.50%；35岁以下的占7.50%，36岁至55岁的占85%，56岁以上的占7.50%；大学本科及以上文化程度的占50%，大专及高职的占30%，中专、职高及高中的占17.50%，初中及以下的占2.50%。新一届镇级国家机关领导人员中，女性占12.10%，35岁以下的占11%，26岁至55岁的占89%；大学本科及以上文化程度的占53.80%，大专及高职的占39.60%，中专、职高及高中的占6.60%。市、镇国家机关领导班子整体结构合理，具有年富力强、文化程度高、政治素质较好的特点。

三、晋江市第十六届人大代表结构

2010年4月至12月，进行晋江市第十六届人大代表换届选举。这一届代表的产生及代表的构成特点是:(1)本次市、镇人大换届选举，是《选举法》修改后首次实行城乡按相同人口比例选举人大代表，更好地体现人人平等、地区平等、民族平等，是我国社会主义民主政治建设的一次重要实践。在换届选举过程中，本市严格根据《宪法》《地方组织法》《选举法》等有关法律法规和闽委〔2011〕29号、泉委〔2011〕69号文件精神，按照中共晋江市委批转的《关于做好2011年晋江市市、镇两级人民代表大会换届选举工作的意见》和《晋江市人大常委会关于2011年晋江市市、镇两级人民代表大会换届选举工作的实施方案》，坚持党的领导，充分发扬民主、严格依法办事。(2)从选举结果来看，市、镇两级人大代表和市、镇两级国家机关人员的结构趋于合理，整体素质进一步提高。选举产生的市人大代表325名，其中，男性287名，占88.31%，女性38名，占11.69%；35岁以下17名，占5.23%，36岁至55岁257名，占79.08%，56岁以上51名，占15.69%；中共党员209名，占64.31%，民主党派9名，占2.77%，群众107名，占32.92%；汉族317名，占97.54%，少数民族8名，占2.46%；研究生及以上7名，占2.15%，大学本科64名，占19.69%，大专及高职41名，占12.62%，中专、职高及高中106名，占32.62%，初中及以下107名，占32.92%。代表中，大专及高职以上文化程度的比上届提高了1.86个百分点，初中及以下文化程度比上届下降6.58个百分点，连任的老代表共166名，占代表总数的51.08%。选举产生的镇人大代表1022名，其中：男性842名，占82.39%，女性180名，占17.61%；35岁以下98名，占9.59%，36岁至55岁784名，占76.71%，56岁以上140名，占13.70%；中共党员629名，占61.55%，民主党派4名，占0.39%，群众389名，占38.06%；汉族983名，占96.18%，少数民族39名，占3.82%；研究生及以上9名，占0.88%，大学本科92名，占9.00%，大专及高职70名，占6.85%，中专、职高及高中267名，占26.13%，初中及以下584名，占57.14%。代表中连任的老代表共397名，占代表总数的38.85%。新一届市级国家机关领导人员46名，其中男性占86.36%，女性占13.64%；35岁以下占4.55%，36岁至55岁占88.64%，56岁以上占6.82%；研究生及以上文化程度占6.82%，大学本科文化程度占63.64%，大专及高职文化程度占18.18%，中专、职高及高中文化程度占6.82%，初中及以下文化程度占4.55%。新一届镇级国家机关领导人员88名，其中：男性占92.05%，女性占7.95%；35岁以下占9.09%，36岁至55岁占90.91%；研究生及以上文化程度占6.82%，大学本科文化程度占79.55%，大专及高职文化程度占11.36%，中专、职高及高中文化程度占2.27%。市、镇国家机关领导班子整体结构合理，具有年富力强、文化程度较高、政治素质较好的特点。

四、晋江市第十七届人大代表结构

2016年9月至2017年1月，进行晋江市第十七届人大代表换届选举。这一届代表的产生及代表的构成特点是：(1)本次市镇两级人大换届选举广大选民参与选举热情高涨，民主法治意识增强。选举过程组织严密、依法依规。这次市级人大代表换届选举，全市登记的市级选民90.6577万人，登记率达99.55%。参加投票选举的选民81.1645万人，参选率达89.53%。登记的镇级选民70.4685万人，登记率达99.52%；参加投票选举的选民 66.8894 万人，参选率达 94.92%。市级选区一次投票选举成功的 215 个，占 96.41%；镇级选区一次投票选举成功的 653 个，占 96.74%。市镇两级人大换届选举成为人民群众直接参与社会主义民主政治建设的生动实践。(2)代表总体素质进一步提高，整体结构比例得到优化。这次换届，全市共选举产生新一届市级人大代表 327 名、镇级人大代表 1012 名。新一届市镇人大代表，具有较高的政治素质、较强的群众观念和一定的执行代表职务的能力。大专以上文化的分别达 42.21%和 23.42%，分别比上届提高了 7.75 个和 6.69 个百分点。中青年分别达 84.71%和 85.38%。公务员、企事业单位负责人、工人、农民、专业技术人员、军人、妇女、非中共党员等各方面人员的比例适当，体现了广泛的代表性。妇女代表分别占 12.23%和 18.28%，比上届分别上升了 0.54 个和 0.67 个百分点。非中共党员代表分别占 36.09%和 45.06%，比上届分别上升 0.4 个和 6.61 个百分点。少数民族代表分别占 3.36%和 4.05%，比上届分别上升 0.9 个和 0.23 个百分点。连任的代表分别占 43.87%和 43.58%，有利于人大工作的连续性和稳定性。新一届市镇两级人大代表素质高、结构优，基本符合上级提出的构成要求，为更好地行使法律赋予的职权奠定了坚实的基础。(3)国家机关领导人员结构进一步改善，人大自身建设得到加强。这次共依法选举产生新一届市级国家机关领导人员 50 名，其中，市政府领导班子 8 名，法院、检察院主要领导 2 名，市人大常委会组成人员 40 名；镇级国家机关领导人员 80 名，其中，镇人大主席、副主席 24 名。新选出的市镇两级国家机关领导班子，总体素质得到提高，群体结构更加优化，整体功能进一步增强。在市人大常委会组成人员中，既有经验丰富的领导干部，又有熟悉人事、经济、法律、财政、城建、教育及社会管理等方面的专业人才，覆盖本市经济、社会的各个层面；大专以上文化程度的达 92.50%；中青年达 95%；妇女、非中共党员和来自基层的委员都占有一定的比例；还有一定数量多年从事人大工作的同志继续连任；市人大常委会专职委员的配备符合省委文件要求，更好地适应了人大常委会行使职权的需要。在镇人大主席、副主席中，大专以上文化程度的达 95.83%。新一届市镇两级国家机关领导人具有大专以上文化学历的分别达 94%和 96.25%，平均年龄都有所下降。新一届国家机关领导班子建设进一步加强，为打造国际化创新型品质城市，丰富“晋江经验”，在“新福建”“五个泉州”建设中持续当标兵、走前列，提供了强有力的组织保障。

五、晋江市第十八届人大代表结构

2021 年 9 月至 12 月，进行晋江市第十八届人大代表换届选举。这一届代表的产生及代表的构成特点是:(1)全面组织推荐。市选举委员会根据有关规定，对代表的结构比例提出具体要求和安排，并对代表候选人的身份和构成认定进行指导。市、镇人大配合做好提名工作，推荐履职优秀的代表参加连任。各镇街选举办事处、各镇选举委员会按法律规定，组织各政党、各人民团体、选民联名推荐代表候选人，651 名市级代表候选人中，政党、人民团体联合或单独推荐535名，选民10人以上联名推荐116名；1965名镇级代表候选人中，政党、人民团体联合或单独推荐1300名，选民10人以上联名推荐665名。(2)民主协商讨论。在提名推荐和协商确定正式代表候选人环节，市选举办制定下发协商确定正式代表候选人会议范例材料，为基层操作提供参考。各镇街选举办事处、镇选举委员会采取口头协商、召开选民代表会议等方式，充分协商讨论，确定市级正式代表候选人618名、镇级正式代表候选人1861名。(3)接受选民监督。在各镇街选举办事处、镇选举委员会的统一组织下，各选区纷纷举行正式代表候选人与选民见面会，通过面对面、零距离交流，进一步保障选民的知情权和选择权。各选区见面会活动气氛活跃，候选人表态认真诚恳，选民提问踊跃，各方面反映良好。特别是市镇两级领导干部作为正式代表候选人带头参加见面会，起到了表率作用。(4)代表总体素质进一步提高，整体结构比例得到优化。这次换届，全市共选举产生新一届市级人大代表383名、镇级人大代表1162名。当选的新一届市镇两级人大代表，具有较高的政治素质、较强的群众观念和一定的执行代表职务的能力。大专以上文化的分别达60.05%和45.44%，分别比上届提高了17.84个和22.02个百分点。中青年分别达84.33%和84.68%。公务员、国有和集体企业负责人、非公有制经济人士、事业单位负责人、一线工人、农民、专业技术人员、军人、妇女、党外代表人士等各方面人员的比例适当，体现了广泛性和代表性。妇女代表分别占24.02%和25.56%，比上届分别上升了11.79个和7.28个百分点。党外代表人士分别占40.73%和39.93%。少数民族代表分别占3.13%和3.36%。连任的代表分别占43.34%和35.46%，有利于人大工作的连续性和稳定性。新一届市镇两级人大代表素质高、结构优，符合上级提出的构成要求，为更好地行使法律赋予的职权奠定了坚实的基础。(5)国家机关领导人员结构进一步改善，人大自身建设得到加强。这次共依法选举产生新一届市级国家机关领导人员56名，其中，市政府领导班子10名，市监察委员会主要领导1名，法院、检察院主要领导2名，市人大常委会组成人员43名；镇级国家机关领导人员87名，其中，镇人大主席、副主席24名。新选出的市镇两级国家机关领导班子，具有大专以上文化程度的分别达98.20%和100%，整体素质得到提高，群体结构更加优化，整体功能进一步增强。在市人大常委会组成人员中，既有经验丰富的领导干部，又有熟悉人事、经济、法律、财政、城建、教育及社会管理等方面的专业人才，覆盖本市经济、社会的各个层面；大专以上文化程度的达97.67%；中青年达81.40%；妇女和党外代表人士都占有一定比例；连任的占41.86%；人大常委会专职委员31人，占应选总数的72.09%，配备符合省委文件要求，更好地适应了人大常委会行使职权的需要。在镇人大主席、副主席中，大专以上文化程度的达100%。新一届国家机关领导班子建设进一步加强，人大力量持续增强，为晋江扛纲全方位推进高质量发展超越主力领军，在社会主义现代化建设新征程中谱写“晋江经验”新篇章，提供了强有力的组织保证。

晋江市第十四至第十五届人代会代表结构情况表

表 1-5　　单位：人

届次	代表总数	性别		年龄			政治面貌			民族		文化程度			组成情况				
		男	女	35岁以下	36至55岁	56岁以上	中共党员	民主党派	群众	汉族	少数民族	大专以上	中专、高中	初中以下	工人	农民	干部	归侨	其他
十四届	316	261	55	43	249	24	206	5	105	305	11	89	92	135	15	126	96	0	79
十五届	319	270	49	37	251	31	204	5	110	311	8	104	89	126	22	105	111	1	80

晋江市第十六至第十八届人代会代表结构情况表

表 1-6　　单位：人

届次	代表总数	性别		年龄			政治面貌			民族		文化程度			组成情况							
		男	女	35岁以下	36至55岁	56岁以上	中共党员	民主党派	群众	汉族	少数民族	大专以上	中专、高中	初中以下	工人	农民	专业技术人员	公务员	企业负责人	事业单位负责人	解放军和武警部队	其他
十六届	325	287	38	17	251	51	209	9	107	317	8	112	106	107	6	104	6	79	109	2	2	17
十七届	327	287	40	13	264	50	209	16	102	316	11	138	91	98	5	66	8	78	133	6	2	29
十八届	383	291	92	35	288	60	227	25	131	371	12	230	79	74	9	55	19	99	142	7	2	50

第五节　晋江市人大代表变动

一、晋江市第十三届人民代表大会代表变动情况（2002—2004 年）

晋江市第十三届人民代表大会代表名额 322 名。一次会议时，实有代表 313 名。

一次会议以来，罗山代表团代表高炳洲（驻晋江 32833 部队）调往南安，青阳代表团代表张顺成因病去世，安海代表团代表吴世界被害身亡，他们的代表资格终止。青阳代表团代表赖水强暂时停止执行代表职务。补选庄晴川、王人冬、施文良、林鹤、许泽龙、许清爽、陈普永、陈云腾、庄永添、叶荣宗等 10 人为晋江市第十三届人大代表，编入池店、英林、金井、深沪、罗山、西滨代表团参加活动。经审查，二次会议时实有代表 320 人。

二次会议以来，陈埭代表团代表王庆样、罗山代表团代表叶荣宗（驻晋江 73311

部队）等 2 人因工作需要调离本市，龙湖代表团代表许友群病故，以上 3 名代表的代表资格自行终止。内坑代表团代表黄建财暂时停止执行代表职务。补选王景星、李建辉、郭端荣、徐定根、周美荷等 5 名为晋江市第十三届人大代表，编入罗山、英林、东石、青阳代表团参加活动。经审查，三次会议时实有代表 322 名。

三次会议以来，安海代表团代表洪飞跃、深沪代表团代表林长衍、青阳代表团代表许阳阳因工作需要调离本市，新塘代表团代表傅志胜、龙湖代表团代表蔡正策去世，罗山代表团代表徐定根（驻晋江 73311 部队）因转业辞去代表职务被接受，他们的代表资格终止。永和镇代表团代表杨其塔暂时停止执行代表职务。补选周伯恭、高向荣、陈间生等 3 人为晋江市第十三届人大代表。经审查，四次会议时实有代表 319 名。

四次会议以来，安海代表团代表朱明、青阳代表团代表李永木、陈埭代表团代表王金战等 3 人因工作需要调离本市；东石代表团代表吴清滨、罗山代表团代表陈晋永、磁灶代表团代表洪学谋、西滨代表团代表陈云腾、青阳代表团代表林德育、西滨代表团代表杨兴生、英林代表团代表庄天怀等 7 人因工作需要辞去代表职务被接受。池店代表团代表许丽英、青阳代表团代表赖水强等 2 人去世。以上 12 名代表的代表资格终止。经市第十三届人大常委会第二十八次会议决定，分别由青阳镇青华村、居选区补选丁聪枝、黄小闽，紫帽镇第四选区补选王茂泉、磁灶镇岭畔选区补选薛宗炎、安海镇西边、外曾、西溪辽选区补选朱永远、金井镇塘东选区补选蔡仲谋、石圳选区补选张文节、深沪镇后山选区补选陈扶西、南村选区补选许雄飞、永和镇二选区补选李自力、罗山镇机关选区补选许畴料[①]、西滨镇跃进村选区补选吴绥明、颜呈矿等 13 人为市第十三届人民代表大会代表。经市第十三届人大常委会第三十次会议决定，由深沪镇璧山选区补选罗云为市第十三届人民代表大会代表。经代表资格审查会审查，以上 14 名代表的代表资格有效。至五次会议时，实有代表 321 名　（其中，暂时停止执行代表职务的代表 2 名：内坑代表团黄建财、永和代表团杨其塔）。

二、晋江市第十四届人民代表大会代表变动情况（2004—2006 年）

晋江市第十四届人民代表大会代表名额 322 名。一次会议时，实有代表 316 名。

一次会议以来，罗山代表团代表陈秋琪（73311 部队）、杨永刚（94921 部队）因转业调离本市行政区域；梅岭代表团代表李炳成因病去世；陈埭代表团代表高向荣、东石代表团代表郭鸿荣因调整工作岗位辞去代表职务被接受，以上 5 名代表的代表资格终止。经市第十四届人大常委会第六次会议决定，分别由陈埭第 17 选区补选许良志[②]，安海第 3 选区补选王振强尧、陈健康，东石第 6 选区补选庄明栽、蔡萌芽，东石第 16 选区补选张荣源，驻晋江 73311 部队补选厉军，驻晋江 94921 部队补选李新平等 8 人为市

① 2024 年 2 月，泉州市纪委监委通报许畴料违规接受礼金、消费卡问题；许畴料被开除党籍、开除公职，涉嫌犯罪问题移送司法机关处理，下同。

② 2017 年 12 月 29 日，泉州市第十四届人大常委会第八次会议许可泉州市人民检察院依法逮捕许良志，并决定暂时停止其执行代表职务，下同。

第十四届人民代表大会代表。经代表资格审查委员会审查，以上 8 名代表的代表资格有效。至二次会议时，实有代表 319 名。

二次会议以来，深沪代表团代表龚清概[①]因工作变动，罗山代表团代表厉军（驻晋江 73311 部队）因转业调离本市行政区域，西园代表团代表张文贤、罗山代表团代表许畴料、紫帽代表团代表王茂泉、永和代表团代表李自力、西滨代表团代表颜呈矿因调整工作岗位辞去代表职务被接受。以上 7 名代表的代表资格终止，经市第十四届人大常委会第十四次会议决定，分别由龙湖第 19 选区补选李建国，第 21 选区补选吴淞江，紫帽第 4 选区补选洪长江，西滨第 1 选区补选郑志勇，西园第 1 选区补选黄志荣，罗山第 7 选区补选黄世界，驻晋江 73311 部队补选罗维等 7 名为市第十四届人民代表大会代表。经代表资格审查委员会审查，以上 7 名代表的代表资格有效。至三次会议时，实有代表 319 名。

三、晋江市第十五届人民代表大会代表变动情况（2007—2011 年）

晋江市第十五届人民代表大会代表名额 322 名。一次会议时，实有代表 317 名。

一次会议以来，代表薛宗炎、郑志勇、胡毅雄、陈勇等 4 人调离本市行政区域，代表吴淞江、黄志荣、杨祖汉、许良志等 4 人向市人大常委会提出辞去代表职务的请求被接受，以上 8 名代表的代表资格终止。经市第十五届人大常委会第五次会议、第七次会议决定，由金井、青阳、西园、磁灶、内坑、龙湖的市级选区、驻晋江 94921 部队分别补选李建辉、连泉富、许文宣、陈昌明、陈传芳、许畴料、许天祥、林炼铁、陈多多、张汉杰、汪礼良等 11 名为市第十五届人民代表大会代表。经代表资格审查委员会审查，以上 11 名代表的代表资格有效。至二次会议时，实有代表 320 名。

二次会议以来，代表张俊明调离本市行政区域，代表颜志平、陈传芳、朱永远、洪明社、许文宣、张世雄等 6 人向市人大常委会提出辞去代表职务的请求被接受，以上 7 名代表的代表资格终止。代表颜孙超因涉嫌犯罪，经市第十五届人大常委会第十一次会议决定，暂时停止其执行代表职务。经市第十五届人大常委会第十五次会议决定，由灵源、陈埭、磁灶、英林、金井、深沪等 6 个市级选区补选李逊庆、王茂泉、张文贤、谢培义、洪长华、杨兴生、张朝阳等 7 人为市第十五届人民代表大会代表。经代表资格审查委员会审查，李逊庆、王茂泉、张文贤、谢培义、洪长华、杨兴生、张朝阳等 7 名代表的代表资格有效。至三次会议时，实有代表 320 名。

三次会议以来，代表李建辉、吴婉宁、江开泉等 3 人调离本市行政区域，代表蔡天赞、颜子鸿、陈紫凡、黄世界、张文节、王宣宣、颜孙超等 7 人向市人大常委会提出辞去代表职务的请求被接受，代表陈和平去世，以上 11 名代表的代表资格终止。经市第十五届人大常委会第十六次会议决定，于 2009 年 10 月 25 日由深沪第 4 选区选举吕江波为市第十五届人民代表大会代表。经市第十五届人大常委会第二十三次会议决定，于 2010 年 1 月 13 日由青阳、罗山、安海、磁灶、永和、驻晋江 73311 部队的市级选区补

---

① 2017 年 4 月 20 日，龚清概因犯受贿罪被判刑，下同。

选尤猛军、杨国昕、陈向荣、吴丹红、柯明泉、谢刚毅、陈保中、李安辉、黄思添、高振标等 10 人为市第十五届人民代表大会代表。经代表资格审查委员会审查，以上 11 名代表的代表资格有效。至四次会议时，实有代表 320 名。

四次会议以来，安海代表团代表杨益民调离本市行政区域；磁灶代表团代表张文贤、深沪代表团代表张朝阳、西滨代表团代表黄跃夏，因变动工作岗位辞去代表职务被接受，以上 4 名代表的代表资格终止。深沪代表团代表吕江波因涉嫌犯罪，市第十五届人大常委会第二十五次会议决定暂时停止其执行代表职务。经市第十五届人大常委会第三十次会议决定，2010 年 12 月 30 日至 31 日，由安海、磁灶、深沪、西滨等 4 个市级选区分别补选刘文儒、张淑语、许文倡、洪金城等 4 人为市第十五届人民代表大会代表。经代表资格审查委员会审查，以上 4 名代表的代表资格有效。至五次会议时，实有代表 320 名，其中，暂时停止执行代表职务 1 名。

四、晋江市第十六届人民代表大会代表变动情况（2012—2016 年）

晋江市第十六届人民代表大会代表名额 333 名。一次会议时，代表 325 名。

一次会议以来，安海代表团代表尤猛军、金井代表团代表李元巍、东石代表团代表张天宝、驻晋江 73311 部队高振标代表调离本市；陈埭代表团代表苏亿锣去世；磁灶代表团代表吴经伟，辞去代表职务被接受，以上 6 名代表的代表资格终止。经市第十六届人大常委会第五次会议决定，由安海镇、金井镇 2 个市级选区及驻晋江 73311 部队分别补选陈荣法、林仁达、李建新等 3 人为市第十六届人民代表大会代表。经代表资格审查委员会审查，以上 3 名代表的代表资格有效。至二次会议时，实有代表 322 名。

二次会议以来，青阳代表团代表陈玉树调离本市行政区域，安海代表团代表许明权去世，以上 2 名代表的代表资格终止。至三次会议时，实有代表 320 名。

三次会议以来，代表贺小剑（驻晋江 94921 部队）调离本市，梅岭代表团代表苏尚谦、英林代表团代表洪跃辉去世，以上 3 名代表的代表资格终止。经市第十六届人大常委会第十九次会议决定，由陈埭、罗山、安海、永和 4 个市级选区及驻晋江 94921 部队补选孙晋展、陈文斗、许友灿、李德铭、徐以宏等 6 人为市第十六届人民代表大会代表。经代表资格审查委员会审查，以上 6 名代表的代表资格有效。至四次会议时，实有代表 323 名。

四次会议以来，安海代表团代表陈荣法调离本市行政区域；池店代表团代表刘和平、安海代表团代表张文节，紫帽代表团代表柯枫伟、蔡劲松，英林代表团代表陈云腾、金井代表团代表李文团、黄思添，深沪代表团代表洪金城等 8 人因调整工作岗位，池店代表团代表颜惠玉、紫帽代表团代表蔡体面等 2 人因退休，西园代表团代表张德沂、陈埭西滨代表团代表庄树耀[①]等 2 人因其他原因辞去代表职务被接受；青阳代表团代表曾华源、池店代表团代表蔡文投、磁灶代表团代表陈秀配等 3 人去世，以上 17 名

---

① 2015 年 12 月，庄树耀被开除党籍、开除公职，下同。

代表的代表资格终止。经市第十六届人大常委会第二十五次会议决定，2015年12月5日，由罗山、安海、磁灶、紫帽、英林、金井的6个选区，补选丁鸿雨、王向阳、王奇志、庄松龄、许乔良、李建辉、陈其昌、杨双华、林德生、颜永福等10人为市第十六届人民代表大会代表。经代表资格审查委员会审查，以上10名代表的代表资格有效。至五次会议时，实有代表316名。

五次会议以来，青阳代表团代表庄胜煌、东石代表团代表颜丽金等2名因个人原因，辞去代表职务被接受，以上2名代表的代表资格终止。

五、晋江市第十七届人民代表大会代表变动情况（2017—2021年）

晋江市第十七届人民代表大会代表名额333名。一次会议时，实有代表326名。

一次会议以来，青阳代表团代表陈雄松因工作需要、内坑代表团代表陈健倩因退休分别辞去代表职务被接受，青阳代表团代表吴文永因调离本市行政区域，以上3名代表的代表资格终止。经市第十七届人大常委会第七次会议决定，2017年12月10日至11日，由东石、池店2个市级选区分别补选许仰东、张昌2人为市第十七届人民代表大会代表，经代表资格审查委员会审查，以上2名代表的代表资格有效。至二次会议时，实有代表325名。

二次会议以来，代表徐以宏（驻晋江94921部队）调离本市行政区域，该代表的代表资格终止。经市第十七届人大常委会第十五次会议决定，2018年12月9日，由青阳第2选区、驻晋江94921部队选区分别补选许小卫、严定标2人为市第十七届人民代表大会代表。经代表资格审查委员会审查，以上2名代表的代表资格有效。至三次会议时，实有代表326名。

三次会议以来，代表严定标（驻晋江94921部队）调离本市行政区域；青阳代表团代表李伟才，西园代表团代表钟文玲，灵源代表团代表陈传芳，池店代表团代表许畴料，安海代表团代表唐春晓，磁灶代表团代表王奇志、黄延艺，内坑代表团代表张劲竹等8人因调整工作岗位辞去代表职务被接受；新塘代表团代表王卿塔代表因个人原因辞去代表职务被接受；西园代表团代表吴扬森、深沪代表团代表施俊超等2人去世，以上12名代表的代表资格终止。市第十七届人大常委会第二十三次会议决定，选举（补选）市第十七届人民代表大会代表14名。2019年11月20日，驻晋江94921部队补选刘搏；2019年12月6日，池店第8选区补选吴尊意、陈伟荣，内坑第1区补选黄胜鑫、蔡逸卿，东石第1选区补选戴庆；2019年1月8日，西园第8选区补选许清心，灵源第1区选举苏振发，新塘第3选区选举庄东航，安海第19选区选举张健龙，磁灶第3选区选举王志宏、周先进，磁灶第5选区补选郭培源，金井第1选区补选林仁达等14人为市第十七届人民代表大会代表。经代表资格审查委员会审查，以上14名代表的代表资格有效。至四次会议时，实有代表328名。

四次会议以来，代表李建新（驻晋江 91718 部队）、代表刘搏（驻晋江 94921 部队）等 2 名调离本市行政区域；安海代表团代表陈晋永、英林代表团代表连泉富等 2 人因到达退休年龄辞去代表职务被接受；梅岭代表团代表陈聪衍，陈埭代表团代表陈文斗、潘子良，池店代表团代表许长俊，安海代表团代表柯煜煜，磁灶代表团代表王志，内坑代表团代表洪国延，紫帽代表团代表王荣辉，东石代表团代表颜宏哲，永和代表团代表施金箱，英林代表团代表林德生，金井代表团代表林晓为，深沪代表团代表王少严等 13 人因调整工作岗位辞去代表职务被接受；青阳代表团代表庄树庆因个人原因辞去代表职务被接受；安海代表团代表张秀惠、英林代表团代表洪挺挺等 2 人去世，以上 20 名代表的代表资格终止。市第十七届人大常委会第二十九次会议决定，补选市第十七届人民代表大会代表 11 名。2020 年 12 月 4 日，陈埭第 1 选区补选庄垂生；2020 年 12 月 5 日，驻晋江 94921 部队选区补选黄韬，西园第 1 选区补选洪志强，紫帽第 3 选区补选柯荣围、颜婉媚，东石第 1 选区补选王晓人，永和第 3 选区补选曾远漂，英林第 6 选区补选蔡惠琼，金井第 10 选区补选周宗仰、蔡文思，深沪第 9 选区补选张金祥等 11 名为市第十七届人民代表大会代表。市第十七届人大常委会第三十次会议决定，补选市第十七届人民代表大会代表 1 名。2020 年 12 月 5 日，磁灶第 5 选区补选张劲竹为市第十七届人民代表大会代表。市第十七届人大常委会第三十一次会议决定，补选市第十七届人民代表大会代表 2 名。2020 年 12 月 19 日，驻晋江 91718 部队选区补选袁军生，安海第 5 选区补选王明元等 2 人为市第十七届人民代表大会代表。市第十七届人大常委会第三十二次会议决定，补选市第十七届人民代表大会代表 2 名。2021 年 1 月 4 日，紫帽第 1 选区补选王清龙、陈晶晶等 2 人为市第十七届人民代表大会代表。经代表资格审查委员会审查，王明元、王晓人、王清龙、庄垂生、张劲竹、张金祥、陈晶晶、周宗仰、柯荣围、洪志强、袁军生、黄韬、曾远漂、蔡文思、蔡惠琼、颜婉媚共 16 名代表的代表资格有效。至五次会议时，实有代表 324 名。

五次会议以来，陈埭代表团代表林永灿因个人原因，辞去代表职务被接受，其代表资格终止。

六、晋江市第十八届人民代表大会代表变动情况（2022 年起）

晋江市第十八届人民代表大会代表名额 392 名。一次会议时，实有代表 383 名。

一次会议以来，代表袁军生（驻晋江 91718 部队）、磁灶代表团代表张劲竹、西园代表团代表李艳珍等 3 名调离本市行政区域；陈埭代表团代表陈希轩、陈文斗等 2 人因调整工作岗位辞去代表职务被接受，以上 5 名代表的代表资格终止。市第十八届人大常委会第五次会议决定选举（补选）市第十八届人民代表大会代表 3 名。2022 年 12 月 1 日，青阳第 7 选区选举蔡荣华，西园第 1 选区补选张清山，西滨第 2 选区选举黄华君为市第十八届人民代表大会代表，经代表资格审查委员会审查，蔡荣华、张清山、黄华君的代表资格有效。至二次会议时，实有代表 381 名。

晋江市出席全国人民代表大会代表一览表

表 1-7

届次	时间	姓名
第九届	1998 年 3 月至 2003 年 3 月	无
第十届	2003 年 3 月至 2008 年 3 月	李春兴
第十一届	2008 年 3 月至 2013 年 3 月	丁世忠
第十二届	2013 年 3 月至 2018 年 3 月	丁世忠　蔡金垵
第十三届	2018 年 3 月起	丁世忠　粟　琼(女)

晋江市出席福建省人民代表大会代表一览表

表 1-8

届次	姓名
第九届	龚清概　郭金醒(女)　施维雄　黄东曦(女)　颜春呈　陈若芬(女)　李春兴　吴景良　丁东树
第十届	丁世忠　杨益民　苏银楼　吴冬冬(女)　吴海水　施能坑　洪肇设　黄月莹(女)　蔡天守
第十一届	李春兴　余　培　周永伟　洪肇设　黄小闽　黄月莹(女)　黄松青　蔡天守
第十二届	丁辉荣　刘文儒　许水深　李春兴　吴金程　周永伟　洪肇设　黄月莹(女)　谢静波(女)　蔡天守
第十三届	王永芳(女)　毕明伟　严　寅　吴金程　吴景毅　张文贤　周士渊　钟文玲(女)　黄月莹(女)　释向愿

晋江市出席泉州市人民代表大会代表一览表

表 1-9

届次	姓名
第十四届	丁志聪(泉州)　丁尚光　丁思勇　王文泰(泉州)　王冬星　王安邦　王劲松 王茂泉　王雪梅(女)　王景星　王碧霞(女)　尤猛军　朱永远　伍约瑟 庄应端　许开忠　许良志　杨巧华(女)　杨益民　苏进发(泉州)　苏国川 苏耿聪(泉州)　苏温州　苏德义　李元巍　李自力　李建辉　吴金程 吴祖梁　吴鸿造　吴惠莲(女)　吴谨程　何贻宣　张亚宗　张俊明 张勇生　张维建　陈文艺　陈民生　陈明霞(女)　陈昌明　陈国平(调泉州) 陈诗从　陈建生　陈建福　陈省奎(女)　陈健倩(女)　陈澄清　邵萍萍(女) 林水盘　林和杰　林贻达　林清泉　施丽容(女)　施明丽(女)　施明取 施性镜　洪义锋　洪长华　洪文革　洪荫治(女)　洪寒晴(女)　高秀莲(女) 黄小闽　黄雄伟(调泉州)　释向愿　曾清金　曾惠萍(女)　曾献礼 詹淑华(女)　蔡天守　蔡金垵　蔡萌芽(女)　潘丰源　魏声外(泉州)

备注：王茂泉、尤猛军、李自力为届中补选

续表 1-9

届次	姓名						
第十五届	丁辉荣	王冬星	王安邦	王金象	王碧霞(女)	尤猛军	甘木林
	吕　刚	刘文儒	许开忠	许水深	许畴料	许嘉丰	苏国川
	苏温州	李元巍	李　隽	李建辉	李晓芳(女)	李章凯	李锦仪
	杨国昕	吴子鹭	吴丹红(女)	吴金程	吴春林	吴晋居	吴鸿斌
	何贻宣	张元镐	张文节	张亚宗	张秀惠(女)	张勇生	张维建
	陈长征	陈民生	陈伟勇	陈国栋	陈明霞(女)	陈建生	陈建福
	陈荣法	陈省奎(女)	陈健倩(女)	陈章进	陈澄清	陈燎原	林水盘
	林仁达	林和杰	郑新聪	柳新群	施永康	施丽容(女)	施明丽(女)
	施明取	洪义锋	洪文革	洪荫治(女)	徐　钢	唐炎坤	黄　良
	黄日全	黄颖峰	梁炳辉	粘文俊	曾清金	曾献礼	释向愿
	蔡天守	蔡金垵	蔡彩虹(女)	颜志平(女)	颜呈矿	颜　虹(女)	
备注：李隽、李建辉、陈荣法、林仁达、郑新聪、黄日全、黄颖峰、梁炳辉为届中补选或外县市转入							
第十六届	王文龙	王巧艺(女)	王冬星	王伟明	王安邦	王丽理(女)	王松勇
	王明元	王美英(女)	甘泽阳	史桐融	吕福建	朱双虹(女)	刘文儒
	许仰东	许丽专(女)	苏长汀	苏国川	李海庭	李森建	李燕玉(女)
	吴仲钦	吴华春	吴志毅	吴声团	吴丽婷(女)	吴忠刘	吴晋居
	吴超峰	邹淑琴(女)	沈红梅(女)	张开端	张文贤	张文章	张永宁
	张亚宗	张勇生	张翼翔	陈万里	陈水深[①]	陈文荣	陈文聪
	陈东聆(女)	陈伟勇	陈国栋	陈振川	陈晋永	陈　铭	陈燎原
	林仁达	郑新聪	钟文玲(女)	施丹凝	施永康	施明取	施鸿雁
	洪于权	洪义锋	洪元程	洪水平	洪文革	洪荫治(女)	姚冰冰(女)
	郭浪滔	唐良元	唐炎坤	唐春晓	黄　良	黄拥护	梁炳辉
	释向愿	蔡金钗	蔡秋红(女)	蔡美娜(女)	蔡耿耀	蔡强省	樊凌云
	颜志平(女)	颜　颜					
备注：王文龙、王明元、王松勇、史桐融、许仰东、李森建、张永宁、林仁达、洪元程、唐良元为届中补选或外县市转入							
第十七届	丁思亮	王文龙	王巧艺(女)	王松勇	王明元	王俊清	王美英(女)
	王卿泳	尤燕红(女)	史桐融	吕福建	庄怀璇(女)	庄晓芳(女)	刘建洋
	刘鸿才	苏鸿钊	李建筑	李海庭	李森建	李燕玉(女)	李镜波
	吴文将	吴仲钦	吴华春	吴志毅	吴声团	吴忠刘	吴忠溪
	何新悦(女)	邹银芳(女)	沈家骏	张文贤	张文章	张亚宗	张清山
	陈友爱	陈长安	陈文斗	陈东聆(女)	陈代锋	陈国栋	陈振川
	陈　铭	陈燎原	林水龙	林仁达	林志贤	林明珠(女)	林家平
	柯永远	柯吉熊	侯朝辉	施永康	洪志强	洪炳煌	洪镗淮
	郭培源	唐炎坤	黄华英(女)	黄　琛(女)	释向愿	谢铭峰	赖忠惠(女)
	赖清正[②]	蔡永生	蔡金钗	廖良结	颜　颜	戴厚德	
备注：陈长安为届中外县市转入							

① 2024年3月，陈水深涉嫌严重违纪违法，接受泉州市纪委监委纪律审查和监察调查，下同。
② 2024年7月，赖清正涉嫌严重违纪违法，接受福建省纪委监委纪律审查和监察调查，下同。

晋江市第十三届人民代表大会第一次会议代表一览表

表 1-10　　　　单位：人

代表团	人数	姓名
青阳代表团	35	王支战　王金聪　王思阔　刘炳火　庄幼算(女)　庄招贤　庄垂煌　庄树明　庄胜煌　庄振汀　许仲谋　许阳阳(女)　杨式敦　杨式湘　李文博　李永木　李秀月(女)　李春兴　李燕蚶　吴冬冬(女)　吴松茂　吴金镇　张丽华(女)　张顺成　张勇生　陈荣辉　陈都炎　林宝聪　林德育　洪金塔　洪美恋(女)　黄延艺(女)　赖水强　赖晓东　蔡天赞
陈埭代表团	25	丁卫华(女)　丁只玉　丁世忠　丁思勇　丁培凯　王庆祥　王志勇　吕珍护　朱　明　苏孙谋　李建家　李炳成　张琼花(女)　张景锻　陈文乞　陈文进　陈水影　陈诗霖　陈淑玲(女)　林友六　林水专　林清泉　林清德　林新民　黄一鹏
池店代表团	15	尤秀凤(女)　卢贻灿　朱成章　许进平　许丽英(女)　苏银楼　李荣贵　傅志胜　张子贵　林秀化　林康贤　黄友琴　黄坤煌　傅彩虹(女)　曾建川
紫帽代表团	8	王加庆　王诗俭　尤　沙　吕炜民　李诗小　蔡体面(女)　蔡荣记　颜惠玉(女)
磁灶代表团	28	王国宣　庄集中　苏用平　苏尚赐　苏建国　苏清闷　吴秀茶(女)　吴金世　吴金程　吴建筑　吴秋月(女)　吴海水　何银水　张庆安　张志强　张明烟　陈文波　陈丽水　陈丽玉(女)　陈宝恋(女)　陈孟坤　陈道义　洪学谋　郭志远　唐天水　谢淑棉(女)　蔡淑言(女)　蔡德福
内坑代表团	18	王金战　王碧霞(女)　尤丽水　朱华民　李悌彤　张文皂　张念挺　张联续　陈秀翰(女)　陈章进　林树来　林树票　柯朝民　姚瑞胜　涂秀琼(女)　黄传铙　黄建财　曾马玲
安海代表团	35	王文等　尤祖永　许自江　许明权　许远望　许荣长　许家强　许著评　许添祥　许雄武　吴世界　吴秀冬(女)　吴我省　张百庵　张秀惠(女)　陈秀贞(女)　陈启竹　陈启佳　陈灿芳　陈美华(女)　陈健康　林云香(女)　林荣钳　林碧玉(女)　柯子江　施并章　洪飞跃　黄礼福　黄宝缺　黄金榜　黄瑞端(女)　曾华普　颜小鸣　颜伯裕　颜厥办

续表 1-10

代表团	人数	姓名
东石代表团	26	王卿杉　刘金共　刘唐越　许天图　许文强　许聪敏　孙专政　杨乌盏(女)　杨白衣(女)　肖美玉(女)　李天祝　吴传劳　吴成祖　吴清滨　张永宁　张平原　张孙蚶　周留财　黄宁波　黄瑞芳(女)　蔡中和　蔡世顶　蔡牡丹(女)　蔡培植　蔡清辉　颜文瑜
英林代表团	14	王金章　王金象　王清沟　庄天怀　许秀纯(女)　柯贤壁　洪我博　洪我钹　洪祖斗　洪祖梯　洪清瑞(女)　洪肇设　洪肇服　高铭招
金井代表团	17	王育艺　王燕明(女)　许约翰　李天扶　陈永恩　林佩珊(女)　施秀党(女)　施性忠　施能展　洪水平　洪宝塔　郭志琛　蒋人朝　谢仁侨　蔡冰璇(女)　蔡丽玲(女)　蔡德胜
深沪代表团	16	李志杰　陈长庚　陈志民　陈坤河　陈绍谦　陈省奎(女)　陈著贤　陈辉辉(女)　林长衍　施能坑　施能忠　施能尚　施养棋　施鸳鸯(女)　龚清概　蔡奕内
龙湖代表团	25	许万轸　许友群　许龙烈　许鸿祥　杨祖汉　吴开明　吴明哲　林树熊　施文权　施文革　施正明　施并雁　施丽容(女)　施丽娜(女)　施娴静(女)　施建忠　施美英(女)　施能农　施腊梅(女)　洪金浅　洪祖敬　洪肇汀　粘为灯　蔡正策　熊淑华
永和代表团	18	王国斗　王逸民　刘晓莉(女)　许友彬　许团体　杨其塔　陈忠央　陈国的　林文樟　林时超　林英文　林雨传　柯美容(女)　姚金榜　姚道明　黄玉琼(女)　蔡长春　蔡连侨
罗山代表团	27	王金土　王金榜　王清英(女)　杨永达　杨联对　苏祉民　李共和　李和狮　李清欣　李深得　吴太破　吴嘉声　何天佑　陈元典　陈启育　陈建福　郑加新　柯文阳　柯炳坤　柯莉莉(女)　施学长　姚加辉　翁信谊　郭垂聘　高炳州　蔡金土　蔡素清(女)
西滨代表团	6	庄碧芳　杨兴生　陈达查　陈祖奇　柯文托　黄建国

晋江市第十四届人民代表大会第一次会议代表一览表

表 1-11　　　　单位：人

代表团	人数	姓名
青阳代表团	19	丁聪枝　王支战　王红玉(女)　王金聪　王宣宣(女)　庄建省　庄树明　庄胜煌　刘若萱(女)　许宝贵(女)　吴丹红(女)　张建才　张勇生　张振辉　陈垂汉　陈荣辉　林贻达　柯婷婷(女)　施雅丽(女)
梅岭代表团	10	叶素月(女)　庄垂煌　庄清河　庄耀东　李金塔　李春兴　李炳成　陈长春　陈多多　黄小闽
西园代表团	11	王共和　吴扬西　张文贤　张德沂　陈文波　罗　云　柯火木　洪金塔　洪美恋(女)　赖文用　赖振安
罗山代表团	16	许畴料　李共和　李　南　杨永刚　肖达生　吴荣新　吴嘉声　陈建福　陈秋琪　陈培星　陈紫凡　柯遵剧　郭垂聘　彭晓芬(女)　蔡文谦　蔡金土
新塘代表团	10	王秋梨(女)　王清英(女)　王维言　杨思能　吴文富　柯志强　柯炳坤　黄跃夏　颜其惕　颜惠玉(女)
灵源代表团	6	王文等　王金墩　许菜花(女)　吴我省　柯清松　翁信谊
陈埭代表团	20	丁世忠　丁国庆　丁金清　丁荣业　丁思长　丁婉春(女)　王景星　许跃进　苏亿镠　李建家　李森炎　陈水影　陈世界　陈诗霖　林水专　林水盘　林共情　林侨宣　柯清祝　高向荣
池店代表团	15	王定辉　朱奕强　李文君　李荣贵　陈天生　陈长跃　林秀化　林满瑜(女)　胡秀恋(女)　姚金榜　黄长生　曾建川　谢国燥　蔡仲谋　蔡金潮
安海代表团	31	朱永远　许文明　许自江　许远望　许志英　许明权　许荣长　李亚才　李育仁　杨益民　吴秀冬(女)　吴琨瑜　张百庵　张秀惠(女)　陈艺辉(女)　陈长思　陈礼托　陈秀贞(女)　陈美华(女)　陈健倩(女)　陈锦钰(女)　林荣钳　黄书力　黄金矿　黄渊清　黄辉煌　黄瑞端(女)　蔡来交　颜小鸣　颜昌坦　颜剑锋
磁灶代表团	27	王培生　庄铭祥　庄晴川　庄鹏伟　苏国川　苏福联　吴文艺　吴进社　吴金程　吴建筑　吴景伟　吴聪杰　张金杯　张振义　张谋波　陈和平　陈宝恋(女)　陈孟镭　陈道义　林　钦　柳金象　唐天水　黄锦民　傅彩虹(女)　谢淑绵(女)　蔡天赞　薛宗炎

续表 1-11

代表团	人数	姓名
内坑代表团	18	王碧霞(女) 尤伟峰 朱东云 庄碧芳 李金炒 张秀端(女) 张念挺 张照快 陈明筑 林世演 林树票 林炼铁 周伯恭 郑金水 姚玉真(女) 黄传镖 黄丽敏(女) 曾焕灿
紫帽代表团	8	王茂泉 王诗俭 陈民生 姚志强 曾论水 谢玉婉(女) 蔡体面(女) 蔡建端
东石代表团	25	王为习 王炳川 刘丕周 许永德 许联财 孙文俊 李深得 杨士苏 杨元墩 肖子廉 张立新 张贻漂 陈信苓(女) 陈解忧(女) 林进德 周金瓯 柯孙按 郭鸿荣 黄再兴 黄瑞芳(女) 蔡水平 蔡荣谦 蔡洪沂 蔡彩虹(女) 蔡滩水
永和代表团	19	王礼海 王海境 王逸民 刘晓莉(女) 许国强 李友限 李自力 杨秀柿(女) 吴清勇 陈安逸 林来顺(女) 林时超 林英文 林雨传 林承堤 洪天炳 姚加录 高增荣 蔡明珠(女)
英林代表团	15	王金象 许秀纯(女) 李建辉 李清欣 吴文楚 陈金钟 郑友堤 施并章 施碧莲(女) 洪我钹 洪金堤 洪祖梯 洪肇设 洪肇服 谢丽影(女)
金井代表团	19	王育艺 王育妙 李秀锦(女) 李俊钦 张文节 张永忠 陈华兵 陈章进 林冬晓(女) 周永伟 施能种 洪义锋 洪水平 洪向阳 郭建群 蒋人朝 谢仁侨 蔡丽玲(女) 蔡英哲
龙湖代表团	24	庄灿章 许友侨 许月华(女) 许泽取 许维瑜 杨祖汉 吴加奖 吴经伟 林文聘 周丽聪(女) 施文彬 施军荣 施丽容(女) 施纯续 施育煌 施培新 施清潮 施维科 洪文伟 洪文亭 洪和平 洪美沓(女) 粘为灯 蔡奕内
深沪代表团	17	吕江波 许泽龙 许雄飞 苏银楼 张一兵 陈扶西 陈志民 陈和平 陈荣华 陈省奎(女) 陈著贤 施天壤 施明耀 施能坑 施能辉 施鸳鸯(女) 龚清概
西滨代表团	6	吴绥明 陈金星 柯文托 洪丽玲(女) 黄良江 颜呈矿

晋江市第十五届人民代表大会第一次会议代表一览表

表 1-12　　单位：人

代表团	人数	姓名
青阳代表团	19	王红玉(女) 王良星 王金聪 王宣宣(女) 王炳川 王鲤颖(女) 庄垂祥 庄树庆 庄胜煌 张俊明 张勇生 张维胜 林贻达 尚建萍(女) 施霜映(女) 曾华源 曾清金 谢联峰 蔡振星
梅岭代表团	12	丁聪枝 庄文华 庄烜炜 庄景生 庄耀东 李金塔 李春兴 李峰岐 张聪明 陈秀配(女) 胡毅雄 黄小闽
西园代表团	13	王英映 吴景海 张德沂 陈文波 陈金煌 罗　云 柯火木 洪秀杯(女) 洪金塔 黄志荣 黄鹭旋 赖昌萍 赖振安
罗山代表团	16	江开泉 李建军 吴尚金 吴荣新 陈　勇 陈从令 陈培星 陈紫凡 柯遵剧 郭垂聘 黄世界 彭晓芬(女) 曾国枢 蔡金土 蔡泽勋 颜其惕
灵源代表团	7	王国泰 何永吉 吴我省 柯清松 柯煜煜 翁天奖 彭培育
新塘代表团	11	王国民 王卿辉 王祥江 刘和平 杨思能 吴文富 陈贻熊 陈恩典 柯遵周 柯清伟 黄跃夏
陈埭代表团	20	丁世忠 丁永垂 丁国庆 丁思长 丁锦章 王景星 许良志 苏树标 李海庭 李海蓉(女) 陈垂峰 陈瑞典 林水盘 林共情 林孝阔 林国昆 林侨瑄 柯清祝 曾鸿儒(女) 谢进强
池店代表团	15	王定辉 朱振供 朱瑞璜 李文君 李伟强 李振国 陈长跃 陈白烽 林秀化 林康清 黄友锋 傅瑞姜 曾爱珠(女) 颜惠玉(女) 潘子良
安海代表团	33	尤祖永 吕文章 朱永远 许文明 许自江 许松军 许明权 许荣长 许清海 李培龙 杨益民 吴华春 吴庆省 吴秀冬(女) 吴婉宁(女) 张秀惠(女) 陈艺辉(女) 陈思勤 陈美华(女) 林伟伟 柯开谋 施并章 黄月莹(女) 黄书力 黄金矿 黄金星 黄辉煌 黄瑞端(女) 蔡来交 颜小鸣 颜远东 颜建顺 颜蓉蓉(女)
磁灶代表团	27	王培生 庄明栽 庄清乐 庄铭祥 庄鹏伟 苏国川 苏福联 吴文艺 吴自勇 吴进社 吴金程 吴建筑 吴景伟 吴聪杰 张自力 张丽颖(女) 张特开 陈和平 陈宝恋(女) 陈孟镭 陈道义 林　钦 柳金象 谢哲聪 蔡天赞 蔡仲谋 薛宗炎

续表 1-12

代表团	人数	姓名
内坑代表团	16	尤伟峰　王碧霞(女)　朱东云　李金炒　张念挺　张照快　陈玉兰(女)　陈炳胜　林　跃　林燕军　姚连胜　黄传镖　黄丽敏(女)　曾永坚　曾移藤　蔡友团
紫帽代表团	8	吴森林　陈民生　洪长江　姚志强　曾论水　谢玉婉(女)　蔡体面(女)　蔡建端
东石代表团	27	王为习　刘基安　许天冠　许文远　许金钱　许联才　孙文俊　李自力　杨士苏　杨元墩　吴志坚　张永忠　张记录　陈健倩(女)　周连兴　柯孙志　姚金榜　黄再兴　黄瑞芳(女)　萧清江　蔡志坚　蔡芙蓉(女)　蔡洪沂　蔡荣勇　蔡荣谦　蔡彩虹(女)　颜丽金(女)
永和代表团	19	王礼海　庄德别　许国强　许燕妮(女)　李友限　肖达生　吴清勇　张文节　陈连庆　陈垂偶　陈建军　林　传　林时超　林英文　林承堤　林美理(女)　洪天炳　蔡明珠(女)　颜孙超
英林代表团	12	王金象　庄碧芳　许秀纯(女)　吴文楚　林文伟　林美珊(女)　洪文聘　洪明社　洪金星　洪祖斗　洪祖梯　洪肇设
金井代表团	19	王育艺　王育妙　李元巍　李丹阳　李秀锦(女)　李孟群　杨祖汉　吴明勇　陈华兵　陈章进　林冬晓(女)　周永伟　施能种　洪义锋　洪晓冰(女)　郭建群　蒋人朝　蔡丽玲(女)　蔡英哲
龙湖代表团	23	庄灿章　许长查　许友侨　许月华(女)　许学志　吴加奖　吴经伟　吴淞江　陈志农　施军荣　施丽容(女)　施纯续　施金玲(女)　施育煌　施清棍　施清潮　施维科　洪文伟　洪文亭　洪和平　洪美杳(女)　高丽卿(女)　粘为灯
深沪代表团	14	吴丽婷(女)　张一兵　张世雄　陈志民　陈省奎(女)　陈荣华　陈著贤　李建筑　林长安　林进德　施明耀　施荣集　施能辉　颜志平(女)
西滨代表团	6	郑友堤　郑志勇　柯文托　姚加灿　黄增加　颜子鸿

晋江市第十六届人民代表大会第一次会议代表一览表

表 1-13　　单位：人

代表团	人数	姓名
青阳代表团	19	王安庆 王金聪 庄垂祥 庄树庆 庄胜煌 许文扬 吴丽婷（女） 张振强 陈长义 陈玉树 陈蓉茹（女） 林振升 林碧玉（女） 骆炳招 黄志峰 黄晓虹（女） 曾华源 蔡振星 颜志平（女）
梅岭代表团	10	庄振汀 庄烜炜 庄耀东 苏连枸 苏尚谦 李金塔 李春兴 李峰岐 张志雄 张聪明
西园代表团	12	王英映 吕福建 许长俊 吴景海 张德沂 陈玉横 陈金煌 洪秀杯（女） 洪金塔 黄鹭旋 赖永火 赖振安
罗山代表团	16	李建军 吴丹红（女） 吴荣新 吴雪丽（女） 陈建成 陈培星 陈清泉 陈清渊 陈聪衍 柯明泉 柯遵剧 贺小剑 高振标 曾清海 蔡金印 蔡泽勋
灵源代表团	8	吴我省 何长太 陈传芳 林松庆 柯清松 翁天奖 傅天宝 谢永彬
新塘代表团	12	王国民 王卿辉 王祥江 刘和平 杨振宁 连泉富 吴文富 柯文托 柯永远 柯鹏辉 柯遵周 洪长江
陈埭代表团	25	丁世家 丁永垂 丁国庆 丁思长 丁祥汉 王景星 庄树耀 许明志 苏亿锣 李维钦 吴以德 陈东聆（女） 陈丽辉 林水盘 林永灿 林共情 林孝阔 林国昆 林侨瑄 林鸿艺（女） 姚志强 黄增加 曾逸峰[①] 蔡金辇 潘子良
池店代表团	17	朱太煜 许晦料 李永福 李荣贵 张雄鹰 陈长跃 林长生 林秀化 林家平 林康清 郑志超 黄长生 黄海波 曾清金 曾新权 蔡文投 颜惠玉（女）
安海代表团	33	尤祖永 尤猛军 许世春 许自作 许松军 许国富 许明权 许承志 许清海 苏桂芳（女） 李谋章 吴华春 吴秀冬（女） 吴景良 张文节 张百瑜 张秀惠（女） 陈思勤 林康育 周文概 柯煜煜 黄小闽 黄月莹（女） 黄书力 黄明证 黄宝守 黄湘江 曾跃进 蔡来交 蔡尚进 颜小鸣 颜远东 颜蓉蓉（女）
磁灶代表团	26	王培生 庄进展 庄清乐 庄碧芳 刘秀抛（女） 苏国川 苏福联 李德苗 吴文艺 吴自勇 吴声乐 吴声团 吴经伟 吴景伟 吴聪杰 张长文 张汉杰 张宝云（女） 陈长清 陈秀配（女） 陈保中 陈道义 柳金象 洪天炳 谢荣发 颜柳绿

① 2024 年 7 月，曾逸峰接受晋江市纪委监委纪律审查和监察调查，下同。

续表 1-13

代表团	人数	姓名
内坑代表团	19	王碧霞(女) 尤伟峰 朱远军 庄天怀 李金炒 连建筑 张有财 张念博 张照快 陈玉兰(女) 陈健倩(女) 林艺强 林述昌 林燕军 洪国延 姚连胜 黄丽敏(女) 曾永坚 蔡友团
紫帽代表团	8	王振富 李逊庆 吴森林 陈民生 柯枫伟 蔡体面(女) 蔡劲松 蔡建端
东石代表团	27	王清鸿 刘基安 许文远 许金钱 许联才 孙文俊 杨元墩 杨韶华 肖自能 吴淞江 张天宝 张记录 张永忠 张英英(女) 张贻尧 张清耀 周明祥 洪文进 黄再兴 萧子社 蔡志坚 蔡芙蓉(女) 蔡洪沂 蔡荣勇 蔡荣谦 颜丽金(女) 颜建顺
永和代表团	20	王礼海 许国强 李友限 杨秀柿(女) 吴秀丽(女) 陈天星 陈连庆 陈垂偶 林天宝 林　传 林庆峰 林承堤 林英文 施金箱 姚文殊 黄思添 曾丽贞(女) 谢江漫 蔡明珠(女) 蔡清来
英林代表团	14	丁奕滚 王志宏 王槐荣[①] 吴文楚 张清远 陈云腾 林友栋 林文伟 欧阳明士 洪于枫 洪挺挺(女) 洪祖育 洪跃辉 洪肇设
金井代表团	19	王育艺 王育妙 李元巍 李文团 李俊钦 吴明勇 陈华兵 林　跃 周永伟 施并章 施能种 洪永志 洪良盼 洪家鑫 郭建群 曾文煌 谢仁侨 蔡丽玲(女) 蔡英哲
龙湖代表团	25	王江涛 刘文儒 刘清裕 许友侨 许月华(女) 许书户 许泽取 许维瑜 吴幼致 陈白烽 陈多多 陈志农 施军荣 施丽容(女) 施纯垵 施金玲(女) 施育煌 施清棍 施清潮 施维科 洪文伟 洪永贵 洪金斧 洪美沓(女) 粘为灯
深沪代表团	15	王少严 吕自力 李建筑 陈志民 陈建国 陈省奎(女) 陈著贤 林长安 施天扶 施荣集 施鸿雁 洪金城 聂招东 黄清泉 彭培育

① 2024 年 9 月，王槐荣涉嫌严重违纪违法，接受晋江市纪委监委纪律审查和监察调查，下同。

晋江市第十七届人民代表大会第一次会议代表一览表

表 1-14　　　　单位：人

代表团	人数	姓名
青阳代表团	18	王金象　王金聪　王宝树　庄建省　庄树庆　许长俊　李伟才　杨　苹(女)　吴文永　吴莉莉(女)　张长春　张克民　张连进　陈宝玉(女)　陈雄松　陈溪水　林嘉达　颜呈忠
梅岭代表团	10	庄文华　庄烜炜　苏连枸　李峰岐　张聪明　陈维进　陈聪衍　施性镜　洪长江　颜永福
西园代表团	13	许良晓　吴扬森　何棋松　张秀念(女)　陈世裕　陈金煌　林晓为　林雅宁(女)　柯火木　钟文玲(女)　洪金塔　赖明再　赖振安
罗山代表团	18	丁奕滚　王向阳　李建新　李　南　吴金矿　吴荣新　陈文斗　陈志金　陈钖岑　陈建成　陈培星　陈清泉　柯遵剧　洪于权　徐以宏　曾国示　曾福泉　蔡金印
灵源代表团	9	王天时　庄伏龙　吴我省　何长太　陈传芳　林松庆　柯友谊　翁玉玺　谢永彬
新塘代表团	12	王建南　王卿塔　杨振宁　吴文富　吴忠刘　林友栋　柯文托　柯永远　柯荣林　施玲艳(女)　洪永胜　唐水英(女)
陈埭代表团	24	丁木辉　丁团聚　丁国庆　丁富堆　丁鹏鹏　王沂鸿　王金池　王景星　王毓峰　苏聪宝　李维钦　吴以德　陈文进　林万祥　林永灿　林共情　林其龙　林　虎　林祥平　林鸿艺(女)　姚志强　曾逸峰　蔡银龙　潘子良
池店代表团	16	卢东进　朱松林　朱思余　许畴料　李双旭　李国明　李国辉　李　明　李逊庆　陈焕斌　林炳辉　林家平　黄建南　曾焕光　曾新权　戴文俊
安海代表团	35	尤金鑫　刘文儒　许友灿　许永乐　许连椅　许松军　许承志　苏桂芳(女)　李卫阳　李茂松　李谋章　吴华春　吴秀冬(女)　吴景良　张百瑜　张秀惠(女)　陈艺娟(女)　陈思勤　陈晋永　林友竹　柯金鏞　柯煜煜　姚建安　唐春晓　黄月莹(女)　黄国璋　黄明证　黄家侨　黄湘江　曾跃进　蔡来交　蔡尚进　颜小鸣　颜远东　颜蓉蓉(女)
磁灶代表团	25	王奇志　王素女(女)　王振焕　庄明旭　庄清乐　刘秀抛(女)　孙丰裕　苏加民　苏焕杰　苏淑敏(女)　吴山水　吴自勇　吴良景　吴金程　吴炳煌　吴聪杰　张长文　张以利　陈长清　陈碧山　陈遵义　林金招　柳剑锐　黄延艺(女)　谢金龙

续表 1-14

代表团	人数	姓名
内坑代表团	19	王筑水　尤伟峰　朱安禄　李金炒　吴鸿容(女)　张文定　张劲竹　张金钱　张念博　陈志鹏　陈健倩(女)　林天顺　林明泽　林燕军　洪国延　姚天敬　姚荣康　蔡友团　蔡少林
紫帽代表团	8	王文斗　王荣辉　吴再发　吴森林　柯碧玲(女)　曾论水　蔡银青　蔡清招
东石代表团	28	王孟孟(女)　王清鸿　刘基山　许子尧　许良机　许联才　孙文俊　杨元墩　杨位贤　肖文千　肖自能　张记录　张英英(女)　张贻尧　陈文路　陈晓辉　柯水尖　洪文进　洪建立　黄再兴　黄碧霜(女)　曾华传　蔡仁达　蔡志坚　蔡志河　蔡炳煌　蔡彩虹(女)　颜宏哲
永和代表团	19	王礼海　许四川　许成礼　李友限　杨红青(女)　杨建筑　吴秀丽(女)　吴超鹏　陈连庆　陈垂偶　林天宝　林　传　林英文　施金箱　姚建筑　郭鸿荣　曾文寿　曾丽贞(女)　蔡清来
英林代表团	14	王槐荣　苏嘉鸿　李安辉　连泉富　吴文楚　陈昌卫　林乌偏(女)　林德生　欧阳明士　洪于枫　洪挺挺(女)　洪树枞　洪清瑞(女)　粘文俊
金井代表团	17	丁鸿雨　王玉莹(女)　王育艺　王育妙　庄松龄　许永添　李加钢　李镜波　吴明勇　陈华兵　林明捷　施仲益　洪佳乐　洪家鑫　郭亨伟　曾文煌　蔡旭萍
龙湖代表团	25	王金围　朱新旭　许月华(女)　许书户　许自长　许泽取　许维瑜　苏月秋(女)　吴朝东　张文贤　陈白烽　陈希轩　施文强　施正琛　施军荣　施丽容(女)　施金玲(女)　施养革　施养胜　施清棍　洪文伟　洪志强　洪良猛　洪美沓(女)　颜　虹(女)
深沪代表团	16	王少严　王宏华　吕自力　许文倡　李建筑　陈志民　陈茂哲　陈省奎(女)　陈著贤　林长安　施天扶　施文彪　施俊超　聂招东　彭培育　曾献礼

晋江市第十八届人民代表大会第一次会议代表一览表

表 1-15　　单位：人

代表团	人数	姓名
青阳代表团	21	王金顶　王金聪　毛娟文（女）庄秋松　许良晓　许晋杭　苏礁进　李娟娟（女）吴莉莉（女）邱志军　陈金超　陈淑端（女）林金泰　林景昌　洪文惯　洪永胜　曾怀宇　蔡少林　蔡文收　蔡金钟（女）颜婉媚（女）
梅岭代表团	14	庄文华　庄松龄　庄烜炜　许玉芬（女）苏连枸　李明锋　李峰岐　俞建昆　施风玲（女）洪长江　洪志新　席　建　蔡娟娟（女）颜永福
西园代表团	15	王斌斌　许著赟　李艳珍（女）吴金铭　张开端　张秀念（女）张清河　陈世裕　陈金煌　陈萌雅（女）林雅宁（女）柯火木　洪庆福　赖伟森　赖振安
罗山代表团	18	冉　莉（女，土家族）许特级　许清心（女）李丽芳（女）吴再发　吴金矿　吴锦桐　张林华（女）陈志达　陈丽治（女）陈建成　陈培星　陈清泉　施纯玺　聂招东　曾荣聪　曾福泉　蔡金印
灵源代表团	13	王东丘　庄伏龙　许秀霞（女）许国鑫　苏达娜（女）苏振发　吴明筑　吴晶晶（女）何长太　陈高攀　翁玉玺　郭俊慨（回族）黄进苹
新塘代表团	13	王文荣　王祥轮　庄晓芳（女）李菊梅（女）杨振宁　杨雪山　吴文建　周燕燕（女）柯一鸣　柯阿小　柯碧玲（女）施奕超　蔡清渠
陈埭代表团	25	丁团聚（回族）丁国庆（回族）丁富堆（回族）丁鹏鹏（回族）丁福建（回族）王金池　王桂香（女）王景星　朱丽红（女）李建升　张建元　张香治（女）陈文斗　陈文进　陈希轩　陈建恩　陈清河　陈晶晶（女）林云龙　林狄强　林其龙　林祥平　柳飞杨　留栋滨　潘子良
池店代表团	26	王足月（女）卢东进　朱志达　许长俊　许珊珊（女）李韦萍（女）李旭生　李国明　李国辉　李逊庆　吴健康　吴尊意　吴群英（女）何玲玲（女）张　昌　张秋伟　陈友爱　陈树洋　陈德志　林欣妮（女）林炳辉　徐丹芳　黄建南　粘文俊（满族）曾浚滨　谢清裕

续表 1-15

代表团	人数	姓名
安海代表团	37	王宏华　王宽南　尤祖椿　朱秀治(女)　许连椅　许秀春(女)　许松军　许承志　许辉农　孙丰裕　孙辉永　苏桂芳(女)　李珍玲(女)　李谋章　杨丹瑜(女)　吴秀冬(女)　吴国仕　吴忠刘　吴剑芳　张文贤　张百瑜　陈艺娟(女)　陈进福　柯金鏁　施　建　姚建安　黄月莹(女)　黄阮瑜(女)　黄胜鑫　黄家铁　曾跃进　蔡江海　蔡来交　蔡尚进　颜远东　颜金练　颜美蓉(女)
磁灶代表团	29	王振焕　庄克服　庄清乐　苏子杰　苏聪富　吴立钊　吴自勇　吴志明　吴志峰　吴丽满(女)　吴秀琼(女)　吴良景　吴明星　吴建辉　吴顺金　吴敬章　张以利　张劲竹　张昭娣(女)　张琳琳(女)　张锦治(女)　陈清沛　陈碧山　陈遵义　林金招　柳剑锐　谢燕春(女)　蔡文卿　魏　巍(女)
内坑代表团	20	王芳名　尤伟峰　朱铭鑫　李金炒　李蔚民　吴鸿容(女)　张明集　张念博　张淑精(女)　陈文路　陈志鹏　林天顺　林灿煌　林燕军　施荣进　姚天敬　姚荣康　黄丽琴(女)　蔡友团　颜如芬(女)
紫帽代表团	9	王纯英(女)　王展招　王清龙　李永信　杨双华(女)　陈礼新　曾论水　蔡银青　蔡清招
东石代表团	31	王孟孟(女)　王晓人　王翔鹏　庄怀璇(女)　刘基山　许子尧　许美容(女)　许鸿江　孙文俊　李德铭　肖文千　肖有余　吴梅泳(女)　张记录　张阿南　张英英(女)　陈昌卫　周庆明　柯水尖　洪文进　洪建立　黄文福　黄荣堆　彭　静(女)　蔡仁达　蔡丽娇(女)　蔡建贤　蔡荣勇　蔡美明(女)　蔡炳煌　戴庆阳
永和代表团	22	王礼海　毛宏英(女，苗族)　许四川　许超英(女)　许德新　李友限　杨建筑　吴鸿斌　陈连庆　陈松柏　陈垂偶　陈　婷(女)　林天宝　林　传　林英文　周　莹(女)　郑英奇　施丽云(女)　姚建杰　曾远漂　曾丽贞(女)　蔡清来
英林代表团	17	王淑铮(女)　王瑛材　朱文育　许源龙　苏嘉鸿　李志勇　吴文楚　吴靖宇　林乌偏(女)　林华智　柯荣围　洪于权　洪荣基　洪炳文　洪雪女(女)　洪景欣　蔡惠琼(女)

续表 1-15

代表团	人数	姓名
金井代表团	21	王玉莹(女) 王育艺 王育妙 庄东航 刘晓斌 李　雯(女) 吴世长 张福丁 林子云 林仁达 林俊凯 林晓为 周宗仰 施　琳(女) 洪水平 洪秀洒(女) 洪佳乐 洪家鑫 姚　腾 郭静励(女,回族) 黄怡蓉(女)
龙湖代表团	28	丁珊娜(女,回族) 王明元 王金围 王贵珍(女) 尤金榜 朱新旭 许文倡 许书户 许自长 许泽取 许凉凉(女) 许维瑜 许婷婷(女) 吴长春 张志雄 施小鹏 施丽容(女) 施金专 施培新 施清棍 施维科 施燎原 洪元程 洪文伟 洪志强 洪良猛 骆炳招 翁丽芳(女)
深沪代表团	17	田腾霞(女) 吕子利 孙晋展 吴长光 张金祥 陈天星 陈茂哲 陈省奎(女) 陈著贤 侯俊侯 施天扶 施仁来 洪志强 洪明照 粘晓新(满族) 曾献礼 赖文艺(女)
西滨、驻军武警部队代表团	7	王沂鸿 王毓峰 周嘉琛 柯文托 袁军生(部队) 黄　韬(部队) 颜　虹(女)

第二章　晋江市人民代表大会会议

2002 年 1 月至 2022 年 12 月，晋江市共召开 6 届人民代表大会 22 次会议。

第一节　晋江市第十三届人民代表大会会议

一、第四次会议

2002 年 1 月 15—18 日在青阳召开，出席大会代表 316 名，列席人员 257 名。大会听取和审议题为《解放思想，与时俱进，开拓创新，加快晋江经济社会新一轮发展》的政府工作报告，审查和批准《关于晋江市 2001 年国民经济和社会发展计划执行情况及 2002 年计划（草案）的报告》，审查和批准《关于晋江市 2001 年财政预算执行情况和 2002 年财政预算（草案）报告》，听取和审议《晋江市人民代表大会常务委员会工作报告》，听取和审议《晋江市人民法院工作报告》，听取和审议《晋江市人民检察院工作报告》。大会通过了上述 6 个报告的决议及《关于通过〈晋江市人民代表大会议事规则〉的决定》。会议还听取议案审查委员会《关于代表提出的议案处理意见的报告》。大会收到代表议案 35 件，全部转为代表建议、意见处理，另外还收到建议、批评和意见 63 件。大会补选王金战为市第十三届人民代表大会常务委员会副主任。大会听取副市长陈健倩、陈少华、颜子鸿所作述职报告，并进行评议。

二、第五次会议

2003 年 2 月 12—14 日在青阳召开，出席会议代表 319 名。主要议程：听取和审议题为《与时俱进、加快发展，全面开创晋江改革开放和现代化建设新局面》的工作报告；听取和审议《晋江市 2002 年国民经济和社会发展计划执行情况与2003 年计划（草案）的报告》；听取和审议《晋江市 2002 年财政预算执行情况及 2003 年财政预算（草案）的报告》；听取和审议《晋江市人民代表大会常务委员会工作报告》；听取和审议《晋江市人民法院工作报告》；听取和审议《晋江市人民检察院工作报告》；组织参观“晋江市经济社会发展成就展”及市政建设。会议于 2003 年 2 月 14 日补选施并章为晋江市第十三届人民代表大会常务委员会主任；补选罗云、苏银楼为晋江市第十三届人民代表大会常务委员会副主任；补选蔡仲谋、陈扶西、吴绥明为晋江市第十三届人民代表大会常务委员会委员；补选陈国平为晋江市人民检察院检察长。大会共收到代表 10 人以上联名提出的议案 31 件，全部转为建议和意见处理。其中，东石代表团许天图等 11 名代表关于全面规划整治晋江市水资源污染问题的议案，西滨代表团柯文托等 10 名代表关于要求加快建设市区污水处理厂的议案作为重点建议。大会还收到代表们的建议、批评和意见 66 件。

第二节 晋江市第十四届人民代表大会会议

一、第一次会议

2004 年 1 月 11—15 日在青阳召开，出席大会代表 316 名。大会听取和审议题为《与时俱进、统筹发展，为晋江率先基本实现现代化而努力奋斗》的政府工作报告；听取和审议《晋江市 2003 年国民经济和社会发展计划执行情况及 2004 年计划（草案）报告》(书面)；听取和审议《晋江市 2003 年财政预算执行情况及 2004 年财政预算（草案）报告》；听取和审议《晋江市人民代表大会常务委员会工作报告》；听取和审议《晋江市人民法院工作报告》；听取和审议《晋江市人民检察院工作报告》。大会通过《关于晋江市人民政府工作报告的决议》《关于〈晋江市 2003 年国民经济和社会发展计划执行情况及 2004 年计划（草案）报告〉的决议》《关于晋江市〈2003 年财政预算执行情况及 2004 年财政预算（草案）报告〉的决议》《关于〈晋江市人民代表大会常务委员会工作报告〉的决议》《关于〈晋江市人民法院工作报告〉的决议》《关于〈晋江市人民检察院工作报告〉的决议》。大会于 2004 年 1 月 15 日选举施并章为晋江市第十四届人大常委会主任，林进德、蔡天赞、罗云、林文聘、苏银楼为晋江市第十四届人大常委会副主任，选举丁世忠、王逸民、庄耀东、许远望、李春兴、吴绥明、张永忠、陈多多、陈扶西、陈紫凡、周永伟、柯文托、施能坑、洪天柄、洪肇设、姚志强、黄锦民、蔡仲谋、蔡体面、颜惠玉为晋江市第十四届人大常委会委员；选举杨益民为晋江市人民政府市长，颜子鸿、吴清滨、陈晋永、王庆芬、郭鸿荣、张永宁、吴冬冬为晋江市人民政府副市长；选举高智辉为晋江市人民法院院长；选举陈国平为晋江市人民检察院检察长。大会议共收到代表 10 人以上联名提出的议案 65 件，全部转为建议、批评和意见处理，另外还收到代表们的建议、批评和意见 113 件。

二、第二次会议

2005 年 1 月 25—28 日在青阳召开，出席大会的代表 319 名。大会听取和审议题为《奋发有为，乘势而上，为推动晋江在更高平台上实现更快发展而努力奋斗》的政府工作报告；听取和审议《晋江市2004年国民经济和社会发展计划执行情况及2005年计划（草案）报告》(书面)；听取和审议《晋江市2004年财政预算执行情况及2005年财政预算（草案）报告》；听取和审议《晋江市人民代表大会常务委员会工作报告》；听取和审议《晋江市人民法院工作报告》；听取和审议《晋江市人民检察院工作报告》。大会通过《关于晋江市人民政府工作报告的决议》《关于〈晋江市2004年国民经济和社会发展计划执行情况及2005年计划（草案）报告〉的决议》《关于〈晋江市2004年财政预算执行情况及2005年财政预算（草案）报告〉的决议》《关于〈晋江市人民代表大会常务委员会工作报告〉的决议》《关于〈晋江市人民法院工作报告〉的决议》《关于〈晋江市人民硷察工作报告〉的决议》。大会共收到代表10人以上联名提出的议案82件，全部转为建议和意见处理。其中，磁灶代表团庄晴川等11名代表《关于要求制定相关具体措施，加大政策扶持和财政转移支付力度，加快晋江西部建设步伐的议案》，紫帽代表团王茂泉等14名代表《关于建立以抗大病统筹为主的新型农村合作医疗制度的议案》，英林代表团洪肇服等12名代表《关于加快花岗岩矿区采矿审批办证进程的议案》，青阳代表团张建才、安海代表团李亚才、龙湖代表团蔡奕内等56名代表《关于建立专项抢救资金的议案》，涉及本市区域经济协调发展的问题，涉及广大人民群众关注的热点、难点问题，被列为代表重点建议。大会还收到代表们的建议和意见109件。

三、第三次会议

2006年1月16—19日在青阳召开，出席大会的代表319名。大会听取和审议题为《加快发展　科学发展　在海峡西岸经济区建设大局中勇立潮头》的政府工作报告；听取和审议《晋江市2005年国民经济和社会发展计划执行情况及2006年计划（草案）报告》(书面)；听取和审议《晋江市2005年财政预算执行情况及2006年财政预算（草案）报告》；听取和审议《晋江市人民代表大会常务委员会工作报告》；听取和审议《晋江市人民法院工作报告》；听取和审议《晋江市人民检察院工作报告》。大会通过有关决议。大会共收到了59件议案。其中，池店代表团李荣贵和金井代表团洪水平等21位代表以及磁灶代表团吴金程等14位代表分别联名提出的《关于盘活存量用地的议案》被列入大会议程，其余58件议案转为建议和意见处理。大会还收到代表对各方面工作的建议、批评和意见77件。

第三节　晋江市第十五届人民代表大会会议

一、第一次会议

2006年12月14—18日在青阳召开，出席大会的代表317名。大会听取和审议题为《全面落实科学发展观在海峡西岸经济区建设中保持走前列实现新突破》的政府工作报告；听取和审议《晋江市 2006 年国民经济和社会发展计划执行情况与 2007 年计划（草案）报告》(书面)；听取和审议《晋江市 2006 年财政预算执行情况和 2007 年财政预算（草案）报告》；听取和审议《晋江市人民代表大会常务委员会工作报告》；听取和审议《晋江市人民法院工作报告》；听取和审议《晋江市人民检察院工作报告》。大会通过有关决议。大会于 12 月 17 日选举杨益民等 72 人为泉州市第十四届人民代表大会代表。大会于 12 月 18 日选举王景星为晋江市第十五届人民代表大会常务委员会主任，林进德、丁聪枝、蔡天赞、罗云、颜子鸿为晋江市第十五届人民代表大会常务委员会副主任，选举丁世忠、庄明栽、庄耀东、李春兴、张永忠、陈建军、陈恩典、陈紫凡、周永伟、柯文托、胡毅雄、洪天炳、洪肇设、姚志强、姚金榜、黄月莹、黄鹭旋、蔡仲谋、蔡体面、颜志平、颜其惕、颜建顺、颜惠玉为晋江市第十五届人民代表大会常务委员会委员；选举李建辉为晋江市人民政府市长，选举洪于权、吴清滨、陈晋永、郭鸿荣、许宏程、蔡萌芽、林庆峰、曾献礼为晋江市人民政府副市长；选举潘丰源为晋江市人民法院院长；选举陈国平为晋江市人民检察院检察长。大会共收到代表提出的议案 68 件，全部转为建议和意见处理，另外还收到代表对各方面的建议和意见 74 件。

二、第二次会议

2007 年 12 月 30 日至 2008 年 1 月 2 日在青阳召开。出席会议的市人大代表 310 名。大会听取和审议《晋江市人民政府工作报告》；听取和审议《晋江市人民政府关于晋江市 2007 年国民经济和社会发展计划执行情况及 2008 年计划（草案）》的报告，审查和批准《晋江市 2007 年国民经济和社会发展计划执行情况及 2008 年计划》；听取和审议《晋江市人民政府关于晋江市 2007 年财政预算执行情况与 2008 年财政预算（草案）》的报告，审查和批准《晋江市 2007 年财政预算执行情况与 2008 年财政预算》；听取和审议《晋江市人民代表大会常务委员会工作报告》；听取和审议《晋江市人民法院工作报告》；听取和审议《晋江市人民检察院工作报告》。大会在听取和审议各项工作报告后，做出了相应决议。大会还补选连泉富为晋江市第十五届人民代表大会常务委员会副主任；补选王金聪、陈多多为晋江市第十五届人民代表大会常务委员会委员；补选陈建安为晋江市人民检察院检察长（报经泉州市人民检察院检察长提请泉州市人大常委会批准）。大会共收到代表提出的议案 61 件，全部转为代表建议和意见处理，另外还收到代表对各方面工作的建议和意见 115 件。

三、第三次会议

2009 年 1 月 16—19 日在青阳召开。出席会议的代表 312 名。大会听取和审议《晋江市人民政府工作报告》；听取和审议《晋江市人民政府关于晋江市 2008 年国民经济和社会发展计划执行情况及2009年国民经济和社会发展计划（草案）》报告；听取和审议《晋江市人民政府关于晋江市2008年预算执行情况和2009年预算（草案）》报告；听取和审议《晋江市人民代表大会常务委员会工作报告》；听取和审议《晋江市人民法院工作报告》；听取和审议《晋江市人民检察院工作报告》。大会在听取和审议以上各项工作报告后，做出相应决议。大会补选杨兴生为晋江市第十五届人民代表大会常务委员会委员；选举李自力为泉州市第十四届人民代表大会代表（报泉州市人大常委会代表资格审查委员会确认）。大会共收到代表提出的议案69件，全部转为建议处理，另外还收到代表对各方面工作的建议146件。

四、第四次会议

2010年1月18—21日在青阳召开。出席会议代表304名。大会听取和审议《晋江市人民政府工作报告》；听取和审议晋江市人民政府《关于晋江市2009年国民经济和社会发展计划执行情况及2010年国民经济和社会发展计划（草案）》报告，审查和批准《晋江市2009年国民经济和社会发展计划执行情况报告及2010年国民经济和社会发展计划》；听取和审议晋江市人民政府《关于晋江市2009年预算执行情况和2010年预算（草案）报告》，审查和批准《晋江市2009年预算执行情况和2010年预算》；听取和审议《晋江市人民代表大会常务委员会工作报告》；听取和审议《晋江市人民法院工作报告》；听取和审议《晋江市人民检察院工作报告》。大会在听取和审议各项工作报告后，做出相应决议。大会补选姚志强为晋江市第十五届人民代表大会常务委员会副主任，李安辉、柯明泉为晋江市第十五届人民代表大会常务委员会委员；选举尤猛军为晋江市人民政府市长。大会共收到代表提出的议案55件，全部转为建议处理，另外还收到代表对各方面工作的建议132件。

五、第五次会议

2011年1月20—23日在青阳召开，出席会议代表306名。大会听取和审议《晋江市人民政府工作报告》；听取和审议《晋江市2010年国民经济和社会发展计划执行情况与2011年计划（草案）的报告》(书面)，审查和批准《晋江市2010年国民经济和社会发展计划执行情况与2011年计划》；听取和审议《晋江市国民经济和社会发展第十二个五年规划纲要（草案）》，审查和批准《晋江市国民经济和社会发展第十二个五年规划纲要》；听取和审议《晋江市2010年预算执行情况和2011年预算（草案）报告》，审查和批准《晋江市2010年预算执行情况和2011年预算》；听取和审议《晋江市人民代表大会常务委员会工作报告》；听取和审议《晋江市人民法院工作报告》；听取和审议《晋江市人民检察院工作报告》。大会在听取和审议各项工作报告后，做出相应决议。大会补选刘文儒为晋江市人民政府市长。大会共收到代表提出的议案52件，全部转为建议处理，另外还收到代表对各方面工作的建议107件。

第四节　晋江市第十六届人民代表大会会议

一、第一次会议

2011年12月15—19日在罗山召开，出席会议的代表320名。大会听取和审议《晋江市人民政府工作报告》；听取和审议《晋江市2011年国民经济和社会发展计划执行情况及2012年计划（草案）的报告》(书面)，审查和批准《晋江市2011年国民经济和社会发展计划执行情况及2012年计划》；听取和审议《晋江市2011年预算执行情况及2012年预算（草案）报告》，审查和批准《晋江市2011年预算执行情况及2012年预算》；听取和审议《晋江市人民代表大会常务委员会工作报告》；听取和审议《晋江市人民法院工作报告》；听取和审议《晋江市人民检察院工作报告》。大会在听取和审议各项工作报告后，做出相应决议。大会选举晋江市第十六届人民代表大会常务委员会主任、副主任、委员，市人民政府市长、副市长，市人民法院院长，市人民检察院检察长；选举产生晋江市出席泉州市第十五届人民代表大会代表。大会共收到代表提出的议案56件，全部转为建议处理，另外还收到代表对各方面工作的建议105件。

二、第二次会议

2013年1月13—16日，在罗山召开。大会听取和审议《晋江市人民政府工作报告》；听取和审议《晋江市2012年国民经济和社会发展计划执行情况及2013年国民经济和社会发展计划草案的报告》(书面)，审查和批准《晋江市2012年国民经济和社会发展计划执行情况的报告及2013年国民经济和社会发展计划》；听取和审议《晋江市2012年预算执行情况及2013年预算（草案）》的报告，审查和批准《晋江市2012年预算执行情况的报告及2013年预算》；听取和审议《晋江市人民代表大会常务委员会工作报告》；听取和审议《晋江市人民法院工作报告》；听取和审议《晋江市人民检察院工作报告》。大会在听取和审议各项工作报告后，做出相应决议。大会共收到代表提出的议案41件，全部转为建议处理，另外还收到代表对各方面工作的建议104件。

三、第三次会议

2014年1月1—4日，在罗山召开。大会听取和审议《晋江市人民政府工作报告》；听取和审议《晋江市2013年国民经济和社会发展计划执行情况及2014年国民经济和社会发展计划（草案）》(书面）的报告，审查和批准《晋江市2013年国民经济和社会发展计划执行情况的报告及 2014 年国民经济和社会发展计划》；听取和审议《晋江市 2013 年预算执行情况及 2014 年预算（草案）》的报告，审查和批准《晋江市 2013 年预算执行情况的报告及 2014 年预算》；听取和审议《晋江市人民代表大会常务委员会工作报告》；听取和审议《晋江市人民法院工作报告》；听取和审议《晋江市人民检察院工作报告》。大会在听取和审议上述各项报告后，做出相应决议。大会还表决通过《关于加快推进我市生态水域建设的决议》。大会共收到代表提出的议案 32 件。其中，安海代表团柯煜煜等 30 名代表提出的《关于加快推进我市生态水域建设的议案》建议列入本次大会议案，其余的 31 件议案转为建议处理。大会还收到代表对各方面工作的建议 108 件。

四、第四次会议

2015 年 1 月 19—22 日，在罗山召开。大会听取和审议《晋江市人民政府工作报告》；听取和审议《晋江市 2014 年国民经济和社会发展计划执行情况及 2015 年国民经济和社会发展计划（草案）》(书面）的报告，审查和批准《晋江市 2014 年国民经济和社会发展计划执行情况的报告及 2015 年国民经济和社会发展计划》；听取和审议《晋江市 2014 年预算执行情况及 2015 年预算（草案）》的报告，审查和批准《晋江市 2014 年预算执行情况的报告及 2015 年预算》；听取和审议《晋江市人民代表大会常务委员会工作报告》；听取和审议《晋江市人民法院工作报告》；听取和审议《晋江市人民检察院工作报告》。大会听取和审议各项工作报告后，做出相应决议。大会还补选吴丹红为晋江市第十六届人民代表大会常务委员会委员。大会共收到代表提出的议案 35 件，全部转为建议处理，另外还收到代表对各方面工作的建议 130 件。

五、第五次会议

2016 年 1 月 5—8 日，在罗山召开。大会听取和审议《晋江市人民政府工作报告》；听取和审议《晋江市 2015 年国民经济和社会发展计划执行情况及 2016 年国民经济和社会发展计划（草案）》(书面）的报告，审查和批准《晋江市 2015 年国民经济和社会发展计划执行情况的报告及 2016 年国民经济和社会发展计划》；听取和审议《晋江市 2015 年预算执行情况及 2016 年预算（草案）》的报告，审查和批准《晋江市 2015 年预算执行情况的报告及 2016 年预算》；听取和审议《晋江市人民代表大会常务委员会工作报告》；听取和审议《晋江市人民法院工作报告》；听取和审议《晋江市人民检察院工作报告》。大会在听取和审议各项工作报告后，做出相应决议。大会还补选丁鸿雨、许乔良、陈其昌、林德生为晋江市第十六届人民代表大会常务委员会委员。大会共收到代表提出的议案 19 件，全部转为建议处理，另外还收到代表对各方面工作的建议 148 件。

第五节　晋江市第十七届人民代表大会会议

一、第一次会议

2016年12月15—19日，在罗山召开。会议听取和审议《晋江市人民政府工作报告》；听取和审议《晋江市2016年国民经济和社会发展计划执行情况及2017年计划（草案）》（书面）报告；听取和审议《晋江市2016年预算执行情况及2017年预算（草案）》报告；听取和审议《晋江市人大常委会工作报告》；听取和审议《晋江市人民法院工报告》；听取和审议《晋江市人民检察院工作报告》。大会在听取和审议各项工作报告后，做出相应决议。大会选举洪于权为市第十七届人大常委会主任，张文贤为市人民政府市长，陈水深为市法院院长，甘泽阳为市人民检察院检察长（须报经泉州市人民检察院检察长提请泉州市人大常委会批准）。会议还选举郭鸿荣、曾献礼、连泉富、姚志强为市第十七届人大常委会副主任，王茂泉、李自力、张淑语、黄少伟、李自强、庄天怀、王文晖为市人民政府副市长。林友竹等35人当选为市十七届人大常委会委员。大会共收到代表提出的议案9件，全部转为代表建议处理，另外还收到代表对各方面工作的建议202件。

二、第二次会议

2017年12月27—29日，在罗山召开。大会听取和审议《晋江市人民政府工作报告》；审查和批准《晋江市2017年国民经济和社会发展计划执行情况及2018年国民经济和社会发展计划（草案）》的报告，批准《晋江市2018年国民经济和社会发展计划》；审查和批准《晋江市2017年预算执行情况及2018年预算（草案）》的报告；听取和审议《晋江市人民代表大会常务委员会工作报告》；听取和审议《晋江市人民法院工作报告》；听取和审议《晋江市人民检察院工作报告》。大会在听取和审议各项工作报告后，做出相应决议。大会选举许仰东为晋江市监察委员会主任，补选张昌为晋江市第十七届人民代表大会常务委员会委员。大会共收到代表提出的议案11件，全部转为代表建议处理，另外还收到代表对各方面工作的建议161件。

三、第三次会议

2018年12月26—29日，在罗山召开。大会听取和审议《晋江市人民政府工作报告》；审查和批准《晋江市2018年国民经济和社会发展计划执行情况及2019年国民经济和社会发展计划（草案）》的报告；审查和批准《晋江市2018年预算执行情况及2019年预算（草案）》的报告；听取和审议《晋江市人民代表大会常务委员会工作报告》；听取和审议《晋江市人民法院工作报告》；听取和审议《晋江市人民检察院工作报告》。大会在听取和审议各项工作报告后，做出相应决议。大会共收到代表提出的议案9件，全部转为代表建议处理，另外还收到代表对各方面工作的建议174件。

四、第四次会议

2019年12月24—27日，在罗山召开。大会听取和审议《晋江市人民政府工作报告》；听取和审议《晋江市2019年国民经济和社会发展计划执行情况及2020年国民经济和社会发展计划（草案）》（书面）的报告，审查和批准《晋江市2019年国民经济和社会发展计划执行情况及2020年国民经济和社会发展计划》；听取和审议《晋江市2019年预算执行情况及2020年预算（草案）》的报告，审查和批准《晋江市2019年预算执行情况及2020年预算》；听取和审议《晋江市人民代表大会常务委员会工作报告》；听取和审议《晋江市人民法院工作报告》；听取和审议《晋江市人民检察院工作报告》。大会在听取和审议各项工作报告后，做出相应决议。大会选举林仁达为市第十七届人大常委会主任，许小卫、许清心、陈伟荣、周先进、郭培源、蔡逸卿、戴庆阳等7人为市第十七届人大常委会委员，王文龙为市人民检察院检察长（须报经泉州市人民检察院检察长提请泉州市人大常委会批准）。大会还表决通过市第十七届人大常委会社会建设委员会、监察和司法委员会组成人员名单。大会共收到代表提出的议案7件，全部转为代表建议处理，另外还收到代表对各方面工作的建议177件。

五、第五次会议

2021年1月11—13日，在罗山召开。大会听取和审议《晋江市人民政府工作报告》；审查和批准《晋江市国民经济和社会发展第十四个五年规划和2035年远景目标纲要（草案）》；审查和批准《晋江市2020年国民经济和社会发展计划执行情况及2021年国民经济和社会发展计划草案的报告》；审查和批准《晋江市2020年预算执行情况及2021年预算草案的报告》；听取和审议《晋江市人民代表大会常务委员会工作报告》；听取和审议《晋江市人民法院工作报告》；听取和审议《晋江市人民检察院工作报告》；决定晋江市第十七届人民代表大会社会建设委员会主任委员人选。会议选举王清龙为晋江市第十七届人大常委会副主任，陈晶晶、蔡文思为晋江市第十七届人大常委会委员。大会共收到代表提出的议案5件，全部转为代表建议处理，另外还收到代表对各方面工作的建议165件。

第六节　晋江市第十八届人民代表大会会议

一、第一次会议

2021 年 12 月 21—24 日，在罗山召开。大会听取和审议《晋江市人民政府工作报告》；听取和审议《晋江市 2021 年国民经济和社会发展计划执行情况及 2022 年计划草案报告》(书面)，审查和批准《晋江市 2021 年国民经济和社会发展计划执行情况及 2022 年国民经济和社会发展计划》；听取和审议《晋江市 2021 年预算执行情况及 2022 年预算草案报告》(书面)，审查和批准《晋江市 2021 年预算执行情况及 2022 年预算》；听取和审议《晋江市人民代表大会常务委员会工作报告》；听取和审议《晋江市人民法院工作报告》；听取和审议《晋江市人民检察院工作报告》。大会在听取和审议各项工作报告后，做出相应决议。大会选举林仁达为市第十八届人大常委会主任，黄文福、潘子良、洪元程、王清龙等 4 人为市第十八届人大常委会副主任，王明元为市人民政府市长，吴志朴、赖有为、李森建、陈希、王也夫、张健龙、丁鸿雨、陈传芳、张勇等 9 人为市人民政府副市长，洪志强为市人民法院院长，王文龙为市人民检察院检察长（须报经泉州市人民检察院检察长提请泉州市人大常委会批准），庄怀璇为市监察委员会主任，王宏华、尤金榜、朱文育、庄伏龙、庄克服、庄松龄、许良晓、许清心、孙丰裕、李志勇、李逊庆、李蔚民、吴良景、吴鸿斌、张开端、张昌、张建元、张琳琳、陈文路、陈萌雅、陈晶晶、周莹、柯金鏕、柯碧玲、洪水平、洪文惯、洪明照、姚腾、黄进苹、粘文俊、曾献礼、曾福泉、蔡银青、蔡惠琼、颜永福、颜虹、颜婉媚、戴庆阳等 38 人为市第十八届人民代表大会常务委员会委员。大会还表决通过市第十八届人大常委会建设委员会、监察和司法委员会组成人员名单。大会共收到代表提出的议案 13 件，全部转为代表建议处理，另外还收到代表对各方面工作的建议 222 件。

二、第二次会议

2022 年 12 月 27—29 日，在罗山召开。大会听取和审议《晋江市人民政府工作报告》；审查和批准《晋江市 2022 年国民经济和社会发展计划执行情况及 2023 年国民经济和社会发展计划草案的报告》(书面)，批准《晋江市 2023 年国民经济和社会发展计划》；审查和批准《晋江市 2022 年预算执行情况及 2023 年预算草案的报告》(书面)，批准《晋江市 2023 年预算》；听取和审议《晋江市人民代表大会常务委员会工作报告》；听取和审议《晋江市人民法院工作报告》；听取和审议《晋江市人民检察院工作报告》。大会在听取和审议各项工作报告后，做出相应决议。大会选举洪炳文、蔡荣华 2 人为晋江市第十八届人民代表大会常务委员会委员。本次会议共收到代表提出的议案 20 件，大会议案审查委员会对代表们提出的 20 件议案进行认真审查，认为东石代表团黄文福等 16 名代表提出的《关于传承弘扬“晋江经验”，加快推进文体旅经济高质量发展的议案》，案由紧扣中共晋江市第十四届代表大会第二次会议的部署要求，是关乎全市发展大局和增进民生福祉的重要课题，案据实事求是地反映当前本市文体旅经济发展现状和亟待解决的问题，方案符合本市传承弘扬“晋江经验”，加速推进文体旅深度融合发展，塑造发展新优势新动能的实际，具有较强的针对性和可操作性，将该议案列入本次大会议程，其余的 19 件议案转为建议处理。另外本次会议还收到代表对各方面工作的建议 183 件。

晋江市第十三届第四次至第十八届第二次人民代表大会主席团、秘书长、各专门委员会成员名录一览表

表 2-1

届次	主席团成员、秘书长、各专门委员会成员名录
第十三届第四次	**主席团**（52 人） 丁玉只 王人冬 王志勇 王金战 王逸民 王景星 吕炜民 朱 明 庄天怀 庄永添 庄碧芳 许远望 许丽英(女) 许泽龙 许清爽 杨式湘 杨兴生 杨祖汉 苏祉民 苏银楼 李和狮 李建辉 李春兴 李清欣 吴松茂 吴明哲 吴金世 张永宁 张景锻 陈元典 陈云腾 陈长庚 陈永恩 陈闽生 陈晋永 陈章进 周伯恭 周美荷 林清泉 柯文托 柯朝民 施并章 施能坑 洪肇设 洪肇服 姚金榜 郭鸿荣 高向荣 龚清概 蔡天赞 蔡体面(女) 颜惠玉(女) 秘 书 长：蔡天赞(兼) **议案审查委员会** 主 任 委 员：蔡天赞 副主任委员：蔡体面(女) 委 员：许远望 李春兴 吴明哲 林清泉 洪肇设 **财政经济审查委员会** 主 任 委 员：陈永恩 副主任委员：陈元典 委 员：丁玉只 许丽英(女) 吴金世 柯文托 施能坑

续表 2-1

届次	主席团成员、秘书长、各专门委员会成员名录
第十三届 第五次	**主席团**（48 人） 丁玉只　丁聪枝　王人冬　王志勇　王茂泉　王逸民　王景星 吕炜民　朱永远　庄永添　庄碧芳　许远望　许清爽　许雄飞 许畴料　杨祖汉　李自力　李建辉　李春兴　李清欣　吴松茂 吴明哲　吴金世　张文节　张永宁　张景锻　陈元典　陈长庚 陈永恩　陈闽生　陈章进　周伯恭　周美荷　林清泉　柯文托 施并章　施能坑　洪肇设　洪肇服　姚金榜　郭鸿荣　高向荣 黄小闽　龚清概　蔡天赞　蔡体面（女）颜呈矿　薛宗炎 秘　书　长：蔡天赞（兼） **议案审查委员会** 主任委员：蔡天赞 副主任委员：蔡体面（女） 委　　员：许远望　李春兴　吴明哲　林清泉　洪肇设 **财政经济审查委员会** 主任委员：陈永恩 副主任委员：吴绶明 委　　员：丁玉只　吴金世　柯文托　施能坑
第十四届 第一次	**主席团**（55 人） 丁世忠　丁聪枝　王茂泉　王金墩　王逸民　王景星　朱永远 庄碧芳　庄耀东　许远望　许雄飞　许畴料　杨永刚　杨祖汉 杨益民　苏银楼　李自力　李建辉　李春兴　李清欣　吴绶明 张文节　张文贤　张永忠　陈多多　陈扶西　陈秋琪　陈健倩（女） 陈紫凡　林文聘　林进德　林贻达　罗　云　周永伟　周伯恭 柯文托　施并章　施能坑　洪天炳　洪肇设　洪肇服　姚志强 姚金榜　郭鸿荣　高向荣　黄小闽　黄锦民　龚清概　蔡天赞 蔡仲谋　蔡体面（女）颜呈矿　颜其惕　颜惠玉（女）薛宗炎 秘　书　长：蔡天赞（兼） **议案审查委员会** 主任委员：蔡天赞 副主任委员：蔡体面（女） 委　　员：庄耀东　许远望　李春兴　陈多多　洪肇设 **财政经济审查委员会** 主任委员：罗　云 副主任委员：吴绶明 委　　员：丁世忠　周永伟　柯文托　施能坑　洪天炳

续表 2-1

届次	主席团成员、秘书长、各专门委员会成员名录
第十四届 第二次	**主席团**（54 人） 丁世忠　丁聪枝　王茂泉　王金墩　王逸民　王景星　厉　军 朱永远　庄碧芳　庄耀东　许远望　许良志　许雄飞　许畴料 杨祖汉　杨益民　苏银楼　李自力　李建辉　李春兴　李清欣 李新平　吴绥明　张文节　张文贤　张永忠　陈多多　陈扶西 陈健倩(女)　陈紫凡　林文聘　林进德　林贻达　罗　云　周永伟 周伯恭　柯文托　施并章　施能坑　洪天炳　洪肇设　洪肇服 姚志强　姚金榜　黄小闽　黄锦民　龚清概　蔡天赞　蔡体面(女) 蔡萌芽(女)　颜呈矿　颜其惕　颜惠玉(女)　薛宗炎 秘书长：蔡天赞(兼) **议案审查委员会** 主任委员：蔡天赞 副主任委员：蔡体面(女) 委　员：庄耀东　许远望　李春兴　陈多多　洪肇设 **财政经济审查委员会** 主任委员：罗　云 副主任委员：吴绥明 委　员：丁世忠　周永伟　柯文托　施能坑　洪天炳
第十四届 第三次	**主席团**（55 人） 丁世忠　丁聪枝　王金墩　王逸民　王景星　朱永远　庄明栽 庄碧芳　庄耀东　许远望　许良志　许雄飞　杨祖汉　杨益民 苏银楼　李建国　李建辉　李春兴　李清欣　李新平　吴淞江 吴绥明　张文节　张永忠　陈多多　陈扶西　陈健倩(女)　陈紫凡 林文聘　林进德　林贻达　罗　云　罗　维　周永伟　周伯恭 郑志勇　柯文托　施并章　施能坑　洪天炳　洪长江　洪肇设 洪肇服　姚志强　姚金榜　黄小闽　黄世界　黄志荣　黄锦民 蔡天赞　蔡体面(女)　蔡萌芽(女)　颜其惕　颜惠玉(女)　薛宗炎 秘书长：蔡天赞(兼) **议案审查委员会** 主任委员：蔡天赞 副主任委员：蔡体面(女) 委　员：庄耀东　许远望　李春兴　陈多多　洪肇设 **财政经济审查委员会** 主任委员：罗　云 副主任委员：吴绥明 委　员：丁世忠　周永伟　柯文托　施能坑　洪天炳

续表 2-1

届次	主席团成员、秘书长、各专门委员会成员名录
第十五届第一次	**主席团**（55人） 丁世忠　丁聪枝　王景星　朱永远　庄明栽　庄碧芳　庄耀东 江开泉　许良志　杨益民　李元魏　李丹阳　李自力　李春兴 吴淞江　张文节　张永忠　张世雄　陈　勇　陈建军　陈贻熊 陈恩典　陈健倩(女)　陈紫凡　林　跃　林进德　林贻达　罗　云 周永伟　郑志勇　柯文托　胡毅雄　洪天炳　洪长江　洪肇设 姚志强　姚金榜　黄小闽　黄月莹(女)　黄世界　黄志荣　黄鹭旋 彭培育　曾华源　曾清金　蔡天赞　蔡仲谋　蔡体面(女)　颜子鸿 颜志平(女)　颜其惕　颜建顺　颜惠玉(女)　潘子良　薛宗炎 秘　书　长：蔡天赞(兼) **议案审查委员会** 主任委员：蔡天赞 副主任委员：蔡体面(女) 委　　员：庄耀东　李春兴　胡毅雄　洪肇设　黄月莹(女) **财政经济审查委员会** 主任委员：罗　云 副主任委员：陈恩典 委　　员：丁世忠　周永伟　柯文托　洪天炳　颜惠玉(女)
第十五届第二次	**主席团**（58人） 丁世忠　丁聪枝　王金聪　王景星　朱永远　庄明栽　庄碧芳 庄耀东　江开泉　许天祥　许畴料　杨益民　李元巍　李丹阳 李自力　李建辉　李春兴　连泉富　汪礼良　张文节　张汉杰 张永忠　张世雄　陈多多　陈建军　陈贻熊　陈恩典　陈健倩(女) 陈紫凡　林　跃　林进德　林贻达　罗　云　周永伟　柯文托 柯清祝　洪天炳　洪长江　洪肇设　姚志强　姚金榜　黄小闽 黄月莹(女)　黄世界　黄跃夏　黄鹭旋　彭培育　曾华源　曾清金 蔡天赞　蔡仲谋　蔡体面(女)　颜子鸿　颜志平(女)　颜其惕　颜建顺 颜惠玉(女)　潘子良 秘　书　长：蔡天赞(兼) **议案审查委员会** 主任委员：蔡天赞 副主任委员：蔡体面(女) 委　　员：庄耀东　李春兴　洪肇设　黄月莹(女) **财政经济审查委员会** 主任委员：罗　云 副主任委员：陈恩典 委　　员：丁世忠　周永伟　柯文托　洪天炳　颜惠玉(女)

续表 2-1

届次	主席团成员、秘书长、各专门委员会成员名录
第十五届 第三次	**主席团**（58 人） 丁世忠　丁聪枝　王茂泉　王金聪　王景星　庄明栽　庄碧芳 庄耀东　江开泉　许天祥　许畴料　李元巍　李丹阳　李自力 李建辉　李春兴　李逊庆　杨兴生　杨益民　连泉富　汪礼良 张文节　张文贤　张汉杰　张永忠　张朝阳　陈多多　陈建军 陈贻熊　陈恩典　陈健倩(女)　陈紫凡　林　跃　林进德　林贻达 罗　云　周永伟　柯文托　洪天炳　洪长江　洪肇设　姚志强 姚金榜　黄小闽　黄月莹(女)　黄世界　黄跃夏　黄鹭旋　曾华源 曾清金　蔡天赞　蔡仲谋　蔡体面(女)　颜子鸿　颜其惕　颜建顺 颜惠玉(女)　潘子良 秘　书　长：蔡天赞(兼) **议案审查委员会** 主 任 委 员：蔡天赞 副主任委员：蔡体面(女) 委　　　员：庄耀东　李春兴　陈多多　洪肇设　黄月莹(女) **财政经济审查委员会** 主 任 委 员：罗　云 副主任委员：陈恩典 委　　　员：丁世忠　周永伟　柯文托　洪天炳　颜惠玉(女)
第十五届 第四次	**主席团**（58 人） 丁世忠　丁聪枝　王茂泉　王金聪　王景星　尤猛军　庄明栽 庄碧芳　庄耀东　许天祥　许畴料　杨兴生　杨国昕　杨益民 李元巍　李丹阳　李自力　李安辉　李逊庆　李春兴　连泉富 吴丹红(女)　汪礼良　张文贤　张汉杰　张永忠　张朝阳　陈多多 陈建军　陈贻熊　陈恩典　陈健倩(女)　林　跃　林进德　林贻达 罗　云　周永伟　柯文托　柯明泉　洪天炳　洪长江　洪肇设 姚志强　姚金榜　高振标　黄小闽　黄月莹(女)　黄思添　黄跃夏 黄鹭旋　曾华源　曾清金　蔡仲谋　蔡体面(女)　颜其惕　颜建顺 颜惠玉(女)　潘子良 秘　书　长：姚志强(兼) **议案审查委员会** 主 任 委 员：姚志强 副主任委员：蔡体面(女) 委　　　员：庄耀东　李春兴　陈多多　洪肇设　黄月莹(女) **财政经济审查委员会** 主 任 委 员：罗　云 副主任委员：陈恩典 委　　　员：丁世忠　周永伟　柯文托　洪天炳　颜惠玉(女)

续表 2-1

届次	主席团成员、秘书长、各专门委员会成员名录
第十五届第五次	**主席团**（56 人） 丁世忠 丁聪枝 王茂泉 王金聪 王景星 尤猛军 庄明栽 庄碧芳 庄耀东 许天祥 许文倡 许畴料 杨兴生 杨国昕 李元巍 李丹阳 李自力 李安辉 李逊庆 李春兴 连泉富 吴丹红(女) 汪礼良 张汉杰 张永忠 张淑语(女) 陈多多 陈建军 陈贻熊 陈恩典 陈健倩(女) 林　跃 林贻达 罗　云 周永伟 柯文托 柯明泉 洪天炳 洪长江 洪金城 洪肇设 姚志强 姚金榜 高振标 黄小闽 黄月莹(女) 黄思添 黄鹭旋 曾华源 曾清金 蔡仲谋 蔡体面(女) 颜其惕 颜建顺 颜惠玉(女) 潘子良 秘 书 长：姚志强(兼) **议案审查委员会** 主 任 委 员：姚志强 副主任委员：蔡体面(女) 委　　　员：庄耀东 李春兴 陈多多 洪肇设 黄月莹(女) **财政经济审查委员会** 主 任 委 员：罗　云 副主任委员：陈恩典 委　　　员：丁世忠 周永伟 柯文托 洪天炳 颜惠玉(女)
第十六届第一次	**主席团**（58 人） 丁世家 王江涛 王志宏 王金聪 尤猛军 庄天怀 庄碧芳 庄耀东 刘文儒 许长俊 许畴料 李元巍 李春兴 李逊庆 连建筑 连泉富 吴丹红(女) 吴淞江 张文节 张汉杰 张永忠 张志雄 陈云腾 陈长义 陈东聆(女) 陈传芳 陈多多 陈志农 陈健倩(女) 林庆峰 林　跃 林碧玉(女) 周永伟 柯文托 柯枫伟 柯明泉 洪天炳 洪长江 洪金城 洪肇设 姚志强 贺小剑 高振标 黄小闽 黄月莹(女) 黄思添 黄清泉 黄鹭旋 彭培育 傅天宝 曾华源 曾逸峰 曾清金 谢江漫 蔡体面(女) 颜建顺 颜惠玉(女) 潘子良 秘 书 长：姚志强(兼) **议案审查委员会** 主 任 委 员：姚志强 副主任委员：蔡体面(女) 委　　　员：王金聪 庄耀东 李春兴 陈多多 柯枫伟 黄月莹(女) 傅天宝 **财政经济审查委员会** 主 任 委 员：庄天怀 副主任委员：庄碧芳 委　　　员：丁世家 王志宏 周永伟 柯文托 洪肇设 彭培育 颜惠玉(女)

续表 2-1

届次	主席团成员、秘书长、各专门委员会成员名录
第十六届第二次	**主席团**（58 人） 丁世家　王江涛　王志宏　王金聪　庄天怀　庄碧芳　庄耀东 刘文儒　许长俊　许畤料　李建新　李春兴　李逊庆　连建筑 连泉富　吴丹红(女)　吴淞江　张文节　张汉杰　张永忠　张志雄 陈云腾　陈长义　陈东聆(女)　陈传芳　陈多多　陈志农　陈荣法 陈健倩(女)　林仁达　林庆峰　林　跃　林碧玉(女)　周永伟　柯文托 柯枫伟　柯明泉　施并章　洪天炳　洪长江　洪金城　洪肇设 姚志强　贺小剑　黄小闽　黄月莹(女)　黄思添　黄清泉　黄鹭旋 彭培育　傅天宝　曾逸峰　曾清金　谢江漫　蔡体面(女)　颜建顺 颜惠玉(女)　潘子良 秘书长：姚志强(兼) **议案审查委员会** 主任委员：姚志强 副主任委员：蔡体面(女) 委　员：王金聪　庄耀东　李春兴　陈多多　柯枫伟　黄月莹(女) 傅天宝 **财政经济审查委员会** 主任委员：庄天怀 副主任委员：黄小闽　庄碧芳 委　员：丁世家　王志宏　周永伟　柯文托　洪肇设　彭培育 颜惠玉(女)
第十六届第三次	**主席团**（57 人） 丁世家　王江涛　王志宏　王金聪　庄天怀　庄碧芳　庄耀东 刘文儒　许长俊　许畤料　李建新　李春兴　李逊庆　连建筑 连泉富　吴丹红(女)　吴淞江　张文节　张汉杰　张永忠　张志雄 陈长义　陈东聆(女)　陈传芳　陈多多　陈志农　陈荣法　陈健倩(女) 林友栋　林仁达　林庆峰　林　跃　林碧玉(女)　周永伟　柯文托 柯枫伟　柯明泉　施并章　洪天炳　洪长江　洪金城　洪肇设 姚志强　贺小剑　黄小闽　黄月莹(女)　黄思添　黄清泉　黄鹭旋 彭培育　傅天宝　曾逸峰　曾清金　谢江漫　蔡体面(女)　颜建顺 潘子良 秘书长：姚志强(兼) **议案审查委员会** 主任委员：姚志强 副主任委员：蔡体面(女) 委　员：王金聪　庄耀东　李春兴　陈多多　柯枫伟　黄月莹(女) 傅天宝 **财政经济审查委员会** 主任委员：庄天怀 副主任委员：庄碧芳 委　员：丁世家　王志宏　周永伟　柯文托　洪肇设　彭培育

续表 2-1

届次	主席团成员、秘书长、各专门委员会成员名录
第十六届第四次	**主席团**（55 人） 丁世家　王江涛　王志宏　王金聪　庄天怀　庄碧芳　庄耀东 刘文儒　许长俊　许畴料　孙晋展　李志强　李建新　李春兴 李逊庆　李德铭　连建筑　连泉富　吴淞江　张汉杰　张永忠 张志雄　陈长义　陈文斗　陈东聆(女)　陈传芳　陈多多　陈志农 陈荣法　陈健倩(女)　林仁达　林庆峰　林　跃　林碧玉(女)　周永伟 柯文托　柯枫伟　柯明泉　施并章　洪天炳　洪长江　洪肇设 姚志强　徐以宏　黄小闽　黄月莹(女)　黄清泉　黄鹭旋　彭培育 傅天宝　曾逸峰　曾清金　谢江漫　颜建顺　潘子良 秘 书 长：庄天怀(兼) **议案审查委员会** 主任委员：姚志强 副主任委员：谢江漫 委　　员：王金聪　庄耀东　李春兴　陈多多　柯枫伟　黄月莹(女) 傅天宝 **财政经济审查委员会** 主任委员：庄天怀 副主任委员：庄碧芳 委　　员：丁世家　王志宏　周永伟　柯文托　洪肇设　彭培育
第十六届第五次	**主席团**（55 人） 丁世家　王江涛　王志宏　王金聪　庄天怀　庄碧芳　庄耀东 刘文儒　许长俊　许畴料　孙晋展　李志强　李建辉　李建新 李春兴　李逊庆　李德铭　连建筑　连泉富　吴丹红(女)　吴淞江 张汉杰　张永忠　张志雄　陈长义　陈文斗　陈东聆(女)　陈传芳 陈多多　陈志农　陈健倩(女)　林仁达　林庆峰　林　跃　林碧玉(女) 周永伟　柯文托　柯明泉　施并章　洪天炳　洪长江　洪肇设 姚志强　徐以宏　黄小闽　黄月莹(女)　黄清泉　黄鹭旋　彭培育 傅天宝　曾逸峰　曾清金　谢江漫　颜建顺　潘子良 秘 书 长：庄天怀(兼) **议案审查委员会** 主任委员：姚志强 副主任委员：谢江漫 委　　员：王金聪　庄耀东　李春兴　陈多多　黄月莹(女) **财政经济审查委员会** 主任委员：庄天怀 副主任委员：庄碧芳 委　　员：丁世家　王志宏　周永伟　柯文托　洪肇设　彭培育

续表 2-1

届次	主席团成员、秘书长、各专门委员会成员名录
第十七届 第一次	**主席团**（66 人） 丁鸿雨　王少严　王沂鸿　王奇志　王金象　王金聪　王景星 庄伏龙　庄松龄　刘文儒　许长俊　许文倡　许良晓　许畴料 李伟才　李安辉　李建新　李逊庆　连泉富　吴文永　吴再发 吴忠刘　吴金程　吴超鹏　张文贤　张劲竹　陈文斗　陈传芳 陈希轩　陈钖岑　陈晋永　陈晓辉　陈雄松　林友竹　林明捷 林晓为　林嘉达　柯文托　柯金鏰　柯煜煜　柯碧玲(女)　钟文玲(女) 施正琛　洪于权　洪长江　洪永胜　洪建立　姚志强　徐以宏 郭鸿荣　唐春晓　黄月莹(女)　黄延艺(女)　粘文俊　彭培育　曾文寿 曾逸峰　曾献礼　曾福泉　蔡少林　蔡银青　颜永福　颜宏哲 颜　虹(女)　潘子良　戴文俊 秘 书 长：曾献礼(兼) **议案审查委员会** 主 任 委 员：姚志强 副主任委员：蔡银青 委　　　员：王金象　王金聪　李伟才　陈雄松　黄月莹(女)　蔡少林 戴文俊 **财政经济审查委员会** 主 任 委 员：连泉富 副主任委员：颜宏哲 委　　　员：林明捷　林嘉达　柯文托　柯金鏰　钟文玲(女)　彭培育 曾福泉
第十七届 第二次	**主席团**（65 人） 丁鸿雨　王少严　王沂鸿　王奇志　王金象　王金聪　王景星 庄伏龙　庄松龄　刘文儒　许长俊　许文倡　许仰东　许良晓 许畴料　李伟才　李安辉　李建新　李逊庆　连泉富　吴再发 吴忠刘　吴金程　吴超鹏　张文贤　张劲竹　陈文斗　陈希轩 陈钖岑　陈晋永　陈晓辉　林友竹　林明捷　林晓为　林嘉达 柯文托　柯金鏰　柯煜煜　柯碧玲(女)　钟文玲(女)　施正琛　洪于权 洪长江　洪永胜　洪建立　姚志强　徐以宏　郭鸿荣　唐春晓 黄月莹(女)　黄延艺(女)　粘文俊　彭培育　曾文寿　曾逸峰　曾献礼 曾福泉　谢永彬　蔡少林　蔡银青　颜永福　颜宏哲　颜　虹(女) 潘子良　戴文俊 秘 书 长：曾献礼(兼) **议案审查委员会组成人员** 主 任 委 员：姚志强 副主任委员：蔡银青 委　　　员：王金象　王金聪　李伟才　吴金程　黄月莹(女)　蔡少林 戴文俊 **财政经济审查委员会组成人员** 主 任 委 员：连泉富 副主任委员：颜宏哲 委　　　员：林明捷　林嘉达　柯文托　柯金鏰　钟文玲(女)　彭培育 曾福泉

续表 2-1

届次	主席团成员、秘书长、各专门委员会成员名录
第十七届第三次	**主席团**（66人） 丁鸿雨　王少严　王沂鸿　王奇志　王金象　王金聪　王景星 庄伏龙　庄松龄　刘文儒　许长俊　许文倡　许仰东　许良晓 许畴料　严定标　李伟才　李安辉　李建新　李逊庆　连泉富 吴再发　吴忠刘　吴金程　吴超鹏　张文贤　张劲竹　张　昌 陈文斗　陈希轩　陈钖岑　陈晋永　陈晓辉　林友竹　林明捷 林晓为　林嘉达　柯文托　柯金鏘　柯煜煜　柯碧玲(女)钟文玲(女) 施正琛　洪于权　洪长江　洪永胜　洪建立　姚志强　郭鸿荣 唐春晓　黄月莹(女)黄延艺(女)粘文俊　彭培育　曾文寿　曾逸峰 曾献礼　曾福泉　谢永彬　蔡少林　蔡银青　颜永福　颜宏哲 颜　虹(女)潘子良　戴文俊 秘书长：曾献礼(兼) **议案审查委员会组成人员** 主任委员：姚志强 副主任委员：蔡银青 委员：王金象　王金聪　李伟才　吴金程　黄月莹(女)蔡少林 戴文俊 **财政经济审查委员会组成人员** 主任委员：连泉富 副主任委员：颜宏哲 委员：林明捷　林嘉达　柯文托　柯金鏘　钟文玲(女)彭培育 曾福泉
第十七届第四次	**主席团**（64人） 丁鸿雨　王少严　王志宏　王沂鸿　王金象　王金聪　王景星 庄东航　庄伏龙　庄松龄　刘文儒　刘　搏　许文倡　许仰东 许良晓　苏振发　李安辉　李建新　李逊庆　连泉富　吴再发 吴忠刘　吴金程　吴超鹏　吴尊意　张文贤　张　昌　张健龙 陈文斗　陈希轩　陈钖岑　陈晋永　陈晓辉　林友竹　林仁达 林明捷　林晓为　林嘉达　柯文托　柯金鏘　柯煜煜　柯碧玲(女) 施正琛　洪于权　洪长江　洪永胜　洪建立　姚志强　郭鸿荣 黄月莹(女)黄胜鑫　粘文俊　彭培育　曾文寿　曾逸峰　曾献礼 曾福泉　蔡少林　蔡银青　颜永福　颜宏哲　颜　虹(女)潘子良 戴文俊 秘书长：曾献礼(兼) **议案审查委员会组成人员** 主任委员：姚志强 副主任委员：蔡银青 委员：王金象　王金聪　吴金程　黄月莹(女)蔡少林　戴文俊

续表 2-1

届次	主席团成员、秘书长、各专门委员会成员名录
第十七届第四次	**财政经济审查委员会组成人员** 主 任 委 员：连泉富 副主任委员：颜宏哲 委　　员：林明捷　林嘉达　柯文托　柯金鏞　彭培育　曾福泉 **社会建设委员会组成人员** 主 任 委 员：连泉富 副主任委员：颜宏哲 委　　员：庄伏龙　曾文寿　曾逸峰　蔡逸卿　颜　虹(女) **监察和司法委员会组成人员** 主 任 委 员：姚志强 副主任委员：许良晓 委　　员：张　昌　林嘉达　周先进　粘文俊　戴文俊 [2018 年 12 月 22 日，中共晋江市委办公室、晋江市人民政府办公室关于印发《晋江市市级机构改革实施方案》的通知（晋委办发〔2018〕47 号）指出，组建市人大社会建设委员会，作为市人大专门委员会，负责研究、拟定、审议劳动就业、社会保障、民政事务等方面的有关议案，开展调查研究，开展有关执法检查，其日常工作由市人大常委会内务司法委员会承担；组建市人大监察和司法委员会，作为市人大专门委员会，承担推动实现党内监督和国家机关监督有机统一方面的相关职责，其日常工作由市人大常委会内务司法委员会承担]
第十七届第五次	**主席团**（67 人） 丁鸿雨　王沂鸿　王明元　王金象　王金聪　王清龙　王景星 庄东航　庄伏龙　庄松龄　庄垂生　刘文儒　许小卫　许文倡 许仰东　许良晓　许清心(女)　苏振发　李安辉　李逊庆　吴再发 吴忠刘　吴金程　吴超鹏　吴尊意　张文贤　张劲竹　张　昌 张健龙　陈伟荣　陈希轩　陈钖岑　陈晓辉　林友竹　林仁达 林明捷　林嘉达　周先进　柯文托　柯金鏞　柯荣围　柯碧玲(女) 施正琛　洪长江　洪永胜　洪志强　洪建立　姚志强　袁军生 郭培源　郭鸿荣　黄月莹(女)　黄胜鑫　黄　韬　粘文俊　彭培育 曾文寿　曾逸峰　曾献礼　曾福泉　蔡少林　蔡银青　蔡逸卿 颜永福　颜　虹(女)　戴文俊　戴庆阳 秘 书 长：曾献礼(兼) **议案审查委员会组成人员** 主 任 委 员：姚志强 副主任委员：陈晶晶(女) 委　　员：王金象　王金聪　吴金程　黄月莹(女)　蔡少林　戴文俊 **财政经济审查委员会组成人员** 主 任 委 员：曾献礼 副主任委员：蔡银青 委　　员：林明捷　林嘉达　柯文托　柯金鏞　彭培育　曾福泉

续表 2-1

届次	主席团成员、秘书长、各专门委员会成员名录
第十七届 第五次	**社会建设委员会组成人员** 主 任 委 员：王清龙 副主任委员：颜宏哲 委　　　员：庄伏龙　曾文寿　曾逸峰　蔡逸卿　颜　虹(女) **监察和司法委员会组成人员** 主 任 委 员：姚志强 副主任委员：许良晓 委　　　员：张　昌　林嘉达　周先进　粘文俊　戴文俊
第十八届 第一次	**主席团**（70 人） 王沂鸿　王宏华　王明元　王清龙　王景星　尤金榜　朱文育 庄伏龙　庄克服　庄怀璇(女)　庄松龄　许文倡　许良晓　许著赟 许清心(女)　孙丰裕　孙晋展　苏振发　李志勇　李逊庆　李蔚民 杨双华(女)　吴再发　吴良景　吴忠刘　吴鸿斌　吴尊意　吴靖宇 张开端　张文贤　张劲竹　张　昌　张建元　张琳琳(女)　陈友爱 陈文路　陈进福　陈希轩　陈松柏　陈萌雅(女)　陈晶晶(女)　林仁达 林灿煌　林晓为　周　莹(女)　柯金鏮　柯碧玲(女)　洪元程　洪水平 洪长江　洪文惯　洪永胜　洪明照　洪建立　姚　腾　袁军生 黄文福　黄进苹　黄　韬　粘文俊　曾献礼　曾福泉　蔡银青 蔡清渠　蔡惠琼(女)　颜永福　颜　虹(女)　颜婉媚(女)　潘子良　戴庆阳 秘 书 长：黄文福(兼) **议案审查委员会组成人员** 主 任 委 员：潘子良 副主任委员：陈晶晶(女) 委　　　员：朱文育　庄松龄　许清心(女)　孙丰裕　李志勇　张开端 洪水平 **财政经济审查委员会组成人员** 主 任 委 员：王清龙 副主任委员：蔡银青 委　　　员：尤金榜　吴良景　吴鸿斌　柯金鏮　曾福泉　颜婉媚(女) 戴庆阳 **社会建设委员会组成人员** 主 任 委 员：王清龙 副主任委员：蔡银青 委　　　员：庄伏龙　庄克服　张建元　颜永福　颜　虹(女) **监察和司法委员会组成人员** 主 任 委 员：潘子良 副主任委员：许良晓 委　　　员：张　昌　张琳琳(女)　洪文惯　粘文俊　蔡惠琼(女)

续表 2-1

届次	主席团成员、秘书长、各专门委员会成员名录
第十八届 第二次	**主席团(69 人)** 王宏华　王明元　王清龙　王景星　尤金榜　朱文育　庄伏龙 庄克服　庄怀璇(女)庄松龄　许文倡　许良晓　许清心(女)孙丰裕 孙晋展　苏振发　李志勇　李逊庆　李蔚民　杨双华(女)吴再发 吴良景　吴忠刘　吴鸿斌　吴尊意　吴靖宇　张开端　张文贤 张　昌　张清山　张建元　张琳琳(女)陈友爱　陈文路　陈进福 陈松柏　陈萌雅(女)陈晶晶(女)林仁达　林灿煌　林晓为　周　莹(女) 柯金鏋　柯荣围　柯碧玲(女)洪元程　洪水平　洪长江　洪文惯 洪永胜　洪明照　洪建立　姚　腾　黄文福　黄华君　黄进苹 黄　韬　粘文俊　曾献礼　曾福泉　蔡文卿　蔡银青　蔡清渠 蔡惠琼(女)颜永福　颜　虹(女)颜婉媚(女)潘子良　戴庆阳 秘 书 长：黄文福(兼) **议案审查委员会组成人员** 主 任 委 员：潘子良 副主任委员：陈晶晶(女) 委　　　员：朱文育　庄松龄　许清心(女)孙丰裕　李志勇　张开端 洪水平 **财政经济审查委员会组成人员** 主 任 委 员：王清龙 副主任委员：蔡银青 委　　　员：尤金榜　吴良景　吴鸿斌　柯金鏋　曾福泉　颜婉媚(女) 戴庆阳 **社会建设委员会组成人员** 主 任 委 员：王清龙 副主任委员：蔡银青 委　　　员：庄伏龙　庄克服　张建元　颜永福　颜　虹(女) **监察和司法委员会组成人员** 主 任 委 员：潘子良 副主任委员：许良晓 委　　　员：张　昌　张琳琳(女)洪文惯　粘文俊　蔡惠琼(女)

第三章　晋江市人大常委会

晋江市人民代表大会常务委员会在本级人民代表大会闭会期间，依法行使本级地方国家权力，对本级人民代表大会负责并报告工作。

第一节　晋江市人大常委会机构

一、晋江市人大常委会组成人员

晋江市历届人大常委会组成人员均在人民代表大会会议上选举产生，由主任 1 人、副主任若干人和委员若干人组成。第八、九、十、十一届，每届任期 3 年，第十二、十三届每届任期 5 年。第十四届任期 3 年。第十五、十六、十七、十八届每届任期 5 年。

（一）晋江市第十三届人大常委会组成人员

晋江市第十三届人大常委会任期为 1999 年 1 月至 2004 年 1 月。

市第十三届人大常委会经 1999 年 1 月市第十三届人民代表大会第一次会议选举产生主任 1 人、副主任 5 人、委员 18 人。

2000 年 1 月，市十三届人大二次会议补选王人冬、庄永添、许清爽为常委会委员。

2000 年 12 月，市第十三届人大常委会第十四次会议同意接受林德育辞去常委会委员职务。

2001 年 3 月，市第十三届人大常委会第十五次会议接受施学长辞呈，同意其辞去常委会副主任职务。

2001 年 3 月，市十三届人大三次会议补选洪飞跃为常委会副主任。

2001 年 11 月，市第十三届人大常委会第二十次会议同意洪飞跃辞去常委会副主任职务。

2002 年 1 月，市十三届人大四次会议补选王金战为常委会副主任。

2002 年 4 月 8 日，市第十三届人大常委会第二十四次会议同意接受杨兴生辞去常委会委员职务。

2002 年 10 月 30 日，经市人大常委会公告，鉴于许丽英逝世，其常委会委员职务自行终止，鉴于庄天怀辞去代表职务的请求被接受，其常委会委员职务相应终止。

2002 年 11 月 22 日，市第十三届人大常委会第二十九次会议同意接受王金战辞去常委会副主任职务。

2003 年 2 月 14 日，市第十三届人民代表大会第五次会议接受陈章进辞去常委会主任职务，接受王志勇、陈元典、许清爽辞去常委会委员职务。补选施并章为常委会主任，补选罗云、苏银楼为常委会副主任，补选蔡仲谋、陈扶西、吴绶明为常委会委员。

晋江市第十三届人大常委会组成人员一览表

表 3-1

姓名	性别	籍贯	政治面貌	职务	原工作单位及职务
陈章进	男	晋江金井	中共党员	主任	市委副书记
施并章	男	晋江龙湖	中共党员	主任	市委副书记
施学长	男	晋江	中共党员	副主任	县人大常委会副主任
陈永恩	男	晋江东石	中共党员	副主任	市委常委、政法委书记
吴松茂	男	晋江安海	民建会员	副主任	市政府副市长
张景锻	男	晋江内坑	中共党员	副主任	陈埭镇党委书记
蔡天赞	男	晋江东石	中共党员	副主任	市政府办公室主任
洪飞跃	男	晋江金井	中共党员	副主任	安海镇党委书记
王金战	男	晋江青阳	中共党员	副主任	陈埭镇党委书记
罗　云	男	江西南康	中共党员	副主任	市人民武装部政治委员
苏银楼	男	晋江陈埭	中共党员	副主任	池店镇党委书记
丁玉只	男	晋江陈埭	中共党员	委员	陈埭镇江头村党支书
王志勇	男	晋江青阳	中共党员	委员	县人大常委会委员
王逸民	男	泉州石狮	中共党员	委员	池店镇党委副书记
庄天怀	男	晋江青阳	民建会员	委员	市人事局办公室主任
许远望	男	晋江内坑	无党派人士	委员	养正中学副校长
许丽英	女	晋江永和	中共党员	委员	市总工会副主席
杨兴生	男	江西兴国	中共党员	委员	海防 13 师后勤部营房科长
李春兴	男	晋江梅岭	中共党员	委员	青阳镇竹树下村党支书、凤竹集团董事长
吴明哲	男	晋江龙湖	中共党员	委员	市委办公室副主任
吴金世	男	晋江磁灶	中共党员	委员	世隆面砖厂厂长
张永宁	男	晋江东石	中共党员	委员	市委组织部副部长
陈元典	男	晋江罗山	中共党员	委员	市纪委副书记、监察局局长
林清泉	男	晋江陈埭	农工党党员	委员	市农工党主委、市医院院长
林德育	男	晋江永和	中共党员	委员	市人民法院青阳法庭庭长
柯文托	男	晋江新塘	致公党党员	委员	优兰发公司董事长
施能坑	男	晋江深沪	无党派人士	委员	浔兴集团董事长
洪肇设	男	晋江英林	无党派人士	委员	柒牌公司董事长
蔡体面	女	泉州石狮	中共党员	委员	市委组织部党代表联络科科长

续表 3-1

姓名	性别	籍贯	政治面貌	职务	原工作单位及职务
王人冬	男	泉州鲤城	中共党员	委员	市政府办主任科员、副主任
庄永添	男	晋江永和	中共党员	委员	市检察院副检察长
许清爽	男	晋江东石	中共党员	委员	市人大常委会委员
蔡仲谋	男	泉州石狮	中共党员	委员	市人大常委会农村经济工作委员会主任
陈扶西	男	晋江深沪	中共党员	委员	市人大常委会城市建设工作委员会副主任
吴缓明	男	晋江池店	中共党员	委员	市人大常委财政经济工作委员会副主任

（二）晋江市第十四届人大常委会组成人员

晋江市第十四届人大常委会任期为 2004 年 1 月至 2006 年 12 月。

2004 年 1 月，市第十四届人民代表大会第一次会议选举产生组成人员 26 人，其中主任 1 人、副主任 5 人、委员 20 人。

2005 年 1 月 12 日，市第十四届人大常委会第七次会议同意接受蔡仲谋辞去常委会委员职务。

2006 年 11 月 10 日，市第十四届人大常委会第二十一次会议同意接受吴绶明、黄锦明辞去常委会委员职务。

晋江市第十四届人大常委会组成人员一览表

表 3-2

姓名	性别	籍贯	政治面貌	职务	原工作单位及职务
施并章	男	晋江龙湖	中共党员	主任	市人大常委会主任、党组书记
林进德	男	泉州惠安	中共党员	副主任	市人大常委会党组副书记、市委调研员（市委常委、政法委书记）
蔡天赞	男	晋江东石	中共党员	副主任	市人大常委会副主任、党组成员
罗　云	男	江西南康	中共党员	副主任	市人大常委会副主任、党组成员
林文聘	男	晋江陈埭	无党派人士	副主任	政协晋江市第九届委员会副主席兼晋江市卫生局局长
苏银楼	男	晋江陈埭	中共党员	副主任	市人大常委会副主任、党组成员
丁世忠	男	晋江陈埭	无党派人士	委员	安踏（福建）鞋业有限公司总裁
王逸民	男	泉州石狮	中共党员	委员	市人大常委会委员、办公室主任、党组成员
庄耀东	男	晋江梅岭	中共党员	委员	市中医院院长、党支部副书记
许远望	男	晋江内坑	无党派人士	委员	养正中学校长
李春兴	男	晋江梅岭	中共党员	委员	梅岭街道竹树下村党总支书记、福建凤竹集团有限公司董事长
吴绶明	男	晋江池店	中共党员	委员	市人大常委会委员、财经工委副主任
张永忠	男	山东莘县	中共党员	委员	市人大常委会委员、华侨工委主任〔市委台工办副主任（正科级）〕

续表 3-2

姓名	性别	籍贯	政治面貌	职务	原工作单位及职务
陈多多	男	晋江深沪	中共党员	委员	市委办副主任、主任科员
陈扶西	男	晋江深沪	中共党员	委员	市人大常委会委员、城建工委主任
陈紫凡	男	晋江永和	中共党员	委员	市人大常委会委员、法工委主任 （市检察院副科级检察员、办公室主任）
周永伟	男	晋江金井	无党派人士	委员	福建七匹狼实业股份有限公司董事长
柯文托	男	晋江新塘	致公党党员	委员	致公党晋江市委副主委、 福建省晋江优兰发纸业有限公司董事长
施能坑	男	晋江深沪	无党派人士	委员	福建浔兴拉链科技股份有限公司董事长
洪天炳	男	晋江英林	中共党员	委员	市总工会主席
洪肇设	男	晋江英林	无党派人士	委员	市科协常委、福建柒牌集团有限公司董事长
姚志强	男	泉州安溪	中共党员	委员	市委组织部副部长、老干局局长
黄锦民	男	泉州泉港	中共党员	委员	市人大常委会教科文卫工委主任 （磁灶镇党委副书记）
蔡仲谋	男	泉州石狮	中共党员	委员	市人大常委会农经工委主任
蔡体面	女	泉州石狮	中共党员	委员	市人大常委会委员、代表联络工委主任
颜惠玉	女	晋江安海	中共党员	委员	市妇联主席

（三）晋江市第十五届人大常委会组成人员

晋江市第十五届人大常委会任期为 2006 年 12 月至 2011 年 12 月。

2006 年 12 月，市第十五届人民代表大会第一次会议选举产生组成人员 29 人，其中主任 1 人、副主任 5 人、委员 23 人。

2007 年 7 月，胡毅雄调离本市行政区域，代表资格终止，其常委会委员职务相应终止。

2008 年 1 月 2 日，市第十五届人民代表大会第二次会议补选连泉富为常委会副主任；补选王金聪、陈多多为常委会委员。

2008 年 4 月 18 日，颜志平辞去代表职务的请求被接受，其常委会委员职务相应终止。

2009 年 1 月 19 日，市第十五届人民代表大会第三次会议补选杨兴生为常委会委员。

2009 年 10 月 27 日，市第十五届人大常委会第二十二次会议同意接受陈紫凡辞去常委会委员职务。

2009 年 12 月 29 日，市第十五届人大常委会第二十三次会议同意接受蔡天赞、颜子鸿辞去常委会副主任职务。

2010 年 1 月 21 日，市第十五届人民代表大会第四次会议补选姚志强为常委会副主任，补选李安辉、柯明泉为常委会委员。

2011 年 1 月 11 日，市第十五届人大常委会第三十一次会议同意接受林进德辞去常委会副主任职务。

2011 年 7 月 28 日，市第十五届人大常委会第三十四次会议同意接受陈建军、陈恩典辞去常委会委员职务。

2011 年 8 月 30 日，市第十五届人大常委会第三十五次会议同意接受李安辉辞去常委会委员职务。

晋江市第十五届人大常委会组成人员一览表

表 3-3

姓名	性别	籍贯	政治面貌	职务	原工作单位及职务
王景星	男	晋江池店	中共党员	主任	市委副书记、党校校长
林进德	男	泉州惠安	中共党员	副主任	市人大常委会副主任、党组副书记、市委调研员
丁聪枝	男	晋江陈埭	中共党员	副主任	泉州市政协文史委主任
蔡天赞	男	晋江东石	中共党员	副主任	市人大常委会副主任、党组成员
罗　云	男	江西南康	中共党员	副主任	市人大常委会副主任、党组成员
颜子鸿	男	晋江安海	无党派人士	副主任	市政府副市长
连泉富	男	泉州泉港	中共党员	副主任	市人大常委会党组成员
姚志强	男	泉州安溪	中共党员	副主任	市委组织部副部长（正科级）
丁世忠	男	晋江陈埭	无党派人士	委员	安踏（中国）有限公司董事局主席兼 CEO、市人大常委会委员
王金聪	男	晋江青阳	中共党员	委员	青阳街道阳光社区党支部书记
庄明栽	男	晋江龙湖	中共党员	委员	市人大常委会委员、教科文卫委主任
庄耀东	男	晋江青阳	中共党员	委员	市中医院副书记、院长
李春兴	男	晋江梅岭	中共党员	委员	梅岭街道竹树下社区党总支书记、福建凤竹集团有限公司董事长
李安辉	男	晋江池店	中共党员	委员	市委组织部副部长
杨兴生	男	江西兴国	中共党员	委员	市人大常委会环城委主任
张永忠	男	山东莘县	中共党员	委员	市人大常委会委员、华侨委主任
陈传芳	男	晋江金井	中共党员	委员	团市委书记
陈多多	男	晋江深沪	中共党员	委员	市委副秘书长、办公室主任科员
陈建军	男	晋江陈埭	中共党员	委员	市人大常委会办公室主任（市政协副秘书长、办公室副主任）
陈恩典	男	晋江永和	中共党员	委员	市人大常委会财经委主任（市财政局副局长）
陈紫凡	男	晋江永和	中共党员	委员	市人大常委会委员、内司委主任
周永伟	男	晋江金井	无党派人士	委员	福建七匹狼实业股份有限公司董事长

续表 3-3

姓名	性别	籍贯	政治面貌	职务	原工作单位及职务
柯文托	男	晋江新塘	致公党党员	委员	福建优兰发集团实业有限公司董事长、致公党晋江市委副主委
柯明泉	男	泉州泉港	中共党员	委员	市人大常委会内司委主任
胡毅雄	男	江苏淮安	中共党员	委员	市委副秘书长、办公室副主任（正科级）
洪天炳	男	晋江英林	中共党员	委员	市总工会常务副主席（正科级）
洪肇设	男	晋江英林	无党派人士	委员	福建柒牌集团有限公司董事长
姚金榜	男	晋江内坑	中共党员	委员	东石镇人大主席
黄月莹	女	晋江安海	无党派人士	委员	养正中学副校长
黄鹭旋	男	晋江安海	中共党员	委员	市人大常委会农经委主任（西园街道党工委副书记、办事处主任）
蔡仲谋	男	泉州石狮	中共党员	委员	磁灶镇人大主席
蔡体面	女	泉州石狮	中共党员	委员	市人大常委会委员、人事代表委主任
颜志平	女	莆田仙游	无党派人士	委员	市人大常委会环城委副主任
颜其惕	男	晋江安海	中共党员	委员	罗山街道人大工委主任
颜建顺	男	晋江安海	中共党员	委员	安海镇人大主席
颜惠玉	女	晋江安海	中共党员	委员	市妇联主席

（四）晋江市第十六届人大常委会组成人员

晋江市第十六届人大常委会任期为 2011 年 12 月至 2016 年 12 月。

2011 年 12 月，市第十六届人民代表大会第一次会议选举产生组成人员 32 人，其中主任 1 人、副主任 4 人、委员 27 人。

2013 年 6 月 26 日，市第十六届人大常委会第十次会议同意接受颜惠玉辞去常委会委员职务。

2014 年 4 月 15 日，市第十六届人大常委会第十五次会议同意接受蔡体面辞去常委会委员职务。

2015 年 1 月，市第十六届人民代表大会第四次会议补选吴丹红为常委会委员。

2015 年 2 月 27 日，市第十六届人大常委会第二十一次会议同意接受傅天宝、柯枫伟辞去常委会委员职务。

2016 年 1 月，市第十六届人民代表大会第五次会议补选丁鸿雨、许乔良、陈其昌、林德生为常委会委员。

2016 年 6 月 30 日，市第十六届人大常委会第二十九次会议同意接受丁鸿雨、王志宏、陈其昌、黄清泉等 4 人辞去常委会委员职务。

2016年7月15日，市第十六届人大常委会第三十次会议同意接受庄天怀辞去常委会副主任职务。

2016年12月5日，市第十六届人大常委会第三十四次会议同意接受林庆峰辞去常委会副主任职务。

晋江市第十六届人大常委会组成人员一览表

表3-4

姓名	性别	籍贯	政治面貌	职务	原工作单位及职务
陈健倩	女	安徽无为	中共党员	主任	市人大常委会党组副书记
林庆峰	男	泉州永春	中共党员	副主任	市人大常委会党组成员
连泉富	男	泉州泉港	中共党员	副主任	市人大常委会副主任、党组成员
姚志强	男	泉州安溪	中共党员	副主任	市人大常委会副主任、党组成员
庄天怀	男	晋江梅岭	民建会员	副主任	市发展和改革局副局长、主任科员，民建主委
丁世家	男	晋江陈埭	中共党员	委员	安踏体育用品有限公司副董事长
丁鸿雨	男	晋江陈埭	中共党员	委员	市委办主任
王志宏	男	晋江灵源	中共党员	委员	市委组织部副部长、正科级组织员
王金聪	男	晋江青阳	中共党员	委员	市人大常委会委员、青阳街道阳光社区党总支书记
庄碧芳	男	晋江青阳	中共党员	委员	市人大常委会财经委主任
庄耀东	男	晋江梅岭	中共党员	委员	市人大常委会委员、中医院院长
许乔良	男	晋江东石	中共党员	委员	市人大常委会人事代表委主任
李春兴	男	晋江梅岭	中共党员	委员	市人大常委会委员、梅岭街道竹树下社区党总支书记、福建凤竹集团有限公司董事长
吴丹红	女	晋江磁灶	中共党员	委员	市妇联主席
张永忠	男	山东莘县	中共党员	委员	市人大常委会委员、华侨委主任
陈多多	男	晋江深沪	中共党员	委员	市人大常委会委员、市文联主席、市委办公室主任科员
陈志农	男	晋江罗山	中共党员	委员	龙湖镇人大主席
陈其昌	男	晋江深沪	中共党员	委员	团市委书记
林碧玉	女	晋江内坑	中共党员	委员	青阳街道人大工委主任
林德生	男	晋江陈埭	中共党员	委员	市人大常委会华侨委主任
周永伟	男	晋江金井	无党派人士	委员	市人大常委会委员、福建七匹狼集团有限公司董事局主席
柯文托	男	晋江新塘	致公党党员	委员	市人大常委会委员、福建优兰发集团实业有限公司董事长、致公党主委
柯明泉	男	泉州泉港	中共党员	委员	市人大常委会委员、内司委主任
柯枫伟	男	晋江安海	中共党员	委员	团市委书记

续表 3-4

姓名	性别	籍贯	政治面貌	职务	原工作单位及职务
洪天炳	男	晋江英林	中共党员	委员	市人大常委会委员、教科文卫委主任
洪肇设	男	晋江英林	无党派人士	委员	市人大常委会委员、福建柒牌集团有限公司董事长
黄小闽	男	晋江东石	中共党员	委员	市人大常委会副调研员
黄月莹	女	晋江安海	无党派人士	委员	市人大常委会委员、养正中学副校长
黄清泉	男	晋江东石	中共党员	委员	市人大常委会环城委主任
黄鹭旋	男	晋江安海	中共党员	委员	市人大常委会委员、农经委主任
彭培育	男	泉州石狮	中共党员	委员	市总工会常务副主席（正科级）、党组书记
傅天宝	男	晋江英林	中共党员	委员	市委办主任
曾逸峰	男	晋江安海	中共党员	委员	陈埭镇人大主席
谢江漫	男	晋江金井	中共党员	委员	市人大常委会党组成员、办公室主任
蔡体面	女	泉州石狮	中共党员	委员	市人大常委会委员、人事代表委主任
颜建顺	男	晋江安海	中共党员	委员	市人大常委会委员、东石镇人大主席
颜惠玉	女	晋江安海	中共党员	委员	市人大常委会委员、市妇联主席

（五）晋江市第十七届人大常委会组成人员

晋江市第十七届人大常委会任期为 2016 年 12 月至 2021 年 12 月。

2016 年 12 月，市第十七届人民代表大会第一次会议选举产生组成人员 40 人，其中主任 1 人、副主任 4 人、委员 35 人。

2017 年 4 月 27 日，市第十七届人大常委会第三次会议同意接受吴文永辞去常委会委员职务。

2017 年 11 月 29 日，市第十七届人大常委会第七次会议同意接受陈雄松辞去常委会委员职务。

2017 年 12 月 29 日，市第十七届人民代表大会第二次会议补选张昌为常委会委员。

2018 年 12 月 29 日，市第十七届人大常委会第十七次会议同意接受王奇志辞去常委会委员职务。

2019 年 4 月 23 日，市第十七届人大常委会第十九次会议同意接受钟文玲辞去常委会委员职务。

2019 年 8 月 29 日，市第十七届人大常委会第二十一次会议同意李伟才辞去常委会委员职务。

2019 年 12 月 27 日，市第十七届人民代表大会第四次会议选举林仁达为晋江市第十七届人民代表大会常务委员会主任，选举许小卫、许清心、陈伟荣、周先进、郭培源、蔡逸卿、戴庆阳等7人为晋江市第十七届人民代表大会常务委员会委员。

2020年8月27日，市第十七届人大常委会第二十八次会议同意颜宏哲辞去常委会委员职务。

2020年10月30日，市第十七届人大常委会第二十九次会议同意王少严、柯煜煜辞去常委会委员职务。

2020年11月24日，市第十七届人大常委会第三十次会议同意连泉富辞去常委会副主任职务。

2021年1月13日，市第十七届人民代表大会第五次会议补选王清龙为常委会副主任；补选陈晶晶、蔡文思为常委会委员。

2021年6月29日，市第十七届人大常委会第三十六次会议同意周先进、蔡少林辞去常委会委员职务。

2021年7月21日，市第十七届人大常委会第三十七次会议同意蔡文思辞去常委会委员职务。

2021年8月10日，市第十七届人大常委会第三十九次会议同意郭培源辞去常委会委员职务。

2021年10月28日，市第十七届人大常委会第四十三次会议同意郭鸿荣辞去常委会副主任职务。

2021年11月26日，市第十七届人大常委会第四十四次会议同意陈铴岑、施正琛辞去常委会委员职务。

晋江市第十七届人大常委会组成人员一览表

表3-5

姓名	性别	籍贯	政治面貌	职务	原工作单位及职务
洪于权	男	晋江英林	中共党员	主任	市人大常委会主任人选、党组书记
林仁达	男	泉州南安	中共党员	主任	市人大常委会党组书记、市政协主席
郭鸿荣	男	晋江罗山	中共党员	副主任	市人大常委会副主任人选、党组副书记（保留正处长级）
曾献礼	男	晋江内坑	民革党员 中共党员	副主任	市政府副市长、民革主委
连泉富	男	泉州泉港	中共党员	副主任	市人大常委会副主任、党组成员
姚志强	男	泉州安溪	中共党员	副主任	市人大常委会副主任、党组成员
王清龙	男	厦门海沧	中共党员	副主任	市人大常委会副主任、党组成员，市林业和园林绿化局局长、党组书记、四级调研员
王少严	男	晋江金井	中共党员	委员	深沪镇主任科员

续表 3–5

姓名	性别	籍贯	政治面貌	职务	原工作单位及职务
王奇志	男	厦门同安	中共党员	委员	磁灶镇人大主席
王金象	男	晋江金井	农工党党员	委员	市疾病预防控制中心主任
王金聪	男	晋江青阳	中共党员	委员	市人大常委会委员、青阳街道阳光社区党委书记
庄伏龙	男	晋江青阳	民建会员	委员	市人大常委会委员人选（正科级） （市科技和知识产权局副局长）
庄松龄	男	晋江青阳	中共党员	委员	金井镇人大主席
许小卫	男	晋江永和	中共党员	委员	青阳街道人大工委主任
许良晓	男	晋江龙湖	中共党员	委员	市人大常委会内司委主任 [市检察院政治处主任（正科级）、党组成员]
许清心	女	晋江龙湖	中共党员	委员	市妇联主席
李伟才	男	泉州安溪	中共党员	委员	市文联主席
李逊庆	男	晋江青阳	中共党员	委员	池店镇人大主席
吴文永	男	晋江罗山	中共党员	委员	青阳街道人大工委主任， 援疆任新疆昌吉市发改委副主任
吴金程	男	晋江磁灶	中共党员	委员	磁灶镇大埔村党总支书记、村民委员会主任
张昌	男	晋江青阳	中共党员	委员	安踏（中国）有限公司党委书记、 行政总监、工会主席
陈伟荣	男	晋江安海	中共党员	委员	市人大常委会委员人选 （市委党史和地方志研究室主任、二级调研员）
陈钖岑	男	晋江罗山	中共党员	委员	市人大常委会党组成员、办公室主任 （市政府办副主任）
陈晓辉	男	泉州石狮	中共党员	委员	市人大常委会环城委主任 （市市政园林局副局长、主任科员、党组成员）
陈雄松	男	泉州石狮	中共党员	委员	市纪委副书记
陈晶晶	女	泉州石狮	中共党员	委员	市人大常委会人事代表委主任
林友竹	男	晋江陈埭	中共党员	委员	市人大常委会副处级干部
林明捷	男	泉州南安	中共党员	委员	市人大常委会农经委主任
林嘉达	男	晋江深沪	中共党员	委员	市委组织部副部长、老干局局长
周先进	男	晋江东石	中共党员	委员	磁灶镇人大主席
柯文托	男	晋江新塘	致公党党员	委员	市人大常委会委员、泉州市致公党副主委， 福建优兰发集团实业有限公司董事长

续表 3-5

姓名	性别	籍贯	政治面貌	职务	原工作单位及职务
柯金鏣	男	晋江安海	中共党员	委员	福建晋工机械有限公司总经理、晋江青年商会会长
柯煜煜	男	晋江新塘	中共党员	委员	安海镇人大主席
柯碧玲	女	晋江罗山	中共党员	委员	市人大常委会华侨委主任
钟文玲	女	泉州泉港	中共党员	委员	市妇联主席
施正琛	男	晋江龙湖	中共党员	委员	市人大常委会教科文卫委主任
郭培源	男	泉州石狮	中共党员	委员	市纪委常委、市委巡察办主任
黄月莹	女	晋江安海	无党派人士	委员	养正中学平级享受完中校副校级待遇（养正中学原副校长）
粘文俊	男	晋江龙湖	民盟盟员	委员	市人大常委会委员人选、民盟专职副主委（副科级）
彭培育	男	泉州石狮	中共党员	委员	市总工会常务副主席（正科级）、党组书记
曾文寿	男	晋江内坑	无党派人士	委员	市人大常委会委员人选（市水利局副局长）
曾逸峰	男	晋江安海	中共党员	委员	陈埭镇人大主席
曾福泉	男	泉州南安	无党派人士	委员	福建约克新材料有限公司董事长
蔡少林	男	晋江永和	中共党员	委员	团市委书记
蔡文思	男	晋江永和	中共党员	委员	市人大常委会党组成员、办公室主任
蔡银青	男	晋江永和	中共党员	委员	市人大常委会人事代表委主任（市人力资源和社会保障局局长、党组书记）
蔡逸卿	男	晋江东石	中共党员	委员	市人大常委会委员人选（市住房和城乡建设局局长、党组书记）
颜永福	男	晋江安海	中共党员	委员	市人大常委会委员人选（正科级）（英林镇人大主席）
颜宏哲	男	晋江安海	中共党员	委员	市人大常委会财经委主任〔市财政局党组副书记（正科级），财金系统党委书记〕
颜　虹	女	晋江安海	致公党党员	委员	致公党专职主委（正科级）
戴文俊	男	泉州南安	中共党员	委员	市人大常委会委员人选（正科级）（市人大常委会办公室副主任、主任科员）
戴庆阳	男	泉州南安	中共党员	委员	市人大常委会委员人选〔市委党校常务副校长（正科级），兼任晋江行政学校副校长、晋江市社会主义学院副院长〕

（六）晋江市第十八届人大常委会组成人员

晋江市第十八届人大常委会任期为2021年12月至2026年12月。

2021年12月，市第十八届人民代表大会第一次会议选举产生组成人员43人，其中主任1人、副主任4人、委员38人。

2022年12月29日，市第十八届人民代表大会第二次会议选举洪炳文、蔡荣华为常委会委员。

晋江市第十八届人大常委会组成人员一览表

表3-6

姓名	性别	籍贯	政治面貌	职务	原工作单位及职务
林仁达	男	泉州南安	中共党员	主任	市人大常委会主任、党组书记
黄文福	男	晋江金井	中共党员	副主任	市人大常委会副主任人选、党组成员
潘子良	男	浙江文成	中共党员	副主任	市人大常委会副主任人选、党组成员、三级调研员
洪元程	男	台湾彰化	台盟盟员	副主任	市人大常委会副主任人选，市政协副主席，台盟泉州市委会副主委、晋江市支部主委
王清龙	男	厦门海沧	中共党员	副主任	市人大常委会副主任、党组成员
王宏华	男	泉州南安	中共党员	委员	安海镇人大主席、一级主任科员
尤金榜	男	晋江安海	中共党员	委员	市人大常委会农经委主任〔市人力资源和社会保障局副局长、党组成员、二级主任科员（保留正科级待遇）〕
朱文育	男	晋江安海	中共党员	委员	市人大常委会环城委主任（市自然资源局副局长、党组成员、二级主任科员（保留正科级待遇）
庄伏龙	男	晋江青阳	民建会员	委员	市人大常委会委员（正科级），民建主委
庄克服	男	晋江	民建会员	委员	南京福建商会会长，友成投资集团董事长
庄松龄	男	晋江青阳	中共党员	委员	市人大常委会委员，梅岭街道人大工委主任
许良晓	男	晋江龙湖	中共党员	委员	市人大常委会委员、内司委主任、四级调研员
许清心	女	晋江龙湖	中共党员	委员	市妇联主席、党组书记
孙丰裕	男	晋江东石	中共党员	委员	安海医院党委书记
李志勇	男	晋江龙湖	民革党员	委员	英林中学副校长，民革副主委
李逊庆	男	晋江青阳	中共党员	委员	市人大常委会委员，池店镇人大主席、四级调研员
李蔚民	男	泉州石狮	中共党员	委员	市人大常委会办公室二级主任科员（保留正科级待遇）
吴良景	男	晋江磁灶	中共党员	委员	中辉景业集团总经理，福建中辉煤炭有限公司总经理、执行董事

续表 3-6

姓名	性别	籍贯	政治面貌	职务	原工作单位及职务
吴鸿斌	男	晋江紫帽	中共党员	委员	市总工会常务副主席、党组书记、四级调研员
张开端	男	晋江内坑	民盟盟员	委员	民盟专职主委（正科级）
张　昌	男	晋江青阳	中共党员	委员	市人大常委会委员，安踏（中国）有限公司党委书记、工会主席、行政总监
张建元	男	晋江内坑	中共党员	委员	陈埭镇人大主席
张琳琳	女	泉州南安	农工党党员	委员	农工党专职副主委（副科级）
陈文路	男	晋江罗山	中共党员	委员	内坑镇人大主席
陈萌雅	女	晋江安海	中共党员	委员	市人大常委会环城委副主任、二级主任科员
陈晶晶	女	泉州石狮	中共党员	委员	市人大常委会委员、人事代表委主任
周　莹	女	泉州南安	民进会员	委员	民进专职副主委（副科级）
柯金鏻	男	晋江安海	中共党员	委员	市人大常委会委员，福建晋工机械有限公司总经理、党总支书记
柯碧玲	女	晋江罗山	中共党员	委员	市人大常委会委员、华侨委主任
洪水平	男	晋江金井	中共党员	委员	金井镇围头村党支部书记、村委会主任
洪文惯	男	晋江英林	中共党员	委员	市委组织部部务会成员、二级主任科员（保留正科级待遇），兼任市公务员局局长
洪明照	男	晋江龙湖	中共党员	委员	市人大常委会教科文卫委主任（市财政局副局长、党组成员、三级主任科员）
姚　腾	男	晋江罗山	中共党员	委员	市人大常委会党组成员、办公室主任（市发展和改革局副局长、党组成员）
洪炳文	男	晋江英林	无党派人士	委员	福建柒牌时装科技股份有限公司常务副总裁
黄进苹	男	泉州南安	中共党员	委员	市纪委常委，市纪委监委三级主任科员
粘文俊	男	晋江龙湖	民盟盟员	委员	市人大常委会委员（正科级），民盟副主委
曾献礼	男	晋江内坑	民革党员 中共党员	委员	市人大常委会副主任，民革泉州市委会副主委
曾福泉	男	泉州南安	无党派	委员	市人大常委会委员，福建约克新材料科技有限公司总经理
蔡银青	男	晋江永和	中共党员	委员	市人大常委会委员、财经委主任、一级主任科员
蔡惠琼	女	晋江紫帽	中共党员	委员	英林镇人大主席
蔡荣华	男	晋江青阳	中共党员	委员	利郎（中国）有限公司集团副总裁、执行董事

续表 3-6

姓名	性别	籍贯	政治面貌	职务	原工作单位及职务
颜永福	男	晋江安海	中共党员	委员	市人大常委会委员（正科级）
颜　虹	女	晋江安海	致公党党员	委员	致公党专职主委（正科级）
颜婉媚	女	晋江安海	中共党员	委员	青阳街道人大工委主任
戴庆阳	男	泉州南安	中共党员	委员	市人大常委会委员（正科级）、办公室一级主任科员

二、晋江市人大常委会党组

晋江市人大常委会党组在市委的领导下，负责在人大工作中落实党的路线、方针、政策和市委的各项决策，团结非党干部和群众，完成党和国家交给的任务。指导市人大常委会机关党支部的工作。

（一）第十四届人大常委会任期内的党组成员

书　记：施并章（2002 年 7 月任命，留任至 2006 年 12 月）

副书记：林进德（2003 年 11 月任命，留任）

成　员：蔡天赞（1999 年 2 月任命，留任）

罗　云（成员，2003 年 2 月任命，留任）

苏银楼（成员，2003 年 1 月任命，留任至 2006 年 12 月）

（二）第十五届人大常委会任期内的党组成员

书　记：王景星（2006 年 12 月任命，留任至 2011 年 12 月）

副书记：林进德（留任至 2011 年 1 月）

丁聪枝（2006 年 12 月任命，留任至 2011 年 12 月）

成　员：蔡天赞（1998 年 12 月任命，留任至 2009 年 10 月）

罗　云（留任至 2011 年 12 月）

连泉富（2007 年 12 月任命）

姚志强（2009 年 10 月任命）

林庆峰（2011 年 7 月任命）

陈建军（2006 年 12 月任命，留任至 2011 年 7 月）

谢江漫（2011 年 7 月任命）

（三）第十六届人大常委会任期内的党组成员

书　记：陈健倩（2011 年 12 月任命，留任至 2016 年 7 月 6 日）

洪于权（2016 年 7 月 6 日任命，留任）

副书记：郭鸿荣（2016年7月任命）
成　员：林庆峰（留任至2016年7月）
　　　　连泉富（留任）
　　　　姚志强（留任）
　　　　谢江漫（留任至2016年10月）
　　　　陈钖岑（2016年10月22日任命）

（四）第十七届人大常委会任期内的党组成员

书　记：洪于权（留任至2019年12月20日）
　　　　林仁达（2019年12月20日任命）
副书记：郭鸿荣（留任至2021年7月4日）
成　员：连泉富（留任至2020年11月12日）
　　　　姚志强（留任至2021年7月4日）
　　　　王清龙（2021年1月8日任命）
　　　　黄文福（2021年7月4日任命）
　　　　潘子良（2021年7月4日任命）
　　　　陈钖岑（留任至2020年9月）
　　　　蔡文思（2020年9月任命，留任至2021年7月）
　　　　姚　腾（成员，2021年11月2日任命）

（五）第十八届人大常委会任期内的党组成员

书　记：林仁达（续任）
成　员：黄文福（续任）
　　　　潘子良（续任）
　　　　王清龙（续任）
　　　　姚　腾（续任）

三、晋江市人大常委会代表资格审查委员会

在历次市人民代表大会会议上，代表资格审查工作由会议设立的代表资格审查委员会负责。晋江市人民代表大会常务委员会代表资格审查委员会，作为专门负责代表资格审查的常设机构，主要审查代表的选举是否符合有关法律规定、代表资格变动情况等。

（一）市第十四届人大常委会代表资格审查委员会（2004年2月23日设立）

主任委员：林进德
副主任委员：蔡天赞
委　　员：李春兴　陈紫凡　施能坑　洪天炳　姚志强　蔡体面(女)
　　　　　颜惠玉(女)

（二）市第十五届人大常委会代表资格审查委员会（2007 年 2 月 6 日设立）

主 任 委 员：林进德

副主任委员：蔡天赞

委　　　员：蔡体面(女)　陈紫凡　姚志强　洪天炳　颜惠玉(女)　黄月莹(女)

李春兴

（三）市第十五届人大常委会代表资格审查委员会（2010 年 3 月 30 日调整）

主 任 委 员：林进德

副主任委员：姚志强

委　　　员：蔡体面(女)　柯明泉　李安辉　洪天炳　颜惠玉(女)　黄月莹(女)

李春兴

（四）市第十五届人大常委会代表资格审查委员会（2011 年 2 月 28 日调整）

主 任 委 员：丁聪枝

副主任委员：姚志强

委　　　员：蔡体面(女)　柯明泉　李安辉　洪天炳　颜惠玉(女)　黄月莹(女)

李春兴

（五）市第十六届人大常委会代表资格审查委员会（2012 年 2 月 14 日设立）

主 任 委 员：姚志强

副主任委员：蔡体面(女)

委　　　员：柯明泉　王志宏　彭培育　柯枫伟　颜惠玉(女)　黄月莹(女)

李春兴

（六）市第十七届人大常委会代表资格审查委员会（2017 年 2 月 17 日设立）

主 任 委 员：姚志强

副主任委员：蔡银青

委　　　员：许良晓　吴金程　陈雄松　林嘉达　钟文玲(女)　黄月莹(女)

彭培育　蔡少林　戴文俊

（七）市第十七届人大常委会代表资格审查委员会（2020 年 2 月 28 日调整）

主 任 委 员：姚志强

副主任委员：蔡银青

委　　　员：许良晓　许清心(女)　吴金程　林嘉达　郭培源　黄月莹(女)

彭培育　蔡少林　戴文俊

（八）市第十七届人大常委会代表资格审查委员会（2021 年 3 月 5 日调整）

主 任 委 员：姚志强

副主任委员：陈晶晶(女)

委　　　员：许良晓　　许清心(女)　陈锡岑　　吴金程　　林嘉达　　郭培源
　　　　　　黄月莹(女)　彭培育　　蔡少林　　戴文俊

（九）市第十八届人大常委会代表资格审查委员会（2022 年 2 月 22 日设立）

主 任 委 员：潘子良

副主任委员：陈晶晶（女）

委　　　员：庄松龄　　许良晓　　许清心(女)　李志勇　　洪水平　　洪文惯
　　　　　　黄进苹

四、晋江市人大常委会办事机构

（一）概述

根据 1979 年五届全国人大二次会议通过的《中华人民共和国地方各级人民代表大会和地方各级人民政府组织法》第四十条规定，1980 年 12 月，晋江县第八届人民代表大会第一次会议选举产生县人民代表大会常务委员会（以下简称“县人大常委会”），作为本级人民代表大会的常设机构，在闭会期间，依法行使本级地方国家权力，对本级人民代表大会负责并报告工作。1992 年 3 月，晋江撤县建市，县人大常委会改称市人大常委会。

1981 年 3 月，晋江县第八届人大常委会设立办公室，负责处理常委会机关的日常工作。1981 年 6 月 24 日，县第八届人大常委会第三次会议，决定设政法工作小组、农村工作小组、财经工作小组、教科文卫工作小组。1984 年 12 月 4 日，县第九届人大常委会第一次会议，决定设政法、经济、教科文卫、华侨等 4 个工作小组。1985 年 3 月 5 日，县第九届人大常委会第二次会议决定改 4 个工作小组为 4 个工作委员会，即法制工作委员会、经济工作委员会、教科文卫工作委员会、侨务工作委员会，作为常委会办事机构。1986 年 11 月 5 日，县第九届人大常委会第十二次会议决定，增设农村工作委员会。1991 年 2 月 26 日，县第十一届人大常委会第一次会议决定，增设城乡建设工作委员会。1993 年 11 月 9 日，市第十一届人大常委会第十九次会议决定，增设代表联络工作委员会，至此，市人大常委会下设办事机构共有一个办公室和七个工作委员会。1997 年，根据闽编〔1991〕79 号文和晋委办〔1997〕90 号文精神，结合本市人大工作实际情况，制定市人大机关机构改革方案，明确机关内设机构（仍为一办七委）及其职责。1999 年，市人大常委会主任会议进一步明确了机关内设机构的职责。根据福建省委、晋江市委有关文件精神和晋委办〔2005〕42 号文件通知，制定《晋江市人大常委会机关机构改革方案》，经市委编办审核，市委编委会同意并报市委批准（晋委办〔2006〕34 号文），2006 年 5 月 29 日，确定晋江市人大常委会内设机构为办公室、人事代表委员会、内务司法委员会、农村经济委员会、财政经济委员会、教育科学文化卫生委员会、华侨民族宗教委员会、环境与城镇建设委员会，同时进一步明确了机关内设机构的主要职责。

（二）办公室

1.负责常委会工作计划、总结、报告和常委会领导重要讲话等文稿的起草工作。

2.负责外来公文的处理和常委会文件的起草、审核、拟办、印刷、分发、立卷、归档工作。

3.负责市人代会、常委会会议、主任会议、党组会议等有关会务工作。

4.负责人大工作的宣传调研和人大制度的研究探索。

5.负责接待处理人大代表和人民群众来信来访。

6.负责本机关刊物的编印、分发工作。

7.负责接待上级人大检查、视察、调研人员及外省、泉州市和兄弟县（市、区）人大系统来本市参观考察的接待工作。

8.负责机关的安全保卫、财务、车辆、房产、水电管理及其他后勤保障工作；负责机关机构编制、人事管理、工资福利、医保、计生和离退休干部的管理、服务工作。

根据以上职责，办公室设 3 个科室,即秘书科、行政科、信访室，均为正股级。

（三）人事代表委员会

1.负责常委会有关人事任免工作，负责选举市人大代表的有关组织工作，负责市人代会的有关组织工作。

2.负责市人大代表来信来访及有关咨询的接待、受理工作。

3.汇集、分类、整理、转办、催办市人大代表的建议、批评和意见，反馈有关办理工作情况。

4.负责协助安排全国人大代表的异地视察活动，负责省、泉州市人大代表活动组的组织联络工作，了解汇集、反映各代表团开展活动的情况，适时组织交流经验，促进代表活动的开展。

5.做好上级人大常委会交办的有关立法调研和征求意见等工作，收集、整理、上报有关情况和意见。

6.负责指导镇级人大换届选举工作。

7.负责常委会代表资格审查委员会的具体工作。

8.负责制订市人大代表活动经费分配方案。

9.负责办理与本委有关的信访件。

（四）内务司法委员会

1.对常委会或主任会议交办的有关法制和司法工作方面的议案或报告，组织调查研究及参与视察活动，进行初审，提出意见，草拟有关决议、决定文稿，为常委会审议做好准备。

2.了解宪法和有关法律在本行政区域的实施情况和司法工作情况，负责有关法律法规执法检查和视察活动的准备和具体组织工作。

3.了解本级司法机关拟提请常委会会议或主任会议审议、决定有关事项情况；检查市人大及其常委会通过的有关决议、决定的贯彻落实情况，并向常委会或主任会议提出报告。

4.对同级政府及其部门拟制的有关重要规范性文件进行初审。

5.做好上级人大常委会交办的有关立法调研和征求意见等工作，收集、整理、上报有关情况和意见。

6.依法督促有关部门办理常委会或主任会议交办人民群众的有关申诉、控告案件及其他事项。

7.负责办理与本委有关的信访件。

8.掌握分析有关法制和司法工作方面的资料、信息，为常委会和主任会议提供决策依据。

（五）农村经济委员会

1.了解本行政区域执行有关农业农村法律法规的情况及政府有关部门工作情况，负责做好有关法律法规执行检查和视察活动的准备和具体组织工作。

2.做好上级人大常委会交办的有关立法调研和征求意见等工作，收集、整理、上报有关情况和意见。

3.为常委会讨论决定行政区域有关农业农村方面重大事项做好准备工作，进行调查研究并提出意见建议，草拟决定草案。

4.受常委会委托对全市国民经济和社会发展计划有关农业农村指标任务的执行落实情况，以及市人大及其常委会通过的有关农业农村方面的决议、决定执行落实情况进行检查，并向常委会提出有关报告。

5.对同级政府及其部门拟制的有关农经工作的重要规范性文件进行初审。

6.办理与本委有关的信访件。

（六）财政经济委员会

1.根据常委会的委托，对全市国民经济和社会发展计划及预算决算进行预审；对本级预算进行初审；对计划和预算的调整进行初审。

2.对同级政府及其部门拟制的有关财政经济方面的重要规范性文件进行初审。

3.了解本行政区域贯彻执行有关财政经济法律法规和执行人大及其常委会有关决议、决定的情况，以及政府有关部门的工作情况，负责做好有关法律法规执法检查和视察活动的准备和具体组织工作。

4.为常委会讨论、决定本行政区域有关财政经济方面的重大事项做好准备工作，开展必要的调查研究并提出意见建议，草拟决定草案。

5.受常委会委托对全市国民经济和社会发展计划和预算的执行情况进行检查；根据

实际工作需要，就全市财政经济工作进行重点的调查研究，提出意见和建议。

6.做好上级人大常委会交办的有关立法调研和征求意见等工作，收集、整理、上报有关情况和意见。

7.负责办理与本委有关的信访件。

（七）教育科学文化卫生委员会

1.做好上级人大常委会交办的有关立法调研和征求意见等工作，收集、整理、上报有关情况和意见。

2.了解有关教科文卫法律法规在本行政区域的执行情况和政府有关部门的工作情况，负责有关法律法规执法检查和视察活动的准备和具体组织工作。

3.对同级政府及其部门拟制的有关科教文卫方面的重要规范性文件进行初审。

4.受常委会委托对全市国民经济和社会发展计划中有关教科文卫指标任务的执行落实情况，以及市人大及其常委会通过的有关教科文卫方面的决议、决定的执行落实情况进行检查，并向常委会提出有关报告。

5.对属于常委会职责范围内，同教科文卫方面有关的问题进行调查研究，提出报告和建议。

6.办理与本委有关的信访件。

（八）华侨民族宗教委员会

1.了解有关侨务、外事、民族、宗教、旅游等法律法规在本行政区域的执行情况，以及政府有关部门工作情况，负责有关法律法规执法检查和视察活动的具体组织工作。

2.做好上级人大常委会交办的有关立法调研和征求意见等工作，收集、整理、上报有关情况和意见。

3.对同级政府及有关部门拟制的有关侨务、外事、民族、宗教等方面的重要规范性文件进行初审。

4.为常委会讨论、决定本行政区域有关侨务、外事、民族、宗教、旅游等方面的重大事项做好准备工作，进行必要的调查研究并提出意见建议和草拟决定草案。

5.联系侨界、民族宗教界的市人大代表、安排组织他们参加视察和专题调查活动，及时收集反映代表提出的意见、建议和要求。

6.办理与本委有关的信访件。

（九）环境与城镇建设委员会

1.了解有关城建、环保等方面法律法规在本行政区域的执行情况和政府有关部门工作情况，负责有关法律法规执法检查和视察活动的准备和具体组织工作。

2.对同级政府及有关部门拟制的有关城建、环保等方面的重要规范性文件进行初审。

3.为常委会讨论、决定本行政区域有关城乡建设、环境保护等方面的重大事项做好准备工作，开展调查研究并提出意见建议，草拟决定草案。

4.办理上级人大常委会交办的有关立法调研和征求意见工作，收集、整理上报有关情况和意见。

5.加强调查研究，听取收集社会各界有关城市规划建设、管理和环境保护等方面的意见、建议，经汇总分析后向常委会和政府有关部门反馈。

6.办理与本委有关的信访件。

2016年6月3日，中共晋江市机构编制委员会同意设立晋江市人大代表联系服务中心（晋委编〔2016〕6号），市人大代表联系服务中心为市人大常委会办公室下属正股级全额拨款事业单位，市人大机关服务中心调整为与市人大代表服务中心实行“一个机构、两块牌子”的管理体制。

晋江市第十三届四次至第十八届第二次人大常委会办事机构负责人名录一览表

表3-7

办事机构	职务	姓名	任职时间
办公室	主　任	王逸民	续任至2006年11月
		陈建军	2006年11月至2011年7月
		谢江漫	2011年7月至2016年10月
		陈钖岑	2016年10月至2020年10月
		蔡文思	2020年10月至2021年7月
		姚　腾	2021年11月起
	副主任	庄天怀	续任至2002年8月
		陈丽娜	2003年2月至2011年7月
		柯枫伟	2004年8月至2008年4月
		谢江漫	2008年4月至2011年7月
		李蔚民	2011年7月至2021年11月
		林德生	2011年7月至2015年1月
		戴文俊	2015年2月至2016年10月
		卢智健	2020年2月起
代表联络工作委员会（人事代表委员会）	主　任	蔡体面	2003年12月至2014年4月
		许乔良	2015年1月至2016年10月
		蔡银青	2016年10月至2020年10月
		陈晶晶	2020年12月起

续表 3-7

办事机构	职务	姓名	任职时间
代表联络工作委员会（人事代表委员会）	副主任	蔡体面	续任至 2003 年 12 月
		陈晶晶	2014 年 4 月至 2020 年 12 月
		陈长达	2021 年 7 月起
法制工作委员会（内务司法委员会）	主　任	庄永添	续任至 2003 年 12 月
		陈紫凡	2003 年 12 月至 2009 年 10 月
		柯明泉	2009 年 10 月至 2016 年 10 月
		许良晓	2016 年 10 月起
	副主任	吴好景	2015 年 2 月至 2018 年 2 月
		谢丽明	2020 年 10 月起
财政经济工作委员会（财政经济委员会）	主　任	陈元典	续任至 2002 年 8 月
		陈恩典	2006 年 11 月至 2011 年 7 月
		庄碧芳	2011 年 7 月至 2016 年 10 月
		颜宏哲	2016 年 10 月至 2020 年 8 月
		蔡银青	2020 年 10 月起
	副主任	吴绥明	2002 年 8 月至 2006 年 11 月
		黄宁生	2015 年 2 月至 2021 年 7 月
		陈俊毅	2021 年 7 月起
农村经济工作委员会（农村经济委员会）	主　任	王志勇	续任至 2002 年 8 月
		蔡仲谋	2002 年 8 月至 2004 年 8 月
		黄锦民	2004 年 8 月至 2006 年 11 月
		黄鹭璇	2006 年 11 月至 2016 年 10 月
		林明捷	2016 年 10 月至 2021 年 11 月
		尤金榜	2021 年 11 月起
	副主任	林友彬	2015 年 2 月起
教育科学文化卫生工作委员会（教育科学文化卫生委员会）	主　任	许清爽	续任至 2002 年 8 月
		黄锦民	2003 年 12 月至 2006 年 11 月
		庄明栽	2006 年 11 月至 2011 年 7 月
		洪天炳	2011 年 7 月至 2016 年 10 月

续表 3-7

办事机构	职务	姓名	任职时间
教育科学文化卫生工作委员会（教育科学文化卫生委员会）	主　任	施正琛	2016 年 10 月至 2021 年 11 月
		洪明照	2021 年 11 月起
	副主任	许燕辉	2015 年 2 月至 2020 年 10 月
		王鸿锦	2020 年 10 月起
华侨民族宗教工作委员会（华侨民族宗教委员会）	主　任	王人冬	续任至 2003 年 12 月
		张永忠	2003 年 12 月至 2015 年 1 月
		林德生	2015 年 1 月至 2016 年 10 月
		柯碧玲	2016 年 10 月起
	副主任	李永宗	2016 年 6 月至 2019 年 6 月
		林　楠	2020 年 10 月起
城市建设工作委员会（环境与城镇建设委员会）	主　任	杨兴生	续任至 2002 年 4 月
		陈扶西	2003 年 12 月至 2006 年 11 月
		杨兴生	2008 年 4 月至 2011 年 7 月
		黄清泉	2011 年 7 月至 2016 年 6 月
		陈晓辉	2016 年 10 月至 2021 年 11 月
		朱文育	2021 年 11 月起
	副主任	陈扶西	2002 年 8 月至 2003 年 12 月
		颜志平	2006 年 11 月至 2008 年 4 月
		陈萌雅	2015 年 2 月起

说明：2006 年 11 月 10 日上午，市人大常委会在市人大五楼会议室召开了市第十四届人大常委会第二十一次会议。审议通过：陈建军任晋江市人大常委会办公室主任；免去王逸民晋江市人大常委会办公室主任职务；蔡体面任晋江市人大常委会人事代表委员会主任；陈紫凡任晋江市人大常委会内务司法委员会主任；黄鹭旋任晋江市人大常委会农村经济委员会主任；陈恩典任晋江市人大常委会财政经济委员会主任；庄明栽任晋江市人大常委会教育科学文化卫生委员会主任；张永忠任晋江市人大常委会华侨民族宗教委员会主任；颜志平任晋江市人大常委会环境与城镇建设委员会副主任。鉴于市人大常委会机关机构改革，工作机构名称发生变化，除重新提名任职者外，原任的工作委员会主任、副主任职务自然免除

第二节　晋江市人大常委会会议

召开人大常委会会议是人大常委会依法履行职权的基本方式。晋江市第十三届至第十八届人大常委会，在2002年1月至2022年12月的任期内，共召开常委会会议163次，会议基本情况见下表：

一、晋江市第十三届人大常委会会议（2002—2004年）

2002—2004年晋江市第十三届人大常委会会议一览表

表3-8　单位：人

次别	时间	出席	列席	会议议题
第二十二次	2002年1月9日	23	12	1.讨论晋江市人民代表大会常务委员会工作报告 2.讨论通过关于召开晋江市第十三届人民代表大会第四次会议的决定 3.讨论召开晋江市第十三届人民代表大会第四次会议的有关事项 4.讨论通过关于表彰晋江市人大系统1999—2001年度“双先双优”的决定
第二十三次	2002年3月4日	22	10	1.讨论通过晋江市人大常委会2002工作要点 2.听取市镇党政机构改革情况通报 3.人事任免
第二十四次	2002年4月8日	24	10	1.人事任免 2.听取市政府关于《晋江市科学技术发展“十五”计划及2010年规划纲要》的编制说明，讨论通过《晋江市科学技术发展“十五”计划及2010年规划纲要》
第二十五次	2002年6月4日	21	9	1.开展对市司法局许家斗局长的述职评议 2.开展对市农业局吴礼法局长的述职评议
第二十六次	2002年7月5日	22	6	人事任免

续表 3-8

次别	时间	出席	列席	会议议题
第二十七次	2002 年 8 月 23 日	24	6	人事任免
第二十八次	2002 年 10 月 30 日	26	10	1.审议市政府关于《晋江市 2002 年财政预算调整方案》，并作相应决议 2.讨论决定晋江市 2002 年镇级人大换届选举有关事项 3.讨论决定接受市第十三届人民代表大会代表辞职的有关事项 4.讨论决定补选市第十三届人民代表大会代表的有关事项 5.讨论通过《晋江市人大常委会关于“四五”普法教育工作的检查意见》
第二十九次	2002 年 11 月 22 日	24	11	1.学习党的十六大精神 2.听取市政府关于市十三届人大四次会议代表建议、批评、意见的办理情况汇报 3.人事任免
第三十次	2003 年 1 月 18 日	25	12	1.通报 2002 年镇级人大换届选举工作情况 2.决定召开市第十三届人民代表大会第五次会议的有关事项 3.讨论通过晋江市人大常委会 2002 年工作报告 4.讨论决定补选市第十三届人民代表大会代表的有关事项 5.补选泉州市第十三届人民代表大会代表 6.人事任免
第三十一次	2003 年 2 月 28 日	25	6	1.讨论通过市人大常委会 2003 年工作要点 2.人事任免
第三十二次	2003 年 4 月 28 日	26	12	1.传达十届全国人大一次会议精神（书面） 2.听取和审议市政府关于 2002 年本级财政收支执行和其他财政收支情况的审计工作报告 3.听取和审议市政府关于市政府驻地迁移的议案，并作出相应决定 4.听取和审议市政府关于《中华人民共和国职业病防治法》执行情况的汇报
第三十三次	2003 年 5 月 20 日	23	7	1.审议市政府关于部分行政区划调整的议案，并作相应决议 2.通报晋江市创建公共行政体制试点改革有关情况 3.人事任免

续表 3-8

次别	时间	出席	列席	会议议题
第三十四次	2003 年 6 月 27 日	24	10	1.审查、批准 2002 年度市本级财政决算，并作出相应决议 2.听取市政府关于九十九溪治理工程进展情况的汇报 3.人事任免
第三十五次	2003 年 8 月 29 日	25	15	1.传达泉州市县级换届选举工作会议精神 2.听取和审议市政府关于 2003 年上半年经济社会发展计划执行情况报告 3.审议市法院关于 2003 年上半年工作情况报告（书面） 4.审议市检察院关于 2003 年上半年工作情况报告（书面） 5.听取市政府关于 2003 年上半年预算执行情况报告 6.人事任免
第三十六次	2003 年 11 月 5 日	25	12	1.听取和审议市政府《关于提请将 12 月 18 日定为晋江市“慈善日”的议案》，并作相应决定 2.听取和审议市政府《关于 2003 年财政预算调整方案的报告》，并作相应决议 3.讨论决定 2003 年市级人大换届选举的有关事项 4.人事任免
第三十七次	2003 年 12 月 4 日	26	9	1.听取市十三届人大三次会议议案和五次会议代表建议办理情况报告 2.人事任免
第三十八次	2004 年 1 月 2 日	23	11	1.听取晋江市选举委员会关于 2003 市级人大代表换届选举情况报告 2.听取并通过市第十三届人大常委会代表资格审查委员会关于市第十四届人民代表大会代表资格的审查报告 3.审议市人大常委会主任会议关于提请审议《晋江市人民代表大会代表辞职工作的暂行规定》的议案，并形成相应议案 4.讨论决定召开市第十四届人民代表大会第一次会议的有关事项 5.讨论晋江市人民代表大会常务委员会工作报告（讨论稿）

二、晋江市第十四届人大常委会会议（2004—2006年）

2004—2006年晋江市第十四届人大常委会会议一览表

表3-9　　单位：人

次别	时间	出席	列席	会议议题
第一次	2004年2月23日	22	13	1.通过关于晋江市第十四届人大常委会组成人员分工的决定 2.通过关于晋江市第十四届人大常委会组成人员联系代表分工的决定 3.通过关于成立晋江市第十四届人大常委会代表资格审查委员会的决定 4.通过关于设立晋江市人大常委会妇女儿童工作组的决定 5.通过关于调整晋江市人大常委会依法治市领导小组成员的决定 6.讨论通过晋江市人大常委会2004年工作要点 7.其他事项
第二次	2004年4月30日	24	8	1.听取、审议市政府关于2003年本级财政收支执行和其他财政收支情况的审计工作报告 2.讨论、通过关于对市公安局进行工作评议的实施方案 3.人事任免
第三次	2004年8月6日	26	8	1.审查、批准2003年本级财政决算 2.人事任免 3.其他事项
第四次	2004年9月9日	25	11	1.听取、审议《晋江市人民政府关于调整2004年重点建设、重点前期项目的议案》，并作相应决议 2.听取、审议市政府2004年上半年工作报告 3.听取、审议市法院2004年上半年工作报告 4.听取、审议市检察院2004年上半年工作报告
第五次	2004年10月29日	23	12	1.听取《晋江市人民政府关于市区村改社居和社区整合的报告》 2.审议《晋江市人民政府关于提请审议晋江市2004年财政收支预算调整方案的议案》，并作相应决议 3.审议《晋江市人民政府关于提请审议晋江市域概念规划的议案》，并作相应决议 4.审议《晋江市人大常委会主任会议关于提请审议聘请部分工委委员的议案》，并作相应决定 5.人事任免

续表 3-9

次别	时间	出席	列席	会议议题
第六次	2004 年 11 月 23 日	26	11	1.传达全省人大工作会议精神 2.听取市政府关于市十三届人大三次会议议案和市十四届人大一次会议代表建议、批评和意见办理情况的汇报 3.听取市政府关于 2004 年国民经济主要指标预计完成情况及 2005 年预期目标的汇报 4.讨论、决定接受部分市第十四届人民代表大会代表的辞职 5.讨论、决定补选市第十四届人民代表大会代表的有关事项 6.讨论、确定在市人大常委会会议上述职的市政府工作部门的领导 7.人事任免
第七次	2005 年 1 月 12 日	25	12	1.听取市政府关于 2003 年度本级财政预算执行和其他财政收支审计意见（决定）落实情况的报告 2.讨论确定市人民法院人民陪审员的名额 3.听取晋江市第十四届人大常委会代表资格审查委员会关于代表情况和补选代表的代表资格的审查报告，并发出相应公告 4.讨论、决定接受个别市第十四届人民代表大会常务委员会委员的辞职 5.讨论决定召开晋江市第十四届人民代表大会第二次会议的有关事项 6.讨论晋江市人大常委会工作报告 7.人事任免
第八次	2005 年 3 月 4 日	26	9	1.听取和审议市公安局关于评议意见整改落实情况的汇报并进行测评 2.讨论通过市人大常委会 2005 年工作要点
第九次	2005 年 4 月 22 日	25	8	1.听取和审议市政府关于 2004 年本级财政收支执行和其他财政收支情况的审计工作报告 2.人事任免

续表 3-9

次别	时间	出席	列席	会议议题
第十次	2005 年 6 月 28 日	23	15	1.审查和批准 2004 年市本级财政决算 2.听取市政府关于“四五”普法工作情况的汇报 3.听取市政府关于本市土地与矿产资源管理情况的汇报 4.听取和审议市政府关于贯彻执行《劳动保障监察条例》情况的汇报 5.人事任免
第十一次	2005 年 8 月 11 日	24	13	1.听取和审议市政府 2005 年上半年工作报告 2.审议市法院 2005 年上半年工作报告（书面） 3.审议市检察院 2005 年上半年工作报告（书面） 4.听取市政府关于 2005 年上半年本级预算执行情况的汇报 5.讨论通过《晋江市人大常委会关于对市国土资源局局长丁尚光、规划建设与房产管理局局长杨兴生进行述职评议的实施方案》
第十二次	2005 年 9 月 30 日	25	12	1.组织对市国土资源局局长丁尚光进行述职评议并测评 2.组织对市规划建设与房产管理局局长杨兴生进行述职评议并测评
第十三次	2005 年 11 月 16 日	26	8	1.听取和审议市政府关于提请审议晋江市 2005 年财政收支预算调整方案的议案，并作出相应的决议 2.人事任免
第十四次	2005 年 12 月 15 日	26	9	1.听取和审议市政府关于部分审计意见（决定）的整改落实情况的报告 2.听取市政府关于市十三届人大三次会议议案和十四届人大二次会议代表建议和意见办理情况的汇报 3.讨论、决定补选市第十四届人民代表大会代表的有关事项 4.讨论通过《晋江市人民代表大会常务委员会街道工作委员会工作规则（试行）》等 5 份规范性文件讨论稿 5.人事任免
第十五次	2005 年 12 月 29 日	24	14	1.听取晋江市第十四届人大常委会代表资格审查委员会关于晋江市第十四届人民代表大会代表情况和补选代表的代表资格的审查报告，并发出相应公告 2.讨论决定召开晋江市第十四届人民代表大会第三次会议的有关事项 3.讨论晋江市人大常委会工作报告 4.讨论确定 2006 年向市人大常委会述职的对象

续表 3-9

次别	时间	出席	列席	会议议题
第十六次	2006 年 2 月 24 日	25	15	1.传达福建省十届人大四次会议及泉州市十三届人大七次会议精神（书面） 2.听取和审议市政府关于提请审议《晋江市城市总体规划修编》的议案，并作相应决议 3.讨论通过晋江市人大常委会 2006 年工作要点 4.讨论决定关于开展晋江市人大系统“双先双优”评选活动的有关事项 5.讨论确定晋江市十四届人大三次会议代表重点建议 6.人事任免
第十七次	2006 年 4 月 28 日	25	13	1.听取和审议市政府关于 2005 年本级财政收支执行和其他财政收支情况的审计工作报告 2.听取和审议市政府关于《中华人民共和国职业教育法》执行情况的汇报 3.讨论通过关于组织对市教育局局长、市政园林局局长进行述职评议的方案
第十八次	2006 年 6 月 15 日	26	12	1.组织对市教育局局长庄应端进行述职评议并测评 2.组织对市市政园林局局长赖德芳进行述职评议并测评 3.审查、批准 2005 年市本级财政决算，并作相应决议 4.人事任免
第十九次	2006 年 8 月 22 日	26	13	1.听取和审议市政府 2006 年上半年工作报告 2.听取和审议市法院 2006 年上半年工作报告 3.听取和审议市检察院 2006 年上半年工作报告 4.听取市政府关于 2006 年上半年预算执行情况的汇报 5.听取和审议市公安局关于打击“两抢”案件工作情况的汇报 6.人事任免
第二十次	2006 年 10 月 16 日	23	11	1.听取和审议市政府关于调整 2006 年财政预算的方案，并作相应决议 2.听取和审议市政府关于《福建省沿海防护林条例》执行情况的汇报 3.听取市政府关于 2006 年为民办实事项目进展情况的汇报 4.讨论决定 2006 年市镇两级人大换届选举的有关事项 5.人事任免

续表 3-9

次别	时间	出席	列席	会议议题
第二十一次	2006年11月10日	23	10	1.听取市政府关于部分审计意见（决定）的整改落实情况的报告 2.听取和审议市政府关于提请审议《关于在全市公民中开展法制宣传教育的第五个五年规划》的议案，并作相应决议 3.听取和审议市政府关于《中华人民共和国道路交通安全法》执行情况的报告 4.讨论通过《晋江市人大常委会讨论决定重大事项的暂行规定》 5.人事任免
第二十二次	2006年12月5日	26	10	1.听取市政府关于市十三届、十四届人大三次会议议案和十四届人大三次会议代表建议和意见办理情况的汇报 2.听取晋江市选举委员会关于2006年晋江市市、镇两级人大代表选举情况的报告 3.听取和审议晋江市第十四届人大常委会代表资格审查委员会关于晋江市第十五届人民代表大会代表资格审查的报告，并作出相应公告 4.讨论晋江市人大常委会工作报告 5.讨论决定召开市十五届人大一次会议的有关事项
第二十三次	2006年12月13日	26	6	人事任免

三、晋江市第十五届人大常委会会议（2007—2011年）

2007—2011年晋江市第十五届人大常委会会议一览表

表 3-10　　单位：人

次别	时间	出席	列席	会议议题
第一次	2007年2月6日	25	13	1.传达省十届人大五次会议精神 2.审议晋江市人大常委会主任会议关于晋江市第十五届人大常委会组成人员分工的议案 3.审议晋江市人大常委会主任会议关于晋江市第十五届人大常委会组成人员联系代表分工的议案 4.审议晋江市人大常委会主任会议关于成立晋江市第十五届人大常委会代表资格审查委员会的议案 5.审议晋江市人大常委会主任会议关于调整晋江市人大常委会依法治市领导小组成员的议案 6.审议晋江市人大常委会主任会议关于成立晋江市人大常委会信访工作领导小组的议案 7.审议晋江市人大常委会主任会议关于调整晋江市人大常委会妇女儿童工作组成员的议案 8.讨论通过晋江市人大常委会2007年工作要点 9.人事任免

续表 3-10

次别	时间	出席	列席	会议议题
第二次	2007 年 4 月 30 日	27	16	1.听取和审议市法院关于开展规范执法行为专项整改情况的报告 2.听取和审议市检察院关于开展规范执法行为专项整改情况的报告 3.讨论通过《晋江市人大常委会关于贯彻实施〈中华人民共和国各级人民代表大会常务委员会监督法〉的意见》 4.讨论通过《晋江市人大常委会关于评议环保局工作的实施方案》 5.人事任免
第三次	2007 年 6 月 28 日	22	10	1.听取和审议市政府关于 2006 年本级财政收支执行和其他财政收支情况的审计工作报告 2.听取和审议市政府关于提请审议 2006 年本级财政决算报告的议案，并作相应决议
第四次	2007 年 8 月 31 日	26	12	1.听取、审议市政府 2007 年上半年工作报告 2.听取、审议市法院 2007 年上半年工作报告 3.听取、审议市检察院 2007 年上半年工作报告 4.听取市政府关于 2007 年上半年财政预算执行情况的报告 5.听取、审议市政府关于《宗教事务条例》执行情况的汇报和市人大常委会执法检查组有关执法检查报告 6.讨论通过《晋江市人大常委会关于授予地方荣誉称号的暂行规定》《晋江市人大常委会关于授予晋江市荣誉市民称号的暂行规定》
第五次	2007 年 10 月 30 日 至 31 日	22	16	1.听取和审议市政府关于提请审议晋江市 2007 年财政收支预算调整方案的议案，并作出相应决议 2.听取和审议市政府关于提请审议晋江市 2007 年国民经济和社会发展计划重点项目调整方案的议案，并作出相应决议 3.听取市政府关于部分审计意见（决定）的整改落实情况的报告 4.讨论决定接受部分市第十五届人民代表大会代表辞职的有关事项 5.听取和审议市政府关于本市食品药品市场整治工作情况的报告 6.听取晋江市第十五届人大常委会代表资格审查委员会关于晋江市第十五届人民代表大会代表变动情况及代表资格审查的报告，并作出相应公告 7.听取和审议市人大常委会主任会议关于选举和补选晋江市第十五届人民代表大会代表的议案，并作出相应决定 8.听取和审议市人大常委会主任会议关于废止《晋江市人民代表大会常务委员会关于国家机关工作人员述职评议的暂行办法》的议案，并作出相应决定 9.人事任免

续表 3-10

次别	时间	出席	列席	会议议题
第六次	2007年11月27日	24	13	1.听取和审议市政府关于提请审议授予荣誉市民称号的议案，并作出相应决定 2.听取和审议市政府关于《福建省劳动合同管理规定》执行情况的报告和市人大常委会执法检查组有关执法检查报告
第七次	2007年12月4日	21	7	审议晋江市人大常委会主任会议关于提请审议补选晋江市第十五届人民代表大会代表的议案，并作出相应决定
第八次	2007年12月17日	21	8	1.讨论决定接受许良志辞去泉州市第十四届人民代表大会代表职务的有关事项 2.讨论决定接受许良志辞去晋江市第十五届人民代表大会代表职务的有关事项
第九次	2007年12月27日	25	11	1.听取和审议市环保局关于落实市人大常委会评议意见整改情况的报告 2.听取市政府关于市十三届人大三次会议议案、十四届人大三次会议议案和十五届人大一次会议代表建议和意见办理情况的报告 3.讨论通过《晋江市人民代表大会常务委员会工作报告》 4.听取晋江市第十五届人大常委会代表资格审查委员会关于晋江市第十五届人民代表大会代表变动情况及选举和补选代表资格审查的报告，并作出相应公告 5.讨论决定召开市十五届人大二次会议的有关事项
第十次	2008年2月29日	22	12	1.传达省十一届人大一次会议精神 2.审议晋江市人大常委会主任会议关于调整晋江市第十五届人大常委会组成人员分工的议案，并作出相应的决定 3.审议晋江市人大常委会主任会议关于调整晋江市第十五届人大常委会组成人员联系代表分工的议案，并作出相应的决定 4.讨论通过晋江市人大常委会2008年工作要点 5.通报确定市第十五届人民代表大会第二次会议代表重点建议的情况

续表 3-10

次别	时间	出席	列席	会议议题
第十一次	2008 年 4 月 18 日	28	11	1.听取和审议市工商行政管理局关于食品安全专项整治工作情况的报告 2.听取市政府关于城市规划建设工作情况的报告 3.听取和审议市政府关于设立“晋江市全民健身日”的议案，并作出相应决定 4.审议市检察院关于提请许可对有关人大代表采取强制措施的报告，并作出相应决定
第十二次	2008 年 6 月 11 日	25	12	1.听取和审议市政府关于 2007 年本级财政收支执行和其他财政收支情况的审计工作报告 2.听取市政府关于城市规划建设工作情况的报告 3.听取市政府关于社会治安管理工作情况的报告 4.讨论通过《晋江市人大常委会关于对市市政园林局进行工作评议的实施方案》 5.讨论通过《晋江市人大常委会评议市公安消防大队创建“人民满意消防大队”工作方案》 6.听取和审议市政府关于医疗卫生工作情况的报告 7.人事任免
第十三次	2008 年 8 月 28 日	26	16	1.听取和审议市政府关于 2008 年上半年本市国民经济和社会发展计划执行情况的报告 2.听取和审议市政府关于 2008 年上半年本级财政收支预算执行情况的报告 3.听取和审议市政府关于提请审查批准 2007 年本级财政收支决算草案的议案，审查和批准 2007 年本级财政收支决算 4.听取和审议市法院 2008 年上半年工作报告 5.听取和审议市检察院 2008 年上半年工作报告
第十四次	2008 年 10 月 31 日	26	13	1.听取和审议市政府关于本市实施《中华人民共和国劳动合同法》情况的报告和市人大常委会执法检查组相关检查报告 2.听取和审议市政府关于发展职业教育工作情况的报告 3.听取和审议市政府关于提请审议 2008 年本级财政收支预算调整方案的议案，并作相应决议 4.听取和审议市政府关于九十九溪及小流域治理工作情况的报告

续表 3-10

次别	时间	出席	列席	会议议题
第十五次	2008 年 11 月 21 日	24	15	1.听取和审议市政府关于本市实施《中华人民共和国消防法》《福建省消防条例》情况的报告和市人大常委会执法检查组相关检查报告 2.讨论接受部分市第十五届人民代表大会代表辞职的有关事项，并作出相应决定 3.审议市第十五届人大常委会主任会议关于补选市第十五届人民代表大会代表的议案，并作出相应决定 4.审议市第十五届人大常委会主任会议关于聘请市人大常委会财政经济委员会兼职委员的议案，并作出相应决定 5.听取和审议晋江市国民经济和社会发展第十一个五年规划实施情况中期评估报告 6.人事任免
第十六次	2008 年 12 月 31 日	25	19	1.听取和审议市市政园林局关于落实市人大常委会评议意见整改情况的报告 2.听取市政府关于市十三届人大三次会议、十四届人大三次会议议案和十五届人大二次会议代表建议和意见办理情况的报告 3.审议市第十五届人大常委会主任会议关于罢免个别泉州市第十四届人民代表大会代表的议案，并作出相应决议 4.补选泉州市第十四届人民代表大会代表 5.讨论决定选举晋江市第十五届人民代表大会代表的有关事项 6.讨论通过《晋江市人民代表大会常务委员会工作报告》 7.听取晋江市第十五届人大常委会代表资格审查委员会关于补选代表的代表资格的审查报告，并作出相应公告 8.讨论决定召开市十五届人大三次会议的有关事项 9.人事任免
第十七次	2009 年 2 月 27 日	26	16	1.传达省十一届人大二次会议精神（书面） 2.听取市政府关于应对金融危机确保本市国民经济平稳较快发展情况的报告 3.讨论通过《晋江市人大常委会 2009 年工作要点(草案)》 4.审议晋江市人大常委会主任会议关于调整晋江市第十五届人大常委会组成人员分工的议案，并作出相应的决定 5.审议晋江市人大常委会主任会议关于调整晋江市第十五届人大常委会组成人员联系代表分工的议案，并作出相应的决定

续表 3-10

次别	时间	出席	列席	会议议题
第十七次	2009 年 2 月 27 日	26	16	6.讨论通过《晋江市人民代表大会常务委员会街道工作委员会工作规则（草案)》 7.讨论通过《晋江市人大常委会关于实施〈福建省各级人民代表大会常务委员会规范性文件备案审查规定〉的意见（草案)》
第十八次	2009 年 4 月 21 日	22	9	1.传达十一届全国人大二次会议精神（书面） 2.听取和审议市政府关于自来水普及工作情况的报告 3.听取和审议市政府关于禁毒工作情况的报告 4.审议市第十五届人大常委会主任会议关于聘请市人大常委会内务司法委员会兼职委员的议案，并作出相应决定
第十九次	2009 年 5 月 15 日	29	6	人事任免
第二十次	2009 年 6 月 24 日	25	13	1.听取和审议市政府关于 2008 年本级预算执行和其他财政收支情况的审计工作报告 2.听取和审议市政府关于提请审查批准 2008 年本级决算草案的议案，并作出相应决议 3.听取和审议市政府关于人口与计划生育工作情况的报告 4.听取和审议市政府关于殡葬管理工作情况的报告 5.讨论通过关于评议市卫生局工作的实施方案
第二十一次	2009 年 8 月 31 日	26	16	1.听取和审议市政府关于 2009 年上半年本市国民经济和社会发展计划执行情况的报告 2.听取和审议市政府关于 2009 年上半年本级预算执行情况的报告 3.听取和审议市法院 2009 年上半年工作报告 4.听取和审议市检察院 2009 年上半年工作报告 5.听取和审议市政府、市法院、市检察院关于实施《中华人民共和国未成年人保护法》《中华人民共和国预防未成年人犯罪法》情况的报告和市人大常委会执法检查组关于本市实施《中华人民共和国未成年人保护法》《中华人民共和国预防未成年人犯罪法》情况的检查报告

续表 3-10

次别	时间	出席	列席	会议议题
第二十二次	2009年10月27日	28	17	1.听取和审议市政府关于保障性住房（经济适用房、廉租房）建设和危房改造情况的报告 2.听取和审议市政府关于实施《中华人民共和国归侨侨眷权益保护法》情况的报告和市人大常委会执法检查组关于检查《中华人民共和国归侨侨眷权益保护法》实施情况的报告 3.听取和审议市政府关于修改《晋江市殡葬管理暂行规定》部分条款的议案，并作出相应决定 4.听取和审议市政府关于环境保护工作情况的报告 5.听取市政府关于第一批15个城建项目的报告，并作出相应决定 6.听取关于开展评选“晋江市人大系统2007—2009年度先进人大代表小组、优秀市人大代表、优秀人大工作者”情况的报告 7.人事任免
第二十三次	2009年12月29日	25	17	1.听取和审议市卫生局关于落实市人大常委会评议意见整改情况的报告 2.听取和审议市政府关于发展壮大村级集体经济工作情况的报告 3.听取市政府关于市十三届、十四届人大三次会议议案和十五届人大三次会议代表建议和意见办理情况的报告 4.审议市人大常委会主任会议关于提请表彰晋江市2007—2009年度先进人大代表小组、优秀市人大代表、优秀人大工作者的议案，并作出相应决定 5.讨论决定接受部分市第十五届人大常委会组成人员辞职的有关事项 6.讨论决定接受部分市第十五届人民代表大会代表辞职的有关事项 7.讨论决定补选部分市第十五届人民代表大会代表的有关事项 8.讨论决定关于召开晋江市第十五届人民代表大会第四次会议
第二十四次	2010年1月14日	22	6	1.讨论通过《晋江市人民代表大会常务委员会工作报告（讨论稿）》 2.听取晋江市第十五届人大常委会代表资格审查委员会关于晋江市第十五届人民代表大会代表变动情况及选举和补选代表资格审查的报告，并作出相应公告 3.讨论决定召开市第十五届人民代表大会第四次会议的有关事项

续表 3-10

次别	时间	出席	列席	会议议题
第二十五次	2010 年 3 月 30 日	24	13	1.学习胡锦涛总书记在福建考察时的重要讲话精神 2.传达十一届全国人大三次会议精神（书面） 3.通报《晋江市人大常委会 2010 年工作要点》(书面) 4.听取和审议市政府关于旅游开发情况的报告 5.审议晋江市人大常委会主任会议关于调整晋江市第十五届人大常委会组成人员分工的议案，并作出相应的决定 6.审议晋江市人大常委会主任会议关于调整晋江市第十五届人大常委会组成人员联系代表分工的议案，并作出相应的决定 7.审议晋江市人大常委会主任会议关于调整晋江市第十五届人大常委会代表资格审查委员会成员的议案，并作出相应的决定 8.审议晋江市人大常委会主任会议关于调整晋江市人大常委会依法治市领导小组成员的议案，并作出相应的决定 9.审议晋江市人大常委会主任会议关于调整晋江市人大常委会信访工作领导小组的议案，并作出相应的决定 10.审议晋江市人大常委会主任会议关于调整晋江市人大常委会妇女儿童工作组成员的议案，并作出相应的决定 11.其他事项
第二十六次	2010 年 4 月 29 日	27	6	1.听取和审议市政府关于基层文化建设的报告 2.人事任免
第二十七次	2010 年 6 月 29 日	21	12	1.听取和审议市政府关于 2009 年本级预算执行和其他财政收支情况的审计工作报告 2.听取和审议市政府关于提请审查批准 2009 年本级决算草案的议案，并作出相应决议 3.听取和审议市政府关于殡葬管理工作整改情况的报告 4.人事任免
第二十八次	2010 年 8 月 31 日	24	13	1.听取和审议市政府关于 2010 年上半年本市国民经济和社会发展计划执行情况的报告 2.听取和审议市政府关于 2010 年上半年本级预算执行情况的报告 3.听取和审议市法院关于执行《全国人大常委会关于完善人民陪审员制度的决定》情况的报告

续表 3-10

次别	时间	出席	列席	会议议题
第二十八次	2010 年 8 月 31 日	26	10	4.听取和审议市政府关于贯彻实施国务院《物业管理条例》《福建省物业管理条例》情况的报告和市人大常委会执法检查组相关检查报告 5.听取和审议市检察院关于执行《最高人民检察院关于实行人民监督员制度的规定（试行）》情况的报告
第二十九次	2010 年 10 月 27 日	27	12	1.学习党的十七届五中全会精神 2.听取和审议市政府关于实施《中华人民共和国残疾人保障法》情况的报告和市人大常委会执法检查组相关检查报告 3.听取和审议市政府关于九十九溪下游河道及小流域整治情况的报告 4.人事任免 5.听取和审议市政府关于 2010 年财政收支预算调整方案的报告，并作出相关决议
第三十次	2010 年 12 月 17 日	25	10	1.听取本市的部分泉州市第十四届人民代表大会代表述职 2.审议市检察院关于提请许可对个别市第十五届人民代表大会代表采取强制措施的报告 3.人事任免 4.讨论决定接受部分晋江市第十五届人民代表大会代表辞职的有关事项 5.审议市人大常委会主任会议关于补选晋江市第十五届人民代表大会代表的议案，并作出相应决定
第三十一次	2011 年 1 月 11 日	28	16	1.听取市电力有限责任公司关于创建“人民满意单位”活动情况的报告 2.听取和审议市政府关于提请授予市电力有限责任公司“人民满意单位”荣誉称号的议案和市人大常委会评议工作领导小组关于评议市电力有限责任公司创建“人民满意单位”活动工作的报告，并作出相应决定 3.听取市政府关于市十三届人大三次会议、十四届人大三次会议议案执行情况和市十五届人大四次会议代表建议和意见办理情况的报告 4.听取晋江市第十五届人大常委会代表资格审查委员会关于晋江市第十五届人民代表大会代表变动情况及补选代表资格审查的报告，并作出相应公告 5.讨论《晋江市人民代表大会常务委员会工作报告（讨论稿）》 6.讨论决定召开市第十五届人民代表大会第五次会议的有关事项 7.人事任免

续表 3-10

次别	时间	出席	列席	会议议题
第三十二次	2011 年 2 月 28 日	23	10	1.传达省十一届人大四次会议精神（书面） 2.通报《晋江市人大常委会 2011 年工作要点》（书面） 3.听取市政府关于执行《晋江市人大常委会关于开展法制宣传教育第五个五年规划的决议》情况的报告 4.审议市人大常委会主任会议关于调整晋江市第十五届人大常委会组成人员分工的议案，并作出相应的决定 5.审议市人大常委会主任会议关于调整晋江市第十五届人大常委会组成人员联系代表分工的议案，并作出相应的决定 6.审议市人大常委会主任会议关于调整晋江市第十五届人大常委会代表资格审查委员会组成人员的议案，并作出相应的决定 7.审议市人大常委会主任会议关于调整晋江市第十五届人大常委会信访工作领导小组组成人员的议案，并作出相应的决定 8.审议市人大常委会主任会议关于调整晋江市第十五届人大常委会依法治市领导小组组成人员的议案，并作出相应的决定 9.审议市人大常委会主任会议关于调整晋江市第十五届人大常委会妇女儿童工作组组成人员的议案，并作出相应的决定
第三十三次	2011 年 5 月 9 日	24	6	1.传达十一届全国人大四次会议精神（书面） 2.听取和审议市政府关于加快发展第三产业情况的报告 3.人事任免
第三十四次	2011 年 7 月 28 日	25	10	1.听取和审议市政府关于 2010 年本级预算执行和其他财政收支情况的审计工作报告 2.听取和审议市政府关于提请审查批准 2010 年本级决算草案的议案，并作出相应决议 3.听取和审议市政府关于经济开发区开发建设情况的报告 4.人事任免

续表 3-10

次别	时间	出席	列席	会议议题
第三十五次	2011 年 8 月 30 日	26	12	1.听取和审议市政府关于 2011 年上半年本市国民经济和社会发展计划执行情况的报告 2.听取和审议市政府关于 2011 年上半年本级预算执行情况的报告 3.听取和审议市政府关于实施《中华人民共和国农产品质量安全法》情况的报告和市人大常委会执法检查组相关检查报告 4.人事任免
第三十六次	2011 年 10 月 8 日	26	9	1.听取和审议市政府关于医药卫生体制改革实施情况的报告 2.听取和审议市政府关于提请审议《关于在全市公民中开展法制宣传教育第六个五年规划》的议案，并作出相应决议 3.讨论决定《晋江市人大常委会关于 2011 年晋江市市镇两级人民代表大会代表换届选举日的决定（草案）》 4.讨论决定《晋江市人大常委会关于设立市选举委员会的决定（草案）》 5.讨论决定《晋江市人大常委会关于设立各镇选举委员会的决定（草案）》 6.讨论决定《晋江市人大常委会关于 2011 年晋江市市镇两级人民代表大会换届选举工作的实施方案（草案）》 7.讨论决定《晋江市人大常委会关于授权市人大常委会主任会议处理换届选举工作中有关事宜的决定（草案）》 8.听取和审议《晋江市人民法院关于提请审议增加确定人民陪审员名额的议案》，并作出相应决定 9.审议和表决《晋江市人民政府关于提请审议柳新群等同志职务任免的议案》 10.审议和表决《晋江市人民检察院关于提请审议免去朱润泽同志检察员职务的议案》
第三十七次	2011 年 11 月 18 日	27	11	1.听取和审议市政府关于近海水域环境污染治理工作的报告 2.听取和审议市政府关于九十九溪下游河道及小流域整治工作的报告 3.听取和审议市政府关于提请审查批准 2011 年本级预算调整方案的议案，并作出相应决议 4.听取和审议市政府关于实施《中华人民共和国科学技术进步法》情况的报告和市人大常委会执法检查组相关检查报告 5.人事任免

续表 3-10

次别	时间	出席	列席	会议议题
第三十八次	2011 年 12 月 6 日	25	12	1.听取和审议市政府关于全市城建项目回迁安置房建设情况的报告 2.听取市政府关于市十三届人大三次会议、十四届人大三次会议议案执行情况和市十五届人大五次会议代表建议和意见办理情况的报告 3.听取晋江市选举委员会办公室关于 2011 年晋江市市、镇两级人大代表换届选举工作情况的报告（书面） 4.听取和审议晋江市第十五届人大常委会代表资格审查委员会关于晋江市第十六届人民代表大会代表选举情况及代表资格审查的报告，并作出相应公告 5.讨论通过《晋江市人民代表大会常务委员会工作报告》 6.讨论决定召开市第十六届人民代表大会第一次会议的有关事项 7.人事任免

四、晋江市第十六届人大常委会会议（2012—2016 年）

2012—2016 年晋江市第十六届人大常委会会议一览表

表 3-11　单位：人

次别	时间	出席	列席	会议议题
第一次	2012 年 2 月 14 日	31	9	1.传达省十一届人大六次会议和泉州市十五届人大一次会议精神（书面） 2.听取《晋江市人大常委会 2012 年工作要点》的报告 3.通报晋江市十六届人大一次会议重点代表建议 4.审议《晋江市人大常委会主任会议关于晋江市第十六届人大常委会领导及委员分工的议案》 5.审议《晋江市人大常委会主任会议关于晋江市第十六届人大常委会组成人员联系代表分工的议案》 6.审议《晋江市人大常委会主任会议关于成立晋江市第十六届人大常委会代表资格审查委员会的议案》 7.审议《晋江市人大常委会主任会议关于调整晋江市人大常委会依法治市领导小组组成人员的议案》

续表 3-11

次别	时间	出席	列席	会议议题
第一次	2012 年 2 月 14 日	31	9	8.审议《晋江市人大常委会主任会议关于调整晋江市人大常委会信访工作领导小组组成人员的议案》 9.审议《晋江市人大常委会主任会议关于调整晋江市人大常委会妇女儿童工作组组成人员的议案》 10.审议《晋江市人大常委会主任会议关于提名庄垂祥等任职的议案》 11.审议《晋江市人大常委会主任会议关于提请审议各委员会聘请兼职委员的议案》 12.人事任免（审议任命政府工作部门正职）
第二次	2012 年 4 月 26 日	29	10	1.传达学习十一届全国人大五次会议精神（书面） 2.听取和审议市政府关于人民调解工作情况的报告 3.听取和审议市政府关于城乡公交服务管理提升工作情况的报告 4.审议通过《晋江市人大常委会关于组织对市住房和城乡规划建设局进行工作评议的实施方案》 5.审议通过《晋江市人大常委会组成人员守则》 6.审议通过《晋江市人大常委会关于进一步完善市人大常委会组成人员联系市人大代表制度的意见》 7.人事任免（审议市人民检察院提请任命人员）
第三次	2012 年 6 月 21 日	30	10	1.听取和审议市政府关于植树造林绿化工作情况的报告 2.听取和审议市政府关于实施国务院《宗教事务条例》情况的报告及市人大常委会执法检查组相关检查报告 3.听取和审议市政府关于土地管理工作情况的报告 4.听取和审议市政府关于 2011 年本级预算执行和其他财政收支情况的审计工作报告 5.听取和审议市政府关于提请审查批准 2011 年本级决算草案的议案，并作出相应决议 6.人事任免

续表 3-11

次别	时间	出席	列席	会议议题
第四次	2012 年 8 月 23 日	30	8	1.听取和审议市政府关于实施《中华人民共和国治安管理处罚法》情况的报告和市人大常委会执法检查组相关检查报告 2.听取和审议市政府关于 2012 年上半年本市国民经济和社会发展计划执行情况的报告 3.听取和审议市政府关于 2012 年上半年本级预算执行情况的报告
第五次	2012 年 10 月 26 日	30	9	1.听取和审议市政府关于小流域整治工作情况的报告 2.听取和审议市政府关于食品安全工作情况的报告 3.听取和审议市政府关于提请审议授予荣誉市民称号的议案，并作出相应决定 4.听取和审议晋江市人大常委会主任会议关于提请审议补选晋江市第十六届人民代表大会代表的议案，并作出相应决定 5.听取和审议市住房和城乡规划建设局关于落实市人大常委会评议意见情况的报告 6.人事任免
第六次	2012 年 12 月 24 日	29	10	1.听取和审议市政府关于文化体制改革工作情况的报告 2.听取市政府关于市十六届人大一次会议代表建议办理情况的报告 3.审议决定接受个别市第十六届人民代表大会代表辞职的申请 4.听取晋江市第十六届人大常委会代表资格审查委员会关于晋江市第十六届人民代表大会代表变动情况及补选代表资格审查的报告，并作出相应公告 5.讨论通过市人大常委会工作报告（稿） 6.讨论决定召开市第十六届人民代表大会第二次会议的有关事项 7.听取和审议市政府关于《晋江市城市总体规划修编(2010—2030)》修编情况报告 8.人事任免
第七次	2013 年 2 月 17 日	32	8	补选泉州市第十五届人民代表大会代表

续表 3-11

次别	时间	出席	列席	会议议题
第八次	2013 年 2 月 28 日	31	11	1.传达省十二届人大一次会议和泉州市十五届人大二次会议精神（书面） 2.听取《晋江市人大常委会 2013 年工作要点》的报告 3.通报确定晋江市第十六届人民代表大会第二次会议重点代表建议的情况 4.审议《晋江市人大常委会主任会议关于提请审议修改〈晋江市人民代表大会常务委员会工作评议暂行办法〉等四份规范性文件的议案》，并作出相应决定 5.审议通过《晋江市人大常委会评议市行政审批服务中心创建“人民满意单位”活动实施方案》 6.听取市人大常委会内司委关于 2012 年度规范性文件备案审查情况的报告（书面） 7.人事任免
第九次	2013 年 4 月 26 日	30	9	1.审议《晋江市人大常委会主任会议关于制定〈晋江市人民代表大会常务委员会议事规则〉〈晋江市人民代表大会常务委员会主任会议议事规则〉的议案》，并作出相应决定 2.人事任免
第十次	2013 年 6 月 26 日	29	11	1.听取和审议市政府关于实施《福建省学校安全管理条例》情况的报告及市人大常委会执法检查组相关检查报告 2.听取和审议市政府关于道路交通安全整治工作情况的报告 3.审议晋江市人大常委会主任会议关于提请审议制定（修改、废止）相关规范性文件的议案，并作出相应决定 4.听取和审议市政府关于 2012 年本级预算执行和其他财政收支情况的审计工作报告 5.审议市政府《关于提请审查批准 2012 年本级决算草案的议案》，并作出相应决议 6.人事任免

续表 3-11

次别	时间	出席	列席	会议议题
第十一次	2013 年 8 月 27 日	27	8	1.审议市政府关于提请审议海岸带保护利用规划的议案，并作出相应决议 2.听取和审议市政府关于 2013 年上半年本市国民经济和社会发展计划执行情况的报告 3.听取和审议市政府关于 2013 年上半年本级预算执行情况的报告
第十二次	2013 年 10 月 28 日	29	9	1.审议《晋江市人民政府关于提请审议〈晋江生态市建设规划（2011—2020 年）〉的议案》，并作出相应决议 2.审议《晋江市人民政府关于提请审议〈晋江市海岸带保护利用规划（2012—2030）〉的议案》，并作出相应决议 3.人事任免 4.听取和审议晋江市国民经济和社会发展第十二个五年规划实施情况中期评估报告 5.审议《晋江市人民政府关于提请审查批准〈晋江市国民经济和社会发展第十二个五年规划纲要〉调整方案的议案》，并作出相应决议 6.听取和审议市政府关于近海水域环境污染整治工作情况的报告
第十三次	2013 年 12 月 18 日	29	10	1.听取市政府关于市十六届人大二次会议代表建议办理情况的报告 2.听取和审议市政府关于城乡公交服务管理提升工作落实情况的报告 3.听取晋江市第十六届人大常委会代表资格审查委员会关于晋江市第十六届人民代表大会代表变动情况的报告 4.讨论通过市人大常委会工作报告（稿） 5.讨论决定召开市第十六届人民代表大会第三次会议的有关事项 6. 听取市行政审批服务中心关于创建“人民满意单位”活动情况的报告和市人大常委会评议工作领导组关于评议市行政审批服务中心创建“人民满意单位”活动工作的报告；审议市政府关于提请授予市行政审批服务中心“人民满意单位”荣誉称号的议案，并作出相应决定 7.补选泉州市第十五届人民代表大会代表 8.人事任免

续表 3-11

次别	时间	出席	列席	会议议题
第十四次	2014年 2月28日	27	11	1.传达省十二届人大二次会议和泉州市十五届人大四次会议精神（书面） 2.听取《晋江市人大常委会2014年工作要点》的报告 3.通报确定市十六届人大三次会议重点代表建议的情况 4.听取内司委关于2013年度规范性文件备案审查情况的报告（书面） 5.审议市政府《关于提请确定市树市花的议案》，并作出相应决定 6.审议市政府《关于提请将每年3月份设立为晋江市“全民动员、绿化晋江”义务植树活动月的议案》，并作出相应决定 7.审议市政府《关于提请审议晋江市公安局创建“人民满意单位”的议案》，并作出相应决定；审议通过《晋江市人大常委会评议市公安局创建“人民满意单位”活动实施方案》 8.人事任免
第十五次	2014年 4月15日	30	10	1.传达十二届全国人大二次会议精神（书面） 2.审议《晋江市人大常委会主任会议关于制定〈晋江市人大常委会关于审议意见研究处理情况满意度测评的规定〉的议案》，并作出相应决定 3.人事任免
第十六次	2014年 6月24日	28	9	1.听取和审议市政府关于实施国务院《物业管理条例》和《福建省物业管理条例》情况的报告以及市人大常委会执法检查报告 2.听取和审议市政府关于实施《中华人民共和国传染病防治法》情况的报告以及市人大常委会执法检查报告 3.听取和审议市法院《关于提请审议增加确定人民陪审员名额的议案》，并作出相应决定 4.听取和审议市政府关于2013年度本级预算执行和其他财政收支情况的审计工作报告 5.审议市政府《关于提请审查批准2013年本级决算草案的议案》，并作出相应决议 6.人事任免

续表 3-11

次别	时间	出席	列席	会议议题
第十七次	2014 年 8 月 27 日	26	8	1.听取和审议市政府关于 2014 年上半年本市国民经济和社会发展计划执行情况的报告 2.听取和审议市政府关于 2014 年上半年本级预算执行情况的报告 3.人事任免
第十八次	2014 年 10 月 28 日	27	8	1.书面传达习近平总书记在庆祝全国人民代表大会成立 60 周年大会上的重要讲话和张德江委员长在庆祝全国人民代表大会成立 60 周年理论研讨会上的讲话精神 2.听取和审议市政府关于近海水域环境污染整治工作及整改情况的报告 3.听取和审议市政府关于城乡公共交通服务管理工作情况的报告 4.审议通过《晋江市人大常委会关于加强市人大代表同人民群众联系的意见》 5.人事任免
第十九次	2014 年 12 月 19 日	26	11	1.听取市政府关于市十六届人大三次会议《关于加快推进晋江市生态水域建设的决议》执行情况的报告 2.听取市政府关于市十六届人大三次会议代表建议办理情况的报告 3.听取市公安局关于创建“人民满意单位”活动情况的报告和市人大常委会评议工作领导组关于评议市公安局创建“人民满意单位”活动的报告；审议市政府关于提请授予市公安局“人民满意单位”荣誉称号的议案，并作出相应决定 4.审议市政府关于提请审查批准 2014 年国民经济和社会发展计划调整方案的议案，并作出相应决议 5.审议市政府关于提请审查批准 2014 年本级预算调整方案的议案，并作出相应决议 6.审议晋江市人大常委会主任会议关于提请审议补选晋江市第十六届人民代表大会代表的议案，并作出相应决定 7.讨论决定召开市第十六届人民代表大会第四次会议有关事项 8.补选泉州市第十五届人民代表大会代表 9.人事任免

续表 3-11

次别	时间	出席	列席	会议议题
第二十次	2015 年 1 月 15 日	28	9	1.人事任免 2.听取晋江市第十六届人大常委会代表资格审查委员会关于晋江市第十六届人民代表大会代表变动情况及补选代表资格审查的报告，并作出相应公告 3.讨论通过《晋江市人民代表大会常务委员会工作报告（稿）》 4.讨论决定召开市第十六届人民代表大会第四次会议的有关事项
第二十一次	2015 年 2 月 27 日	27	8	1.传达省十二届人大三次会议精神（书面） 2.听取《晋江市人大常委会 2015 年工作要点》的报告 3.通报确定市十六届人大四次会议重点代表建议的情况 4.听取市人大常委会内司委关于 2014 年度规范性文件备案审查情况的报告（书面） 5.审议《晋江市人大常委会主任会议关于市第十六届人大常委会部分委员分工的议案》 6.审议人事任免事项
第二十二次	2015 年 4 月 28 日	27	10	1.传达十二届全国人大三次会议和泉州市十五届人大五次会议精神（书面） 2.听取和审议市政府关于实施《中华人民共和国文物保护法》情况的报告以及市人大常委会执法检查报告 3.审议个别市人大代表辞去市第十六届人民代表大会代表职务的申请，并作出相应决定 4.审议人事任免事项
第二十三次	2015 年 6 月 29 日	26	10	1.听取和审议市法院关于实施《中华人民共和国民事诉讼法》情况的报告以及市人大常委会执法检查报告 2.听取和审议市政府关于 2014 年度本级预算执行和其他财政收支情况的审计工作报告 3.审议市政府《关于提请审查批准 2014 年本级决算草案的议案》，并作出相应决议 4.审议市人大常委会主任会议《关于调整部分街道人大工作委员会委员的议案》 5.审议个别市人大代表辞去市第十六届人民代表大会代表职务的请求，并作出相应决定 6.审议人事免职事项

续表 3-11

次别	时间	出席	列席	会议议题
第二十四次	2015 年 8 月 25 日	27	11	1.听取和审议市政府关于 2015 年上半年本市国民经济和社会发展计划执行情况的报告 2.听取和审议市政府关于 2015 年上半年本级预算执行情况的报告 3.听取和审议市政府关于实施《中华人民共和国气象法》情况的报告以及市人大常委会执法检查报告 4.审议市法院《关于提请审议增加人民陪审员名额的议案》，并作出相应决定 5.审议市人大常委会主任会议《关于提请许可对个别市人大代表采取强制措施的议案》，并作出相应决定 6.审议人事免职事项
第二十五次	2015 年 10 月 27 日	26	11	1.听取和审议市政府关于《晋江市人大常委会关于晋江市实施国务院〈物业管理条例〉和〈福建省物业管理条例〉情况的审议意见》研究处理情况的报告 2.听取和审议市政府关于中心城区教育规划与布局工作情况的报告 3.审议部分市人大代表辞去市第十六届人民代表大会代表职务的请求，并作出相应决定 4.审议晋江市人大常委会主任会议关于补选市第十六届人民代表大会代表的议案，并作出相应决定 5.审议人事任职事项 6.专题询问本市城乡公共交通服务管理工作情况
第二十六次	2015 年 12 月 23 日	26	12	1.听取市政府关于市十六届人大三次会议《关于加快推进晋江市生态水域建设的决议》执行情况的报告，并进行满意度测评 2.听取市政府关于市十六届人大四次会议代表建议办理情况的报告 3.审议市政府关于提请审查批准 2015 年国民经济和社会发展计划调整方案的议案，并作出相应决议 4.审议市政府关于提请审查批准 2015 年本级预算调整方案的议案，并作出相应决议 5.听取市十六届人大常委会代表资格审查委员会关于市第十六届人民代表大会代表变动情况及补选代表资格审查的报告，并作出相应公告

续表 3-11

次别	时间	出席	列席	会议议题
第二十六次	2015 年 12 月 23 日	26	8	6.讨论通过《晋江市人民代表大会常务委员会工作报告（稿）》 7.讨论决定召开市第十六届人民代表大会第五次会议的有关事项 8.审议个别泉州市人大代表辞去泉州市第十五届人民代表大会代表职务的请求，并作出相应决定 9.补选泉州市第十五届人民代表大会代表 10.审议人事任免事项
第二十七次	2016 年 2 月 25 日	30	9	1.传达省十二届人大四次会议和泉州市十五届人大七次会议精神（书面） 2.听取《晋江市人大常委会 2016 年工作要点》的报告 3.通报确定市十六届人大五次会议重点代表建议的情况 4.听取市人大常委会内司委关于 2015 年度规范性文件备案审查情况的报告（书面） 5.听取市政府关于《晋江市人大常委会关于进一步加强法制宣传教育的决议》执行情况的报告 6.审议《晋江市人大常委会主任会议关于市第十六届人大常委会部分委员分工的议案》，并作出相应决定 7.审议《晋江市人大常委会主任会议关于提请许可对个别市人大代表采取刑事强制措施的议案》，并作出相应决定 8.审议个别市人大代表辞去市第十六届人民代表大会代表职务的请求，并作出相应决定 9.审议人事免职事项
第二十八次	2016 年 4 月 28 日	30	8	1.传达十二届全国人大四次会议精神 2.听取和审议市政府关于城乡规划编制及执行情况的报告
第二十九次	2016 年 6 月 30 日	32	9	1.听取市人民法院关于人民陪审员制度改革试点工作中期情况的报告（书面） 2.听取和审议市政府关于 2015 年度本级预算执行和其他财政收支情况的审计工作报告 3.审议市政府《关于提请审查批准 2015 年本级决算草案的议案》，并作出相应决议 4.审议市人大常委会主任会议《关于提请许可对个别市人大代表采取限制人身自由措施的议案》，并作出相应决定 5.审议人事任免事项 6.专题询问本市物业管理工作情况

续表 3-11

次别	时间	出席	列席	会议议题
第三十次	2016 年 7 月 15 日	32	8	1.审议市政府《关于提请审议晋江市与意大利库内奥省建立友好城市关系的议案》，并作出相应决定 2.审议市政府《关于提请审议〈晋江市民文明公约〉和〈晋江市民行为规范〉的议案》，并作出相应决定 3.审议人事任免事项
第三十一次	2016 年 8 月 25 日	32	10	1.听取和审议市政府关于实施《中华人民共和国环境保护法》情况的报告以及市人大常委会执法检查报告 2.听取和审议市政府关于农村食品安全监管体系建设情况的报告 3.听取和审议市政府关于文化旅游工作情况的报告 4.听取和审议市政府关于 2016 年上半年本市国民经济和社会发展计划执行情况的报告 5.听取和审议市政府关于 2016 年上半年本级预算执行情况的报告 6.审议人事任职事项
第三十二次	2016 年 9 月 29 日	32	11	审议通过 2016 年晋江市市、镇两级人民代表大会换届选举的有关事项： 1.《晋江市人大常委会关于 2016 年市镇两级人民代表大会代表换届选举日的决定（草案)》 2.晋江市人大常委会关于设立市选举委员会的决定（草案)》 3.《晋江市人大常委会关于设立各镇选举委员会的决定（草案)》 4.《晋江市人大常委会关于 2016 年市镇两级人民代表大会换届选举工作的实施方案（草案)》 5.《晋江市人大常委会关于授权市人大常委会主任会议处理换届选举工作中有关事宜的决定（草案)》
第三十三次	2016 年 10 月 26 日	31	13	1.审议市政府《关于提请审议〈关于在全市公民中开展法治宣传教育第七个五年规划（2016—2020 年)〉的议案》，并作出相应决议 2.听取市政府关于城乡公共交通服务管理工作专题询问意见研究处理情况的报告，并进行满意度测评 3.听取市政府关于市十六届人大三次会议《关于加快推进晋江市生态水域建设的决议》执行情况的报告 4.审议个别市人大代表辞去市第十六届人民代表大会代表职务的请求，并作出相应决定 5.审议人事任免事项

续表 3-11

次别	时间	出席	列席	会议议题
第三十四次	2016 年 12 月 5 日	23	12	1.听取市政府关于市十六届人大五次会议代表建议办理情况的报告 2.审议市政府关于提请审查批准晋江市 2016 年国民经济和社会发展计划调整方案(草案)的议案,并作出相应决议 3.审议市政府关于提请审查批准晋江市 2016 年度本级预算调整方案（草案）的议案，并作出相应决议 4.听取晋江市选举委员会办公室关于 2016 年晋江市市、镇两级人大代表换届选举工作情况的报告（书面） 5.听取和审议晋江市第十六届人大常委会代表资格审查委员会关于晋江市第十七届人民代表大会代表选举情况及代表资格审查的报告，并作出相应公告 6.讨论通过《晋江市人民代表大会常务委员会工作报告（讨论稿）》 7.讨论决定关于召开市第十七届人民代表大会第一次会议的有关事项 8.审议人事任免事项

五、晋江市第十七届人大常委会会议（2017—2021 年）

2017—2021 年晋江市第十七届人大常委会会议一览表

表 3-12　　　　单位：人

次别	时间	出席	列席	会议议题
第一次	2017 年 1 月 20 日	33	6	1.审议《晋江市人大常委会主任会议关于晋江市第十七届人大常委会领导及委员分工的议案》 2.审议《晋江市人大常委会主任会议关于调整街道人大工作委员会委员的议案》 3.审议《晋江市人大常委会主任会议关于提请审议各委员会聘请兼职委员的议案》 4.审议《晋江市人大常委会主任会议关于提请许可对个别市人大代表采取刑事强制措施的议案》，并作出相应决定
第二次	2017 年 2 月 17 日	38	11	1.传达省十二届人大五次会议和泉州市十六届人大一次会议精神（书面） 2.听取《晋江市人大常委会 2017 年工作要点》的报告 3.通报晋江市十七届人大一次会议重点代表建议 4.听取市人大常委会内司委关于 2016 年度规范性文件备案审查情况的报告（书面） 5.审议《晋江市人大常委会主任会议关于晋江市第十七届人大常委会组成人员联系代表分工的议案》

续表 3-12

次别	时间	出席	列席	会议议题
第二次	2017 年 2 月 17 日	38	8	6.审议《晋江市人大常委会主任会议关于成立晋江市第十七届人大常委会代表资格审查委员会的议案》 7.审议《晋江市人大常委会主任会议关于调整晋江市人大常委会依法治市领导小组组成人员的议案》 8.审议《晋江市人大常委会主任会议关于调整晋江市人大常委会信访工作领导小组组成人员的议案》 9.审议《晋江市人大常委会主任会议关于调整晋江市人大常委会妇女儿童工作组组成人员的议案》 10.审议人事任职事项（审议任命政府工作部门正职）
第三次	2017 年 4 月 27 日	33	10	1.传达十二届全国人大五次会议精神（书面） 2.听取和审议市政府关于防范和打击虚假信息诈骗犯罪工作情况的报告 3.审议《晋江市人大常委会主任会议关于提请审议制定（修改）四份相关规范性文件的议案》，并作出相应决定 4.审议人事任免事项
第四次	2017 年 6 月 21 日	34	23	1.听取和审议市政府关于 2016 年度本级预算执行和其他财政收支情况的审计工作报告 2.审议市政府关于提请审查批准 2016 年本级决算草案的议案，并作出相应决议 3.听取和审议市政府关于实施《中华人民共和国非物质文化遗产法》情况的报告以及市人大常委会执法检查报告。 4.听取市法院关于执行工作情况报告（书面） 5.听取市法院关于人民陪审员制度改革试点工作情况的报告 6.审议人事任免事项
第五次	2017 年 8 月 25 日	35	12	1.听取市政府关于 2016 年环境状况和环境保护目标完成情况的报告（书面） 2.听取和审议市政府关于 2017 年上半年本市国民经济和社会发展计划执行情况的报告 3.听取和审议市政府关于 2017 年上半年本级预算执行情况的报告 4.听取和审议市政府关于实施《中华人民共和国水法》情况的报告以及市人大常委会执法检查报告 5. 审议《晋江市人大常委会主任会议关于提请审议修改〈晋江市人民代表大会常务委员会关于工作评议的规定〉的议案》，并作出相应决定 6. 审议人事免职事项

续表 3-12

次别	时间	出席	列席	会议议题
第六次	2017 年 10 月 30 日	37	11	1.分别听取市法院、市检察院关于司法体制改革进展情况的报告 2.听取和审议市政府关于实施《社区矫正实施办法》《福建省社区矫正实施细则（试行）》情况的报告以及市人大常委会执法检查报告 3.听取和审议市政府关于优化义务教育资源布局的报告 4.听取和审议市十七届人大一次会议第 1—4 号重点代表建议办理情况的报告，并进行满意度测评 5.审议人事任免事项
第七次	2017 年 11 月 29 日	32	10	1.听取和审议《晋江市人大常委会主任会议关于提请许可对个别市人大代表采取刑事强制措施的议案》和《晋江市第十七届人民代表大会常务委员会代表资格审查委员会关于个别代表暂时停止执行代表职务的报告》，并作出相应决定 2.审议市人大常委会个别组成人员的辞职请求，并作出相应决定 3.审议《晋江市人大常委会主任会议关于补选市第十七届人民代表大会代表的议案》，并作出相应决定
第八次	2017 年 12 月 15 日	34	15	1.审议市政府关于提请审查批准 2017 年本级预算调整方案的议案，并作出相应决议 2.听取“一府两院”关于市十七届人大一次会议代表建议办理情况的报告以及市人大常委会相关工作报告 3.审议《晋江市人大常委会主任会议关于提请审议制定〈晋江市人民代表大会代表优秀议案和建议评选办法（试行）〉的议案》，并作出相应决定 4.听取和审议晋江市第十七届人民代表大会常务委员会代表资格审查委员会关于市第十七届人民代表大会代表变动情况和补选代表资格审查的报告，并作出相应公告 5.讨论通过《晋江市人民代表大会常务委员会工作报告（讨论稿）》 6.讨论决定关于召开市第十七届人民代表大会第二次会议的有关事项 7.审议人事任职事项 8.专题询问本市生态水域建设情况，并进行满意度测评

续表 3-12

次别	时间	出席	列席	会议议题
第九次	2017 年 12 月 29 日	38	6	1.审议个别泉州市人大代表辞去泉州市第十六届人民代表大会代表职务的请求，并作出相应决定 2.审议人事任免事项
第十次	2018 年 2 月 27 日	37	10	1.传达省十三届人大一次会议和泉州市十六届人大二次会议精神（书面） 2.听取《晋江市人大常委会 2018 年工作要点》的报告 3.通报晋江市十七届人大二次会议重点代表建议 4.听取市人大常委会内司委关于 2017 年度规范性文件备案审查情况的报告（书面） 5.审议人事任免事项
第十一次	2018 年 4 月 20 日	35	15	1.传达十三届全国人大一次会议精神（书面） 2.听取和审议市政府关于 2017 年度环境状况和环境保护目标完成情况的报告 3.听取和审议市政府研究处理《市人大常委会关于防范和打击虚假信息诈骗犯罪工作情况的审议意见》情况的报告，并对办理情况开展满意度测评 4.听取和审议市政府关于提请审议授予荣誉市民称号的议案，并作出相应决定 5.审议市人大常委会主任会议《关于提请许可对个别市人大代表采取司法拘留措施的议案》，并作出相应决定 6.审议人事任免事项
第十二次	2018 年 6 月 28 日	35	17	1.听取和审议市政府关于实施《中华人民共和国老年人权益保障法》《福建省老年人权益保障条例》情况的报告以及市人大常委会执法检查报告 2.听取和审议市政府关于 2017 年度本级预算执行和其他财政收支情况的审计工作报告 3.审议市政府关于提请审查批准 2017 年本级决算草案的议案，并作出相应决议 4.听取和审议市政府研究处理《晋江市人大常委会关于晋江市实施〈中华人民共和国非物质文化遗产法〉情况的审议意见》情况的报告，并对办理情况开展满意度测评 5.审议人事任职事项
第十三次	2018 年 8 月 23 日 至 24 日	34	15	1.学习传达泉州市委人大工作会议精神（书面） 2.听取和审议“一府两院”关于生态环境资源司法保护工作情况的报告 3.听取和审议市政府关于 2018 年上半年本市国民经济和社会发展计划执行情况的报告

续表 3-12

次别	时间	出席	列席	会议议题
第十三次	2018 年 8 月 23 日 至 24 日	34	25	4.听取和审议市政府关于 2018 年上半年本级预算执行情况的报告 5.听取和审议市政府关于国民经济和社会发展第十三个五年规划实施情况中期评估报告 6.听取和审议市政府关于实施《中华人民共和国精神卫生法》情况的报告以及市人大常委会执法检查报告 7.听取和审议市政府关于住宅小区物业管理工作情况的报告 8.听取和审议市政府研究处理《晋江市人大常委会关于晋江市实施〈中华人民共和国水法〉情况的审议意见》情况的报告，并对办理情况开展满意度测评 9.审议市政府《关于提请审议晋江市与菲律宾达沃市建立友好城市关系的议案》，并作出相应决定 10.审议《晋江市人大常委会主任会议关于提请审议制定〈晋江市人大常委会关于对人大代表约谈、函询的暂行办法〉的议案》，并作出相应决定 11.评议市扶贫办精准扶贫工作情况
第十四次	2018 年 10 月 30 日	35	27	1.审议市政府关于提请审查批准 2018 年本级预算调整方案的议案，并作出相应决议 2.听取和审议市政府研究处理《晋江市人大常委会关于晋江市实施〈社区矫正实施办法〉〈福建省社区矫正实施细则（试行）〉情况的审议意见》情况的报告，并对办理情况开展满意度测评 3.听取和审议市政府研究处理《晋江市人大常委会关于2017 年度本级预算执行和其他财政收支情况的审计工作报告的审议意见》情况的报告，并对办理情况开展满意度测评 4.听取和审议市政府研究处理《晋江市人大常委会关于优化晋江市义务教育资源布局的审议意见》情况的报告，并对办理情况开展满意度测评 5.听取和审议市十七届人大二次会议第 1 号、第 65 号、第 148 号重点督办的代表建议办理情况的报告，并对办理情况分别开展满意度测评 6.评选 2018 年度市十七届人大代表优秀建议 7.审议人事任免事项 8.专题询问本市电梯安全管理工作情况，并进行满意度测评

续表 3-12

次别	时间	出席	列席	会议议题
第十五次	2018 年 11 月 27 日	34	6	审议《晋江市人大常委会主任会议关于补选市第十七届人民代表大会代表的议案》，并作出相应决定
第十六次	2018 年 12 月 14 日	34	15	1.听取市政府关于市十七届人大二次会议代表建议办理情况的报告以及市人大常委会相关工作报告 2.听取《晋江市扶贫办关于落实市人大常委会评议意见情况的报告》，并进行满意度测评 3.听取和审议市十六届人大三次会议《关于加快推进晋江市生态水域建设的决议》落实情况的报告 4.听取和审议晋江市第十七届人民代表大会常务委员会代表资格审查委员会关于市第十七届人民代表大会代表变动情况和补选代表资格审查的报告，并作出相应公告 5.讨论通过《晋江市人民代表大会常务委员会工作报告（讨论稿）》 6.讨论决定召开市十七届人大三次会议的有关事项 7.审议人事免职事项
第十七次	2018 年 12 月 29 日	39	7	1.听取市政府关于机构改革有关情况的报告（书面） 2.审议相关人事任免事项 3.其他事项
第十八次	2019 年 2 月 27 日	30	23	1.传达省十三届人大二次会议和泉州市十六届人大四次会议精神（书面） 2.听取《晋江市人大常委会 2019 年工作要点》的报告 3.通报市十七届人大三次会议重点代表建议 4.听取“两院”关于发挥司法职能，营造良好营商环境工作情况报告 5.听取市人大常委会内司委关于 2018 年度规范性文件备案审查情况的报告（书面） 6.审议《晋江市人大常委会主任会议关于个别街道人大工作委员会委员职务任免的议案》，并作出相应决定 7.审议个别市人大代表辞去代表职务的请求，并作出相应决定 8.审议人事免职事项 9.组织部分泉州市人大代表述职
第十九次	2019 年 4 月 23 日	35	26	1.传达十三届全国人大二次会议精神（书面） 2.听取市政府关于执行《晋江市人民代表大会常务委员会关于开展第七个五年法治宣传教育的决议》情况的报告 3.听取和审议市政府关于 2018 年度环境状况和环境保护目标完成情况的报告

续表 3-12

次别	时间	出席	列席	会议议题
第十九次	2019年4月23日	35	16	4.审议人事任免事项 5.审议市人大常委会个别组成人员的辞职请求，并作出相应决定 6.审议个别市人大代表辞去代表职务的请求，并作出相应决定 7.组织部分泉州市人大代表述职
第二十次	2019年6月26日	33	18	1.听取和审议市政府关于2018年度本级预算执行和其他财政收支情况的审计工作报告 2.审议市政府关于提请审查批准2018年本级决算草案的议案，并作出相应决议 3.听取和审议市政府研究处理《晋江市人大常委会关于晋江市实施老年人权益保障“一法一条例”情况的审议意见》情况的报告，并对办理情况开展满意度测评 4.听取和审议市政府研究处理《晋江市人大常委会关于小区物业管理工作情况的审议意见》情况的报告，并对办理情况开展满意度测评 5.审议个别市人大代表辞去代表职务的请求，并作出相应决定 6.审议人事任免事项 7.组织部分泉州市人大代表述职
第二十一次	2019年8月29日	34	23	1.听取和审议市政府关于2019年上半年本市国民经济和社会发展计划执行情况的报告 2.听取和审议市政府关于2019年上半年本级预算执行情况的报告 3.听取和审议市政府研究处理《晋江市人大常委会关于晋江市实施〈中华人民共和国精神卫生法〉情况的审议意见》情况的报告，并对办理情况开展满意度测评 4.审议人事任免事项 5.听取和审议“一府两院”研究处理《晋江市人大常委会关于晋江市生态环境资源司法保护工作情况的审议意见》情况的报告，并对办理情况开展满意度测评 6.听取和审议市公安局关于提请许可对个别市人大代表采取行政拘留措施的报告，并作出相应决定 7.组织部分泉州市人大代表述职

续表 3-12

次别	时间	出席	列席	会议议题
第二十二次	2019年 10月30日	35	23	1.审议市政府关于提请审查批准2019年本级预算调整方案的议案，并作出相应决议 2.听取和审议市政府关于市区交通秩序整治工作情况的报告 3.听取和审议市政府关于实施《中华人民共和国农产品质量安全法》情况的报告及市人大常委会执法检查报告 4.听取和审议市政府研究处理《晋江市人大常委会关于2018年度本级预算执行和其他财政收支情况的审计工作报告的审议意见》情况的报告，并对办理情况开展满意度测评 5.审议人事任免事项 6.听取和审议市十六届人大三次会议《关于加快推进晋江市生态水域建设的决议》落实情况的报告 7.评选市十七届人大三次会议优秀代表建议 8.听取和审议市十七届人大三次会议第33号（关于加强学校食品卫生安全工作的建议）、第137号（关于加快提升“世中运”人居环境的建议）、第142号（关于加强市区停车管理的建议）重点督办的代表建议办理情况的报告，并对办理情况分别开展满意度测评 9.其他事项
第二十三次	2019年 11月7日	35	6	1.审议个别市第十七届人民代表大会代表辞去代表职务的请求，并作出相应决定 2.审议《晋江市人大常委会主任会议关于选举（补选）市第十七届人民代表大会代表的议案》，并作出相应决定
第二十四次	2019年 12月12日	34	15	1.听取“一府两院”关于市十七届人大三次会议代表建议办理情况的报告以及市人大常委会相关工作报告 2.听取市政府关于2019年为民办实事工作情况的报告 3.听取和审议市公安局关于提请许可对个别市人大代表采取刑事强制措施的报告，并作出相应决定 4.听取和审议晋江市第十七届人民代表大会常务委员会代表资格审查委员会关于个别代表的代表资格审查的报告，并作出相应公告 5.审议个别泉州市人大代表辞去泉州市第十六届人民代表大会代表职务的请求，并作出相应决定 6.讨论通过《晋江市人民代表大会常务委员会工作报告（稿）》 7.讨论决定召开市十七届人大四次会议的有关事项 8.审议人事任免事项

续表 3-12

次别	时间	出席	列席	会议议题
第二十五次	2020 年 2 月 28 日	43	14	1.传达省十三届人大三次会议和泉州市十六届人大五次会议精神（书面） 2.传达于伟国同志在省十三届人大常委会第十六次会议上的讲话精神（书面） 3.听取《晋江市人大常委会 2020 年工作要点》的报告（书面） 4.通报晋江市十七届人大四次会议重点督办的代表建议（书面） 5.听取市人大常委会内司委关于 2019 年度规范性文件备案审查情况的报告（书面） 6.审议《晋江市人大常委会主任会议关于调整市第十七届人大常委会领导及委员分工的议案》 7.审议《晋江市人大常委会主任会议关于调整市第十七届人大常委会组成人员联系代表分工的议案》 8.审议《晋江市人大常委会主任会议关于调整市第十七届人大常委会代表资格审查委员会的议案》 9.审议《晋江市人大常委会主任会议关于调整市人大常委会依法治市领导小组组成人员的议案》 10.审议《晋江市人大常委会主任会议关于调整市人大常委会妇女儿童工作组组成人员的议案》 11.审议人事任免事项 12.听取和审议市政府关于 2020 年提前批专项债券新增额度使用方案有关事项的报告，并作出相应决议
第二十六次	2020 年 4 月 28 日	43	18	1.传达学习《中共福建省委关于加强新时代人大工作和建设的决定》 2.审议《晋江市人大常委会主任会议关于提请设立“平安晋江共建日”的议案》，并作出相应决定 3.听取和审议市政府关于 2019 年度环境状况和环境保护目标完成情况的报告，并进行满意度测评 4.听取市公安局关于“放管服”改革工作情况的报告 5.听取和审议市公安局关于提请许可对个别市人大代表采取刑事强制措施的报告，并作出相应决定 6.审议个别市人大代表辞去代表职务的请求，并作出相应决定 7.组织部分泉州市人大代表述职

续表 3-12

次别	时间	出席	列席	会议议题
第二十七次	2020 年 6 月 23 日	40	16	1.传达学习十三届全国人大三次会议精神 2.听取和审议市政府关于 2019 年度本级预算执行和其他财政收支情况的审计工作报告，并进行满意度测评 3.审议市政府《关于提请审查批准 2019 年本级决算草案的议案》，并作出相应决议 4.审议市政府《关于提请审议 2020 年地方政府债券额度的议案》，并作出相应决议 5.听取和审议市政府关于实施《泉州海上丝绸之路史迹保护条例》情况的报告及市人大常委会执法检查报告 6.审议人事任免事项 7.组织部分泉州市人大代表述职
第二十八次	2020 年 8 月 27 日	41	21	1.学习传达习近平总书记在中央政治局第二十次集体学习时的重要讲话精神、《中华人民共和国民法典》及《关于〈中华人民共和国民法典（草案）的说明〉》、习近平总书记对“十四五”规划编制工作重要指示精神 2.听取和审议市政府关于 2020 年上半年本市国民经济和社会发展计划执行情况的报告，并进行满意度测评 3.听取和审议市政府关于 2020 年上半年本级预算执行情况的报告，并进行满意度测评 4.听取和审议市法院关于知识产权司法保护工作情况的报告，并进行满意度测评 5.听取市政府关于本市传染病防治工作情况的报告 6.听取和审议市政府研究处理《晋江市人大常委会关于晋江市实施〈中华人民共和国农产品质量安全法〉情况的审议意见》情况的报告，并对办理情况开展满意度测评 7.组织部分泉州市人大代表述职 8.审议人事免职事项 9.审议市人大常委会个别组成人员的辞职请求，并作出相应决定
第二十九次	2020 年 10 月 30 日	39	23	1.审议市政府关于 2020 年新增债务限额及抗疫特别国债预算调整方案的议案，并作出相应决议 2.听取和审议市政府关于 2019 年度国有企业资产管理情况的报告和 2019 年度国有资产管理情况的综合报告 3.听取和审议市政府研究处理《晋江市人大常委会关于 2019 年度本级预算执行和其他财政收支情况的审计工作报告的审议意见》情况的报告，并进行满意度测评

续表 3-12

次别	时间	出席	列席	会议议题
第二十九次	2020 年 10 月 30 日	39	19	4.听取和审议市政府关于实施《中华人民共和国食品安全法》和《福建省食品安全条例》情况的报告及市人大常委会执法检查报告，并进行满意度测评 5.听取和审议市检察院关于未成年人检察工作情况的报告，并进行满意度测评 6.审议人事任免事项 7.听取和审议市政府研究处理《晋江市人大常委会关于市区交通秩序整治工作情况的审议意见》情况的报告，并进行满意度测评 8.听取和审议市十七届人大四次会议第 13 号（关于改造提升老旧工业区的建议）、第 131 号（关于加强农村人居环境整治的建议）重点督办的代表建议办理情况的报告，并对办理情况分别开展满意度测评 9.评选 2020 年度市十七届人大代表优秀建议 10.审议市人大常委会个别组成人员的辞职请求，并作出相应决定 11.审议市十七届人民代表大会代表补选等事项
第三十次	2020 年 11 月 24 日	36	12	1.传达贯彻党的十九届五中全会以及省委常委会会议、泉州市委常委会会议、晋江市委常委会（扩大）会议精神 2.审议人事任免事项 3.审议市人大常委会个别组成人员的相关辞职请求，并作出相应决定 4.审议个别市人大代表辞去代表职务的请求，并作出相应决定 5.审议市十七届人民代表大会代表补选等事项
第三十一次	2020 年 12 月 8 日	36	7	1.审议人事免职事项 2.审议个别市人大代表辞去代表职务的请求，并作出相应决定 3.审议市十七届人民代表大会代表补选等事项
第三十二次	2020 年 12 月 24 日	35	9	1.审议市政府关于提请审查批准 2020 年本级预算调整方案的议案，并作出相应决议 2.补选泉州市第十六届人民代表大会代表 3.审议补选晋江市第十七届人民代表大会代表的有关事项 4.听取“一府两院”关于市十七届人大四次会议代表建议办理情况的报告以及市人大常委会相关工作报告 5.听取市政府关于 2020 年为民办实事工作情况的报告

续表 3-12

次别	时间	出席	列席	会议议题
第三十二次	2020 年 12 月 24 日	35	15	6.听取和审议市十六届人大三次会议《关于加快推进晋江市生态水域建设的决议》落实情况的报告，并进行满意度测评 7.讨论通过《晋江市人民代表大会常务委员会工作报告（讨论稿）》 8.讨论决定召开市第十七届人民代表大会第五次会议的有关事项
第三十三次	2021 年 1 月 9 日	37	8	1.听取和审议晋江市第十七届人民代表大会常务委员会代表资格审查委员会关于市第十七届人民代表大会代表变动情况和补选代表资格审查的报告，并作出相应公告 2.审议人事任免事项 3.审议市第十七届人民代表大会第五次会议的有关建议名单
第三十四次	2021 年 3 月 5 日	38	29	1.传达贯彻省十三届人大五次会议、泉州市十六届人大六次会议精神（书面） 2.听取《晋江市人大常委会 2021 年工作要点》的报告 3.通报晋江市十七届人大五次会议重点督办的代表建议 4.听取市人大常委会内司委关于 2020 年度规范性文件备案审查情况的报告（书面） 5.审议晋江市人大常委会主任会议关于提请废止《晋江市人民代表大会常务委员会关于实施〈福建省各级人民代表大会常务委员会规范性文件备案审查规定〉的意见》的议案，并作出相应决定 6.审议《晋江市人大常委会主任会议关于调整市第十七届人大常委会领导及委员分工的议案》，并作出相应决定 7.审议《晋江市人大常委会主任会议关于调整市第十七届人大常委会代表资格审查委员会部分组成人员的议案》，并作出相应决定 8.审议《晋江市人大常委会主任会议关于调整市人大常委会依法治市领导小组部分组成人员的议案》，并作出相应决定 9.审议《晋江市人大常委会主任会议关于调整市人大常委会妇女儿童工作组个别组成人员的议案》，并作出相应决定 10.审议人事事项

续表 3-12

次别	时间	出席	列席	会议议题
第三十五次	2021 年 4 月 29 日	37	11	1.听取市政府关于《晋江市人民代表大会常务委员会关于开展第七个五年法治宣传教育的决议》执行情况的报告 2.听取和审议市政府关于 2020 年度环境状况和环境保护目标完成情况的报告，并进行满意度测评 3.审议《晋江市人大常委会主任会议关于提请审议制定〈晋江市人民代表大会常务委员会关于法官检察官履职评议的暂行办法〉的议案》，并作出相应决定 4.审议人事免职事项
第三十六次	2021 年 6 月 29 日	39	26	1.审议人事任免事项 2.听取和审议市政府关于 2020 年度本级预算执行和其他财政收支情况的审计工作报告，并进行满意度测评 3.审议市政府《关于提请审查批准 2020 年本级决算草案的议案》，并作出相应决议 4.审议市政府《关于提请审议 2021 年地方政府债券预算调整方案的议案》，并作出相应决议 5.听取和审议市法院研究处理《晋江市人大常委会关于市法院知识产权司法保护工作情况的审议意见》情况的报告，并对办理情况开展满意度测评 6.听取和审议市政府研究处理《晋江市人大常委会关于检查〈中华人民共和国食品安全法〉及〈福建省食品安全条例〉实施情况的审议意见》情况的报告，并对办理情况开展满意度测评 7.听取和审议市政府研究处理《晋江市人大常委会关于晋江市实施〈泉州海上丝绸之路史迹保护条例〉情况的审议意见》情况的报告，并对办理情况开展满意度测评 8.审议晋江市人大常委会主任会议关于提请废止《晋江市人民代表大会常务委员会讨论决定重大事项的暂行规定》的议案，并作出相应决定 9.审议晋江市人大常委会主任会议关于各镇人民代表大会代表名额的议案，并作出相应决定 10.组织部分泉州市人大代表述职 11.审议市人大常委会个别组成人员的辞职请求，并作出相应决定
第三十七次	2021 年 7 月 21 日	37	7	1.审议人事任免事项 2.审议市人大常委会个别组成人员的辞职请求，并作出相应决定
第三十八次	2021 年 7 月 26 日	36	7	审议人事任免事项

续表 3-12

次别	时间	出席	列席	会议议题
第三十九次	2021 年 8 月 10 日	39	10	1.审议人事任免事项 2.审议市人大常委会个别组成人员的辞职请求，并作出相应决定 3.听取和审议市检察院研究处理《晋江市人大常委会关于晋江市未成年人检察工作情况的审议意见》情况的报告，并对办理情况进行满意度测评
第四十次	2021 年 8 月 19 日	36	19	1.审议人事事项 2.听取和审议市政府关于 2021 年上半年本市国民经济和社会发展计划执行情况的报告，并进行满意度测评 3.听取和审议市政府关于 2021 年上半年本级预算执行情况的报告，并进行满意度测评 4.审议市政府《关于提请审议 2021 年第二批新增债务限额及抗疫特别国债预算调整方案的议案》，并作出相应决议 5.听取市公安局关于智慧警务工作情况的报告 6.听取市政府关于《“健康晋江”2030 行动规划》工作情况的报告 7.听取和审议市政府关于实施《泉州市市容和环境卫生管理条例》情况的报告，并进行满意度测评 8.审议个别市十七届人大代表辞去代表职务的请求，并作出相应决定
第四十一次	2021 年 9 月 17 日	35	14	专题询问本市城乡人居环境整治情况，并进行满意度测评
第四十二次	2021 年 9 月 24 日	35	16	1.审议通过 2021 年晋江市市、镇两级人民代表大会换届选举的有关事项： (1)《晋江市人大常委会关于 2021 年市镇两级人民代表大会代表换届选举日的决定（草案）》 (2)《晋江市人大常委会关于设立市选举委员会的决定（草案）》 (3)《晋江市人大常委会关于设立各镇选举委员会的决定（草案）》 (4)《晋江市人大常委会关于 2021 年市镇两级人民代表大会换届选举工作的实施方案（草案）》 (5)《晋江市人大常委会关于授权市人大常委会主任会议处理换届选举工作中有关事宜的决定（草案）》 2.审议人事任免事项 3.对市法院部分法官、市检察院部分检察官进行履职评议

续表 3-12

次别	时间	出席	列席	会议议题
第四十三次	2021 年 10 月 28 日	33	23	1.传达贯彻中央人大工作会议精神 2.传达贯彻泉州市第十三次党代会精神及泉州市委常委会、晋江市委常委会会议精神 3.听取市政府关于《关于在全市公民中开展法治宣传教育的第八个五年规划（2021—2025 年）》制定情况的报告，并作出相应决议 4.听取和审议市政府关于 2020 年度国有资产管理情况的综合报告，并进行满意度测评 5.听取和审议市政府研究处理《晋江市人大常委会关于 2020 年度本级预算执行和其他财政收支情况的审计工作报告的审议意见》情况的报告，并对部分被审计单位进行满意度测评 6.听取和审议市政府关于实施《中华人民共和国消防法》和《福建省消防条例》情况的报告，并进行满意度测评 7.听取和审议市十六届人大三次会议《关于加快推进晋江市生态水域建设的决议》落实情况的报告，并进行满意度测评 8.听取和审议市十七届人大五次会议第 7 号（关于加快紫帽山景区建设的建议）、第 36 号（关于加强全市农贸市场改造、管理的建议）、第 88 号（关于推进行政审批服务提质增效、营造一流营商环境的建议）重点督办的代表建议办理情况的报告，并对办理情况分别开展满意度测评 9.评选 2021 年度市十七届人大代表优秀建议
第四十四次	2021 年 11 月 26 日	37	15	1.传达贯彻党的十九届六中全会精神以及省委常委会、泉州市委常委会、晋江市委常委（扩大）会议精神 2.审议市政府关于提请审查批准 2021 年本级预算调整方案的议案，并作出相应决议 3.听取关于市十七届人大五次会议代表建议办理情况的报告以及市人大常委会相关工作报告 4.听取市政府关于 2021 年为民办实事工作情况的报告；审议人事任免事项 5.审议市人大常委会个别组成人员的辞职请求，并作出相应决定 6.讨论决定召开市第十八届人民代表大会第一次会议的有关事项

续表 3-12

次别	时间	出席	列席	会议议题
第四十五次	2021 年 12 月 2 日	35	8	1.传达贯彻中国共产党福建省第十一次代表大会、中国共产党福建省第十一届委员会第一次全体会议精神，省委尹力书记等省领导在参加省第十一次党代会泉州代表团审议时的讲话精神及泉州市委常委会会议、晋江市委常委会（扩大）会议精神 2.听取晋江市选举委员会办公室关于 2021 年晋江市市镇两级人大代表换届选举工作情况的报告（书面） 3.听取和审议晋江市第十七届人民代表大会常务委员会代表资格审查委员会关于晋江市第十八届人民代表大会代表选举情况及代表资格审查的报告，并作出相应公告 4.讨论通过《晋江市人民代表大会常务委员会工作报告（讨论稿）》 5.讨论决定召开市第十八届人民代表大会第一次会议的有关事项 6.其他

六、晋江市第十八届人大常委会会议（2022 年起）

2022 年起晋江市第十八届人大常委会会议一览表

表 3-13　单位：人

次别	时间	出席	列席	会议议题
第一次	2022 年 2 月 22 日	41	18	1.审议《晋江市人大常委会主任会议关于设立市第十八届人民代表大会常务委员会代表资格审查委员会的议案》，并作出相应的决定 2.审议人事任免事项 3.传达省十三届人大六次会议、泉州市十七届人大一次会议精神 4.听取《晋江市人大常委会 2022 年工作要点》的报告 5.通报晋江市十八届人大一次会议重点督办的代表建议 6.听取和审议晋江市人大常委会内司委关于 2021 年度规范性文件备案审查情况的报告 7.审议《晋江市人大常委会主任会议关于市第十八届人大常委会领导及委员分工的议案》，并作出相应的决定 8.审议《晋江市人大常委会主任会议关于市第十八届人大常委会驻会委员联系指导镇（街道）人大工作的议案》，并作出相应的决定 9.审议《晋江市人大常委会主任会议关于调整市人大常委会信访工作领导小组组成人员的议案》，并作出相应的决定 10.审议《晋江市人大常委会主任会议关于调整市人大常委会依法治市领导小组组成人员的议案》，并作出相应的决定

续表 3-13

次别	时间	出席	列席	会议议题
第一次	2022 年 2 月 22 日	41	18	11.审议《晋江市人大常委会主任会议关于调整市人大常委会妇女儿童工作组组成人员的议案》，并作出相应的决定 12.审议《晋江市人大常委会主任会议关于市人大常委会各委员会聘请兼职委员的议案》，并作出相应的决定 13.审议《晋江市人大常委会主任会议关于调整街道人大工作委员会委员的议案》，并作出相应的决定
第二次	2022 年 4 月 28 日	37	12	1.传达贯彻十三届全国人大五次会议精神 2.审议市政府《关于提请审议 2022 年第一批地方政府债券预算调整方案的议案》，并作出相应决议 3.听取市政府关于 2021 年法治政府建设情况的报告 4.听取市政府关于本市文化产业发展工作情况的报告 5.听取和审议市政府关于 2021 年度环境状况和环境保护目标完成情况的报告，并进行满意度测评 6.审议人事任免事项
第三次	2022 年 6 月 23 日	37	24	1.听取和审议市政府关于 2021 年度本级预算执行和其他财政收支情况的审计工作报告，并进行满意度测评 2.审议市政府《关于提请审查批准 2021 年本级决算草案的议案》，并作出相应决议 3.审议市政府《关于提请审议 2022 年第二批地方政府债券预算调整方案的议案》，并作出相应决议 4.听取市政府关于 2021 年度地方政府性债务管理情况的报告 5.听取和审议市公安局打击侵犯企业权益经济犯罪，助力优化营商环境工作情况的报告，并进行满意度测评 6.听取和审议市政府关于进一步减轻义务教育阶段学生作业负担和校外培训负担工作情况的报告，并进行满意度测评 7.听取市政府关于侨乡文化建设情况的报告 8.听取和审议市政府研究处理《晋江市人大常委会关于城乡人居环境整治工作专题询问的意见》情况的报告，并对办理情况开展满意度测评 9.听取和审议市政府研究处理《晋江市人大常委会关于〈泉州市市容和环境卫生管理条例〉实施情况的审议意见》情况的报告，并对办理情况开展满意度测评 10.听取和审议市政府研究处理《晋江市人大常委会关于〈中华人民共和国消防法〉及〈福建省消防条例〉实施情况的审议意见》情况的报告，并对办理情况开展满意度测评

续表 3-13

次别	时间	出席	列席	会议议题
第四次	2022 年 8 月 30 日	41	18	1.审议人事任免事项 2.听取和审议市政府关于 2022 年上半年本市国民经济和社会发展计划执行情况的报告，并进行满意度测评 3.听取和审议市政府关于 2022 年上半年本级预算执行情况的报告，并进行满意度测评 4.听取和审议市政府关于本市乡村振兴工作情况的报告，并进行满意度测评 5.听取市政府关于铸牢中华民族共同体意识，推动新时代本市民族工作高质量发展情况的报告 6.听取和审议市监委关于惩治涉黑涉恶腐败和“保护伞”专项工作情况的报告 7.对市法院部分法官、市检察院部分检察官进行履职评议 8.听取和审议市公安局关于提请许可对个别市人大代表采取刑事强制措施的报告，并作出相应决定
第五次	2022 年 10 月 28 日	41	23	1.传达学习贯彻党的二十大精神和党的十九届七中全会、二十届一中全会精神以及省委常委会（扩大）会议、泉州市委常委会（扩大）会议、晋江市委常委会（扩大）会议精神 2.审议人事任免事项 3.听取和审议市政府关于 2021 年度国有自然资源资产管理情况的专项报告，并进行满意度测评；审议市政府关于 2021 年度国有资产管理情况的综合报告 4.听取和审议市政府研究处理《晋江市人大常委会关于 2021 年度本级预算执行和其他财政收支情况的审计工作报告的审议意见》情况的报告，并对部分被审计单位进行满意度测评 5.听取和审议市政府关于实施《中华人民共和国未成年人保护法》和《中华人民共和国预防未成年人犯罪法》情况的报告，并进行满意度测评 6.听取和审议市十八届人大一次会议第 11 号（关于构建社会各方共同参与机制，助力乡村振兴的建议）、第 41 号（关于加快“全市一区”整合，推进晋江经济开发区高质量发展的建议）、第 49 号（关于加快科技赋能，促进传统产业转型升级的建议）重点督办的代表建议办理情况的报告，并对办理情况分别开展满意度测评 7.审议个别市人大代表辞去代表职务的请求，并作出相应决定 8.审议市十八届人民代表大会代表选举（补选）等事项

续表 3-13

次别	时间	出席	列席	会议议题
第六次	2022 年 12 月 15 日	41	20	1.审议市政府关于提请审查和批准 2022 年度财政预算调整方案的议案，并作出相应决议 2.听取和审议市政府关于实施《中华人民共和国中医药法》情况的报告，并进行满意度测评 3.听取市政府关于本市优化高中阶段教育工作情况的报告 4.听取市检察院关于加强新时代检察机关法律监督工作情况的报告 5.听取市政府关于 2022 年为民办实事工作情况的报告 6.听取关于市十八届人大一次会议代表建议办理情况的相关报告 7.评选 2022 年度市十八届人大代表优秀建议 8.审议人事任免事项 9.听取和审议晋江市第十八届人民代表大会常务委员会代表资格审查委员会关于市第十八届人民代表大会代表变动情况和选举（补选）代表资格审查的报告，并作出相应公告 10.讨论通过《晋江市人民代表大会常务委员会工作报告（讨论稿）》 11.讨论决定召开市第十八届人民代表大会第二次会议的有关事项

第三节　晋江市人大常委会主任（扩大）会议

2002—2022 年，晋江市人大常委会先后召开 364 次主任（扩大）会议，处理人大常委会的重要日常工作。

一、晋江市第十三届人大常委会主任（扩大）会议（2002—2004 年）

2002—2004 年晋江市第十三届人大常委会主任（扩大）会议一览表

表 3-14

次别	时间	会议议题
第六十次	2002 年 1 月 4 日	1.会议讨论修改市人大常委会工作报告 2.讨论市十三届人大四次会议有关事项 3.讨论召开市第十三届人大常委会第二十二次会议的有关事项 4.讨论市政府有关财政预决算事项

续表 3-14

次别	时间	会议议题
第六十一次	2002 年 2 月 8 日	1.讨论成立《晋江市人大志》编委会、编辑室等事项 2.讨论市人大常委会 2002 年工作意见 3.讨论春节前后的有关事项
第六十二次	2002 年 2 月 27 日	1.讨论修改《晋江市人大常委会 2002 年工作要点》 2.讨论决定召开市第十三届人大常委会第二十三次会议的有关事项
第六十三次	2002 年 4 月 2 日	1.讨论确定召开市人大常委会第二十四次会议的有关事项 2.听取市政府《关于晋江市科学技术发展“十五”计划和 2002 年规划纲要》的编制说明
第六十四次	2002 年 5 月 10 日	1.听取市政府关于市区旧城改造建设一期工程进展情况汇报 2.讨论通过关于对市农业局吴礼法局长等 4 位同志开展述职评议工作方案
第六十五次	2002 年 5 月 30 日	1.讨论关于市司法局长许家斗局长和市农业局吴礼法局长任职情况的调查报告 2.讨论确定召开市人大常委会第二十五次会议的有关事项
第六十六次	2002 年 7 月 2 日	听取市公安局关于贯彻执行户籍制度改革的实施意见的汇报
第六十七次	2002 年 7 月 9 日	1.听取市财政局关于 2002 年上半年工作情况汇报 2.听取市规划建设局关于中等城市规划设想的汇报
第六十八次	2002 年 7 月 25 日	听取市财政局关于晋江市部门预算改革实施意见的汇报
第六十九次	2002 年 8 月 2 日	1.传达市委关于推荐提请市第十三届人大常委会第二十六次会议审议的人事任免意见 2.讨论决定召开市第十三届人大常委会第二十六次会议的有关事项
第七十次	2002 年 8 月 20 日	会议讨论决定召开市第十三届人大常委会第二十七次会议的有关事项
第七十一次	2002 年 10 月 15 日	1.听取市综治委关于晋江市社会治安综合治理情况汇报 2.讨论市检察院柯副检察长、市文体局局长、市科技局局长的书面述职报告
第七十二次	2002 年 10 月 25 日	1.讨论市政府关于《晋江市 2002 年财政预算调整方案》 2.讨论晋江市 2002 年镇级人大换届选举有关事项 3.讨论接受市第十三届人民代表大会代表辞职的有关事项 4.讨论补选市第十三届人民代表大会代表的有关事项；讨论决定关于召开市第十三届人大常委会第二十八次会议的有关事项 5.讨论《晋江市人大常委会关于“四五”普法教育工作的检查意见》

续表 3-14

次别	时间	会议议题
第七十三次	2002 年 11 月 7 日	1.讨论市有关部门关于 2002 年镇级人大换届选举中不宜提名推荐为代表候选人的对象的意见 2.讨论市人大常委会主任、党组书记、副主任和各工委主任、副主任分组到各镇检查镇级人大换届选举工作的有关事项
第七十四次	2002 年 11 月 12 日	会议听取各小组到各镇了解镇级人大换届选举工作情况的汇报，讨论检查中反映的一些问题
第七十五次	2002 年 11 月 20 日	1.讨论决定召开市第十三届人大常委会第二十九次会议的有关事项 2.讨论对“两院”提请任命人员实行“三个一”任前考察方案
第七十六次	2003 年 1 月 13 日	1.讨论决定召开市第十三届人大常委会第三十次会议有关事项 2.讨论市第十三届人民代表大会第五次会议的时间及有关安排 3.讨论市人大常委会 2002 年工作报告 4.研究春节前有关事务
第七十七次	2003 年 2 月 21 日	1.讨论市人大常委会 2003 年工作要点 2.宣布市人大常委会副主任分工 3.讨论决定召开市第十三届人大常委会第三十一次会议的有关事项
第七十八次	2003 年 3 月 10 日	1.听取市公安交警大队受市政府委托所作的《公安交通管理工作汇报》 2.讨论通过《关于检查公安交警执法工作情况的方案》 3.讨论通过《关于〈中华人民共和国土地管理法〉执行情况检查方案》
第七十九次	2003 年 3 月 28 日	1.听取市地税局关于《中华人民共和国税收征收管理法》实施情况的报告 2.听取和审议市人大常委会执法检查监督组《关于公安交警执法工作情况检查报告》 3.听取和审议市人大常委会执法检查监督组关于《中华人民共和国土地管理法》执行情况检查报告
第八十次	2003 年 4 月 11 日	听取市政府关于 2002 年本级财政收支执行和其他财政收支情况的审计工作报告
第八十一次	2003 年 4 月 17 日	1.讨论市政府关于驻地迁移的议案 2.讨论通过市人大常委会述职评议调查组关于市人民法院叶炳生副院长任职情况的调查报告 3.讨论通过市人大常委会执法检查监督组关于《中华人民共和国职业病防治法》执法检查情况报告 4.听取和审议市政府关于《价格法执行情况汇报》 5.讨论决定召开市第十三届人大常委会第三十二次会议的有关事项

续表 3-14

次别	时间	会议议题
第八十二次	2003 年 5 月 7 日	1.听取和评议市法院副院长叶炳生的述职报告，并进行测评 2.讨论通过关于市外事侨务办主任郭永通任职情况的评议意见，并进行测评 3.讨论通过关于开展公安边防执法检查方案，关于民政局局长黄诗舰、交通局局长洪清伦述职评议方案，关于组织到部分镇召开人大代表座谈会的工作方案
第八十三次	2003 年 5 月 14 日	1.听取市民政局关于晋江市市区镇改街和部分行政区划调整方案的汇报 2.听取市政局关于市政重点工程建设情况的汇报 3.讨论决定召开市第十三届人大常委会第三十三次会议的有关事项
第八十四次	2003 年 5 月 19 日	1 审议市政府关于部分行政区划调整的议案并作相应决议 2 通报晋江市创建公共行政体制试点改革有关情况
第八十五次	2003 年 5 月 28 日	1.听取市政府关于部门预算和会计集中核算工作情况汇报、关于旧城改造和新区建设进展情况汇报 2.审查市政府《关于加强森林公园规划区保护管理的通告（草案）》 3.讨论通过关于市民政局局长、交通局局长任职情况的调查报告
第八十六次	2003 年 7 月 11 日	1.听取、审议市公安局关于报请对市第十三届人大代表杨其塔采取强制措施的报告 2.讨论关于组织视察社会治安综合治理情况方案 3.讨论关于 2003 年市级人大换届选举工作调研方案
第八十七次	2003 年 7 月 30 日	1.听取市政府关于 2003 年上半年经济社会发展计划执行情况报告 2.听取市政府关于 2003 年上半年预算执行情况报告
第八十八次	2003 年 8 月 1 日	1.讨论通过关于组织对拟任市人民法院审判人员、市人民检察院检察人员进行任前“三个一”考察的方案 2.讨论通过关于组织视察外来人口计生管理工作情况的方案 3.讨论形成关于视察晋江市劳动用工情况的报告
第八十九次	2003 年 8 月 8 日	1.听取市公安局、市工业园区工作情况汇报 2.讨论决定关于召开市第十三届人大常委会第三十五次会议的有关事项
第九十次	2003 年 9 月 2 日	1.讨论形成关于晋江市外来人口计生管理工作情况的视察报告 2.讨论形成关于晋江市政府 2003 年上半年工作报告的审议意见 3.讨论形成关于晋江市法院 2003 年上半年工作报告的审议意见 4.讨论形成关于晋江市检察院 2003 年上半年工作报告的审议意见 5.讨论通过关于“双高普九”检查方案

续表 3-14

次别	时间	会议议题
第九十一次	2003 年 10 月 10 日	1.讨论通过关于组织对晋江市“三合一”厂房整治落实情况进行视察的方案 2.讨论通过关于组织检查市十三届人大五次会议部分代表建议办理落实情况的方案
第九十二次	2003 年 10 月 28 日	1.讨论市政府关于提请将 12 月 18 日定为晋江市“慈善日”的议案 2.审议市政府关于 2003 年财政预算调整方案的报告 3.讨论 2003 年市级人大换届选举有关事项 4.讨论决定关于召开市第十三届人大常委会第三十六次会议的有关事项
第九十三次	2003 年 11 月 21 日	1.讨论通过关于市法院、市检察院部分工作人员书面述职的方案 2.讨论形成晋江市“双高普九”工作的视察报告 3.讨论形成晋江市“三合一”整治工作的视察报告 4.听取市人民法院关于执行工作情况汇报
第九十四次	2003 年 11 月 28 日	1.听取市检察院关于反贪和法纪工作情况汇报 2.听取市行政审批服务中心工作情况汇报
第九十五次	2003 年 12 月 22 日	1.取市人大常委会办公室关于 2003 年信访工作汇报 2.听取市人大常委会法制工委关于 2003 年司法案件督办情况汇报 3.讨论决定召开市第十三届人大常委会第三十八次会议的有关事项 4.讨论拟提交市第十三届人大常委会第三十八次会议审议的议案、草案

二、晋江市第十四届人大常委会主任（扩大）会议（2004—2006 年）

2004—2006 年晋江市第十四届人大常委会主任（扩大）会议一览表

表 3-15

次别	时间	会议议题
第一次	2004 年 2 月 9 日	讨论市人大常委会 2004 年工作要点

续表 3-15

次别	时间	会议议题
第二次	2004 年 2 月 20 日	1.讨论关于晋江市第十四届人大常委会组成人员分工 2.讨论关于晋江市第十四届人大常委会组成人员联系代表分工 3.讨论关于成立晋江市第十四届人大常委会代表资格审查委员会 4.讨论关于设立晋江市人大常委会妇女儿童工作组 5.讨论关于调整晋江市人大常委会依法治市领导小组成员 6.讨论晋江市人大常委会 2004 年工作要点
第三次	2004 年 3 月 26 日	听取市政府关于防治高致病性禽流感工作情况汇报，关于优抚安置工作情况汇报
第四次	2004 年 4 月 23 日	1.听取市政府关于侨务工作情况汇报 2.讨论关于对晋江市公安局进行工作评议的实施方案 (草案) 3.讨论关于聘请部分工委委员的有关事项 4.听取市人大常委会法制工委关于对市交警大队创建“人民满意交警队”活动的调研情况和初步意见 5.讨论决定召开市第十四届人大常委会第二次会议的有关事项
第五次	2004 年 5 月 24 日	1.听取市国税局关于执行《中华人民共和国税收征收管理法》情况汇报 2.听取关于检查市法院 2003 年度发回重审及重大改判案件情况的初步意见 3.听取关于晋江市突发性公共卫生事件预防控制和应急救治体系建设情况的视察意见 4.讨论关于对市检察院提请任命人员进行任前“三个一”考察的工作方案
第六次	2004 年 6 月 2 日	讨论关于厦门海关对晋江市人大代表林雨传采取强制措施的函
第七次	2004 年 6 月 17 日	1.讨论市政府关于 2003 年本级财政收支决算的报告 2.讨论关于开展宪法宣传暨人民代表大会成立 50 周年、地方人大设立常委会 25 周年纪念活动的方案
第八次	2004 年 7 月 26 日	1.听取市旅游局关于晋江市旅游规划情况的汇报 2.听取市人大常委会法制工委、农经工委关于晋江市劳动力转移和劳动用工调研情况的汇报 3.听取市人大常委会城建工委关于晋江市盘活和经营土地资源调研情况的汇报 4.讨论确定了召开市第十四届人大常委会第三次会议的有关事项

续表 3-15

次别	时间	会议议题
第九次	2004 年 8 月 2 日	1.听取市政府关于 2004 年上半年国民经济和社会发展计划执行情况的报告、关于 2003 年以来依法治市工作情况汇报 2.听取市人大常委会法制工委关于对市检察院拟任检察员进行“三个一”任前考察情况的汇报 3.听取市人大常委会办公室信访科关于 2004 年上半年信访工作情况汇报
第十次	2004 年 9 月 2 日	1.听取市政府关于增加农民收入工作情况的汇报 2.对《晋江市人民政府关于调整 2004 年重点建设、重点前期项目的议案》进行初审 3.听取市人大常委会视察组关于晋江市纺织服装业科技创新、产业升级情况的视察报告 4.讨论确定召开市第十四届人大常委会第四次会议的有关事项
第十一次	2004 年 9 月 8 日	听取并审议市公安局关于提请市人大常委会许可对一名涉嫌刑事犯罪的市人大代表采取强制措施的情况报告，决定许可市公安局对该代表采取强制措施
第十二次	2004 年 9 月 29 日	1.讨论市人大常委会关 2004 年上半年市政府工作报告的审议意见 2.讨论关于 2004 年上半年市法院工作报告的审议意见、关于 2004 年上半年市检察院工作报告的审议意见
第十三次	2004 年 10 月 13 日	1.听取市工业园区管委会关于《晋江科技工业园区建设情况汇报》 2.听取市政府关于《晋江市文化市场管理工作汇报》、关于《晋江市贯彻实施行政许可法工作情况汇报》
第十四次	2004 年 10 月 22 日	1.听取市政府关于 2004 年财政收支预算调整方案的报告，关于村改社居、社区整合工作的报告，关于城市总体规划修编、市域概念规划编制情况的报告 2.讨论市人大常委会农经工委、财经工委、城建工委聘请兼职委员以及召开市第十四届人大常委会第五次会议的有关事项
第十五次	2004 年 11 月 1 日	1.听取和讨论市人大常委会评议工作领导组关于评议市公安局工作的调查情况报告 2.讨论确定召开评议大会的有关事项
第十六次	2004 年 11 月 10 日	讨论通过《晋江市人大常委会关于对晋江市公安局工作的评议意见》

续表 3-15

次别	时间	会议议题
第十七次	2004 年 11 月 23 日	1.组织学习全省人大工作会议精神 2.讨论通过晋江市人大常委会检查组《关于检查市检察院 2003 年以来不起诉案件情况的意见》 3.决定组织对市法院提请任命为审判员的 4 名助理审判员进行任前“三个一”考察，决定组织对有关单位办理人大信访交办、督办件情况进行检查，决定组织市法院、检察院 2001 年、2002 年任职的 15 名审判员、检察员向市人大常委会进行书面述职
第十八次	2004 年 12 月 9 日	1.听取市政府关于高教园区建设情况的汇报 2.讨论市人大常委会检查组《关于晋江市执行环境影响评价法情况的检查意见》
第十九次	2004 年 12 月 17 日	1.听取市财政局关于市对镇 (街道) 财政体制改革情况的报告 2.听取市人大常委会法制工委关于对市法院提请任命人员的“三个一”考察情况汇报 3.讨论提出《晋江市人大常委会主任会议关于补选晋江市第十四届人民代表大会代表的议案》，讨论确定召开市第十四届人大常委会第六次会议的有关事项，决定以票决的形式确定 2005 年向市人大常委会述职的市政府工作部门领导
第二十次	2005 年 1 月 10 日	1.听取市政府关于 2003 年度本级财政预算执行和其他财政收支审计意见（决定）落实情况的报告 2.讨论确定市法院人民陪审员的名额 3.听取晋江市第十四届人大常委会代表资格审查委员关于代表情况和补选代表的代表资格的审查报告并发出相应公告 4.讨论接受个别市第十四届人民代表大会常务委员会委员的辞职 5.讨论召开晋江市第十四届人民代表大会第二次会议的有关事项 6.讨论晋江市人大常委会工作报告 7.听取有关人事事项的介绍和说明
第二十一次	2005 年 2 月 28 日	听取和审议市公安局关于评议意见整改落实情况的汇报并进行测评
第二十二次	2005 年 3 月 3 日	讨论通过市人大常委会 2005 年工作要点
第二十三次	2005 年 3 月 21 日	1.听取市政府关于政府债务情况的汇报 2.听取市检察院关于职务犯罪预防工作情况的汇报 3.讨论关于对“一府两院”部分工作人员进行述职评议的实施方案 4.讨论关于《市公安局关于市人大常委会评议意见的整改落实情况报告》的审议意见

续表 3-15

次别	时间	会议议题
第二十四次	2005 年 4 月 14 日	1.听取市政府关于《晋江市全国科技进步示范市创建实施方案(2004—2008)(讨论稿)》的汇报 2.听取市政府关于“数字电视工程”建设情况的汇报 3.讨论关于市法院林德育副院长任职情况的调查报告 4.讨论关于 2005 年春季农业生产情况的检查意见 5.讨论决定召开市第十四届人大常委会第九次会议的有关事项
第二十五次	2005 年 4 月 20 日	1.听取市政府关于落实《扶持农业生产发展的若干优惠政策》情况的汇报 2.组织对市法院林德育副院长进行评议 3.讨论关于市文体局局长范清靖任职情况的调查报告 4.讨论关于晋江市执行《中华人民共和国建筑法》情况的检查意见 5.讨论人事任免
第二十六次	2005 年 5 月 17 日	1.听取市政府关于 2004 年部门预算执行情况的汇报 2.讨论关于市文体局范清靖局长任职情况的调查报告 3.讨论关于 2004 年本级财政收支执行和其他财政收支情况审计工作报告的审议意见 4.其他事项
第二十七次	2005 年 6 月 2 日	1.听取市政府关于侨情调查情况及赴海外侨情调研情况的汇报 2.组织对市文体局范清靖局长进行述职评议 3.讨论关于深沪湾旅游开发试点情况的视察意见 4.讨论关于晋江市贯彻执行《劳动保障监察条例》情况的检查意见
第二十八次	2005 年 6 月 17 日	1.讨论关于市检察院张维劲副检察长、市水利局颜春呈局长履职情况的调查报告 2.讨论关于晋江市农村药品市场情况的检查意见 3.讨论关于市科技工业园区的视察意见 4.讨论决定召开市第十四届人大常委会第十次会议的有关事项
第二十九次	2005 年 6 月 23 日	1.听取市政府关于 2004 年市本级财政决算情况的汇报 2.听取市政府关于晋江市贯彻实施《国家公务员暂行条例》情况的汇报 3.组织对市检察院张维劲副检察长进行述职评议 4.组织对市水利局颜春呈局长进行述职评议 5.讨论关于晋江市执行《中华人民共和国职业病防治法》情况的检查意见

续表 3-15

次别	时间	会议议题
第三十次	2005 年 7 月 15 日	1.听取市人大常委会办公室信访科关于 2005 年上半年信访工作情况汇报 2.讨论《晋江市人民代表大会常务委员会街道工作委员会工作规则(试行)》 3.讨论关于组织对市国土资源局局长、规划建设与房产管理局局长进行述职评议的有关事项
第三十一次	2005 年 7 月 26 日	讨论《中共晋江市委关于进一步加强人大工作的实施意见（代拟征求意见稿)》
第三十二次	2005 年 8 月 10 日	1.听取和审议市政府 2005 年上半年工作报告 2.审议市法院 2005 年上半年工作报告（书面） 3.审议市检察院 2005 年上半年工作报告（书面） 4.听取市政府关于 2005 年上半年本级预算执行情况的汇报 5.讨论通过《晋江市人大常委会关于对市国土资源局局长丁尚光及规划建设与房产管理局局长杨兴生进行述职评议的实施方案》
第三十三次	2005 年 8 月 17 日	1.听取市政府关于晋江市开展农村合作医疗工作情况的汇报 2.听取市法院关于规范执行工作情况的汇报 3.讨论关于组织对晋江市自来水普及情况及自来水水源水质情况进行调研的方案 4.讨论关于晋江市文化市场管理情况的检查意见
第三十四次	2005 年 9 月 26 日	1.讨论对市国土资源局局长丁尚光进行述职评议并测评事宜 2.讨论对市规划建设与房产管理局局长杨兴生进行述职评议并测评事宜
第三十五次	2005 年 9 月 27 日	1.听取市政府关于“十一五”计划编制情况的汇报 2.其它事项
第三十六次	2005 年 10 月 9 日	讨论关于市国土资源局局长丁尚光、规划建设与房产管理局局长杨兴生述职评议的评议意见
第三十七次	2005 年 10 月 26 日	1.听取和审议市政府关于提请审议晋江市 2005 年财政收支预算调整方案的议案 2.听取有关人事事项的介绍和说明
第三十八次	2005 年 10 月 27 日	听取市政府关于晋江市 2005 年财政收支预算调整方案的汇报

续表 3-15

次别	时间	会议议题
第三十九次	2005 年 11 月 18 日	1.讨论关于《晋江市人民代表大会常务委员会关于进一步提高审议质量的若干意见（讨论稿）》 2.讨论关于《晋江市人大常委会工作评议暂行办法（讨论稿）》 3.讨论关于晋江市自来水普及及自来水水质情况的调研报告； 4.讨论关于晋江市重点科技项目建设情况的视察意见 5.讨论关于《晋江市人民代表大会常务委员会关于公民旁听市人大及其常委会会议的暂行办法（讨论稿）》 6.讨论关于《晋江市人民代表大会常务委员会关于加强和规范闭会期间代表活动的若干意见（讨论稿）》 7.听取市政府关于 2005 年重点建设项目执行情况的汇报
第四十次	2005 年 12 月 9 日	1.听取和审议市政府关于部分审计意见（决定）的整改落实情况的报告 2.听取市政府关于市第十三届人大第三次会议议案和第十四届人大第二次会议代表建议和意见办理情况的汇报
第四十一次	2005 年 12 月 14 日	1.讨论补选市第十四届人民代表大会代表的有关事项 2.讨论通过《晋江市人民代表大会常务委员会街道工作委员会工作规则》（试行）等 5 份规范性文件 3.听取有关人事事项的介绍和说明
第四十二次	2005 年 12 月 23 日	1.讨论关于组织对市检察院提请任命人员进行“三个一”任前考察的方案 2.讨论市人大常委会关于九十九溪下游防洪排涝工程建设情况的视察意见 3.讨论市第十四届人民代表大会第三次会议的有关事项 4.讨论决定召开市第十四届人大常委会第十五次会议的有关事项
第四十三次	2006 年 2 月 14 日	1.讨论关于晋江市社区建设情况的视察意见 2.讨论关于晋江市民办教育情况的调研报告 3.听取市人大常委会信访科 2005 年信访工作和案件督办情况汇报 4.讨论确定召开市十四届人大三次会议代表重点建议 5.讨论决定召开市第十四届人大常委会第十六次会议的有关事项
第四十四次	2006 年 2 月 17 日	1.听取市国税局关于 2005 年晋江市税收征管情况的汇报 2.讨论晋江市人大常委会 2006 年工作要点 3.听取市人大常委会法制工委关于市检察院提请任命人员“三个一”任前考察情况的汇报 4.讨论决定关于开展晋江市人大系统“双先双优”评选活动的有关事项

续表 3-15

次别	时间	会议议题
第四十五次	2006 年 2 月 22 日	专题讨论晋江市公安局关于呈请对林水专采取刑事强制措施的报告
第四十六次	2006 年 3 月 16 日	1.听取市国税局关于 2005 年晋江市税收征管情况的汇报 2.听取市检察院关于民事行政检察工作情况的汇报
第四十七次	2006 年 3 月 24 日	1.听取市政府关于执行《市十四届人大三次会议关于盘活存量用地的决议》实施方案的汇报 2.听取市政府关于部门预算工作情况的汇报
第四十八次	2006 年 3 月 31 日	讨论确定 2002—2005 年度人大系统“双先双优”对象
第四十九次	2006 年 4 月 14 日	1.听取市工商局关于《中华人民共和国行政许可法》等法律法规执行情况的汇报 2.听取市政府关于贯彻执行《宗教事务条例》情况的汇报 3.讨论关于组织对市政府副市长、市政园林局局长、教育局局长进行述职评议的方案 4.讨论《晋江市人民代表大会常务委员会讨论决定重大事项的暂行规定（讨论稿）》 5.讨论决定召开市第十四届人大常委会第十七次会议的有关事项
第五十次	2006 年 4 月 27 日	1.讨论市人大常委会检查《中华人民共和国职业教育法》执行情况的检查报告 2.讨论市人大常委会春耕生产检查意见
第五十一次	2006 年 5 月 12 日	讨论关于 2005 年本级财政收支执行和其他财政收支情况的审计工作报告的审议意见
第五十二次	2006 年 6 月 2 日	1.讨论关于市市政园林局局长赖德芳履职情况的调查报告 2.讨论关于市教育局局长庄应端履职情况的调查报告
第五十三次	2006 年 6 月 9 日	1.听取市政府关于晋江市 2005 年本级财政收支决算报告 2.听取市人大常委会法制工委关于市法院提请任命人员任前“三个一”考察情况的汇报 3.讨论召开市第十四届人大常委会第十八次会议有关事项
第五十四次	2006 年 6 月 16 日	1.讨论关于市教育局局长庄应端履职情况的评议意见 2.讨论关于市市政园林局局长赖德芳履职情况的评议意见

续表 3-15

次别	时间	会议议题
第五十五次	2006 年 7 月 14 日	1.听取市政府关于 2006 年上半年全市国民经济和社会发展计划执行情况的汇报 2.听取市法院关于执行工作情况的汇报 3.讨论关于市法院人民法庭工作情况的视察意见
第五十六次	2006 年 7 月 20 日	1.听取市政府关于小流域综合治理工作情况的汇报 2.听取市人大常委会信访工作领导小组关于 2006 年上半年信访工作情况汇报 3.讨论关于晋江市重点项目建设情况的检查意见
第五十七次	2006 年 8 月 8 日	1.听取市政府关于晋江市文化市场整治工作情况的汇报 2.讨论关于打击“两抢”案件工作情况的调研报告 3.讨论决定召开市第十四届人大常委会第十九次会议的有关事项
第五十八次	2006 年 8 月 30 日	1.讨论“一府两院”2006 年上半年工作报告的审议意见 2.讨论市公安局关于打击“两抢”案件工作情况的审议意见 3.讨论市人大常委会关于组织检查《福建省沿海防护林保护条例》执行情况的工作方案
第五十九次	2006 年 9 月 13 日	1.听取市政府关于晋江市计划生育工作情况的汇报 2.听取市行政执法局关于执法工作情况的汇报
第六十次	2006 年 10 月 10 日	1.听取市公安局关于基层分局（派出所）执法情况的汇报 2.听取市政府关于疾病防抗体系建设工作情况的汇报 3.听取市政府关于公共卫生体系建设规划情况的汇报（书面） 4.讨论关于《福建省沿海防护林条例》执行情况的检查报告 5.讨论决定召开市第十四届人大常委会第二十次会议的有关事项
第六十一次	2006 年 10 月 31 日	1.讨论市人大常委会关于晋江市执行《福建省沿海防护林条例》情况的审议意见 2.讨论市人大常委会检查组关于《中华人民共和国道路交通安全法》执行情况的检查报告 3.讨论市人大常委会关于加强法制宣传教育的决议（讨论稿） 4.讨论市人大常委会关于办理人民群众来信来访的暂行规定（修改稿）
第六十二次	2006 年 11 月 6 日	1.听取市政府关于贯彻实施《殡葬管理条例》和《福建省殡葬管理办法》情况的汇报 2.听取市政府关于 2006 年为民办实事项目数字电视工作建设情况的汇报 3.讨论关于晋江市新型农村合作医疗工作推进情况的检查意见 4.讨论关于《中华人民共和国道路交通安全法》执行情况的检查报告 5.讨论决定召开市第十四届人大常委会第二十一次会议的有关事项 6.讨论有关人事任免事项

续表 3-15

次别	时间	会议议题
第六十三次	2006 年 11 月 15 日	1.听取市政府关于晋江市重点项目建设情况的汇报 2.听取市政府关于晋江市旅游规划及实施情况的汇报 3.讨论市人大常委会关于办理人民群众来信来访的暂行规定（修订稿） 4.讨论调整市选举委员会成员名单（草案）
第六十四次	2006 年 11 月 30 日	1.听取市政府关于晋江市社会主义新农村建设情况的汇报 2.听取市政府关于《市十四届人大三次会议关于盘活存量用地的决议》执行情况的汇报 3.讨论决定召开市第十四届人大常委会第二十二次会议的有关事项

三、晋江市第十五届人大常委会主任（扩大）会议（2007—2011 年）

2007—2011 年晋江市第十五届人大常委会主任（扩大）会议一览表

表 3-16

次别	时间	会议议题
第一次	2007 年 1 月 26 日	1.讨论市人大常委会 2007 年工作要点 2.听取市政府关于社会保障情况的报告 3.听取市人大常委会信访工作领导小组关于 2006 年信访工作情况汇报 4.讨论确定市十五届人大一次会议代表重点建议 5.讨论市人大常委会 2007 年工作要点 6.讨论决定召开市第十五届人大常委会第一次会议的有关事项
第二次	2007 年 3 月 19 日	1.听取市政府关于农业普查情况的报告 2.听取市政府关于旅游景点保护整治建设情况的报告 3.听取市公安局关于《晋江市人大常委会关于市公安局关于打击“两抢”案件工作情况的报告的审议意见》落实情况的报告
第三次	2007 年 3 月 28 日	1.听取市质量技术监督局关于 2006 年工作情况的报告 2.听取市政府关于晋江市普及自来水工作情况的报告
第四次	2007 年 4 月 12 日	1.听取市政府关于人才引进和培养工作情况的报告 2.听取市工商局关于整顿规范市场经济秩序情况的报告 3.讨论《晋江市人大常委会关于贯彻实施〈中华人民共和国各级人民代表大会常务委员会监督法〉的意见（讨论稿）》 4.讨论《晋江市人大常委会关于评议市环保局工作的实施方案（讨论稿）》 5.讨论决定关于召开市第十五届人大常委会第二次会议的有关事项

续表 3-16

次别	时间	会议议题
第五次	2007 年 5 月 24 日	1.听取市政府关于公安消防工作情况的报告 2.听取市政府关于企业改制上市工作情况的报告 3.讨论《晋江市人大常委会关于市人民法院开展规范执法行为专项整改活动情况报告的审议意见》 4.讨论《晋江市人大常委会关于市人民检察院开展规范执法行为专项整改活动情况报告的审议意见》
第六次	2007 年 6 月 14 日	1.听取市政府关于 2006 年市本级财政决算情况的报告 2.听取市政府关于晋江市 2007 年财政收支预算变更调整情况的报告 3.讨论决定关于召开市第十五届人大常委会第三次会议的有关事项
第七次	2007 年 7 月 17 日	1.听取市政府关于 2007 年上半年全市国民经济和社会发展计划执行情况的报告 2.听取市政府关于法律援助工作情况的报告 3.听取市人大信访工作领导小组关于 2007 年上半年信访工作情况的汇报 4.讨论《晋江市人大常委会关于〈晋江市人民政府关于 2006 年本级财政收支执行和其他财政收支情况的审计工作报告〉的审议意见》
第八次	2007 年 7 月 31 日	1.听取市政府关于近海水域环境污染治理工作情况的报告 2.听取市政府关于《晋江市人大常委会关于晋江市执行〈中华人民共和国道路交通安全法〉情况的审议意见》落实情况的报告 3.听取市政府关于代表重点建议件办理落实情况的报告 4.听取市法院关于开展邀请人大代表参与诉讼调解工作的报告
第九次	2007 年 8 月 10 日	1.学习胡锦涛总书记“6·25”重要讲话精神辅导讲座 2.讨论《晋江市人大常委会关于授予地方荣誉称号的暂行规定》《晋江市人大常委会关于授予晋江市荣誉市民称号的暂行规定（讨论稿）》 3.讨论关于召开市第十五届人大常委会第四次会议的有关事项
第十次	2007 年 8 月 14 日	1.听取市政府关于贯彻落实新修改的《福建省实施〈中华人民共和国归侨侨眷权益保护法〉办法》情况的报告 2.听取市政府关于发展现代农业工作情况的报告 3.讨论市人大常委会评议工作领导组关于市环保局工作的调查报告 4.讨论决定召开评议市环保局工作会议的有关事项
第十一次	2007 年 9 月 17 日	1.讨论《关于市政府 2007 年上半年工作报告的审议意见》 2.讨论《关于市法院 2007 年上半年工作报告的审议意见》 3.讨论《关于市检察院 2007 年上半年工作报告的审议意见》 4.讨论《关于市政府关于〈宗教事务条例〉执行情况的报告的审议意见》 5.讨论《关于市环保局工作的评议意见》

续表 3-16

次别	时间	会议议题
第十二次	2007 年 9 月 29 日	1.听取市法院关于民事审判工作情况的报告 2.听取市政府关于重点科技项目 (省级) 建设进展情况的报告
第十三次	2007 年 10 月 22 日	1.听取市政府关于调整 2007 年财政预算方案的报告 2.听取市政府关于调整 2007 年重点项目方案的报告 3.听取市检察院关于查办职务犯罪工作情况的报告 4.讨论决定废止《晋江市人民代表大会常务委员会关于国家机关工作人员述职评议的暂行办法》的有关事项 5.讨论决定召开市第十五届人大常委会第五次会议的有关事项
第十四次	2007 年 11 月 8 日	1.听取市政府关于水土保持工作情况的报告 2.讨论关于晋江市食品药品市场整治工作情况的报告的审议意见 3.讨论关于检查晋江市执行《福建省劳动合同管理规定》情况的方案
第十五次	2007 年 11 月 19 日	1.讨论《晋江市人民政府关于授予荣誉市民称号的议案》 2.讨论决定召开市第十五届人大常委会第六次会议的有关事项
第十六次	2007 年 11 月 30 日	1.听取市政府关于“五五”普法工作进展情况的报告 2.听取市政府关于治理违章抢建滥建工作情况的报告
第十七次	2007 年 12 月 12 日	1.听取市政府关于非煤矿山治理整顿工作情况的汇报 2.讨论《晋江市人大常委会关于〈福建省劳动合同管理规定〉执行情况的审议意见 (讨论稿)》 3.讨论决定召开市第十五届人大常委会第八次会议的有关事项
第十八次	2007 年 12 月 24 日	1.听取市政府关于贯彻落实《福建省体育经营活动管理条例》情况的报告 2.讨论修改《晋江市人民代表大会常务委员会工作报告 (讨论稿)》 3.讨论召开市十五届人大二次会议的有关事项
第十九次	2008 年 1 月 29 日	1.讨论《晋江市人大常委会关于〈市环保局关于落实市人大常委会评议意见整改情况的报告〉的审议意见》 2.讨论《晋江市人大常委会 2008 年工作要点》 3.讨论确定晋江市第十五届人民代表大会第二次会议代表重点建议 4.其他事项
第二十次	2008 年 2 月 21 日	1.讨论《晋江市人大常委会 2008 年工作要点》 2.讨论决定召开市第十五届人大常委会第十次会议的有关事项
第二十一次	2008 年 3 月 10 日	1.听取市政府关于贯彻落实《中华人民共和国台湾同胞投资保护法》情况的汇报 2.听取市人大常委会信访工作领导小组 2007 年信访工作情况汇报

续表 3-16

次别	时间	会议议题
第二十二次	2008 年 4 月 9 日	1.听取市政府关于保障粮食安全工作情况的汇报 2.听取市政府关于新型农村合作医疗工作情况的汇报 3.讨论市政府关于设立“晋江市全民健身日”的议案 4.讨论市检察院关于提请许可对有关人大代表采取强制措施的报告 5.讨论《晋江市人大常委会监督工作程序》 6.讨论决定召开市第十五届人大常委会第十一次会议的有关事项
第二十三次	2008 年 5 月 23 日	1.听取市政府关于创建“人民满意消防大队”工作情况的汇报 2.讨论关于晋江市社会治安管理工作情况的调研报告 3.讨论关于晋江市医疗卫生工作情况的调研报告 4.讨论关于晋江市城市规划建设工作调研报告 5.定召开市第十五届人大常委会第十二次会议的有关事项
第二十四次	2008 年 6 月 5 日	1.听取市政府关于道路交通整治工作情况的汇报 2.听取市政府关于计划生育工作情况的汇报 3.讨论关于对市市政园林局进行工作评议的实施方案 4.讨论市人大常委会评议市公安消防大队创建“人民满意消防大队”工作方案
第二十五次	2008 年 6 月 26 日	1.讨论《晋江市人大常委会关于〈晋江市人民政府关于 2007 年本级财政预算执行和其他财政收支情况的审计工作报告〉的审议意见》 2.讨论《晋江市人大常委会关于〈晋江市人民政府关于医疗卫生工作情况的报告〉的审议意见》 3.讨论晋江市人大常委会主要监督工作程序（试行）
第二十六次	2008 年 7 月 18 日	1.听取市政府关于 2007 年市本级财政决算情况的汇报 2.听取市政府关于市十五届人大二次会议代表重点建议件办理落实情况的汇报
第二十七次	2008 年 8 月 19 日	1.听取市政府关于农村文化建设情况的汇报 2.听取市检察院关于审查起诉工作情况的汇报 3.讨论决定召开市第十五届人大常委会第十三次会议的有关事项
第二十八次	2008 年 9 月 9 日	1. 讨论《晋江市人大常委会评议工作领导组关于市市政园林局工作的调查报告（讨论稿）》 2.讨论《关于 2008 年上半年晋江市国民经济和社会发展计划、本级财政收支预算执行情况的审议意见（讨论稿）》 3.讨论《关于〈晋江市人民法院 2008 年上半年工作报告〉的审议意见（讨论稿）》 4. 讨论《关于〈晋江市人民检察院 2008 年上半年工作报告〉的审议意见（讨论稿）》 5.讨论《关于检查晋江市实施〈中华人民共和国劳动合同法〉情况的方案（讨论稿）》 6. 讨论《关于审议晋江市“十一五”规划实施情况中期评估报告的工作方案（讨论稿）》 7.讨论召开评议市市政园林局工作大会的有关事项

续表 3-16

次别	时间	会议议题
第二十九次	2008 年 9 月 19 日	1.听取市政府关于晋江市国民经济和社会发展计划“十一五”规划实施情况中期评估工作的汇报 2.讨论《晋江市人大常委会关于检查晋江市实施〈中华人民共和国消防法〉情况的方案》
第三十次	2008 年 10 月 20 日	1.听取市政府关于经济开发区发展情况的汇报 2.听取市政府关于 2008 年本级财政收支预算调整方案的汇报 3.听取市法院关于执行工作情况的汇报 4.讨论决定召开市第十五届人大常委会第十四次会议的有关事项
第三十一次	2008 年 10 月 28 日	1.讨论《晋江市人大常委会关于晋江市实施〈中华人民共和国劳动合同法〉情况的检查报告（讨论稿）》 2.讨论《晋江市人大常委会关于九十九溪及小流域治理工作情况的调研报告（讨论稿）》 3.讨论《晋江市人大常委会关于晋江市发展职业教育工作情况的调研报告（讨论稿）》
第三十二次	2008 年 11 月 5 日	1.讨论《晋江市人大常委会关于晋江市实施〈中华人民共和国劳动合同法〉情况的审议意见》 2.讨论《晋江市人大常委会关于发展职业教育工作情况的审议意见》 3.讨论《晋江市人大常委会关于九十九溪及小流域治理工作情况的审议意见》 4.讨论决定补选市第十五届人民代表大会代表的有关事项 5.讨论关于对市人民法院提请任命人员进行任前考察的方案 6.讨论决定召开市第十五届人大常委会第十五次会议的有关事项
第三十三次	2008 年 11 月 17 日	1.听取市政府关于晋江市被征地农民养老保险试点工作情况的汇报 2.听取市政府关于重点污染源监管工作情况的汇报 3.讨论关于晋江市实施《中华人民共和国消防法》《福建省消防条例》情况的检查报告 4.讨论关于晋江市国民经济和社会发展计划第十一个五年规划实施情况的调研报告
第三十四次	2008 年 12 月 3 日	1.听取市政府关于实施《中华人民共和国公证法》情况的汇报 2.讨论《晋江市人大常委会关于晋江市实施〈中华人民共和国消防法〉〈福建省消防条例〉情况的审议意见》 3.讨论《晋江市人大常委会关于晋江市国民经济和社会发展第十一个五年规划实施情况中期评估报告的审议意见》 4.讨论关于对市检察院提请任命人员进行任前考察的方案
第三十五次	2008 年 12 月 23 日	1.听取市政府关于部分审计意见（决定）的整改落实情况的汇报 2.讨论罢免个别泉州市第十四届人民代表大会代表的有关事项 3.讨论补选泉州市第十四届人民代表大会代表的有关事项 4.讨论决定召开市第十五届人大常委会第十六次会议的有关事项

续表 3-16

次别	时间	会议议题
第三十六次	2008 年 12 月 29 日	1.讨论《晋江市人民代表大会常务委员会工作报告（讨论稿）》 2.讨论市第十五届人大常委会第十六次会议有关材料
第三十七次	2009 年 1 月 14 日	1.讨论《晋江市人民代表大会常务委员会工作报告》 2.讨论决定表彰市第十五届人民代表大会代表优秀建议及办理工作先进单位的有关事项
第三十八次	2009 年 2 月 16 日	1.讨论确定市十五届人大三次会议代表重点建议件 2.讨论《晋江市人民代表大会常务委员会 2009 年工作要点（讨论稿）》 3.讨论确定市人大常委会 2009 年工作评议单位的有关事项
第三十九次	2009 年 2 月 20 日	1.讨论确定市十五届人大三次会议代表重点建议件 2.讨论《晋江市人民代表大会常务委员会 2009 年工作要点（讨论稿）》 3.讨论《晋江市人民代表大会常务委员会街道工作委员会工作规则（征求意见稿）》 4.讨论《晋江市人大常委会关于实施〈福建省各级人民代表大会常务委员会规范性文件备案审查规定〉的意见（讨论稿）》 5.讨论决定召开市第十五届人大常委会第十七次会议的有关事项
第四十次	2009 年 3 月 26 日	听取市政府关于推进行政审批流程改革工作情况的汇报
第四十一次	2009 年 4 月 15 日	1.讨论市人大常委会关于自来水普及工作情况的调研报告 2.讨论市人大常委会关于禁毒工作情况的调研报告 3.讨论《晋江市人大常委会行使监督职权情况向代表通报并向社会公开的若干规定（讨论稿）》 4.讨论决定召开市第十五届人大常委会第十八次会议的有关事项
第四十二次	2009 年 5 月 7 日	1.讨论《晋江市人大常委会关于自来水普及工作情况的审议意见（讨论稿）》 2.讨论《晋江市人大常委会关于禁毒工作情况的审议意见（讨论稿）》
第四十三次	2009 年 6 月 12 日	1.听取市政府关于敬老院建设情况的汇报 2.听取市政府关于 2008 年本级决算情况的汇报 3.讨论决定召开市第十五届人大常委会第二十次会议的有关事项 4.讨论关于评议市卫生局工作的实施方案（讨论稿） 5.讨论关于计划生育工作情况的调研报告（讨论稿） 6.讨论关于殡葬管理工作情况的调研报告（讨论稿）

续表 3-16

次别	时间	会议议题
第四十四次	2009 年 7 月 3 日	1.讨论《晋江市人大常委会关于 2008 年本级预算执行和其他财政收支情况的审计工作报告的审议意见（讨论稿）》 2.讨论《晋江市人大常委会关于计划生育工作情况的审议意见（讨论稿）》 3.讨论《晋江市人大常委会关于殡葬管理工作情况的审议意见（讨论稿）》 4.讨论《晋江市人大常委会关于对市卫生局进行工作评议的工作方案（讨论稿）》 5.讨论关于检查晋江市实施《中华人民共和国未成年人保护法》《中华人民共和国预防未成年人犯罪法》情况的方案（讨论稿） 6.讨论《晋江市人大常委会党组贯彻落实科学发展观分析检查报告》（征求意见稿）
第四十五次	2009 年 7 月 24 日	1.听取市政府关于体育产业基地规划建设工作情况的汇报 2.听取市政府关于沿海防护林建设情况的汇报
第四十六次	2009 年 8 月 3 日	1.听取市政府关于晋江市重点项目建设情况的汇报（市交通局同时汇报市交通重点项目建设情况） 2.听取市政府关于市十五届人大三次会议重点代表建议办理落实情况的汇报（其中：第 1 至 4 号建议分别由公安局、市政园林局、新村办、旅游局汇报，第 5 号建议由市文体局、安海镇分别汇报）
第四十七次	2009 年 8 月 24 日	1.听取和审议市政府关于 2009 年上半年本市国民经济和社会发展计划执行情况的报告 2.听取和审议市政府关于 2009 年上半年本级预算
第四十八次	2009 年 8 月 28 日	1.听取和审议市法院 2009 年上半年工作报告 2.听取和审议市检察院 2009 年上半年工作报告 3.听取和审议市政府、市法院、市检察院关于实施《中华人民共和国未成年人保护法中》《中华人民共和国预防未成年人犯罪法》情况的报告和市人大常委会执法检查组关于本市实施《中华人民共和国未成年人保护法》《中华人民共和国预防未成年人犯罪法》情况的检查报告
第四十九次	2009 年 10 月 23 日	1.听取和审议市政府关于保障性住房、经济适用房、廉租房建设和危房改造情况的报告 2.听取和审议市政府关于实施《中华人民共和国归侨侨眷权益保护法》情况的报告和市人大常委会执法检查组关于检查《中华人民共和国归侨侨眷权益保护法》的检查报告

续表 3-16

次别	时间	会议议题
第五十次	2009 年 10 月 26 日	1.听取和审议市政府关于修改《晋江市殡葬管理暂行规定》部分条款的议案并作出相应决定 2.听取和审议市政府关于环境保护工作情况的报告 3.听取市政府关于第一批 15 个城建项目的报告并作出相应决定；听取关于开展评选晋江市人大系统 2007—2009 年度先进人大代表小组、优秀市人大代表、优秀人大工作者情况的报告 4.听取有关人事事项的介绍和说明
第五十一次	2009 年 12 月 22 日	1.听取和审议市卫生局关于落实市人大常委会评议意见整改情况的报告 2.听取和审议市政府关于发展壮大村级集体经济工作情况的报告 3.听取市政府关于市第十三届、第十四届人大第三次会议议案和第十五届人大第三次会议代表建议和意见办理情况的报告
第五十二次	2009 年 12 月 25 日	1.审议市人大常委会主任会议关于提请表彰晋江市 2007—2009 年度先进人大代表小组、优秀市人大代表、优秀人大工作者的议案并作出相应决定 2.讨论决定接受部分市第十五届人大常委会组成人员
第五十三次	2009 年 12 月 28 日	1.讨论决定接受部分市第十五届人民代表大会代表辞职的有关事项 2.讨论决定补选部分市第十五届人民代表大会代表的有关事项 3.讨论决定关于召开晋江市第十五届人民代表大会第四次会议
第五十四次	2010 年 1 月 14 日	1.讨论决定召开市第十五届人大常委会第二十四次会议的有关事项 2.讨论《晋江市人民代表大会常务委员会工作报告》（讨论稿） 3.听取晋江市第十五届人大常委会代表资格审查委员会关于晋江市第十五届人民代表大会代表变动情况及选举和补选代表资格审查的报告 4.讨论召开市第十五届人民代表大会第四次会议的有关事项
第五十五次	2010 年 3 月 4 日	1.讨论关于晋江市人大常委会 2010 年工作要点（草案） 2.讨论关于调整市第十五届人大常委会组成人员分工的议案 3.讨论关于调整市第十五届人大常委会组成人员联系代表分工的议案（讨论稿） 4.讨论关于调整市第十五届人大常委会代表资格审查委员会成员的议案（讨论稿） 5.讨论关于调整市人大常委会信访工作领导小组成员的议案（讨论稿） 6.讨论关于调整市人大常委会依法治市领导小组成员的议案（讨论稿） 7.讨论关于调整市人大常委会妇女儿童工作成员的议案（讨论稿） 8.讨论关于确定市十五届人大四次会议重点代表建议

续表 3-16

次别	时间	会议议题
第五十六次	2010 年 3 月 25 日	1.听取市政府关于经济犯罪侦查工作的汇报 2.讨论市人大常委会调研组关于晋江市旅游开发情况的调研报告 3.讨论决定召开市第十五届人大常委会第二十五次会议的有关事项
第五十七次	2010 年 4 月 14 日	1.听取市法院关于执行工作的汇报 2.讨论《晋江市人大常委会关于晋江市旅游开发工作的审议意见（讨论稿）》 3.讨论《关于对市人民检察院提请任命人员进行任前考察的方案（讨论稿）》 4.讨论决定了召开市第十五届人大常委会第二十六次会议的有关事项
第五十八次	2010 年 4 月 23 日	1.听取晋江市人大常委会评议工作领导组办公室关于晋江市电力有限责任公司创建“人民满意单位”工作调研情况的汇报 2.讨论《晋江市人大常委会关于晋江市旅游开发工作情况的审议意见（讨论稿）》 3.讨论《晋江市人大常委会调研组关于晋江市基层文化建设工作情况的调研报告（讨论稿）》
第五十九次	2010 年 5 月 7 日	1.讨论《晋江市人大常委会关于晋江市基层文化建设工作的审议意见（讨论稿）》 2.其他事项
第六十次	2010 年 5 月 27 日	1.听取市政府关于道路交通事故多发地段整治情况的汇报 2.听取市政府关于新农村建设情况的汇报
第六十一次	2010 年 6 月 12 日	1.听取市政府关于人才工作的汇报 2.听取市检察院关于检务督察工作的汇报 3.听取市法院关于人民陪审员选任情况的汇报 4.讨论市人大常委会调研组关于晋江市殡葬管理工作整改情况的调研报告（讨论稿） 5.讨论决定召开市第十五届人大常委会第二十七次会议的有关事项
第六十二次	2010 年 7 月 13 日	1.讨论《晋江市人大常委会关于 2009 年本级预算执行和其他财政收支情况的审计工作报告的审议意见（讨论稿）》 2.讨论《晋江市人大常委会关于殡葬管理工作整改情况的审议意见（讨论稿）》 3.其他事项
第六十三次	2010 年 8 月 20 日	1.听取市政府关于城市网格化管理工作情况的汇报（本项议程开始之前，组织实地察看城市管理监督指挥中心） 2.听取市政府关于落实《晋江市人大常委会关于晋江市保障性住房建设和危房改造工作的审议意见》及城市建设回购安置房处置意见情况的汇报 3.讨论决定召开市十五届人大常委会第二十八次会议的有关事项 4.讨论《晋江市人大常委会执法检查组关于检查国务院〈物业管理条例〉〈福建省物业管理条例〉实施情况的报告（讨论稿）》

续表 3-16

次别	时间	会议议题
第六十四次	2010 年 8 月 24 日	1.听取市政府关于中小学（幼儿园）专项规划情况的汇报 2.讨论《晋江市人大常委会关于市人民法院执行〈全国人大常委会关于完善人民陪审员制度的决定〉情况的调研报告（讨论稿）》 3.讨论《晋江市人大常委会关于市人民检察院执行〈最高人民检察院关于实行人民监督员制度的规定〉情况的调研报告（讨论稿）》
第六十五次	2010 年 9 月 8 日	1.讨论《晋江市人大常委会关于 2010 年上半年晋江市国民经济和社会发展计划、本级预算执行情况的审议意见（讨论稿）》 2.讨论《晋江市人大常委会关于市政府贯彻实施国务院〈物业管理条例〉〈福建省物业管理条例〉情况的审议意见（讨论稿）》 3.讨论《晋江市人大常委会关于市人民法院执行〈全国人大常委会关于完善人民陪审员制度的决定〉情况的审议意见（讨论稿）》 4.讨论《晋江市人大常委会关于市人民检察院执行〈最高人民检察院关于实行人民监督员的规定（试行）〉情况的审议意见（讨论稿）》
第六十六次	2010 年 9 月 25 日	1.听取市政府关于水土保持工作的汇报 2.讨论《晋江市人民政府关于报请批准首批城建 BT 项目回购资金列入财政专项预算的报告》 3.听取市电力公司关于创建“人民满意单位”活动整改情况的汇报 4.讨论《关于检查晋江市实施〈中华人民共和国残疾人保障法〉情况的方案（讨论稿）》
第六十七次	2010 年 10 月 20 日	1.听取市政府关于医药卫生体制改革情况的汇报 2.讨论《晋江市人大常委会调研组关于九十九溪下游河道及小流域整治情况的调研报告（讨论稿）》 3.讨论《晋江市人大常委会执法检查组关于晋江市实施〈中华人民共和国残疾人保障法〉情况的检查报告（讨论稿）》 4.讨论决定召开市第十五届人大常委会第二十九次会议的有关事项 5.其他事项
第六十八次	2010 年 11 月 8 日	1.听取市人大常委会评议领导组办公室关于市电力公司创建“人民满意单位”活动测评情况的通报 2.讨论《晋江市人大常委会关于晋江市实施〈中华人民共和国残疾人保障法〉情况的审议意见(讨论稿)》 3.讨论《晋江市人大常委会关于九十九溪下游河道及小流域整治情况的审议意见(讨论稿)》
第六十九次	2010 年 11 月 29 日	1.听取市政府关于 2009 年度本级预算执行和其他财政收支审计报告整改情况的汇报 2.听取市政府关于对台工作的汇报 3.讨论《晋江市人民政府关于提请批准晋江大桥接线鹏青路至省道 308 线段工程 BT 项目回购资金列入财政专项预算的议案》 4.其他事项

续表 3-16

次别	时间	会议议题
第七十次	2010 年 12 月 14 日	1.听取市政府关于城乡交通一体化改革工作情况的汇报 2.听取市政府关于国民经济和社会发展“十二五”规划编制情况的汇报 3.讨论市检察院关于提请许可对个别市第十五届人民代表大会代表采取强制措施的报告 4.讨论决定召开市第十五届人大常委会第三十次会议的有关事项 5.其他事项
第七十一次	2011 年 1 月 11 日	1.讨论市人大常委会评议工作领导小组关于评议市电力有限责任公司创建“人民满意单位”活动工作的报告（讨论稿） 2.听取晋江市第十五届人民代表大会代表补选情况的汇报 3.讨论《晋江市人民代表大会常务委员会工作报告（讨论稿）》 4.讨论召开市第十五届人民代表大会第五次会议的有关事项 5.讨论决定召开市第十五届人大常委会第三十一次会议的有关事项
第七十二次	2011 年 2 月 18 日	1.讨论《晋江市人大常委会 2011 年工作要点（草案）》 2.讨论调整市十五届人大常委会组成人员分工方案 3.讨论调整市十五届人大常委会组成人员联系代表分工方案 4.讨论调整市十五届人大常委会代表资格审查委员会组成人员方案 5.讨论调整市十五届人大常委会信访工作领导小组组成人员方案 6.讨论调整市十五届人大常委会依法治市领导小组组成人员方案 7.讨论调整市十五届人大常委会妇女儿童工作组组成人员方案 8.讨论决定召开市第十五届人大常委会第三十二次会议的有关事项 9.确定市十五届人大五次会议重点代表建议
第七十三次	2011 年 4 月 22 日	1.听取市法院关于民商事案件调解工作的汇报 2.听取市检察院关于开展“人文公诉”活动情况的汇报 3.讨论《晋江市人大常委会调研组关于晋江市第三产业发展情况的调研报告（讨论稿）》 4.讨论决定召开市第十五届人大常委会第三十三次会议的有关事项 5.其他事项
第七十四次	2011 年 5 月 20 日	1.听取市政府关于药品市场监管工作的汇报 2.讨论《晋江市人大常委会关于晋江市加快第三产业发展情况的审议意见（讨论稿）》 3.其他事项
第七十五次	2011 年 6 月 29 日	1.讨论《晋江市人大常委会调研组关于晋江市经济开发区开发建设情况的调研报告（讨论稿）》 2.讨论《关于检查晋江市实施〈中华人民共和国农产品质量安全法〉情况的方案（讨论稿）》 3.讨论决定召开晋江市第十五届人大常委会第三十四次会议的有关事项

续表 3-16

次别	时间	会议议题
第七十六次	2011 年 7 月 22 日	1.讨论关于提名苏尚谦等同志职务任免的议案（讨论稿） 2.讨论关于提名谢江漫等同志职务任免的议案（讨论稿） 3.讨论关于邱仲华代理晋江市人民检察院检察长职务的议案（讨论稿） 4.讨论决定召开市第十五届人大常委会第三十四次会议的有关事项
第七十七次	2011 年 8 月 18 日	1.听取市政府关于政府性债务管理情况的汇报 2.讨论《晋江市人大常委会关于 2010 年本级预算执行和其他财政收支的审计工作报告的审议意见（讨论稿）》 3.讨论《晋江市人大常委会关于晋江市经济开发区开发建设情况的审议意见（讨论稿）》 4.讨论《晋江市人大常委会执法检查组关于晋江市实施〈中华人民共和国农产品质量安全法〉情况的检查报告（讨论稿）》 5.讨论决定召开晋江市第十五届人大常委会第三十五次会议的有关事项 6.通报《全国十四省二十区（市、县）人大工作研讨会第二十三次会议安排方案》 7.通报市人大常委会办公室领导分工情况 8.其他事项
第七十八次	2011 年 9 月 23 日	1.听取市政府关于实施《中华人民共和国动物防疫法》情况的汇报 2.讨论《晋江市人大常委会关于晋江市 2011 年上半年国民经济和社会发展计划、预算执行情况的审议意见（讨论稿）》 3.讨论《晋江市人大常委会关于晋江市实施〈中华人民共和国农产品质量安全法〉情况的审议意见（讨论稿）》 4.讨论《晋江市人大常委会调研组关于晋江市医药卫生体制改革实施情况的调研报告（讨论稿）》 5.讨论《关于检查晋江市实施〈中华人民共和国科学技术进步法〉情况的方案（讨论稿）》
第七十九次	2011 年 9 月 30 日	1.跟踪检查《晋江市人大常委会关于晋江市实施国务院〈物业管理条例〉和〈福建省物业管理条例〉情况的审议意见》的落实情况 2.听取市政府关于《晋江市人大常委会关于晋江市实施国务院〈物业管理条例〉和〈福建省物业管理条例〉情况的审议意见》落实情况汇报并座谈 3.讨论决定召开晋江市第十五届人大常委会第三十六次会议有关事项

续表 3-16

次别	时间	会议议题
第八十次	2011 年 10 月 28 日	1.听取市政府关于金融服务工作的汇报 2.听取市政府关于 2010 年度本级预算执行和其他财政收支审计报告落实情况的汇报 3.讨论《晋江市人大常委会办公室关于对市人民法院提请任命人员进行任前考察的方案（讨论稿）》 4.讨论《晋江市人大常委会关于晋江市医药卫生体制改革实施情况的审议意见（讨论稿）》 5.其他事项
第八十一次	2011 年 11 月 7 日	1.听取市政府关于水土保持工作的汇报 2.听取市政府关于盘活存量土地工作的汇报 3.听取市政府关于 2011 年本级预算调整方案的汇报 4.讨论《晋江市人大常委会调研组关于近海水域环境污染治理工作的调研报告（讨论稿）》 5.讨论《晋江市人大常委会执法检查组关于晋江市实施〈中华人民共和国科学技术进步法〉情况的检查报告（讨论稿）》 6.讨论《晋江市人大常委会调研组关于九十九溪下游河道及小流域整治工作的调研报告（讨论稿）》 7.其他事项
第八十二次	2011 年 11 月 18 日	1.讨论《晋江市人大常委会关于接受王景星等 11 位同志辞去晋江市选举委员会组成人员职务的决定（草案）》 2.讨论《晋江市人大常委会关于接受潘子良等 86 位同志辞去陈埭等镇选举委员会组成人员职务的决定（草案）》 3.其他事项
第八十三次	2011 年 12 月 2 日	1.讨论《晋江市人民代表大会常务委员会工作报告（讨论稿）》 2.听取市政府关于晋江市医院迁建工程方案设计的汇报 3.讨论《晋江市人大常委会调研组关于城建项目回迁安置房建设情况的报告（讨论稿）》 4.讨论《晋江市人大常委会关于近海水域环境污染治理工作的审议意见（讨论稿）》 5.讨论《晋江市人大常委会关于九十九溪下游河道及小流域整治工作的审议意见（讨论稿）》 6.讨论《晋江市人大常委会关于晋江市实施〈中华人民共和国科学技术进步法〉情况的审议意见（讨论稿）》 7.讨论召开市第十六届人民代表大会第一次会议的有关事项 8.讨论决定召开市第十五届人大常委会第三十八次会议的有关事项

四、晋江市第十六届人大常委会主任（扩大）会议（2012—2016年）

2012—2016年晋江市第十六届人大常委会主任（扩大）会议一览表

表3-17

次别	时间	会议议题
第一次	2012年2月6日	1.讨论通过《晋江市人大常委会2012年工作要点（草案）》 2.确定市十六届人大一次会议重点代表建议 3.讨论市十六届人大常委会领导及委员分工方案 4.讨论市十六届人大常委会组成人员联系代表分工方案 5.讨论市十六届人大常委会代表资格审查委员会组成人员方案 6.讨论市十六届人大常委会信访工作领导小组组成人员方案 7.讨论市十六届人大常委会依法治市领导小组组成人员方案 8.讨论市十六届人大常委会妇女儿童工作组组成人员方案 9.讨论街道人大工委委员调整方案 10.讨论各委员会聘请兼职委员方案 11.讨论决定召开市第十六届人大常委会第一次会议的有关事项
第二次	2012年4月5日	1.讨论《晋江市人大常委会调研组关于晋江市人民调解工作情况的调研报告（讨论稿）》 2.讨论《晋江市人大常委会调研组关于晋江市自来水普及工作情况的调研报告（讨论稿）》 3.讨论《晋江市人大常委会关于组织对市人民检察院提请任命人员进行任前考察的方案（讨论稿）》 4.讨论《晋江市人大常委会办公室关于开展股级干部竞争上岗的工作方案（讨论稿）》 5.其他事项
第三次	2012年4月19日	1.讨论《晋江市人大常委会调研组关于晋江市城乡公交服务管理提升工作情况的调研报告》 2.讨论《晋江市人大常委会关于检查晋江市实施国务院〈宗教事务条例〉情况的方案》 3.讨论《晋江市人大常委会关于组织对市住房和城乡规划建设局进行工作评议的实施方案》 4.讨论《晋江市人大常委会组成人员守则》 5.讨论《晋江市人大常委会关于进一步完善市人大常委会组成人员联系市人大代表制度的意见》 6.通报市人大机关“下基层、解民忧、办实事、促发展”活动安排 7.讨论决定召开市第十六届人大常委会第二次会议的有关事项 8.其他事项

续表 3-17

次别	时间	会议议题
第四次	2012 年 5 月 22 日	1.讨论《晋江市人大常委会关于晋江市人民调解工作情况的审议意见》 2.讨论《晋江市人大常委会关于晋江市城乡公交服务管理提升工作情况的审议意见》 3.讨论《晋江市人大常委会关于对市住房和城乡规划建设局进行工作评议的工作方案》 4.通报有关工作制度 5.其他事项
第五次	2012 年 5 月 22 日	1.听取市政府关于自来水普及工作情况的汇报 2.听取市法院关于刑事审判工作情况的汇报 3.讨论《晋江市人大常委会关于检查晋江市实施〈中华人民共和国治安管理处罚法〉情况的方案（讨论稿）》 4.其他事项
第六次	2012 年 6 月 7 日	1.讨论《晋江市人大常委会调研组关于晋江市土地管理工作情况的调研报告》 2.讨论《晋江市人大常委会调研组关于晋江市植树造林绿化工作情况的调研报告》 3.讨论《晋江市人大常委会执法检查组关于晋江市实施国务院〈宗教事务条例〉情况的执法检查报告》 4.其他事项
第七次	2012 年 6 月 14 日	1.听取市政府关于建筑饰面石材行业整体退出转型工作情况的汇报 2.听取市法院关于新一轮人民陪审员增选情况的汇报 3.讨论决定召开市第十六届人大常委会第三次会议的有关事项 4.其他事项
第八次	2012 年 6 月 29 日	1.讨论《晋江市人大常委会关于晋江市植树造林绿化工作情况的审议意见》 2.讨论《晋江市人大常委会关于晋江市实施国务院〈宗教事务条例〉情况的审议意见》 3.讨论《晋江市人大常委会关于晋江市土地管理工作情况的审议意见》 4.讨论《晋江市人大常委会关于 2011 年度本级预算执行和其他财政收支的审计工作报告的审议意见》 5.听取评议市住房和城乡规划建设局工作领导组各调查小组调查阶段工作汇报 6.其他事项

续表 3-17

次别	时间	会议议题
第九次	2012 年 7 月 19 日	1.听取市政府关于学校迁建、扩建项目建设情况的汇报 2.听取市政府关于被征地人员养老保险工作情况的汇报 3.讨论《晋江市人大常委会评议工作领导组关于市住房和城乡规划建设局工作的调查报告》 4.讨论决定召开评议市住房和城乡规划建设局工作大会的有关事项 5.其他事项
第十次	2012 年 8 月 6 日	1.讨论《晋江市人大常委会执法检查组关于晋江市实施〈中华人民共和国治安管理处罚法〉情况的检查报告》 2.讨论《晋江市人大常委会关于市住房和城乡规划建设局工作的评议意见》 3.通报市人大机关绩效评估有关事项
第十一次	2012 年 8 月 16 日	1.听取市政府关于行政执法工作情况的汇报 2.讨论决定召开市第十六届人大常委会第四次会议的有关事项 3.其他事项
第十二次	2012 年 9 月 6 日	1.讨论《晋江市人大常委会关于晋江市实施〈中华人民共和国治安管理处罚法〉情况的审议意见》 2.讨论《晋江市人大常委会关于晋江市 2012 年上半年国民经济和社会发展计划、预算执行情况的审议意见》 3.其他事项
第十三次	2012 年 9 月 26 日	1.讨论《晋江市人大常委会办公室关于组织对市人民检察院提请任命人员进行任前考察的方案（讨论稿）》 2.研究有关人事问题 3.其他事项
第十四次	2012 年 10 月 8 日	1.讨论《晋江市人大常委会调研组关于小流域整治工作情况的调研报告》 2.讨论《晋江市人大常委会调研组关于食品安全工作情况的调研报告》 3.其他事项
第十五次	2012 年 10 月 19 日	1.听取市检察院关于侦查监督工作情况的汇报 2.讨论市政府关于授予第二批晋江市荣誉市民称号的相关议案 3.讨论决定召开市第十六届人大常委会第五次会议的有关事项
第十六次	2012 年 10 月 25 日	1.听取市政府贯彻落实《福建省人民政府关于进一步促进泉州市民营经济发展十条措施》工作情况的汇报 2.讨论授予晋江市荣誉市民称号的相关事宜

续表 3-17

次别	时间	会议议题
第十七次	2012 年 11 月 8 日	1.讨论《晋江市人大常委会关于晋江市小流域整治工作情况的审议意见》 2.讨论《晋江市人大常委会关于晋江市食品安全工作情况的审议意见》 3.讨论《晋江市人大常委会关于市住房和城乡规划建设局落实评议整改工作情况的审议意见》
第十八次	2012 年 11 月 22 日	1.听取市政府关于 2011 年度本级预算执行和其他财政收支审计报告落实情况的汇报 2.听取市政府关于招商引资及项目落地情况的汇报 3.其他事项
第十九次	2012 年 12 月 13 日	1.讨论《晋江市人大常委会关于晋江市文化体制改革工作情况的调研报告》 2.讨论《晋江市人民代表大会常务委员会工作报告》 3.讨论召开市第十六届人民代表大会第二次会议的有关事项 4.讨论决定召开市第十六届人大常委会第六次会议的有关事项 5.通报晋江市第十六届人民代表大会代表变动情况及补选代表工作情况
第二十次	2012 年 12 月 31 日	1.讨论《晋江市人大常委会关于晋江市文化体制改革工作情况的审议意见》 2.讨论《晋江市人大常委会关于晋江市城市总体规划修编情况的审议意见》
第二十一次	2013 年 2 月 6 日	1.讨论评议市行政审批服务中心创建“人民满意单位”活动的有关事项 2.讨论通过《晋江市人大常委会办公室关于组织对市人民法院提请任命人员进行任前考察的方案》
第二十二次	2013 年 2 月 8 日	1.讨论补选泉州市第十五届人民代表大会代表的有关事项 2.讨论决定召开市第十六届人大常委会第七次会议的有关事项
第二十三次	2013 年 2 月 20 日	1.讨论通过《晋江市人大常委会 2013 年工作要点》 2.确定市十六届人大二次会议重点代表建议 3.讨论通过《晋江市人大常委会主任会议关于提请审议修改〈晋江市人民代表大会常务委员会工作评议暂行办法〉等四份规范性文件的议案》 4.讨论《晋江市人大常委会评议市行政审批服务中心创建“人民满意单位”活动实施方案》 5.讨论决定召开市第十六届人大常委会第八次会议的有关事项

续表 3-17

次别	时间	会议议题
第二十四次	2013 年 3 月 14 日	1.讨论《晋江市人大常委会评议晋江市行政审批服务中心创建“人民满意单位”活动的工作方案》 2.通报审议《晋江市人民政府关于提请审议晋江市生态市建设规划修编（2011—2020 年）的议案》有关事项 3.讨论《晋江市人大常委会办公室关于贯彻落实改进工作作风密切联系群众八项规定精神的通知》 4.讨论《晋江市人大常委会机关“增强忧患意识推动长远发展”大讨论活动实施方案》 5.讨论《晋江市人大系统新闻宣传作品稿费及奖励规定》 6.其他事项
第二十五次	2013 年 3 月 22 日	听取了丁峰副市长代表市政府所作的对台工作情况汇报
第二十六次	2013 年 4 月 17 日	1.讨论《晋江市人大常委会关于检查晋江市实施〈福建省学校安全管理条例〉情况的方案》 2.讨论《晋江市人大常委会办公室关于组织对市人民法院提请任命人员进行任前考察的方案》 3.讨论通过《晋江市人大常委会主任会议关于制定〈晋江市人民代表大会常务委员会议事规则〉〈晋江市人民代表大会常务委员会主任会议议事规则〉的议案》 4.讨论决定召开市第十六届人大常委会第九次会议的有关事项 5.讨论《晋江市人大常委会机关规章制度汇编》
第二十七次	2013 年 5 月 15 日	1.听取市住房和城乡规划建设局关于《晋江市人大常委会关于市住房和城乡规划建设局落实评议整改工作情况的审议意见》落实情况的汇报 2.通报评议市行政审批服务中心准备阶段工作情况并讨论调查阶段有关事项 3.讨论通过《晋江市人大常委会机关规章制度汇编》 4.其他事项
第二十八次	2013 年 6 月 18 日	1.听取市政府关于商品混凝土管理工作情况的汇报 2.讨论《晋江市人大常委会调研组关于道路交通安全整治工作情况的调研报告》 3.讨论《晋江市人大常委会执法检查组关于晋江市实施〈福建省学校安全管理条例〉情况的检查报告》 4.讨论通过晋江市人大常委会主任会议关于提请审议制定（修改、废止）相关规范性文件的议案 5.讨论决定召开市第十六届人大常委会第十次会议的有关事项

续表 3-17

次别	时间	会议议题
第二十九次	2013 年 7 月 3 日	1.讨论《晋江市人大常委会关于晋江市实施〈福建省学校安全管理条例〉情况的审议意见》 2.讨论《晋江市人大常委会关于晋江市道路交通安全整治工作情况的审议意见》 3.讨论《晋江市人大常委会关于 2012 年本级预算执行情况和其他财政收支情况的审计工作报告的审议意见》
第三十次	2013 年 7 月 26 日	1.听取专家组关于晋江市海岸带保护利用规划咨询意见的汇报 2.讨论《关于审议晋江市国民经济和社会发展“十二五”规划实施情况中期评估报告的工作方案》 3.通报跟踪督促晋江生态市建设规划修编工作情况 4.通报评议市行政审批服务中心调查阶段有关事项 5.讨论《市人大常委会领导到挂钩村（社区）开展“现场办公月”活动工作方案》
第三十一次	2013 年 8 月 16 日	1.讨论《晋江市人大常委会评议市行政审批服务中心创建“人民满意单位”工作情况调查报告》 2.讨论决定召开市第十六届人大常委会第十一次会议的有关事项 3.其他事项
第三十二次	2013 年 8 月 26 日	讨论市第十六届人大常委会第十一次会议议程变更的有关事项
第三十三次	2013 年 8 月 30 日	1.讨论《晋江市人大常委会关于市行政审批服务中心工作的评议意见》 2.讨论《晋江市人大常委会关于晋江市 2013 年上半年国民经济和社会发展计划、预算执行情况的审议意见》 3.其他事项
第三十四次	2013 年 9 月 26 日	1.听取市政府关于农村计生二女户政策落实情况的汇报 2.听取市法院关于人民法庭工作情况的汇报 3.讨论《晋江市人大常委会办公室关于组织对市人民检察院提请任命人员进行任前考察的方案（讨论稿）》
第三十五次	2013 年 10 月 18 日	1.听取市行政审批服务中心整改落实情况汇报（书面） 2.讨论《晋江市人大常委会调研组关于晋江市国民经济和社会发展第十二个五年规划实施情况中期评估的调研报告》 3.讨论《晋江市人大常委会调研组关于近海水域环境污染整治工作情况的调研报告》 4.讨论决定召开市第十六届人大常委会第十二次会议有关事项

续表 3-17

次别	时间	会议议题
第三十六次	2013 年 11 月 5 日	1.听取市政府关于特困群众帮扶工作情况的汇报 2.讨论《晋江市人大常委会关于晋江市国民经济和社会发展第十二个五年规划纲要实施情况中期评估报告的审议意见》 3.讨论《晋江市人大常委会关于近海水域环境污染整治工作情况的审议意见》 4.通报评议市行政审批服务中心创建“人民满意单位”活动评议整改阶段工作情况并研究审议决定阶段相关工作安排 5.其他事项
第三十七次	2013 年 11 月 28 日	1.听取市政府关于推进卫生事业改革与发展情况的汇报 2.听取市政府关于执行《晋江市人大常委会关于进一步加强法制宣传教育的决议》情况的汇报 3.听取市政府关于 2012 年度本级预算执行和其他财政收支审计报告落实情况的汇报
第三十八次	2013 年 12 月 10 日	1.听取市政府关于 2013 年为民办实事项目落实情况的汇报 2.听取市政府关于城建项目安置房回迁工作情况的汇报 3.讨论《市人大常委会评议工作领导小组关于评议市行政审批服务中心创建“人民满意单位”活动工作的报告》 4.讨论决定是否将《晋江市人民政府关于提请授予晋江市行政审批服务中心“人民满意单位”荣誉称号的议案》提请市第十六届人大常委会第十三次会议审议 5.讨论补选泉州市第十五届人民代表大会代表的有关事项 6.讨论召开市第十六届人民代表大会第三次会议的有关事项 7.讨论决定召开市第十六届人大常委会第十三次会议的有关事项 8.讨论《晋江市人大常委会关于晋江市城乡公交服务管理提升工作落实情况的调研报告（讨论稿）》 9.讨论市人大常委会工作报告（讨论稿）
第三十九次	2014 年 2 月 17 日	1.讨论市政府关于提请确定市树市花及设立“全民动员、绿化晋江”义务植树活动月的相关议案 2.讨论评议市公安局创建“人民满意单位”活动的有关事项 3.讨论通过《晋江市人大常委会 2014 年工作要点》 4.讨论确定市十六届人大三次会议重点代表建议 5.讨论决定召开市第十六届人大常委会第十四次会议的有关事项
第四十次	2014 年 3 月 5 日	1.讨论《晋江市人大常委会评议市公安局创建“人民满意单位”活动工作方案》 2.讨论《晋江市人大常委会关于检查晋江市实施国务院〈物业管理条例〉和〈福建省物业管理条例〉情况的方案》 3.其他事项

续表 3-17

次别	时间	会议议题
第四十一次	2014 年 4 月 8 日	1.讨论通过《晋江市人大常委会主任会议关于制定〈晋江市人大常委会关于审议意见研究处理情况满意度测评的暂行规定〉的议案》 2.讨论关于提名陈晶晶等同志职务任免的议案 3.讨论决定召开市第十六届人大常委会第十五次会议的有关事项 4.其他事项
第四十二次	2014 年 4 月 21 日	1.听取市政府关于畜禽养殖污染整治工作情况的汇报 2.通报检查晋江市实施国务院《物业管理条例》和《福建省物业管理条例》的有关情况 3.通报评议市公安局创建“人民满意单位”活动准备阶段工作情况并讨论调查阶段工作方案 4.讨论《晋江市人大常委会关于检查晋江市实施〈中华人民共和国传染病防治法〉情况的方案》
第四十三次	2014 年 5 月 15 日	1.听取市法院关于人民陪审员工作情况的汇报 2.讨论《晋江市人大常委会关于晋江市金融改革工作情况的视察意见》 3.其他事项
第四十四次	2014 年 6 月 17 日	1.听取市检察院关于反贪污贿赂工作情况的汇报 2.讨论《晋江市人大常委会执法检查组关于晋江市实施国务院〈物业管理条例〉和〈福建省物业管理条例〉情况的检查报告》 3.讨论《晋江市人大常委会执法检查组关于晋江市实施〈中华人民共和国传染病防治法〉情况的检查报告》 4.讨论决定召开市第十六届人大常委会第十六次会议的有关事项
第四十五次	2014 年 7 月 3 日	1.传达全国人大常委会办公厅 2014 年第二期县级人大常委会负责同志学习班的有关精神 2.讨论《晋江市人大常委会关于晋江市实施国务院〈物业管理条例〉和〈福建省物业管理条例〉情况的审议意见》 3.讨论《晋江市人大常委会关于 2013 年度本级预算执行和其他财政收支情况的审计工作报告的审议意见》 4.讨论《晋江市人大常委会关于晋江市实施〈中华人民共和国传染病防治法〉情况的审议意见》 5.通报跟踪检查《晋江市海岸带保护利用规划（2012—2030）》执行的有关情况 6.通报市公安局创建“人民满意单位”活动调查阶段工作情况 7.研究食品安全监督管理工作专题询问工作方案
第四十六次	2014 年 8 月 6 日	1.听取市政府关于归侨侨眷权益保护工作情况的汇报 2.讨论《晋江市人大常委会评议领导组关于评议市公安局工作情况的调查报告》 3.讨论食品安全监督管理工作专题询问拟提问的问题 4.其他事项

续表 3-17

次别	时间	会议议题
第四十七次	2014 年 8 月 18 日	1.听取市政府关于城市规划编制及管理工作情况的汇报 2.听取市政府关于市十六届人大三次会议重点代表建议办理落实情况的汇报 3.讨论决定召开市第十六届人大常委会第十七次会议的有关事项 4.其他事项
第四十八次	2014 年 9 月 4 日	1.讨论《晋江市人大常委会关于市公安局工作的评议意见》 2.讨论《晋江市人大常委会关于晋江市 2014 年上半年国民经济和社会发展计划、预算执行情况的审议意见》
第四十九次	2014 年 10 月 10 日	1.听取市司法机关执行市十六届人大三次会议《关于加快推进晋江市生态水域建设的决议》中有关打击环境污染犯罪行为工作情况的汇报 2.听取市政府关于非物质文化遗产保护工作情况的汇报 3.讨论《晋江市人大常委会办公室关于组织对市人民检察院提请任命人员进行任前考察的方案》 4.讨论《晋江市人大常委会关于加强市人大代表与人民群众联系的意见》
第五十次	2014 年 10 月 21 日	1.听取市公安局整改落实情况汇报（书面） 2.讨论《市人大常委会调研组关于近海水域环境污染整治工作及整改情况的调研报告》 3.讨论《市人大常委会调研组关于城乡公共交通服务管理工作情况的调研报告》 4.讨论决定召开市第十六届人大常委会第十八次会议的有关事项
第五十一次	2014 年 11 月 24 日	1.听取市政府关于扶持发展农村教育工作情况的汇报 2.听取市政府关于水土保持工作情况的汇报 3.通报评议市公安局创建“人民满意单位”活动评议整改阶段工作情况，并研究下一阶段工作安排 4.其他事项
第五十二次	2014 年 12 月 4 日	1.听取市政府关于 2013 年度本级预算执行和其他财政收支审计报告落实情况的汇报 2.听取市政府关于政府性债务管理情况的汇报 3.其他事项

续表 3-17

次别	时间	会议议题
第五十三次	2014 年 12 月 11 日	1.听取市政府关于 2014 年为民办实事项目落实情况的汇报 2.听取市政府关于 2014 年国民经济和社会发展计划调整方案的汇报 3.听取市政府关于 2014 年本级预算调整方案的汇报 4.讨论市人大常委会评议工作领导组《关于评议市公安局创建“人民满意单位”活动工作的报告》 5.讨论决定是否将《晋江市人民政府关于提请授予晋江市公安局“人民满意单位”荣誉称号的议案》提交市第十六届人大常委会第十九次会议审议 6.讨论补选泉州市第十五届人民代表大会代表的有关事项 7.讨论补选晋江市第十六届人民代表大会代表的有关事项 8.讨论召开晋江市第十六届人民代表大会第四次会议的有关事项 9.讨论决定召开市第十六届人大常委会第十九次会议的有关事项 10.其他事项
笋五十四次	2015 年 1 月 9 日	1.讨论《晋江市人民代表大会常务委员会工作报告（稿）》 2.讨论召开市第十六届人民代表大会第四次会议有关事项 3.讨论召开市第十六届人大常委会第二十次会议有关事项 4.其他事项
第五十五次	2015 年 2 月 12 日	1.讨论通过《晋江市人大常委会 2015 年工作要点》 2.讨论确定市十六届人大四次会议重点代表建议 3.讨论关于市第十六届人大常委会个别委员分工的议案 4.讨论关于提名戴文俊等同志任职的议案 5.讨论关于提名林友栋等同志职务任免的议案 6.讨论《晋江市人大常委会关于检查晋江市实施〈中华人民共和国民事诉讼法〉情况的方案》 7.讨论《晋江市人大常委会关于检查晋江市实施〈中华人民共和国文物保护法〉情况的方案》 8.讨论决定召开市第十六届人大常委会第二十一次会议的有关事项 9.其他事项
第五十六次	2015 年 4 月 16 日	1.听取市政府关于缔结友好城市工作情况的汇报 2.讨论《晋江市人大常委会执法检查组关于晋江市实施〈中华人民共和国文物保护法〉情况的检查报告》 3.讨论《关于在各镇（街道）设立“人大代表之家”的工作方案》 4.通报《中华人民共和国民事诉讼法》执法检查工作进展情况 5.讨论决定召开市第十六届人大常委会第二十二次会议的有关事项
第五十七次	2015 年 5 月 5 日	1.讨论《晋江市人大常委会关于晋江市实施〈中华人民共和国文物保护法〉情况的审议意见》 2.其他事项

续表 3-17

次别	时间	会议议题
第五十八次	2015 年 6 月 17 日	1.讨论《晋江市人大常委会执法检查组关于晋江市实施〈中华人民共和国民事诉讼法〉情况的执法检查报告》 2.听取新型城镇化规划建设工作调研情况的汇报 3.听取《晋江市人大常委会关于确定市树市花的决定》和《关于设立“全民动员绿化晋江”义务植树活动月的决定》执行情况跟踪检查的汇报 4.听取中心城区教育规划与布局工作调研情况的汇报
第五十九次	2015 年 6 月 23 日	1.听取食品产业发展调研情况的汇报 2.讨论《晋江市人大常委会主任会议关于调整部分街道人大工作委员会委员的议案（讨论稿）》 3.听取市公安局关于提请许可对个别市人大代表采取刑事强制措施的报告 4.讨论决定召开市第十六届人大常委会第二十三次会议有关事项
第六十次	2015 年 7 月 2 日	1.讨论《晋江市人大常委会关于晋江市实施〈中华人民共和国民事诉讼法〉情况的审议意见》 2.讨论《晋江市人大常委会关于 2014 年度本级预算执行和其他财政收支情况的审计工作报告的审议意见》 3.听取《晋江市人大常委会关于晋江市实施〈中华人民共和国传染病防治法〉情况的审议意见》研究处理情况跟踪检查的汇报 4.通报泉州市人大常委会第二十五次会议有关情况
第六十一次	2015 年 7 月 28 日	1.听取市政管网规划建设及管理工作调研情况的汇报 2.听取侨捐公益事业发展调研情况的汇报 3.听取《晋江市人大常委会关于近海水域环境污染整治工作及整改情况的审议意见》研究处理情况跟踪检查的汇报 4.听取《晋江市海岸带保护利用规划（2012—2030）》执行情况跟踪检查的汇报
第六十二次	2015 年 8 月 17 日	1.听取有关部门关于提请许可对个别市人大代表采取强制措施的报告 2.听取市法院关于增加人民陪审员名额相关情况的报告 3.讨论《晋江市人大常委会执法检查组关于晋江市实施〈中华人民共和国气象法〉情况的执法检查报告》 4.听取流动人口户籍制度改革调研情况的汇报 5.讨论决定召开市第十六届人大常委会第二十四次会议有关事项 6.其他事项

续表 3-17

次别	时间	会议议题
第六十三次	2015 年 10 月 20 日	1.讨论晋江市人大常委会关于跟踪检查《晋江市人大常委会关于晋江市实施国务院〈物业管理条例〉和〈福建省物业管理条例〉情况的审议意见》研究处理情况的报告 2.讨论晋江市人大常委会关于中心城区教育规划与布局工作情况的调研报告 3.讨论补选晋江市第十六届人民代表大会代表的有关事项 4.讨论决定召开市十六届人大常委会第二十五次会议的有关事项
第六十四次	2015 年 12 月 9 日	1.听取市政府关于“十三五”规划编制情况的汇报 2.讨论《晋江市人大常委会关于美丽乡村建设情况的视察意见》 3.讨论《晋江市人大常委会关于救助“救急难”工作情况的视察意见》 4.讨论《晋江市人大常委会关于产业转型升级工作情况的视察意见》
第六十五次	2015 年 12 月 17 日	1.听取市政府关于 2015 年国民经济和社会发展计划调整方案的汇报 2.听取市政府关于 2015 年本级预算调整方案的汇报 3.讨论召开市十六届人大五次会议的有关事项 4.讨论补选泉州市十五届人大代表的有关事项 5.讨论决定召开市十六届人大常委会第二十六次会议的有关事项 6.讨论市人大常委会工作报告（稿）
第六十六次	2016 年 2 月 17 日	1.听取市公安局关于提请许可对个别市人大代表采取刑事强制措施的报告 2.讨论通过《晋江市人大常委会 2016 年工作要点》 3.讨论确定市十六届人大五次会议重点代表建议 4.讨论关于市第十六届人大常委会个别委员分工的议案 5.讨论决定召开市第十六届人大常委会第二十七次会议的有关事项
第六十七次	2016 年 4 月 20 日	1.讨论城乡规划编制及执行情况调研报告 2.讨论决定召开市十六届人大常委会第二十八次会议的有关事项
第六十八次	2016 年 6 月 22 日	1.听取社会组织建设工作调研情况的汇报 2.听取《晋江市人大常委会关于晋江市实施〈中华人民共和国民事诉讼法〉情况的审议意见》研究处理情况跟踪检查的汇报 3.听取相关单位关于对个别市人大代表采取限制人身自由措施的情况说明 4.讨论《关于组织召开物业管理工作专题询问会的方案》 5.讨论相关议案 6.讨论决定召开市第十六届人大常委会第二十九次会议有关事项 7.其他事项

续表 3-17

次别	时间	会议议题
第六十九次	2016 年 6 月 28 日	1.讨论相关人事任免事项 2.讨论决定调整市第十六届人大常委会第二十九次会议时间和议程的有关事项
第七十次	2016 年 7 月 8 日	1.讨论《晋江市人大常委会关于 2015 年度本级预算执行和其他财政收支情况的审计工作报告的审议意见》 2.讨论《晋江市人大常委会关于物业管理工作专题询问意见》 3.讨论《关于农村食品安全监管体系建设情况调研方案》 4.讨论相关议案 5.讨论决定召开市十六届人大常委会第三十次会议的有关事项 6.其他事项
第七十一次	2016 年 7 月 25 日	讨论相关人事任免事项
第七十二次	2016 年 8 月 18 日	1.讨论《晋江市人大常委会执法检查组关于检查晋江市实施〈中华人民共和国环境保护法〉情况的报告》 2.讨论《晋江市人大常委会调研组关于农村食品安全监管体系建设情况的调研报告》 3.讨论决定召开市十六届人大常委会第三十一次会议的有关事项 4.其他事项
第七十三次	2016 年 9 月 27 日	1.讨论 2016 年晋江市市、镇两级人大换届选举的有关事项 2.讨论决定召开市十六届人大常委会第三十二次会议的有关事项
第七十四次	2016 年 10 月 18 日	1.讨论《晋江市人大常委会关于美丽乡村建设工作情况的视察意见》 2.听取跟踪检查《晋江市人大常委会关于中心城区教育规划与布局工作情况的审议意见》研究处理情况的汇报 3.讨论决定召开市十六届人大常委会第三十三次会议的有关事项 4.其他事项
第七十五次	2016 年 10 月 25 日	讨论相关人事任免事项
第七十六次	2016 年 11 月 15 日	1.讨论《晋江市人大常委会关于创新创业服务体系建设情况的视察意见》 2.听取环城委关于调研农村宅基地制度改革试点工作情况的汇报 3.听取华侨委关于调研华侨捐赠兴办公益事业工作情况的汇报

续表 3-17

次别	时间	会议议题
第七十七次	2016 年 11 月 30 日	1.听取市政府关于 2016 年国民经济和社会发展计划调整方案（草案）的汇报 2.听取市政府关于 2016 年本级预算调整方案（草案）的汇报 3.听取市法院、检察院关于人事任免议案的说明 4.讨论召开市十七届人大一次会议的有关事项 5.讨论决定召开市十六届人大常委会第三十四次会议的有关事项 6.讨论市人大常委会工作报告（讨论稿）

五、晋江市第十七届人大常委会主任（扩大）会议（2017—2021 年）

2017—2021 年晋江市第十七届人大常委会主任（扩大）会议一览表

表 3-18

次别	时间	会议议题
第一次	2017 年 1 月 16 日	研究有关人事事项
第二次	2017 年 1 月 20 日	1.听取市检察院关于提请许可对个别市人大代表采取刑事强制措施的报告 2.讨论市十七届人大常委会领导及委员分工方案 3.讨论街道人大工委委员调整方案 4.讨论各委员会聘请兼职委员方案
第三次	2017 年 2 月 10 日	1.讨论通过《晋江市人大常委会 2017 年工作要点》 2.确定市十七届人大一次会议重点代表建议 3.讨论市人大常委会领导挂钩指导镇（街道）人大工作及市十七届人大常委会组成人员联系代表分工方案 4.讨论市十七届人大常委会代表资格审查委员会组成人员方案 5.讨论市十七届人大常委会信访工作领导小组组成人员方案 6.讨论市十七届人大常委会依法治市领导小组组成人员方案 7.讨论市十七届人大常委会妇女儿童工作组组成人员方案 8.讨论决定召开市第十七届人大常委会第二次会议的有关事项

续表 3-18

次别	时间	会议议题
第四次	2017 年 4 月 20 日	1.讨论通过《晋江市人大常委会关于组织对晋江市生态水域建设情况进行专题询问的工作方案》 2.讨论《晋江市人大常委会调研组关于防范和打击虚假信息诈骗犯罪工作情况的调研报告》 3.讨论市人大常委会主任会议关于修订相关规范性文件的议案 4.讨论通过市人大常委会机关相关规章制度 5.讨论通过《晋江市人大常委会办公室关于开展 2017 年人大重点课题调研及宣传工作的方案》 6.讨论相关人事议案 7.讨论决定召开市第十七届人大常委会第三次会议的有关事项
第五次	2017 年 5 月 5 日	1.讨论《晋江市人大常委会关于防范和打击虚假信息诈骗犯罪工作情况的审议意见》 2.讨论《关于做好代表建议办理情况督促检查工作的方案》
第六次	2017 年 6 月 12 日	1.听取市财政局关于 2016 年债务管理工作情况汇报 2.讨论《晋江市人大常委会执法检查组关于检查晋江市实施〈中华人民共和国非物质文化遗产法〉情况的报告》 3.讨论《晋江市人大常委会关于晋江市全民健身运动场馆建设情况的视察意见》 4.听取市人大常委会华侨委调研晋江市宗教场所管理工作情况的报告 5.听取市人大常委会环城委跟踪检查《晋江市人大常委会关于晋江市城乡规划编制及执行情况的审议意见》研究处理情况的报告 6.讨论相关人事议案 7.讨论决定召开市第十七届人大常委会第四次会议的有关事项
第七次	2017 年 6 月 29 日	1.听取财经委关于调研晋江市体育产业转型升级工作情况的报告 2.讨论《晋江市人大常委会关于 2016 年本级预算执行情况和其他财政收支情况的审计工作报告的审议意见》 3.讨论《晋江市人大常委会关于晋江市实施〈中华人民共和国非物质文化遗产法〉情况的审议意见》
第八次	2017 年 7 月 19 日	1.听取内司委关于调研晋江市养老服务工作情况的报告 2.听取市人大常委会环城委跟踪检查《晋江市人大常委会关于晋江市实施〈中华人民共和国环境保护法〉情况的审议意见》研究处理情况的报告
第九次	2017 年 8 月 18 日	1.听取市财政局关于发行 2017 年地方政府新增债券有关事项的报告 2.讨论《晋江市人大常委会执法检查组关于检查晋江市实施〈中华人民共和国水法〉情况的报告》 3.讨论《晋江市人大常委会主任会议关于提请审议修改〈晋江市人民代表大会常务委员会关于工作评议的规定〉的议案》 4.讨论决定召开市第十七届人大常委会第五次会议的有关事项

续表 3-18

次别	时间	会议议题
第十次	2017 年 9 月 1 日	1.讨论《晋江市人大常委会关于晋江市 2017 年上半年国民经济和社会发展计划、预算执行情况的审议意见》 2.讨论《晋江市人大常委会关于晋江市实施〈中华人民共和国水法〉情况的审议意见》
第十一次	2017 年 9 月 27 日	听取教科文卫委关于调研晋江市卫计融合工作情况的报告
第十二次	2017 年 10 月 13 日	1.听取财经委跟踪检查《晋江市人大常委会关于农村食品安全监管体系建设情况的审议意见》研究处理情况的报告 2.讨论《晋江市人大常委会关于晋江市创新孵化平台建设情况的视察意见》 3.听取华侨委关于调研晋台两地青少年交流工作情况的报告
第十三次	2017 年 10 月 20 日	1.讨论有关人事议案 2.讨论对市十七届人大一次会议第 1–4 号重点代表建议办理情况进行满意度测评的工作方案及相关调研、检查报告 3.讨论《晋江市人大常委会执法检查组关于检查晋江市实施〈中华人民共和国社区矫正实施办法〉〈福建省社区矫正实施细则（试行）〉情况的报告》 4.讨论《晋江市人大常委会调研组关于义务教育资源布局情况的调研报告》 5.讨论决定召开市十七届人大常委会第六次会议的有关事项
第十四次	2017 年 11 月 10 日	1.讨论《晋江市人大常委会关于实施〈中华人民共和国社区矫正实施办法〉〈福建省社区矫正实施细则（试行）〉情况的审议意见》 2.讨论《晋江市人大常委会关于优化义务教育资源布局的审议意见》 3.讨论《晋江市人大常委会关于市十七届人大一次会议第 1 号重点代表建议办理情况的审议意见》 4.讨论《晋江市人大常委会关于市十七届人大一次会议第 2 号重点代表建议办理情况的审议意见》 5.讨论《晋江市人大常委会关于市十七届人大一次会议第 3 号重点代表建议办理情况的审议意见》 6.讨论《晋江市人大常委会关于市十七届人大一次会议第 4 号重点代表建议办理情况的审议意见》 7.听取财经委关于跟踪检查部分审计报告（决定）整改落实情况的报告
第十五次	2017 年 11 月 29 日	1.听取市公安局关于提请许可对个别市人大代表采取刑事强制措施的报告 2.讨论市人大常委会个别组成人员辞职及补选市第十七届人民代表大会代表的有关事项 3.讨论决定召开市第十七届人大常委会第七次会议的有关事项

续表 3-18

次别	时间	会议议题
第十六次	2017 年 12 月 8 日	1.听取市政府关于 2017 年本级预算调整方案的汇报 2.讨论《晋江市人民代表大会常务委员会关于市十七届人大一次会议代表建议、批评和意见办理情况的报告》 3.讨论《晋江市人大常委会主任会议关于提请审议制定〈晋江市人民代表大会代表优秀议案和建议评选办法（试行）〉的议案》 4.听取财经委跟踪检查晋江市城乡公共交通服务管理提升工作情况的报告 5.讨论《晋江市人大常委会关于晋江市美丽乡村建设情况的视察意见》 6.听取环城委调研晋江市城市管理规范执法工作情况的报告 7.讨论《晋江市第十七届人民代表大会第二次会议常务委员会工作报告（草案）》 8.讨论关于召开市第十七届人民代表大会第二次会议的有关事项 9.讨论决定召开市十七届人大常委会第八次会议的有关事项
第十七次	2017 年 12 月 22 日	1.讨论《晋江市人大常委会关于生态水域建设工作情况的专题询问意见》 2.讨论决定召开市十七届人大常委会第九次会议的有关事项
第十八次	2017 年 12 月 29 日	1.讨论补选泉州市十六届人民代表大会代表的有关事项 2.讨论有关人事议案
第十九次	2018 年 2 月 13 日	1.讨论通过《晋江市人大常委会 2018 年工作要点》 2.确定市十七届人大二次会议重点代表建议 3.讨论《晋江市人大常委会内司委关于 2017 年度规范性文件备案审查情况的报告》 4.讨论相关人事议案 5.讨论决定召开市十七届人大常委会第十次会议的有关事项
第二十次	2018 年 4 月 13 日	1.传达十三届全国人大一次会议精神 2.听取市政府关于授予荣誉市民称号有关情况的报告 3.听取市法院关于提请许可对个别市人大代表采取司法拘留措施的报告 4.讨论相关人事议案 5.讨论《关于跟踪检查〈晋江市人大常委会关于防范和打击虚假信息诈骗犯罪工作情况的审议意见〉研究处理情况的报告》 6.讨论《晋江市人大常委会关于 2017 年度环境状况和环境保护目标完成情况的调研报告》 7.讨论《关于开展 2018 年晋江市生态水域建设监督的工作方案》 8.讨论决定召开市十七届人大常委会第十一次会议的有关事项
第二十一次	2018 年 4 月 25 日	1.听取市财政局关于 2017 年债务管理工作情况汇报 2.听取环城委跟踪检查《晋江市人大常委会关于生态水域建设工作专题询问的意见》研究处理情况的报告 3.讨论《晋江市人大常委会关于 2017 年度环境状况和环境保护目标完成情况的审议意见》

续表 3-18

次别	时间	会议议题
第二十二次	2018 年 6 月 21 日	1.听取市财政局关于发行 2018 年地方政府新增债券有关事项的报告 2.讨论《关于检查晋江市实施〈中华人民共和国老年人权益保障法〉〈福建省老年人权益保障条例〉情况的报告》 3.讨论通过《晋江市人大常委会关于审议晋江市国民经济和社会发展第十三个五年规划纲要实施情况中期评估报告的工作方案》 4.听取教科文卫委关于调研晋江市科技成果转化情况的报告 5.讨论《关于跟踪检查〈中华人民共和国非物质文化遗产法〉情况的审议意见》〉实施情况的报告》 6.听取华侨委关于调研晋江市华侨权益保护工作情况的报告 7.讨论相关人事议案 8.讨论决定召开市十七届人大常委会第十二次会议的有关事项
第二十三次	2018 年 7 月 6 日	1.讨论《晋江市人大常委会关于晋江市实施〈中华人民共和国老年人权益保障法〉〈福建省老年人权益保障条例〉情况的审议意见》 2.讨论《晋江市人大常委会关于 2017 年本级预算执行情况和其他财政收支情况的审计工作报告的审议意见》 3.听取财经委关于电子商务发展情况的报告 4.听取农经委关于食用农产品质量安全工作情况的报告
第二十四次	2018 年 8 月 16 日	1.听取市政府关于调整《晋江市国民经济和社会发展第十三个五年规划纲要》部分指标任务的报告 2.讨论《关于晋江市国民经济和社会发展第十三个五年规划实施情况中期评估的调研报告》 3.讨论《关于生态环境资源司法保护工作情况的调研报告》 4.讨论《关于检查晋江市实施〈中华人民共和国精神卫生法〉情况的报告》 5.讨论《关于小区物业管理工作情况的调研报告》 6.讨论《关于评议市扶贫办精准扶贫工作情况的调查报告》 7.讨论《关于跟踪检查晋江市人大常委会关于晋江市实施〈中华人民共和国水法〉情况的审议意见研究处理情况的报告》 8.听取联合调研组关于调研市区殡丧事务管理情况的报告 9.讨论《晋江市人大常委会主任会议关于提请审议制定〈晋江市人大常委会关于对人大代表约谈、函询的暂行办法〉的议案》 10.讨论决定召开市十七届人大常委会第十三次会议的有关事项

续表 3-18

次别	时间	会议议题
第二十五次	2018 年 9 月 5 日	1.讨论《晋江市人大常委会关于晋江市生态环境资源司法保护工作情况的审议意见》 2.讨论《晋江市人大常委会关于晋江市 2018 年上半年国民经济和社会发展计划、预算执行情况的审议意见》 3.讨论《晋江市人大常委会关于晋江市国民经济和社会发展第十三个五年规划纲要实施情况中期评估报告的审议意见》 4.讨论《晋江市人大常委会关于晋江市实施〈中华人民共和国精神卫生法〉情况的审议意见》 5.讨论《晋江市人大常委会关于晋江市住宅小区物业管理工作情况的审议意见》 6.讨论《晋江市人大常委会关于市扶贫办精准扶贫工作的评议意见》 7.讨论《晋江市人大常委会关于组织对晋江市电梯安全管理工作情况进行专题询问的工作方案》
第二十六次	2018 年 10 月 22 日	1.听取市法院有关人事任免事项说明 2.听取 2018 年重点督办信访事项的报告 3.讨论《关于跟踪检查晋江市人大常委会关于晋江市实施〈中华人民共和国社区矫正实施办法〉〈福建省社区矫正实施细则（试行）〉情况的审议意见研究处理情况的报告》 4.讨论《关于跟踪检查〈晋江市人大常委会关于 2017 年度本级预算执行和其他财政收支情况的审计工作报告的审议意见〉研究处理情况的报告》 5.讨论《关于跟踪检查〈晋江市人大常委会关于优化晋江市义务教育资源布局的审议意见〉研究处理情况的报告》 6.讨论关于 3 件重点督办代表建议（第 1、65、148 号）办理情况的调研报告 7.听取市财政局关于晋江市国有资产管理情况汇报 8.讨论评选市十七届人大二次会议代表优秀建议的有关事项 9.听取关于电梯安全管理工作前期调研情况的说明 10.讨论决定召开市十七届人大常委会第十四次会议的有关事项
第二十七次	2018 年 10 月 26 日	1.听取关于 2018 年本级预算调整方案的汇报 2.讨论市检察院人事免职议案
第二十八次	2018 年 11 月 9 日	1.讨论关于市十七届人大二次会议第 1 号、第 65 号、第 148 号重点督办的代表建议办理情况的审议意见 2.讨论《晋江市人大常委会关于电梯安全管理工作专题询问的意见》 3.讨论《晋江市人大常委会关于晋江市特色现代农业工作情况的视察意见》

续表 3-18

次别	时间	会议议题
第二十九次	2018 年 12 月 7 日	1.听取市法院、检察院有关人事免职事项的说明 2.讨论《晋江市人大常委会关于市十七届人大二次会议代表建议、批评和意见办理情况的报告》 3.讨论通过《泉州市人大代表向晋江市人大常委会报告履职情况工作方案》 4.讨论《晋江市人大常委会关于市扶贫办落实精准扶贫评议意见情况的跟踪检查报告》 5.听取财经委关于调研晋江市一类国有企业工作情况的报告 6.讨论《晋江市人大常委会关于公共交通服务管理工作情况的视察意见》 7.讨论《晋江市人大常委会关于旅游市场规范管理工作情况的视察意见》 8.讨论《晋江市人大常委会关于检查第十六届人大三次会议〈关于加快推进晋江市生态水域建设的决议〉落实情况的报告》 9.讨论《晋江市人大常委会关于城市建设重点项目进展情况的视察意见》 10.讨论《晋江市人民代表大会常务委员会工作报告（讨论稿）》 11.讨论召开市十七届人大三次会议的有关事项 12.讨论决定召开市十七届人大常委会第十六次会议的有关事项
第三十次	2018 年 12 月 12 日	听取市政府关于人事任免有关情况的说明
第三十一次	2018 年 12 月 24 日	讨论《晋江市人大常委会关于市十六届人大三次会议〈关于加快推进晋江市生态水域建设的决议〉落实情况的审议意见》
第三十二次	2018 年 12 月 29 日	1.听取市政府关于机构改革和人事任免有关事项的说明 2.讨论决定召开市第十七届人大常委会第十七次会议的有关事项
第三十三次	2018 年 12 月 29 日	听取市政府关于机构改革和人事任免有关事项的说明
第三十四次	2019 年 2 月 20 日	1.传达省十三届人大二次会议和泉州市十六届人大四次会议精神（书面） 2.听取市法院有关人民陪审员免职事项的说明 3.听取市财政局关于提前下达的 2019 年新增政府债务限额使用方案有关事项的报告 4.讨论通过《晋江市人大常委会 2019 年工作要点》 5.确定市十七届人大三次会议重点代表建议 6.讨论《晋江市人大常委会内司委关于 2018 年度规范性文件备案审查情况的报告》 7.讨论个别街道人大工委委员任免的有关事项 8.讨论关于个别市人大代表辞去代表职务的有关事项 9.讨论决定召开市十七届人大常委会第十八次会议的有关事项

续表 3-18

次别	时间	会议议题
第三十五次	2019 年 4 月 16 日	1.听取相关人事任免事项说明 2.讨论《晋江市人大常委会关于 2018 年度环境状况和环境保护目标完成情况的调研报告》 3.听取教科文卫委关于调研晋江市公共文化设施建设工作情况的报告 4.听取晋江市人大常委会办公室关于调研晋江市行政审批提质提速工作情况的报告 5.讨论决定召开市十七届人大常委会第十九次会议的有关事项
第三十六次	2019 年 5 月 5 日	讨论《晋江市人大常委会关于 2018 年度环境状况和环境保护目标完成情况的审议意见》
第三十七次	2019 年 6 月 19 日	1.听取相关人事任免事项的介绍说明 2.讨论《关于跟踪检查〈晋江市人大常委会关于晋江市实施老年人权益保障“一法一条例”情况的审议意见〉研究处理情况的报告》 3.讨论《关于跟踪检查〈晋江市人大常委会关于小区物业管理工作情况的审议意见〉研究处理情况的报告》 4.听取财经委关于调研世中运公共交通组织与保障工作情况的报告 5.听取华侨委关于调研晋江市贯彻落实上级惠台政策情况的报告 6.听取环城委关于调研《中华人民共和国水污染防治法》实施情况的报告 7.讨论《关于检查晋江市实施〈中华人民共和国农产品质量安全法〉情况的方案》 8.讨论决定召开市十七届人大常委会第二十次会议的有关事项
第三十八次	2019 年 7 月 10 日	1.听取水利局关于市区水系连通生态补水工程建设情况的汇报 2.讨论《晋江市人大常委会关于市区水系连通生态补水工程建设的视察意见》 3.听取市政府关于 2018 年地方债务管理情况及发行 2019 年地方政府债券有关事项的报告 4.讨论《晋江市人大常委会关于 2018 年度本级预算执行和其他财政收支情况的审计工作报告的审议意见》 5.讨论《晋江市人大常委会领导分组带队检查 2019 年为民办实事项目工作方案》
第三十九次	2019 年 8 月 22 日	1.听取相关人事任免事项的说明 2.听取市公安局关于提请许可对个别市人大代表采取行政拘留措施的报告 3.讨论《关于跟踪检查〈晋江市人大常委会关于晋江市生态环境资源司法保护工作情况的审议意见〉研究处理情况的报告》 4.听取市政府研究处理《晋江市人大常委会关于晋江市实施〈中华人民共和国精神卫生法〉情况的审议意见》情况的报告 5.听取教科文卫委关于调研晋江市学校教师队伍建设情况的报告 6.讨论《晋江市人大常委会关于晋江市卫生应急救援体系建设情况的视察意见》 7.讨论《晋江市人大常委会关于检查 2019 年上半年为民办实事项目进展情况的报告》 8.讨论决定召开市十七届人大常委会第二十一次会议的有关事项

续表 3-18

次别	时间	会议议题
第四十次	2020 年 8 月 27 日	研究有关人事事项
第四十一次	2020 年 8 月 29 日	研究有关人事事项
第四十二次	2019 年 9 月 4 日	讨论《晋江市人大常委会关于晋江市 2019 年上半年国民经济和社会发展计划、预算执行情况的审议意见》
第四十三次	2019 年 10 月 23 日	1.听取相关人事事项的介绍和说明 2.听取市政府关于 2019 年为民办实事项目进度的报告 3.听取市政府关于 2019 年本级预算调整方案的汇报 4.讨论《晋江市人大常委会关于市区交通秩序整治工作情况的调研报告》 5.讨论《晋江市人大常委会关于〈中华人民共和国农产品质量安全法〉的执法检查报告》 6.讨论《关于跟踪检查〈晋江市人大常委会关于 2018 年度本级预算执行和其他财政收支情况的审计工作报告的审议意见〉研究处理情况的报告》 7.讨论《关于跟踪检查〈晋江市人大常委会关于电梯安全管理工作专题询问的意见〉研究处理情况的报告》 8.讨论《关于检查市十六届三次会议〈关于加快推进晋江市生态水域建设的决议〉落实情况的报告》 9.讨论关于 3 件重点督办代表建议（第 33、137、142 号）办理情况的调研报告 10.讨论评选市十七届人大三次会议优秀代表建议的有关事项 11.讨论决定市十七届人大常委会第二十二次会议的有关事项
第四十四次	2019 年 11 月 6 日	1.讨论个别市第十七届人民代表大会代表辞职的有关事项 2.讨论选举（补选）市第十七届人民代表大会代表的有关事项 3.讨论决定召开市第十七届人大常委会第二十三次会议的有关事项
第四十五次	2019 年 11 月 7 日	1.讨论市十七届人大三次会议第 33 号、137 号、142 号重点督办代表建议办理情况的审议意见 2.讨论《晋江市人大常委会关于市区交通秩序整治工作情况的审议意见》 3.讨论《晋江市人大常委会关于晋江市实施〈中华人民共和国农产品质量安全法〉情况的审议意见》 4.讨论《晋江市人大常委会关于市第十六届人大三次会议〈关于加快推进晋江市生态水域建设的决议〉落实情况的审议意见》

续表 3-18

次别	时间	会议议题
第四十六次	2019 年 12 月 6 日	1.听取市公安局关于提请许可对个别市人大代表采取刑事强制措施的报告 2.讨论有关人事议案 3.讨论《晋江市人大常委会关于市十七届人大三次会议代表建议、批评和意见办理情况的报告》 4.听取农经委关于调研晋江市乡村人居环境情况的报告 5.讨论《晋江市人大常委会关于检查促进民营经济健康发展 26 条措施落实情况的报告》 6.讨论《晋江市人大常委会关于世中运场馆建设情况的视察意见》 7.讨论《晋江市人大常委会关于晋江市宗教组织参与公益慈善事业情况的视察意见》 8.讨论《晋江市人民代表大会常务委员会工作报告（讨论稿）》 9.讨论召开市十七届人大四次会议的有关事项 10.讨论决定召开市十七届人大常委会第二十四次会议的有关事项
第四十七次	2019 年 12 月 12 日	讨论《晋江市人大常委会主任会议关于补选泉州市第十六届人民代表大会代表的议案》
第四十八次	2020 年 2 月 21 日	1.听取有关人事事项的介绍和说明 2.听取市政府关于 2020 年提前批专项债券新增额度使用方案有关事项的报告 3.讨论通过《晋江市人大常委会 2020 年工作要点》 4.确定市十七届人大四次会议重点代表建议 5.讨论关于调整市十七届人大常委会领导及委员分工方案 6.讨论关于调整市十七届人大常委会组成人员联系代表分工方案 7.讨论关于调整市第十七届人大常委会代表资格审查委员会方案 8.讨论关于调整市人大常委会依法治市领导小组组成人员方案 9.讨论关于调整市人大常委会妇女儿童工作组组成人员方案 10.讨论决定召开市第十七届人大常委会第二十五次会议的有关事项
第四十九次	2020 年 4 月 21 日	1.听取市公安局关于提请许可对个别市人大代表采取刑事强制措施的报告 2.讨论个别市人大代表辞去代表职务的有关事项 3.讨论《晋江市人大常委会组成人员开展“控疫情、抓安全、促发展”专题“双联”活动方案》 4.讨论《晋江市人大代表素质提升计划实施方案》 5.讨论关于设立“平安晋江共建日”的有关事项 6.讨论《晋江市人大常委会关于 2019 年度环境状况和环境保护目标完成情况的调研报告》 7.讨论决定召开市十七届人大常委会第二十六次会议的有关事项
第五十次	2020 年 5 月 7 日	1.讨论《晋江市人大常委会关于 2019 年度环境状况和环境保护目标完成情况的审议意见》 2.讨论市人大常委会 5 月份工作安排

续表 3-18

次别	时间	会议议题
第五十一次	2020 年 6 月 16 日	1.听取相关人事任免事项的介绍说明 2.听取关于提请审议 2020 年地方政府债券额度有关事项的汇报 3.听取教科文卫委关于调研晋江市职业教育工作情况的报告 4.讨论《晋江市人大常委会执法检查组关于检查晋江市实施〈泉州市海上丝绸之路史迹保护条例〉情况的报告》 5.讨论决定召开市十七届人大常委会第二十七次会议的有关事项
第五十二次	2020 年 7 月 3 日	1.讨论《晋江市人大常委会关于 2019 年度本级预算执行和其他财政收支情况的审计工作报告的审议意见》 2.讨论《晋江市人大常委会关于晋江市实施〈泉州市海上丝绸之路史迹保护条例〉情况的审议意见》 3.讨论常委会规范性文件和机关规章制度修订有关事项 4.传达泉州市人大新闻通讯员培训班精神 5.研究市人大常委会 7 月份工作安排
第五十三次	2020 年 8 月 6 日	1.讨论通过市人大常委会机关相关规章制度 2.讨论《2020 年为民办实事分组检查工作方案》 3.通报市人大常委会 8 月份工作安排
第五十四次	2020 年 8 月 20 日	1.讨论《关于市法院知识产权司法保护工作情况的调研报告》 2.听取市政府研究处理《晋江市人大常委会关于晋江市实施〈中华人民共和国农产品质量安全法〉情况的审议意见》情况的报告 3.讨论相关人事事项 4.讨论决定召开市十七届人大常委会第二十八次会议的有关事项
第五十五次	2020 年 9 月 3 日	1.讨论《晋江市人大常委会关于晋江市 2020 年上半年国民经济和社会发展计划、预算执行情况的审议意见》 2.讨论《晋江市人大常委会关于市法院知识产权司法保护工作情况的审议意见》 3.讨论《晋江市人大常委会关于检查 2020 年为民办实事项目进展情况的报告》 4.通报 9 月份工作安排。
第五十六次	2020 年 10 月 23 日	1.听取关于 2020 年新增债务限额及抗疫特别国债预算调整有关事项的汇报 2.讨论《关于跟踪检查〈晋江市人大常委会关于 2019 年度本级预算执行和其他财政收支情况的审计工作报告的审议意见〉研究处理情况的报告》 3.讨论《晋江市人大常委会关于〈中华人民共和国食品安全法〉和〈福建省食品安全条例〉的执法检查报告》 4.讨论《晋江市人大常委会关于调研晋江市未成年人检察工作情况的报告》 5.讨论《关于跟踪检查〈晋江市人大常委会关于晋江市市区交通秩序整治工作情况的审议意见〉研究处理情况的报告》 6.讨论关于 2 件重点督办代表建议（第 13、131 号）办理情况的调研报告 7.讨论评选市十七届人大四次会议优秀代表建议的有关事项 8.讨论决定召开市十七届人大常委会第二十九次会议的有关事项

续表 3-18

次别	时间	会议议题
第五十七次	2020 年 10 月 29 日	1.传达贯彻市委人大工作会议精神 2.听取市公安局关于提请许可对个别市人大代表采取行政拘留措施的报告 3.听取有关人事事项的介绍和说明 4.讨论个别市第十七届人民代表大会代表辞职的有关事项 5.讨论关于调整市第十七届人大常委会个别委员分工的方案 6.讨论《晋江市人大常委会关于市第三医院改造提升工作情况的视察意见》
第五十八次	2020 年 10 月 30 日	讨论《晋江市人大常委会主任会议关于补选市第十七届人民代表大会代表的议案》
第五十九次	2020 年 11 月 6 日	1.传达贯彻党的十九届五中全会以及省委常委会会议、泉州市委常委会会议、晋江市委常委会（扩大）会议精神 2.讨论市十七届人大四次会议第 13 号、131 号重点督办代表建议办理情况的审议意见 3.讨论《晋江市人大常委会关于 2019 年度国有资产管理情况综合报告和企业国有资产管理情况报告的审议意见》 4.讨论《晋江市人大常委会关于晋江市实施〈中华人民共和国食品安全法〉和〈福建省食品安全条例〉情况的审议意见》 5.讨论《晋江市人大常委会关于未成年人检察工作情况的审议意见》 6.通报市人大常委会 2020 年 11 月至春节前主要工作安排 7.讨论《晋江市第十七届人民代表大会第五次会议人大常委会机关筹备工作方案》
第六十次	2020 年 11 月 23 日	1.听取相关人事任免事项的说明 2.讨论市人大常委会个别组成人员的相关辞职的有关事项 3.讨论个别市第十七届人民代表大会代表辞职的有关事项 4.讨论决定召开市十七届人大常委会第三十次会议的有关事项
第六十一次	2020 年 11 月 23 日	讨论《晋江市人大常委会主任会议关于补选市第十七届人民代表大会代表的议案》
第六十二次	2020 年 12 月 7 日	1.听取有关人事免职事项的说明 2.讨论个别市第十七届人民代表大会代表辞职的有关事项 3.讨论决定召开市十七届人大常委会第三十一次会议的有关事项

续表 3-18

次别	时间	会议议题
第六十三次	2020 年 12 月 23 日	1.听取市政府关于 2020 年本级预算调整方案的汇报 2.听取市政府关于“十四五”规划纲要和二〇三五年远景目标编制情况的汇报 3.听取华侨委关于调研晋江市新生代华侨资源涵养情况的报告 4.讨论《晋江市人大常委会关于基层养老提质增效工作情况的视察意见》 5.讨论《晋江市人大常委会关于促进传统优势产业全链条、全流程升级工作情况的视察意见》 6.讨论《关于检查市十六届三次会议〈关于加快推进晋江市生态水域建设的决议〉落实情况的报告》 7.讨论《晋江市人大常委会关于市十七届人大四次会议代表建议、批评和意见办理情况的报告》 8.讨论补选泉州市人大代表有关事项 9.讨论补选晋江市人大代表有关事项 10.讨论《晋江市人民代表大会常务委员会工作报告（讨论稿)》 11.讨论召开市十七届人大五次会议的有关事项 12.讨论决定召开市十七届人大常委会第三十二次会议的有关事项
第六十四次	2020 年 12 月 30 日	1.讨论《晋江市人大常委会关于市第十六届人大三次会议〈关于加快推进晋江市生态水域建设的决议〉落实情况的审议意见》 2.讨论决定召开市十七届人大五次会议的有关事项
第六十五次	2021 年 1 月 8 日	1.听取有关人事任免事项的说明 2.讨论市第十七届人民代表大会第五次会议的有关建议名单 3.讨论决定召开市十七届人大常委会第三十三次会议的有关事项
第六十六次	2021 年 1 月 25 日	研究《关于组织对市人民法院提请任命人员进行任前考察的方案》《关于组织对市人民检察院提请任命人员进行任前考察的方案》
第六十七次	2021 年 2 月 19 日	1.传达贯彻省十三届人大五次会议、泉州市十六届人大六次会议精神 2.听取有关人事事项的介绍和说明 3.讨论通过《晋江市人大常委会 2021 年工作要点》 4.确定市十七届人大五次会议重点督办的代表建议 5.讨论《晋江市人大常委会内司委关于 2020 年度规范性文件备案审查情况的报告》 6.讨论关于调整市十七届人大常委会领导及委员分工的议案 7.讨论关于调整市十七届人大常委会组成人员联系代表分工的议案 8.讨论关于调整市第十七届人大常委会代表资格审查委员会的议案 9.讨论关于调整市人大常委会依法治市领导小组组成人员的议案 10.讨论关于调整市人大常委会妇女儿童工作组组成人员的议案 11.讨论关于提请废止《晋江市人民代表大会常务委员会关于实施〈福建省各级人民代表大会常务委员会规范性文件备案审查规定〉的意见》的议案 12.讨论决定召开市第十七届人大常委会第三十四次会议的有关事项

续表 3-18

次别	时间	会议议题
第六十八次	2021 年 2 月 23 日	研究推迟第三十四次常委会时间有关事项
第六十九次	2021 年 3 月 2 日	1.听取有关人事事项的介绍和说明 2.讨论关于组织市法院提请任命人员进行任前考察的方案 3.讨论关于调整市第十七届人大常委会领导及委员分工的议案 4.讨论关于市第十七届人大常委会驻会委员联系指导镇（街道）人大工作的议案 5.讨论市人大常委会 2021 年工作要点 6.讨论决定召开市第十七届人大常委会第三十四次会议的有关事项
第七十次	2021 年 4 月 22 日	1.听取有关人事事项的介绍和说明 2.讨论《晋江市人大常委会关于 2020 年度环境状况和环境保护目标完成情况的调研报告》 3.讨论《晋江市人大常委会主任会议关于提请审议制定〈晋江市人民代表大会常务委员会关于法官检察官履职评议的暂行办法〉的议案》 4.讨论决定召开市第十七届人大常委会第三十五次会议的有关事项
第七十一次	2021 年 5 月 7 日	1.讨论《晋江市人大常委会关于 2020 年度环境状况和环境保护目标完成情况的审议意见》 2.讨论《晋江市人大常委会关于晋江市创建国家创新型县（市）工作情况的视察意见》 3.讨论《晋江市人大常委会关于侨乡文化史迹保护工作情况的视察意见》
第七十二次	2021 年 6 月 2 日	1.讨论《晋江市人大常委会关于开展 2021 年度部分法官检察官履职评议的工作方案》 2.讨论市人大常委会 6 月份工作安排
第七十三次	2021 年 6 月 22 日	1.听取有关人事任免事项的介绍说明 2.听取关于提请审议 2021 年地方政府债券额度有关事项的汇报 3.听取关于 2020 年地方政府性债务管理情况的汇报 4.讨论关于提请废止《晋江市人民代表大会常务委员会讨论决定重大事项的暂行规定》的议案 5.讨论关于各镇人民代表大会代表名额的议案 6.讨论《关于跟踪检查〈晋江市人大常委会关于市法院知识产权司法保护工作情况的审议意见〉研究处理情况的报告》 7.讨论《晋江市人大常委会关于九十九溪田园风光项目建设情况的视察意见》 8.听取市政府研究处理《晋江市人大常委会关于检查〈中华人民共和国食品安全法〉及〈福建省食品安全条例〉实施情况的审议意见》情况的报告 9.讨论《关于跟踪检查〈晋江市人大常委会关于晋江市实施泉州海上丝绸之路史迹保护条例情况的审议意见〉研究处理情况的报告》 10.讨论决定召开市第十七届人大常委会第三十六次会议的有关事项

续表 3-18

次别	时间	会议议题
第七十四次	2021 年 6 月 28 日	听取有关人事任免事项的介绍说明
第七十五次	2021 年 6 月 29 日	讨论《晋江市人大常委会主任会议关于提名王明元代理晋江市人民政府市长职务的议案》
第七十六次	2021 年 7 月 20 日	1.听取相关人事任免事项的介绍说明 2.讨论《晋江市人大常委会关于 2020 年度本级预算执行和其他财政收支情况的审计工作报告的审议意见》 3.讨论决定召开市第十七届人大常委会第三十七次会议的有关事项
第七十七次	2021 年 7 月 21 日	讨论《晋江市人大常委会主任会议关于提名庄怀璇代理晋江市监察委员会主任职务的议案（草案）》《晋江市人大常委会主任会议关于提名洪志强代理晋江市人民法院院长职务的议案（草案)》。
第七十八次	2021 年 7 月 23 日	1.听取相关人事任免事项的介绍说明 2.讨论决定召开市第十七届人大常委会第三十八次会议的有关事项
第七十九次	2021 年 8 月 9 日	1.听取相关人事任免事项的介绍说明 2.讨论《关于跟踪检查〈晋江市人大常委会关于晋江市未成年人检察工作情况的审议意见〉研究处理情况的报告》 3.讨论《2021 年为民办实事分组检查工作方案》 4.通报市人大常委会 8 月份工作安排 5.讨论决定召开市第十七届人大常委会第三十九次会议的有关事项
第八十次	2021 年 8 月 18 日	1.听取关于提请审议 2021 年第二批新增债务限额及抗疫特别国债预算调整方案有关事项的汇报 2.听取相关人事事项的介绍说明 3.讨论个别市人大代表辞去代表职务的有关事项 4.讨论《晋江市人大常委会执法检查组关于检查晋江市实施〈泉州市市容和环境卫生管理条例〉情况的报告》 5.听取环城委关于调研晋江市国土空间总体规划编制情况的报告 6.听取华侨委关于调研晋江市少数民族流动人口服务管理情况的报告 7.讨论决定召开市第十七届人大常委会第四十次会议的有关事项
第八十一次	2021 年 9 月 1 日	1.讨论城乡人居环境整治工作专题询问会方案 2.讨论《晋江市人大常委会关于晋江市 2021 年上半年国民经济和社会发展计划、预算执行情况的审议意见》 3.讨论《晋江市人大常委会关于晋江市实施〈泉州市市容和环境卫生管理条例〉情况的审议意见》 4.通报 9 月份工作安排

续表 3-18

次别	时间	会议议题
第八十二次	2021 年 9 月 16 日	1.听取有关人事任免事项的介绍和说明 2.讨论 2021 年晋江市市、镇两级人大换届选举的有关事项 3.讨论《晋江市人大常委会履职评议领导组关于对部分法官和部分检察官履职情况的报告》 4.讨论《晋江市人大常委会关于检查 2021 年为民办实事项目进展情况的报告》 5.讨论决定召开市十七届人大常委会第四十一次、第四十二次会议的有关事项
第八十三次	2021 年 9 月 23 日	1.听取有关人事任免事项的介绍和说明 2.讨论 2021 年晋江市市、镇两级人大换届选举的有关事项 3.讨论《晋江市人大常委会关于城乡人居环境整治情况专题询问的意见》 4.讨论决定召开市十七届人大常委会第四十二次会议的有关事项
第八十四次	2021 年 10 月 21 日	1.传达贯彻中央人大工作会议精神 2.传达贯彻泉州市第十三次党代会精神及泉州市委常委会、晋江市委常委会会议精神 3.讨论《晋江市人大常委会关于对市法院部分法官、市检察院部分检察官履职评议的意见》 4.讨论《晋江市人民代表大会常务委员会关于开展第八个五年法治宣传教育的决议（草案）》 5.讨论《关于跟踪检查〈晋江市人大常委会关于 2020 年度本级预算执行和其他财政收支情况的审计工作报告的审议意见〉研究处理情况的报告》 6.讨论《晋江市人大常委会执法检查组关于检查晋江市实施〈中华人民共和国消防法〉和〈福建省消防条例〉情况的报告》 7.讨论关于晋江市 2020 年度国有资产管理情况的调研报告 8.讨论关于 3 件重点督办代表建议（第 7、36、88 号）办理情况的调研报告 9.讨论《关于检查市十六届三次会议〈关于加快推进晋江市生态水域建设的决议〉落实情况的报告》 10.讨论《晋江市人大常委会关于生态公益林建设和保护工作情况的视察意见》 11.讨论评选 2021 年度市十七届人大代表优秀建议的有关事项 12.部署换届选举有关工作 13.部署十八届人大一次会议筹备工作 14.讨论决定召开市十七届人大常委会第四十三次会议的有关事项
第八十五次	2021 年 10 月 28 日	1.讨论市人大常委会个别组成人员的辞职的有关事项 2.讨论调整市十七届人大常委会第四十三次会议议程的有关事项

续表 3-18

次别	时间	会议议题
第八十六次	2021 年 11 月 11 日	1.讨论《晋江市人大常委会关于 2020 年度国有资产管理情况综合报告的审议意见》 2.讨论《晋江市人大常委会关于晋江市实施〈中华人民共和国消防法〉和〈福建省消防条例〉情况的审议意见》 3.听取教科文卫委关于调研晋江市优化高中阶段教育工作情况的报告 4.讨论《晋江市人大常委会关于市第十六届人大三次会议〈关于加快推进晋江市生态水域建设的决议〉落实情况的审议意见》 5.讨论市十七届人大五次会议第 7 号、36 号、88 号重点督办代表建议办理情况的审议意见
第八十七次	2021 年 11 月 19 日	讨论市镇选举委员会相关组成人员辞职的有关事项
第八十八次	2021 年 11 月 24 日	1.传达贯彻党的十九届六中全会以及省委常委会会议、泉州市委常委会会议、晋江市委常委会（扩大）会议精神 2.听取市政府关于 2021 年本级预算调整方案的汇报 3.听取有关人事事项的介绍和说明 4.讨论市人大常委会个别组成人员辞职的有关事项 5.讨论《晋江市人大常委会关于市十七届人大五次会议代表建议办理情况的报告》 6.听取华侨委关于调研晋江市全域旅游发展工作情况的报告 7.讨论召开市十八届人大一次会议的有关事项 8.讨论市人大常委会 2021 年 11 月至春节前主要工作安排 9.讨论决定召开市十七届人大常委会第四十四次会议的有关事项
第八十九次	2021 年 12 月 1 日	1.传达贯彻中国共产党福建省第十一次代表大会、中国共产党福建省第十一届委员会第一次全体会议精神，省委尹力书记等省领导在参加省第十一次党代会泉州代表团审议时的讲话精神及泉州市委常委会会议、晋江市委常委会（扩大）会议精神 2.讨论《晋江市人民代表大会常务委员会工作报告（讨论稿）》 3.讨论召开市十八届人大一次会议的有关事项 4.讨论决定召开市十七届人大常委会第四十五次会议的有关事项 5.讨论晋江市人大常委会关于授权主任会议调整晋江市第十八届人民代表大会第一次会议召开时间及有关事项的决定（讨论稿）
第九十次	2021 年 12 月 15 日	1.传达贯彻习近平总书记关于严肃换届纪律的重要指示精神以及晋江市委组织部《关于进一步加强换届风气监督工作的通知》文件精神 2.讨论决定召开市十八届人大一次会议的有关事项

六、晋江市第十八届人大常委会主任（扩大）会议（2022年起）

2022年起晋江市第十八届人大常委会主任（扩大）会议一览表

表3-19

次别	时间	会议议题
第一次	2022年2月16日	1.传达贯彻省十三届人大六次会议、泉州市十七届人大一次会议、市委2022年工作会议精神 2.听取有关人事事项的介绍和说明 3.讨论通过《晋江市人大常委会2022年工作要点》 4.确定市十八届人大一次会议重点督办的代表建议 5.讨论《晋江市人大常委会内司委关于2021年度规范性文件备案审查情况的报告》 6.讨论关于市第十八届人大常委会领导及委员分工的议案 7.讨论关于市第十八届人大常委会驻会委员联系指导镇（街道）人大工作的议案 8.讨论关于设立市第十八届人大常委会代表资格审查委员会的议案 9.讨论关于调整市人大常委会信访工作领导小组组成人员的议案 10.讨论关于调整市人大常委会依法治市领导小组组成人员的议案 11.讨论关于调整市人大常委会妇女儿童工作组组成人员的议案 12.讨论关于市人大常委会各委员会拟聘请兼职委员的议案 13.讨论关于调整街道人大工作委员会委员的议案 14.讨论决定召开市第十八届人大常委会第一次会议的有关事项
第二次	2022年3月11日	1.传达贯彻晋江市“提高效率、提升效能、提增效益”行动部署会暨解放思想大讨论动员会精神 2.传达贯彻市委人大工作会议精神 3.讨论市人大常委会3月份工作安排
第三次	2022年4月27日	1.听取有关人事任免事项的介绍说明 2.听取关于提请审议2022年第一批地方政府债券预算调整方案有关事项的汇报 3.讨论《晋江市人大常委会关于2021年度环境状况和环境保护目标完成情况的调研报告》 4.讨论市人大常委会5月份工作安排 5.讨论决定召开市第十八届人大常委会第二次会议的有关事项
第四次	2022年5月6日	1.讨论市人大常委会组成人员“双联”活动方案 2.讨论《晋江市人大常委会关于2021年度环境状况和环境保护目标完成情况的审议意见》
第五次	2022年6月2日	1.传达学习《中共泉州市委办公室关于进一步严肃会风会纪的通知》精神 2.讨论《晋江市人大常委会关于开展2022年度部分法官检察官履职评议的工作方案》 3.讨论市人大常委会6月份工作安排

续表 3-19

次别	时间	会议议题
第六次	2022 年 6 月 17 日	1.听取关于提请审议 2022 年第二批地方政府债券预算调整方案有关事项的汇报 2.听取关于 2021 年度地方政府性债务管理情况的汇报 3.讨论《关于跟踪检查〈晋江市人大常委会关于城乡人居环境整治工作专题询问的意见〉研究处理情况的报告》 4.讨论《跟踪检查晋江市人大常委会关于晋江市实施〈中华人民共和国消防法〉及〈福建省消防条例〉情况的审议意见的研究处理情况的报告》 5.讨论《跟踪检查晋江市人大常委会关于晋江市实施〈泉州市市容和环境卫生管理条例〉情况的审议意见的研究处理情况的报告》 6.讨论《关于打击侵犯企业权益经济犯罪，助力优化营商环境工作情况的调研报告》 7.讨论《关于进一步减轻义务教育阶段学生作业负担和校外培训负担工作情况的调研报告》 8.讨论决定召开市第十八届人大常委会第三次会议的有关事项
第七次	2022 年 7 月 5 日	1.讨论《晋江市人大常委会关于 2021 年度本级预算执行和其他财政收支情况的审计工作报告的审议意见》 2.讨论《晋江市人大常委会关于市公安局打击侵犯企业权益经济犯罪，助力优化营商环境工作情况的审议意见》 3.讨论《晋江市人大常委会关于进一步减轻义务教育阶段学生作业负担和校外培训负担工作情况的审议意见》 4.讨论《晋江市人大常委会关于市人民法院一站式多元解纷和诉讼服务体系建设情况的视察意见》 5.讨论市人大常委会 7 月份工作安排
第八次	2022 年 8 月 24 日	1.听取市公安局关于提请许可对个别市人大代表采取刑事强制措施的报告 2.听取有关人事事项的介绍和说明 3.讨论《晋江市人大常委会履职评议领导组关于开展 2022 年度部分法官检察官履职评议工作情况的报告》 4.讨论《晋江市人大常委会调研组关于市监委惩治涉黑涉恶腐败和“保护伞”工作情况的调研报告》 5.讨论《晋江市人大常委会调研组关于调研晋江市乡村振兴工作情况的报告》 6.讨论《晋江市人大常委会关于高标准农田建设情况的视察意见》 7.听取教科文卫委关于调研晋江市高新企业倍增工程工作情况的报告 8.听取华侨委关于调研晋江市民族工作情况的报告 9.讨论决定召开市十八届人大常委会第四次会议的有关事项

续表 3-19

次别	时间	会议议题
第九次	2022 年 9 月 6 日	1.讨论《晋江市人大常委会关于晋江市 2022 年上半年国民经济和社会发展计划、预算执行情况的审议意见》 2.讨论《晋江市人大常委会关于晋江市乡村振兴工作情况的审议意见》 3.讨论《晋江市人大常委会关于市监察委员会惩治涉黑涉恶腐败和“保护伞”工作情况的审议意见》 4.讨论《晋江市人大常委会关于开展 2022 年度法官检察官履职评议工作情况的评议意见》 5.通报市人大常委会 9 月份工作安排
第十次	2022 年 10 月 21 日	1.听取有关人事事项的介绍和说明 2.讨论《关于跟踪检查〈晋江市人大常委会关于 2021 年度本级预算执行和其他财政收支情况的审计工作报告的审议意见〉研究处理情况的报告》 3.讨论《晋江市人大常委会调研组关于晋江市 2021 年度国有自然资源资产管理情况的报告》 4.讨论《晋江市人大常委会执法检查组关于检查晋江市实施〈中华人民共和国未成年人保护法〉和〈中华人民共和国预防未成年人犯罪法〉情况的报告》 5.听取环城委关于晋江市产业空间提质增效工作情况的调研报告 6.讨论关于 3 件重点督办代表建议（第 11、41、49 号）办理情况的检查报告 7.部署晋江市第十八届人民代表大会第二次会议筹备工作 8.讨论决定召开市十八届人大常委会第五次会议的有关事项
第十一次	2022 年 10 月 28 日	1.讨论晋江市第十八届人民代表大会常务委员会代表资格审查委员会关于个别代表的代表资格的报告（讨论稿） 2.讨论晋江市人大常委会关于选举（补选）晋江市第十八届人民代表大会代表的决定（草案）
第十二次	2022 年 11 月 4 日	1.讨论《晋江市人大常委会关于 2021 年度国有资产管理情况综合报告和国有自然资源资产管理情况专项报告的审议意见》 2.讨论《晋江市人大常委会关于晋江市实施〈中华人民共和国未成年人保护法〉和〈中华人民共和国预防未成年人犯罪法〉情况的审议意见》 3.讨论市十八届人大一次会议第 11 号、41 号、49 号重点督办代表建议办理情况的审议意见 4.讨论市人大常委会 2022 年 11 月至春节前主要工作安排

续表 3-19

次别	时间	会议议题
第十三次	2022 年 12 月 13 日	1.听取有关人事事项的说明 2.听取市政府关于 2022 年本级预算调整方案的汇报 3.讨论《晋江市人大常委会执法检查组关于检查晋江市实施〈中华人民共和国中医药法〉情况的报告》 4.听取华侨委关于晋江市乡村旅游发展工作情况的视察意见 5.听取环城委关于晋江市生态水域建设情况的视察意见 6.讨论评选 2022 年度市十八届人大代表优秀建议的有关事项 7.讨论《晋江市人民代表大会常务委员会工作报告（讨论稿）》 8.讨论《晋江市人大常委会关于市十八届人大一次会议代表建议办理情况的报告》 9.讨论召开市十八届人大二次会议的有关事项 10.讨论决定召开市十八届人大常委会第六次会议的有关事项
第十四次	2022 年 12 月 23 日	讨论《晋江市人大常委会关于晋江市实施〈中华人民共和国中医药法〉情况的审议意见》

第四节　监督工作

地方人大及其常委会的监督权是宪法赋予的重要职权。晋江市历届人大常委会始终把监督工作作为人大工作的重中之重，认真探索，积极实践。

一、听取与审议专项工作报告

（一）概述

听取与审议“一府一委两院”有关工作报告，是人大常委会实行监督的重要途径，也是人大常委会行使重大事项决定权的必要手段。市（县）人大常委会始终围绕全市（县）经济社会发展的主要问题和人民群众普遍关心的热点、难点问题，听取、审议“一府一委两院”及其部门的工作报告，深入调研、集思广益，慎重作出决定、决议。

通过历届人大常委会的实践探索，审议工作逐步走上制度化、科学化的运行轨道。第九届人大常委会自 1986 年起，开始尝试在一次常委会会议结束时就拟定下一次常委会会议的议题，把常委会会议要审议的议题提前一个月通知政府各有关部门。要求向常委会汇报的单位在常委会会议举行的 7 天前送交书面材料，由常委会办事机构事先进行调查，在会议审议时进行中心发言。第十届人大常委会改变以往只听汇报的做法，对每个审议专题，常委会办事机构事前组织走访代表，召开座谈会，听取意见建议。1988

年 10 月，第十届人大常委会第七次会议还采取先组织常委会组成人员调研教育、农业工作，然后向县人民政府反馈意见，要求教育、农业部门就常委会组成人员提出的意见逐项进行汇报的做法，增强了审议工作的针对性和实效性。1995 年 8 月，第十二届人大常委会第十二次会议在审议市政府上半年工作报告时，首次提出临时动议，作出《关于授权主任会议审议批准〈市政府关于禁止在市区燃放烟花爆竹的通告〉的决定》。第十三届人大常委会在原有审议工作基础上进一步规范，区别不同议题分别由主任会议（扩大至专职委员参加，为主审议专项工作报告）、常委会会议审议。主任会议审议后均形成纪要发送有关单位。常委会会议审议一般先由相关工作委员会提出初审意见，审议后，以常委会文件形式正式向“一府两院”发出书面审议意见，要求有关单位对审议意见中提出的问题和意见的落实情况予以反馈。对一些重大问题的审议，试行在常委会会议期间组织视察，以便全面了解情况，为正确决策提供依据。1999 年 5 月 21 日，市第十三届人大常委会第三次会议否决市政府提请审议的《晋江市人民政府关于加强食品卫生监督管理的规定》。1999 年 8 月 13 日、11 月 25 日，常委会主任会议两次动用否决权，要求市政府对综合体育馆选址方案重新研究后再提请审议。

（二）市第十三届人大常委会自 2002 年 1 月至 2004 年 1 月，共举行 17 次会议，听取和审议相关工作报告 64 个，主要如下：

2002 年 10 月，第二十八次会议听取、审议市政府关于晋江市 2002 年预算调整方案的报告。要求市政府各部门各单位要切实执行市人大常委会通过的预算调整方案，依法组织财政收入；优化支出结构，细化预算支出；加强财政监督，强化专项资金使用的跟踪问效。

2003 年 4 月，第三十二次会议听取和审议市政府关于 2002 年本级财政预算执行和其他财政收支的审计工作报告。会议指出了一些问题：一是重点领域、重点项目、重点资金审计监督有待加强，二是国有资产管理不够规范，三是部分单位财务管理不够规范，四是审计意见（决定）整改不够落实，五是个别地方税收征管还存在违规违纪行为。同时强调：一要加大法律法规宣传教育力度。重点加强《中华人民共和国审计法》《中华人民共和国预算法》《中华人民共和国会计法》和《中华人民共和国税收征收管理法》《中华人民共和国税收征收管理法实施细则》的宣传教育，把部门、单位领导作为宣传的重点对象，增强财务管理法制意识，提高依法理财、依法行政水平。二要加强制度建设。要尽快制定科学合理的规章制度，规范机关事业单位奖金、补贴发放；要完善教育、农业、科技法定投入的具体办法；要完善国有、公有资产的营运管理制度，确保国有资产保值增值。三要加强审计监督。充分发挥审计部门“经济卫士”和“政府谋士”的作用，加强重点领域、重点项目、重点资金的审计监督，加强人财物管理和使用监督。要安排对国库的财务审计和市工业园区有限责任公司的银行贷款等债权债务的专项审计调查，必要时，对其进行经济效益审计。要提高市政工程送审比例。对往来账户要加大函证力度，对发现的问题要做到深查细究，把查问题和促发展、完善制度有机结合。四要加强审计队伍“人、法、技”建设。与时俱进、开拓创新，探索新的审计方法，拓展审计领域，做到“创新而不违背、遵循而不固守”。特别是要不断探索国库集中支付和会计集中核算审计，促进预算改革的全面实施。加大教育培训力度，加快审计信息化建设，切实提高审计执法人员的综合素质、科技应用能力和创新能力。五要提高经济责任审计实效性。按照市委部署，结合实际，加强计划性，突出对多年未审计单位和有重大违纪线索单位的审计。审计内容重点突破领导干部重大经济决策的科学性、有效性和领导干部个人廉洁自律情况的审计。要安排对市人大常委会每年确定的市政府工作部门领导人员述职评议前的审计，并于市人大常委会对述职评议对象进行评议前7天，向市人大常委会提交该述职评议对象的经济责任审计报告。要积极探索政府建设项目绩效审计，将审计结果与经济责任审计结合。六要强化对农村集体经济审计的指导监督。随着本市农村城市化进程的加快，农村集体资产性质及形态的转变也在加快，要通过对相关部门的指导，促进对农村集体经济监督落到实处。七要加大审计意见（决定）的整改力度。对本次审计中查出的16个问题，市政府要对带有普遍性、典型性的问题进行通报，以起告诫、警示作用。对于个别问题严重的，历年出现问题屡查不改的部门和单位的负责人应予必要的处理。

（三）市第十四届人大常委会自2004年2月至2006年12月，共举行23次会议，听取和审议相关工作报告82个，主要如下：

2004年5月，市第十四届人大常委会第二次会议听取和审议了关于2003年度本级财政预算执行和其他财政收支的审计工作报告时，提出：一要统筹安排，突出审计重点，依法履行监督职能；二要推进审计工作创新，拓展审计领域；三要提高审计质量，防范审计风险。

2004年9月，第四次会议听取、审议“一府两院”上半年工作情况报告。

在审议市政府上半年工作情况报告时，提出：一要进一步加大工作力度，着力解决“三农”问题；二要把准产业发展方向和重点，推动产业协调发展；三要健全民主决策机制，努力建设责任政府、服务政府和法治政府；四要提高民生质量，依法保障人民群众生命财产安全。

在审议市法院上半年工作报告时，提出：一要坚持“两手抓、两确保”，提高队伍整体素质；二要围绕“公正效率”主题，抓好各项审判工作；三要加大执行力度，抓好积案清理；四要深化法院改革，确保司法公正。

在审议市检察院上半年工作报告时，提出：一要加强自身建设，提高队伍素质；二要树立大局观念，维护社会稳定；三要查办职务犯罪，加强预防工作；四要强化执法监督，维护司法公正。

2004年10月，第五次会议审议了《晋江市人民政府关于提请市人大常委会审议晋江市域概念规划的议案》。要求市政府要根据会议提出的意见，做好市域概念规划修订工作，抓紧晋江市城市总体规划修编工作。市、镇、街道和各部门要围绕概念规划，统筹制定所辖区域和所在部门的发展战略，充分发挥概念规划的规划引导作用，同心同德、群策群力，加快本市中等城市建设步伐，推进晋江经济社会各项事业在更高平台上的更快发展。

2005 年 4 月，第九次会议听取和审议了关于 2004 年度本级财政预算执行和其他财政收支的审计工作报告。提出：一要强化预算执行审计，规范财政财务管理；二要加强财政资金的管理，提高财政资金使用效益；三要深化审计监督，提高审计质量和效果。

2005 年 8 月，第十一次会议听取、审议“一府两院”上半年工作情况报告。

在审议市政府上半年工作情况报告时，提出：一要着力提升产业层次和核心竞争力，做大做强做久支柱产业；二要大力发展第三产业，促进产业联动发展；三要努力扩大有效投资，保持经济快速健康发展；四要坚持以人为本，促进社会和谐发展。

在审议市法院上半年工作报告时，提出：一要继续抓好审判执行工作，维护社会公平与正义；二要加强队伍作风建设，提高法官整体素质；三要围绕“公正效率”主题，完善审判管理制度。

在审议市检察院上半年工作报告时，提出：一要全面履行法律监督职能，维护社会和谐稳定；二要加大从严治检力度，提高公正执法水平；三要深化检察机关改革，完善内部工作机制。

2006 年 2 月，第十六次会议听取和审议了市政府关于提请审议《晋江市城市总体规划修编（2005—2020）》的议案。强调，总体规划是本市城乡建设和规划管理的依据。该轮总体规划的制定，对于充分发挥本市的经济、人文、区位优势，实现本市既定发展战略目标具有重要意义。要求，在本市总体规划获批准后，市政府要结合今后发展的实际情况，认真组织实施；要在城市总体规划的基础上，认真编制好城市详细规划和各项专业规划，扎实推进规划的落实；要进一步加强规划的依法管理，维护总体规划的严肃性和权威性；要进一步加大总体规划的宣传力度，提高全社会的知晓度和参与积极性，统一思想认识，凝聚各方力量，把本市建设成为现代化制造基地、商贸中心、滨海港口城市。

2006 年 4 月，第十七次会议听取和审议了市关于 2005 年度本级财政预算执行和其他财政收支的审计工作报告。提出：一要认真核实审计查出的问题，严肃财经纪律；二要突出审计工作重点，科学制定审计计划；三要切实加强专项资金的监督，强化财政性投资项目的审计；四要坚持“严谨细致，提高质量”的原则，增强依法审计能力。

2006 年 8 月，第十九次会议听取、审议“一府两院”上半年工作情况报告。

在审议市政府上半年工作情况报告时时，提出：一要扎实抓好社会主义新农村建设，加快推进城市化进程；二要推进经济结构调整，加快经济增长方式转变；三要优化投资结构，扩大消费需求；四要继续解决好群众最关心、最直接、最现实的利益问题，维护社会和谐稳定。

在审议市法院上半年工作报告时，提出：一要认真履行法律赋予的职责，全面抓好审判执行工作；二要加强法官职业化建设，不断提高队伍整体素质；三要推进司法规范化建设，完善各项审判管理制度。

在审议市检察院上半年工作报告时，提出：一要认真履行法律赋予的职责，全面推进法律监督工作；二要加强队伍规范化建设，不断提高法律监督能力；三要加强检察机关建设，完善各项监督制约机制。

2006 年 8 月，第十九次会议听取和审议了市公安局关于打击“两抢”案件工作情况的报告。提出：一要进一步提高对打击“两抢”案件工作重要性的认识，建立打击“两抢”案件的长效工作机制；二要进一步广泛开展宣传发动工作，在全社会大造打击“两抢”违法犯罪活动的声势；三要突出打击和防控工作重点，加大力度开展打击“两抢”违法犯罪活动；四要大力加强基层基础工作，提高对社会面的控制能力；五要结合社会主义法制理念教育活动的开展，进一步提高公安队伍整体素质和战斗力。

2006 年 11 月，第二十一次会议听取和审议了《晋江市人民政府关于提请审议〈关于在全市公民中开展法制宣传教育的第五个五年规划〉的议案》。要求：一要提高思想认识，加强法制宣传教育的组织领导；二要围绕发展大局，明确法制宣传教育重点内容；三要突出重点对象，增强法制宣传教育的针对性；四要学法用法结合，全面推进依法治理工作；五要坚持务实创新，提高法制宣传教育水平；六要加强监督检查，保证本决议得到切实执行。

（四）市第十五届人大常委会自 2007 年 2 月至 2011 年 12 月，共举行 38 次会议，听取和审议相关工作报告 169 个，主要如下：

2007 年 4 月，第二次会议听取了市法院和市检察院“规范执法行为、促进执法公正”专项整改工作情况报告，并进行了审议。

在审议市法院专项整改工作情况报告提出：一要进一步统一思想认识，切实加强领导；二要进一步规范执法行为，深化整改工作；三要进一步完善监督运行机制，确保制度落实；四要进一步加强队伍建设，提高干警素质；五要认真贯彻执行《中华人民共和国各级人民代表大会常务委员会监督法》（以下简称《监督法》），进一步自觉接受人大监督。

在审议市检察院专项整改工作情况报告提出：一要进一步打牢规范执法的思想基础；二要进一步推进执法规范化建设；三要进一步健全监督制约机制；四要进一步提高检察官整体素质；五要认真贯彻执行《监督法》，进一步自觉接受人大监督。

2007 年 6 月，第三次会议听取和审议了市政府关于 2006 年度本级财政预算执行和其他财政收支的审计工作报告。提出：一要进一步提高对审计工作重要性的认识，加大整改力度；二要进一步增强法制观念，坚持依法理财；三要进一步树立以民为本的理念，强化预算监督；四要进一步提高审计水平，增强监督实效。

2007 年 8 月，第四次会议听取、审议“一府两院”上半年工作情况报告。

在审议市政府上半年工作情况报告时，提出：一要认真落实既定计划，切实兑现政府承诺；二要转变经济增长方式，提高经济发展质量；三要提高要素保障水平，维护社会和谐稳定；四要加强政府自身建设，提升整体工作水平。

在审议市法院上半年工作报告时，提出：一要进一步树立全局观念，充分发挥审判职能；二要进一步落实司法为民措施，切实保障当事人诉讼权益；三要进一步创新调解机制，构建大调解格局；四要进一步加强自身建设，努力提高司法能力和司法水平；五要进一步强化接受监督的意识，保障审判权正确行使。

在审议市检察院上半年工作报告时，提出：一要进一步加大宣传力度，提高对检察工作重要性的认识；二要进一步履行好工作职责，维护社会和谐稳定和公平正义；三要进一步运用宽严相济的刑事司法政策，最大限度地增加和谐因素；四要进一步加强自身建设，不断提高履职能力；五要进一步强化接受监督的意识，保障检察权正确行使。

2007 年 8 月，第四次会议听取和审议了市政府关于国务院《宗教事务条例》（以下简称《条例》）执行情况的报告和市人大常委会执法检查组关于本市执行《条例》情况的检查报告。强调，对灵源弘坛寺非法乱建问题，要坚决予以制止，非法建筑物要坚决予以拆除。提出：一要强化学习宣传，增强法律意识；二要健全工作机制，形成工作合力；三要加强教育引导，抓好队伍建设；四要落实宗教政策，解决具体问题。

2007 年 10 月，第五次会议听取、审议了市政府关于食品药品市场整治工作情况报告。强调，食品药品安全问题关系到和谐社会建设和广大人民群众的身体健康和生命安全，关系到经济社会的稳定和协调发展。当前，中国正处于食品安全风险高发期和矛盾凸显期，晋江市虽然未发生食品药品重大安全事件，但食品药品安全形势仍然不容乐观，食品药品监管任务仍然比较艰巨。为进一步促进晋江市食品药品市场监管工作，提出：一要加强宣传教育，营造良好氛围；二要强化责任意识，健全监管机制；三要加大执法力度，开展专项整治；四要加强能力建设，提升服务水平。

2007 年 11 月，第六次会议听取和审议了市政府关于本市执行《福建省劳动合同管理规定》（以下简称《规定》）情况的报告和市人大常委会执法检查组关于本市执行《规定》情况的检查报告。提出：一要抓宣传，营造依法用工氛围；二要抓签约，完善劳动合同制度；三要抓管理，促进合同依法履行；四要抓监察，切实维护合法权益。

2007 年 12 月，第九次会议听取、审议了市环保局关于落实市人大常委会评议意见整改情况的报告。提出：一要深入宣传，充分发动；二要突出重点，标本兼治；三要严格把关，强化监管；四要完善机制，落实责任；五要加强协调，齐抓共管。

2008 年 4 月，第十一次会议听取和审议了市工商行政管理局关于食品安全专项整治工作情况的报告。强调，市工商行政管理局要进一步增强政治意识、责任意识和大局意识，牢固树立服务地方经济发展的观念，在地方党委、政府的领导下，主动接受市人大及其常委会的监督，依法履行职责，不断把专项整治行动引向深入，力求取得更大成效。提出：一要强化责任意识；二要严格依法监管；三要健全工作机制；四要加强宣传引导。

2008 年 8 月，第十三次会议听取、审议“一府两院”上半年有关工作情况报告。

在审议市政府关于 2008 年上半年国民经济和社会发展计划执行情况报告、关于 2008 年上半年财政预算执行情况的报告时，提出：一要着力解决企业发展难题；二要切实抓好经济发展重点；三要努力稳定物价水平；四要扎实推进民生建设；五要全面落实节能减排任务；六要确保完成财政收支目标。

在审议市法院上半年工作报告时，提出：一要进一步强化服务意识，增强司法能力；二要进一步强化审判职能，确保社会和谐稳定；三要进一步加强执行工作，综合解决执行难问题；四要进一步创新调解机制，构建大调解格局；五要进一步加强基础建设，保证公正司法；六要进一步强化接受监督意识，保障审判权正确行使。

在审议市检察院上半年工作报告时，提出：一要进一步加大办案力度，推动检察工作上新台阶；二要进一步推进机制创新，切实增强检察工作实效；三要进一步落实宽严相济政策，促进和谐因素有新增加；四要进一步加强队伍建设，促进队伍整体素质有新提高；五要进一步强化接受监督意识，保障检察权正确行使。

2008 年 12 月，第十六次会议听取、审议了市政园林局落实市人大常委会评议意见情况的报告。提出：一要突出重点加大整改力度；二要建立完善科学管理机制；三要着力提升队伍整体素质。

2009 年 4 月，第十八次会议听取和审议了市政府关于本市自来水普及工作情况的报告，同时听取了市人大常委会调研组关于本市自来水普及工作情况的调研报告。强调，普及自来水是一项重要的民生工程，是市政府对全市人民的承诺，市人大常委会对此高度重视。市政府及相关部门要进一步增强责任感和紧迫感，切实加强领导，落实责任，全面加大推进力度。三年普及规划时间已过，但完成情况与目标要求差距较大，市政府对此项工作应有明确时限。提出：一要深入宣传，形成共识；二要科学规划，全面推进；三要加大投入，落实保障；四要强化管理，确保质量。

2009 年 4 月，第十八次会议听取和审议了市政府关于禁毒工作情况的报告，同时听取了市人大常委会调研组关于本市禁毒工作情况的调研报告。提出：一要进一步提高思想认识，切实加强组织领导；二要进一步创新宣传形式，提高全民禁毒意识；三要进一步加大打击力度，严厉惩治涉毒犯罪；四要进一步加强禁毒基础设施建设，推进禁吸戒毒工作；五要进一步加大经费投入力度，落实禁毒工作保障。

2009 年 6 月，第二十次会议听取和审议了市政府关于 2008 年度本级预算执行和其他财政收支的审计工作报告。提出：一要高度重视审计工作，充分发挥审计职能；二要强化预算执行审计，突出审计监督重点；三要创新审计工作思路，提升审计工作水平；四要充分运用审计结果，切实抓好整改落实。

2009 年 6 月，第二十次会议听取和审议了市政府关于本市人口与计划生育工作情况的报告和市人大常委会调研组关于本市人口与计划生育工作情况的调研报告。提出：一要加大宣传力度，稳定低生育水平；二要严肃部门责任，落实齐抓共管；三要强化政策导向，建立利益保障机制；四要抓基层打基础，强化村级管理。

2009 年 6 月，第二十次会议听取和审议了市政府关于殡葬管理工作情况的报告，同时听取了市人大常委会调研组关于本市殡葬管理工作情况的调研报告。强调，殡葬改革是一项触及历史文化、经济社会、精神文明等多层面的深刻变革，是对政府执政能力的综合考验。市政府要充分认识殡葬管理工作的重大意义，切实加强组织领导，加快建立“政府推动、法规支撑、政策引导、社会参与”的殡葬事业发展运行机制，营造有利于殡葬改革工作的政策法制环境和社会舆论环境。提出：一要加强组织领导，健全长效监管机制；二要统一思想认识，坚持殡葬事业的公益性质；三要加大宣传引导力度，营造文明丧葬的良好氛围；四要加大执法力度，提高依法管理水平；五要科学统筹规划，完善殡葬基础设施建设；六要加强队伍建设，提高殡仪服务质量。

2009 年 8 月，第二十一次会议听取、审议“一府两院”上半年有关工作情况报告。

在审议市政府关于 2009 年上半年国民经济和社会发展计划执行情况的报告、市政府关于 2009 年上半年财政预算执行情况的报告时，提出：一要提高服务水平，着力破解企业发展难题；二要突出项目带动，培育壮大新经济增长点；三要完善城市功能，大力推进城乡统筹发展；四要加强环境整治，全面落实节能减排任务；五要着力民生保障，加快构建和谐社会；六要狠抓增收节支，提高财政保障能力。

在审议市法院上半年工作报告时，提出：一要加大办案力度，二要加强执行工作，三要健全调解机制，四要强化队伍建设。

在审议市检察院上半年工作报告时，提出：一要依法打击犯罪行为，二要着力促进社会和谐，三要强化法律监督职能，四要继续加强队伍建设。

2009 年 8 月，第二十一次会议听取和审议了市政府、市法院、市检察院关于本市贯彻实施《中华人民共和国未成年人保护法》《中华人民共和国预防未成年人犯罪法》（以下简称“两法”）情况的报告和市人大常委会执法检查组关于本市贯彻实施“两法”情况的执法检查报告。提出：一要加大宣传力度，健全网络，营造未成年人保护的社会环境；二要重拳出击，重点监管，营造未成年人保护的人文环境；三要疏导为主，防教结合，营造未成年人保护的教育环境。

2009 年 12 月，第二十三次会议听取和审议了市卫生局关于落实市人大常委会评议意见整改情况的报告。提出：一要落实评议意见，有效应对卫生工作新形势；二要强化主动作为，努力开创卫生工作新局面；三要加强宣传引导，积极营造卫生工作新环境；四要优化自身建设，着力形成管理运作新机制。

2009 年 12 月，第二十三次会议听取和审议了市政府关于本市发展壮大村级集体经济工作情况的报告。提出：一要努力营造发展氛围，二要科学编制发展规划，三要加大政策扶持力度，四要积极创新发展模式，五要着力夯实发展基础。

2010 年 3 月，第二十五次会议听取和审议了市政府关于本市旅游开发工作情况的报告。提出：一要把握机遇，更新旅游产业发展理念；二要科学规划，推进旅游资源整体开发；三要完善机制，构建旅游市场发展框架；四要加强领导，强化旅游管理机制建设。

2010 年 5 月，第二十六次会议听取和审议了市政府关于本市基层文化建设工作情况的报告。提出：一要加强基层文化工作机制建设，二要拓宽基层文化建设投入渠道，三要大力推进基层文化设施建设，四要强化基层文化队伍建设，五要着力净化社会文化环境，六要积极组织群众性文化活动。

2010 年 6 月，第二十七次会议听取和审议了市政府关于殡葬管理工作整改情况的报告，同时听取了市人大常委会调研组关于殡葬管理工作整改情况的调研报告。提出：一要健全长效机制，提升管理水平；二要加大资金投入力度，完善设施建设；三要加强队伍建设，提高服务质量；四要着力移风易俗，深化殡葬改革。

2010 年 6 月，第二十七次会议听取和审议了《晋江市人民政府关于 2009 年度本级预算执行和其他财政收支的审计工作报告》。提出：一要加强领导，强化审计职能；二要突出重点，拓宽审计领域；三要把握关键，提升审计绩效；四要强化措施，落实审计整改。

2010 年 8 月，第二十八次会议听取、审议市政府关于 2010 年上半年国民经济和社会发展计划执行情况报告、关于 2010 年上半年财政预算执行情况的报告。提出：一要着力解决企业发展难题，二要全力推进重点项目建设，三要积极完善优化城市功能，四要切实提高民生保障能力，五要加快“十二五”规划编制工作；六要不断强化预算执行管理。

2010 年 8 月，第二十八次会议听取和审议了市法院关于执行《全国人大常委会关于完善人民陪审员制度的决定》情况的报告。提出：一要加强宣传，深化思想认识；二要创新方法，健全管理机制；三要强化学习，提高参审能力；四要加强协调，落实履职保障。

2010 年 8 月，第二十八次会议听取和审议了市政府关于实施国务院《物业管理条例》和《福建省物业管理条例》（以下简称“两条例”）情况的报告，同时听取了市人大常委会执法检查组关于本市实施“两条例”情况的检查报告。提出：一要形成社会共识，二要健全工作机制，三要依法规范管理，四要引导扶持发展。

2010 年 8 月，第二十八次会议听取和审议了市检察院关于执行《最高人民检察院关于实行人民监督员制度的规定（试行）》情况的报告。提出：一要加大宣传力度，不断深化思想认识；二要积极探索创新，建立健全工作机制；三要强化教育培训，全面提升监督水平。

2010 年 10 月，第二十九次会议听取和审议了市政府关于实施《中华人民共和国残疾人保障法》（以下简称《残疾人保障法》）情况的报告，同时听取了市人大常委会执法检查组关于本市实施《残疾人保障法》情况的检查报告。提出：一要深入宣传，努力在全社会形成共识；二要健全机制，增强齐抓共管工作合力；三要依法依规，全面落实各项权利保障；四要着眼长远，做好配套建设和发展规划。

2010 年 10 月，第二十九次会议听取和审议了市政府关于九十九溪下游河道及小流域整治工作情况的报告。强调，九十九溪下游河道整治是一项“法定作业”，小流域治理是一项“民心工程”，事关长远、意义重大、社会关注。市政府及相关部门、镇（街道）必须进一步明确目标，统一思想，强化措施，形成合力，全面加快九十九溪下游河道及小流域治理步伐，力争早日完成治理工作任务，早日实现“流变畅、水变清、岸变绿”的水环境建设目标。提出：一要坚持统筹规划，二要加快治理步伐，三要加强协调协作，四要强化组织保障。

2011 年 5 月，第三十三次会议听取和审议了市政府关于加快发展第三产业情况的报告，同时听取了市人大常委会调研组关于本市第三产业发展情况的调研报告。提出：一要提高认识，加强领导；二要统筹规划，有序推进；三要发挥优势，突出重点；四要面向市场，壮大实力；五要强化保障，支撑发展。

2011 年 7 月，第三十四次会议听取和审议了市政府关于 2010 年度本级预算执行和其他财政收支的审计工作报告。提出：一要强化职能，服务全市发展大局；二要规范管理，加强预算执行审计；三要创新思路，提升审计工作水平；四要立足根本，确保审计整改实效。

2011 年 7 月，第三十四次会议听取和审议了市政府关于本市经济开发区开发建设情况的报告，同时听取了市人大常委会调研组关于本市经济开发区开发建设情况的调研报告。提出：一要科学规划，加快发展；二要创新机制，高效运作；三要强化监管，集约用地；四要改善环境，增添后劲；五要精选项目，提升质量。

2011 年 8 月，第三十五次会议听取和审议了《晋江市 2011 年上半年国民经济和社会发展计划执行情况报告》《晋江市人民政府关于 2011 年上半年财政预算执行情况的报告》。提出：一要着力转变发展方式，二要着力加快城市建设，三要着力加强生态保护，四要着力推进社会建设，五要着力强化预算管理。

2011 年 8 月，第三十五次会议听取和审议了市政府关于实施《中华人民共和国农产品质量安全法》（以下简称《农产品质量安全法》）情况的报告，同时听取了市人大常委会执法检查组关于本市实施《农产品质量安全法》情况的检查报告。提出：一要加大宣传力度，形成社会共识；二要明确政府职责，强化整体合力；三要加强分类指导，推进标准化生产；四要突出源头治理，加强全程监控；五要严格市场准入，强化责任追究。

2011 年 10 月，第三十六次会议听取和审议了市政府关于本市医药卫生体制改革实施情况的报告，同时听取了市人大常委会调研组关于本市医药卫生体制改革实施情况调研报告。强调，深化医药卫生体制改革是党中央、国务院的重大决策，也是各级政府对人民群众的郑重承诺，是一项重大的民生工程，市政府及有关部门要进一步深入贯彻落实上级关于深化医药卫生体制改革的文件精神，围绕“保基本、强基层、建机制”的要求，强化措施，加大力度，不断深化医药卫生体制改革，更好地满足人民群众医疗服务需求。提出：一要积极创造良好工作环境，二要加快完善医疗服务体系，三要重视抓好医疗队伍建设，四要不断强化医改经费保障，五要努力构建多元办医格局。

2011 年 11 月，第三十七次会议听取和审议了市政府关于近海水域环境污染治理工作的报告，同时听取了市人大常委会调研组关于近海水域环境污染治理工作的调研报告。提出：一要科学规划，持续全面推进；二要突出重点，着力标本兼治；三要加强督查，确保责任落实；四要完善机制，强化日常监管。

2011 年 11 月，第三十七次会议听取和审议了市政府关于九十九溪下游河道及小流域整治工作情况的报告，同时听取了市人大常委会调研组关于九十九溪下游河道及小流域整治工作的调研报告。提出：一要统一思想，提高认识；二要统筹规划，综合治理；三要齐抓共管，加快进度；四要立足长远，确保实效。

2011 年 11 月，第三十七次会议听取和审议了市政府关于实施《中华人民共和国科学技术进步法》（以下简称《科技进步法》）情况的报告，同时听取了市人大常委会执法检查组关于本市实施《科技进步法》情况的检查报告。提出：一要加大组织领导力度，二要提高资金使用效益，三要优化科技人才政策，四要强化公共服务功能，五要推动企业自主创新，六要发展高新技术产业。

2011 年 12 月，第三十八次会议听取和审议了市政府关于全市城建项目回迁安置房建设情况的报告，同时听取了市人大常委会调研组关于城建项目回迁安置房建设情况的调研报告。提出：一要强化责任意识，二要严格规范监管，三要加强协调督查，四要落实建设保障。

（五）市第十六届人大常委会自 2012 年 2 月至 2016 年 12 月，共举行 34 次会议，听取和审议相关工作报告 90 个，主要如下：

2012 年 4 月，第二次会议听取和审议了市政府关于城乡公交服务管理提升工作情况的报告，同时听取了市人大常委会调研组的相关调研报告。提出：一要高度重视，形成合力；二要深化改革，理顺体制；三要统筹规划，加快推进；四要规范管理，提升水平；五要强化保障，优化环境。

2012 年 4 月，第二次会议听取和审议了市政府关于人民调解工作情况的报告，同时听取了市人大常委会调研组的相关调研报告。提出：一要加大宣传力度；二要完善调解网络；三要强化队伍建设；四要加强培训指导；五要健全保障机制。

2012 年 6 月，第三次会议听取和审议了市政府关于植树造林绿化工作情况的报告，同时听取了市人大常委会调研组的相关调研报告。提出：一要加强宣传，营造氛围；二要科学规划，统筹推进；三要因地制宜，确保质量；四要多措并举，加大投入力度；五要加强管护，巩固成效。

2012 年 6 月，第三次会议听取和审议了市政府关于实施国务院《宗教事务条例》（以下简称《条例》）情况的报告和市人大常委会执法检查组关于本市实施《条例》情况的检查报告。提出：一要强化学习宣传，增强法制意识；二要加强规范建设，促进健康发展；三要落实宗教政策，解决实际问题；四要充分调动引导，发挥积极作用。

2012 年 6 月，第三次会议听取和审议了市政府关于本市土地管理工作情况的报告，同时听取了市人大常委会调研组的相关调研报告。提出：一要严格落实耕保责任，二要大力推进节约集约用地，三要持续加强跟踪监管，四要提高服务管理水平。

2012 年 6 月，第三次会议听取和审议了市政府关于 2011 年度本级预算执行和其他财政收支的审计工作报告。提出：一要充分发挥审计职能，二要突出审计监督重点，三要提升审计工作水平，四要切实抓好问题整改。

2012 年 8 月，第四次会议听取和审议了市政府关于实施《中华人民共和国治安管理处罚法》情况的报告，同时听取了市人大常委会执法检查组的相关执法检查报告。提出：一要打防并重，维护稳定；二要完善机制，规范行为；三要强化保障，确保实施；四要深化宣传，营造氛围。

2012 年 8 月，第四次会议听取和审议了《晋江市 2012 年上半年国民经济和社会发展计划执行情况的报告》《晋江市人民政府关于 2012 年上半年财政预算执行情况的报告》。提出：一要有为应对复杂经济形势，二要着力培育新经济增长点，三要全面统筹城乡一体发展，四要切实提高民生保障能力，五要确保完成财政收支目标。

2012 年 10 月，第五次会议听取和审议了《晋江市住房和城乡规划建设局关于落实市人大常委会评议意见情况的报告》。提出：一要深化认识，持续努力；二要标本兼治，主动作为；三要突出重点，全力推进。

2012 年 10 月，第五次会议听取和审议了市政府关于食品安全工作情况的报告，同时听取了市人大常委会调研组的相关调研报告。提出：一要理顺监管机制，完善责任体系；二要立足本市实际，突出监管重点；三要坚持严惩重处，强化打击效果；四要加大财政投入力度，提高监管水平；五要健全应急体系，积极有为应对；六要建立行业协会，制定安全标准；七要加强宣传教育，营造良好氛围。

2012 年 10 月，第五次会议听取和审议了市政府关于小流域整治工作情况的报告，同时听取了市人大常委会调研组的相关调研报告。提出：一要高度重视，落实责任；二要科学规划，综合治理；三要强化保障，确保实施；四要标本兼治，长效管理。五要加强宣传，营造氛围。

2012 年 12 月，第六次会议听取和审议了市政府关于《晋江市城市总体规划修编(2010—2030)》成果修编情况的报告。提出：一要继续完善提升，二要抓紧成果报批，三要严格实施管控，四要自觉接受监督，五要广泛宣传引导。

2012 年 12 月，第六次会议听取和审议了市政府关于文化体制改革工作情况的报告，同时听取了市人大常委会调研组的相关调研报告。提出：一要提高思想认识，加强统筹协调；二要注重分类指导，理顺管理体制；三要扶持“两个中心”，引导其走向市场；四要探索用人机制，加强队伍建设；五要加大财政投入力度，完善保障机制。

2013 年 6 月，第十次会议听取和审议了市政府关于实施《福建省学校安全管理条例》情况的报告，同时听取了市人大常委会执法检查组的相关执法检查报告。提出：一要落实安全责任，健全长效机制；二要落实财力保障，提高安保水平；三要突出整治重点，及时消除隐患；四要加强安全教育，提高安全技能；五要强化宣传引导，营造良好氛围。

2013 年 6 月，第十次会议听取和审议了市政府关于道路交通安全整治工作情况的报告，同时听取了市人大常委会调研组的相关调研报告。提出：一要强化整治，提升交通质量；二要规范执法，提高管理水平；三要夯实基础，改善交通环境；四要深化宣传，增强安全意识；五要统筹协调，形成整治合力。

2013 年 6 月，第十次会议听取和审议了市政府关于《晋江市 2012 年度本级预算执行和其他财政收支情况的审计工作报告》。提出：一要加强领导，强化审计监督职能；二要深化改革，严格预算执行管理；三要持续跟踪，确保审计整改实效；四要紧盯目标，做好当年预算执行工作。

2013 年 8 月，第十一次会议听取和审议了《晋江市人民政府关于 2013 年上半年国民经济和社会发展计划执行情况的报告》《晋江市人民政府关于 2013 年上半年预算执行情况的报告》。提出：一要紧盯目标、有为运作，确保完成年度任务；二要紧抓项目、加快转型，提高经济运行质量；三要深化改革、形成合力，推进统筹协调发展；四要科学调度、强化监督，提高预算管理水平。

2013 年 10 月，第十二次会议听取和审议了《晋江市政府关于〈晋江市国民经济和社会发展第十二个五年规划纲要〉中期评估报告》和《晋江市政府关于提请审查批准〈晋江市国民经济和社会发展第十二个五年规划纲要〉调整方案的议案》，同时听取了市人大常委会调研组的相关调研报告。强调：“十二五”后半期是本市深化改革开放，加快转型升级的攻坚时期，也是全面落实“十二五”规划的关键时期，市政府要密切关注国内外经济形势变化，准确把握本市经济社会发展趋势，围绕“中国品牌之都、现代产业基地、滨海生态城市”的目标，以“产业提升、城建提质”为核心，大力实施“五城同创”基本策略，全力打造“升级版”晋江。要坚持“十二五”规划确定的目标不动摇，充分发挥规划对经济社会的总体指导和综合统筹作用，有效利用中期评估工作成果，结合全面建成小康社会的新要求，以更高的标准来引领规划的实施，强化规划任务的分解落实，制定科学合理的实施路径和载体抓手，对完成较好指标和任务要巩固成果，拓展内涵，提升质量；对完成难度较大的指标和任务，要深入分析，加强研判，采取更加有力的措施，攻坚克难，全力推进；要加强重点项目的策划、筛选和论证，突出重大产业项目的储备、生成、招商和落地；强化要素保障，盘活闲置资源，全力推动在建项目早落地、早投产、早见效，确保规划纲要确定的目标任务得以全面完成，确保晋江经济实力、社会民生、城乡面貌在“十二五”期间得到较大提升。提出：一要更加注重产业提升，打造晋江经济“升级版”；二要更加注重城乡统筹，不断提升城市品质；三要更加注重生态保护，建设美丽晋江；四要更加注重民生改善，全面提升幸福指数；五要更加注重改革创新，破解体制机制障碍。

2013年10月，第十二次会议听取并审议了市政府《关于近海水域环境污染整治工作情况的报告》，同时听取了市人大常委会调研组的相关调研报告。提出：一要明确目标，强化整治责任落实；二要重拳打击，坚决遏制源头污染；三要统筹规划，切实提高整治实效；四要深入宣传，发挥舆论监督作用。

2013年12月，第十三次会议听取和审议了市政府关于城乡公交服务管理提升工作落实情况的报告，同时听取了市人大常委会调研组的相关调研报告。提出：一要进一步突出公交优先战略，二要抓紧制定城乡公交发展规划，三要加快建设完善公交配套设施，四要不断提高公交服务管理水平，五要充分发挥部门联动整体合力。

2014年6月，第十六次会议听取和审议了市政府关于实施国务院《物业管理条例》和《福建省物业管理条例》（以下简称“两条例”）情况的报告，同时听取了市人大常委会执法检查组的相关执法检查报告。提出：一要强化宣传引导，营造良好氛围；二要加强组织领导，落实监管机制；三要加大检查力度，提高整改实效；四要规范管理行为，提升服务质量；五要注重创新示范，建设美丽小区。

2014年6月，第十六次会议听取和审议了市政府关于《晋江市2013年度本级预算执行和其他财政收支情况的审计工作报告》。提出：一要进一步强化审计监督，二要进一步确保整改实效，三要进一步管控债务规模，四要进一步强化预算管理，五要进一步规范项目管理，六要进一步做好今年预算执行工作。

2014年6月，第十六次会议听取和审议了市政府关于实施《中华人民共和国传染病防治法》情况的报告，同时听取了市人大常委会执法检查组的相关执法检查报告。提出：一要加大宣传，增强防控意识；二要加强协调，形成工作合力；三要加大投入力度，落实经费保障；四要持续提升，加快完善体系；五要立足实际，把握防治重点。

2014年10月，第十八次会议听取并审议了《晋江市人民政府关于近海水域环境污染整治工作及整改情况的报告》，同时听取了市人大常委会调研组的相关调研报告。提出：一要科学谋划，以更强的合力履行整治职责；二要严格监控，以更大的力度打击污染源头；三要紧盯目标，以更实的措施加快建设步伐；四要注重管理，以更优的机制提升整治成效。

2014 年 10 月，第十八次会议听取和审议了《晋江市人民政府关于城乡公共交通服务管理工作情况的报告》，同时听取了市人大常委会调研组的相关调研报告。提出：一要进一步突出公共交通优先战略，二要进一步凸显规划的引领作用，三要进一步加大基础设施建设力度，四要进一步加快城乡公交一体化进程，五要进一步强化客运市场监管，六要进一步提升公交服务管理水平。

2015 年 4 月，第二十二次会议听取和审议了市政府关于实施《中华人民共和国文物保护法》情况的报告，同时听取了市人大常委会执法检查组的相关执法检查报告。提出：一要强化法制宣传，提高保护意识；二要加强组织领导，健全工作机制；三要切实采取措施，着重解决难题；四要科学编制规划，留住乡愁记忆；五要拓宽资金渠道，落实经费保障；六要加强队伍建设，壮大保护力量。

2015 年 6 月，第二十三次会议听取和审议了市法院关于实施《中华人民共和国民事诉讼法》情况的报告，同时听取了市人大常委会执法检查组的相关执法检查报告。提出：一要加强普法宣传，营造良好法制氛围；二要案必立诉必理，充分保障诉权；三要严格规范审理，提高审判质效；四要维护胜诉权益，增强司法公信力；五要优化司法资源，提升执法能力和水平。

2015 年 6 月，第二十三次会议听取和审议了市政府关于《晋江市 2014 年度本级预算执行和其他财政收支情况的审计工作报告》。提出：一要坚持全面审计，强化审计监督职能；二要坚持标本兼治，确保审计整改实效；三要坚持量入为出，严格管控债务规模；四要坚持深化改革，严格预算执行管理；五要坚持规范程序，严格财政性投资项目管理。

2015 年 8 月，第二十四次会议听取和审议了《晋江市人民政府关于 2015 年上半年国民经济和社会发展计划执行情况的报告》《晋江市人民政府关于 2015 年上半年预算执行情况的报告》。提出：一要深入帮扶企业，全力稳住经济大盘；二要加快改革创新，增强经济发展后劲；三要强化民生保障，提升社会凝聚力；四要深化财税改革，全面推进依法理财；五要紧盯目标任务，狠抓工作落实。

2015 年 8 月，第二十四次会议听取和审议了市政府关于实施《中华人民共和国气象法》情况的报告，同时听取了市人大常委会执法检查组的相关执法检查报告。提出：一要加强对气象法律法规的学习宣传；二要加强对气象事业的领导；三要切实保护好气象探测环境；四要努力做好气象灾害防御工作；五要加强气象队伍建设。

2015 年 10 月，第二十五次会议听取和审议了市政府关于中心城区教育规划与布局工作情况的报告，同时听取了市人大常委会调研组的相关调研报告。提出：一要科学编制教育规划，二要建立严格监管机制，三要督促落实相关措施，四要强化教育经费保障，五要大力推进教育改革。

2016年8月，第三十一次会议听取和审议了《晋江市人民政府关于农村食品安全监管体系建设情况的报告》，同时听取了市人大常委会调研组的相关调研报告。提出：一要进一步落实政府监管职责，二要加快建立齐抓共管机制，三要强化食品安全源头建设，四要严格执法。

2016年8月，第三十一次会议听取并审议了《市人民政府关于实施〈中华人民共和国环境保护法〉情况的报告》，同时听取了市人大常委会执法检查组的相关检查报告。提出：一要进一步加大普法宣传力度，二要进一步强化领导健全机制，三要进一步提升监察执法能力，四要进一步落实环保重点工作整改。

2016年8月，第三十一次会议听取并审议了《市人民政府关于文化旅游工作情况的报告》，同时听取了市人大常委会调研组的相关调研报告。提出：一要充分重视，切实增强文化旅游发展合力；二要通盘统筹，加快编制文化旅游发展规划；三要明确定位，持续优化文化旅游发展环境；四要顺应形势，不断完善文化旅游发展政策。

2016年8月，第三十一次会议听取和审议了《晋江市人民政府关于2016年上半年国民经济和社会发展计划执行情况的报告》《晋江市人民政府关于2016年上半年预算执行情况的报告》。提出：一要精准施策，确保经济平稳发展；二要培植财源，增强经济发展后劲；三要强化保障，提升人民群众幸福指数；四要深化改革，提高资金运行效益；五要紧盯目标，狠抓工作落实。

（六）市第十七届人大常委会自2017年1月至2021年12月，共举行45次会议，听取和审议相关工作报告70个，主要如下：

2017年4月，第三次会议听取和审议了《晋江市人民政府关于防范和打击虚假信息诈骗犯罪工作情况的报告》，同时听取了市人大常委会调研组的相关调研报告。提出：一要加强宣传教育引导，提高全民防范意识；二要提高认识，完善防范和打击工作机制；三要加大打击力度，维护人民群众合法权益；四要紧密协同协作，提升整体应战能力。

2017年6月，第四次会议听取和审议了市政府关于实施《中华人民共和国非物质文化遗产法》情况的报告，同时听取了市人大常委会执法检查组的相关执法检查报告。提出：一要造浓宣教氛围，彰显城市特质；二要健全机构机制，强化责任落实；三要拓宽资金渠道，落实经费保障；四要注重制度护航，壮大传承队伍；五要分类施策保护，合理开发利用。

2017年6月，第四次会议听取和审议了市政府关于《晋江市2016年度本级预算执行和其他财政收支情况的审计工作报告》。提出：一要强化审计监督，健全工作机制；二要强化跟踪督查，确保整改实效；三要强化预算管理，提高资金效益；四要强化国资管理，盘活资产资金；五要强化债务管控，防范财政风险。

2017年8月，第五次会议听取和审议了《晋江市人民政府关于2017年上半年国民经济和社会发展计划执行情况的报告》《晋江市人民政府关于2017年上半年预算执行情况的报告》。提出：一要紧盯目标、挂图推进，确保完成年度任务；二要坚守实体、精准帮扶，全力稳住经济大盘；三要紧抓项目、培植财源，增强经济发展后劲；四要强化保障、补齐短板，提升人民幸福指数；五要依法理财，守住底线，坚决防范财政风险。

2017年8月，第五次会议听取并审议了《市人民政府关于实施〈中华人民共和国水法〉情况的报告》，同时听取了市人大常委会执法检查组的相关检查报告。提出：一要凝聚共识，为水法实施营造良好的社会氛围；二要多措并举，进一步加强水资源管理；三要加大投入力度，进一步加强水利基础设施建设；四要配足力量，进一步提高水行政执法水平；五要统筹推进，努力破解水问题。

2017年10月，第六次会议听取和审议了市政府关于优化义务教育资源布局的报告，同时听取了市人大常委会调研组的相关调研报告。强调，要切实坚持规划引领，确保学位供给与入学需求人口增长相适应；要加强基础设施建设，加快项目落地，拓宽资金渠道，引导鼓励全社会共同办学；要优化教师队伍配置，促进城乡师资均衡分配。提出：一要清醒理性，科学谋划资源布局；二要加大投入力度，坚持教育优先战略；三要统筹推进，合力提速项目进度；四要以人为本，全力保障教学力量；五要创新管理，推进优质均衡发展。

2017年10月，第六次会议听取和审议了市政府关于实施2012年1月10日由最高人民法院、最高人民检察院、公安部、司法部联合印发的《中华人民共和国社区矫正实施办法》和《福建省社区矫正实施细则（试行）》情况的报告，同时听取了市人大常委会执法检查组的相关执法检查报告。提出：一要加强协作联动，提升管教实效；二要加强队伍建设，配强工作力量；三要加强基础保障，确保工作落实；四要加大宣传力度，提高社会认知。

2017年10月，第六次会议听取和审议了关于市十七届人大一次会议第1号重点代表建议《关于加强水污染治理建议》办理情况的报告。提出：各承办单位要正视存在的问题，进一步强化全民参与，强化统筹协调，强化推进措施，以最铁腕手段加快推进本市水污染治理工作。

2017年10月，第六次会议听取和审议了关于市十七届人大一次会议第2号重点代表建议《关于缓解中心城区停车难的建议》办理情况的报告。提出：各承办单位要继续强化责任意识，增强办理实效；要强化组织保障，健全工作体系，加强统筹协调，形成工作合力；要科学规划布局，把停车场建设纳入城市建设的盘子，加快中心城区停车产业化建设进程；要强化监督管理，提升管理水平，加大宣传力度，倡导绿色出行。

2017年10月，第六次会议听取和审议了关于市十七届人大一次会议第3号重点代表建议《关于加强小区物业管理的建议》办理情况的报告。提出：各承办单位要完善小区分类管理与配套政策，强化部门分工协作齐抓共管，落实“四位一体”长效管理机制，加大安全隐患问题整改力度，提升物业服务企业规范管理水平，营造物业管理行业健康发展氛围，进一步提升全市小区物业管理水平。

2017年10月，第六次会议听取和审议了关于市十七届人大一次会议第4号重点代表建议《关于加大法院执行力度的建议》办理情况的报告。提出：各承办单位要以办理好代表建议为契机，积极探索实践标本兼治、最终治本的长效机制；要进一步健全协同联动执行工作机制，推动形成全社会齐抓共管的强大合力，创新突破，大力推进执行工作规范化和信息化建设，优化配案机制和办案程序，破解监管的盲区和盲点，推动破解积案难题，全面提升执行队伍综合素质，加大对执行法官的职业和人身保障力度。

2017年12月，第八次会议听取《市人民政府关于生态水域建设工作情况报告》，开展生态水域建设专题询问。提出：一要提高认识下定决心，进一步凝聚全民治水合力；二要加强领导统筹协调，进一步完善河长制工作机制；三要精准发力久久为功，进一步推进污染源整治到位；四要多措并举综合施策，进一步致力水生态改善；五要履行承诺压实责任，进一步推动问题整改到位。

2019年4月，第十九次会议听取和审议了市政府关于2018年度环境状况和环境保护目标完成情况的报告，同时听取了市人大常委会调研组的相关调研报告。提出：一要强化责任担当，持续发力推进生态文明建设；二要凝聚攻坚合力，坚决打好污染防治攻坚战；三要聚焦突出问题，全力攻坚城乡人居环境整治；四要补齐设施短板，不断提升生态环境治理能力。

2019年6月，第二十次会议对市政府研究处理《市人大常委会关于我市住宅小区物业管理工作情况的审议意见》情况的报告进行了审议。提出：要增强物业管理工作紧迫感，充分发挥“四位一体”联动作用，着力破解物业管理难题，切实消除小区安全隐患，致力提升本市住宅小区物业管理工作水平。

2019年6月，第二十次会议对市政府研究处理《晋江市人大常委会关于我市实施〈中华人民共和国老年人权益保障法〉〈福建省老年人权益保障条例〉情况的审议意见》情况的报告进行了审议。提出：市政府及有关职能部门要全面贯彻实施老年人权益保障“一法一条例”，认真执行《晋江市老龄事业发展与养老体系建设“十三五”规划》，强化责任意识，持续加大投入力度，补齐工作短板，推进医养结合，更快更好地优先扎实发展居家养老服务，进一步落实问题整改，着力推动本市老龄事业再上新台阶。

2019年6月，第二十次会议听取和审议了市政府委关于《晋江市2018年度本级预算执行和其他财政收支情况的审计工作报告》。提出：一要全力培植财源，稳住经济大盘；二要深化预算改革，提高资金效益；三要增强责任意识，提高整改实效；四要严控债务规模，防范财政风险。

2019年8月，第二十一次会议对市政府研究处理《市人大常委会关于我市实施〈中华人民共和国精神卫生法〉的审议意见》情况的报告进行了审议。提出：要坚持规划引领，提高站位，认真落实精神卫生中远期各项任务，以第三医院的突破提升带动精神卫生整体工作的有序开展，在加强依法管理、患者救治救助、提高经费保障、建设人员队伍等方面进一步加大力度，不断推动本市精神卫生事业高质量发展。

2019年8月，第二十一次会议听取和审议了《晋江市人民政府关于2019年上半年国民经济和社会发展计划执行情况的报告》《晋江市人民政府关于2019年上半年预算执行情况的报告》。提出：一要狠抓工作落实，确保完成年度任务；二要推动转型升级，做优做强实体经济；三要帮扶企业发展，激发经济发展活力；四要强化民生保障，提升群众幸福指数；五要严格依法理财，确保财政稳健运行。

2019年8月，第二十一次会议对市政府、法院、检察院研究处理《晋江市人大常委会关于本市生态环境资源司法保护工作情况的审议意见》情况的报告进行了审议。提出：市政府、法院、检察院及有关职能部门要进一步深刻理解和把握新时代保护生态环境的政治责任，主动履职，积极作为，切实强化生态环境司法保护的使命担当。要始终保持“零容忍”态度，重拳出击、铁腕治污，严厉打击乱排乱放等环境污染违法犯罪。要深化联动协同，完善“两法衔接”工作体系，构建生态环境司法保护长效机制。要加强生态文明理念和法治宣传，强化以案释法，营造打击和遏制破坏生态环境违法犯罪的良好氛围。

2019年10月，第二十二次会议听取和审议了市政府关于实施《中华人民共和国农产品质量安全法》(以下简称《农产品质量安全法》) 情况的报告，同时听取了市人大常委会执法检查组关于本市实施《农产品质量安全法》情况的检查报告。提出：一要落实普法责任，增强农产品质量安全意识；二要加强源头监管，把住农产品产地环境安全关；三要加大指导力度，实现农产品生产规模化和标准化；四要严格市场准入，推进农产品可追溯体系建设；五要充实监管力量，提升农产品检验检测能力；六要加强组织领导，形成农产品质量安全工作合力。

2019年10月，第二十二次会议听取和审议了市政府关于市区交通秩序整治工作情况的报告，同时听取了市人大常委会调研组的相关调研报告。提出：一要建立长效管理机制，提供有力制度保障；二要创新路面管控措施，提升管理工作水平；三要夯实基础设施建设，不断完善城市功能；四要紧盯重点领域环节，大力整治交通乱象；五要营造浓厚遵规守法氛围，提高文明交通素质。

2019年10月，第二十二次会议听取和审议了市场监督管理局、教育局、城市管理局关于市十七届人大三次会议第33号重点代表建议（《关于加强学校食品卫生安全工作的建议》）办理情况的报告。提出：各相关部门要正视存在的问题，加强分析研究，完善制度机制，采取有效措施，确保代表提出的合理建议能够真正落到实处。要齐抓共管，全面落实学校食品安全主体责任和监管责任；科学规划，优化食堂规划布局，强化食堂管理，加强食堂员工日常教育培训；立足长远，强化集体配餐企业监管，引导企业规模化、标准化运营，加快制定准入标准和退出机制；联防联控，加强学校周边风险隐患排查，实施校园食品安全守护行动，净化校园及周边消费环境；加强宣教，强化学生食品安全意识，完善学校食品安全应急预案，提高突发事件应对能力。

2019 年 10 月，第二十二次会议听取和审议了关于市十七届人大三次会议第 137 号重点代表建议《关于加快提升“世中运”人居环境的建议》办理情况的报告，并书面听取市人大检查组的相关检查报告。提出：一要营造赛事氛围，二要强化要素保障，三要加快项目进度，四要完善城市管理，五要建设美丽乡村。

2019 年 10 月，第二十二次会议听取和审议了关于市十七届人大三次会议第 142 号重点代表建议《关于加强市区停车管理的建议》办理情况的报告。提出：各相关部门要强化协同协作，健全工作体系，形成工作合力，加快中心城区停车产业化建设进程，积极引导鼓励社会资本参与公共停车场建设和经营管理，进一步盘活、整合现有闲置的公共停车资源；要强化停车收费政策措施的宣传，继续深化市区停车秩序专项整治行动，加大路面巡检力度；要加强宣传引导，提倡文明出行，促进市区交通秩序文明、有序、通畅。

2019 年 10 月，第二十二次会议听取和审议了市政府关于市十六届人大三次会议《关于加快推进我市生态水域建设的决议》执行情况的报告，同时听取了市人大常委会检查组的相关检查报告。提出：一要坚持责任治水，健全完善“河长制”；二要紧盯水质提升，提高治理成效；三要补齐设施短板，提升治污能力；四要实施生态提质，打造星级河道；五要严格常态监管。

2020 年 4 月，第二十六次会议听取和审议了市政府关于 2019 年度环境状况和环境保护目标完成情况的报告，同时听取了市人大常委会调研组的相关调研报告。提出：一要树立绿色发展理念，压实环保主体责任；二要突出环保问题导向，加强环境污染治理；三要加快基础设施建设，防控环境安全风险；四要加强治理能力建设，切实提高执法水平；五要持续提升人居环境，构建生态宜居晋江。

2020 年 6 月，第二十七次会议听取和审议市政府关于实施《泉州市海上丝绸之路史迹保护条例》情况的报告，同时听取了市人大常委会执法检查组的相关执法检查报告。提出：一要强化宣教、凝聚共识，在传承传播中塑造城市特质；二要加强统筹、齐抓共管，在协同协作中优化管理体系；三要全面普查、摸清家底，在充实名录中加大保护力度；四要加强投入、拓宽渠道，在多元参与中健全保障机制；五要科学规划、分类施策，在有序开发中实现合理利用。

2020 年 6 月，第二十七次会议听取和审议了市政府关于《晋江市 2019 年度本级预算执行和其他财政收支情况的审计工作报告》。提出：一要树立科学审计理念，提升审计工作水平；二要督促审计整改落实，确保取得整改实效；三要积极培植涵养税源，持续强化财力保障；四要强化国有资产管理，做大做强国有企业；五要加强预算执行管理，提高资金使用效益；五要健全债务管理制度，防范财政运行风险。

2020 年 8 月，第二十八次会议听取和审议了《晋江市人民政府关于 2020 年上半年国民经济和社会发展计划执行情况的报告》《晋江市人民政府关于 2020 年上半年预算执行情况的报告》。提出：一要紧盯目标任务，全力稳住经济大盘；二要强化提质增效，增强经济发展后劲；三要严格依法理财，确保财政稳健运行；四要坚持以人为本，加大民生保障力度。

2020 年 8 月，第二十八次会议听取和审议了市法院关于知识产权司法保护工作情况的报告，同时听取了市人大常委会调研组的相关调研报告。提出：一要强化宣传引导，增强法律意识；二要健全联动机制，形成强大合力；三要加强队伍建设，提高保护水平；四要提升司法服务，优化营商环境。

2020 年 10 月，第二十九次会议听取和审议了市政府关于实施《中华人民共和国食品安全法》及《福建省食品安全条例》情况的报告，同时听取了市人大常委会执法检查组关于本市实施“一法一条例”情况的检查报告。提出：一要加强法治宣传，营造食品安全共治氛围。要强化普法宣传；二要理顺体制机制，进一步落实食品安全监管责任；三要突出监管重点，加大食品安全风险隐患整治力度；四要积极探索创新，提升食品安全现代化治理水平。

2020 年 10 月，第二十九次会议听取和审议了市检察院关于未成年人检察工作情况的报告，同时听取了市人大常委会调研组的相关调研报告。强调：未成年人司法保护事关国家和民族未来，未成年人检察工作是未成年人司法保护工作的重要组成部分。提出：一要突出惩防结合，加强未成年被害人权益保障；二要注重宽严并济，提升罪错未成年人管教成效；三要加强部门联动，完善联防共建治理体系；四要加大普法力度，提升法治宣传教育成效；五要加强总结提升，打造晋江特色工作品牌。

2020 年 10 月，第二十九次会议审议了《关于 2019 年度国有资产管理情况的综合报告》，听取和审议了《关于 2019 年度企业国有资产管理情况的报告》。提出：一要突出报告重点，完善国有资产报告工作；二要增强责任意识，夯实国有资产管理基础；三要强化监督管理，大力推动国有资产提质增效；四要凸显企业属性，有效提高国有企业运营效能；五要健全工作机制，确保守住国有资产风险底线。

2020 年 10 月，第二十九次会议对市政府研究处理《晋江市人大常委会关于市区交通秩序整治工作情况的审议意见》情况的报告进行了审议，提出：市政府及相关部门要按照道路安全相关法律法规要求，围绕“有序、安全、畅通”的道路交通管理工作目标，健全工作机制、提升管理手段、严格执法监督、补齐工作短板，深入推动市区交通秩序整治提升，为全市经济社会发展和人民群众的出行需求提供有效保障。

2020 年 10 月，第二十九次会议听取和审议了关于市十七届人大四次会议第 13 号重点代表建议《关于加快改造提升老旧工业区的建议》办理情况的报告。提出：一要加强宣传引导，凝聚改革共识；二要强化产业规划，激发发展活力；三要完善政策体系，构建反向倒逼机制；四要突破瓶颈制约，推进试点项目提质增速。

2020 年 10 月，第二十九次会议听取和审议了关于市十七届人大四次会议第 131 号重点督办代表建议《关于深化农村人居环境整治的建议》办理情况的报告。提出：一要加强领导，加大整治力度；二要科学规划，加快统筹推进；三要多元投入，加强经费保障；四要强化督导，巩固整治成果。

2020 年 12 月，第三十二次会议听取和审议了市政府关于市十六届人大三次会议《关于加快推进我市生态水域建设的决议》执行情况的报告，同时听取了市人大常委会检查组的相关检查报告。提出：一要明确责任，落实河（湖）长制；二要紧盯目标，实现水质提升；三要针对弱项，补齐设施短板；四要统筹协调，优化治理效能；五要强化管理，巩固建设成果。

2021 年 4 月，第三十五次会议听取和审议了市政府关于 2020 年度环境状况和环境保护目标完成情况的报告，同时听取了市人大常委会调研组的相关调研报告。提出：一要坚定绿色理念，推进高质量发展；二要坚持问题导向，深化污染防治攻坚；三要加快设施建设，提升环境治理能力；四要提高监管水平，保持环保高压态势；五要提升人居环境，建设生态宜居晋江。

2021 年 6 月，第三十六次会议对市法院研究处理《晋江市人大常委会关于市法院知识产权司法保护工作情况的审议意见》情况的报告进行了审议。提出：市法院及有关部门要以习近平新时代中国特色社会主义思想为指导，以构建法治化营商环境为工作目标，围绕“保护知识产权就是在保护市场主体创新动力”，进一步提高思想认识，坚持问题导向，加强能动司法，不断健全完善机制，提升知识产权保护整体效能，为晋江高质量发展超越提供法治保障。

2021 年 6 月，第三十六次会议听取和审议了市政府关于《晋江市 2020 年度本级预算执行和其他财政收支情况的审计工作报告》。提出：一要培育涵养优质税源，增强财政保障能力；二要加强财政预算管理，提高资金使用绩效；三要持续深化国企改革，提升国资管理水平；四要加强政府债务监管，防范财政运行风险；五要落实整改主体责任，提升审计监督实效。

2021 年 8 月，第三十九次会议对市检察院研究处理《晋江市人大常委会关于我市未成年人检察工作情况的审议意见》情况的报告进行了审议。提出：市检察院及有关部门要以习近平新时代中国特色社会主义思想为指导，认真贯彻落实习近平法治思想，围绕“最有利于未成年人”原则，进一步提高政治站位，坚持法治思维，不断提升未成年人检察工作质量和效果，推动完善未成年人保护社会支持体系，构建未成年人保护大格局，为未成年人健康成长营造良好的司法环境。

2021 年 9 月，第四十次会议听取和审议了《晋江市人民政府关于 2021 年上半年国民经济和社会发展计划执行情况的报告》《晋江市人民政府关于 2021 年上半年预算执行情况的报告》。提出：一要提升政务服务效能，营造良好营商环境；二要推动产业转型升级，做优做强实体经济；三要加快城市发展步伐，着力提升城市品质；四要持续保障改善民生，提高群众幸福指数；五要加强经济运行调度，确保完成年度目标。

2021 年 9 月，第四十次会议听取和审议了市政府关于实施《泉州市市容和环境卫生管理条例》（以下简称《条例》）情况的报告，同时听取了市人大常委会执法检查组的相关执法检查报告。提出：一要广泛发动营造氛围，凝聚共识汇聚合力；二要明确分工细化责任，齐抓共管推动落实；三要加强督导完善制度，建立健全工作机制；四要落实《条例》依法行政，强化执法促进提升；五要目标导向促进整改，持续打造品质城市。

2021 年 9 月，第四十一次会议市人大常委会对本市城乡人居环境整治工作开展专题询问，分别听取了《市人民政府关于城乡人居环境整治情况的报告》《市住建局关于城乡人居环境整治情况的报告》《市农业农村局关于城乡人居环境整治情况的报告》《市水利局关于城乡人居环境整治情况的报告》《市城市管理局关于城乡人居环境整治情况的报告》，开展城乡人居环境整治工作专题询问。要求：市政府及相关部门要以本次专题询问为契机，以表态承诺事项和整治时间表为抓手，落实责任，常抓不懈，有力推动城乡人居环境整治工作持续提升。提出：一要提高政治站位，凝聚整治合力；二要注重城乡一体，做好统筹推进；三要聚焦重点难点，补齐短板弱项；四要完善制度建设，构建长效机制。

2021 年 9 月，第四十二次会议听取了市法院 3 名法官陈永哲、寿华杰、黄秋萍，市检察院 3 名检察官许新报、邓烈辉、吴潮阳的履职报告以及市人大常委会履职评议领导组关于对部分法官和部分检察官开展履职评议情况的报告，并对 6 名评议对象的履职情况进行满意度测评，测评结果均为“满意”。会议对 6 名评议对象整改提升提出具体意见，同时要求“两院”要举一反三，以点带面，把履职评议整改纳入政法队伍教育整顿巩固成果、建章立制的后续工作，着力在健全制度、完善机制上下功夫，全面提升队伍履职能力，推动各项工作再上新台阶。

2021 年 10 月，第四十三次会议听取和审议了市政府《关于 2020 年度国有资产管理情况的综合报告》。提出：一要做好资产清查，夯实国有资产管理基础；二要落实主体责任，规范国有资产日常管理；三要创新工作机制，提升国有资产管理水平；四要加强资产监管，确保国有资产保值增值。

2021 年 10 月，第四十三次会议听取和审议了市政府关于实施《中华人民共和国消防法》和《福建省消防条例》情况的报告，同时听取了市人大常委会执法检查组的相关执法检查报告。提出：一要凝聚共识合力，全面落实消防安全责任；二要加强队伍建设，提升消防安全监管能力；三要加大投入力度，强化公共消防设施建设；四要排查整改隐患，营造良好消防安全环境；五要强化宣传教育，提高全民消防安全意识。

2021 年 10 月，第四十三次会议听取和审议了市政府关于市十六届人大三次会议《关于加快推进我市生态水域建设的决议》执行情况的报告，同时听取了市人大常委会检查组的相关检查报告。提出：一要强化责任担当，合力推进治水工作；二要落实源头管控，坚决推进精准治污；三要补齐短板弱项，加快推进管网建设；四要协同精准发力，系统推进全域治理；五要坚持常态长效，深化推进机制完善。

2021 年 10 月，第四十三次会议听取和审议了关于市十七届人大五次会议第 7 号重点督办代表建议《关于加快紫帽山景区建设的建议》办理情况的报告。提出：一要重视病害防治，抓紧生态修复；二要加强规划统筹，科学开发保护；三要提升建设品质，优化景观效果；四要强化全域旅游，促进文旅融合；五要保护生物多样性，合理利用水资源。

2021 年 10 月，第四十三次会议听取和审议了关于市十七届人大五次会议第 36 号重点督办代表建议《关于加强全市农贸市场改造、管理的建议》办理情况的报告。提出：一要完善规划布局，分类推进改造；二要健全责任体系，形成建管合力；三要严格执法监管，守住安全底线。

2021 年 10 月，第四十三次会议听取和审议了关于市十七届人大五次会议第 88 号重点督办代表建议《关于推进行政审批服务提质增效、营造一流营商环境的建议》办理情况的报告。提出：一要推进审批流程再造，提高业务办理速度；二要规范中介机构管理，维护市场运行秩序；三要加强事中事后监管，构建协同共治格局；四要完善硬件软件设施，提高窗口服务水平。

（七）市第十八届人大常委会自 2022 年 1 月至 2022 年 12 月，共举行 6 次会议，听取和审议相关工作报告 22 个，主要如下：

2022 年 5 月，第二次会议听取和审议了市政府关于 2021 年度环境状况和环境保护目标完成情况的报告，同时听取了市人大常委会调研组的相关调研报告。提出：一要强化法治意识，依法履行监管职责；二要强化全面统筹，确保规划落地实施；三要强化转型升级，打好绿色发展主动仗；四要强化问题导向，提升环境治理效能；五要强化系统集成，完善环境基础设施建设。

2022 年 6 月，第三次会议对市政府研究处理《晋江市人大常委会关于市城乡人居环境整治工作专题询问的意见》情况的报告进行了审议，并开展满意度测评。应到会常委会组成人员 43 人，实到会 37 人，表示满意 30 票、基本满意 5 票、不满意 2 票，满意票数超过常委会全体组成人员半数，测评结果为“满意”。建议：一要强化举措，狠抓整改落实；二要突出重点，力争提质扩面；三要立足长远，构建长效机制。

2022 年 6 月，第三次会议对市政府研究处理《晋江市人大常委会关于我市实施

〈泉州市市容和环境卫生管理条例〉情况的审议意见》情况的报告进行了审议，并开展满意度测评。应到会常委会组成人员 43 人，实到会 37 人，表示满意 22 票、基本满意 10 票、不满意 5 票，满意票数超过常委会全体组成人员半数，测评结果为“满意”。建议：一要加大贯彻力度，二要加大宣教力度，三要提升工作高度，四要拓展治理深度，五要体现城市温度。

2022 年 6 月，第三次会议对市政府研究处理《晋江市人大常委会关于检查〈中华人民共和国消防法〉及〈福建省消防条例〉实施情况的审议意见》情况的报告进行了审议，并开展满意度测评。应到常委会组成人员 43 人，实到会 37 人，表示满意 26 票、基本满意 8 票、不满意 3 票，满意票数超过常委会全体组成人员半数，测评结果为“满意”。建议：一要进一步压实各方责任，二要进一步打牢消防基础，三要进一步提升救援保障，四要进一步加强宣传教育。

2022 年 6 月，第三次会议听取和审议了市公安局关于打击侵犯企业权益经济犯罪助力优化营商环境工作情况的报告，同时听取了市人大常委会调研组的相关调研报告。会议对市公安局关于打击侵犯企业权益经济犯罪助力优化营商环境工作情况进行满意度测评，应到会常委会组成人员 43 人，实到会 37 人，表示满意 31 票、基本满意 6 票，满意和基本满意票数超过应到会常委会组成人员的半数以上，根据《晋江市人民代表大会常务委员会关于进一步提高审议质量的若干意见》规定，该项报告获得通过。提出：一要进一步提高政治站位，夯实法治保障；二要进一步强化沟通协作，提升办案质效；三要进一步强化监督制约，规范执法行为；四要进一步加强源头预防，力压涉企发案；五要进一步加强队伍建设，打造“经侦铁军”。

2022 年 6 月，第三次会议听取和审议了市审计局郭培源局长受市政府委托所作的《晋江市 2021 年度本级预算执行和其他财政收支情况的审计工作报告》。会议对审计工作报告进行满意度表决，应到会常委会组成人员 43 人，实到会 37 人，表示满意 35 票、基本满意 2 票，满意和基本满意人数超过应到会常委会组成人员的半数以上，根据《晋江市人民代表大会常务委员会关于进一步提高审议质量的若干意见》规定，该项报告获得通过。提出：一要推进财政改革，强化预算执行；二要加大审计力度，延伸监督触角；三要注重成果运用，提升审计价值；四要优化国资管理，做强国有企业；五要规范债务管理，防范债务风险。

2022 年 6 月，第三次会议听取和审议了市政府《关于进一步减轻义务教育阶段学生作业负担和校外培训负担工作情况的报告》，并进行满意度测评，应到会常委会组成人员 43 人，实到会 37 人，表示满意 27 票、基本满意 9 票、不满意 1 票，满意和基本满意票数之和超过常委会全体组成人员的半数以上，根据《晋江市人民代表大会常务委员会关于进一步提高审议质量的若干意见》规定，该项报告获得通过。提出：一要强化统筹协调，压实工作责任；二要突出多措并举，优化工作保障；三要聚焦学校主体，完善制度机制；四要凝聚多方合力，推进家校共育；五要深入宣传引导，营造社会氛围。

2022 年 8 月，第四次会议听取和审议了《晋江市人民政府关于 2022 年上半年国民经济和社会发展计划执行情况的报告》《晋江市人民政府关于 2022 年上半年预算执行情况的报告》。会议分别对计划和预算两份报告进行满意度表决，应到会常委会组成人员 43 人，实到会 41 人。对计划执行报告表示满意 36 票、基本满意 4 票、不满意 1 票；对预算执行报告表示满意 33 票、基本满意 7 票、不满意 1 票，两份报告的满意加上基本满意票数均超过应到会常委会组成人员的半数以上，根据《晋江市人民代表大会常务委员会关于进一步提高审议质量的若干意见》规定，两份报告均获得通过。提出：一要助力企业纾困，激发市场主体活力；二要推动产业升级，涵养地方财源活水；三要深化财政改革，提高财政治理效能；四要坚持内外兼修，提升城市功能品质；五要保障改善民生，持续增进人民福祉。

2022 年 8 月，第四次会议听取和审议了市监察委员会关于惩治涉黑涉恶腐败和“保护伞”工作情况的报告，同时听取了市人大常委会调研组的相关调研报告。提出：一要深化思想认识，保持“惩腐打伞”高压态势；二要深化协作配合，持续提升办案效能；三要深化标本兼治，高效推动行业整治；四要深化队伍建设，提升“惩腐打伞”工作能力和水平。

2022 年 8 月，第四次会议听取了法官王清镇、刘向阳、林雅思，检察官詹雅须、许团圆、蔡玉珍的履职情况报告，以及市人大常委会履职评议领导组关于开展 2022 年度部分法官检察官履职评议工作情况的报告，并对 6 名评议对象的履职情况进行满意度测评，测评结果均为“满意”。会议对 6 名评议对象提出整改意见，对“两院”下阶段工作提出意见建议：一要坚持依法能动履职，推动司法工作高质量发展；二要健全监督制约机制，全面提升司法质量效率和公信力；三要深化过硬队伍建设，提高公正司法能力和水平；四要切实抓好问题整改，实现以评议促提升工作目标。

2022 年 8 月，第四次会议听取和审议了市政府关于乡村振兴工作情况的报告，同时听取了市人大常委会调研组的相关调研报告。会议对市政府关于乡村振兴工作情况的报告进行满意度测评，应到会常委会组成人员 43 人，实到会 41 人，表示满意 26 票、基本满意 12 票、不满意 3 票，满意票数加基本满意票数超过常委会全体组成人员的半数，根据《晋江市人民代表大会常务委员会关于进一步提高审议质量的若干意见》规定，该项报告获得通过。提出：一要进一步凝聚乡村振兴推动合力，二要进一步加强村庄规划编制管理，三要进一步提升乡村产业发展质量效益，四要进一步加快农村基础设施和公共服务建设，五要进一步强化乡村振兴的人才支撑，六要进一步完善乡村振兴用地管理，七要进一步健全乡村振兴资金投入机制。

2022 年 10 月，第五次会议听取和审议市政府研究处理《晋江市人大常委会关于

2021年度本级预算执行和其他财政收支情况的审计工作报告的审议意见》情况的报告，并对市应急管理局、城市管理局等2个被审计单位的审计查出问题整改情况进行满意度测评。应到常委会组成人员43人，实到会41人，对市应急管理局表示满意32票、基本满意6票、不满意3票，满意票数超过常委会全体组成人员半数，测评结果为“满意”；对市城市管理局表示满意23票，基本满意9票，不满意9票，满意票数超过常委会全体组成人员半数，测评结果为“满意”。建议：一要深化思想认识，推动问题真改实改；二要深化结果运用，规范单位预算管理；三要坚持标本兼治，提升审计监督效能；四要加强资金统筹，确保财政平稳运行。

2022年10月，第五次会议审议了市政府《关于2021年度国有资产管理情况的综合报告》，重点听取审议了《关于2021年度自然资源资产管理情况的专项报告》。会议对专项报告进行了满意度测评，应到会常委会组成人员43人，实到会41人，表示满意30票、基本满意7票、不满意4票，满意和基本满意票数之和超过常委会全体组成人员的半数以上，根据《晋江市人民代表大会常务委员会关于进一步提高审议质量的若干意见》规定，专项报告获得通过。提出：一要完善自然资源资产管理制度，二要夯实自然资源资产管理基础，三要加大自然资源生态保护力度，四要推进自然资源节约集约利用，五要提升国有资产监督监管水平。

2022年10月，第五次会议听取和审议了市政府关于实施《中华人民共和国未成年人保护法》《中华人民共和国预防未成年人犯罪法》(以下简称“两法”)情况的报告，同时听取了市人大常委会执法检查组的相关执法检查报告。会议对市政府实施“两法”情况进行满意度测评，应到会常委会组成人员43人，实到会41人，表示满意27票、基本满意9票、不满意5票，满意和基本满意票数超过应到会常委会组成人员的半数以上，根据《晋江市人民代表大会常务委员会关于进一步提高审议质量的若干意见》规定，该项报告获得通过。提出：一要以家庭保护为基础，强化家校联动，关心关爱未成年人健康成长；二要深化网络监管，加强社会保护，营造未成年人安全成长的社会环境；三要发挥政府兜底职能，完善司法保护，守住未成年人健康成长底线；四要加强统筹协调，资源整合，提升未成年人保护工作合力。

2022年10月，第五次会议听取和审议了关于市十八届人大一次会议第41号重点督办代表建议《关于加快“全市一区”整合，推进晋江经济开发区高质量发展的建议》办理情况的报告。会议对该建议办理情况进行满意度测评，应到会常委会组成人员43人，实到会41人，表示满意28票、基本满意11票、不满意2票，满意票数超过常委会全体组成人员的半数，根据《晋江市人大常委会关于代表建议、批评和意见办理情况满意度测评的规定》，测评结果为满意。提出：一要优化园区顶层设计，科学规划园区发展；二要增强园区配套功能，加快园区标准化建设；三要盘活闲置低效用地，推进土地集约利用；四要推动项目审批提速，节约企业时间成本；五要完善园区管理机制，提升园区运营水平。

2022 年 10 月，第五次会议听取和审议了关于市十八届人大一次会议第 11 号重点督办代表建议《关于构建社会各方共同参与机制，助力乡村振兴的建议》办理情况的报告。会议对该代表建议办理情况进行满意度测评，应到会常委会组成人员 43 人、实到会 41 人，表示满意 27 票、基本满意 8 票、不满意 6 票。满意票数超过常委会全体组成人员半数，根据《晋江市人大常委会关于代表建议、批评和意见办理情况满意度测评的规定》，测评结果为满意。提出：一要进一步强化乡村振兴的人才支撑，二要进一步健全乡村振兴资金投入机制，三要进一步完善乡村振兴用地管理。

2022 年 10 月，第五次会议听取和审议了关于市十八届人大一次会议第 49 号重点督办代表建议《关于加快科技赋能，促进传统产业转型升级的建议》办理情况的报告。会议对该代表建议办理情况进行满意度测评，应到会常委会组成人员 43 人、实到会 41 人，表示满意 31 票、基本满意 6 票、不满意 4 票。满意票数超过常委会全体组成人员半数，根据《晋江市人大常委会关于代表建议、批评和意见办理情况满意度测评的规定》，测评结果为满意。提出：一要坚持高位谋划统筹，彰显创新转型示范；二要深入实施两大工程，做强企业创新主体；三要聚力做强科创载体，打造全域科创版图；四要全力深化三大行动，构筑创新人才高地；五要完善科技服务体系，打造一流创新创业生态。

2022 年 12 月，第六次会议听取和审议了市政府《关于贯彻落实〈中华人民共和国中医药法〉有关情况的报告》，同时听取了市人大常委会执法检查组的相关执法检查报告。会议对市政府实施《中华人民共和国中医药法》情况的报告进行满意度测评，应到会人大常委会组成人员 43 人，实到会 41 人，表示满意 30 票、基本满意 9 票、不满意 2 票，满意和基本满意票数之和超过常委会全体组成人员的半数以上，根据《晋江市人民代表大会常务委员会关于进一步提高审议质量的若干意见》规定，该项报告获得通过。提出：一要凝聚共识增合力，健全中医药管理体制机制；二要紧盯目标绘蓝图，谋定中医药事业发展规划；三要聚焦难点育亮点，激发中医药活力竞相绽放；四要保障要素强支撑，不断夯实中医药发展后劲；五要总结经验促提升，发挥中医药防治疫病作用；六要广泛宣教增自信，助力中医药传承与文化传播。

二、执法检查

执法检查是人大常委会一项常规性监督形式，在监督实践中发挥重要的作用。在开展执法检查活动中，市人大常委会紧紧围绕经济建设中心，服从和服务于党的工作大局，把保证宪法、法律在本行政区域内的有效实施摆在首要位置。

（一）第十三届人大常委会针对群众反映较强烈的热难点问题，先后组织对《中华人民共和国环境保护法》《中华人民共和国审计法》《中华人民共和国归侨侨眷权益保护法》等 25 部法律法规的执法检查和对晋江市社会治安综合治理、试行素质教育、乡镇科技工作和科技项目实施情况等 29 场专题视察。配合上级人大开展视察、检查、调研 120 多场（次）。在执法检查方面，按七个步骤组织实施。一是检查前组织学习相关法律法规；二是主任（扩大）会议讨论通过检查方案，成立检查领导组；三是听取市政府及有关部门的专题汇报或自查报告；四是进行实地检查，召开座谈会，广泛听取代表和群众的意见、建议，并视情抽查执法卷宗材料和有关法律文书；五是召开各检查小组会、主任会（或常委会）会议，听取检查报告，进行专题审议，形成反馈意见（或审议意见）。根据实际情况，召开执法检查反馈会，当面向相关单位反馈检查情况；六是要求有关部门形成整改意见或整改报告，并反馈整改情况；七是组织跟踪督查。在视察工作方面，采取邀请专业部门协作，与镇人大主席团联动，扩大视察面、抓准视察点等方式，邀请熟悉情况的代表参加视察，力求掌握实际情况，提出的问题和意见较具针对性，以提高视察工作效果。

2002 年，市人大常委会组织和配合上级人大对《中华人民共和国水土保持法》《中华人民共和国防洪法》《中华人民共和国消防法》《中华人民共和国全国人民代表大会和地方各级人民代表大会代表法》等法律法规执行情况进行检查，对严打整规、水资源污染整治、创建全国科技进步示范区重点工程、迎接建市十周年“八大系列工程”建设、《国务院关于基础教育改革与发展的决定》贯彻落实情况等进行视察。检查视察中，严格按照法律规定，落实常委会关于加强对法律法规执行情况检查监督的规定、加强预算审查监督的规定等基本工作制度，切实增强实效。在组织对市公安局《中华人民共和国治安管理处罚条例》执法情况检查中，改变以往基本采取在一二天内“听汇报、实地查、代表议”的形式，用一个多月时间，分动员部署、市局自查、检查卷宗、座谈讨论、走访查询等阶段，全面了解市公安局 2001 年下半年以来的社会治安执法情况。检查后，向市公安局提出程序方面存在的 5 个问题和实体方面存在的 4 个问题，并分析存在问题的 4 个方面原因，提出 4 条检查意见。由于掌握的情况全面透彻，提出的问题和意见较具针对性，在一定程度上提高了执法检查效果，也使相关部门的整改工作有章可循，市公安局经认真讨论，按期报送了书面整改意见。7 月中旬，配合泉州市人大常委会对部分被取缔的污染企业进行跟踪督查，发现死灰复燃现象严重，提出强化执法力度、依法打击及疏堵结合，创建集控区两项建议。引起市政府高度重视，在相关领导带领下，连续组织环保、工商、土地、公安、城建、电力等部门及东石、青阳、陈埭等镇干部共 400 多人次，出动工程机械设备，对仍在违法生产的 33 家小电镀厂强行取缔，强制断水、断电、拆除设备，有力地遏制屡禁不止的趋势。市政府同时规划创建两个电镀污染集控区。

（二）第十四届人大常委会先后组织对春耕生产、农业产业化、近海水域环境污染治理、城市建设与旧城改造、建立完善突发公共卫生事件预防控制和应急救治体系、安全生产、社区建设、沿海大通道建设、文化市场、药品市场、深沪湾旅游试点开发、重点科技项目、纺织服装业科技创新和产业升级等进行26场专题视察。推动解决了群众关注的一些热点问题。如针对近海水域环境污染问题，市政府制定了泉州近海水域、泉州湾南岸近海水域、深沪东海垵水域、安海湾水域等治理方案，已投资4605万元对22条溪流进行综合整治，新增工业和畜禽养殖污染治理40个项目70个工程，仙石污水处理厂完成投资10155万元并投入试运行，垃圾焚烧发电厂和垃圾中转站完成投资14870万元。针对常委会视察检查中反映的外来工子女入学的问题，市政府及教育主管部门制定了外来工子女入学"统筹调剂"、定点就学、义务教育阶段公办学校学生全部免收杂费等措施。

2004年，市人大常委会自行组织和配合上级人大开展了《中华人民共和国环境影响评价法》《中华人民共和国水污染防治法》《中华人民共和国食品卫生法》《中华人民共和国药品管理法》《中华人民共和国文物保护法》《中华人民共和国台湾同胞投资保护法》《福建省华侨捐赠兴办公益事业管理条例》《福建省禁毒条例》《福建省渔港和渔业船舶管理条例》等10部法律法规的执法检查。组织对市法院2003年度发回重审及重大改判案件，对市检察院不起诉案件进行检查，督促法律法规在晋江市的贯彻实施，推进依法治市进程。省人大人民政坛杂志社到晋江市进行了"司法监督在晋江"专题采访，并作报道。

2005年，市人大常委会开展《中华人民共和国建筑法》《中华人民共和国职业病防治法》《中华人民共和国食品卫生法》和中华人民共和国国务院发布的《劳动保障监察条例》等4部法律法规执行情况的检查和对市检察院不批捕案件执法情况的检查；组织春季农业生产、九十九溪下游整治、社区建设、农村药品市场、文化市场、深沪湾旅游试点开发、科技工业园区建设、重点科技项目、重点建设项目等9场专题检查和视察。通过各项职权的依法有效行使，在实践中坚持和完善了人民代表大会制度，推进了晋江市法制进程和经济社会各项事业的协调发展。在《中华人民共和国建筑法》执法检查中，注意克服面面俱到、忽略重点的问题，重点检查建筑工程招投标、审批手续、工程质量与安全、工程监理与管理，检查的针对性和实效性明显增强；在《中华人民共和国职业病防治法》执法检查中，采取定点检查和随机抽查相结合的方式，有效防止应付检查情况的发生；针对人大常委会在《劳动保障监察条例》执法检查中提出的意见，市政府先后组织开展了劳动保障法律法规执行情况专项检查和拖欠农民工工资专项治理活动，制定实施《在全市开展创建和谐劳动关系活动工作方案》，努力促进劳动关系和谐稳定；针对文化市场管理情况检查意见，文体部门进一步完善联席会议、联合巡查、守法经营责任、不良记录登记、社会监督协管、违规处理公示、教育培训等七项制度，不断加强和规范对文化市场的管理；就春耕生产检查意见中指出的问题，农业部门以确保春季粮食生产、依法推进耕地流转、加快林权制度改革、加强农业服务工作、加快农业产业化进程、继续改善农业生产条件为抓手，推进全市农业生产的平稳发展。围绕落实深沪湾旅游开发试点工作视察意见，市政府即召开会议，研究如何进一步加快晋江市旅游业发展。着手组织起草关于加强扶持晋江市旅游业发展若干补充意见，以促进晋江市旅游产业加快发展。检察院对人大常委会关于不批捕案件执法情况的检查意见高度重视，专门召开检察长办公会讨论，对检查意见提出的问题逐条分析，逐项分解细化落实。

2006年全市招收外来工子女入学101778人，比2005年秋季净增3万多人，全年免收公办学校外来工子女入学杂费1000多万元。常委会自行组织并配合上级人大开展了《中华人民共和国环境影响评价法》《中华人民共和国建筑法》《中华人民共和国劳动法》《中华人民共和国职业病防治法》《中华人民共和国归侨侨眷权益保护法》《中华人民共和国道路交通安全法》《中华人民共和国消防法》《中华人民共和国预算法》《福建省沿海防护林条例》等20部法律、法规的执法检查，组织对市法院发回重审及重大改判案件，对市检察院不起诉案件、不批捕案件执法情况进行检查，推进依法行政和公正司法。如在《中华人民共和国职业教育法》执法检查中，市政府围绕常委会提出的职业教育办学体制单一、经费渠道不宽、投入不足，职业教育学校适应能力不强、专业设置不够合理、实训基地建设水平不高等问题，及时抓好整改。仅2006年，市财政就投入765万元用于职业教育实训基地、重点专业等项目建设，并补助411名贫困家庭的学生，2006年度职校招生和在校生均创历史新高。

（三）第十五届人大常委会组织对《中华人民共和国农产品质量安全法》《中华人民共和国未成年人保护法》《中华人民共和国残疾人保障法》《中华人民共和国归侨侨眷权益保护法》《中华人民共和国台湾同胞投资保护法》《中华人民共和国科学技术进步法》和国务院《物业管理条例》等14部法律法规的实施情况进行检查，要求有关部门针对执法检查报告和审议意见指出的问题，认真研究处理，努力抓好整改，确保相关法律法规在本行政区域的贯彻实施。按照《中华人民共和国各级人民代表大会常务委员会监督法》的有关规定，进一步加强规范性文件备案审查工作。5年来，依法对市政府及有关部门报送备案的75件规范性文件进行审查，保证政府所制定规范性文件的合法性与适当性。常委会组织视察检察机关、公安信息化建设、城建重点项目建设等有效推动相关工作。

2007年，市人大常委会在听取市政府关于《福建省实施〈中华人民共和国归侨侨眷权益保护法〉办法》执行情况报告时，强调在依法维护归侨侨眷合法权益的同时，要以乡情、亲情、友情为纽带，进一步做好华侨华人新生代工作。在《福建省劳动合同管理规定》执法检查中，针对部分企事业单位合同签订率较低、劳动合同内容和签订程序不够完善等问题，要求市政府和职能部门严格按劳动和社会保障部提出的目标抓好落实，为《中华人民共和国劳动合同法》的施行营造氛围，奠定基础。常委会把维护社会公平正义、推进社会和谐稳定作为司法监督的立足点，不断加大司法监督力度。组织听取“两院”关于规范执法行为、民事审判、执行工作、查办职务犯罪等工作情况的报告，视察法庭和看守所建设情况，配合省人大常委会对《省人大常委会关于〈中华人民共和国法官法〉〈中华人民共和国检察官法〉执法检查意见》的落实情况进行检查。在司法监督中，注意正确处理好人大监督与司法独立的关系，督促司法机关健全执法责任制和错案责任追究制，努力维护司法公正，推进依法治市进程。

2008 年，围绕构建和谐劳动关系，市人大常委会在 2007 年开展《福建省劳动合同管理规定》执法检查的基础上开展了《中华人民共和国劳动合同法》执法检查，提出了加大劳动合同法律法规宣传力度，加强对用人单位劳动用工的指导和管理，做好劳动监察执法和劳动争议调处，健全和完善劳动关系多方调解机制等意见建议，要求市政府和有关方面认真贯彻《中华人民共和国劳动合同法》，进一步健全劳动合同管理制度，规范劳动用工行为，保障劳动关系双方的合法权益，促进晋江市劳动关系和谐稳定。《人民政坛》对此作了《晋江：推进劳资和谐》的专题报道，充分肯定了常委会的做法和成效。针对《中华人民共和国消防法》《福建省消防条例》执法检查中发现的问题，建议市政府和有关方面重视做好消防工作，有效预防和减少火灾事故的发生，提高消防灭火抢险能力，确保人民群众的生命财产安全。通过执法检查，推动了有关法律法规在晋江市的贯彻实施。

2009 年，市人大常委会在《中华人民共和国未成年人保护法》《中华人民共和国预防未成年人犯罪法》执法检查过程中，通过个别走访、明察暗访、听取汇报等形式，深入了解两部法律在晋江市的贯彻情况、取得成效及存在问题，并首次对执法检查中发现的问题进行交办，较好地维护未成年人合法权益，保障未成年人健康成长。在《中华人民共和国归侨侨眷权益保护法》《福建省实施〈中华人民共和国归侨侨眷权益保护法〉办法》执法检查过程中，针对法律法规实施中存在的薄弱环节，要求法律执行机关认真做好对归侨侨眷特别是散居社会归难侨的各项服务保障工作，加大解决历史遗留问题的力度，切实维护归侨侨眷的合法权益。此外，常委会还通过跟踪检查《中华人民共和国消防法》《中华人民共和国劳动合同法》《福建省消防条例》执法检查意见的贯彻落实情况，持续推动相关问题的解决，积极营造有利于法律法规正确实施的良好环境。

2010 年，市人大常委会组织对国务院《物业管理条例》《福建省物业管理条例》的执行情况进行检查，要求市政府及相关部门要充分重视物业管理服务工作，切实加强领导，形成社会共识，健全工作机制，依法规范管理，引导扶持发展。并就住宅专项维修资金管理，组建住宅小区业主委员会，查处消防安全问题和违规装修、搭建行为，抓好小区物业规范管理试点等四个方面要求市政府专项研究处理。在残疾人权益保障法执法检查中，提出了强化社会共识、健全长效机制、落实权利保障、完善配套建设等意见，督促抓好落实，保障残疾人合法权益。组织视察检察机关反渎职侵权工作，针对存在的问题提出意见建议，对促进审判权、检察权的正确行使起到积极作用。组织视察公安信息化建设，推动“平安晋江”建设。加强规范性文件备案审查工作，审查市政府及有关部门报备的12份规范性文件，保证了政府规范性文件的合法性和有效性。组织开展城建重点项目建设专题调研和视察活动，充分肯定“七大组团、两大体系”建设取得的阶段性成效，并就规划设计、征地拆迁、手续报批、资金保障、建设监管等环节存在的困难和问题提出意见建议，要求依法依规、加强管理、落实保障、确保质量，扎实推进城建重点项目建设。

（四）第十六届人大常委会先后组织对10部法律法规的执行情况进行检查，常委会还按照“职权法定”原则和“权责一致”要求，组织对市政府及相关部门报送备案的179份规范性文件进行审查，对推进依法行政起到了积极作用。

2012年，市人大常委会组织对《中华人民共和国治安管理处罚法》和国务院《宗教事务条例》的实施情况进行检查，督促有关部门学好用好法律法规，切实解决执法中存在的突出问题，推动相关法律法规更好地贯彻实施。在治安管理处罚法执法检查过程中，通过明察暗访、听取汇报、查阅卷宗等形式，深入了解这部法律在晋江市的贯彻情况、取得成效及存在问题，要求市政府及相关部门坚持打防并重、完善工作机制、规范执法行为、落实各项保障、深化宣传教育，为治安管理处罚法的贯彻实施提供更好的社会环境。针对国务院《宗教事务条例》在宣传、适用、执行等方面存在的薄弱环节和突出问题，要求市政府及有关部门围绕尊重信仰、保护合法、制止非法、抵御渗透等要求，齐抓共管，落实责任，依法加强对宗教事务的管理，使条例的相关规定进一步贯彻实施。根据《中华人民共和国各级人民代表大会常务委员会监督法》的有关规定，常委会对市政府及有关部门报送备案的40份规范性文件进行审查，保证政府所制定规范性文件的合法性与适当性，对维护法制统一、推进依法治市起到积极作用。

2013年，市人大常委会听取《关于进一步加强法制宣传教育的决议》执行情况汇报，推动“六五”普法和依法治市工作深入开展。组织《福建省学校安全管理条例》执法检查，依法纠正《福建省学校安全管理条例》实施中存在的执法主体责任不够落实、政府主导作用发挥不够到位等问题。继续做好规范性文件备案审查工作，全年共收到市政府报送备案的文件47份，对符合形式要求的41份文件予以备案审查，确保规范性文件合法有效。常委会切实加大司法监督力度，促进规范司法行为。听取人民法庭工作情况汇报，要求严格遵循“公正、廉洁、为民”的庭训，进一步加大工作力度，筑牢基层基础。组织开展监所检察工作情况视察活动，建议准确把握检察机关监所检察职能，加强对刑罚执行和监管活动的监督。

2014年，市人大常委会组织对《中华人民共和国传染病防治法》和国务院《物业管理条例》实施情况进行检查，在《中华人民共和国传染病防治法》执法检查中，立足群防群控、经费投入、队伍建设、沟通协作等方面的实际问题，要求市政府根据“防治结合、分类管理、依靠科学、依靠群众”的方针，有效预防、控制和消除传染病的发生和流行。在国务院《物业管理条例》执法检查中，首次引入第三方评估机制，聘请专业团队进行检查。针对条例在宣传、适用、执行等方面存在的应急预案实施、二次供水管理、监控设备、消防设施等38个问题进行重点督促，推动市政府及有关部门建立健全常态化、长效性的物业管理工作机制。此外，常委会结合有关监督活动，建议市政府按照归侨侨眷权益保护法的有关规定，关心困难归侨，落实侨房政策，帮助侨资企业发展，进一步维护归侨侨眷的合法权益。要求有关部门根据《福建省少数民族权益保障条例》的要求，采取政策倾斜、财政转移、项目带动、资金帮扶等措施，进一步推动民族村经济社会发展。常委会还组织代表对市政府及相关部门报送备案的25份规范性文件进行认真审查，对维护法制统一、推进依法行政起到了积极的作用。

2015年，市人大常委会选择文物保护、民事诉讼和气象预测三个方面作为执法检查重点领域。在《中华人民共和国文物保护法》执法检查中，针对宣传引导、组织领导、工作措施、规划编制、经费保障、队伍建设等6个方面的突出问题和薄弱环节，专门召集市政府分管领导及文物保护、财政、编制部门进行情况通报，并对存在问题提出整改要求和整改时限。在民事诉讼法执法检查中，注重“常规动作”与“专业动作”、全面检查与重点检查、内部力量与外部力量的有效结合，并将问题整改贯穿执法检查全过程，先后3次正式发函反馈问题。市法院高度重视，制定整改措施，并认真抓好落实。在《中华人民共和国气象法》执法检查中，重点围绕法律宣传、执行、适用中存在的实际问题，从组织领导、探测环境、灾害防御等方面提出意见。在开展执法检查的同时，常委会结合有关监督活动，加强了《中华人民共和国食品安全法》《中华人民共和国传染病防治法》《中华人民共和国华侨捐赠兴办公益事业管理条例》等法律法规实施情况的监督。常委会还组织对市政府报送备案的33份规范性文件进行认真审查，确保其合法性和有效性。

（五）第十七届人大常委会强化执法检查。加强对《中华人民共和国消防法》《中华人民共和国水污染防治法》等16部法律法规实施情况的监督。探索“检查—交办—整改—审议”模式，有效发挥“法律巡视”监督利剑作用。助力良法善治。加强基层立法联系点建设，积极配合全国人大、省人大开展《中华人民共和国土地管理法》《中华人民共和国城市房地产管理法（修正案）》及《福建省流动人口服务管理条例》等立法调研，一批立法建议得到采纳。维护法制统一。健全规范性文件备案审查机制，依法审查规范性文件251件，做到有件必备、有备必审、有错必纠。

2017年，市人大常委会充分发挥监督对实现良法善治的促进作用，推动法律制度落地生根。开展《中华人民共和国非物质文化遗产法》执法检查，重点围绕法律执行过程中存在的机构编制、经费保障、队伍建设、传承保护、开发利用等实际问题提出意见，督促市政府及时制定整改计划，确保《中华人民共和国非物质文化遗产法》得到有效实施，进一步推动非遗在坚定文化自信、传承城市文脉和助力“一带一路”等方面讲好晋江故事。组织对《中华人民共和国水法》的实施情况进行检查，紧扣生态水域综合治理，要求市政府加强宣传引导、健全监管体系、强化执法力量，努力破解水问题，积极修复水生态，让水资源保护利用在法治的框架内有序进行。在社区矫正“一办法一细则”执法检查中，立足边查边改，采用“检查—交办—整改—审议”的工作模式，将问题整改贯穿执法检查全过程，推进社区矫正工作制度化、规范化、法治化。此外，加强对《中华人民共和国环境保护法》贯彻实施情况的跟踪检查，督促市政府依法向常委会报告年度环境状况和环境保护目标完成情况。结合执法检查，持续关注“七五”普法情况，努力营造全社会共同知法守法的法治环境。严格审查市政府报送备案的 64 份规范性文件，维护法制统一、推进依法治市。

2018 年，市人大常委会聚焦《中华人民共和国精神卫生法》实施情况，对全市精神障碍群体进行综合样本分析，及时交办问题、整改和建议“三张清单”，要求市政府大力推进机制建设、扩容保障、社区康复和宣传引导。在老年人权益保障“一法一条例”（《中华人民共和国老年人权益保障法》和《福建省老年人权益保障条例》）执法检查中，推行边查边改工作机制，交办居家养老城乡不平衡、老年人服务设施建设不足等 24 项问题，逐项逐条对照，督促整改落实。专题调研失能老人养老工作，建议市政府加快推进养老服务事业发展，保障老有颐养，托起最美夕阳红。听取和审议生态环境资源司法保护工作的报告，力促两法衔接，全力构建预防、打击、治理“三位一体”联动机制，推动以法治的力量保护环境。助力深入开展扫黑除恶专项斗争，跟踪检查防范和打击虚假信息诈骗、社区矫正“一办法一细则”（《中华人民共和国社区矫正法实施办法》和《福建省贯彻〈中华人民共和国社区矫正法〉实施细则》）实施情况，督促市政府抓责任、建机制、强打击、广宣传，进一步织密平安防护网，提升群众安全感。依法选举任命本级监察委员会组成人员，全力支持市监察委员会开展工作，有序推进监察体制改革法治化进程。专题听取法院、检察院专项工作报告，推动全面落实司法责任制，让司法公正继续前行。健全规范性文件备案审查机制，严格审查市政府报送备案的 68 份规范性文件，做到有件必备、有备必审、有错必纠。

2019 年，市人大常委会聚焦《中华人民共和国农产品质量安全法》实施情况，督促市政府加强农产品源头、生产和追溯全过程监管，切实保障群众“舌尖上的安全”。跟踪检查老年人权益保障“一法一条例”落实情况，持续督促执法检查交办的 24 项问题整改落实，推动老龄事业发展取得新成效。密切关注《中华人民共和国精神卫生法》审议意见研究处理情况，督促市政府对标 23 项问题清单，聚合力、破难点，有力推进原疗养院危房改造、土地置换和宿舍楼安征迁等历史遗留问题的妥善解决。推进《中华人民共和国就业促进法》执法检查，立足晋江实际提出针对性建议，切实反映基层群众的意愿和诉求，让发展成果更加公平可及。加强规范性文件备案审查，依法审查 39 份规范性文件，切实维护法制统一。

2020 年，市人大常委会检查《泉州海上丝绸之路史迹保护条例》实施情况，围绕加强全社会保护意识、全链条协同管理、全要素保障机制、全方位开放利用提出 22 条审议意见，推动海丝文化遗产融入“一带一路”、塑造城市形象、贴近群众生活。聚焦食品安全。深入推进食品安全“一法一条例”（《中华人民共和国食品安全法》和《福建省食品安全条例》）三级联动执法检查，督促落实“四个最严”，确保群众“舌尖上的安全”。持续关注农产品质量安全，在走市场、下田地、访农户中摆问题、提建议、促整改，福建电视台予以专题报道。维护法制统一。健全规范性文件备案审查机制，依法审查规范性文件31件，做到有件必备、有备必审、有错必纠。

（六）第十八届人大常委会在2022年组织视察乡村旅游、高标准农田建设，加快推动乡村产业、人才、文化、生态、组织振兴。统筹“年初听汇报、年中促进度、年末对账单”各环节，深入老旧小区改造、公办幼儿园改建等22个项目一线解难题、促落实；成立5个检查组，组织常委会机关、镇街人大和各级人大代表共同参与，形成上下联动、一体运作的监督格局；紧盯滞后项目，围绕手续申报、要素保障等问题提出建议，在监督中赋予支持，促进民生承诺如期兑现，便民利民可感可及。持续9年坚持“问”水，接力监督，组织视察生态水域建设，推动全市21条流域水质不断向好。检查《中华人民共和国未成年人保护法》《中华人民共和国预防未成年人犯罪法》实施情况，聚焦家庭教育、心理健康、校园安全、网络环境、司法保护等提出建议，营造未成年人健康成长良好法治环境。聚焦消防“一法一条例”（《中华人民共和国消防法》和《福建省消防条例》）等6部法律法规实施情况，综合运用清单式检查、协同式监督、跟踪式问效等方式，有效发挥“法律巡视”利剑作用。视察市法院一站式多元解纷和诉讼服务体系建设，助推畅通司法便民“最后一公里”。

三、工作评议与专题询问

工作评议和专题询问是市人大常委会在实践中探索出的行之有效的监督方式。

（一）第十三届人大常委会注重加大法律监督和工作监督力度，致力探索并开展对热难点案件的监督，加强和规范对重大司法案件的监督及对重点部门的审计监督和评议。连续3年组织以“十五小”整顿为主要内容的对“一控双达标”（“一控”指的是污染物总量控制，要求到2000年底，各省、自治区、直辖市要使本辖区主要污染物的排放总量控制在国家规定的排放总量指标内。“双达标”指的是工业污染源要达到国家或地方规定的污染物排放标准；空气和地面水按功能区达到国家规定的环境质量标准）治理污染工作的跟踪监督，作出对有关行政执法机关实施个案监督的决定；建立并坚持“五侨”联席会议制度，掌握侨情、沟通信息，督促侨务部门处理好涉侨问题，维护其合法权益；对司法机关七类案件（撤销刑事案件、不批准逮捕案件、不起诉案件、判决无罪案件、检察抗诉案件、发回重审案件以及在本行政区域有重大影响的案件）实行向人大常委会报备制度。5年来，共对60起个案实施监督，有2名违纪干警受到行政处分并取消晋升提名的处理，3个部门因工作不力而限期整改。在对市法院工作的评议中，通过市有线电视台发布通告，设立举报专线，采取上下联动、内外结合、谈话了解、查阅卷宗等方法，广泛听取代表和群众的意见。评议历时4个多月，经准备、自查、评议、整改四个阶段，组织召开28场座谈会，80多个单位，245人参加了测评。对检察院的工作评议，专门设立了案件调查组，重点对撤销案件、不批准逮捕案件、不起诉案件、检察抗诉案件以及群众反映强烈的案件进行调查。对评议中发现的问题，分别向“两院”发出督办函，要求组织复查、纠正，对个别违纪人员作出处理，增强了监督效果。

2002年，按照常委会关于司法案件监督的暂行规定、国家机关工作人员述职评议暂行办法等制度，加大监督力度。先后组织对市检察院1名副检察长、司法局局长、农业局局长、文体局局长、科技局局长和法院9名审判员、检察院5名检察员的述职评议。组织对“两院”的24名拟任人员进行任前考察。定期抽查报备的司法案件，组织检查法院刑事审判工作、检察院审查批捕工作，注意选择一些影响较大、群众反映强烈的典型案件重点监督，组织人大代表旁听法院庭审，提出意见建议供法庭参考，增强法官的人大意识，力促司法公正。

（二）第十四届人大常委会组织市政府组成部门的8名局长、检察院3名副检察长、法院3名副院长和15名审判员、检察员分别在常委会会议、主任（扩大）会议上述职、接受评议，或向常委会作书面述职。

2004年，市人大常委会落实“两院”及公安机关“七类案件”报备制度，督促落实执法责任制和错案责任追究制，促进“一府两院”强化宪政意识，更新执法理念，提高依法办事和依法办案水平。组织市法院、检察院2001年、2002年任职的15名审判员、检察员向市人大常委会作书面述职，力求通过监督事和监督人的有机结合，推进公正司法。从4月开始准备，组织了对市公安局的工作评议，按准备、调查、评议、整改四个阶段进行。在评议工作中，常委会始终把握“促进工作，促进队伍建设”的目的，坚持群众路线和实事求是、客观公正的原则，各级代表和部分干部群众积极参与，力求增强评议的民主性、公开性、准确性和实效性。调查阶段，常委会领导带队到全市各镇、街道、市直有关部门和各公安分局、派出所、边防所召开座谈会47场，共1100多人参加。收回征求意见表1137份、调查问卷1132份、民主测评表815份，走访了市委、市政府、市政协、市纪委和泉州市公安局等有关单位，广泛征求意见。组织对市公安局96名干警进行25场业务测试，抽查各类案件417件，检查公安报警登记表等各类表册53册，并针对调查中反映出来的有关问题，组织专题调研。在充分调研的基础上，组织评议大会进行现场评议，形成评议意见，要求公安局围绕3个方面存在的13个主要问题进行整改，对6起案件实施个案监督，并组织检查整改工作进展情况。市公安局对评议工作十分认真，广泛听取意见，不断提高接受评议的认识，并开展自查自纠、边评边改、集中整改。

2005年，市人大常委会在述职评议中，为更好地发扬民主，采取由常委会组成人员无记名投票表决的方式，确定在市人大常委会会议上述职并接受评议的人员。认真制订工作方案，要求述职人员先在本单位干部职工大会上作述职并接受评议，再向人大常委会述职，从而使述职人员撰写的述职报告更为准确。组织对述职评议对象进行经济责任审计，力求更全面地了解述职人员的有关情况；在计划和预算审查监督中，建立起提前介入、多方参审、对接审计、初审意见双向反馈、追踪问效的工作程序。开展对法院1名副院长、检察院1名副检察长，规划建设与房产管理局、国土资源局、文体局、水利局、财政局、监察局的6名局长进行述职评议。重视发挥熟悉财经工作的人大代表、人代会财经审查委员会委员和财经工委兼职委员的作用，对计划、预算进行初审或专审。完善与对口财经部门的联系制度，采取相互印证的办法，实行财政、审计、计划工作情况结合审议，畅通信息渠道，有效提高审议审查质量。把跟踪监督作为增强工作实效的关键环节，进一步健全重要问题跟踪落实和意见交办、督办、反馈机制。在工作评议整改情况跟踪监督中，为确保评议意见得到落实，采取组织代表实地视察、听取公安局关于落实评议意见情况报告、常委会组成人员进行满意程度测评等做法，从跟踪监督情况看，公安局整改工作取得较好成效，发案率有所下降，群众满意度持续提高。对此，常委会组成人员测评满意89.74%，基本满意10.26%；在述职评议中，克服重评议轻整改倾向，把跟踪监督作为重要内容，重视述职人员的整改，既使述职人员更清楚地认识到自身不足，及时加以改进，也有效推进了部门工作，收到较好效果；针对一些单位在2005年对2004年审计报告（决定）落实不到位的情况，常委会组织到有关单位进行实地检查，促进整改落实到位；为督促人代会通过的重点建设项目加快建设进度，常委会组织进行了实地督查。市人大常委会在视察、检查、审议等工作中，共提出书面意见13份，市长、法院院长、检察院检察长对每份意见都及时签批意见，认真组织落实，并在规定期限内作书面反馈，从反馈情况看，常委会提出的意见得到较好落实。省人大人民政坛杂志社到晋江市进行专题调研，作了“司法监督在晋江”的典型报道，产生较好反响，该报道于2005年荣获福建省宣传人大制度好新闻的通讯类一等奖。通过督促视察意见和述职评议意见的落实。

（三）第十五届人大常委会通过组织代表对市环境保护局、市政园林局、卫生局、电力公司等工作进行评议，督促抓好突出问题的整改，提高工作效率和服务水平；通过借鉴外地经验，制定《关于授予地方荣誉称号的暂行规定》，这项工作的开展，得到了社会各界的广泛关注和普遍好评；通过开展个案监督，有力地推动了工作的落实。

2007年，市人大常委会把污染治理和资源保护作为环境保护监督工作的重中之重来抓。先后听取市政府关于近海水域环境污染治理、水土保持、非煤矿山治理整顿工作情况的报告。特别是近海水域环境污染综合治理工作，常委会予以高度关注，紧紧抓住水系治理、环保基础设施建设和污染源监管等三个重点，力促治理工作按计划全面协调推进。除配合泉州市人大常委会进行检查外，还先后组织三次视察检查，听取专项工作报告。常委会始终强调，改善环境事关群众的身体健康和生命安全、事关经济社会又好又快发展，一定要进一步增强责任感和紧迫感，强化宣传、提高认识，明确目标、突出重点，加快整治、严格监管，努力形成全社会广泛关注、共同参与环境保护与治理的局面。为促进环保工作水平的提高，常委会组织对市环保局工作进行评议，要求进一步引导和强化公众参与及监督，建立健全监管工作机制，重点解决影响环境质量的突出问题，努力提升环保工作整体水平。常委会组织视察检查春耕生产、“百村示范，村村整治”、九十九溪下游防洪排涝工程治理、小流域综合治理和沿海防护林建设情况。对小流域综合治理存在的问题，提出要坚持科学安排、明确整治思路、依靠科学技术、健全监管机制，结合防洪排涝工程建设，加强组织协调，落实资金保障，确保工程按计划推进。组织视察检查了防震减灾、数字电视平移、到晋江市务工人员子女就学、为民办实事项目落实情况，常委会强调要在推动经济快速健康发展的同时，始终坚持以人为本、关注民生，加大义务教育、公共卫生、社会保障、公益设施建设、公共安全等公共服务领域的投入力度，加快社会事业发展，健全完善新型农村合作医疗等保障制度，解决好群众最关心、最直接、最现实的利益问题，让大家共享改革和经济社会发展成果，推进和谐社会建设。组织听取市政府关于治理违章抢建滥建工作情况报告，视察旧城改造建设情况。要求政府及有关部门要严肃责任、疏堵结合、遏制苗头、减少损失，进一步加大治理“两违”力度；要科学规划、统筹推进、依法运作、保障民益，注意把握城市风格塑造和分区功能定位，保护传统文化，妥善处理好新区建设与旧城改造的互动关系，进一步提高城市品位和建设效益，解决城市建设管理与经济发展水平不相协调的问题。为推进诚信立市和质量立市，组织听取工商局关于整顿规范市场经济秩序和质监局关于质量技术监督工作的报告。把企业改制上市、人才引进和培养、重点科技项目建设、电网建设、旅游景点保护整治、《福建省体育经营活动管理条例》和《福建省物业管理条例》执行情况等作为审议议题或视察检查、调研内容，力求通过督促有关工作，推进资本、技术、人才等要素提升和合理配置，推动文体、旅游、城市服务等第三产业发展，促进经济结构调整和产业升级。常委会认真落实2005年中央9号文件和省委、泉州市委、晋江市委关于进一步加强人大工作的有关决定、实施意见精神，突出发挥代表作用和加强制度建设两方面的内容，全面加强人大各项建设。配合市委到全市各镇、街道和市直有关单位对《晋江市委关于进一步加强人大工作的实施意见》的落实情况进行检查，督促落实关于人大履职的各项具体保障措施，推进人大工作。

2008年，市人大常委会常委会为了推进市政公用事业发展和近海水域环境污染治理工作，常委会组织对市政园林局工作进行评议，在开展调查研究的基础上召开评议大会，客观评价市政园林局工作所取得的成效和存在的不足，提出了全面加快规划建设步伐、着力提升城市管理水平、努力提高履职服务能力、积极营造良好社会氛围等四方面评议意见，要求市政府及市政园林局进一步强化城市建设管理责任，健全齐抓共管机制，加大城市建设管理力度，突出重点、标本兼治、常抓不懈，从根本上解决城市生活污水处理等当前城市建设管理工作存在的突出问题，全面加快中等城市建设步伐。为了支持和推动和平南路建设这一晋江市的重点市政道路建设工程，常委会主任会议适时组织视察活动，在肯定市政府前期工作成效的同时，就征地拆迁、道路施工、市政设施、安置区建设等方面工作提出了意见建议，推动了工程建设。围绕建设资源节约型、环境友好型社会，常委会高度关注环境保护工作，持续跟踪监督近海水域环境污染治理工作，除配合泉州市人大常委会进行检查外，组织两次代表视察，建议市政府紧紧抓住水系治理、环保基础设施建设和污染源监管等三个重点，采取有效措施，加强组织协调，确保治理工作按计划顺利推进。围绕水环境治理和饮用水源保护，听取和审议九十九溪下游及小流域治理和重点污染源监管工作情况报告，组织视察晋江市饮用水水源保护工作情况，召开《中华人民共和国水污染防治法》贯彻实施座谈会，建议市政府认真研究解决水污染问题，促进水环境改善，确保饮用水水源安全。跟踪检查道路交通整治工作视察意见的落实情况，促进了道路交通整治工作的深入开展。组织视察新农村建设情况，听取保障粮食安全、新型农村合作医疗、被征地农民养老保险工作情况报告，跟踪检查水土保持工作。围绕推动农村改革与发展，常委会建议市政府要进一步理清工作思路，以发展现代农业为重点，着力培育农村主导产业，发展壮大村级集体经济，拓宽农民增收渠道，加强基层民主政治和社会主义精神文明建设，全面推进社会主义新农村建设。要求市政府充分认识粮食安全工作的重要性，全面提高保障能力。要认真总结经验，完善政策措施和管理机制，进一步推进新型农村合作医疗和被征地农民养老保险工作。

2009 年，市人大常委会围绕晋江市“率先实现人人享有基本医疗卫生服务，建设卫生强市”的目标，对市卫生局开展为期半年的工作评议，结合评议中代表和群众反映的有关情况，要求市卫生局要高度重视卫生知识宣传、基层卫生服务、卫生执法监督，以及队伍建设和医院管理等方面存在的问题，积极采取措施，努力加以改进，为人民群众提供安全经济、便捷有效的医疗卫生服务。城市建设与经济发展水平不相适应，是晋江市发展中的一个突出问题。对此，常委会一直予以高度重视，2008 年市政府作出启动第一批 15 个城建项目建设的决策后，常委会及时调整工作计划，组织视察城市建设回迁安置工作及第一批 15 个城建项目进展情况，要求加强领导、落实责任、形成合力、有序推进。依法作出《关于同意我市第一批 15 个城建项目的决定》，支持和推动城建项目的启动实施。围绕提高城市管理水平，常委会组织专题视察，在肯定城市管理成效的同时，指出由于晋江市城市建设、管理水平起点低，基础较为薄弱，城市现状与经济社会发展和群众的要求还有较大的差距，建议市政府要科学规范管理、完善公共设施、形成整体合力、营造良好氛围，进一步加强城市管理，提升城市品位。

2010年，市人大常委会开展创建“人民满意单位”评议活动。根据泉州人大的部署、市委主要领导的批示和市电力公司的请求，组织对市电力公司开展争创“人民满意单位”活动进行评议。其间，评议领导组深入了解情况、广泛征求意见、及时反馈交办，确保评议活动取得实效。市电力公司自觉接受监督，在自查自纠、落实整改过程中，推出了一系列便民服务举措，得到了企业、群众的好评。根据综合测评结果，市人大常委会依法作出授予市电力公司“2009—2010年度人民满意单位”荣誉称号的决定。常委会围绕建设资源节约型、环境友好型社会的目标任务，持续加强对近海水域环境污染综合治理、水土保持等工作的监督。在肯定近海水域环境污染综合治理成效的同时，要求市政府及相关镇（街道）、部门按照泉州市的要求和晋江市计划，坚持治理与保护并重，加大环保基础设施建设及滞后工程的推进力度、加强治理项目的统筹协调、强化污染源头的治理监管、加强责任落实的跟踪督查，确保近海水域环境污染治理工作扎实推进、取得成效。针对水土保持工作中存在的突出问题，建议市政府坚持防治结合，切实加大水土流失的预防监督和治理保护工作力度，从根本上加强环境保护、改善生态环境。

（四）第十六届人大常委会通过组织对市住房和城乡规划建设局、市行政审批服务中心、市公安局等工作进行评议，督促抓好突出问题的整改，提高工作效率和服务水平。常委会还采取专题询问、视察等形式进行个案监督，取得较好成效。

2012年，市人大常委会组织对市住房和城乡规划建设局进行为期半年的工作评议，在开展调查研究的基础上召开评议大会，客观评价市住建工作所取得的成效和存在的不足，重点就规划编制、批后监管、住房保障、政务公开等提出评议意见，督促抓好6个方面30个问题的整改工作。要求住建部门进一步强化住房保障和规划建设职能，健全齐抓共管机制，突出重点、标本兼治，从根本上解决当前住建领域存在的薄弱环节和突出问题。围绕审批服务提速，组织视察行政审批服务中心工作情况，在肯定工作成绩的同时，明确提出“将审批事权下放或前移到镇（街道）便民服务中心”“着手精简整合现有审批事项和服务窗口”“不断扩大现有办公场所的规模和范围”等意见，要求不断创新服务方式、延伸服务职能、缩短审批时限、提高办事效率，切实把中心建设成为推动发展、服务群众的重要平台。通过组织视察现代物流体系，推动市政府采取有效措施，出台扶持政策，加快形成特色鲜明、功能完善、结构合理、协调发展的现代物流发展格局。常委会密切关注城市重点项目建设的质量与进度，两次组织视察活动，充分肯定“九大组团、两大体系”建设取得的阶段性成效，并就规划设计、征地拆迁、手续报批、资金保障、质量监管等环节存在的困难和问题提出意见建议，要求科学运作、加强管理、落实保障、确保质量、加快进度，推动城建重点项目尽快落实、早日见效。常委会加强城建项目回迁安置房及保障性住房建设、城市行政执法、物业管理等方面的监督，对做好城市建设管理相关工作提出意见建议，推动城建项目的深入实施和城市品位的持续提升。常委会组织视察文化事业重点项目建设情况，建议要切实加强文化建设，深入推进文化体制改革，建立完善公共文化服务体系，更加注重文化惠民，不断满足人民群众的精神文化需求。常委会先后两次组织对近海水域环境污染治理工作情况进行视察，在肯定治理成效的同时，指出工业源头污染尚未根本解决、年度实施计划滞后、项目结构不够平衡等问题，并重点围绕拓展治理区域、深化治理项目、提升治理水平等方面提出意见。

2013年，市人大常委会组织对市行政审批服务中心创建“人民满意单位”活动进行评议。评议期间，深入了解情况、广泛征求意见、及时反馈交办，确保评议活动取得实效。市行政审批服务中心及相关政府部门自觉接受监督，在自查自纠、落实整改过程中，推出了一系列便民服务举措，进驻中心的审批事项平均承诺时限从10个工作日压缩为5.9个工作日，当场即办率由76.35%提升至80.10%。常委会经过审议，依法作出了授予市行政审批服务中心“2012—2013年度人民满意单位”荣誉称号的决定。通过监督权和决定权的综合运用，较好地促进行政审批服务中心及政府职能部门进一步深化审批制度改革，加快建立健全规范有序的运作机制，精简审批流程，提升服务水平。针对工业旅游存在的景点规模较小、层次偏低，产业体系尚未形成等问题，组织开展视察活动，提出了加大开发力度、完善功能配套、加强宣传推介等意见。常委会积极回应广大动迁群众对“幸福回迁”“温馨归巢”的现实关切，把城建项目安置房回迁列为重点监督内容，听取工作进展情况汇报，在肯定成绩的同时，要求紧盯建设进度、注重品位提升、强化质量监管、精心组织实施、造浓社会氛围，切实加快推进安置房建设及回迁工作。常委会组织开展市区农贸市场建设管理视察活动，要求尽快制定农贸市场专项规划，加大建设投入力度，加快市区农贸市场改造提升步伐，建立完善农贸市场管理的长效机制。为了有效推进中心城区群众性体育设施建设，组织开展视察活动，围绕“建、管、用”等环节存在的实际问题提出意见，对加快中心城区体育设施建设、满足群众休闲健身需求起到较好的推动作用。

2014年，市人大常委会根据市政府的议案，经过认真审议、充分论证，决定组织对市公安局创建“人民满意单位”活动进行评议。评议过程中，立足高标准、严要求，坚持严格规范，认真制订实施方案，精心设计工作细节，力求程序更严谨、标准更严格，增强了评议工作的严肃性和权威性；坚持公开评议，根据公安工作的特殊性和社会关联度，进一步拓展了调查的深度和广度，提高了评议工作的公开性和透明度；坚持注重实效，对评议中比较集中的意见和建议，组织交办，督促整改。市公安局按照规定的时限向常委会书面报告整改情况，所交办的涉及公安打防基础、窗口服务、执法执勤、队伍建设等4个方面243条意见得到了较好的落实。在评议的基础上，常委会经过审议，依法作出授予市公安局“2013—2014年度人民满意单位”荣誉称号的决定。为促进食品安全监管，保障人民群众的食品消费安全，常委会首次采取专题询问的形式，重点就人民群众普遍关注、关心的问题进行询问，督促市政府进一步加强对食品安全工作的领导，推进食品安全监管职能整合，深入开展食品安全专项整治，构建完善食品安全监管机制，大力推进食品行业诚信建设。市政府根据委员和代表提出的意见建议，进一步加强了日常监管、企业自律、追溯检测、违法惩处等工作，使晋江市食品安全监管形势得到好转。

2015 年，市人大常委会为支持创建全国文明城市，首次组织视察全国文明城市创建工作，围绕文明创建活动在配套体系、管理水平、城管理念等方面存在的薄弱环节提出视察意见，明确要求农贸市场秩序、停车秩序、交通秩序和支线道路、背街小巷环境卫生等方面的问题整改要确保在年底前见到成效。为督促为民办实事项目落实，组织对 26 件实事项目完成情况进行检查，督促有关部门对照年初确定的实事项目加快推进步伐，确保为民办实事项目真正兑现承诺。根据市委要求，将产业转型升级列入年度视察议题。在视察活动中，强调要切实把握“中国制造 2025”“互联网 +”等政策导向，坚持新兴产业增长点与传统产业增长点并重，扶持发展潜力大、带动效应好的新兴业态，加快改造提升传统优势产业。市委主要领导在视察意见上作出批示予以肯定。公交事业滞后于城市化进程，是晋江市社会民生的一大短板，常委会对此高度重视、持续发力。在 2012—2014 年连续三年审议专项报告的基础上，2015 年组织开展了专题询问。会前，在开展调研和听取意见的基础上，组织 8 个小组对 16 条公交线路运行情况进行实地暗访，客观掌握市民对公交出行的满意程度以及反映强烈、需要改进的重点事项；会中，常委会组成人员围绕公共交通规划、基础设施建设、财政投入机制、出租车市场培育和管理等 10 个方面热点问题进行了询问，相关单位主要负责人一一作了应询，市政府分管领导就落实专题询问意见、加强和改进城乡公交工作作了表态；会后，常委会及时形成审议意见，交由市政府研究处理，确保城乡公交专题询问涉及问题得到有效解决。对特定人群特殊困难的精准帮扶是改善民生的重要内容，常委会把这项工作摆上监督议程，组织视察社会救助“救急难”工作，并根据实际情况提出了意见建议，强调要织密编牢社会救助安全网，最大限度地保障困难群众的基本生活。围绕制约院前医疗急救工作发展的现实问题，常委会组织视察部分急救中心（站）建设情况，提出了加大财政投入力度、完善保障机制、加强队伍建设、健全急救网络等要求，推动相关部门改进工作。

（五）第十七届人大常委会积极开展工作评议和个案监督。依法对环境保护目标完成情况实施“年检”，督紧督实中央生态环保督察反馈问题整改。坚持长年问水，连续监督《关于加快推进我市生态水域建设的决议》执行情况，组织生态水域建设专题询问，逐河、逐段、逐点问诊把脉，一体推进水法执法检查。监督推进河道污染源整治、市区水系连通生态补水工程、星级河道创建，推动全市 21 条流域水质持续向好。统筹策划城乡人居环境整治专题询问、《泉州市市容和环境卫生管理条例》执法检查、生态公益林保护、九十九溪田园风光建设等监督议题，开展“整治人居环境、提升城市品质”专题“双联”活动，汇集代表群众意见建议272条，形成市委点题、人大选题、政府答题、群众阅题的运作格局。针对污水处理、环卫保洁、架空缆线等15个突出问题展开询问，首次采取播放专题片、社会调查问卷、满意度测评等方式，增强监督的针对性和实效性。安海人大、英林人大同步开展专题询问，形成上下联动、一体推进的监督合力。2017年，市人大常委会围绕水域环境监测、重点流域整治等12个方面的突出问题展开询问，并在询问过程中首次运用满意度测评，增强监督的严肃性、针对性和实效性。常委会紧扣市委“三个年”决策部署，找准定位，务实作为。围绕“赛事申办年”，组织视察全民健身运动场馆建设情况，推动加快全民健身中心、第二体育中心等一批运动场馆建设进度。督促市政府既要对标国际化，建设展现城市形象的赛事场馆，又要立足全民性，打造普惠共享的运动场地，实现赛后可持续利用。围绕“项目攻坚年”，组织视察晋华集成电路、鞋纺城、石墨烯等重点项目，针对产业规划、招商引资、配套设施等关键问题提出意见建议。常委会班子成员经常深入项目一线，现场协调解决问题，督促在建项目尽快投产增效。围绕“三产跃升年”，调研晋江市体育产业转型升级情况，建议市政府紧抓体育产业“黄金十年”的重要契机，积极引导运动鞋服产业向“体育+”转型，拓展体育全产业链，大力培育新业态新模式新亮点。组织视察陆地港、海峡青年创客坊等创新创业孵化平台建设情况，调研晋台两地青少年交流工作，督促市政府深入实施创新驱动发展战略，扎实做好载体建设、人才引育、政策整合和成果转化，切实加快新旧动能转换。常委会始终牵挂百姓的安危冷暖、衣食住行，将督办好每一件民生实事作为“小目标”。紧盯项目进展，全程介入选题征集、工作协调、跟踪监督、检查验收等环节，督促市政府如期兑现承诺，切实办好城市公共配套、文化体育生活等7大系列22件实事，让群众看到变化、得到实惠。以农村食品安全监管体系建设为突破口，要求市政府紧盯“从农田到餐桌”的各个环节，着力解决源头监管、追溯检测、信用体系建设等关键问题。持续跟进城乡公交服务管理提升工作，督促市政府按照“公交优先、优化布局、完善设施、提升服务”的目标任务，加快建设“一镇一枢纽”，一批“绿色公交”投入使用，“惠民公交”服务体系日趋完善。常委会组织视察美丽乡村建设，要求市政府全方位推进环境整治、文明创建、精准扶贫和移风易俗等工作，实现村庄秀美、环境优美、生活甜美、社会和美，用最美乡村扮靓大美晋江，把历史记忆留住，让乡愁有处安放。

2018年，市人大常委会以评议市扶贫办精准扶贫工作为抓手，坚持面上铺开，成立4个调查组，发动常委会机关干部全员参与，深入走访全市259户建档立卡贫困户。开通评议专线，广泛问卷调查，力求掌握实情，找准症结。坚持线上深入，统筹推进准备、调查、评议和整改四个阶段，把边评边改、督促落实贯穿评议工作全过程。坚持点上着力，围绕精准识别、精准施策、精准管理提出评议意见，督促整改7个方面22个问题，推动实现扶贫路上“一个都不能少”。督促市政府层层落实环保目标责任制，扎实抓好中央、省级环保督察反馈问题整改。常委会坚持长年问水，接力监督，将督促《关于加快推进我市生态水域建设的决议》执行纳入法定作业，深入跟踪检查生态水域建设专题询问意见、水法审议意见等研究处理情况。持续深化市人大常委会与市政府定期会商机制，推动全市21条流域综合治理，市区水系连通、星级河道创建等工作有序铺开。围绕赛事筹办。组织视察第二体育中心、少体校等世中运场馆建设、公交服务提升以及旅游市场规范管理工作情况，督促市政府统筹“办赛事”与“办城市”，完善功能配套、优化公交服务、带动赛事旅游，实现以赛兴城、以赛促产、以赛惠民。将专题询问电梯安全管理纳入年度工作重点，抓实会前、会中、会后三个环节，活用“望、闻、问、切”四种办法，针对设计基建缺陷、维保资金缺乏等问题，开出治理良方，跟踪督促市政府抓好电梯安全监管、排查安全隐患、强化应急救援、引导文明乘梯，确保电梯运行安全。常委会连续5年跟踪监督物业管理，要求市政府树牢“为民管城”服务理念，既要从大处着眼、小处点睛，持续深化街道、社区、业委会、物业公司“四位一体”管理机制，探索“党建+物业”服务模式；更要从难处用心、细处用情，着力解决老旧小区加装电梯、消防改造等问题，让群众乐享现代城市宜居生活。

2019年，市人大常委会检查促进民营经济健康发展26条措施落实情况，要求市政府及时兑现扶持政策，引导企业坚守实业、专注主业，进一步激发和保护企业家精神，不断增强发展活力和后劲。助推优化营商环境，开展行政审批提质提速三级联动监督，针对突破工程项目审批制约、共享数据信息、规范中介服务等提出建议，督促审批改革举措落地见效。依法对2018年环境状况和环境保护目标完成情况实施“年检”，督促抓好中央生态环保督察反馈问题整改，助力打好蓝天、碧水、净土保卫战。坚持长年问水，接力监督，持续推动生态水域建设的决议执行由“法定作业”变为“生态蓝图”。注重系统治水，强调水质、水量、水生态一体化管理，联动调研水污染防治法实施情况，组织视察市区水系连通生态补水工程，监督推进星级河道创建、污水管网建设，推动全市21条流域水质持续向好。跟踪检查生态环境司法保护工作，要求深化协同联动，完善“两法衔接”，为推进生态文明建设提供有力的司法保障。统筹“年初听汇报、年中促进度、年末对账单”各个阶段，将监督为民办实事贯穿全年、一抓到底。成立5个检查小组，深入机械停车库、公办幼儿园建设等29个项目一线查进度、解难题、促落实。坚持全员投入、双管齐下。发动常委会机关、镇街人大和各级人大代表共同参与，形成上下联动、一体运作的监督格局。综合运用调研、视察等手段，促使项目建设与人大监督同步推进。坚持全面覆盖、重点突破。以督办好每一件民生实事为目的，紧盯滞后项目，专题听取工作汇报，围绕手续申报、资金保障等问题提出建议，在监督中给予更多支持，推动市政府将民生实事时刻抓在手上，严格对标对表，加大推进力度，努力兑现民生承诺。跟踪检查物业管理、电梯安全专题询问审议意见研究处理情况，推动深化“四位一体”物业管理模式和电梯安全监管体系建设。组织省市县三级人大代表视察养老事业发展，促进加快多层次养老保障体系建设。视察宗教组织参与公益慈善事业工作，推动宗教慈善力量成为社会公益事业的有益补充。

2020 年，市人大常委会围绕“先进制造业立市、高新产业强市、现代服务业兴市”，视察传统优势产业全链条、全流程升级情况，助推产业质量变革、效率变革、动力变革，形成搬不走的产业优势。组织视察海岸带保护利用工作，要求刚性执行晋江市海岸带保护利用规划，为打造最美岸线保驾护航。常委会严格对照年度目标任务，打好监督“组合拳”，将监督为民办实事贯穿全年，一抓到底。坚持效果导向。成立 5 个检查组，组织各级人大代表深入学校自办食堂、一门式行政服务大厅建设等 20 个项目一线解难题、促落实。坚持问题导向。紧盯滞后项目，围绕手续申报、要素保障、施工安全等问题提出建议，督促倒排时序进度，加大攻坚力度，让每一件民生实事落地见效。连续 3 年关注精神卫生工作，坚持质速并举、加力推动市第三医院改造提升，以点带面助推精神卫生事业高质量发展。关注老有所养。围绕基层养老提质增效工作持续发力，着眼基层养老服务设施“建管用”薄弱环节提出建议，督促构建多元普惠养老服务体系，让“老”话题焕发新活力，守护最美“夕阳红”。

2021 年，市人大常委会在全省率先开展法官检察官履职评议，审议通过《关于法官检察官履职评议暂行办法》，出台 2021 年履职评议工作方案，从评议内容、步骤、要求等方面全面部署评议工作，通过“访、查、听、评”全方位调研、评价评议对象的履职情况，组织走访谈话 90 人次、案件评查 60 件、观摩庭审 4 件，多层次、全方位掌握 6 位被评议法官检察官的履职情况，针对评议对象存在的问题和“两院”队伍、业务建设存在的共性问题，提出建设性意见建议，推动“两院”加强队伍建设，提升司法工作水平。

（六）第十八届人大常委会在 2022 年听取文化产业发展专项报告，促进完善产业扶持政策，激发市场活力。听取和审议市公安局打击侵犯企业权益经济犯罪、助力优化营商环境的报告，强调严格规范涉企执法行为，依法保护民营企业产权和企业家权益。听取和审议计划执行情况报告，围绕高效统筹疫情防控和经济社会发展，全力支持市政府做好“两稳一保一防”（“两稳”指围绕稳增长、稳市场主体；“一保”指保就业；“一防”指采取风险政策措施来稳定风险）工作，推动稳经济一揽子政策和接续措施落地见效。从预算编制、执行、调整和决算审查入手，加强全口径预决算审查监督，推动提高财政资金使用绩效。注重人大监督和审计监督协同发力，以“审议＋满意度测评”督促审计查出 187 个问题闭环整改。首次听取地方政府性债务管理情况报告，依法批准政府债务限额和债券 93.04 亿元，支持疫情防控、民生保障及重点项目建设。首次听取国有自然资源资产管理专项报告，审议国有资产管理情况综合报告，推动国有资产家底更清、布局更优、效益更好。依法审议年度环境状况和环境保护目标完成情况，督促攻坚生态环保督察问题整改。结合常态化文明城市创建和“城市品质提升年”活动，督促落实《泉州市市容和环境卫生管理条例》审议意见，推动加大法规执行力度，拓展城市治理深度，着力扮靓城市颜值，擦亮文明底色。首次听取和审议市监委关于惩治涉黑涉恶腐败和“保护伞”专项报告，助推构建“三不腐”体制机制，持续净化政治生态。首次审议规范性文件备案审查工作报告，健全备案审查机制，实现“一府一委两院”规范性文件备案审查全覆盖。听取加强新时代检察机关法律监督工作报告，促进“四大检察”（刑事检察、民事检察、行政检察和公益诉讼检察）全面协调充分发展。进一步优化“访、查、听、评”程序，突出以评促改，强化成果运用，推动“两官”履职评议走深走实，促进两院队伍建设。围绕“强产业、兴城市”双轮驱动，针对发展空间受限、用地低效等问题进行专题调研，着眼国家盘活利用低效用地试点，从规划布局、挖掘存量、要素集聚、理顺机制、强化监管等方面梳堵点、提建议，为产业转型发展拓空间、添后劲。重点督办“加快全市一区整合，推进经济开发区高质量发展”的代表建议，推动树牢“亩产论英雄”理念，深化开发区管理体制改革，提升园区运营能力。紧扣数智转型战略，推动构建“4341”现代产业体系，重点督办“加快科技赋能，促进传统产业转型升级”的代表建议，调研晋江市高新企业倍增工程，助推产业质量变革、效率变革、动力变革。关注文体旅经济发展，立足以文塑旅、以旅彰文，建议整合全域资源、拓展融合路径、打造特色品牌，培育壮大新经济新动能。专题调研政务服务“一网通办”，助推行政审批提质提速，持续深化“放管服”改革，推动亲清政企互动、携手共谋发展，为民营企业家大胆创新、放心创业、放手创造提供一流营商环境。跟进城乡人居环境专题询问意见落实，聚焦代表、群众反映的38项共性问题和272项具体问题，推动疏堵结合、长效管理，推进污水、缆线、公厕等整治工作。创新专题询问模式，助推人居环境改善的做法得到省人大常委会领导批示肯定。围绕“全市一城、城乡一体”，以新型城镇化为切入点，统筹监督城市规划、建设和管理，推动产城人深度融合，突出强功能、提品质、兴业态，助推公共服务普惠均衡、城乡差距持续缩小、城市能级全面提升，晋江跻身II型大城市行列。重点督办“构建社会各方共同参与机制，助力乡村振兴”的代表建议，聚焦新型农村集体经济、乡村振兴用地、乡贤反哺农村等深入调研。关注老、弱、病、残等特殊群体，监督推进医养结合、零工市场、失能人员长期护理以及特困家庭“四帮四扶”（帮就业、帮就医、帮就学、帮安居和扶贫困、扶老幼、扶伤残、扶志气）等暖心工程，推动探索“慈善+”共同富裕新路径，健全多层次社会保障体系。以减负提质为导向，联动监督义务教育“双减”，深入28所学校及校外培训机构调研，倾听校长、教师、家长、学生及社会各界意见，建议优化教学方式、拓展课后服务、严管校外培训、关注教师身心，进一步凝聚多方合力，推进家校共育。跟踪问效优化高中阶段教育，促进学位、师资扩容提质，普高、职校协调发展。着眼健康晋江建设，全覆盖走访调研三大医共体及23家医疗机构，针对中医药法实施短板，督促贯彻中西医并重方针，在中医药管理体制、发展规划、学科建设、人才培育、普法宣教等方面聚合力、破难点，助推中医院改扩建工程。

第五节　人事任免

一、概述

人事任免权是人大常委会的一项重要职权。1980 年 12 月县人大常委会设立前，县级国家机关工作人员按干部管理权限任免。县人大常委会设立后，依照宪法、地方组织法、人民法院组织法、人民检察院组织法等有关法律法规，按照干部“四化”方针和德才兼备标准，在职权范围内认真做好国家机关工作人员任免工作。

常委会不断改进和完善人事任免工作。针对县人大常委会刚成立，一些人不了解提请人大常委会任命程序的情况，县第八届人大常委会坚持凡不按法律程序提请任命的，就不予审议表决。县第九届人大常委会改以往举手表决为无记名投票表决，每次常委会会议任命后，在下一次常委会会议上向所任命人员颁发任命书，要求其向常委会汇报今后工作打算。县第十届人大常委会依照有关法律法规，制定《晋江县人大常委会关于人事任免的暂行办法》。县第十一届人大常委会重新修订《晋江县人大常委会任免国家机关工作人员暂行办法》，并坚持在任免前先开好党组会和主任会，听取提请任免人员情况介绍。市第十二届人大常委会要求提请任命人员要先到会与常委会组成人员见面，作任职表态，任命后，专门召开颁发任命书大会。市第十三届人大常委会进一步细化修订《晋江市人大常委会任免国家机关工作人员暂行办法》，按照职权，就任免范围、任免程序、任职期限、接受辞职、撤职等作出详细规定，增强了可操作性。同时，在任前考察和任后监督方面进行积极探索。任前考察方面，首次采用“询问”这种监督形式，在1999年 4 月 9 日召开的市第十三届人大常委会第二次会议上，常委会委员对拟任政府成员单位领导当场提出问题，要求即席作答，并通过有线电视向全市播放。对市检察院、市法院拟任人员，实行旁听一场庭审、调阅一份调研文章或查阅卷宗、召开一场了解其德才表现座谈会的“三个一”任前考察制度。任后监督方面，制定《晋江市人大常委会关于国家机关工作人员述职评议暂行办法》，明确要求，凡市人民代表大会选举产生的和市人大常委会任命的国家机关工作人员，都要向市人民代表大会或人大常委会述职，接受评议。根据暂行办法，制订了工作计划，分期分批对有关人员进行述职评议，进一步强化人大常委会的人事监督职能。为保障晋江市人民代表大会常务委员会依法行使任免权，2001 年 12 月 19 日晋江市第十三届人大常委会第二十一次会议通过了《晋江市人民代表大会常务委员会任免国家机关工作人员暂行办法》；随后，2013年 6月 26 日，晋江市第十六届人大常委会第十次会议通过《晋江市人民代表大会常务委员会任免国家机关工作人员规定》，使市人大常委会对权限范围内的晋江市国家机关工作人员的任命、免职、撤职、决定代理职务以及通过人选、接受辞职等进一步规范。

二、晋江市第十三届人大常委会人事任免（2002—2004年）

2002—2004年晋江市第十三届人大常委会人事任免情况一览表

表3-20

次别	时间	任免人员
第二十四次	2002年4月8日	1.任命庄幼算为晋江市发展计划局局长 2.任命许天祥为晋江市经济贸易局局长 3.任命吴淞江为晋江市人事局局长 4.任命邵萍萍为晋江市劳动和社会保障局局长 5.任命杨兴生为晋江市规划建设局局长 6.任命王志敏为晋江市市政公用事业管理局局长 7.任命彭培育为晋江市林业局局长 8.任命谢联峰为晋江市海洋与渔业局局长 9.任命颜春呈为晋江市水利局局长 10.任命谢陆伟为晋江市对外贸易经济合作局局长 11.任命庄应端为晋江市教育局局长 12.任命李丹阳为晋江市科学技术局局长 13.任命施荣蝉为晋江市统计局局长，免去其晋江市粮食局局长职务 14.任命丁尚光为晋江市国土资源局局长 15.任命陈文艺为晋江市环境保护局局长 16.任命郭永通为晋江市外事侨务办公室主任 17.任命洪永进为晋江市口岸与海防管理办公室主任 18.任命许桂杨为晋江市民族与宗教事务局局长 19.免去张庭波晋江市统计局局长职务 20.免去许世界晋江市环境保护局局长职务 21.免去许宏程晋江市人事局局长职务
第二十六次	2002年8月9日	1.任命张建才为晋江市公安局局长 2.任命张淑语为晋江市计划生育局局长 3.免去李永木晋江市公安局局长职务
第二十七次	2002年8月23日	1.任命蔡仲谋为晋江市人大常委会农村经济工作委员会主任 2.任命陈扶西为晋江市人大常委会城市建设工作委员会副主任 3.任命吴绶明为晋江市人大常委会财政经济工作委员会副主任 4.免去王志勇晋江市人大常委会农村经济工作委员会主任职务 5.免去陈元典晋江市人大常委会财政经济工作委员会主任职务 6.免去许清爽晋江市人大常委会教育科技文化卫生工作委员会主任职务 7.免去庄天怀晋江市人大常委会办公室副主任职务 8.任命黄少伟为晋江市人民政府办公室主任 9.任命陈云腾为晋江市监察局局长 10.免去王庆芬晋江市人民政府办公室主任职务 11.免去黄小闽晋江市监察局局长职务

续表 3-20

次别	时间	任免人员
第二十九次	2002 年 11 月 22 日	1.任命朱新民为晋江市人民政府副市长 2.免去陈少华晋江市人民政府副市长职务
第三十次	2003 年 1 月 18 日	1.任命尤慎、叶贻峰、桂卓迎、李聪树、许娟娟、王建回、洪游逸为晋江市人民检察院检察员 2.免去吴顺周晋江市人民检察院检察员职务
第三十五次	2003 年 8 月 29 日	1.曾宝安任晋江市人民法院审判委员会委员，免去晋江市人民法院行政审判庭庭长职务 2.吴铭清任晋江市人民法院行政审判庭庭长 3.卢秋平任晋江市人民法院审判监督庭庭长 4.姚加奖任晋江市人民法院青阳人民法庭庭长 5.金泽修任晋江市人民法院东石人民法庭庭长 6.陈国钧任晋江市人民法院陈埭人民法庭庭长，免去晋江市人民法院安海人民法庭庭长职务 7.蔡佳民任晋江市人民法院安海人民法庭庭长，免去晋江市人民法院东石人民法庭庭长职务 8.丁银汉任晋江市人民法院磁灶人民法庭庭长，免去晋江市人民法院刑事审判第一庭副庭长职务 9.王鸿楠任晋江市人民法院龙湖人民法庭庭长，免去晋江市人民法院东石人民法庭副庭长职务 10.蔡士娅任晋江市人民法院审判监督庭副庭长，免去晋江市人民法院经济审判庭副庭长职务 11.张慧玲任晋江市人民法院青阳人民法庭副庭长，免去晋江市人民法院陈埭人民法庭副庭长职务 12.杨明护任晋江市人民法院审判员、执行庭副庭长 13.洪朝参任晋江市人民法院刑事审判第一庭副庭长 14.蔡忠楚任晋江市人民法院安海人民法庭副庭长 15.刘基荣任晋江市人民法院磁灶人民法庭副庭长 16.蔡清萍任晋江市人民法院东石人民法庭副庭长 17.胡谦任晋江市人民法院龙湖人民法庭副庭长 18.林荣业任晋江市人民法院金井人民法庭副庭长 19.免去柯贤镖晋江市人民法院庭长职务 20.免去丁金地晋江市人民法院审判委员会委员职务 21.免去林金田晋江市人民法院审判委员会委员、庭长职务 22.免去欧阳克三晋江市人民法院金井人民法庭庭长职务 23.免去吴金良晋江市人民法院副庭长职务 24.免去柯世流晋江市人民法院副庭长职务 25.免去苏世东晋江市人民法院副庭长职务 26.免去陈维山晋江市人民法院执行庭副庭长职务

续表 3-20

次别	时间	任免人员
第三十七次	2003 年 12 月 4 日	1.任命蔡体面为晋江市人大常委会代表联络工作委员会主任 2.任命陈紫凡为晋江市人大常委会法制工作委员会主任 3.任命黄锦民为晋江市人大常委会教育科学文化卫生工作委员会主任 4.任命张永忠为晋江市人大常委会华侨民族宗教工作委员会主任 5.任命陈扶西为晋江市人大常委会城市建设工作委员会主任 6.免去庄永添晋江市人大常委会法制工作委员会主任职务 7.免去王人冬晋江市人大常委会华侨民族宗教工作委员会主任职务

三、晋江市第十四届人大常委会人事任免（2004—2006 年）

2004—2006 年晋江市第十四届人大常委会人事任免情况一览表

表 3-21

次别	时间	任免人员
第二次	2004 年 4 月 30 日	1.任命郑忠贤为晋江市人民检察院检察委员会委员、副检察长 2.免去杨维枞、林立晋江市人民检察院检察员职务
第三次	2004 年 8 月 6 日	1.任命王逸民为晋江市人大常委会办公室主任 2.任命陈丽娜为晋江市人大常委会办公室副主任 3.任命柯枫伟为晋江市人大常委会办公室副主任 4.任命蔡体面为晋江市人大常委会代表联络工作委员会主任 5.任命陈紫凡为晋江市人大常委会法制工作委员会主任 6.任命黄锦民为晋江市人大常委会农村经济工作委员会主任，免去其晋江市人大常委会教育科学文化卫生工作委员会主任职务 7.任命吴绶明为晋江市人大常委会财政经济工作委员会副主任 8.任命庄明栽为晋江市人大常委会教育科学文化卫生工作委员会主任 9.任命张永忠为晋江市人大常委会华侨民族宗教工作委员会主任 10.任命陈扶西为晋江市人大常委会城市建设工作委员会主任 11.任命洪国延为晋江市人大常委会青阳街道工作委员会主任 12.任命黄小闽为晋江市人大常委会梅岭街道工作委员会主任 13.任命王巧文为晋江市人大常委会梅岭街道工作委员会副主任 14.任命蔡仲谋为晋江市人大常委会西园街道工作委员会主任，免去其晋江市人大常委会农村经济工作委员会主任职务 15.任命蔡文谦为晋江市人大常委会罗山街道工作委员会主任 16.任命王金墩为晋江市人大常委会灵源街道工作委员会主任 17.任命张顺情为晋江市人大常委会灵源街道工作委员会副主任 18.任命颜其惕为晋江市人大常委会新塘街道工作委员会主任 19.任命刘和平为晋江市人大常委会新塘街道工作委员会副主任

续表 3-21

次别	时间	任免人员
第六次	2004 年 11 月 23 日	1.任命许海民、王凤毛、杨国强为晋江市人民法院审判员 2.免去周荣宜、丁金地的晋江市人民法院审判员职务
第七次	2005 年 1 月 12 日	免去许派来、陈建兴、陈璜谋、王万肯、王佳音、林秀宽、苏梅树等七位同志晋江市人民检察院检察员职务
第九次	2005 年 4 月 22 日	任命蔡星辉、蔡彩虹、董博慧、陈凌燕、李荣贵、林蓉蓉、陈连宁、黄维彬、林西湖、洪金斧、张璧鋆、苏晓瑜、许丽妹、留自愿为晋江市人民法院人民陪审员，任期五年
第十次	2005 年 6 月 28 日	任命许良晓为晋江市人民检察院检察员职务
第十三次	2005 年 11 月 16 日	1.免去林金田晋江市人民法院审判员职务 2.免去施文言晋江市人民检察院检察员职务
第十四次	2005 年 12 月 15 日	免去吴淞江晋江市人事局局长职务
第十八次	2006 年 6 月 15 日	1.免去郑忠贤晋江市人民检察院副检察长、检察委员会委员职务 2.任命于炳焕、许进民、黄永星、陈永固、林海堤为晋江市人民法兖审判员 3.免去庄树勉晋江市人民法院审判员职务
第二十次	2006 年 10 月 16 日	免去吴庆锥同志晋江市人民法院民事审判第二庭庭长、审判员职务
第二十一次	2006 年 11 月 10 日	1.陈建军任晋江市人大常委会办公室主任 2.免去王逸民晋江市人大常委会办公室主任职务 3.蔡体面任晋江市人大常委会人事代表委员会主任 4.陈紫凡任晋江市人大常委会内务司法委员会主任 5.黄鹭旋任晋江市人大常委会农村经济委员会主任 6.陈恩典任晋江市人大常委会财政经济委员会主任 7.庄明栽任晋江市人大常委会教育科学文化卫生委员会主任 8.张永忠任晋江市人大常委会华侨民族宗教委员会主任 9.颜志平任晋江市人大常委会环境与城镇建设委员会副主任 10.鉴于市人大常委会机关机构改革，工作机构名称发生变化，除重新提名任职者外，原任的工作委员会主任、副主任职务自然免除 11.林贻达任晋江市人大常委会青阳街道工作委员会主任 12.王炳川任晋江市人大常委会青阳街道工作委员会副主任 13.免去洪国延晋江市人大常委会青阳街道工作委员会主任职务 14.陈秀配任晋江市人大常委会梅岭街道工作委员会主任

续表 3-21

次别	时间	任免人员
第二十一次	2006 年 11 月 10 日	15.免去黄小闽晋江市人大常委会梅岭街道工作委员会主任职务 16.免去王巧文晋江市人大常委会梅岭街道工作委员会副主任职务 17.洪秀杯任晋江市人大常委会西园街道工作委员会主任 18.免去蔡仲谋晋江市人大常委会西园街道工作委员会主任职务 19.颜其惕任晋江市人大常委会罗山街道工作委员会主任，免去其晋江市人大常委会新塘街道工作委员会主任职务 20.免去蔡文谦晋江市人大常委会罗山街道工作委员会主任职务 21.柯煜煜任晋江市人大常委会灵源街道工作委员会主任 22.免去王金墩晋江市人大常委会灵源街道工作委员会主任职务 23.免去张顺情晋江市人大常委会灵源街道工作委员会副主任职务 24.陈贻熊任晋江市人大常委会新塘街道工作委员会主任 25.陈诗从任晋江市经济发展局局长，免去其晋江市统计局局长职务 26.免去李丹阳晋江市经济发展局局长职务 27.林峰任晋江市司法局局长 28.免去许家斗晋江市司法局局长职务 29.许雄飞任晋江市人事局局长 30.黄锦民任晋江市水利局局长 31.免去颜春呈晋江市水利局局长职务 32.吴飞跃任晋江市科学技术局局长 33.免去施能旺晋江市科学技术局局长职务 34.黄延艺任晋江市文化体育局局长 35.免去范清靖晋江市文化体育局局长职务 36.李清欣任晋江市侨台外事局局长 37.免去郭永通晋江市侨台外事局局长职务 38.颜呈矿任晋江市统计局局长

四、晋江市第十五届人大常委会人事任免（2007—2011 年）

2007—2011 年晋江市第十五届人大常委会人事任免情况一览表

表 3-22

次别	时间	任免人员
第二次	2007 年 4 月 30 日	1.任命李金凤为晋江市人民法院副院长，免去其晋江市人民法院民事审判第一庭庭长职务 2.任命庄马炮为晋江市人民法院民事审判第二庭庭长，免去其晋江市人民法院刑事审判第一庭庭长职务 3.任命吴铭清为晋江市人民法院审判委员会委员 4.任命陈国钧为晋江市人民法院审判委员会委员、审判监督庭庭长，免去其晋江市人民法院陈埭人民法庭庭长职务 5.任命丁银汉为晋江市人民法院审判委员会委员、刑事审判第一庭庭长，免去其晋江市人民法院磁灶人民法庭庭长职务

续表 3-22

次别	时间	任免人员
第二次	2007 年 4 月 30 日	6.任命叶佩芬为晋江市人民法院民事审判第一庭庭长，免去其晋江市人民法院民事审判第二庭副庭长职务 7.任命颜仪为晋江市人民法院立案庭庭长，免去晋江市人民法院民事审判第一庭副庭长职务 8.任命蔡佳民为晋江市人民法院陈埭人民法庭庭长，免去其晋江市人民法院安海人民法庭庭长职务 9.任命吴明铀为晋江市人民法院安海人民法庭庭长 10.任命林荣业为晋江市人民法院金井人民法庭庭长 11.任命苏世东为晋江市人民法院立案庭副庭长 12.免去叶炳生晋江市人民法院副院长、审判委员会委员职务 13.免去李瑞阳晋江市人民法院副院长、审判委员会委员、审判员職务 14.免去刘庆镖晋江市人民法院立案庭庭长职务 15.免去卢秋平晋江市人民法院审判监督庭庭长职务 16.免去吴金良晋江市人民法院审判员职务 17.任命吴仁义为晋江市人民检察院检察委员会委员 18.任命邓享勇、王家荣、陈永华、苏瑛玉、欧阳明芬、黄挺进、廖文生为晋江市人民检察院检察员
第五次	2007 年 10 月 31 日	1.任命林碧玉为晋江市人大常委会青阳街道工作委员会主任 2.免去林贻达晋江市人大常委会青阳街道工作委员会主任职务
第六次	2007 年 11 月 27 日	1.任命李玲玲为晋江市人民法院审判员 2.任命杨白兰为晋江市人民法院审判员 3.免去黄志农晋江市人民法院审判员职务 4.任命黄志农为晋江市人民检察院检察员 5.免去李玲玲晋江市人民检察院检察员职务 6.免去杨白兰晋江市人民检察院检察员职务
第九次	2007 年 12 月 27 日	1.任命陈建安为晋江市人民检察院副检察长、检察委员会委员 2.免去张维劲晋江市人民检察院副检察长、检察委员会委员、检察员职务
第十一次	2008 年 4 月 18 日	1.任命张志铭为晋江市规划建设与房产管理局局长 2.免去杨兴生晋江市规划建设与房产管理局局长职务 3.任命王清龙为晋江市市政园林局局长 4.免去赖德芳晋江市市政园林局局长职务 5.任命颜宏达为晋江市交通局局长 6.免去洪清伦晋江市交通局局长职务 7.任命蔡水利为晋江市人民政府流动人口服务管理办公室主任 8.任命杨兴生为晋江市人大常委会环境与城镇建设委员会主任 9.免去颜志平晋江市人大常委会环境与城镇建设委员会副主任职务 10.任命谢江漫为晋江市人大常委会办公室副主任 11.免去柯枫伟晋江市人大常委会办公室副主任职务

续表 3-22

次别	时间	任免人员
第十二次	2008 年 6 月 11 日	1.任命王金战为晋江市人民政府副市长 2.免去郭鸿荣晋江市人民政府副市长职务
第十五次	2008 年 11 月 21 日	1.任命洪涌、王清镇、吴声坛、张安腾、施经营、冯洁、苏荣喻、陈春木为晋江市人民法院审判员 2.免去吴仕忠晋江市人民法院审判员职务
第二十二次	2009 年 10 月 27 日	1.任命刘基荣为晋江市人民法院磁灶人民法庭庭长 2.任命蔡忠楚为晋江市人民法院民事审判第一庭副庭长，免去其晋江市人民法院安海人民法庭副庭长职务 3.任命张慧玲为晋江市人民法院民事审判第二庭副庭长，免去其晋江市人民法院青阳人民法庭副庭长职务 4.任命胡谦为晋江市人民法院民事审判第二庭副庭长，免去其晋江市人民法院龙湖人民法庭副庭长职务 5.任命吴景芳为晋江市人民法院审判员、安海人民法庭副庭长 6.任命杨明护为晋江市人民法院东石人民法庭副庭长，免去其晋江市人民法院执行庭副庭长职务 7.任命蔡清萍为晋江市人民法院青阳人民法庭副庭长，免去其东石人民法庭副庭长职务 8.任命苏友庆①为晋江市人民法院执行庭副庭长 9.任命陈雁平为晋江市人民法院青阳人民法庭副庭长 10.任命林萍、姚志阳为晋江市人民法院陈埭人民法庭副庭长 11.任命林海堤为晋江市人民法院磁灶人民法庭副庭长 12.任命陈永固为晋江市人民法院龙湖人民法庭副庭长 13.任命林琳为晋江市人民法院金井人民法庭副庭长 14.免去曾宝安晋江市人民法院审判委员会委员职务 15.免去苏世东晋江市人民法院立案庭副庭长职务 16.任命陈紫凡为晋江市人民检察院副检察长、检察委员会委员 17.任命余冬阳、许昔翻为晋江市人民检察院检察委员会委员 18.免去柯明泉晋江市人民检察院副检察长、检察委员会委员、检察员职务 19.任命柯明泉为晋江市人大常委会内务司法委员会主任 20.免去陈紫凡晋江市人大常委会内务司法委员会主任职务
第二十六次	2010 年 4 月 29 日	1.任命李章凯为晋江市财政局局长 2.免去庄铭理晋江市财政局局长职务 3.任命王龙头为晋江市人民检察院检察员 4.任命王远恒为晋江市人民检察院检察员 5.任命许侃侃为晋江市人民检察院检察员 6.任命谢丽明为晋江市人民检察院检察员 7.免去陈悦玲晋江市人民检察院检察员职务 8.免去林婷婷晋江市人民检察院检察员职务 9.免去朱启明晋江市人民检察院检察员职务

① 2024 年 3 月，苏友庆涉嫌严重违纪违法接受纪律审查和监察调查，下同。

续表 3-22

次别	时间	任免人员
第三十四次	2011 年 7 月 28 日	1.任命苏尚谦为晋江市人大常委会梅岭街道工作委员会主任 2.任命陈聪衍为晋江市人大常委会罗山街道工作委员会主任 3.任命林松庆为晋江市人大常委会灵源街道工作委员会主任 4.任命洪长江为晋江市人大常委会新塘街道工作委员会主任 5.免去王炳川晋江市人大常委会青阳街道工作委员会副主任职务 6.免去陈秀配晋江市人大常委会梅岭街道工作委员会主任职务 7.免去颜其惕晋江市人大常委会罗山街道工作委员会主任职务 8.免去柯煜煜晋江市人大常委会灵源街道工作委员会主任职务 9.免去陈贻熊晋江市人大常委会新塘街道工作委员会主任职务 10.任命谢江漫为晋江市人大常委会办公室主任 11.任命李蔚民为晋江市人大常委会办公室副主任 12.任命林德生为晋江市人大常委会办公室副主任 13.任命庄碧芳为晋江市人大常委会财政经济委员会主任 14.任命洪天炳为晋江市人大常委会教育科学文化卫生委员会主任 15.任命黄清泉为晋江市人大常委会环境与城镇建设委员会主任 16.免去陈建军晋江市人大常委会办公室主任职务 17.免去陈丽娜晋江市人大常委会办公室副主任职务 18.免去谢江漫晋江市人大常委会办公室副主任职务 19.免去陈恩典晋江市人大常委会财政经济委员会主任职务 20.免去庄明栽晋江市人大常委会教育科学文化卫生委员会主任职务 21.免去杨兴生晋江市人大常委会环境与城镇建设委员会主任职务 22.任命丁峰为晋江市人民政府副市长 23.任命王茂泉为晋江市人民政府副市长 24.任命李自力为晋江市人民政府副市长 25.任命张淑语为晋江市人民政府副市长 26.免去吴清滨晋江市人民政府副市长职务 27.免去陈晋永晋江市人民政府副市长职务 28.免去林庆峰晋江市人民政府副市长职务 29.免去王金战晋江市人民政府副市长职务
第三十五次	2011 年 8 月 30 日	1.任命黄敬前为晋江市人民政府副市长 2.任命张朝阳为晋江市人民政府副市长 3.任命史思泉为晋江市人民政府副市长
第三十六次	2011 年 10 月 8 日	1.任命柳新群为晋江市公安局局长 2.免去陈昌明晋江市公安局局长职务

五、晋江市第十六届人大常委会人事任免（2012—2016年）

2012—2016年晋江市第十六届人大常委会人事任免情况一览表

表3-23

次别	时间	任免人员
第三次	2012年6月21日	1.任命陈文荣为晋江市公安局局长 2.免去柳新群晋江市公安局局长职务
第六次	2012年12月24日	1.任命叶佩芬为晋江市人民法院审判委员会委员，免去其晋江市人民法院民事审判第一庭庭长职务 2.免去柯贤镖晋江市人民法院审判委员会委员职务
第八次	2013年2月28日	1.任命刘基荣为晋江市人民法院刑事审判第二庭庭长，免去其晋江市人民法院磁灶人民法庭庭长职务 2.任命洪民强为晋江市人民法院民事审判第一庭庭长 3.任命张慧玲为晋江市人民法院知识产权审判庭庭长，免去其晋江市人民法院民事审判第二庭副庭长职务 4.任命王鸿楠为晋江市人民法院行政审判庭庭长，免去其晋江市人民法院龙湖人民法庭庭长职务 5.任命蔡佳民为晋江市人民法院审判监督庭庭长，免去其晋江市人民法院陈埭人民法庭庭长职务 6.任命吴明铀为晋江市人民法院执行庭庭长，免去其晋江市人民法院安海人民法庭庭长职务 7.任命吴铭清为晋江市人民法院陈埭人民法庭庭长，免去其晋江市人民法院行政审判庭庭长职务 8.任命蔡忠楚为晋江市人民法院安海人民法庭庭长，免去其晋江市人民法院民事审判第一庭副庭长职务 9.任命郭灿培为晋江市人民法院磁灶人民法庭庭长 10.任命吴景芳为晋江市人民法院东石人民法庭庭长，免去其晋江市人民法院安海人民法庭副庭长职务 11.任命林荣业为晋江市人民法院龙湖人民法庭庭长，免去其晋江市人民法院金井人民法庭庭长职务 12.任命陈永固为晋江市人民法院金井人民法庭庭长，免去其晋江市人民法院龙湖人民法庭副庭长职务 13.免去吴联盟晋江市人民法院刑事审判第二庭庭长职务 14.免去林国良晋江市人民法院行政审判庭副庭长职务 15.免去陈国钧晋江市人民法院审判监督庭庭长职务 16.免去张顺庆晋江市人民法院执行庭庭长职务 17.免去苏友庆晋江市人民法院执行庭副庭长职务 18.免去金泽修晋江市人民法院东石人民法庭庭长职务 19.免去杨明护晋江市人民法院东石人民法庭副庭长职务 20.免去陈玉龙晋江市人民法院金井人民法庭副庭长职务
第九次	2013年4月26日	1.任命吴庆锥为晋江市人民法院审判员、审判委员会委员、副院长 2.免去林德育晋江市人民法院副院长、审判委员会委员、审判员职务

续表 3-23

次别	时间	任免人员
第九次	2013 年 4 月 26 日	3.任命丁长河、许礼俊、寿华杰、陈永哲、陈昌演、林文晋、阮芳等人为晋江市人民法院审判员 4.任命林萍为晋江市人民法院刑事审判第一庭副庭长，免去其晋江市人民法院陈埭人民法庭副庭长职务 5.任命陈雁平为晋江市人民法院刑事审判第二庭副庭长，免去其晋江市人民法院青阳人民法庭副庭长职务 6.任命施经营为晋江市人民法院刑事审判第二庭副庭长 7.任命洪涌为晋江市人民法院民事审判第一庭副庭长 8.任命姚志阳为晋江市人民法院民事审判第二庭副庭长，免去其晋江市人民法院陈埭人民法庭副庭长职务 9.任命林海堤为晋江市人民法院民事审判第二庭副庭长，免去其晋江市人民法院磁灶人民法庭副庭长职务 10.任命林真真为晋江市人民法院民事审判第二庭副庭长 11.任命胡谦为晋江市人民法院行政审判庭副庭长，免去其晋江市人民法院民事审判第二庭副庭长职务 12.任命洪清波为晋江市人民法院审判监督庭副庭长 13.任命林琳为晋江市人民法院执行庭副庭长，免去其晋江市人民法院金井人民法庭副庭长职务 14.任命林立人为晋江市人民法院执行庭副庭长 15.任命蔡鸿铭为晋江市人民法院执行庭副庭长 16.任命冯洁为晋江市人民法院青阳人民法庭副庭长 17.任命许海民为晋江市人民法院陈埭人民法庭副庭长 18.任命吴声坛为晋江市人民法院陈埭人民法庭副庭长 19.任命刘向阳为晋江市人民法院安海人民法庭副庭长 20.任命张安腾为晋江市人民法院安海人民法庭副庭长 21.任命许文桂为晋江市人民法院磁灶人民法庭副庭长 22.任命李金玲为晋江市人民法院磁灶人民法庭副庭长 23.任命曾育发为晋江市人民法院龙湖人民法庭副庭长 24.免去黄婷婷晋江市人民法院刑事审判第二庭副庭长职务 25.任命卢奕珠、张晨亮、许清心、张丽容、王秀贝、肖丽婷、庄茹娟、林清轮、颜呈忠、林雨杰、黄永生、黄东昭、庄招贤、赖建来、吴海源、蔡俊强、粘秋生、粘晓新、曾海峰、柯船坞、林长华、吴泉江、陈天从、杨硕南、苏大少、洪天德、庄家训、郑依清、李海庭、黄清渠、杨少雄、林栋梁、黄文婷、唐炎坤等人为晋江市人民法院人民陪审员
第十二次	2013 年 10 月 28 日	1.任命丁沙沙、丁婷婷、许亚雯、杨惠萍、吴鸿瑜、陈秋凉、陈素、蔡金情等 8 人为晋江市人民检察院检察员 2.免去吴明良晋江市人民检察院检察员职务

续表 3-23

次别	时间	任免人员
第十三次	2013 年 12 月 18 日	1.任命陈维山、刘基荣、洪民强、王鸿楠、姚加奖等 5 人为晋江市人民法院审判委员会委员 2.任命苏晓瑜为晋江市人民法院审判员 3.免去吴联盟、陈国钧等 2 人晋江市人民法院审判委员会委员职务 4.任命许昔翻为晋江市人民检察院副检察长 5.任命黄挺进、洪游逸、庄如梅、王龙头等 4 人为晋江市人民检察院检察委员会委员 6.免去陈国明晋江市人民检察院副检察长职务 7.免去王胜利晋江市人民检察院检察委员会委员、检察员职务
第十五次	2014 年 4 月 15 日	1.免去陈文斗晋江市行政执法局局长职务 2.任命蔡逸卿为晋江市住房和城乡建设局局长 3.任命许礼义为晋江市城乡规划局局长 4.任命吴超鹏为晋江市行政执法局局长 5.任命刘向阳为晋江市金融工作办公室主任 6.免去蔡体面晋江市人大常委会人事代表委员会主任职务 7.任命陈晶晶为晋江市人大常委会人事代表委员会副主任
第十八次	2014 年 10 月 28 日	任命王璜瑜、许艳明、张贻忠、李科、林美冷、胡燕江、黄文钦等 7 人为晋江市人民检察院检察员
第二十次	2015 年 1 月 15 日	1.任命吴尊意为晋江市人民政府办公室主任 2.任命颜呈矿为晋江市经济和信息化局局长 3.任命蔡文卿为晋江市商务局局长 4.任命陈贻熊为晋江市科技和知识产权局局长 5.任命叶苍榆为晋江市民政局局长 6.任命吴飞跃为晋江市司法局局长 7.任命蔡银青为晋江市人力资源和社会保障局局长 8.任命李友加为晋江市农业局局长 9.任命柯发音为晋江市水利局局长 10.任命吴晋居为晋江市海洋与渔业局局长 11.任命许嘉丰为晋江市卫生和计划生育局局长 12.任命陈恩典为晋江市审计局局长 13.任命纪刚宏为晋江市环境保护局局长 14.任命曾国灿为晋江市安全生产监督管理局局长 15.任命刘向阳为晋江市金融工作局局长 16.免去唐春晓晋江市人民政府办公室主任职务 17.免去颜宏达晋江市监察局局长职务 18.免去吴靖宇晋江市投资促进局局长职务 19.免去李德铭晋江市人口和计划生育局局长职务 20.免去颜呈矿晋江市经济贸易局局长职务

续表 3-23

次别	时间	任免人员
第二十次	2015 年 1 月 15 日	21.免去陈贻熊晋江市公务员局局长职务 22.免去吴飞跃晋江市环境保护局局长职务 23.免去吴晋居晋江市农业局局长职务 24.免去许嘉丰晋江市卫生局局长职务 25.免去陈恩典晋江市科技与信息化局局长职务 26.免去刘向阳晋江市金融工作办公室主任职务 27.免去许乔良晋江市民政局局长职务 28.免去邵萍萍晋江市人力资源和社会保障局局长职务 29.免去施荣蝉晋江市审计局局长职务 30.任命许乔良为晋江市人大常委会人事代表委员会主任 31.任命林德生为晋江市人大常委会华侨民族宗教委员会主任，免去其晋江市人大常委会办公室副主任职务 32.免去张永忠晋江市人大常委会华侨民族宗教委员会主任职务 33.任命陈聪衍为晋江市人大常委会梅岭街道工作委员会主任，免去其晋江市人大常委会罗山街道工作委员会主任职务 34.任命王向阳为晋江市人大常委会罗山街道工作委员会主任
第二十一次	2015 年 2 月 27 日	1.任命戴文俊为晋江市人大常委会办公室副主任 2.任命吴好景为晋江市人大常委会内务司法委员会副主任 3.任命林友彬为晋江市人大常委会农村经济委员会副主任 4.任命黄宁生为晋江市人大常委会财政经济委员会副主任 5.任命许燕辉为晋江市人大常委会教育科学文化卫生委员会副主任 6.任命陈萌雅为晋江市人大常委会环境与城镇建设委员会副主任 7.任命林友栋为晋江市人大常委会新塘街道工作委员会主任 8.免去洪长江晋江市人大常委会新塘街道工作委员会主任职务 9.免去刘和平晋江市人大常委会新塘街道工作委员会副主任职务 10.任命许逢其、丁钊珑、谢远欣、黄东来、曾摩托、蔡尚哲、吴小妘、赖珊珊为晋江市人民法院审判员 11.免去吴联盟晋江市人民法院审判员职务
第二十二次	2015 年 4 月 28 日	1.任命叶荣聪为晋江市市场监督管理局局长 2.免去张萍晋江市食品药品监督管理局局长职务
第二十六次	2015 年 12 月 23 日	1.任命杨人从、陈艺婷、苏恬恬、林峥嵘、林焕荣、许珊妹、黄秋沄、许艺珊等为晋江市人民法院审判员 2.免去张顺庆晋江市人民法院审判员职务
第二十七次	2016 年 2 月 25 日	1.任命甘泽阳为晋江市人民检察院副检察长、检察委员会委员 2.免去许侃侃晋江市人民检察院检察员职务
第二十八次	2016 年 4 月 28 日	1.任命王加贺为晋江市人民检察院副检察长、检察委员会委员、检察员 2.免去袁靖晋江市人民检察院检察委员会委员、检察员职务

续表 3-23

次别	时间	任免人员
第二十九次	2016 年 6 月 30 日	1.任命张文贤为晋江市人民政府副市长 2.任命李志强为晋江市人民政府副市长 3.免去许宏程晋江市人民政府副市长职务 4.任命李永宗为晋江市人大常委会华侨民族宗教委员会副主任 5.免去黄清泉晋江市人大常委会环境与城镇建设委员会主任职务 6.任命吴文永为晋江市人大常委会青阳街道工作委员会主任 7.任命陈世裕为晋江市人大常委会西园街道工作委员会主任 8.免去林碧玉晋江市人大常委会青阳街道工作委员会主任职务 9.免去洪秀杯晋江市人大常委会西园街道工作委员会主任职务 10.任命郭浪滔为晋江市经济和信息化局局长 11.任命谢建新为晋江市科技和知识产权局局长 12.任命杨春雷为晋江市民族与宗教事务局局长 13.任命庄祖奇为晋江市监察局局长 14.任命肖金树为晋江市财政局局长，免去其晋江市统计局局长职务 15.任命蔡清渠为晋江市国土资源局局长 16.任命黄清泉为晋江市行政执法局局长 17.任命陈志雄为晋江市统计局局长 18.免去颜呈矿晋江市经济和信息化局局长职务 19.免去陈贻熊晋江市科技和知识产权局局长职务 20.免去李章凯晋江市财政局局长职务 21.免去张健龙晋江市国土资源局局长职务 22.免去吴超鹏晋江市行政执法局局长职务 23.任命丁银汉为晋江市人民法院副院长 24.免去林国良晋江市人民法院审判员职务
第三十次	2016 年 7 月 15 日	1.任命黄少伟为晋江市人民政府副市长 2.任命庄天怀为晋江市人民政府副市长 3.免去丁峰晋江市人民政府副市长职务 4.免去张朝阳晋江市人民政府副市长职务 5.免去史思泉晋江市人民政府副市长职务 6.任命陈进福为晋江市人民政府办公室主任 7.免去吴尊意晋江市人民政府办公室主任职务
第三十三次	2016 年 10 月 26 日	1.任命陈钖岑为晋江市人大常委会办公室主任 2.任命蔡银青为晋江市人大常委会人事代表委员会主任 3.任命许良晓为晋江市人大常委会内务司法委员会主任 4.任命林明捷为晋江市人大常委会农村经济委员会主任 5.任命颜宏哲为晋江市人大常委会财政经济委员会主任 6.任命施正琛为晋江市人大常委会教育科学文化卫生委员会主任

续表 3-23

次别	时间	任免人员
第三十三次	2016 年 10 月 26 日	7.任命柯碧玲为晋江市人大常委会华侨民族宗教委员会主任 8.任命陈晓辉为晋江市人大常委会环境与城镇建设委员会主任 9.免去谢江漫晋江市人大常委会办公室主任职务 10.免去戴文俊晋江市人大常委会办公室副主任职务 11.免去许乔良晋江市人大常委会人事代表委员会主任职务 12.免去柯明泉晋江市人大常委会内务司法委员会主任职务 13.免去黄鹭旋晋江市人大常委会农村经济委员会主任职务 14.免去庄碧芳晋江市人大常委会财政经济委员会主任职务 15.免去洪天炳晋江市人大常委会教育科学文化卫生委员会主任职务 16.免去林德生晋江市人大常委会华侨民族宗教委员会主任职务
第三十四次	2016 年 12 月 5 日	1.任命范飞跃为晋江市民族与宗教事务局局长 2.任命许嘉丰为晋江市司法局局长，免去其晋江市卫生和计划生育局局长职务 3.任命黄胜鑫为晋江市人力资源和社会保障局局长 4.任命柯国林为晋江市文化体育新闻出版局局长 5.任命纪刚宏为晋江市卫生和计划生育局局长，免去其晋江市环境保护局局长职务 6.任命林志雄为晋江市环境保护局局长 7.免去杨春雷晋江市民族与宗教事务局局长职务 8.免去吴飞跃晋江市司法局局长职务 9.免去蔡银青晋江市人力资源和社会保障局局长职务 10.免去黄良晋江市文化体育新闻出版局局长职务 11.任命施艳萍、施金满、洪新民为晋江市人民法院审判员 12.免去林真真晋江市人民法院民事审判第二庭副庭长、审判员职务 13.免去蔡仕娅晋江市人民法院审判监督庭副庭长、审判员职务

六、晋江市第十七届人大常委会人事任免（2017—2021 年）

2017—2021 年晋江市第十七届人大常委会人事任免情况一览表

表 3-24

次别	时间	任免人员
第二次	2017 年 2 月 17 日	1.任命曾晓军为晋江市人民法院审判员、审判委员会委员、副院长 2.免去庄能宗晋江市人民法院副院长、审判委员会委员、审判员职务 3.免去柯贤镖晋江市人民法院审判员职务
第三次	2017 年 4 月 27 日	1.任命刘基荣为晋江市人民法院刑事审判第一庭庭长，免去其晋江市人民法院刑事审判第二庭庭长职务 2.任命郭灿培为晋江市人民法院生态环境审判庭庭长，免去其晋江市人民法院磁灶人民法庭庭长职务

续表 3-24

次别	时间	任免人员
第三次	2017 年 4 月 27 日	3.任命陈永固为晋江市人民法院刑事审判第二庭庭长，免去其晋江市人民法院金井人民法庭庭长职务 4.任命吴铭清为晋江市人民法院金融审判庭庭长，免去其晋江市人民法院陈埭人民法庭庭长职务 5.任命姚加奖为晋江市人民法院行政审判庭庭长，免去其晋江市人民法院青阳人民法庭庭长职务 6.任命林荣业为晋江市人民法院青阳人民法庭庭长，免去其晋江市人民法院龙湖人民法庭庭长职务 7.任命吴景芳为晋江市人民法院磁灶人民法庭庭长，免去其晋江市人民法院东石人民法庭庭长职务 8.任命刘向阳为晋江市人民法院刑事审判第一庭副庭长，免去其晋江市人民法院安海人民法庭副庭长职务 9.任命冯洁为晋江市人民法院民事审判第一庭副庭长，免去其青阳人民法庭副庭长职务 10.任命施经营为晋江市人民法院民事审判第二庭副庭长，免去其晋江市人民法院刑事审判第二庭副庭长职务 11.任命庄滨滨为晋江市人民法院行政审判庭副庭长，免去其晋江市人民法院执行庭副庭长职务 12.任命李金玲为晋江市人民法院审判监督庭副庭长，免去其晋江市人民法院磁灶人民法庭副庭长职务 13.任命胡谦为晋江市人民法院执行庭副庭长，免去其晋江市人民法院行政审判庭副庭长职务 14.任命许海民为晋江市人民法院执行庭副庭长，免去其晋江市人民法院陈埭人民法庭副庭长职务 15.免去丁银汉晋江市人民法院刑事审判第一庭庭长职务
第十次	2018 年 2 月 27 日	1.任命许小卫为晋江市人大常委会青阳街道工作委员会主任 2.任命洪鸿雁为晋江市人大常委会青阳街道工作委员会副主任 3.免去吴好景晋江市人大常委会内务司法委员会副主任职务
第十一次	2018 年 4 月 20 日	1.任命黄永星为晋江市人民法院立案庭庭长 2.任命吴水泉为晋江市人民法院审判员 3.任命吴婷婷为晋江市人民法院审判员 4.任命黄小燕为晋江市人民法院审判员 5.任命舒旋为晋江市人民法院审判员 6.免去洪涌晋江市人民法院立案庭庭长职务
第十七次	2018 年 12 月 29 日	1.任命蒋家兴为晋江市科学技术局局长 2.任命林永红为晋江市工业和信息化局局长 3.任命吴丽婷为晋江市民政局局长 4.任命蔡清渠为晋江市自然资源局局长，免去其晋江市国土资源局局长职务

续表 3-24

次别	时间	任免人员
第十七次	2018 年 12 月 29 日	5.任命李友加为晋江市农业农村局局长，免去其晋江市农业局局长职务 6.任命王清龙为晋江市林业和园林绿化局局长，免去其晋江市市政园林局局长职务 7.任命柯国林为晋江市文化和旅游局局长，免去其晋江市文化体育新闻出版局局长职务 8.任命纪刚宏为晋江市卫生健康局局长，免去其晋江市卫生和计划生育局局长职务 9.任命王奇志为晋江市退役军人事务局局长 10.任命曾国灿为晋江市应急管理局局长，免去其晋江市安全生产监督管理局局长职务 11.任命许紫竹为晋江市体育局局长 12.任命张清山为晋江市统计局局长 13.任命陈松柏为晋江市人民政府信访局局长 14.任命黄清泉为晋江市城市管理局局长，免去其晋江市行政执法局局长职务 15.免去郭浪滔晋江市经济和信息化局局长职务 16.免去谢建新晋江市科技和知识产权局局长职务 17.免去范飞跃晋江市民族与宗教事务局局长职务 18.免去叶苍榆晋江市民政局局长职务 19.免去吴晋居晋江市海洋与渔业局局长职务 20.免去陈志雄晋江市统计局局长职务 21.免去陈建军晋江市侨台外事局局长职务
第十八次	2019 年 2 月 27 日	1.任命蔡君猛为新塘街道人大工作委员会委员 2.免去庄严青阳街道人大工作委员会委员职务 3.免去丁雅丝新塘街道人大工作委员会委员职务
第十九次	2019 年 4 月 23 日	1.任命翁洵钰为晋江市监察委员会委员 2.免去林海东晋江市监察委员会委员职务
第二十次	2019 年 6 月 26 日	1.任命张汉杰为晋江市人民政府副市长 2.免去王骥晋江市人民政府副市长职务 3.任命许国鑫为晋江市发展和改革局局长 4.免去陈伟勇晋江市发展和改革局局长职务 5.任命吴明铀为晋江市人民法院审判委员会委员、副院长，免去其晋江市人民法院执行庭庭长职务 6.任命张小燕为晋江市人民法院审判员、审判委员会委员 7.任命陈永固为晋江市人民法院刑事审判二庭庭长、审判委员会委员，免去其晋江市人民法院刑事审判第二庭庭长职务

续表 3-24

次别	时间	任免人员
第二十次	2019 年 6 月 26 日	8.任命刘基荣为晋江市人民法院刑事审判一庭庭长，免去其晋江市人民法院刑事审判第一庭庭长职务 9.任命陈雁平为晋江市人民法院民事审判一庭庭长，免去其晋江市人民法院交通审判庭庭长职务 10.任命吴景芳为晋江市人民法院知识产权审判庭庭长，免去其晋江市人民法院磁灶人民法庭庭长职务 11.任命王清镇为晋江市人民法院青阳人民法庭庭长 12.任命曾育发为晋江市人民法院安海人民法庭庭长，免去其晋江市人民法院龙湖人民法庭庭长职务 13.任命陈永哲为晋江市人民法院磁灶人民法庭庭长，免去其晋江市人民法院刑事审判第二庭副庭长职务 14.任命蔡鸿铭为晋江市人民法院龙湖人民法庭庭长 15.任命谢远欣为晋江市人民法院金井人民法庭庭长，免去其晋江市人民法院青阳人民法庭副庭长职务 16.任命洪新民为晋江市人民法院立案庭副庭长，免去其晋江市人民法院民事审判第一庭副庭长职务 17.任命阮芳为晋江市人民法院刑事审判一庭副庭长，免去其晋江市人民法院东石人民法庭副庭长职务 18.任命刘向阳为晋江市人民法院刑事审判二庭副庭长，免去其晋江市人民法院刑事审判第一庭副庭长职务 19.任命张安腾为晋江市人民法院民事审判一庭副庭长，免去其晋江市人民法院安海人民法庭副庭长职务 20.任命冯洁为晋江市人民法院民事审判二庭副庭长，免去其晋江市人民法院民事审判第一庭副庭长职务 21.任命林文晋为晋江市人民法院民事审判二庭副庭长，免去其晋江市人民法院龙湖人民法庭副庭长职务 22.任命吴晓燕为晋江市人民法院生态环境审判庭副庭长，免去其晋江市人民法院刑事审判第二庭副庭长职务 23.任命李金玲为晋江市人民法院生态环境审判庭副庭长，免去其晋江市人民法院审判监督庭副庭长职务 24.任命许海民为晋江市人民法院青阳人民法庭副庭长，免去其晋江市人民法院执行庭副庭长职务 25.任命林海堤为晋江市人民法院陈埭人民法庭副庭长，免去其晋江市人民法院民事审判第二庭副庭长职务 26.任命施经营为晋江市人民法院安海人民法庭副庭长，免去其晋江市人民法院民事审判第二庭副庭长职务 27.免去吴庆锥晋江市人民法院副院长职务

续表 3-24

次别	时间	任免人员
第二十次	2019 年 6 月 26 日	28.免去贺张翡晋江市人民法院审判委员会委员、审判员职务 29.免去庄马炮晋江市人民法院审判委员会委员、民事审判第二庭庭长职务 30.免去姚加奖晋江市人民法院审判委员会委员、行政审判庭庭长职务 31.免去洪民强晋江市人民法院民事审判第一庭庭长职务 32.免去张慧玲晋江市人民法院知识产权庭庭长职务 33.免去吴铭清晋江市人民法院金融审判庭庭长职务 34.免去蔡佳民晋江市人民法院审判监督庭庭长职务 35.免去林荣业晋江市人民法院青阳人民法庭庭长职务 36.免去蔡忠楚晋江市人民法院安海人民法庭庭长职务 37.免去吴声坛晋江市人民法院金井人民法庭庭长职务 38.免去林荣宗晋江市人民法院立案庭副庭长职务 39.免去林萍晋江市人民法院刑事审判第一庭副庭长职务 40.免去胡谦晋江市人民法院执行庭副庭长职务 41.免去许逢其晋江市人民法院执行庭副庭长职务 42.免去禤汉夏晋江市人民法院陈埭人民法庭副庭长、审判员职务
第二十一次	2019 年 8 月 29 日	1.任命吴靖宇为晋江市人民政府办公室主任 2.任命李森建为晋江市公安局局长 3.任命柯发音为晋江市人力资源和社会保障局局长，免去其晋江市水利局局长职务 4.任命蒋东晓为晋江市水利局局长 5.任命施金钟为晋江市应急管理局局长 6.免去陈进福晋江市人民政府办公室主任职务 7.免去陈文荣晋江市公安局局长职务 8.免去黄胜鑫晋江市人力资源和社会保障局局长职务 9.免去曾国灿晋江市应急管理局局长职务 10.任命蔡韵清为晋江市监察委员会副主任 11.免去陈雄松晋江市监察委员会副主任职务 12.任命王文龙为晋江市人民检察院检察员、检察委员会委员、副检察长 13.任命许新报为晋江市人民检察院检察委员会委员 14.任命罗明芳为晋江市人民检察院检察委员会委员 15.免去郑金标晋江市人民检察院检察员职务 16.免去桂卓迎晋江市人民检察院检察员职务 17.免去施祖烈晋江市人民检察院检察员职务 18.免去蔡金益晋江市人民检察院检察员职务

续表 3-24

次别	时间	任免人员
第二十一次	2019 年 8 月 29 日	19.免去蔡金情晋江市人民检察院检察员职务 20.免去黄生本晋江市人民检察院检察员职务 21.免去许亚雯晋江市人民检察院检察员职务 22.免去杨得志晋江市人民检察院检察员职务 23.免去许竟峰晋江市人民检察院检察员职务 24.免去李志阳晋江市人民检察院检察员职务 25.免去胡燕江晋江市人民检察院检察员职务 26.免去陈连城晋江市人民检察院检察员职务 27.免去许剑波晋江市人民检察院检察员职务 28.免去李妮妮晋江市人民检察院检察员职务 29.免去蔡荧莹晋江市人民检察院检察员职务 30.免去苏瑛玉晋江市人民检察院检察员职务 31.免去许娟娟晋江市人民检察院检察员职务 32.免去王慧慧晋江市人民检察院检察员职务 33.免去张成宗晋江市人民检察院检察员职务 34.免去丁婷婷晋江市人民检察院检察员职务
第二十四次	2019 年 12 月 12 日	1.任命王龙头为晋江市监察委员会委员 2.任命黄进苹为晋江市监察委员会委员 3.免去蔡龙添晋江市监察委员会委员职务 4.免去翁洵钰晋江市监察委员会委员职务
第二十五次	2020 年 2 月 28 日	1.任命李森建为晋江市人民政府副市长 2.免去王文晖晋江市人民政府副市长职务 3.免去王海飞晋江市人民政府副市长职务 4.任命陈荣松为晋江市住房和城乡建设局局长 5.任命曾焕铁为晋江市人民政府信访局局长 6.免去蔡逸卿晋江市住房和城乡建设局局长职务 7.免去陈松柏晋江市人民政府信访局局长职务
第二十九次	2020 年 10 月 30 日	1.任命蔡文思为晋江市人大常委会办公室主任 2.任命蔡银青为晋江市人大常委会财政经济委员会主任，免去其晋江市人大常委会人事代表委员会主任职务 3.任命谢丽明为晋江市人大常委会内务司法委员会副主任 4.任命王鸿锦为晋江市人大常委会教育科学文化卫生委员会副主任 5.任命林楠为晋江市人大常委会华侨民族宗教委员会副主任 6.任命庄松龄为晋江市人大常委会梅岭街道工作委员会主任 7.免去陈锡岑晋江市人大常委会办公室主任职务 8.免去许燕辉晋江市人大常委会教育科学文化卫生委员会副主任职务 9.免去陈聪衍晋江市人大常委会梅岭街道工作委员会主任职务 10.任命蔡晖为晋江市文化和旅游局局长 11.免去柯国林晋江市文化和旅游局局长职务

续表 3-24

次别	时间	任免人员
第三十次	2020 年 11 月 24 日	1.任命苏紫燕为晋江市人民检察院检察员、检察委员会委员、副检察长 2.免去陈国明晋江市人民检察院检察委员会委员、检察员职务 3.免去陈紫凡晋江市人民检察院副检察长、检察委员会委员、检察员职务
第三十三次	2021 年 1 月 9 日	1.任命陈晶晶为晋江市人大常委会人事代表委员会主任 2.任命蔡伟达为晋江市商务局局长 3.免去蔡文卿晋江市商务局局长职务 4.任命庄如梅为晋江市人民检察院副检察长 5.免去许昔翻晋江市人民检察院副检察长职务
第三十四次	2021 年 3 月 5 日	1.任命陈元福为晋江市财政局局长 2.任命曾伙明为晋江市林业和园林绿化局局长 3.免去肖金树晋江市财政局局长职务 4.免去王清龙晋江市林业和园林绿化局局长职务 5.任命许逢其为晋江市人民法院生态环境审判庭庭长 6.任命沈雄华为晋江市人民法院审判员 7.任命王燕军为晋江市人民法院审判员 8.免去郭灿培晋江市人民法院生态环境审判庭庭长职务 9.任命郑劼为晋江市人民检察院检察员 10.任命吴晓敏为晋江市人民检察院检察员 11.任命韦新红为晋江市人民检察院检察员 12.任命林晓斯为晋江市人民检察院检察员 13.任命张月华为晋江市人民检察院检察员
第三十五次	2021 年 4 月 29 日	1.免去李岩芳晋江市人民法院审判员职务 2.免去郭法利、庄婉如、丁思力晋江市人民法院人民陪审员职务 3.免去黄挺进晋江市人民检察院检察委员会委员、检察员职务
第三十六次	2021 年 6 月 29 日	1.任命施纯玺为晋江市人大常委会罗山街道工作委员会主任 2.任命郭俊慨为晋江市人大常委会灵源街道工作委员会主任 3.任命施奕超为晋江市人大常委会新塘街道工作委员会主任 4.任命陈荣辉为晋江市人大常委会青阳街道工作委员会副主任 5.任命曾培镜为晋江市人大常委会新塘街道工作委员会副主任 6.免去王向阳晋江市人大常委会罗山街道工作委员会主任职务 7.免去林松庆晋江市人大常委会灵源街道工作委员会主任职务 8.免去林友栋晋江市人大常委会新塘街道工作委员会主任职务 9.免去洪鸿雁晋江市人大常委会青阳街道工作委员会副主任职务 10.免去蔡娜娜晋江市人大常委会灵源街道工作委员会副主任职务 11.免去刘铮铭晋江市人大常委会新塘街道工作委员会副主任职务 12.任命张清山为晋江市发展和改革局局长，免去其晋江市统计局局长职务

续表 3-24

次别	时间	任免人员
第三十六次	2021 年 6 月 29 日	13.任命周先进为晋江市民政局局长 14.任命陈英俊为晋江市自然资源局局长 15.任命张志友为晋江市市场监督管理局局长 16.任命许自央为晋江市统计局局长 17.免去吴靖宇晋江市人民政府办公室主任职务 18.免去许国鑫晋江市发展和改革局局长职务 19.免去吴丽婷晋江市民政局局长职务 20.免去蔡清渠晋江市自然资源局局长职务 21.免去叶荣聪晋江市市场监督管理局局长职务 22.免去黄婷婷晋江市人民法院审判员职务
第三十七次	2021 年 7 月 21 日	1.任命王也夫为晋江市人民政府副市长 2.任命陈传芳为晋江市人民政府副市长 3.任命庄怀璇为晋江市监察委员会副主任 4.任命洪志强为晋江市人民法院审判员、审判委员会委员、副院长 5.任命陈长达为晋江市人大常委会人事代表委员会副主任 6.任命陈俊毅为晋江市人大常委会财政经济委员会副主任 7.免去蔡文思晋江市人大常委会办公室主任职务 8.免去黄宁生晋江市人大常委会财政经济委员会副主任职务 9.任命蔡文思为晋江市人民政府办公室主任
第三十八次	2021 年 7 月 26 日	1.免去吴鸿斌晋江市交通运输局局长职务 2.任命曾国灿为晋江市监察委员会副主任 3.任命姚思明为晋江市监察委员会委员 4.任命苏远志为晋江市监察委员会委员 5.免去庄祖奇晋江市监察委员会副主任职务 6.免去谢东红晋江市监察委员会委员职务 7.免去黄进苹晋江市监察委员会委员职务
第三十九次	2021 年 8 月 10 日	1.任命郭培源为晋江市审计局局长 2.免去陈恩典晋江市审计局局长职务
第四十二次	2021 年 9 月 24 日	1.任命颜婉媚为晋江市人大常委会青阳街道工作委员会主任 2.任命洪志华为晋江市人大常委会灵源街道工作委员会副主任 3.免去许小卫晋江市人大常委会青阳街道工作委员会主任职务
第四十四次	2021 年 11 月 26 日	1.任命姚腾为晋江市人大常委会办公室主任 2.任命尤金榜为晋江市人大常委会农村经济委员会主任 3.任命洪明照为晋江市人大常委会教育科学文化卫生委员会主任 4.任命朱文育为晋江市人大常委会环境与城镇建设委员会主任 5.免去李蔚民晋江市人大常委会办公室副主任职务 6.免去林明捷晋江市人大常委会农村经济委员会主任职务 7.免去施正琛晋江市人大常委会教育科学文化卫生委员会主任职务 8.免去陈晓辉晋江市人大常委会环境与城镇建设委员会主任职务

续表 3-24

次别	时间	任免人员
第四十四次	2021 年 11 月 26 日	9.任命施正琛为晋江市教育局局长 10.任命范飞跃为晋江市司法局局长 11.任命黄清泉为晋江市交通运输局局长，免去其晋江市城市管理局局长职务 12.任命柯荣锻为晋江市应急管理局局长 13.任命王景珊为晋江市城市管理局局长 14.免去陈建生晋江市教育局局长职务 15.免去许嘉丰晋江市司法局局长职务 16.免去施金钟晋江市应急管理局局长职务 17.免去曾焕铁晋江市人民政府信访局局长职务 18.免去庄马炮晋江市人民法院审判员职务

七、晋江市第十八届人大常委会人事任免（2022 年起）

2022 年起晋江市第十八届人大常委会人事任免情况一览表

表 3-25

次别	时间	任免人员
第一次	2022 年 2 月 22 日	1.任命蔡文思为晋江市人民政府办公室主任 2.任命张清山为晋江市发展和改革局局长 3.任命施正琛为晋江市教育局局长 4.任命蒋家兴为晋江市科学技术局局长 5.任命林永红为晋江市工业和信息化局局长 6.任命李森建为晋江市公安局局长 7.任命周先进为晋江市民政局局长 8.任命范飞跃为晋江市司法局局长 9.任命陈元福为晋江市财政局局长 10.任命柯发音为晋江市人力资源和社会保障局局长 11.任命陈英俊为晋江市自然资源局局长 12.任命陈荣松为晋江市住房和城乡建设局局长 13.任命黄清泉为晋江市交通运输局局长 14.任命李友加为晋江市农业农村局局长 15.任命曾伙明为晋江市林业和园林绿化局局长 16.任命蒋东晓为晋江市水利局局长 17.任命蔡伟达为晋江市商务局局长 18.任命蔡晖为晋江市文化和旅游局局长 19.任命纪刚宏为晋江市卫生健康局局长 20.任命王奇志为晋江市退役军人事务局局长 21.任命柯荣锻为晋江市应急管理局局长 22.任命郭培源为晋江市审计局局长

续表 3-25

次别	时间	任免人员
第一次	2022 年 2 月 22 日	23.任命张志友为晋江市市场监督管理局局长 24.任命许紫竹为晋江市体育局局长 25.任命许自央为晋江市统计局局长 26.任命刘向阳为晋江市金融工作局局长 27.任命王景珊为晋江市城市管理局局长 28.免去柯丽专晋江市人民法院审判员职务 29.免去许天谋晋江市人民检察院检察员职务
第二次	2022 年 4 月 28 日	1.任命施嘉奕为晋江市卫生健康局局长 2.免去纪刚宏晋江市卫生健康局局长职务
第四次	2022 年 8 月 30 日	1.任命黄建辉为晋江市人民政府副市长、晋江市公安局局长 2.免去李森建晋江市人民政府副市长、晋江市公安局局长职务 3.任命陈永固为晋江市人民法院副院长 4.任命苏晓瑜为晋江市人民法院审判委员会委员 5.任命陈永哲为晋江市人民法院审判委员会委员 6.任命苏友庆为晋江市人民法院审判委员会委员 7.任命郭蕾为晋江市人民法院审判员 8.任命吴国梁为晋江市人民法院审判员 9.任命魏维平为晋江市人民法院审判员 10.任命钟娴英为晋江市人民法院审判员 11.任命刘青为晋江市人民法院审判员 12.免去谢远欣晋江市人民法院金井人民法庭庭长、审判员职务 13.免去王佩玉晋江市人民法院审判员职务 14.任命许新报为晋江市人民检察院副检察长 15.任命詹雅须为晋江市人民检察院检察委员会委员 16.任命吴雅芳为晋江市人民检察院检察委员会委员 17.任命洪凯岑为晋江市人民检察院检察员 18.任命温佳芸为晋江市人民检察院检察员 19.任命刘晶晶为晋江市人民检察院检察员 20.免去曾文聪晋江市人民检察院检察委员会委员职务 21 免去吴银鹏晋江市人民检察院检察委员会委员职务 22.免去黄华安晋江市人民检察院检察员职务
第五次	2022 年 10 月 28 日	1.任命吴尊意为晋江市人民政府副市长 2.免去赖有为晋江市人民政府副市长职务 3.任命林景锋为晋江市发展和改革局局长 4.任命蔡婉湞为晋江市人民政府信访局局长 5.免去张清山晋江市发展和改革局局长职务 6.任命张小燕为晋江市人民法院副院长、审判委员会委员、审判员 7.任命杨明护为晋江市人民法院刑事审判二庭庭长，免去其晋江市人民法院陈埭人民法庭庭长职务 8.任命洪民强为晋江市人民法院民事审判二庭庭长

续表 3-25

次别	时间	任免人员
第五次	2022 年 10 月 28 日	9.任命曾育发为晋江市人民法院陈埭人民法庭庭长，免去其晋江市人民法院安海人民法庭庭长职务 10.任命蔡鸿铭为晋江市人民法院安海人民法庭庭长，免去其晋江市人民法院龙湖人民法庭庭长职务 11.任命李金玲为晋江市人民法院磁灶人民法庭庭长，免去其晋江市人民法院生态环境审判庭副庭长职务 12.任命洪新民为晋江市人民法院东石人民法庭庭长，免去其晋江市人民法院立案庭副庭长职务 13.任命冯洁为晋江市人民法院龙湖人民法庭庭长，免去其晋江市人民法院民事审判二庭副庭长职务 14.任命曾摩托为晋江市人民法院金井人民法庭庭长，免去其晋江市人民法院刑事审判一庭副庭长职务 15.任命张安腾为晋江市人民法院刑事审判一庭副庭长，免去其晋江市人民法院民事审判一庭副庭长职务 16.任命丁钊珑为晋江市人民法院民事审判一庭副庭长，免去其晋江市人民法院东石人民法庭副庭长职务 17.任命吴晓燕为晋江市人民法院民事审判二庭副庭长，免去其晋江市人民法院生态环境审判庭副庭长职务 18.任命赖珊珊为晋江市人民法院生态环境审判庭副庭长，免去其晋江市人民法院青阳人民法庭副庭长职务 19.任命施经营为晋江市人民法院生态环境审判庭副庭长，免去其晋江市人民法院安海人民法庭副庭长职务 20.任命陈凯思为晋江市人民法院青阳人民法庭副庭长 21.免去陈永固晋江市人民法院刑事审判二庭庭长职务 22.免去陈永哲晋江市人民法院磁灶人民法庭庭长职务
第六次	2022 年 12 月 15 日	1.任命王礼财、王春霞、王奕琦、叶兴灿、吕心眉、吕清建、朱文哲、庄艺鹏、刘海明、许文市、许文群、许明仪、许金成、许承勇、苏义阡、苏文钻、苏金保、李乐镇、李智贤、吴小峰、吴火清、吴建根、吴景荣、吴嘉晓、吴镜清、汪磊、张太山、张少华、张加明、陈传焕、陈丽丽、陈金星、陈春银、陈春燕、陈桂珠、林美满、林家容、周建干、周燕君、郑长安、柯连丁、柯清练、施金宝、施培林、洪永强、洪凯荣、洪锦民、姚伟志、高红红、郭晓阳、黄伟民、黄秋永、黄敬杯、黄嘉胜、曹强、曾华浦、曾珊珊、曾荣权、谢芬、蔡美丽等 60 人为晋江市人民法院人民陪审员，任职期限五年 2.免去吴育苗、陈碧华、张小龙晋江市人民法院人民陪审员职务 3.免去黄小燕晋江市人民法院审判员职务 4.免去舒旋晋江市人民法院审判员职务 5.免去陈长恩晋江市人民法院审判员职务 6.免去曾文聪晋江市人民检察院检察员职务

第六节 人大代表工作

做好代表工作，充分发挥代表作用，是完善人民代表大会制度，体现人民当家作主的重要内容，也是地方人大开展工作和行使职权的重要基础。

一、晋江市第十三届人大常委会人大代表工作（2002—2004年）

晋江市第十三届人大常委会重视发挥人大代表的执政主体作用，依靠代表做好人大工作。做到“五个抓”。一抓学习。加强代表的政治思想建设、代表责任意识建设、业务素质建设，提高代表的整体素质。二抓制度。建立代表联系选民、小组活动、评议工作等制度，创新与形势发展相适应的方法措施。三抓重点。每年围绕经济建设和社会事业发展、民主法制建设、社会稳定、重大决策等重点，制订常委会工作要点和代表活动计划，组织代表开展活动。四抓指导。加强对镇人大主席团工作的指导，逐步规范镇人大主席团工作。每年召开两次镇人大主席团工作会议，总结交流工作经验。组织培训人大干部和人大代表，开展“双先双优”评选活动，推进全市人大代表工作。五抓服务。拓展代表知情知政和参与管理国家事务的渠道，为代表履行职务提供组织、法律等保障。五年来，先后组织各级人大代表参加各种政务和司法活动919人次。重视落实代表建议，密切联系群众。市十三届人大一次会议至五次会议期间，共收到代表提出的建议、批评和意见522件，涉及晋江市经济发展和社会事业各个方面。常委会认真组织交办，做好跟踪落实、反馈和复查工作。对事关全局且民意集中的意见建议，组织对办理情况进行视察。五年来，代表对办理情况的平均满意、基本满意率为96.86%。建立常委会组成人员挂钩联系片区及联系代表制度，深入基层调研、走访，召开代表座谈会，倾听代表、群众的意见。如在晋江防洪堤外移工程建设中，712户动迁户强烈反映补偿标准偏低。常委会对此组织调研对群众反映的问题认真分析，召开主任（扩大）会议专题研究，提出建议，促使市政府重新调整拆迁补偿标准，既维护了群众利益，又保证了防洪堤外移工程拆迁工作的顺利进行。坚持于法周全，搞好换届选举。五年来，组织进行了两次镇人大换届选举和2003年市级人大换届选举。在换届选举中，坚持党的领导，充分发扬民主，严格依法办事，把换届选举工作作为增强选民民主意识，推进政治文明建设的重要工作。工作中，注重把好选区划分和代表名额分配、选民登记、酝酿协商确定代表候选人、投票选举等环节，做到组织指导到位、宣传发动到位、法定程序到位。根据新形势下的新特点和出现的新情况，认真学习，努力提高工作水平。通过换届选举，进一步加强基层政权建设，广大选民也受到了现实生动的民主法制教育。

2002年，常委会重点围绕三个方面抓好代表工作：一是拓宽代表知情知政和参与监督渠道，积极为代表执行职务提供组织保障。按时向代表寄送各级人大刊物，组织代表学习，提高代表素质。认真组织省、泉州市人大代表参加省、泉州市人代会，参加执法检查和工作视察活动，邀请市人大代表列席人大常委会会议。一年来，推荐代表参加有关党务政务活动共218人次。二是督促办好代表建议。市十三届人大四次会议闭会后，即组织对会议期间代表提出的99件建议进行分类交办，要求承办单位办理人大代表建议要做到"三从""三早""两确保"，即从坚持和完善人民代表大会制度、从遵守和维护法律尊严、从实践"三个代表"重要思想的高度出发，提高对办理工作的认识，力求做到早安排、早部署、早办理，确保领导、精力、措施三到位，确保办理收到实效。在征求代表对办理工作的意见后，对代表表示不满意的15件建议重新交办，并要求承办单位汇报办理情况，分析、说明存在的问题。三是加强对镇人大主席团的工作指导。重点指导各镇开展人大代表向选民述职、接受选民评议工作，加强对代表履职情况的监督。2002年7月26日，在深沪镇后山村成功地召开选民听取、评议代表述职大会；开展对镇人大主席团工作的"双先双优"评选活动。2002年3月，评出1999—2001年先进镇人大主席团6个、先进人大代表小组21个、优秀人大代表35名、优秀人大工作者15名。及时收集镇人大主席团工作及代表小组活动季度报表，定期检查、综合分析、逐步规范、推进工作，从而使各镇人大主席团工作做到"五围绕"，实现"五个新"。即围绕经济建设，依法履行职责，协助政府推动工作有新起色；围绕法制建设，加强法制宣传，推进依法治镇工作有新进展；围绕监督职权，积极开拓创新，加大监督力度有新突破；围绕代表工作，注重活动质量，发挥代表作用有新举措；围绕自身建设，践行"三个代表"重要思想，整体素质有新提高。

二、晋江市第十四届人大常委会人大代表工作（2004—2006年）

晋江市第十四届人大常委会认真做好代表工作。一是加强代表学习培训工作，组织全体市人大代表进行了2次培训；提高代表活动经费标准，为代表开展活动提供条件；为代表订阅《晋江经济报》，编印《人大代表参阅》，为代表履职提供知情知政服务；分别组织部分代表到安溪县、南安市开展异地视察，拓宽代表视野；每年召开两次全市镇（街道）人大工作座谈会，组织到各镇、街道召开代表座谈会，征求代表意见；推行代表接访群众和人大代表向选民述职工作；常委会会议邀请部分代表列席已形成制度；组织代表参加常委会开展的各种视察、执法检查、评议、调研等活动，定期组织代表旁听法庭庭审，拓展代表参与管理国家事务的渠道。共组织及推荐各级人大代表1100多人次参与党务、人大、政务等活动；加强对镇人大主席团工作的指导，定期形成关于各镇人大主席团和代表小组季度工作及活动的分析材料。二是开展"双先双优"评选，评选出先进镇人大主席团5个、先进街道人大工委1个、先进人大代表小组13个、优秀人大代表33名、优秀人大工作者19名；经市委同意，在市区6个街道成立后，及时成立街道人大工作委员会，负责辖区内人大代表的联系、服务，组织开展代表活动和人大工作。三是通过召开交办会、听取汇报、现场视察、征求代表意见、组织检查重点建议办理情况、不满意件重新交办等措施，督促“一府两院”加大办理工作力度，认真落实和解决代表建议提出的有关问题。据统计，市十四届人大一次、二次、三次会议的代表建议共511件，办理工作满意率和基本满意率达95.30%，不满意率4.70%，一些热难点问题得到有效解决。如市十三届人大三次会议上代表提出关于治理九十九溪下游严重内涝的议案以来，常委会每年组织工程进度的视察检查，议案已取得显著的办理成果，仅河道整治即完成投资18159万元，整治成效已经显现，市十四届人大三次会议关于盘活存量用地的决议一作出，市政府及有关职能部门立即行动，制定了加强土地管理工作的方案和存量用地清理工作方案，市政府出台了《关于全面加强土地管理工作的决定》及9份相关配套文件，全市组织开展了闲置土地清理和违法建设整治活动。针对代表提出的《关于建立以大病统筹为主的新型农村合作医疗制度》的建议，市政府在全市组织启动了新型农村合作医疗工作。

2004年，市人大常委会在换届后及时举办了新一届人大代表培训班，进行人大知识培训。组织部分代表到安溪县开展异地视察，拓宽代表视野。加强对基层人大代表工作的指导，召开全市镇（街道）人大工作座谈会，交流工作经验，理清工作思路，探讨新时期人大代表工作的新途径和新办法。到各镇、街道召开代表座谈会，就“坚持和完善人大制度，加强和改进人大工作，解决人大工作中存在的问题”征求代表的意见和建议。为指导全市代表述职活动的开展，转发《中共磁灶镇委员会批转磁灶镇人大主席团关于开展人大代表述职评议试点工作意见的通知》，推动代表述职活动的深入开展。组织6次代表视察和执法检查、3场代表旁听法庭庭审活动，每次常委会会议均邀请部分代表列席，推荐各级人大代表参与各种党务、人大、政务活动195人次，进一步拓宽代表知情知政渠道。为加强代表的教育管理工作，保证代表的合理布局和人大工作的正常开展，制定出台并实施《晋江市人民代表大会代表辞职的暂行规定》，接受了2位代表因调整工作岗位辞去代表职务的请求。为促进基层人大工作的有序开展，在市区六个街道设立了人大工作委员会，作为市人大常委会的派出机构，具体负责辖区内人大代表的联系和服务，组织开展代表活动和人大工作。市十四届人大一次会议收到代表建议、批评和意见184件，是自1992年以来数量最多的一年，质量也有明显提高。常委会加强协调、督办工作，规范代表建议办理方式、办理时限和答复行文。通过召开交办会、听取汇报、现场视察、征求代表意见、组织检查重点建议办理情况、不满意件重新交办等形式，督促政府加大办理工作力度，认真落实和解决代表建议提出的有关问题。据统计，代表对办理工作的满意率和基本满意率为97.30%，不满意率为2.70%。市十四届人大二次会议期间，代表共提出建议192件，是10余年来最多的一年。

2005年常委会严格按照有关规定规范办理程序，认真抓好代表建议办理的督促反馈，实行定期通报，抓好跟踪落实。先后组织听取市政府关于市十三届人大三次会议议案和市十四届人大二次会议建议办理情况汇报，召开代表建议办理不满意件重新交办会，组织对4件重点建议办理情况进行检查，促进建议办理工作的落实。经征求代表意见，代表对办理情况表示满意的82件，占42.70%，基本满意的100件，占52.10%，不满意的10件，占5.20%。代表建议的办理更加注重实效，做到领导、沟通、答复和督查四到位，总体质量有所提高，解决了一些社会普遍关注的问题。如在办理《关于建立专项抢救资金、解决“三无”病人医疗救治费用的建议》中，市政府召开专题会议研究部署，出台《关于“三无”病人应急医疗救治及有关医疗技术鉴定经费使用管理办法》，明确各有关部门职责，开辟救治绿色通道，市财政拨出100万元作为设立医疗救治基金的启动资金，并纳入每年财政预算。在办理“建立以大病统筹为主的新型农村合作医疗制度的建议”中，市政府经反复调研、论证，编制了《晋江市2006年度新型农村合作医疗试点工作的实施意见》和《晋江市2006年度新型农村合作医疗试点工作管理办法》，已开始启动，并决定力争2006年底参合率达65%以上。常委会还组织好闭会期间的代表活动，继续完善代表向选民述职工作和代表培训、列席常委会会议、旁听法院庭审等制度，组织代表参加常委会开展的各种视察、执法检查、评议、调研等活动，组织晋江的泉州市人大代表开展异地视察。2005年，共组织和推荐代表参加党委、人大、“一府两院”组织的有关活动358人次，努力拓宽代表知情知政和参与监督渠道。为推进基层人大代表工作，常委会组成人员到各镇、街道分别召开了有全体市人大代表参加的座谈会，征求代表意见和建议，进一步调动和发挥代表履职积极性。召开两次镇（街道）人大工作会议，探讨工作，交流经验，加强对镇人大工作的指导和对街道人大工作的领导。

2006年的市、镇两级人大代表同步换届选举中，常委会按照省委、泉州市委的工作部署，在市委的领导下，围绕“通过换届选举，选举产生素质较高、结构较合理的市第十五届人民代表大会代表和新一届镇级人民代表大会代表”这一目标，认真把握好选区划分和代表名额分配、选民登记、酝酿协商确定代表候选人、投票选举等环节，做到工作力量到位、组织指导到位、宣传发动到位、调查研究到位、法定程序到位，努力实现坚持党的领导、充分发扬民主、严格依法办事的有机统一，保证了选举工作的依法有序进行，加强了基层民主政治建设，使广大选民受到了一次现实生动的民主法制教育。全市共选出市第十五届人大代表319名，镇级人大代表1022名。

三、晋江市第十五届人大常委会人大代表工作（2007—2011 年）

晋江市第十五届人大常委会认真贯彻中央〔2005〕9 号文件精神，按照提高素质、完善制度、规范活动、提供保障的总体要求，进一步加强和改进代表工作，努力为代表执行职务、开展活动创造条件，充分发挥代表主体作用。一是加强代表培训。坚持把学习培训作为提高代表素质的重要工作。5 年来，共举办 10 期省、泉州、晋江市三级人大代表履职培训班，内容涉及人民代表大会制度、《中华人民共和国宪法》、《中华人民共和国监督法》、《中华人民共和国预算法》、"海西"建设、"十二五"规划等方面知识。坚持向代表赠阅《人民政坛》《晋江人大》《晋江经济报》等报刊资料，定期编印《人大代表参阅》，拓展代表了解全市经济社会发展和常委会主要工作情况的渠道，代表的履职能力和水平得到提高，依法履职的责任感和使命感不断增强。二是搭建履职平台。扩大代表对常委会工作的参与。5 年来，共邀请代表列席常委会会议，参加执法检查、视察、调研等活动近 2500 人次。继续探索代表述职的有效形式，共有 5 名泉州市人大代表在市人大常委会上述职，36 名市人大代表向选区选民述职。组织代表围绕经济社会发展大局开展专题调研，努力为代表履行职务创造有利条件。支持引导代表参与法院民商事案件调解、绿洲公园"齐民林"树木认植认养等活动，较好地发挥人大代表的模范带头和桥梁纽带作用。三是督办落实建议。组织交办市十五届人大历次会议的代表建议 950 件，将 25 件建议列为重点建议进行重点督办。通过会议交办、听取汇报、实地视察、跟踪督办等方式推进建议的办理落实。对办理工作不到位、代表表示不满意的，责成有关承办单位重新办理，努力使代表建议相关内容落到实处。经过市政府及各承办单位的共同努力，办理工作取得了较好成效，代表满意率、基本满意率达 98.39%。

2007 年，市人大常委会健全完善常委会组成人员联系代表、代表联系选民、代表列席常委会会议、代表旁听法庭庭审等制度，扩大代表对常委会各项活动的参与，一年来，邀请代表参与有关活动 800 多人次。首次组织晋江市的全国、省、泉州市三级人大代表开展集体视察活动，组织晋江的泉州市人大代表到安溪就"加强乡镇卫生院建设，建立和完善新型农村合作医疗制度"进行专题调研，积极探索异地视察和专题调研相结合的路子。继续探索代表向选民述职工作，增强代表履行职务的意识，在罗山许坑市级选区和磁灶镇级教育选区分别组织新一届市、镇人大代表的首场述职活动。同时，引导代表积极参与法庭民商事案件调解、劳务纠纷处理、群体性事件处理、新农村建设、移风易俗、慈善捐赠、建立生育关怀基金等工作，进一步发挥代表在构建和谐社会中的桥梁纽带作用。常委会着力对代表加强培训服务，着力提高代表素质，通过举办法律辅导讲座、组织代表小组专题学习、人代会前集中培训等三种方式，分层次、有计划、有重点地加强培训工作，提高代表素质，增强履职能力；通过每半年召开一次代表座谈会，及时向代表通报常委会工作和活动情况。为代表订阅寄送《晋江经济报》《人民政坛》等报刊，编发《人大代表参阅》等学习资料，拓宽代表知情知政渠道；通过依法保障代表的言论免责权、人身特别保护权等权利，要求各有关部门为代表执行职务提供便利，代表所在单位要为代表执行职务提供必要的时间和服务保障（非公职人员的代表参加活动，均按规定发放误工补贴。），强化法律和服务保障。常委会认真督办落实建议，积极加强与市政府及各承办单位的联系和协调，通过召开交办会、听取汇报、现场视察、征求代表意见、不满意件重新交办等措施，督促“一府两院”加大办理工作力度，认真落实和解决代表建议提出的有关问题，增强了代表的履职信心和责任意识。常委会始终强调“办理不等于办结，答复不等于落实”，突出督办重点，加强跟踪监督，努力推动代表建议办理水平进一步提高，促使具体问题得到解决。经过认真筛选和充分讨论，将《关于加强饮用水资源保护的建议》《关于进一步完善被征地农民保障措施的建议》《关于加快实施沿海防护林更新改造工作的建议》《关于校园安全和周边环境问题的建议》《关于强化交通事故多发路段安全管理工作的建议》等5件事关民生、群众反映比较强烈、具有代表性的建议确定为重点建议，重点抓好督办落实。先后两次听取重点建议办理落实情况报告，组织对重点建议办理情况进行实地检查，增强了办理实效。市十五届人大一次会议以来，代表提出的163件建议（其中闭会期间6件）已全部办理答复完毕，经征求代表意见，满意率和基本满意率为97%。

2008年，市人大常委会着力健全和完善常委会组成人员联系代表、代表联系选民、代表列席常委会会议、代表旁听法庭庭审等制度，扩大代表对常委会各项活动的参与，全年共组织、邀请各级代表参与各种活动800多人次。积极探索闭会期间代表活动的组织形式，组织晋江市的全国、省、泉州市三级人大代表开展“经济社会发展情况”集体视察活动，组织晋江的泉州市人大代表到惠安就“惠安县产业结构调整情况”进行专题调研。积极探索代表向选民述职活动，增强代表自觉接受选民监督的责任意识，全年共有58名市、镇两级人大代表向原选区选民述职。支持市人民法院邀请人大代表参与诉讼调解工作，全年共有133名各级人大代表参与近300起民商事案件调解，其中调解成功239起，调解后撤诉结案35起，取得良好的法律效果和社会效果。常委会通过集中培训、组织代表小组专题学习、发放资料个人自学等多种方式，分批次、有计划、有重点地加强代表培训，提高代表素质，增强履职能力。常委会领导下基层分5片召开代表座谈会，及时向代表通报常委会工作情况，听取代表对常委会工作的意见建议，并认真汇总分析，着手进行整改。为代表订阅寄送《人民政坛》《晋江人大》《晋江经济报》等报刊资料，定期编发《人大代表参阅》等学习材料，便于代表及时了解经济社会发展和人大工作情况。按照《代表法》和中央9号文件等有关规定，常委会认真落实保障代表的言论免责权等权利，同时要求各有关部门为代表执行职务提供便利，代表所在单位要为代表执行职务提供必要的时间和服务保障。非公职人员的代表参加活动，均按规定发放误工补贴。常委会注重代表建议督办实效。常委会坚持“办理不等于办结，答复不等于落实”的理念，通过召开交办会、听取汇报、现场视察、征求代表意见、不满意件重新交办等措施，督促市政府及有关承办单位加大办理工作力度，认真落实和解决代表建议提出的有关问题。对市十五届人大二次会议代表提出的179件建议进行认真筛选，将《关于进一步加大对被征地农民生活保障力度的建议》等6件群众反映比较强烈、具有代表性的建议确定为重点建议，两次听取重点建议办理落实情况的专题报告，结合组织实地检查，对办理过程中存在的问题再次提出整改意见。截至2008年12月，市十五届人大二次会议代表提出的179件建议已由市政府及有关承办单位全部答复代表，满意率和基本满意率达到97.80%。评选和表彰了一批代表优秀建议和办理工作先进单位，进一步调动了代表提议案、建议和“一府两院”办理代表议案、建议的积极性，从而提高了代表议案、建议和办理工作的质量。

2009年，市人大常委会继续推行代表述职制度，全年共有8个镇（街道）的24名市级人大代表和76名镇级人大代表向选民述职。坚持代表联系制度，常委会组成人员下基层分片召开5场代表座谈会，及时向代表通报常委会工作情况，征求代表的意见建议，不断改进常委会工作。探索代表履职激励机制，组织开展评选“晋江市2007—2009年度先进市人大代表小组、优秀市人大代表、优秀人大工作者”活动，表彰了5个先进市人大代表小组、34名优秀市人大代表、21名优秀人大工作者。积极探索闭会期间代表活动的组织形式和活动方式，不断扩大代表对常委会工作的参与，全年共邀请代表列席常委会会议，参与常委会组织的调研、视察、检查等活动500多人次。委托各镇人大主席团、街道人大工委组织市人大代表围绕“保增长、保民生、保稳定”和推进海峡西岸经济区建设进行专题调研，为人大代表履行职责创造条件。支持代表在推动科学发展、促进社会和谐中积极发挥作用。如，继续支持人大代表参与法院的民商事诉讼调解工作，进一步发挥“司法功夫茶”的作用，全年共有499名各级人大代表参与1197起案件调解，其中调解成功1089起，成功率达91%，取得了良好的法律效果和社会效果。把加强代表培训作为支持代表依法履职的重要基础，注重增加培训次数、拓展培训对象、丰富培训内容，全年举办了3期省、泉州、晋江市三级人大代表履职培训班，内容涉及科学发展观、宪法、人民代表大会制度基本知识。通过学习培训，使代表们较好地了解和掌握人民代表大会制度的内涵和特点、代表的权利和义务、代表履职的主要知识和基本要求，同时也增强了代表依法履职的责任感和使命感。积极拓宽代表知情知政渠道，坚持向市人大代表赠阅《人民政坛》《晋江人大》《晋江经济报》等报刊资料，定期编印《人大代表参阅》，便于代表及时了解全市经济社会发展和常委会主要工作情况。加大代表建议的督办力度。组织交办市十五届人大三次会议的228件代表建议，确定“关于加强基层派出所和巡逻队伍建设，降低‘两抢一盗’发案率的建议”等5件建议为代表重点建议，进行重点督办。在坚持召开交办会、听取汇报、现场视察、不满意件重新交办等做法的同时，通过组织对代表重点建议落实情况“回头看”检查的形式，切实加大对代表建议的督办力度，推动代表建议涉及问题的解决。结合听取专项工作报告，要求市政府及有关承办单位把办理代表建议作为一项政治任务和“法定作业”，进一步加强领导，落实责任，强化措施，注重效果，切实抓好代表不满意件的办理落实，确保代表建议“件件有着落、事事有回音”。

2010年，市人大常委会高度重视提高代表依法履职的能力，全年举办2期省、泉州、晋江市三级人大代表履职培训班，内容涉及预算法、“海西”建设等方面知识。继续向代表赠阅《人民政坛》《晋江人大》《晋江经济报》等报刊资料，定期编印《人大代表参阅》，拓展代表了解全市经济社会发展和常委会主要工作情况的渠道，代表的理论水平和履职能力得到提高，依法履职的责任感和使命感不断增强。常委会重视为代表履职提供服务、创造条件、搭建平台。坚持和完善代表列席常委会会议等制度，全年共邀请代表列席常委会会议，参加执法检查、视察、调研等活动近600人次，扩大代表对常委会工作的参与。指导各镇人大主席团、街道人大工委组织市人大代表围绕发展大局开展专题调研，为代表知情知政、履行职务创造条件。继续探索代表述职的有效形式，有5名泉州市人大代表首次在市人大常委会上述职，有19名市人大代表向选区选民述职。组织代表积极参与绿洲公园“齐民林”树木认植认养，努力为晋江城市绿化添砖加瓦。常委会组织交办市十五届人大四次会议的201件代表建议，将“放宽晋江农村区城石结构房屋翻建”“加强‘菜篮子’卫生安全监督管理”“稳步推进石材行业规范发展”“加快发展和建设养老院”等4件建议列为重点建议进行重点督办。通过会议交办、听取汇报、实地视察、跟踪督办等方式推进建议办理落实，对办理工作不到位、代表表示不满意的，责成有关承办单位重新办理，努力使代表的意见和要求落到实处。经过市政府及各承办单位的共同努力，办理工作取得了较好成效，其中代表表示满意的97件，占48.26%；表示基本满意的100件，占49.75%。对4件代表表示不满意的建议要求有关承办单位加强与代表的沟通，继续做好办理与解释工作。

四、晋江市第十六届人大常委会人大代表工作（2012—2016年）

晋江市第十六届人大常委会牢固树立代表主体意识，努力为代表执行职务、开展活动创造条件，充分发挥代表主体作用。一是指导开展活动。按照“六个有”（有活动场所、有醒目牌子、有规章制度、有具体计划、有专人负责、有档案记录）要求，在全市19个镇（街道）设立“人大代表之家”，为代表履职学习、联系选民、开展活动、沟通交流提供固定性、经常性平台，认真执行代表联系群众制度，代表的桥梁纽带作用进一步发挥。深化代表述职活动，规范述职内容、方法、步骤及相关要求、共有290名市级人大代表向选区选民述职。组织代表开展异地调研和专题视察，为代表审议大会各项工作报告、提出高质量的议案建议创造条件。二是搭建履职平台。健全完善常委会组成人员联系代表制度，要求组成人员联系走访基层一线市人大代表，了解代表情况，征求代表意见。坚持邀请代表列席常委会会议和参加有关活动制度，5 年来共邀请 2950 人次的代表列席会议和参加有关活动。改进代表培训方式，首次组织晋江的泉州市人大代表参加全国人大培训班，举办 9 期省、泉州、晋江市人大代表培训班，代表履职能力有了新的提高。拓宽代表知情知政渠道，推进服务代表的信息系统建设，切实保障代表履职。始终把法律和纪律挺在前面，及时启动法律程序，依法许可司法机关对 4 名涉嫌违法的人大代表采取司法强制措施，维护了代表的纯洁性、先进性。三是督办落实建议。完善常委会领导牵头督办、委办对口督办、相关工作机构统筹督办相结合的工作机制，督促政府部门加强与代表的沟通联系，提高办理质量，推动问题解决。注重建议督办与履职行权的有效结合，听取建议办理工作情况报告，组织对不满意件进行重新交办，检查重点建议办理落实情况，推动建议办理由“被满意”向“真满意”转变。通过有关方面的共同努力，所有建议均在法定时间内办理完毕并书面答复代表，代表建议涉及的农村石结构房屋翻建、医疗机构停车收费、被征地人员养老保险等问题得到妥善解决，代表满意率由 2012 年的 58.90%提高到 2016 年的 76.90%。

2012 年，市人大常委会加强走访联系，引导代表发挥作用。建立完善常委会组成人员走访联系代表制度，根据《晋江市人大常委会关于进一步完善市人大常委会组成人员联系人大代表制度的意见》，常委会组成人员加强与代表联系，了解代表工作、生活和履职情况，听取代表对人大和“一府两院”工作的意见建议。32 位常委会组成人员按照要求，定期或不定期地重点走访 160 名市级人大代表。通过多种途径，进一步增进常委会组成人员与代表的密切联系，及时了解并协调解决代表在具体工作和执行职务过程中遇到的困难和问题，增强代表的责任感和使命感。常委会坚持把学习培训作为提高代表素质的重要工作，举办 2 期省、泉州、晋江市三级人大代表履职培训班，内容涉及人民代表大会制度、宪法、地方组织法、代表法等方面知识。坚持向代表赠阅《人民政坛》《晋江人大》《晋江经济报》等报刊资料，定期编印《人大代表参阅》，拓展代表了解全市经济社会发展和人大主要工作情况的渠道。扩大代表对常委会工作的参与，邀请代表列席常委会会议，参加执法检查、视察、调研等活动 500 多人次，人均达到 1.5 人次。组织代表围绕经济社会发展大局开展专题调研，努力为代表履行职责搭建平台、提供条件。常委会将代表建议的办理落实作为激发代表履职动力的一项重要工作来抓，组织交办市十六届人大一次会议的代表建议178 件，将“关于要求加快各组团安置房建设和加强安置房建筑质量监督的建议”“关于切实保障中小学及幼儿园学生交通安全的建议”“关于加强市区水系整治的建议”“关于加强市区道路交通管理的建议”等 4 件建议列为重点建议。通过会议交办、听取汇报、实地检查等方式推进建议办理工作，确保件件有落实，事事有回音。对办理不到位、代表不满意的，责成有关承办单位重新办理，努力使代表建议相关内容落到实处。经过市政府及承办单位的共同努力，办理工作取得了较好成效，代表满意率、基本满意率达到100%，一批代表关注、群众关心的难点、热点问题得到妥善解决。

2013年，市人大常委会组织交办市十六届人大二次会议的代表建议169件，确定了“关于进一步优化晋江公共交通线路的建议”“关于进一步强化物业管理的建议”“关于发展晋江市养老服务业的建议”“关于在安置房回迁过程中留足城乡社区公共管理配套用房的建议”“关于完善世纪大道交通设施的建议”等5件重点建议。通过听取汇报、实地视察、跟踪督办等方式，促进建议办理从“就事论事”向“整体推进”，从“答复满意”向“结果满意”转变。经过市政府及承办单位的共同努力，办理工作取得了良好成效，代表满意率、基本满意率达到100%。常委会不断丰富代表视察、调研的形式与内容，指导代表小组围绕“经济社会发展”“城市改造建设”等专题集中视察，首次组织本级人大代表开展异地专题调研，帮助代表拓宽视野，为参会审议报告、提出议案建议作必要准备。积极推进代表述职工作，常委会领导到基层选区代表述职现场观摩指导，规范形式、丰富内容、造浓氛围、增强实效。全年共有36名市、镇两级人大代表向选民述职，接受选民评议和监督。扩大代表对常委会工作的参与，全年有650多人次的代表应邀列席会议、参加活动。广大代表为提高常委会议事质量、推进全市各方面工作提出了许多真知灼见，代表提出的“改进专项工作报告满意度表决”“加强食品安全监管”等意见被采纳并予以落实。受泉州人大委托，组织在晋江的省、泉州市人大代表开展了2场专题调研活动。常委会加强代表履职培训，举办2期省、泉州、晋江市人大代表培训班，代表履职能力有了新的提高。坚持向代表赠阅报纸杂志，定期编印参阅资料，拓宽代表知情知政渠道。制定《晋江市人大代表履职请假规定》，实行代表履职情况年度通报制度，增强代表依法履职的责任意识。继续落实常委会组成人员联系代表制度，31位常委会组成人员通过走访、座谈等多种形式，共联系代表200多人次，使常委会组成人员更好地置身于代表之中。

2014年，市人大常委会加强“两个联系”。把加强常委会同人大代表的联系作为做好人大工作的重要基础，深入开展“联代表、访选民”活动，完善常委会组成人员联系代表制度，30名组成人员直接联系180名市人大代表，真心尊重代表，真正依靠代表，真实了解代表诉求，真诚帮助代表解决问题。扩大代表对常委会工作的参与，全年有近600人次的代表应邀列席会议、参加活动，常委会同代表的联系更加密切。把加强人大代表同人民群众的联系作为促进代表履职的重要手段，制定《关于加强市人大代表同人民群众联系的意见》，使代表联系群众工作规范化、长效化。317名市人大代表直接联系3170名基层群众，代表的桥梁纽带作用进一步发挥。全面开展代表述职活动，着力规范述职的内容、方法、步骤及相关要求，常委会领导带头深入选区向选民报告工作，自觉接受评议和监督。全年共有118名市级人大代表向选区选民述职，代表履职自觉性和积极性进一步提高。常委会将闭会期间组织代表开展活动摆上重要议事日程，创新活动载体，丰富活动内容。举办 2 期省、泉州、晋江市人大代表培训班，代表履职能力有了新的提高。按照管用有效、系统完备的要求，探索建立代表履职服务网络平台。围绕市委的决策部署，结合人大监督议题，组织代表开展异地专题调研。本次人代会前，依托镇（街道）人大组织代表小组开展集中视察，为代表审议大会各项工作报告、提出高质量的议案建议创造条件。常委会着眼提高代表建议办理效果，通过常委会领导牵头、委办对口督办、代表工作机构全程督办，进一步形成整体督办的工作格局。重视代表建议督办与履行监督职权的紧密结合，在多次实地检查走访的基础上，安排听取建议办理工作情况报告，筛选确定 4 件重点建议重点督办，对不满意件重新交办，推动建议办理由“被满意”向“真满意”转变。通过有关方面的共同努力，所有建议均在法定时间内办理完毕并书面答复代表，代表建议涉及的农村石结构房屋翻建、医疗机构停车收费、被征地人员养老保险等问题得到妥善解决，代表表示满意 120 件，占 64.17%，同比上升 2 个百分点；基本满意 67 件，占 35.83%。

2015 年，市人大常委会积极探索闭会期间丰富代表活动内容和形式的新路径，在全市 19 个镇、街道设立“人大代表之家”。认真执行代表联系群众制度，316 名市人大代表直接联系 3160 名基层群众，代表的桥梁纽带作用进一步发挥。深化代表述职活动，规范述职内容、方法、步骤及相关要求，全年共有 113 名市级人大代表向选区选民述职。组织代表开展异地调研和专题视察，为代表审议大会各项工作报告、提出高质量的议案建议创造条件。常委会认真督办代表建议。完善常委会领导牵头督办、委办对口督办、相关工作机构统筹督办相结合的工作机制，督促政府部门加强与代表的沟通联系，提高办理质量，推动问题解决。注重建议督办与履职行权的有效结合，听取建议办理工作情况报告，组织对不满意件进行重新交办，检查重点建议办理落实情况，推动建议办理由“被满意”向“真满意”转变。通过各方面的共同努力，代表在市十六届人大四次会议期间提出的 170 件建议全部办理完毕。代表表示满意 112 件，占 65.88%，同比上升近 2 个百分点；基本满意 58 件，占 34.12%。健全完善常委会组成人员联系代表制度，29 名组成人员联系走访 290 名基层一线的市人大代表，了解代表情况，征求代表意见。坚持邀请代表列席常委会会议和参加有关活动制度，全年共邀请近 600 人次的代表列席会议、参加活动。改进代表培训方式，首次组织晋江的泉州市人大代表参加全国人大培训班，举办两期省、泉州、晋江市人大代表培训班，代表履职能力有了新的提高。拓宽代表知情知政渠道，推进服务代表的信息系统建设，切实保障代表履职。

五、晋江市第十七届人大常委会人大代表工作（2017—2021 年）

晋江市第十七届人大常委会致力建设代表机关，不断深化和拓展代表工作，让代表建议更贴民意、代表工作更接地气、代表履职更具活力。一是建机制、促落实，建议办理提质增效。注重建章立制。健全建议“提出、办理、督办、落实”链条，完善常委会领导领衔督办、对口委办重点督办、办理情况满意度测评、审议意见整改落实机制。5年来共督办代表建议953件，一批群众关心关注的问题得到有效解决。注重精准发力。对“加强小区物业管理”“保障自来水供水安全”等15件事关民生的建议进行重点督办，实行主办、协办单位同步测评，有效提高建议办理质量。注重示范引领。致力提升建议质量，组织评选代表优秀建议，共确定“老旧居民小区改造升级”“加强网络订餐食品安全监管”等39件优秀建议，激发代表履职热情。二是抓规范、创特色，平台建设提档升级。突出规范化建设。设立市人大常委会代表之家，持续推进人大代表联系群众活动室建设。全市共建成各级各类活动室90个，巩固提升“市、镇、村”三级联动、“点、线、面”立体运作工作格局。突出特色化拓展。紧扣行业特点，创新设立鞋业、陶瓷、渔业、装备制造和伞业5个市级行业活动室，培育了安海、深沪、磁灶等一批特色活动室。突出实效化运行。坚持坐下来议事、走出去纳言、联起来活动。5年来，代表走进活动室履职6300多人次，收集社情民意3000多条。全省人大活动室建设推进会在晋江市召开，活动室建设的晋江样板得到推广。三是优服务、严管理，履职活动提标扩面。致力全方位提升。出台《晋江市人大代表素质提升计划》，提出提升代表政治站位、理论素养、履职质量、管理水平、服务能力等5个方面23项要求，为代表履职提供制度规范。致力全要素保障。强化履职服务保障，建立代表履职宣传、履职补助、“四必访”等制度。5年来共组织代表列席常委会会议、参与视察调研等活动2512人次，代表履职更加积极活跃。致力全链条管理。严格落实代表“八个一”履职要求，组织市县两级代表387人次进行述职。5年来，全体代表为晋江发展打拼奋斗、贡献力量，一批代表荣登《地方人大常委会40周年·代表风采录》，获评省人大“履职优秀代表”。

2017年，市人大常委会坚持完善机制、拓展平台、强化管理，促进代表依法履职尽责。迅速对标落实，召开代表工作专题座谈会和业务推进会，及时传达贯彻省、泉州市人大常委会党组关于进一步加强和改进代表履职工作的文件精神，实行项目化运作模式，将目标任务细化分解成6个大项23个小项，全面铺开代表工作规范化建设，努力打造代表工作的“晋江样本”。强化平台建设，按照“硬件标准化、软件规范化、活动经常化”的创建目标，支持落实专用场地、专职人员和专项经费，指导19个镇（街道）加快建设“人大代表联系群众活动室”，延伸建成32个村（片区）“活动室”，开展63场代表接待群众活动，让“活动室”成为代表联系选民的“主阵地”。用好省三级代表履职服务平台，开启“互联网+代表履职”新模式。加强履职管理，严格会风会纪要求，规范代表履职行为。完善代表履职“一人一档”，建立健全履职登记、报告、请假等制度，实行代表基本信息、履职情况、议案建议“三公开”，切实增强代表的责任意识。常委会尊重代表主体地位，强化要素保障，为代表履职提供高效服务。注重能力培养，制订新一届代表学习培训计划，举办3期市人大代表初任培训班，坚持“干什么学什么、缺什么补什么”，重点解读宪法、监督法、代表法等方面知识，练好基本功，切实提高代表履职的“看家本领”。注重活动拓展，丰富创新代表活动内容和形式，组织代表参与视察调研、执法检查、专题询问、列席常委会会议等活动 628 人次，积极为代表知情知政、依法履职创造条件。经常性开展“双联系”活动，打通常委会组成人员联系代表、代表联系群众的“最后一公里”。注重经费保障，建立完善代表履职补助制度，明确将代表活动经费、常委会组成人员联系代表工作经费和代表履职补助列入财政预算，实行专款专用，支持和保障代表活动深入开展。常委会以解决问题为目标，以代表满意为标准，不断提升代表建议督办实效。制定《关于代表建议、批评和意见办理情况满意度测评的规定》，明确对代表建议办理情况开展满意度测评。2017 年，重点督办“缓解中心城区停车难”“加大法院执行力度”等 4 件代表建议，采取对主办、协办单位捆绑测评的方式，首次进行满意度测评，督促承办单位共同发力，真正做到让代表满意、让群众受益。修订《代表建议、批评和意见办理工作规定》，进一步规范办理流程，落实办理责任，建立“常委会领导领衔督办和各工委具体督办、重大问题集中督办和跨年度跟踪督办”的工作机制。全年督办市十七届人大一次会议代表建议 214 件，代表满意率为 74.77%，基本满意率为 25.23%，一批涉及农业农村、城市管理、科学文化等领域的代表建议得到有效办理。

2018 年，市人大常委会设立市人大常委会代表之家，安排代表轮值，定期接待选民，在履职实践中听民声、集民智、解民忧。常委会把人大代表联系群众活动室建设作为全年的一项重要工作来抓，指导推动 19 个镇级和 51 个村级活动室实现建设标准化、活动常态化、运行高效化，培育了安海、深沪等一批特色活动室样板，形成三级阵地协同发展，五级代表驻室履职的工作格局。注重工作机制创新和活动室运转的实效，坚持坐下来议事、走出去纳言、联起来活动，抓好收集意见的整理汇总、跟踪落实等环节，充分保障代表和群众的有序政治参与，推动解决社区管理、道路拥堵等问题 386 个。2018 年 9 月，全省人大代表联系群众活动室建设现场推进会在晋江市召开，活动室建设的晋江样板得到推广。常委会密切双向联系。突出全要素保障，加强省、泉州、晋江三级人大代表培训，组织部分代表赴全国人大培训基地学习，着力提高代表政治素养和履职能力。丰富创新代表活动内容和形式，组织代表列席常委会会议、参与常委会活动 678 人次，不断拓宽代表知情参政渠道。突出全链条管理，出台《关于对代表约谈、函询的暂行办法（试行）》，坚持代表公开亮身份、履职建档全纪实、述职评议全覆盖，用好信息化管理手段，有效规范和加强代表履职监督管理。继续深化拓展常委会组成人员联系代表、代表联系群众的“双联系”网络，畅通民意表达的“最后一公里”。常委会把做好代表建议工作作为尊重代表权利、发挥代表作用的重要途径，力求让建议既要提得好，更要办得好。首次开展代表优秀建议评选，广泛征求意见，严格评选程序，确定“加强食品安全监管”等 10 件优秀建议，进一步提高建议质量，调动代表履职积极性。

坚持“常委会领导领衔督办和各工委具体督办、重大问题集中督办和跨年度跟踪督办”的工作机制，将“加强生态流域治理”等3件事关民生的建议纳入重点督办范畴，加强沟通协调，实行捆绑测评，形成“提出、办理、督促、落实”良性循环。全年督办市十七届人大二次会议和闭会期间代表建议175件，代表满意率74.86%，基本满意率25.14%，一批涉及城市品质提升、民生补短板等领域的代表建议得到有效办理。

2019年，市人大常委会夯实主阵地，平台建设提档升级。持续推动人大代表联系群众活动室建设规范化、活动常态化、运行实效化。按照“建在基层、覆盖选区、方便联系”的原则，新增13个村级活动室，巩固提升“市、镇、村”三级联动、“点、线、面”立体运作工作格局。精心打造安海、深沪、磁灶等一批活动室样板，发挥好典型示范效应。立足晋江产业特色，指导陈埭、磁灶创新设立鞋业、陶瓷行业活动室，为促进传统产业发展凝聚合力。坚持“门常开、人常在、事常办”理念，从多层面各领域扩大公民有序政治参与。一年来，共接待选民群众3800多人次，收集社情民意1200多条，推动解决了城乡医保、道路改造等一批群众关心的问题。密切“双联系”，服务管理提标扩面。立足建设“代表机关”，致力创先争优，发扬团队精神，常委会人事代表委获评全省人大系统先进集体。力促“双联系”制度常态长效，深入开展代表主题活动，组织代表参加“市民问政团”“民生观察眼”，围绕学校配餐、环境整治等民生热点提出建议，努力让群众感受到人大离自己很近，代表就在身边。支持和保障代表依法履职，分批次组织代表赴延安、厦门开展专题培训，着力提高代表政治素养和履职能力。创新形式，丰富载体，组织代表列席常委会会议、参与视察及异地调研等活动，持续拓宽代表知情参政渠道。强化代表履职管理，健全履职档案，及时开展约谈函询工作。落实代表述职制度，组织市县两级代表153人次进行述职，引导代表牢记职责使命，自觉接受监督，为推动晋江经济社会发展而打拼奋斗、贡献力量。力求高质量，建议办理提质增效。坚持以解决问题为首要目标、代表满意为检验标准，不断完善建议督办工作机制。全年督办市十七届人大三次会议和闭会期间代表建议188件，深化重点代表建议满意度测评机制，着力推动办理成果转化，让建议“答”得漂亮、“办”得实在。关于加强学校食品卫生安全、市区停车管理、提升世中运人居环境等3件重点建议办理成效较好，测评均为“满意”。继续开展代表优秀建议评选，确定一盘棋治水、提升城市品牌、规范中小学生健康体检等9件优秀建议，用点赞的方法激发代表履职热情。

2020年，市人大常委会着力提好与办实并行，提升建议质效。注重点面结合。聚焦市十七届人大四次会议期间提出的190件代表建议，坚持统一交办和重点督办相结合，完善常委会领导牵头督办、委办对口跟进的工作机制，重新交办10件首次办理不满意件，确保件件有落实、事事有回音。注重精准有效。围绕发挥闭会期间代表作用，策划开展“控疫情、抓安全、促发展”专题“双联”活动，将部分代表意见转化为“保障疫情防控人员薪酬待遇”等7件建议，及时为中心任务建真言、献良策。注重示范引领。开展代表优秀建议评选，确定“加快传统优势产业全链条发展”等11件优秀建议，进一步提升建议质量，激发代表履职热情。常委会着力规范与创新并举，拓展平台优势。突出规范化建设。持续推进人大代表联系群众活动室建设提标扩面、提档升级，全市共建成各级各类活动室90个。一年来，代表走进活动室履职2100多人次，收集整理意见建议650条。突出特色化拓展。紧扣行业特点，创新设立鞋业、陶瓷、渔业、装备制造和伞业等5个市级行业活动室，着力构建多层次、专业化、短平快的沟通联系平台，为促进传统产业发展凝聚群众智慧，汇合多元力量。突出实效化运行。依托活动室举办专题座谈会、政策宣讲会和代表小组活动，广泛听取一线意见建议，及时提出支持陶瓷企业错峰生产等建议，市委、市政府主要领导予以充分肯定。常委会着力担当与责任并进，展现履职风采。面对新冠疫情（新型冠状病毒感染疫情），更加知责思为。常委会闻令而动、向“疫”而行，第一时间发出倡议书。广大代表迅速云集响应，以实际行动诠释了人大代表的责任担当和为民情怀。冲锋“疫”线，更加担责敢为。全市1300多名各级人大代表在关键时刻挺身而出、迎难而上，奋战在医疗救治、联防联控、物资保障、复工复产、安全生产各条战线，涌现了一批先进典型。据不完全统计，全市各级人大代表捐赠款物价值达7500多万元，一批代表和代表企业受到各级表彰。践行使命，更加尽责有为。一年来，代表参与常委会组织的各类会议、活动2600多人次，履职更加积极活跃。全体代表在本职岗位上打拼奋斗，为促进晋江经济社会发展贡献力量，人民代表大会制度在基层实践更加根深叶茂、充满生机。

2021年，市人大常委会致力建设代表机关，不断深化和拓展代表工作，让代表建议更贴民意、代表工作更接地气、代表履职更具活力。建机制、促落实，建议办理提质增效。注重建章立制。健全建议“提出、办理、督办、落实”链条，完善常委会领导领衔督办、对口委办重点督办、办理情况满意度测评、审议意见整改落实机制。5年来共督办代表建议953件，一批群众关心关注的问题得到有效解决。注重精准发力。对“加强小区物业管理”“保障自来水供水安全”等15件事关民生的建议进行重点督办，实行主办、协办单位同步测评，有效提高建议办理质量。注重示范引领。致力提升建议质量，组织评选代表优秀建议，共确定“老旧居民小区改造升级”“加强网络订餐食品安全监管”等39件优秀建议，激发代表履职热情。一是抓规范、创特色，平台建设提档升级。突出规范化建设。设立市人大常委会代表之家，持续推进人大代表联系群众活动室建设。全市共建成各级各类活动室90个，巩固提升“市、镇、村”三级联动、“点、线、面”立体运作工作格局。培育了安海、深沪、磁灶等一批特色活动室。突出实效化运行。坚持坐下来议事、走出去纳言、联起来活动。5年来，代表走进活动室履职6300多人次，收集社情民意3000多条。全省人大活动室建设推进会在晋江市召开，活动室建设的晋江样板得到推广。二是优服务、严管理，履职活动提标扩面。致力全方位提升。出台《晋江市人大代表素质提升计划》，提出提升代表政治站位理论素养、履职质量、管理水平、服务能力等5个方面23项要求，为代表履职提供制度规范。致力全要素保障。强化履职服务保障，建立代表履职宣传、履职补助等制度。5年来共组织代表列席常委会会议、参与视察调研等活动2512人次，代表履职更加积极活跃。致力全链条管理。严格落实代表“八个一”（每届列席一次常委会会议，每年参加一次代表专题调研、视察等活动，每年参加一次代表座谈会，每年撰写一份议案或建议，每次大会作出一次审议发言，每季度参加一次代表小组活动，每季度参加一次接待选民活动，每年助推一件民生微实事）履职要求，组织市县两级代表387人次进行述职。5年来，全体代表为晋江发展打拼奋斗、贡献力量，一批代表荣登《地方人大常委会40周年·代表风采录》，获评省人大“履职优秀代表”。

六、晋江市第十八届人大常委会人大代表工作（2022年起）

晋江市第十八届人大常委会在2022年深入践行全过程人民民主，不断深化和拓展人大代表工作，让代表履职更显活力、更显担当。一是提好与办实并举，代表建议更有质效。抓源头、促示范。建立代表提出议案建议前的沟通协调制度，引导代表围绕全市改革发展大局、群众关注热点难点建言献策。组织评选代表优秀建议，确定“重视发展晋江文旅产业”等13件优秀建议，激发代表履职热情。抓协调、促落实。重新交办9件首次办理不满意件，组织建议办理情况“回头看”，督促承办单位加强与代表的沟通联系，提高办理质量，推动问题解决。全年督办市十八届人大一次会议期间代表建议243件，交办闭会期间代表建议15件，代表满意率和基本满意率100%，其中满意率82.95%，同比提升7.67%。抓机制、促长效。完善常委会领导领衔督办、对口委办跟踪督办机制，创新《民情专报》和闭会期间代表反映问题、意见建议办理工作机制，做实做细建议“提出、办理、督促、反馈”全链条，实现办一件建议，促一项工作，建一套制度，聚一片民心。二是服务与管理并重，支持代表更好履职。强化机制保障。深入实施“晋江市人大代表素质提升计划”，构建代表履职“全生命周期”管理服务机制，为代表“想为、能为、敢为、有为”创造条件。邀请代表列席会议、参与调研视察等活动128人次，不断深化代表对常委会工作的参与。突出赋能提质。举办新一届代表履职能力提升班，开展2场解放思想大讨论活动。聚焦推动经济社会建设、提升城市品质、健全常态化疫情防控体系、推进教育均衡发展、实施乡村振兴、提升代表素质能力等6个方面提出863件建议，得到市委主要领导的肯定。畅通联系渠道。组织五级代表深入一线听民声、察民情、暖民心，扎实推进“解放思想再出发、人大代表在行动”专题“双联”活动，收集交办涉及疫情防控、惠企纾困、城市治理等232件建议，一批针对性强的建议转化为促发展、惠民生的政策举措。三是规范与创新并进，平台建设更显特色。夯实履职阵地。持续推进全市85个人大代表联系群众活动室建设，有效运作鞋业、陶瓷、渔业、装备制造、伞业和财税金融6个市级行业活动室，巩固提升“市、镇、村”三级联动、“点、线、面”立体运行格局。突出融合融入。融合“党建+”邻里中心，同步推进38个人大代表工作室建设。注重整合资源、嵌入服务、网络拓展，代表与群众走得更近、联系更紧。致力常态长效。坚持“门常开、人常在、事常办”理念，从多层面各领域扩大人民有序政治参与。2022年，共接待选民群众2800多人次，收集意见建议828件。

1999—2001年先进镇人大主席团、先进人大代表小组、优秀人大代表、优秀人大工作者一览表

表3-26

时间	先进镇人大主席团、先进人大代表小组、优秀人大代表、优秀人大工作者
1999—2001年	**一、先进镇人大主席团（6个）** 东石镇人大主席团、安海镇人大主席团、永和镇人大主席团、池店镇人大主席团、陈埭镇人大主席团、英林镇人大主席团 **二、先进人大代表小组（21个）** 青阳镇北片人大代表小组、陈埭镇西滨片人大代表小组、陈埭镇镇直人大代表小组、池店镇池店片人大代表小组、池店镇御辇片人大代表小组、内坑镇东片人大代表小组、紫帽镇紫星人大代表小组、磁灶镇第七人大代表小组、安海镇第一人大代表小组、安海镇第五人大代表小组、东石镇第一人大代表小组、东石镇第三人大代表小组、英林镇埭边人大代表小组、英林镇英林人大代表小组、金井镇钞岱人大代表小组、深沪镇中点人大代表小组、龙湖镇秀山点人大代表小组、永和镇英墩片人大代表小组、永和镇周坑片人大代表小组、罗山镇沙塘杏田片人大代表小组、西滨镇第一人大代表小组 **三、优秀人大代表（35名）** 青阳镇：杨式湘、李春兴、洪金塔 陈埭镇：丁思勇、李炳成、陈诗霖 池店镇：卢贻灿、李荣贵 紫帽镇：蔡荣记 磁灶镇：张庆安、郭志远、唐天水 内坑镇：王碧霞、曾马玲 安海镇：尤祖永、张秀惠、陈灿芳 东石镇：许天图、吴传劳、黄宁波

续表 3-26

时间	先进镇人大主席团、先进人大代表小组、优秀人大代表、优秀人大工作者
1999—2001 年	英林镇：王金象、洪祖斗 金井镇：李天扶、林佩珊 深沪镇：陈省奎、陈著贤 龙湖镇：施并雁、施丽容、洪祖敬 永和镇：刘晓莉、林文樟 罗山镇：李共和、陈建福、柯炳坤 西滨镇：柯文托 **四、优秀人大工作者（15 名）** 许泽龙、王巧文、张顺情、陈祖奇、蔡奕内、柯清哲、黄清华、吴添丁、陈志平、陈长伴、林立群、肖子珍、洪金星、王婉霞、杨胜贤

2002—2005 年先进镇人大主席团、先进人大代表小组、优秀人大代表、优秀人大工作者一览表

表 3-27

时间	先进镇人大主席团、先进人大代表小组、优秀人大代表、优秀人大工作者
2002—2005 年	**一、先进镇人大主席团、街道人大工委（6 个）** 磁灶镇人大主席团、安海镇人大主席团、东石镇人大主席团、深沪镇人大主席团、英林镇人大主席团、晋江市人大常委会西园街道工作委员会 **二、先进人大代表小组（13 个）** 陈埭西滨代表小组、池店御辇点代表小组、安海第五代表小组、磁灶第四代表小组、内坑西片代表小组、紫帽园坂代表小组、东石南天代表小组、永和片代表小组、英林嘉排三欧代表小组、金井镇区点代表小组、龙湖西片代表小组、深沪第三代表小组、西滨第二代表小组 **三、优秀人大代表（33 名）** 青阳街道：王金聪　王红玉 梅岭街道：陈长春 西园街道：王共和 罗山街道：陈建福　彭晓芬 灵源街道：柯清松 新塘街道：黄跃夏 陈埭镇：李森炎　陈水影 池店镇：李荣贵 安海镇：李育仁　蔡来交　张秀惠 磁灶镇：庄铭祥　林　钦　唐天水 内坑镇：林世演　尤伟峰 紫帽镇：王诗俭

续表 3-27

时间	先进镇人大主席团、先进人大代表小组、优秀人大代表、优秀人大工作者
2002—2005 年	东石镇：蔡洪沂　蔡彩虹　柯孙按 永和镇：林英文　许国强 英林镇：王金象 金井镇：洪向阳　洪水平 龙湖镇：施丽容　施军荣 深沪镇：陈著贤　施明耀 西滨镇：柯文托 **四、优秀人大工作者（19 名）** 青阳街道：洪国延 梅岭街道：郑黎红 西园街道：黄高雄 罗山街道：曾远漂 灵源街道：张顺情 新塘街道：庄铭德 陈埭镇：柯清祝 池店镇：王定辉 安海镇：蔡志坚 磁灶镇：尤目前 内坑镇：陈长伴 紫帽镇：谢玉婉 东石镇：陈海鸣 永和镇：高增荣 英林镇：郑友堤 金井镇：林金龙 龙湖镇：蔡奕内 深沪镇：蔡金榜 西滨镇：洪丽玲

晋江市第十五届人民代表大会代表优秀建议及办理工作先进单位一览表

表 3-28

届	代表优秀建议及办理工作先进单位
第十五届	**一、优秀建议（27 件）** 李海庭等 11 名代表提出的《关于加强饮用水资源保护的建议》 林英文等 12 名代表提出的《关于进一步完善被征地农民保障措施的建议》 陈章进代表提出的《关于加快实施沿海防护林更新改造工程的建议》 彭晓芬等 4 名代表提出的《关于校园安全和周边环境问题的建议》 林传等 6 名代表提出的《关于强化交通事故多发路段安全管理工作的建议》

续表 3-28

届	代表优秀建议及办理工作先进单位
第十五届	颜建顺等 13 名代表提出的《关于继续加快安海小流域整治工程进度的建议》 洪金塔等 10 名代表提出的《关于九十九溪沿江支流整治的建议》 尤伟峰等 11 名代表提出的《关于要求立项改造九十九溪上游内坑段防洪排涝工程的建议》 吴自勇等 13 名代表提出的《关于尽快治理九十九溪中游（梅溪）严重内涝的建议》 施育煌等 10 名代表提出的《关于建设农村文化活动中心的建议》 陈长跃等 4 名代表提出的《关于解决 317 道非机动车道及排涝系统建设的建议》 蔡振星代表提出的《关于内沟河整治的建议》 吴荣新代表提出的《关于公交路线覆盖到社区的建议》 蔡建端等 2 名代表提出的《关于进一步加大对被征地农民生活保障力度的建议》 吴金程等 11 名代表提出的《关于要求对陶瓷行业污染治理的建议》 陈著贤等 10 名代表提出的《关于出台鼓励发展壮大村级集体经济的政策措施并加大市财政对农村转移支付力度的建议》 陈垂峰代表提出的《关于关注民生，出台政策允许群众民房建设和危房翻建的建议》 颜子鸿等 11 名代表提出的《关于在旧城改造和新农村建设中切实加强对有保护价值的建筑物实施保护的建议》 蔡英哲等 3 名代表提出的《关于加大对盗窃犯罪分子的打击力度和强化流动人口管理的建议》 王金象等 3 名代表提出的《关于要求加大对新农村建设投入的建议》 王国民等 3 名代表提出的《关于支持社区发展集体经济的建议》 陈美华代表提出的《关于加快经济适用房建设的建议》 李春兴等 6 名代表提出的《关于解决市区被征地居民的社会保障问题的建议》 王金聪代表提出的《关于加强城市公共设施日常维护工作的建议》 蔡彩虹等 6 名代表提出的《关于加强青少年教育的建议》 何永吉等 6 名代表提出的《关于加大力度保护社区古树名木的建议》 萧清江等 5 名代表提出的《关于引导企业尽快适应〈中华人民共和国劳动合同法〉的建议》 **二、建议办理工作先进单位（5 个）** 晋江市财政局 晋江市劳动和社会保障局 晋江市水利局 晋江市教育局 晋江市市政园林局

2007—2009 年先进市人大代表小组、优秀人大代表、优秀人大工作者一览表

表 3-29

时间	先进市人大代表小组、优秀人大代表、优秀人大工作者
2007—2009 年	**一、先进市人大代表小组（5 个）** 晋江市十五届人大磁灶代表小组、晋江市十五届人大东石代表小组、晋江市十五届人大安海代表小组、晋江市十五届人大罗山代表小组、晋江市十五届人大青阳代表小组 **二、优秀市人大代表（34 名）** 青阳街道：王金聪　市人大常委会委员、青阳街道阳光社区党支部书记 庄垂祥　达发物流运输有限公司董事长 梅岭街道：庄烜炜　梅岭街道梅青社区党支部书记 西园街道：王英映　西园街道车厝社区居委会主任 罗山街道：彭晓芬　季延中学教师 蔡泽勋　晋江市地税局罗山分局局长 灵源街道：吴我省　灵源街道灵水社区党支部书记 新塘街道：王卿辉　鸿兴家电有限公司董事长 陈 埭 镇：李海庭　太平洋鞋业有限公司总经理 林水盘　喜得龙（中国）有限公司董事长 池 店 镇：朱振供　池店镇茂厝村党支部书记 李文君　池店镇新店村党支部书记 安 海 镇：尤祖永　永华塑胶有限公司董事长 张秀惠　惠芳物流有限公司总经理 蔡来交　安海镇前蔡村党支部书记 磁 灶 镇：吴自勇　磁灶镇磁灶社区党总支书记 陈孟镭　磁灶镇大宅村党支部书记 苏福联　磁灶镇井边村党支部书记 内 坑 镇：张照快　内坑镇土垵村村委会主任 曾永坚　晋江市内坑供电公司经理 紫 帽 镇：陈民生　紫帽镇商会会长 东 石 镇：王为习　恒溢雨具有限公司董事长 蔡洪沂　东石镇第三社区居委会主任 蔡彩虹　侨声中学办公室主任 永 和 镇：林英文　永和镇西坑村党支部副书记 林承堤　耀邦印务有限公司总经理 英 林 镇：王金象　英林镇加排村村委会原主任 金 井 镇：郭建群　金井镇钞岱村党支部书记 蔡英哲　金井镇塘东村村委会主任 龙 湖 镇：许长查　玉龙翔纺织制品有限公司董事长 施军荣　龙湖镇前港村党支部书记 施丽容　晋江市耀狮小客车出租有限公司董事长 深 沪 镇：施能辉　福建浔兴集团公司总裁 西 滨 镇：郑友堤　西滨镇人大副主席

续表 3-29

时间	先进市人大代表小组、优秀人大代表、优秀人大工作者
2007—2009 年	三、优秀人大工作者（21 名） 市人大常委会机关：罗　林　市人大常委会办公室科员 蔡少丕　市人大常委会办公室科员 青阳街道：王炳川　青阳街道人大工委副主任 梅岭街道：曾毅清　梅岭街道人大工委秘书 西园街道：黄高雄　西园街道人大工委秘书 罗山街道：高海峰　罗山街道人大工委秘书 灵源街道：王云相　灵源街道人大工委秘书 新塘街道：庄铭德　新塘街道人大工委秘书 陈 埭 镇：林时就　陈埭镇人大秘书 池 店 镇：王定辉　池店镇人大副主席 安 海 镇：蔡志坚　安海镇人大秘书 磁 灶 镇：陈爱国　磁灶镇人大秘书 内 坑 镇：陈长伴　内坑镇人大秘书 紫 帽 镇：谢玉婉　紫帽镇人大副主席 东 石 镇：王勐跃　东石镇人大秘书 永 和 镇：杨胜贤　永和镇人大秘书 英 林 镇：陈孙枝　英林镇人大秘书 金 井 镇：洪长华　金井镇人大副主席 龙 湖 镇：郑金福　龙湖镇人大秘书 深 沪 镇：施纯进　深沪镇人大秘书 西 滨 镇：林丹红　西滨镇人大秘书

2018 年度晋江市第十七届人大代表优秀建议一览表

表 3-30

时间	晋江市第十七届人大代表优秀建议名单
2018 年度	（共 10 件，排序不分先后） 《关于加强自来水供水安全的建议》（第 1 号） 领衔代表：林祥平 附议代表：丁团聚、丁国庆、丁富堆、李维钦、吴以德、林万祥、林　虎、林鸿艺、蔡银龙 《关于筹建泉州（晋江）知识产权学院，加快知识产权强市建设的建议》（第 4 号） 领衔代表：陈焕斌 附议代表：卢东进、朱松林、朱思余、李国明、张　昌、林家平、黄建南、曾焕光、曾新权、戴文俊

续表 3-30

时间	晋江市第十七届人大代表优秀建议名单
2018 年度	《关于把旅游业打造成为晋江又一支柱产业的建议》(第 11 号) 领衔代表：施天扶 附议代表：吕自力、李建筑、陈志民、陈茂哲、陈省奎、林长安、施文彪、施俊超、聂招东 《关于提升城市核心区品质助力世中运成功举办的建议》(第 19 号) 领衔代表：陈聪衍 《关于规范户外广告管理，提升晋江城市品位的建议》(第 61 号) 领衔代表：杨振宁 附议代表：王建南、柯永远、施玲艳、唐水英 《关于加强生态流域治理，打造精品示范流域的建议》(第 65 号) 领衔代表：王建南 附议代表：王卿塔、杨振宁、柯永远、施玲艳、唐水英 《关于加快原新农合卡制补工作的建议》(第 124 号) 领衔代表：曾论水 附议代表：王荣辉 《关于加快充电桩建设的建议》(第 147 号) 领衔代表：粘文俊 附议代表：王槐荣、陈昌卫、林乌偏、洪挺挺、洪树枞 《关于加强食品安全监督管理的建议》(第 148 号) 领衔代表：粘文俊 附议代表：王槐荣、苏嘉鸿、林乌偏、洪挺挺、洪树枞 《关于引导规范社会力量参与社会救助体系建设的建议》(第 158 号) 领衔代表：颜　虹 附议代表：许维瑜、施清棍

2019 年度晋江市第十七届人大代表优秀建议一览表

表 3-31

时间	晋江市第十七届人大代表优秀建议名单
2019 年度	(共 9 件，排序不分先后) 《关于构建全市一盘棋治水工作格局的建议》(第 5 号) 领衔代表：吴聪杰 附议代表：王素女、庄明旭、王振焕、吴山水、柳剑锐、刘秀抛、苏加民、苏焕杰、苏淑敏、吴良景

续表 3-31

时间	晋江市第十七届人大代表优秀建议名单
2019 年度	《关于充分挖掘赛事综合效应提升晋江城市品牌形象的建议》（第 9 号） 领衔代表：张昌 附议代表：朱松林、李双旭、李国明、曾焕光、林炳辉、李逊庆、陈焕斌、黄建南、戴文俊、卢东进 《关于加强学校食品卫生安全工作的建议》（第 33 号） 领衔代表：王宝树 《关于进一步规范中小学生健康体检的建议》（第 35 号） 领衔代表：王金象 《关于规范我市月嫂行业发展的建议》（第 49 号） 领衔代表：颜虹 附议代表：施丽容、许月华、苏月秋、洪美沓 《关于加大对全市安置房剩余房源处置力度的建议》（第 58 号） 领衔代表：王荣辉 附议代表：王文斗、吴森林、曾论水、柯碧玲、蔡银青 《关于加强农村视频监控系统运维升级的建议》（第 133 号） 领衔代表：李逊庆 附议代表：朱松林、朱思余、曾焕光、陈焕斌、张昌 《关于加快提升“世中运”人居环境的建议》（第 137 号） 领衔代表：曾逸峰 附议代表：林永灿、林祥平、丁木辉、林虎、林鸿艺 《关于加强市区停车管理的建议》（第 142 号） 领衔代表：丁鹏鹏 附议代表：蔡银龙、苏聪宝、林共情、丁团聚、丁富堆

2020 年度晋江市第十七届人大代表优秀建议一览表

表 3-32

时间	晋江市第十七届人大代表优秀建议名单
2020 年度	（共 11 件，排序不分先后） 《关于加快传统优势产业全链条发展的建议》（第 2 号） 领衔代表：曾逸峰 附议代表：张连进、丁木辉、丁团聚、丁国庆、丁鹏鹏、苏聪宝、李维钦、吴以德、林永灿、林共情

续表 3-32

时间	晋江市第十七届人大代表优秀建议名单
2020 年度	《关于加快推进陋湖综合整治的建议》（第 3 号） 领衔代表：洪家鑫 附议代表：王育艺、王育妙、许永添、李加钢、李镜波、吴明勇、林明捷、施仲益、曾文煌、蔡旭萍 《关于加快改造提升老旧工业区的建议》（第 13 号） 领衔代表：陈清泉 附议代表：陈志金、陈建成、陈培星、柯遵剧、曾福泉 《关于优化合理配置教育资源提高办学质量的建议》（第 18 号） 领衔代表：林天顺 《关于加强食品微商监管的建议》（第 43 号） 领衔代表：王荣辉 附议代表：蔡清招 《关于完善社区“十个一”配套设施，补齐“一老一少”用房的建议》（第 52 号） 领衔代表：庄烜炜 《关于完善交通路网提升城市品质的建议》（第 54 号） 领衔代表：陈聪衍 附议代表：庄文华、庄烜炜、苏连枸、张聪明、陈维进 《关于加强晋江市餐饮行业油烟污染防治的建议》（第 124 号） 领衔代表：吴莉莉 《关于加快盘活我市国有资产闲置资源的建议》（第 125 号） 领衔代表：王金聪 《关于深化农村人居环境整治的建议》（第 131 号） 领衔代表：丁国庆 附议代表：丁木辉、丁团聚、陈文进、林永灿 《关于加快推动餐厨垃圾集中处置的建议》（第 186 号） 领衔代表：颜　虹 附议代表：苏月秋、吴朝东

2021 年度晋江市第十七届人大代表优秀建议一览表

表 3-33

时间	晋江市第十七届人大代表优秀建议名单
2021 年度	（共 9 件，排序不分先后） 《关于对古文化街区或古村落、古大厝、华侨古厝全面保护修缮的建议》（第 3 号） 领衔代表：王宏华 附议代表：尤金鑫、许友灿、许永乐、吴景良、姚建安、黄月莹、黄明证、蔡来交、颜小鸣、颜蓉蓉

续表 3-33

时间	晋江市第十七届人大代表优秀建议名单
2021 年度	《关于加快紫帽山景区建设的建议》（第 7 号） 领衔代表：颜婉媚 附议代表：王文斗、吴森林、柯碧玲、曾论水、蔡银青、陈晶晶 《关于加强我市基层公共卫生人才队伍建设的建议》（第 28 号） 领衔代表：王金象 《关于加强我市网络订餐食品安全监管的建议》（第 29 号） 领衔代表：吴莉莉 《关于加强我市老旧居民小区改造升级的建议》（第 32 号） 领衔代表：颜呈忠 《关于加强全市农贸市场改造、管理的建议》（第 36 号） 领衔代表：苏连构 附议代表：颜永福 《关于大力发展我市职业教育的建议》（第 62 号） 领衔代表：颜虹 附议代表：许自长、许维瑜 《关于推进行政审批服务提质增效，营造一流营商环境的建议》（第 88 号） 领衔代表：张念博 《关于医疗系统建立检验信息互认共享机制的建议》（第 163 号） 领衔代表：姚建安 附议代表：许永乐、张百瑜、陈思勤、柯金鏮、黄明证

2022 年度晋江市第十八届人大代表优秀建议一览表

表 3-34

时间	晋江市第十八届人大代表优秀建议名单
2022 年度	（共 13 件，排序不分先后） 《关于重视发展晋江文旅产业的建议》（第 2 号） 领衔代表：谢清裕 附议代表：许珊珊、李旭生、李国辉、吴群英、张秋伟、陈德志、林炳辉、徐丹芳、黄建南、曾浚滨 《关于加快推进城乡供水一体化建设的建议》（第 9 号） 领衔代表：洪水平 附议代表：朱文育、王玉莹、王育艺、林子云、林俊凯、施　琳、洪秀洒、洪佳乐、洪家鑫、黄怡蓉

续表 3-34

时间	晋江市第十八届人大代表优秀建议名单
2022 年度	《关于构建社会各方共同参与机制，助力乡村振兴的建议》（第 11 号） 领衔代表：施燎原 附议代表：王金围、王贵珍、尤金榜、许书户、许自长、许婷婷、施小鹏、洪志强、翁丽芳 《关于深化综合治理，全力遏制电信网络诈骗犯罪高发势头的建议》（第 13 号） 领衔代表：吴长春 附议代表：丁珊娜、王金围、许自长、许泽取、许维瑜、许婷婷、施小鹏、施金专、翁丽芳 《关于推进小区托老服务设施常态化运营管理的建议》（第 25 号） 领衔代表：施纯玺 附议代表：冉　莉、许特级、许清心 《关于加快“全市一区”整合，推进晋江经济开发区高质量发展的建议》（第 41 号） 领衔代表：洪炳文 附议代表：王淑铮、王瑛材、林乌偏、洪荣基、洪景欣、蔡惠琼 《关于建立我市普惠托育服务体系的建议》（第 44 号） 领衔代表：吴鸿容 附议代表：姚天敬、姚荣康 《关于加快科技赋能，促进传统产业转型升级的建议》（第 49 号） 领衔代表：李　雯 附议代表：王育艺、刘晓斌、施　琳、洪秀洒、郭静励、洪明照 《关于引导新生代华侨华人、海归青年回国发展的政策扶持的建议》（第 64 号） 领衔代表：李明锋 《关于加强未成年人保护工作的建议》（第 82 号） 领衔代表：庄烜炜 《关于推进我市建设用地全流程监管的建议》（第 115 号） 领衔代表：邱志军 《关于综合施策保障课后延时服务有序推进的建议》（第 117 号） 领衔代表：陈淑端 附议代表：洪文惯 《关于提升村级卫生服务能力的建议》（第 162 号） 领衔代表：许珊珊 附议代表：王足月、李旭生、李国辉、吴群英

第七节　专题调研

调研工作是人大常委会了解社情民意的重要民主渠道，也是改进作风，提高工作水平的必由之路。

一、晋江市第十三届人大常委会专题调研（2002—2004年）

晋江市第十三届人大常委会根据市委关于认真做好省委提出的四个专题调研工作的部署，组织开展提高为人民服务质量的课题调研，形成8篇有一定价值的书面调研报告。

2002年，市人大常委会在调研中，从树立时效意识、储备意识和超前意识出发，围绕中心，站在全局的高度确定课题和观察问题、思考问题和审视问题。先后组织对农村经济结构调整和农民增收、重点企业运营、制造业信息化和民族教育工作等进行调研，组织撰写了《提高研讨质量　促进成果转化》《牢记第一要务　致力推动发展》《强化普法教育　深化依法行政》等研讨文章，配合开展《福建省人才市场管理条例》《福建省实施〈中华人民共和国工会法〉办法》《福建省农业生态环境保护条例》《福建省畜牧业条例》等立法调研。同时，立足本职工作，从加强法制建设出发，加强对人民代表大会制度基本问题的学习研究，加强对人大及其常委会主要职权行使的学习研究，加强对人大及其常委会活动规律和工作特点的学习研究。

二、晋江市第十四届人大常委会专题调研（2004—2006年）

晋江市第十四届人大常委会把调查研究贯穿于各项工作之中，无论是审议工作报告，还是组织视察检查、开展工作评议、述职评议、探讨具体工作，都能有计划、有针对性地开展调查研究，听取各方面意见，以提高科学决策水平，力求增强工作实效。先后组织开展全市自来水普及和水质情况、饮用水卫生质量、农村劳动力转移和劳动用工、发展民办教育、盘活与经营土地资源、科技创新等11场专题调研活动，及时将调研情况向市委、市政府反映，建议或要求解决有关问题。如为落实常委会在全市自来水普及和水质情况调研报告中提出的意见，市政府制定了农村自来水普及建设规划并组织实施。此外，还组织代表对有关基层民主选举与推进村民自治、加强华侨华人新生代工作、司法监督、提高代表建议办理实效、通过换届选举提高人大代表素质、“加强人大工作，提高执政能力”、“履行人大职能，推进和谐社会建设”等13个课题进行调研，有关调研文章先后被省《人民政坛》《泉州通讯》《晋江调研》等采用，在省人大理论研讨会、全国十四省区十八区市人大工作研讨会、泉州市人大常委会主任工作座谈会等会议上交流，均受到好评。

2004年，市人大常委会先后组织了关于发展晋江民办教育、盘活与经营土地资源、农村劳动力转移和劳动用工、饮用水卫生质量、药品市场管理等专题调研活动。撰写了《基层民主选举的现状分析与推进村民自治的几点思考》《加强财政预算监督的实践和思考》《求实务实落实，提高代表建议办理实效》《关于加强华侨华人新生代工作的探讨》《促公正，护法威》《在实践中创新，在创新中发展》等研讨文章。开展制定《加强经济监督工作的规定》《讨论决定重大事项实施意见》等规范性文件的前期调研准备工作。

2005年，市人大常委会重视加强对人民代表大会制度基本问题的学习研究，加强对人大及其常委会主要职权行使的学习研究，加强对人大及其常委会活动规律和工作特点的学习研究。与华侨大学人文与公共管理学院、地方人大创新网联合主办了"地方人大制度创新暨工作程序设计研讨会"，邀请来自中国社会科学院、复旦大学、北京市委党校、厦门大学、华侨大学等高校的专家学者及人大常委会领导与业务工作者参加，就如何创新人大工作制度进行探讨，就有关代表约见"一府两院"组成人员、代表代理信访、特定问题调查程序、审议工作程序等制度进行论证，提高了对人大有关制度的认识水平，促进了人大各项工作的进一步规范。组织开展的《发挥人大职能，促进和谐社会建设》等课题调研得到上级人大较好评价，《加强人大工作，提高执政能力》一文在省人大理论研讨会上交流。常委会还组织对自来水普及和水质情况、民办教育发展情况等进行专题调研。

三、晋江市第十五届人大常委会专题调研（2007—2011年）

晋江市第十五届人大常委会坚持以民主决策和科学决策、切实维护人民群众的合法权益为重点，不断推进作风建设，使人大各项工作更加贴近实际、符合民意。认真落实《廉政准则》和党风廉政建设责任制，树立正确的权力观和利益观，筑牢拒腐防变的思想防线。定期召开人大常委会与"一府两院"工作联席会议、信访联席会议，促进人大工作协调有序运作。

2007年，市人大常委会组织对《市十四届人大三次会议关于盘活存量用地的决议》执行情况进行调研、检查，强调要把盘活存量用地工作提升到事关晋江市经济社会可持续发展的重要战略位置来抓。开展司法机关在海峡西岸经济区建设中如何发挥作用专题调研，着力推进依法治市进程。

2008年，市人大常委会重视开展调查研究，先后组织开展专题调研活动9次，形成一批较有深度的调研报告，保证决定重大事项和监督工作更加切合实际、符合民意。如常委会根据调研过程中人大代表和人民群众反映较集中的社会治安问题，建议市政府按照"打防结合、预防为主、专群结合、依靠群众"的工作方针，继续加强社会治安防控体系建设，扎实做好矛盾纠纷排查调处工作，全面落实社会治安管理各项措施，更好地维护晋江市社会安定稳定。

2009年，市人大常委会以深入开展调查研究、坚持民主决策和科学决策、切实维护人民群众的合法权益为重点，不断推进作风建设，使人大各项工作更加贴近实际、符合民意。如把殡葬管理问题列为年度监督工作的重要议题，组织开展调研，深入了解情况，分析问题成因，提出对策建议。在此基础上，安排听取和审议市政府关于殡葬管理工作情况的报告。由于这个报告存在的问题比较多，审议时被常委会组成人员否决，会后常委会根据多数组成人员的意见，提出了“三步走”的工作建议：一是在市殡仪馆承包期未到前，抓紧督促解决殡葬收费过高问题；二是在市殡仪馆承包期满后，收回财产权和经营权，确保殡葬事业的公益性质；三是适时推行基本殡葬服务免费制度。市政府高度重视常委会的审议意见，研究制定了《晋江市殡葬管理工作改革方案》，于2009年底收回了市殡仪馆的财产权和经营权，并自2010年1月1日起免收晋江市境内死亡人员遗体火化基本费用。此外，常委会还对《晋江市殡葬管理暂行规定》部分条款进行了修改。常委会还深入开展“学习惠女精神”讨论活动，继续保持艰苦奋斗的优良传统。定期召开常委会与“一府两院”工作联席会议、信访联席会议，促进人大工作协调有序运作。

2010年，市人大常委会以“作风建设年”活动为契机，加强机关作风建设，倡导深入实际、深入基层调查研究，求知于实践，问计于群众。围绕晋江市经济社会发展中需要解决的重大课题，先后就“产业结构调整与经济增长方式转变”等11项课题进行调研，为市人大常委会依法行使职权提供决策参考。市人大常委会组成人员坚持求真务实，通过各种渠道密切联系人大代表和人民群众，自觉接受监督，确保人大各项工作更加贴近民心、顺应民意。

四、晋江市第十六届人大常委会专题调研（2012—2016年）

晋江市第十六届人大常委会着力凝聚政治坚定、业务优良、作风过硬、勇于担当、团结奋进的精气神。

2012年，市人大常委会深入开展“下基层、解民忧、办实事、促发展”活动，切实加强调查研究，使人大各项工作更加贴近实际、符合民意。如常委会高度重视群众饮水安全问题，把加快普及自来水工程列入年度重点课题，深入调研了解情况，分析问题成因，提出对策建议，为市委决策和人大监督提供了重要参考。结合听取和审议自来水普及专项工作报告，要求市政府及相关部门紧紧围绕“2012年底前全面普及自来水工作”的目标，进一步增强责任意识，加强宣传引导，科学合理规划，加大财政投入力度，强化供水管理，确保在规定时间内完成普及任务。针对第二引水通道建设存在的困难和问题，组织实地视察活动，督促有关部门按照时序进度实施引水工程建设。

2013年，市人大常委会严格落实中央八项规定精神和解决“四风”问题的相关要求，切实增强群众观念，通过多种方式听取群众意见，深入了解民情，广泛集中民智，充分反映民意，提高人民群众对人大工作的满意度。主要体现在认真贯彻监督法和福建省实施办法，注重从工作机制和具体细节上加以落实和把握。一是征集议题“面对面”。面向社会广泛征集监督议题，把人民群众通过晋江经济报“两会微直播”提出的建议中带有普遍性的问题纳入监督选题的参考内容。同时，坚持向全体代表发函征集监督议题，尽可能使人大监督工作更好地体现代表和群众的意愿。二是关注重点“少而精”。把监督的重点放在市委重大决策部署、年度目标任务的落实和督促“一府两院”依法行政、公正司法上。全年的监督计划中，关系改革发展稳定大局的议题占42%，关系群众切身利益的议题占58%。从实际效果看，这些议题体现了监督与支持的有机统一，也提升了人大工作的社会影响。三是前期调研“把脉准”。加强议事决策的前期调研，为常委会履职行权提供依据，部分调研成果被纳入党委、政府的决策视线并加以转化。如，针对群众普遍关注的商品混凝土行业管理工作开展专题调研，较为全面地了解掌握全市商品混凝土行业发展现状，并立足实际提出对策建议。市委主要领导在人大报送的调研报告上专门作出批示，给予充分肯定。四是督促整改“求实效”。以推动解决问题、改进工作为目标，将监督的内容、方式和节奏有机统一起来，围绕上一年度作出决议或开展监督的城市总规、土地管理、流域整治、人民调解等10项内容，通过回头看，跟踪督，一抓到底，力促实效。

2014年，市人大常委会开展了城市规划编制及管理工作专题调研，在实地检查的基础上，针对规划编制、执行、管理及宣传引导等方面存在的问题提出了意见建议，要求把握新型城镇化试点的有利时机，完善城乡规划体系、加强规划动态管理、发挥规划导向作用。根据广大群众“温馨归巢”“幸福回迁”的现实关切，常委会连续第二年把城建项目安置房回迁列为监督内容，听取工作进展情况报告，在肯定成绩的同时，要求紧盯建设进度、强化质量监管，切实加快推进安置房建设及回迁工作。在2013年听取报告的基础上，常委会再次组织视察商品混凝土管理情况，重点就无资质企业监管、原材料监管等薄弱环节提出要求，市政府对此高度重视，进一步加强组织领导，明确监管职责，出台了行业管理细则及建设用砂生产经营管理办法。

2015年，市人大常委会常坚持从权力机关的站位出发，围绕市委决策主动担当尽责。为推进国家新型城镇化综合试点建设，组织开展了新型城镇化规划建设调研。在调研报告中，围绕试点工作的指导思想、发展目标、对策思路等内容，综合提出了明确管理机制、提升规划理念、推进多规合一、优化规划编制、统筹城乡建设、高效集约用地等6个方面的建议。常委会高度关注晋江市“十三五”规划编制，深入镇街、部门调研了解情况。在此基础上，听取市政府关于规划编制情况报告，要求根据经济社会发展的新特点、新任务，科学谋划“十三五”规划理念、规划目标和规划内容。常委会所做的这些工作，为市委决策和规划编制提供了参考。常委会把中心城区教育规划布局纳入年度调研内容，在实地走访、征求意见的基础上，根据社会普遍关注并且反映强烈的中心城区小学、幼儿园教育资源紧张问题，决定把这项工作增加为审议议题，并及时抓好问题反馈。市委、市政府对此高度重视，市委、市政府主要领导主持召开现场办公会议，协调解决相关事宜，新增22个项目，新增小学、幼儿园教育用地233亩，明确第二实验小学梅岭校区等新建、扩建项目的用地位置、用地规模和建设方案。

五、晋江市第十七届人大常委会专题调研（2017—2021年）

晋江市第十七届人大常委会把作风建设抓在手上。践行群众路线，深化拓展“双联”机制，在密切联系中强化工作协同，发挥联动效应，使各项工作更加贴近民心、符合民意。连续5年在省人大课题调研评比中获奖，承办全省人大系统庆祝改革开放40周年研讨会、课题调研经验交流会。

2017年，面对日益增长的“好上学”“上好学”需求，常委会连续3年关注教育均衡发展，做深做细义务教育资源布局调研。听取和审议市政府专项报告，在肯定成绩的同时，提出科学谋划布局、加速项目进度、加大经费投入力度、保障教学力量、创新管理模式等审议意见，要求市政府积极应对产业转型、城镇化提速和计生政策调整对教育布局的影响，专题研究解决中心城区学位供给、农村薄弱校、合同教师和教师产假潮等突出问题，让每个孩子享有公平而有质量的教育。常委会聚焦卫计机构改革和全面两孩政策实施，以推动卫计深度融合为切入点，分片区、多层次开展调研工作，督促市政府进一步理顺体制机制、整合基层队伍、强化技术保障、优化拓展服务，充分发挥“1+1＞2”的融合效应，让优质的公共卫生服务和妇幼保健资源离百姓近一点、再近一点。常委会针对传统养老观念固化、养老服务供给不足等问题展开调研，建议市政府坚持硬件改造和软件升级并重，加快构建多层多元养老保障体系；积极探索“互联网＋养老”新模式，打造没有围墙的养老院。

2018年，市人大常委会围绕三产跃升专题调研电子商务发展情况，建议市政府抢抓新实体经济“风口”，推动传统产业与“互联网＋”深度融合，为新一轮领跑聚能蓄势。专题调研科技成果转化工作，建议市政府加快创新驱动，有效对接创新链、产业链和资本链，进一步释放县域经济发展活力。专题调研华侨权益保护工作，推动维护侨益、凝聚侨心、汇集侨智，将侨务资源转化为晋江市改革开放和创新发展的强大动力；专题调研食用农产品质量安全工作，在“农田到餐桌”的全链条中找盲点、察漏洞、提建议，督促市政府严防源头污染，严管生产经营，严控安全风险。

2019年，市人大常委会紧贴“群众点题”攻坚行动，发挥人大优势，深入推进“联代表、解民忧、办实事”活动。常委会领导带队走进基层，围绕“加强学校食品卫生安全”等4个调研课题走村入户、现场办公，推动解决了一批群众急难愁盼的问题。总结调研成果，围绕《在新思想引领下奋力谱写“晋江经验”的人大篇章》等主题讲好党课，对照党章找准差距，推动检视问题整改落实，把初心和使命融入地方人大工作的生动实践。

2020年，常委会组成人员带头开展专题“双联”活动。先后两轮深入基层，走访联系245名市人大代表、432名群众，收集了解关于加强口罩及原辅材料监管等意见建议363件，各项工作更加贴近基层、符合民意。常委会领导下沉疫情防控、房屋安全“百日攻坚”、安全生产等一线督导检查，协调解决问题。围绕市委重点课题，形成《县域治理中加强县乡人大工作的思考》调研成果，有序推进民主法治领域改革任务。坚持开门问策、集思广益，全方位、多层次、宽领域调研晋江市“十四五”规划编制工作。针对科技创新、产业结构、环境容量等发展问题提出38条具体建议，要求突出谋划重大改革、重大政策、重大平台和重大项目，为晋江“十四五”规划发展蓝图和2035年远景目标谋好篇、布好局。调研新生代华侨资源涵养工作，着眼“传承侨的文化、发挥侨的优势”提出建议，为改革发展凝侨心、聚侨力、汇侨智。立足职教改革新方向和产业发展新需求，深入调研职业教育工作。针对办学转型、扩容提质、师资建设、产学融合等方面提出建议，助力现代职业教育体系建设。

六、晋江市第十八届人大常委会专题调研（2022年起）

晋江市第十八届人大常委会在2022年深入实施“三提三效”（提质提速提能力，效能效率效果）行动，统筹推进专（兼）职委员深度融入工委工作机制等8个“一委办一品牌”。加快“数智人大”建设，建立人大电子会议系统，有效运用代表履职信息平台，以数字赋能推动人大工作跃升蝶变。加强调查研究。立足传承弘扬“晋江经验”的人大实践，“两官”履职评议、助推“诚信晋江”建设等一批调研成果在全省课题研讨中获奖。注重协同协作。召开市人大常委会与“一府两院”工作联席会议，进一步加强联系、紧密配合，形成合心合力合拍、同向同步同行的工作格局。

第八节　自身建设

人大常委会是集体行使职权的，其职能作用的充分发挥有赖于组成人员和机关工作人员的较高素质和较合理的整体组合。在加强自身建设方面，市人大常委会在抓组织建设的基础上，重点加强思想政治和党风廉政建设、制度建设及机关建设。

一、思想政治和党风廉政建设

（一）第十三届人大常委会先后开展了“三讲”（指讲学习、讲政治、讲正气）和“三个代表”重要思想学习教育、警示教育、公仆教育以及“两识”（指保密知识和保密意识）、“两个务必”（务必使同志们继续地保持谦虚、谨慎、不骄、不躁的作风，务必使同志们继续地保持艰苦奋斗的作风）、“艰苦奋斗、勤政廉政”、反邪教“四个纳入”

(纳入党的基层组织建设，纳入社会主义精神文明建设，纳入社会治安综合治理，纳入新农村精神文明建设）等教育活动；每年制订机关理论学习和法律学习计划并认真落实，组织学习了邓小平理论、“三个代表”重要思想及党的十五大、十六大、十六届三中全会精神和52部法律法规；执行勤政廉政的有关规定，制定实施《晋江市人大常委会机关实行党风廉政建设责任制的规定》，进一步增强党员干部遵纪守法、反腐倡廉的意识；严格执行民主集中制，健全集体领导和个人分工负责相结合的制度，重大问题坚持集体研究决定；重视发挥机关党组织的战斗堡垒作用，强化思想政治工作，健全和完善党员干部、离退休党员干部党内生活制度，重视做好对离退休老干部的服务工作，加强对党员干部的监督管理，增强党的凝聚力和向心力；建立工作、学习、勤政廉政、保密工作、车辆管理、文书档案、财务管理等制度，明确机关各个岗位工作的标准和要求，使各项工作有章可循。

2002年，着力创建“学习型组织”。开展学习贯彻党的十六大精神、“三个代表”重要思想学教活动回访复查、贯彻《公民道德建设实施纲要》、创新发展“晋江经验”、WTO基本知识学习等专项活动，坚持定期组织学习法律、经济、管理、科技、人大业务等知识。

（二）第十四届人大常委会扎实开展保持共产党员先进性教育，群众测评满意度为100%，受到泉州市督导组的充分肯定；注重引导机关干部职工树立社会主义荣辱观，树立人大常委会机关良好形象。

2004年，市人大常委会在年初就制订机关理论学习和法律学习年度计划并认真落实。组织学习“三个代表”重要思想，学习党的十六大精神和党的十六届三中、四中全会精神。邀请省委党校教授作《加强执政能力建设与人大工作》的专题讲座。组织传达、学习和落实省委人大工作会议精神。结合实际工作，每月组织学习一部法律法规，增强学习和工作效果。坚持全心全意为人民服务的根本宗旨，始终把人民群众的利益放在首位，在履职工作中，注意倾听群众的反映，努力使人大各项工作顺应民心、反映民意、贴近民生。常委会遵照宪法和法律赋予人大的神圣职责，努力适应时代发展和形势变化。在遵守宪法法律，把握人大工作特点和规律的前提下，探索创新，激发工作的积极性、主动性和创造性，力求做到不负重托。

2005年，市人大常委会认真宣传、贯彻省委、泉州市委、晋江市委人大工作会议精神，进一步加大人大制度和人大工作的宣传力度，在实践中促进公民法律素质、社会法制化管理水平和全社会人大意识的提高，促进人大工作者对工作定位、自身站位问题的理解和履职意识的增强。

（三）第十五届人大常委会以开展学习实践科学发展观、创先争优等活动为契机，努力提高常委会组成人员和机关干部的政治素质和履职能力。认真学习上级有关会议和重要文件精神，强化政治意识、大局意识、群众意识和法制意识，增强贯彻落实科学发展观和构建社会主义和谐社会等重大战略思想的自觉性和坚定性。坚持机关集体学习制度，5年来共举办43场法律法规和业务知识讲座。

2007年，市人大常委会认真组织人大系统干部学习党的十七大精神，进一步提高理论水平和政治素质；加强党风廉政建设，增强遵纪守法、反腐倡廉意识；加强民主集中制建设，健全集体领导和个人分工负责相结合的制度，推进科学决策和民主决策；与时俱进、求真务实、理论联系实际、密切联系群众的工作作风，大兴调查研究之风，努力提高工作水平和议事质量；加强人大制度和人大工作的学习宣传，召开全市人大宣传工作会议、人大宣传工作座谈会进行部署和探讨，发挥好晋江人大网、《晋江人大》杂志等宣传阵地的作用，充实编辑力量，提高编辑水平，促进人大制度理论研究和人大宣传工作深入开展。

2008年，市人大常委会组织常委会组成人员和人大机关干部定期学习邓小平理论、“三个代表”重要思想，学习党的十七大、十七届三中全会和中央经济工作会议精神，深刻领会科学发展观、构建社会主义和谐社会、社会主义民主政治建设的精神实质，增强坚持人民代表大会制度，坚持民主集中制、依法履行职责的自觉性和坚定性。

2009年，市人大常委会以“拓展权力机关作为，服务科学发展大局”为实践载体，开展深入学习实践科学发展观活动，努力提高政治素质和履职能力，使人大各项工作更加适应和符合科学发展观的要求。认真学习党的十七届四中全会精神、《国务院关于支持福建省加快建设海峡西岸经济区的若干意见》、省委39号文件精神，增强政治意识、大局意识、群众意识和法制意识，增强贯彻落实科学发展观和构建社会主义和谐社会等重大战略思想的自觉性和坚定性，始终保持人大工作的正确政治方向。通过邀请专家作专题辅导、安排人员参加有关培训和每月一次的机关学习活动，组织常委会组成人员和机关干部学习法律法规和人大业务知识，不断提高法律素养和业务能力。

2010年，市人大常委会认真组织学习党的十七届五中全会精神和胡锦涛总书记到闽考察重要讲话精神，并提出具体贯彻意见，进一步增强坚持和完善人民代表大会制度的责任感和使命感，增强坚持和依靠党的领导的自觉性和主动性。组织开展创先争优活动，认真落实党风廉政建设责任制，努力建设学习型、创新型、服务型、廉政型、节约型机关。坚持机关每月一次的集中学习制度，全年共举办11场法律法规和业务知识讲座，不断提高人大干部的法律素养和业务能力。

（四）第十六届人大常委会认真组织开展党的群众路线教育实践活动，扎实推进“三严三实”（既严以修身、严以用权、严以律己，又谋事要实、创业要实、做人要实）专题教育和“两学一做”学习教育，在全市人大系统倡导树立胸怀大局、心系发展、求真务实、勤勉敬业、廉洁自律的工作理念。执行机关每月一次的专题讲座制度，及时组织学习贯彻党的十八大和十八届三中、四中全会对坚持和完善人民代表大会制度的重要部署，深入学习领会习近平总书记系列重要讲话精神，不断增强道路自信、理论自信、制度自信、文化自信。着力强化常委会组成人员和机关干部职工的政治意识、大局意识、核心意识、看齐意识。严格落实“一岗双责”（是指一个岗位承担两方面的职责。具体来说“一岗”指的是领导干部的职务所对应的岗位；“双责”则是指领导干部既要对所在岗位应承担的具体业务工作负责，又要对所在岗位应承担的党风廉政建设工作负责）和中央八项规定精神等相关要求，2012 年，市人大常委会以开展创先争优活动和创建省级文明单位为契机，努力塑造人大常委会机关的良好形象。全面落实绩效管理制度，提高机关效能，推动工作落实。认真学习传达和贯彻落实党的十八大以及各级人大会议精神，坚持和完善人民代表大会制度，贯彻落实科学发展观和构建社会主义和谐社会等重大战略思想的自觉性和坚定性。通过邀请专家专题辅导、安排人员参加培训和每月一次的机关学习活动，组织常委会组成人员和机关干部学习法律法规和人大业务知识，不断提高法律素养和业务能力。

2013 年，市人大常委会贯彻落实中央和省、泉州、晋江市委重要会议精神，认真学习坚持和完善人民代表大会制度的新理论、新要求，增强道路自信、理论自信、制度自信。坚持机关每月一次的法律讲座，常委会组成人员和机关干部的大局观念、法制意识和业务能力不断增强。深入开展创先争优、文明创建、效能建设活动，提高机关服务保障能力和水平。

2014 年，市人大常委会认真学习贯彻党的十八大和十八届三中、四中全会对坚持和完善人民代表大会制度的重要部署，深入学习领会习近平总书记系列重要讲话精神，不断增强道路自信、理论自信、制度自信。扎实开展党的群众路线教育实践活动，认真查摆在形式主义、官僚主义、享乐主义和奢靡之风方面存在的突出问题，坚决贯彻落实中央八项规定精神，雷厉风行抓好纠正“四风”的专项整改。

2015 年，市人大常委会认真贯彻《中共中央转发〈中共全国人大常委会党组关于加强县乡人大工作和建设的若干意见〉的通知》，深入学习坚持和完善人民代表大会制度的新理论、新论述，增强道路自信、理论自信和制度自信。扎实开展“三严三实”专题教育，紧密联系人大工作实际，强化教育和整改，把“三严三实”要求落实到履职尽责上。

（五）第十七届人大常委会认真学习贯彻习近平总书记重要讲话、重要指示批示精神，引导全市各级人大代表、人大工作者提高政治判断力、政治领悟力和政治执行力，增强“四个意识”（政治意识、大局意识、核心意识、看齐意识）、坚定“四个自信”（中国特色社会主义道路自信、理论自信、制度自信、文化自信）、坚决做到“两个维护”（坚决维护习近平总书记党中央的核心、全党的核心地位，坚决维护党中央权威和集中统一领导）。深入贯彻落实中央人大工作会议精神，对标对表晋江市委《关于加强新时代人大工作和建设的决定》，践行新理念、贯彻新要求、落实新任务，奋力开创人大工作新局面。扎实推进“两学一做”学习教育常态化制度化，巩固深化“不忘初心、牢记使命”主题教育成果，深入开展党史学习教育和“再学习、再调研、再落实”活动，创新打造“五双五型”（坚持党建和业务双发展，着力打造政治型机关；坚持素质和能力双过硬，着力学习型机关；坚持监督和支持双推进，着力打造务实型机关；坚持代表和群众双联系，着力打造服务型机关；坚持固本和强基双联动，着力打造创新型机关）模范机关和“四联”（组织联建、党员联合、活动联办、服务联抓）党建机制。严格落实全面从严治党主体责任，牢牢掌握意识形态工作主动权，积极抓好巡察整改各项工作，支持派驻纪检监察组履行职责，着力营造风清气正的政治生态。

2017 年，市人大常委会在把牢方向中履职行权。坚持把思想政治建设放在首位，增强“四个意识”、坚定“四个自信”、做到“两个维护”。更加自觉地在思想上、政治上行动上同以习近平同志为核心的党中央保持高度一致，更加坚定地维护党中央权威和集中统一领导，更加扎实地贯彻落实党的各项方针政策。制定市人大常委会党组工作规则，坚持重大事项、重要工作向市委请示汇报，切实做到思想同心、目标同向、行动同步。

2018 年，市人大常委会履职方向更加明确。掀起“大学习”热潮，旗帜鲜明讲政治，不断提升人大干部的思想政治素质。深入学习贯彻习近平总书记关于坚持和完善人民代表大会制度的重要思想，增强“四个意识”、坚定“四个自信”、做到“两个维护”。充分发挥“工作机关”“代表机关”的优势，促进“一府一委两院”把新时代全面深化改革的目标任务落到实处。扎实推进“两学一做”学习教育常态化制度化，深入开展“知行学堂”、主题党日活动，全力支持派驻人大常委会机关纪检组履行监督职责，推动党风廉政建设向纵深发展。

2019 年，市人大常委会守初心、担使命，主题教育深入推进。扎实开展“不忘初心、牢记使命”主题教育，坚持高起点开局、高标准要求、高质量推进，把学习研讨、调查研究、检视问题、整改落实贯穿全过程。举办浙江大学专题研修班、常委会机关“知行学堂”，努力推动学习成果向指导实践转化。

2020 年，市人大常委会在学思践悟中贯彻新思想。持续掀起“大学习”热潮，进一步增强“四个意识”、坚定“四个自信”、做到“两个维护”。把学习习近平总书记重要讲话、重要指示批示精神作为党组会议、主任会议、常委会会议首要议题，健全联动学习机制，力求学懂弄通做实、真知深信笃行。围绕党的十九届四中和五中全会精神、《习近平谈治国理政》及《习近平在福建》系列采访实录深入专题研讨，常学常新、常用常新“晋江经验”，在学习中淬炼思想，焕发激情，增强干劲，切实把学习成果转化为做好新时代人大工作的生动实践。

（六）第十八届人大常委会在 2022 年坚持以习近平新时代中国特色社会主义思想为指导，全面贯彻党的十九大、十九届历次全会精神，深入学习宣传贯彻党的二十大精神，大力弘扬伟大建党精神，赓续红色血脉，砥砺初心使命，在市委的坚强领导下，坚持正确监督、有效监督、依法监督，不断发展全过程人民民主，为奋力推进中国式现代化晋江实践作出积极贡献。

二、制度建设

（一）第十三届人大常委会注重实践探索，规范履职程序。先后制定了《晋江市人民代表大会议事规则》《晋江市人大常委会工作规则》《关于国家机关工作人员述职评议的暂行办法》《关于监督司法案件的暂行规定》《关于任免国家机关工作人员的暂行办法》《关于加强预算审查监督的规定》《关于加强对法律法规执行情况检查监督的规定》《关于审查国家机关规范性文件的规定》《关于加强代表工作的意见》《关于代表建议、批评和意见办理办法》《关于办理人民群众来信来访的暂行规定》等职权行使制度，严格履职程序，提高工作水平与实效。

2002年，常委会坚持从严治党方针，严格按照廉政准则，认真贯彻落实各级党委关于从严治党的决定和党风廉政建设责任制等有关规定。利用节假日，依托机关党支部和群团组织，开展捐资助学、扶贫济困、慈善募捐，参观市政规划建设，考察晋江市经济社会发展情况等活动，丰富党建工作手段，充实党建工作内涵。结合机关效能建设和创建文明机关活动，进一步健全完善机关内部各项工作制度，规范机关管理，提高工作效能，树立文明新风。

（二）第十四届人大常委会先后制定并实施《市人大代表辞职的暂行规定》《市人大常委会讨论、决定重大事项的暂行规定》《市人大常委会街道工作委员会工作规则（试行）》《晋江市公民旁听市人民代表大会及其常务委员会会议暂行办法》《市人大常委会关于加强和规范闭会期间代表活动的若干意见》《市人大常委会关于进一步提高审议质量的若干意见》《市人大常委会工作评议暂行办法》等。这些工作制度的制定实施，进一步规范了常委会工作程序，对常委会工作提出了更高要求。

2004年，市人大常委会加强机关效能建设，修订学习、保密工作、值班、出勤、车辆管理等内部工作制度，规范机关管理，促进工作的制度化、规范化，提高工作效能和依法行使职权的水平。

2005年，市人大常委会把人大工作在程序规范方面所迈出的每一步提升到关系民主政治建设的高度，在每项工作中都严格按照法定程序，严谨、认真、细致地把握好各个工作环节。如视察、检查、调研、评议等活动从内容的确定、方案的制订到报告的形成、意见的提出，都认真讨论，反复研究，分不同情况由常委会会议或主任扩大会议讨论通过。为解决当前街道人大工委职责不清和工作程序不够规范的问题，制定了《晋江市人民代表大会常务委员会街道工作委员会工作规则（试行）》；为增强人大工作的公开性和民主性，扩大公民有序的政治参与，为人民群众监督人大及其常委会工作创造条件，制定了《晋江市公民旁听市人民代表大会及其常务委员会会议暂行办法》；为进一步强化保障措施，加强和规范代表活动，进一步发挥代表作为国家权力机关主体的作用，制定了《晋江市人民代表大会常务委员会关于加强和规范闭会期间代表活动的若干意见》；为进一步提高人大常委会审议水平和工作水平，制定了《晋江市人民代表大会常务委员会关于进一步提高审议工作质量的若干意见》；为促进工作评议更加规范有序地开展，制定了《晋江市人民代表大会常务委员会工作评议暂行办法》。这些工作制度的制定实施，进一步规范了常委会有关工作程序，并对提高工作水平提出了更高要求。2005 年 9 月，与华侨大学人文与公共管理学院、地方人大创新网联合举办了“地方人大制度创新暨工作程序设计研讨会”，邀请专家学者共同研讨，进一步坚持和完善人民代表大会制度。

（三）第十五届人大常委会不断完善民主议事、科学决策的各项规章制度，把人大工作的各个层面、各个环节纳入制度化、规范化的轨道，提高议事质量和效率。认真贯彻监督法和福建省实施办法，及时梳理市人大及其常委会制定的规范性文件，废止《关于国家机关工作人员述职评议的暂行规定》，印发《关于贯彻监督法，进一步规范有关工作的通知》，重新修订《晋江市人民代表大会常务委员会街道工作委员会工作规则》。安装电子表决器，完善会议保障系统，既提高了工作效率，也有利于常委会组成人员按照自己的意愿充分行使表决权。

2007 年，市人大常委会为进一步凝聚发展合力，营造和谐氛围，激发海外侨胞、港澳台同胞和外来建设者参与晋江市建设的热情，常委会依据《地方组织法》的有关规定，启动授予地方荣誉称号工作。制定《关于授予地方荣誉称号的暂行规定》《关于授予晋江市荣誉市民称号的暂行规定》。根据市政府的提名，常委会表决通过，授予 20 人“晋江市荣誉市民”称号，其中既有对晋江市经济社会发展产生重要影响的知名人士，也有长期在晋江市从事一线工作的外来建设者的杰出代表。授予荣誉市民称号工作的开展，得到了社会各界的普遍好评和广泛关注。

2008 年，市人大常委会制度建设取得进展。制定《晋江市人大常委会主要监督工作程序（试行）》，从听取和审议市政府、市法院、市检察院的专项工作报告；审查和批准决算、预算调整方案，听取和审议国民经济和社会发展计划、预算的执行情况报告，听取和审议审计工作报告；主任会议听取专项工作报告；法律法规实施情况的检查；专项工作的视察或检查；工作评议；规范性文件的备案审查等七个方面进一步规范监督程序和各个环节工作。建立健全主任办公会议制度，不断完善机关办文、财务管理、车辆管理、值班等各项管理制度，推进机关工作进一步制度化、规范化。

2009 年，市人大常委会重新修订了《晋江市人民代表大会常务委员会街道工作委员会工作规则》。

（四）第十六届人大常委会注重建章立制，规范运作程序。坚持和完善适合地方国家权力机关特点的运行机制、议事程序，遵循总结、继承、完善、提高的原则，制定修改了12项常委会工作制度，健全完善42项机关管理制度，为人大工作的顺利开展提供了规范有序的制度保障。在总结自身工作经验和学习借鉴的基础上，着力抓好重大事项决定、人事任免等运作程序和工作环节的规范，提高依法履职的民主化、科学化水平。

2012年，市人大常委会不断完善民主议事、科学决策的各项规章制度，把人大工作的各个层面、各个环节纳入制度化、规范化的轨道，提高议事质量和效率。制定《晋江市人民代表大会常务委员会组成人员守则》，确保常委会组成人员按照规定参加常委会组织的各种会议和活动，高质量、高效率地集体行使职权。认真贯彻监督法和福建省实施办法，结合工作实际，重新梳理发文管理和活动组织流程，完善13项工作制度，确保常委会及机关各项工作的开展更加依法有序、规范运作。

2013年，市人大常委会坚持和完善适合地方国家权力机关特点的运行机制、议事程序，制定修改了9项常委会工作制度，健全完善了25项机关管理制度，为人大工作的顺利开展提供了规范有序的制度保障。

2014年，市人大常委会在总结自身工作经验和学习借鉴的基础上，着力抓好重大事项决定、人事任免等运作程序和工作环节的规范，对促进常委会工作的制度化、程序化，提高决策民主化、科学化起到了积极的作用。

2015年，市人大常委会注重制度规范，履职效能明显提高。一是监督选题贴近实际。探索建立在专题调研或跟踪检查中对问题突出、群众呼声强烈的议题提交常委会审议的工作机制，如中心城区教育规划布局和农村食品安全监管体系建设两个议题在专题调研后，经主任会议研究决定分别提交常委会审议。二是测评工作形成链条。根据《晋江市人大常委会关于审议意见研究处理情况满意度测评的暂行规定》，对物业管理“两条例”审议意见研究处理情况报告进行测评，在全省率先形成对“一府两院”专项工作报告“审议—测评—反馈—再审议—再测评—再落实”的监督链条。三是专题询问注重效果。在城乡公共交通专题询问中，采取补充提问、连续追问等方式增进互动效果，增强监督刚性，进一步发挥专题询问在人大监督工作的独特作用。

（五）第十七届人大常委会修订完善党组议事规则等29项工作制度，健全涵盖监督、决定、选举任免、代表工作等各方面的制度体系，确保履职依法有序、制度保障有力。以改革促创新。修改完善13项机关管理规章制度，坚持以制度管人管事，提升机关运行绩效。

2017年，市人大常委会建立常委会主任办公会议制度，推动常委会日常工作规范有序、高效运转。根据中央和省委关于加强县乡人大工作和建设的若干意见的文件精神，贯彻落实镇级年中人代会制度，指导各镇开好会议，率先在泉州市实现镇级人大“一年两例会”全覆盖。修订《关于审议意见研究处理情况满意度测评的规定》，明确将所有的审议意见研究处理情况提请常委会会议进行满意度测评，通过连环测评、连续监督的方式，进一步强化人大监督刚性。

2018 年，市人大常委会充实和完善常委会领导挂钩联系镇街人大机制，召开镇街人大工作会议，支持和指导镇街人大依法履职。镇级人大“一年两例会”、活动室建设、开展基层所（站）评议等各项工作逐步规范化、制度化。创新推行“一镇街一亮点”工作，通过年初定题推进、年中督促提升、年末展示验收的方式，推动镇街人大形成一批各具特色、务实创新的经验做法，基层人大工作日益规范活跃。

2019 年，市人大常委会严格落实意识形态工作责任制，持续优化提升“一刊一网一微信”立体化宣传体系。举办“笔墨放歌·礼赞祖国”主题书画展，宣传人大制度，讲好人大故事。《牵挂》履职微视频获评省人大“好新闻”，并在“学习强国”学习平台播映。《打造满意度测评的“晋江样本”》《创新发展“晋江经验”的人大探索》《监督守护“夕阳红”》在《人民代表报》《福建日报》《人民政坛》等重要媒体刊发。注重人大理论和制度研究，关于探索完善人大制度、持续监督、代表约见等 3 篇论文在全省人大系统课题研讨中获奖，连续 3 年保持领先水平。

2020 年，市委高度重视人大工作，召开人大工作会议，出台《中共晋江市委关于加强新时代人大工作和建设的决定》，为做好新时代人大工作定方向、明路径、交任务。常委会党组积极践行“四个善于”的政治使命，修订党组议事规则，有效发挥把方向、管大局、保落实的重要作用，统筹谋划人大工作。市人大常委会出台《晋江市人大代表素质提升计划》，提出提升代表政治站位、理论素养、履职质量、管理水平、服务能力等 5 个方面 23 项要求，为代表依法履职明确制度规范。常委会严格落实代表“八个一”履职要求，健全代表履职考评、激励和约束机制，坚持履职建档全纪实、述职评议全覆盖，组织市县两级代表 126 人次进行述职。深化联系“接地气”。广大代表用好用活议案建议、接待选民活动等机制平台，有效发挥桥梁纽带作用，推动解决社区治理等群众身边的“关键小事”。常委会坚持制度约束、长效管理，修订 13 项机关管理规章制度，推进规范化、制度化，确保运行规范有序、工作保障有力。

（六）第十八届人大常委会在 2022 年注重完善常委会组成人员联系镇街人大工作制度，坚持工作指导和基层探索有效互动，镇级人大“一年两例会”、活动室建设等工作进一步规范化、制度化。召开解放思想大讨论交流会暨镇街人大工作会议，推进 19 个“一镇街一亮点”创建项目，在比拼晾晒中找差距、谋对策、求突破，推动形成一批各具特色的创新典型，全市人大工作整体实效不断增强。

三、法制宣传

加强社会主义法制建设，是人大常委会的一项重要工作任务，也是创造良好社会环境，推动经济发展和社会进步的根本保证。晋江市人大常委会抓好以《中华人民共和国宪法》（以下简称《宪法》）为中心的法制宣传教育，坚持人大制度，推进法制建设。

（一）第十三届人大常委会扎实开展“三五”（中央宣传部、司法部关于在公民中开展法制宣传教育第三个五年规划）、“四五”（中央宣传部、司法部关于在公民中开展法制宣传教育第四个五年规划）普法教育，努力推进依法治理。在“四五”普法教育启动时，作出关于在全市公民中开展“四五”普法教育的决议，先后两次组织对决议执行情况进行检查。积极配合上级人大开展立法调研。在法律法规颁布纪念日和新出台的法律法规实施前，采取召开座谈会、法律咨询等多种形式，扩大影响，促进执行。如通过组织大型文艺踩街、召开座谈会、举办宪法知识竞赛和广场文化艺术节、走访慰问人大代表等形式，深入开展庆祝现行《中华人民共和国宪法》颁布实施20周年和《中华人民共和国全国人民代表大会和地方各级人民代表大会代表法》颁布实施10周年系列宣传活动。

2002年，常委会把加大人大制度和民主法制的宣传力度作为推进依法治市的根本，不断创新宣传形式，开拓宣传渠道，致力提高公民法律素质，提高社会法制化管理水平。在组织对《市人大常委会关于在全市公民中开展“四五”普法教育的决议》执行情况进行检查中，强调要加强领导、明确目标、抓住重点、贴近大众；要结合宪法、法律法规颁布实施纪念日，党委政府中心工作，人民群众反映强烈的问题，思想道德教育，司法实践，开展宣传教育工作，扩大效果；要学用结合、规范行为、加强调研、典型引路，在全社会形成有法可依、有法必依、执法必严、违法必究的法治环境。2002年4月3日，是《代表法》颁布实施十周年纪念日，常委会开展了宣传周系列活动，组织慰问历届晋江籍全国人大代表。2002年12月4日，是现行宪法颁布实施20周年纪念日，常委会在通过群众性文化活动开展民主法制宣传方面作出积极尝试。结合学习宣传党的十六大精神，与市委、市政府有关部门联合举办了大型文艺踩街、宪法知识竞赛、座谈会、广场文化艺术节等活动，取得了较好的宣传效果。此外，常委会继续办好《晋江人大》《人大工作简讯》等刊物。

（二）第十四届人大常委会把宪法、法律、法规和人民代表大会制度以及人大工作的宣传纳入工作要点，成立人大宣传工作领导小组，工作中注意加强与市委宣传部及晋江电视台、晋江经济报等新闻单位的联系与协作。通过晋江人大网、《晋江人大》、《人大工作简讯》等渠道，结合常委会的工作和活动，结合法制宣传日、有关法律法规颁布纪念日，开展各类活动，增强宣传效果。

2004年，市人大常委会以庆祝全国人大成立50周年和地方人大常委会设立25周年为契机，组织了“宪法学习宣传月”、宪法和人大制度知识竞赛、纪念征文活动、文艺踩街、全市性的大会、《中华人民共和国宪法》讲座、电视讲话、编印纪念邮册等一系列活动，增强全社会的人大意识和民主法制意识。组队参加泉州市宪法和人大制度知识竞赛并荣获一等奖。加强宣传信息工作，做好《晋江人大》《人大工作简讯》的编印工作，开通晋江人大网站，反映晋江市人大工作的稿件被省人大《人民政坛》等刊物采用的数量居全省各县（市、区）人大前列。通过把握宣传重点、创新宣传形式、开拓宣传渠道，促进公民法律素质和社会法制化管理水平的提高。开展《中华人民共和国行政许可法》等法律的宣传活动，推进宪法、法律的贯彻执行。

2005 年，市人大常委会年初即对全年人大宣传工作进行部署和安排并逐项落实，加强与新闻单位的联系，通过有线电视台、晋江人大网站、《晋江人大》刊物、《人大工作简讯》等媒介，结合常委会重要工作和活动，对人大制度和人大工作作宣传报道。结合法制宣传日、有关法律法规出台颁布纪念日，集中进行民主法制宣传。建议市委理论学习中心组邀请省人大常委会原副主任宋峻作了《宪法和人大制度》专题讲座，推动全市宪法和人大制度学习活动的开展。

（三）第十五届人大常委会听取审议了市政府关于“五五”（中央宣传部、司法部关于在公民中开展法制宣传教育第五个五年规划）普法工作情况和“六五”（中央宣传部、司法部关于在公民中开展法制宣传教育第六个五年规划）普法规划的报告。

2007 年，人大常委会组织听取市政府关于普法工作情况的报告，认真督促“五五”普法规划的实施。

2008 年，人大常委会加强与市委宣传部门和各新闻单位的沟通配合，积极发挥晋江人大网站、《晋江人大》刊物的宣传阵地作用，促进人大宣传工作深入开展。结合监督工作需要，全年共举办法律法规和专题知识讲座 14 场。

2009 年，人大常委会认真办好常委会公报、《晋江人大》刊物和晋江人大网，加强对人大及其常委会、人大代表依法行使职权和人大工作的动态性宣传报道。

2010 年，人大常委会办好常委会公报、《晋江人大》刊物和晋江人大网站。依托内部刊物和新闻媒体，加强对人民代表大会制度、人大及其常委会、人大代表依法行使职权等方面的宣传报道，向社会公开常委会监督计划、监督内容的落实情况。

2011 年，晋江市第十五届人大常委会第三十六次会议通过《关于进一步加强法制宣传教育的决议》，充分体现了人民管理地方国家事务的权力，有利于促进晋江市经济社会各项事业的发展。

（四）第十六届人大常委会把法治宣传教育作为推进法治晋江建设的重要基础性工作。

2012 年，人大常委会组织参加福建省人大系统纪念现行宪法公布 30 周年书画展和主题读书活动，推动宪法的深入宣传贯彻实施。办好常委会公报、《晋江人大》季刊和晋江人大网站，依托内部刊物和新闻媒体，加强对人民代表大会制度，人大及其常委会、人大代表依法行使职权的宣传报道，向社会公开常委会监督计划和监督内容的落实情况，进一步增强人大制度、人大工作和民主法制建设的宣传效果，扩大社会影响。

2013 年，人大常委会安排听取晋江市第十五届人大常委会第三十六次会议通过的《关于进一步加强法制宣传教育的决议》执行情况汇报，推动“六五”普法和依法治市工作的深入开展。同时，人大常委会把信息宣传和理论研讨摆在更加突出的位置，健全激励机制，加强业务培训，进一步增强人大制度、人大工作和民主法制建设的宣传效果。全年共有35篇文稿被省级以上媒体、刊物采用，1篇文章获全省人大系统论文评选一等奖，1篇新闻作品获泉州市第七届宣传人大制度好新闻二等奖。《理性认识代表述职》课题成果在全省人大研讨会上作典型发言，并在《人大研究》等学术刊物上作专题介绍。大力宣传代表依法行使职权的先进事迹，组织撰写推介材料向《泉州人大》“代表风采”栏目投稿，努力形成“当好代表、树好形象”的正面导向。

2014年，人大常委会加强人大宣传工作，全年有55篇（条）通讯、信息被省级以上媒体、刊物采用。以庆祝全国人民代表大会成立60周年和地方人大设立常委会35周年为契机，刊发纪念文章，为人大及其常委会依法履职营造了良好的舆论氛围，使人民代表大会这一根本政治制度更加深入人心。

2015年，人大常委会发挥《晋江人大》、人大门户网站、“人大直通车”专栏等宣传阵地作用，开通人大微信号，充分展示人大工作成效。加强人大理论研讨，《提升常规手段的刚性效力》等6篇研讨文章在中国人大门户网站发表，《执法检查价值与实现路径探讨》课题成果在全省“全面推进依法治国与发挥地方人大作用”专题研讨会交流，为人大工作的创新与发展提供有益的参考案例。

2016年，审议了市人民政府《关于提请审议〈关于在全市公民中开展法制宣传教育第七个五年规划（2016—2020年）〉的议案》，并作出《关于开展第七个五年法治宣传教育的决议》（晋江市第十六届人大常委会第三十三次会议通过）。2016年以来，根据《全国人民代表大会常务委员会关于实行宪法宣誓制度的决定》，组织34名国家工作人员进行宪法宣誓，彰显宪法权威，激励和教育国家工作人员忠于宪法、遵守宪法、维护宪法、加强宪法实施。

（五）第十七届人大常委会突出法制引领。把尊崇宪法摆在首位。举办“国家宪法日”主题活动，落实宪法宣誓制度，组织140名国家工作人员进行宪法宣誓，彰显宪法尊严和权威。把法制建设扛在肩上。紧密结合“七五”（中央宣传部、司法部关于在公民中开展法制宣传教育第七个五年规划）普法验收和“八五”（中央宣传部、司法部关于在公民中开展法制宣传教育第八个五年规划）普法启动，推动民法典、监察法、选举法等法律走出纸面，法制理念日益深入人心。把平安建设紧抓在手。在全省县级首创决定设立“平安晋江共建日”，关注防范虚假信息诈骗、社区矫正、宗教场所规范化管理、智慧警务建设，助力扫黑除恶、强基促稳、安全生产专项行动纵深推进。

2017年，市人大常委会依托“一刊一网一微信”立体化宣传阵地，广泛传播人大好声音。

2018年，市人大常委会坚持以宪法为统领推进法治晋江建设。认真贯彻落实省人大常委会关于深入学习宣传和贯彻实施《中华人民共和国宪法》的决定，落实宪法宣誓制度，厚植宪法信仰，履行宪法使命。依托“晋江大讲堂”举办《中华人民共和国宪法》专题讲座，推动“七五”普法深入开展。发挥人大代表和人大干部在学习宣传《宪法》中的“头雁”作用，通过走进人大代表联系群众活动室、深入选区选民，宣讲宪法面对面，精准普法零距离，持续推动宪法精神深入人心，落地生根。

2019年，市人大常委会维护宪法权威，落实宪法宣誓制度，让法治成为信仰。听取市政府关于执行“七五”普法决议情况的报告，要求坚持以宪法为统领推进法治晋江建设，在法治实践中创新普法机制，拓宽普法渠道，推动尊法、学法、守法、用法成为全市人民的共同追求和自觉行动。立足法治是最好的营商环境，专题听取“两院”关于发挥司法职能、营造良好营商环境的报告，要求深刻把握习近平总书记在民营企业座谈会上的重要讲话精神，着眼发挥法治固根本、稳预期、利长远的保障作用，建立常态化联系服务机制，坚决维护企业合法权益，护航晋江市民营经济健康发展。

2020年，市人大常委会举办“国家宪法日”法治宣传教育活动，激励和教育全市干部群众忠于宪法、遵守宪法、维护宪法。坚持宪法宣誓制度，依法组织31名国家工作人员进行宪法宣誓，彰显宪法尊严和权威。践行法治理念。全力支持市监察委员会开展工作，有序助推监察体制改革法治化进程。聚焦平安晋江建设，在全省县级首创决定设立“平安晋江共建日”,平安创建理念日益深入人心。广泛普法宣教。举办《中华人民共和国民法典》《中华人民共和国监察法》《中华人民共和国土地管理法》等专题法律讲座，学习贯彻各级人大关于疫情防控、野生动物保护、公共卫生等决定精神，推动尊法、学法、守法、用法成为全市人民的共同追求和自觉行动。

（六）第十八届人大常委会在2022年注重筑法治之基，营造法治环境。立足现行宪法公布施行40周年，开展“国家宪法日”法治宣传活动。落实宪法宣誓制度，组织新任命的75名国家机关工作人员进行宪法宣誓，增强宪法意识、宪法理念。听取2021年法治政府工作专项报告，促进提高依法行政效能，助力创建全国法治政府建设示范市。联动监督新时代民族工作，助力维护全市民族团结进步。

四、信访工作

人大信访工作既是常委会联系群众、反映民意、解决人民内部矛盾的重要民主渠道，也是获取知政信息，开展监督工作的一个主要途径。市历届人大常委会坚持把“切实为群众排忧解难，维护社会稳定，加强对职能部门的监督，保证社会各项事业协调健康发展”作为根本出发点，认真受理人民群众来信来访。

（一）第十三届人大常委会共受理人民群众来信2441件，来访365批1297人次，签批督办件149件。工作中，重点抓好“五条渠道”，着力增强信访工作实效。一是内部运作渠道。设立信访工作领导小组，配强信访工作人员，明确加强信访督办要突出重点、增强实效，加强监督、落实责任，深入基层、跟踪落实，完善制度、规范程序。二是横向联系渠道。制定《晋江市人大常委会与“一府两院”信访联席会议制度》，每季度召开一次会议，把通报重要信访情况，分析信访工作形势；研究、协调信访问题，提出处理意见与建议；听取有关承办单位对信访交办问题办理等情况的汇报作为联席会议研究的议题。共召开15次联席会议，协调交办83件群众信访热点难点问题，取得较好的效果。三是纵向联络渠道。加强与上级人大、镇人大主席团、基层单位的工作联系和对信访人的回访工作，保持畅通的联络渠道。选择较为典型的信访件，回访当事人，使信访工作落到实处。四是主体作用渠道。发挥人大代表“信访联络员”的作用，发挥代表与选民联系的优势和在选民中的影响力，解决信访难点。五是监督工作渠道。把来信来访作为人大监督的重要信息源，结合常委会开展的各项工作，促进信访热难点问题的解决。常委会重视信访工作，注意从维护群众利益和职能部门是否依法行政的角度认真对待。

2002年，共受理人民群众来信385件，来访22批、61人次。立案督办18件，已办结17件。在信访工作中，做到“三重视”、采用“三种方式”、健全“三项制度”。“三重视”即重视办理初访，积极与有关领导和单位沟通联系，提出建议，防止重复越级上访；重视疏导教育，晓之以理、教之以法，使信访问题依法分流；重视维护弱势群体，特别对一些残疾人、贫困户要求协助解决生活问题的，对外地职工要求工伤、事故赔偿或解决劳资纠纷的，予以特别关注。“三种方式”即以询促办，借了解有关情况促信访件办理，要求及时向信访人说明；跟踪回访，以相关执法检查为契机，筛选比较典型的信访件，深入了解办理情况；紧追不舍，对督办未到位和遗留未结的信访件，采取书面和电话催办的形式，一抓到底，务求落实。“三项制度”即通报制度，每月向市委、市政府有关领导和信访工作领导小组成员、信访联席会议成员单位通报人大信访工作情况；信访联席会议制度，由过去的单纯汇报向互通信息，共同分析，探讨对策，处理个案等方面逐步完善；督办制度。按照督办原则，进一步规范督办反馈格式和要求，制定督办反馈单，规范督办函件。人大信访工作从“转办型”逐步向“实效型”转变。

（二）第十四届人大常委会加强人大信访网络建设，建立科学规范的信息报送程序，健全完善信访问题督查、回访等工作制度，定期进行信访信息分析，改进信访工作方式方法。针对全国人大常委会提出各级人大信访件统转信访人所在地的人大常委会监督办理、晋江市人大信访件大量攀升的情况，在重要信访件跟踪回访、重大信访问题领导接访信访人、约谈办理单位、组织对各承办单位办理人大信访件情况进行抽查等方面进行积极尝试，提高了信访工作效率，增强了办理效果。上级人大统转的378件信访交办件，已反馈落实329件，尚有49件正在办理中。3年来，共受理群众来信1899件（不包括重复来信518件），接待来访212批919人次。召开信访联席会议12次，协调交办了50件信访件，促使一些群众反映强烈的热难点问题得到解决。晋江市人大信访工作得到上级人大的充分肯定。

2004年，市人大常委会加强人大信访网络建设，建立科学规范的信息报送程序和工作制度，定期进行信访信息分析，把来信来访作为人大监督的重要信息源，结合常委会开展的各项工作，促进信访热难点问题的解决。工作中，注意找准切入点，加大督办力度，并在重要信访件跟踪回访、健全完善督查网络等方面进行积极尝试。组织对有关单位办理人大信访交办、督办件情况进行检查，促进有关信访问题得到进一步落实。同时，坚持把思想工作贯穿于人大信访工作始终，努力做到以情感人、以理服人，以实际行动树立人大民意机关的良好形象。全年共受理群众来信 620 件（不包括重复来信 142 件），接待来访 78 批 392 人次，确定督办件 28 件，召开信访联席会议 4 次，协调交办了 19 件信访件，促使一些群众反映强烈的热难点问题得到有效解决。

2005 年，市人大常委会按照全国人大常委会 2004 年提出的“分别受理，综合分析，统一交办，定期反馈，严格督查”的信访工作原则，在坚持历年来形成的有效做法并逐步完善提高的基础上，进一步改进信访工作方式方法，加大督办力度。2004 年以来，各级人大信访件统转信访地人大办理，使得市人大信访件大量攀升。针对这一情况，常委会注重健全办理人大信访件督查制度，坚持每季度组织对各承办单位办理人大信访件情况进行督查，每月逐批整理办理落实情况，做好跟踪回访，减少重信重访率。采取重大信访问题领导接访，信访难点问题与有关单位及时联系，反复信访问题“请进来、走出去”，邀请信访人和办理单位约谈等做法，督促落实。全年共受理人民群众来信 847 件，来访 78 批 359 人次。其中，上级人大统转交办件 128 件，已有 112 件作了反馈。从反馈情况看，问题得到解决的 35 件、部分解决的 23 件、仍在办理中的 39 件、反映（申诉）无理或失实的 15 件。

（三）第十五届人大常委会重视信访工作，按照全国人大常委会提出的“四个百分百”的要求，认真负责地做好群众来信来访工作。5 年来，共接待人民群众来访 271 批 1242 人次，受理来信 3267 件，督促有关部门及时解决群众反映的信访诉求，维护了群众合法权益。

2007 年，市人大常委会把信访工作作为密切联系群众、引导理性诉求、化解矛盾纠纷、维护公民权益、推进和谐建设的重要工作，进一步健全信息分析、综合协调、有效督办机制，努力增强信访工作实效。共受理群众来信 678 件，来访 54 批 201 人次，督办上级人大统转交办件 257 件。采取与上级人大信访部门和各镇人大主席团、街道人大工委联动督办，常委会与“一府两院”信访联席会议进行交办，组织实地检查和回访跟踪等形式，督促信访问题得到落实。

2008 年，市人大常委会建立健全信息分析、综合协调、有效督办的信访工作机制，积极发挥信访联席会议的沟通协调作用，增强信访工作实效，切实维护群众的理性诉求，较好地发挥人大在表达、平衡、调节社会各种利益关系的优势和作用，全年共受理群众来信 655 件，来访 54 批 185 人次，办理上级人大统转交办件 229 件，督办 18 件。在有关方面的共同努力下，一批涉及劳资纠纷、社会治安、执行个案的信访问题通过人大信访渠道得到妥善解决。

2009 年，市人大常委会以维护群众合法权益为重点，加强和改进人大信访工作，按照“分别受理、综合分析、统一交办、定期反馈、严格督查”的要求，及时分析梳理，研究改进措施，加大督办力度，信访件办结回复率明显提高，解决了一些实际问题。全年共受理群众来信 736 件，来访 40 批 107 人次，督促有关部门落实解决，并及时回复信访处理结果，保障了人民群众的合法权益，维护了社会和谐。

2010 年，市人大常委会认真办理群众来信来访，全年共受理群众来信 578 件，接待群众来访 69 批 549 人次，促进了一批信访问题的解决，保障了人民群众的合法权益，进一步维护了社会和谐。

（四）第十六届人大常委会聚焦信访问题的解决。强化重点信访事项特别是涉法涉诉问题的跟踪督办，共受理群众来信 1565 件，接待群众来访 391 批 863 人次，推动相关问题解决，维护群众合法权益。

2012 年，市人大常委会始终把受理群众来信来访作为化解矛盾、增进和谐的重要窗口，按照全国人大提出的“分别受理、综合分析、统一交办、限期反馈、严格监督”的要求，认真做好人大信访工作，全年共受理群众来信 473 件，接待群众来访 64 批 217 人次。对重点信访问题，常委会主要领导进行批示，分管领导牵头协调，信访机构跟踪督办，促使相关问题得到妥善解决，维护了社会和谐。

2013 年，市人大常委会高度重视群众来信来访问题的综合分析和督办落实，努力使上访人的合理诉求得到有效解决。全年共接待群众来访 72 批、172 人次，受理群众来信 385 件，均按规定作了处理，维护了社会和谐。

2014 年，市人大常委会坚持通过信访渠道了解民情民意，强化对涉法涉诉重点信访件的督办，全年共受理群众来信 269 件，接待群众来访 100 批 226 人次，推动相关问题解决，维护群众合法权益。

2015 年，市人大常委会把受理群众来信来访作为体察民情、化解矛盾的重要途径。全年共受理群众来信 290 件，接待群众来访 85 批 157 人，一些关系群众切身利益的信访问题得到解决。

（五）第十七届人大常委会充分发挥人大信访“窗口”作用，5 年来共受理来信来访 1342 件 2056 人次，督促积案化解，维护合法权益。

2017 年，市人大常委会加强信访制度建设，聘任 8 名专业律师协助信访工作，提升人大信访工作法治化水平。前移信访工作窗口，推动解决久拖不决的重访件。全年共受理群众来信来访 336 件 216 人次，交办、督办 49 件，有效化解社会矛盾，维护群众合法权益。

2018 年，市人大常委会共受理群众来信来访 329 件 623 人次，切实维护了社会和谐。

2019 年，市人大常委会充分发挥人大信访“窗口”作用，对突出信访问题带案下访、逐案研判、积极化解，全年共受理群众来信来访265件572人次。

2020年，市人大常委会致力于发挥人大信访“窗口”作用，加强人大信访工作制度建设，健全涉法涉诉信访处理机制，全年共受理来信来访207件412人次，维护群众合法权益。

（六）第十八届人大常委会在2022年充分发挥人大信访“窗口”作用，全年共受理来信来访207件76人次，加强信访督办协调，促进合理合法诉求解决。

五、机关建设

（一）第十三届人大常委会先后获得全省先进档案室、人大信息工作先进单位，泉州市文明机关、人大宣传工作先进单位，晋江市先进基层党组织、文明机关、财务管理先进单位等荣誉，有3篇调研文章分获泉州市党委系统、人大系统优秀调研成果奖。全国人大常委会办公厅新闻局、人民日报社、新华社、中央人民广播电台等9家新闻单位组成的“地方人大工作巡礼”采访团对晋江市人大工作作了采访报道。信访工作经验被选送参加全国人大信访工作座谈会交流。全国十四省（区）十八区（市）人大工作研讨会、全省人大代表工作座谈会、全省乡镇人大换届选举工作总结会相继在晋江市召开。创办《晋江人大》刊物，开创福建省首家县级人大自办综合性期刊先河，至今已编发18期4万多册；编发《人大工作简讯》165期，先后有172条信息被各级信息部门采用，居省、泉州市前列。

2002年，《晋江市人大志》由方志出版社出版。该志的编写坚持以邓小平理论和“三个代表”重要思想为指导，融思想性、资料性和科学性为一体，以大量翔实的史料，比较系统、完整地记录了晋江市人民代表大会半个世纪的历程，反映了人民代表大会制度在晋江市的建立、完善和发展。编纂志书过程中，在许多老干部的支持下，机关上下齐心协力、细致工作，通过查阅档案、整理资料，系统回顾人大工作历程，厘清了人大工作发展脉络，以晋江人特有的精神和速度，完成了志书的编纂工作。

（二）第十四届人大常委会机关加强与兄弟县（市、区）人大常委会的工作交流，相互学习，共同探讨，促进提高。精心组织、认真细致把握好台湾嘉义县议会访问团到晋江市开展参观访问和工作交流活动，表达了共同推进两岸交流与发展的愿望。加强与各有关单位的沟通联系，建立市人大常委会与“一府两院”领导联席会议制度和维护妇女儿童合法权益联席会议制度，定期召开市人大常委会与“一府两院”信访联席会议和“五侨”联席会议。坚持民主集中制原则注重扩大民主，发挥党组会议、主任（扩大）会议、常委会会议以及各有关工委兼职委员会议的集体研究和民主决策作用。围绕增强学习意识、为民意识、责任意识、民主意识、效能意识，加强廉政建设，以重大典型案件为教育实例加强警示教育，落实党风廉政建设责任制。继续开展创文明机关活动，加强机关效能建设。坚持理论学习和法律专项讲座学习制度。健全机关值班、财务、保密、信息网络安全等管理制度。

2004年，市人大常委会组织党支部和工会换届。认真执行勤政廉政建设的有关规定，落实党风廉政建设责任制，开展警示教育活动，增强党员干部遵纪守法、反腐倡廉的意识。认真执行民主集中制，努力营造畅所欲言的民主气氛和团结协作的和谐氛围，以提高工作积极性，增进工作实效。同时，重视离退休老干部的服务。

2005年，市人大常委会机关扎实开展保持共产党员先进性教育活动，进一步加强机关建设，扎实推进各项工作。针对征求的4个方面33条意见，常委会党组从加强学习，提高认识，增强坚持和完善人民代表大会制度的自觉性和坚定性；加大监督力度，提高监督实效；进一步提高决策的民主化、科学化水平；强化宗旨意识，密切联系代表和人民群众；加强党建工作，改进工作作风，创建文明机关等5个方面，确定了47条具体整改措施，分解落实整改责任领导和责任人，并明确整改时限，党组织建设得到切实加强，干部队伍的精神风貌和工作作风有新的改观，人大各项工作有新的进展和推进，群众满意程度测评满意度为100%，受到泉州市督导组的充分肯定。同时，继续开展创文明机关活动，规范机关管理，加强廉政勤政建设和机关效能建设，提高队伍素质，增强队伍的凝聚力和战斗力，树立人大常委会机关良好形象。

（三）第十五届人大常委会向社会公开常委会监督计划和监督内容的落实情况，进一步增强人大制度、人大工作和民主法制建设的宣传效果，扩大了社会影响。自觉接受上级人大的法律监督和业务指导，配合做好相关视察、检查、调研工作。成功举办全国十四省二十县（市、区）人大工作研讨会第二十三次会议。积极参加泉州市、县人大常委会主任座谈会，认真学习借鉴兄弟县（市、区）人大常委会的工作经验。加强对人民代表大会制度基本问题、人大及其常委会依法行使职权、人大工作特点和规律的研讨，相关文章在全省“提高地方人大常委会监督工作水平”“推动社会管理创新”等专题研讨会交流并获奖。加强对基层人大工作的指导，通过邀请镇（街道）人大负责人列席常委会会议、定期研讨交流等做法，促进全市人大工作水平的提高。积极开展与台湾市、县议会的交流交往，先后3次应邀组团赴台参访，在交往中加强沟通、增进了解、融洽情感，推进两地经贸合作、文化交流和人员往来。

2007年，市人大常委会在按照《中华人民共和国各级人民代表大会常务委员会监督法》规定梳理各项职权行使制度，健全完善履职制度的同时，深入开展创文明机关活动，不断规范机关管理。建立主任办公会议制度，重新修订完善机关财务管理、车辆管理、出勤、值班等各项管理制度，使机关工作进一步制度化、规范化，树立人大常委会机关的良好形象。

2008年，市人大常委会加强对人民代表大会制度基本问题、人大及其常委会依法行使职权、人大工作规律和特点的学习研究，相关工作探讨和理论文章在全国十四省二十区（市、县）人大工作研讨会和泉州市、县两级人大常委会主任工作座谈会交流并受到好评。完成《泉州市人民代表大会志》和《晋江市志》交付的“晋江人大”编写任务，比较系统、完整地记录了人民代表大会制度在晋江的建立和发展历程。认真贯彻省委建设海西“两个先行区”的决策部署，着眼推动两岸人民交流往来，组团前往金门、澎湖参观考察，走访当地知名人士，广交朋友，促进沟通，增进互信，为今后更好地开展与金门、澎湖等地议会的交流合作打下基础。常委会主动接受上级人大常委会的指导，配合全国、省、泉州市人大常委会做好《中华人民共和国劳动合同法》等 5 部法律法规的执法检查和“闭会期间人大代表活动及镇（街道）人大履职情况”等 7 个课题调研。加强对街道人大工作的领导和对镇人大工作的指导，坚持全市镇（街道）人大工作会议、镇（街道）人大负责人列席常委会会议等做法，互通情况、听取意见、促进工作，形成共同推进地方人大工作的良好局面。改进全市镇（街道）人大工作会议的内容和形式，就镇（街道）人大如何加强建设计划和财政预算监督开展专题研讨，评选优秀研讨文章，对基层人大财经监督工作起到了积极作用。

2009 年，市人大常委会以地方人大设立常委会 30 周年为契机，大力宣传人民代表大会制度和民主法制建设。组队参加泉州市庆祝地方人大设立常委会 30 周年人大知识竞赛荣获一等奖，选送论文《人大财经监督探讨》获全省“地方人大制度建设研究”征文三等奖。通过在《晋江经济报》《晋江人大》和侨乡频道设立专栏，回顾总结晋江市人大设立常委会以来的发展历程，展示晋江市社会主义民主法制建设成就，努力形成全社会关心支持人大工作的良好局面。加强对人民代表大会制度基本问题、人大及其常委会依法行使职权、人大工作规律和特点的学习研讨，组织撰写相关工作探讨和理论文章。积极参加全国十四省二十区（市、县）人大工作研讨会和省、泉州市人大举办的工作座谈会，加强与人大系统兄弟单位的横向联系，达到相互学习、交流经验的目的，促进人大工作水平的提高。市人大常委会与上下级人大之间的联系更加密切。协助全国、省、泉州市人大做好《中华人民共和国职业教育法》等 5 部法律法规的执法检查和春耕农资供应等 7 个课题调研。配合泉州市人大开展评议泉州电业局创建“人民满意单位”活动，启动评议晋江市电力有限责任公司创建“人民满意单位”活动。加强对街道人大工作的领导和对镇人大工作的指导，通过邀请镇人大主席团、街道人大工委负责人列席常委会会议等做法，互通情况、听取意见、促进工作，形成共同推进地方人大工作的良好局面。继续改进全市镇（街道）人大工作会议的内容和形式，就“提高闭会期间代表活动质量”开展专题研讨，评选优秀文章，对推动基层代表工作起到了积极作用。

2010 年，市人大常委会向社会公开常委会监督计划、监督内容的落实情况。加强对人民代表大会制度基本问题、人大及其常委会依法行使职权、人大工作特点和规律的学习研讨，相关文章在全省“提高地方人大常委会监督工作水平”专题研讨会交流并获奖。常委会自觉接受上级人大的法律监督和业务指导，配合做好相关执法检查、专题调研工作。组织参加全国十四省二十县（市、区）人大工作研讨会和泉州市、县人大常委会主任座谈会，注意学习借鉴兄弟县（市、区）人大常委会的工作经验，不断提高人大工作水平。加强对街道人大工作的领导和对镇人大工作的指导，通过邀请镇（街道）人大负责人列席常委会会议等做法，互通情况、听取意见、促进工作。围绕“突出监督重点、增强监督实效”开展专题研讨，评选优秀文章，对推动镇（街道）人大监督工作起到积极作用。

（四）第十六届人大常委会注重整体推进，树立良好形象。主动接受上级人大指导，积极配合做好全国和省、泉州人大常委会组织的代表视察、专题调研、执法检查等各类活动。正确把握人大履职特点，在一些重大事项决定、重点工作监督中，形成了市委“点题”、人大“选题”、政府“解题”、共同“破题”的运作格局。在机关中培育和践行社会主义核心价值观、荣辱观，深入开展创先争优、文明创建、效能建设活动，加强机关文化建设，首次获评省级文明单位，机关干部的光荣感、责任感和使命感不断增强。

2012年，市人大常委会自觉接受上级人大常委会的指导和监督，积极配合做好立法调研和执法检查等相关工作。继续加强与人大系统兄弟单位的交流和联系，组织参加全国十四省二十区（市、县）人大工作研讨会和泉州市、县人大常委会主任座谈会，共同探讨做好新形势下人大工作的有效途径。加强对基层人大工作的指导，通过邀请镇（街道）人大负责人列席常委会会议、召开镇（街道）人大工作会议等方式，促进全市人大工作水平的提高。

2013年，市人大常委会正确处理好党的领导与依法履职、监督与支持的关系，在一些重大事项决定、重点工作监督中，形成了市委“点题”、人大“选题”、政府“解题”、共同“破题”的运作格局。自觉接受上级人大的法律监督和业务指导，配合做好相关视察、检查、调研活动。加强对基层人大工作指导，通过邀请镇（街道）人大负责人列席常委会会议、定期走访和研讨交流等做法，加强指导，联动互动，促进全市人大工作的整体运作、共同提高。

2014年，市人大常委会认真配合上级人大做好立法调研、执法检查等活动，加强基层人大工作指导，提高全市人大工作整体水平。以创建省级“文明单位”为抓手，加强建章立制，对机关54项规章制度进行整理。围绕省人大常委会部署的“人大监督工作实践与创新”重点课题深入调研，课题成果获全省人大研讨会论文评选二等奖，部分内容在《人民政坛》杂志登载。继续加强人大宣传工作，全年有55篇（条）通讯、信息被省级以上媒体、刊物采用。以庆祝全国人民代表大会成立60周年和地方人大设立常委会35周年为契机，刊发庆祝文章，为人大及其常委会依法履职营造了良好的舆论氛围，使人民代表大会这一根本政治制度更加深入人心。

2015年，市人大常委会注重整体合力，履职环境更加优化。正确把握人大履职特点，在一些重大事项决定、重点工作监督中，形成了市委“点题”、人大“选题”、政府“解题”、共同“破题”的运作格局。切实加强对基层人大工作指导，定期召开镇街道人大工作会和座谈会，组织镇、街道人大工作人员到上杭才溪学习经验，营造重基础、讲规范、求实效、创特色的浓厚氛围，促进全市人大工作的整体运作、共同提高。常委会切实抓好机关文化建设，市人大常委会机关被评为“省级文明单位”。

（五）第十七届人大常委会机关蝉联省级文明单位，人事代表委荣获全省人大系统先进集体，机关党支部获评泉州市先进基层党组织，一批机关干部得到各级表彰，干事创业氛围日益浓厚。《牵挂》履职微视频获省人大新闻奖，128 篇通讯在《人民日报》《中国人大杂志》《人民代表报》等主流媒体刊发。常委会联合全国人大深圳培训基地、延安干部学院、浙江大学举办 8 期专题培训班，开办市人大常委会机关“知行学堂”，实现届内人大代表和人大工作者培训全覆盖。健全市镇人大机构设置，组建市人大社会建设委、监察司法委，配强工作力量。注重一线锤炼。先后选派 36 名机关干部参与疫情防控、文明创城、组团项目、驻村任职等中心任务，展现出“比、学、赶、超”精神风貌。常委会尊重基层首创精神，创新推行“一镇街一亮点”，入选《新时代福建省县乡人大工作创新案例》。涌现出梅岭人大坚持民生实事代表票决制、池店人大创立代表建议办理评议制度、东石人大创新巡回联系选民方式、磁灶人大助推“三位一体”养老服务体系、内坑人大打造“对话镇长”平台、金井人大建立协同监督机制等一批镇街人大工作品牌。

2017 年，市人大常委会扎实推进“两学一做”（学党章党规、学系列讲话，做合格党员）学习教育常态化制度化，落实全面从严治党要求，支持市纪委驻人大常委会机关纪检组开展工作。坚持学习教育“请进来”与“走出去”相结合，开设常委会机关“知行学堂”，举办系列法律法规和中华传统文化知识讲座；组织常委会组成人员、市镇两级人大干部赴全国人大深圳培训中心等地开展学习交流，不断提高法律素养和业务能力。提振干部干事创业精气神，先后抽调 10 名干部参与全市中心任务、重点项目和驻村任职，切实树立务实、担当、作为的人大干部队伍形象。市人大常委会推选代表参加泉州广播电台“人大在线”栏目，讲述“有温度、有深度，有真情、有深情”的代表履职故事。深入开展人大理论研讨和信息宣传，《关于工作评议的思考》课题成果在全省人大工作专题研讨会上交流。关于生态水域建设专题询问、加强和改进代表履职工作、推进镇级年中人代会的经验做法在人民网及《人民代表报》《八闽快讯》《人民政坛》等重要媒体刊发报道。

2018 年，市人大常委会按照“一支队伍、一项主题、一个目标”的运作模式，着力打造“大宣传”“大调研”品牌。坚持正确舆论导向，优化提升“一刊一网一微信”立体化宣传体系。以“牵挂”为主题拍摄常委会履职微视频，记录集体行权，彰显集体力量。活动室建设等工作经验在人民网、《中国人大》、《人民代表报》等重要媒体刊发。《关于传承发展“晋江经验”的人大探索》课题成果在全省人大课题研讨会作典型交流介绍。全省人大系统庆祝改革开放 40 周年研讨会在晋江召开，与时代同步、伴改革前行的晋江人大工作实践备受肯定。

2019 年，市人大常委会坚定不移地推进全面从严治党，深化“家风助廉”活动，支持驻人大常委会机关纪检监察组履行职责，着力建设忠诚干净担当的人大干部队伍。加强对镇街人大的联系指导，通过树好导向、建好机制、搭好平台，继续深化“一镇街一亮点”，努力在上下联动监督、活动室建设等工作中形成特色实践，得到上级人大的充分肯定。

2020年，市人大常委会力创“五双五型”（坚持党建和业务双发展，着力打造政治型机关；坚持素质和能力双过硬，着力打造学习型机关；坚持监督和支持双推进，着力打造务实型机关；坚持代表和群众双联系，着力打造服务型机关；坚持固本和强基双联动，着力打造创新型机关）模范机关。坚持党建和业务双发展，打造政治型机关。认真履行全面从严治党主体责任，全力配合市委巡察工作，支持派驻机关纪检监察组履行监督职责，推动党的建设与业务工作深度融合。坚持素质和能力双过硬，打造学习型机关。巩固深化“不忘初心、牢记使命”主题教育成果，持续开展“一月一学法”“知行学堂”，营造浓厚学习氛围。坚持监督和支持双推进，打造务实型机关。进一步完善人大与“一府一委两院”对口联系制度，寓支持于监督之中，形成和谐共进的工作格局。坚持代表和群众双联系，打造服务型机关。健全“双联”工作机制，深入开展现场办公、“四帮四扶”、代表志愿服务等系列活动，推动一批群众急难愁盼问题的解决。坚持固本和强基双联动，打造创新型机关。树立全市人大“一盘棋”工作理念，注重业务指导和基层探索有效互动，尊重镇街首创精神，培育了“梅岭街道民生项目代表票决制”等一批示范项目。积极开创人大理论研究和宣传工作新局面。“一镇街一亮点”和“安海镇人大代表建议办理新模式”入选《新时代福建省县乡人大工作创新案例》。全省人大课题调研经验交流会在晋江召开，晋江市2篇调研成果在评比中获奖，名列全省县级前茅。集成打造人大融媒体宣传体系，创新推出《代表监督镜》《热点观察室》栏目，全年有47篇通讯、信息被省级以上媒体、刊物采用，省人大常委会潘征副主任予以肯定并作出指导。

（六）第十八届人大常委会在2022年注重建强队伍，先后选派机关人员参与疫情防控、文明创城、组团项目、跟班学习、驻村任职等286人次，荣获各级表彰25人次，机关比学赶超的氛围日益浓厚。注重讲好人大故事，承办省人大书画院、泉州人大“喜迎党的二十大暨纪念‘晋江经验’提出20周年”书画展，全面展示人大干部奋进新征程的精神风貌。严格落实意识形态工作责任制，继续办好《热点观察室》《代表监督镜》，与市融媒体中心联合推出“创新党媒融合发展机制”获评全省机关体制机制创新优秀案例，全年共有43篇信息通讯在新华社、中央广播电视总台国际在线、人民代表报、人民政坛等主流媒体刊发。注重持续推进“五双五型”模范机关创建，全面提升人大常委会机关党的组织力建设，《党建“邻”心圆》在全市机关特色党建项目评选中名列前茅。

晋江市人大志

（2002—2022）

下册

晋江市人大志编纂委员会　编

方志出版社
Publishing House of Local Records

下册目录

第四章　镇人民代表大会及其主席团

第五章　街道人大工委

第四章　镇人民代表大会及其主席团

第一节　镇人民代表大会

一、镇人民代表大会主要议程

晋江市各镇人民代表大会于2002年及以后每年至少举行一次会议。会议主要议程为：听取和审议镇人民政府工作报告；审查和批准镇年度财政预算和预算执行情况的报告；听取和审议镇人大主席团工作报告；选举镇人大主席团正副主席和主席团成员，选举正副镇长，选举市法院人民陪审员。

二、镇行政区域调整

2003年11月，为适应建设中等城市的需要，加快农村城市化进程，启动行政区划调整和社区建设。经过深入调查、反复论证，并报省政府批准，撤销青阳、罗山两个镇建制，由青阳镇所属29个村（居）、罗山镇所属30个村，析出陈埭镇的双沟、赤西、沟头3个村，磁灶镇的砌田、车厝、官前、小桥4个村，安海镇的曾林、灵水、大山后、大布林、小布林5个村，设立青阳、梅岭、西园、罗山、新塘和灵源6个街道。

三、镇人民代表大会每届任期

根据2004年10月新修订的《中华人民共和国各级人民代表大会和地方人民政府组织法》第六条，地方各级人民代表大会每届任期5年。本法58条在修改后乡、民族乡、镇的人民政府每届任期由3年改成5年。晋江市各镇人民代表大会每届任期也相应地由3年改成5年。

第二节　镇人民代表大会及其主席团工作职责

2002年1月至2022年12月，晋江市各镇人民代表大会及其主席团工作职责参照以下福建省人民代表大会常务委员会通过的相关规定、决定。

一、2002 年 1 月 1 日至 2016 年 5 月 31 日，镇人民代表大会及其主席团工作职责

1988 年 6 月 28 日，福建省第七届人民代表大会常务委员会第三次会议通过《福建省人民代表大会常务委员会关于乡镇人民代表大会主席团工作的暂行规定》，1990 年 7 月 3 日，福建省第七届人民代表大会常务委员会第十五次会议通过《福建省人民代表大会常务委员会关于乡镇人民代表大会主席团受理乡、镇长辞职案的决定》，进一步明确了乡镇人大主席团在乡镇人民代表大会闭会期间开展工作的法律依据、职责范围。

根据地方组织法有关规定，乡镇人民代表大会的主要职责是：（一）在本行政区域内，保证宪法、法律、行政法规和上级人民代表大会及其常委会决议的遵守和执行；（二）在职权范围内通过和发布决议；（三）审查和批准本行政区域内的财政预算和预算执行情况的报告；（四）选举本级人民代表大会主席团主席、副主席、主席团成员、镇长、副镇长；（五）听取和审议镇人民政府的工作报告。

镇人民代表大会主席团主席、副主席在本级人民代表大会闭会期间负责联系本级人民代表大会代表，组织代表开展活动，并反映代表和群众对本级人民政府工作的建议、批评和意见。

乡镇人大主席团的职责：在乡镇人民代表大会举行会议时主持会议，并负责召集下一次人民代表大会会议；将代表提出的建议、批评和意见交有关机关办理。

二、2016 年 6 月 1 日至 2022 年 12 月 31 日，镇人民代表大会及其主席团工作职责

2016 年 5 月 27 日福建省第十二届人民代表大会常务委员会第二十三次会议通过《福建省乡镇人民代表大会主席团工作规定》，规定自 2016 年 6 月 1 日起施行。1988 年 6 月 28 日福建省第七届人民代表大会常务委员会第三次会议通过的《福建省人民代表大会常务委员会关于乡、镇人民代表大会主席团工作的暂行规定》和 1990 年 7 月 3 日福建省第七届人民代表大会常务委员会第十五次会议通过的《福建省人民代表大会常务委员会关于乡镇人民代表大会主席团受理乡、镇长辞职案的决定》同时废止。

根据此规定，乡镇（是指乡、民族乡、镇）人民代表大会举行会议的时候，从代表中选举主席团，主席团由 7 至 13 名成员组成。主席团成员不得担任国家行政机关的职务；如果担任国家行政机关的职务，必须向本级人民代表大会辞去主席团成员的职务。主席团应当围绕中心工作，结合本行政区域经济社会发展的实际情况，每年选择若干事关改革发展稳定全局的重大问题、人民群众普遍关注的热点难点问题，有重点有计划地开展工作。

乡镇人民代表大会设专职主席，工作需要的可以设一名专职副主席。主席、副主席

依照法律规定选举产生，任期同本级人民代表大会每届任期相同。乡镇人民代表大会专职主席主持本级人民代表大会闭会期间主席团的日常工作，接受代表和选民的监督，应邀列席上一级人民代表大会常务委员会会议。

乡镇人民代表大会会议期间，主席团履行下列职责：(一)主持本次人民代表大会会议；(二)推选常务主席，通过大会日程和执行主席分组名单，决定代表提出议案的截止时间和表决议案办法；(三)根据代表的审议意见，提出关于本级人民政府工作、财政预算决算和乡镇人民代表大会主席团工作等报告的决议草案，提请大会通过；(四)提出选举办法草案，提请大会通过；(五)提出乡镇人民代表大会主席、副主席，乡长、副乡长，镇长、副镇长的候选人人选，汇总代表联合提名的候选人人选，依法确定正式候选人名单，主持选举；(六)根据乡镇人民代表大会主席、副主席和其他主席团成员，乡长、副乡长，镇长、副镇长，以及代表提出的辞职请求，提出是否接受其辞职的议案及决定草案，提请大会通过；(七)提出本届人民代表大会代表资格审查委员会组成人员名单草案，提请大会通过；(八)提出属于本级人民代表大会职权范围内的议案；(九)依法处理代表提出的议案、质询案、罢免案；(十)组织宪法宣誓；(十一)发布公告；(十二)其他依法需由主席团讨论决定的事项。

乡镇人民代表大会闭会期间，主席团履行下列职责：(一)组织代表对宪法、法律、法规以及上级人民代表大会及其常务委员会和本级人民代表大会的决议、决定实施情况进行检查；(二)组织代表听取和讨论本级人民政府的专项工作报告，评议本级人民政府和上级国家机关在乡镇的派出机构的工作；(三)组织代表对本级预算草案、决算草案、预算执行情况和调整方案草案等进行初步审查；(四)组织代表开展视察、调研等活动，将视察、调研活动形成的报告转交有关机关、组织研究处理并向代表反馈；(五)听取和反映代表对本级人民政府等各方面工作的建议、批评和意见，交由有关机关和组织办理并答复代表，公开办理情况的报告；(六)建立和完善代表联系原选区选民和人民群众制度，组织代表向原选区选民报告履职情况，听取并反映群众意见；(七)建立代表履职登记制度，组织代表学习、培训；(八)做好代表选举、补选和罢免的具体工作；(九)根据代表资格审查委员会提出的报告，确认代表的资格或者确定代表的当选无效，公布代表名单；(十)召集下一次的本级人民代表大会会议，提出大会议程草案以及有关名单草案；(十一)决定下一次的本级人民代表大会会议列席人员和邀请上主席台就座人员名单；(十二)办理上级人民代表大会常务委员会和本级人民代表大会交办的工作；(十三)其他依法需由主席团讨论决定的事项。主席团在乡镇人民代表大会闭会期间的工作，应当向本级人民代表大会报告。

乡镇人民代表大会主席团应当建立完善主席团会议制度。乡镇人民代表大会闭会期间，主席团会议由专职主席召集，每三个月至少举行一次。主席团会议须主席团全体组成人员过半数出席，方可举行。主席团决定有关事项，由主席团全体组成人员过半数通过。主席团召开会议时，可以要求乡镇人民政府和有关单位负责人列席会议。

主席团应当配备一至二名专职工作人员，协助主席、副主席开展工作。

主席团工作经费被列入乡镇财政预算。

第三节 镇人大主席团活动

晋江市各镇人大主席团在工作中依法履职，不断探索，监督、支持政府推行工作，各项工作逐步走上规范化、制度化轨道。

一、闭会期间组织代表活动

各镇人大代表组季季有活动，形式和内容年年有变化和发展，并形成“三簿”“四有”制度，即有活动点名簿、记录簿、好人好事登记簿；每次活动有学习内容、有视察项目、有接访群众、有听取所在地村（居）的工作汇报等。每次活动解决一些群众关心的热点、难点问题。代表活动主要采取按片混合编组，以小组为单位，轮流到村（居）的做法，围绕市委、市政府各个时期的中心工作，确保法律法规和各级人大及其常委会决议在本行政区域内的贯彻执行。活动形式有视察、执法检查、评议、调研、旁听法庭庭审等。

2002年1月至2022年12月，各镇人大主席团召开主席团会议1911次，听取审议镇政府及基层所站等职能部门260多项工作报告，有针对性地提出意见建议，有力地促进各项工作更加扎实有效开展。主席团围绕人民群众反映的热点难点问题开展形式多样的监督检查活动，组织代表视察环境整治、美丽乡村建设、学校安全、基层警务建设、生态水域环境保护等，检查年度为民办实事项目落实情况，依法履职，主动作为，积极推动民生项目建设。主席团始终注重学习培训，健全工作机制，拓宽代表履职平台，开展代表向选民述职活动，建设“人大代表联系群众活动室”，全面加强自身建设，提高履职水平。

2002年7月26日，深沪镇召开全市首次人大代表述职大会。

2003年4月23日上午，西滨镇人大主席团组织镇四届人大代表召开关于农业春耕生产情况的座谈会。会上，组织代表学习了新颁布的《中华人民共和国农村土地承包法》和新修订的《中华人民共和国农业法》；镇政府汇报了关于全镇春耕备耕及新一轮农田承包工作情况；与会代表围绕农业春耕问题进行讨论，提出当前要搞好镇农业生产应做到：一是要推进农业产业结构的调整，二是要加快农业产业化的步伐，三是要发展农业标准化生产，四是要提高农业外向化水平，五是要加强生态环境建设，六是要加强农业基础设施建设。座谈会结束后，各代表小组组织到田间视察春耕情况，推动春耕生产。

2003年7月19日上午，西滨镇第四届人大主席团第三次全体成员（扩大）会议在西滨镇政府三楼小会议室召开。会议听取了镇政府题为《开拓创新，勇于实践，努力实现新的良好开局》的工作报告；听取了镇财政所《西滨镇2003年1—6月财政预算执行情况报告》；听取了《西滨镇人大主席团2003年上半年工作汇报》。主席团成员对以上三份报告进行了认真审议，充分发表意见，原则通过了三份报告。提出四点意见：一是经济建设要冲瓶颈、求发展，二是精神文明要巩成果、抓深化，三是政治文明要依法规、保稳定，四是各项工作都要重时效、提效率。

为检查落实2003年全镇流动人口法制宣传教育工作的开展情况，11月25日，内坑镇组织主席团成员、部分人大代表对镇流动人口法制教育工作进行检查，发现流动人口、出租私房主、企业主的法律意识偏低，建议镇流动人口办、各相关职能部门在对流动人口管理中要把宣传工作纳入规范化管理中，管理工作以宣传工作开路，寓宣传工作于日常管理工作中。对流动人口的法制宣传教育已成为镇流动人口日常管理工作的一个重要组成部分。

按照内坑镇人大主席团2005年工作安排，6月上旬，镇人大主席团组织对《职业病防治法》执行情况进行了检查。其间，听取了镇政府关于镇职业病防治工作情况的汇报，实地察看了华龙鞋业、恒人鞋业、远方建材陶瓷、品质建材陶瓷等企业有关职业病防治情况。建议：一是继续深入宣传《中华人民共和国职业病防治法》，切实增强宣传效果；二是加强领导，明确职责，通力协作，形成监管合力；三是加强指导，敦促用人单位加强劳动过程中的防护与管理；四是总结经验，以点带面，建立长效管理的工作机制；五是加强防治工作机构和队伍建设。

2007年7月3日上午，内坑镇召开人大主席团第二次会议，听取内坑工商所上半年工作汇报，视察检查了镇区工业用地情况，安排布置第二季度代表小组活动有关事项。主席团成员对工商所半年来取得的工作成效表示充分肯定，并对工商所及镇政府相关部门工作提出了建议和要求，具体是：一要加强对食品卫生的管理，重点是对吕厝、深圳两村私营屠宰场户的监管，确保人民群众吃上放心肉；二要加强对市场的管理，重点整治原324国道324线湖内段旧服装市场；三要加强企业的引导和服务，提高登记注册和年检率，确保全镇经济持续稳定增长。

为增强镇人大主席团成员的法律意识，提高依法履职水平，2007年8月22日，内坑镇组织人大主席团成员到安海法庭旁听法院庭审活动。旁听的案件是本镇辖区内的一起交通事故造成人身损害赔偿纠纷案。庭审结束后，主席团成员还与安海法庭主要领导进行座谈，对法院工作提出建议和意见。主席团成员还表示要充分发挥人大代表联系沟通作用，积极协助法院做好基层调解工作，切实减轻法院工作量。2007年，镇人大代表已协助安海法庭成功调解4起案件。

2008年2月22日，西滨镇人大主席团组织市镇二级代表在镇政府会议室举办《中华人民共和国劳动合同法》（以下简称《劳动合同法》）讲座，邀请市劳动和社会保障局负责人就《劳动合同法》的具体内容进行讲解。既以新《劳动合同法》的要求作为基础，又总结实践中企业劳动合同条款的不足，对《劳动合同法》的操作务实及适用技巧进行解读。同时，从企业的用工管理角度出发，深入解析新《劳动合同法》的制作规范，尽量让企业和职工都能适应《劳动合同法》。代表们通过学习《劳动合同法》的有关知识，对提高依法监督水平，进一步发挥人大代表在促进企业经营管理中的作用，尤其对现阶段镇企业用工问题和《劳动合同法》的贯彻实施都有积极作用。

2008 年 3 月 27 日，内坑镇召开镇十三届人大主席团第七次会议，传达贯彻全市人大工作会议精神，听取镇政府关于当前农业生产工作情况汇报。主席团成员对镇政府在物资准备、良种供应、绿化造林和水利工程建设等方面采取的一系列措施表示了充分肯定，同时也指出由于春旱等原因，当前春耕生产进度偏慢，镇政府要采取有效措施抓紧春播工作，加快九十九溪及小流域治理，积极改善农业生产条件，并切实做好清明节期间的森林防火工作。会前，主席团成员视察检查了九十九溪砌坑段河道以及葛洲村 200 亩的西瓜大棚。

2008 年 5 月 16 日，内坑镇组织人大主席团成员对内坑镇学前教育工作情况进行视察检查，并实地检查丰光中学的迁校工作。视察组一行先后检查了内坑中心幼儿园、潘厝小博士幼儿园以及丰光中学，听取了镇关于学前教育情况及丰光中学迁校工作的汇报。视察组认为，镇政府及主管部门在抓学前教育工作方面做了大量工作，取得明显成效，但也存在一定问题，主要是镇办学水平还比较低，至今尚未设立一所独立的中心幼儿园；专业幼儿教师紧缺，教学质量有待加强；接送学生车辆超载现象普遍存在等等。并提出如下意见：一是要统筹规划，促进学前教育可持续发展。加大财政投入力度，进一步完善多元化投入机制，抓紧国才中心幼儿园的建设，建成后争取在三年内创成泉州市达标园，发挥骨干示范作用，促进内坑镇学前教育事业良性发展。二是要依法管理，规范民办园办学行为。加强餐食管理和幼儿的健康管理，注意食物、点心的卫生，防止肠道传染病的发生，健全突发事件应急处置机制。三是要加强培训，提升幼师队伍整体素质。严格实行教师和保育员持证上岗制度，鼓励教师通过各种形式提高自身学历层次，创造条件开展观摩研讨活动，提升队伍整体素质。同时要完善相关管理和保障制度，依照《中华人民共和国劳动合同法》等法律法规的规定，使幼儿教师享受应有的福利待遇，稳定师资队伍。

2008 年 10 月 23 日，内坑镇人大主席团组织视察被征地人员养老保险试点工作情况。内坑镇已有后坑、前洪两个村办理了被征地人员养老保险，而后坑村作为全市第二个参保试点村，参保率达 70%以上，下村下黄自然村也正在申报第三批试点村。视察组首先听取镇政府关于被征地人员养老保险试点工作情况汇报，实地视察 2 个试点村工作开展情况，并进行座谈。视察组对镇政府落实被征地人员养老保险工作表示了充分肯定，同时也提出了三点建议：一要加大宣传力度，化解实施进程中的阻力；二要强化技能培训，拓宽失地农民就业渠道；三要出台相关扶持政策，进一步完善社会保障机制。

2008 年 12 月 19 日，内坑镇人大主席团组织听取镇政府关于制止“两违”工作汇报，实地视察检查镇区工业区和自来水工程建设情况。主席团认为，镇政府及国土所能切实履行土地行政管理职能，落实科学发展观，制止“两违”工作取得明显成效。同时对今后工作提出四点意见：一是强化宣传，营造良好氛围；二是建章立制，落实长效机制；三是多管齐下，保持高压态势；四是疏堵结合，深化制违成效。通过视察检查促使进一步做好国土管理、促进土地合理利用、规范镇域建设秩序，盘活存量用地。

2007—2011 年，安海人大主席团任职期间，高度重视安海城乡发展建设规划，专题听取和审议镇政府关于《安海镇第四轮总体规划修编》情况的报告，组织代表认真讨论分析，围绕安海今后的发展定位，提出建设性意见，为安海新一轮发展奠定了基础。

2007 至 2011 年，金井镇人大主席团以推进近海水域环境污染治理工作为切入点，配合泉州、晋江市人大持续 5 年开展对重点污染源监管、水污染防治、环保基础设施建设的监督，推动环境污染治理措施的有效落实，新市溪、乌漏沟基本完成治理，钞岱溪、金井溪等溪流启动整治，近海水域环境污染治理工作取得一定成效。

2009 年 3 月 27 日，内坑镇召开镇十三届人大主席团第十三次会议，传达贯彻全市人大工作会议精神，听取镇政府关于当前农业生产工作情况汇报，实地视察检查了立厝加压泵站、全福蔬菜生产基地以及东宅、后山、山头村小型农业水利工程建设。主席团成员对镇政府在物资准备、良种供应、绿化造林和水利工程建设等方面采取的一系列措施表示了充分肯定，同时也指出，由于 2009 年春旱等原因，当前春耕生产进度偏慢，镇政府要采取有效措施抓紧春播工作，积极改善农业生产条件，扩大植树造林面积，并切实做好清明节期间的森林防火工作。

2009 年 12 月 16 日，内坑镇第十三届人大主席团成员视察检查内坑镇 2009 年度为民办实事项目和重点项目实施情况。2009 年，内坑镇共实施了涉及基础设施、公共安全、农业农村、教育事业、宣传文化等五大项 10 个小项的为民办实事项目及 7 个重点项目。为民办实事项目及重点项目有序推进。主席团先后视察检查了镇区工业项目用地区的建设，内坑旧街二期改造，三和小学、甘棠小学综合楼、东峰小学科技楼，广电大楼搬迁等项目。主席团认为，2009 年以来，镇政府及相关部门高度重视，克服种种困难，积极组织实施为民办实事项目和重点项目，工作有亮点、措施有新意，项目惠及人民群众，受到百姓的普遍欢迎，总体进展比较顺利。同时主席团也提出了几点要求：一要加大工作推进力度，对照目标回头看，倒排工期，确保目标任务按时圆满完成；二要进一步完善机制，加强监管，持之以恒地把实事办实、好事办好。三要继续加大为民办实事力度，广泛调研，征求意见，编排好明年为民办实事项目，并积极组织实施，体现政府的公信力。

2009—2010 年，金井镇人大主席团持续关注金井镇政府关于金融危机的应对措施，主动开展金井镇用工环境的调查研究，积极支持政府有为应对；通过对如何聚集人气、繁荣金井镇旅游业进行视察调研，形成《浅析小城镇建设要如何聚集人气》《整合金井旅游资源、打造海西优势品牌》等调研报告，为镇党委、政府决策提供第一手资料。

2010年，金井镇人大主席团依照法定程序，表决通过《晋江市金井小城镇综合改革建设试点镇总体规划（2010—2030）》技术评审方案。

2010年，根据晋江市人大常委会办公室《关于组织市十五届人大代表开展专题调研的通知》（晋人办〔2010〕42号文）要求，内坑镇人大主席团围绕内坑组团项目建设和“城市建设年”的总体要求，在充分听取代表意见的基础上，拟定调研方案，于10月下旬至11月上旬深入走访群众、开展视察参观学习，座谈征求意见。在11月10日，内坑镇主席团围绕确定的调研内容，组织内坑镇的晋江市第十五届人大代表视察检查了正在推进的陆地港、城市综合体、闽南仓储物流、金龙城、品牌工业城、内坑旧街二期回迁安置等6个项目建设进展情况，并组织代表参观了惠安县解放军庙、崇武古城和聚龙小镇。通过视察检查和参观学习，代表们对于如何进一步贯彻落实科学发展观的要求，围绕自身定位，充分发挥火车站及道口经济优势，举全镇之力加快城市规划建设步伐，有了更深层次的思考。建议：一是要以人为本，切实让利于民；二是要强化监督，体现公平公正；三是要整体运作，注重协作配合。

2011年12月以来，英林镇人大主席团主动回应广大人民群众和人大代表对司法公开的新期待，多次组织英林镇的各级人大代表前往龙湖法庭旁听庭审活动并听取法庭的工作情况介绍，代表们还就规范档案管理、加强法治宣传、落实便民措施、加强队伍建设等方面提出意见建议，充分发挥英林镇各级人大代表在基层民主政治建设中的重要作用。举办人民陪审员法贯彻实施情况调研座谈会，在充分肯定法庭工作成效的同时，要求重视解决“陪而不审、合而不议”以及陪审成“陪衬”等问题，对维护司法公正、促进司法公开起到积极的推动作用。

2012年3月20日，磁灶镇人大主席团组织市、镇两级人大代表视察城乡环境卫生整治工作，视察组实地视察了洋宅、国道324线、世华陶瓷城、下官路双溪口、苏垵二桥、东山、陶东路等。视察结束后，视察组听取了镇政府关于城乡环境卫生整治工作的汇报。视察组提出三点意见：一是提高认识，二是加大投入力度，三是加强监督。

2012年5月31日，内坑镇人大主席团成员和部分镇人大代表对农业生产及造林绿化工作进行视察。视察组实地察看了砌坑村550亩蔬菜大棚、葛洲村200亩水田、灵源山坑尾段营林绿化、沈海高速森林通道内坑段绿化等现场，听取了镇政府关于农业生产及造林绿化情况汇报，并进行座谈。视察组认为，2012年以来，镇政府高度重视春季农业生产和造林绿化工作，认真贯彻落实各级有关会议精神，紧盯目标任务，加强组织领导，加大投入力度，精心安排部署，春季农业生产和造林绿化工作扎实推进，较好地完成上级下达的任务。但当前农业生产和造林绿化工作仍存在一些必须引起重视的问题：农业管理方式比较粗放，农业产业化龙头企业和生产示范基地数量偏少，辐射带动作用不够明显；农业基础设施仍比较薄弱，部分农田水利设施失修，防灾减灾体系建设及农业生产安全有待加强；苗木管护责任落实仍不够到位，重栽轻管的现象还比较突出；社会主体投入不足，村级绿化氛围不够浓厚，缺乏长远规划布局。针对以上问题，视察组提出五方面意见：一要加大水利设施建设和小流域的治理力度，着力改善农业生产条件；二要加强农技推广服务工作，抓好重大动植物疫病防控，确保农业生产安全；三要积极推动规模经营，提高农业经济效益；四要加强宣传发动，增强群众造林绿化意识；五要科学合理规划，落实管护机制，巩固造林绿化成效。

为切实抓好内坑区域项目建设的监督工作，确保各级党委的决策部署落到实处，促进项目建设早见成效，2012 年 12 月 13 日，内坑镇人大主席团组织本镇的泉州市、晋江市人大代表以及镇人大主席团成员对镇重点项目建设情况进行视察。视察组实地察看了陆地港二期、普洛斯晋江物流园、喜得狼内坑工业园、品牌工业城、捷龙购物广场、九牧王商务运营中心等项目工程，听取了各项目组的工作汇报，并进行座谈。视察组认为，2012 年，镇政府以重点项目建设作为推动产业转型升级的重要抓手，切实加强组织领导，加大投入力度，全面推进内坑组团建设，形成新一轮的建设热潮。针对存在的问题，视察组提出三点意见：一要严格监管督查，确保质量安全；二要加强组织协调，加快建设步伐；三要落实资金保障，同步全面推进。

2015 年，金井镇成立“人大代表之家”，以“六有”标准，即有场所、有牌子、有制度、有计划、有人员、有档案等要求完善软硬件设施建设，为代表履职学习、联系选民、开展活动、沟通交流提供固定性、经常性平台，努力把“人大代表之家”建设成人大代表的“培训基地”“活动阵地”“交流平台”和“服务窗口”。

2015 年，安海镇人大主席团积极改进代表培训方式，举办《中华人民共和国民事诉讼法》培训讲座，组织安海镇的全国、福建省、泉州市、晋江市、安海镇各级人大代表参加，在全市各镇（街道）人大尚属首次。

2011—2016 年，永和镇人大主席团多层面监督，工作实效不断增强。主席团主动适应经济、社会发展新常态。紧盯实体经济转型提升。面对整体经济下行压力，关注信泰集团、迦南织造等实体经济企业的可持续发展能力以及抗风险能力，通过重点审议镇政府有关经济运行情况汇报，听取地税分局、市场监管所、企业服务中心、国土资源管理所等专项报告，推动改善企业发展环境，加大企业服务保障力度，优化投资环境，提振企业信心，积极扶持中小企业发展。紧盯环境治理生态修复。督促环境整治工作，支持建筑饰面石材退出转型，现场检查石渣石粉污染问题及处理情况，鼓励支持绿环再生资源、永葆新型建材等环保型企业发展；调研视察钞井溪上游支流（锦岭、内厝段）、坂头五斗桥溪流整治情况，针对整改工作滞后问题，提出切实有效的意见建议，确保镇域生态流域综合治理工作顺利推进。水质显著改善，水域整治取得新成效。紧盯“美丽乡村”建设。引导探索实践成功经验，组织市镇两级代表参观学习东石梅塘、井林村，深沪运伙村，石狮永宁前埔村等地经验，积极推动玉溪、玉湖、后埔等村“美丽乡村”建设。

2017 年 4 月 14 日，内坑镇开展河长制流域巡查活动，组织河长制架构全体人员、人大代表徒步巡查九十九溪、加塘溪，了解熟悉河道现状，现场排查溪流周边环境卫生及工业、农业污染排放问题，明确各自河道保护管理责任，变河长制为“河长治”。内坑全面推行河长制，明确河道保护管理责任，促进河道保护管理工作规范化、制度化。围绕推行全面河长制工作后，河道情况如何，应该怎样更好地保护水资源等问题，一行人从晋南大桥出发，沿着九十九溪溪流，到吕厝桥、九牧王桥、疏解公路桥、砌坑桥、磁新桥。随后，一行人沿着黄塘公路桥、莲湖桥、加塘古树群、加塘滚水坝、东村桥查看加塘溪。代表们一边查看，一边了解相关情况。经过这次巡查活动，代表们纷纷表示内坑全面推行河长制后，要变河长制为“河长治”，政府应高度重视生态水域治理：一要有关单位要建立长效机制，加强日常巡查，发现问题要当场处理或立即上报。二要强化责任落实，实行明察暗访，对河流保护管理效果进行监督和评价。三要强化宣传发动，引导全民参与监督管理，营造良好氛围。四要科学制定规划，统筹考虑治河体系，明确责任单位和责任人。要用好河长制这把“金钥匙”，打开困局，真正让每条河流都变成一道风景，让群众共享发展成果。

2017 年，金井镇按照上级工作要求，镇级建立“人大代表联系群众活动室”，并在山头村试点延伸建立村级“活动室”。

2017 年 10 月 31 日上午，磁灶镇人大主席团举行磁灶镇人大代表联系群众活动室揭牌仪式暨人大代表接待选民群众活动，加强了人大代表同选民群众的联系，了解了社情民意，从而更好地服务选区内的选民群众。

2017 年，英林镇人大主席团密切关注晋江市十六届人大三次会议作出的《关于加快推进我市生态水域建设的决议》在镇的贯彻执行情况，根据市人大常委会开展生态水域建设专题询问的工作部署，安排听取工业污染治理、农业污染治理和生活污染治理三个工作报告，组织前往港塔溪、钞井溪实地检查，推动镇政府制定实施方案，全面推行河长制，巩固重点流域治理成果。

2017—2021 年期间，永和镇人大主席团以实际行动贯彻落实镇党委的重大决策，支持政府推进各项重点工作，主动服务镇发展建设大局。协助推动福厦高铁项目征迁、泉厦漳城市联盟路永和段和快速通道东石连接线项目安征迁、经济开发区五里园中心区安置房项目、市域小流域整治工程。督促相关部门平稳推进石材行业退出转型，深化石粉堆场治理，持续推动老旧工业园区改造提升，有序推进基础设施功能配套，常态化推进镇容镇貌整治。主席团密切关注晋中职校项目土地征迁和手续报批等前期工作，督促有关部门落实工作责任，加快推进，着力打造晋中教育品牌。主席团听取卫健办专项报告，精准聚焦卫计融合、传染病防治、卫生应急救援体系建设情况，督促筹建晋中医院项目，整体提升医疗水平。力促加快形成预防、医疗、康复一体化的健康服务体系。主席团视察基层养老服务站建设工作，督促构建普惠多元养老服务体系。推动建成镇级敬老院及19个居家养老服务站。主席团通过视察督促完成21个村农村生活污水处理工程建设，完成旧石东公路割山桥头道路整治、学府路与学苑路整治、社马路英墩村红绿灯路口改造等一批道路提升项目，建成加环文化广场、侨城足球公园，新建改造公厕20座，镇域实现公交路线全覆盖。促进人居环境美化。针对污水处理、环卫保洁等突出问题视察调研，增强监督的针对性和实效性，扎实推进镇容环境卫生、农村基础配套设施等专项整治行动。有序推进新石东公路污水管道改造提升项目建设，不断提升路网建设、供水供电、排污排水等设施保障功能。主席团坚持对为民办事项目的落实情况进行跟踪督查，按时间节点听取汇报，督促相关部门落实工作责任。鼓励市镇人大代表积极参与民生事业建设，主动做好困难群众的帮扶工作。累计完成56件镇级为民实事，圆满完成脱贫攻坚，帮扶“四帮四扶”对象75户，办理危房翻建近2000宗。主席团认真审查年度财政预算，推动财政向民生方面倾斜，在成立永和镇教育发展促进会、南峰中学教育发展促进会、季延中学英墩校区教育发展促进会的过程中，发动人大代表积极参与，共同出资出力。推动投入镇财政3735.4万元用于教育事业，实施一批校园扩容改造提升项目，经费的保障使学校基础设施得以逐步改善。

2017—2022年，东石镇人大主席团组织视察石材退出转型、溪流整治、污水处理、工业垃圾集中转运等，视察中代表们认真找问题，积极探讨切实可行措施。视察结束，要求相关部门立即整治，大力推进农村垃圾清理、污水治理、镇容镇貌提升，努力协助镇建设成绿色宜居的美丽乡镇，不断提升东石镇生态环境保护和生态文明建设水平。

2018年，金井镇投入近10万元，对镇级和山头村2个人大代表联系群众活动室的规范化建设进行完善，构建代表联系选民、开展活动、沟通交流的服务平台，代表活动更加规范有序。

2018年12月17日，磁灶镇人大主席团组织召开磁灶镇第三选区（下灶村）市、镇两级人大代表述职评议会议。镇人大主席、人大秘书、第三选区市镇两级人大代表，下灶村“两委”成员、村民小组长、工青妇、老人会负责人等选民代表参加了会议。通过述职评议，切实做好人大代表向原选区选民述职工作，促进代表更好地履行职责，增强代表与选民之间的联系。

2018年，英林镇人大主席团根据福建省、泉州市、晋江市人大常委会部署要求，探索建立“一个载体”（人大代表联系群众活动室）、“两项制度”（代表接待群众和代表述职制度）、“三项活动”（法律学习、调研视察、工作评议），确保季度代表小组活动、月份代表接待选民活动以及代表向选民报告履职情况等活动基本实现常态化。一是规范化推进代表日常活动载体建设。全镇5个活动室主要承载组织代表开展学习交流、调研视察、工作评议等专题性、特色化活动功能，人大代表就民生热点问题、重点中心工作等事项集中讨论、集体议事，做到“重要事项重点监督、共性问题共同解决”。二是精细化推进代表接待选民制度建设。建立“时间相对固定、地点按需确定”的人大代表联系选民制度，将选民反映的意见、批评和建议按照城乡规划、科技创新、现代教育、医疗卫生、文化服务、社会保障、环境保护等分类，做到普遍同类问题由活动室归类回复，重大共性问题提交镇人大会议决定。2018 年 1 月，镇十三届人大三次会议根据代表提出的议案，依法作出《关于深入推进移风易俗的决定》。三是常态化推进代表述职评议制度建设。围绕“述有所依”，以《代表法》《地方组织法》等为依据，建立健全人大代表向选民述职制度，明确规定“本镇的市镇两级人大代表，在本届内向选民述职，接受选民评议监督”。围绕“述有所指”，强调代表在政治理论学习、法律法规宣传、贯彻人大决议、提出代表建议、联系人民群众、为民兴办实事等自身履职方面的内容指向性。围绕“述有所评”，以活动室为载体，专题召开人大代表述职会议，选民代表就相关问题向人大代表建议，当场投票测评。

2018 年，英林镇人大主席团配合市人大常委会开展精神卫生法执法检查，深入了解和掌握法律执行中的薄弱环节以及精神病患在康复医疗方面的现实需求，支持建设英林中心卫生院伍堡分院严重精神障碍患者社区康复站，形成“专家坐诊 + 随访”服务管理模式。

2018 年，内坑的晋江市人大代表认真履行人大代表职责，汇总整理了群众反映强烈的内坑中心小学上下学交通拥堵问题的意见，并通过近期上线的内坑“对话镇长”平台进行反映。代表提交的意见属于群众关切、亟待解决的民生问题，内坑镇政府高度重视。5 月 28 日上午，内坑镇镇长带队实地走访察看，会同镇政府有关部门当场提出了解决办法，要求限期整改完毕。人大代表的意见促使事情有了较大进展，这让不少群众着实高兴。2018 年，内坑镇人大主席团不断创新监督方式，提升监督实效，以“对话镇长”平台为载体，引导代表履职行权，实现传民声、听民意、帮民事、解民忧，打通服务群众“最后一公里”，确保人大工作“一镇街一亮点”活动取得成效。

2018 年，东石镇人大主席团紧扣践行“晋江经验”发展实体经济凝聚东石力量打造“世界伞都”主题，组织晋江市人大代表东石小组召开伞业专题研讨会，收集并交办“关于加大扶持东石伞业转型升级力度”等十余条建议，切实打好人大调研牌，常态化代表课题调研这项特色工作，将人大监督工作往前推进一大步。

2019 年 5 月 29 日，池店镇新店点人大代表联系群众活动室揭牌暨市镇两级人大代表接待群众。

2019 年，金井镇投入 20 万元，规范建设坑口村和南江村 2 个片区人大代表联系群众活动室，按照“八有、八制度”标准要求完善相关软硬件设施，积极构建完善人大代表“培训基地”“活动阵地”“交流平台”和“服务窗口”。

2019 年 8 月 21 日，磁灶镇人大主席团组织“四级人大代表”对镇域交通安全及通行能力开展持证专题视察活动。视察组一行先后视察了镇多个主干道交通安全设施及通行节点，并到磁灶交警中队听取了镇规建办、行政执法中队及交警中队对镇域交通设施规划建设、秩序管理、综合整治等方面的汇报。代表们建议，道路交通安全事关群众的切身利益，相关职能部门要按照各自的工作职责提升综合管理水平，做好道路交通安全管理工作。

陈埭鞋业人大代表联系群众活动室于2019年10月建立，2020年5月升格为晋江市级活动室，有驻室代表29名，包括陈埭、池店、内坑、梅岭等4个镇街代表，其中泉州市代表4名、晋江市代表15名、陈埭镇代表10名，活动室设有主任1名、副主任2名、联络员2名。一段时间以来，活动室立足产业特点，引导业内代表为传统产业发展抱团发声、献计献策，推动代表工作再上新台阶。活动室按照“八有、八制度”的要求建设，室内上墙人大代表联系群众活动制度，统一制作履职公开栏、代表信息公开栏、代表活动剪影等板块，配备电脑、会议桌椅、档案柜、信箱等设施，为代表履职平台创造良好的条件。

2020年以来，面对突如其来的新冠疫情（新型冠状病毒感染疫情），各镇各级人大代表挺身而出、迎难而上，奋战在联防联控、复工复产各条战线，同时组织代表慰问抗疫一线人员，为奋战一线的人员送去了温暖，展现了代表的履职风采。

2021年，英林镇人大主席团组织各级代表作为新闻观察员参加《热点观察室》新闻评论栏目录制，针对疫情时期慈善、平安创建、农村人居环境整治、联系群众了解社情民意、乡村振兴、保护传统古建筑等热点话题进行讨论。

2021年2月至10月，根据《晋江市人大常委会办公室关于印发〈晋江市人大常委会关于组织对城乡人居环境整治工作进行专题询问的工作方案〉的通知》（晋人办〔2021〕10号）要求，安海镇人大主席团对2018年以来安海镇人居环境整治工作情况开展专题询问，进一步增强基层人大的监督实效，更好地督促和支持政府依法履职，推进城乡人居环境持续改善。

2021年6月16日，金井镇人大主席团开展2021年第二季度人大代表接待选民群众活动，并向参加活动的人大代表通报了第一季度接待选民群众意见建议的办理情况。活动中，各选区群众围绕城镇规划、环境整治和民生服务等方面向人大代表反映问题，并提出意见建议。

2022年，安海镇第十四届人民代表大会第二次会议专题听取安海教委办专题工作报告和晋江市养正中学专题工作报告，让安海广大人民群众和社会各界更加深入、更加充分地了解和知晓镇教委办及养正中学的各方面情况，包括现阶段存在的问题和困难，进而更加关心、理解和支持镇教委办及养正中学，在今后的教学中扛旗领跑，进而推动历届安海镇党委接续做出的重要决策，使“打响‘学在安海’品牌”得到更好的贯彻落实。

2022年，英林镇人大主席团6个活动室开展1场代表初任培训、1次异地调研、2次视察检查、2次专题学习、3次代表小组活动、10场次的接待代表（群众）活动，累计有泉州、晋江级、英林镇级代表148人次参加，接待139名群众代表，收集49件意见建议，这些意见建议有的正在交办中、有的已被采纳、有的已付诸实施。

2022年5月26日，紫帽镇人大主席团组织泉州、晋江及镇级人大代表共21人到磁灶法庭观摩旁听，“零距离”感受法院经济纠纷案件庭审的全过程。在旁听法庭庭审过程中，人大代表认真旁听了案件的法庭调查、庭审辩论等过程，仔细倾听各方陈述，并对庭审的程序规范、庭审驾驭能力、庭审形象、开庭细节等进行了重点关注。在随后召开的座谈会上，代表们就该案件及工作、生活中遇到的法律问题与法官们进行了交流探讨。

2022年6月21日，陈埭镇人大主席团组织镇人大主席团成员，部分市、镇人大代表调研基层治理网格化工作。调研组实地察看了岸兜村第七网格党群服务站建设情况和陈埭镇“三公一大”融合协同工作专班运行情况。在随后召开的座谈会上，代表们就整合信息资源、抓好网格管理、提高网格服务水平等基层治理方面工作提出了意见建议。

2022年6月22日，部分市人大常委会委员到内坑镇开展“解放思想再出发，人大代表在行动”专题“双联”活动。一行人先后实地走访了福建省美凯源鞋业有限公司、泉州恒森鞋材有限公司、永兴（晋江）陶瓷有限公司，与内坑籍市人大代表以及群众代表，就基层人大代表和人民群众对晋江市经济社会发展重大事项、重点项目及民生热点、难点问题等进行广泛交流发言，收集意见和建议。活动组一行人先后走访福建省美凯源鞋业有限公司、泉州恒森鞋材有限公司，了解内坑镇鞋塑行业发展实际情况并听取意见，并且就如何发挥行业协会、商会及地方政府作用，如何帮扶受新冠疫情影响的企业复工复产，更好推进内坑镇鞋塑企业高质量发展进行讨论交流。随后活动组一行人实地走访永兴（晋江）陶瓷有限公司，认真听取了李金炒代表关于疫情之下企业如何在政策的帮扶下，做好复工复产工作的建议。在此次“双联”活动中，活动组听取了代表对常态化疫情防控下稳定企业产业链、缓解企业用工难、增强新晋江人归属感等问题的意见、建议，并强调对于本次收集到的意见、建议将会进行梳理分类，交由有关部门办理落实。

2022年7月28日上午，内坑镇人大主席团组织镇人大主席团成员、部分市镇两级人大代表对安婷妇幼、嘉怡塑胶重点项目建设工作情况开展视察。视察组一行实地察看了安婷妇幼、嘉怡塑胶重点项目建设工作，深入了解项目推进情况等。

2022年9月20日，龙湖镇辖区内市级以上人大代表和镇人大主席团到罗山街道开展异地调研活动，先后到科创新区指挥部、鸿官非公党建馆等地进行深入调研，调研组认为，要从增强党的自身凝聚力入手，将党建融入企业文化建设，使党组织更好地履行教育、管理和关怀党员的职责，更好地发挥服务、团结和组织群众的作用，塑造先进文化，使员工在潜移默化的文化环境中成长成才。

为深入贯彻落实市人大常委会关于建设“党建+”邻里中心·人大代表工作室的工作要求，进一步提高内坑镇黎山村人大代表工作室建设质量，扎实推进黎山村人大代表工作室的工作制度化、规范化、长效化，2022年9月22日上午，内坑镇人大主席团组织市镇两级人大代表在黎山村人大代表工作室开展活动。镇人大主席、人大副主席与黎山选区市镇两级人大代表开展接待群众活动。人大代表认真听取群众提出的意见建议，并进行梳理分类，共收集人居环境整治、疫情防控、发展村集体经济等方面的意见建议7条，在整理后交由有关部门办理落实。在黎山村党组织书记张蓬杰的讲解下，黎山选区6位人大代表对黎山村善治积分系统、对话人大代表板块的使用方法进行深入学习。依托黎山村善治积分管理体系，借助"对话人大代表"平台，分别对代表履职活动，对群众参与基层治理、踊跃提出意见建议等行为进行积分正面激励，实现代表与群众的线上线下双向联动，构建上下贯通的智慧人大工作网络。随后，4位代表开通并使用"对话人大代表"平台，随即在"对话人大代表"平台收到群众提出的意见建议共4条。代表将意见建议梳理分类后，由相关部门协办处理，并对所收到的意见建议的办理情况进行跟踪，将办理结果通过"对话人大代表"平台反馈给群众。

2022年9月28日下午，磁灶镇人大主席团组织部分市、镇人大代表开展村级养老机构建设情况专题视察活动。代表们先后视察了前尾村敬老院、下官路村敬老院和磁灶深垳敬老院，详细了解村级养老服务机构的建设运营情况，以及存在的困难和问题。在随后召开的座谈会上，代表们听取了磁灶镇村级养老服务体系建设情况的报告，并围绕今后如何加强村级养老机构的业务指导、规范运营、推进养老产业发展进行座谈。

为进一步加强代表之间的工作交流学习，拓宽代表视野，提升履职能力，2022年10月12日，内坑镇人大主席团组织辖区内晋江市第十八届人大代表和主席团成员前往东石镇开展异地调研，内坑镇党委书记、镇长、人大主席、副主席等参加调研。调研组一行先后参观走访了东石镇南天禅寺（全国重点文物保护单位）、塔头刘村革命史馆、艺达木雕美术有限公司（福建省非物质文化遗产传承单位）、东石伞业行业人大代表联系群众活动室等地，深入了解东石镇人文历史、产业发展、社会治理、代表工作室建设和活动开展等方面情况。代表们深入参观有"泉南佛国"之称的南天禅寺。详细听取了关于寺院以"弘法、教育、慈善"为宗旨，开发建设用地及规范开展活动等有关情况介绍，了解南天禅寺保护开发、建设发展、规划运作等方面工作的先进经验。代表们认为，南天禅寺在文物保护和文化旅游推广方面的经验和做法值得借鉴。代表们实地参观塔头刘村革命史馆，听取了塔头刘村结合古厝特色和村庄乡情对古厝进行改造的情况介绍。代表们表示，塔头刘村一方面对古厝原貌进行恢复保护，另一方面对空间进行整理盘活的做法，既留住乡村记忆，又让古厝焕发新生，值得在内坑镇开展乡村振兴工作中借鉴参考。在非物质文化遗产代表性传承人郑银聘的介绍下，代表们充分听取了东石镇推动木雕特色传统产业发展的相关情况，对艺达木雕在坚守传承传统产业的同时能通过市场化经营做到文化创新推广与经济效益双丰收的成绩表示肯定。此次异地调研，代表们在深刻了解东石镇南天禅寺开发保护、乡村振兴建设、木雕产业发展的同时，思想得到了淬炼，代表们一致表示，东石镇在挖掘地方特色、实施乡村振兴、基层治理等方面的经验值得学习和借鉴。今后，大家将一如既往地履行好代表职责，积极建言献策，为内坑镇经济社会的建设发展贡献力量。

2022 年 10 月 20 日上午，磁灶镇人大主席团组织部分市镇两级人大代表开展教育专题视察活动。代表们先后参观了磁灶中学扩建、磁灶实验小学陶英校区基建、晋兴职校改建工作情况，听取了三所学校的建设情况介绍，了解了三所学校在项目建设过程中存在的困难和问题，并围绕基础设施建设、教育能力提升、资金保障等方面进行座谈。

2022 年，金井镇人大主席团联合金井商会，开展人大代表与商会会员“每周一约”活动，有效加强代表与企业界的联系，丰富了活动室内容。同时，与镇纪委、效能办联合建立“协同监督”机制，结合三方职责对机关事业单位、村（社区）定期开展常态化监督，对发现和反映的问题进行分类，分工督促落实整改。

二、督促办理代表建议和意见

各镇人大主席团在交办、督办工作中，做到“三个一”(即“一份交办件”，镇人大主席团以文件形式向镇政府发出办理通知；“一场交办会”，召开有人大主席团主席、镇长和各承办单位分管领导参加的交办会，逐一落实建议办理的责任领导、经办单位；“一场反馈会”，建议办理结束后，召开有主席团成员、镇政府领导成员、各代表小组组长、各承办单位、建议领衔代表参加的办理情况反馈总结会)，并当场征求代表意见。代表不满意的，承办单位要重新办理。在具体办理过程中，要求承办单位做到“两见面”，即办理前期，承办单位与建议的领衔代表见面，了解建议的真实意图及要求事项；办理后期，再与领衔代表见面，通报办理情况，征求意见，取得共识。

从 2000 年开始，各镇人大主席团还根据省人大常委会主任会议《关于建立人大代表在基层轮流接待群众来访制度的意见》，着手组织人大代表接访群众。结合党政领导接待日，增设代表接待处接访人大代表和群众；邀请部分村民参加代表小组活动，直接听取建议和意见；组织主席团成员和镇政府分管领导及部分人大代表到基层接访群众，敦促政府有关部门解决群众反映的热点、难点问题。

2002—2006 年，英林镇第十届人大历次会议上代表们提出的意见、建议 186 条，英林镇人大主席团均能马上做好交办工作，把这些意见、建议分门别类，分别交有关单位、责任人办理，要求在法定时间内答复代表，并在镇政务公开栏中公布，接受代表、群众的监督。

2004 年，内坑镇第十二届人大二次会议代表提出的《关于请求政府牵头，扶持内坑中学的建议》，内坑镇党委、政府非常关注，积极奔走，加强沟通和联系，筹措资金积极扶持办学。

2007—2011 年，英林镇人大主席团组织交办英林镇第十一届人大历次会议的代表建议130多条，通过会议交办、实地视察、跟踪督办等方式推进建议办理落实，要求各承办单位要认真对待、严格程序、规范答复，严把办理质量关，对处理工作不到位、代表表示不满意的，责成有关承办单位重新办理，努力使代表建议有关内容落到实处。

2009年，内坑镇第十三届人大三次会议代表提出《关于对加塘溪进行综合治理的建议》。内坑镇人民政府经过调研，认为加塘溪贯穿内坑镇土垵、黄塘、内湖、加塘、东村5个村，由于河道狭窄、泥土淤积，加之沿岸企业工业污水乱排，水质无法达到灌溉标准，整治工作已迫在眉睫。因此，及时启动了加塘溪整治工作。

2009年，内坑镇第十三届人大三次会议代表提出《关于九十九溪内坑段护砌及水泥路面铺设的建议》。内坑镇人民政府非常重视，多次恳请市委、市政府协调市直有关部门尽快启动九十九溪上游内坑段防洪排涝工程建设，促使启动了九十九溪砌坑段治理工程，聘请福建省水利水电勘测设计研究院制定《晋江市九十九溪上游防洪排涝一期工程可行性研究报告》，并通过会审，整治工作正有序推进中。

2009年，内坑镇第十三届人大三次会议代表提出《关于出台优惠措施，稳定教师队伍的建议》。内坑镇人民政府认真办理，相继研究出台《内坑镇小学教师调动工作意见》和《晋江市内坑镇小学教师工作考评奖励细则》等文件，并考虑在各村建设的“爱心楼”“廉租房”中选出部分套房安排给所在学校的老师，从工作、学习、生活等方面关心教师，切实帮助教师排忧解难，为教师创造良好的工作环境。

2011—2016年，英林镇人大主席团把督促办理代表建议作为支持代表履职、激发履职动力的重要工作来抓，督促承办单位加强与代表的沟通联系，提高办理质量，推动问题解决。注重建议督办与履职行权的有效结合，采取听取汇报或实地检查的方式，推动建议办理由“被满意”向“真满意”转变。通过有关方面的共同努力，镇十二届人大以来代表提出的建议102件，均在法定时间内办理完毕并书面答复代表，代表建议涉及的农村石结构房屋翻建、被征地人员养老保险等问题得到妥善解决，代表满意率逐年提升。

2011年，西滨镇六届人大一次会议期间，代表们提出《关于加快思进村区域改造更新的建议》，镇政府高度重视，及时启动思进村区域改造更新建设工作。项目总用地面积127.63亩，其中出让用地120.63亩、道路用地7亩。2012年，在市委、市政府的关心和思进村全体村民的全力支持下，经全镇上下的共同努力，10月15日，晋江市政府正式发布《关于西滨镇思进村区域改造更新建设项目的通告》并在8个工作日内100%签完协议。当年，完成安置住宅区全部建筑物拆除。完成地质勘探，在专家论证、规划建设部门审核把关下，完成安置住宅区施工图纸设计及评审。2013年1月5日，市国土资源局在《泉州晚报》上发布项目用地出让公告，为尽快开工建设争取了时间。

2013年，安海镇人大主席团组织代表实地调研安海镇小流域环境污染，召开座谈会研究商讨解决方案，代表们提出富有建设性的意见，并形成关于加快推进晋江市生态水域建设的议案。该份议案在晋江市十六届人大三次会议上由安海代表团提出，大会表决通过并作出决议，成为晋江市人民代表大会有史以来的第三号议案，促使生态水域建设工作纳入了市委、市政府的重要议事日程，为加快生态水域建设奠定了良好的法定基础。

从2017年开始，根据《福建省人大常委会办公厅关于印发〈中共福建省人大常委会党组关于加强和改进人大代表履职有关工作的实施意见〉的通知》（闽常办综〔2017〕79号），为进一步加强人大代表联系人民群众平台建设，英林镇相继建立5个英林镇人大代表联系群众活动室，按照“八有：有场地、有挂牌、有人员、有制度、有运作、有经费、有记录、有实效；八制度：代表联系群众活动室工作制度、代表联系群众制度、代表学习宣传制度、代表视察调研制度、代表履职公开制度、代表履职报告制度、代表履职登记制度、代表履职请假制度”的规范标准，统一规范工作平台建设，定期安排代表轮流接待人民群众。代表联系人民群众活动，采取实地走访、代表小组（活动室）接待来访、召开座谈会等形式进行，利用电话、代表履职平台、电子邮箱以及微博、微信等社交平台加强与人民群众的沟通和交流，及时了解社情民意。

2017—2021年，英林镇人大主席团对英林镇十三届人大历次会议上代表们提出的意见建议及时分类整理，转交52件意见建议给镇政府研究处理，落实责任。及时督促责任领导和责任科室加强与代表的沟通联系，书面答复办理情况，推动问题解决。

2017年7月22日，东石镇党委书记在东石镇人民政府六楼党委会议室向东石镇的市、镇两级人大代表征求对政府工作的意见建议并及时交办。

2017年，安海镇人大会上，安海镇人大主席团首次将听取代表建议办理情况报告列入会议议程，督办建议与代表履行监督职权两者更加紧密结合。

2017年9月11日，市人大代表在安海镇级活动室接待选民群众时，群众集中反映安海医院区域交通不便问题突出，代表记录整理后向市主管部门提出建议，并主动跟踪督促，反复沟通协调，市主管部门决定增设一条途经安海医院的公交线路，并与多条公交线路交会，有效地促进该问题得到解决。

2017年11月10日，省十三届人大代表黄月莹在安海镇级活动室接待选民群众时，群众集中反映安海镇鸿塔小区一期（安置小区）消防设施存在严重安全隐患且一直没有妥善解决，接待活动结束后黄月莹代表立即整理并以代表建议的形式向市主管部门反映此事，晋江市人大常委会及时进行交办。但群众对办理情况不满意，认为没有彻底解决问题。晋江市人大常委会十分重视，将其作为不满意件重新交办。经过黄月莹代表的持续跟踪、督促和协调，至2018年底鸿塔小区一期（安置小区）消防设施安全隐患问题终于全部整改完毕，获得了小区内群众的交口称赞。

在晋江市第十七届人民代表大会第二次会议上，安海镇人大代表提出《关于将安海医院更名为晋江市第二医院或晋江市人民医院的建议》，得到了市人大常委会的高度重视。经过持续跟踪督办，安海医院于2018年顺利更名，对安海医院今后的良性发展起到了较好的推动作用。

2018 年 1 月，英林镇第十三届人大三次会议期间，代表根据收集到的群众意见，提出《关于深入推进移风易俗工作的议案》，大会审议通过《关于深入推进移风易俗工作的议案》，形成大会决议。2019 年以来，探索建立领衔督办、面商办理等代表建议办理落实机制，加强对《关于深入推进移风易俗工作的决议》执行情况的监督检查，组织相关单位和提议案的代表前往玉坂、嘉排等村现场视察督办。

2018 年，安海镇人大会上，安海镇人大主席团除继续安排听取代表建议办理情况报告外，还首次对《关于解决镇区交通拥堵问题的建议》等 3 件重点督办建议办理情况集中开展满意度测评，实现了代表建议满意度测评从“一对一”到“多对一”的转变，切切实实增强了代表建议办理实效。此项举措获得上级肯定，《中国人大》专文刊发推介。

2018 年，市人大代表在安海海东片区活动室接待选民群众时，群众集中反映安平开发区自开发建设以来迄今已 20 多年，道路、路灯、排水系统等基础设施因年久失修，且多为软基地块，破损、沉陷严重，许多企业因此选择外迁。群众集中建议改造提升开发区基础设施，以创造良好的企业发展环境，提升开发区竞争力，更好地服务开发区内的企业和居民群众。代表就此提出建议，并持续跟踪推动，引起各级政府的重视和支持。2018 年底，安海镇人民政府启动安平开发区市政改造工程，将其作为 2018 年重点工程大力推进，截至 2019 年 1 月 2 日，已投入 500 多万元，重修道路 7 千米，铺设沥青 6 万多平方米，并同步清淤疏通和分流改造周边的雨水、污水管网，整个开发区面貌焕然一新。

2019 年，围绕沿海大通道沪厝垵段危险涵洞改造问题，英林镇人大主席团多次以代表建议的形式进行反映，在上级人大的协调和相关部门的努力下，沪厝垵段危险涵洞已于 2019 年 9 月底完成加固改造，有效消除附近村民生产作业横穿道路可能造成的交通隐患。

2020 年 4 月上旬，市人大常委会主要领导带队到晋江市陶瓷行业人大代表联系群众活动室，调研晋江市建材陶瓷产业复工复产情况，收集代表意见建议，协助解决困难和问题，并形成了《着力破解问题症结，推动建材陶瓷产业健康发展》的专题报告。市委、市政府主要领导高度重视，并签批相关意见。切实推动了专题报告相关问题的落实。

2020 年 9 月 4 日下午，磁灶镇人大主席团组织部分晋江市、镇人大代表，镇政府相关分管领导、相关部门负责人参加视察镇第十七届人大七次会议代表重点意见建议办理情况，一行人察看了苏垵二桥连接线、洋宅友谊桥、三吴溪，随后在镇人大活动室进行座谈。

2022 年 4 月，为进一步拓宽代表联系群众的渠道与载体，英林镇在原有 5 个活动室的基础上，创新代表履职阵地建设，融入英林心心文化（“心党建、心商店、心书房、心拓邦”），打造“英林心·心桥梁”人大代表联系群众活动室，91 名泉州、晋江、英林镇三级代表以轮值方式进驻活动室，定期开展学习培训、调研视察、接待选民群众等各项活动，做到“门常开、人常在、事常办”，把活动室建成联系服务群众的主阵地、收集倾听群众意见建议的主载体，成为群众“愿意来、喜欢来、还想来”的温馨家园。

2022年7月14日，紫帽镇人大主席团组织人大代表开展代表建议督办活动。督办组现场查看了《关于解决铁灶路因车流多引发交通安全隐患问题的建议》《关于解决洋店村村民门牌号跨区多重设置问题的建议》的办理情况。督办组还召开座谈会，详细了解2件建议办理进度。代表们建议，镇政府及相关部门要严抓落实，切实为民办实事、办好事，他们将继续跟进监督建议办理进展情况。

2022年，金井镇人大主席团详细制订每季度活动计划，提前向选民公告接待时间、地点等信息，定期组织代表接待群众活动，并及时将群众的建议、问题进行登记、整理、分类，以书面形式移交镇政府有关部门进行办理并抓好跟踪督促，然后由代表在开展接待群众活动时通报相关办理情况，形成良性循环活动机制，既切实解决群众关心的部分热点难点问题，又进一步激发代表履职的使命感。

东垵菜市场，作为深沪镇区最大的综合性菜市场服务群众约5万人，东垵菜市场给群众带来便利的同时，也因寸土寸金寸摊必市，成了典型的“脏乱差”，垃圾多、卫生差，占道经营现象严重。2022年，代表抓住菜市场改造这一热点，通过活动室的每周“议事室”向镇党委政府反映。镇党委高度重视此项建议，党委书记多次在党政会议上要求要重视代表的建议，积极谋划，加速推进菜市场改造工程。在改建中，深沪镇人大代表联系活动室多次组织人大代表视察第三综合市场改造工程，听取综合市场的改造计划、进度及存在问题。活动后代表们主动深入群众做好临时搭盖的店面业主思想二作。如今，东垵菜市场的改造接近尾声，已经建成临时菜市场，摊位都已经入住，秩序管理井然，面貌焕然一新。

三、开展工作评议

1992年，以陈埭镇人大主席团评议公安派出所为试点，各镇人大主席团开始开展评议基层所站工作。一年中，共组织36场评议活动，参加评议代表达1270人次，接受评议的基层单位有公安派出所、工商所、税务所、财政所、计生服务站、土地管理所、农行营业所等，提出216条意见和建议。1997年，各镇人大主席团均开展评议基层所站工作，至2001年共评议基层所站76个。从2000年开始，各镇人大主席团组织对镇政府领导成员述职评议活动全面铺开。

开展评议基层所站工作是镇人大依法履行监督职能，促进基层民主政治建设有效的方法措施，从2002年至2022年，各镇共评议地税分局、交警中队、派出所、市场监督管理所、工商所、城市管理局中队、税务分局、环保中队、教委办、卫生院、供电所、安办、劳务所、国土资源管理所、广电站、计生办、规划建设办等基层所站1092个。

2002 年以来，各镇人大主席团组织对镇政府领导成员述职评议活动继续全面铺开。在坚持党的领导原则、依法进行原则、实事求是原则、讲求实效原则前提下，通过开展工作评议，有力地推动工作态度、工作作风的进一步转变，各镇机关效能、服务水平得到全面提升，各项工作取得显著成效。

2002 年，内坑镇镇人大主席团对内坑地税分局工作开展民主评议活动。建议：一是要加强学习，提高执法队伍依法行政水平；二是要加强宣传，提高全民依法纳税意识；三是要继续组织执法人员的业务培训和法纪教育，着装要整齐，多使用文明用语，多做耐心细致的思想工作，多深入基层搞调查研究，切实为企业排忧解难；四是要加强与各村委会的联系，引导群众自觉接受管理，营造良好的税收环境。通过评议活动有力地推进内坑地税分局提升依法行政的水平。

2002—2006 年，英林镇第十届人大主席团对英林国税分局、派出所、教委办等 3 个单位履行工作职责的情况开展民主评议活动，指出 3 个评议单位工作中存在的问题，共 17 条。

2017 年，根据《福建省乡镇人民代表大会主席团工作规定》关于“评议本级人民政府和上级国家机关在乡镇的派出机构的工作”要求，组织修改相关工作制度，规范具体评议程序和要求。把评议英林镇市场监督管理所工作作为年度监督重点，先后召开 2 场座谈会，走访市场监督管理局主要领导、分管领导，镇政府挂钩联系领导、相关镇直单位和部分人大代表，广泛听取社会各界对市场监督管理所工作的意见建议，并实地检查部分学校食堂、农贸市场，查阅近两年来涉及食品、药品安全及商标侵权领域的行政处罚卷宗材料。针对代表反映的食品安全问题，镇市场监督管理所持续深化治理“餐桌污染”，建设“食品放心工程”，集中开展食用农产品、冷冻冷藏食品等专项整治行动。

2017 年，金井镇人大主席团组织对金井自来水厂进行民主评议，并针对自来水厂存在的问题，结合代表、群众的意见、建议制订对金井自来水厂三年（2018—2020 年）的跟踪监督计划。镇政府高度重视，镇长亲自主持召开专题会议，对人大评议自来水厂的意见逐一研究分解，狠抓整改落实，投入资金 1800 多万元，对自来水厂相关设备设施进行整改提升，进一步美化厂区环境，加强人员队伍建设，有效提升金井镇生产生活用水保障能力。

2017—2022 年，东石镇人大主席团先后评议行政执法中队、环保中队、规划建设办、国土资源所、教委办等多个部门、基层所站，镇人大对被评议单位从依法行政、工作绩效、工作作风、廉政建设等方面进行了调研及现场评测，增强相关部门、基层所站工作透明度，提高其服务质效和水平，从而更好发挥了人大代表作用，在担纲晋西辅城高质量发展主力领军中不断谱写“晋江经验”东石新篇章。

2017—2022 年，磁灶镇人大主席团积极组织人大代表开展评议基层站所活动，先后对镇交警中队、派出所、市场监督管理所、城管中队、环保中队等单位进行评议。评议采用听取评议单位负责人工作开展情况汇报、代表实地视察、查阅资料和代表与被评单位面对面互动交流等形式，对被评单位贯彻执行相关法律法规、依法行政情况；围绕镇党委政府中心工作，履行部门职责，为镇域经济社会发展服务情况；勤政廉洁作风建设和领导干部队伍建设情况；为民办实事，解决群众实际困难情况等方面进行综合评议。同时要求被评议的单位正确对待代表提出的批评和建议意见，正视工作中存在的问题，对照差距，深入剖析，认真整改。切实发挥人大代表的桥梁纽带作用，提升人大代表依法履职水平，拉近基层站所与人民群众的距离，不断提升基层站所服务群众的水平，为基层站所创新服务模式奠定良好的群众基础。

2018 年，立足"人大特点、英林特色"，对工作评议进行大胆探索和积极实践，英林镇人大主席团初步形成了以"动员准备、调查走访、集中评议、问题整改、跟踪问效"为主要内容的"五步工作法"，相关做法应邀在泉州市人大研究室培训会上介绍。开展评议安办、教委办活动。人大评议涉及的问题得到较好整改，比如，针对代表反映的安全生产宣传不够到位的问题，镇安办邀请各级人大代表观摩消防演练并现场宣传应急逃生知识；针对代表反映的校外培训机构问题，镇教委办主动协调相关单位开展无证教育机构专项整治工作，及时纠正教育咨询机构超范围经营行为，取缔无证教育培训机构。

2018 年以来，西滨镇人大主席团在评议晋江市西滨市场监督管理所、晋江市城市管理局西滨中队、评议晋江市司法局西滨司法所等基层所站时都制订了详细的实施方案（包括指导思想、评议内容、组织领导、评议方法步骤和时间安排、工作要求几部分），从而促使人大主席团更好地依法行使监督权、人大代表更好地履行职责，代表作用得到更有效的发挥。

2019 年，英林镇人大主席团通过开展评议镇派出所、劳务所活动，推动相关执法问题整改解决。针对代表反映的联勤联动综合效应不够明显的问题，英林派出所、五堡边防所积极推进值班备勤、警情处置、视频监控、勤务督导等方面的联勤联动。针对代表反映的劳动仲裁分庭场地杂乱问题，镇劳务所加快劳动仲裁分庭规范化建设。

2021 年，针对农村人居环境整治专题询问工作，英林镇召开了 6 场座谈会，通过各种途径向参加述职评议会的群众、中小学生家长开展相关问卷调查，已收回有效调查问卷 4909 份；组织召开相关部门碰头会，对专题询问职责分工进行部署；开展 2 次人居环境整治专题调研和 1 次人居环境整治学习考察。在询问人提问前，英林镇分管副镇长作农村人居环境整治工作专题报告；规建办、农办、行政执法中队负责人分别汇报各自职责履行情况。通过专题询问，直击人居环境整治"痛点""要点"，促进了农村人居环境有效改善。

2021 年，安海镇人大主席团于 3 月底成立了人居环境整治专题询问领导组，下设综合组、调研一组、调研二组、调研三组、效能监督组、宣传组、信访组等 7 个小组，并积极结合镇人大主席团开展的代表“双联”活动，对 2018 年以来安海镇人居环境整治工作开展专题询问。在广泛征求代表、群众意见和调研视察的基础上，安海镇人居环境整治专题询问领导组及时梳理出了一批社会关注、百姓关心且带有普遍性、倾向性的热难点问题，并于 9 月 7 日组织召开了专题询问会，予以询问。此次询问中，人大代表的每个问题都切中要害，问到了症结，更问明了举措、问出了承诺。一问一答间，群众最关心的停车问题、校园周边环境、农贸市场环境等民生实事，在这里都得到了回应。当天的专题询问会还听取了安海镇城乡人居环境整治工作专题报告，审阅了安海镇经济发展服务中心农业农村发展科、综合执法队、安海环保执法中队、安海交警中队、安海环卫处等多部门的职责履行情况报告（书面）。询问环节结束后，现场进行了总体满意度测评及 5 个分项满意度测评。

2022 年 9 月 28 日，紫帽镇人大主席团组织代表对镇环卫考评中心工作进行评议。会议听取了紫帽镇环卫考评中心关于 2022 年以来工作开展情况的报告，总结了评议工作开展情况；与会代表们围绕加强监督管理等方面纷纷发表意见，并进行满意度测评。会前，紫帽镇人大主席团还组织市镇两级人大代表先后实地视察了农贸市场、镇区沿街店铺、园坂村主干道路的环卫工作。

2022 年，内坑镇人大主席团召开民主评议内坑国土资源管理所会议。对内坑国土资源管理所提出建议：一是开展通俗易懂的政策解读、宣传工作，助推基层国土工作落实；二是盘活土地资源，提高农村土地的利用率；三是开展业务指导，优化土地办证手续流程等。国土资源管理所针对评议中指出的问题逐条对照落实、整改，确保了各项工作全面协调有序推进。

四、宣传人大制度

2002 年以来，各镇人大主席团能采取专栏、板报、广播电视、报刊宣传和专题培训等形式，广泛深入地开展人大制度和人大工作的宣传，努力营造一个有利于乡镇人大依法行使职权的舆论氛围。

结合各种时段，充分运用各种手段开展宣传。如在庆祝全国人大成立 50 周年、地方人大设立常委会成立 40 周年之际，各镇通过举办人大知识讲座、人大知识测试、人大知识竞赛、“人大颂”征文活动、文娱晚会以及播放庆祝节目和悬挂标语宣传等形式，大力宣传人民代表大会制度。

每年春节，各镇人大主席团还配合市人大常委会开展慰问代表活动。通过团拜、走访、小组活动等形式，慰问各级人大代表和本届代表遗属。向特困、伤病代表送慰问金。慰问活动主要有“五个一”，即一副对联、一串鞭炮、一本挂历、一封慰问信、一份礼物，以此增强代表的光荣感、责任感和代表意识，努力为代表履行职务创造良好的氛围。

2004 年是全国人民代表大会成立 50 周年和地方人大设立常委会 25 周年。按照市人大常委会通知要求，2004 年 7 月 20 日至 8 月 15 日，组织发动镇人大主席团成员及泉州市、晋江市人大代表积极参加“人大 50 年”征文和“宪法和人大制度”知识竞赛活动。9 月 24 日市人大常委会组织召开“庆祝人大代表制度建立 50 年”大会，9 月 25 日参加市人大常委会开展纪念踩街活动。

2007—2011 年，金井镇人大主席团编印《金井人大信息》简报 46 期，向《泉州人大》《晋江人大》和《晋江调研》投稿 18 篇，大力宣传金井人大工作和金井滨海宜居城镇形象，营造良好的人大工作舆论氛围和宣传人民代表大会制度的社会环境。加强对金井镇人大工作的新闻报道，通过《晋江经济报》及“海丝金井”“晋江人大”等平台积极宣传金井镇人大代表依法履职、科学履职、有效履职的好声音和好故事，进一步增加基层人大的影响力。

2011 年 8 月至 2016 年 12 月，永和镇人大主席团以创新监督方式为抓手，着力深化法治建设和法治实践。一是督促普法工作深入开展。按照“六五”“七五”普法规划，加强法治宣传教育，弘扬社会主义法治精神，增强全民法律法治观念，在全社会营造良好法治氛围，使法治理念深入人心，为永和镇经济社会全面发展提供有力的法治保障。坚持和完善人民代表大会制度，保障人大及主席团依法履职，加强对法律实施情况的监督检查，充分发挥人大在法治建设中的重要作用，组织代表旁听东石法庭庭审，组织国家工作人员公开进行宪法宣誓，增强代表及公职人员法治观念。二是促进依法行政规范运作。进一步依法加强对镇政府、基层所站的监督，依法开展各项视察检查活动。组织视察镇村基层警务建设、治安管理执法检查、道路事故多发点段整治等情况，推动平安建设和社会治理创新相关工作的落实。结合各阶段的中心工作，敦促有关部门开展相应的法律法规的宣传教育，如在打击“两违”工作中，强化对《中华人民共和国土地法》的宣传；在整治非煤矿山和“三合一”厂房中，强化对《中华人民共和国矿产资源法》《中华人民共和国安全生产法》的宣传；公安派出所、环保中队、税务分局先后也对《中华人民共和国刑法》《中华人民共和国环境保护法》《中华人民共和国税收征收管理法》进行宣传。司法所还应主席团的要求，进企入校宣传《中华人民共和国劳动法》和《中华人民共和国未成年人保护法》等。三是依法圆满完成换届选举。根据《中华人民共和国宪法》《中华人民共和国全国人民代表大会和地方各级人民代表大会选举法》《中华人民共和国地方各级人民代表大会和地方各级人民政府组织法》等有关法律法规及省、市换届选举工作的统一部署，依法有序推进 2016 年市镇两级人大换届选举工作。首先是加强党的领导，强化责任意识。认真制定实施《永和镇 2016 年，市镇两级人大换届选举工作实施方案》，扎实开展调查摸底，广泛宣传发动，认真抓好业务培训，按照选举工作规程的工作步骤及时间安排，有序稳步推进各阶段工作。其次是严把代表入口，严明换届纪律。在前期代表资源摸底工作的基础上，按照代表结构比例要求，认真把好代表初步建议人选“入口关”，优化代表结构，不断提高代表质量，以最鲜明的态度维护换届纪律的严肃性。第三是依法精心组织，圆满完成代表选举。2016年市镇两级人大代表换届选举，全镇划分15个市级选区、45个镇级选区，选民5.8万多名，参加投票选举的选民有4.7万多名，在镇党委直接领导和镇村全体工作人员的共同努力下，依法选举产生新一届市人大代表19名、镇人大代表76名。整个选举过程组织有序、依法周全，充分保障了广大选民的民主权利。

2013年，通过安海镇人大主席团的持续跟踪督促，全镇生态水域建设向纵深发展，成效更进一步：在全市率先启动实施镇级河长制，区域内9条主要溪流分别指定一名镇党政领导担任河长，涉及的相关村（社区）的村（居）委会主任担任河段长，对整治工作负全责；并下设办公室及8个专项整治组，一一明确职责任务，通过责任强化、条块结合，形成流域网格化管理机制；镇人大主席团还持续加大宣传教育力度；持续保持对工业污染源、农业污染源的高压打击态势，发现一起严肃查处一起；持续增加相关项目投入。区域内水域整体整治效果显著提升，安海“河长制”做法和经验更是被《人民日报》刊载报道。

2017年8月17—18日，英林镇人大主席林德生的课题成果《关于工作评议的思考》在全省“推进人大工作创新发展，为再上新台阶、建设新福建提供重要保障”专题研讨会上交流并获三等奖，成为泉州市唯一获此荣誉的乡镇人大单位，相关做法和经验得到省、泉州市人大的充分肯定。

2018年，在晋江市人大开展的“一镇街一亮点”活动评选中，金井镇人大报送的《接地气代表议民生，见实效群众齐点赞》项目荣获三等奖，并获邀接受泉州广播电视台《人大在线》节目组的直播专访，向全市人民展现了金井人大的风采。

2018年11月5日，根据代表法有关规定，英林镇人大主席团探索人大代表约见地方国家机关负责人的有效形式，林德生的课题成果《代表约见制度探析》在省人大常委会课题调研专题研讨会上交流并获二等奖。

2018年，安海镇按照各级人大相关会议和文件精神，进一步加强代表联系群众活动室规范化建设，按照便民、高效原则，构建了“1+5”人大代表联系群众活动室工作机制，即在原有镇级活动室的基础上，将全镇分为5个片区，选择人口相对集中、交通较为便利的场所，新增规范化建设5个片区“人大代表联系群众活动室”，同时分别作为6个代表小组的固定活动场所，有效解决了各代表小组活动场所需要，拓宽了代表联系群众的渠道，方便选民群众向人大反映其对“一府一委两院”工作的意见建议。在此基础上，抓实抓细意见建议的收集、整理、交办、督办、跟踪落实等环节，一批涉及公共交通设施、社区管理、民生保障等方面的问题得到妥善解决。镇人大代表联系群众活动室建设获得省、泉州、晋江市人大常委会领导的充分肯定和推介，全省人大代表联系群众活动室现场推进会、全省人大系统庆祝改革开放40周年研讨会定点考察，省人大常委会领导现场观摩，《人民政坛》等重要媒体采访刊发，厦门市湖里区、福清市人大常委会组织全市（区）各镇（街道）人大主席到场参观学习。“1+5”人大代表联系群众活动室工作机制荣获晋江市人大工作“一镇街一亮点”评选活动第一名。

2019年，金井镇人大组织30余名各级代表参加“笔墨放歌·礼赞祖国”主题书画展，大力宣传人大制度，抓好意识形态工作。

2019年，主流媒体主动关注，泉州网走进安海人大代表联系群众活动室，零距离倾听人大代表履职故事，并摄制《安海人大代表联系群众活动室“1+5”工作机制》专题纪录片，作为泉州市人大常委会纪念“地方人大设立常委会40周年”活动系列宣传报道首期节目。2020年，《古镇新亮点:安海人大代表联系群众活动室“1+5”工作机制》专题纪录片，继作为泉州市人大常委会纪念“地方人大设立常委会40周年”活动系列宣传报道首期节目之后，又在泉州市人大常委会组织的泉州市第14届“宣传人大制度好新闻”评选活动中获一等奖。

2019年，英林镇人大主席林德生的《20年间见证代表述职变迁》在《泉州人大》2019年第3期发表，课题成果《浅议代表约见制度——人大代表约见国家机关负责人制度的梳理与思考》获全省“推动人大工作与时俱进”论文评选三等奖。

2019年12月9日，结合英林镇2019年“12·4”国家宪法日暨第二个“宪法宣传周”宣传活动，开展庆祝地方人大设立常委会40周年活动，综合运用悬挂宣传横幅、发放宣传资料、现场咨询等形式，大力宣传人民代表大会制度。

2020年，安海镇人大重点督办的代表建议满意度测评工作模式，继2018年《中国人大》专文刊发推介后，再获上级肯定，相关专题调研报告《安海镇人大代表建议办理新模式》入选《新时代福建省县乡人大工作创新案例》。

2020年，英林镇人大主席林德生的《做实“一个载体、两项制度”推动乡镇人大代表工作提质增效》在《泉州人大》2020年第3期发表，《做实“一个载体两项制度”推动代表工作提质增效》入选省人大常委会《新时代县乡人大工作创新案例汇编》，《理性认识“草根会议”——发挥街道居民议事制度在城市治理体系中的作用的思考》获福建省人大常委会2020年度重点课题调研文章优秀奖，《亲历代表述职变迁》等6篇文章在《人大研究》《人民论坛》等刊物发表。加强代表履职能力建设和履职典型宣传，英林镇的省人大代表王永芬及泉州市人大代表洪文革、王丽理等的履职事迹被中国网、东南网、海峡网、《中国周刊》等媒体关注报道。

2020年，磁灶镇陶瓷行业人大代表联系群众活动室作为行业活动室的典型接受泉州电视台“法治连线”栏目采访，录制了《代表来发声》节目。把镜头对准人大代表，不断创新人大宣传方式方法，讲好人大故事，传递人大声音，展现人大风采。

2021年12月，英林镇人大首次编印英林镇第十三届人大主席团五年工作纪实画册《为民履职践初心》，画册以图文并茂的形式，全面回顾英林镇第十三届人大主席团五年来的工作历程，记录英林镇第十三届人民代表大会代表和市级以上人大代表依法履职的足迹、人大工作者的辛勤奉献，总结本届人大工作取得的成绩和经验，促进英林镇人大工作和社会主义政治建设不断发展。

2021 年，金井镇人大在“海丝金井”微信公众号开辟了“人大之窗”专栏，专题报道金井人大主席团活动。

五、规范化、制度化建设

一是健全会议制度。每季度召开一次主席团会议，学习有关法律和上级人大决定、决议；收集小组活动情况；研究部署下季度主席团工作。二是加大对镇政府工作的审议力度。由过去一年一次例会改为一年两次审议。三是健全检查督促机制。通过召开半年工作小结会、年度工作总结会和工作经验交流会、座谈会等形式进行工作交流，树立先进典型，鞭策后进。四是规范市、镇两级人大代表换届选举工作程序。制订换届选举实施方案、工作日程表和各种报表，保证换届选举工作的顺利进行。

2005 年 7 月 14 日，西滨镇人大主席团印发《西滨镇人大主席团关于印发〈西滨镇人大主席团联系代表、代表联系选民制度〉的通知》（晋西人大〔2005〕3 号）。

2016 年 3 月 21 日，西滨镇人大主席团制定了《西滨镇 2016 年人大代表之家活动计划》（晋西人大〔2016〕3 号），通过“三抓三提”着力打造“人大代表之家”。一是抓阵地建设，提规范运作。充实设立“人大代表之家”，配套软硬件设施；制订代表小组活动计划，建立健全代表小组活动制度、代表向选民述职等六项制度和人大代表情况一览表规范上墙，确保小组活动有序开展。二是抓学习交流，提履职能力。定期提供党报党刊及《晋江人大》《人民论坛》等相关学习资料，通过座谈交流、视察走访、参观学习等方式，把代表的学习、培训列入计划，定时间、定内容，着力把活动室打造成人大代表的“加油站”，提高代表履职能力。三是抓活动实效，提民心民意。围绕镇中心工作、为民办实事项目和民生工程，开展视察调研，及时督促项目进度。明确每位代表至少联系 3 名选民，定期入户开展代表联系选民活动，听取和反映选民的意见建议。

2017 年，永和镇人大主席团一是注重履职管理。不断充实完善代表学习制度、工作制度、会议制度、代表联系选民制度、代表述职制度、代表小组活动制度、代表履职登记制度、代表管理监督制度等工作运行机制。加大代表管理力度，实行代表考勤制度，对市镇代表参加代表大会和闭会期间组织开展的各项活动进行考勤登记，并适时通报。按照镇党委、政府各个时期的中心工作以及群众比较关心的热点、难点问题，制定每次主席团会议议程、议题及工作安排，制定《2017 年各代表小组活动计划指导意见》，规范每季度代表小组活动计划、活动内容和活动方式，提高主席团会议及代表活动的针对性和实效性。建立和完善代表走访联系选民制度，加强主席团成员与代表、代表与选民之间的联系和互动，通过定期或不定期走访联系，倾听选民呼声，收集选民意见建议，切实发挥好代表的桥梁纽带作用，代表选民行使好当家作主的权利。定期组织召开镇人大主席团成员及部分代表集体廉政谈话会，通过将学习勉励与警示教育相结合，重申党的纪律和廉洁自律规定，要求主席团成员及代表们要牢记宗旨，增强意识，严于律己，真正担负起党风廉政建设和履行人大职能的双重责任。完善代表履职“一人一档”，把人大代表会议期间的工作和闭会期间的履职活动情况定期公开或向原选举单位通报，接受监督。不断探索履职新方式，鼓励代表通过网络平台、即时通信工具等，加强同选举单位和选民群众的联系，多形式多渠道倾听民声、反映民意、汇聚民智，提高代表履职水平。二是大力推进人大代表联系群众活动室建设。在镇党委政府的高度重视和大力支持下，单独设置两间共计 60 平方米的人大代表联系群众活动室，对一些软硬件按要求进行配置，并于 9 月 29 日举行揭牌仪式并投入使用。合理划分入驻代表。入驻永和镇人大代表联系群众活动室的代表有 31 人，其他的镇人大代表入驻到相应片区、村活动室联系群众。认真开展人大代表接待群众活动。每月至少一次由 1—2 名入驻市、镇代表在镇人大代表联系群众活动室轮流值班接待群众，按照人大代表接待选民群众事项处理流程把群众反映的问题交给有关部门办理，并将办理情况及时反馈给选民群众。四是发挥代表履职平台作用。代表们通过人大代表联系群众活动室这个载体，开展学习交流、履行职责、征求意见、密切代表与选民群众的联系、报告代表履职情况等活动，更好地发挥了代表的作用。

深沪镇人大代表联系群众活动室自 2017 年 9 月 30 日揭牌以来，积极推动活动室标准化、规范化建设，打造一流活动室，陆续开展“一周一活动·一活动一主题·一主题一目标”“一月一哨”“一月一法”等特色活动，围绕镇党委、政府中心工作，以群众呼声为出发点，积极组织代表活动，切实发挥活动室平台作用。2017 年，在全省人大活动室晋江现场推进会中被作为参观点在全省推广，获晋江市人大路演第二名，在泉州市人大代表联系群众活动室建设现场推进会上作经验介绍。后又在 2020 年 7 月 29 日，建立晋江市海洋渔业人大代表联系群众活动室，围绕渔民关心关注的热点难点问题，多次组织渔民到活动室召开专题座谈会，针对渔民提出的意见建议，适时向上级反映，努力做到件件有回声，将代表活动室向深沪镇渔业行业拓展，进一步发挥代表来自人民，代表人民的特点，为深沪镇建设海丝风情小镇添砖加瓦。

安海镇人大主席团注重人大理论和制度研究，在 2019 年 10 月召开的全省乡镇人大工作推进会上，泉州市只有安海镇人大主席团被推荐参加，并在会上作了经验交流。

2021 年，永和镇人大主席团一是坚持法治理念，拓展治理途径。人大主席团深入学习贯彻习近平法治思想，运用法治思维和法治方式推进镇域治理现代化，为改革发展稳定提供法治保障。二是督促普法工作深入开展。紧密结合“七五”（中央宣传部、司法部关于在公民中开展法治宣传教育第七个五年规划）普法验收和“八五”（中央宣传部、司法部关于在公民中开展法治宣传教育第八个五年规划）普法启动，加强法治宣传教育，弘扬社会主义法治精神，增强全民法律法治观念，在法治实践中创新普法机制，拓宽普法渠道，推动民法典、监察法等法律走出“纸面”，法治理念日益深入人心，为全镇经济社会全面发展提供有力的法治保障。坚持和完善人民代表大会制度，保障人大及主席团依法履职，加强对法律实施情况的监督检查，充分发挥人大在法治建设中的重要作用，组织代表旁听法庭庭审，组织新当选国家工作人员在全体代表监督下进行宪法宣誓，增强代表及公职人员法治观念。三是促进依法行政规范运作。进一步加强对镇政府、基层所站的监督，依法开展各项视察检查活动。组织视察镇村基层警务建设、道路事故多发点段整治等情况，推动平安建设和社会治理创新相关工作的落实，结合各阶段的中心工作，敦促有关部门开展相应法律法规的宣传教育。充分发挥人大信访“窗口”作用，健全涉法涉诉信访处理机制，受理来信来访督促积案化解，维护群众合法权益，促进社会和谐稳定。四是依法依规完成换届选举。根据《宪法》《选举法》《地方组织法》等有关法律法规及省、市换届选举工作的统一部署，依法有序推进2021年市镇两级人大代表换届选举工作。

英林镇人大主席团一是健全相关制度。坚持每季度至少开展一次代表小组活动、每两个月至少召开一次主席团会议，邀请代表列席人大主席团会议，修订完善主席团会议、小组活动、请假、向选民述职、视察检查、评议工作等6项制度，进一步推进了人大工作的规范化、制度化、程序化建设。加强人大代表联系群众活动室建设，制定代表联系群众活动室工作制度、代表联系群众制度、代表学习宣传制度、代表视察调研制度、代表履职公开制度、代表履职报告制度、代表履职登记制度、代表履职请假制度等8项制度。二是加大对镇政府工作的审议力度。由过去一年一次会议改为一年两次会议审议政府工作，每两个月至少听取一次政府职能部门工作汇报。三是健全检查督促机制。把解决人民群众在生产、生活中的实际问题作为重点来抓，通过视察、检查，督促政府为民办实事项目建设。四是规范市、镇两级人大代表换届选举工作程序，依法设立选举组织机构，严格时间节点和工作进度，依法组织投票选举，使换届选举工作循序渐进，公民有序政治参与。

金井镇人大主席团按照上级要求，不断推进人大工作的制度化和规范化建设，着重抓好代表“五个一”活动的落实，即知情知政一培训、深入基层一调研、依法履职一建议、服务群众一实事、狠抓落实一述职；坚持落实两个月一次的主席团例会制度；每季度召开代表小组活动，认真制定活动内容；建立健全定期向代表通报人大工作制度，按时向代表寄送省、市人大刊物和有关学习资料，保障代表的知情权、参与权和监督权；完善履职情况通报制度，对代表每次参加活动的出勤情况进行登记，提高代表履职效能。

陈埭镇人大主席团先后研究制定了《陈埭镇人大主席团会议制度》《陈埭镇人大主席团成员联系代表制度》《陈埭镇人大代表联系选民制度》《陈埭镇人大代表小组活动制度》《陈埭镇人大代表视察检查制度》《陈埭镇人大代表评议工作制度》《陈埭镇人大代表旁听法庭庭审制度》《陈埭镇人大代表向选民述职制度》等8项制度，规范日常工作。

永和镇人大主席团先后研究制定了《人大代表联系群众工作制度》《人大代表视察

调研制度》《人大代表联系群众制度》《人大代表履职报告制度》《人大代表履职登记制度》《人大代表履职请假制度》《人大代表学习宣传制度》《人大代表履职公开制度》等8项制度，规范日常工作。

内坑镇人大主席团先后研究制定了《人大代表联系群众活动室工作制度》《人大代表联系群众制度》《人大代表学习宣传制度》《人大代表视察调研制度》《人大代表履职公开制度》《人大代表履职报告制度》《人大代表履职登记制度》《人大代表履职请假制度》《人大代表接待选民群众事项处理流程》等9项制度，规范日常工作。

东石镇人大主席团研究制定的有关制度：一是镇人大主席团会议制度。每两个月至少召开一次主席团会议。主席团议事坚持民主集中制原则，决定有关事项时，须经主席团成员过半数通过。二是学习制度。坚持集中学习与平时自学相结合，主席团会议一般应有安排学习内容，重点学习党的方针政策和有关法律法规。三是主席团成员联系代表和代表联系选民制度。主席团成员均应按分工联系一个片区代表，每个代表每季度至少联系本选区10名以上选民。四是代表小组活动制度。每季度至少组织一次代表小组活动；每年至少组织1次代表视察、调研活动。五是代表列席主席团会议制度。坚持每次主席团会议安排部分代表列席。六是代表向选民述职制度。市镇两级人大代表本届任期内至少向所在选区选民代表述职1次。通过这些制度规范日常工作。

磁灶镇人大主席团不断强化代表履职能力提升，制定了代表履职“八个一”要求，即要求每届代表做到“八个一”。一颗初心：永葆一颗初心，牢记代表使命；一次小组活动：每季度参加一次代表小组活动；一次走访：每半年至少一次走访选区选民；一次主席团活动：每年至少参加一次主席团组织的视察调研活动或评议活动；一次接待：每季度至少参加一次接待选民活动；一件实事：每届至少为选区办一件实事或好事；一个建议、意见或批评：每届任期内至少提出一条代表建议、意见或批评；一次述职：每届任期内至少一次向选区选民述职。进一步激发代表履职热情，持续增强代表依法履职的能力和积极作为的履职意识，规范代表的履职行为。

晋江市各镇历届人大主席团主席、副主席一览表

表4-1

镇别	届别	职务	姓名	籍贯	任职起讫时间	专、兼职（职务）
青阳	八届	主席	杨式湘	晋江罗山	续任至2002年12月	兼职（镇党委书记）
		副主席	王巧文	晋江安海	2002年8月至2002年12月	专职
	九届	主席	杨式湘	晋江罗山	2002年12月至2003年11月	专职
陈埭	十三届	主席	陈文乞	晋江内坑	续任至2002年12月	专职
	十四届	主席	高向荣	晋江安海	2002年12月至2003年12月	兼职（镇党委书记）
		主席	连建筑	晋江安海	2003年12月至2005年12月	兼职（镇党委副书记）
		副主席	柯清祝	晋江罗山（新塘）	2002年12月至2006年12月	专职

续表 4-1

镇别	届别	职务	姓名	籍贯	任职起讫时间	专、兼职（职务）
陈埭	十五届	主席	许良志	晋江深沪	2006 年 12 月至 2008 年 6 月	兼职（镇党委书记）
		主席	陈清棋	晋江永和	2008 年 5 月至 2011 年 6 月	兼职（镇党委副书记）
		副主席	柯清祝	晋江新塘	2006 年 12 月至 2011 年 6 月	专职
	十六届	主席	曾逸峰	晋江安海	2011 年 12 月至 2016 年 12 月	专职
	十七届	主席	曾逸峰	晋江安海	2016 年 12 月至 2021 年 12 月	专职
		副主席	黄小凤	晋江池店	2016 年 12 月至 2021 年 12 月	专职
	十八届	主席	张建元	晋江内坑	2021 年 12 月起	专职
		副主席	佘胜琛	晋江永和	2021 年 12 月起	专职
池店	十一届	主席	庄晴川	晋江青阳	续任至 2002 年 12 月	专职
	十二届	主席	黄银楼	晋江陈埭	2002 年 12 月至 2003 年 12 月	专职
		主席	姚金榜	晋江内坑	2003 年 12 月至 2006 年 12 月	兼职（镇党委书记）
		副主席	王定辉	泉州安溪	2003 年 12 月至 2006 年 12 月	专职
	十三届	主席	潘子良	泉州鲤城	2006 年 12 月至 2011 年 6 月	兼职（镇党委书记）
		副主席	王定辉	泉州安溪	2006 年 12 月至 2011 年 6 月	专职
	十四届	主席	张雄鹰	晋江英林	2011 年 6 月至 2016 年 6 月	专职
	十五届	主席	李逊庆	晋江青阳	2016 年 6 月至 2021 年 12 月	专职
		副主席	黄英瑜	泉州石狮	2016 年 12 月至 2021 年 8 月	专职
		副主席	张　琳	晋江东石	2021 年 8 月至 2021 年 12 月	专职
	十六届	主席	李逊庆	晋江青阳	2021 年 12 月起	专职
		副主席	张　琳	晋江东石	2021 年 12 月起	专职
紫帽	六届	主席	颜惠玉	晋江安海	续任至 2002 年 5 月	兼职（镇党委书记）
		副主席	尤　沙	晋江安海	续任至 2002 年 5 月	专职
	七届	主席	王茂泉	泉州鲤城	2002 年 6 月至 2005 年 12 月	兼职（镇党委书记）
		主席	洪长江	晋江东石	2005 年 12 月至 2006 年 12 月	兼职（镇党委书记）
		副主席	尤　沙	晋江安海	2002 年 6 月至 2004 年 1 月	专职
		副主席	谢玉婉	泉州惠安	2004 年 1 月至 2006 年 12 月	专职
	八届	主席	洪长江	晋江东石	2006 年 12 月至 2011 年 1 月	兼职（镇党委书记）
		副主席	谢玉婉	泉州惠安	2006 年 12 月至 2011 年 1 月	专职

续表 4-1

镇别	届别	职务	姓名	籍贯	任职起讫时间	专、兼职（职务）
紫帽	九届	主席	李逊庆	晋江青阳	2011 年 1 月至 2015 年 1 月	兼职(镇党委书记)
紫帽	九届	主席	杨双华	晋江新塘	2015 年 2 月至 2016 年 5 月	兼职(镇党委书记)
紫帽	九届	副主席	蔡劲松	晋江池店	2011 年 1 月至 2015 年 1 月	专职
紫帽	十届	主席	王荣辉	晋江灵源	2016 年 6 月至 2020 年 10 月	专职
紫帽	十届	副主席	颜婉媚	晋江安海	2020 年 11 月至 2021 年 5 月	专职
紫帽	十一届	主席	陈礼新	泉州永春	2021 年 6 月起	专职
磁灶	十三届	主席	苏祉民	晋江磁灶	续任至 2003 年 1 月	专职
磁灶	十四届	主席	庄晴川	晋江青阳	2003 年 1 月至 2006 年 11 月	专职
磁灶	十五届	主席	蔡仲谋	泉州石狮	2006 年 11 月至 2011 年 6 月	专职
磁灶	十六届	主席	陈秀配	晋江龙湖	2011 年 8 月至 2014 年 4 月	专职
磁灶	十六届	主席	王奇志	厦门	2015 年 1 月至 2016 年 12 月	专职
磁灶	十六届	副主席	蔡辉煌	晋江安海	2016 年 5 月至 2016 年 12 月	专职
磁灶	十七届	主席	王奇志	厦门	2016 年 12 月至 2018 年 12 月	专职
磁灶	十七届	主席	周先进	晋江东石	2018 年 12 月至 2021 年 5 月	专职
磁灶	十七届	主席	吴志峰	晋江安海	2021 年 5 月至 2021 年 12 月	专职
磁灶	十七届	副主席	蔡辉煌	晋江安海	2016 年 12 月至 2021 年 5 月	专职
磁灶	十七届	副主席	许荣题	晋江东石	2021 年 5 月至 2021 年 12 月	专职
磁灶	十八届	主席	吴志峰	晋江安海	2021 年 12 月起	专职
磁灶	十八届	副主席	许荣题	晋江东石	2021 年 12 月起	专职
内坑	十一届	主席	陈炳胜	晋江罗山	续任至 2002 年 12 月	兼职(镇党委副书记)
内坑	十一届	副主席	林世演	晋江青阳	续任至 2002 年 12 月	专职
内坑	十二届	主席	陈炳胜	晋江罗山	2002 年 12 月至 2006 年 10 月	兼职(镇党委副书记)
内坑	十二届	副主席	林世演	晋江青阳	2002 年 12 月至 2006 年 10 月	专职
内坑	十三届	主席	陈炳胜	晋江罗山	2006 年 11 月至 2011 年 7 月	兼职(镇党委副书记)
内坑	十四届	主席	洪国延	泉州石狮	2011 年 8 月至 2016 年 12 月	专职
内坑	十四届	副主席	许天增	晋江安海	2016 年 6 月至 2016 年 12 月	专职
内坑	十五届	主席	洪国延	泉州石狮	2016 年 12 月至 2020 年 8 月	专职
内坑	十五届	主席	陈文路	晋江青阳	2020 年 9 月至 2021 年 11 月	专职
内坑	十五届	副主席	许天增	晋江安海	2016 年 12 月至 2018 年 2 月	专职
内坑	十五届	副主席	张志向	晋江英林	2018 年 2 月至 2020 年 10 月	专职
内坑	十五届	副主席	庄添生	晋江青阳	2020 年 10 月至 2021 年 11 月	专职

续表 4-1

镇别	届别	职务	姓名	籍贯	任职起讫时间	专、兼职（职务）
内坑	十六届	主席	陈文路	晋江青阳	2021 年 12 月起	专职
		副主席	庄添生	晋江青阳	2021 年 12 月起	专职
安海	九届	副主席	柯朝民	晋江安海	续任至 2003 年 1 月	专职
	十届	主席	李育仁	晋江内坑	2003 年 1 月至 2007 年 1 月	专职
	十一届	主席	颜建顺	晋江安海	2007 年 1 月至 2011 年 12 月	专职
	十二届	主席	柯煜煜	晋江新塘	2011 年 12 月至 2017 年 1 月	专职
	十三届	主席	柯煜煜	晋江新塘	2017 年 1 月至 2021 年 1 月	专职
		主席	王宏华	泉州南安	2021 年 1 月至 2021 年 12 月	专职
		副主席	苏华伟	泉洲安溪	2017 年 1 月至 2020 年 6 月	专职
		副主席	陈毓瑜	晋江磁灶	2020 年 5 月至 2021 年 8 月	专职
		副主席	黄国裕	晋江东石	2021 年 8 月至 2021 年 12 月	专职
	十四届	主席	王宏华	南安官桥	2021 年 12 月起	专职
		副主席	黄国裕	晋江东石	2021 年 12 月起	专职
东石	十三届	主席	洪振雄	晋江英林	续任至 2002 年 12 月	兼职(镇党委副书记)
		副主席	许天图	晋江内坑	续任至 2002 年 12 月	专职
	十四届	主席	郭鸿荣	晋江罗山	2002 年 12 月至 2003 年 2 月	兼职(镇党委书记)
		主席	蔡萌芽	晋江安海	2003 年 2 月至 2006 年 1 月	兼职(镇党委书记)
		副主席	王炳川	晋江金井	2002 年 12 月至 2006 年 11 月	专职
	十五届	主席	姚金榜	晋江内坑	2006 年 1 月至 2011 年 8 月	专职
	十六届	主席	颜建顺	晋江安海	2011 年 8 月至 2016 年 5 月	专职
		主席	陈文路	晋江罗山	2016 年 5 月至 2016 年 12 月	专职
	十七届	主席	陈文路	晋江罗山	2016 年 12 月至 2020 年 9 月	专职
		主席	王晓人	晋江金井	2020 年 9 月至 2021 年 12 月	专职
		副主席	陈连升	晋江安海	2016 年 5 月至 2021 年 12 月	专职
	十八届	主席	王晓人	晋江金井	2021 年 12 月起	专职
		副主席	陈连升	晋江安海	2021 年 12 月起	专职
英林	九届	主席	施文良	晋江龙湖	续任至 2002 年 8 月	专职
	十届	主席	李清欣	晋江金井	2002 年 12 月至 2006 年 11 月	兼职(镇党委书记)
		副主席	郑友堤	泉州南安	2002 年 12 月至 2006 年 11 月	专职

续表 4-1

镇别	届别	职务	姓名	籍贯	任职起讫时间	专、兼职（职务）
英林	十一届	主席	庄碧芳	晋江青阳	2007 年 1 月至 2011 年 6 月	兼职(镇党委书记)
		副主席	洪明社	晋江龙湖	2007 年 1 月至 2008 年 4 月	专职
		副主席	谢培义	泉州石狮	2008 年 4 月至 2011 年 6 月	专职
	十二届	主席	林友栋	晋江罗山	2011 年 12 月至 2015 年 2 月	专职
		主席	颜永福	晋江安海	2015 年 2 月至 2016 年 10 月	专职
	十三届	主席	林德生	晋江陈埭	2017 年 1 月至 2020 年 10 月	专职
		主席	蔡惠琼	晋江紫帽	2020 年 12 月至 2021 年 12 月	专职
		副主席	林文尚	晋江内坑	2017 年 1 月至 2021 年 12 月	专职
	十四届	主席	蔡惠琼	晋江紫帽	2021 年 12 月起	专职
		副主席	林文尚	晋江内坑	2021 年 12 月起	专职
金井	十三届	主席	颜孙超	晋江安海	续任至 2002 年 12 月	兼职(镇党委副书记)
		副主席	施性忠	晋江深沪	续任至 2002 年 12 月	专职
	十四届	主席	张文节	泉州南安	2002 年 12 月至 2005 年 12 月	兼职(镇党委书记)
		主席	杨祖汉	晋江安海	2005 年 12 月至 2006 年 12 月	兼职(镇党委书记)
		副主席	洪向阳	晋江英林	2002 年 12 月至 2006 年 12 月	专职
	十五届	主席	李丹阳	泉州石狮	2006 年 12 月至 2011 年 8 月	兼职(镇党委书记)
		主席	李文团	泉州石狮	2011 年 8 月至 2011 年 12 月	专职
		副主席	许文宣	晋江安海	2006 年 12 月至 2008 年 7 月	专职
		副主席	洪长华	晋江英林	2008 年 7 月至 2011 年 8 月	专职
	十六届	主席	李文团	泉州石狮	2011 年 12 月至 2015 年 2 月	专职
		主席	庄松龄	晋江青阳	2015 年 2 月至 2016 年 12 月	专职
	十七届	主席	庄松龄	晋江青阳	2016 年 12 月至 2021 年 1 月	专职
		主席	周宗仰	晋江安海	2021 年 1 月至 2021 年 12 月	专职
		副主席	丁永贵	晋江陈埭	2016 年 12 月至 2018 年 7 月	专职
		副主席	张东奇	泉州惠安	2018 年 7 月至 2021 年 7 月	专职
		副主席	施元庚	晋江龙湖	2021 年 7 月至 2021 年 12 月	专职
	十八届	主席	周宗仰	晋江安海	2021 年 12 月起	专职
		副主席	施元庚	晋江龙湖	2021 年 12 月起	专职

续表 4-1

镇别	届别	职务	姓名	籍贯	任职起讫时间	专、兼职（职务）
深沪	九届	主席	许泽龙	晋江龙湖	续任至 2002 年 12 月	专职
	十届	主席	许泽龙	晋江龙湖	2002 年 12 月至 2007 年 1 月	专职
	十一届	主席	张世雄	晋江英林	2007 年 1 月至 2008 年 4 月	专职
		主席	王少严	晋江金井	2008 年 4 月至 2011 年 6 月	专职
		副主席	吴丽婷	晋江磁灶	2007 年 1 月至 2011 年 6 月	专职
	十二届	主席	王少严	晋江金井	2011 年 6 月至 2016 年 5 月	专职
	十三届	主席	王宏华	泉州南安	2007 年 1 月至 2020 年 12 月	专职
		主席	张金祥	晋江英林	2020 年 12 月至 2021 年 12 月	专职
		副主席	曾振奋	晋江金井	2007 年 1 月至 2020 年 6 月	专职
		副主席	许成家	晋江东石	2020 年 6 月至 2021 年 12 月	专职
	十四届	主席	张金祥	晋江英林	2021 年 12 月起	专职
		副主席	许成家	晋江东石	2021 年 12 月起	专职
龙湖	十届	主席	许雄武	晋江安海	续任至 2002 年 8 月	兼职(镇党委副书记)
		副主席	蔡奕内	晋江深沪	续任至 2002 年 12 月	专职
	十一届	主席	杨祖汉	晋江安海	2002 年 12 月至 2005 年 12 月	兼职(镇党委书记)
		主席	吴松江	晋江安海	2005 年 12 月至 2006 年 11 月	兼职(镇党委书记)
		副主席	蔡奕内	晋江深沪	2002 年 12 月至 2006 年 11 月	专职
	十二届	主席	陈志农	晋江罗山	2006 年 11 月至 2011 年 6 月	专职
	十三届	主席	陈志农	晋江罗山	2011 年 6 月至 2016 年 6 月	专职
	十四届	主席	朱新旭	晋江池店	2016 年 6 月至 2021 年 12 月	专职
		副主席	许荣题	晋江东石	2016 年 6 月至 2021 年 8 月	专职
		副主席	洪段宏	晋江东石	2021 年 8 月至 2021 年 12 月	专职
	十五届	主席	朱新旭	晋江池店	2021 年 12 月起	专职
		副主席	洪段宏	晋江东石	2021 年 12 月起	专职
永和	十三届	主席	许友彬	晋江龙湖	续任至 2002 年 12 月	专职
	十四届	主席	李自力	晋江池店	2002 年 12 月至 2005 年 12 月	兼职(镇党委书记)
		主席	张文节	泉州南安	2005 年 12 月至 2006 年 11 月	兼职(镇党委书记)
		副主席	高增荣	晋江安海	2002 年 12 月至 2006 年 11 月	专职

续表 4—1

镇别	届别	职务	姓名	籍贯	任职起讫时间	专、兼职（职务）
永和	十五届	主席	颜孙超	晋江安海	2006 年 11 月至 2011 年 7 月	专职
	十六届	主席	施金箱	晋江深沪	2011 年 8 月至 2016 年 12 月	专职
		副主席	洪志华	晋江安海	2016 年 5 月至 2016 年 12 月	专职
	十七届	主席	施金箱	晋江深沪	2016 年 12 月至 2020 年 6 月	专职
		主席	曾远漂	晋江安海	2020 年 9 月至 2021 年 12 月	专职
		副主席	洪志华	晋江安海	2016 年 12 月至 2021 年 9 月	专职
	十八届	主席	曾远漂	晋江安海	2021 年 12 月起	专职
		副主席	陈廷裕	晋江龙湖	2021 年 12 月起	专职
罗山	十二届	主席	蔡文谦	泉州石狮	续任至 2002 年 12 月	兼职(镇党委副书记)
		副主席	张顺情	晋江青阳	续任至 2002 年 8 月	专职
	十三届	主席	蔡文谦	泉州石狮	2002 年 12 月至 2003 年 11 月	专职
西滨	三届	主席	陈云腾	晋江金井	续任至 2002 年 8 月	兼职(镇党委书记)
		副主席	陈祖奇	晋江永和	续任至 2002 年 12 月	专职
	三届	主席	颜呈矿	晋江安海	2002 年 12 月至 2005 年 12 月	兼职(镇党委书记)
		主席	郑志勇	晋江池店	2006 年 1 月至 2007 年 1 月	兼职(镇党委书记)
		副主席	洪丽玲	泉州丰泽	2002 年 12 月至 2006 年 11 月	专职
	四届	主席	郑志勇	晋淡池店	2007 年 1 月至 2008 年 1 月	兼职(镇党委书记)
		主席	黄跃夏	晋江安海	2008 年 1 月至 2010 年 8 月	兼职(镇党委书记)
		主席	洪金城	泉州南安	2010 年 8 月至 2011 年 6 月	专职
		副主席	郑友堤	泉州惠安	2006 年 11 月至 2011 年 6 月	专职
	六届	主席	庄树耀	晋江青阳	2011 年 8 月至 2015 年 6 月	专职
		主席	王毓峰	晋江新塘	2016 年 6 月至 2017 年 1 月	专职
	七届	主席	王毓峰	晋江新塘	2017 年 1 月至 2021 年 11 月	专职
	八届	主席	王毓峰	晋江新塘	2021 年 11 月起	专职

第五章　街道人大工委

第一节　街道人大工委工作职责

一、街道人大工委设立

2004年7月14日，中共晋江市委机构编制委员会向市人大常委会党组发出《关于设立街道人大工委的通知》（晋委编〔2004〕12号）：为加强街道人大工作，推进基层民主政治建设，根据《中华人民共和国地方各级人民代表大会和地方各级人民政府组织法》有关规定，结合晋江市实际，经研究，决定设立晋江市人大常委会青阳、梅岭、西园、罗山、新塘、工业园区与灵源街道工作委员会，为市人大常委会派出机构。各街道人大工委设主任1名（正科级）；主任由所在街道党工委书记兼任的，增设专职副主任1名（副科级）。所需人员编制从所在街道行政编制中调剂解决。

2004年8月6日市第十四届人大常委会第三次会议通过《晋江市人大常委会关于设立街道工作委员会的决定》：为加强街道人大工作，推进基层民主政治建设，依据《中华人民共和国地方各级人民代表大会和地方各级人民政府组织法》第五十三条规定，市第十四届人大常委会第三次会议审议决定：设立青阳、梅岭、西园、罗山、灵源、新塘6个街道工作委员会，作为市人大常委会的派出机构。

二、街道人大工委工作职责

2005年12月15日，市第十四届人大常委会第十四次会议讨论通过《晋江市人民代表大会常务委员会街道工作委员会工作规则（试行）》。2009年2月27日，市第十五届人大常委会第十七次会议对此进行修正。

2016年5月27日福建省第十二届人民代表大会常务委员会第二十三次会议通过《福建省街道人大工作委员会工作规定》，规定自2016年6月1日起施行。主要是：

为了保障街道人大工作委员会依法履行职责，根据《中华人民共和国地方各级人民代表大会和地方各级人民政府组织法》，结合本省实际，制定本规定。

街道人大工作委员会是所属行政区的人民代表大会常务委员会在街道设立的工作机

构，对常务委员会负责并报告工作。

街道人大工作委员会履行下列职责：(一)协助人民代表大会常务委员会保证宪法、法律、法规以及人民代表大会及其常务委员会的决议、决定在本街道辖区内的遵守和执行；(二)联系代表，协助进行代表编组，为代表执行代表职务提供服务保障；(三)组织代表开展视察、调研等活动，将视察、调研活动形成的报告交由人民代表大会常务委员会转交有关机关和组织研究处理；(四)听取和反映代表的建议、批评和意见，交由人民代表大会常务委员会转交有关机关和组织研究处理，并协助人民代表大会常务委员会做好代表建议、批评和意见督办工作；(五)建立和完善代表联系原选区选民和人民群众制度，组织代表向原选区选民报告履职情况，听取并反映群众意见；(六)建立代表履职登记制度，组织代表学习、培训；(七)办理人民代表大会常务委员会交办的对街道辖区内有关单位依法行政、公正司法的监督工作；(八)办理人民代表大会常务委员会交办的代表选举、补选和罢免的具体工作；(九)办理人民代表大会常务委员会交办的其他工作。

街道人大工作委员会设主任，并可以设副主任。主任、副主任由人民代表大会常务委员会主任会议提请常务委员会任免。街道人大工作委员会应当确定专职工作人员，协助主任、副主任开展工作。

街道人大工作委员会的工作经费列入所属行政区的财政预算。

第二节　街道人大工委活动

晋江市各街道人大工委在工作中依法履职，不断探索，监督、支持政府推行工作，各项工作逐步走上规范化、制度化轨道。

一、闭会期间组织代表活动

各街道人大工委季季有活动，形式和内容年年有变化和发展，现活动比率已达95%以上，并形成“三簿”“四有”制度，即有活动点名簿、记录簿、好人好事登记簿；每次活动有学习内容、有视察项目、有接访群众、有听取所在地村（居）的工作汇报等。每次活动解决一些群众关心的热点、难点问题。代表活动主要采取按片混合编组，以小组为单位，轮流到村（居）的做法，围绕市委、市政府各个时期的中心工作，确保法律法规和各级人大及其常委会决议在本行政区域内的贯彻执行。活动形式有视察、执法检查、评议、调研、旁听法庭庭审等。

各街道人大工委持续推进人大代表联系群众活动室建设，积极参与鞋业、陶瓷、渔业、装备制造、伞业和财税金融6个市级行业活动室活动。融合“党建+”邻里中心，同步推进人大代表工作室建设。注重整合资源、嵌入服务、网络拓展，代表与群众走得更近、联系更紧。致力于常态长效。坚持“门常开、人常在、事常办”理念，从多层面各领域扩大人民有序政治参与。

各街道人大工委每年两次组织代表听取街道办事处工作汇报及财政预算执行情况汇报，及时反映群众的意见和建议，依法实施监督，使人大工作更好融入改革开放和现代化建设大局，推动街道办事处工作，促进和保障经济和社会事业的发展。

各街道人大工委每年组织代表跟踪检查各个社区的环境卫生整治情况，各个社区对村容村貌整治、清除生活垃圾和建筑垃圾、拆除乱建乱搭盖、社区绿化、道路硬化、路灯亮化等方面都狠下功夫，社区的整体面貌得到很大改观。代表们对此表示满意，同时提出要继续加大资金的投入、巩固工作成果等意见和建议。

各街道人大工委在街道每年组织召开市人大代表述职评议大会，参加这次会议的有街道人大工委委员、辖区内泉州、晋江两级人大代表以及选区选民代表。选区市人大代表在会上作了述职报告。述职内容主要围绕宣传和模范遵守宪法、法律的情况；贯彻执行党的路线、方针、政策和出席人民代表大会会议，依法行使代表职权，提出议案、建议、批评和意见的情况；参加闭会期间的代表活动，执行代表职务、发挥代表作用，协助政府推行工作的情况；联系选民，听取和反映选民的意见和要求，密切联系群众，为该选区和选民办实事和关注民生的情况；存在的主要问题和下步改进措施等。针对代表的述职报告，选民代表们进行了口头评议。评议后，述职代表作了表态发言。通过述职评议，为街道人大工委在市人大常委会和街道党工委的领导下，充分履行各种职责，及时总结工作经验，宣传人民代表大会制度，建立代表与选民面对面沟通的桥梁，增进选民与代表的联系等方面发挥了积极作用。

2004 年 5 月 10 日，西园街道人大工委组织代表小组成员视察九十九溪小桥段治理工程进展情况及春耕生产情况，代表们对九十九溪治理工程取得实质性的进展表示满意，对部分尚未复耕的耕地提出了批评和建议。视察后，街道领导立即督促抛荒的相关村落实复耕工作，效果比较明显。

西园街道人大工委于 2006 年 7 月 26 日组织辖区内市人大代表深入施工现场对远华中学扩容情况进行跟踪检查，详细了解施工进度和建设情况，听取扩容工作汇报，促使施工单位狠抓质量，狠抓责任落实，在本年度秋季开学前完成工程的建设，缓解了辖区内学生就学紧张状况。

2008 年 3 月 31 日至 4 月 2 日，西园街道人大工委组织辖区内相关市人大代表、各工作点点长、驻社区干部等，到所属 10 个社区调研 2008 年为民办实事项目。通过与社区干部群众近距离接触，了解广大群众关心的热点难点问题，广泛征求意见，形成调研材料，及时向党工委汇报，为街道党工委、办事处科学制定 2008 年为民办实事项目提供参考依据。党工委对此非常重视，于4月10日召开党政联席会，专题研究今年为民办实事项目，按照先急后缓的原则，制定了自来水普及工程、农业方面、安居工程、综治方面、扶持中小学校园改造、推行被征地人员养老保险试点建设、晋务工人员医疗互助工程、各社区规划编制、改善人民群众居住环境等9项为民办实事项目。2008年，西园街道人大工委组织代表们在听取办事处社会治安管理工作汇报后，建议要加强基层治安防控体系建设，加大投入力度，街道办事处领导非常重视，召开会议提出整改方案，投入资金用于治安防控体系建设。

2009年，西园街道人大工委组织代表参观检查街道社区卫生服务中心的办公场所，听取街道社区卫生服务中心成立以来的工作汇报，得知服务中心急需一部救护车以备紧急救护之用，人大工委积极帮助协调，争取相关部门的支持，及时为其配备一辆救护车，解决病人急救的交通工具问题。

按照市人大常委会的要求，西园街道人大工委在2015年5月挂牌成立"人大代表之家"，西园街道现有两级人大代表12名，其中泉州市代表1名、晋江市代表11名。"人大代表之家"的创建，推动了代表活动阵地的规范化建设，使"人大代表之家"逐步成为人代会闭会期间人大代表履行职务、联系选民、接受监督、培训学习和宣传人大的重要阵地。一是重视硬件建设。西园街道"人大代表之家"本着实用、实效的原则，因地制宜与原街道人大工委办公室合并办公，室内设施做到有桌椅、档案柜、书柜、电脑、电话、电子网络等相应的配套设施。同时订阅了人大相应的报刊、法律书籍和人大业务书刊，为代表履职提供了丰富的学习资料。二是完善制度建设。认真制定了人大代表之家的工作方案、活动计划及相关工作职责等；建立了人大代表之家活动制度、代表小组活动制度、人大代表学习制度、人大代表接待选民日制度、人大代表向选民述职制度等各项制度，并制成图板上墙。做到了有活动场所、有醒目标志、有代表信息公示栏、有制度、有活动记录、有专人负责的"六有"要求。三是加强组织建设。"人大代表之家"自创建以来，能严格按照宪法和法律赋予的职责，开展多种形式的活动，充分调动代表履职的积极性，发挥代表作用，有效地促进辖区内经济发展和社会和谐稳定。

2017年4月16日，灵源街道人大工委组织辖区市级人大代表听取灵源街道关于美丽乡村及社区社会化服务试点工作汇报。

2017年6月27日，灵源街道人大工委组织辖区市级人大代表听取灵源街道关于梧垵溪生态水域整治工作汇报。会上，代表们充分肯定取得成效，对今后整治工作提出三点建议：一要结合文明城市迎检契机，加大环卫保洁力度，全面排查污染源，加强监管监测；二要加快社区生活污水管网建设，严格公开招投标程序，严格把握工程质量，加快建设进度；三要引导企业、群众参与支持生态水域综合治理工作，加强宣传，提高思想意识，营造浓厚氛围，杜绝垃圾乱堆乱放。

2017 年 8 月 9 日，西园街道人大工委在街道后间社区成立人大代表西园南片联络站，市人大常委会内司委主任许良晓、街道党工委书记林晓为出席了揭牌仪式。人大代表西园南片联络站严格按照有固定场所、有制度保障、有驻站代表、有创新特色的“四个有”标准设立。联络站的成立，为代表在闭会期间的学习交流、深入联系选民、规范代表履职提供一个良好的交流平台，对提高代表综合素质和履职能力具有十分重要的意义。联络站将积极组织进站代表开展活动，定期接访、走访选民，认真听取和反映选民的意见建议，进一步畅通交流渠道。同时要突出联络站的实效性，以站为主体，充分发挥联络站的主体功能，切实把联络站建设成为人大代表学习活动的基地、沟通交流的平台、履职服务的窗口，推动街道人大代表工作再上新台阶。“西园街道人大代表联系群众活动室”每月安排一次市人大代表接待活动，安排 2 名西园街道的晋江市人大代表接待选民，时间固定为每月 10 日，如遇节假日、双休日，顺延至其后第一个工作日。

2017 年 12 月 12 日，灵源街道人大工委组织辖区市级人大代表对灵源街道为民办实事项目开展视察检查。先后察看了大山后小学、英塘文化广场、社区敬老院、生态流域整治、足球公园、社区公共服务中心等项目建设情况。在项目建设现场，视察组成员采取看、问等方式全面了解各个项目的建设进度，同时，对滞后项目进度和存在问题提出了意见建议。

2017 年以来，梅岭街道人大工委一是积极推进人大代表联系群众活动室的建设。认真贯彻落实上级人大常委会《关于完善人大代表联系人民群众制度的实施意见》精神，始终把密切联系人民群众作为各级代表依法履职、发挥作用的基本途径和有效措施，按照“八有”要求不断规范完善代表活动室建设，梅岭街道现有各级人大代表 14 名，其中泉州市人大代表 4 名、晋江市人大代表 10 名。街道设代表活动室 1 个，拓展社区活动室 3 个（梅青、桂山、双沟），活动室各设专职工作人员 1 名。街道各级人大代表以活动室为依托，通过走访、座谈、电话、微信等方式联系人民群众，人大代表联系群众工作取得了显著成效。二是发挥基层人大代表作用，主动作为助力民生发展。梅岭街道人大工委克服不同于镇人大主席团职能作用的履职弱点，把街道的为民办实事等民生项目作为履职重点，始终围绕党工委中心工作，主动作为助力民生发展。为了将城市社区治理引入人大制度轨道，充分发挥基层人大代表的作用，督促社区民生问题的解决，晋江市梅岭街道人大工委积极发挥职能，主动靠前服务，推行社区民生项目人大代表票决制，将社区民生项目的征集、调研、立项、监督全程纳入人大工作之中，在基层民生补短板、城市提品质、三产促跃升等项目建设上积极作为，促进了选区选民、人大代表、社区和街道的多方互动，保证了社区民生项目建设的高效、公开、透明，为城市基层人大代表有效介入社区民生事务参与社会治理探索了新路，在深入调研的基础上，梅岭街道人大工委紧紧围绕社区民生项目这一抓手，开始进行社区民生项目人大代表票决制的实践。

2017 年，新塘街道人大工委积极搭平台，抓工作落实。一是严格完善硬件设施，建好活动室。在街道和各选区分别按照标准建立七处人大代表联系群众活动室（街道活动室位于办事处五楼，社区活动室按照选区，依托居委会办公场所，分别设在沙堤、后洋、杏田、上郭、塘市、湖格等 6 个社区居委会办公楼），在全市率先实现人大代表联系群众活动室全覆盖。利用活动室这个平台，实行代表接待日制度，街道活动室按照选区由代表轮流接待，每个月安排代表接待一次群众；社区活动室由选区代表负责接待，每 1—2 个月安排代表接待一次群众。把代表深入选区接待群众收集的意见建议，通过细化群众意见建议处理程序，健全从建议意见收集到办理反馈的“一条龙”工作机制。经过一年来的规范运行和不断完善，人大代表联系群众活动室听民声、察民意、解民忧的成效显著。二是规范运行机制，管好活动室。新塘街道人大工委把活动室与人大工委的工作结合起来，进行合理衔接、科学安排，把年度工作任务分解到月，逐项落细、落小、落实，在年初将整年工作计划、季末将每季度工作情况通报给每个代表。人大工委秘书负责街道活动室日常管理，按照联系群众、履职学习、视察调研、会议记录、议案建议及办理答复情况、实事好事、述职报告、代表风采等类别整理入档。街道给每个选区活动室配备一名人大代表联络员，负责选区活动室的日常值班和代表履职情况‘一人一档”的记录，确保有行动、有记录、有效果。首先，强化接待制度，打造选民的“服务区”。街道代表活动室工作日由人大工委秘书值班，负责来访群众建议意见的收集整理，每月 25 日安排不少于 2 名泉州、晋江两级人大代表接待群众，社区活动室每月 10 日安排选区代表接待选民、群众。提前公告代表接待群众计划，广泛组织代表与群众、选民交流谈心，收集掌握民情信息，听取选民建议意见，对收集的建议意见进行整理，并分门别类进行交办处理，充分发挥人大代表为民解忧作用，将代表活动室打造成代表服务选民的“服务区”。其次，发挥监督作用，打造发展的“推进器”。街道人大工委以代表活动室为平台，组织泉州、晋江两级人大代表到选区开展监督活动，视察重点项目建设、社区生活污水管道建设、拆迁安置房建设等进展情况，并与项目方、社区“两委”、居民代表等进行座谈，听取项目负责人的工作汇报，提出意见，帮助其理顺工作思路，协调解决工作推进和项目建设中遇到的难题。通过代表活动室广泛收集群众的建议、批评和意见，为街道党工委、办事处决策、推进工作提供了大量有价值的信息，使代表活动室真正成为街道经济发展和社会民生事业发展的“推进器”。第三，完善学习制度，打造代表的“加油站”。依托街道代表活动室开展学习活动，打造学习培训阵地，提升代表自身素养，提高代表履职能力。街道人大工委根据工作开展、代表意愿等情况，制订学习计划，灵活组织、认真安排好泉州、晋江两级代表开展学习活动，学习党的十九大精神、全国两会精神及常用性法律法规、政策方针，切实提高代表的政治素养和综合素质，全面提升代表的履职能力，让代表活动室成为代表尽职履职的“加油站”。三是健全办理流程，用好活动室。新塘街道人大工委制定《新塘街道人大代表联系群众活动室建议意见收集办理规则》，进一步细化处理群众建议意见的程序，建立群众意见收集、汇总、交办和反馈的工作机制。明确群众反映问题的处理流程：对属于街道职责的，由街道人大工委提交街道党工委、办事处进行交办；对于不属于街道职责或涉及上级部门的，由代表形成议案或建议、批评和意见，依法提出；对一些不能解决或是于法无据的建议意见，由代表当场做好解释说明工作。新塘街道党工委高度重视群众的建议意见，发挥统揽全局、协调各方的核心作用，制定出台《新塘街道党工委关于落实新塘街道人大代表联系群众活动室建议意见办理的规定》，对涉及街道职责的建议意见，由办事处主任每季度定期召开交办会，按照职能分工明确责任科室、责任人员、办理期限，并将办理情况书面反馈人大工委、代表及群众。人大工委办、纪工委办、党政办组成效能督查小组，对责任科室的办理、反馈情况进行督查，并适时组织对代表、群众进行回访，实地检查办理情况，确保办理实效。制定代表活动室意见建议交办事项绩效考核细则，将意见建议的办理情况纳入《新塘街道 2018 年工作实绩绩效考核框架方案》进行考核，确保群众的意见建议及时、高效得到解决、回复。新塘街道通过代表活动室，将人大工作直通最基层，听取群众最原汁原味的意见、建议，用最接地气的措施，解决群众关心关注的日常出行、水域整治、食品安全等实际问题，从最细微处着手，最大限度发挥人大代表作用。通过党工委统筹、办事处交办、效能小组督查，让群众的意见建议落到实处，使人大代表活动更加具体、生动和鲜活，代表作用的发挥更有具体性、实效性和针对性。人大代表联系群众活动室真正成为为民履职、为民服务、为民尽责的重要窗口。

2018 年 1 月 12 日，灵源街道人大工委举行人大代表接待选民群众活动，收集多条群众建议。一是建议相关单位加大资金投入力度，尽快展开林口幼儿园扩园建设，以满足社区群众幼儿需求；二是建议泉安路林口段路口在设立灯控的同时要配备测速控头，更好避免交通事故；三是建议街道尽快衔接开发区、协调社区解决林口回拨地问题；四是建议街道放宽危房翻建政策，帮助社区住宅困难群众；五是建议尽快整治梧垵溪林口支流。

2018 年 3 月 15 日，灵源街道人大工委举行人大代表接待选民群众活动，收集多条群众建议。一是翻新前小学宿舍楼，二是加强梧垵溪张前段河流整治，三是增设张前溪护栏，四是加大对张前敬老院建设资金扶持力度。

2018 年 4 月 17 日，灵源街道人大工委举行人大代表接待选民群众活动，收集多条群众建议。一是建议安置房公共场所建公厕，二是建议尽快落实征地回拨地，三是建议将英塘纳入五里幼儿园招生管理，四是建议开放阳光城的南门、西门。

2018年5月15日，灵源街道人大工委举行人大代表接待选民群众活动，收集多条群众建议。一是大山后小学学生要进入新校区需跨越林山路主干道，建议增设天桥；二是建议加快污水管道改造建设。

2018年6月15日，灵源街道人大工委举行人大代表接待选民群众活动，收集多条群众建议。一是建议完善灵源山景观建设，二是建议建福寿堂，三是建议社区主干道限速。

2018年7月10日，西园街道人大工委在屿头社区居委会成立西园街道北片人大代表联系群众活动室，市人大常委会委员许良晓、街道人大工委主任陈世裕及辖区内市人大代表出席了揭牌仪式。至此，西园街道已全部完成南片、北片和街道办事处三位一体的人大代表联系群众活动室的建设任务，完善了代表交流和活动平台的网络系统。揭牌仪式结束后，市人大常委会委员许良晓、市人大代表洪金塔共同接待原选区选民群众。代表们认真接受群众咨询、倾听群众心声，收集有关意见建议，并做好详细的解答和记录。切实践行了“人民选我当代表当好代表为人民”的诺言。

2018年7月13日，灵源街道人大工委举行人大代表接待选民群众活动，收集多条群众建议。一是小布林社区幼儿园没有固定场所，建议将其纳入林格五里幼儿园招生管理。二是建议小布林社区建设敬老院。

2018年8月15日，灵源街道人大工委举行人大代表接待选民群众活动，收集多条群众建议。一是基于人口基数，建议灵水社区敬老院由三层加至五层；二是建议完善安置房配套设施；三是建议盘活安置房店面固定资产；四是建议尽快完善顶塘天桥辅道建设。

2018年9月3日，灵源街道人大工委举行人大代表接待选民群众活动，收集多条群众建议。一是建议灵水中学高中部复办，二是建议教育资源整合。

2018年10月16日，灵源街道人大工委举行人大代表接待选民群众活动，收集多条群众建议。一是建议对灵石路整改，区分机动车与非机动车道，减少安全隐患；二是配套污水管道设施。

2018年11月15日，灵源街道人大工委举行人大代表接待选民群众活动，收集多条群众建议。一是放宽式加快危房翻建步伐，二是整合土地资源发展社区经济。

2019年1月21日，灵源街道人大工委举行人大代表接待选民群众活动，收集多条群众建议。一是建议对特殊住房困难群众放宽加层要求，二是建议移风易俗从街道层面同步推动。

2019年2月22日，灵源街道人大工委举行人大代表接待选民群众活动，收集多条群众建议。一是建议监督污水网管整改验收，督促其排出工作任务倒推时间表；二是建议对疏解公路路段增设红绿灯监控抓拍系统；三是建议统一规划张前社区道路，特别是整改疏解公路至张前小学环村路。

2019 年 3 月 15 日，灵源街道人大工委举行人大代表接待选民群众活动，收集多条群众建议。一是建议督促改造灵石路，二是建议增设途经疏解公路的公交线路。

2019 年 4 月 15 日，灵源街道人大工委举行人大代表接待选民群众活动，收集多条群众建议。一是建议丧事放棺手续简办，二是建议增建社区福寿堂。

2019 年 5 月 15 日，灵源街道人大工委举行人大代表接待选民群众活动，收集多条群众建议。一是建议妥善解决回拨地问题，壮大社区集体经济；二是建议整治灵石路，架设天桥，减少学生上下学安全隐患。

2019 年 6 月 17 日，灵源街道人大工委举行人大代表接待选民群众活动，收集多条群众建议。一是建议加快灵石路段改造进度，二是建议放宽居住困难群众加层。

2019 年 7 月 18 日，灵源街道人大工委举行人大代表接待选民群众活动，收集多条群众建议。一是建议社区成立污水管网建设监督小组，二是建议利用闲置的大山后小学旧校区建设大山后社区养老院，三是建议平整大山后社区长流路。

2019 年 8 月 15 日，灵源街道人大工委举行人大代表接待选民群众活动，收集多条群众建议。一是建议妥善解决大布林社区回拨地处置建设问题，二是建议解决大布林社区污水排泄问题。

2019 年 9 月 17 日，灵源街道人大工委举行人大代表接待选民群众活动，收集多条群众建议。建议合理分配小布林社区幼儿入学名额。

2019 年 10 月 15 日，灵源街道人大工委举行人大代表接待选民群众活动，收集多条群众建议。一是建议协调曾林社区规划建设，二是建议壮大社区集体经济，三是建议支持曾林社区福寿堂项目建设。

2019 年 12 月 16 日，灵源街道人大工委举行人大代表接待选民群众活动，收集多条群众建议。建议对灵水古民居核心保护区危旧房屋进行改造。

2019 年，罗山街道人大工委积极引导代表主动参与接待群众工作中。街道人大工委依托代表接待群众活动室，定期分批组织代表开展接待群众活动，共开展 4 次代表接待群众活动，接待群众 15 人次，协助解决群众提出的意见建议 10 件。如福埔社区选民在 2019 年年初的接待活动中向代表反映社区污水管道铺设工程进度慢，开挖的路面没有及时回填恢复原貌，造成群众出行非常不便，希望督促工程队尽快完工。代表接到反映后向有关部门反馈并跟踪落实，该选民反映的问题已得到圆满解决。为加强代表同人民群众的联系，深入基层开展察民情、知民意、解民忧活动。

2019 年，新塘街道人大工委积极打好监督组合拳，助推生态流域整治工作。新塘街道辖区内共有梧垵溪、梧桐溪、缺塘溪、南低干渠等 4 条河流，长期以来生态流域整治工作一直是上级、群众关注的焦点。近年来，新塘街道人大工委把群众所盼作为履职方向，一直关注辖区的生态流域整治工作，通过听取专项汇报、视察、提建议等形式，加大对新塘街道生态流域整治工作的监督力度，特别是在2019年，新塘街道人大工委通过实行监督组合拳，大力监督新塘街道的生态流域整治工作，有力地推动了新塘街道的生态流域整治工作，取得了显著的成效。一是及时做好学习宣传，依法依规做好监督。2019年，新塘街道人大工委将生态流域整治工作列为重点监督工作，为确保依法依规进行监督，有效促进街道工作，人大工委利用人大工委会，组织全体人大代表学习《中华人民共和国环境保护法》《中华人民共和国水污染防治法实施细则》等法律法规，邀请专业技术人员为人大代表讲授农村生活污水管网建设、污染源普查的相关知识。通过微信群及时转发“学习强国”学习平台上刊登的习近平总书记关于生态环境保护和长江、黄河流域生态治理的讲话、要求，进一步提升人大代表的履职能力，做到依法依规、有针对性地进行监督。二是大力落实挂钩联系，分区划片开展监督。新塘街道人大工委结合代表选区，按照“就地从便”原则将十一名人大代表分别挂钩联系一条流域，挂钩的人大代表通过参加巡河、列席街道河长办工作例会，深入了解挂钩河流的具体情况和存在问题，并将工作过程中发现的问题提交至人大工委，由人大工委进行交办、督办。2019年，街道人大代表共参与巡河56人次，参加市人大组织的视察2次，列席街道河长制会议24人次，交办11件，全部办结。通过挂钩联系制度，人大代表主动深入流域整治一线，不仅加大对整治工作的监督力度，还充分发挥人大代表的自身优势，协调解决整治工作中出现的问题。经过梧垵溪挂钩人大代表的共同努力，解决了梧垵溪防汛路湖格段路面水泥硬化、荆山支流清淤等两项工作中出现的群众纠纷问题，人大代表成为街道党工委、办事处解决困难的重要智库和有力帮手，有效地推进新塘街道的生态流域整治工作。三是积极组织代表活动，明确主题深入监督。新塘街道人大工委根据上级人大工作安排并结合新塘实际，制定主题活动实施方案，组织人大代表深入开展“农村生活污水管网建设”“污染源治理”等主题活动，听取了街道农村生活污水管网专项汇报并对沙塘、上郭等两个社区的农村生活污水管网建设进行视察。依托人大代表联系群众活动室，代表10人次开展4次主题接待活动，收集群众“治水”意见建议19条，办结回复率和群众满意度达90%。通过主题接待，推进将河道保洁纳入街道环卫保洁社会化服务范围，解决了河道保洁的“黑户”问题，让河道保洁工作不再是“到处踢的足球”，也缓解了河道流域社区的压力，得到社会各界的一致好评。四是积极扩展履职平台，提高效率实时监督。街道人大代表利用人大代表联络群和新塘街道河长制工作群，实时了解挂钩联系流域基本情况、河长、巡河员履职情况，并实现随手拍随时传，将日常监督过程中发现的问题及时上传，做到随机督、实时督。担任社区干部的人大代表发挥带头作用，在各自辖区内开展监督，重点加强辖区农村生活污水管网建设及河道日常保洁的监督，充分发挥代表治水监督作用，推动治水取得实效。五是定期组织跟踪回访，确保实效持续监督。新塘街道人大工委将跟踪督查放在重要位置，定期组织代表对流域生态整治、农村生活污水管网建设等全过程进行视察，听取项目进展情况汇报，并将代表发现的问题及时交办，要求相关科室限时进行整改。新塘街道党工委、办事处高度重视人大监督工作，将人大监督事项办理情况纳入年度绩效考核，针对交办问题定期召开交办会，明确整改部门、整改措施、整改时限以及责任人员，建立对账销号机制，落实整改工作。街道人大工委在整改时限后听取办理结果汇报，并组织代表进行现场视察、走访，将流域整治工作落到实处。新塘街道人大工委的监督，大力推动了新塘街道的生态流域整治工作。2019 年，新塘街道分解制定辖内 4 条河流清淤整治、景观提升等 4 项重点任务，加速推进河道清污清淤综合治理，完成梧垵溪、梧桐溪、缺塘溪整治工作。辖内 4 条流域 98 个排污口实现建档立卡，整治 29 处污染源，清理水葫芦、水面漂浮物及杂物垃圾 38 余处，拆除涉河违章建筑 6 宗 250 平方米。11 个社区农村生活污水管网建设全面开工建设，其中南塘、梧林、湖格等 3 个社区已完工，荆山、后库、杏田、杏坂（一期）等 4 个社区正在抓紧扫尾。经过综合整治，新塘街道辖内 4 条河流已基本消除污染源，水质达到Ⅴ类标准。

2020 年 1 月 16 日，灵源街道人大工委举行人大代表接待选民群众活动，收集多条群众建议。一是建议林口社区安息堂翻建或新建，二是建议改造林口菜市场，三是建议硬化华林小学通往林口老人活动中心的道路。

2020 年 4 月 28 日，灵源街道人大工委举行人大代表接待选民群众活动，收集多条群众建议。一是建议市级增加环境保护的财政预算，二是建议不对污染较轻的企业实行一刀切，三是建议完善工业垃圾处理。

2020 年 12 月 15 日，灵源街道人大工委组织灵源街道人大代表先后视察检查景区景点、农贸市场及周边环境、校园周边环境等全国文明城市复查整改工作情况。代表们纷纷表示，文明城市复查整改工作措施有力、推进迅速、成效显著。并对下一阶段工作提出了意见建议：一是要迅速行动，对照标准落实整改；二是要加强宣传，鼓励群众参与文明创建；三是要加于引导，规范市民文明出行。

2021 年 3 月 23 日，青阳街道人大工委组织部分市级人大代表对部分社区的人居环境整治情况开展监督活动，现场监督莲屿街、曾井综合市场、霞行社区内沟河沿线等区域的人居环境整治情况。监督活动过程中，人大代表一路走、一路看，对街道 2021 年以来人居环境整治所取得的成绩给予了高度评价和赞扬。此外，市级人大代表围绕人居环境整治工作，现场提出建议、意见共计 2 条。

2021 年 4 月 2 日，灵源街道人大工委组织代表听取街道人居环境整治工作有关情况汇报。会上，街道相关负责人汇报街道人居环境整治工作有关情况，街道人大办工作人员传达《灵源街道人大工委 2021 年城乡人居环境整治工作专题调研方案》。与会人员围绕城乡人居环境整治工作重点、难点、热点问题进行充分讨论交流，并在环卫保洁管理、村容村貌提升、家禽养殖管理、住宅小区综合管理、农贸市场整治提升等多方面提出了有针对性的意见和建议。

2021 年 4 月 15 日，灵源街道人大工委开展第三选区人大代表接待选民群众活动。来访群众充分肯定了选区人大代表的工作，并围绕本社区和街道今后的发展，在社区道路提升改造、教育事业发展、壮大村级集体经济等方面提出意见建议。2021 年 7 月 1 日，灵源街道人大工委组织开展人大代表接待选民群众活动暨“永远跟党走”主题宣传教育活动。活动中，首先向来访群众介绍人大代表接待选民群众的有关工作要求和受理内容。紧接着，来访群众围绕本社区和街道今后的发展，在社区文体活动中心修建、治丧场所整治等方面积极建言献策，提出了多条意见建议。最后，面向与会各人大代表及选民群众开展党史宣传教育活动，带大家重温红色历史，引导各人大代表、人民群众“永远跟党走”。此次人大代表接待选民群众活动与“永远跟党走”主题宣传教育活动联合开展，进一步引导了本辖区内各级人大代表特别是党员人大代表推动解决群众操心事、烦心事、揪心事，让党旗在基层一线高高飘扬。

2021 年 6 月 17 日，青阳法庭以一起物业服务合同纠纷案件为示范案例组织了庭审观摩。青阳街道部分人大代表受邀观摩了此次庭审活动。庭审结束后，观摩人员与青阳法庭的法官们举行了参观活动及座谈会，针对本次庭审表现发表意见 3 条。代表和委员认为，本次庭审程序规范，经过法官的努力顺利调解结案，实现较好的社会效果。为推动老旧小区改造，进一步深化共建共治共享新格局。

2021 年 6 月 22 日，青阳街道人大工委实地走访阳光、霞行、高霞等社区并开展选民接待活动，深入了解民生实情。青阳街道人大工委干部认真听取了各类民生问题，仔细询问情况，对老旧小区外墙维护、加装电梯、消防通道改造等问题现场答复，并列出了一张民生“问题菜单”。对于部分暂不能当场解决的问题，街道人大工委将进行专题研讨并及时协调督促相关部门解决。

2021 年 7 月 16 日，青阳街道人大工委结合党史学习教育，开展了辖区重点企业走访调研活动，了解企业发展情况，听取企业诉求，及时汇总解决企业在运作过程中遇到的难题。在调研过程中，调研组一行走访了中皮院晋江有限公司、国家纺织服装产品质量监督检验（福建晋江）服装分中心、晋江市城乡规划设计研究院有限责任公司、中轻（晋江）卫生用品研究有限公司等多家辖区重点企业。市级人大代表、人大工委干部与相关企业负责人进行座谈交流，了解企业的生产经营情况，认真倾听企业反映的困难和问题，并协调相关部门做好跟踪落实，及时反馈问题处理结果。此次人大代表走访活动，一方面发挥了代表联系群众的沟通桥梁作用；另一方面通过代表走访宣讲、答疑解惑，助推解决企业发展中存在的诸多问题，助推企业健康发展。

2022年5月7日，罗山街道人大工委组织参加的晋江市人大代表进行解放思想大讨论暨参观“党建+”邻里中心建设，参加人大代表联系群众活动室活动。代表们参观了梅岭许厝、梅青党建+邻里中心以及青阳青华、罗山华泰党建+邻里中心建设，并举办解放思想大讨论活动，不断强化了履职能力。

2022年5月17日，罗山街道人大工委开展邻里群众说事座谈活动。座谈会以民主议事方式围绕设立邻里中心暖心食堂及停车难等居民热议问题展开讨论，与会人员分别就两个议题积极建言献策，并确定进一步调研和征求居民意见的方案。

2022年5月18日，青阳街道人大工委开展教育“双减”调研视察座谈活动，通过“看”“听”“聊”，实地感受“双减”工作落实情况。代表团实地查看了解中和中心小学校园文化建设、课间活动及课后延时服务等情况，听取相关负责人对学校“双减”工作落实情况的介绍；视察龙之文培训机构，查看了解办学转型、收费标准等。

2022年5月31日，灵源街道召开人大工委（扩大）会议，组织与会代表学习十三届全国人大五次会议和各级人大工作会议精神，听取街道2022年民生实事项目和重点项目建设安排情况，与会代表围绕如何进一步壮大社区集体经济、盘活闲置地块、优化人居环境、完善生活配套、改善教育民生等方面，对街道新一年的为民办实事项目及重点项目建设安排情况提出了意见和建议，并针对一段时间以来的联系选民群众工作开展交流。

2022年6月7日，灵源街道人大工委召开“人大代表+”活动暨评议交警五中队座谈会。会议组织学习《关于组织人大代表评议晋江交警五中队的实施方案》、关于创新开展“人大代表+”活动的有关工作精神。会上，与会人员畅所欲言、各抒己见，对晋江交警五中队在依法行政、工作作风、服务质量、制度建设等方面提出了意见和建议。

2022年8月26日，灵源街道人大工委组织代表前往梧垵溪主河道及张前支流张前段开展巡河活动。现场巡河中，检查组仔细查看河道排水口和周边水域生态环境，详细了解河道水质状况、河道安全情况和河道保洁等情况。灵源街道人大工委积极开展人大代表“巡河问水”专项活动，充分发挥人大代表作用，当好发现问题的巡河员、督查指导的监督员、社情民意的发声员，共同助力河长制的落实，守护灵源街道境内的每条河，守护碧水清河。

2022年9月21日，灵源街道办人大工委组织辖区市级人大代表及相关党政领导赴龙湖镇福林村开展异地调研。调研组一行实地参观了龙湖镇福林古村落，走进爱国侨领厦门首任市长许友超故居春晖楼、中西风格完美结合的端园等古建筑、“市级文保单位”福林寺、三代人合造的连心桥——孝端桥、“万家灯火”等微景观，听取相关情况介绍，了解福林村古村落保护开发、旅游发展、人居环境整治等方面工作的先进经验。实地参观结束后，调研组一行人同龙湖镇相关领导、镇人大主席团成员、福林村“两委”在福林村委会进行座谈交流。双方就福林村古村落基本情况、保护开发、投资建设、古厝修缮、规划运作等方面进行深入交流。通过实地参观和听取经验介绍后，代表们纷纷表示，此次异地调研学习受益匪浅，不仅开阔了视野，也拓宽了工作思路。今后，将充分发挥人大代表的作用，集智集力，积极献言献策，为经济社会发展贡献自己的一份力量。

2022年12月9日，灵源街道人大工委组织6个选区内的晋江市人大代表开展集中接待选民群众活动，并宣讲党的二十大精神和国家宪法等法规条例。代表们耐心听取了选民群众所反映的问题，详细做好记录，深入沟通交流，耐心给予解答，不能现场解答的，将问题转交相关职能部门处理，并要求相关部门尽快给予答复。代表们还结合自身工作实践，向选民群众宣讲党的二十大精神，一同交流学习心得体会，并围绕“宪法宣传周”活动，开展宪法学习宣传。

二、协助督促办理代表建议和意见

各街道人大工委在交办、督办工作中，做到“三个一”，即“一份交办件”，街道人大工委以文件形式向街道办事处发出办理通知；“一场交办会”，召开有街道人大工委、街道办事处主任和各承办单位分管领导参加的交办会，逐一落实建议办理的责任领导、经办单位；“一场反馈会”，建议办理结束后，召开有主街道人大工委成员、街道办事处领导成员、各代表小组组长、各承办单位负责人、建议领衔代表参加的办理情况反馈总结会，并当场征求代表意见。代表不满意的，承办单位要重新办理。在具体办理过程中，要求承办单位做到“两见面”，即办理前期，承办单位与建议的领衔代表见面，了解建议的真实意图及要求事项；办理后期，再与领衔代表见面，通报办理情况，征求意见，取得共识。

街道人大工委还根据省人大常委会主任会议《关于建立人大代表在基层轮流接待群众来访制度的意见》，着手组织人大代表接访群众。主要采取结合党政领导接待日，增设代表接待处接访人大代表和群众；邀请部分村（居）民参加代表小组活动，直接听取建议和意见；组织街道人大工委成员和街道办事处分管领导及部分人大代表到基层接访群众，敦促政府有关部门解决群众反映的热点、难点问题。

梅岭街道人大工委成立以来，积极组织代表集中学习，有重点、有针对性地组织学习《宪法》《代表法》《组织法》《监督法》等法律法规知识和相关政策，特别是与代表履职相关的业务知识，使代表切实掌握法律、政策规定和如何审议工作报告、开展调查研究、撰写议案建议、密切联系群众等履职实用技能，以更好地指导履职实践。督促协调相关部门及时予以解决，直接让群众得到实惠。对一些街道无法解决的城市发展共性问题，及时通过人大代表形成相关建议、议案向市人大常委会提交，极力促成上级人大和党委政府统筹解决，让人民群众切实感受到为民服务的真心真情。

2004年9月29日，西园街道人大工委在街道三楼会议室召开西园派出所对人大代表评议意见整改情况的反馈会。针对上阶段人大代表对派出所评议提出的意见和建议，西园派出所经过认真分析、研究和总结，结合自查自纠中存在的问题，提出整改方案和具体措施。一是采取各种有效手段，狠狠打击“摇骰子”赌博活动，坚决杜绝此类违法活动的蔓延。自2004年8月以来，派出所共查处各类赌博案件18起，处理参赌人员56人，罚款达120572.5元，有效遏制赌博活动的蔓延势头。二是迅速建立临时治安巡逻队，加大打击违法犯罪力度。2004年6月，由于派出所刚成立，警力不足，警用设备不足，辖区抢劫、抢夺案件时有发生。2004年8月以来，在各级领导的重视下，派出所雇用6名治安巡逻人员，购置2部警用巡逻摩托车，分成三班24小时不间断进行路面巡逻，并对几个重点部位加强防控，取得良好的效果。派出所成功摧毁一个摩托车销赃团伙，查扣被盗摩托车12辆，抓获犯罪嫌疑8人，其中4人被刑事拘留。为了有效预防入室盗窃案件、两抢案件等可防性案件的发生，派出所与办事处主要分管领导及各村居两委达成初步共识，在辖区内建立南、北两个社区巡逻队。在辖区内实现三级治安巡逻防控网络。

灵源街道人大工委坚持每月组织人大代表，在灵源街道人大代表联系群众活动室接待选民群众。听取和征求选民群众的意见建议后，发出《灵源街道人大工委关于办理人大代表接待选民群众意见建议的通知》，及时转交有关单位研究办理，并要求在30天内反馈答复代表。

三、开展工作评议

各街道人大工委以马克思列宁主义、毛泽东思想、邓小平理论、“三个代表”重要思想、科学发展观、习近平新时代中国特色社会主义思想为指导，依靠人大代表和人民群众，以人民满意为标准，按照实事求是、客观公正、透明公开的原则，对公安派出所、交警中队、工商所、税务所、财政所、计生服务站、土地管理所、农行营业所、卫生服务中心、城市管理中队、市场管理监督所等基层单位和街道办事处领导成员、人大代表认真开展工作评议。

2017年9月29日，灵源街道人大工委召开民主评议灵源派出所会议，前期辖区人大代表们通过走访所在选区群众、机关事业单位或召开不同类型群众座谈会、暗访等形式，广泛了解和征求对灵源派出所工作的意见和建议。民主评议会上，代表们认为：派出所积极配合街道的中心工作，围绕平安灵源建设，依法履行职责，克服了管辖面广、防控任务繁重、警力不足的困难，为街道的经济建设和社会稳定保驾护航，取得较明显的工作成效。对下一阶段整改工作提出三点希望：一要进一步深化认识。增强法制观念和公仆意识，改进工作作风，提高工作效率，更好地依法行政；二要精心制订整改方案。逐条对照，认真分析，研究措施，真正做到条条有着落、事事有行动、件件有落实；三要求整改有实效。多从制度上查找问题、分析原因，健全和完善执法程序以及内部监督制约机制，使整改工作不走过场，不流于形式。

2018 年 4 月 3 日，灵源街道人大工委召开民主评议灵源教育办动员会，9 月 3 日召开民主评议小组工作会，9 月 29 日召开民主评议灵源教育办会议。代表们建议，招生决策应合理统筹，要有效发挥校董会作用，加强师风师德教育。

2018 年 4 月 12 日，西园街道人大工委组织对西园国土资源所进行工作评议。通过评议活动，促进西园国土资源所严格履职，不断改进工作作风，切实依法行政、勤政廉政，着力提高群众对国土资源所的满意度，提升服务地区经济社会发展的能力和水平。

2018 年 12 月 20 日，西园街道人大工委在第一选区、第七选区组织召开代表述职评议会议。赖厝、小桥社区两委成员、社区居民小组长，工青妇、老人会负责人及部分选民代表参加会议。

2018 年，梅岭街道人大工委对梅岭社区卫生服务中心进行工作评议，围绕医疗诊疗服务、药品价格及收费等方面发表意见，发放问卷调查，以此促进梅岭社区卫生服务中心进一步增强服务改革发展、服务人民群众的意识，狠抓队伍建设，改进工作作风，扎实推进社区卫生服务中心工作，切实提高社会公众的满意度和安全感，为梅岭街道的全面发展提供更加安定有序的社会环境和优质高效的服务环境。

2019 年 7 月 15 日，西园街道人大工委组织对西园街道卫生服务中心基层所站进行问卷调查评议。

2020 年 9 月 8 日，西园街道人大工委组织对王厝、官前社区市人大代表述职评议活动。代表述职评议大会气氛热烈，效果良好。一是密切了人大代表与选民的联系。过去人大代表以代表身份走访选民，深入联系群众较少，通过代表述职评议，缩短了代表与选民的距离，密切了代表与选民的关系。人大代表在选民评议中，看到自己的成绩与不足，选民也增进了对代表履行职务情况的了解。二是增强了选民的监督意识和民主意识。评议使广大干部群众受到一次深刻的民主制度教育，增强了选民的监督意识，体现了选民的主人公地位，代表述职使得选民或选举单位对代表的监督有了强有力的手段。代表由选民选举，代表由选民监督，体现了人民代表人民选，选好代表为人民的精神。三是进一步激发了人大代表的责任感和使命感，增强了代表的法律意识和代表意识。代表述职促进了人大代表对代表含义的思考，进一步加深对“代表谁”和“怎么代表”的理解。过去有的代表把代表职务作为一种“荣誉”看待，个别甚至只当“挂名代表”。通过评议，提高了代表意识，增强了履职积极性。四是进一步提高对人大制度、地位、作用的认识。代表述职从一个侧面使广大人民群众感受到人民代表大会在社会生活中的地位和作用，这对于增强人民群众的民主观念，推进社会民主政治建设起到了积极作用。

2020年，西园街道人大工委组织对西园街道派出所主要围绕依法行政、工作作风、廉洁自律、辖区治安、自觉接受人大及社会各界的监督五个方面内容开展评议。评议调查组从2020年7月开始，采取听取汇报、走访座谈、个别谈话、查阅资料、实地察看、民主测评等方式，对西园街道派出所2019年以来工作情况开展评议调查。评议调查工作坚持实事求是、客观公正、讲求实效的原则，实地深入派出所走访调研、听取工作汇报；与各级人大代表、社区“两委”、社会各界人士以及单位干部职工座谈交流，共召开动员会1场、座谈会1场，发出问卷测评表120份，其中对派出所工作总体满意的占92.5%，基本满意占5%，不满意占2%。西园街道派出所对此工作评议高度重视，及时成立迎评领导小组，制订工作方案，认真开展自查自纠，为评议调查组开展工作提供保障。通过这次评议，西园街道派出所工作人员的精神状态得到改变，执法行为得到规范，服务态度得到加强，工作质量得到保证，工作效益得到提高，各方面工作有了很大改观。

2020年12月1日，灵源街道人大工委召开市级人大代表民主评议晋江市城市管理局灵源中队工作会议。会上，晋江市城市管理局灵源中队作关于接受街道人大工委工作评议的自查报告，灵源街道人大工委作关于评议晋江市城市管理局灵源中队工作情况的调查报告。随后，灵源街道市级人大代表对晋江市城市管理局灵源中队工作提出相关建议并进行满意度测评。通过评议活动，晋江市城市管理局灵源中队以本次评议为契机，切实加强了工作作风，进一步提高服务水平，提高办事效率，着眼群众所盼，及时了解群众所思，准确把握群众利益诉求，主动回应群众现实关切，从而努力为促进街道经济社会发展，促进和谐稳定做出新的贡献。

2021年9月2日，晋江青阳街道人大工委召开人大评议青阳派出所工作会议。2021年5月起，青阳街道人大工委组织对青阳派出所工作开展情况进行评议调查。为确保评议调查工作的客观性、真实性和公正性，街道人大工委组织评议工作领导组开展活动，广泛听取和收集人大代表、人民群众和社会各界对青阳公安派出所工作的意见和建议。此外，还通过检查内业资料、征求街道党政领导意见、走访部分社区，多渠道了解情况，深入听取社会各界的意见建议。会前，青阳街道人大工委组织挂钩青阳的泉州、晋江两级人大代表到青华社区警务室进行走访调研，听取了青阳派出所关于青华警务室日常工作的介绍。会上，青阳派出所汇报了近年来的工作情况并作表态发言；各代表结合调研情况就推进警务站升级提升、防范电信网络诈骗、加大派出所工作宣传力度、加强队伍建设等方面进行了热烈的评议发言，并对青阳派出所工作、领导干部进行民主测评，满意率达到100%。同时提出了要强化专项，重点提升电诈犯罪案件整治成效；联动发力，推进社会共治；严管厚爱，加强队伍建设的三点意见和建议。

2022年9月20日，灵源街道人大工委召开评议晋江交警五中队工作会议，会上，交警五中队作关于接受街道人大工委工作评议的自查报告。灵源街道人大工委作关于评议交警五中队工作情况的调查报告。随后，灵源街道市级人大代表对晋江交警五中队工作提出相关建议并进行满意度测评。交警五中队表示，将正确对待评议意见，认真抓好整改落实，切实巩固评议成果。

四、宣传人大制度

结合各种时段，充分运用各种宣传手段。在纪念活动中，各街道办事处人大工委通过举办人大知识讲座、人大知识测试、人大知识竞赛、“人大颂”征文活动、文娱晚会以及收看播放纪念节目和悬挂标语宣传等方式，大力宣传人民代表大会制度。

每年春节期间，各街道办事处人大工委还配合市人大常委会开展慰问代表活动。通过团拜、走访、小组活动等形式，慰问各级人大代表和本届代表遗属。向特困、伤病代表送慰问金。慰问活动主要有“五个一”，即一副对联、一串鞭炮、一本挂历、一封慰问信、一份礼物，以此增强代表的光荣感、责任感和代表意识，努力为代表履行职务创造良好的氛围。

梅岭街道人大工委加强代表履职能力建设和履职典型宣传，在“梅岭微生活”微信公众号设立“代表联系群众”专栏，及时更新相关资料，动态发布代表联系群众工作信息，宣传代表联系群众工作优秀事迹，发挥网络平台作用。不断拓展网络平台功能，发布国家最新法律法规、人大理论研讨成果及市内外人大工作的经验介绍等，兼顾实用性和理论性，为代表提供学习培训、提高素质的平台。

2018年，灵源街道人大工委在“晋江灵源”公众号开通“人大直通”专栏，设置人大要闻、代表风采、代表建议、联系群众、选民呼声等栏目进行宣传。

2022年，市人大召开解放思想大讨论交流会暨镇街人大工作会议，推进19个“一镇街一亮点”创建项目，在比拼晾晒中找差距、谋对策、求突破，推动形成一批各具特色的创新典型，全市人大工作整体实效不断增强。

五、规范化、制度化建设

一是健全会议制度。每季度召开一次街道人大工委会议，学习有关法律和上级人大决定、决议；收集小组活动情况；研究部署下季度人大工委工作。二是加大对街道办事处工作的审议力度。由过去一年一次例会改为一年两次审议。三是健全检查督促机制。通过召开半年工作小结会、年度工作总结会和工作经验交流会、座谈会等形式进行工作交流，树立先进典型，鞭策后进。四是规范市、街道办事处两级人大代表换届选举工作程序，制订换届选举实施方案、工作日程表和各种报表，保证换届选举工作的顺利进行。

梅岭街道人大工委一是健全相关制度。坚持每季度至少开展一次代表小组活动、每两个月至少召开一次人大工委会议，邀请代表列席人大工委工作会议，修订完善人大工委会议、小组活动、请假、向选民述职、视察检查、评议工作等6项制度，进一步推进了人大工作的规范化、制度化、程序化建设。加强人大代表联系群众活动室建设，制定代表联系群众活动室工作制度、代表联系群众制度、代表学习宣传制度、代表视察调研制度、代表履职公开制度、代表履职报告制度、代表履职登记制度、代表履职请假制度等8项制度。二是健全检查督促机制。把解决人民群众在生产、生活中的实际问题作为重点来抓，通过视察、检查，督促政府为民办实事项目建设。三是规范市人大代表换届选举工作。依法设立选举组织机构，严格时间节点和工作进度，依法组织投票选举，使换届选举工作循序渐进，公民有序政治参与。

罗山街道人大工委认真研究制定工作规则，有序推进各项工作。罗山街道人大工委工作规则：1.街道人大工委是市人大常委会派驻街道的工作机构，在市人大常委会的直接领导下开展工作，对市人大常委会负责并报告工作；同时，接受街道党工委的领导。2.街道人大工委履行以下职责：(1)宣传贯彻宪法、法律、法规和各级人民代表大会及其常务委员会的决议、决定；(2)按照市人大常委会的工作计划和部署，组织辖区内人大代表参加学习，开展视察、检查、调研和工作评议等活动；(3)联系辖区内的人大代表、接待、受理人大代表和人民群众的来信来访，反映人大代表和人民群众的意见和建议，督促街道办事处和市直机关派驻街道工作机构认真办理人大代表提出的建议、批评和意见；(4)对人大代表执行代表职务提供必要的条件和服务；(5)对街道办事处及工作机构，驻辖区内的行政、司法等工作机构的工作情况以及执法情况，提出意见和建议；(6)对辖区内经济建设、文化建设和公共事业发展情况以及人民群众关心的热点、难点问题进行调查研究，向市人大常委会和有关部门反映情况，提出意见和建议。必要时，可向市人大常委会作专题汇报；(7)在市人大常委会和选举委员会的领导下，做好辖区内市人大代表选举的有关工作；(8)办理市人大常委会及其主任会议交办的其他事项。3.街道人大工委会议一般每两个月举行一次。必要时，也可以临时召开会议。会议由主任召集和主持。4.街道人大工委举行会议时，根据工作需要，可以通知街道办事处及其工作部门，驻辖区内的行政、司法工作机构及有关单位的负责人列席，也可以邀请辖区内的人大代表列席。5.街道人大工委经费被列入街道财政预算。

为使日常工作更加规范，新塘街道人大工委研究制定了人大工委工作职责：1.组织代表对宪法、法律、法规以及上级人民代表大会及其常务委员会和本级人大工委会议的决议、决定实施情况进行检查；2.组织代表听取和讨论本级人民政府的专项工作报告，评议本级人民政府和上级国家机关的派出机构的工作；3.组织代表开展视察、调研等活动，将视察、调研活动形成的报告转交有关机关、组织研究处理并向代表反馈；4.听取和反映代表对本级人民政府等各方面工作的建议、批评和意见，交由有关机关和组织办理并答复代表，公开办理情况的报告；5.建立和完善代表联系原选区选民和人民群众制度，组织代表向原选区选民报告履职情况，听取并反映群众意见；6 建立代表履职登记制度，组织代表学习、培训；7.做好代表选举、补选和罢免的具体工作；8.办理上级人民代表大会常务委员会和本级人大工委会议交办的工作；9.其他依法需由人大工委讨论决定的事项。

晋江市各街道办事处历年人大工委主任、副主任一览表

表 5-1

街道办事处人大工委名称	职务	姓名	籍贯	任职起讫时间	专、兼职（职务）
青阳	主任	洪国延	泉州石狮	2004 年 8 月至 2006 年 11 月	专职
	主任	林贻达	晋江深沪	2006 年 11 月至 2007 年 10 月	兼职（街道办事处党工委书记）
	主任	林碧玉	晋江内坑	2007 年 10 月至 2016 年 6 月	专职
	主任	吴文水	晋江罗山	2016 年 6 月至 2017 年 4 月	专职
	主任	许小卫	晋江永和	2018 年 2 月至 2021 年 9 月	专职
	主任	颜婉媚	晋江安海	2021 年 9 月起	专职
	副主任	王炳川	晋江金井	2006 年 11 月至 2011 年 7 月	专职
	副主任	洪鸿雁	晋江英林	2018 年 2 月至 2021 年 6 月	专职
	副主任	陈荣辉	晋江西园	2021 年 6 月起	专职
梅岭	主任	黄小闽	晋江东石	2004 年 8 月至 2006 年 11 月	兼职（街道办事处党工委书记）
	主任	陈秀配	晋江龙湖	2006 年 10 月至 2011 年 7 月	专职
	主任	苏尚谦	晋江磁灶	2011 年 7 月至 2014 年 6 月	专职
	主任	陈聪衍	泉州石狮	2015 年 1 月至 2020 年 10 月	专职
	主任	庄松龄	晋江青阳	2020 年 10 月起	专职
	副主任	王巧文	晋江安海	2004 年 8 月至 2005 年 11 月	专职
	副主任	陈德意	晋江罗山	2020 年 2 月起	专职

续表 5-1

街道办事处人大工委名称	职务	姓名	籍贯	任职起讫时间	专、兼职（职务）
西园	主任	蔡长谋	泉州石狮	2004 年 8 月至 2006 年 11 月	专职
	主任	洪秀杯	晋江英林	2006 年 11 月至 2016 年 6 月	专职
	主任	陈世裕	晋江东石	2016 年 6 月起	专职
	副主任	吴马愿	晋江罗山	2020 年 2 月起	专职
罗山	主任	蔡文谦	泉州石狮	2004 年 8 月至 2006 年 11 月	专职
	主任	颜其惕	晋江安海	2006 年 11 月至 2011 年 7 月	专职
	主任	陈聪衍	泉州石狮	2011 年 7 月至 2015 年 1 月	专职
	主任	王向阳	晋江安海	2015 年 1 月至 2021 年 6 月	专职
	主任	施纯玺	晋江深沪	2021 年 6 月起	专职
	副主任	柯康灿	晋江金井	2020 年 2 月起	专职
灵源	主任	王金墩	晋江内坑	2004 年 8 月至 2006 年 11 月	兼职（工业园区与街道办事处党工委书记）
	主任	柯煜煜	晋江新塘	2006 年 11 月至 2011 年 7 月	专职
	主任	林松庆	晋江陈埭	2011 年 7 月至 2021 年 6 月	专职
	主任	郭俊慨	晋江金井	2021 年 6 月起	专职
	副主任	张顺情	晋江青阳	2004 年 8 月至 2006 年 11 月	专职
	副主任	蔡娜娜	晋江东石	2020 年 2 月至 2021 年 6 月	专职
	副主任	洪志华	晋江安海	2021 年 9 月起	专职
新塘	主任	颜其惕	晋江安海	2004 年 8 月至 2006 年 11 月	兼职（街道办事处党工委书记）
	主任	陈怡熊	晋江金井	2006 年 11 月至 2011 年 7 月	兼职（街道办事处党工委书记）
	主任	洪长江	晋江东石	2011 年 7 月至 2015 年 2 月	兼职（街道办事处党工委书记）
	主任	林友栋	晋江罗山	2015 年 2 月至 2021 年 6 月	专职
	主任	施奕超	晋江安海	2021 年 6 月起	专职
	副主任	刘和平	泉州惠安	2004 年 8 月至 2015 年 2 月	专职
	副主任	刘铮铭	晋江金井	2020 年 2 月至 2021 年 6 月	专职
	副主任	曾培镜	晋江青阳	2021 年 6 月起	专职

附录一：晋江市人民代表大会会议决定决议选录

（2002—2022 年）

晋江市第十三届人民代表大会第四次会议关于通过《晋江市人民代表大会议事规则》的决定

（2002 年 1 月 18 日晋江市第十三届人民代表大会第四次会议通过）

晋江市第十三届人民代表大会第四次会议认真讨论了《晋江市人民代表大会议事规则（草案）》和关于《晋江市人民代表大会议事规则（草案）》的说明。会议认为该规则草案起草目的明确，依法有据，有利于规范市人民代表大会的议事制度，提高议事效率，保障市人民代表大会依法行使职权。会议决定通过《晋江市人民代表大会议事规则》，并于通过之日起施行。

晋江市人民代表大会议事规则

第一章　总　则

第一条　为保障市人民代表大会依法行使职权，规范市人民代表大会的议事制度，提高议事效率，根据《中华人民共和国宪法》《中华人民共和国地方各级人民代表大会和地方各级人民政府组织法》《中华人民共和国全国人民代表大会和地方各级人民代表大会选举法》的有关规定，参照《福建省人民代表大会议事规则》，结合市人民代表大会的实践经验，制定本规则。

第二条　市人民代表大会依照法定程序行使职权。

第三条　市人民代表大会实行民主集中制的原则。大会审议议案，讨论、决定事项，进行选举，应当充分发扬民主，严格依法办事，集体行使宪法、法律赋予的职权。

第二章　会议的举行

第四条　市人民代表大会会议每年至少举行一次，一般于第一季度举行。市人民代表大会常务委员会（以下简称市人大常委会）认为必要，或者经五分之一以上代表提议，可以临时召集会议。会议必须有三分之二以上代表出席，始得举行。

市人民代表大会会议由市人大常委会召集。每届代表大会第一次会议，在本届代表大会代表选举完成后的两个月内，由上届市人大常委会召集。

第五条　市人民代表大会会议公开举行，会议的举行情况可以通过新闻发布会、记者招待会以及其他形式进行报道。必要时，也可以不公开举行。

第六条　市人民代表大会代表应当按时出席代表大会会议，因故不能出席会议的，会前应向市人大常委会书面请假；会议期间应向大会主席团书面请假。大会秘书处应向主席团报告代表出席会议的情况和缺席的原因。无故缺席的代表，大会和原选举单位应当进行监督，未经批准一次不出席会议的，由市人大常委会发出告诫通知书，并在下次大会期间代表团会议上通报；两次不出席会议的，代表资格终止。

第七条　市人民政府组成人员、市人民法院院长、市人民检察院检察长不是市人民代表大会代表的，应列席代表大会会议；本市的全国人民代表大会代表、省人民代表大会代表、泉州市人民代表大会代表，可以列席代表大会会议；其他有关人员，经市人大常委会决定，可以列席代表大会会议。

列席会议的人员因故不能列席的，应书面请假。

列席会议的人员有发言权，没有表决权。

第八条　市人大常委会在市人民代表大会会议举行前，进行下列准备工作：

（一）决定开会日期；

（二）提出会议议程草案；

（三）做好代表资格和代表变动情况审查；

（四）提出大会主席团和秘书长名单草案，提出财政经济审查委员会和议案审查委员会名单草案；

（五）准备会议审议的议案和有关工作报告；

（六）提出各代表团的召集人，组织代表团；

（七）决定列席会议人员名单；

（八）提出会议其他事项的决定草案；

（九）会议的其他准备事项。

第九条　市人大常委会在市人民代表大会会议举行的十日前，将开会的预定日期和拟提交会议审议的主要事项通知代表。

准备提请大会审议的市人大常委会、市人民政府、市人民法院、市人民检察院、计划、财政等各项工作报告及各项议案草案，一般应于会议举行七日前发给代表。

临时召集的会议可不适用前款规定。

第十条　大会预备会议举行前，代表按照选举单位组成代表团，代表团选举团长一人，副团长若干人。

代表团团长的职责是：

（一）召集并主持代表团全体会议；

（二）组织本代表团审议会议议案和有关报告；

（三）反映本代表团对议案和有关报告的审议意见；

（四）主持在本代表团会议上的询问；

（五）传达、贯彻主席团会议的决定和有关事项；

（六）处理本代表团的其他工作事项。

副团长协助团长工作。

第十一条　市人民代表大会每次会议举行预备会议，通过会议议程和其他准备事项的决定。

预备会议由市人大常委会主持。每届市人民代表大会第一次会议的预备会议，由上届市人大常委会主持。

第十二条　市人民代表大会预备会议以举手表决方式等额选举本次会议的主席团和秘书长。

主席团的职责是：

（一）主持市人民代表大会会议；

（二）向会议提出议案和各项决议草案；

（三）组织审议列入会议议程的议案和有关报告；

（四）依法提出市级国家机关领导人员的候选人；

（五）主持会议选举，提出选举的具体办法草案；

（六）决定议案、罢免案、质询案的审议程序和处理意见；

（七）组织对列入会议议程的市国家机关领导人员的述职评议；

（八）发布公告；

（九）其他需要由主席团决定的事项。

第十三条　主席团推选常务主席若干人，召集并主持以后的主席团各次会议。主席团会议应有三分之二以上主席团成员出席，始得举行。主席团的决定，以主席团全体成员的过半数通过。

主席团常务主席的职责是：

（一）对属于主席团职权范围内的事项，向主席团提出建议；

（二）根据会议进展情况，对会议日程安排作出必要的调整，并经主席团同意；

（三）召开各代表团团长会议，听取各代表团对各项议案和报告以及会议有关事项的审议意见，或就有关议案的重大问题进行讨论，提出建议，并将讨论的情况和意见向主席团报告；

（四）根据需要，可以就专门性问题召集有关代表进行专题审议和讨论。

（五）根据主席团授权，处理主席团职责范围内的其他事项。

第十四条　市人民代表大会期间召开的各次全体会议，主要内容是：

（一）听取和审议市人大常委会、市人民政府、市人民法院、市人民检察院的工作报告；

（二）审查和批准本市国民经济发展计划、预算及其执行情况的报告；

（三）审议和表决提交大会审议的各项议案草案，通过各项报告和议案的决议；

（四）组织对国家机关领导人员的述职评议；

（五）通过大会选举办法和进行投票选举；

（六）听取和通过提交大会审议的其他报告等。

第十五条　市人民代表大会会议审议议案和有关报告，由代表团全体会议审议，审议情况和意见应向主席团报告。

主席团认为必要时，或经代表团提议、主席团同意，可以召开大会全体会议，就有关的议案和报告进行大会审议。

第十六条　市人民代表大会期间，代表可提出对各方面工作的建议、批评和意见，由市人大常委会的办事机构交有关机关和组织研究处理，并负责在交办之日起 3 个月内予以答复，如有特殊情况，最迟不得超过 6 个月予以答复。代表对答复不满意的，可以提出意见，由市人大常委会的办事机构交由有关机关、组织研究，再作答复。

第十七条　市人民代表大会会议可设旁听席。申请旁听者凭证明本人身份的有效证件，向市人大常委会或者大会秘书处提出旁听大会全体会议的申请。

旁听人员可口头或者书面向大会秘书处提出有关建议、批评和意见。

第三章　会议工作机构

第十八条　市人民代表大会会议设立秘书处，由秘书长和副秘书长若干人组成，在大会主席团的直接领导下工作。

秘书处在秘书长领导下，办理主席团交付的事项，处理会议日常事务。副秘书长的人选由主席团决定，协助秘书长工作。

秘书处根据会议需要可设立若干个工作小组，分工办理会议的各项具体事务。

第十九条　市人民代表大会会议设立议案审查委员会和财政经济审查委员会。委员会分别由主任委员一人、副主任委员和委员若干人组成，由市人大常委会在代表中提名，提请预备会议通过。

第四章　议案的提出和审议

第二十条　市人民代表大会主席团、市人大常委会、市人民政府、代表十人以上联名，可以向代表大会提出属于代表大会职权范围内的议案，由主席团决定是否列入会议议程。

向大会提出的议案，先交议案审查委员会审议，提出是否列入会议议程的意见，再由主席团决定是否列入会议议程。

第二十一条　向市人民代表大会提出的议案应当写明案由、案据和方案。

第二十二条　议案审查委员会对议案进行审议时，可以请各代表团团长或代表团推荐的代表列席会议，发表意见；必要时，也可以邀请提案人、有关的代表列席会议，发表意见；涉及专门性问题的，可以邀请有关方面的代表和专家列席会议，发表意见。

第二十三条　列入会议议程的议案，提案人、市人大常委会有关的办事机构应当提供有关的资料，大会议案审查委员会提出报告，由主席团审议决定是否提请大会全体会议表决。

大会秘书处应当将主席团通过的关于代表十人以上联名提出议案的审查意见报告印发代表。

提出议案的代表半数以上对议案审查意见的报告有异议的，可以在主席团最后一次会议召开的两小时前，向主席团书面提出复议要求。主席团应当予以复议，并作出相应的决定；或者交市人大常委会在大会闭会后的第一次会议上复议，作出决定。主席团或者市人大常委会应当将复议的决定答复提案人。

第二十四条　代表十人以上联名，可以对列入会议议程的议案提出书面修正案。修正案最迟必须在大会表决前举行的主席团会议的两小时前提出，由主席团决定是否提交代表团审议和提请大会表决。

第二十五条　列入会议议程的议案（包括议案修正案），在交付表决前，提案人要求撤回的，经主席团同意，对该项议案的审议即行终止。

第二十六条　列入会议议程的议案，在审议中认为有重大问题需要进一步研究的，由主席团提议经全体会议决定，可以授权市人大常委会在本次大会闭会后作进一步研究后审议决定，并报下一次代表大会会议备案。市人大常委会认为必要时，可以将该议案提请下一次代表大会会议再次审议。

第二十七条　代表十人以上联名提出的议案，内容不属于市人民代表大会职权范围内的或者不符合完整议案构成要件要求的，由主席团决定作为代表建议、批评和意见处理。

代表在代表议案截止时间后提出的议案，作为代表建议、批评和意见处理。

第五章　审议工作报告、审查计划和预算

第二十八条　市人民代表大会每年举行会议时，市人大常委会、市人民政府、人民法院和人民检察院应当向会议提出工作报告，经各代表团审议后，由主席团决定提交全体会议作出相应的决议。

必要时，市人大常委会、市人民政府、市人民法院和市人民检察院可以向会议提出有关的专题报告。

第二十九条　市人民代表大会每年举行会议前一个月，市人民政府有关部门应当就本市上年度国民经济和社会发展计划、预算执行情况以及编制本年度国民经济和社会发展计划、预算的主要情况和内容，向市人大常委会报告。

市人大常委会对国民经济和社会发展计划、预算进行初步审查时，可以邀请有关方面的代表和专家列席会议，发表意见。

第三十条　市人民代表大会每年举行会议时，市人民政府应当向会议提出关于国民经济和社会发展计划草案及计划执行情况的报告、关于财政预算草案和预算执行情况的报告，由各代表团进行审查。

大会财政经济审查委员会根据各代表团的审查意见，向主席团提出审查结果报告，经主席团审议通过后印发全体代表，并由主席团决定将关于国民经济和社会发展计划的决议草案、预算和预算执行情况的决议草案提请大会全体会议表决。

第三十一条　国民经济和社会发展计划、财政预算经市人民代表大会批准后应当严格执行。在实施过程中如必须作部分调整，市人民政府一般应在当年十月底以前，将调整方案提请市人大常委会审查决定。

第六章　询问、质询、述职评议和特定问题调查

第三十二条　市人民代表大会代表在审议议案和报告时，可以向本级有关国家机关提出询问，有关机关负责人应到会，听取意见，回答询问。如询问涉及的问题比较复杂的，受询问机关提出要求，经主席团或者提出询问的代表同意，可以在市人民代表大会会议闭会后作出答复。

第三十三条　市人民代表大会会议期间，代表十人以上联名，可以书面提出对市人民政府及其所属各部门和市人民法院、市人民检察院的质询案。质询案必须写明质询对象、质询的问题和内容。

质询的事项应属于市人民代表大会的职权范围，不宜涉及下列事项：

（一）属于代表个人利益方面的问题；

（二）进入诉讼程序的具体案件。

第三十四条　质询案由主席团决定交由受质询机关的负责人在主席团会议、大会全体会议或者有关的代表团会议上口头答复，或者由受质询机关书面答复。质询案在主席团作出处理决定前，提案人要求撤回的，对该案的审议即行终止。

质询案以口头答复的，提质询案的代表有权列席会议，发表意见。在代表团会议上答复的，有关的代表团应当将答复情况向主席团报告。质询案用书面答复的，受质询机关的负责人应当在书面答复上签署。

主席团认为必要时，可以将提出质询案和答复质询案的情况向全体代表报告或书面印发会议。

第三十五条　提出质询案的联名代表中，半数以上对受质询机关的答复不满意的，可以提出重新答复的要求，经主席团决定，由受质询机关再作答复。受质询机关认为质询案涉及的问题比较复杂，在会议

期间答复有困难的，或者提出质询案的代表半数以上对再次答复仍不满意的，经主席团决定，可以在市人民代表大会闭会后两个月内，由受质询机关在市人大常委会会议上作出答复，提质询案的代表有权列席会议，发表意见。

必要时，市人大常委会可根据答复情况和代表意见，作出决定。

第三十六条　市人民代表大会可以组织对市国家机关领导人员的述职评议。

凡经市人民代表大会选举或市人大常委会任命的国家机关领导人员，都应向市人民代表大会或市人大常委会述职，并接受评议。有关述职评议的组织领导、评议办法和程序、评议意见的处理等依照《晋江市人民代表大会常务委员会关于国家机关工作人员述职评议的暂行办法》的有关规定办理。

第三十七条　市人民代表大会可以组织关于特定问题的调查委员会。

主席团或者十分之一以上代表联名，可以提议组织关于特定问题的调查委员会，由主席团提请大会全体会议决定。

调查委员会由主任委员、副主任委员和委员组成，由主席团在代表中提名，提请全体会议通过。

第三十八条　调查委员会在进行调查的时候，可以聘请有关人员参加。有关的国家机关、社会团体、企事业单位和公民有义务如实提供相关资料。

调查委员会在调查过程中，可以不公布调查情况和相关材料。

提供资料的单位和个人要求调查委员会对资料来源保密的，调查委员会应当予以保密。

第三十九条　调查委员会应当向市人民代表大会提出调查报告。市人民代表大会根据调查委员会的报告可以做出相应的决议。市人民代表大会可以授权市人大常委会在代表大会闭会期间，听取调查委员会的调查报告，并作出相应的决议，报市人民代表大会下次会议备案。

第七章　选举、接受辞职、罢免

第四十条　市人大常委会组成人员，市长、副市长，市人民法院院长，市人民检察院检察长，本市出席泉州市人民代表大会的代表，由市人民代表大会选举。

市人民代表大会进行选举时，大会应根据地方组织法和选举法的规定，制定选举办法，由大会主席团组织实施。

在大会投票选举前，根据代表的要求，主席团应当安排各项选举的正式候选人与代表见面、座谈，为代表了解候选人提供条件。

第四十一条 市人民代表大会举行会议时，市人大常委会组成人员，市长、副市长，市人民法院院长，市人民检察院检察长可以提出辞职，由主席团将其辞职请求交各代表团审议后，提请大会全体会议决定是否接受辞职。市人民检察院检察长的辞职，须报泉州市人民检察院检察长提请泉州市人民代表大会常务委员会批准。

第四十二条 市人民代表大会举行会议时，大会主席团、市人大常委会或者十分之一以上代表联名，可以提出对市人大常委会组成人员、市人民政府组成人员、市人民法院院长、市人民检察院检察长和本市选举的泉州市人民代表大会代表的罢免案。

罢免案应当写明罢免理由，并提供有关材料。

罢免案由主席团交各代表团审议后，提请大会全体会议表决；或者依照本规则第六章的规定，由主席团提议，经大会全体会议决定，组织调查委员会，由市人民代表大会下次会议根据调查委员会的报告审议决定。

对个别副市长和由市人大常委会任命的国家机关其他组成人员的罢免案，可以授权市人大常委会在市人民代表大会闭会后六个月内，听取调查委员会的调查报告，并作出相应的决定，报市人民代表大会下次会议备案或者提请市人民代表大会下次会议审议。

罢免案提交大会全体会议表决前，被提出罢免的人员有权在主席团会议或者大会全体会议上提出申辩意见，或者提出书面申辩意见。在主席团会议上提出的申辩意见或者书面提出的申辩意见由主席团决定印发会议。

罢免市人民检察院检察长职务，须报经泉州市人民检察院检察长提请泉州市人民代表大会常务委员会批准。罢免本市选出的泉州市人民代表大会代表的决议，须报泉州市人民代表大会常务委员会备案。

第四十三条 市人大常委会组成人员的市人民代表大会代表资格被原选区罢免的，其市人大常委会组成人员的职务相应撤销，由大会主席团或者市人大常委会予以公告。

第八章 发言和表决

第四十四条 市人民代表大会代表在代表大会各种会议上的发言和表决，不受法律追究。第四十五条市人民代表大会代表要求在代表大会全体会议上发言的，应当在举行全体会议前向大会秘书处提出申请，经大会主席团常务主席同意，由大会执行主席安排发言顺序。在进行大会审议的全体会议上临时要求发言的，经大会执行主席许可，始得发言。

在进行大会表决和选举的全体会议上，代表不进行大会发言。

第四十六条 市人民代表大会代表在大会每次全体会议上发言的，每人就同一议题可以发言两次，第一次不得超过十分钟，第二次不得超过五分钟。

大会主席团成员或者列席主席团会议的代表在主席团每次会议上发言的，每人可以就同一议题发言两次，第一次不得超过二十分钟，第二次不得超过十分钟。

第四十七条　市人民代表大会代表在大会各种会议上的发言，由大会秘书处整理简报印发代表。

第四十八条　市人民代表大会会议表决议案、决议、决定，采用无记名投票方式、举手方式或者其他方式由主席团确定。

第四十九条　列入会议议程需要表决的议案、决议、决定草案，在进行大会表决的全体会议召开前，应当经过充分审议讨论。

代表在审议中对议案和决议、决定草案有重要不同意见的，经主席团提出，由出席会议的代表过半数同意，可以暂不交付表决。

五分之一以上的代表和三分之一以上的代表团对提请表决的议案、决议、决定草案中的部分条款有不同意见的，经主席团决定，可以将部分条款分别付诸大会全体会议表决。

交付表决的议案，有书面修正案的，先表决修正案。

第五十条　表决议案、决议、决定，获全体代表过半数赞成方为通过。

表决结果由会议主持人当场宣布。

第九章　附　则

第五十一条　本规则在市人民代表大会会议期间，由大会主席团解释；在市人民代表大会闭会期间，由市人大常委会解释。

第五十二条　本规则自通过之日起施行。

晋江市第十四届人民代表大会第一次会议关于通过《晋江市人民代表大会代表辞职的暂行规定》的决定

（2004 年 1 月 15 日市第十四届人民代表大会第一次会议全体会议通过）

晋江市第十四届人民代表大会第一次会议认真审议了《晋江市人大常委会关于提请审议〈晋江市人民代表大会代表辞职的暂行规定〉的议案》。会议认为，该规定草案起草目的明确、依法有据，有利于推进我市人大工作的依法有序进行。会议决定通过《晋江市人民代表大会代表辞职的暂行规定》，并于通过之日起施行。

晋江市人民代表大会代表辞职的暂行规定

一、根据《中华人民共和国全国人民代表大会和地方各级人民代表大会选举法》《福建省县、乡两级人民代表大会直接选举实施细则》的有关规定，结合我市工作实际，制定本规定。

二、市人民代表大会代表（以下简称市人大代表）可以向市人民代表大会常务委员会(以下简称市人大常委会）书面提出辞职。

三、市人大代表辞职必须坚持党的领导、发扬民主、依法办事和尊重代表意愿的原则。

四、市人大代表有下列情形之一者，原则上可建议其辞去代表职务：

1.市委领导因工作需要担任代表职务，调整工作岗位或退休，不需再担任代表职务的；

2.市人大常委会组成人员调整工作岗位或退休，不需再担任代表职务的；

3.镇、街道党委、人大、政府有关领导因工作需要担任代表职务，调整工作岗位或退休，不需再担任代表职务的；

4.由于身体健康等原因，不能执行代表职务的；

5.其他情形需要辞去代表职务的。

五、需辞去代表职务的市人大代表须书面向市人大常委会提出辞职申请，并写明辞职理由。

六、市人大代表辞职申请由市人大常委会代表资格审查委员会提出审查报告，提请市人大常委会审议决定。

七、市人大代表辞职被接受的，其代表资格终止，以市人大常委会公告的形式对外公布。

八、本暂行规定由市人大常委会负责解释。

九、本暂行规定自市人民代表大会通过之日起施行。

晋江市第十六届人民代表大会第三次会议
关于加快推进我市生态水域建设的决议

（2014年1月4日晋江市第十六届人民代表大会第三次会议第三次全体会议通过）

晋江市第十六届人民代表大会第三次会议经过审议，同意《晋江市第十六届人民代表大会第三次会议议案审查委员会关于议案处理意见的报告》，决定将安海代表团柯煜煜代表领衔提出的《关于加快推进我市生态水城建设的议案》确定为本次大会议案，并就加快推进我市生态水城建设作出以下决议。

一、加快推进我市生态水域建设，是深入贯彻党的十八大、十八届三中全会关于生态文明建设的战略部署，打造生态城市、改善人居环境的迫切要求和现实选择，反映了全市人民的根本利益和强烈愿望。我们要从以人为本、执政为民的高度出发，推动生态城市、生态水城建设共识、氛围、合力、格局的进一步形成。

二、市人民政府及其部门要按照建设生态水域的总体目标和工作要求，加强组织领导，科学规划统筹，健全完善机制，广泛宣传发动，确保各项任务和措施落到实处。市人民政府要定期向市人大及其常委会报告实施本决议的情况。

各镇人民政府、各街道办事处要配合做好本区域内的水环境污染整治工作，共同推进全市生态水域建设。

三、全市司法机关要按照公正司法的要求，认真执行环境保护法律法规和“两高”《关于办理环境污染刑事案件适用法律若干问题的解释》，切实发挥职能作用，严厉打击各类环境污染犯罪行为，为加快推进我市生态水域建设提供有力的司法保障。

四、市人大常委会、各镇人大主席团要认真履行职责，把本决议的落实作为一项重要内容列入议事日程，加强对决议实施情况的监督；要充分发挥人大代表作用，有计划地组织代表对决议实施情况进行视察、检查，加快推进我市生态水域建设。

五、全市人民要在中共晋江市委的领导下，牢固树立“人水和谐”的理念，积极投身生态水域建设，努力把晋江打造成为生态产业循环高效、生态环境安全优美、人居环境舒适、宜居宜业宜商的滨海生态城市。

关于加快推进我市生态水域建设的议案

一、案由

加快推进我市生态水域建设

二、案据

晋江市域范围的河道、湖泊、水库、近海沿岸及水陆交汇处等水域，是全市人民赖以生存的重要生态保障。但是，由于种种原因，随着经济社会的快速发展，水环境污染已经成为制约可持续发展的现实问题，具体体现在三个方面：

（一）水域环境污染问题突出。全市水污染源主要集中在工业、农业、生活污染三个方面：工业污染方面，皮革、漂染、食品、陶瓷、电镀等重污染行业的废水排放量持续上升，但中水利用率低，时有出现偷排漏排现象；农业污染方面，新塘、安海、龙湖等区域的水系流域周边散布大量小规模的禽畜养殖场，严重污染水体；生活污染方面，市区部分餐饮污水未经处理直接排放，市域生活污水直排现象普遍。

（二）整治未能取得预期效果。已开展的工业污染源整治、近海水域环境污染治理、小流域整治等专项整治成效不明显。其中，工业污染源整治存在监管漏洞，屡禁不止，打击处罚效果无法显现；污水处理设施建设存在规划、建设滞后问题，污水收集处理率低、排放标准不高；小流域整治尚未采取全流域系统整治，河道清淤、护砌和截污等没有同步实施。河道驳岸、河床采取硬化处理，影响生态系统的自净能力。

（三）人民群众对此反映强烈。水质污染已经影响水域功能的正常发挥，影响人水之间的和谐相处，影响城市形象，影响投资环境，甚至直接影响到广大群众正常的生产生活和身体健康，成为当前社会普遍关注和议论的民生热点。

为此，加快推进生态水域建设，更加广泛、更为深入地加强水域保护，让生态的水域、清净的河流亲近城市、乡村，对于深入贯彻党的十八大、十八届三中全会关于生态文明建设的战略决策，打造宜居环境，提升城市形象，具有十分重大而深远的意义。

三、方案

（一）加强组织领导，明确目标责任。建立以主要领导为组长的市、镇两级生态水域建设领导小组，落实齐抓共管，强化保障措施。明确整治目标和阶段任务，合理制定整治“时间表”和“路线图”，确保水域环境一年有改善、两年见成效、三年大变样，力争用较短的时间实现水清、岸美的生态水域建设目标。全面启动“一票否决”，落实环保“一把手”责任。明确各级、各单位、各主体的保护、利用和监管职责，建立完善市、镇、村、企业四级网络体系，形成生态水域建设的整体合力和工作格局。

（二）科学统筹规划，加快建设步伐。树立生态建设理念，启动划定生态水域（饮用水源）保护红线，把生态水域建设的目标要求贯穿到规划、设计、施工全部过程和各个环节，努力取得人水和谐、生态景观和防洪排涝的综合效果。加快制定全流域治理计划，整合建设资源，统筹建设步调，同步推进河道清淤护棚与截污工程、污水处理厂与配套管网、河道整治与景观绿化不断巩固和提升整治成效。多方筹措建设资金，加快推广建设火村点源污水处理设施，探索规划建设雨水收集设施，切实提高环保基础设施的覆盖率和污水处理率。

（三）健全完善机制，确保整治实效。健全完善监管机制，注重源头防控、建管并重，采取“防控、巡查、整治、打击”等综合措施，集中整治重点行业、重点流域、重点区域的污染问题，严厉打击各类违法排污行为。建立快速联合执法机制，强化打击措施，环保、公安部门和司法机关要快速主动介入调查取证，严厉打击各类破坏环境、污染水域犯罪行为，构建强有力的生态高压线。

（四）紧盯指标要求，提高监管水平。对照《晋江生态市建设规划（2011—2020）》指标要求，严把污水设施准入“门槛”，严控工业污水达标排放，提升生活污水处理水平，加快中水回用，提高水资源利用率，切实改善我市陆地水域、近海水域水质。建立排水综合信息系统，强化基本、应急和专项监测仪器设备配备，进一步完善提升污染源在线自动监控系统，扩大监控项目和范围，使其具备基本的常规监测和应急监测能力，确保污染源自动监控系统稳定可靠运行和可追溯，切实提高综合监管水平。

（五）广泛宣传发动，营造浓厚氛围。大力宣传环境保护相关法律法规和生态建设规划要求，通过以案释法的形式，深入普及“两高”《关于办理环境污染刑事案件适用法律若干问题的解释》，让广大干部群众更多地了解水域保护的重要性，从而增强保护水域的自觉性。充分发挥社会舆论监督作用，广泛发动群众积极参与、监督举报，及时曝光违法污染行为，提高政府、企业和群众关心水域、保护水域的生态意识，营造加强水域保护、改善生态环境的良好氛围。

领衔代表：柯煜煜

附议代表：蔡来交　黄湘江　许自作　张秀惠　颜蓉蓉　李谋章　张百瑜　苏佳芳
周文概　黄明证　尤祖永　颜小鸣　曾跃进　颜远东　许清海　黄书力
蔡泽勋　黄宝守　陈思勤　许承志　黄月莹　许世春　吴秀冬　吴景良
许国富　许松军　蔡尚进　张文节　吴华春

晋江市第十八届人民代表大会第二次会议关于传承弘扬“晋江经验”，加快推进文体旅经济高质量发展的决议

（2022年12月29日晋江市第十八届人民代表大会第二次会议第四次全体会议通过）

为全面贯彻落实党的二十大精神，紧扣省委十一届三次全会、泉州市委十三届四次全会以及中共晋江市第十四届代表大会第二次会议的部署要求，传承弘扬“晋江经验”，加快推进文体旅经济高质量发展，市十八届人大二次会议经过审议，作出如下决议：

一要统一思想，凝聚共识。加快推进文体旅经济高质量发展，是主动融入全域生态旅游省、泉州21世纪“海丝名城”建设的有效路径，是落实“强产业、兴城市”双轮驱动、全面提升城市能级和产业竞争力的具体实践，也是全力攻坚“三大战略目标”、加快构建“一三一三七”发展格局的有力支撑。全市上下要树牢“大文体旅”发展理念，积极抢抓文体旅发展战略机遇，进一步统一思想和行动，坚定信心、鼓足干劲，依托资源优势和产业基础，不断塑造发展新动能新优势。

二要整合资源，统筹推进。深入挖掘整合晋江文体旅资源，通过文化提炼品牌、体育打造形象、旅游落地发展，统筹推进文体旅融合发展。要做新做优“文化+”，全方位多角度讲好晋江故事，打造高辨识度的“大美晋江”城市IP，彰显晋江文化魅力；要做大做强“体育+”，深入推进体育场馆建设、赛事能级提升、体育企业孵化、体育品牌营销，树立县域体育发展标杆；要做精做特“旅游+”，串联“晋江经验”红色旅游、“世界遗产”文化旅游、“高端赛事”体育旅游、“晋南岸线”滨海旅游、“品牌之都”工业旅游、“田园风光”乡村旅游等，串珠成链、聚链成势，积极创建国家全域旅

游示范区。要深化“文体旅+”“+文体旅”跨界融合，推进文体旅产业与新型工业化、新型城镇化相结合，深化产城人融合，打造具有“晋江特色、海丝风韵”的文体旅产业体系。要坚持全市“一盘棋”，全面整合要素资源、优化扶持政策、拓展空间支撑、强化财税支持、涵养人才资源，着力打造市场化法治化国际化营商环境，不断壮大市场主体，激发市场活力，促进文体旅经济高质量发展。

三要加强领导，落实责任。市人民政府要将加快推进文体旅经济高质量发展纳入重要议事日程，加强组织领导，制定实施方案，科学规划统筹，健全完善机制，广泛宣传发动，确保各项目标任务落到实处，并定期向市人大及其常委会报告实施本决议的情况。各职能部门要压实责任，细化分工，加强协作，构建部门联动、齐抓共管的工作格局。各镇人民政府、街道办事处要严格落实属地责任，积极主动做好本区域内的文体旅融合发展工作。全市司法机关要认真执行文体旅领域相关法律法规，为加快推进文体旅经济高质量发展提供有力的司法保障。全市各级人大要加强对决议实施情况的监督，综合运用法定职权推动工作落实。全市各级人大代表和广大人民群众要自觉扛起使命担当，集中智慧、激发热情、汇聚力量，齐心协力推进文体旅经济高质量发展，为奋力推进中国式现代化晋江实践，谱写“晋江经验”新篇章作出新的贡献。

附录二：晋江市人大常委会决定决议选录

（2002—2022 年）

晋江市人大常委会关于召开
晋江市第十三届人民代表大会第四次会议的决定

（2002 年 1 月 9 日晋江市第十三届人大常委会第二十二次会议通过）

晋江市第十三届人大常委会第二十二次会议决定：晋江市第十三届人民代表大会第四次会议于 2002 年 1 月 15 日至 18 日在青阳召开，会期 4 天。

建议大会议程：

一、听取和审议晋江市人民政府工作报告；

二、听取和审议晋江市人民政府关于晋江市 2001 年国民经济和社会发展计划执行情况与 2002 年国民经济和社会发展计划（草案）的报告，审查和批准晋江市 2001 年国民经济和社会发展计划执行情况的报告与 2002 年国民经济和社会发展计划；

三、听取和审议晋江市人民政府关于晋江市 2001 年财政预算执行情况与 2002 年财政预算（草案）的报告，审查和批准晋江市 2001 年财政预算执行情况的报告与 2002 年财政预算；

四、听取和审议晋江市人民代表大会常务委员会工作报告；

五、听取和审议晋江市人民法院工作报告；

六、听取和审议晋江市人民检察院工作报告；

七、讨论并通过《晋江市人民代表大会议事规则》；

八、听取和评议 3 名副市长的述职报告；

九、选举事项；

十、其他事项。

晋江市人大常委会关于表彰晋江市人大系统 1999—2001 年度
先进镇人大主席团、先进人大代表小组、优秀人大代表、
优秀人大工作者的决定

（2002 年 1 月 9 日晋江市第十三届人大常委会第二十二次会议通过）

1999—2001 年，是本市经济社会发展和现代化建设事业昂首阔步的重要三年，也

是本市人大工作积极探索、开拓创新，不断取得新突破的重要三年。过去的三年，本市各级人大坚持以邓小平理论为指导，认真贯彻党的十五大、十五届五中、六中全会和九届全国人大会议精神，努力实践“三个代表”重要思想，围绕党的工作中心，认真履行宪法和法律赋予的职权，自觉服务于改革、发展、稳定大局，务实创新、强化监督，取得了较好的工作成绩。为总结经验、树立典型、表彰先进、共同提高，经市人大常委会决定，表彰 6 个“先进镇人大主席团”，21 个“先进人大代表小组”，35 名“优秀人大代表”，15 名“优秀人大工作者”。

市人大常委会希望受表彰的先进单位和先进个人，戒骄戒躁、再接再厉，为我市两个文明建设作出新的贡献。

市人大常委会号召，全市各级人大代表、人大工作者要以受表彰的先进单位和先进个人为榜样，学先进、争先进，高举邓小平理论伟大旗帜，以“三个代表”重要思想为指导，认真贯彻落实党的十五大、十五届六中全会精神，紧跟时代、与时俱进，积极探索和完善人民代表大会制度，推进我市的民主政治建设和依法治市进程，努力提高为人民服务的质量，以新的业绩迎接党的十六大胜利召开。

晋江市人大常委会关于陈晋永任职的决定

（2002 年 3 月 4 日晋江市第十三届人大常委会第二十三次会议通过）

依照《中华人民共和国地方各级人民代表大会和地方各级人民政府组织法》规定，市第十三届人大常委会第二十三次会议决定：

陈晋永任晋江市人民政府副市长，报市第十三届人民代表大会第五次会议备案。

晋江市人大常委会关于接受杨兴生辞去晋江市第十三届人民代表大会常务委员会委员职务的请求的决定

（2002 年 4 月 8 日晋江市第十三届人大常委会第二十四次会议通过）

依照《中华人民共和国地方各级人民代表大会和地方各级人民政府组织法》规定，晋江市第十三届人大常委会第二十四次会议于 2002 年 4 月 8 日审议通过，决定：

接受杨兴生辞去晋江市第十三届人民代表大会常务委员会委员职务的请求，报市第十三届人民代表大会第五次会议备案。

晋江市人大常委会关于《晋江市科技发展“十五”计划及2010年规划纲要》的决议

（2002年4月8日晋江市第十三届人大常委会第二十四次会议通过）

晋江市第十三届人大常委会第二十四次会议听取和审议了市科学技术局李丹阼局长受市政府委托所作的《晋江市科学技术发展“十五”计划及2010年规划纲要》的编制说明，审议了《晋江市科学技术发展“十五”计划及2010年规划纲要》。会议认为，该规划纲要能贯彻党的十五届五中全会精神，以科技进步为主题，以技术创新、发展高科技、促进结构调整为主线，以为实现本市“十五”国民经济和社会发展战略目标提供科技支撑为出发点，围绕“科技兴市”发展战略，根据本市国民经济和社会发展的总体目标及科技发展水平，较科学地提出科技发展各项指标，是切实可行的。会议决定原则通过《晋江市科学技术发展“十五”计划及2010年规划纲要》。会议要求市政府要加强对科技工作的领导，各级各部门要制定具体的实施方案，认真组织实施该纲要，促进本市经济社会的持续快速发展。

晋江市人大常委会关于接受陈健倩辞去晋江市人民政府副市长职务的请求的决定

（2002年8月9日晋江市第十三届人大常委会第二十六次会议通过）

依照《中华人民共和国地方各级人民代表大会和地方各级人民政府组织法》规定，市第十三届人大常委会第二十六次会议决定：

接受陈健倩辞去晋江市人民政府副市长职务的请求，报市第十三届人民代表大会第五次会议备案。

晋江市人大常委会关于王庆芬任职的决定

（2002年8月9日晋江市第十三届人大常委会第二十六次会议通过）

依照《中华人民共和国地方各级人民代表大会和地方各级人民政府组织法》规定，市第十三届人大常委会第二十六次会议决定：

王庆芬任晋江市人民政府副市长，报市第十三届人民代表大会第五次会议备案。

晋江市人大常委会关于批准晋江市 2002 年预算调整方案的决议

（2002 年 10 月 30 日晋江市第十三届人大常委会第二十八次会议通过）

晋江市第十三届人大常委会第二十八次会议经过审议，决定批准市财政局局长庄铭理受晋江市人民政府委托所作的《晋江市人民政府关于晋江市 2002 年预算调整方案的报告》。调整后本级财政收入为 81648 万元，比增 21.96%（加上划省级收入 3200 万元、中央级收入 115352 万元，财政总收入达到 200200 万元，同口径比增 20.24%）。调整后的本级财力为 79985 万元（包括专项收入 1250 万元），增幅 22.77%；财政支出为 79935 万元（含专项支出），增幅为 23.14%。

希望市政府各部门各单位要切实执行市人大常委会通过的预算调整方案，依法组织财政收入；优化支出结构，细化预算支出；加强财政监督，强化专项资金使用的跟踪。以优异的成绩向党的十六大献礼。

晋江市人大常委会关于 2002 年镇级人民代表大会代表换届选举日的决定

（2002 年 10 月 30 日晋江市第十三届人大常委会第二十八次会议通过）

根据《福建省人民代表大会常务委员会关于福建省乡级人民代表大会换届选举时间的决定》，晋江市人大常委会决定本市 2002 年镇级人民代表大会代表换届选举日为 2002 年 12 月 12 日。

晋江市人大常委会关于 2002 年镇级人民代表大会换届选举各镇代表名额的决定

（2002 年 10 月 30 日晋江市第十三届人大常委会第二十八次会议通过）

根据《中共福建省委转发省人大常委会党组〈关于 2002 年全省乡级人民代表大会换届选举工作的意见〉的通知》（闽委〔2002〕47 号）精神，今年晋江市镇级人民代表大会换届选举代表名额，除西滨镇之外，其余各镇与 1999 年本市镇级人民代表大会换届时由市人大常委会依法确定的名额相同。西滨镇因国家重大工程建设，接受安置移民，增设一个行政村。因此，同意增加代表名额 2 名。

2002 年全市镇级人民代表大会代表总名额为 1238 名。

附：晋江市 2002 年各镇人民代表大会换届选举代表名额分配表（略）

晋江市人大常委会关于设立各镇选举委员会的决定

（2002年10月30日晋江市第十三届人大常委会第二十八次会议通过）

根据《中华人民共和国全国人民代表大会和地方各级人民代表大会选举法》和《福建省县、乡两级人民代表大会代表直接选举实施细则》的规定，晋江市第十三届人大常委会第二十八次会议决定，设立各镇选举委员会，主持2002年本级人民代表大会代表的选举。各镇选举委员会组成人员名单如下：

青阳镇选举委员会（13人）

主　任：黄小闽

副主任：杨式湘　林贻达　王巧文(女)

委　员：杨思程　黄跃夏　洪冬森　许榕凤(女)　吴超鹏　张清淡　许自程　张春晓　张丽容(女)

陈埭镇选举委员会（13人）

主　任：王金战

副主任：陈文乞　高向荣

委　员：陈贻熊　潘子良　柯清祝　黄清泉　李和范　肖奕志　黄华东　黄瑞煜　王家进　蔡有香(女)

池店镇选举委员会（8人）

主　任：姚金榜

副主任：苏银楼　谢永彬

委　员：柯清哲　庄长庚　陈瑞峰　杨位荣　洪明月(女)

紫帽镇选举委员会（11人）

主　任：王茂泉

副主任：洪汉庭　尤　沙

委　员：王向阳　张辉永　王国华　侯志山　许特级　洪韶梅(女)　谢玉婉(女)　吴添丁

磁灶镇选举委员会（13人）

主　任：薛宗炎

副主任：苏祉民　许宏程　庄晴川

委　员：许长俊　施奕超　陈东聆(女)　张劲竹　林如欲　施金钟　吴丽婷(女)　陈志平　尤目前

内坑镇选举委员会（13人）

主　任：庄碧芳

副主任：陈炳胜　吴鸿造　林世演

委　员：吴清瑜　邱良须[①]　吕春花(女)　陈松涛　黄旭晁　王晓人
陈凌燕(女)　赖慷慨　姚飞虎

安海镇选举委员会（13 人）

主　任：朱永远

副主任：郑微宏　李育仁　柯朝民

委　员：李逊庆　林碧玉(女)　陈永聪　洪聪晓[②]　张艺青　李友加
黄　薇(女)　施建成　洪德才

东石镇选举委员会（13 人）

主　任：郭鸿荣

副主任：洪振雄　蔡萌芽(女)　许天图

委　员：柯贤富　王宏华　王炳川　陈一啸　朱新旭　张雄鹰
陈　铭　黄红艺(女)　陈海鸣

英林镇选举委员会（12 人）

主　任：李清欣

副主任：施文良　洪长江

委　员：施养信　陈晓辉　洪明社　叶水滨　张建元　郑友堤
杨煌程　陈小妮(女)　洪金星

金井镇选举委员会（12 人）

主　任：张文节

副主任：林　峰　施性忠

委　员：洪建立　洪向阳　王志远　许燕辉(女)　曾台店　曾华新
陈文聘　王婉霞(女)　庄家雄

深沪镇选举委员会（13 人）

主　任：许雄飞

副主任：许泽龙　张世雄

委　员：王少严　张乙童　洪俊杰　黄长沙　蔡欣达　宋永庆
王秀贝(女)　陈文伟　陈著坪　洪上贺

龙湖镇选举委员会（11 人）

主　任：杨祖汉

副主任：黄志荣　蔡奕内

委　员：洪永胜　洪天友　李德铭　王琼瑶(女)　陈世裕　李阳溪
许萍萍(女)　陈金钳

永和镇选举委员会（13 人）

主　任：李自力

① 2018 年 12 月，邱良须被开除党籍、开除公职，下同。
② 2010 年 2 月，洪聪晓因犯受贿罪被判刑，下同。

副主任：许友彬　　蔡育树

委　员：叶苍榆　　黄辉立　　张志友　　陈莉玲(女)　高增荣　　刘志松

　　　　杨胜贤　　蔡婉浈(女)　刘全悦　　许永派

罗山镇选举委员会（12人）

主　任：许畴料

副主任：蔡文谦　　颜其惕　　张顺情

委　员：施金箱　　黄谅茹　　钟文玲(女)　曾远漂　　郑庆梅(女)　柯华贵

　　　　蔡淑兰(女)　柯丽莲(女)

西滨镇选举委员会（9人）

主　任：颜呈矿

副主任：李春龙　　陈祖奇

委　员：洪丽玲(女)　张建群　　张百坤　　陈加星　　周宗仰　　林丹红(女)

在设立各镇选举委员会时，同时启用其印章。

关于设立晋江市人大常委会换届选举办公室的决定

（2002年10月30日晋江市第十三届人大常委会第二十八次会议通过）

根据《福建省县、乡两级人民代表大会代表直接选举实施细则》的规定，为了加强对全市镇级人大换届选举日常工作的组织领导，确保换届选举工作的顺利进行，晋江市第十三届人大常委会第二十八次会议决定，设立晋江市人民代表大会常务委员会换届选举办公室。其组成人员名单如下：

主　任：蔡天赞（市人大常委会副主任）

副主任：王逸民（市人大常委会委员、办公室主任）

　　　　张永宁（市人大常委会委员、市委组织部副部长）

　　　　蔡体面（市人大常委会委员、代表联络委副主任）

办公室成员由市直有关单位抽调干部组成。

办公室下设秘书组，组织、联络组，宣传组，选民资格审查、司法组四个小组。

一、秘书组

组　长：王逸民(兼)

副组长：吴绥明（市人大常委会财经委副主任）

二、组织、联络组

组　长：张永宁(兼)

副组长：吴丹红（市人事局副局长）

三、宣传组

组　长：黄世界（市委宣传部副部长）

副组长：许清爽（市人大常委会委员）

　　　　陈秋景（市广电局副局长）

四、选民资格审查、司法组

组　长：蔡世界（市委政法委副书记）

副组长：庄永添（市人大常委会委员、法制委主任）

在设立晋江市人大常委会换届选举办公室时，同时启用其印章。

晋江市人大常委会关于授权市人大常委会主任会议处理选举工作中有关事宜的决定

（2002 年 10 月 30 日晋江市第十三届人大常委会第二十八次会议通过）

为及时处理今年本市镇级人大换届选举工作中出现的问题，确保选举工作的顺利进行，市第十三届人大常委会第二十八次会议决定，在 2002 年本市镇级人大换届选举期间，如遇到属市人大常委会职权内的事宜，又不能及时召开常委会决定时，授权市人大常委会主任会议直接决定处理，然后报市人大常委会备案。

晋江市人大常委会关于接受吴清滨等七位辞去市第十三届人民代表大会代表职务的请求的决定

（2002 年 10 月 30 日晋江市第十三届人大常委会第二十八次会议通过）

因工作需要，服从组织安排，吴清滨、陈晋永、洪学谋、陈云腾、林德育、杨兴生、庄天怀等七位向市人大常委会提出辞去市第十三届人民代表大会代表职务的请求。根据《福建省实施〈中华人民共和国全国人民代表大会和地方各级人民代表大会代表法〉办法》第二十六条规定，晋江市第十三届人大常委会第二十八次会议决定：

接受吴清滨、陈晋永、洪学谋、陈云腾、林德育、杨兴生、庄天怀等七位辞去市第十三届人民代表大会代表职务的请求。

晋江市第十三届人大常委会关于补选晋江市第十三届人民代表大会代表的决定

（2002 年 10 月 30 日晋江市第十三届人大常委会第二十八次会议通过）

晋江市第十三届人民代表大会代表名额 322 名。至晋江市第十三届人民代表大会第四次会议时，实有代表 319 名。代表缺额 3 名。

晋江市第十三届人民代表大会第四次会议以来，安海代表团朱明、青阳代表团李永木因工作需要调离本市；池店代表团许丽英、青阳代表团赖水强去世；永和代表团吴清滨、罗山代表团陈晋永、磁灶代表团洪学谋、西滨代表团陈云腾、青阳代表团林德育、西滨代表团杨兴生、英林代表团庄天怀等7位代表因工作需要辞去代表职务被接受，以上11位代表的代表资格自行终止。代表缺额共14名。根据《中华人民共和国全国人民代表大会和地方各级人民代表大会选举法》规定，经市人大常委会党组研究，报市委同意，市第十三届人大常委会第二十八次会议决定：补选晋江市第十三届人民代表大会代表13名，预留代表名额1名。

一、因工作需要，同意市委副书记丁聪枝、市人大常委会农经委主任蔡仲谋、市人大常委会城建委副主任陈扶西、市人大常委会财经委副主任吴绶明、青阳镇党委书记黄小闽、紫帽镇党委书记王茂泉、磁灶镇党委书记薛宗炎、安海镇党委书记朱永远、金井镇党委书记张文节、深沪镇党委书记许雄飞、永和镇党委书记李自力、罗山镇党委书记许畴料、西滨镇党委书记颜呈矿等13位同志为晋江市第十三届人民代表大会代表候选人。

二、补选晋江市第十三届人民代表大会代表按《中华人民共和国全国人民代表大会和地方各级人民代表大会选举法》有关规定进行，由市级选区补选。

晋江市人大常委会关于接受王金战辞去晋江市第十三届人民代表大会常务委员会副主任职务的请求的决定

（2002年11月22日晋江市第十三届人大常委会第二十九会议通过）

根据《中华人民共和国地方各级人民代表大会和地方各级人民政府组织法》规定，鉴于王金战工作变动，晋江市第十三届人大常委会第二十九次会议决定：

接受王金战辞去晋江市第十三届人民代表大会常务委员会副主任职务的请求，报市第十三届人民代表大会第五次会议备案。

晋江市人大常委会关于朱新民等职务任免的决定

（2002年11月22日晋江第市十三届人大常委会第二十九次会议通过）

根据《中华人民共和国地方各级人民代表大会和地方各级人民政府组织法》规定，晋江市第十三届人大常委会第二十九次会议决定：

任命朱新民为晋江市人民政府副市长；

免去陈少华晋江市人民政府副市长职务；

以上两位同志职务的任免报市第十三届人民代表大会第五次会议备案。

晋江市人大常委会关于陈国平代理晋江市人民检察院检察长职务的决定

（2002年11月22日晋江第市十三届人大常委会第二十九次会议通过）

根据《中华人民共和国地方各级人民代表大会和地方各级人民政府组织法》规定和市第十三届人大常委会主任会议的提请，晋江市第十三届人大常委会第二十九次会议决定：

晋江市人民检察院副检察长陈国平代理晋江市人民检察院检察长职务，报泉州市人民检察院和泉州市人民代表大会常务委员会备案，并报晋江市第十三届人民代表大会第五次会议备案。

晋江市人大常委会关于召开晋江市第十三届人民代表大会第五次会议的决定

（2003年1月18日晋江第市十三届人大常委会第三十次会议通过）

晋江市第十三届人大常委会第三十次会议决定：晋江市第十三届人民代表大会第五次会议于2003年2月11日至14日在青阳召开，会期4天。

建议大会议程：

一、听取和审议晋江市人民政府工作报告；

二、审议晋江市人民政府关于晋江市2002年国民经济和社会发展计划执行情况与2003年国民经济和社会发展计划（草案）的报告，审查和批准晋江市2002年国民经济和社会发展计划执行情况的报告与2003年国民经济和社会发展计划；

三、听取和审议晋江市人民政府关于晋江市2002年财政预算执行情况与2003年财政预算（草案）的报告，审查和批准晋江市2002年财政预算执行情况的报告与2003年财政预算；

四、听取和审议晋江市人民代表大会常务委员会工作报告；

五、听取和审议晋江市人民法院工作报告；

六、听取和审议晋江市人民检察院工作报告；

七、大会选举；

八、其他事项。

晋江市人大常委会关于补选
晋江市第十三届人民代表大会代表的决定

（2003年1月18日晋江第市十三届人大常委会第三十次会议通过）

晋江市第十三届人民代表大会代表名额为322名，现实有代表320名，缺额2名。经市人大常委会主任会议提议，晋江市第十三届人大常委会第三十次会议决定：

补选晋江市第十三届人民代表大会代表1名。建议罗云为晋江市第十三届人民代表大会代表候选人，补选代表按《中华人民共和国全国人民代表大会和地方各级人民代表大会选举法》有关规定进行，由市级选区补选。

晋江市人大常委会关于同意市政府驻地迁移的决定

（2003年4月28日晋江市第十三届人大常委会第三十二次会议通过）

晋江市第十三届人大常委会第三十二次会议，听取和审议了《晋江市人民政府关于市政府驻地迁移的议案》。会议认为，近年来，随着晋江城市化进程的逐步加快，市区建成区的不断扩大，市区的中心区已不适应中等城市发展的需要。现有市政府办公场所拥挤，不少政府职能部门办公地点分散，给群众和企业办事带来诸多不便，影响了政府的办事效率，也不适应市党、政、群机关办公的需要。为了进一步加快中等城市建设步伐，加强对外交流与合作，提高城市的品位，推进本市经济和社会各项事业的发展，会议决定批准《晋江市人民政府关于市政府驻地迁移的议案》，同意市政府驻地迁移至罗裳山以东、世纪大道以西、罗裳村以南、社店至高速公路的连接线以北的区域。

晋江市人大常委会关于同意调整部分行政区划的决议

（2003年5月20日晋江市第十三届人大常委会第三十三次会议通过）

晋江市第十三届人大常委会第三十三次会议，审议了《晋江市人民政府关于晋江市部分行政区划调整的议案》。经审议，决定同意市人民政府提出的关于“撤销青阳、罗山镇建制，并调整市区行政区划，设立青阳、梅岭、西园、罗山、新塘、灵源街道办事处”的建议，请市人民政府按有关规定上报审批。

晋江市人大常委会关于批准2002年度本级财政决算的决议

（2003年6月27日晋江市第十三届人大常委会第三十四次会议通过）

晋江市第十三届人民代表大会常务委员会第三十四次会议，听取了市财政局局长庄铭理受市人民政府委托所作的《关于 2002 年度本级财政决算草案的报告》，结合市审计局副局长陈犹远受市人民政府委托所作的《关于 2002 年本级财政预算执行及其他财政收支的审计工作报告》，并根据市人大常委会财政经济工作委员会的初审报告，对 2002 年度本级财政决算进行了审查，决定批准 2002 年度本级财政决算，同意市财政局局长庄铭理受市人民政府委托所作的《关于 2002 年度本级财政决算草案的报告》。会议同意财政经济工作委员会在初审报告中为促进 2003 年预算的有效执行提出的各项建议。会议要求，市人民政府要认真贯彻《晋江市第十三届人民代表大会第五次会议关于晋江市 2002 年财政预算执行情况和 2003 年财政预算的决议》，继续落实积极的财政政策，强化税性和非税性收入征管，依法组织财政收入，大力推进预算管理体制改革，继续加强和完善部门预算编制和会计集中核算工作，进一步细化预算，优化支出，强化监管，为更好地实现 2003 年预算而努力。

晋江市人大常委会关于批准 2003 年财政收支预算调整方案的决议

（2003 年 11 月 4 日晋江市第十三届人大常委会第三十六次会议通过）

根据《中华人民共和国预算法》和晋江市人大常委会《关于加强预算审查监督的规定》的规定，市第十三届人大常委会第三十六次会议听取了市财政局庄铭理局长受市人民政府委托所作的《晋江市 2003 年财政收支预算调整方案（草案）的报告》，并听取了市人大常委会财政经济工作委员会吴绶明副主任所作的初审报告。会议同意庄铭理局长所作的《晋江市 2003 年财政收支预算调整方案（草案）的报告》，同意市人大常委财政经济工作委员会在初审报告中提出的各项建议，决定批准市本级财政收入预算由 87983 万元调整为 106010 万元，财政总收入调整为 270000 万元，财政支出预算由 89540 万元调整为 108080 万元。

晋江市人大常委会关于杨益民代理晋江市人民政府市长职务的决定

（2003 年 11 月 4 日晋江市第十三届人大常委会第三十六次会议通过）

依照《中华人民共和国地方各级人民代表大会和地方各级人民政府组织法》规定，根据晋江市第十三届人大常委会主任会议的提名，市第十三届人大常委会第三十六次会议决定：

晋江市人民政府副市长杨益民代理晋江市人民政府市长职务，报晋江市第十三届人民代表大会备案。

晋江市人大常委会关于市人民代表大会换届选举的决定

（2003年11月4日晋江市第十三届人大常委会第三十六次会议通过）

根据《中华人民共和国宪法》和《中华人民共和国地方各级人民代表大会和地方各级人民政府组织法》的规定，本市第十三届人民代表大会的任期至2003年年底届满，应进行换届选举。市人大常委会决定：晋江市人民代表大会代表换届选举日为2003年12月25日；晋江市第十四届人民代表大会第一次会议于2004年1月召开。

晋江市人大常委会关于设立市选举委员会的决定

（2003年11月4日晋江市第十三届人大常委会第三十六次会议通过）

根据《中华人民共和国全国人民代表大会和地方各级人民代表大会选举法》和《福建省县、乡两级人民代表大会代表直接选举实施细则》的规定，市人大常委会决定2003年年底市人民代表大会代表换届时，设立市选举委员会，主持市人民代表大会代表的选举。市选举委员会下设办公室和选举办事处。经研究决定，市选举委员会组成人员及办公室和办事处负责人名单如下：

一、市选举委员会

主　任：施并章　市人大常委会主任

副主任：李建辉　市委常委、组织部部长

蔡天赞　市人大常委会副主任

委　员：庄铭理　市政协副主席、财政局局长

连泉富　市人武部政委

陈和平　市纪委副书记

张永宁　市委组织部副部长、编办主任

黄世界　市委宣传部副部长、文联主席

叶水应　市委统战部副部长

张孙厚　市委政法委副书记、综治办主任（正科级）

陈诗从　市委农办主任

王逸民　市人大常委会办公室主任

蔡体面　市人大常委会代表联络工委副主任

李瑞阳　市人民法院副院长

柯明泉　市人民检察院副检察长

黄少伟　市政府办公室主任

陈　健　市公安局政委
黄诗舰[①]　市民政局局长
许家斗　市司法局局长
庄应端　市教育局局长
许桂扬　市民族与宗教事务局局长
洪天炳　市总工会主席
黄天凯　团市委书记
颜惠玉　市妇联主席

选举委员会下设办公室，负责选举日常工作。

二、市选举委员会办公室

主　任：蔡天赞（兼）
副主任：张永宁（兼）
　　　　蔡体面（兼）
　　　　陈丽娜　市人大常委会办公室副主任
　　　　许天宝　市民政局副局长

三、市选举委员会办事处

青阳镇选举办事处：
主　任：黄小闽
副主任：杨式湘　林贻达

陈埭镇选举办事处：
主　任：高向荣
副主任：许良志　柯清祝

池店镇选举办事处：
主　任：姚金榜
副主任：谢永彬　王定辉

安海镇选举办事处：
主　任：朱永远
副主任：李育仁　郑微宏

磁灶镇选举办事处：
主　任：薛宗炎
副主任：庄晴川　许天祥

内坑镇选举办事处：
主　任：庄碧芳
副主任：吴鸿造　林世演

① 2004 年 8 月，黄诗舰因犯玩忽职守罪被判刑，下同。

紫帽镇选举办事处：

主　任：王茂泉

副主任：洪汉庭　尤　沙

东石镇选举办事处：

主　任：郭鸿荣

副主任：蔡萌芽　王炳川

永和镇选举办事处：

主　任：李自力

副主任：蔡育树　高增荣

罗山镇选举办事处：

主　任：许畴料

副主任：蔡文谦　颜其惕

金井镇选举办事处：

主　任：张文节

副主任：林　峰　洪向阳

龙湖镇选举办事处：

主　任：杨祖汉

副主任：黄志荣　蔡奕内

英林镇选举办事处：

主　任：李清欣

副主任：洪长江　郑友堤

深沪镇选举办事处：

主　任：许雄飞

副主任：许泽龙　张世雄

西滨镇选举办事处：

主　任：颜呈矿

副主任：李春龙　洪丽玲

市选举委员会、选举办公室及青阳镇等15个选举办事处印章同时启用。

晋江市人大常委会关于调整市选举委员会组成人员的决定

（2003年12月4日晋江市第十三届人大常委会第三十七次会议通过）

各有关单位：

鉴于人事变动，经研究决定，调整晋江市选举委员会组成人员。调整后的市选举委员会组成人员名单如下：

主　任：施并章　市人大常委会主任

副主任：王景星　市委副书记

李建辉　市委常委、组织部部长

蔡天赞　市人大常委会副主任

委　员：庄铭理　市政协副主席、财政局局长

连泉富　市人武部政委

陈和平　市纪委副书记

张永宁　市委组织部副部长、编办主任

黄延艺　市委宣传部副部长

叶水应　市委统战部副部长

张孙厚　市委政法委副书记、综治办主任（正科级）

陈诗从　市委农办主任

王逸民　市人大常委会办公室主任

蔡体面　市人大常委会代表联络工委主任

李瑞阳　市人民法院副院长

柯明泉　市人民检察院副检察长

黄少伟　市政府办公室主任

陈　健　市公安局政委

黄诗舰　市民政局局长

许家斗　市司法局局长

庄应端　市教育局局长

洪天炳　市总工会主席

黄天凯　团市委书记

颜惠玉　市妇联主席

晋江市人大常委会关于市第十四届人大常委会组成人员分工的决定

（2004年2月23日晋江市第十四届人大常委会第一次会议通过）

根据晋江市第十四届人大常委会主任会议的建议，市第十四届人大常委会第一次会议决定常委会组成人员分工如下：

主　任：施并章　主持常委会全面工作

副主任：林进德　分管法制、政法、民政、劳动、信访工作

蔡天赞　分管办公室、代表联络工作
罗　云　分管财政经济、宣传工作
林文聘　分管教科文卫、精神文明建设、计生、旅游、华侨、民族、宗教工作
苏银楼　分管农业农村、城市建设、环境和资源保护工作
委　员：王逸民　常委会办公室工作
蔡体面　代表联络工作
姚志强　代表联络工作
陈紫凡　法制、政法、民政、劳动、信访工作
洪天炳　法制、政法、民政、劳动、信访工作
颜惠玉　法制、政法、民政、劳动、信访工作
蔡仲谋　农业农村工作
周永伟　农业农村工作
柯文托　农业农村工作
吴绶明　财政经济工作
施能坑　财政经济工作
洪肇设　财政经济工作
黄锦民　教科文卫、精神文明建设、计生工作
庄耀东　教科文卫、精神文明建设、计生工作
许远望　教科文卫、精神文明建设、计生工作
陈多多　教科文卫、精神文明建设、计生工作
张永忠　华侨、民族、宗教、旅游工作
丁世忠　华侨、民族、宗教、旅游工作
陈扶西　城市建设、环境和资源保护工作
李春兴　城市建设、环境和资源保护工作

晋江市人大常委会关于市第十四届人大常委会组成人员联系代表分工的决定

（2004年2月23日晋江市第十四届人大常委会第一次会议通过）

根据晋江市第十四届人大常委会主任会议的建议，晋江市第十四届人大常委会第一次会议决定常委会组成人员联系代表分工如下：

安海镇、东石镇、深沪镇，灵源街道办事处：
林进德、陈紫凡、许远望、施能坑、洪天炳
（庄永添配合活动）
内坑镇、磁灶镇，新塘街道办事处：
蔡天赞、王逸民、蔡体面、陈多多、姚志强
（陈丽娜配合活动）
西滨镇、永和镇，青阳、西园街道办事处：
罗　云、吴绶明、庄耀东、柯文托、颜惠玉
（陈元典配合活动）
陈埭镇、池店镇、紫帽镇，梅岭街道办事处：
林文聘、黄锦民、张永忠、丁世忠、李春兴
（王人冬、许清爽配合活动）
金井镇、龙湖镇、英林镇，罗山街道办事处：
苏银楼、蔡仲谋、陈扶西、周永伟、洪肇设
（王志勇配合活动）

晋江市人大常委会关于成立市第十四届人大常委会代表资格审查委员会的决定

（2004年2月23日晋江市第十四届人大常委会第一次会议通过）

依照《中华人民共和国地方各级人民代表大会和地方各级人民政府组织法》第四十五条规定，根据晋江市第十四届人大常委会主任会议的建议，晋江市第十四届人大常委会第一次会议决定成立晋江市第十四届人大常委会代表资格审查委员会。组成人员名单如下：

主任委员：林进德
副主任委员：蔡天赞
委　员：李春兴　陈紫凡　施能坑　洪天炳　姚志强　蔡体面（女）
颜惠玉（女）

晋江市人大常委会关于设立市人大常委会妇女儿童工作组的决定

（2004年2月23日晋江市第十四届人大常委会第一次会议通过）

为进一步加强新时期妇女儿童权益保护工作，切实保障妇女儿童的合法权益，市第十四届人大常委会第一次会议决定设立晋江市人大常委会妇女儿童工作组，组成人员名单如下：

组　长：林进德（市人大常委会副主任）

副组长：陈紫凡（市人大常委会委员、法制工委主任）

　　　　颜惠玉（市人大常委会委员、市妇联主席）

成　员：姚志强（市人大常委会委员、市委组织部副部长、老干局局长）

　　　　洪天炳（市人大常委会委员、市总工会主席）

　　　　吴绶明（市人大常委会委员、财经工委副主任）

　　　　许远望（市人大常委会委员、养正中学校长）

　　　　庄耀东（市人大常委会委员、市中医院院长）

　　　　苏晓瑜（市人大常委会办公室信访科科长）

晋江市人大常委会
关于调整市人大常委会依法治市领导小组成员的决定

（2004年2月23日晋江市第十四届人大常委会第一次会议通过）

因人员调整，根据晋江市第十四届人大常委会主任会议的建议，晋江市第十四届人大常委会第一次会议决定调整市人大常委会依法治市领导小组成员，名单如下：

组　长：施并章（市人大常委会主任）

副组长：林进德（市人大常委会副主任）

　　　　蔡天赞（市人大常委会副主任）

成　员：王逸民（市人大常委会委员、办公室主任）

　　　　陈紫凡（市人大常委会委员、法制工委主任）

　　　　蔡体面（市人大常委会委员、代表联络工委主任）

　　　　姚志强（市人大常委会委员、市委组织部副部长、老干局局长）

　　　　洪天炳（市人大常委会委员、市总工会主席）

晋江市人大常委会关于批准2003年度本级财政决算的决议

（2004年8月6日晋江市第十四届人大常委会第三次会议通过）

晋江市第十四届人大常委会第三次会议，听取了市财政局局长庄铭理受市人民政府委托所作的《关于2003年度本级财政决算草案的报告》，结合市审计局副局长陈犹远受市人民政府委托所作的《关于2003年本级财政预算执行及其他财政收支的审计工作报告》，并根据市人大常委会财政经济工作委员会的初审报告，会议对2003年度本级财政决算进行了审查，决定批准2003年度本级财政决算，同意市财政局局长庄铭理受市人民政府委托所作的《关于2003年度本级财政决算草案的报告》。会议同意市人大常委会财政经济工作委员会在初审报告中为促进2004年预算的有效执行提出的各项建议。

晋江市人大常委会关于授权主任会议审议决定司法机关提请批准对市人大代表涉嫌犯罪立案侦查和采取法律措施的决定

（2004年8月6日晋江市第十四届人大常委会第三次会议通过）

为支持司法机关及时依法惩处犯罪，依照《中华人民共和国地方各级人民代表大会和地方各级人民政府组织法》和《中华人民共和国全国人民代表大会和地方各级人民代表大会代表法》有关规定，市第十四届人大常委会第三次会议审议决定：授权主任会议审议决定有关市人民代表大会代表涉嫌刑事、经济等犯罪以及司法机关提请市人大常委会批准立案侦查或采取必要的法律措施的事项，并报市人大常委会会议备案。

晋江市人大常委会关于设立街道工作委员会的决定

（2004年8月6日晋江市第十四届人大常委会第三次会议通过）

为加强街道人大工作，推进基层民主政治建设，依据《中华人民共和国地方各级人民代表大会和地方各级人民政府组织法》第五十三条规定，市第十四届人大常委会第三次会议审议决定：设立青阳、梅岭、西园、罗山、灵源、新塘6个街道工作委员会，作为市人大常委会的派出机构。

晋江市人大常委会关于批准调整2004年重点建设、重点前期项目的决议

（2004年9月9日晋江市第十四届人大常委会第四次会议通过）

晋江市第十四届人大常委会第四次会议认真听取和审议了《晋江市人民政府关于调

整 2004 年重点建设、重点前期项目的议案》。会议认为，调整 2004 年重点建设、重点前期项目，对于加快本市城市化建设，改善投资环境和人民生活环境，是十分必要的。会议决定批准市人民政府调整 2004 年重点建设、重点前期项目。希望市人民政府及有关部门要认真抓好调整后的重点建设、重点前期项目建设，确保按期保质保量完成年度投资计划。

晋江市人大常委会关于批准晋江市 2004 年财政收支预算调整方案的决议

（2004 年 10 月 27 日晋江市第十四届人大常委会第五次会议通过）

根据《中华人民共和国预算法》及市人大常委会《关于加强预算审查监督的规定》的有关规定，晋江市第十四届人大常委会第五次会议认真审议了市人民政府《关于提请审议晋江市 2004 年财政收支预算调整方案的议案》，听取了市人大常委会财政经济工作委员会的审查报告。

会议同意市人大常委会财政经济工作委员会在审查报告中提出的各项建议，决定批准市本级财政收入预算由 119660 万元调整为 130860 万元，财政总收入调整为 330700 万元，财政支出预算由 120900 万元调整为 131840 万元。

晋江市人大常委会关于晋江市市域概念规划的决议

（2004 年 10 月 27 日晋江市第十四届人大常委会第五次会议通过）

晋江市第十四届人大常委会第五次会议，认真审议了《晋江市人民政府关于提请市人大常委会审议晋江市域概念规划的议案》。

会议认为，晋江市市域概念规划能立足宏观战略思考、体现区域发展思路、坚持布局与经济协同、发挥传统优势与地域特色、表达以人为本和可持续发展理念，拓展了城市建设空间，打造了新型城市的发展格局。规划定位较准确、目标较明确、对城市建设与发展有一定宏观控制和指导意义。会议决定原则通过市域概念规划。

会议要求，市人民政府要根据会议提出的意见，做好市域概念规划修订工作，抓紧晋江市城市总体规划修编工作。市、镇、街道和各部门要围绕概念规划，统筹制定所辖区域和所在部门的发展战略，充分发挥概念规划的规划引导作用，同心同德、群策群力，加快本市中等城市建设步伐，推进晋江经济社会各项事业在更高平台上的更快发展。

晋江市人大常委会关于聘请蔡谋溪等为市人大常委会工作委员会兼职委员的决定

（2004 年 10 月 27 日晋江市第十四届人大常委会第五次会议通过）

为进一步提高市人大常委会各工作委员会的工作水平，更好地履行宪法和法律赋予的职权，促进本市“三个文明”建设的协调发展。晋江市第十四届人大常委会第五次会议认真审议了《市人大常委会主任会议关于提请审议部分工作委员会聘请兼职委员的议案》，决定：

聘请蔡谋溪、李荣贵、柯遵剧、吴金矿为市人大常委会农村经济工作委员会兼职委员；

聘请庄幼算、施荣蝉、张俊明、黄天锡为市人大常委会财政经济工作委员会兼职委员；

聘请庄子鹤、陈垂汉、颜志平为市人大常委会城市建设工作委员会兼职委员。

上述兼职委员的任期为二年。

晋江市人大常委会关于补选晋江市第十四届人民代表大会代表的决定

（2004 年 12 月 23 日晋江市第十四届人大常委会第六次会议通过）

晋江市第十四届人民代表大会代表名额 322 名。市第十四届人民代表大会第一次会议时，实有代表 316 名。市第十四届人民代表大会第一次会议以来，先后有 2 名代表调离本市行政区域、1 名代表逝世、市人大常委会接受 2 名代表辞去代表职务的请求，以上 5 名代表的代表资格终止。目前，代表共缺额 11 名。因工作需要，市人大常委会决定补选市人民代表大会代表 8 名。

一、补选代表名额安排

1.由安海第 3 选区补选市第十四届人民代表大会代表 2 名、东石第 16 选区补选市第十四届人民代表大会代表 1 名。

2.中共晋江市委提名的市人大常委会教科文卫工委主任庄明栽、陈埭镇党委书记许良志、东石镇党委书记蔡萌芽作为市第十四届人民代表大会代表候选人由陈埭镇、东石镇的市级选区进行选举。

3.由 73311 部队、94921 部队各补选市第十四届人民代表大会代表 1 名。

二、补选代表办法

补选晋江市第十四届人民代表大会代表按市级选区进行，并按照《中华人民共和国全国人民代表大会和地方各级人民代表大会选举法》《中国人民解放军选举全国人民代表大会和地方各级人民代表大会代表的办法》的有关规定执行。

晋江市人大常委会关于接受高向荣等辞去晋江市第十四届人民代表大会代表职务的请求的决定

（2004年12月23日晋江市第十四届人大常委会第六次会议通过）

因调整工作岗位，高向荣、郭鸿荣等2位同志向市人大常委会提出辞去晋江市第十四届人民代表大会代表职务的请求。根据《晋江市人民代表大会代表辞职的暂行规定》，晋江市第十四届人大常委会第六次会议决定：

接受高向荣、郭鸿荣等2位辞去晋江市第十四届人民代表大会代表职务的请求。

晋江市人大常委会关于召开晋江市第十四届人民代表大会第二次会议的决定

（2005年1月12日晋江市第十四届人大常委会第七次会议通过）

晋江市第十四届人大常委会第七次会议决定：晋江市第十四届人民代表大会第二次会议于2005年1月25日至28日在青阳召开，会期4天。

建议大会议程：

一、听取和审议晋江市人民政府工作报告；

二、审议晋江市人民政府关于晋江市2004年国民经济和社会发展计划执行情况与2005年计划（草案）的报告（书面），审查和批准晋江市2004年国民经济和社会发展计划执行情况与2005年计划；

三、听取和审议晋江市人民政府关于晋江市2004年财政预算执行情况与2005年财政预算（草案）的报告，审查和批准晋江市2004年财政预算执行情况与2005年财政预算；

四、听取和审议晋江市人民代表大会常务委员会工作报告；

五、听取和审议晋江市人民法院工作报告；

六、听取和审议晋江市人民检察院工作报告；

七、大会选举。

晋江市人大常委会关于确定市人民法院人民陪审员名额的决定

（2005年1月12日晋江市第十四届人大常委会第七次会议通过）

依照《全国人大常委会关于完善人民陪审员制度的决定》，根据市人民法院高智辉院长的提请，晋江市第十四届人大常委会第七次会议决定：

晋江市人民法院人民陪审员名额为 25 名。

晋江市人大常委会关于接受蔡仲谋辞去晋江市第十四届人民代表大会常务委员会委员职务的请求的决定

（2005 年 1 月 12 日晋江市第十四届人大常委会第七次会议通过）

依照《中华人民共和国地方各级人民代表大会和地方各级人民政府组织法》，根据蔡仲谋同志的辞呈，晋江市第十四届人大常委会第七次会议决定：

接受蔡仲谋辞去晋江市第十四届人民代表大会常务委员会委员职务的请求，报市第十四届人民代表大会第二次会议备案。

晋江市人大常委会关于批准 2004 年度本级财政决算的决议

（2005 年 6 月 28 日晋江市第十四届人大常委会第十次会议通过）

晋江市第十四届人民代表大会常务委员会第十次会议，听取了市财政局局长庄铭理受市人民政府委托所作的《关于 2004 年度本级财政决算草案的报告》，结合市审计局局长施荣蝉受市人民政府委托所作的《关于 2004 年本级财政预算执行及其他财政收支的审计工作报告》，并根据市人大常委会财政经济工作委员会的初审报告，对 2004 年度本级财政决算进行了审议，决定批准 2004 年度本级财政决算，同意市财政局局长庄铭理受市人民政府委托所作的《关于 2004 年度本级财政决算草案的报告》。会议同意财政经济工作委员会在初审报告中为促进 2005 年预算的有效执行提出的各项建议。

晋江市人大常委会关于同意市政府驻地迁移的决定

（2005 年 8 月 11 日晋江市第十四届人大常委会第十一次会议通过）

晋江市第十四届人大常委会第十一次会议，听取和审议了《晋江市人民政府关于市政府驻地迁移的议案》。会议认为，近年来，随着晋江城市化进程的逐步加快，市区建成区的不断扩大，市区的中心区已不适应中等城市发展的需要。现有市政府办公场所拥挤，不少政府职能部门办公地点分散，给群众和企业办事带来诸多不便，影响了政府的办事效率，也不适应市党、政、群机关办公的需要。为了进一步加快中等城市建设步伐，加强对外交流与合作，提高城市的品位，推进本市经济和社会各项事业的发展，会议决定批准《晋江市人民政府关于市政府驻地迁移的议案》，同意市政府驻地迁移至罗裳山以东、世纪大道以西、罗裳社区以南、晋光路以北的区域。

晋江市人大常委会
关于批准晋江市2005年财政收支预算调整方案的决议

（2005年10月31日晋江市第十四届人大常委会第十三次会议通过）

根据《中华人民共和国预算法》及市人大常委会《关于加强预算审查监督的规定》的有关规定，晋江市第十四届人大常委会第十三次会议认真审议了市人民政府《关于提请审议晋江市2005年财政收支预算调整方案的议案》，听取了市人大常委会财政经济工作委员会的审查报告。

会议同意市人大常委会财政经济工作委员会在审查报告中提出的各项建议，决定批准市本级财政收入预算由153540万元调整为161530万元，财政总收入调整为386280万元，财政支出预算由152800万元调整为160720万元。

晋江市人大常委会关于接受张文贤等辞去晋江市第十四届人民代表大会代表职务的请求的决定

（2005年12月15日晋江市第十四届人大常委会第十四次会议通过）

依照《晋江市人民代表大会代表辞职的暂行规定》，根据张文贤、许畴料、王茂泉、李自力、颜呈矿等5位同志的辞呈，市第十四届人大常委会第十四次会议决定：

接受张文贤、许畴料、王茂泉、李自力、颜呈矿等5位辞去晋江市第十四届人民代表大会代表职务的请求，报晋江市第十四届人民代表大会备案。

晋江市人大常委会
关于补选晋江市第十四届人民代表大会代表的决定

（2005年12月15日晋江市第十四届人大常委会第十四次会议通过）

晋江市第十四届人民代表大会代表名额322名。市第十四届人民代表大会第二次会议时，实有代表319名。市第十四届人民代表大会第二次会议以来，先后有2名代表调离本市行政区域，市人大常委会接受了5名代表辞去代表职务的请求，以上7位代表的代表资格终止。目前，代表共缺额10名。因工作需要，市人大常委会决定补选市第十四届人民代表大会代表7名。

一、补选代表名额安排

1.中共晋江市委提名中共泉州市委副书记、晋江市委书记李建国，龙湖镇党委书记吴淞江、西园街道党工委书记黄志荣、罗山街道党工委书记黄世界、西滨镇党委书记郑志勇、紫帽镇党委书记洪长江等6位同志为市第十四届人民代表大会代表候选人，分别由龙湖、西园、罗山、西滨、紫帽的市级选区进行选举。

2.由驻晋73311部队补选市第十四届人民代表大会代表1名。

二、补选代表办法

补选市第十四届人民代表大会代表按市级选区进行，并按照《中华人民共和国全国人民代表大会和地方各级人民代表大会选举法》《中国人民解放军选举全国人民代表大会和地方各级人民代表大会代表的办法》的有关规定执行。

晋江市人大常委会
关于召开晋江市第十四届人民代表大会第三次会议的决定

（2005年12月29日晋江市第十四届人大常委会第十五次会议通过）

晋江市第十四届人大常委会第十五次会议决定：晋江市第十四届人民代表大会第三次会议于2006年1月16日至19日在青阳召开，会期4天。

建议大会议程：

一、听取和审议晋江市人民政府工作报告；审查和批准晋江市国民经济和社会发展“十一五”规划纲要；

二、听取和审议晋江市人民政府关于晋江市2005年国民经济和社会发展计划执行情况与2006年计划（草案）的报告，审查和批准晋江市2005年国民经济和社会发展计划执行情况与2006年计划；

三、听取和审议晋江市人民政府关于晋江市2005年财政预算执行情况与2006年财政预算（草案）的报告，审查和批准晋江市2005年财政预算执行情况与2006年财政预算；

四、听取和审议晋江市人大常委会工作报告；

五、听取和审议晋江市人民法院工作报告；

六、听取和审议晋江市人民检察院工作报告；

七、其他。

晋江市人大常委会关于表彰晋江市人大系统2002—2005年度先进镇人大主席团（街道人大工委）、先进人大代表小组、优秀人大代表、优秀人大工作者的决定

（2006年2月24日晋江市第十四届人大常委会第十六次会议通过）

各镇人大主席团、街道人大工委：

2002年以来，本市各级人大在中共晋江市委的领导下，始终坚持以“三个代表”重要思想为指导，认真贯彻党的十六大和十六届、四中、五中全会精神及十届全国人大会议精神，树立科学发展观，围绕党的工作中心，认真履行宪法和法律赋予的职权，自觉服从和服务于本市经济社会发展、推进社会和谐进步大局，务实创新，取得了较好的工作成绩。为总结经验、树立典型、表彰先进、推进工作，经市人大常委会决定，表彰磁灶镇人大主席团等5个单位为“晋江市人大系统2002—2005年度先进镇人大主席团”，晋江市人大常委会西园街道工作委员会为晋江市人大系统2005年度“先进街道人大工委”，陈埭西滨代表小组等13个代表小组为“晋江市人大系统2002—2005年度先进人大代表小组”，王金聪等33名代表为“晋江市第十四届人民代表大会优秀人大代表”，洪国延等19位同志为“晋江市人大系统2002—2005年度优秀人大工作者”。

市人大常委会希望受表彰的先进单位和先进个人，戒骄戒躁、再接再厉，树立社会主义科学发展观，积极探索新时期人大工作的新思路，为构建社会主义和谐社会作出新的贡献。

市人大常委会号召，全市各镇人大主席团、街道人大工委、各级人大代表、人大工作者要以受表彰的先进单位和先进个人为榜样，学先进、赶先进，以“三个代表”重要思想为指导，深入贯彻落实党的十六大和十六届四中、五中全会精神，树立社会主义科学发展观和社会主义荣辱观，紧跟时代、开拓创新，坚持和完善人民代表大会制度，努力提高工作水平，为推动晋江经济社会向更高层次跃升发展作出新贡献。

晋江市人大常委会关于《晋江市城市总体规划修编》的决议

（2006年2月24日晋江市第十四届人大常委会第十六次会议通过）

晋江市第十四届人大常委会第十六次会议听取和审议了市政府关于提请审议《晋江市城市总体规划修编（2005—2020）》的议案。

会议充分肯定了市政府编制的晋江市城市总体规划修编方案。会议认为，该轮总体

规划符合《中华人民共和国城市规划法》、建设部《城市总体规划编制办法》等法律法规要求，能够与《福建省城镇体系规划》《泉州市城市总体规划》等规划有机衔接，与中等城市规模的发展目标相适应，充分体现了科学发展观和以人为本的思想，凸显了跨越式建设中等城市的发展目标。方案的基础资料较为翔实，发展策略研究基本到位，城市定位定性、总体布局基本合理，功能分区明确，达到了一定的深度和广度，具有较好的前瞻性和可操作性。会议决定，同意《晋江市城市总体规划修编（2005—2020）》方案，由市政府按程序上报审批。

会议强调，总体规划是本市城乡建设和规划管理的依据。该轮总体规划的制定，对于充分发挥本市的经济、人文、区位优势，实现本市既定发展战略目标具有重要意义。

会议要求，在本市总体规划获批准后，市政府要结合今后发展的实际情况，认真组织实施；要在城市总体规划的基础上，认真编制好城市详细规划和各项专业规划，扎实推进规划的落实；要进一步加强规划的依法管理，维护总体规划的严肃性和权威性；要进一步加大总体规划的宣传力度，提高全社会的知晓度和参与积极性，统一思想认识，凝聚各方力量，把本市建设成为现代化制造基地、商贸中心、滨海港口城市。

晋江市人大常委会关于批准 2005 年度本级财政决算的决议

（2006 年 6 月 15 日晋江市第十四届人大常委会第十八次会议通过）

晋江市第十四届人民代表大会常务委员会第十八次会议，听取了市财政局局长庄铭理受市人民政府委托所作的《关于 2005 年财政决算（草案）的报告》，结合市审计局局长施荣蝉受市人民政府委托所作的《关于 2005 年本级财政预算执行及其他财政收支的审计工作报告》，并根据市人大常委会财政经济工作委员会的初审报告，对 2005 年度本级财政决算进行了审查，决定批准 2005 年度本级财政决算，同意市财政局局长庄铭理受市人民政府委托所作的《关于 2005 年财政决算（草案）的报告》。会议同意财政经济工作委员会在初审报告中为促进 2006 年预算的有效执行提出的各项建议。

晋江市人大常委会
关于批准晋江市 2006 年财政收支预算调整方案的决议

（2006 年 10 月 16 日晋江市第十四届人大常委会第二十次会议通过）

根据《中华人民共和国预算法》及市人大常委会《关于加强预算审查监督的规定》的有关规定，晋江市第十四届人大常委会第二十次会议认真审议了《晋江市人民政府关于提请审议晋江市 2006 年财政收支预算调整方案的议案》，听取了市人大常委会财政经济工作委员会的审查报告。

会议同意市人大常委会财政经济工作委员会在审查报告中提出的各项建议，决定批准市本级财政收入预算由196320万元调整为207045万元，财政总收入调整为480000万元，财政支出预算由192500万元调整为202900万元。

晋江市人民代表大会常务委员会关于开展法制宣传教育第五个五年规划的决议

（2006年11月10日晋江市第十四届人大常委会第二十一次会议通过）

晋江市第十四届人大常委会第二十一次会议，听取和审议了《晋江市人民政府关于提请审议〈关于在全市公民中开展法制宣传教育的第五个五年规划〉的议案》。会议认为，自2001年开始，本市实施了法制宣传教育第四个五年规划，以宪法为核心的法律知识得到较为广泛的普及，人民群众的法律意识逐步增强，依法治理工作深入开展，各项事业的法治化管理水平逐步提高。为适应构建社会主义和谐社会和全面建设小康社会的新形势，全面贯彻科学发展观，推进依法治市，必须按照中共中央、全国人大常委会和国务院的决策部署，从2006年到2010年在全市公民中组织实施法制宣传教育第五个五年规划。会议同意市政府《关于在全市公民中开展法制宣传教育的第五个五年规划》。

会议要求，市政府要按照《关于在全市公民中开展法制宣传教育的第五个五年规划》，认真组织实施。

一、提高思想认识，加强法制宣传教育的组织领导。法制宣传教育是一项宏大的社会系统工程，必须坚持党委领导、人大监督、政府实施、全社会参与。各级政府要充分认识法制建设的长期性，认真组织实施，落实法制宣传教育工作机构和经费保障，动员和依靠全社会力量共同推进，确保“五五”法制宣传教育顺利开展。一切国家机关、社会团体、企业事业组织，都要高度重视法制宣传教育工作，建立法制宣传教育制度，面向社会开展法制宣传教育活动。

二、围绕发展大局，明确法制宣传教育重点内容。要深入学习宣传宪法和国家基本法律制度，努力提高全市公民特别是各级领导干部和公务员的宪法意识，引导公民树立宪法至上、法律面前人人平等、权利和义务相统一的基本观念，促进以法律意识为核心的公民意识进一步形成。要紧紧围绕构建社会主义和谐社会与实施本市国民经济和社会发展“十一五”规划的大局，学习宣传与经济社会发展相关的法律法规，学习宣传与维护社会和谐稳定、促进社会公平正义相关的法律法规，学习宣传与整顿和规范市场经济秩序相关的法律法规，学习宣传与群众生产生活密切相关的法律法规，增强全体公民的社会主义法治理念和爱国意识、责任意识以及权利义务观念，培养全体公民自觉尊重和遵守法律的行为习惯。要组织开展法制宣传教育主题活动，大力推进法制宣传教育“六进”活动，即法律进机关、法律进农村、法律进社区、法律进学校、法律进企业、法律进单位，营造良好的学法用法氛围，保障和促进本市政治、经济、文化和社会建设。

三、突出重点对象，增强法制宣传教育的针对性。要注意区别不同对象提出法制宣传教育的要求，在继续做好全体公民法制宣传教育的基础上，重点做好领导干部、公务员和事业单位工作人员、青少年、企业员工尤其是经营管理人员、农（居）民尤其是村(居）干部、外来务工人员的法制宣传教育。

各级领导干部要带头学习法律，着力提高执政能力。要在广大公务员和事业单位工作人员尤其是行政执法人员、司法人员中深入开展社会主义法治理念教育，促使他们牢固树立依法治国、执法为民、公平正义、服务大局、党的领导的理念，树立有权必有责、用权受监督、违法要追究的观念，促进严格执法、公正执法和文明执法，确保国家法律的正确实施。要加强对青少年的法制宣传教育，形成学校、家庭、社会法制教育的合力，使青少年了解和遵循基本行为准则，预防和减少未成年人违法犯罪。企业经营管理人员要自觉学法守法，着力培养诚信守法观念和社会责任意识，提高依法经营和依法管理能力。要加强与农民生产生活密切相关的法律法规的宣传教育，开展法律服务进农村活动，引导广大农民掌握维护自身合法权益、解决矛盾纠纷的法律途径和法律常识，逐步提高农民的法律素质。要加强对企业员工的法制宣传教育，着力提高遵纪守法意识和依法维权能力。

四、学法用法结合，全面推进依法治理工作。要坚持法制宣传教育与法治实践相结合，促进依法行政、依法管理和公正司法，全面提高依法治市、依法治理和服务社会的水平。全面开展依法治市、依法治镇（街道）工作，努力提高社会法治化管理水平。建立健全行政执法责任制、执法公示制和执法过错追究制，加强司法监督，促进依法行政和公正司法。深化村、社区等基层依法治理活动，促进基层民主政治建设。组织和引导企事业单位开展依法治理活动，促进企事业单位工作法治化，提高企事业依法经营和管理水平，依法建立现代化企业制度，切实维护职工合法权益。

五、坚持务实创新，提高法制宣传教育水平。要坚持与时俱进，适应新形势新要求，在加强法制宣传教育中不断拓展阵地，创新形式，丰富内容。电视、广播、报刊要充分发挥大众传媒的作用，开办法制专栏、专版、专题节目等，开展准确、通俗、生动活泼的法制宣传教育。充分利用互联网平台开展法制宣传教育，政府网站和专业普法网站要努力成为群众学习法律知识、获得法律教育的有效途径。有条件的单位要结合工作实际开展公益性法制宣传，举办法律培训和提供咨询服务。要开展形式多样的主题活动，把法制宣传教育融入社会基层组织、基层单位和人民群众的工作生产生活之中，在服务群众中加强宣传教育。要贯彻落实依法治国和以德治国相结合的方针，在加强法制宣传教育的同时，大力开展道德教育活动，倡导公民树立和践行社会主义荣辱观，形成讲道德、守法纪、促和谐的文明风尚。

六、加强监督检查，保证本决议得到切实执行。市人大常委会及各镇人大主席团（街道人大工委）要加强对法制宣传教育工作的监督，定期听取法制宣传教育工作情况的报告，适时开展视察和检查活动，推动本市法制宣传教育与依法治理工作的不断深入。

晋江市人大常委会关于调整市选举委员会成员的决定

[2006年11月15日晋江市第十四届人大常委会第63次主任（扩大）会议通过]

根据市人大常委会的授权，市第十四届人大常委会第63次主任（扩大）会议审议决定，鉴于市直有关单位和各镇、街道人事调整，市选举委员会组成人员及办公室、办事处组成人员名单调整如下：

一、市选举委员会（25人）

主　任：施并章　市人大常委会主任

副主任：王景星　市委副书记、党校校长

李元巍　市委常委、组织部部长

蔡天赞　市人大常委会副主任

委　员：庄铭理　市政协副主席、财政局局长

叶荣宗　市人武部部长

陈云腾　市纪委副书记、监察局局长

胡毅雄　市委副秘书长、办公室副主任（正科级）

姚志强　市委组织部副部长（正科级）

唐春晓　市委宣传部副部长

朱向阳　市委统战部副部长、工商联党组书记（正科级）

蔡水利　市委政法委副书记、综治办主任（正科级）

陈建军　市人大常委会办公室主任

蔡体面　市人大常委会人事代表委主任

李瑞阳　市人民法院副院长

柯明泉　市人民检察院副检察长

黄少伟　市政府秘书长、办公室主任

庄文彬　市公安局政委

许乔良　市民政局局长

林　峰　市司法局局长

吴鸿造　市农业局局长
庄应端　市教育局局长、市委教育工委副书记
洪天炳　市总工会常务副主席（正科级）
陈传芳　团市委书记
颜惠玉　市妇联主席

市选举委员会下设办公室，负责选举日常工作。

二、市选举委员会办公室

主　任：蔡天赞（兼）
副主任：姚志强（兼）
　　　　唐春晓（兼）
　　　　蔡体面（兼）
　　　　柯枫伟　市人大常委会办公室副主任

三、市选举委员会办事处

青阳街道选举办事处：
主　任：林贻达
副主任：陈长义　王炳川

梅岭街道选举办事处：
主　任：黄小闽
副主任：陈秀配　许荣宣　王巧文

西园街道选举办事处：
主　任：黄志荣
副主任：洪秀杯　许长俊

罗山街道选举办事处：
主　任：黄世界
副主任：颜其惕　吴丹红　蔡文谦

灵源街道选举办事处：
主　任：彭培育
副主任：柯煜煜　李逊庆　张顺情

新塘街道选举办事处：
主　任：陈贻熊
副主任：刘斌斌　刘和平

陈埭镇选举办事处：
主　任：许良志
副主任：王茂泉　柯清祝

池店镇选举办事处：
主　任：潘子良
副主任：张志雄　王定辉
安海镇选举办事处：
主　任：朱永远
副主任：张文贤　李育仁　颜建顺
磁灶镇选举办事处：
主　任：薛宗炎
副主任：许天祥　庄晴川　蔡仲谋
内坑镇选举办事处：
主　任：林　跃
副主任：陈炳胜　柯贤富　林世演
紫帽镇选举办事处：
主　任：洪长江
副主任：洪汉庭　谢玉婉
东石镇选举办事处：
主　任：蔡萌芽
副主任：李自力　姚金榜
永和镇选举办事处：
主　任：张文节
副主任：颜孙超　黄思添　高增荣
金井镇选举办事处：
主　任：李丹阳
副主任：杨祖汉　洪建立
龙湖镇选举办事处：
主　任：吴淞江
副主任：张汉杰　陈志农　蔡奕内
英林镇选举办事处：
主　任：庄碧芳
副主任：连建筑　洪明社
深沪镇选举办事处：
主　任：张世雄
副主任：许泽龙　张朝阳　吴丽婷
西滨镇选举办事处：

主　任：郑志勇

副主任：林碧玉　洪丽玲　郑友堤

晋江市人大常委会关于调整各镇选举委员会成员的决定

[2006年11月15日晋江市第十四届人大常委会第63次主任（扩大）会议通过]

根据市人大常委会的授权，市第十四届人大常委会第63次主任（扩大）会议审议决定，鉴于市直有关单位和各镇、街道人事调整，各镇选举委员会组成人员名单调整如下：

陈埭镇选举委员会（13人）

主　任：许良志

副主任：王茂泉　柯清祝

委　员：陈清棋　李德铭　曾华祝　肖奕志　张清山　丁安颖　李和范　黄瑞煜　陈雄伟　蔡有香

池店镇选举委员会（8人）

主　任：潘子良

副主任：张志雄　王定辉

委　员：柯清哲　陈瑞峰　王顶顺　杨位荣　洪明月

安海镇选举委员会（13人）

主　任：朱永远

副主任：张文贤　李育仁　颜建顺

委　员：许挂扬　黄嘉平　黄长沙　周良盼[①]　蔡惠琼　李亚才　施建成　林立群　杨燕燕

磁灶镇选举委员会（11人）

主　任：薛宗炎

副主任：许天祥　庄晴川　蔡仲谋

委　员：范朱勇　庄特强　施金钟　陈国良　苏　琪　尤目前　陈爱国

内坑镇选举委员会（15人）

主　任：林　跃

副主任：陈炳胜　柯贤富　林世演

委　员：洪国延　邱良须　纪刚宏　丁清松　黄　薇　施连团　吴文礼　陈长伴　陈凌燕　吕永春　朱好科

紫帽镇选举委员会（18人）

主　任：洪长江

① 2017年5月，周良盼涉嫌严重违纪，接受组织审查，下同。

副主任：洪汉庭　谢玉婉
委　员：王毓峰　黄诗瑜　王国华　林文尚　万志明　颜章集　张聪明　李纯进　洪韶梅　洪琼琼　吴添丁　章翠萍　苏天启　李金良　姚永宁

东石镇选举委员会（14 人）
主　任：蔡萌芽
副主任：李自力　姚金榜
委　员：施金箱　郑科伟　许文倡　朱新旭　吴朝晖　李文程　谢安娜　谢培义　王勐跃　谢建智　黄红艺

永和镇选举委员会（14 人）
主　任：张文节
副主任：颜孙超　黄思添　高增荣
委　员：陈志雄　李重耀　苏世杰　蔡婉浈　朱文胜　刘志松　杨胜贤　杨春天　刘全悦　王金荣

金井镇选举委员会（10 人）
主　任：李丹阳
副主任：杨祖汉　洪建立
委　员：张金祥　林金龙　戴劭阳　蔡水抽　林尚昭　王婉霞　黄文铅

龙湖镇选举委员会（16 人）
主　任：吴淞江
副主任：张汉杰　陈志农　蔡奕内
委　员：林嘉达　曾逸峰　吴晋居　陈世裕　骆辉龙　张玉玺　李阳溪　丁玉海　颜斯鸿　高荣辉　许萍萍　许建群

英林镇选举委员会（11 人）
主　任：庄碧芳
副主任：连建筑　洪明社
委　员：柯贤初　李蔚民　张剑锋　杨煌程　廖河程　洪金星　陈孙枝　陈珍娜

深沪镇选举委员会（18 人）
主　任：张世雄
副主任：许泽龙　张朝阳　吴丽婷
委　员：王少严　洪天友　周先进　洪俊杰　曾国灿　吴丽婷　宋永庆　蔡金滂　洪国财　陈俊雄　陈文伟　王秀贝　陈著坪　洪上贺

西滨镇选举委员会（11 人）
主　任：郑志勇
副主任：林碧玉　洪丽玲　郑友堤
委　员：林明捷　张春晓　洪长存　尤秋猛　陈达森　林丹红　杨理想

晋江市人大常委会
关于召开晋江市第十五届人民代表大会第一次会议的决定

（2006年12月5日晋江市第十四届人大常委会第二十二次会议通过）

晋江市第十四届人大常委会第二十二次会议决定：晋江市第十五届人民代表大会第一次会议于2006年12月14日至18日在青阳召开，会期5天。

建议大会议程：

一、听取和审议晋江市人民政府工作报告；

二、听取和审议晋江市人民政府关于晋江市2006年国民经济和社会发展计划执行情况及2007年计划（草案）的报告，审查和批准晋江市2006年国民经济和社会发展计划执行情况及2007年计划；

三、听取和审议晋江市人民政府关于晋江市2006年财政预算执行情况与2007年财政预算（草案）的报告，审查和批准晋江市2006年财政预算执行情况与2007年财政预算；

四、听取和审议晋江市人大常委会工作报告；

五、听取和审议晋江市人民法院工作报告；

六、听取和审议晋江市人民检察院工作报告；

七、选举晋江市第十五届人民代表大会常务委员会主任、副主任、委员，市人民政府市长、副市长，市人民法院院长，市人民检察院检察长，泉州市第十四届人民代表大会代表。

晋江市人大常委会关于李建辉任职的决定

（2006年12月13日晋江市第十四届人大常委会第二十三次会议通过）

依照《中华人民共和国地方各级人民代表大会和地方各级人民政府组织法》规定，根据晋江市人民政府市长杨益民的提请，市第十四届人大常委会第二十三次会议决定：

李建辉任晋江市人民政府副市长，报晋江市第十四届人民代表大会备案。

晋江市人大常委会
关于接受杨益民辞去晋江市人民政府市长职务的请求的决定

（2006年12月13日晋江市第十四届人大常委会第二十三次会议通过）

依照《中华人民共和国地方各级人民代表大会和地方各级人民政府组织法》规定，

根据杨益民同志的辞呈，市第十四届人大常委会第二十三次会议决定：

接受杨益民辞去晋江市人民政府市长职务的请求，报晋江市第十四届人民代表大会备案。

晋江市人大常委会关于李建辉代理晋江市人民政府市长职务的决定

（2006年12月13日晋江市第十四届人大常委会第二十三次会议通过）

依照《中华人民共和国地方各级人民代表大会和地方各级人民政府组织法》规定，根据晋江市第十四届人大常委会主任会议的提名，市第十四届人大常委会第二十三次会议决定：

李建辉代理晋江市人民政府市长职务，报晋江市第十四届人民代表大会备案。

晋江市人大常委会关于潘丰源代理晋江市人民法院院长职务的决定

（2006年12月13日晋江市第十四届人大常委会第二十三次会议通过）

依照《中华人民共和国地方各级人民代表大会和地方各级人民政府组织法》规定，根据晋江市第十四届人大常委会主任会议的提名，市第十四届人大常委会第二十三次会议决定：

潘丰源代理晋江市人民法院院长职务，报晋江市第十四届人民代表大会备案。

晋江市人大常委会关于市第十五届人大常委会组成人员分工的决定

（2007年2月6日晋江市第十五届人大常委会第一次会议通过）

根据晋江市第十五届人大常委会主任会议的建议，市第十五届人大常委会第一次会议决定市第十五届人大常委会组成人员分工如下：

主　任：王景星　主持常委会全面工作

副主任：林进德　分管法制、政法、民政、信访工作

丁聪枝　分管农业农村、城市建设、环境和资源保护工作

蔡天赞　分管办公室、人事代表工作

罗　云　分管财政经济、劳动、人大宣传工作

颜子鸿　分管教科文卫、精神文明建设、计生、旅游、华侨、民族、宗教工作

委　员：陈建军　常委会办公室工作

蔡体面　人事代表工作

姚志强　人事代表工作
颜建顺　人事代表工作
陈紫凡　法制、政法、民政、信访工作
洪天炳　法制、政法、民政、信访工作
颜惠玉　法制、政法、民政、信访工作
黄鹭旋　农业农村工作
柯文托　农业农村工作
姚金榜　农业农村工作
陈恩典　财政经济、劳动工作
周永伟　财政经济、劳动工作
洪肇设　财政经济、劳动工作
庄明栽　教科文卫、精神文明建设、计生工作
庄耀东　教科文卫、精神文明建设、计生工作
胡毅雄　教科文卫、精神文明建设、计生工作
黄月莹　教科文卫、精神文明建设、计生工作
张永忠　华侨、民族、宗教、旅游工作
丁世忠　华侨、民族、宗教、旅游工作
蔡仲谋　华侨、民族、宗教、旅游工作
颜志平　城市建设、环境和资源保护工作
李春兴　城市建设、环境和资源保护工作
颜其惕　城市建设、环境和资源保护工作

晋江市人大常委会
关于市第十五届人大常委会组成人员联系代表分工的决定

（2007 年 2 月 6 日晋江市第十五届人大常委会第一次会议通过）

根据晋江市第十五届人大常委会主任会议的建议，晋江市第十五届人大常委会第一次会议决定市第十五届人大常委会组成人员联系代表分工如下：

陈埭镇、龙湖镇、西滨镇，罗山街道：
林进德、陈紫凡、丁世忠、柯文托、颜其惕
（庄永添配合活动）

英林镇、深沪镇、永和镇，西园街道：
丁聪枝、陈建军、黄鹭旋、颜志平、洪天炳、洪肇设
（苏银楼、陈扶西配合活动）

金井镇、安海镇、东石镇，青阳街道：
蔡天赞、张永忠、黄月莹、周永伟、姚金榜、颜建顺
（王人冬、柯枫伟配合活动）
紫帽镇、池店镇，新塘、灵源街道：
罗　云、蔡体面、陈恩典、姚志强、颜惠玉
（王逸民、陈丽娜配合活动）
磁灶镇、内坑镇，梅岭街道：
颜子鸿、庄明栽、胡毅雄、庄耀东、李春兴、蔡仲谋
（黄小闽、谢江漫配合活动）

晋江市人大常委会关于成立市第十五届人大常委会代表资格审查委员会的决定

（2007年2月6日晋江市第十五届人大常委会第一次会议通过）

依照《中华人民共和国地方各级人民代表大会和地方各级人民政府组织法》第四十五条规定，根据晋江市第十五届人大常委会主任会议的建议，晋江市第十五届人大常委会第一次会议决定成立晋江市第十五届人大常委会代表资格审查委员会。组成人员名单如下：

主任委员：林进德
副主任委员：蔡天赞
委　　员：蔡体面　市人大常委会委员、人事代表委主任
陈紫凡　市人大常委会委员、内司委主任
姚志强　市人大常委会委员、市委组织部副部长
洪天炳　市人大常委会委员、市总工会常务副主席
颜惠玉　市人大常委会委员、市妇联主席
黄月莹　市人大常委会委员、养正中学副校长
李春兴　市人大常委会委员、梅岭街道竹树下社区党总支书记、福建凤竹集团有限公司董事长

晋江市人大常委会关于调整市人大常委会依法治市领导小组成员的决定

（2007年2月6日晋江市第十五届人大常委会第一次会议通过）

鉴于人事变动，根据晋江市第十五届人大常委会主任会议的建议，晋江市第十五届

人大常委会第一次会议决定调整市人大常委会依法治市领导小组成员，调整后的领导小组成员名单如下：

组　长：王景星　市人大常委会主任

副组长：林进德　市人大常委会副主任

　　　　蔡天赞　市人大常委会副主任

成　员：陈建军　市人大常委会委员、办公室主任

　　　　蔡体面　市人大常委会委员、人事代表委主任

　　　　陈紫凡　市人大常委会委员、内司委主任

　　　　姚志强　市人大常委会委员、市委组织部副部长

　　　　洪天炳　市人大常委会委员、市总工会常务副主席

晋江市人大常委会
关于成立市人大常委会信访工作领导小组的决定

（2007年2月6日晋江市第十五届人大常委会第一次会议通过）

依照《晋江市人民代表大会常务委员会关于办理人民群众来信来访的暂行规定》第五条规定，根据晋江市第十五届人大常委会主任会议的建议，晋江市第十五届人大常委会第一次会议决定成立晋江市第十五届人大常委会信访工作领导小组。组成人员名单如下：

组　长：林进德　市人大常委会副主任

副组长：陈建军　市人大常委会委员、办公室主任

　　　　陈紫凡　市人大常委会委员、内司委主任

成　员：蔡体面　市人大常委会委员、人事代表委主任

　　　　黄鹭旋　市人大常委会委员、农经委主任

　　　　陈恩典　市人大常委会委员、财经委主任

　　　　庄明裁　市人大常委会委员、教科文卫委主任

　　　　张永忠　市人大常委会委员、华侨委主任

　　　　颜志平　市人大常委会委员、环城委副主任

　　　　洪天炳　市人大常委会委员、市总工会常务副主席

　　　　颜惠玉　市人大常委会委员、市妇联主席

　　　　庄永添　市人大常委会办公室主任科员

晋江市人大常委会
关于调整市人大常委会妇女儿童工作组成员的决定

（2007年2月6日晋江市第十五届人大常委会第一次会议通过）

鉴于人事变动，根据晋江市第十五届人大常委会主任会议的建议，市第十五届人大常委会第一次会议决定调整晋江市人大常委会妇女儿童工作组成员。调整后的工作组成员名单如下：

组　长：林进德　市人大常委会副主任

副组长：陈紫凡　市人大常委会委员、内司委主任

颜惠玉　市人大常委会委员、市妇联主席

成　员：陈恩典　市人大常委会委员、财经委主任

姚志强　市人大常委会委员、市委组织部副部长

洪天炳　市人大常委会委员、市总工会常务副主席

庄耀东　市人大常委会委员、市中医院院长

黄月莹　市人大常委会委员、养正中学副校长

晋江市人大常委会关于聘请庄晴川等为市人大常委会各委员会兼职委员的决定

（2007年2月6日晋江市第十五届人大常委会第一次会议通过）

为更好地履行宪法和法律赋予的职权，促进本市“三个文明”建设的协调发展，根据市人大常委会主任会议的建议，晋江市第十五届人大常委会第一次会议审议通过，决定：

聘请庄晴川、李育仁、许泽龙、蔡文谦、林水盘、洪义锋为市人大常委会人事代表委员会兼职委员；

聘请周荣宜、庄树勉、陈建兴、吴世钦为市人大常委会内务司法委员会兼职委员；

聘请蔡谋溪、吴礼法、颜春呈、柯遵剧、谢仁侨为市人大常委会农村经济委员会兼职委员；

聘请张俊明、许伯聪、尤胜团、王聪星、李志锋为市人大常委会财政经济委员会兼职委员；

聘请范清靖、施能旺、蔡金潮、张金龙、张贻拔、林君清为市人大常委会教育科学文化卫生委员会兼职委员；

聘请叶水应、丁少庭、詹淑华、丁文表、释向愿、曾昆洛为市人大常委会华侨与民族宗教委员会兼职委员；

聘请陈垂汉、邱志军、李金城、叶明佳为市人大常委会环境与城市建设委员会兼职委员。

上述兼职委员的任期为五年。

晋江市人大常委会关于批准2006年度本级财政决算的决议

（2007年6月28日晋江市第十五届人大常委会第三次会议通过）

晋江市第十五届人民代表大会常务委员会第三次会议听取和审议了《晋江市人民政府关于提请审议2006年度本级财政收支决算（草案）的议案》，并结合《晋江市人民政府关于2006年度本级财政预算执行和其他财政收支的审计工作报告》和市人大常委会财政经济委员会的初审报告，对2006年度本级财政决算进行了审查。会议决定批准2006年度本级财政决算。

晋江市人大常委会
关于批准晋江市2007年财政收支预算调整方案的决议

（2007年10月30日晋江市第十五届人大常委会第五次会议通过）

根据《中华人民共和国预算法》《中华人民共和国各级人民代表大会常务委员会监督法》及《晋江市人大常委会关于加强预算审查监督的规定》的有关规定，晋江市第十五届人大常委会第五次会议认真审议了《晋江市人民政府关于提请审议晋江市2007年财政收支预算调整方案的议案》，并听取了市人大常委会财政经济委员会的审查报告。

会议同意市人大常委会财政经济委员会在审查报告中提出的各项建议，决定批准市本级财政收入预算由24.803亿元调整为26.491亿元，财政总收入调整为60亿元，财政支出预算由24.135亿元调整为25.79亿元。

晋江市人大常委会关于同意晋江市2007年国民经济和社会发展计划重点项目调整方案的决议

（2007年10月30日晋江市第十五届人大常委会第五次会议通过）

根据《中华人民共和国各级人民代表大会常务委员会监督法》的有关规定，晋江市第十五届人大常委会第五次会议认真审议了《晋江市人民政府关于调整2007年国民经济和社会发展计划重点项目的议案》。

会议同意议案中提出的将10个在建重点项目调整为预备重点项目，13个预备重点项目调整为在建重点项目，取消2个预备重点项目。

晋江市人大常委会关于接受黄志荣等辞去晋江市第十五届人民代表大会代表职务的请求的决定

（2007年10月30日晋江市第十五届人大常委会第五次会议通过）

因调整工作岗位，黄志荣、杨祖汉、吴淞江等3位同志向市人大常委会提出辞去晋江市第十五届人民代表大会代表职务的请求。根据《晋江市人民代表大会代表辞职的暂行规定》，晋江市第十五届人大常委会第五次会议决定：

接受黄志荣、杨祖汉、吴淞江等3位辞去晋江市第十五届人民代表大会代表职务的请求。

晋江市人大常委会
关于选举和补选晋江市第十五届人民代表大会代表的决定

（2007年10月30日晋江市第十五届人大常委会第五次会议通过）

晋江市第十五届人民代表大会代表名额322名。市第十五届人民代表大会第一次会议时，实有代表317名。代表共缺额5名。

市第十五届人民代表大会第一次会议以来，磁灶代表团薛宗炎代表、西滨代表团郑志勇代表、梅岭代表团胡毅雄代表、罗山代表团陈勇代表（驻晋江94921部队）调离本市行政区域，根据《代表法》第四十一条规定，以上4位代表的代表资格终止。龙湖代表团吴淞江代表、西园代表团黄志荣代表、金井代表团杨祖汉代表已调整原选举时的工作单位，向市人大常委会提出辞去市第十五届人民代表大会代表职务的请求被接受。目前，代表共缺额12名。

因工作需要，市人大常委会决定选举和补选市第十五届人民代表大会代表11名。由深沪镇选举市第十五届人民代表大会代表1名，金井镇、龙湖镇、西园街道各补选市第十五届人民代表大会代表2名，磁灶镇、内坑镇、青阳街道各补选市第十五届人民代表大会代表1名，驻晋江94921部队补选市第十五届人民代表大会代表1名。

选举和补选晋江市第十五届人民代表大会代表按市级选区进行，并依照《中华人民共和国全国人民代表大会和地方各级人民代表大会选举法》《福建省县、乡两级人民代表大会代表直接选举实施细则》《中国人民解放军选举全国人民代表大会和地方各级人民代表大会代表的办法》的有关规定执行。

晋江市人大常委会关于废止《晋江市人民代表大会常务委员会关于国家机关工作人员述职评议的暂行办法》的决定

（2007 年 10 月 30日晋江市第十五届人大常委会第五次会议通过）

晋江市第十五届人民代表大会常务委员会第五次会议决定，自即日起废止《晋江市人民代表大会常务委员会关于国家机关工作人员述职评议的暂行办法》。

晋江市人大常委会
关于授予李永波等同志“晋江市荣誉市民”称号的决定

（2007 年 11 月 27 日晋江市第十五届人大常委会第六次会议通过）

根据《晋江市人民代表大会常务委员会关于授予荣誉市民称号的暂行规定》，经市第十五届人大常委会第六次会议表决通过，决定授予李永波、陆学艺、王更生、叶敬平、白晓闯、吕芳助、庄稼茵、严寅、吴庆伟、张田、张步深、张宏、张树仁、陈双权、陈喜东、周爱华、柯育发、姚俊峰、涂庆球、常向真等二十位同志“晋江市荣誉市民”称号。

晋江市人大常委会
关于补选晋江市第十五届人民代表大会代表的决定

（2007 年 12 月 4 日晋江市第十五届人大常委会第七次会议通过）

晋江市第十五届人民代表大会代表名额 322 名。现实有代表 310 名，代表缺额 12 名。市第十五届人大常委会第五次会议决定选举和补选代表 11 名，代表尚缺额 1 名。因工作需要，市第十五届人大常委会第七次会议决定，由金井镇补选市第十五届人民代表大会代表 1 名。

补选晋江市第十五届人民代表大会代表按市级选区进行，并依照《中华人民共和国全国人民代表大会和地方各级人民代表大会选举法》和《福建省实施〈中华人民共和国全国人民代表大会和地方各级人民代表大会选举法〉办法》的有关规定执行。

晋江市人大常委会关于接受许良志辞去晋江市第十五届人民代表大会代表职务的请求的决定

（2007 年 12 月 17 日晋江市第十五届人大常委会第八次会议通过）

晋江市第十五届人民代表大会代表许良志向晋江市人大常委会提出辞去晋江市第十五届人民代表大会代表职务的请求。根据《中华人民共和国全国人民代表大会和地方各级人民代表大会选举法》第四十九条规定，晋江市第十五届人大常委会第八次会议决定：

接受许良志辞去晋江市第十五届人民代表大会代表职务的请求。

晋江市人大常委会关于召开晋江市第十五届人民代表大会第二次会议的决定

（2007 年 12 月 25 日晋江市第十五届人大常委会第九次会议通过）

晋江市第十五届人大常委会第九次会议决定：晋江市第十五届人民代表大会第二次会议于 2007 年 12 月 30 日至 2008 年 1 月 2 日在青阳召开，会期 4 天。

建议大会议程：

一、听取和审议晋江市人民政府工作报告；

二、听取和审议晋江市人民政府关于晋江市 2007 年国民经济和社会发展计划执行情况及 2008 年计划（草案）的报告，审查和批准晋江市 2007 年国民经济和社会发展计划执行情况及 2008 年计划；

三、听取和审议晋江市人民政府关于晋江市 2007 年财政预算执行情况与 2008 年财政预算（草案）的报告，审查和批准晋江市 2007 年财政预算执行情况与 2008 年财政预算；

四、听取和审议晋江市人民代表大会常务委员会工作报告；

五、听取和审议晋江市人民法院工作报告；

六、听取和审议晋江市人民检察院工作报告；

七、大会选举。

晋江市人大常委会关于接受陈国平辞去晋江市人民检察院检察长、检察委员会委员、检察员职务的请求的决定

（2007年12月25日晋江市第十五届人大常委会第九次会议通过）

依照《中华人民共和国地方各级人民代表大会和地方各级人民政府组织法》规定，根据陈国平同志的辞呈，市第十五届人大常委会第九次会议决定：

接受陈国平辞去晋江市人民检察院检察长、检察委员会委员、检察员职务的请求，报晋江市第十五届人民代表大会备案，并报经泉州市人民检察院检察长提请泉州市人大常委会批准。

晋江市人大常委会关于调整市第十五届人大常委会组成人员分工的决定

（2008年2月29日晋江市第十五届人大常委会第十次会议通过）

鉴于人事变动，晋江市第十五届人大常委会第十次会议决定，调整市第十五届人大常委会组成人员分工。调整后的市第十五届人大常委会组成人员分工如下：

主　任：王景星　主持常委会全面工作

副主任：林进德　分管法制、政法、民政、信访工作

丁聪枝　分管城市建设、环境和资源保护、人大宣传工作

蔡天赞　分管办公室、人事代表工作

罗　云　分管财政经济、劳动工作

颜子鸿　分管教科文卫、精神文明建设、计生、旅游、华侨、民族、宗教工作

连泉富　分管农业农村工作

委　员：陈建军　常委会办公室工作

蔡体面　人事代表工作

姚志强　人事代表工作

颜建顺　人事代表工作

陈紫凡　法制、政法、民政、信访工作

洪天炳　法制、政法、民政、信访工作

颜惠玉　法制、政法、民政、信访工作

黄鹭旋　农业农村工作
柯文托　农业农村工作
姚金榜　农业农村工作
陈恩典　财政经济、劳动工作
周永伟　财政经济、劳动工作
洪肇设　财政经济、劳动工作
庄明栽　教科文卫、精神文明建设、计生工作
庄耀东　教科文卫、精神文明建设、计生工作
陈多多　教科文卫、精神文明建设、计生、人大宣传工作
黄月莹　教科文卫、精神文明建设、计生工作
张永忠　华侨、民族、宗教、旅游工作
丁世忠　华侨、民族、宗教、旅游工作
蔡仲谋　华侨、民族、宗教、旅游工作
颜志平　城市建设、环境和资源保护工作
王金聪　城市建设、环境和资源保护工作
李春兴　城市建设、环境和资源保护工作
颜其惕　城市建设、环境和资源保护工作

晋江市人大常委会
关于调整市第十五届人大常委会组成人员联系代表分工的决定

（2008年2月29日晋江市第十五届人大常委会第十次会议通过）

鉴于人事变动，晋江市第十五届人大常委会第十次会议决定，调整市第十五届人大常委会组成人员联系代表分工。调整后的市第十五届人大常委会联系代表分工如下：

陈埭镇、安海镇，罗山街道：
林进德、陈紫凡、丁世忠、黄月莹、颜其惕、颜建顺
（庄永添配合活动）

英林镇、深沪镇，梅岭街道：
丁聪枝、颜志平、庄耀东、李春兴、洪肇设
（黄小闽、陈扶西配合活动）

金井镇、东石镇，青阳街道：
蔡天赞、张永忠、王金聪、周永伟、姚金榜
（王人冬、柯枫伟配合活动）

紫帽镇、池店镇，西园街道：

罗　云、蔡体面、黄鹭旋、姚志强、颜惠玉

（苏银楼、陈丽娜配合活动）

磁灶镇、内坑镇，西滨镇，灵源街道：

颜子鸿、庄明栽、柯文托、蔡仲谋

（王逸民、谢江漫配合活动）

永和镇、龙湖镇，新塘街道：

连泉富、陈建军、陈恩典、陈多多、洪天炳

（戴文俊配合活动）

晋江市人大常委会关于设立“晋江市全民健身日”的决定

（2008年4月17日晋江市第十五届人大常委会第十一次会议通过）

为贯彻实施《中华人民共和国体育法》和《全民健身纲要》，推动本市全民健身活动的全面开展，促进国家体育产业基地的内涵提升，晋江市第十五届人大常委会第十一次会议审议决定：将每年5月20日设立为“晋江市全民健身日”。

晋江市人大常委会关于许可对晋江市第十五届人民代表大会代表颜孙超采取强制措施并暂时停止其执行代表职务的决定

（2008年4月17日晋江市第十五届人大常委会第十一次会议通过）

根据晋江市人民检察院《关于提请许可对颜孙超采取强制措施的报告》，依照《中华人民共和国全国人民代表大会和地方各级人民代表大会代表法》有关规定，晋江市第十五届人大常委会第十一次会议决定：

许可对晋江市第十五届人民代表大会代表颜孙超采取法律规定的强制措施，并自本决定通过之日起暂时停止其执行代表职务。

晋江市人大常委会关于接受颜志平辞去晋江市第十五届人民代表大会代表职务的请求的决定

（2008年4月17日晋江市第十五届人大常委会第十一次会议通过）

因调整工作岗位，颜志平同志向晋江市第十五届人大常委会提出辞去晋江市第十五届人民代表大会代表职务的请求。根据《晋江市人民代表大会代表辞职的暂行规定》，晋江市第十五届人大常委会第十一次会议决定：

接受颜志平辞去晋江市第十五届人民代表大会代表职务的请求。

晋江市人大常委会关于王金战等职务任免的决定

（2008年6月11日晋江市第十五届人大常委会第十二次会议通过）

依照《中华人民共和国地方各级人民代表大会和地方各级人民政府组织法》规定，根据晋江市人民政府李建辉市长的提请，市第十五届人大常委会第十二次会议审议决定：

任命王金战为晋江市人民政府副市长；

免去郭鸿荣晋江市人民政府副市长职务。

以上两位同志职务任免报市第十五届人民代表大会第三次会议备案。

晋江市人大常委会关于批准2007年本级财政决算的决议

（2008年8月28日晋江市第十五届人大常委会第十三次会议通过）

晋江市第十五届人民代表大会常务委员会第十三次会议，听取了《晋江市人民政府关于提请审查批准2007年本级财政收支决算草案的议案》，并结合《晋江市人民政府关于2007年度本级财政预算执行和其他财政收支的审计工作报告》和市人大常委会财政经济委员会的初审报告，对2007年本级财政决算草案进行了审查，同意市人大常委会财政经济委员会在初步审查报告中提出的意见，决定批准2007年市本级决算。

晋江市人大常委会
关于批准晋江市2008年财政收支预算调整方案的决议

（2008年10月31日晋江市第十五届人大常委会第十四次会议通过）

根据《中华人民共和国预算法》《中华人民共和国各级人民代表大会常务委员会监督法》及《晋江市人大常委会关于加强预算审查监督的规定》的有关规定，晋江市第十五届人大常委会第十四次会议认真审议了《晋江市人民政府关于提请审查批准晋江市2008年财政收支预算调整方案的议案》，并听取了市人大常委会财政经济委员会的初审报告。

会议同意市人大常委会财政经济委员会在初审报告中提出的各项建议，决定批准市本级财政收入预算由31.926亿元调整为32.34亿元，财政总收入由71.76亿元调整为72.36亿元，财政支出预算由30.92亿元调整为31.3436亿元。

晋江市人大常委会关于接受陈传芳等辞去晋江市第十五届人民代表大会代表职务的请求的决定

（2008年11月21日晋江市第十五届人大常委会第十五次会议通过）

因调整工作岗位，陈传芳、朱永远、洪明社、许文宣、张世雄等同志向市人大常委会提出辞去晋江市第十五届人民代表大会代表职务的请求。根据《晋江市人民代表大会代表辞职的暂行规定》，晋江市第十五届人大常委会第十五次会议决定：

接受陈传芳、朱永远、洪明社、许文宣、张世雄等同志辞去晋江市第十五届人民代表大会代表职务的请求。

晋江市人大常委会
关于补选晋江市第十五届人民代表大会代表的决定

（2008年11月21日晋江市第十五届人大常委会第十五次会议通过）

晋江市第十五届人民代表大会代表名额322名。市第十五届人民代表大会第二次会议时，实有代表320名，代表共缺2名。市第十五届人民代表大会第二次会议以来，青阳代表团张俊明代表调离本市行政区域，根据《中华人民共和国全国人民代表大会和地方各级人民代表大会代表法》第四十一条规定，其代表资格终止；西园代表团陈传芳代表、安海代表团朱永远代表、英林代表团洪明社代表、金井代表团许文宣代表、深沪代表团张世雄代表、颜志平代表向市人大常委会提出辞去晋江市第十五届人民代表大会代表职务的请求被接受。目前，市第十五届人民代表大会实有代表313名，代表名额共缺9名。

因工作需要，市第十五届人大常委会第十五次会议决定：补选市第十五届人民代表大会代表7名。

补选晋江市第十五届人民代表大会代表按市级选区进行，并依照《中华人民共和国全国人民代表大会和地方各级人民代表大会选举法》《福建省县、乡两级人民代表大会代表直接选举实施细则》的有关规定执行。

晋江市人大常委会关于聘请张一兵等为市人大常委会财政经济委员会兼职委员的决定

（2008年11月21日晋江市第十五届人大常委会第十五次会议通过）

为更好地履行宪法和法律赋予的职权，提高财经监督工作水平，根据市人大常委会主任会议的建议，晋江市第十五届人大常委会第十五次会议审议通过，决定：

聘请张一兵、陈向荣等同志为市人大常委会财政经济委员会兼职委员，任期三年。

晋江市人大常委会关于召开晋江市第十五届人民代表大会第三次会议的决定

（2008年12月31日晋江市第十五届人大常委会第十六次会议通过）

晋江市第十五届人大常委会第十六次会议决定：晋江市第十五届人民代表大会第三次会议于2009年1月17日至1月19日在青阳召开，会期3天。

建议大会议程：

一、听取和审议晋江市人民政府工作报告；

二、听取和审议晋江市2008年国民经济和社会发展计划执行情况及2009年国民经济和社会发展计划草案报告，审查和批准晋江市2008年国民经济和社会发展计划执行情况报告及2009年国民经济和社会发展计划；

三、听取和审议晋江市2008年预算执行情况及2009年预算草案报告，审查和批准晋江市2008年预算执行情况报告及2009年预算；

四、听取和审议晋江市人民代表大会常务委员会工作报告；

五、听取和审议晋江市人民法院工作报告；

六、听取和审议晋江市人民检察院工作报告；

七、大会选举。

晋江市人大常委会关于罢免许良志泉州市第十四届人民代表大会代表职务的决议

（2008年12月31日晋江市第十五届人大常委会第十六次会议通过）

鉴于泉州市第十四届人民代表大会代表许良志因受贿罪被泉州市中级人民法院依法

判处有期徒刑，依照《中华人民共和国全国人民代表大会和地方各级人民代表大会选举法》第四十三条、第四十五条、第四十七条规定，晋江市第十五届人大常委会第十六次会议认真审议了《晋江市人大常委会主任会议关于罢免许良志泉州市第十四届人民代表大会代表职务的议案》，并表决通过：罢免许良志泉州市第十四届人民代表大会代表职务，报泉州市第十四届人民代表大会常务委员会备案。

晋江市人大常委会
关于选举晋江市第十五届人民代表大会代表的决定

（2008 年 12 月 31 日晋江市第十五届人大常委会第十六次会议通过）

鉴于深沪镇第 4 选区(科任村）的晋江市第十五届人民代表大会代表尚未选出，根据《中华人民共和国全国人民代表大会和地方各级人民代表大会选举法》《福建省县、乡两级人民代表大会代表直接选举实施细则》第四十一条规定，晋江市第十五届人大常委会第十六次会议决定：深沪镇第 4 选区（科任村）选举晋江市第十五届人民代表大会代表 1 名。

选举晋江市第十五届人民代表大会代表按照《中华人民共和国全国人民代表大会和地方各级人民代表大会选举法》和《福建省县、乡两级人民代表大会代表直接选举实施细则》的有关规定执行。

晋江市人大常委会关于表彰市十五届人民代表大会
代表优秀建议及办理工作先进单位的决定

晋人大〔2009〕1 号

各镇人大主席团、街道人大工委，市直各单位：

人大代表依法提出议案和建议，是参与管理国家事务、经济和文化事业、社会事务的一项重要职权，是执行代表职务，监督国家机关工作的一种重要形式。晋江市第十五届人民代表大会代表自任职以来，坚持以邓小平理论和“三个代表”重要思想为指导，全面贯彻落实科学发展观，依法行使代表职权，围绕我市的政治、经济、文化和社会事业等方面工作，提出了一批有建设性的建议。各有关部门高度重视代表建议办理工作，积极解决代表建议所提出的问题，有效地推动了各项工作。为了进一步调动代表依法履职和“一府两院”及有关部门办理代表建议的积极性，提高代表建议和办理工作的质量，根据《晋江市人民代表大会议事规则》《晋江市人民代表大会代表建议、批评和意见办理办法》，经评选确定：李海庭等代表提出的“关于加强饮用水资源保护的建议”等27件建议为晋江市第十五届人民代表大会代表优秀建议；晋江市财政局等5个单位为晋江市第十五届人民代表大会代表建议（2007—2008年度）办理工作先进单位，并决定对上述单位和个人进行表彰。希望受表彰的代表和单位再接再厉，更好地依法履职，为开创晋江科学发展新局面，为建设民富市强、和谐发展的现代化制造基地、商贸中心、滨海港口城市作出新的贡献。

晋江市人大常委会关于杨兴生分工的决定

（2009年2月27日晋江市第十五届人大常委会第十七次会议通过）

晋江市第十五届人大常委会第十七次会议决定：

杨兴生分工城市建设、环境和资源保护工作，联系英林镇、深沪镇、梅岭街道的市第十五届人民代表大会代表。

晋江市人民代表大会常务委员会关于实施《福建省各级人民代表大会常务委员会规范性文件备案审查规定》的意见

（2009年2月27日晋江市第十五届人民代表大会常务委员会第十七次会议通过）

一、为规范和保障晋江市人民代表大会常务委员会（以下简称市人大常委会）依法行使监督职权，加强规范性文件的备案审查工作，维护国家法制统一，根据《中华人民共和国各级人民代表大会常务委员会监督法》《中华人民共和国立法法》《福建省各级人民代表大会常务委员会规范性文件备案审查规定》等有关法律法规的规定，参照《泉州市人大常委会关于实施〈福建省各级人民代表大会常务委员会规范性文件备案审查规定〉的意见》，结合本市实际，制定本意见。

二、本意见所称规范性文件，是指有权机关制定的涉及公民、法人和其他组织权利义务，具有普遍约束力的文件。

规范性文件设定权利义务，必须以法律法规为依据，不得超越法律法规限定的范围。

三、下列规范性文件，应当自发布之日起三十日内报送市人大常委会备案：

（一）市人民政府发布的决定、命令；

（二）经市人民政府批准以政府组成部门、办事机构、直属机构名义发布的文件；

（三）镇人民代表大会作出的决议、决定。

四、报送备案的规范性文件材料包括备案报告、规范性文件文本和说明，并按照统一格式装订成册，一式十份，同时附送电子文本。

五、市人大常委会各工作机构在常委会的领导下，按照职责分工，具体承担相关规范性文件的初步审查工作。

六、市人大常委会内务司法委员会（以下简称内司委）负责规范性文件备案审查的各项工作。

七、内司委收到报送备案的规范性文件后，予以登记，并根据规范性文件的内容，将规范性文件分送常委会有关工作机构。

规范性文件的内容涉及两个或者两个以上常委会工作机构职责范围的，内司委应当同时分送常委会有关工作机构。

八、对规范性文件主要审查是否存在下列情形：

（一）超越法定权限，限制或者剥夺公民、法人和其他组织的合法权利，或者增加公民、法人和其他组织的义务；

（二）同法律、法规以及上级和本级人民代表大会及其常务委员会的有关决议、决定相抵触；

（三）其他不适当情形，应当予以改变或者撤销的。

九、规范性文件备案审查实行被动审查和主动审查相结合。被动审查指对市人民政府、市人民法院、市人民检察院和镇人大主席团提出审查要求及其他国家机关和社会团体、企业事业组织以及公民提出审查建议的规范性文件进行的审查；主动审查指对规范性文件主动进行的审查。

十、市人民政府、市人民法院、市人民检察院和镇人大主席团，认为属于市人大常委会接受备案范围的规范性文件存在本意见第八点所列情形之一，向市人大常委会书面提出审查要求的，由内司委接收、登记后，分送常委会有关工作机构进行审查。

以上所列以外的其他国家机关、社会团体、企业事业组织以及公民，认为属于市人大常委会接受备案范围的规范性文件存在本意见第八点所列情形之一，向市人大常委会书面提出审查建议的，由内司委接收、登记、初步审查。内司委认为有审查必要的，分送常委会有关工作机构进行审查；认为无审查必要的，报经常委会分管负责人同意后，由常委会办公室向提出审查建议的国家机关、社会团体、企业事业组织或者公民说明理由。

十一、国家机关、社会团体、企业事业组织以及公民书面提出审查要求或者审查建议，应当写明要求或者建议审查的规范性文件名称、审查的事项和理由。

对不属于市人大常委会备案审查的，常委会办公室应当告知提出审查要求或者审查建议的国家机关、社会团体、企业事业组织或者公民向有权进行备案审查的机关提出。

十二、常委会有关工作机构收到审查要求或者审查建议后，应当在六十日内提出初步审查意见，认为存在本意见第八点所列情形之一的，提请常委会主任会议进行审查；认为不存在本意见第八点所列情形之一的，由常委会办公室告知提出审查要求或者审查建议的国家机关、社会团体、企业事业组织或者公民。

十三、常委会有关工作机构对依照意见第七点报送备案的规范性文件实行主动审查，认为存在本意见第八点所列情形之一的，应当提出初步审查书面意见，提请常委会主任会议进行审查；认为不存在本意见第八点所列情形之一的，移送内司委存档。

常委会和常委会有关工作机构发现规范性文件制定机关未按规定将规范性文件报送备案审查，可以依照前款规定进行主动审查。

十四、常委会有关工作机构审查规范性文件时，需要制定机关说明情况或者补充材料的，制定机关应当派人说明或者提交补充材料。

常委会有关工作机构可以召开联合审查会议，听取制定机关有关情况说明；可以召开论证会，听取相关部门和专家、学者的意见；也可以书面征求意见或者采取其他形式进行审查。

十五、常委会主任会议经审查认为规范性文件存在本意见第八点所列情形之一的，提出书面审查意见，由常委会办公室向规范性文件制定机关发出，建议制定机关自行修改或者废止该规范性文件；认为不存在本意见第八点所列情形的，由内司委存档。

十六、规范性文件制定机关应当自收到书面审查意见之日起六十日内，将处理情况向常委会办公室反馈，由内司委向常委会主任会议报告。

十七、经审查认为规范性文件存在本意见第八点所列情形而制定机关不予纠正的，由常委会主任会议提出予以撤销的议案，提请常委会会议审议决定。内司委负责起草撤销议案。

十八、常委会可以决定撤销规范性文件，也可以决定撤销规范性文件的部分内容。常委会的撤销决定由常委会办公室向社会公布。

十九、制定机关对修改或者部分内容被撤销后的规范性文件，应当重新公布，并按照本意见报送备案。

二十、常委会办公室应当在规范性文件审查工作结束后十日内，将常委会的审查结果告知提出审查要求或者审查建议的国家机关、社会团体、企业事业组织或者公民。

二十一、内司委应当在规范性文件审查工作结束后，及时将备案审查材料统一存档。

二十二、规范性文件制定机关应当在每年一月底前，将上一年度制定的规范性文件目录报送内司委备查。

内司委应当在每年第一季度，向市人大常委会书面报告上一年度规范性文件备案审查情况。

二十三、规范性文件制定机关未按规定期限报送规范性文件备案，或者报送的文件材料不齐全的，由常委会办公室通知其限期报送或者补充报送；逾期仍不报送的，由常委会办公室发文给予通报批评，并责令限期改正。

二十四、本意见自通过之日起施行。2001 年 12 月 19 日晋江市第十三届人民代表大会常务委员会第二十一次会议通过的《晋江市人民代表大会常务委员会关于审查国家机关规范性文件的暂行规定》同时废止。

晋江市人大常委会关于聘请庄永添为市人大常委会内务司法委员会兼职委员的决定

（2009 年 4 月 21 日晋江市第十五届人大常委会第十八次会议通过）

为更好地履行宪法和法律赋予的职权，提高内务司法监督工作水平，根据市人大常委会主任会议的建议，晋江市第十五届人大常委会第十八次会议审议通过，决定：

聘请庄永添同志为市人大常委会内务司法委员会兼职委员，任期三年。

晋江市人大常委会关于尤猛军任职的决定

（2009 年 5 月 15 日晋江市第十五届人大常委会第十九次会议通过）

依照《中华人民共和国地方各级人民代表大会和地方各级人民政府组织法》规定，根据晋江市人民政府李建辉市长的提请，市第十五届人大常委会第十九次会议审议决定：

任命尤猛军为晋江市人民政府副市长，报市第十五届人民代表大会第四次会议备案。

晋江市人大常委会关于接受李建辉辞去晋江市人民政府市长职务的请求的决定

（2009 年 5 月 15 日晋江市第十五届人大常委会第十九次会议通过）

依照《中华人民共和国地方各级人民代表大会和地方各级人民政府组织法》规定，根据李建辉同志的辞呈，市第十五届人大常委会第十九次会议决定：

接受李建辉辞去晋江市人民政府市长职务的请求，报晋江市第十五届人民代表大会备案。

晋江市人大常委会关于尤猛军代理晋江市人民政府市长职务的决定

（2009 年 5 月 15 日晋江市第十五届人大常委会第十九次会议通过）

依照《中华人民共和国地方各级人民代表大会和地方各级人民政府组织法》规定，

根据晋江市第十五届人大常委会主任会议的提名，市第十五届人大常委会第十九次会议决定：

尤猛军代理晋江市人民政府市长职务，报晋江市第十五届人民代表大会备案。

晋江市人大常委会关于批准2008年本级决算的决议

（2009年6月24日晋江市第十五届人大常委会第二十次会议通过）

晋江市第十五届人大常委会第二十次会议听取了《晋江市人民政府关于提请审议2008年度本级财政收支决算草案的议案》，并结合《晋江市人民政府关于2008年度本级财政预算执行和其他财政收支的审计工作报告》和市人大常委会财政经济委员会的初审报告，对2008年度本级决算草案进行了审查，同意市人大常委会财政经济委员会在初步审查报告中提出的意见，决定批准2008年市本级决算。

晋江市人大常委会
关于修改《晋江市殡葬管理暂行规定》部分条款的决定

（2009年10月27日晋江市第十五届人大常委会第二十二次会议通过）

晋江市第十五届人大常委会第二十二次会议审议了晋江市人民政府关于修改《晋江市殡葬管理暂行规定》部分条款的议案，决定对《晋江市殡葬管理暂行规定》部分条款作如下修改：

一、将第四条规定："在全市范围内全面推行火葬。凡在本市辖区内死亡的人员，必须按本规定执行。个别要求土葬者，需经村（居）委会、所在地镇政府核准后申报市民政局批准并须在指定的地点安葬。"修改为："在全市范围内全面推行火葬。凡在本市辖区内死亡的人员，必须按本规定执行。"

二、将第五条规定："外国人（包括外籍华人）、华侨和港、澳、台同胞在本市辖区内死亡的，也应实行火葬。个别死者家属要求土葬或运出的，需持死者有关证件向当地政府提出申请，经统战、侨台外事等有关部门审核并提出意见，经市民政局批准后，方可在指定的地点安葬或运出。港、澳、台同胞和海外华侨在国外死亡要求归葬大陆的，须到民政局办理安葬事宜。"修改为："外国人、华侨华人和港、澳、台胞在本市辖区内死亡的，可就地火化，但其亲属要求将遗体运出境的，按国家有关规定办理。港、澳、台胞和华侨华人在国外、境外死亡要求骨灰归葬本市的，应到市人民政府相关部门办理安葬事宜。"

本决定自公布之日起施行。

《晋江市殡葬管理暂行规定》根据本决定作修改后，由市人民政府重新公布。

晋江市人大常委会关于同意我市第一批15个城建项目的决定

（2009年10月27日晋江市第十五届人大常委会第二十二次会议通过）

晋江市第十五届人大常委会第二十二次会议听取了晋江市人民政府关于第一批15个城建项目的报告。会议认为，启动第一批15个城建项目，对于进一步加快我市城市化进程，提升城市平台功能，提高城市综合竞争力，促进经济社会持续健康发展具有重要意义。会议同意启动晋江市总规修编及环湾控规项目、城建五年计划项目、滨江商务区（一期）开发建设项目、人工湖片区开发建设项目、双沟田美中片区建设项目、湖光西路石鼓路片区改造建设项目、八仙山公园工程建设项目、梅岭沟头片区改造建设项目、城北改造建设项目、滨江南路绿化工程、晋江人雕像周边地块规划创意项目、世纪大道南拓项目、双龙路东拓及片区改建项目、陶东路建设项目、安置小区建设项目等第一批15个城建项目。

晋江市人大常委会关于接受陈紫凡辞去晋江市第十五届人民代表大会常务委员会委员职务的请求的决定

（2009年10月27日晋江市第十五届人大常委会第二十二次会议通过）

依照《中华人民共和国地方各级人民代表大会和地方各级人民政府组织法》规定，晋江市第十五届人大常委会第二十二次会议审议决定：

接受陈紫凡辞去晋江市第十五届人民代表大会常务委员会委员职务的请求，报晋江市第十五届人民代表大会备案。

晋江市人大常委会关于表彰晋江市2007—2009年度先进市人大代表小组、优秀市人大代表、优秀人大工作者的决定

（2009年12月29日晋江市第十五届人大常委会第二十三次会议通过）

2007年以来，在中共晋江市委的领导下，本市各级人大坚持以邓小平理论和“三个代表”重要思想为指导，全面贯彻党的十七大和十七届三中、四中全会精神，深入实践科学发展观，自觉服从和服务于海峡西岸经济区建设大局，认真履行宪法和法律赋予的职权，取得较好的工作成效。为树立典型、激励先进，推动全市人大工作上新水平，市人大常委会决定：晋江市十五届人大磁灶代表小组等5个代表小组为“晋江市2007—2009年度先进市人大代表小组”，王金聪等34位代表为“晋江市2007—

2009年度优秀市人大代表”，罗林等21位同志为“晋江市2007—2009年度优秀人大工作者”，并予以表彰。

市人大常委会希望，受表彰的先进市人大代表小组、优秀市人大代表和优秀人大工作者，要珍惜荣誉，戒骄戒躁，积极发挥模范带头作用，为促进我市经济社会又好又快发展，建设社会主义物质文明、精神文明、政治文明、生态文明作出新的贡献。

市人大常委会号召，全市各人大代表小组、各级人大代表、人大工作者要以受表彰的先进单位和先进个人为榜样，学先进、争先进，努力提高履职能力和工作水平，为海峡西岸经济区和泉州现代化工贸港口城市建设再作新贡献，为开创晋江科学发展新局面再谱新篇章。

晋江市人大常委会关于接受蔡天赞辞去晋江市第十五届人民代表大会常务委员会副主任职务的请求的决定

（2009年12月29日晋江市第十五届人大常委会第二十三次会议通过）

依照《中华人民共和国地方各级人民代表大会和地方各级人民政府组织法》规定，根据蔡天赞同志的辞呈，晋江市第十五届人大常委会第二十三次会议决定：

接受蔡天赞辞去晋江市第十五届人民代表大会常务委员会副主任职务的请求，报晋江市第十五届人民代表大会备案。

晋江市人大常委会关于接受颜子鸿辞去晋江市第十五届人民代表大会常务委员会副主任职务的请求的决定

（2009年12月29日晋江市第十五届人大常委会第二十三次会议通过）

依照《中华人民共和国地方各级人民代表大会和地方各级人民政府组织法》规定，根据颜子鸿同志的辞呈，晋江市第十五届人大常委会第二十三次会议决定：

接受颜子鸿辞去晋江市第十五届人民代表大会常务委员会副主任职务的请求，报晋江市第十五届人民代表大会备案。

晋江市人大常委会关于接受蔡天赞等辞去晋江市第十五届人民代表大会代表职务的请求的决定

（2009年12月29日晋江市第十五届人大常委会第二十三次会议通过）

根据《晋江市人民代表大会代表辞职的暂行规定》的有关规定和蔡天赞、颜子鸿、陈紫凡、黄世界、张文节、王宣宣、颜孙超等同志的辞呈，晋江市第十五届人大常委会第二十三次会议决定：

接受蔡天赞、颜子鸿、陈紫凡、黄世界、张文节、王宣宣、颜孙超等同志辞去晋江市第十五届人民代表大会代表职务的请求。

晋江市人大常委会
关于补选晋江市第十五届人民代表大会代表的决定

（2009年12月29日晋江市第十五届人大常委会第二十三次会议通过）

晋江市第十五届人民代表大会代表名额322名。市第十五届人民代表大会第三次会议时，实有代表320名，代表共缺2名。

市第十五届人民代表大会第三次会议以来，金井代表团李建辉代表、安海代表团吴婉宁代表、驻晋江73311部队江开泉代表调离本市行政区域，磁灶代表团陈和平代表去世，根据《中华人民共和国全国人民代表大会和地方各级人民代表大会代表法》第四十一条规定，以上4位代表资格终止；金井代表团蔡天赞代表，磁灶代表团颜子鸿代表，罗山代表团陈紫凡代表、黄世界代表，永和代表团张文节代表、颜孙超代表，青阳代表团王宣宣代表，向市人大常委会提出辞去晋江市第十五届人民代表大会代表职务的请求被接受。

以上4位代表资格终止和7位代表辞职后，加上原代表出缺2名，代表共出缺13名。经市第十五届人大常委会第十六次会议决定，2009年10月25日，已由深沪第4选区选举市第十五届人民代表大会代表1名。代表实际出缺12名。

根据《中华人民共和国全国人民代表大会和地方各级人民代表大会选举法》第五十一条关于“代表在任期间，因故出缺，由原选区或者原选举单位补选”的规定，因工作需要，市第十五届人大常委会第二十三次会议决定：补选晋江市第十五届人民代表大会代表10名。

补选晋江市第十五届人民代表大会代表按市级选区进行，并依照《中华人民共和国全国人民代表大会和地方各级人民代表大会选举法》《福建省县、乡两级人民代表大会代表直接选举实施细则》《中国人民解放军选举全国人民代表大会和地方各级人民代表大会代表的办法》的有关规定执行。

晋江市人大常委会
关于召开晋江市第十五届人民代表大会第四次会议的决定

（2009年12月29日晋江市第十五届人大常委会第二十三次会议通过）

晋江市第十五届人大常委会第二十三次会议决定：晋江市第十五届人民代表大会第

四次会议于2010年1月18日至1月21日在青阳召开，会期4天。

建议会议议程：

1.听取和审议晋江市人民政府工作报告；

2.听取和审议晋江市2009年国民经济和社会发展计划执行情况及2010年国民经济和社会发展计划草案的报告（书面），审查和批准晋江市2009年国民经济和社会发展计划执行情况的报告及2010年国民经济和社会发展计划；

3.听取和审议晋江市2009年预算执行情况及2010年预算草案的报告，审查和批准晋江市2009年预算执行情况的报告及2010年预算；

4.听取和审议晋江市人民代表大会常务委员会工作报告；

5.听取和审议晋江市人民法院工作报告；

6.听取和审议晋江市人民检察院工作报告；

7.大会选举。

晋江市人大常委会
关于调整市第十五届人大常委会组成人员分工的决定

（2010年3月30日晋江市第十五届人大常委会第二十五次会议通过）

鉴于人事变动，晋江市第十五届人大常委会第二十五次会议决定，调整市第十五届人大常委会组成人员分工。调整后的常委会组成人员分工如下：

主　任：王景星　主持常委会全面工作

副主任：林进德　分管内务司法委员会工作、人大信访工作

丁聪枝　分管办公室、环境与城镇建设委员会工作、人大宣传工作

罗　云　分管财政经济委员会工作

连泉富　分管农村经济委员会、华侨民族宗教委员会工作

姚志强　分管人事代表委员会、教育科学文化卫生委员会工作

委　员：陈建军　负责常委会办公室工作

蔡体面　负责人事代表委员会工作

李安辉　协助人事代表委员会工作

颜建顺　协助人事代表委员会工作

柯明泉　负责内务司法委员会工作

洪天炳　协助内务司法委员会工作

颜惠玉　协助内务司法委员会工作

黄鹭旋　负责农村经济委员会工作

姚金榜　协助农村经济委员会工作
陈恩典　负责财政经济委员会工作
周永伟　协助财政经济委员会工作
柯文托　协助财政经济委员会工作
洪肇设　协助财政经济委员会工作
庄明栽　负责教育科学文化卫生委员会工作
庄耀东　协助教育科学文化卫生委员会工作
陈多多　协助教育科学文化卫生委员会工作、人大宣传工作
黄月莹　协助教育科学文化卫生委员会工作
张永忠　负责华侨民族宗教委员会工作
丁世忠　协助华侨民族宗教委员会工作
蔡仲谋　协助华侨民族宗教委员会工作
杨兴生　负责环境与城镇建设委员会工作
王金聪　协助环境与城镇建设委员会工作
李春兴　协助环境与城镇建设委员会工作
颜其惕　协助环境与城镇建设委员会工作

晋江市人大常委会
关于调整市第十五届人大常委会组成人员联系代表分工的决定

（2010年3月30日晋江市第十五届人大常委会第二十五次会议通过）

鉴于人事变动，晋江市第十五届人大常委会第二十五次会议决定，调整市第十五届人大常委会组成人员联系代表分工。调整后的常委会组成人员联系代表分工如下：

陈埭镇、安海镇、西滨镇，罗山街道：
林进德、柯明泉、丁世忠、柯文托、黄月莹、颜其惕、颜建顺
英林镇、深沪镇，青阳街道、梅岭街道：
丁聪枝、杨兴生、王金聪、庄耀东、李春兴、洪肇设
池店镇、东石镇、永和镇，灵源街道：
罗　云、陈建军、张永忠、李安辉、洪天炳、姚金榜、颜惠玉
龙湖镇、金井镇，西园街道、新塘街道：
连泉富、黄鹭旋、陈恩典、陈多多、周永伟
磁灶镇、紫帽镇、内坑镇：
姚志强、蔡体面、庄明栽、蔡仲谋

晋江市人大常委会关于调整市第十五届人大常委会代表资格审查委员会成员的决定

（2010年3月30日晋江市第十五届人大常委会第二十五次会议通过）

鉴于人事变动，晋江市第十五届人大常委会第二十五次会议决定，调整市第十五届人大常委会代表资格审查委员会成员。调整后的代表资格审查委员会成员名单如下：

主任委员：林进德　市人大常委会副主任

副主任委员：姚志强　市人大常委会副主任

委　　员：蔡体面　市人大常委会委员、人事代表委员会主任

柯明泉　市人大常委会委员、内务司法委员会主任

李安辉　市人大常委会委员、市委组织部副部长

洪天炳　市人大常委会委员、市总工会常务副主席

颜惠玉　市人大常委会委员、市妇联主席

黄月莹　市人大常委会委员、养正中学副校长

李春兴　市人大常委会委员、梅岭街道竹树下社区党总支书记、福建凤竹集团有限公司董事长

晋江市人大常委会关于调整市人大常委会依法治市领导小组成员的决定

（2010年3月30日晋江市第十五届人大常委会第二十五次会议通过）

鉴于人事变动，晋江市第十五届人大常委会第二十五次会议决定，调整市人大常委会依法治市领导小组成员。调整后的领导小组成员名单如下：

组　长：王景星　市人大常委会主任

副组长：林进德　市人大常委会副主任

姚志强　市人大常委会副主任

成　员：陈建军　市人大常委会委员、办公室主任

蔡体面　市人大常委会委员、人事代表委员会主任

柯明泉　市人大常委会委员、内务司法委员会主任

李安辉　市人大常委会委员、市委组织部副部长

洪天炳　市人大常委会委员、市总工会常务副主席

晋江市人大常委会
关于调整市人大常委会信访工作领导小组成员的决定

（2010 年 3 月 30 日晋江市第十五届人大常委会第二十五次会议通过）

鉴于人事变动，晋江市第十五届人大常委会第二十五次会议决定，调整晋江市第十五届人大常委会信访工作领导小组成员。调整后的领导小组成员名单如下：

组　长：林进德　市人大常委会副主任

副组长：陈建军　市人大常委会委员、办公室主任

　　　　柯明泉　市人大常委会委员、内务司法委员会主任

成　员：蔡体面　市人大常委会委员、人事代表委员会主任

　　　　黄鹭旋　市人大常委会委员、农村经济委员会主任

　　　　陈恩典　市人大常委会委员、财政经济委员会主任

　　　　庄明栽　市人大常委会委员、教育科学文化卫生委员会主任

　　　　张永忠　市人大常委会委员、华侨民族宗教委员会主任

　　　　杨兴生　市人大常委会委员、环城委主任

　　　　洪天炳　市人大常委会委员、市总工会常务副主席

　　　　颜惠玉　市人大常委会委员、市妇联主席

晋江市人大常委会
关于调整市人大常委会妇女儿童工作组成员的决定

（2010 年 3 月 30 日晋江市第十五届人大常委会第二十五次会议通过）

鉴于人事变动，晋江市第十五届人大常委会第二十五次会议决定，调整晋江市人大常委会妇女儿童工作组成员。调整后的工作组成员名单如下：

组　长：林进德　市人大常委会副主任

副组长：柯明泉　市人大常委会委员、内务司法委员会主任

　　　　颜惠玉　市人大常委会委员、市妇联主席

成　员：陈恩典　市人大常委会委员、财政经济委员会主任

　　　　李安辉　市人大常委会委员、市委组织部副部长

　　　　洪天炳　市人大常委会委员、市总工会常务副主席

　　　　庄耀东　市人大常委会委员、市中医院院长

　　　　黄月莹　市人大常委会委员、养正中学副校长

晋江市人大常委会关于许可对晋江市第十五届人民代表大会代表吕江波采取刑事强制措施并暂时停止其执行代表职务的决定

（2010年3月30日晋江市第十五届人大常委会第二十五次会议通过）

根据《晋江市公安局关于提请许可对晋江市第十五届人民代表大会代表吕江波采取刑事强制措施的报告》，依照《中华人民共和国全国人民代表大会和地方各级人民代表大会代表法》有关规定，晋江市第十五届人大常委会第二十五次会议决定：

许可对晋江市第十五届人民代表大会代表吕江波采取刑事强制措施，并自本决定通过之日起暂时停止其执行代表职务。

晋江市人大常委会关于批准2009年本级决算的决议

（2010年6月29日晋江市第十五届人大常委会第二十七次会议通过）

晋江市第十五届人大常委会第二十七次会议，听取和审议了《晋江市人民政府关于提请审查批准2009年本级决算草案的议案》，并结合《晋江市人民政府关于2009年本级预算执行和其他财政收支情况的审计工作报告》和市人大常委会财政经济委员会的初步审查报告，对2009年本级决算草案进行了审查，同意市人大常委会财政经济委员会在初步审查报告中提出的意见，决定批准2009年本级决算。

晋江市人大常委会
关于批准晋江市2010年财政收支预算调整方案的决议

（2010年10月27日晋江市第十五届人大常委会第二十九次会议通过）

根据《中华人民共和国预算法》《中华人民共和国各级人民代表大会常务委员会监督法》及《晋江市人大常委会关于加强预算审查监督的规定》的规定，晋江市第十五届人大常委会第二十九次会议认真审议了《晋江市人民政府关于提请审查批准晋江市2010年财政收支预算调整方案的议案》，并听取了市人大常委会财政经济委员会的初审报告。

会议同意市人大常委会财政经济委员会在初审报告中提出的各项建议，决定批准《晋江市2010年财政收支预算调整方案》，同意市本级财政收入预算由41.52亿元调整为43.56亿元，财政总收入由91.31亿元调整为96.61亿元，财政支出预算由40.1亿元调整为42.09亿元。

晋江市人大常委会关于刘文儒任职的决定

（2010年10月27日晋江市第十五届人大常委会第二十九次会议通过）

依照《中华人民共和国地方各级人民代表大会和地方各级人民政府组织法》规定，根据晋江市人民政府市长尤猛军的提请，市第十五届人大常委会第二十九次会议审议决定：

任命刘文儒为晋江市人民政府副市长，报市第十五届人民代表大会备案。

晋江市人大常委会关于接受张文贤等辞去晋江市第十五届人民代表大会代表职务的请求的决定

（2010年12月17日晋江市第十五届人大常委会第三十次会议通过）

根据《晋江市人民代表大会代表辞职的暂行规定》的有关规定和张文贤、张朝阳、黄跃夏等同志的辞呈，晋江市第十五届人大常委会第三十次会议决定：

接受张文贤、张朝阳、黄跃夏等同志辞去晋江市第十五届人民代表大会代表职务的请求。

晋江市人大常委会
关于补选晋江市第十五届人民代表大会代表的决定

（2010年12月17日晋江市第十五届人大常委会第三十次会议通过）

晋江市第十五届人民代表大会代表名额322名。市第十五届人民代表大会第四次会议时，实有代表320名，代表出缺2名。

市第十五届人民代表大会第四次会议以来，安海代表团杨益民代表调离本市行政区域，根据《中华人民共和国全国人民代表大会和地方各级人民代表大会代表法》第四十一条规定，其代表资格终止；深沪代表团吕江波因涉嫌犯罪，经市人大常委会决定，暂时停止其执行代表职务；磁灶代表团张文贤代表、深沪代表团张朝阳代表、西滨代表团黄跃夏代表，向市人大常委会提出辞去晋江市第十五届人民代表大会代表职务的请求被接受。目前实有代表316名，代表共出缺6名。

根据《中华人民共和国全国人民代表大会和地方各级人民代表大会选举法》第五十一条关于“代表在任期间，因故出缺，由原选区或者原选举单位补选”的规定，因工作需要，市第十五届人大常委会第三十次会议决定：补选市第十五届人民代表大会代表4名。

补选晋江市第十五届人民代表大会代表按市级选区进行，并依照《中华人民共和国全国人民代表大会和地方各级人民代表大会选举法》和《福建省县、乡两级人民代表大会代表直接选举实施细则》的有关规定执行。

晋江市人大常委会关于授予晋江市电力有限责任公司“2009—2010年度人民满意单位”荣誉称号的决定

（2011年1月11日晋江市第十五届人大常委会第三十一次会议通过）

依照《中华人民共和国地方各级人民代表大会和地方各级人民政府组织法》第四十四条第十四款和《晋江市人民代表大会常务委员会关于授予地方荣誉称号的暂行规定》的规定，晋江市第十五届人大常委会第三十一次会议决定：

授予晋江市电力有限责任公司“2009—2010年度人民满意单位”荣誉称号。

晋江市人大常委会关于召开晋江市第十五届人民代表大会第五次会议的决定

（2011年1月11日晋江市第十五届人大常委会第三十一次会议通过）

晋江市第十五届人大常委会第三十一次会议决定：晋江市第十五届人民代表大会第五次会议于2011年1月20日至23日在青阳召开，会期4天。

建议大会议程：

一、听取和审议晋江市人民政府工作报告；

审查和批准晋江市国民经济和社会发展第十二个五年规划纲要。

二、听取和审议晋江市2010年国民经济和社会发展计划执行情况及2011年计划（草案）的报告（书面）；

审查和批准晋江市2010年国民经济和社会发展计划执行情况及2011年计划。

三、听取和审议晋江市2010年预算执行情况及2011年预算（草案）的报告；

审查和批准晋江市2010年预算执行情况及2011年预算。

四、听取和审议晋江市人民代表大会常务委员会工作报告。

五、听取和审议晋江市人民法院工作报告。

六、听取和审议晋江市人民检察院工作报告。

七、大会选举。

晋江市人大常委会关于洪于权免职的决定

（2011年1月11日晋江市第十五届人大常委会第三十一次会议通过）

依照《中华人民共和国地方各级人民代表大会和地方各级人民政府组织法》规定，根据市人民政府市长尤猛军的提请，晋江市第十五届人大常委会第三十一次会议审议决定：

免去洪于权晋江市人民政府副市长职务，报市第十五届人民代表大会备案。

晋江市人大常委会关于接受林进德辞去晋江市第十五届人民代表大会常务委员会副主任职务的请求的决定

（2011年1月11日晋江市第十五届人大常委会第三十一次会议通过）

依照《中华人民共和国地方各级人民代表大会和地方各级人民政府组织法》规定，根据林进德同志的辞呈，晋江市第十五届人大常委会第三十一次会议决定：

接受林进德辞去晋江市第十五届人民代表大会常务委员会副主任职务的请求，报晋江市第十五届人民代表大会备案。

晋江市人大常委会关于调整市第十五届人大常委会组成人员分工的决定

（2011年2月28日晋江市第十五届人大常委会第三十二次会议通过）

鉴于人事变动，晋江市第十五届人大常委会第三十二次会议决定，调整市第十五届人大常委会组成人员分工。调整后的常委会组成人员分工如下：

主　任：王景星　主持常委会全面工作

副主任：丁聪枝　分管办公室、内务司法委员会、环境与城镇建设委员会工作、人大宣传工作

　　　　罗　云　分管财政经济委员会工作、人大信访工作

　　　　连泉富　分管农村经济委员会、华侨民族宗教委员会工作

　　　　姚志强　分管人事代表委员会、教育科学文化卫生委员会工作

委　员：陈建军　负责常委会办公室工作

　　　　蔡体面　负责人事代表委员会工作

　　　　李安辉　协助人事代表委员会工作

颜建顺　协助人事代表委员会工作
柯明泉　负责内务司法委员会工作、人大信访工作
洪天炳　协助内务司法委员会工作
颜惠玉　协助内务司法委员会工作
黄鹭旋　负责农村经济委员会工作
姚金榜　协助农村经济委员会工作
陈恩典　负责财政经济委员会工作
周永伟　协助财政经济委员会工作
柯文托　协助财政经济委员会工作
洪肇设　协助财政经济委员会工作
庄明栽　负责教育科学文化卫生委员会工作
庄耀东　协助教育科学文化卫生委员会工作
陈多多　协助教育科学文化卫生委员会工作、人大宣传工作
黄月莹　协助教育科学文化卫生委员会工作
张永忠　负责华侨民族宗教委员会工作
丁世忠　协助华侨民族宗教委员会工作
蔡仲谋　协助华侨民族宗教委员会工作
杨兴生　负责环境与城镇建设委员会工作
王金聪　协助环境与城镇建设委员会工作
李春兴　协助环境与城镇建设委员会工作
颜其惕　协助环境与城镇建设委员会工作

晋江市人大常委会
关于调整市第十五届人大常委会组成人员联系代表分工的决定

（2011 年 2 月 28 日晋江市第十五届人大常委会第三十二次会议通过）

鉴于人事变动，晋江市第十五届人大常委会第三十二次会议决定，调整市第十五届人大常委会组成人员联系代表分工。调整后的常委会组成人员联系代表分工如下：

英林镇、深沪镇，青阳街道、梅岭街道、罗山街道：

丁聪枝、杨兴生、柯明泉、王金聪、庄耀东、李春兴、洪肇设、颜其惕

陈埭镇、池店镇、东石镇、永和镇，灵源街道：

罗　云、陈建军、张永忠、丁世忠、李安辉、洪天炳、姚金榜、颜惠玉

龙湖镇、金井镇、西滨镇，西园街道、新塘街道：

连泉富、黄鹭旋、陈恩典、陈多多、周永伟、柯文托

安海镇、磁灶镇、紫帽镇、内坑镇：

姚志强、蔡体面、庄明栽、黄月莹、蔡仲谋、颜建顺

晋江市人大常委会关于调整市第十五届人大常委会代表资格审查委员会组成人员的决定

（2011年2月28日晋江市第十五届人大常委会第三十二次会议通过）

鉴于人事变动，晋江市第十五届人大常委会第三十二次会议决定，调整市第十五届人大常委会代表资格审查委员会组成人员。调整后的代表资格审查委员会组成人员名单如下：

主任委员：丁聪枝　市人大常委会副主任

副主任委员：姚志强　市人大常委会副主任

委　　员：蔡体面　市人大常委会委员、人事代表委员会主任

柯明泉　市人大常委会委员、内务司法委员会主任

李安辉　市人大常委会委员、市委组织部副部长

洪天炳　市人大常委会委员、市总工会常务副主席

颜惠玉　市人大常委会委员、市妇联主席

黄月莹　市人大常委会委员、养正中学副校长

李春兴　市人大常委会委员、梅岭街道竹树下社区党总支书记、福建凤竹集团有限公司董事长

晋江市人大常委会关于调整市第十五届人大常委会信访工作领导小组组成人员的决定

（2011年2月28日晋江市第十五届人大常委会第三十二次会议通过）

鉴于人事变动，晋江市第十五届人大常委会第三十二次会议决定，调整市第十五届人大常委会信访工作领导小组组成人员。调整后的信访工作领导小组组成人员名单如下：

组　长：罗　云　市人大常委会副主任

副组长：陈建军　市人大常委会委员、办公室主任

柯明泉　市人大常委会委员、内务司法委员会主任

成　员：蔡体面　市人大常委会委员、人事代表委员会主任

黄鹭旋　市人大常委会委员、农村经济委员会主任
陈恩典　市人大常委会委员、财政经济委员会主任
庄明栽　市人大常委会委员、教育科学文化卫生委员会主任
张永忠　市人大常委会委员、华侨民族宗教委员会主任
杨兴生　市人大常委会委员、环境与城镇建设委员会主任
洪天炳　市人大常委会委员、市总工会常务副主席
颜惠玉　市人大常委会委员、市妇联主席

晋江市人大常委会关于调整市第十五届人大常委会依法治市领导小组组成人员的决定

（2011年2月28日晋江市第十五届人大常委会第三十二次会议通过）

鉴于人事变动，晋江市第十五届人大常委会第三十二次会议决定，调整市第十五届人大常委会依法治市领导小组组成人员。调整后的依法治市领导小组组成人员名单如下：

组　长：王景星　市人大常委会主任
副组长：丁聪枝　市人大常委会副主任
　　　　姚志强　市人大常委会副主任
成　员：陈建军　市人大常委会委员、办公室主任
　　　　蔡体面　市人大常委会委员、人事代表委员会主任
　　　　柯明泉　市人大常委会委员、内务司法委员会主任
　　　　李安辉　市人大常委会委员、市委组织部副部长
　　　　洪天炳　市人大常委会委员、市总工会常务副主席

晋江市人大常委会关于调整市人大常委会妇女儿童工作组组成人员的决定

（2011年2月28日晋江市第十五届人大常委会第三十二次会议通过）

鉴于人事变动，晋江市第十五届人大常委会第三十二次会议决定，调整市人大常委会妇女儿童工作组组成人员。调整后的妇女儿童工作组组成人员名单如下：

组　长：丁聪枝　市人大常委会副主任
副组长：柯明泉　市人大常委会委员、内务司法委员会主任
　　　　颜惠玉　市人大常委会委员、市妇联主席

成　员：陈恩典　市人大常委会委员、财政经济委员会主任
李安辉　市人大常委会委员、市委组织部副部长
洪天炳　市人大常委会委员、市总工会常务副主席
庄耀东　市人大常委会委员、市中医院院长
黄月莹　市人大常委会委员、养正中学副校长

晋江市人大常委会关于批准2010年本级决算的决议

（2011年7月28日晋江市第十五届人大常委会第三十四次会议通过）

晋江市第十五届人大常委会第三十四次会议，听取和审议了《晋江市人民政府关于提请审查批准2010年本级决算草案的议案》，并结合《晋江市人民政府关于2010年本级预算执行和其他财政收支情况的审计工作报告》和市人大常委会财政经济委员会的初步审查报告，对2010年本级决算草案进行了审查，同意市人大常委会财政经济委员会在初步审查报告中提出的意见，决定批准2010年本级决算。

晋江市人大常委会关于接受陈建安辞去晋江市人民检察院检察长、检察委员会委员职务的请求的决定

（2011年7月28日晋江市第十五届人大常委会第三十四次会议通过）

依照《中华人民共和国地方各级人民代表大会和地方各级人民政府组织法》规定，根据陈建安的辞呈，市第十五届人大常委会第三十四次会议决定：

接受陈建安辞去晋江市人民检察院检察长、检察委员会委员职务的请求，报晋江市第十五届人民代表大会备案，并报经泉州市人民检察院检察长提请泉州市人大常委会批准。

晋江市人大常委会关于邱仲华代理晋江市人民检察院检察长职务的决定

（2011年7月28日晋江市第十五届人大常委会第三十四次会议通过）

根据《中华人民共和国地方各级人民代表大会和地方各级人民政府组织法》规定和市第十五届人大常委会主任会议的提请，晋江市第十五届人大常委会第三十四次会议决定：

邱仲华代理晋江市人民检察院检察长职务，报泉州市人民检察院和泉州市人民代表大会常务委员会备案，并报晋江市第十五届人民代表大会备案。

晋江市人大常委会关于蔡萌芽免职的决定

（2011年7月28日晋江市第十五届人大常委会第三十四次会议通过）

依照《中华人民共和国地方各级人民代表大会和地方各级人民政府组织法》规定，根据市人民政府市长刘文儒的提请，晋江市第十五届人大常委会第三十四次会议审议决定：

免去蔡萌芽晋江市人民政府副市长职务，报晋江市第十五届人民代表大会备案。

晋江市人大常委会关于丁峰等职务任免的决定

（2011年7月28日晋江市第十五届人大常委会第三十四次会议通过）

依照《中华人民共和国地方各级人民代表大会和地方各级人民政府组织法》规定，根据市人民政府市长刘文儒的提请，晋江市第十五届人大常委会第三十四次会议审议决定：

任命丁峰为晋江市人民政府副市长；

任命王茂泉为晋江市人民政府副市长；

任命李自力为晋江市人民政府副市长；

任命张淑语为晋江市人民政府副市长；

免去吴清滨晋江市人民政府副市长职务；

免去陈晋永晋江市人民政府副市长职务；

免去林庆峰晋江市人民政府副市长职务；

免去王金战晋江市人民政府副市长职务。

以上职务任免报晋江市第十五届人民代表大会备案。

晋江市人大常委会关于接受陈建军辞去晋江市第十五届人民代表大会常务委员会委员职务的请求的决定

（2011年7月28日晋江市第十五届人大常委会第三十四次会议通过）

依照《中华人民共和国地方各级人民代表大会和地方各级人民政府组织法》规定，根据陈建军的辞呈，晋江市第十五届人大常委会第三十四次会议审议决定：

接受陈建军辞去晋江市第十五届人民代表大会常务委员会委员职务的请求，报晋江市第十五届人民代表大会备案。

晋江市人大常委会关于接受陈恩典辞去晋江市第十五届人民代表大会常务委员会委员职务的请求的决定

（2011年7月28日晋江市第十五届人大常委会第三十四次会议通过）

依照《中华人民共和国地方各级人民代表大会和地方各级人民政府组织法》规定，根据陈恩典的辞呈，晋江市第十五届人大常委会第三十四次会议审议决定：

接受陈恩典辞去晋江市第十五届人民代表大会常务委员会委员职务的请求，报晋江市第十五届人民代表大会备案。

晋江市人大常委会关于黄敬前等任职的决定

（2011年8月30日晋江市第十五届人大常委会第三十五次会议通过）

依照《中华人民共和国地方各级人民代表大会和地方各级人民政府组织法》规定，根据市人民政府市长刘文儒的提请，晋江市第十五届人大常委会第三十五次会议审议决定：

任命黄敬前为晋江市人民政府副市长；

任命张朝阳为晋江市人民政府副市长；

任命史思泉为晋江市人民政府副市长。

以上任职报晋江市第十五届人民代表大会备案。

晋江市人大常委会关于接受李安辉辞去晋江市第十五届人民代表大会常务委员会委员职务的请求的决定

（2011年8月30日晋江市第十五届人大常委会第三十五次会议通过）

依照《中华人民共和国地方各级人民代表大会和地方各级人民政府组织法》规定，根据李安辉的辞呈，晋江市第十五届人大常委会第三十五次会议审议决定：

接受李安辉辞去晋江市第十五届人民代表大会常务委员会委员职务的请求，报晋江市第十五届人民代表大会备案。

晋江市人民代表大会常务委员会
关于进一步加强法制宣传教育的决议

（2011年10月8日晋江市第十五届人大常委会第三十六次会议通过）

晋江市第十五届人大常委会第三十六次会议，听取和审议了《晋江市人民政府关于提请审议〈关于在全市公民中开展法制宣传教育的第六个五年规划〉的议案》。会议认为，2006年至2010年，我市法制宣传教育第五个五年规划顺利实施和完成，全市公民宪法和法律意识明显增强，社会法治化管理水平进一步提高，法制宣传教育在落实依法治国基本方略、推进依法治市进程、服务经济社会发展、维护社会和谐稳定方面发挥了重要作用。目前，中国特色社会主义法律体系的形成，标志着我国社会主义民主法制建设进入了新的历史阶段，有法必依、执法必严、违法必究成为今后一个时期的主要任务，对进一步深化法制宣传教育，加快推进法治建设提出了新的更高要求。为进一步增强全社会的法治观念，顺利完成我市国民经济和社会发展“十二五”规划的目标任务，适应全面建设小康社会的需要，按照中共中央、全国人大常委会和国务院的决策部署，从2011年到2015年在全市公民中组织实施法制宣传教育第六个五年规划。为此，特作决议如下：

一、深入学习宣传以宪法为统帅的中国特色社会主义法律体系

宪法是国家的根本大法，在中国特色社会主义法律体系中起统帅作用。要大力学习宣传宪法的精神实质、基本原则和主要内容，形成崇尚宪法、遵守宪法、维护宪法权威的良好氛围，使宪法在全社会得到一致遵行。要深入学习宣传中国特色社会主义法律体系的内涵、性质及其特征，正确认识和积极评价构建中国特色社会主义法律体系取得的伟大成就，进一步坚定在党的领导下走中国特色政治发展道路的决心和信心，维护社会主义法制的统一、尊严和权威。要深入开展社会主义法治理念教育，增强法治观念，提高依法办事能力。要深入学习宣传与经济社会科学发展、保障和改善民生、促进社会管理创新、反腐倡廉、加强两岸交流合作等相关法律法规，为实现科学发展，维护社会和谐稳定营造良好的法治环境。

二、进一步增强法制宣传教育的针对性和实效性

要对一切有接受能力的公民进行法制宣传教育，重点做好领导干部、公务员、青少年、企事业经营管理人员和农民的法制宣传教育，把领导干部和青少年作为重中之重。公务员队伍尤其是领导干部要做学法守法用法的表率，牢固树立法律面前人人平等、制度面前没有特权、制度约束没有例外的观念，切实改善领导方式和执政方式，不断提高自身依法决策、依法管理、依法行政、依法办事的能力和水平，让广大群众真正感受到

法律的尊严和社会公平正义。要根据青少年的身心特点和接受能力，有针对性地开展法制宣传教育，引导青少年树立社会主义法治理念和法治意识，培养青少年遵纪守法的行为习惯。要深入开展企事业经营管理人员和新经济组织、新社会组织管理人员法制宣传教育，明确社会责任，增强诚信守法、依法经营管理、依法办事的观念。要深入学习宣传与农民生产生活相关的法律法规，加强对农村“两委”干部和农民工法制宣传教育培训活动，引导广大农民依法维护权益、表达诉求、化解纠纷，提高参与各项社会管理活动的能力。

三、不断创新法制宣传教育的载体和形式

要注重运用广大群众喜闻乐见的形式开展法制宣传教育，充分发挥广播、电视、报刊、网络等媒体的作用，结合社会热点难点问题和发生在群众身边的典型案例，采取专题讨论、以案释法等形式，不断增强法制宣传教育的吸引力和感染力。要丰富法制宣传教育进机关、进学校、进企业、进单位、进乡村、进社区的内容和形式，不断深化主题活动。要认真组织开展“12·4”全国法制宣传日活动，使宣传日成为传播法治精神的舞台。要完善并落实公务员法律培训制度，把法制宣传教育纳入学习规划，列为党校和公务员培训机构教学课程，推进法制教育规范化、制度化。要完善城市、农村公共活动场所法制宣传教育设施，推进城乡、社区法制宣传教育基地建设。要建立学校、社会、家庭相结合的青少年法制教育网络体系，增强青少年法制宣传教育的引导性、互动性和趣味性。要注重发挥法制宣传教育先进典型的引领和示范作用，调动公民自我学习、自我教育、自我防范的积极性和主动性，不断扩大法制宣传教育的覆盖面和渗透力。

四、广泛开展多层次多领域的法治实践活动

要始终坚持法制宣传教育与依法履行职责、法治实践紧密结合，将法制宣传教育贯穿于法治建设的全过程。要把法制宣传教育作为加强和创新社会管理的重要举措，认真学习贯彻《国务院关于加强市县政府依法行政的决定》，坚持学用结合，普治并举，广泛开展多层次、多领域的依法治理工作。要坚持法律与社会管理同行，与人民群众生活同行，与社会发展进步同行，全面推进法治县（市、区）创建活动，不断提高创建水平。要开展基层法治创建活动，推进基层依法治理，促进基层民主法治建设。要坚持“党的事业至上、人民利益至上、宪法法律至上”的工作指导思想，深入推进社会矛盾化解、社会管理创新、公正廉洁执法三项重点工作，确保司法公正。要围绕人民群众关心、关注的热点难点问题，开展专项治理活动，引导群众有序参与法治实践，使法治建设过程成为宣传普及法律知识、弘扬法治精神的过程。

五、强化法制宣传教育的组织领导和保障机制

要充分发挥党委领导、人大监督、政府实施、部门齐抓共管、全社会共同参与的领导体制和工作机制作用，构建各界参与、优势互补、纵横联动的法制宣传教育格局。全市国家机关、社会团体、企事业单位和各类组织，要高度重视法制宣传教育工作，健全

制度、明确责任、狠抓落实，把法制宣传教育纳入经济社会发展规划和政府目标管理，保障经费投入，保证法制宣传教育工作的正常开展。

六、加强对本决议贯彻实施情况的监督检查

要进一步完善考核评估机制，优化完善考核评估运行机制，加强对法制宣传教育第六个五年规划实施情况的年度考核、阶段性检查和专项督查。市人民政府要切实组织实施好法制宣传教育第六个五年规划，做好中期督导检查和终期评估验收，并向市人大常委会报告。市人大常委会要充分运用执法检查、听取和审议专项工作报告、开展视察活动、进行调研等形式和手段，依法加强对法制宣传教育第六个五年规划实施情况的监督检查。各镇（街道）人大主席团（人大工委）要督促镇人民政府（街道办事处）制订新一轮法制宣传教育规划，并组织监督检查，确保法制宣传教育第六个五年规划在全市范围内的顺利开展。

晋江市人大常委会关于2011年晋江市市镇两级人民代表大会代表换届选举日的决定

（2011年10月8日晋江市第十五届人大常委会第三十六次会议通过）

根据《福建省人民代表大会常务委员会关于全省市县乡三级人民代表大会代表换届选举时间的决定》，晋江市人大常委会决定2011年晋江市市、镇两级人民代表大会代表换届选举日为2011年11月25日。

晋江市人大常委会关于设立市选举委员会的决定

（2011年10月8日晋江市第十五届人大常委会第三十六次会议通过）

根据《中华人民共和国全国人民代表大会和地方各级人民代表大会选举法》和《福建省县、乡两级人民代表大会代表直接选举实施细则》的规定，市人大常委会决定2011年年底晋江市人民代表大会代表换届时，设立晋江市选举委员会，主持市人民代表大会代表的换届选举工作。市选举委员会下设办公室和选举办事处。经研究决定，市选举委员会组成人员及办公室、办事处组成人员名单如下：

一、市选举委员会（27人）

主　任：王景星　市人大常委会主任

副主任：陈健倩　市人大常委会党组副书记

　　　　李元巍　市委常委、组织部部长、市直党工委书记

丁聪枝　市人大常委会副主任（正处级）
罗　云　市人大常委会副主任
姚志强　市人大常委会副主任
委　员：喻青松　市人武部部长
颜宏达　市纪委副书记、监察局局长
傅天宝　市委办主任
王志宏　市委组织部副部长、正科级组织员
柯荣围　市委宣传部副部长
陈秋景　市委统战部副部长、工商联党组书记（正科级）
林劲松　市委政法委副书记、市综治办主任
谢江漫　市人大常委会办公室主任
蔡体面　市人大常委会委员、人事代表委主任
林德育　市法院副院长（正科级）
陈国明　市检察院副检察长（正科级）
唐春晓　市政府办主任
陈建生　市教育局局长、市委教育工委副书记
李森建　市公安局政委
许乔良　市民政局局长
林　峰　市司法局局长
李章凯　市财政局局长
吴晋居　市农业局局长
彭培育　市总工会常务副主席（正科级）
柯枫伟　团市委书记
颜惠玉　市人大常委会委员、妇联主席

市选举委员会下设办公室，负责选举日常工作。

二、市选举委员会办公室

主　任：姚志强（兼）
副主任：王志宏（兼）
柯荣围（兼）
蔡体面（兼）
柯明泉　市人大常委会委员、内司委主任
李蔚民　市人大常委会办公室副主任

三、市选举委员会办事处

青阳街道选举办事处：

主　任：陈长义

副主任：林碧玉　孙晋展

梅岭街道选举办事处：

主　任：张志雄

副主任：苏尚谦　吴再发

西园街道选举办事处：

主　任：许长俊

副主任：洪秀杯　邱鸿荣

罗山街道选举办事处：

主　任：吴丹红

副主任：陈聪衍　洪冬森

灵源街道选举办事处：

主　任：陈传芳

副主任：林松庆　蔡文卿

新塘街道选举办事处：

主　任：洪长江

副主任：洪永胜　刘和平

陈埭镇选举办事处：

主　任：潘子良

副主任：曾逸峰　苏延辉　曾焕镖

池店镇选举办事处：

主　任：许畴料

副主任：张雄鹰　庄垂生　李伟才

安海镇选举办事处：

主　任：张文节

副主任：柯煜煜　李志强　张志友

磁灶镇选举办事处：

主　任：张汉杰

副主任：陈秀配　黄延艺　曾勇军

内坑镇选举办事处：

主　任：连建筑

副主任：洪国延　张劲竹　朱新旭

紫帽镇选举办事处：

主　任：李逊庆

副主任：苏振发　蔡龙添

东石镇选举办事处：

主　任：吴淞江

副主任：颜建顺　黄少伟　陈清棋

永和镇选举办事处：

主　任：黄思添

副主任：施金箱　王沂鸿　邱良须

英林镇选举办事处：

主　任：陈云腾

副主任：林友栋　李安辉　蒋东晓

金井镇选举办事处：

主　任：林　跃

副主任：李文团　洪建立　陈荣松

龙湖镇选举办事处：

主　任：王江涛

副主任：陈志农　陈希轩　陈世裕

深沪镇选举办事处：

主　任：洪金城

副主任：王少严　许文倡　王毓峰

西滨镇选举办事处：

主　任：陈东聆

副主任：庄树耀　林明捷　洪为本

市选举委员会、选举委员会办公室及青阳街道、陈埭镇等19个选举办事处印章同时启用。

晋江市人大常委会关于设立各镇选举委员会的决定

（2011年10月8日晋江市第十五届人大常委会第三十六次会议通过）

根据《中华人民共和国全国人民代表大会和地方各级人民代表大会选举法》和《福建省县、乡两级人民代表大会代表直接选举实施细则》的规定，晋江市第十五届人大常委会第三十六次会议决定，设立各镇选举委员会，分别主持2011年各镇人民代表大会代表的选举。各镇选举委员会组成人员名单如下：

陈埭镇选举委员会（16 人）

主　任：潘子良

副主任：曾逸峰　苏延辉　曾焕镖

委　员：曾华祝　张清山　蔡北京　许自央　王嘉庆　陈荣辉　苏家明　陈激扬　王华端　黄贤答　史伯郎　蔡有香

池店镇选举委员会（13 人）

主　任：许畴料

副主任：张雄鹰　庄垂生　李伟才

委　员：蔡东毅　叶志明　陈流恭　吴成业　庄松陵　林祥星　王顶顺　李嘉炜　蔡艳红

安海镇选举委员会（14 人）

主　任：张文节

副主任：柯煜煜　李志强　张志友

委　员：蔡清渠　王文出　赖渠鸿　蔡少林　张胜利　苏　琪　施明亮　罗　敦　刘菁菁　杨燕燕

磁灶镇选举委员会（17 人）

主　任：张汉杰

副主任：陈秀配　黄延艺　曾勇军

委　员：黄胜鑫　张振铃　许泳泳　王景珊　潘炳煌　颜柳绿　施纯玺　陈　銙　刘基荣　陈爱国　林俊伟　林夏梅　姚金华

内坑镇选举委员会（15 人）

主　任：连建筑

副主任：洪国延　张劲竹　朱新旭

委　员：张建群[①]　黄俊荣　曾远漂　兰雯雯　庄铭河　颜斯鸿　陈长伴　陈　昇　林莹炜　吕永春　黄共和

紫帽镇选举委员会（17 人）

主　任：李逊庆

副主任：苏振发　蔡龙添

委　员：王国华　许文宝　洪琼琼　陈继祖　林文尚　林拥军　魏志强　张聪玥　颜章集　吴添丁　洪韶梅　章翠萍　苏雅雅　陈志跃

东石镇选举委员会（17 人）

主　任：吴淞江

副主任：颜建顺　黄少伟　陈清棋

委　员：戴庆阳　曾志协　王振峰　吴健军　吴黎水　陈少慰　曾朝阳　颜婉媚

① 2024 年 6 月，张建群涉嫌严重违纪违法，接受晋江市纪委监委纪律审查和监察调查，下同。

黄红艺　王培德　林平昌　陈传琦　施纯烽

永和镇选举委员会（22 人）

主　任：黄思添

副主任：施金箱　王沂鸿　邱良须

委　员：王剑鸿　陈莉玲　庄宏清　张清源　陈奕忠　陈贻得　林如欲　苏世杰
朱文胜　陈永明　赖昌立　陈德意　杨春天　许文仲　尤丁贵　洪金星
林新红　陈弘毅

英林镇选举委员会（14 人）

主　任：陈云腾

副主任：林友栋　李安辉　蒋东晓

委　员：曾焕铁　曾伙明　陈钖岑　颜国升　李亚才　沈晓荣　吴好景　谢国再
陈珍娜　张国钱

金井镇选举委员会（17 人）

主　任：林　跃

副主任：李文团　洪建立　陈荣松

委　员：庄松龄　戴劭阳　姚培垦　林尚昭　雷　鸣　许竞宇　李进益　黄工作
陈明明　丁永贵　杨天养　许自毅　黄英瑜

龙湖镇选举委员会（17 人）

主　任：王江涛

副主任：陈志农　陈希轩　陈世裕

委　员：洪俊杰　许上林　王家进　朱智钰　詹伟清　侯国猛　许荣题　林丽勇
李鸿泳　陈建辉　许萍萍　郑金福　庄婉萍

深沪镇选举委员会（16 人）

主　任：洪金城

副主任：王少严　许文倡　王毓峰

委　员：王经勤　李永宗　蔡建明　施建生　柯康灿　蔡开阳　万志明　张　榕
施纯进　姚卡尔　王秀贝　许建国

西滨镇选举委员会（14 人）

主　任：陈东聆

副主任：庄树耀　林明捷　洪为本

委　员：庄金治　蔡辉煌　吴连坛　林时就　刘志松　陈明霞　林丹红　曾庆丰
林建明　吴寿山

在设立各镇选举委员会时，同时启用其印章。

晋江市人大常委会关于授权市人大常委会主任会议处理换届选举工作中有关事宜的决定

（2011 年 10 月 8 日晋江市第十五届人大常委会第三十六次会议通过）

为及时处理 2011 年晋江市市、镇两级人民代表大会代表换届选举工作中出现的问题，确保选举工作的顺利进行，市第十五届人大常委会第三十六次会议决定，在 2011 年晋江市市、镇两级人民代表大会代表换届选举期间，如遇到属市人大常委会职权内的事宜，又不能及时召开常委会决定时，授权市人大常委会主任会议直接决定处理，报市人大常委会备案。

晋江市人大常委会关于增加确定市人民法院人民陪审员名额的决定

（2011 年 10 月 8 日晋江市第十五届人大常委会第三十六次会议通过）

依照《全国人大常委会关于完善人民陪审员制度的决定》，根据市人民法院潘丰源院长的提请，晋江市第十五届人大常委会第三十六次会议决定：

晋江市人民法院人民陪审员名额增加 50 名，与市第十四届人大常委会第七次会议确定的名额 25 名合并，总名额为 75 名。

晋江市人大常委会关于批准晋江市 2011 年财政收支预算调整方案的决议

（2011 年 11 月 18 日晋江市第十五届人大常委会第三十七次会议通过）

根据《中华人民共和国预算法》《中华人民共和国各级人民代表大会常务委员会监督法》及《晋江市人大常委会关于加强预算审查监督的规定》的规定，晋江市第十五届人大常委会第三十七次会议审议了《晋江市人民政府关于提请审查批准晋江市 2011 年财政收支预算调整方案的议案》，并听取了市人大常委会财政经济委员会的初审报告。

会议同意市人大常委会财政经济委员会在初审报告中提出的各项建议，决定批准《晋江市 2011 年财政收支预算调整方案》，同意市本级财政收入预算由 52.44 亿元调整为 61.02 亿元，财政总收入由 116.27 亿元调整为 133.3 亿元，财政支出预算由 50.55 亿元调整为 58.89 亿元。

晋江市人大常委会关于接受王景星等 11 位辞去晋江市选举委员会组成人员职务的决定

（2011 年 11 月 18 日晋江市第十五届人大常委会第八十二次主任会议）

根据《中华人民共和国全国人民代表大会和地方各级人民代表大会选举法》第九条“选举委员会的组成人员为代表候选人的，应当辞去选举委员会的职务”的规定，根据市人大常委会的授权，市第十五届人大常委会第八十二次主任会议决定：

接受王景星辞去晋江市选举委员会主任职务；

接受陈健倩辞去晋江市选举委员会副主任职务；

接受李元巍辞去晋江市选举委员会副主任职务；

接受姚志强辞去晋江市选举委员会副主任职务；

接受傅天宝辞去晋江市选举委员会委员职务；

接受王志宏辞去晋江市选举委员会委员职务；

接受谢江漫辞去晋江市选举委员会委员职务；

接受蔡体面辞去晋江市选举委员会委员职务；

接受彭培育辞去晋江市选举委员会委员职务；

接受柯枫伟辞去晋江市选举委员会委员职务；

接受颜惠玉辞去晋江市选举委员会委员职务。

以上决定报晋江市第十五届人民代表大会常务委员会第三十八次会议备案。

晋江市人大常委会关于接受潘子良等 86 位辞去陈埭等镇选举委员会组成人员职务的决定

（2011 年 11 月 18 日晋江市第十五届人大常委会第八十二次主任会议）

根据《中华人民共和国全国人民代表大会和地方各级人民代表大会选举法》第九条“选举委员会的组成人员为代表候选人的，应当辞去选举委员会的职务”的规定，根据市人大常委会的授权，市第十五届人大常委会第八十二次主任会议决定：

接受潘子良辞去陈埭镇选举委员会主任职务；

接受曾逸峰辞去陈埭镇选举委员会副主任职务；

接受苏延辉辞去陈埭镇选举委员会副主任职务；

接受王嘉庆辞去陈埭镇选举委员会委员职务；

接受黄贤答辞去陈埭镇选举委员会委员职务；
接受史伯郎辞去陈埭镇选举委员会委员职务；
接受蔡有香辞去陈埭镇选举委员会委员职务。
接受许畴料辞去池店镇选举委员会主任职务；
接受张雄鹰辞去池店镇选举委员会副主任职务；
接受庄垂生辞去池店镇选举委员会副主任职务；
接受蔡东毅辞去池店镇选举委员会委员职务；
接受王顶顺辞去池店镇选举委员会委员职务；
接受李嘉炜辞去池店镇选举委员会委员职务；
接受蔡艳红辞去池店镇选举委员会委员职务。
接受张文节辞去安海镇选举委员会主任职务；
接受柯煜煜辞去安海镇选举委员会副主任职务；
接受李志强辞去安海镇选举委员会副主任职务；
接受蔡清渠辞去安海镇选举委员会委员职务；
接受刘菁菁辞去安海镇选举委员会委员职务；
接受杨燕燕辞去安海镇选举委员会委员职务。
接受张汉杰辞去磁灶镇选举委员会主任职务；
接受陈秀配辞去磁灶镇选举委员会副主任职务；
接受黄延艺辞去磁灶镇选举委员会副主任职务；
接受张振铃辞去磁灶镇选举委员会委员职务；
接受颜柳绿辞去磁灶镇选举委员会委员职务；
接受刘基荣辞去磁灶镇选举委员会委员职务；
接受陈爱国辞去磁灶镇选举委员会委员职务；
接受林夏梅辞去磁灶镇选举委员会委员职务。
接受连建筑辞去内坑镇选举委员会主任职务；
接受洪国延辞去内坑镇选举委员会副主任职务；
接受张劲竹辞去内坑镇选举委员会副主任职务；
接受黄俊荣辞去内坑镇选举委员会委员职务；
接受兰雯雯辞去内坑镇选举委员会委员职务；
接受陈长伴辞去内坑镇选举委员会委员职务；
接受林莹炜辞去内坑镇选举委员会委员职务。
接受李逊庆辞去紫帽镇选举委员会主任职务；
接受苏振发辞去紫帽镇选举委员会副主任职务；
接受王国华辞去紫帽镇选举委员会委员职务；

接受林拥军辞去紫帽镇选举委员会委员职务；
接受颜章集辞去紫帽镇选举委员会委员职务；
接受吴添丁辞去紫帽镇选举委员会委员职务；
接受章翠萍辞去紫帽镇选举委员会委员职务。
接受吴淞江辞去东石镇选举委员会主任职务；
接受颜建顺辞去东石镇选举委员会副主任职务；
接受黄少伟辞去东石镇选举委员会副主任职务；
接受曾志协辞去东石镇选举委员会委员职务；
接受黄红艺辞去东石镇选举委员会委员职务；
接受陈传琦辞去东石镇选举委员会委员职务；
接受施纯烽辞去东石镇选举委员会委员职务。
接受黄思添辞去永和镇选举委员会主任职务；
接受施金箱辞去永和镇选举委员会副主任职务；
接受王沂鸿辞去永和镇选举委员会副主任职务；
接受陈莉玲辞去永和镇选举委员会委员职务；
接受杨春天辞去永和镇选举委员会委员职务；
接受许文仲辞去永和镇选举委员会委员职务；
接受林新红辞去永和镇选举委员会委员职务。
接受陈云腾辞去英林镇选举委员会主任职务；
接受林友栋辞去英林镇选举委员会副主任职务；
接受李安辉辞去英林镇选举委员会副主任职务；
接受蒋东晓辞去英林镇选举委员会副主任职务；
接受陈珍娜辞去英林镇选举委员会委员职务。
接受林跃辞去金井镇选举委员会主任职务；
接受李文团辞去金井镇选举委员会副主任职务；
接受洪建立辞去金井镇选举委员会副主任职务；
接受庄松龄辞去金井镇选举委员会委员职务；
接受黄英瑜辞去金井镇选举委员会委员职务。
接受王江涛辞去龙湖镇选举委员会主任职务；
接受陈志农辞去龙湖镇选举委员会副主任职务；
接受陈希轩辞去龙湖镇选举委员会副主任职务；
接受许上林辞去龙湖镇选举委员会委员职务；
接受朱智钰辞去龙湖镇选举委员会委员职务；
接受李鸿泳辞去龙湖镇选举委员会委员职务；

接受陈建辉辞去龙湖镇选举委员会委员职务；
接受许萍萍辞去龙湖镇选举委员会委员职务；
接受郑金福辞去龙湖镇选举委员会委员职务。
接受洪金城辞去深沪镇选举委员会主任职务；
接受王少严辞去深沪镇选举委员会副主任职务；
接受许文倡辞去深沪镇选举委员会副主任职务；
接受李永宗辞去深沪镇选举委员会委员职务；
接受施顺进辞去深沪镇选举委员会委员职务；
接受王秀贝辞去深沪镇选举委员会委员职务。
接受陈东聆辞去西滨镇选举委员会主任职务；
接受庄树耀辞去西滨镇选举委员会副主任职务；
接受林明捷辞去西滨镇选举委员会副主任职务；
接受林时就辞去西滨镇选举委员会委员职务；
接受林丹红辞去西滨镇选举委员会委员职务。
以上决定报晋江市第十五届人民代表大会常务委员会第三十八次会议备案。

晋江市人大常委会
关于召开晋江市第十六届人民代表大会第一次会议的决定

（2011年12月6日晋江市第十五届人大常委会第三十八次会议通过）

晋江市第十五届人大常委会第三十八次会议决定：晋江市第十六届人民代表大会第一次会议于2011年12月15日至19日在市区召开，会期5天。

建议大会议程：

一、听取和审议晋江市人民政府工作报告。

二、听取和审议晋江市2011年国民经济和社会发展计划执行情况及2012年计划（草案）的报告（书面）；

审查和批准晋江市2011年国民经济和社会发展计划执行情况及2012年计划。

三、听取和审议晋江市2011年预算执行情况及2012年预算（草案）的报告；

审查和批准晋江市2011年预算执行情况及2012年预算。

四、听取和审议晋江市人民代表大会常务委员会工作报告。

五、听取和审议晋江市人民法院工作报告。

六、听取和审议晋江市人民检察院工作报告。

七、选举晋江市第十六届人民代表大会常务委员会主任、副主任、委员，市人民政府市长、副市长，市人民法院院长，市人民检察院检察长；选举产生晋江市出席泉州市第十五届人民代表大会代表。

晋江市人大常委会关于接受潘丰源辞去晋江市人民法院院长、审判委员会委员、审判员职务的请求的决定

（2011年12月6日晋江市第十五届人大常委会第三十八次会议通过）

依照《中华人民共和国地方各级人民代表大会和地方各级人民政府组织法》规定，根据潘丰源的辞呈，市第十五届人大常委会第三十八次会议决定：

接受潘丰源辞去晋江市人民法院院长、审判委员会委员、审判员职务的请求，报晋江市第十五届人民代表大会备案。

晋江市人大常委会关于李小兴代理晋江市人民法院院长职务的决定

（2011年12月6日晋江市第十五届人大常委会第三十八次会议通过）

根据《中华人民共和国地方各级人民代表大会和地方各级人民政府组织法》规定和市第十五届人大常委会主任会议的提请，晋江市第十五届人大常委会第三十八次会议决定：

李小兴代理晋江市人民法院院长职务，报晋江市第十五届人民代表大会备案。

晋江市人大常委会
关于市第十六届人大常委会领导及委员分工的决定

（2012年2月14日晋江市第十六届人大常委会第一次会议通过）

根据市第十六届人大常委会主任会议的建议，市第十六届人大常委会第一次会议决定市第十六届人大常委会领导及委员分工如下：

主　　任：陈健倩　主持常委会全面工作

党组副书记：丁聪枝　分管常委会办公室、人大宣传工作

副 主 任：林庆峰　分管环境与城镇建设委员会工作

连泉富　分管农村经济委员会、华侨民族宗教委员会工作

姚志强　分管人事代表委员会、内务司法委员会、人大信访工作

庄天怀　分管财政经济委员会工作

副调研员、委员：黄小闽　分管教育科学文化卫生委员会工作

委　　员：谢江漫　负责常委会办公室工作
　　　　　蔡体面　负责人事代表委员会工作
　　　　　王志宏　协助人事代表委员会工作
　　　　　傅天宝　协助人事代表委员会工作
　　　　　柯明泉　负责内务司法委员会、人大信访工作
　　　　　柯枫伟　协助内务司法委员会工作
　　　　　颜惠玉　协助内务司法委员会工作
　　　　　黄鹭旋　负责农村经济委员会工作
　　　　　陈志农　协助农村经济委员会工作
　　　　　彭培育　协助农村经济委员会工作
　　　　　颜建顺　协助农村经济委员会工作
　　　　　庄碧芳　负责财政经济委员会工作
　　　　　周永伟　协助财政经济委员会工作
　　　　　柯文托　协助财政经济委员会工作
　　　　　洪肇设　协助财政经济委员会工作
　　　　　洪天炳　负责教育科学文化卫生委员会工作
　　　　　庄耀东　协助教育科学文化卫生委员会工作
　　　　　陈多多　协助教育科学文化卫生委员会、人大宣传工作
　　　　　黄月莹　协助教育科学文化卫生委员会工作
　　　　　张永忠　负责华侨民族宗教委员会工作
　　　　　丁世家　协助华侨民族宗教委员会工作
　　　　　林碧玉　协助华侨民族宗教委员会工作
　　　　　黄清泉　负责环境与城镇建设委员会工作
　　　　　王金聪　协助环境与城镇建设委员会工作
　　　　　李春兴　协助环境与城镇建设委员会工作
　　　　　曾逸峰　协助环境与城镇建设委员会工作

晋江市人大常委会
关于市第十六届人大常委会组成人员联系代表分工的决定

（2012年2月14日晋江市第十六届人大常委会第一次会议通过）

根据市第十六届人大常委会主任会议的建议，市第十六届人大常委会第一次会议决定市第十六届人大常委会组成人员联系代表分工如下：

青阳街道、梅岭街道、罗山街道、永和镇、深沪镇

林庆峰、谢江漫、柯明泉、黄清泉、王金聪、庄耀东、李春兴、林碧玉、彭培育

西园街道、新塘街道、龙湖镇、金井镇、西滨镇

连泉富、黄鹭旋、陈多多、陈志农、周永伟、柯文托

灵源街道、陈埭镇、池店镇、东石镇、英林镇

姚志强、张永忠、丁世家、王志宏、洪肇设、傅天宝、曾逸峰、颜惠玉、颜建顺

安海镇、磁灶镇、内坑镇、紫帽镇

庄天怀、黄小闽、蔡体面、庄碧芳、洪天炳、柯枫伟、黄月莹

晋江市人大常委会关于成立市第十六届人大常委会代表资格审查委员会的决定

（2012 年 2 月 14 日晋江市第十六届人大常委会第一次会议通过）

依照《中华人民共和国地方各级人民代表大会和地方各级人民政府组织法》的有关规定，根据市第十六届人大常委会主任会议的建议，市第十六届人大常委会第一次会议决定成立市第十六届人大常委会代表资格审查委员会。组成人员名单如下：

主任委员：姚志强　市人大常委会副主任

副主任委员：蔡体面　市人大常委会委员、人事代表委员会主任

委　　员：柯明泉　市人大常委会委员、内务司法委员会主任

王志宏　市人大常委会委员、市委组织部副部长

彭培育　市人大常委会委员、市总工会常务副主席

柯枫伟　市人大常委会委员、团市委书记

颜惠玉　市人大常委会委员、市妇联主席

黄月莹　市人大常委会委员、养正中学副校长

李春兴　市人大常委会委员、梅岭街道竹树下社区党总支书记、福建凤竹集团有限公司董事长

晋江市人大常委会关于调整市人大常委会依法治市领导小组组成人员的决定

（2012 年 2 月 14 日晋江市第十六届人大常委会第一次会议通过）

根据市第十六届人大常委会主任会议的建议，市第十六届人大常委会第一次会议决定调整市人大常委会依法治市领导小组组成人员。调整后的依法治市领导小组组成人员名单如下：

组　长：陈健倩　市人大常委会主任

副组长：姚志强　市人大常委会副主任

成　员：谢江漫　市人大常委会委员、办公室主任

蔡体面　市人大常委会委员、人事代表委主任

柯明泉　市人大常委会委员、内司委主任

王志宏　市人大常委会委员、市委组织部副部长

柯枫伟　市人大常委会委员、团市委书记

晋江市人大常委会
关于调整市人大常委会信访工作领导小组组成人员的决定

（2012 年 2 月 14 日晋江市第十六届人大常委会第一次会议通过）

根据市第十六届人大常委会主任会议的建议，市第十六届人大常委会第一次会议决定调整市人大常委会信访工作领导小组组成人员。调整后的信访工作领导小组组成人员名单如下：

组　长：姚志强　市人大常委会副主任

副组长：谢江漫　市人大常委会委员、办公室主任

柯明泉　市人大常委会委员、内司委主任

成　员：蔡体面　市人大常委会委员、人事代表委主任

黄鹭旋　市人大常委会委员、农经委主任

庄碧芳　市人大常委会委员、财经委主任

洪天炳　市人大常委会委员、教科文卫委主任

张永忠　市人大常委会委员、华侨委主任

黄清泉　市人大常委会委员、环城委主任

彭培育　市人大常委会委员、市总工会常务副主席

柯枫伟　市人大常委会委员、团市委书记

颜惠玉　市人大常委会委员、市妇联主席

晋江市人大常委会
关于调整市人大常委会妇女儿童工作组组成人员的决定

（2012 年 2 月 14 日晋江市第十六届人大常委会第一次会议通过）

根据市第十六届人大常委会主任会议的建议，市第十六届人大常委会第一次会议决定调整市人大常委会妇女儿童工作组组成人员。调整后的妇女儿童工作组组成人员名单如下：

组　长：姚志强　市人大常委会副主任
副组长：柯明泉　市人大常委会委员、内务司法委员会主任
　　　　颜惠玉　市人大常委会委员、市妇联主席
成　员：庄碧芳　市人大常委会委员、财政经济委员会主任
　　　　王志宏　市人大常委会委员、市委组织部副部长
　　　　彭培育　市人大常委会委员、市总工会常务副主席
　　　　柯枫伟　市人大常委会委员、团市委书记
　　　　庄耀东　市人大常委会委员、市中医院院长
　　　　黄月莹　市人大常委会委员、养正中学副校长

晋江市人大常委会关于各委员会聘请兼职委员的决定

（2012 年 2 月 14 日晋江市第十六届人大常委会第一次会议通过）

根据市第十六届人大常委会主任会议的建议，市第十六届人大常委会第一次会议决定：

聘请陈明霞、林水盘、洪义锋、蔡仲谋、颜其惕为市人大常委会人事代表委员会兼职委员；

聘请王胜利、庄永添、许雄伟、吴世钦、陈元平、郭灿培为市人大常委会内务司法委员会兼职委员；

聘请吴礼法、吴鸿造、林和杰、谢仁侨、蔡谋溪、颜春呈为市人大常委会农村经济委员会兼职委员；

聘请尤胜团、陈诗从、林扬扬、柯天从、谢陆伟为市人大常委会财政经济委员会兼职委员；

聘请庄应端、张金龙、陈清火、范清靖、林君清为市人大常委会教育科学文化卫生委员会兼职委员；

聘请丁文表、李清欣、洪永进、释理山、詹淑华、蔡灿辉为市人大常委会华侨民族宗教委员会兼职委员；

聘请许四海、吴家栋、陈文艺、蔡洪沂、颜虹为市人大常委会环境与城镇建设委员会兼职委员。

晋江市人大常委会关于许可对市第十六届人民代表大会代表吴经伟采取强制措施并暂时停止其执行代表职务的决定

（2012 年 2 月 14 日晋江市第十六届人大常委会第一次会议通过）

根据《晋江市人民检察院关于提请许可对吴经伟采取强制措施的报告》，依照《中

华人民共和国全国人民代表大会和地方各级人民代表大会代表法》有关规定，市第十六届人大常委会第一次会议决定：

许可对市第十六届人民代表大会代表吴经伟采取法律规定的强制措施，并自本决定通过之日起暂时停止其执行代表职务。

晋江市人大常委会关于批准2011年本级决算的决议

（2012年6月21日晋江市第十六届人大常委会第三次会议通过）

晋江市第十六届人大常委会第三次会议，听取和审议了《晋江市人民政府关于提请审查批准2011年本级决算草案的议案》，并结合《晋江市人民政府关于2011年本级预算执行和其他财政收支情况的审计工作报告》和市人大常委会财政经济委员会的初步审查报告，对2011年本级决算草案进行了审查，同意市人大常委会财政经济委员会在初步审查报告中提出的意见，决定批准2011年本级决算。

晋江市人大常委会
关于授予李苏等人“晋江市荣誉市民”称号的决定

（2012年10月26日晋江市第十六届人大常委会第五次会议通过）

根据《晋江市人民代表大会常务委员会关于授予荣誉市民称号的暂行规定》，经市第十六届人大常委会第五次会议表决通过，决定授予李苏、李安、余仁雨、张富山、阿卜杜拉苏比翼、苏志明、周文浩、林荫新、赵鹏、胡诚初、胡牛崽、黄陵东、喻国平、温玉泽、曾武华、甄范春美等16人“晋江市荣誉市民”称号。

晋江市人大常委会
关于补选晋江市第十六届人民代表大会代表的决定

（2012年10月26日晋江市第十六届人大常委会第五次会议通过）

晋江市第十六届人民代表大会代表名额333名。市第十六届人民代表大会第一次会议时，实有代表325名，代表名额共缺8名。

市第十六届人民代表大会第一次会议以来，安海代表团尤猛军代表、金井代表团李元巍代表、东石代表团张天宝代表、驻晋江73311部队高振标代表调离本市，根据《中华人民共和国全国人民代表大会和地方各级人民代表大会代表法》第四十一条规定，以上4位同志的代表资格终止；磁灶代表团吴经伟代表因涉嫌犯罪，市第十六届人大常委会第一次会议决定暂时停止其执行代表职务。目前，代表名额共缺12名。

根据《中华人民共和国全国人民代表大会和地方各级人民代表大会选举法》第五十四条关于“代表在任期间，因故出缺，由原选区或原选举单位补选”的规定，因工作需要，市第十六届人大常委会第五次会议决定：补选晋江市第十六届人民代表大会代表3名。

补选晋江市第十六届人民代表大会代表，按市级选区进行，并依照《中华人民共和国全国人民代表大会和地方各级人民代表大会选举法》《福建省县、乡两级人民代表大会代表直接选举实施细则》《中国人民解放军选举全国人民代表大会和地方各级人民代表大会代表的办法》的有关规定执行。

晋江市人大常委会
关于《晋江市城市总体规划修编（2010—2030）》的决议

（2012年12月24日晋江市第十六届人大常委会第六次会议通过）

晋江市第十六届人大常委会第六次会议审议了《晋江市人民政府关于提请审议晋江市城市总体规划修编（2010—2030）的议案》。

会议充分肯定了市政府编制的晋江市城市总体规划修编方案。会议认为，该轮总体规划符合《中华人民共和国城乡规划法》、建设部《城市总体规划编制办法》等法律法规要求，能够与《泉州市城市总体规划（2008—2030)》等规划有机衔接，体现了以人为本、科学发展、城乡统筹、产城一体的思想，凸显了建设宜居宜业城市的发展目标。方案的基础资料较为翔实，发展策略研究基本到位，城市定位定性、规模预测、总体布局基本合理，功能分区明确，达到了一定的深度和广度，具有较好的全局性、前瞻性和可操作性。会议决定，同意《晋江市城市总体规划修编（2010—2030)》方案，由市政府结合审议意见进一步完善提升后按程序上报审批。

会议强调，城市总体规划是城乡规划和建设管理的依据。该轮总体规划的制定，对于充分发挥本市的经济、人文、区位优势，实现本市既定发展战略目标具有重要意义。

会议要求，城市总体规划获批以后，市政府要紧密结合实际，认真组织实施；要在城市总体规划的基础上，抓紧编制城市分区规划、专项规划和详细规划，扎实推进规划的落实；要依法加强管理，维护城市总体规划的严肃性和权威性；要进一步加大城市总体规划的宣传力度，提高全社会的知晓度和参与积极性，统一思想认识，凝聚各方力量，努力把本市建设成为现代产业基地、滨海生态城市。

晋江市人大常委会关于接受吴经伟辞去晋江市第十六届人民代表大会代表职务请求的决定

（2012 年 12 月 24 日晋江市第十六届人大常委会第六次会议通过）

晋江市第十六届人民代表大会代表吴经伟向晋江市人大常委会提出辞去晋江市第十六届人民代表大会代表职务的请求。根据《中华人民共和国全国人民代表大会和地方各级人民代表大会选举法》的相关规定，晋江市第十六届人大常委会第六次会议决定：接受吴经伟辞去晋江市第十六届人民代表大会代表职务的请求。

晋江市人民代表大会常务委员会关于修改《晋江市人民代表大会常务委员会工作评议暂行办法》等四份规范性文件的决定

（2013 年 2 月 28 日晋江市第十六届人大常委会第八次会议通过）

晋江市第十六届人民代表大会常务委员会第八次会议审议了《晋江市人大常委会主任会议关于提请审议修改〈晋江市人民代表大会常务委员会工作评议暂行办法〉等四份规范性文件的议案》，决定同意主任会议提出的修改意见。修改后的《晋江市人民代表大会常务委员会关于工作评议的规定》《晋江市人民代表大会常务委员会关于授予地方荣誉称号的规定》《晋江市人民代表大会常务委员会关于授予晋江市荣誉市民称号的规定》《晋江市人民代表大会常务委员会关于公民旁听市人民代表大会及其常务委员会会议的规定》等四份规范性文件应根据本决定予以重新公布，并自本决定通过之日起实施。

晋江市人大常委会关于评议市行政审批服务中心创建“人民满意单位”活动的决定

（2013 年 2 月 28 日晋江市第十六届人大常委会第八次会议通过）

市第十六届人大常委会第八次会议审议通过市人民政府《关于提请审议晋江市行政审批服务中心创建“人民满意单位”的议案》，决定于 2013 年 2 月起至 12 月，组织对市行政审批服务中心创建“人民满意单位”活动进行评议。

晋江市人大常委会关于制定《晋江市人民代表大会常务委员会议事规则》及《晋江市人民代表大会常务委员会主任会议议事规则》的决定

（2013 年 4 月 26 日晋江市第十六届人大常委会第九次会议通过）

晋江市第十六届人民代表大会常务委员会第九次会议经过审议表决，通过了《晋江市人大常委会主任会议关于提请审议制定〈晋江市人民代表大会常务委员会议事规则〉及〈晋江市人民代表大会常务委员会主任会议议事规则〉的议案》。制定的《晋江市人民代表大会常务委员会议事规则》《晋江市人民代表大会常务委员会主任会议议事规则》应根据本决定予以公布，并自本决定通过之日起实施。1999 年 2 月 9 日晋江市第十三届人大常委会第一次会议通过的《晋江市人民代表大会常务委员会工作规则》同时废止。

晋江市人民代表大会常务委员会关于制定（修改、废止）四份相关规范性文件的决定

（2013 年 6 月 26 日晋江市第十六届人大常委会第十次会议通过）

晋江市第十六届人民代表大会常务委员会第十次会议经过审议表决，通过了《晋江市人大常委会主任会议关于提请审议制定（修改、废止）四份相关规范性文件的议案》。制定的《晋江市人民代表大会常务委员会任免国家机关工作人员规定》和《晋江市人大代表履职请假规定》，修改的《晋江市人民代表大会常务委员会关于进一步提高审议质量的若干意见》应根据本决定予以公布，并自本决定通过之日起实施。2001 年 12 月 19 日晋江市第十三届人大常委会第二十一次会议通过的《晋江市人民代表大会常务委员会任免国家机关工作人员暂行办法》及 2004 年 8 月 6 日晋江市第十四届人大常委会第三次会议通过的《晋江市人大常委会关于授权主任会议审议决定司法机关提请批准对市人大代表涉嫌犯罪立案侦查和采取法律措施的决定》同时予以废止。

晋江市人民代表大会常务委员会关于批准 2012 年市本级决算的决议

（2013 年 6 月 26 日晋江市第十六届人大常委会第十次会议通过）

晋江市第十六届人大常委会第十次会议听取了市财政局局长李章凯受市人民政府委托所作的《关于 2012 年晋江市本级财政收支决算草案的报告》和市审计局局长施荣蝉

受市人民政府委托所作的《晋江市2012年市本级预算执行和其他财政收支情况的审计工作报告》，并对2012年市本级决算草案进行了审查，同意市人大常委会财政经济委员会在初步审查报告中提出的意见，决定批准2012年市本级决算。

晋江市人大常委会关于接受颜惠玉辞去晋江市第十六届人民代表大会常务委员会委员职务的请求的决定

（2013年6月26日晋江市第十六届人大常委会第十次会议通过）

依照《中华人民共和国地方各级人民代表大会和地方各级人民政府组织法》规定，根据颜惠玉同志的辞呈，晋江市第十六届人大常委会第十次会议决定：

接受颜惠玉辞去晋江市第十六届人民代表大会常务委员会委员职务的请求，报晋江市第十六届人民代表大会第三次会议备案。

晋江市人民代表大会常务委员会关于《晋江生态市建设规划（2011—2020年）》的决议

（2013年10月28日晋江市第十六届人大常委会第十二次会议通过）

晋江市第十六届人大常委会第十二次会议审议了《晋江市人民政府关于提请审议〈晋江生态市建设规划（2011—2020年）〉的议案》。

会议充分肯定了市政府为编制《晋江生态市建设规划（2011—2020年）》（以下简称《规划》）所做的调研、论证等工作。

会议认为，《规划》坚持以科学发展观为指导，贯彻落实党的生态文明建设方针，严格按照环保部、省、泉州市关于生态市建设的有关要求和标准，围绕建成国家级生态市的总体目标，深入分析晋江生态现状，提出生态市建设的指标体系、保障体系和技术要求，目标定位明确，功能分区合理，框架内容全面，规划的深度、广度基本达到国家标准要求，是晋江建设生态城市的纲领性文件。会议决定通过《规划》方案。

会议要求，《规划》批准以后，市政府要紧密结合实际，认真组织实施，依法加强管理，维护《规划》的严肃性和权威性；全市各级各部门要围绕“生态晋江”建设大局，同心协力，全面实施《规划》，努力把晋江打造成为生态产业循环高效、生态环境安全优美、人居环境舒适、宜居宜业宜商的滨海生态城市。

晋江市人民代表大会常务委员会关于《晋江市海岸带保护利用规划（2012—2030）》的决议

（2013 年 10 月 28 日晋江市第十六届人大常委会第十二次会议通过）

晋江市第十六届人大常委会第十二次会议审议了《晋江市人民政府关于提请审议〈晋江市海岸带保护利用规划（2012—2030）〉的议案》。

会议充分肯定市政府编制的晋江市海岸带保护利用规划方案。会议认为，本规划是在城乡规划统筹概念基础上，从全市域的角度设计沿海海岸带的专项规划。规划成果编制目的准确，编制程序合法，调研较全面，各方面依据充分，注意与晋江市城市建设总体规划、沿线各城镇总体规划、土地利用规划、海洋功能区划等方面的对接，所提出的海岸带利用总体布局和功能分区合理，分段管制措施规范，保护利用目标基本达到，规划内容达到专项规划编制深度，基本符合晋江海岸带保护利用的要求。会议决定通过《晋江市海岸带保护利用规划（2012—2030）》(以下简称《规划》)。

会议强调，《规划》是指导海岸带保护和利用的依据。《规划》提出的各类岸段、各类空间及各重点区域的规划管制和引导等内容，对强化海岸带保护和规范海岸带各类开发行为，实现海岸带区域经济社会可持续发展具有重大的现实意义和深远的历史影响。

会议要求，市政府及有关部门要采取各种形式进行宣传，做到家喻户晓，深入人心，营造了解规划、服从规划、监督规划实施的浓厚社会氛围。要充分认识实施《规划》的重要意义和作用，明确职责，加强协调，增强合力，切实加大《规划》的实施力度，自觉维护《规划》的权威性和严肃性。要按照《规划》的要求，深化和完善沿海各镇控制性详细规划，进一步健全海岸带保护利用规划体系。要在《规划》的引领和指导下，坚持高起点规划，高水平建设，高标准管理，立足当前，着眼长远，整体推进，努力把本市建设成为现代产业基地、滨海生态城市。

晋江市人民代表大会常务委员会关于批准《晋江市国民经济和社会发展第十二个五年规划纲要》调整方案的决议

（2013 年 10 月 28 日晋江市第十六届人大常委会第十二次会议通过）

晋江市第十六届人大常委会第十二次会议审议了《晋江市人民政府关于提请审查批准〈晋江市国民经济和社会发展第十二个五年规划纲要〉调整方案的议案》，会议决定批准市人民政府提出的关于《晋江市国民经济和社会发展第十二个五年规划纲要》调整方案。

会议认为，“十二五”规划纲要实施以来，本市主要经济社会发展指标大部分达到或超过预期目标，主要工作任务推进有序，重大建设项目完成较好，实施情况总体顺利。

会议指出，由于当前本市发展的环境条件和面临的形势发生较大变化，对推动“十二五”规划纲要实施的指导思想内涵、产业体系目标、城市发展目标等12方面内容进行调整充实是必要的。调整后的规划纲要更切合本市实际，更有利于本市经济社会的平稳健康发展。

会议强调，本市“十二五”规划后半期的目标任务已经明确，市政府要大力推进“五城同创”，全力打造“升级版”晋江，确保晋江经济实力、社会民生、城乡面貌在“十二五”期间得到较大提升，努力建设综合实力强、民生质量高、发展环境好的中国品牌之都、现代产业基地、滨海生态城市。对规划中期评估发现的问题以及滞后时序进度的任务和指标，要高度重视，全力以赴，采取措施，积极应对，确保规划纲要确定的目标任务得以全面完成。

晋江市人大常委会
关于召开晋江市第十六届人民代表大会第三次会议的决定

（2013年12月18日晋江市第十六届人大常委会第十三次会议通过）

晋江市第十六届人大常委会第十三次会议决定：晋江市第十六届人民代表大会第三次会议于2014年1月1日至4日在罗山召开，会期4天。

建议大会议程：

一、听取和审议晋江市人民政府工作报告。

二、听取和审议晋江市2013年国民经济和社会发展计划执行情况及2014年国民经济和社会发展计划草案的报告（书面）；

审查和批准晋江市2013年国民经济和社会发展计划执行情况的报告及2014年国民经济和社会发展计划。

三、听取和审议晋江市2013年预算执行情况及2014年预算草案的报告；

审查和批准晋江市2013年预算执行情况的报告及2014年预算。

四、听取和审议晋江市人民代表大会常务委员会工作报告。

五、听取和审议晋江市人民法院工作报告。

六、听取和审议晋江市人民检察院工作报告。

晋江市人大常委会关于确定市树市花的决定

（2014 年 2 月 28 日晋江市第十六届人大常委会第十四次会议通过）

晋江市第十六届人大常委会第十四次会议经过审议，同意市人民政府《关于提请确定市树市花的议案》，决定：菩提树为晋江市市树，白兰花为晋江市市花。

晋江市人大常委会
关于设立“全民动员　绿化晋江”义务植树活动月的决定

（2014 年 2 月 28 日晋江市第十六届人大常委会第十四次会议通过）

晋江市第十六届人大常委会第十四次会议经过审议，同意市人民政府《关于提请将每年 3 月份设立为晋江市“全民动员 绿化晋江”义务植树活动月的议案》，决定将每年 3 月份设立为晋江市“全民动员、绿化晋江”义务植树活动月。

晋江市人大常委会
关于评议市公安局创建“人民满意单位”活动的决定

（2014 年 2 月 28 日晋江市第十六届人大常委会第十四次会议通过）

晋江市第十六届人大常委会第十四次会议经过审议，同意市人民政府《关于提请审议晋江市公安局创建“人民满意单位”的议案》，决定于 2014 年 2 月起至 12 月，组织对市公安局创建“人民满意单位”活动进行评议。

晋江市人大常委会关于接受蔡体面辞去晋江市第十六届人民代表大会常务委员会委员职务的请求的决定

（2014 年 5 月 15 日晋江市第十六届人大常委会第十五次会议通过）

依照《中华人民共和国地方各级人民代表大会和地方各级人民政府组织法》规定，根据蔡体面同志的辞呈，晋江市第十六届人大常委会第十五次会议决定：

接受蔡体面辞去晋江市第十六届人民代表大会常务委员会委员职务的请求，报晋江市第十六届人民代表大会第四次会议备案。

晋江市人大常委会关于制定《晋江市人大常委会关于审议意见研究处理情况满意度测评的暂行规定》的决定

（2014年5月15日晋江市第十六届人大常委会第十五次会议通过）

晋江市第十六届人民代表大会常务委员会第十五次会议经过审议表决，通过了《晋江市人大常委会主任会议关于提请审议制定〈晋江市人大常委会关于审议意见研究处理情况满意度测评的暂行规定〉的议案》。《晋江市人大常委会关于审议意见研究处理情况满意度测评的暂行规定》应根据本决定予以公布，并自本决定通过之日起实施。

晋江市人大常委会关于批准2013年市本级决算的决议

（2014年6月24日晋江市第十六届人大常委会第十六次会议通过）

晋江市第十六届人大常委会第十六次会议听取了市财政局局长李章凯受市人民政府委托所作的《关于2013年晋江市本级财政收支决算草案的报告》和市审计局局长施荣蝉受市人民政府委托所作的《晋江市2013年本级预算执行和其他财政收支情况的审计工作报告》，并对2013年市本级决算草案进行了审查，同意市人大常委会财政经济委员会在初步审查报告中提出的意见，决定批准2013年市本级决算。

晋江市人大常委会关于增加确定市人民法院人民陪审员名额的决定

（2014年6月24日晋江市第十六届人大常委会第十六次会议通过）

依照《全国人大常委会关于完善人民陪审员制度的决定》，根据市人民法院李小兴院长的提请，晋江市第十六届人大常委会第十六次会议决定：

晋江市人民法院人民陪审员名额增加98名，与市第十五届人大常委会第三十六次会议确定的名额75名合并，总名额为173名。

晋江市人大常委会关于张强等任职的决定

（2014年6月24日晋江市第十六届人大常委会第十六次会议通过）

依照《中华人民共和国地方各级人民代表大会和地方各级人民政府组织法》规定，根据市人民政府市长刘文儒的提请，晋江市第十六届人大常委会第十六次会议审议决定：

任命张强为晋江市人民政府副市长；

任命李涛为晋江市人民政府副市长。

以上决定报晋江市第十六届人民代表大会备案。

晋江市人大常委会关于黄敬前免职的决定

（2014年9月27日晋江市第十六届人大常委会第十七次会议通过）

依照《中华人民共和国地方各级人民代表大会和地方各级人民政府组织法》规定，根据市人民政府市长刘文儒的提请，晋江市第十六届人大常委会第十七次会议审议决定：

免去黄敬前晋江市人民政府副市长职务。

以上决定报晋江市第十六届人民代表大会备案。

晋江市人大常委会关于王文晖任职的决定

（2014年9月27日晋江市第十六届人大常委会第十七次会议通过）

依照《中华人民共和国地方各级人民代表大会和地方各级人民政府组织法》规定，根据市人民政府市长刘文儒的提请，晋江市第十六届人大常委会第十七次会议审议决定：

任命王文晖为晋江市人民政府副市长。

以上决定报晋江市第十六届人民代表大会备案。

晋江市人大常委会关于批准晋江市2014年国民经济和社会发展计划调整方案的决议

（2014年12月19日晋江市第十六届人大常委会第十九次会议通过）

根据《中华人民共和国各级人民代表大会常务委员会监督法》的规定，晋江市第十六届人大常委会第十九次会议审议了《晋江市人民政府关于提请审查批准晋江市2014年国民经济和社会发展计划调整方案（草案）的议案》，并听取了市人大常委会财政经济委员会的初审报告。

会议同意市人大常委会财政经济委员会在初审报告中提出的建议，决定批准《晋江市2014年国民经济和社会发展计划调整方案》，同意GDP增长目标由10.5%调整为9.5%，其中：第一产业增加值不变，第二产业增加值增长目标由10.4%调整为9.5%，第三产业增加值增长目标由11%调整为9.7%；第三产业增加值占GDP比重由32%调整为31.5%；工业总产值增长目标由13%（可比价）调整为10.5%；规上工业产值增长目标由13.7%（可比价）调整为10.5%；财政总收入增长目标由12%调整为8%。

晋江市人大常委会
关于批准晋江市2014年本级预算调整方案的决议

（2014年12月19日晋江市第十六届人大常委会第十九次会议通过）

根据《中华人民共和国预算法》《中华人民共和国各级人民代表大会常务委员会监督法》的规定，晋江市第十六届人大常委会第十九次会议审议了《晋江市人民政府关于提请审查批准晋江市2014年本级预算调整方案（草案）的议案》，并听取了市人大常委会财政经济委员会的初审报告。

会议同意市人大常委会财政经济委员会在初审报告中提出的建议，决定批准《晋江市2014年本级预算调整方案》，同意财政总收入由204.68亿元调整为197.4亿元，地方本级收入由108.65亿元调整为112.32亿元，公共财政预算支出由76.79亿元调整为80.84亿元。

晋江市人大常委会
关于补选晋江市第十六届人民代表大会代表的决定

（2014年12月19日晋江市第十六届人大常委会第十九次会议通过）

晋江市第十六届人民代表大会代表名额333名。市第十六届人民代表大会第三次会议时，实有代表320名，代表名额出缺13名。

市第十六届人民代表大会第三次会议以来，驻晋江94921部队贺小剑代表调离本市，梅岭代表团苏尚谦代表、英林代表团洪跃辉代表去世，根据《中华人民共和国全国人民代表大会和地方各级人民代表大会代表法》第四十九条规定，以上3位的代表资格终止。目前，代表名额共缺16名。

根据《中华人民共和国全国人民代表大会和地方各级人民代表大会选举法》有关规定，因工作需要，市第十六届人大常委会第十九次会议决定：补选市第十六届人民代表大会代表6名。

补选晋江市第十六届人民代表大会代表按晋江市级选区进行，并依照《中华人民共和国全国人民代表大会和地方各级人民代表大会选举法》《福建省县、乡两级人民代表大会代表直接选举实施细则》和《中国人民解放军选举全国人民代表大会和地方各级人民代表大会代表的办法》的有关规定执行。

晋江市人大常委会
关于召开晋江市第十六届人民代表大会第四次会议的决定

（2014 年 12 月 19 日晋江市第十六届人大常委会第十九次会议通过）

晋江市第十六届人大常委会第十九次会议决定：晋江市第十六届人民代表大会第四次会议于 2015 年 1 月 19 日至 22 日在罗山召开，会期 4 天。

建议大会议程：

一、听取和审议晋江市人民政府工作报告。

二、听取和审议晋江市 2014 年国民经济和社会发展计划执行情况及 2015 年国民经济和社会发展计划草案的报告（书面）；

审查和批准晋江市 2014 年国民经济和社会发展计划执行情况的报告及 2015 年国民经济和社会发展计划。

三、听取和审议晋江市 2014 年预算执行情况及 2015 年预算草案的报告；

审查和批准晋江市 2014 年预算执行情况的报告及 2015 年预算。

四、听取和审议晋江市人民代表大会常务委员会工作报告。

五、听取和审议晋江市人民法院工作报告。

六、听取和审议晋江市人民检察院工作报告。

七、大会选举。

晋江市人大常委会关于授予
晋江市公安局“2013—2014 年度人民满意单位”荣誉称号的决定

（2014 年 12 月 19 日晋江市第十六届人大常委会第十九次会议通过）

依照《中华人民共和国地方各级人民代表大会和地方各级人民政府组织法》第四十四条第十四款和《晋江市人民代表大会常务委员会关于授予地方荣誉称号的规定》，晋江市第十六届人大常委会第十九次会议决定：

授予晋江市公安局“2013—2014 年度人民满意单位”荣誉称号。

晋江市人大常委会关于市第十六届人大常委会部分委员分工的决定

（2015 年 2 月27 日晋江市第十六届人大常委会第二十一次会议通过）

根据市第十六届人大常委会主任会议的建议，市第十六届人大常委会第二十一次会议决定市第十六届人大常委会部分委员分工如下：

吴丹红委员　协助内务司法委员会工作；

张永忠委员　协助华侨民族宗教委员会工作。

晋江市人大常委会关于接受傅天宝同志辞去晋江市第十六届人民代表大会常务委员会委员职务的请求的决定

（2015年2月27日晋江市第十六届人大常委会第二十一次会议通过）

依照《中华人民共和国地方各级人民代表大会和地方各级人民政府组织法》规定，根据傅天宝同志的辞呈，晋江市第十六届人大常委会第二十一次会议决定：

接受傅天宝同志辞去晋江市第十六届人民代表大会常务委员会委员职务的请求　报晋江市第十六届人民代表大会备案。

晋江市人大常委会关于接受柯枫伟同志辞去晋江市第十六届人民代表大会常务委员会委员职务的请求的决定

（2015年2月27日晋江市第十六届人大常委会第二十一次会议通过）

依照《中华人民共和国地方各级人民代表大会和地方各级人民政府组织法》规定，根据柯枫伟同志的辞呈，晋江市第十六届人大常委会第二十一次会议决定：

接受柯枫伟同志辞去晋江市第十六届人民代表大会常务委员会委员职务的请求　报晋江市第十六届人民代表大会备案。

晋江市人大常委会关于接受庄树耀辞去晋江市第十六届人民代表大会代表职务的请求的决定

（2015年4月28日晋江市第十六届人大常委会第二十二次会议通过）

晋江市第十六届人民代表大会代表庄树耀向晋江市人大常委会提出辞去晋江市第十六届人民代表大会代表职务的请求。根据《中华人民共和国全国人民代表大会和地方各级人民代表大会选举法》的相关规定，晋江市第十六届人大常委会第二十二次会议决定：

接受庄树耀辞去晋江市第十六届人民代表大会代表职务的请求。

晋江市人大常委会关于批准 2014 年市本级决算的决议

（2015 年 6 月 29 日晋江市第十六届人大常委会第二十三次会议通过）

晋江市第十六届人大常委会第二十三次会议听取了市财政局局长李章凯受市人民政府委托所作的《关于 2014 年晋江市本级财政收支决算草案的报告》和市审计局局长陈恩典受市人民政府委托所作的《晋江市 2014 年度本级预算执行和其他财政收支情况的审计工作报告》，并对 2014 年市本级决算草案进行了审查，同意市人大常委会财政经济委员会在初步审查报告中提出的意见，决定批准 2014 年市本级决算。

晋江市人大常委会关于调整部分街道人大工作委员会委员的决定

（2015 年 6 月 29 日晋江市第十六届人大常委会第二十三次会议通过）

根据市第十六届人大常委会主任会议的建议，市第十六届人大常委会第二十三次会议决定调整部分街道人大工作委员会委员，调整后的名单如下：

庄烜炜、苏连枸、王宁强、庄昭欣为梅岭街道人大工作委员会委员；

王英映、洪金塔、赖振安、王文农为西园街道人大工作委员会委员；

丁奕滚、陈培星、蔡金印、苏凤英为罗山街道人大工作委员会委员；

王祥江、杨振宁、吴文富、丁雅丝为新塘街道人大工作委员会委员。

晋江市人大常委会关于接受张德沂辞去晋江市第十六届人民代表大会代表职务的请求的决定

（2015 年 6 月 29 日晋江市第十六届人大常委会第二十三次会议通过）

晋江市第十六届人民代表大会代表张德沂向晋江市人大常委会提出辞去代表职务的请求。根据《中华人民共和国全国人民代表大会和地方各级人民代表大会选举法》的相关规定，晋江市第十六届人大常委会第二十三次会议决定：接受张德沂辞去晋江市第十六届人民代表大会代表职务的请求。

晋江市人大常委会关于增加市人民法院人民陪审员名额的决定

（2015 年 8 月 25 日晋江市第十六届人大常委会第二十四次会议通过）

依照《全国人大常委会关于完善人民陪审员制度的决定》《全国人大常委会关于授

权在部分地区开展人民陪审员制度改革试点工作的决定》，晋江市第十六届人大常委会第二十四次会议审议了市人民法院《关于提请审议增加人民陪审员名额的议案》，决定：晋江市人民法院人民陪审员名额增加237名，与市第十六届人大常委会第十六次会议确定的名额173名合并，总名额为410名。

晋江市人大常委会关于许可对晋江市第十六届人民代表大会代表庄胜煌采取强制措施的决定

（2015年8月25日晋江市第十六届人大常委会第二十四次会议通过）

晋江市第十六届人民代表大会常务委员会第二十四次会议审议了晋江市人大常委会主任会议《关于提请许可对个别市人大代表采取强制措施的议案》，根据《中华人民共和国全国人民代表大会和地方各级人民代表大会代表法》的相关规定，决定：许可对晋江市第十六届人民代表大会代表庄胜煌采取强制措施。

晋江市人大常委会关于张强等免职的决定

（2015年8月25日晋江市第十六届人大常委会第二十四次会议通过）

依照《中华人民共和国地方各级人民代表大会和地方各级人民政府组织法》规定，根据市人民政府市长刘文儒的提请，晋江市第十六届人大常委会第二十四次会议审议决定：

免去张强晋江市人民政府副市长职务；

免去李涛晋江市人民政府副市长职务。

以上决定报晋江市第十六届人民代表大会备案。

晋江市人大常委会关于接受刘和平等辞去市第十六届人民代表大会代表职务的请求的决定

（2015年10月27日晋江市第十六届人大常委会第二十五次会议通过）

刘和平、李文团、张文节、陈云腾、柯枫伟、洪金城、黄思添、蔡劲松等8位因调整工作岗位，蔡体面、颜惠玉等2位因退休，向晋江市人大常委会提出辞去晋江市第十六届人民代表大会代表职务的请求。根据《中华人民共和国全国人民代表大会和地方各级人民代表大会选举法》《中华人民共和国全国人民代表大会和地方各级人民代表大会代表法》《晋江市人民代表大会代表辞职的暂行规定》的有关规定，晋江市第十六届人大常委会第二十五次会议审议决定：

接受刘和平、李文团、张文节、陈云腾、柯枫伟、洪金城、黄思添、蔡体面、蔡劲松、颜惠玉等10位辞去晋江市第十六届人民代表大会代表职务的请求。

晋江市人大常委会关于补选市第十六届人民代表大会代表的决定

（2015年10月27日晋江市第十六届人大常委会第二十五次会议通过）

晋江市第十六届人民代表大会代表名额333名。市第十六届人民代表大会第四次会议时，实有代表323名。

市第十六届人民代表大会第四次会议以来，安海代表团陈荣法代表调离本市行政区域；池店代表团刘和平，安海代表团张文节，紫帽代表团柯枫伟、蔡劲松，英林代表团陈云腾，金井代表团李文团、黄思添，深沪代表团洪金城等8位代表因调整工作岗位，池店代表团颜惠玉、紫帽代表团蔡体面等2位代表因退休，西园代表团张德沂、陈埭西滨代表团庄树耀等2位代表因其他原因辞去代表职务；青阳代表团曾华源、池店代表团蔡文投、磁灶代表团陈秀配等3位代表去世，根据《中华人民共和国全国人民代表大会和地方各级人民代表大会代表法》第四十九条规定，以上16位代表的代表资格终止。

至此，晋江市第十六届人民代表大会代表实有307名，代表出缺26名。

根据市人大常委会主任会议的议案，市第十六届人大常委会第二十五次会议审议决定：补选市第十六届人民代表大会代表10名。其中，由安海镇、金井镇各补选市十六届人民代表大会代表1名，罗山街道、磁灶镇、紫帽镇、英林镇各补选市十六届人民代表大会代表2名。

补选晋江市第十六届人民代表大会代表按晋江市级选区进行，并依照《中华人民共和国全国人民代表大会和地方各级人民代表大会选举法》《福建省县、乡两级人民代表大会代表直接选举实施细则》的有关规定执行。

晋江市人大常委会关于丁明红等任职的决定

（2015年10月27日晋江市第十六届人大常委会第二十五次会议通过）

依照全国人大常委会《关于完善人民陪审员制度的决定》《关于授权在部分地区开展人民陪审员制度改革试点工作的决定》的规定，根据市人民法院院长李小兴的提请，晋江市第十六届人大常委会第二十五次会议于2015年10月27日审议决定：

任命丁明红、丁美丽、丁清伟、丁淼淼、王小凤、王仁娜、王火炬、王礼财、王冰冰、王志刚、王丽春、王灿辉、王诗旋、王虹燕、王施源、王美珍、王海静、王理想、王培坤、王培康、王雪娇、王婉玉、王惠芬、王辉煌、王聪丽、邓生伟、包莲英、朱天增、庄祺、庄山东、庄文东、庄芳芳、庄思萍、庄培云、庄雪萍、庄雪景、刘芳、刘萍、刘雪松、刘鸿昌、许天赏、许文革、许玉纯、许秀芝、许宏图、许青青、许宣婷、许玲玲、许树木、许亮亮、许晓峰、许章伟、许鸿鸿、许维瑜、许燕萍、阳超、纪耿钗、严长清、苏子钊、苏尚灿、苏国育、苏建东、苏春燕、苏秋阳、苏燕玲、李友昌、李巧芳、李志达、李志福、李良礼、李明达、李春水、李珍珍、李珊珊、李荣林、李荣贵、李美青、李晓阳、李彬彬、李碧芸、杨昔河、杨莲年、杨培鑫、杨雅雅、杨婷婷、吴友彬、吴友博、吴文奖、吴玉卿、吴冉冉、吴丽参、吴明晓、吴明智、吴金连、吴金洁、吴金锚、吴宝秋、吴荣枫、吴剑峰、吴艳艺、吴晓霞、吴猛钢、吴雅玲、吴婷真、吴澎湃、吴燕鸿、邱建全、余勇强、张勇、张小文、张少宝、张玉珠、张华玲、张安呢、张远沣、张利道、张建福、张晓霞、张淑专、陈小秋、陈凤妹、陈玉兰、陈永权、陈永福、陈华红、陈旭鸣、陈连艺、陈昌富、陈明仪、陈明须、陈春喜、陈玲凤、陈俊义、陈美娜、陈耿峰、陈爱萍、陈清红、陈清俊、陈淑女、陈道堤、陈聪敏、林介祥、林天津、林云忠、林月婷、林丹红、林西湖、林成君、林国梁、林承恳、林树滩、林祯祥、林婉珍、林智远、林锦茹、林聪伟、林耀旭、欧阳荣权、周巧里娜、郑容、郑志杰、郑晓西、郑寂静、郑斌斌、柯长泰、柯丽燕、柯建煌、柯振东、柯清奇、钟介琴、施正松、施有志、施向前、施建怀、施能展、施清晓、施婉玲、施琴琳、洪义锋、洪文聪、洪丽达、洪明媚、洪金排、洪建社、洪春晓、洪剑宝、洪娟娟、洪清户、洪清贵、洪雅莉、姚金峰、姚振辉、姚群英、倪晓丹、留奕财、高宜中、高琴英、郭健军、郭雪玲、郭湘江、唐良钊、黄伟东、黄丽芳、黄坤刚、黄育碧、黄建章、黄春松、黄美蓉、黄美貌、黄晓虹、黄晓嫦、黄清霞、黄超楠、黄碧华、黄翠绿、萧欣荣、萧振华、章生辉、粘进达、彭雪峰、程顺智、傅金成、曾文亮、曾东阳、曾成立、曾素莲、曾培玲、谢丽萍、谢春雁、赖玉茹、赖君龙、赖秋萍、雷海红、詹俊艺、鲍友杰、蔡永波、蔡达妮、蔡延安、蔡冰心、蔡如蓉、蔡红梅、蔡尚博、蔡妮莎、蔡珊珊、蔡泉秀、蔡丰妮、蔡琼凤、蔡期灿、蔡期满、蔡雅莹、蔡雅婷、蔡辉平、蔡瑞聪、蔡德洋、廖洪、颜丹红、颜江怀、颜秀查、颜明明、颜鹏飞、颜新艳等 261 位为晋江市人民法院人民陪审员，任职期限五年。

晋江市人大常委会关于批准晋江市 2015 年国民经济和社会发展计划调整方案的决议

（2015 年 12 月 23日晋江市第十六届人大常委会第二十六次会议通过）

晋江市第十六届人大常委会第二十六次会议，听取了市发展和改革局局长陈佳勇受市人民政府委托所作的《晋江市人民政府关于提请审查批准晋江市2015年国民经济和社会发展计划调整方案（草案）的议案》报告、市人大常委会财政经济委员会主任庄碧芳所作的《晋江市2015年国民经济和社会发展计划调整方案的初步审查报告》。经审查，决定批准晋江市2015年国民经济和社会发展计划调整方案。

晋江市人大常委会关于批准晋江市2015年本级预算调整方案的决议

（2015年12月23日晋江市第十六届人大常委会第二十六次会议通过）

晋江市第十六届人大常委会第二十六次会议，听取了市财政局局长李章凯受市人民政府委托所作的《晋江市人民政府关于提请审查批准晋江市2015年本级预算调整方案（草案）的议案》报告、市人大常委会财政经济委员会主任庄碧芳所作的《晋江市2015年本级预算调整方案的初步审查报告》。经审查，决定批准晋江市2015年本级预算调整方案。

晋江市人大常委会
关于召开晋江市第十六届人民代表大会第五次会议的决定

（2015年12月23日晋江市第十六届人大常委会第二十六次会议通过）

晋江市第十六届人大常委会第二十六次会议决定：晋江市第十六届人民代表大会第五次会议于2016年1月5日至8日在罗山召开，会期4天。

建议大会议程：

一、听取和审议晋江市人民政府工作报告。

二、审查和批准晋江市国民经济和社会发展第十三个五年规划纲要。

三、听取和审议晋江市2015年国民经济和社会发展计划执行情况及2016年国民经济和社会发展计划草案的报告（书面）；

审查和批准晋江市2015年国民经济和社会发展计划执行情况的报告及2016年国民经济和社会发展计划。

四、听取和审议晋江市2015年预算执行情况及2016年预算草案的报告；

审查和批准晋江市2015年预算执行情况的报告及2016年预算。

五、听取和审议晋江市人民代表大会常务委员会工作报告。

六、听取和审议晋江市人民法院工作报告。

七、听取和审议晋江市人民检察院工作报告。

八、大会选举。

晋江市人大常委会关于接受吴子鹭辞去泉州市第十五届人民代表大会代表职务的请求的决定

（2015 年 12 月 23 日晋江市第十六届人大常委会第二十六次会议通过）

吴子鹭因调整工作岗位，向晋江市人大常委会提出辞去泉州市第十五届人民代表大会代表职务的请求。根据《中华人民共和国全国人民代表大会和地方各级人民代表大会选举法》《中华人民共和国全国人民代表大会和地方各级人民代表大会代表法》的有关规定，晋江市第十六届人大常委会第二十六次会议审议决定：

接受吴子鹭辞去泉州市第十五届人民代表大会代表职务的请求，报泉州市第十五届人民代表大会常务委员会备案。

关于市十六届人大三次会议《关于加快推进我市生态水域建设的决议》执行情况的报告满意度测评结果的通报

（2015 年 12 月 23 日晋江市第十六届人大常委会第二十六次会议通过）

市人民政府：

依照监督法和省实施办法的规定，根据《晋江市人大常委会关于审议意见研究处理情况满意度测评的暂行规定》，晋江市第十六届人大常委会第二十六次会议听取了市人民政府关于《市十六届人大三次会议〈关于加快推进我市生态水域建设的决议〉执行情况的报告》，并进行满意度表决，应到会常委会组成人员 29 人，实到会 26 人，表示满意 10 票、基本满意 13 票、不满意 3 票，满意和基本满意票数超过应到会常委会组成人员的半数以上，根据《晋江市人民代表大会常务委员会关于进一步提高审议质量的若干意见》规定，该项报告获得通过。

附件：晋江市人大常委会关于市十六届人大三次会议《关于加快推进我市生态水域建设的决议》执行情况的检查报告（略）

晋江市人大常委会关于市第十六届人大常委会部分委员分工的决定

（2016 年 2 月 25 日晋江市第十六届人大常委会第二十七次会议通过）

根据市第十六届人大常委会主任会议建议，市第十六届人大常委会第二十七次会议决定市第十六届人大常委会部分委员分工如下：

许乔良　负责人事代表委员会工作；
林德生　负责华侨民族宗教委员会工作；
丁鸿雨　协助人事代表委员会工作；
陈其昌　协助内务司法委员会工作。

晋江市人大常委会关于许可对晋江市第十六届人民代表大会代表李永福采取刑事强制措施的决定

（2016年2月25日晋江市第十六届人大常委会第二十七次会议通过）

晋江市第十六届人大常委会第二十七次会议审议了《晋江市人大常委会主任会议关于提请许可对个别市人大代表采取刑事强制措施的议案》，根据《中华人民共和国全国人民代表大会和地方各级人民代表大会代表法》的相关规定，决定：许可对晋江市第十六届人民代表大会代表李永福采取刑事强制措施。

晋江市人大常委会关于接受庄胜煌辞去晋江市第十六届人民代表大会代表职务的请求的决定

（2016年2月25日晋江市第十六届人大常委会第二十七次会议通过）

晋江市第十六届人民代表大会代表庄胜煌同志向晋江市人大常委会提出辞去代表职务的请求。根据《中华人民共和国全国人民代表大会和地方各级人民代表大会选举法》《中华人民共和国全国人民代表大会和地方各级人民代表大会代表法》《晋江市人民代表大会代表辞职的暂行规定》的有关规定，晋江市第十六届人大常委会第二十七次会议决定：接受庄胜煌同志辞去晋江市第十六届人民代表大会代表职务的请求。

晋江市人大常委会关于接受邱仲华辞去晋江市人民检察院检察长、检察委员会委员职务的请求的决定

（2016年2月25日晋江市第十六届人大常委会第二十七次会议通过）

依照《中华人民共和国地方各级人民代表大会和地方各级人民政府组织法》规定，根据邱仲华的辞呈，晋江市第十六届人大常委会第二十七次会议决定：接受邱仲华同志辞去晋江市人民检察院检察长、检察委员会委员职务的请求，报晋江市第十六届人民代表大会备案，并报经泉州市人民检察院检察长提请泉州市人大常委会批准。

晋江市人大常委会
关于甘泽阳同志代理晋江市人民检察院检察长职务的决定

（2016年2月25日晋江市第十六届人大常委会第二十七次会议通过）

根据《中华人民共和国地方各级人民代表大会和地方各级人民政府组织法》规定和市第十六届人大常委会主任会议的提请，晋江市第十六届人大常委会第二十七次会议决定：甘泽阳同志代理晋江市人民检察院检察长职务，报泉州市人民检察院和泉州市人大常委会备案。

晋江市人大常委会关于批准2015年市本级决算的决议

（2016年6月30日晋江市第十六届人大常委会第二十九次会议通过）

晋江市第十六届人大常委会第二十九次会议听取了市财政局肖金树同志受市人民政府委托所作的《关于2015年晋江市本级财政收支决算草案的报告》和市审计局局长陈恩典受市人民政府委托所作的《晋江市2015年度本级预算执行和其他财政收支情况的审计工作报告》，并对2015年市本级决算草案进行了审查，同意市人大常委会财政经济委员会在初步审查报告中提出的意见，决定批准2015年市本级决算。

晋江市人大常委会关于张文贤等职务任免的决定

（2016年6月30日晋江市第十六届人大常委会第二十九次会议通过）

依照《中华人民共和国地方各级人民代表大会和地方各级人民政府组织法》规定，根据市人民政府市长刘文儒的提请，晋江市第十六届人大常委会第二十九次会议审议决定：

任命张文贤同志为晋江市人民政府副市长；

任命李志强同志为晋江市人民政府副市长；

免去许宏程同志晋江市人民政府副市长职务。

以上决定报晋江市人民代表大会备案。

晋江市人大常委会关于李永宗等职务任免的通知

（2016年6月30日晋江市第十六届人大常委会第二十九次会议通过）

各镇人大主席团、街道人大工委，市直各单位：

依照《中华人民共和国地方各级人民代表大会和地方各级人民政府组织法》规定，

根据市人大常委会主任会议的提名，晋江市第十六届人大常委会第二十九次会议于2016年6月30日审议通过：

任命李永宗为晋江市人大常委会华侨民族宗教委员会副主任；

免去黄清泉晋江市人大常委会环境与城镇建设委员会主任职务。

晋江市人大常委会关于接受刘文儒辞去晋江市人民政府市长职务的请求的决定

（2016年6月30日晋江市第十六届人大常委会第二十九次会议通过）

依照《中华人民共和国地方各级人民代表大会和地方各级人民政府组织法》规定，根据刘文儒同志的辞呈，晋江市第十六届人大常委会第二十九次会议决定：

接受刘文儒辞去晋江市人民政府市长职务的请求，报晋江市人民代表大会备案。

晋江市人大常委会关于张文贤代理晋江市人民政府市长职务的决定

（2016年6月30日晋江市第十六届人大常委会第二十九次会议通过）

依照《中华人民共和国地方各级人民代表大会和地方各级人民政府组织法》规定，根据市人大常委会主任会议的提名，晋江市第十六届人大常委会第二十九次会议决定：

张文贤代理晋江市人民政府市长职务，报晋江市人民代表大会备案。

晋江市人大常委会关于许可对晋江市第十六届人民代表大会代表洪永志采取限制人身自由措施的决定

（2016年6月30日晋江市第十六届人大常委会第二十九次会议通过）

晋江市第十六届人民代表大会常务委员会第二十九次会议审议了晋江市人大常委会主任会议《关于提请许可对个别市人大代表采取限制人身自由措施的议案》，根据《中华人民共和国全国人民代表大会和地方各级人民代表大会代表法》的相关规定，决定：许可对晋江市第十六届人民代表大会代表洪永志采取限制人身自由措施。

晋江市人大常委会关于接受丁鸿雨辞去晋江市第十六届人民代表大会常务委员会委员职务的请求的决定

（2016年6月30日晋江市第十六届人大常委会第二十九次会议通过）

依照《中华人民共和国地方各级人民代表大会和地方各级人民政府组织法》规定，根据丁鸿雨同志的辞呈，晋江市第十六届人大常委会第二十九次会议决定：

接受丁鸿雨辞去晋江市第十六届人民代表大会常务委员会委员职务的请求，报晋江市人民代表大会备案。

晋江市人大常委会关于接受王志宏辞去晋江市第十六届人民代表大会常务委员会委员职务的请求的决定

（2016年6月30日晋江市第十六届人大常委会第二十九次会议通过）

依照《中华人民共和国地方各级人民代表大会和地方各级人民政府组织法》规定，根据王志宏同志的辞呈，晋江市第十六届人大常委会第二十九次会议决定：

接受王志宏辞去晋江市第十六届人民代表大会常务委员会委员职务的请求，报晋江市人民代表大会备案。

晋江市人大常委会关于接受陈其昌辞去晋江市第十六届人民代表大会常务委员会委员职务的请求的决定

（2016年6月30日晋江市第十六届人大常委会第二十九次会议通过）

依照《中华人民共和国地方各级人民代表大会和地方各级人民政府组织法》规定，根据陈其昌同志的辞呈，晋江市第十六届人大常委会第二十九次会议决定：

接受陈其昌辞去晋江市第十六届人民代表大会常务委员会委员职务的请求，报晋江市人民代表大会备案。

晋江市人大常委会关于接受黄清泉辞去晋江市第十六届人民代表大会常务委员会委员职务的请求的决定

（2016年6月30日晋江市第十六届人大常委会第二十九次会议通过）

依照《中华人民共和国地方各级人民代表大会和地方各级人民政府组织法》规定，

根据黄清泉的辞呈，晋江市第十六届人大常委会第二十九次会议决定：

接受黄清泉辞去晋江市第十六届人民代表大会常务委员会委员职务的请求，报晋江市人民代表大会备案。

晋江市人大常委会
关于晋江市与意大利库内奥省建立友好城市关系的决定

（2016年7月15日晋江市第十六届人大常委会第三十次会议通过）

经晋江市第十六届人大常委会第三十次会议审议，同意晋江市与意大利库内奥省建立友好城市关系。

晋江市人大常委会关于批准颁行《晋江市民文明公约》和《晋江市民行为规范》的决定

（2016年7月15日晋江市第十六届人大常委会第三十次会议通过）

晋江市第十六届人大常委会第三十次会议经过审议，决定批准晋江市人民政府《关于提请审议〈晋江市民文明公约〉和〈晋江市民行为规范〉的议案》，并将《晋江市民文明公约》和《晋江市民行为规范》予以颁行。

会议认为，本市正处于新型城镇化和创建全国文明城市的进程之中，颁行《晋江市民文明公约》和《晋江市民行为规范》，既是落细落小落实社会主义核心价值观的实际行动，也是推动“以人为核心”的新型城镇化、加强社会主义精神文明建设的重要措施，有利于提升市民文明素质和社会文明程度。

会议要求，全市各级政府要充分认识加强公民道德建设的重要性、艰巨性、长期性和紧迫性，切实抓好《晋江市民文明公约》和《晋江市民行为规范》的落实，通过加强宣传引导、开展实践活动、强化社会监督、完善基层自治和加强公共管理等途径，使公约和规范成为全体市民自觉遵守的行为准则。

会议号召，全体市民要充分发扬城市主人翁精神，从自己做起，从现在做起，从点滴做起，自觉遵守公约和规范，为推进新型城镇化和创建全国文明城市贡献力量。

晋江市人大常委会关于黄少伟等职务任免的决定

（2016年7月15日晋江市第十六届人大常委会第三十次会议通过）

依照《中华人民共和国地方各级人民代表大会和地方各级人民政府组织法》规定，

根据市人民政府代理市长张文贤的提请，晋江市第十六届人大常委会第三十次会议审议决定：

任命黄少伟为晋江市人民政府副市长；

任命庄天怀为晋江市人民政府副市长；

免去丁峰晋江市人民政府副市长职务；

免去张朝阳晋江市人民政府副市长职务；

免去史思泉晋江市人民政府副市长职务。

以上决定报晋江市人民代表大会备案。

晋江市人大常委会关于接受李小兴辞去晋江市人民法院院长审判委员会委员、审判员职务的请求的决定

（2016年7月15日晋江市第十六届人大常委会第三十次会议通过）

依照《中华人民共和国地方各级人民代表大会和地方各级人民政府组织法》的规定，根据李小兴同志的辞呈，晋江市第十六届人大常委会第三十次会议决定：

接受李小兴辞去晋江市人民法院院长、审判委员会委员、审判员职务的请求，报晋江市人民代表大会备案。

晋江市人大常委会关于陈水深代理晋江市人民法院院长职务的决定

（2016年7月15日晋江市第十六届人大常委会第三十次会议通过）

根据《中华人民共和国地方各级人民代表大会和地方各级人民政府组织法》的规定和市人大常委会主任会议的议案，晋江市第十六届人大常委会第三十次会议决定：陈水深代理晋江市人民法院院长职务，报晋江市人民代表大会备案。

晋江市人大常委会关于接受庄天怀辞去晋江市第十六届人民代表大会常务委员会副主任职务的请求的决定

（2016年7月15日晋江市第十六届人大常委会第三十次会议通过）

依照《中华人民共和国地方各级人民代表大会和地方各级人民政府组织法》规定，

根据庄天怀的辞呈，晋江市第十六届人大常委会第三十次会议决定：

接受庄天怀辞去晋江市第十六届人民代表大会常务委员会副主任职务的请求，报晋江市人民代表大会备案。

晋江市人大常委会
关于 2016 年市镇两级人民代表大会代表换届选举日的决定

（2016 年 9 月 29 日晋江市第十六届人大常委会第三十二次会议通过）

根据《福建省人民代表大会常务委员会关于全省市县乡三级人民代表大会代表换届选举时间的决定》，晋江市人大常委会决定：2016 年市、镇两级人民代表大会代表换届选举日为 2016 年 11 月 25 日。

晋江市人大常委会关于设立市选举委员会的决定

（2016 年 9 月 29 日晋江市第十六届人大常委会第三十二次会议通过）

根据《中华人民共和国全国人民代表大会和地方各级人民代表大会选举法》和《福建省县、乡两级人民代表大会代表直接选举实施细则》的规定，晋江市人大常委会决定，设立晋江市选举委员会，主持 2016 年市人民代表大会代表的换届选举工作。市选举委员会下设办公室和办事处。市选举委员会组成人员及办公室、办事处负责人名单如下：

一、市选举委员会（26 人）

主　任：陈健倩　市人大常委会主任

副主任：洪于权　市人大常委会党组书记

许仰东　市委常委、市纪委书记

吴忠刘　市委常委、组织部部长、市直党工委书记，市总工会主席

姚志强　市人大常委会副主任

委　员：庄祖奇　市纪委副书记、监察局局长

吴尊意　市委办主任

林嘉达　市委组织部副部长、老干局局长

柯荣围　市委宣传部副部长、主任科员

陈秋景　市委统战部副部长、工商联党组书记（正科级）

林劲松　市委政法委副书记、市综治办主任

谢江漫　市人大常委会办公室主任

许乔良　市人大常委会人事代表委主任

吴庆锥　市法院副院长（正科级）
陈国明　市检察院党组副书记、正科级检察员
陈进福　市政府办主任
陈建生　市教育局局长
苏家明　市公安局政委、机关党委书记
叶苍榆　市民政局局长
吴飞跃　市司法局局长
肖金树　市财政局局长
李友加　市农业局局长
彭培育　市总工会常务副主席（正科级）
蔡少林　团市委书记
吴丹红　市妇联主席
邓炎斌　市人武部政工科科长

选举委员会下设办公室，负责选举日常工作。

二、市选举委员会办公室

主　任：姚志强（兼）
副主任：林嘉达（兼）
柯荣围（兼）
许乔良（兼）
李蔚民　市人大常委会办公室副主任
吴好景　市人大常委会内司委副主任

三、市选举委员会办事处

青阳街道选举办事处：
主　任：许长俊
副主任：吴文永　吴靖宇　王晓人　钟荣茂　林碧玉

梅岭街道选举办事处：
主　任：洪长江
副主任：陈聪衍　洪志强　吴青山　施金钟

西园街道选举办事处：
主　任：林晓为
副主任：陈世裕　杨双华　陈文聘　吴世春

罗山街道选举办事处：
主　任：陈文斗

副主任：王向阳　张志友　曾远漂　蔡北京

灵源街道选举办事处：

主　任：陈传芳

副主任：林松庆　苏振发　张小鹏　施伟群

新塘街道选举办事处：

主　任：洪永胜

副主任：林友栋　谢建智　洪俊杰　颜婉媚

陈埭镇选举办事处：

主　任：潘子良

副主任：曾逸峰　庄垂生　曾焕镖　许著赟

池店镇选举办事处：

主　任：许畴料

副主任：李逊庆　李章凯　许小卫　庄自宝

安海镇选举办事处：

主　任：唐春晓

副主任：柯煜煜　张健龙　张清山　曾焕铁

磁灶镇选举办事处：

主　任：黄延艺

副主任：王奇志　王志宏　张振铃　陈礼新

内坑镇选举办事处：

主　任：张劲竹

副主任：洪国延　陈其昌　张建群　王景珊

紫帽镇选举办事处：

主　任：吴再发

副主任：王荣辉　柯枫伟　王剑鸿　郑伟军

东石镇选举办事处：

主　任：洪建立

副主任：陈文路　李德铭　曾志协　吴志峰

永和镇选举办事处：

主　任：吴超鹏

副主任：施金箱　陈荣松　邱良须　陈永溪

英林镇选举办事处：

主　任：李安辉

副主任：颜永福　陈东聆　蔡金章　许国鑫

金井镇选举办事处：

主　任：丁鸿雨

副主任：庄松龄　邱鸿荣　陈英煌　吴永发

龙湖镇选举办事处：

主　任：陈希轩

副主任：朱新旭　张志雄　郭亨群　施纯玺

深沪镇选举办事处：

主　任：许文倡

副主任：王宏华　孙晋展　陈松柏

西滨镇选举办事处：

主　任：王沂鸿

副主任：王毓峰　颜志平　王国华　许添福

市选举委员会、选举委员会办公室及青阳街道、陈埭镇等19个选举办事处印章同时启用。

晋江市人大常委会关于设立各镇选举委员会的决定

（2016年9月29日晋江市第十六届人大常委会第三十二次会议通过）

根据《中华人民共和国全国人民代表大会和地方各级人民代表大会选举法》和《福建省县、乡两级人民代表大会代表直接选举实施细则》的规定，晋江市人大常委会决定，设立各镇选举委员会，分别主持2016年各镇人民代表大会代表的换届选举工作。各镇选举委员会组成人员名单如下：

陈埭镇选举委员会（21人）

主　任：潘子良

副主任：曾逸峰　庄垂生　曾焕镖　许著赟

委　员：张金祥　姚庆祝　黄贤答　丁永达　陈荣辉　曾朝阳　林荣武　李建设
　　　　管利锋　黄小凤　陈毅伟　史伯郎　陈志猛　黄清景　庄宏程　蔡远庆

池店镇选举委员会（19人）

主　任：许畴料

副主任：李逊庆　李章凯　许小卫　庄自宝

委　员：陈奕凯　王振峰　蔡永钦　吕少欣　叶志明　陈志远　黄英瑜　肖志贤
　　　　庄晓峰　林祥星　蔡崇刚　王顶顺　李丹妮　蔡艳红

安海镇选举委员会（17 人）

主　任：唐春晓

副主任：柯煜煜　张健龙　张清山　曾焕铁

委　员：叶水滨　林俊伟　王晓闽　张培良　李章其　林江涛　苏华伟　吴清源
余胜琛　许昔贺　兰智强　林新红

磁灶镇选举委员会（19 人）

主　任：黄延艺

副主任：王奇志　王志宏　张振铃　陈礼新

委　员：孙文欣　曾培镜　张广德　吴松江　杨志远　洪松派　蔡辉煌　许泳泳
庄晓东　陈爱国　朱青山　曾海峰　姚金华　黄雅芳

内坑镇选举委员会（16 人）

主　任：张劲竹

副主任：洪国延　陈其昌　张建群　王景珊

委　员：王佳郎　王宁强　高斓斓　庄铭河　林宏展　许天增　刘铮铭　王说佳
陈长伴　陈丹妮　颜永劲

紫帽镇选举委员会（19 人）

主　任：吴再发

副主任：王荣辉　柯枫伟　王剑鸿　郑伟军

委　员：许文理　廖智华　陈建辉　庄跃聪　陈黄河　魏志强　章翠萍　陈伟廉
刘庆祥　陈志跃　陈美治　苏良杰　姚昆仑　曾永嘉

东石镇选举委员会（19 人）

主　任：洪建立

副主任：陈文路　李德铭　曾志协　吴志峰

委　员：陈建新　蔡达峰　姚远志　颜秋娥　陈少慰　龚志勇　黄志军　陈连升
施建成　庄舒怀　姚道苗　施惊雷　高少蓉　林绿绮

永和镇选举委员会（19 人）

主　任：吴超鹏

副主任：施金箱　陈荣松　邱良须　陈永溪

委　员：庄宏清　罗　健　王振明　陈德意　王银姬　张贻东　洪志华　陈海鸣
许成家　赖雪芳　杨春天　洪金星　王欣荣　王洁清

英林镇选举委员会（19 人）

主　任：李安辉

副主任：颜永福　陈东聆　蔡金章　许国鑫

委　员：蔡永革　林炳辉　陈清漂　郑英奇　柯康灿　庄飞虎　黄宝松　林文尚
陈俊雄　吴软支　陈孙枝　吴端炯　林雨铳　张燕娜

金井镇选举委员会（18人）

主　任：丁鸿雨

副主任：庄松龄　邱鸿荣　陈英煌　吴永发

委　员：张建元　林忠山　洪少艾　苏明春　姚常青　林　斌　丁永贵　陈毅旺
陈弼元　陈　勇　杨天养　许自毅　孙仙仙

龙湖镇选举委员会（20人）

主　任：陈希轩

副主任：朱新旭　张志雄　郭亨群　施纯玺

委　员：张谋苗　庄添生　黄美霞　张尚府　潘溶芳　许荣题　许辉荣　蔡伟群
张明晓　李培耀　庄婉萍　林宗伟　张正平　李远远　施文品

深沪镇选举委员会（18人）

主　任：许文倡

副主任：王宏华　孙晋展　陈松柏

委　员：王斌斌　翁国栋　陈继添　吴秋品　陈奕友　柯长春　夏宝宇　曾振奋
陈　筑　姚卡尔　许文默　蔡坤华　王育民　王秀贝

西滨镇选举委员会（14人）

主　任：王沂鸿

副主任：王毓峰　颜志平　王国华　许添福

委　员：张清源　洪国财　林丹红　吴友峰　林荣武　陈明霞　庄金治　林建明
曾雪芬

在设立各镇选举委员会时，同时启用其印章。

晋江市人大常委会关于授权市人大常委会主任会议处理换届选举工作中有关事宜的决定

（2016年9月29日晋江市第十六届人大常委会第三十二次会议通过）

为及时处理2016年市、镇两级人民代表大会代表换届选举工作中出现的问题，确保选举工作的顺利进行，晋江市人大常委会决定：在2016年市、镇两级人民代表大会代表换届选举期间，如遇到属市人大常委会职权内的事宜，又不能及时召开市人大常委会会议决定时，授权市人大常委会主任会议直接决定处理，处理结果报市人大常委会备案。

晋江市人民代表大会常务委员会
关于开展第七个五年法治宣传教育的决议

（2016年10月26日晋江市第十六届人大常委会第三十三次会议通过）

2011年至2015年，本市法治宣传教育第六个五年规划顺利实施，法治宣传教育在服务本市经济社会发展、维护社会和谐稳定、推进依法治市中发挥了重要作用。为深入学习宣传习近平总书记关于全面依法治国的重要论述，落实依法治市战略部署，保障本市“十三五”经济社会发展规划顺利实施，推动全市公民自觉尊法学法守法用法，增强法治观念，提高法治思维和依法办事能力，推动治理体系和治理能力现代化建设，形成崇尚法治的社会氛围，结合本市实际，从2016年至2020年在全市公民中开展第七个五年法治宣传教育。特作决议如下：

一、突出学习宣传宪法，加强宪法实施。坚持把学习宣传宪法摆在首要位置，在全社会普遍开展宪法宣传教育，重点学习宣传宪法确立的我国的国体、政体、基本政治制度、基本经济制度、公民的基本权利和义务等内容，弘扬宪法精神，树立宪法权威。实行宪法宣誓制度，本市人民代表大会及其常务委员会选举或者决定任命的国家工作人员，镇人民代表大会选举的国家工作人员，以及市、镇两级政府、市法院、市检察院任命的国家工作人员，在就职时应当公开进行宪法宣誓，在宪法宣誓前应当组织国家工作人员专题学习宪法，提高国家工作人员的宪法意识。组织开展“12·4”国家宪法日集中宣传活动，宪法宣传周（每年12月4日所在周）主题宣传活动，增强全民宪法观念，教育引导一切组织和个人以宪法为根本活动准则。

二、广泛宣传中国特色社会主义法律体系。坚持把宣传国家基本法律作为法治宣传教育的基本任务，学习宣传宪法相关法、民法商法、行政法、经济法、社会法、刑法、诉讼与非诉讼程序法等法律法规的基本知识，贯彻创新、协调、绿色、开放、共享发展理念，在全社会树立宪法法律至上、法律面前人人平等、权由法定、权依法使等基本法治理念。大力宣传依法行政领域的法律法规，推动各级行政机关树立“法定职责必须为，法无授权不可为”的意识，杜绝法外设定权力，杜绝没有法律法规依据而作出减损公民、法人和其他组织合法权益或者增加其义务的决定，促进法治政府建设。深入学习宣传诉讼、行政复议、仲裁、调解、信访等方面的法律法规，引导群众依法表达诉求，推动公民权利保障法治化，促进社会和谐稳定。

三、抓住普法重点，推动全民尊法学法守法用法。一切有接受教育能力的公民都要接受法治宣传教育。抓住领导干部这一关键少数，把各级领导干部带头学法、模范守法、严格执法作为全社会树立法治意识的关键，作为全民普法的表率。健全国家工作人员学法用法制度，将法治教育纳入干部教育培训总体规划。坚持把尊法学法守法用法情况作为考核领导班子和领导干部的重要内容。推动法治教育纳入国民教育序列，坚持从青少年抓起，组织实施青少年法治教育大纲，在中小学开设国家统一设置的《道德与法治》课程，完善法治教材体系，落实中小学校“法治副校长”工作规范，强化学校、家庭、社会“三位一体”的青少年法治教育格局。加强青少年法治教育实践基地建设，加强对高等院校学生的法治教育，适时在文化知识考试中渗透法治知识内容，增强青少年的法治观念和参与法治实践的能力。充分利用青少年社会活动中心等校外法治阵地优势资源，有效依托村（居）民委员会，加强对有不良行为的青少年、社会闲散青少年等特殊青少年群体的法治宣传教育。补齐农村普法“短板”，创新“法律六进”工作，健全完善村（社区）法治宣传工作队伍，加强对流动人口、企业职工、农民等群体的法治宣传教育。坚持把全民普法和守法作为依法治市的长期基础性工作，引导公民努力学法、自觉守法、遇事找法、解决问题靠法，增强全社会厉行法治的积极性、主动性和自觉性，形成守法光荣、违法可耻的社会氛围。

四、弘扬社会主义法治精神，加强社会主义法治文化建设。大力弘扬社会主义核心价值观，推动法治教育与道德教育相结合，弘扬中华优秀传统文化，培育社会公德、职业道德、家庭美德、个人品德，增强法治的道德底蕴，发挥法治宣传教育在解决道德领域突出问题中的作用，促进法律的规范作用和道德的教化作用相辅相成。把法治文化建设纳入现代公共文化服务体系，推动法治文化与闽南文化、海丝文化、侨乡文化、民企文化、廉政文化等融合发展。繁荣法治文化作品创作推广，广泛开展群众性法治文化活动。把法治元素纳入城乡建设规划设计，加强法治文化阵地建设，完善基层法治文化公共设施体系，实施法治文化精品工程。加强社会诚信建设，健全公民和组织守法信用记录，完善守法诚信褒奖机制和违法失信行为惩戒机制，使尊法守法成为全市人民共同追求和自觉行动。

五、创新法治宣传教育，增强普法实效。立足群众工作和生活需求，以群众喜闻乐见、易于接受的方式开展法治宣传教育。遵循现代传播规律，推进法治宣传教育工作理念、方式方法、载体阵地和体制机制等创新。结合不同区域、不同时期、不同群体的特点和需求，分类实施法治宣传教育，提高针对性和实效性。充分运用新媒体新技术，推进互联网+法治宣传教育行动。建立法官、检察官、行政执法人员、律师等以案释法制度，充分运用典型案例，结合社会热点，开展直观、形象、鲜活的法治宣传教育。建设高素质法治专门队伍和法律服务队伍，推动普法讲师团、法治宣传教育志愿者队伍建设，逐步建立政府购买、市场投入、公众参与的社会普法运作机制。深化法律“六进”等活动，贴近群众，贴近生活，注重效果。

六、健全普法责任制，严格执行“谁执法谁普法”。要把法治宣传教育纳入当地经济社会发展规划，纳入年度绩效评估、综治考核、精神文明创建和法治建设考核内容，强化督查检查。一切国家机关和武装力量、各政党和各人民团体、企业事业组织和其他社会组织都要高度重视法治宣传教育工作，按照“谁主管谁负责”的原则，认真履行普法责任。严格执行国家机关“谁执法谁普法”的工作责任制，建立普法责任清单制度。健全媒体公益普法制度，强化各类媒体的普法责任，广播电视、报纸期刊、互联网和手机媒体等各类媒体，要在重要频道、重要版面、重要时段开展公益普法。

七、全面推进多层次多领域依法治理。深入开展法治城市、民主法治示范村（社区）等法治创建活动，提高社会治理法治化水平。深化基层组织和部门、行业依法治理，将社会治理的重心落实到城乡社区。健全重大决策合法性审查机制，推行政府法律顾问和公职律师制度，推动行政机关依法行政，促进司法机关公正司法。健全完善市民公约、村规民约、行业规章、团体章程，推动形成多层次、多样化的社会治理规则体系。推动“一村（社区）一法律顾问”全覆盖，合理有序引导社会公众参与立法、执法、司法活动，增强全社会法治共识。建立健全社会组织参与社会事务、维护公共利益、救助困难群众、帮教特殊人群、预防违法犯罪的机制和制度化渠道，充分发挥行业自律和专业服务功能。

八、加强组织实施和监督检查。市政府要积极开展第七个五年法治宣传教育工作，强化法治宣传教育队伍、经费等工作保障，做好中期检查和终期评估，并向市人民代表大会常务委员会报告。市人民代表大会及其常务委员会要充分运用执法检查、听取和审议工作报告以及代表视察、专题调研、办理代表议案建议等形式，依法加强对法治宣传教育工作的监督检查。各镇（街道）人大主席团（人大工委）要督促镇人民政府（街道办事处）制订新一轮法治宣传教育规划，并组织监督检查，确保法治宣传教育第七个五年规划在全市范围内的顺利开展。

晋江市人大常委会关于接受颜丽金辞去晋江市第十六届人民代表大会代表职务的请求的决定

（2016年10月26日晋江市第十六届人大常委会第三十三次会议通过）

晋江市第十六届人民代表大会代表颜丽金向晋江市人大常委会提出辞去代表职务的请求。根据《中华人民共和国全国人民代表大会和地方各级人民代表大会选举法》《中华人民共和国全国人民代表大会和地方各级人民代表大会代表法》《晋江市人民代表大会代表辞职的暂行规定》的有关规定，晋江市第十六届人大常委会第三十三次会议决定：接受颜丽金辞去晋江市第十六届人民代表大会代表职务的请求。

晋江市人大常委会关于曾献礼免职的决定

（2016年10月26日晋江市第十六届人大常委会第三十三次会议通过）

依照《中华人民共和国地方各级人民代表大会和地方各级人民政府组织法》规定，根据市人民政府代理市长张文贤的提请，晋江市第十六届人大常委会第三十三次会议审议决定：

免去曾献礼晋江市人民政府副市长职务。

以上决定报晋江市人民代表大会备案。

晋江市人大常委会关于接受陈健倩等65位辞去晋江市选举委员会组成人员等职务的决定

（2016年11月18日晋江市第十六届人大常委会第七十六次主任会议）

根据《中华人民共和国全国人民代表大会和地方各级人民代表大会选举法》第九条“选举委员会的组成人员为代表候选人的，应当辞去选举委员会的职务”的规定，根据市人大常委会的授权，市第十六届人大常委会第七十六次主任会议决定：

接受陈健倩辞去晋江市选举委员会主任职务；

接受洪于权辞去晋江市选举委员会副主任职务；

接受吴忠刈辞去晋江市选举委员会副主任职务；

接受姚志强辞去晋江市选举委员会副主任、选举委员会办公室主任职务；

接受林嘉达辞去晋江市选举委员会委员、选举委员会办公室副主任职务；

接受彭培育辞去晋江市选举委员会委员职务；

接受蔡少林辞去晋江市选举委员会委员职务；

接受许长俊辞去晋江市选举委员会青阳街道办事处主任职务；

接受吴文永辞去晋江市选举委员会青阳街道办事处副主任职务；

接受洪长江辞去晋江市选举委员会梅岭街道办事处主任职务；

接受陈聪衍辞去晋江市选举委员会梅岭街道办事处副主任职务；

接受林晓为辞去晋江市选举委员会西园街道办事处主任职务；

接受陈世裕辞去晋江市选举委员会西园街道办事处副主任职务；

接受陈文斗辞去晋江市选举委员会罗山街道办事处主任职务；

接受王向阳辞去晋江市选举委员会罗山街道办事处副主任职务；

接受陈传芳辞去晋江市选举委员会灵源街道办事处主任职务；

接受林松庆辞去晋江市选举委员会灵源街道办事处副主任职务；
接受洪永胜辞去晋江市选举委员会新塘街道办事处主任职务；
接受林友栋辞去晋江市选举委员会新塘街道办事处副主任职务；
接受潘子良辞去晋江市选举委员会陈埭镇办事处主任职务；
接受曾逸峰辞去晋江市选举委员会陈埭镇办事处副主任职务；
接受庄垂生辞去晋江市选举委员会陈埭镇办事处副主任职务；
接受许畴料辞去晋江市选举委员会池店镇办事处主任职务；
接受李逊庆辞去晋江市选举委员会池店镇办事处副主任职务；
接受李章凯辞去晋江市选举委员会池店镇办事处副主任职务；
接受庄自宝辞去晋江市选举委员会池店镇办事处副主任职务；
接受唐春晓辞去晋江市选举委员会安海镇办事处主任职务；
接受柯煜煜辞去晋江市选举委员会安海镇办事处副主任职务；
接受张健龙辞去晋江市选举委员会安海镇办事处副主任职务；
接受曾焕铁辞去晋江市选举委员会安海镇办事处副主任职务；
接受黄延艺辞去晋江市选举委员会磁灶镇办事处主任职务；
接受王奇志辞去晋江市选举委员会磁灶镇办事处副主任职务；
接受王志宏辞去晋江市选举委员会磁灶镇办事处副主任职务；
接受陈礼新辞去晋江市选举委员会磁灶镇办事处副主任职务；
接受张劲竹辞去晋江市选举委员会内坑镇办事处主任职务；
接受洪国延辞去晋江市选举委员会内坑镇办事处副主任职务；
接受陈其昌辞去晋江市选举委员会内坑镇办事处副主任职务；
接受张建群辞去晋江市选举委员会内坑镇办事处副主任职务；
接受吴再发辞去晋江市选举委员会紫帽镇办事处主任职务；
接受王荣辉辞去晋江市选举委员会紫帽镇办事处副主任职务；
接受柯枫伟辞去晋江市选举委员会紫帽镇办事处副主任职务；
接受洪建立辞去晋江市选举委员会东石镇办事处主任职务；
接受陈文路辞去晋江市选举委员会东石镇办事处副主任职务；
接受李德铭辞去晋江市选举委员会东石镇办事处副主任职务；
接受吴志峰辞去晋江市选举委员会东石镇办事处副主任职务；
接受吴超鹏辞去晋江市选举委员会永和镇办事处主任职务；
接受施金箱辞去晋江市选举委员会永和镇办事处副主任职务；
接受陈荣松辞去晋江市选举委员会永和镇办事处副主任职务；
接受李安辉辞去晋江市选举委员会英林镇办事处主任职务；
接受颜永福辞去晋江市选举委员会英林镇办事处副主任职务；

接受陈东聆辞去晋江市选举委员会英林镇办事处副主任职务；
接受许国鑫辞去晋江市选举委员会英林镇办事处副主任职务；
接受丁鸿雨辞去晋江市选举委员会金井镇办事处主任职务；
接受庄松龄辞去晋江市选举委员会金井镇办事处副主任职务；
接受邱鸿荣辞去晋江市选举委员会金井镇办事处副主任职务；
接受陈英煌辞去晋江市选举委员会金井镇办事处副主任职务；
接受陈希轩辞去晋江市选举委员会龙湖镇办事处主任职务；
接受朱新旭辞去晋江市选举委员会龙湖镇办事处副主任职务；
接受张志雄辞去晋江市选举委员会龙湖镇办事处副主任职务；
接受许文倡辞去晋江市选举委员会深沪镇办事处主任职务；
接受王宏华辞去晋江市选举委员会深沪镇办事处副主任职务；
接受孙晋展辞去晋江市选举委员会深沪镇办事处副主任职务；
接受王沂鸿辞去晋江市选举委员会西滨镇办事处主任职务；
接受王毓峰辞去晋江市选举委员会西滨镇办事处副主任职务；
接受颜志平辞去晋江市选举委员会西滨镇办事处副主任职务。
以上决定报晋江市第十六届人民代表大会常务委员会第三十四次会议备案。

晋江市人大常委会关于接受潘子良等88位辞去陈埭等镇选举委员会组成人员职务的决定

（2016年11月18日晋江市第十六届人大常委会第七十六次主任会议）

根据《中华人民共和国全国人民代表大会和地方各级人民代表大会选举法》第九条“选举委员会的组成人员为代表候选人的，应当辞去选举委员会的职务”的规定，根据市人大常委会的授权，市第十六届人大常委会第七十六次主任会议决定：

接受潘子良辞去陈埭镇选举委员会主任职务；
接受曾逸峰辞去陈埭镇选举委员会副主任职务；
接受庄垂生辞去陈埭镇选举委员会副主任职务；
接受丁永达辞去陈埭镇选举委员会委员职务；
接受黄小凤辞去陈埭镇选举委员会委员职务；
接受史伯郎辞去陈埭镇选举委员会委员职务；
接受黄清景辞去陈埭镇选举委员会委员职务；
接受庄宏程辞去陈埭镇选举委员会委员职务；
接受蔡远庆辞去陈埭镇选举委员会委员职务。

接受许畴料辞去池店镇选举委员会主任职务；
接受李逊庆辞去池店镇选举委员会副主任职务；
接受李章凯辞去池店镇选举委员会副主任职务；
接受庄自宝辞去池店镇选举委员会副主任职务；
接受黄英瑜辞去池店镇选举委员会委员职务；
接受王顶顺辞去池店镇选举委员会委员职务；
接受蔡艳红辞去池店镇选举委员会委员职务。
接受唐春晓辞去安海镇选举委员会主任职务；
接受柯煜煜辞去安海镇选举委员会副主任职务；
接受张健龙辞去安海镇选举委员会副主任职务；
接受曾焕铁辞去安海镇选举委员会副主任职务；
接受苏华伟辞去安海镇选举委员会委员职务；
接受兰智强辞去安海镇选举委员会委员职务；
接受林新红辞去安海镇选举委员会委员职务。
接受黄延艺辞去磁灶镇选举委员会主任职务；
接受王奇志辞去磁灶镇选举委员会副主任职务；
接受王志宏辞去磁灶镇选举委员会副主任职务；
接受陈礼新辞去磁灶镇选举委员会副主任职务；
接受蔡辉煌辞去磁灶镇选举委员会委员职务；
接受陈爱国辞去磁灶镇选举委员会委员职务。
接受张劲竹辞去内坑镇选举委员会主任职务；
接受洪国延辞去内坑镇选举委员会副主任职务；
接受陈其昌辞去内坑镇选举委员会副主任职务；
接受张建群辞去内坑镇选举委员会副主任职务；
接受高斓斓辞去内坑镇选举委员会委员职务；
接受许天增辞去内坑镇选举委员会委员职务；
接受陈丹妮辞去内坑镇选举委员会委员职务。
接受吴再发辞去紫帽镇选举委员会主任职务；
接受王荣辉辞去紫帽镇选举委员会副主任职务；
接受柯枫伟辞去紫帽镇选举委员会副主任职务；
接受陈黄河辞去紫帽镇选举委员会委员职务；
接受章翠萍辞去紫帽镇选举委员会委员职务；

接受陈志跃辞去紫帽镇选举委员会委员职务。
接受洪建立辞去东石镇选举委员会主任职务；
接受陈文路辞去东石镇选举委员会副主任职务；
接受李德铭辞去东石镇选举委员会副主任职务；
接受吴志峰辞去东石镇选举委员会副主任职务；
接受陈连升辞去东石镇选举委员会委员职务；
接受高少蓉辞去东石镇选举委员会委员职务；
接受林绿绮辞去东石镇选举委员会委员职务。
接受吴超鹏辞去永和镇选举委员会主任职务；
接受施金箱辞去永和镇选举委员会副主任职务；
接受陈荣松辞去永和镇选举委员会副主任职务；
接受洪志华辞去永和镇选举委员会委员职务；
接受王欣荣辞去永和镇选举委员会委员职务。
接受李安辉辞去英林镇选举委员会主任职务；
接受颜永福辞去英林镇选举委员会副主任职务；
接受陈东聆辞去英林镇选举委员会副主任职务；
接受许国鑫辞去英林镇选举委员会副主任职务；
接受林文尚辞去英林镇选举委员会委员职务；
接受陈孙枝辞去英林镇选举委员会委员职务；
接受张燕娜辞去英林镇选举委员会委员职务。
接受丁鸿雨辞去金井镇选举委员会主任职务；
接受庄松龄辞去金井镇选举委员会副主任职务；
接受邱鸿荣辞去金井镇选举委员会副主任职务；
接受陈英煌辞去金井镇选举委员会副主任职务；
接受丁永贵辞去金井镇选举委员会委员职务；
接受陈弼元辞去金井镇选举委员会委员职务；
接受孙仙仙辞去金井镇选举委员会委员职务。
接受陈希轩辞去龙湖镇选举委员会主任职务；
接受朱新旭辞去龙湖镇选举委员会副主任职务；
接受张志雄辞去龙湖镇选举委员会副主任职务；
接受黄美霞辞去龙湖镇选举委员会委员职务；
接受许荣题辞去龙湖镇选举委员会委员职务；
接受庄婉萍辞去龙湖镇选举委员会委员职务；
接受林宗伟辞去龙湖镇选举委员会委员职务；

接受张正平辞去龙湖镇选举委员会委员职务；
接受李远远辞去龙湖镇选举委员会委员职务。
接受许文倡辞去深沪镇选举委员会主任职务；
接受王宏华辞去深沪镇选举委员会副主任职务；
接受孙晋展辞去深沪镇选举委员会副主任职务；
接受吴秋品辞去深沪镇选举委员会委员职务；
接受曾振奋辞去深沪镇选举委员会委员职务；
接受蔡坤华辞去深沪镇选举委员会委员职务；
接受王秀贝辞去深沪镇选举委员会委员职务。
接受王沂鸿辞去西滨镇选举委员会主任职务；
接受王毓峰辞去西滨镇选举委员会副主任职务；
接受颜志平辞去西滨镇选举委员会副主任职务；
接受林丹红辞去西滨镇选举委员会委员职务。
以上决定报晋江市第十六届人民代表大会常务委员会第三十四次会议备案。

晋江市人大常委会关于批准晋江市2016年国民经济和社会发展计划调整方案的决议

（2016年12月5日晋江市第十六届人大常委会第三十四次会议通过）

晋江市第十六届人大常委会第三十四次会议，听取了市发展和改革局局长陈伟勇受市人民政府委托所作的《晋江市人民政府关于提请审查批准晋江市2016年国民经济和社会发展计划调整方案（草案）的议案》报告、市人大常委会财政经济委员会主任颜宏哲所作的《晋江市2016年国民经济和社会发展计划调整方案的初步审查报告》。经审查，决定批准晋江市2016年国民经济和社会发展计划调整方案。

晋江市人大常委会关于批准晋江市2016年本级预算调整方案的决议

（2016年12月5日晋江市第十六届人大常委会第三十四次会议通过）

晋江市第十六届人大常委会第三十四次会议，听取了市财政局局长肖金树受市人民政府委托所作的《晋江市人民政府关于提请审查批准晋江市2016年度本级预算调整方案（草案）的议案》报告、市人大常委会财政经济委员会主任颜宏哲所作的《晋江市2016年本级预算调整方案的初步审查报告》。经审查，决定批准晋江市2016年本级预算调整方案。

晋江市人大常委会关于接受林庆峰辞去晋江市第十六届人民代表大会常务委员会副主任职务的请求的决定

（2016年12月5日晋江市第十六届人大常委会第三十四次会议通过）

依照《中华人民共和国地方各级人民代表大会和地方各级人民政府组织法》规定，根据林庆峰同志的辞呈，晋江市第十六届人大常委会第三十四次会议决定：

接受林庆峰辞去晋江市第十六届人民代表大会常务委员会副主任职务的请求，报晋江市人民代表大会备案。

晋江市人大常委会
关于市第十七届人大常委会领导及委员分工的决定

（2017年1月20日晋江市第十七届人大常委会第一次会议通过）

根据市第十七届人大常委会主任会议的建议，市第十七届人大常委会第一次会议决定市第十七届人大常委会领导及委员分工如下：

主　　任：洪于权　主持常委会全面工作

副 主 任：郭鸿荣　分管农村经济委员会、环境与城镇建设委员会工作

曾献礼　分管常委会办公室、教育科学文化卫生委员会工作

连泉富　分管财政经济委员会工作

姚志强　分管人事代表委员会、内务司法委员会工作

副处级干部、委员：林友竹　分管华侨民族宗教委员会、人大信访和机关党建工作

委　　员：陈钖岑　负责常委会办公室工作

李伟才　协助常委会办公室工作

蔡银青　负责人事代表委员会工作

陈雄松　协助人事代表委员会工作

林嘉达　协助人事代表委员会工作

柯煜煜　协助人事代表委员会工作

戴文俊　协助人事代表委员会工作

许良晓　负责内务司法委员会工作

钟文玲　协助内务司法委员会工作

粘文俊　协助内务司法委员会工作

彭培育　协助内务司法委员会工作

蔡少林　协助内务司法委员会工作
林明捷　负责农村经济委员会工作
王少严　协助农村经济委员会工作
王奇志　协助农村经济委员会工作
曾文寿　协助农村经济委员会工作
颜宏哲　负责财政经济委员会工作
吴文永　协助财政经济委员会工作
柯文托　协助财政经济委员会工作
柯金鏞　协助财政经济委员会工作
曾福泉　协助财政经济委员会工作
施正琛　负责教育科学文化卫生委员会工作
王金象　协助教育科学文化卫生委员会工作
庄伏龙　协助教育科学文化卫生委员会工作
李逊庆　协助教育科学文化卫生委员会工作
黄月莹　协助教育科学文化卫生委员会工作
柯碧玲　负责华侨民族宗教委员会工作
庄松龄　协助华侨民族宗教委员会工作
颜　虹　协助华侨民族宗教委员会工作
陈晓辉　负责环境与城镇建设委员会工作
王金聪　协助环境与城镇建设委员会工作
吴金程　协助环境与城镇建设委员会工作
曾逸峰　协助环境与城镇建设委员会工作
颜永福　协助环境与城镇建设委员会工作

晋江市人大常委会关于调整街道人大工作委员会委员的决定

（2017年1月20日晋江市第十七届人大常委会第一次会议通过）

根据市第十七届人大常委会主任会议的建议，市第十七届人大常委会第一次会议决定调整各街道人大工作委员会委员，调整后的名单如下：

王金聪、吴莉莉、张长春、庄严为青阳街道人大工作委员会委员；

苏连枸、庄烜炜、陈维进、李倩雯为梅岭街道人大工作委员会委员；

洪金塔、赖振安、张秀念、王文农为西园街道人大工作委员会委员；

陈培星、蔡金印、丁奕滚、苏凤英为罗山街道人大工作委员会委员；

何长太、吴我省、王天时、王云相为灵源街道人大工作委员会委员；

吴文富、杨振宁、王建南、丁雅丝为新塘街道人大工作委员会委员。

晋江市人大常委会关于各委员会聘请兼职委员的决定

（2017年1月20日晋江市第十七届人大常委会第一次会议通过）

根据市第十七届人大常委会主任会议的建议，市第十七届人大常委会第一次会议决定：

聘请许乔良、施明丽、洪义锋、蔡体面、颜其惕、颜建顺为市人大常委会人事代表委员会兼职委员；

聘请王胜利、许雄伟、吴世钦、陈元平、陈志伟、柯明泉、柯贤镖为市人大常委会内务司法委员会兼职委员；

聘请王育艺、吴礼法、林和杰、谢联峰、颜春呈为市人大常委会农村经济委员会兼职委员；

聘请尤胜团、李海庭、陈诗从、谢陆伟、蔡翔云为市人大常委会财政经济委员会兼职委员；

聘请庄应端、杨锦凉、陈多多、范清靖、施清凉、谢江漫为市人大常委会教育科学文化卫生委员会兼职委员；

聘请丁文表、吴朝晖、苏志宏、黄志荣、释理山、蔡灿辉为市人大常委会华侨民族宗教委员会兼职委员；

聘请庄烜炜、杨兴生、陈文艺、林家平、颜呈忠为市人大常委会环境与城镇建设委员会兼职委员。

晋江市人大常委会关于许可对晋江市第十七届人民代表大会代表许联才采取强制措施的决定

（2017年1月20日晋江市第十七届人大常委会第一次会议通过）

晋江市第十七届人大常委会第一次会议审议了《晋江市人大常委会主任会议关于提请许可对个别市人大代表采取强制措施的议案》，根据《中华人民共和国全国人民代表大会和地方各级人民代表大会代表法》的有关规定，决定：许可对晋江市第十七届人民代表大会代表许联才采取强制措施。

晋江市人大常委会
关于市第十七届人大常委会组成人员联系代表分工的决定

（2017年2月17日市第十七届人大常委会第二次会议通过）

根据市第十七届人大常委会主任会议的建议，市第十七届人大常委会第二次会议决定市第十七届人大常委会组成人员联系代表分工如下：

罗山街道、新塘街道、东石镇、永和镇、龙湖镇

洪于权、郭鸿荣、陈钖岑、颜宏哲、施正琛、陈晓辉、曾文寿、柯文托、曾福泉、颜　虹

梅岭街道、磁灶镇、内坑镇、深沪镇

曾献礼、颜永福、王少严、王奇志、吴金程、彭培育、蔡少林

西园街道、紫帽镇、英林镇、金井镇

连泉富、蔡银青、许良晓、林明捷、柯碧玲、庄松龄、钟文玲、粘文俊

青阳街道、陈埭镇、池店镇、西滨镇

姚志强、戴文俊、王金象、王金聪、李伟才、李逊庆、吴文永、陈雄松、林嘉达、曾逸峰

灵源街道、安海镇

林友竹、庄伏龙、柯金鳊、柯煜煜、黄月莹

晋江市人大常委会
关于成立市第十七届人大常委会代表资格审查委员会的决定

（2017年2月17日晋江市第十七届人大常委会第二次会议通过）

依照《中华人民共和国地方各级人民代表大会和地方各级人民政府组织法》的有关规定，根据市第十七届人大常委会主任会议的建议，市第十七届人大常委会第二次会议决定成立市第十七届人大常委会代表资格审查委员会。组成人员名单如下：

主 任 委 员：姚志强（市人大常委会副主任）

副主任委员：蔡银青（市人大常委会委员、人事代表委主任）

委　　　员：许良晓（市人大常委会委员、内司委主任）

吴金程（市人大常委会委员、磁灶镇大埔村党委书记、村委会主任）

陈雄松（市人大常委会委员、市纪委副书记）

林嘉达［市人大常委会委员、市委组织部副部长（正科级）、党群系统党委书记］

钟文玲（市人大常委会委员、市妇联主席）

黄月莹［市人大常委会委员、养正中学高级教师（平级享受完中校副校级待遇）］

彭培育［市人大常委会委员、市总工会常务副主席（正科级）］

蔡少林（市人大常委会委员、团市委书记）

戴文俊［市人大常委会委员（正科级）］

晋江市人大常委会
关于调整市人大常委会依法治市领导小组组成人员的决定

（2017年2月17日晋江市第十七届人大常委会第二次会议通过）

根据市第十七届人大常委会主任会议的建议，市第十七届人大常委会第二次会议决定调整市人大常委会依法治市领导小组组成人员。调整后的依法治市领导小组组成人员名单如下：

组　长：洪于权（市人大常委会主任）

副组长：姚志强（市人大常委会副主任）

成　员：许良晓（市人大常委会委员、内司委主任）

陈钖岑（市人大常委会委员、办公室主任）

林嘉达［市人大常委会委员、市委组织部副部长（正科级），党群系统党委书记］

蔡少林（市人大常委会委员、团市委书记）

蔡银青（市人大常委会委员、人事代表委主任）

晋江市人大常委会
关于调整市人大常委会信访工作领导小组组成人员的决定

（2017年2月17日晋江市第十七届人大常委会第二次会议通过）

根据市第十七届人大常委会主任会议的建议，市第十七届人大常委会第二次会议决定调整市人大常委会信访工作领导小组组成人员。调整后的信访工作领导小组组成人员名单如下：

组　长：林友竹（市人大常委会委员、副处级干部）

副组长：陈钖岑（市人大常委会委员、办公室主任）

成　员：蔡银青（市人大常委会委员、人事代表委主任）

许良晓（市人大常委会委员、内司委主任）

林明捷（市人大常委会委员、农经委主任）

颜宏哲（市人大常委会委员、财经委主任）

施正琛（市人大常委会委员、教科文卫委主任）

柯碧玲（市人大常委会委员、华侨委主任）

陈晓辉（市人大常委会委员、环城委主任）

李蔚民（市人大常委会办公室副主任）

晋江市人大常委会
关于调整市人大常委会妇女儿童工作组组成人员的决定

（2017年2月17日晋江市第十七届人大常委会第二次会议通过）

根据市第十七届人大常委会主任会议的建议，市第十七届人大常委会第二次会议决定调整市人大常委会妇女儿童工作组组成人员。调整后的妇女儿童工作组组成人员名单如下：

组　长：姚志强（市人大常委会副主任）

副组长：许良晓（市人大常委会委员、内司委主任）

钟文玲（市人大常委会委员、市妇联主席）

成　员：林嘉达［市人大常委会委员、市委组织部副部长（正科级），党群系统党委书记］

施正琛（市人大常委会委员、教科文卫委主任）

黄月莹［市人大常委会委员、养正中学高级教师（平级享受完中校副校级待遇）］

粘文俊［市人大常委会委员、民盟专职副主委（副科级）］

彭培育［市人大常委会委员、市总工会常务副主席（正科级）］

蔡少林（市人大常委会委员、团市委书记）

颜宏哲（市人大常委会委员、财经委主任）

晋江市人民代表大会常务委员会关于制定（修改）三份相关规范性文件的决定

（2017年4月27日晋江市第十七届人大常委会第三次会议通过）

晋江市第十七届人民代表大会常务委员会第三次会议经过审议表决，通过了《晋江市人大常委会主任会议关于提请审议制定（修改）三份相关规范性文件的议案》。制定的《晋江市人大常委会关于代表建议、批评和意见办理情况满意度测评的规定》，修改的《晋江市人民代表大会代表建议、批评和意见办理工作规定》《晋江市人大常委会关于审议意见研究处理情况满意度测评的规定》应根据本决定予以公布，并自本决定通过之日起实施。

晋江市人大常委会关于接受吴文永辞去晋江市第十七届人民代表大会常务委员会委员职务的请求的决定

（2017 年 4 月 27 日晋江市第十七届人大常委会第三次会议通过）

依照《中华人民共和国地方各级人民代表大会和地方各级人民政府组织法》规定，根据吴文永同志的辞呈，晋江市第十七届人大常委会第三次会议决定：

接受吴文永辞去晋江市第十七届人民代表大会常务委员会委员职务的请求，报晋江市人民代表大会备案。

晋江市人大常委会关于批准 2016 年市本级决算的决议

（2017 年 6 月 21 日晋江市第十七届人大常委会第四次会议通过）

晋江市第十七届人大常委会第四次会议听取了市财政局局长肖金树受市人民政府委托所作的《关于 2016 年晋江市本级财政收支决算草案的报告》和市审计局局长陈恩典受市人民政府委托所作的《晋江市 2016 年度本级预算执行和其他财政收支情况的审计工作报告》，并对 2016 年市本级决算草案进行了审查，同意市人大常委会财政经济委员会在初步审查报告中提出的意见，决定批准 2016 年市本级决算。

晋江市人大常委会关于王茂泉免职的决定

（2017 年 6 月 21 日晋江市第十七届人大常委会第四次会议通过）

依照《中华人民共和国地方各级人民代表大会和地方各级人民政府组织法》规定，根据晋江市人民政府市长张文贤的提请，晋江市第十七届人大常委会第四次会议审议决定：

免去王茂泉晋江市人民政府副市长职务。

以上决定报晋江市人民代表大会备案。

晋江市人民代表大会常务委员会关于修改《晋江市人民代表大会常务委员会关于工作评议的规定》的决定

（2017 年 8 月 25 日晋江市第十七届人大常委会第五次会议通过）

晋江市第十七届人民代表大会常务委员会第五次会议经过审议表决，通过了《晋江市人大常委会主任会议关于提请审议修改〈晋江市人民代表大会常务委员会关于工作评议的规定〉的议案》。修改的《晋江市人民代表大会常务委员会关于工作评议的规定》应根据本决定予以公布，并自本决定通过之日起实施。

晋江市人大常委会关于王海飞任职的决定

（2017 年 10 月 30 日晋江市第十七届人大常委会第六次会议通过）

依照《中华人民共和国地方各级人民代表大会和地方各级人民政府组织法》规定，根据市人民政府市长张文贤的提请，晋江市第十七届人大常委会第六次会议审议决定：

任命王海飞为晋江市人民政府副市长。

以上决定报晋江市人民代表大会备案。

晋江市人大常委会关于丁一等任职的决定

（2017 年 10 月 30 日晋江市第十七届人大常委会第六次会议通过）

依照全国人大常委会《关于完善人民陪审员制度的决定》《关于授权在部分地区开展人民陪审员制度改革试点工作的决定》的规定，根据市人民法院院长陈水深的提请，晋江市第十七届人大常委会第六次会议于 2017 年 10 月 30 日审议决定：

任命丁一、叶兴灿、吕子利、庄艺鹏、许文市、许金锟、严智勇、李丽婷、李绵绵、吴艺敏、吴永钦、吴佐健、吴振超、张元良、张亚宗、张儒雅、陈丽娜、陈金星、范春美、林春明、林清洁、施维科、詹雅芬、蔡荣谦、颜再贤等 25 位为晋江市人民法院人民陪审员，任职期限五年。

晋江市人大常委会关于许可对晋江市第十七届人民代表大会代表李明采取刑事强制措施的决定

（2017 年 11 月 29 日晋江市第十七届人大常委会第七次会议通过）

晋江市第十七届人大常委会第七次会议审议了《晋江市人大常委会主任会议关于提请许可对个别市人大代表采取刑事强制措施的议案》，依照《中华人民共和国全国人民代表大会和地方各级人民代表大会代表法》有关规定，晋江市第十七届人大常委会第七次会议决定：

许可对晋江市第十七届人民代表大会代表李明采取刑事强制措施。

晋江市人大常委会关于晋江市第十七届人民代表大会代表李明暂时停止执行代表职务的决定

（2017年11月29日晋江市第十七届人大常委会第七次会议通过）

晋江市第十七届人大常委会第七次会议审议了《晋江市第十七届人民代表大会常务委员会代表资格审查委员会关于个别市人大代表暂时停止执行代表职务的报告》，依照《中华人民共和国全国人民代表大会和地方各级人民代表大会代表法》有关规定，晋江市第十七届人大常委会第七次会议决定：

自本决定通过之日起晋江市第十七届人民代表大会代表李明暂时停止执行代表职务。

晋江市人大常委会关于接受陈雄松辞去晋江市第十七届人民代表大会常务委员会代表资格审查委员会委员职务的请求的决定

（2017年11月29日晋江市第十七届人大常委会第七次会议通过）

依照《中华人民共和国地方各级人民代表大会和地方各级人民政府组织法》规定，根据陈雄松同志的辞呈，晋江市第十七届人大常委会第七次会议决定：

接受陈雄松辞去晋江市第十七届人民代表大会常务委员会代表资格审查委员会委员职务的请求。

晋江市人大常委会关于接受陈雄松辞去晋江市第十七届人民代表大会常务委员会委员职务的请求的决定

（2017年11月29日晋江市第十七届人大常委会第七次会议通过）

依照《中华人民共和国地方各级人民代表大会和地方各级人民政府组织法》规定，根据陈雄松同志的辞呈，晋江市第十七届人大常委会第七次会议决定：

接受陈雄松辞去晋江市第十七届人民代表大会常务委员会委员职务的请求，报晋江市人民代表大会备案。

晋江市人大常委会关于接受陈雄松辞去晋江市第十七届人民代表大会代表职务的请求的决定

（2017年11月29日晋江市第十七届人大常委会第七次会议通过）

晋江市第十七届人民代表大会代表陈雄松向晋江市人大常委会提出辞去代表职务的请求。根据《中华人民共和国全国人民代表大会和地方各级人民代表大会选举法》《中华人民共和国全国人民代表大会和地方各级人民代表大会代表法》及《晋江市人民代表大会代表辞职的暂行规定》有关规定，晋江市第十七届人大常委会第七次会议决定：

接受陈雄松辞去晋江市第十七届人民代表大会代表职务的请求。

晋江市人大常委会
关于补选晋江市第十七届人民代表大会代表的决定

（2017年11月29日晋江市第十七届人大常委会第七次会议通过）

晋江市第十七届人民代表大会代表名额333名。市第十七届人民代表大会第一次会议时，实有代表326名。

市第十七届人民代表大会第一次会议以来，青阳代表团吴文永代表调离本市行政区域、陈雄松代表因工作需要辞去代表职务，根据《中华人民共和国全国人民代表大会和地方各级人民代表大会代表法》第四十九条规定，以上2位代表的代表资格终止。

至此，晋江市第十七届人民代表大会实有代表324名。

根据市人大常委会主任会议的议案，市第十七届人大常委会第七次会议审议决定：补选市第十七届人民代表大会代表2名，分别由池店镇、东石镇各补选1名。

补选晋江市第十七届人民代表大会代表按市级选区进行，并依照《中华人民共和国全国人民代表大会和地方各级人民代表大会选举法》《福建省县、乡两级人民代表大会代表直接选举实施细则》的有关规定执行。

晋江市人大常委会关于批准2017年本级预算调整方案的决议

（2017年12月15日晋江市第十七届人大常委会第八次会议通过）

晋江市第十七届人大常委会第八次会议，听取了市财政局局长肖金树受市人民政府委托所作的《关于提请审查批准晋江市2017年度本级预算调整方案（草案）的议案》、市人大常委会财政经济委员会主任颜宏哲所作的《晋江市2017年本级预算调整方案的初步审查报告》。经审查，决定批准晋江市2017年本级预算调整方案。

晋江市人民代表大会常务委员会关于制定《晋江市人民代表大会代表优秀议案和建议评选办法（试行）》的决定

（2017年12月15日晋江市第十七届人大常委会第八次会议通过）

晋江市第十七届人民代表大会常务委员会第八次会议经过审议表决，通过了《晋江市人大常委会主任会议关于提请审议制定〈晋江市人民代表大会代表优秀议案和建议评选办法（试行）〉的议案》。制定的《晋江市人民代表大会代表优秀议案和建议评选办法（试行）》应根据本决定予以公布，并自本决定通过之日起实施。

晋江市人大常委会关于接受陈健倩辞去晋江市第十七届人民代表大会代表职务的请求的决定

（2017年12月15日晋江市第十七届人大常委会第八次会议通过）

晋江市第十七届人民代表大会代表陈健倩向晋江市人大常委会提出辞去代表职务的请求。根据《中华人民共和国全国人民代表大会和地方各级人民代表大会选举法》《中华人民共和国全国人民代表大会和地方各级人民代表大会代表法》及《晋江市人民代表大会代表辞职的暂行规定》有关规定，晋江市第十七届人大常委会第八次会议决定：

接受陈健倩辞去晋江市第十七届人民代表大会代表职务的请求。

晋江市人大常委会关于接受钟文玲辞去泉州市第十六届人民代表大会代表职务的请求的决定

（2017年12月29日晋江市第十七届人大常委会第九次会议通过）

钟文玲同志因工作需要，向晋江市人大常委会提出辞去泉州市第十六届人民代表大会代表职务的请求。根据《中华人民共和国全国人民代表大会和地方各级人民代表大会选举法》《中华人民共和国全国人民代表大会和地方各级人民代表大会代表法》的有关规定，晋江市第十七届人大常委会第九次会议审议决定：

接受钟文玲辞去泉州市第十六届人民代表大会代表职务的请求，报泉州市第十六届人民代表大会常务委员会备案。

晋江市人大常委会
关于授予刘莹等人“晋江市荣誉市民”称号的决定

（2018 年 4 月 20 日晋江市第十七届人大常委会第十一次会议通过）

根据《晋江市人民代表大会常务委员会关于授予荣誉市民称号的规定》，经市第十七届人大常委会第十一次会议表决通过，决定授予刘莹、毕明伟、杨立国、陈煜晃、劳伦特·佩楚卡、李兰娟、吴景毅、项开来等8人“晋江市荣誉市民”称号。

晋江市人大常委会关于许可对晋江市第十七届人民代表大会代表许友灿采取司法拘留措施的决定

（2018 年 4 月 20 日晋江市第十七届人大常委会第十一次会议通过）

晋江市第十七届人大常委会第十一次会议审议了《晋江市人大常委会主任会议关于提请许可对个别市人大代表采取司法拘留措施的议案》，依照《中华人民共和国全国人民代表大会和地方各级人民代表大会代表法》有关规定，晋江市第十七届人大常委会第十一次会议决定：

许可对晋江市第十七届人民代表大会代表许友灿采取司法拘留措施。

晋江市人大常委会关于批准 2017 年市本级决算的决议

（2018 年 6 月 28 日晋江市第十七届人大常委会第十二次会议通过）

晋江市第十七届人大常委会第十二次会议听取了市财政局局长肖金树受市人民政府委托所作的《关于 2017 年晋江市本级财政收支决算草案的报告》和市审计局局长陈恩典受市人民政府委托所作的《晋江市 2017 年度本级预算执行和其他财政收支情况的审计工作报告》，并对 2017 年市本级决算草案进行了审查，同意市人大常委会财政经济委员会在初步审查报告中提出的意见，决定批准 2017 年市本级决算。

晋江市人大常委会关于王骥任职的决定

（2018 年 6 月 28 日晋江市第十七届人大常委会第十二次会议通过）

依照《中华人民共和国地方各级人民代表大会和地方各级人民政府组织法》规定，

根据晋江市人民政府市长张文贤的提请，晋江市第十七届人大常委会第十二次会议审议决定：

任命王骥为晋江市人民政府副市长。

以上决定报晋江市人民代表大会备案。

晋江市人民代表大会常务委员会关于批准《晋江市国民经济和社会发展第十三个五年规划纲要》调整方案的决议

（2018年8月23日晋江市第十七届人大常委会第十三次会议通过）

晋江市第十七届人大常委会第十三次会议审议了《晋江市人民政府关于提请审查批准〈晋江市国民经济和社会发展第十三个五年规划纲要〉调整方案的议案》，会议决定批准市人民政府提出的关于《晋江市国民经济和社会发展第十三个五年规划纲要》调整方案。

会议认为，“十三五”规划纲要实施以来，本市主要经济社会发展指标大部分达到或超过预期目标，主要工作任务推进有序，重大建设项目完成较好，实施情况总体顺利。

会议指出，由于当前本市发展的环境条件和面临的形势发生较大变化，对16项规划指标和推动“十三五”规划纲要实施的指导思想内涵、产业体系和城市发展目标等10方面内容进行调整充实是必要的。调整后的规划纲要更切合本市实际，更有利于本市经济社会的平稳健康发展。

会议强调，本市“十三五”规划后半期的目标任务已经明确，市政府要统筹推进“五位一体”总体布局，协调推进“四个全面”战略布局，坚持发展第一要务，以创新转型、跨越赶超为主线，以提升人民群众获得感为目的，全力推进人才强市、新型城镇化和国际化“三大战略”，加快打造国际化创新型品质城市，传承发展“晋江经验”，在“新福建”“五个泉州”建设中持续当标兵、走前列。

晋江市人大常委会
关于晋江市与菲律宾达沃市建立友好城市关系的决定

（2018年8月23日晋江市第十七届人大常委会第十三次会议通过）

晋江市第十七届人大常委会第十三次会议经过审议，同意晋江市与菲律宾达沃市建立友好城市关系。

晋江市人民代表大会常务委员会关于制定《晋江市人大常委会关于对人大代表约谈、函询的暂行办法》的决定

（2018年8月23日晋江市第十七届人大常委会第十三次会议通过）

晋江市第十七届人民代表大会常务委员会第十三次会议经过审议表决，通过了《晋江市人大常委会主任会议关于提请审议制定〈晋江市人大常委会关于对人大代表约谈、函询的暂行办法〉的议案》。制定的《晋江市人大常委会关于对人大代表约谈、函询的暂行办法》应根据本决定予以公布，并自本决定通过之日起实施。

晋江市人大常委会关于王金兴等任职的决定

（2018年10月30日晋江市第十七届人大常委会第十四次会议通过）

依照《中华人民共和国人民陪审员法》规定，根据晋江市人民法院院长陈水深的提请，晋江市第十七届人大常委会第十四次会议于2018年10月30日审议决定：

任命王金兴、邓小晶、叶家伟、庄茹娟、许达晓、许恩得、杨锦鸿、肖碧黎、吴育苗、吴建昌、吴煌标、张培坤、张清河、陈洪娟、林志军、林栋梁、林雅云、林增辉、周韩春、郑依清、施文晓、施仲益、施聪颖、洪朝参、徐萍、黄友锋、黄江宝、黄桂木、黄碧娜、萧乌惜、曾希路、曾国辉、曾绵绵、谢清温、赖昌锡、赖珊玲、蔡金佩、颜旭龙等38位为晋江市人民法院人民陪审员，任职期限五年。

晋江市人大常委会
关于确定2018年度市十七届人大代表优秀建议的通知

（2018年10月30日晋江市第十七届人大常委会第十四次会议通过）

各镇人大主席团、街道人大工委，市直各单位：

晋江市第十七届人民代表大会代表坚持以习近平新时代中国特色社会主义思想为指导，依法行使职权，围绕我市政治、经济、文化和社会事业等方面工作，在市十七届人大二次会议期间和闭会期间，提出一批有建设性的建议，有效推动我市各项工作进展。为进一步调动代表依法履职的积极性，提高代表建议提出的质量，根据《晋江市人民代表大会代表优秀议案和建议评选办法（试行）》规定，经市第十七届人大常委会第十四次会议评选确定：《关于加强自来水供水安全的建议》等10件建议为2018年度市十

七届人大代表优秀建议，现予以通报表彰。

希望市十七届人大全体代表再接再厉，更好地依法履职，为开创新时代人大工作新局面，为晋江加快建设国际化创新型品质城市作出新的贡献。

晋江市人大常委会
关于补选晋江市第十七届人民代表大会代表的决定

（2018年11月27日晋江市第十七届人大常委会第十五次会议通过）

晋江市第十七届人民代表大会代表名额333名。市第十七届人民代表大会第二次会议时，实有代表325名。

市第十七届人民代表大会第二次会议以来，驻晋江94921部队徐以宏代表调离本市行政区域，根据《中华人民共和国全国人民代表大会和地方各级人民代表大会代表法》第四十九条规定，该代表的代表资格终止。

至此，晋江市第十七届人民代表大会实有代表324名。

根据市人大常委会主任会议的议案，市第十七届人大常委会第十五次会议审议决定：补选市第十七届人民代表大会代表2名，分别由青阳街道、94921部队各补选1名。

补选晋江市第十七届人民代表大会代表按市级选区进行，并依照《中华人民共和国全国人民代表大会和地方各级人民代表大会选举法》《福建省县、乡两级人民代表大会代表直接选举实施细则》《中国人民解放军选举全国人民代表大会和地方各级人民代表大会代表的办法》的有关规定执行。

晋江市人大常委会关于市第十六届人大三次会议
《关于加快推进我市生态水域建设的决议》落实情况的审议意见

（2018年12月14日晋江市第十七届人大常委会第十六次会议通过）

市人民政府：

晋江市第十七届人大常委会第十六次会议听取和审议了市人民政府关于市第十六届人大三次会议《关于加快推进我市生态水域建设的决议》落实情况的报告，同时听取了市人大常委会检查组的相关检查报告。会议对市人民政府关于市第十六届人大三次会议《关于加快推进我市生态水域建设的决议》落实情况的报告进行满意度测评，应到会常委会组成人员39人，实到会34人，表示满意11票、基本满意12票、不满意11票，满意票数加基本满意票数超过常委会全体组成人员的半数，根据《晋江市人民代表大会常务委员会关于进一步提高审议质量的若干意见》规定，该项报告获得通过。

会议认为，市政府及有关部门高度重视生态水域建设工作，在深化“河长制”工作，营造治水氛围，严格执法监管，推动智能管理，实施综合治理等方面做了大量的工作，全市各流域污染源进一步整治，各流域水质整体得到较大改善提升，生态水域建设“不黑不臭、不淤不堵、水清岸绿”目标基本实现。

会议指出，本市生态水域的污染现状仍然严峻，距离实现剿灭劣V类水的目标仍有较大差距，生态恢复还有漫长的过程。主要表现在：一是工作发展不平衡，水质污染仍然存在；二是污染源排查还不到位，排污口管理不规范；三是环保设施建设滞后，收集管网接入率低；四是黑臭水体整治欠账较多，星级河道建设亟待提速；五是河（湖）长制仍待完善，长效管理存在短板。

为此，会议提出如下审议意见：

（一）增强紧迫感责任感，继续推动《决议》落实。生态环保仍然是本市的主要短板，要高度重视生态水域建设，继续把落实市人大《决议》作为一项法定作业，进一步增强工作紧迫感、责任感、使命感，继续宣传动员全市人民，全力投入城乡环境整治攻坚，打好“三大”污染防治攻坚战，确保在2019年底全市生态流域基本消除劣V类水，全面实现“水清岸绿、不淤不堵”的基本目标。

（二）摸清底子综合施策，打好污染防治攻坚战。当前生态水域建设的主要问题仍然是污染源底子不清、治理不到位，要结合全国污染源普查和开展“三大”污染防治攻坚战，摸清流域周边污染源的底子，严格污染源登记、滚动、销号的管理机制，实施重要污染源的在线实时监控，加强入河排污口的规范管理。继续开展环保“霹雳行动”，加大污染源整治力度，严厉打击环境违法行为，尽快解决河道污染严重和时有反复的问题。加强环保基础设施建设，加快推进污水管网、农村污水处理设施、新建扩建污水处理厂建设进度。坚持规划引领，综合河道清淤、引流补水、河道蓄水等生态治理措施，全面恢复各流域的生态功能。

（三）集中力量突出重点，提高生态水域治理成效。将黑臭水体、劣V类水体的消除和全流域治理、星级示范标杆河道的打造，作为近期生态水域建设的重点。集中力量解决水质黑臭、环保污染严重的问题；集中力量打造全流域治理的重点流域；集中力量提升延伸星级示范河段的建设，为全市新一年的生态流域治理提供经验和示范。流域整治的基本目标要达到：污染源基本治理，水质消除劣V类，河道岸线及周边环境整治到位，河道岸线绿化基本覆盖，生态功能初步恢复，河道管养实现常态化。

（四）确保投入完善管理，切实巩固治理成果。一是要确保资金投入。市政府要统筹资金加大投入，确保今年滞后项目和明年新增项目的落实。二是要强化长效管理。落实好河道专管员日常巡河制度，河道（段）保洁养护制度，河道（段）绿化养护制度，镇村污水设施维护运行制度等长效管理制度。三是要加强能力建设。加强监管、监测、执法、技术支撑等队伍建设，提高生态治理法制化、智能化、专业化水平。四是要长期坚持不懈。要高度重视生态水域管理的常态化，持续完善顶层设计，确保生态水域管理经费的年度预算，做到有人管事，有钱做事，确保整治好一段管理好一段。

（五）压实责任强化督查，确保各项工作落实。一要压实各级河长的责任。进一步完善河长制的机制，坚持好市、镇、村三级河长巡查河道解决问题的机制。二要压实河道专管员的职责。让河道专管员专职专用，发挥河道日常管理巡查员的作用。三是压实镇（街道）属地管理责任。强化属地环保责任，发挥镇（街道）、村（社区）干部、群众的主人翁作用。四是压实河长办和市直部门的责任。强化责任担当和工作协作，确保生态水域建设的要素保障。五要压实督查的机制。加大一线考核考察的力度，让奖优罚劣倒逼工作落实。

请市人民政府在三个月内将以上审议意见的研究处理情况书面报告市人大常委会，并落实调研发现问题整改。

附件：晋江市人大常委会关于检查市第十六届人大三次会议《关于加快推进我市生态水域建设的决议》落实情况的报告（略）

晋江市人大常委会关于接受王奇志辞去晋江市第十七届人民代表大会常务委员会委员职务的请求的决定

（2018年12月29日晋江市第十七届人大常委会第十七次会议通过）

依照《中华人民共和国地方各级人民代表大会和地方各级人民政府组织法》规定，根据王奇志同志的辞呈，晋江市第十七届人大常委会第十七次会议决定：

接受王奇志辞去晋江市第十七届人民代表大会常务委员会委员职务的请求，报晋江市人民代表大会备案。

晋江市人大常委会关于接受王奇志辞去晋江市第十七届人民代表大会代表职务的请求的决定

（2018年12月29日晋江市第十七届人大常委会第十七次会议通过）

晋江市第十七届人民代表大会代表王奇志向晋江市人大常委会提出辞去代表职务的请求。根据《中华人民共和国全国人民代表大会和地方各级人民代表大会选举法》《中华人民共和国全国人民代表大会和地方各级人民代表大会代表法》及《晋江市人民代表大会代表辞职的暂行规定》有关规定，晋江市第十七届人大常委会第十七次会议决定：

接受王奇志辞去晋江市第十七届人民代表大会代表职务的请求。

晋江市人大常委会关于接受陈传芳辞去晋江市第十七届人民代表大会代表职务的请求的决定

（2018 年 12 月 29 日晋江市第十七届人大常委会第十七次会议通过）

晋江市第十七届人民代表大会代表陈传芳向晋江市人大常委会提出辞去代表职务的请求。根据《中华人民共和国全国人民代表大会和地方各级人民代表大会选举法》《中华人民共和国全国人民代表大会和地方各级人民代表大会代表法》及《晋江市人民代表大会代表辞职的暂行规定》有关规定，晋江市第十七届人大常委会第十七次会议决定：

接受陈传芳辞去晋江市第十七届人民代表大会代表职务的请求。

晋江市人大常委会关于个别街道人大工作委员会委员职务任免的决定

（2019 年 2 月 27 日晋江市第十七届人大常委会第十八次会议通过）

根据市第十七届人大常委会主任会议的提名，晋江市第十七届人大常委会第十八次会议于 2019 年 2 月 27 日审议决定：

任命蔡君猛为新塘街道人大工作委员会委员；

免去庄严青阳街道人大工作委员会委员职务；

免去丁雅丝新塘街道人大工作委员会委员职务。

晋江市人大常委会关于接受王卿塔辞去晋江市第十七届人民代表大会代表职务的请求的决定

（2019 年 2 月 27 日晋江市第十七届人大常委会第十八次会议通过）

晋江市第十七届人民代表大会代表王卿塔向晋江市人大常委会提出辞去代表职务的请求。根据《中华人民共和国全国人民代表大会和地方各级人民代表大会选举法》《中华人民共和国全国人民代表大会和地方各级人民代表大会代表法》及《晋江市人民代表大会代表辞职的暂行规定》有关规定，晋江市第十七届人大常委会第十八次会议决定：

接受王卿塔辞去晋江市第十七届人民代表大会代表职务的请求。

晋江市人大常委会关于接受钟文玲辞去晋江市第十七届人民代表大会常务委员会代表资格审查委员会委员职务的请求的决定

（2019年4月23日晋江市第十七届人大常委会第十九次会议通过）

依照《中华人民共和国地方各级人民代表大会和地方各级人民政府组织法》规定，根据钟文玲同志的辞呈，晋江市第十七届人大常委会第十九次会议决定：

接受钟文玲辞去晋江市第十七届人民代表大会常务委员会代表资格审查委员会委员职务的请求。

晋江市人大常委会关于接受钟文玲辞去晋江市第十七届人民代表大会常务委员会委员职务的请求的决定

（2019年4月23日晋江市第十七届人大常委会第十九次会议通过）

依照《中华人民共和国地方各级人民代表大会和地方各级人民政府组织法》规定，根据钟文玲同志的辞呈，晋江市第十七届人大常委会第十九次会议决定：

接受钟文玲辞去晋江市第十七届人民代表大会常务委员会委员职务的请求，报晋江市人民代表大会备案。

晋江市人大常委会关于接受钟文玲辞去晋江市第十七届人民代表大会代表职务的请求的决定

（2019年4月23日晋江市第十七届人大常委会第十九次会议通过）

晋江市第十七届人民代表大会代表钟文玲向晋江市人大常委会提出辞去代表职务的请求。根据《中华人民共和国全国人民代表大会和地方各级人民代表大会选举法》《中华人民共和国全国人民代表大会和地方各级人民代表大会代表法》及《晋江市人民代表大会代表辞职的暂行规定》有关规定，晋江市第十七届人大常委会第十九次会议决定：

接受钟文玲辞去晋江市第十七届人民代表大会代表职务的请求。

晋江市人大常委会关于批准2018年市本级决算的决议

（2019年6月26日晋江市第十七届人大常委会第二十次会议通过）

晋江市第十七届人大常委会第二十次会议听取了市财政局局长肖金树受市人民政府

委托所作的《关于2018年晋江市本级财政收支决算草案的报告》和市审计局局长陈恩典受市人民政府委托所作的《晋江市2018年度本级预算执行和其他财政收支情况的审计二作报告》，并对2018年市本级决算草案进行了审查，同意市人大常委会财政经济委员会在初步审查报告中提出的意见，决定批准2018年市本级决算。

晋江市人大常委会关于接受唐春晓辞去晋江市第十七届人民代表大会代表职务的请求的决定

（2019年6月26日晋江市第十七届人大常委会第二十次会议通过）

晋江市第十七届人民代表大会代表唐春晓向晋江市人大常委会提出辞去代表职务的请求。根据《中华人民共和国全国人民代表大会和地方各级人民代表大会选举法》《中华人民共和国全国人民代表大会和地方各级人民代表大会代表法》及《晋江市人民代表大会代表辞职的暂行规定》有关规定，晋江市第十七届人大常委会第二十次会议决定：

接受唐春晓辞去晋江市第十七届人民代表大会代表职务的请求。

晋江市人大常委会关于张汉杰等职务任免的决定

（2019年6月26日晋江市第十七届人大常委会第二十次会议通过）

依照《中华人民共和国地方各级人民代表大会和地方各级人民政府组织法》规定，根据晋江市人民政府市长张文贤的提请，晋江市第十七届人大常委会第二十次会议审议决定：

任命张汉杰为晋江市人民政府副市长；

免去王骥晋江市人民政府副市长职务。

以上决定报晋江市人民代表大会备案。

晋江市人大常委会关于接受甘泽阳辞去晋江市人民检察院检察长、检察委员会委员职务的请求的决定

（2019年8月29日晋江市第十七届人大常委会第二十一次会议通过）

依照《中华人民共和国地方各级人民代表大会和地方各级人民政府组织法》规定，根据甘泽阳同志的辞呈，晋江市第十七届人大常委会第二十一次会议决定：接受甘泽阳辞去晋江市人民检察院检察长、检察委员会委员职务的请求，报晋江市人民代表大会备案，并报经泉州市人民检察院检察长提请泉州市人大常委会批准。

晋江市人大常委会
关于王文龙代理晋江市人民检察院检察长职务的决定

（2019年8月29日晋江市第十七届人大常委会第二十一次会议通过）

根据《中华人民共和国地方各级人民代表大会和地方各级人民政府组织法》规定和晋江市第十七届人大常委会主任会议的提请，晋江市第十七届人大常委会第二十一次会议决定：王文龙代理晋江市人民检察院检察长职务，报泉州市人民检察院和泉州市人大常委会备案。

晋江市人大常委会关于许可对晋江市第十七届人民代表大会代表许成礼采取行政拘留措施的决定

（2019年8月29日晋江市第十七届人大常委会第二十一次会议通过）

晋江市第十七届人大常委会第二十一次会议审议了《晋江市公安局关于提请许可对晋江市第十七届人大代表许成礼作出行政拘留处罚的报告》，依照《中华人民共和国全国人民代表大会和地方各级人民代表大会代表法》有关规定，晋江市第十七届人大常委会第二十一次会议决定：

许可对晋江市第十七届人民代表大会代表许成礼采取行政拘留措施。

晋江市人大常委会关于接受李伟才辞去晋江市第十七届人民代表大会常务委员会委员职务的请求的决定

（2019年8月29日晋江市第十七届人大常委会第二十一次会议通过）

依照《中华人民共和国地方各级人民代表大会和地方各级人民政府组织法》规定，根据李伟才的辞呈，晋江市第十七届人大常委会第二十一次会议决定：

接受李伟才辞去晋江市第十七届人民代表大会常务委员会委员职务的请求，报晋江市人民代表大会备案。

晋江市人大常委会关于接受李伟才辞去晋江市第十七届人民代表大会代表职务的请求的决定

（2019年8月29日晋江市第十七届人大常委会第二十一次会议通过）

晋江市第十七届人民代表大会代表李伟才向晋江市人大常委会提出辞去代表职务的请求。根据《中华人民共和国全国人民代表大会和地方各级人民代表大会选举法》《中华人民共和国全国人民代表大会和地方各级人民代表大会代表法》及《晋江市人民代表大会代表辞职的暂行规定》有关规定，晋江市第十七届人大常委会第二十一次会议决定：

接受李伟才辞去晋江市第十七届人民代表大会代表职务的请求。

晋江市人大常委会关于批准2019年本级预算调整方案的决议

（2019年10月30日晋江市第十七届人大常委会第二十二次会议通过）

晋江市第十七届人大常委会第二十二次会议，听取了市财政局局长肖金树受市人民政府委托所作的《关于提请审查批准晋江市2019年度本级预算调整方案（草案）的议案》、市人大常委会财政经济委员会主任颜宏哲所作的《晋江市2019年本级预算调整方案的初步审查报告》。经审查，决定批准晋江市2019年本级预算调整方案。

晋江市人大常委会
关于确定2019年度市十七届人大代表优秀建议的通知

（2019年10月30日晋江市第十七届人大常委会第二十二次会议通过）

各镇人大主席团、街道人大工委，市直各单位：

晋江市第十七届人民代表大会代表坚持以习近平新时代中国特色社会主义思想为指导，依法行使职权，围绕我市政治、经济、文化和社会事业等方面工作，在市十七届人大三次会议期间和闭会期间，提出一批有建设性的建议，有效推动我市各项工作进展。为进一步调动代表依法履职的积极性，提高代表建议提出的质量，根据《晋江市人民代表大会代表优秀议案和建议评选办法（试行）》规定，市第十七届人大常委会第二十二次会议评选确定《关于构建全市一盘棋治水工作格局的建议》等9件建议为2019年度市十七届人大代表优秀建议，现予以通报表彰。

希望市十七届人大全体代表再接再厉，更好地依法履职，为开创新时代人大工作新局面，为晋江加快建设国际化创新型品质城市作出新的贡献。

晋江市人大常委会关于接受许畴料辞去晋江市第十七届人民代表大会代表职务的请求的决定

（2019 年 11 月 7 日晋江市第十七届人大常委会第二十三次会议通过）

晋江市第十七届人民代表大会代表许畴料向晋江市人大常委会提出辞去代表职务的请求。根据《中华人民共和国全国人民代表大会和地方各级人民代表大会选举法》《中华人民共和国全国人民代表大会和地方各级人民代表大会代表法》及《晋江市人民代表大会代表辞职的暂行规定》有关规定，晋江市第十七届人大常委会第二十三次会议决定：

接受许畴料辞去晋江市第十七届人民代表大会代表职务的请求。

晋江市人大常委会关于接受张劲竹辞去晋江市第十七届人民代表大会代表职务的请求的决定

（2019 年 11 月 7 日晋江市第十七届人大常委会第二十三次会议通过）

晋江市第十七届人民代表大会代表张劲竹向晋江市人大常委会提出辞去代表职务的请求。根据《中华人民共和国全国人民代表大会和地方各级人民代表大会选举法》《中华人民共和国全国人民代表大会和地方各级人民代表大会代表法》及《晋江市人民代表大会代表辞职的暂行规定》有关规定，晋江市第十七届人大常委会第二十三次会议决定：

接受张劲竹辞去晋江市第十七届人民代表大会代表职务的请求。

晋江市人大常委会关于接受黄延艺辞去晋江市第十七届人民代表大会代表职务的请求的决定

（2019 年 11 月 7 日晋江市第十七届人大常委会第二十三次会议通过）

晋江市第十七届人民代表大会代表黄延艺向晋江市人大常委会提出辞去代表职务的请求。根据《中华人民共和国全国人民代表大会和地方各级人民代表大会选举法》《中华人民共和国全国人民代表大会和地方各级人民代表大会代表法》及《晋江市人民代表大会代表辞职的暂行规定》有关规定，晋江市第十七届人大常委会第二十三次会议决定：

接受黄延艺辞去晋江市第十七届人民代表大会代表职务的请求。

晋江市人大常委会关于选举(补选)晋江市第十七届人民代表大会代表的决定

（2019年11月7日晋江市第十七届人大常委会第二十三次会议通过）

晋江市第十七届人民代表大会代表名额333名。市第十七届人民代表大会第三次会议时，实有代表326名。

市第十七届人民代表大会第三次会议以来，驻晋94921部队严定标代表调离本市行政区域；青阳代表团李伟才，西园代表团钟文玲，灵源代表团陈传芳，池店代表团许畴料，安海代表团唐春晓，磁灶代表团王奇志、黄延艺，内坑代表团张劲竹等8位代表因调整工作岗位辞去代表职务被接受；新塘代表团王卿塔代表因个人原因辞去代表职务被接受；西园代表团吴扬森代表去世，根据《中华人民共和国全国人民代表大会和地方各级人民代表大会代表法》第四十九条规定，以上11位代表的代表资格终止。

至此，晋江市第十七届人民代表大会代表实有315名，代表出缺18名。

根据市人大常委会主任会议的议案，市第十七届人大常委会第二十三次会议审议决定：选举（补选）市第十七届人民代表大会代表14名，其中，由西园补选1名、池店补选2名、磁灶补选1名、内坑补选2名、东石补选1名、金井补选1名、驻晋94921部队补选1名；由灵源选举1名、新塘选举1名、安海选举1名、磁灶选举2名。

选举（补选）晋江市第十七届人民代表大会代表按市级选区进行，并依照《中华人民共和国全国人民代表大会和地方各级人民代表大会选举法》《福建省县、乡两级人民代表大会代表直接选举实施细则》或《中国人民解放军选举全国人民代表大会和地方各级人民代表大会代表的办法》的有关规定执行。

晋江市人大常委会关于许可对晋江市第十七届人民代表大会代表赖明再采取刑事强制措施的决定

（2019年12月12日晋江市第十七届人大常委会第二十四次会议通过）

晋江市第十七届人大常委会第二十四次会议审议了《晋江市公安局关于提请许可对晋江市第十七届人民代表大会代表赖明再采取刑事强制措施的报告》，依照《中华人民共和国全国人民代表大会和地方各级人民代表大会代表法》有关规定，晋江市第十七届人大常委会第二十四次会议决定：

许可对晋江市第十七届人民代表大会代表赖明再采取刑事强制措施。

晋江市人大常委会关于接受甘泽阳辞去泉州市第十六届人民代表大会代表职务的请求的决定

（2019年12月12日晋江市第十七届人大常委会第二十四次会议通过）

甘泽阳因工作需要，向晋江市人大常委会提出辞去泉州市第十六届人民代表大会代表职务的请求。根据《中华人民共和国全国人民代表大会和地方各级人民代表大会选举法》《中华人民共和国全国人民代表大会和地方各级人民代表大会代表法》的有关规定，晋江市第十七届人大常委会第二十四次会议审议决定：

接受甘泽阳辞去泉州市第十六届人民代表大会代表职务的请求，报泉州市第十六届人民代表大会常务委员会备案。

晋江市人大常委会关于接受陈伟勇辞去泉州市第十六届人民代表大会代表职务的请求的决定

（2019年12月12日晋江市第十七届人大常委会第二十四次会议通过）

陈伟勇因个人原因，向晋江市人大常委会提出辞去泉州市第十六届人民代表大会代表职务的请求。根据《中华人民共和国全国人民代表大会和地方各级人民代表大会选举法》《中华人民共和国全国人民代表大会和地方各级人民代表大会代表法》的有关规定，晋江市第十七届人大常委会第二十四次会议审议决定：

接受陈伟勇辞去泉州市第十六届人民代表大会代表职务的请求，报泉州市第十六届人民代表大会常务委员会备案。

晋江市人大常委会关于接受郭浪滔辞去泉州市第十六届人民代表大会代表职务的请求的决定

（2019年12月12日晋江市第十七届人大常委会第二十四次会议通过）

郭浪滔因工作需要，向晋江市人大常委会提出辞去泉州市第十六届人民代表大会代表职务的请求。根据《中华人民共和国全国人民代表大会和地方各级人民代表大会选举法》《中华人民共和国全国人民代表大会和地方各级人民代表大会代表法》的有关规定，晋江市第十七届人大常委会第二十四次会议审议决定：

接受郭浪滔辞去泉州市第十六届人民代表大会代表职务的请求，报泉州市第十六届人民代表大会常务委员会备案。

晋江市人大常委会关于接受唐春晓辞去泉州市第十六届人民代表大会代表职务的请求的决定

（2019 年 12 月 12 日晋江市第十七届人大常委会第二十四次会议通过）

唐春晓因工作需要，向晋江市人大常委会提出辞去泉州市第十六届人民代表大会代表职务的请求。根据《中华人民共和国全国人民代表大会和地方各级人民代表大会选举法》《中华人民共和国全国人民代表大会和地方各级人民代表大会代表法》的有关规定，晋江市第十七届人大常委会第二十四次会议审议决定：

接受唐春晓辞去泉州市第十六届人民代表大会代表职务的请求，报泉州市第十六届人民代表大会常务委员会备案。

晋江市人大常委会关于调整市第十七届人大常委会领导及委员分工的决定

（2020 年 2 月 28 日晋江市第十七届人大常委会第二十五次会议通过）

根据市第十七届人大常委会主任会议的建议，市第十七届人大常委会第二十五次会议决定市第十七届人大常委会领导及委员分工如下：

主　　任：林仁达　主持常委会全面工作

副 主 任：郭鸿荣　分管农村经济委员会、环境与城镇建设委员会工作

曾献礼　分管常委会办公室、教育科学文化卫生委员会工作

连泉富　分管财政经济委员会工作

姚志强　分管人事代表委员会、内务司法委员会工作

副处级干部、委员：林友竹　分管华侨民族宗教委员会、人大信访工作

委　　员：陈钖岑　负责常委会办公室工作

陈伟荣　协助常委会办公室工作

蔡银青　负责人事代表委员会工作

林嘉达　协助人事代表委员会工作

柯煜煜　协助人事代表委员会工作
郭培源　协助人事代表委员会工作
戴文俊　协助人事代表委员会工作
许良晓　负责内务司法委员会工作
许清心　协助内务司法委员会工作
粘文俊　协助内务司法委员会工作
彭培育　协助内务司法委员会工作
蔡少林　协助内务司法委员会工作
戴庆阳　协助内务司法委员会工作
林明捷　负责农村经济委员会工作
王少严　协助农村经济委员会工作
周先进　协助农村经济委员会工作
曾文寿　协助农村经济委员会工作
颜宏哲　负责财政经济委员会工作
许小卫　协助财政经济委员会工作
张　昌　协助财政经济委员会工作
柯文托　协助财政经济委员会工作
柯金鏰　协助财政经济委员会工作
曾福泉　协助财政经济委员会工作
施正琛　负责教育科学文化卫生委员会工作
王金象　协助教育科学文化卫生委员会工作
庄伏龙　协助教育科学文化卫生委员会工作
李逊庆　协助教育科学文化卫生委员会工作
黄月莹　协助教育科学文化卫生委员会工作
柯碧玲　负责华侨民族宗教委员会工作
庄松龄　协助华侨民族宗教委员会工作
颜　虹　协助华侨民族宗教委员会工作
陈晓辉　负责环境与城镇建设委员会工作
王金聪　协助环境与城镇建设委员会工作
吴金程　协助环境与城镇建设委员会工作
曾逸峰　协助环境与城镇建设委员会工作
蔡逸卿　协助环境与城镇建设委员会工作
颜永福　协助环境与城镇建设委员会工作

晋江市人大常委会关于调整市第十七届人大常委会组成人员联系代表分工的决定

（2020年2月28日晋江市第十七届人大常委会第二十五次会议通过）

根据市第十七届人大常委会主任会议的建议，市第十七届人大常委会第二十五次会议决定市第十七届人大常委会组成人员联系代表分工调整如下：

西园街道、紫帽镇、英林镇、金井镇

林仁达、连泉富、蔡银青、许良晓、林明捷、柯碧玲、许清心、庄松龄、粘文俊

罗山街道、新塘街道、东石镇、永和镇、龙湖镇

郭鸿荣、陈钖岑、颜宏哲、施正琛、陈晓辉、柯文托、曾文寿、曾福泉、颜　虹、戴庆阳

梅岭街道、磁灶镇、内坑镇、深沪镇

曾献礼、王少严、吴金程、周先进、郭培源、彭培育、蔡少林、蔡逸卿、颜永福

青阳街道、陈埭镇、池店镇、西滨镇

姚志强、王金象、王金聪、许小卫、李逊庆、张　昌、陈伟荣、林嘉达、曾逸峰、戴文俊

灵源街道、安海镇

林友竹、庄伏龙、柯金鏰、柯煜煜、黄月莹

晋江市人大常委会关于调整市第十七届人大常委会代表资格审查委员会组成人员的决定

（2020年2月28日晋江市第十七届人大常委会第二十五次会议通过）

依照《中华人民共和国地方各级人民代表大会和地方各级人民政府组织法》的有关规定，根据市第十七届人大常委会主任会议的建议，市第十七届人大常委会第二十五次会议决定调整市第十七届人大常委会代表资格审查委员会组成人员。调整后的组成人员名单如下：

主任委员：姚志强（市人大常委会副主任）

副主任委员：蔡银青（市人大常委会委员、人事代表委主任）

委　　员：许良晓（市人大常委会委员、内司委主任）

许清心（市人大常委会委员，市妇联主席）

吴金程（市人大常委会委员，磁灶镇大埔村党委书记、村委会主任）
林嘉达［市人大常委会委员，市委组织部副部长（正科级），
党群系统党委书记、市公务员局局长］
郭培源（市人大常委会委员，市纪委常委、市委巡察办主任）
黄月莹（市人大常委会委员，养正中学高级教师、养正中学原副校长）
彭培育［市人大常委会委员，市总工会常务副主席(正科级)、党组书记］
蔡少林（市人大常委会委员，团市委书记）
戴文俊［市人大常委会委员（正科级)］

晋江市人大常委会
关于调整市人大常委会依法治市领导小组组成人员的决定

（2020年2月28日晋江市第十七届人大常委会第二十五次会议通过）

根据市第十七届人大常委会主任会议的建议，市第十七届人大常委会第二十五次会议决定调整市人大常委会依法治市领导小组组成人员。调整后的依法治市领导小组组成人员名单如下：

组　长：林仁达（市人大常委会主任）
副组长：姚志强（市人大常委会副主任）
成　员：许良晓（市人大常委会委员、内司委主任）
陈钖岑（市人大常委会委员、办公室主任）
林嘉达［市人大常委会委员，市委组织部副部长（正科级)，党群系统
党委书记、市公务员局局长］
蔡少林（市人大常委会委员、团市委书记）
蔡银青（市人大常委会委员、人事代表委主任）

晋江市人大常委会
关于调整市人大常委会妇女儿童工作组组成人员的决定

（2020年2月28日晋江市第十七届人大常委会第二十五次会议通过）

根据市第十七届人大常委会主任会议的建议，市第十七届人大常委会第二十五次会议决定调整市人大常委会妇女儿童工作组组成人员。调整后的组成人员名单如下：

组　长：姚志强（市人大常委会副主任）

副组长：许良晓（市人大常委会委员、内司委主任）

许清心（市人大常委会委员，市妇联主席）

成　员：林嘉达［市人大常委会委员，市委组织部副部长（正科级），党群系统党委书记、市公务员局局长］

施正琛（市人大常委会委员、教科文卫委主任）

黄月莹（市人大常委会委员，养正中学高级教师、养正中学原副校长）

粘文俊［市人大常委会委员（正科级），民盟晋江市委会副主委］

彭培育［市人大常委会委员，市总工会常务副主席（正科级）、党组书记］

蔡少林（市人大常委会委员，团市委书记）

颜宏哲（市人大常委会委员、财经委主任）

晋江市人大常委会关于李森建等职务任免的决定

（2020年2月28日晋江市第十七届人大常委会第二十五次会议通过）

依照《中华人民共和国地方各级人民代表大会和地方各级人民政府组织法》规定，根据晋江市人民政府市长张文贤的提请，晋江市第十七届人大常委会第二十五次会议审议决定：

任命李森建为晋江市人民政府副市长；

免去王文晖晋江市人民政府副市长职务；

免去王海飞晋江市人民政府副市长职务。

以上决定报晋江市人民代表大会备案。

晋江市人大常委会关于贯彻落实《全国人民代表大会常务委员会关于禁止非法野生动物交易、革除滥食野生动物陋习、切实保障人民群众生命健康安全的决定》和《福建省人民代表大会常务委员会关于革除滥食野生动物陋习、切实保障人民群众生命健康安全的决定》的通知

（2020年2月28日）

市人民政府，市监察委员会、市人民法院、市人民检察院，各镇人大主席团、街道人大工委：

2020年2月24日，十三届全国人大常委会第十六次会议审议通过了《关于禁止非法野生动物交易、革除滥食野生动物陋习、切实保障人民群众生命健康安全的决定》；18日，福建省十三届人大常委会第十六次会议审议通过《关于革除滥食野生动物陋习、

切实保障人民群众生命健康安全的决定》(以下统一简称《决定》)。为贯彻落实好两个《决定》，结合本市实际，现将有关事项通知如下：

一、提高政治站位，统一思想认识

新冠疫情暴发以来，野生动物交易与滥食对公共卫生安全构成了重大隐患，引发全社会的高度关注。在疫情防控的紧要关头，全国人大常委会、省人大常委会先后作出有关禁止非法野生动物交易、革除滥食野生动物陋习、切实保障人民群众生命健康安全的《决定》。泉州市人大常委会也及时出台贯彻落实两个《决定》的具体措施。这是深入贯彻落实习近平总书记重要讲话重要指示批示精神、依法保障人民群众生命健康安全的具体举措；是践行初心、担当使命，始终把执政为民放在首要位置的具体体现；是贯彻落实四中全会精神，健全卫生公共领域法律法规，完善国家治理体系、推动治理能力现代化的具体行动。

全市各级各部门要充分认识《决定》出台的重要意义，进一步提高政治站位，增强"四个意识"、坚定"四个自信"、做到"两个维护"，把思想和行动统一到中央及省、泉州、晋江各级党委的决策部署上来，坚决严厉打击非法野生动物交易，革除滥食野生动物陋习，从源头做好防控工作，确保两个《决定》在本市贯彻落实。

二、依法履行职责，严格落实落细

全市各级各部门、各防控主体要逐条对照两个《决定》，严格按照职责，认真贯彻执行，提升依法防控的能力和水平。

市人民政府要切实加强组织领导，协调、督促各镇人民政府、街道办事处以及各有关部门依法履行职能，推进涉及野生动物相关法律法规的贯彻实施；交通运输、农业农村、林业园林、卫生健康、市场监督管理、城市管理、海关、邮政等主管部门要按照各自职责，做好依法打击非法野生动物交易、革除滥食野生动物陋习相关工作的落实；公安机关要加大对乱捕滥食野生动物行为的打击和惩治力度，切实做到食品加工、流通运输、市场交易、餐饮消费等环节全覆盖排查、全链条监管、全方位打击。政府各有关部门要按照"谁执法、谁普法"的要求，加大普法宣传力度，增强人民群众保护野生动物的意识，提升公民公共卫生安全认识。

监察部门要履行好监察职责，对在贯彻执行两个《决定》工作中滥用职权、玩忽职守、徇私舞弊等行为依法进行查处问责。法院、检察院要发挥审判、检察职能，依法严惩涉野生动物违法犯罪活动，加强行政执法和刑事司法的衔接，为打赢疫情防控阻击战、保障人民群众生命健康安全提供司法保障。

三、上下联动监督，形成强大合力

市人大常委会相关工作机构、各镇人大主席团、街道人大工委要充分发挥人大职能作用，把此项工作列入工作重点，组织对两个《决定》的落实情况进行监督检查，督促各级各有关部门做好禁止非法野生动物交易、革除滥食野生动物陋习等相关工作。要广泛发动各级人大代表，引导各级人大代表发挥人大代表密切联系人民群众的优势，以强烈的责任担当履职作为，积极主动参与相关法律法规的宣传教育，带头落实法律法规和两个《决定》要求，在全社会形成向非法野生动物交易、滥食野生动物陋习说“不”的良好氛围，切实从源头上控制住重大公共卫生风险，防范人与野生动物交叉感染疫源、传播疫病，确保人民群众生命健康安全。

附件：1.《全国人民代表大会常务委员会关于禁止非法野生动物交易、革除滥食野生动物陋习、切实保障人民群众生命健康安全的决定》(略)

2.《福建省人民代表大会常务委员会关于革除滥食野生动物陋习、切实保障人民群众生命健康安全的决定》(略)

晋江市人大常委会关于设立“平安晋江共建日”的决定

（2020 年 4 月 28 日晋江市第十七届人大常委会第二十六次会议通过）

晋江市第十七届人大常委会第二十六次会议经过审议，同意《晋江市人大常委会主任会议关于提请设立“平安晋江共建日”的议案》，决定将每年 6 月 6 日设立为晋江市“平安晋江共建日”。

晋江市人大常委会关于许可对晋江市第十七届人民代表大会代表蔡志坚采取刑事强制措施的决定

（2020 年 4 月 28 日晋江市第十七届人大常委会第二十六次会议通过）

晋江市第十七届人大常委会第二十六次会议审议了《晋江市公安局关于提请许可对晋江市第十七届人民代表大会代表蔡志坚采取刑事强制措施的报告》，依照《中华人民共和国全国人民代表大会和地方各级人民代表大会代表法》有关规定，晋江市第十七届人大常委会第二十六次会议决定：

许可对晋江市第十七届人民代表大会代表蔡志坚采取刑事强制措施。

晋江市人大常委会关于接受庄树庆辞去晋江市第十七届人民代表大会代表职务的请求的决定

（2020 年 4 月 28 日晋江市第十七届人大常委会第二十六次会议通过）

晋江市第十七届人民代表大会代表庄树庆向晋江市人大常委会提出辞去代表职务的请求。根据《中华人民共和国全国人民代表大会和地方各级人民代表大会选举法》《中华人民共和国全国人民代表大会和地方各级人民代表大会代表法》及《晋江市人民代表大会代表辞职的暂行规定》有关规定，晋江市第十七届人大常委会第二十六次会议决定：

接受庄树庆辞去晋江市第十七届人民代表大会代表职务的请求。

晋江市人大常委会关于批准2019年市本级决算的决议

（2020年6月23日晋江市第十七届人大常委会第二十七次会议通过）

晋江市第十七届人大常委会第二十七次会议听取了市财政局局长肖金树受市人民政府委托所作的《关于2019年晋江市本级财政收支决算草案的报告》和市审计局局长陈恩典受市人民政府委托所作的《晋江市2019年度本级预算执行和其他财政收支情况的审计工作报告》，并对2019年市本级决算草案进行了审查，同意市人大常委会财政经济委员会在初步审查报告中提出的意见，决定批准2019年市本级决算。

晋江市人大常委会关于接受颜宏哲辞去晋江市第十七届人民代表大会社会建设委员会副主任委员职务的请求的决定

（2020年8月27日晋江市第十七届人大常委会第二十八次会议通过）

依照《中华人民共和国地方各级人民代表大会和地方各级人民政府组织法》规定，根据颜宏哲的辞呈，晋江市第十七届人大常委会第二十八次会议决定：

接受颜宏哲辞去晋江市第十七届人民代表大会社会建设委员会副主任委员职务的请求，报晋江市人民代表大会备案。

晋江市人大常委会关于接受颜宏哲辞去晋江市第十七届人民代表大会常务委员会委员职务的请求的决定

（2020年8月27日晋江市第十七届人大常委会第二十八次会议通过）

依照《中华人民共和国地方各级人民代表大会和地方各级人民政府组织法》规定，根据颜宏哲的辞呈，晋江市第十七届人大常委会第二十八次会议决定：

接受颜宏哲辞去晋江市第十七届人民代表大会常务委员会委员职务的请求，报晋江市人民代表大会备案。

晋江市人大常委会关于丁永信等任职的决定

（2020年10月30日晋江市第十七届人大常委会第二十九次会议通过）

依照《中华人民共和国人民陪审员法》规定，根据晋江市人民法院院长陈水深的提请，晋江市第十七届人大常委会第二十九次会议于2020年10月30日审议决定：

任命丁永信、丁志勇、丁清铃、王卫、王天生、王礼煌、王庆吉、王志刚、王诗旋、王清松、吕建初、庄烜炜、庄铭达、刘海灵、许天晓、孙江淮、李志灿、李荣贵、杨江勇、吴华春、吴金连、吴泉河、吴猛钢、张华玲、张志镇、张瑞萍、张燕燕、张露、陈书萍、陈思红、陈晓兰、陈晓燕、陈翠华、林芳顺、周广强、周建军、郑美燕、柯永持、柯荣树、施凤媚、施文响、施纯霖、施娟娟、洪义锋、洪天德、翁金鑫、高如萍、高惠芳、郭佳扬、郭泉源、郭嘉庆、唐春来、黄沂均、黄晓嫦、梁晓彬、曾庆涛、曾焕奎、温慧娟、谢江漫、雷婷婷、蔡良才、蔡金西、蔡荣凯、颜巧艺等64位同志为晋江市人民法院人民陪审员，任职期限五年。

晋江市人大常委会关于接受柯煜煜辞去晋江市第十七届人民代表大会常务委员会委员职务的请求的决定

（2020年10月30日晋江市第十七届人大常委会第二十九次会议通过）

依照《中华人民共和国地方各级人民代表大会和地方各级人民政府组织法》规定，根据柯煜煜的辞呈，晋江市第十七届人大常委会第二十九次会议决定：

接受柯煜煜辞去晋江市第十七届人民代表大会常务委员会委员职务的请求，报晋江市人民代表大会备案。

晋江市人大常委会关于接受王少严辞去晋江市第十七届人民代表大会常务委员会委员职务的请求的决定

（2020年10月30日晋江市第十七届人大常委会第二十九次会议通过）

依照《中华人民共和国地方各级人民代表大会和地方各级人民政府组织法》规定，根据王少严的辞呈，晋江市第十七届人大常委会第二十九次会议决定：

接受王少严辞去晋江市第十七届人民代表大会常务委员会委员职务的请求，报晋江市人民代表大会备案。

晋江市人大常委会关于接受陈聪衍辞去晋江市第十七届人民代表大会代表职务的请求的决定

（2020年10月30日晋江市第十七届人大常委会第二十九次会议通过）

晋江市第十七届人民代表大会代表陈聪衍向晋江市人大常委会提出辞去代表职务的

请求。根据《中华人民共和国全国人民代表大会和地方各级人民代表大会选举法》《中华人民共和国全国人民代表大会和地方各级人民代表大会代表法》及《晋江市人民代表大会代表辞职的暂行规定》有关规定，晋江市第十七届人大常委会第二十九次会议决定：

接受陈聪衍辞去晋江市第十七届人民代表大会代表职务的请求。

晋江市人大常委会关于接受陈文斗辞去晋江市第十七届人民代表大会代表职务的请求的决定

（2020年10月30日晋江市第十七届人大常委会第二十九次会议通过）

晋江市第十七届人民代表大会代表陈文斗向晋江市人大常委会提出辞去代表职务的请求。根据《中华人民共和国全国人民代表大会和地方各级人民代表大会选举法》《中华人民共和国全国人民代表大会和地方各级人民代表大会代表法》及《晋江市人民代表大会代表辞职的暂行规定》有关规定，晋江市第十七届人大常委会第二十九次会议决定：

接受陈文斗辞去晋江市第十七届人民代表大会代表职务的请求。

晋江市人大常委会关于接受潘子良辞去晋江市第十七届人民代表大会代表职务的请求的决定

（2020年10月30日晋江市第十七届人大常委会第二十九次会议通过）

晋江市第十七届人民代表大会代表潘子良向晋江市人大常委会提出辞去代表职务的请求。根据《中华人民共和国全国人民代表大会和地方各级人民代表大会选举法》《中华人民共和国全国人民代表大会和地方各级人民代表大会代表法》及《晋江市人民代表大会代表辞职的暂行规定》有关规定，晋江市第十七届人大常委会第二十九次会议决定：

接受潘子良辞去晋江市第十七届人民代表大会代表职务的请求。

晋江市人大常委会关于接受许长俊辞去晋江市第十七届人民代表大会代表职务的请求的决定

（2020年10月30日晋江市第十七届人大常委会第二十九次会议通过）

晋江市第十七届人民代表大会代表许长俊向晋江市人大常委会提出辞去代表职务的

请求。根据《中华人民共和国全国人民代表大会和地方各级人民代表大会选举法》《中华人民共和国全国人民代表大会和地方各级人民代表大会代表法》及《晋江市人民代表大会代表辞职的暂行规定》有关规定，晋江市第十七届人大常委会第二十九次会议决定：

接受许长俊辞去晋江市第十七届人民代表大会代表职务的请求。

晋江市人大常委会关于接受柯煜煜辞去晋江市第十七届人民代表大会代表职务的请求的决定

（2020年10月30日晋江市第十七届人大常委会第二十九次会议通过）

晋江市第十七届人民代表大会代表柯煜煜向晋江市人大常委会提出辞去代表职务的请求。根据《中华人民共和国全国人民代表大会和地方各级人民代表大会选举法》《中华人民共和国全国人民代表大会和地方各级人民代表大会代表法》及《晋江市人民代表大会代表辞职的暂行规定》有关规定，晋江市第十七届人大常委会第二十九次会议决定：

接受柯煜煜辞去晋江市第十七届人民代表大会代表职务的请求。

晋江市人大常委会关于接受洪国延辞去晋江市第十七届人民代表大会代表职务的请求的决定

（2020年10月30日晋江市第十七届人大常委会第二十九次会议通过）

晋江市第十七届人民代表大会代表洪国延向晋江市人大常委会提出辞去代表职务的请求。根据《中华人民共和国全国人民代表大会和地方各级人民代表大会选举法》《中华人民共和国全国人民代表大会和地方各级人民代表大会代表法》及《晋江市人民代表大会代表辞职的暂行规定》有关规定，晋江市第十七届人大常委会第二十九次会议决定：

接受洪国延辞去晋江市第十七届人民代表大会代表职务的请求。

晋江市人大常委会关于接受王荣辉辞去晋江市第十七届人民代表大会代表职务的请求的决定

（2020年10月30日晋江市第十七届人大常委会第二十九次会议通过）

晋江市第十七届人民代表大会代表王荣辉向晋江市人大常委会提出辞去代表职务

的请求。根据《中华人民共和国全国人民代表大会和地方各级人民代表大会选举法》《中华人民共和国全国人民代表大会和地方各级人民代表大会代表法》及《晋江市人民代表大会代表辞职的暂行规定》有关规定，晋江市第十七届人大常委会第二十九次会议决定：

接受王荣辉辞去晋江市第十七届人民代表大会代表职务的请求。

晋江市人大常委会关于接受颜宏哲辞去晋江市第十七届人民代表大会代表职务的请求的决定

（2020 年 10 月 30 日晋江市第十七届人大常委会第二十九次会议通过）

晋江市第十七届人民代表大会代表颜宏哲向晋江市人大常委会提出辞去代表职务的请求。根据《中华人民共和国全国人民代表大会和地方各级人民代表大会选举法》《中华人民共和国全国人民代表大会和地方各级人民代表大会代表法》及《晋江市人民代表大会代表辞职的暂行规定》有关规定，晋江市第十七届人大常委会第二十九次会议决定：

接受颜宏哲辞去晋江市第十七届人民代表大会代表职务的请求。

晋江市人大常委会关于接受施金箱辞去晋江市第十七届人民代表大会代表职务的请求的决定

（2020 年 10 月 30 日晋江市第十七届人大常委会第二十九次会议通过）

晋江市第十七届人民代表大会代表施金箱向晋江市人大常委会提出辞去代表职务的请求。根据《中华人民共和国全国人民代表大会和地方各级人民代表大会选举法》《中华人民共和国全国人民代表大会和地方各级人民代表大会代表法》及《晋江市人民代表大会代表辞职的暂行规定》有关规定，晋江市第十七届人大常委会第二十九次会议决定：

接受施金箱辞去晋江市第十七届人民代表大会代表职务的请求。

晋江市人大常委会关于接受林德生辞去晋江市第十七届人民代表大会代表职务的请求的决定

（2020 年 10 月 30 日晋江市第十七届人大常委会第二十九次会议通过）

晋江市第十七届人民代表大会代表林德生向晋江市人大常委会提出辞去代表职务

的请求。根据《中华人民共和国全国人民代表大会和地方各级人民代表大会选举法》《中华人民共和国全国人民代表大会和地方各级人民代表大会代表法》及《晋江市人民代表大会代表辞职的暂行规定》有关规定，晋江市第十七届人大常委会第二十九次会议决定：

接受林德生辞去晋江市第十七届人民代表大会代表职务的请求。

晋江市人大常委会关于接受林晓为辞去晋江市第十七届人民代表大会代表职务的请求的决定

（2020 年 10 月 30 日晋江市第十七届人大常委会第二十九次会议通过）

晋江市第十七届人民代表大会代表林晓为向晋江市人大常委会提出辞去代表职务的请求。根据《中华人民共和国全国人民代表大会和地方各级人民代表大会选举法》《中华人民共和国全国人民代表大会和地方各级人民代表大会代表法》及《晋江市人民代表大会代表辞职的暂行规定》有关规定，晋江市第十七届人大常委会第二十九次会议决定：

接受林晓为辞去晋江市第十七届人民代表大会代表职务的请求。

晋江市人大常委会关于接受王少严辞去晋江市第十七届人民代表大会代表职务的请求的决定

（2020 年 10 月 30 日晋江市第十七届人大常委会第二十九次会议通过）

晋江市第十七届人民代表大会代表王少严向晋江市人大常委会提出辞去代表职务的请求。根据《中华人民共和国全国人民代表大会和地方各级人民代表大会选举法》《中华人民共和国全国人民代表大会和地方各级人民代表大会代表法》及《晋江市人民代表大会代表辞职的暂行规定》有关规定，晋江市第十七届人大常委会第二十九次会议决定：

接受王少严辞去晋江市第十七届人民代表大会代表职务的请求。

晋江市人大常委会
关于补选晋江市第十七届人民代表大会代表的决定

（2020 年 10 月 30 日晋江市第十七届人大常委会第二十九次会议通过）

晋江市第十七届人民代表大会代表名额 333 名。市第十七届人民代表大会第四次会议时，实有代表328名。

市第十七届人民代表大会第四次会议以来，驻晋94921部队刘搏代表调离本市行政区域；梅岭代表团陈聪衍，陈埭代表团陈文斗、潘子良，池店代表团许长俊，安海代表团柯煜煜，内坑代表团洪国延，紫帽代表团王荣辉，东石代表团颜宏哲，永和代表团施金箱，英林代表团林德生，金井代表团林晓为，深沪代表团王少严等12位代表因调整工作岗位辞去代表职务被接受；青阳代表团庄树庆代表因个人原因辞去代表职务被接受；安海代表团张秀惠代表去世，根据《中华人民共和国全国人民代表大会和地方各级人民代表大会代表法》第四十九条规定，以上15位代表的代表资格终止。

至此，晋江市第十七届人民代表大会代表实有313名，代表出缺20名。

根据市人大常委会主任会议的议案，市第十七届人大常委会第二十九次会议审议决定：补选市第十七届人民代表大会代表11名，其中，西园1名、陈埭1名、紫帽2名、东石1名、永和1名、英林1名、金井2名、深沪1名、驻晋94921部队1名。

补选晋江市第十七届人民代表大会代表按市级选区进行，并依照《中华人民共和国全国人民代表大会和地方各级人民代表大会选举法》《福建省县、乡两级人民代表大会代表直接选举实施细则》或《中国人民解放军选举全国人民代表大会和地方各级人民代表大会代表的办法》的有关规定执行。

晋江市人大常委会
关于确定2020年度市十七届人大代表优秀建议的通知

（2020年10月30日晋江市第十七届人大常委会第二十九次会议通过）

各镇人大主席团、街道人大工委，市直各单位：

晋江市第十七届人民代表大会代表坚持以习近平新时代中国特色社会主义思想为指导，依法行使职权，围绕我市政治、经济、文化和社会事业等方面工作，在市十七届人大四次会议期间和闭会期间，提出一批有建设性的建议，有效推动我市各项工作进展。为进一步调动代表依法履职的积极性，提高代表建议提出的质量，根据《晋江市人民代表大会代表优秀议案和建议评选办法（试行）》规定，市第十七届人大常委会第二十九次会议评选确定《关于加快传统优势产业全链条发展的建议》等11件建议为2020年度市十七届人大代表优秀建议，现予以通报表彰。

希望市十七届人大全体代表再接再厉，更好地依法履职，为开创新时代人大工作新局面，为传承发展“晋江经验”，推进县域治理体系和治理能力现代化，加快国际化创新型品质城市建设作出新的贡献。

晋江市人大常委会关于接受蔡银青辞去晋江市第十七届人民代表大会常务委员会代表资格审查委员会副主任委员职务的请求的决定

（2020 年 11 月 24 日晋江市第十七届人大常委会第三十次会议通过）

根据《中华人民共和国地方各级人民代表大会和地方各级人民政府组织法》规定，因工作需要，晋江市第十七届人大常委会第三十次会议决定：

接受蔡银青辞去晋江市第十七届人民代表大会常务委员会代表资格审查委员会副主任委员职务的请求。

晋江市人大常委会关于接受连泉富辞去晋江市第十七届人民代表大会社会建设委员会主任委员职务的请求的决定

（2020 年 11 月 24日晋江市第十七届人大常委会第三十次会议通过）

参照《福建省人民代表大会常务委员会任免国家机关工作人员条例》规定，鉴于连泉富已到达退休年龄，晋江市第十七届人大常委会第三十次会议决定：

接受连泉富辞去晋江市第十七届人民代表大会社会建设委员会主任委员职务的请求，报晋江市人民代表大会备案。

晋江市人大常委会关于接受连泉富辞去晋江市第十七届人民代表大会常务委员会副主任职务的请求的决定

（2020 年 11 月 24 日晋江市第十七届人大常委会第三十次会议通过）

根据《中华人民共和国地方各级人民代表大会和地方各级人民政府组织法》规定，鉴于连泉富已到达退休年龄，晋江市第十七届人大常委会第三十次会议决定：

接受连泉富辞去晋江市第十七届人民代表大会常务委员会副主任职务的请求，报晋江市人民代表大会备案。

晋江市人大常委会关于接受王志宏辞去晋江市第十七届人民代表大会代表职务的请求的决定

（2020 年 11 月 24 日晋江市第十七届人大常委会第三十次会议通过）

晋江市第十七届人民代表大会代表王志宏向晋江市人大常委会提出辞去代表职务的

请求。根据《中华人民共和国全国人民代表大会和地方各级人民代表大会选举法》《中华人民共和国全国人民代表大会和地方各级人民代表大会代表法》及《晋江市人民代表大会代表辞职的暂行规定》有关规定，晋江市第十七届人大常委会第三十次会议决定：

接受王志宏辞去晋江市第十七届人民代表大会代表职务的请求。

晋江市人大常委会关于接受连泉富辞去晋江市第十七届人民代表大会代表职务的请求的决定

（2020年11月24日晋江市第十七届人大常委会第三十次会议通过）

晋江市第十七届人民代表大会代表连泉富向晋江市人大常委会提出辞去代表职务的请求。根据《中华人民共和国全国人民代表大会和地方各级人民代表大会选举法》《中华人民共和国全国人民代表大会和地方各级人民代表大会代表法》及《晋江市人民代表大会代表辞职的暂行规定》有关规定，晋江市第十七届人大常委会第三十次会议决定：

接受连泉富辞去晋江市第十七届人民代表大会代表职务的请求。

晋江市人大常委会关于补选晋江市第十七届人民代表大会代表的决定

（2020年11月24日晋江市第十七届人大常委会第三十次会议通过）

晋江市第十七届人民代表大会代表名额333名，根据市第十七届人大常委会代表资格审查委员会的报告，截至目前，市第十七届人民代表大会实有代表310名。

根据市人大常委会主任会议的议案，市第十七届人大常委会第三十次会议审议决定：由磁灶补选市第十七届人民代表大会代表1名。

补选晋江市第十七届人民代表大会代表按市级选区进行，选举日为2020年12月5日，具体事项依照《中华人民共和国全国人民代表大会和地方各级人民代表大会选举法》《福建省县、乡两级人民代表大会代表直接选举实施细则》的有关规定执行。

晋江市人大常委会关于接受陈晋永辞去晋江市第十七届人民代表大会代表职务的请求的决定

（2020年12月8日晋江市第十七届人大常委会第三十一次会议通过）

晋江市第十七届人民代表大会代表陈晋永向晋江市人大常委会提出辞去代表职务的

请求。根据《中华人民共和国全国人民代表大会和地方各级人民代表大会选举法》《中华人民共和国全国人民代表大会和地方各级人民代表大会代表法》及《晋江市人民代表大会代表辞职的暂行规定》有关规定，晋江市第十七届人大常委会第三十一次会议决定：

接受陈晋永辞去晋江市第十七届人民代表大会代表职务的请求。

晋江市人大常委会
关于补选晋江市第十七届人民代表大会代表的决定

（2020年12月8日晋江市第十七届人大常委会第三十一次会议通过）

晋江市第十七届人民代表大会代表名额333名，根据市第十七届人大常委会代表资格审查委员会的报告，截至目前，市第十七届人民代表大会实有代表309名。

根据市人大常委会主任会议的议案，市第十七届人大常委会第三十一次会议审议决定：补选市第十七届人民代表大会代表2名，其中，安海1名、驻晋91718部队1名。

补选晋江市第十七届人民代表大会代表按市级选区进行，选举日为2020年12月19日，具体事项依照《中华人民共和国全国人民代表大会和地方各级人民代表大会选举法》《福建省县、乡两级人民代表大会代表直接选举实施细则》或《中国人民解放军选举全国人民代表大会和地方各级人民代表大会代表的办法》的有关规定执行。

晋江市人大常委会关于批准2020年本级预算调整方案的决议

（2020年12月24日晋江市第十七届人大常委会第三十二次会议通过）

晋江市第十七届人大常委会第三十二次会议听取了市财政局局长肖金树受市人民政府委托所作的《关于提请审查批准晋江市2020年度本级预算调整方案（草案）的议案》报告和市人大常委会财政经济委员会主任蔡银青所作的《关于晋江市2020年本级预算调整方案的初步审查报告》。经审查，决定批准晋江市2020年本级预算调整方案。

晋江市人大常委会
关于补选晋江市第十七届人民代表大会代表的决定

（2020年12月24日晋江市第十七届人大常委会第三十二次会议通过）

晋江市第十七届人民代表大会代表名额333名，截至市十七届人大常委会第三十一会议时，市第十七届人民代表大会实有代表309名。

根据市人大常委会主任会议的议案，市第十七届人大常委会第三十二次会议审议决定：由紫帽补选市第十七届人民代表大会代表2名。

补选晋江市第十七届人民代表大会代表按市级选区进行，选举日为2021年1月4日，具体事项依照《中华人民共和国全国人民代表大会和地方各级人民代表大会选举法》《福建省县、乡两级人民代表大会代表直接选举实施细则》的有关规定执行。

晋江市人大常委会
关于调整市第十七届人大常委会领导及委员分工的决定

（2021年3月5日晋江市第十七届人大常委会第三十四次会议通过）

根据市第十七届人大常委会主任会议的建议，市第十七届人大常委会第三十四次会议决定市第十七届人大常委会领导及委员分工如下：

主　　任：林仁达　主持常委会全面工作

副 主 任：郭鸿荣　分管农村经济委员会工作，联系指导新塘街道、东石镇、永和镇、龙湖镇人大工作

曾献礼　分管常委会办公室、教育科学文化卫生委员会工作，联系指导梅岭街道、磁灶镇、内坑镇、深沪镇人大工作

姚志强　分管人事代表委员会、内务司法委员会工作，联系指导青阳街道、陈埭镇、池店镇、西滨镇人大工作

王清龙　分管财政经济委员会、环境与城镇建设委员会工作，联系指导西园街道、紫帽镇、英林镇、金井镇人大工作

副处级干部、委员：林友竹　分管华侨民族宗教委员会、人大信访工作，联系指导罗山街道、灵源街道、安海镇人大工作

委　　员：蔡文思　负责常委会办公室工作

陈伟荣　协助常委会办公室工作

陈晶晶　负责人事代表委员会工作

陈钖岑　协助人事代表委员会工作

林嘉达　协助人事代表委员会工作

郭培源　协助人事代表委员会工作

戴文俊　协助人事代表委员会工作

许良晓　负责内务司法委员会工作

许清心　协助内务司法委员会工作

粘文俊　协助内务司法委员会工作
彭培育　协助内务司法委员会工作
蔡少林　协助内务司法委员会工作
林明捷　负责农村经济委员会工作
周先进　协助农村经济委员会工作
曾文寿　协助农村经济委员会工作
颜永福　协助农村经济委员会工作
蔡银青　负责财政经济委员会工作
许小卫　协助财政经济委员会工作
张　昌　协助财政经济委员会工作
柯文托　协助财政经济委员会工作
柯金鏂　协助财政经济委员会工作
曾福泉　协助财政经济委员会工作
戴庆阳　协助财政经济委员会工作
施正琛　负责教育科学文化卫生委员会工作
王金象　协助教育科学文化卫生委员会工作
庄伏龙　协助教育科学文化卫生委员会工作
李逊庆　协助教育科学文化卫生委员会工作
黄月莹　协助教育科学文化卫生委员会工作
柯碧玲　负责华侨民族宗教委员会工作
庄松龄　协助华侨民族宗教委员会工作
颜　虹　协助华侨民族宗教委员会工作
陈晓辉　负责环境与城镇建设委员会工作
王金聪　协助环境与城镇建设委员会工作
吴金程　协助环境与城镇建设委员会工作
曾逸峰　协助环境与城镇建设委员会工作
蔡逸卿　协助环境与城镇建设委员会工作

晋江市人大常委会关于调整市第十七届人大常委会代表资格审查委员会个别组成人员的决定

（2021年3月5日晋江市第十七届人大常委会第三十四次会议通过）

根据市第十七届人大常委会主任会议的建议，市第十七届人大常委会第三十四次会议决定调整市第十七届人大常委会代表资格审查委员会个别组成人员如下：

市人大常委会委员、人事代表委主任陈晶晶为市第十七届人大常委会代表资格审查委员会副主任委员；

市人大常委会委员陈钖岑为市第十七届人大常委会代表资格审查委员会委员。

晋江市人大常委会关于调整市人大常委会依法治市领导小组个别组成人员的决定

（2021年3月5日晋江市第十七届人大常委会第三十四次会议通过）

根据市第十七届人大常委会主任会议的建议，市第十七届人大常委会第三十四次会议决定调整市人大常委会依法治市领导小组个别组成人员如下：

市人大常委会委员、办公室主任蔡文思，市人大常委会委员、人事代表委主任陈晶晶为市人大常委会依法治市领导小组组成人员。

市人大常委会委员、财经委主任蔡银青，市人大常委会委员陈钖岑不再为市人大常委会依法治市领导小组组成人员。

晋江市人大常委会关于调整市人大常委会妇女儿童工作组个别组成人员的决定

（2021年3月5日晋江市第十七届人大常委会第三十四次会议通过）

根据市第十七届人大常委会主任会议的建议，市第十七届人大常委会第三十四次会议决定调整市人大常委会妇女儿童工作组个别组成人员如下：

市人大常委会委员、财经委主任蔡银青为市人大常委会妇女儿童工作组组成人员。

颜宏哲不再为市人大常委会妇女儿童工作组组成人员。

晋江市人大常委会关于市第十七届人大常委会驻会委员联系指导镇（街道）人大工作的决定

（2021年3月5日晋江市第十七届人大常委会第三十四次会议通过）

根据市第十七届人大常委会主任会议的建议，市第十七届人大常委会第三十四次会议决定市第十七届人大常委会驻会委员联系指导镇（街道）人大工作安排如下：

蔡文思联系指导陈埭镇、西滨镇人大工作；

陈晶晶联系指导安海镇人大工作；

许良晓联系指导西园街道人大工作；
林明捷联系指导金井镇人大工作；
蔡银青联系指导紫帽镇人大工作；
施正琛联系指导龙湖镇人大工作；
柯碧玲联系指导新塘街道人大工作；
陈晓辉联系指导东石镇人大工作；
陈伟荣联系指导深沪镇人大工作；
蔡逸卿联系指导内坑镇人大工作；
颜永福联系指导青阳街道、梅岭街道人大工作；
戴庆阳联系指导磁灶镇人大工作；
陈钖岑联系指导罗山街道人大工作；
戴文俊联系指导池店镇人大工作；
庄伏龙联系指导灵源街道人大工作；
粘文俊联系指导英林镇人大工作；
曾文寿联系指导永和镇人大工作。

晋江市人大常委会关于废止《晋江市人民代表大会常务委员会关于实施〈福建省各级人民代表大会常务委员会规范性文件备案审查规定〉的意见》的决定

（2021年3月5日晋江市第十七届人大常委会第三十四次会议通过）

晋江市第十七届人民代表大会常务委员会第三十四次会议决定：

自即日起废止《晋江市人民代表大会常务委员会关于实施〈福建省各级人民代表大会常务委员会规范性文件备案审查规定〉的意见》（以下简称《实施意见》）。《实施意见》废止后，晋江市人民代表大会常务委员会对规范性文件的备案审查适用《福建省各级人民代表大会常务委员会规范性文件备案审查条例》。

晋江市人民代表大会常务委员会关于制定《晋江市人民代表大会常务委员会关于法官检察官履职评议的暂行办法》的决定

（2021年4月29日晋江市第十七届人大常委会第三十五次会议通过）

晋江市第十七届人民代表大会常务委员会第三十五次会议经过审议表决，通过了《晋江市人大常委会主任会议关于提请审议制定〈晋江市人民代表大会常务委员会关于法官检察官履职评议的暂行办法〉的议案》。制定的《晋江市人民代表大会常务委员会关于法官检察官履职评议的暂行办法》应根据本决定予以公布，并自本决定通过之日起实施。

晋江市人大常委会关于王明元任职的决定

（2021年6月29日晋江市第十七届人大常委会第三十六次会议通过）

依照《中华人民共和国地方各级人民代表大会和地方各级人民政府组织法》规定，根据晋江市人民政府市长张文贤的提请，晋江市第十七届人大常委会第三十六次会议审议决定：

任命王明元为晋江市人民政府副市长。

以上决定报晋江市人民代表大会备案。

晋江市人大常委会
关于接受张文贤辞去晋江市人民政府市长职务的请求的决定

（2021年6月29日晋江市第十七届人大常委会第三十六次会议通过）

依照《中华人民共和国地方各级人民代表大会和地方各级人民政府组织法》规定，根据张文贤的辞呈，晋江市第十七届人大常委会第三十六次会议决定：

接受张文贤辞去晋江市人民政府市长职务的请求，报晋江市人民代表大会备案。

晋江市人大常委会关于王明元代理晋江市人民政府市长职务的决定

（2021年6月29日晋江市第十七届人大常委会第三十六次会议通过）

依照《中华人民共和国地方各级人民代表大会和地方各级人民政府组织法》规定，根据晋江市人大常委会主任会议的提名，晋江市第十七届人大常委会第三十六次会议决定：

王明元代理晋江市人民政府市长职务，报晋江市人民代表大会备案。

晋江市人大常委会关于批准2020年市本级决算的决议

（2021年6月29日晋江市第十七届人大常委会第三十六次会议通过）

晋江市第十七届人大常委会第三十六次会议听取了市财政局局长陈元福受市人民政府委托所作的《关于2020年晋江市本级财政收支决算草案的报告》和市审计局局长陈

恩典受市人民政府委托所作的《晋江市2020年度本级预算执行和其他财政收支情况的审计工作报告》，并对2020年市本级决算草案进行了审查，同意市人大常委会财政经济委员会在初步审查报告中提出的意见，决定批准2020年市本级决算。

晋江市人大常委会关于废止《晋江市人民代表大会常务委员会讨论决定重大事项的暂行规定》的决定

（2021年6月29日晋江市第十七届人大常委会第三十六次会议通过）

晋江市第十七届人民代表大会常务委员会第三十六次会议决定：

自即日起废止《晋江市人民代表大会常务委员会讨论决定重大事项的暂行规定》（以下简称《暂行规定》）。《暂行规定》废止后，晋江市人民代表大会常务委员会讨论决定重大事项适用《福建省各级人民代表大会常务委员会讨论决定重大事项的规定》。

晋江市人大常委会关于各镇人民代表大会代表名额的决定

（2021年6月29日晋江市第十七届人大常委会第三十六次会议通过）

根据《中华人民共和国全国人民代表大会和地方各级人民代表大会选举法》《福建省县、乡两级人民代表大会代表直接选举实施细则》的规定，晋江市人民代表大会常务委员会对各镇人民代表大会的代表名额决定如下：

陈埭镇100名	池店镇105名	安海镇131名
磁灶镇110名	内坑镇93名	紫帽镇56名
东石镇117名	永和镇92名	英林镇76名
金井镇83名	龙湖镇101名	深沪镇78名
西滨镇32名		

晋江市人大常委会关于接受周先进辞去晋江市第十七届人民代表大会常务委员会委员职务的请求的决定

（2021年6月29日晋江市第十七届人大常委会第三十六次会议通过）

依照《中华人民共和国地方各级人民代表大会和地方各级人民政府组织法》规定，根据周先进的辞呈，晋江市第十七届人大常委会第三十六次会议决定：

接受周先进辞去晋江市第十七届人民代表大会常务委员会委员职务的请求，报晋江市人民代表大会备案。

晋江市人大常委会关于接受蔡少林辞去晋江市第十七届人民代表大会常务委员会委员职务的请求的决定

（2021年6月29日晋江市第十七届人大常委会第三十六次会议通过）

依照《中华人民共和国地方各级人民代表大会和地方各级人民政府组织法》规定，根据蔡少林的辞呈，晋江市第十七届人大常委会第三十六次会议决定：

接受蔡少林辞去晋江市第十七届人民代表大会常务委员会委员职务的请求，报晋江市人民代表大会备案。

晋江市人大常委会关于接受黄少伟辞去晋江市人民政府副市长职务的请求的决定

（2021年7月21日晋江市第十七届人大常委会第三十七次会议通过）

依照《中华人民共和国地方各级人民代表大会和地方各级人民政府组织法》的规定，根据黄少伟的辞呈，晋江市第十七届人大常委会第三十七次会议决定：

接受黄少伟辞去晋江市人民政府副市长职务的请求，报晋江市人民代表大会备案。

晋江市人大常委会关于接受李志强辞去晋江市人民政府副市长职务的请求的决定

（2021年7月21日晋江市第十七届人大常委会第三十七次会议通过）

依照《中华人民共和国地方各级人民代表大会和地方各级人民政府组织法》的规定，根据李志强的辞呈，晋江市第十七届人大常委会第三十七次会议决定：

接受李志强辞去晋江市人民政府副市长职务的请求，报晋江市人民代表大会备案。

晋江市人大常委会关于王也夫等任职的决定

（2021年7月21日晋江市第十七届人大常委会第三十七次会议通过）

依照《中华人民共和国地方各级人民代表大会和地方各级人民政府组织法》的规定，根据晋江市人民政府代理市长王明元的提名，晋江市第十七届人大常委会第三十七次会议审议决定：

任命王也夫为晋江市人民政府副市长；

任命陈传芳为晋江市人民政府副市长。

以上决定报晋江市人民代表大会备案。

晋江市人大常委会关于接受许仰东辞去晋江市监察委员会主任职务的请求的决定

（2021年7月21日晋江市第十七届人大常委会第三十七次会议通过）

依照《中华人民共和国监察法》的规定，并参照《中华人民共和国地方各级人民代表大会和地方各级人民政府组织法》《福建省人民代表大会常务委员会任免国家机关工作人员条例》的规定，根据许仰东的辞呈，晋江市第十七届人大常委会第三十七次会议决定：

接受许仰东辞去晋江市监察委员会主任职务的请求，报晋江市人民代表大会备案。

晋江市人大常委会关于接受陈水深辞去晋江市人民法院院长审判委员会委员、审判员职务的请求的决定

（2021年7月21日晋江市第十七届人大常委会第三十七次会议通过）

依照《中华人民共和国地方各级人民代表大会和地方各级人民政府组织法》的规定，根据陈水深的辞呈，晋江市第十七届人大常委会第三十七次会议决定：

接受陈水深辞去晋江市人民法院院长、审判委员会委员、审判员职务的请求，报晋江市人民代表大会备案。

晋江市人大常委会
关于庄怀璇代理晋江市监察委员会主任职务的决定

（2021年7月21日晋江市第十七届人大常委会第三十七次会议通过）

依照《中华人民共和国监察法》的规定，并参照《中华人民共和国地方各级人民代表大会和地方各级人民政府组织法》《福建省人民代表大会常务委员会任免国家机关工作人员条例》的规定，根据晋江市人大常委会主任会议的提名，晋江市第十七届人大常委会第三十七次会议审议决定：

庄怀璇代理晋江市监察委员会主任职务，报晋江市人民代表大会备案。

晋江市人大常委会关于洪志强代理晋江市人民法院院长职务的决定

（2021年7月21日晋江市第十七届人大常委会第三十七次会议通过）

依照《中华人民共和国地方各级人民代表大会和地方各级人民政府组织法》的规定，根据晋江市人大常委会主任会议的提名，晋江市第十七届人大常委会第三十七次会议审议决定：

洪志强代理晋江市人民法院院长职务，报晋江市人民代表大会备案。

晋江市人大常委会关于接受蔡文思辞去晋江市第十七届人民代表大会常务委员会委员职务的请求的决定

（2021年7月21日晋江市第十七届人大常委会第三十七次会议通过）

依照《中华人民共和国地方各级人民代表大会和地方各级人民政府组织法》的规定，根据蔡文思的辞呈，晋江市第十七届人大常委会第三十七次会议决定：

接受蔡文思辞去晋江市第十七届人民代表大会常务委员会委员职务的请求，报晋江市人民代表大会备案。

晋江市人大常委会关于接受张淑语辞去晋江市人民政府副市长职务的请求的决定

（2021年7月26日晋江市第十七届人大常委会第三十八次会议通过）

依照《中华人民共和国地方各级人民代表大会和地方各级人民政府组织法》的规定，根据张淑语的辞呈，晋江市第十七届人大常委会第三十八次会议决定：

接受张淑语辞去晋江市人民政府副市长职务的请求，报晋江市人民代表大会备案。

晋江市人大常委会关于接受张汉杰辞去晋江市人民政府副市长职务的请求的决定

（2021年7月26日晋江市第十七届人大常委会第三十八次会议通过）

依照《中华人民共和国地方各级人民代表大会和地方各级人民政府组织法》的规定，根据张汉杰的辞呈，晋江市第十七届人大常委会第三十八次会议决定：

接受张汉杰辞去晋江市人民政府副市长职务的请求，报晋江市人民代表大会备案。

晋江市人大常委会关于吴志朴等任职的决定

（2021年7月26日晋江市第十七届人大常委会第三十八次会议通过）

依照《中华人民共和国地方各级人民代表大会和地方各级人民政府组织法》的规定，根据晋江市人民政府代理市长王明元的提名，晋江市第十七届人大常委会第三十八次会议审议决定：

任命吴志朴为晋江市人民政府副市长；

任命赖有为为晋江市人民政府副市长。

以上决定报晋江市人民代表大会备案。

晋江市人大常委会关于接受李自力辞去晋江市人民政府副市长职务的请求的决定

（2021年8月10日晋江市第十七届人大常委会第三十九次会议通过）

依照《中华人民共和国地方各级人民代表大会和地方各级人民政府组织法》的规定，根据李自力的辞呈，晋江市第十七届人大常委会第三十九次会议决定：

接受李自力辞去晋江市人民政府副市长职务的请求，报晋江市人民代表大会备案。

晋江市人大常委会关于陈希等任职的决定

（2021年8月10日晋江市第十七届人大常委会第三十九次会议通过）

依照《中华人民共和国地方各级人民代表大会和地方各级人民政府组织法》的规定，根据晋江市人民政府代理市长王明元的提名，晋江市第十七届人大常委会第三十九次会议审议决定：

任命陈希为晋江市人民政府副市长；

任命张健龙为晋江市人民政府副市长。

以上决定报晋江市人民代表大会备案。

晋江市人大常委会关于接受郭培源辞去晋江市第十七届人民代表大会常务委员会委员职务的请求的决定

（2021年8月10日晋江市第十七届人大常委会第三十九次会议通过）

依照《中华人民共和国地方各级人民代表大会和地方各级人民政府组织法》的规

定，根据郭培源的辞呈，晋江市第十七届人大常委会第三十九次会议决定：

接受郭培源辞去晋江市第十七届人民代表大会常务委员会委员职务的请求，报晋江市人民代表大会备案。

晋江市人大常委会关于丁鸿雨任职的决定

（2021年8月19日晋江市第十七届人大常委会第四十次会议通过）

依照《中华人民共和国地方各级人民代表大会和地方各级人民政府组织法》的规定，根据晋江市人民政府代理市长王明元的提名，晋江市第十七届人大常委会第四十次会议审议决定：

任命丁鸿雨为晋江市人民政府副市长。

以上决定报晋江市人民代表大会备案。

晋江市人大常委会关于接受林永灿辞去晋江市第十七届人民代表大会代表职务的请求的决定

（2021年8月19日晋江市第十七届人大常委会第四十次会议通过）

晋江市第十七届人民代表大会代表林永灿向晋江市人大常委会提出辞去代表职务的请求。根据《中华人民共和国全国人民代表大会和地方各级人民代表大会选举法》《中华人民共和国全国人民代表大会和地方各级人民代表大会代表法》及《晋江市人民代表大会代表辞职的暂行规定》有关规定，晋江市第十七届人大常委会第四十次会议决定：

接受林永灿辞去晋江市第十七届人民代表大会代表职务的请求。

晋江市人大常委会关于2021年市镇两级人民代表大会代表换届选举日的决定

（2021年9月24日晋江市第十七届人大常委会第四十二次会议通过）

根据《福建省人民代表大会常务委员会关于全省市县乡三级人民代表大会代表换届选举时间的决定》，晋江市人大常委会决定：2021年市、镇两级人民代表大会代表换届选举日为2021年11月25日。

晋江市人大常委会关于设立市选举委员会的决定

（2021年9月24日晋江市第十七届人大常委会第四十二次会议通过）

根据《中华人民共和国全国人民代表大会和地方各级人民代表大会选举法》和《福建省县、乡两级人民代表大会代表直接选举实施细则》的规定，晋江市人大常委会决定，设立晋江市选举委员会，主持2021年市人民代表大会代表的换届选举工作。市选举委员会下设办公室和办事处。市选举委员会组成人员及办公室、办事处负责人名单如下：

一、市选举委员会（28人）

主　任：林仁达　市人大常委会主任

副主任：陈友爱　市委常委、组织部部长、市直机关工委书记，市总工会主席

庄怀璇　市委常委、市纪委书记，市监委代理主任

潘子良　市人大常委会党组成员、副主任人选

姚志强　市人大常委会副主任

委　员：林嘉达　泉州半导体高新技术产业园区管委会副主任、晋江分园区管委会主任，晋江市委组织部常务副部长

蔡韵清　市纪委副书记，市监委副主任

陈英煌　市委办公室主任，市档案局局长

吴清淡　市委宣传部副部长、二级主任科员

陈秋景　市委统战部常务副部长（正科级）

王经勤　市委政法委副书记（正科级）

李蔚民　市人大常委会办公室副主任、二级主任科员

陈晶晶　市人大常委会委员、人事代表委主任

吴庆锥　市法院党组副书记（正科级）

庄如梅　市检察院副检察长

蔡文思　市政府办公室主任，市政府外事办公室主任

陈建生　市教育局局长

林永红　市工业和信息化局局长

苏家明　市公安局政委

周先进　市民政局局长

许嘉丰　市司法局局长

陈元福　市财政局局长

李友加　市农业农村局局长

纪刚宏　市卫生健康局局长

吴鸿斌　市总工会常务副主席

张　雯　团市委副书记

许清心　市妇联主席

邓炎斌　市人武部政工科科长

选举委员会下设办公室，负责选举日常工作。

二、市选举委员会办公室

主　任：姚志强（兼）

副主任：林嘉达（兼）

吴清淡（兼）

陈晶晶（兼）

许良晓　市人大常委会委员、内司委主任

李蔚民（兼）

三、市选举委员会办事处

青阳街道选举办事处：

主　任：洪永胜

副主任：颜婉媚　蔡少林　林晓军

梅岭街道选举办事处：

主　任：洪长江

副主任：庄松龄　洪志新　蔡于洋

西园街道选举办事处：

主　任：许著赟

副主任：陈世裕　王斌斌　杨志远

罗山街道选举办事处：

主　任：吴再发

副主任：施纯玺　许特级　吴松江

灵源街道选举办事处：

主　任：苏振发

副主任：郭俊慨　陈高攀　郑伟军

新塘街道选举办事处：

主　任：蔡清渠

副主任：施奕超　庄晓芳　黄若凡

陈埭镇选举办事处：

主　任：陈希轩

副主任：张建元　陈文斗　王少欣

池店镇选举办事处：

主　任：吴尊意

副主任：李逊庆　许长俊　李　泱

安海镇选举办事处：

主　任：陈进福

副主任：王宏华　黄胜鑫　尤国辉

磁灶镇选举办事处：

主　任：张劲竹

副主任：吴志峰　蔡文卿　陈奕忠

内坑镇选举办事处：

主　任：林灿煌

副主任：陈文路　施荣进　吴好景

紫帽镇选举办事处：

主　任：杨双华

副主任：陈礼新　王展招　许文理

东石镇选举办事处：

主　任：洪建立

副主任：王晓人　李德铭　林雨榨

永和镇选举办事处：

主　任：陈松柏

副主任：曾远漂　郑英奇　林时就

英林镇选举办事处：

主　任：吴靖宇

副主任：蔡惠琼　柯荣围　林萍拉

金井镇选举办事处：

主　任：林晓为

副主任：周宗仰　庄东航　卓鸿源

龙湖镇选举办事处：

主　任：许文倡

副主任：朱新旭　张志雄　王义彬

深沪镇选举办事处：

主　任：孙晋展

副主任：张金祥　洪志强　吴连坛

西滨镇选举办事处：

主　任：王沂鸿

副主任：王毓峰　周嘉琛　张玉玺

晋江市人大常委会关于设立各镇选举委员会的决定

（2021 年 9 月 24 日晋江市第十七届人大常委会第四十二次会议通过）

根据《中华人民共和国全国人民代表大会和地方各级人民代表大会选举法》和《福建省县、乡两级人民代表大会代表直接选举实施细则》的规定，晋江市人大常委会决定，设立各镇选举委员会，分别主持2021年各镇人民代表大会代表的换届选举工作。各镇选举委员会组成人员名单如下：

陈埭镇选举委员会（22 人）

主　任：陈希轩

副主任：张建元　陈文斗　王少欣

委　员：丁永达　兰雯雯　陈建辉　许向楠　陈宝佳　李建设　郑志朋　余胜琛　傅龙福　林荣武　郑笔振　颜学瑜　赖志勇　王凤仪　林荣侨　庄宏程　蔡远庆　杨元勋

池店镇选举委员会（22 人）

主　任：吴尊意

副主任：李逊庆　许长俊　李　泱

委　员：杨德谱　施佳琛　王振峰　陈峥嵘　张正平　姚常青　张　琳　尤丁贵　郑绍乐　黄英瑜　庄婉萍　施超群　丁奕龙　陈咪咪　蔡榕榕　王顶顺　李　盛　黄素芬

安海镇选举委员会（18 人）

主　任：陈进福

副主任：王宏华　黄胜鑫　尤国辉

委　员：施永鑫　吴黎水　潘艳江　许珊俐　吴森森　施　建　林江涛　黄国裕　郑　炯　许静宜　许昔贺　周苗苗　蔡娜娜　蔡少丕

磁灶镇选举委员会（18 人）

主　任：张劲竹

副主任：吴志峰　蔡文卿　陈奕忠

委　员：吴贻锶　叶灿辉　许志文　颜海林　苏佩玲　李明星　许荣题　乔莉梦　陈卫星　陈爱国　翁培阳　许有利　陈思颖　洪秋婷

内坑镇选举委员会（20 人）

主　任：林灿煌

副主任：陈文路　施荣进　吴好景

委　员：许国立　吴文围　王宁强　张燕娜　蔡东升　李进益　庄添生　王说佳

李永培　张　栋　颜永劲　柯明炬　李志军　陈长伴　高潇茵　陈丹妮

紫帽镇选举委员会（18 人）

主　任：杨双华

副主任：陈礼新　王展招　许文理

委　员：庄跃聪　李志阳　陈志猛　陈维维　苏世源　陈　军　曾智伟　陈志跃
刘庆祥　陈美治　黄勤燕　苏良杰　张艳瑜　曾永嘉

东石镇选举委员会（19 人）

主　任：洪建立

副主任：王晓人　李德铭　林雨榨

委　员：吴友峰　许晓东　蔡达峰　苏少伟　刘菁菁　张　飞　陈连升　庄景煌
庄舒怀　陈嘉凡　吴剑斌　肖必业　施惊雷　颜宏晖　伍珊珊

永和镇选举委员会（14 人）

主　任：陈松柏

副主任：曾远漂　郑英奇　林时就

委　员：林时炮　许清显　罗　健　林荣华　谢坤霖　张长光　陈廷裕　赖雪芳
蔡金钩　吴秋霞

英林镇选举委员会（22 人）

主　任：吴靖宇

副主任：蔡惠琼　柯荣围　林萍拉

委　员：蔡景福　杨　彬　林时楷　纪逸豪　施纯烽　蔡士达　林文尚　蔡伟群
黄清景　曾连灯　陈栋梁　洪金中　吴志彬　陈晓明　柯佳杭　颜粟余
陈孙枝　黄月红

金井镇选举委员会（17 人）

主　任：林晓为

副主任：周宗仰　庄东航　卓鸿源

委　员：丁永汉　侯俊勇　林小超　苏明春　施元庚　蔡宗晨　陈毅旺　陈木星
陈　勇　蒲建源　张链池　肖少尊　王小玲

龙湖镇选举委员会（15 人）

主　任：许文倡

副主任：朱新旭　张志雄　王义彬

委　员：丁锦鸿　翁国栋　张志向　蒲丹尼　洪段宏　柯长春　陈　昇　吴松钝
林宗伟　柳境锋　蔡金叶

深沪镇选举委员会（18 人）

主　任：孙晋展

副主任：张金祥　洪志强　吴连坛
委　员：陈海洋　王振明　郑继传　王育民　黄　璟　洪清昌　许成家　林志强
　　　　姚培森　陈　超　吴林清　蔡尚荣　林婉玉　吴碧郡
西滨镇选举委员会（12人）
主　任：王沂鸿
副主任：王毓峰　周嘉琛　张玉玺
委　员：曾彬虹　庄建良　蔡燕双　林荣武　李艳仪　陈珊珊　曾庆丰　柯博仁

晋江市人大常委会关于授权市人大常委会主任会议处理换届选举工作中有关事宜的决定

（2021年9月24日晋江市第十七届人大常委会第四十二次会议通过）

为及时处理2021年本市市镇两级人民代表大会代表换届选举工作中出现的问题，确保选举工作的顺利进行，晋江市人大常委会决定：在2021年晋江市市镇两级人民代表大会代表换届选举期间，如遇到属市人大常委会职权内的事宜，又不能及时召开市人大常委会会议决定时，授权市人大常委会主任会议直接决定处理，处理结果报市人大常委会备案。

晋江市人民代表大会常务委员会关于开展第八个五年法治宣传教育的决议

（2021年10月28日晋江市第十七届人大常委会第四十三次会议通过）

2016年至2020年，本市第七个五年法治宣传教育决议顺利实施，以宪法为核心的中国特色社会主义法律体系学习宣传深入开展，全市法治宣传普及率和公民法律素质逐步提高，全面依法治市工作基础持续夯实，政府依法行政水平稳步提高，基层依法治理水平有效提升，人民群众法治获得感不断增强。法治宣传教育在服务本市经济社会发展、维护社会和谐稳定、推进依法治市中发挥了重要作用。2019年12月，本市被评为全省“七五”普法中期先进县（市、区）。为深入贯彻落实习近平法治思想、习近平总书记来闽考察重要讲话精神和对福建工作的重要指示批示精神，使法治成为社会共识和基本准则，夯实全面依法治市的社会基础，根据《泉州市人民代表大会常务委员会关于开展第八个五年法治宣传教育的决议》，结合本市实际，从2021年至2025年在全市公民中开展第八个五年法治宣传教育。特作决议如下：

一、坚持以习近平法治思想引领全民普法工作。坚持习近平新时代中国特色社会主义思想，全面贯彻落实习近平法治思想，在党中央集中统一领导下推进全民普法工作。突出学习宣传习近平法治思想，推动习近平法治思想入脑入心、走深走实，引导全市人民坚定不移走中国特色社会主义法治道路。紧扣本市“十四五”时期经济社会发展，坚持不懈地推动法治宣传教育转型升级，全力打造“精准普法”新模式，以新发展阶段高质量普法工作，为晋江奋力攻坚三大战略目标，加快构建“一三七”发展格局，担纲全方位推进高质量发展超越主力领军，在社会主义现代化建设新征程中，谱写“晋江经验”新篇章营造良好法治环境。

二、突出法治宣传教育重点内容。加快制定并实施本市“八五”普法规划，突出重点内容和重点领域，增强法治宣传教育实效。深入宣传宪法和宪法相关法，大力弘扬宪法精神，全面落实宪法宣誓制度，加强宪法实施案例宣传，推动宪法宣传教育向基层延伸，阐释好中国特色社会主义宪法精神和“中国之治”的制度基础。广泛开展民法典普法工作，通过“社工+义工”普法服务项目，着力打造民法典学习宣传的晋江品牌，组织开展富有晋江特色的民法典宣传月活动，阐释好民法典的基本原则、基本要求和新规定新概念新精神，让民法典走到群众身边、走进群众心里。深入宣传实施科技创新、促进公平竞争、优化营商环境、生态文明建设、国家安全体系和安全能力建设、平安晋江建设等与全方位推进高质量发展超越和推动社会治理现代化密切相关的法律法规，以适应本市进入新发展阶段、贯彻新发展理念、构建新发展格局的需要。深入宣传泉州市地方性法规，推动地方性法规进入执法、融入司法、列入普法，加大文物保护法律法规宣传力度，把法治思维和法治精神贯穿“世遗”保护始终，推动全社会形成文化遗产保护法治化共识。深入学习宣传党内法规，注重党内法规宣传同国家法律宣传的衔接协调。

三、关注法治宣传教育重点对象。贯彻落实公民终身法治教育制度，把法治教育纳入干部教育体系、国民教育体系、社会教育体系。实施公民法治素养提升行动，完善激励制约机制，形成守法光荣、违法可耻的社会风尚。全面落实国家工作人员学法用法制度，把法治素养和依法履职情况纳入考核考评干部的重要内容。重点抓好“关键少数”，发挥领导干部带头示范作用，建立领导干部应知应会法律法规清单制度，探索推行领导干部任前法律知识考试制度，举办领导干部法治专题培训班，不断提高各级领导干部运用法治思维和法治方式深化改革、推动发展、化解矛盾、维护稳定、应对风险的能力，让尊法学法成为自觉行为和必备素质。加强青少年法治教育，全面落实《青少年法治教育大纲》，推动法治教育进课堂，健全中小学校“法治副校长”工作规范，推进未成年人法治教育实践基地建设，深入开展未成年人保护法、预防未成年人犯罪法等法律法规的宣传学习，完善政府、司法机关、学校、社会和家庭共同参与的青少年法治教育格局。

四、加强社会主义法治文化建设。践行社会主义核心价值观，推动中华优秀传统法律文化创造性转化、创新性发展，实现法律与道德相辅相成、法治与德治相得益彰，引导全社会树立权利与义务、个人自由与社会责任相统一的观念。把法治文化阵地建设纳入城乡规划，因地制宜打造特色法治文化阵地，提高建设质量和使用率。深入挖掘红色文化、闽南文化、海丝文化、侨乡文化、行业文化、企业文化、廉政文化中的法治内涵，发掘传统文化街区、传统古村落、名镇名村等的法治文化元素，积极打造晋江特色法治文化体验路线。广泛开展群众性法治文化活动，实施法治文化惠民工程，促进法治文化与高甲戏、南音等闽南传统文化融合发展，策划推出群众喜闻乐见的法治文化作品。加强社会诚信建设，健全公民和组织守法信用记录，完善守法诚信褒奖机制和违法失信行为惩戒机制，使尊法守法成为全市人民共同追求和自觉行动。

五、推进法治宣传教育与依法治理有机融合。深化“平安晋江共建日”主题宣传教育，加强多层次多领域依法治理，坚持依法治理与系统治理、综合治理、源头治理有机融合，提升社会治理法治化水平。加强法治乡村（社区）建设，发挥“一村（社区）一法律顾问”作用，实施乡村（社区）“法律明白人”培养工程，开展“民主法治示范村(社区)”创建，培育农村学法用法示范户。坚持和发展新时代“枫桥经验”，完善社会矛盾纠纷多元预防调处化解机制，促进社会和谐稳定。深化“法律进企业”，加强企业法治文化建设，建立经营管理人员和从业人员学法用法制度，推动企业合规建设，提升企业管理法治化水平。深化“法律进学校”，重点开展防范校园欺凌、电信诈骗、性侵害、网络沉迷等方面的法治教育。深化“法律进网络”，加强全社会网络法治和网络安全教育，营造清朗的网络空间。引导和支持各行业依法制定规约、章程，实现行业自我约束、自我管理。开展公共卫生安全、突发事件应急管理等方面的法治宣传教育，促进全社会在应急状态下依法行动、依法行事、依法维护社会秩序。

六、建立大普法格局，提升普法工作的针对性和实效性。建立全过程普法机制，把普法融入执法、司法和法律服务全过程，开展实时普法。完善以案普法长效机制，针对社会热点事件和常见法律问题作法律解读，使典型案事件依法处理过程成为全民普法的公开课。健全社会大普法格局，鼓励公益普法者和社会公益性普法组织，大力扶持品牌化社会普法项目，健全社会普法教育和管理机制。充分运用新技术新媒体开展精准普法，创新智慧普法模式，拓展普法平台，增强受众的参与感、体验感、获得感，使普法更为群众喜闻乐见。坚持集中宣传教育与经常宣传教育相结合，积极利用重要时间节点，重在常态化、制度化，把普法融入法治实践、融入基层治理、融入日常生活，着力推动普法提质增效。

七、落实普法责任，健全完善法治宣传教育保障机制。进一步完善普法工作领导体制和工作机制，落实党政主要负责人推进法治建设第一责任人职责，把普法工作纳入本地区本系统法治建设总体部署，纳入绩效考核、平安建设、文明创建等考核评价内容，定期听取汇报，落实经费保障，研究解决普法工作中的难题。强化“谁执法谁普法”普法责任制，全面落实普法责任清单制度。推行“谁管理谁普法”“谁服务谁普法”，促进各社会团体、企事业单位以及其他组织履行普法责任，推动形成党委领导下的大普法工作格局。健全和落实媒体公益普法制度，加大融媒体普法力度。市人民政府要积极开展第八个五年法治宣传教育工作，强化法治宣传教育队伍、经费等工作保障，健全普法工作评估指标体系和奖惩制度，做好中期评估和终期检查，并向市人民代表大会常务委员会报告工作开展情况。市人民代表大会及其常务委员会要充分运用执法检查、听取和审议工作报告以及代表视察、专题调研、办理代表议案建议等形式，依法加强对法治宣传教育工作的监督检查。各镇（街道）人大主席团（人大工委）要督促镇人民政府（街道办事处）制定新一轮法治宣传教育规划，并组织监督检查，促进本决议有效实施。

晋江市人大常委会
关于确定2021年度市十七届人大代表优秀建议的通知

（2021年10月28日晋江市第十七届人大常委会第四十三次会议通过）

各镇人大主席团、街道人大工委，市直各单位：

晋江市第十七届人民代表大会代表坚持以习近平新时代中国特色社会主义思想为指导，依法行使职权，围绕我市政治、经济、文化和社会事业等方面工作，在市十七届人大五次会议期间和闭会期间，提出一批有建设性的建议，有效推动我市各项工作进展。为进一步调动代表依法履职的积极性，提高代表建议提出的质量，根据《晋江市人民代表大会代表优秀议案和建议评选办法（试行）》规定，市第十七届人大常委会第四十三次会议评选确定《关于对古文化街区或古村落、古大厝、华侨古厝全面保护修缮的建议》等9件建议为2021年度市十七届人大代表优秀建议，现予以通报表彰。

希望市十七届人大全体代表再接再厉，更好地依法履职，为开创新时代人大工作新局面，为传承发展“晋江经验”，推进县域治理体系和治理能力现代化，加快国际化创新型品质城市建设作出新的贡献。

晋江市人大常委会关于接受郭鸿荣辞去晋江市第十七届人民代表大会常务委员会副主任职务的请求的决定

（2021年10月28日晋江市第十七届人大常委会第四十三次会议通过）

根据《中华人民共和国地方各级人民代表大会和地方各级人民政府组织法》规定，鉴于郭鸿荣已到达退休年龄，晋江市第十七届人大常委会第四十三次会议决定：

接受郭鸿荣辞去晋江市第十七届人民代表大会常务委员会副主任职务的请求，报晋江市人民代表大会备案。

晋江市人大常委会关于接受林仁达等66位辞去晋江市选举委员会组成人员等职务的决定

（2021年11月19日晋江市第十七届人大常委会第八十七次主任会议通过）

根据《中华人民共和国全国人民代表大会和地方各级人民代表大会选举法》第十条第二款“选举委员会的组成人员为代表候选人的，应当辞去选举委员会的职务”的规定，根据市人大常委会的授权，市第十七届人大常委会第八十七次主任会议决定：

接受林仁达辞去晋江市选举委员会主任职务；

接受陈友爱辞去晋江市选举委员会副主任职务；

接受庄怀璇辞去晋江市选举委员会副主任职务；

接受潘子良辞去晋江市选举委员会副主任职务；

接受李蔚民辞去晋江市选举委员会委员、选举委员会办公室副主任职务；

接受陈晶晶辞去晋江市选举委员会委员、选举委员会办公室副主任职务；

接受吴鸿斌辞去晋江市选举委员会委员职务；

接受许清心辞去晋江市选举委员会委员职务；

接受许良晓辞去晋江市选举委员会办公室副主任职务；

接受洪永胜辞去晋江市选举委员会青阳街道办事处主任职务；

接受颜婉媚辞去晋江市选举委员会青阳街道办事处副主任职务；

接受蔡少林辞去晋江市选举委员会青阳街道办事处副主任职务；

接受洪长江辞去晋江市选举委员会梅岭街道办事处主任职务；

接受庄松龄辞去晋江市选举委员会梅岭街道办事处副主任职务；

接受洪志新辞去晋江市选举委员会梅岭街道办事处副主任职务；

接受许著赟辞去晋江市选举委员会西园街道办事处主任职务；

接受陈世裕辞去晋江市选举委员会西园街道办事处副主任职务；

接受王斌斌辞去晋江市选举委员会西园街道办事处副主任职务；

接受吴再发辞去晋江市选举委员会罗山街道办事处主任职务；

接受施纯玺辞去晋江市选举委员会罗山街道办事处副主任职务；

接受许特级辞去晋江市选举委员会罗山街道办事处副主任职务；

接受苏振发辞去晋江市选举委员会灵源街道办事处主任职务；

接受郭俊慨辞去晋江市选举委员会灵源街道办事处副主任职务；

接受陈高攀辞去晋江市选举委员会灵源街道办事处副主任职务；

接受蔡清渠辞去晋江市选举委员会新塘街道办事处主任职务；

接受施奕超辞去晋江市选举委员会新塘街道办事处副主任职务；
接受庄晓芳辞去晋江市选举委员会新塘街道办事处副主任职务；
接受陈希轩辞去晋江市选举委员会陈埭镇办事处主任职务；
接受张建元辞去晋江市选举委员会陈埭镇办事处副主任职务；
接受陈文斗辞去晋江市选举委员会陈埭镇办事处副主任职务；
接受吴尊意辞去晋江市选举委员会池店镇办事处主任职务；
接受李逊庆辞去晋江市选举委员会池店镇办事处副主任职务；
接受许长俊辞去晋江市选举委员会池店镇办事处副主任职务；
接受陈进福辞去晋江市选举委员会安海镇办事处主任职务；
接受王宏华辞去晋江市选举委员会安海镇办事处副主任职务；
接受黄胜鑫辞去晋江市选举委员会安海镇办事处副主任职务；
接受张劲竹辞去晋江市选举委员会磁灶镇办事处主任职务；
接受吴志峰辞去晋江市选举委员会磁灶镇办事处副主任职务；
接受蔡文卿辞去晋江市选举委员会磁灶镇办事处副主任职务；
接受林灿煌辞去晋江市选举委员会内坑镇办事处主任职务；
接受陈文路辞去晋江市选举委员会内坑镇办事处副主任职务；
接受施荣进辞去晋江市选举委员会内坑镇办事处副主任职务；
接受杨双华辞去晋江市选举委员会紫帽镇办事处主任职务；
接受陈礼新辞去晋江市选举委员会紫帽镇办事处副主任职务；
接受王展招辞去晋江市选举委员会紫帽镇办事处副主任职务；
接受洪建立辞去晋江市选举委员会东石镇办事处主任职务；
接受王晓人辞去晋江市选举委员会东石镇办事处副主任职务；
接受李德铭辞去晋江市选举委员会东石镇办事处副主任职务；
接受陈松柏辞去晋江市选举委员会永和镇办事处主任职务；
接受曾远漂辞去晋江市选举委员会永和镇办事处副主任职务；
接受郑英奇辞去晋江市选举委员会永和镇办事处副主任职务；
接受吴靖宇辞去晋江市选举委员会英林镇办事处主任职务；
接受蔡惠琼辞去晋江市选举委员会英林镇办事处副主任职务；
接受柯荣围辞去晋江市选举委员会英林镇办事处副主任职务；
接受林晓为辞去晋江市选举委员会金井镇办事处主任职务；
接受周宗仰辞去晋江市选举委员会金井镇办事处副主任职务；
接受庄东航辞去晋江市选举委员会金井镇办事处副主任职务；
接受许文倡辞去晋江市选举委员会龙湖镇办事处主任职务；
接受朱新旭辞去晋江市选举委员会龙湖镇办事处副主任职务；

接受张志雄辞去晋江市选举委员会龙湖镇办事处副主任职务；
接受孙晋展辞去晋江市选举委员会深沪镇办事处主任职务；
接受张金祥辞去晋江市选举委员会深沪镇办事处副主任职务；
接受洪志强辞去晋江市选举委员会深沪镇办事处副主任职务；
接受王沂鸿辞去晋江市选举委员会西滨镇办事处主任职务；
接受王毓峰辞去晋江市选举委员会西滨镇办事处副主任职务；
接受周嘉琛辞去晋江市选举委员会西滨镇办事处副主任职务。
以上决定报晋江市第十七届人民代表大会常务委员会第四十四次会议备案。

晋江市人大常委会关于接受陈希轩等93位辞去陈埭等镇选举委员会组成人员职务的决定

（2021年11月19日晋江市第十七届人大常委会第八十七次主任会议通过）

根据《中华人民共和国全国人民代表大会和地方各级人民代表大会选举法》第十条第二款“选举委员会的组成人员为代表候选人的，应当辞去选举委员会的职务”的规定，根据市人大常委会的授权，市第十七届人大常委会第八十七次主任会议决定：

接受陈希轩辞去陈埭镇选举委员会主任职务；
接受张建元辞去陈埭镇选举委员会副主任职务；
接受陈文斗辞去陈埭镇选举委员会副主任职务；
接受陈宝佳辞去陈埭镇选举委员会委员职务；
接受佘胜琛辞去陈埭镇选举委员会委员职务；
接受王凤仪辞去陈埭镇选举委员会委员职务；
接受庄宏程辞去陈埭镇选举委员会委员职务；
接受蔡远庆辞去陈埭镇选举委员会委员职务；
接受杨元勋辞去陈埭镇选举委员会委员职务。
接受吴尊意辞去池店镇选举委员会主任职务；
接受李逊庆辞去池店镇选举委员会副主任职务；
接受许长俊辞去池店镇选举委员会副主任职务；
接受李泱辞去池店镇选举委员会副主任职务；
接受张琳辞去池店镇选举委员会委员职务；
接受王顶顺辞去池店镇选举委员会委员职务；
接受李盛辞去池店镇选举委员会委员职务；
接受黄素芬辞去池店镇选举委员会委员职务。

接受陈进福辞去安海镇选举委员会主任职务；
接受王宏华辞去安海镇选举委员会副主任职务；
接受黄胜鑫辞去安海镇选举委员会副主任职务；
接受尤国辉辞去安海镇选举委员会副主任职务；
接受许珊俐辞去安海镇选举委员会委员职务；
接受施建辞去安海镇选举委员会委员职务；
接受黄国裕辞去安海镇选举委员会委员职务；
接受许昔贺辞去安海镇选举委员会委员职务；
接受周苗苗辞去安海镇选举委员会委员职务；
接受蔡娜娜辞去安海镇选举委员会委员职务；
接受蔡少丕辞去安海镇选举委员会委员职务。
接受张劲竹辞去磁灶镇选举委员会主任职务；
接受吴志峰辞去磁灶镇选举委员会副主任职务；
接受蔡文卿辞去磁灶镇选举委员会副主任职务；
接受陈奕忠辞去磁灶镇选举委员会副主任职务；
接受苏佩玲辞去磁灶镇选举委员会委员职务；
接受许荣题辞去磁灶镇选举委员会委员职务；
接受陈爱国辞去磁灶镇选举委员会委员职务。
接受林灿煌辞去内坑镇选举委员会主任职务；
接受陈文路辞去内坑镇选举委员会副主任职务；
接受施荣进辞去内坑镇选举委员会副主任职务；
接受吴好景辞去内坑镇选举委员会副主任职务；
接受蔡东升辞去内坑镇选举委员会委员职务；
接受庄添生辞去内坑镇选举委员会委员职务；
接受陈丹妮辞去内坑镇选举委员会委员职务。
接受杨双华辞去紫帽镇选举委员会主任职务；
接受陈礼新辞去紫帽镇选举委员会副主任职务；
接受王展招辞去紫帽镇选举委员会副主任职务；
接受许文理辞去紫帽镇选举委员会副主任职务；
接受陈志跃辞去紫帽镇选举委员会委员职务。
接受洪建立辞去东石镇选举委员会主任职务；
接受王晓人辞去东石镇选举委员会副主任职务；
接受李德铭辞去东石镇选举委员会副主任职务；
接受林雨榕辞去东石镇选举委员会副主任职务；
接受陈连升辞去东石镇选举委员会委员职务；

接受颜宏晖辞去东石镇选举委员会委员职务；
接受伍珊珊辞去东石镇选举委员会委员职务。
接受陈松柏辞去永和镇选举委员会主任职务；
接受曾远漂辞去永和镇选举委员会副主任职务；
接受郑英奇辞去永和镇选举委员会副主任职务；
接受林时就辞去永和镇选举委员会副主任职务；
接受陈廷裕辞去永和镇选举委员会委员职务。
接受吴靖宇辞去英林镇选举委员会主任职务；
接受蔡惠琼辞去英林镇选举委员会副主任职务；
接受柯荣围辞去英林镇选举委员会副主任职务；
接受施纯烽辞去英林镇选举委员会委员职务；
接受林文尚辞去英林镇选举委员会委员职务；
接受柯佳杭辞去英林镇选举委员会委员职务；
接受黄月红辞去英林镇选举委员会委员职务。
接受林晓为辞去金井镇选举委员会主任职务；
接受周宗仰辞去金井镇选举委员会副主任职务；
接受庄东航辞去金井镇选举委员会副主任职务；
接受施元庚辞去金井镇选举委员会委员职务；
接受陈木星辞去金井镇选举委员会委员职务；
接受王小玲辞去金井镇选举委员会委员职务。
接受许文倡辞去龙湖镇选举委员会主任职务；
接受朱新旭辞去龙湖镇选举委员会副主任职务；
接受张志雄辞去龙湖镇选举委员会副主任职务；
接受王义彬辞去龙湖镇选举委员会副主任职务；
接受洪段宏辞去龙湖镇选举委员会委员职务；
接受柳境锋辞去龙湖镇选举委员会委员职务；
接受蔡金叶辞去龙湖镇选举委员会委员职务。
接受孙晋展辞去深沪镇选举委员会主任职务；
接受张金祥辞去深沪镇选举委员会副主任职务；
接受洪志强辞去深沪镇选举委员会副主任职务；
接受黄璟辞去深沪镇选举委员会委员职务；
接受许成家辞去深沪镇选举委员会委员职务；
接受吴林清辞去深沪镇选举委员会委员职务；

接受蔡尚荣辞去深沪镇选举委员会委员职务；
接受吴碧郡辞去深沪镇选举委员会委员职务。
接受王沂鸿辞去西滨镇选举委员会主任职务；
接受王毓峰辞去西滨镇选举委员会副主任职务；
接受周嘉琛辞去西滨镇选举委员会副主任职务；
接受张玉玺辞去西滨镇选举委员会副主任职务；
接受陈珊珊辞去西滨镇选举委员会委员职务；
接受柯博仁辞去西滨镇选举委员会委员职务。
以上决定报晋江市第十七届人民代表大会常务委员会第四十四次会议备案。

晋江市人大常委会关于批准 2021 年本级预算调整方案的决议

（2021 年 11 月 26 日晋江市第十七届人大常委会第四十四次会议通过）

晋江市第十七届人大常委会第四十四次会议听取了市财政局局长陈元福受市人民政府委托所作的《关于提请审查批准晋江市 2021 年度本级预算调整方案（草案）的议案》报告和市人大常委会财政经济委员会主任蔡银青所作的《关于晋江市 2021 年本级预算调整方案的初步审查报告》。经审查，决定批准晋江市 2021 年本级预算调整方案。

晋江市人大常委会关于张勇任职的决定

（2021 年 11 月 26 日晋江市第十七届人大常委会第四十四次会议通过）

依照《中华人民共和国地方各级人民代表大会和地方各级人民政府组织法》的规定，根据晋江市人民政府代理市长王明元的提名，晋江市第十七届人大常委会第四十四次会议审议决定：

任命张勇为晋江市人民政府副市长。

以上决定报晋江市人民代表大会备案。

晋江市人大常委会关于丁财胜等任职的决定

（2021 年 11 月 26 日晋江市第十七届人大常委会第四十四次会议通过）

依照《中华人民共和国人民陪审员法》的规定，根据市人民法院代理院长洪志强的提请，晋江市第十七届人大常委会第四十四次会议于 2021 年 11 月 26 日审议决定：

任命丁财胜、丁思燚、丁美娜、王水木、王志中、王丽琼、王纯情、王建姬、王清平、刘吉山、刘俊松、齐瑜、许文超、许华曙、许金源、严长清、杜建超、李金生、李厚标、李竞辉、杨元才、杨建忠、杨萍、肖金针、吴玉萍、吴远场、吴君铧、吴俊鑫、吴敬章、张茂洪、张颖颖、陈红伟、陈志刚、陈泽莺、林学文、林荣桂、林鸿伟、沐淑惠、周金水、郑星星、柯辉凤、柳少俊、柳晓瑜、施能狮、洪丽娜、洪鸳迎、洪基隆、洪辉明、洪满足、黄志刚、黄花莲、黄剑峰、黄晓静、黄梅锋、黄紫宣、黄薇、蒋媛媛、粟琼、赖惠玲、蔡星辉等60位同志为晋江市人民法院人民陪审员，任职期限五年。

晋江市人大常委会关于接受陈钖岑辞去晋江市第十七届人民代表大会常务委员会委员职务的请求的决定

（2021年11月26日晋江市第十七届人大常委会第四十四次会议通过）

依照《中华人民共和国地方各级人民代表大会和地方各级人民政府组织法》的规定，根据陈钖岑的辞呈，晋江市第十七届人大常委会第四十四次会议决定：

接受陈钖岑辞去晋江市第十七届人民代表大会常务委员会委员职务的请求，报晋江市人民代表大会备案。

晋江市人大常委会关于接受施正琛辞去晋江市第十七届人民代表大会常务委员会委员职务的请求的决定

（2021年11月26日晋江市第十七届人大常委会第四十四次会议通过）

依照《中华人民共和国地方各级人民代表大会和地方各级人民政府组织法》的规定，根据施正琛的辞呈，晋江市第十七届人大常委会第四十四次会议决定：

接受施正琛辞去晋江市第十七届人民代表大会常务委员会委员职务的请求，报晋江市人民代表大会备案。

晋江市人大常委会关于推迟召开晋江市第十八届人民代表大会第一次会议的决定

（2021年12月2日晋江市第十七届人大常委会第四十五次会议通过）

因工作需要，晋江市第十七届人民代表大会常务委员会第四十五次会议决定：原定于2021年12月7日至10日召开的晋江市第十八届人民代表大会第一次会议推迟召开，具体召开时间及有关事项授权主任会议另行作出决定。

晋江市人大常委会关于设立市第十八届人民代表大会常务委员会代表资格审查委员会的决定

（2022年2月22日晋江市第十八届人大常委会第一次会议通过）

依照《中华人民共和国地方各级人民代表大会和地方各级人民政府组织法》的有关规定，根据市第十八届人大常委会主任会议的建议，市第十八届人大常委会第一次会议决定设立市第十八届人民代表大会常务委员会代表资格审查委员会。组成人员名单如下：

主任委员：潘子良（市人大常委会副主任）

副主任委员：陈晶晶（市人大常委会委员、人事代表委主任）

委　　员：庄松龄（市人大常委会委员、梅岭街道人大工委主任）

许良晓（市人大常委会委员、内司委主任）

许清心（市人大常委会委员、市妇联主席）

李志勇（市人大常委会委员、英林中学副校长、民革晋江市委会副主委）

洪水平（市人大常委会委员、金井镇围头村党委书记、村委会主任）

洪文惯（市人大常委会委员、市委组织部副部长、二级主任科员、市委国有企业工委副书记）

黄进苹（市人大常委会委员、市纪委常委）

晋江市人大常委会
关于市第十八届人大常委会领导及委员分工的决定

（2022年2月22日晋江市第十八届人大常委会第一次会议通过）

根据市第十八届人大常委会主任会议的建议，市第十八届人大常委会第一次会议决定市第十八届人大常委会领导及委员分工如下：

主　　任：林仁达　主持常委会全面工作

副 主 任：黄文福　分管常委会办公室、华侨民族宗教委员会、人大信访和机关党建工作，联系指导新塘街道、安海镇、东石镇、永和镇、龙湖镇人大工作

潘子良　分管人事代表委员会、内务司法委员会、农村经济委员会工作，联系指导青阳街道、罗山街道、陈埭镇、池店镇、西滨镇人大工作

洪元程　挂职任全国台联研究室副处长，挂职期间暂不参与具体分工

王清龙　分管财政经济委员会、环境与城镇建设委员会工作，联系指导西园街道、灵源街道、紫帽镇、英林镇、金井镇人大工作

委员、原副主任：曾献礼　分管教育科学文化卫生委员会工作，联系指导梅岭街道、磁灶镇、内坑镇、深沪镇人大工作

委　　员：姚　腾　负责常委会办公室工作

王宏华　协助常委会办公室工作

李蔚民　协助常委会办公室工作

陈晶晶　负责人事代表委员会工作

庄松龄　协助人事代表委员会工作

许清心　协助人事代表委员会工作

黄进苹　协助人事代表委员会工作

许良晓　负责内务司法委员会工作

张　昌　协助内务司法委员会工作

张琳琳　协助内务司法委员会工作

洪文惯　协助内务司法委员会工作

粘文俊　协助内务司法委员会工作

蔡惠琼　协助内务司法委员会工作

尤金榜　负责农村经济委员会工作

洪水平　协助农村经济委员会工作

戴庆阳　协助农村经济委员会工作

蔡银青　负责财政经济委员会工作

庄伏龙　协助财政经济委员会工作

庄克服　协助财政经济委员会工作

张开端　协助财政经济委员会工作

张建元　协助财政经济委员会工作

柯金鏘　协助财政经济委员会工作

颜永福　协助财政经济委员会工作

颜　虹　协助财政经济委员会工作

洪明照　负责教育科学文化卫生委员会工作

孙丰裕　协助教育科学文化卫生委员会工作

李志勇　协助教育科学文化卫生委员会工作

李逊庆　协助教育科学文化卫生委员会工作

曾福泉　协助教育科学文化卫生委员会工作

柯碧玲　负责华侨民族宗教委员会工作

陈文路　协助华侨民族宗教委员会工作

周　莹　协助华侨民族宗教委员会工作
朱文育　负责环境与城镇建设委员会工作
吴良景　协助环境与城镇建设委员会工作
吴鸿斌　协助环境与城镇建设委员会工作
陈萌雅　协助环境与城镇建设委员会工作
颜婉媚　协助环境与城镇建设委员会工作

晋江市人大常委会关于市第十八届人大常委会驻会委员联系指导镇（街道）人大工作的决定

（2022年2月22日晋江市第十八届人大常委会第一次会议通过）

根据市第十八届人大常委会主任会议的建议，市第十八届人大常委会第一次会议决定市第十八届人大常委会驻会委员联系指导镇（街道）人大工作安排如下：

姚　腾联系指导安海镇、金井镇人大工作；
陈晶晶联系指导罗山街道、陈埭镇人大工作；
许良晓联系指导青阳街道、西滨镇人大工作；
尤金榜联系指导龙湖镇人大工作；
蔡银青联系指导紫帽镇人大工作；
洪明照联系指导磁灶镇、深沪镇人大工作；
柯碧玲联系指导新塘街道、永和镇人大工作；
朱文育联系指导英林镇人大工作；
颜永福联系指导梅岭街道人大工作；
戴庆阳联系指导东石镇人大工作；
庄伏龙联系指导灵源街道人大工作；
粘文俊联系指导池店镇人大工作；
李蔚民联系指导内坑镇人大工作；
陈萌雅联系指导西园街道人大工作。

晋江市人大常委会
关于调整市人大常委会信访工作领导小组组成人员的决定

（2022年2月22日晋江市第十八届人大常委会第一次会议通过）

根据市第十八届人大常委会主任会议的建议，市第十八届人大常委会第一次会议决定调整市人大常委会信访工作领导小组组成人员。调整后的信访工作领导小组组成人员名单如下：

组　长：黄文福（市人大常委会副主任）

副组长：姚　腾（市人大常委会委员、办公室主任）

成　员：陈晶晶（市人大常委会委员、人事代表委主任）

许良晓（市人大常委会委员、内司委主任）

尤金榜（市人大常委会委员、农经委主任）

蔡银青（市人大常委会委员、财经委主任）

洪明照（市人大常委会委员、教科文卫委主任）

柯碧玲（市人大常委会委员、华侨委主任）

朱文育（市人大常委会委员、环城委主任）

李蔚民（市人大常委会委员、办公室二级主任科员）

晋江市人大常委会
关于调整市人大常委会依法治市领导小组组成人员的决定

（2022年2月22日晋江市第十八届人大常委会第一次会议通过）

根据市第十八届人大常委会主任会议的建议，市第十八届人大常委会第一次会议决定调整市人大常委会依法治市领导小组组成人员。调整后的依法治市领导小组组成人员名单如下：

组　长：林仁达（市人大常委会主任）

副组长：潘子良（市人大常委会副主任）

成　员：姚　腾（市人大常委会委员、办公室主任）

陈晶晶（市人大常委会委员、人事代表委主任）

许良晓（市人大常委会委员、内司委主任）

尤金榜（市人大常委会委员、农经委主任）

蔡银青（市人大常委会委员、财经委主任）

洪明照（市人大常委会委员、教科文卫委主任）

柯碧玲（市人大常委会委员、华侨委主任）

朱文育（市人大常委会委员、环城委主任）

晋江市人大常委会
关于调整市人大常委会妇女儿童工作组组成人员的决定

（2022 年 2 月 22 日晋江市第十八届人大常委会第一次会议通过）

根据市第十八届人大常委会主任会议的建议，市第十八届人大常委会第一次会议决定调整市人大常委会妇女儿童工作组组成人员。调整后的妇女儿童工作组组成人员名单如下：

组　长：潘子良（市人大常委会副主任）

副组长：许良晓（市人大常委会委员、内司委主任）

许清心（市人大常委会委员、市妇联主席）

成　员：李志勇（市人大常委会委员、英林中学副校长、民革晋江市委会副主委）

吴鸿斌（市人大常委会委员、市总工会常务副主席）

洪文惯（市人大常委会委员、市委组织部副部长、二级主任科员、市委国有企业工委副书记）

洪明照（市人大常委会委员、教科文卫委主任）

粘文俊［市人大常委会委员（正科级）、民盟晋江市委会副主委］

蔡银青（市人大常委会委员、财经委主任）

晋江市人大常委会关于市人大常委会各委员会聘请兼职委员的决定

（2022 年 2 月 22 日晋江市第十八届人大常委会第一次会议通过）

根据市第十八届人大常委会主任会议的建议，市第十八届人大常委会第一次会议决定：

聘请许乔良、洪义锋、唐炎坤、曾逸峰、蔡体面为市人大常委会人事代表委员会兼职委员；

聘请吴世钦、张军伟、柯贤镖、柯明泉、施琼琼、袁靖、蔡来交为市人大常委会内务司法委员会兼职委员；

聘请李建筑、吴鸿造、张蓬杰、林和杰、洪良彬、黄鹭旋为市人大常委会农村经济委员会兼职委员；

聘请王金池、孙辉永、李海庭、吴声团、陈恩典、蔡翔云为市人大常委会财政经济委员会兼职委员；

聘请杨锦凉、吴丹青、陈代锋、陈多多、施清凉、黄月莹为市人大常委会教育科学文化卫生委员会兼职委员；

聘请王育艺、许清海、苏志宏、范春美、林策荣、黄志荣、释理山为市人大常委会华侨民族宗教委员会兼职委员；

聘请王金聪、庄烜炜、李明锋、邱志军、陈振川、席建为市人大常委会环境与城镇建设委员会兼职委员。

晋江市人大常委会关于调整街道人大工作委员会委员的决定

（2022年2月22日晋江市第十八届人大常委会第一次会议通过）

根据市第十八届人大常委会主任会议的建议，市第十八届人大常委会第一次会议决定调整各街道人大工作委员会委员。调整后的各街道人大工作委员会委员名单如下

王金聪、吴莉莉、林金泰、林景昌、蔡金钟为青阳街道人大工作委员会委员；

庄烜炜、许玉芬、苏连枸、李明锋、洪凤英为梅岭街道人大工作委员会委员；

王文农、赖振安、张秀念为西园街道人大工作委员会委员；

陈培星、陈志达、张林华、陈清泉、蔡培均为罗山街道人大工作委员会委员；

何长太、吴明筑、王文灿为灵源街道人大工作委员会委员；

蔡君猛、杨振宁、李菊梅为新塘街道人大工作委员会委员。

晋江市人大常委会
关于2022年第一批地方政府债券预算调整方案的批复

（2022年4月28日晋江市第十八届人大常委会第二次会议通过）

晋江市人民政府：

根据《国务院关于加强地方政府性债务管理的意见》（国发〔2014〕43号）和《福建省财政厅关于下达2022年第一批新增政府债务限额的通知》（闽财债管〔2022〕6号）等文件，市第十八届人大常委会第二次会议表决通过，决定批准《晋江市人民政府关于提请审议2022年第一批地方政府债券预算调整方案的议案》（晋政文〔2022〕57号）。

本轮上级下达本市2022年第一批新增债务限额212529万元，其中一般债务限额13686万元，专项债务限额198843万元。本轮上级下达资金分配方案如下：一是新增地方政府一般债务转贷收入13686万元，列入一般公共预算收入，相应调增一般公共预算支出13686万元，安排用于第三实验小学海丝景城分校区建设、工人文化宫暨人防工程、晋江下游生态整治工程（南岸）乡村振兴工程等教育、文体、农林水项目；二是新增地方政府专项债务转贷收入198843万元，列入政府性基金预算收入，相应

调增政府性基金支出 198843 万元，安排用于福厦高铁泉州南站站前广场及市政配套设施、经济开发区标准厂房与基础配套设施、应急医疗救助提升等重点项目。

市政府及有关部门要严格执行市人大常委会批准的预算调整方案，按照规定用途使用债券资金，尽快发挥债券资金稳投资、促发展的积极作用；要加强对债券资金使用情况的跟踪审计，确保资金依法规范运行，切实提升资金的使用绩效；要进一步增强债务风险意识，规范地方政府债务管理，构建债务资金“借、用、管、还”全链条监管机制，有效防范财政运行风险。

晋江市人大常委会关于批准 2021 年市本级决算的决议

（2022 年 6 月 23 日晋江市第十八届人大常委会第三次会议通过）

晋江市第十八届人大常委会第三次会议听取了市财政局局长陈元福受市人民政府委托所作的《关于 2021 年晋江市本级财政收支决算草案的报告》和市审计局局长郭培源受市人民政府委托所作的《晋江市 2021 年度本级预算执行和其他财政收支情况的审计工作报告》，并对 2021 年市本级决算草案进行了审查，同意市人大常委会财政经济委员会在初步审查报告中提出的意见，决定批准 2021 年市本级决算。

晋江市人大常委会
关于 2022 年第二批地方政府债券预算调整方案的批复

（2022 年 6 月 23 日晋江市第十八届人大常委会第三次会议通过）

晋江市人民政府：

根据《国务院关于加强地方政府性债务管理的意见》（国发〔2014〕43 号）和《福建省财政厅关于下达 2022 年第二批新增政府债务限额的通知》（闽财债管〔2022〕21 号）、福建省财政厅关于下达 2022 年再融资债券额度的通知》（闽财债管〔2022〕16 号）等文件，市十八届人大常委会第三次会议表决通过，决定批准《晋江市人民政府关于提请审议 2022 年第二批地方政府债券预算调整方案的议案》（晋政文〔2022〕89 号）。

本轮上级下达本市新增政府债务限额 381888 万元，其中新增一般债务限额 16503 万元、新增专项债务限额 365385 万元，下达本市 2022 年再融资债券额度 321212 万元。本轮上级下达资金分配方案如下：一是新增地方政府一般债务转贷收入 16503 万元，列入一般公共预算收入，相应调增一般公共预算支出，安排用于第七实验小学崇武校区、磁灶实验小学陶英校区、军民小学、第九实验小学、第二实验小学梅岭校区、第二实验小学改扩建、第一中学学生宿舍楼工程、罗裳幼儿园、工人文化宫暨人防工程、青少年活动中心及妇女儿童活动中心、蓝色海湾综合整治、晋江下游生态整治工程（南岸）乡村振兴工程、反恐防暴训练基地等项目；二是新增地方政府专项债务转贷收入365385万元，列入政府性基金预算收入，相应调增政府性基金支出，安排用于科创新区产业园基础设施及配套、福厦高铁泉州南站站前广场及市政配套设施、集成电路产业园区（工业园）基础设施工程、经济开发区标准厂房与基础配套设施、集成电路小微工业园基础设施、城乡生活污水处理工程、陈埭水环境综合整治工程、应急医疗救助提升、南港污水处理厂再生水回用工程等项目；三是再融资债券额度321212万元，其中增加一般债务转贷收入223992万元，增加专项债务转贷收入97220万元，相应用于偿还到期一般债务及专项债务本金。

市政府及有关部门要严格执行市人大常委会批准的预算调整方案，按照规定用途使用债券资金，切实加强债券资金和项目管理；要加强对债券资金使用情况的跟踪审计，切实落实项目建设管理各环节的主体责任，提高工程建设效率，加快债券资金使用进度，提升债券资金绩效；要进一步增强债务风险意识，规范地方政府债务管理，健全债务风险评估和动态监测机制，有效防范财政运行风险。

晋江市人大常委会关于许可对晋江市第十八届人民代表大会代表柯水尖采取刑事强制措施的决定

（2022年8月30日晋江市第十八届人大常委会第四次会议通过）

晋江市第十八届人大常委会第四次会议审议了《晋江市公安局关于提请许可对晋江市第十八届人民代表大会代表柯水尖采取刑事强制措施的报告》，依照《中华人民共和国全国人民代表大会和地方各级人民代表大会代表法》有关规定，晋江市第十八届人大常委会第四次会议决定：

许可对晋江市第十八届人民代表大会代表柯水尖采取刑事强制措施。

晋江市人大常委会关于选举（补选）晋江市第十八届人民代表大会代表的决定

（2022年10月28日晋江市第十八届人大常委会第五次会议通过）

晋江市第十八届人民代表大会代表名额392名，根据市第十八届人大常委会代表资格审查委员会的报告，截至目前，市第十八届人民代表大会实有代表378名。

根据市人大常委会主任会议的议案，市第十八届人大常委会第五次会议审议决定：选举（补选）市第十八届人民代表大会代表3名，其中：由青阳选举1名、西滨选举1名；由西园补选1名。

选举（补选）晋江市第十八届人民代表大会代表按市级选区进行，选举日为2022年12月1日，具体事项依照《中华人民共和国全国人民代表大会和地方各级人民代表大会选举法》《福建省县、乡两级人民代表大会代表直接选举实施细则》的有关规定执行。

晋江市人大常委会关于王礼财等任职的决定

（2022年12月15日晋江市第十八届人大常委会第六次会议通过）

依照《中华人民共和国人民陪审员法》的规定，根据市人民法院院长洪志强的提请，晋江市第十八届人大常委会第六次会议于2022年12月15日审议决定：

任命王礼财、王春霞、王奕琦、叶兴灿、吕心眉、吕清建、朱文哲、庄艺鹏、刘海明、许文市、许文群、许明仪、许金成、许承勇、苏义阳、苏文钻、苏金保、李乐镇、李智贤、吴小峰、吴火清、吴建根、吴景荣、吴嘉晓、吴镜清、汪磊、张太山、张少华、张加明、陈传焕、陈丽丽、陈金星、陈春银、陈春燕、陈桂珠、林美满、林家容、周建干、周燕君、郑长安、柯连丁、柯清练、施金宝、施培林、洪永强、洪凯荣、洪锦民、姚伟志、高红红、郭晓阳、黄伟民、黄秋永、黄敬杯、黄嘉胜、曹强、曾华浦、曾珊珊、曾荣权、谢芬、蔡美丽等60位同志为晋江市人民法院人民陪审员，任职期限五年。

晋江市人大常委会
关于确定2022年度市十八届人大代表优秀建议的通知

（2022年12月15日晋江市第十八届人大常委会第六次会议通过）

各镇人大主席团、街道人大工委，市直各单位：

晋江市第十八届人民代表大会代表坚持以习近平新时代中国特色社会主义思想为指导，依法行使职权，围绕本市政治、经济、文化和社会事业等方面工作，在市十八届人大一次会议期间和闭会期间，提出一批有建设性的建议，有效推动本市各项工作进展。为进一步调动代表依法履职的积极性，提高代表建议提出的质量，根据《晋江市人民代表大会代表优秀议案和建议评选办法（试行）》规定，市第十八届人大常委会第六次会议评选确定《关于重视发展晋江文旅产业的建议》等13件建议为2022年度市十八届人大代表优秀建议，现予以通报表彰。

希望市十八届人大全体代表再接再厉，更好地依法履职，为全力攻坚“三大战略目标”，加快构建“一三一三七”发展格局，奋力推进中国式现代化的晋江实践，不断谱写“晋江经验”新篇章作出人大贡献。

晋江市人大常委会
关于授予计红日等人“晋江市荣誉市民”称号的决定

（2022年12月15日晋江市第十八届人大常委会第六次会议通过）

根据《晋江市人民代表大会常务委员会关于授予荣誉市民称号的规定》，经市第十八届人大常委会第六次会议表决通过，决定授予计红日、王春光、朱双虹、张长青、张达斌、罗概、段力民、黄晶涛等8人“晋江市荣誉市民”称号。

附录三：晋江市人大常委会重要文件选录
（2002—2022 年）

维护妇女儿童合法权益联席会议制度

（2004 年 4 月 16 日晋江市人大常委会妇女儿童工作组会议通过）

为把妇女儿童权益维护工作纳入依法治市的工作大局，加强对妇女儿童权益维护工作的宏观决策和综合治理，加快构建市场经济条件下妇女儿童权益维护社会化、法制化工作新机制，切实维护妇女儿童合法权益，特制定本制度。

一、联席会议的主要任务

依照《中华人民共和国妇女权益保障法》《中华人民共和国未成年人保护法》《中华人民共和国预防未成年人犯罪法》《中华人民共和国母婴保健法》等法律法规，认真开展妇女儿童维权工作，推进《福建省妇女发展纲要（2001—2010 年）》《福建省儿童发展纲要（2001—2010 年）》在晋江市的实施。

二、联席会议的组成单位

维护妇女儿童合法权益联席会议成员单位由市委宣传部、市委政法委、市人大常委会法制工作委员会、市法院、市检察院、市监察局、市公安局、市司法局、市财政局、市民政局、市人事局、市教育局、市劳动和社会保障局、市计生局、市卫生局、市政协社会法制委、市妇联、市总工会、团市委等有关部门组成，各成员单位的分管领导参加，具体成员如下：

黄延艺　市委宣传部副部长；
林　跃　市委政法委副书记；
张紫凡　市人大常委会法制工作委员会主任；
林天宝　市法院党组成员、政治处主任；
陈国明　市检察院副检察长；
陈希轩　市监察局副局长；
王形泰　市公安局主任科员；
颜宏达　市司法局副局长；
李章凯　市财政局副局长；

许天宝　市民政局副局长；
吴丹红　市人事局副局长；
蔡美玲　市教育局副局长；
温名锋　市劳动和社会保障局副局长；
吴惠莲　市计生局副局长；
姚民权　市卫生局副局长；
陈幼青　市政协台港澳侨联谊办主任；
颜惠玉　市妇联主席；
李晓芳　市总工会副主席；
施建成　团市委副书记；

三、联席会议成员单位及其职责

（一）市委宣传部：为维护妇女儿童合法权益提供舆论支持和舆论监督；通过加大宣传工作力度，进一步在全社会倡导和形成尊重妇女、保护儿童的社会氛围。

（二）市委政法委：加强侵害妇女儿童权益重大疑难案件处理的协调指导工作，维护和促进司法公正。

（三）市人大常委会法制工作委员会：牵头召开妇女儿童工作联席会议，审定会议议题；协调和督促各成员单位履行职责，落实联席会议确定的任务；推动有关妇女儿童发展的规范性文件的制定；重视并加强对有关妇女儿童权益的法律法规的实施情况的监督检查，对严重侵害妇女儿童合法权益的重大案件依法进行监督，维护妇女儿童的合法权益；

（四）市法院：及时审理涉及妇女儿童合法权益的各类案件；结合办案开展《中华人民共和国妇女权益保障法》《未成年人保护法》等法律的宣传咨询；积极吸纳具有一定法律知识和维权工作经验的妇联干部，担任人民陪审员，参与涉及妇女儿童权益案件的审理；建立健全对妇女儿童的司法保护。

（五）市检察院：加强对侵害妇女儿童权益犯罪案件的审查批捕工作，严格执行批捕条件；在审查起诉和出庭公诉工作中，坚持全面审查原则，寓教于审；加大对涉及妇女儿童权益各类刑事案件的监督力度，保障案件的依法公正处理；积极做好预防犯罪工作，及时向有关单位提出检察建议，切实保护妇女儿童合法权益。

（六）市监察局：认真做好行政监察工作，重视并加强对市国家行政机关遵守和执行有关妇女儿童权益的法律、法规情况的监督检查。加大对市国家行政机关及其公务员、市国家行政机关任命的其他人员侵害妇女儿童侵犯合法权益行为的查处力度。

（七）市公安局：严厉打击杀害、伤害、强奸、绑架、猥亵、拐卖妇女儿童及组织、强迫、引诱、容留、介绍妇女卖淫等侵严重强化基层和社区治安管理，与有关部门密切配合有效遏制家庭暴力行为，做好对妇女和青少年吸毒人员的戒毒、教育和挽救工作；与有关部门配合加强对广大妇女的法制教育，提高她们的自我保护意识和能力，勇于和善于运用法律武器保护自身的合法权益。

（八）市司法局：加大有关妇女儿童权益法律、法规的宣传力度，支持指导各级妇女法律援助站开展工作，为经济困难、符合援助条件的贫弱残女性当事人提供法律援助。做好女犯、女劳教人员、少年犯的刑释解教后的安置帮教工作。

（九）市财政局：依照《中华人民共和国妇女权益保障法》《中华人民共和国未成年人保护法》《中华人民共和国预防未成年人犯罪法》《中华人民共和国母婴保健法》等法律之规定，在财政预算、投入方面给予保障，为《福建省妇儿发展纲要（2001—2010年)》和《福建省儿童发展纲要（2001—2010年)》在晋江市的实施提供财政保障。

（十）市民政局：认真宣传贯彻《中华人民共和国婚姻法》《中华人民共和国收养法》，在婚姻家庭关系中切实维护妇女儿童的合法权益；进一步发展孤残儿童获得生活、医疗、学前教育等方面的保障。

（十一）市人事局：依照《中华人民共和国妇女权益保障法》的有关要求，促进各类妇女人才的成长和合理配置，在录用、聘用干部、干部考核使用、专业技术职务评聘、大中专毕业生推荐就业、军队转业女干部的安置中贯彻男女平等的原则。

（十二）市教育局：贯彻实施《中华人民共和国义务教育法》和《中华人民共和国未成年人保护法》以及《福建省实施〈未成年人保护法〉办法》等法律法规，保障适龄儿童特别是女童的受教育权；在各级各类学校的招生中贯彻男女平等的原则；继续扫除青壮年文盲，发展女子成人教育、职业技术教育，提高妇女受教育程度。尊重女老师，保障女教职工的合法权益。

（十三）市劳动和社会保障局：宣传《中华人民共和国妇女权益保障法》《福建省女职工劳动保护条例》等法律法规；保障妇女在招工、就业、培训、劳动报酬等方面与男性的平等权利；监督执行女职工、未成年劳动保护和职业安全卫生规定，保障女职工的健康和合法权益；扩大妇女就业领域，落实监督禁止使用童工的规定，会同有关部门完善和执行生育保险、养老保险、失业保险、工伤保险、医疗保险等社会保障制度。

（十四）市计生局：根据《中华人民共和国人口与计划生育法》和《福建省计划生育条例》的规定，把人口与计划生育工作的开展，与增加妇女受教育和就业机会、增进妇女健康、提高妇女地位相结合。

（十五）市卫生局：根据《中华人民共和国母婴保健法》和《福建省实施〈母婴保健法〉办法》的规定，开展妇幼保健服务，为保障妇女儿童生存与健康创造条件，实现《福建省妇女发展纲要（2001—2010年)》和《福建省妇女发展纲要（2001—2010年)》规定的各项妇幼保健指标。执行女职工劳动保护规定，开展女职工“五期”卫生保健和妇科疾病的查治工作。

（十六）市政协社会法制委：协调组织政协委员对有关妇女儿童权益法律法规的实施情况及妇女儿童合法权益保障方面的重大问题进行专题调查和视察；加强对政协委员有关妇女儿童权益的提案的督办；及时反映有关妇女儿童权益方面的社情民意，参与有关问题的督查。

（十七）市妇联：宣传贯彻并协助有关部门认真实施《中华人民共和国妇女权益保障法》等一系列保护妇女儿童的法律法规，加强对广大妇女“四有”“四自”教育；配合政法部门调查、反映严重侵害妇女儿童合法权益的案件；积极参与执法检查和监督，对妇女儿童权益中存在的重大问题积极提出解决的意见和建议；配合有关部门积极开展社会治安综合治理，对失足妇女进行帮教工作，促进家庭、社会的稳定；会同有关部门调解婚姻家庭纠纷，疏导社会矛盾，推动“两法”“两纲”的实施；协助市人大常委会法制工作委员会做好联席会议的日常工作。

（十八）市总工会：认真宣传贯彻并协助有关部门认真实施《中华人民共和国劳动法》《中华人民共和国工会法》和国务院发布的《女职工劳动保护规定》等法律法规；协调解决企业女职工权益中存在的突出问题积极提出解决意见和建议，切实维护女职工的合法权益。

（十九）团市委：宣传贯彻《中华人民共和国未成年人保护法》《福建省实施〈未成年人保护法〉办法》《中华人民共和国预防未成年人犯罪法》，加强对青少年的教育和未成年人保护工作，预防和减少青少年犯罪；加强青少年维权岗的创建工作，为青少年健康成长创造良好的社会环境。

四、联席会议的举行

（一）联席会议原则上每年召开1—2次全体成员会议，可根据工作需要，及时召开部分成员出席的专题会议，必要时，可邀请联席会议成员单位以外的部门和单位负责人参加或列席会议。

（二）联席会议的召开由市人大常委会妇女儿童工作组组长、副组长决定，由市人大常委会法制工作委员会负责召集。

（三）对涉及妇女儿童权益的重大案件，必须由多个部门共同解决的，应由主管部门提出，在联席会议上进行专门协调会办，落实情况由联席会议办公室负责督促检查。

（四）联席会议成员单位领导必须按时出席会议，因故不能出席会议的，会前应向主持单位请假，并说明原因。

五、联席会议的议题

通报晋江市维护妇女儿童合法权益工作中存在的重要情况和突出问题，加以分析，研究相应对策措施；

推动制定有关保护妇女儿童合法权益的规范性文件、政策措施；监督执行有关保护妇女儿童合法权益的法律法规；

研究、协调涉及妇女儿童权益的重大问题或重大案件，并提出处理意见和建议；

听取成员单位有关维护妇女儿童权益工作情况和会议决议办理情况的汇报；

决定组织开展工作检查、调查等活动；

其它需要由联席会议研究的问题。

六、联席会议的决定及其执行：

（一）联席会议实行民主集中制的原则，会议讨论、决定问题，应当充分发扬民主，根据多数人的意见作出决议；

（二）各成员单位每年二次（6月、12月）向市人大常委会妇女儿童工作组报告有关维护妇女儿童权益工作情况（重要信息、典型案例、调研报告、意见建议等），及时报告联席会议确定的工作任务的落实情况；

（三）联席会议或专题会议形成的决议或确定的事项，由市人大常委会法制工作委员会负责协调、督促落实；

（四）市人大常委会法制工作委员会负责会议记录，整理印发会议纪要；

（五）会议决定的事项，如需保密的，与会人员必须严守机密，不得泄露。

晋江市人大常委会办公室
关于建立办理市人大信访问题督查制度的通知

（晋人办〔2005〕4号）

各镇人大主席团（人民政府）、各街道人大工委（办事处）、市直各单位：

为加大依法督查力度，及时掌握承办单位办理人大信访问题情况，做好跟踪回访工作，减少重信重访和越级上访率，把问题解决在基层，根据《晋江市人大常委会关于办理人民群众来信来访暂行规定》，经市人大常委会信访工作领导小组研究决定，自2005年起，建立办理市人大信访问题督查制度。现将有关事宜通知如下：

一、市人大常委会按季度对各承办单位办理人大信访问题情况进行检查，各承办单位接到督办通知后，要认真填写《办理市人大信访问题情况表》，并在规定的时限内上报市人大常委会信访科。

二、对已办结的信访问题要说明解决问题的方式和结果。未能办结的要说明原因和拟采取的措施。同时，承办人要署名，以示负责，并附上联络电话，以便沟通。

三、市人大常委会与"一府两院"信访联席会议成员单位和信访量较大的部门要指派专人办理，并建立信访档案，以便检查。由两个以上单位联合办理的信访问题，由牵头单位负责存档。

晋江市人大常委会办公室

2005年2月1日

晋江市人民代表大会常务委员会街道工作委员会工作规则（试行）

（2005年12月15日晋江市第十四届人大常委会第十四次会议讨论通过）

第一条　为加强和规范市人民代表大会常务委员会（以下简称市人大常委会）街道工作委员会的工作，根据《中华人民共和国地方各级人民代表大会和地方各级人民政府组织法》《中华人民共和国全国人民代表大会和地方各级人民代表大会代表法》的有关规定精神，结合晋江市实际，制定本规则。

第二条　市人大常委会街道工作委员会（以下简称街道人大工委）是市人大常委会派驻街道的工作机构，在市人大常委会直接领导和授权下开展工作，对市人大常委会负责并报告工作。同时接受街道党工委的领导。

第三条　街道人大工委设主任1名、副主任1名、委员3—5名。主任、副主任、委员的人选由市人大常委会主任会议提名，市人大常委会会议任免。街道人大工委主任、副主任列席市人大常委会会议。街道人大工委配备专职工作人员。

第四条　街道人大工委履行以下职责：

（一）宣传、贯彻宪法、法律、法规和上级人民代表大会及其常务委员会的决议、决定，协助市人大常委会保证其在街道辖区内的遵守和执行，督促和推进基层民主和法制建设。

（二）根据市人大常委会年度工作安排，结合所在街道实际，制定并组织实施街道人大工委年度工作计划。

（三）调查了解辖区内国民经济和社会发展情况以及人民群众关心的重点、热点、难点等问题，向市人大常委会和有关部门反映情况，提出建议和意见。

（四）组织辖区内各级人民代表大会代表（以下简称人大代表）采用听取汇报、执法检查、视察、工作评议、述职评议、专题调研及其他形式，依法对街道办事处及其工作机构、驻辖区内的行政、司法等工作机构的工作情况以及执法情况进行监督，提出建议和意见。

（五）组织人大代表学习宪法、法律、法规，学习人民代表大会制度理论和人大工作业务知识。

（六）联系辖区内的人大代表，接待和受理辖区内人大代表的来信来访；组织市人大代表参加市人民代表大会会议，组织闭会期间辖区内的人大代表活动；组织并协助人大代表联系选民，了解民意，反映人民群众的意见和要求；组织人大代表向选民述职，接受选民评议；督促和检查街道办事处及其工作机构、驻辖区内的行政、司法等工作机构办理人大代表建议、批评和意见的工作；为人大代表执行职务提供服务和保障。

（七）在市人大常委会和选举委员会的领导下，负责辖区内市人大代表选举的有关工作。

（八）办理市人大常委会及其主任会议交办的其他事项。

第五条　街道人大工委一般每两个月举行一次会议。必要时，也可以临时举行会议。会议由主任召集和主持，也可由主任委托副主任召集和主持。

第六条　街道人大工委议定事项，实行民主集中制。

第七条　街道人大工委举行会议时，根据需要可以通知街道办事处及其工作部门、驻辖区内的行政、司法工作机构的负责人列席，也可以邀请辖区内的人大代表列席。

第八条　街道人大工委应与街道办事处、驻辖区内的行政、司法等工作机构保持经常联系，互相通报主要工作情况，讨论协调有关重大问题。

第九条　各街道人大工委之间要加强沟通联系。工作中，如遇相关行政、司法工作机构的管理服务范围涉及多个街道的，经报市人大常委会同意，有关街道人大工委可采取联合组织活动的形式开展工作。

第十条　街道人大工委经费列入街道财政预算。

第十一条　本规则由市人大常委会负责解释。

第十二条　本规则自通过之日起施行。

晋江市人民代表大会常务委员会关于公民旁听市人民代表大会及其常务委员会会议的暂行办法

（2005年12月15日晋江市第十四届人大常委会第十四次会议讨论通过）

为进一步扩大公民有序的政治参与，加强市人民代表大会及其常务委员会与人民群众的联系，增强市人民代表大会及其常务委员会工作的透明度，根据有关法律、法规和《晋江市人民代表大会议事规则》，结合实际，制定本办法。

第一条　市人民代表大会全体会议、市人民代表大会常务委员会（以下简称市人大常委会）会议允许公民旁听。

第二条　晋江市行政区域内年满18周岁具有完全民事行为能力的中华人民共和国公民（依法正被限制人身自由和剥夺政治权利的除外），可持晋江市居民身份证、暂住证或个人有效身份证件，由所在单位或社区、村民委员会、居民委员会开具证明，报名申请旁听市人民代表大会全体会议、市人大常委会会议。

第三条　市人大常委会办公室应根据市人大常委会、市人大常委会主任会议确定的召开市人民代表大会、市人大常委会会议的有关议题和公民旁听的有关事项，于市人民代表大会召开前10天、市人大常委会会议召开前7天在市有线电视台等媒体上发布公告。临时召集的会议可临时发布公告。

第四条　要求旁听会议的公民应于市人民代表大会会议召开7天前，市人大常委会会议召开3天前，持有关证件、证明，向市人大常委会办公室报名登记，申请旁听。市人大常委会办公室也可以委托其他有关机关、群众团体和企事业组织等，推荐公民旁听会议。

第五条　市人大常委会办公室汇总报名情况后，报市人民代表大会筹备处或市人大常委会主任会议批准，于会前2天通知相关公民旁听会议。旁听所需交通、食宿等费用由旁听公民自行承担。

第六条　市人民代表大会全体会议、市人大常委会会议的会场设立公民旁听席。旁听会议的公民应根据市人大常委会办公室的通知领取旁听证后，按时凭证报到，并在会议旁听席旁听会议。

第七条　旁听会议的公民在旁听会议时，可以以书面形式提出意见或建议，但不能发言和提问。市人民代表大会秘书处、市人大常委会办公室也可以召开座谈会，听取旁听会议公民的意见和建议。反映的意见、建议整理后，转有关部门处理。

第八条　旁听会议的公民应遵守有关法律法规和会场纪律，自觉维护会场秩序，违反者，会议工作人员可以劝其离开会场、取消其旁听资格。对严重扰乱会议秩序者，依法追究责任。

第九条　本办法由市人大常委会负责解释。

第十条　本办法自通过之日起施行。

晋江市人民代表大会常务委员会关于加强和规范市人民代表大会代表闭会期间活动的若干意见

（2005年12月15日晋江市第十四届人大常委会第十四次会议讨论通过）

为了保障晋江市人民代表大会代表依法履行职责，进一步发挥代表作用，根据宪法和有关法律及全国人大常委会办公厅《关于加强和规范全国人大代表活动的若干意见》精神，结合工作实际，就加强和规范市人大代表闭会期间活动提出如下意见：

一、晋江市人民代表大会代表（以下简称代表）在大会闭会期间的主要活动为：(1)参加视察、专题调研和学习培训；(2)应邀参加市人民代表大会常务委员会（以下简称市人大常委会）组织的执法检查和工作评议、述职评议；(3)应邀列席市人大常委会会议；(4)列席镇人民代表大会会议；(5)应邀列席镇人民代表大会主席团（以下简称镇人大主席团）会议、市人大常委会街道工作委员会（以下简称街道人大工委）会议；(6)应邀参加镇人大主席团、街道人大工委组织的视察、专题调研、执法检查、工作评议和述职评议；(7)向市人大常委会提出对各方面工作的建议、批评和意见；(8)联系人民群众，听取群众意见。

代表在闭会期间的活动，既是执行代表职务，也是知情、知政、掌握第一手材料，酝酿、起草议案或者建议、批评和意见，为出席市人民代表大会会议审议各项报告和议案作准备的过程。

二、代表在闭会期间的活动，由市人大常委会组织，也可以由市人大常委会委托镇人大主席团、街道人大工委组织。

三、代表在镇人大主席团、街道人大工作委员会协助下，按照便于组织和开展活动的原则组成代表小组，也可以与镇人大代表联合组成代表小组开展活动。

代表在闭会期间以集体活动为主，以代表小组活动为基本形式。闭会期间的活动每季度组织一次，一般在代表原选区所在镇、街道的行政区域内进行。根据履行职责的需要，在市人大常委会工作机构的统一安排下，也可以跨选区所在镇、街道的晋江市行政区域进行。

四、代表视察期间，可以请本级或者下级国家机关负责人报告工作情况。代表视察后，组织视察的单位应向有关国家机关反馈视察情况，并对视察过程中代表提出的建议、批评和意见整理后，交有关国家机关和单位研究处理。根据代表本人的要求，经市人大常委会工作机构或镇人大主席团、街道人大工委的联系安排，代表可以持代表证单独或联合就地进行视察。代表视察时，可以向被视察单位提出建议、批评和意见，但不直接处理问题。

五、代表参加由市人大常委会或镇人大主席团、街道人大工委组织的视察活动，可以提出约见本级或者下级国家机关负责人。非视察期间，代表也可以书面向市人大常委会提出约见本级或者下级国家机关负责人，经市人大常委会主任会议审查同意后作具体安排。代表在非视察期间的约见应填写《晋江市人民代表大会代表约见国家机关负责人申请表》，要写明约见事由及相关具体情况，事由应当是事关本行政区域内政治、经济、文化、社会事业中的重大问题或人民群众密切关注、迫切需要解决的问题。

被约见的有关国家机关负责人或者由其委托的负责人员应当听取代表的建议、批评和意见。

六、代表应当采取多种方式经常听取人民群众的意见，回答原选区选民对代表工作和代表活动的询问，协助市人民政府推行工作。

七、代表在闭会期间，有权向市人大常委会提出对各方面工作的建议、批评和意见，有关机关、组织必须研究处理并在三个月内负责答复代表。

八、代表参加闭会期间的活动，是依法履行职责的重要组成部分，应增强参加闭会期间活动的主动性和责任感。代表若因特殊情况不能参加市人大常委会或镇人大主席团、街道人大工委组织的活动，应向组织单位请假。代表要把依法执行代表职务与从事个人职业活动严格区别开来，不得借执行代表职务进行个人的职业活动。代表个人执行代表职务活动，不得接受企事业组织、社会团体和个人的出资赞助。

九、代表对于人民群众递交的申诉、控告和检举等信件，或者当面反映的这方面问题，可以交由市人大常委会工作机构转有关机关、单位研究处理，并由有关机关、单位负责答复，市人大常委会工作机构要加强督办工作。代表个人不得干预具体司法案件的审理和执行。代表对涉及本人及亲属的具体案件应当回避。

十、代表在任期内应向选区选民述职，汇报自己执行代表职务的情况，自觉接受选区选民的监督，增强依法执行代表职务的意识。

十一、坚持和完善邀请代表列席市人大常委会会议制度；常委会制定年度工作安排，要听取代表的意见；审议有关涉及全局性的议案，可根据情况，将草案发给有关代表征求意见；开展工作评议或述职评议，要听取代表对被评议部门、单位或个人的意见；到基层视察、调研，应听取当地代表的意见和建议。

十二、保障代表的知情权，使代表知情知政，为代表深入审议各项报告和议案提供信息、创造条件。市人大常委会、政府、法院、检察院办事机构应向代表及时寄送工作简讯和有关材料。镇人大主席团印发镇级人大代表的资料，同时印发本行政区域内的市人大代表。

十三、逐步增加代表在闭会期间的活动经费，保证开展活动的需要。活动经费列入市财政预算，市人大常委会工作机构除留取部分用于统一组织代表学习、培训等各项活动的经费外，按代表名额分配到各镇人大主席团、街道人大工委。代表活动经费主要用于为代表订阅有关报刊杂志、提供代表的有关资料、开展代表培训、支付非公职人员代表的误工补贴和车旅费、以及代表活动期间的其他费用。代表活动经费应专款专用，严格管理。

十四、依照法律规定，代表依法参加代表活动，其所在单位、部门必须给予时间、工资、资金和其他福利待遇等各项保障。

十五、代表必须认真贯彻“三个代表”重要思想，模范地遵守宪法和法律，依法履行职责；要努力学习执行代表职务必须掌握的基本知识和专门知识，积极参加市人大常委会组织的学习培训活动；要勤奋工作，廉洁自律，严格保守国家秘密，自觉接受原选区和人民群众的监督。

晋江市人民代表大会常务委员会
关于进一步提高审议质量的若干意见

（2005 年 12 月 15 日晋江市第十四届人大常委会第十四次会议讨论通过）

为更好地履行宪法和法律赋予人民代表大会常务委员会（以下简称人大常委会）的职权，进一步提高晋江市人大常委会会议的审议质量，确保民主、科学、依法决策，根据有关规定，结合工作实际，提出如下意见：

一、围绕法定职权，科学确定市人大常委会会议议题

1. 市人大常委会要本着提高质量、增强实效的原则，科学确定好市人大常委会会议议题。纳入市人大常委会年度工作要点的议题，由市人大常委会会议讨论通过。必要时，可以对议题进行调整，议题调整委托市人大常委会主任会议讨论确定，并告知市人大常委会组成人员。

2. 主要从以下五个方面选择和确定议题：一是法律、法规规定的事项；二是法律、法规、上级和本级人民代表大会及其常务委员会决定、决议执行情况；三是事关全市改革发展稳定的重大问题；四是人民群众普遍关心的热点、难点问题；五是市人大常委会主任会议认为需提交市人大常委会会议审议的其他事项。

二、深入开展调查研究，增强审议的针对性和准确性

3. 市人大常委会组成人员要密切联系市人民代表大会代表（以下简称人大代表）和人民群众，围绕常委会会议审议议题开展调查研究，走访选民及有关单位，认真听取意见、建议，及时向市人大常委会反映情况。

4. 市人大常委会办公室和各工作委员会要围绕常委会会议审议的议题，会前组织开展调查研究。

5. 市人民政府、市人民法院、市人民检察院（以下简称“一府两院”）及其职能部门要根据市人大常委会年度工作要点，围绕每次市人大常委会会议审议议题做好报告准备。一般应在安排召开的市人大常委会会议前 1 个月，提交提请审议的报告初稿或征求意见稿。

6. 凡市人大常委会听取和审议市人大常委会主任会议议案、报告，办公室或相关工作委员会要向市人大常委会会议作说明；听取和审议“一府两院”议案、报告，相关工作委员会要将调查研究情况向市人大常委会主任会议报告并讨论形成初审意见，向市人大常委会会议报告；

7.市人大常委会办公室应将市人大常委会主任会议确定的召开市人大常委会会议的日期、拟审议的议题等主要事项，一般应在召开会议7天前通知市人大常委会组成人员和“一府两院”及有关职能部门，议题相关材料在举行会议3天前送达市人大常委会组成人员。

8.群众普遍关注的热点问题通过晋江人大网站、市有线电视台等渠道，向社会公告，广泛听取和收集人民群众的意见、建议。

三、改进审议工作，提高审议民主化程度

9.实行中心发言制度。市人大常委会主任会议根据市人大常委会组成人员参加调研情况，在审议时确定若干名组成人员作中心发言。中心发言人要结合调研情况，了解常委会其他组成人员的意见，认真做好审议发言准备。

10.市人大常委会会议拟通过有关决议、决定和人事任免事项，均应进行表决。审议有关工作报告，一般应对其满意情况进行表决。对审议中意见分歧较大的事项，由会议主持人提议并经市人大常委会组成人员半数以上同意，可暂不付表决。

表决采用无记名投票方式进行，条件允许时可采用按键表决方式进行。程序性、原则性或审议中意见高度一致的审议事项，可由会议主持人提议采用举手表决方式，经市人大常委会组成人员半数以上同意方可进行。

表决结果由会议主持人当场宣布。

11.根据审议议题，市人大常委会组成人员可以投赞成（同意）票、反对（不同意）票、弃权票或表示满意、基本满意、不满意。

表决获市人大常委会组成人员半数以上赞成（同意）方为通过。审议有关工作报告时，如应到会的市人大常委会组成人员半数以上投不满意票，应责成在下一次常委会会议上重新报告。重新报告时，如仍有半数以上市人大常委会组成人员投不满意票，可依法启动质询程序、组织特定问题调查或采取其他必要的监督措施。

12.市人大常委会组成人员在审议有关议案、报告时，可以向市人民政府及其工作部门、市人民法院、市人民检察院、晋江市行政区域内具有行政管理职能的其他工作部门提出询问，有关部门负责人应当回答询问。

如询问涉及问题比较复杂的，受询问机关提出要求，经会议主持人提议并获市人大常委会组成人员半数以上同意，受询问机关可在会后作出书面答复，书面答复印发市人大常委会组成人员。

13.市人大常委会审议有关工作报告一般应形成审议意见，审议意见可委托市人大常委会主任会议讨论通过，印发“一府两院”及有关部门办理落实。

14.市人大常委会对“一府两院”报告的事项，实行填写《审议意见表》制度。《审议意见表》在每次市人大常委会会议上发给市人大常委会组成人员。未在会议上发言的

市人大常委会组成人员，可填写《审议意见表》并在会后 7 天内送达市人大常委会办公室，为形成审议意见提供参考。

15.市人大常委会审议决定重大事项时，市人大常委会组成人员一般应明确就重大事项的合法性、必要性、可行性表明态度、提出看法。具体程序、办法和要求按相关法律、法规和市人大常委会有关规范性文件执行。

16.建立健全市人大代表列席制度和公民旁听制度，具体办法按相关法律、法规和市人大常委会有关规范性文件执行。列席会议的人大代表有发言权，无表决权。旁听公民可以书面形式提出看法或建议，不能发言，无表决权。

四、加强对常委会作出决议、决定和审议意见的跟踪监督

17.实行市人大常委会审议意见对口跟踪督办制度。对市人大常委会的审议意见，相关工作委员会要跟踪、督办落实。

18.实行审议意见办理结果报告制度。“一府两院”要在规定的时限内将市人大常委会审议意见的办理情况书面报告市人大常委会。办理难度较大或其他原因在规定时限内难以答复的，也应在规定时限内书面说明原因或提出办理方案。

市人大常委会办公室负责将“一府两院”的有关书面办理报告印发市人大常委会全体组成人员。

“一府两院”如对市人大常委会审议意见有不同意见或看法，应及时以书面形式提出，由市人大常委会主任会议重新研究，确认意见不妥或与事实有出入的，必须予以纠正并报告市人大常委会会议。

“一府两院”未在规定时限内书面报告审议意见办理情况或提出不同意见、看法的，有关负责人应在市人大常委会会议上报告相关情况，接受询问。

19.市人大常委会可以组织对重要决议、决定执行情况和审议意见办理落实情况的视察、检查、调查或结合市人大常委会开展的工作评议、述职评议等其他工作调查了解其落实情况。

必要时，市人大常委会会议可安排专题听取和审议“一府两院”有关市人大常委会审议意见办理落实情况的报告。

五、提高审议水平，严格常委会会议出席制度

20.市人大常委会组成人员要加强学习，熟悉掌握行使职权必备的知识，努力提高自身水平。要遵守《晋江市人大常委会工作规则（试行）》，在审议过程中，坚持以“三个代表”重要思想为指导，牢固树立科学发展观，以人为本、以法为据、实事求是、客观公正。

21.市人大常委会组成人员要按时出席市人大常委会会议，无特殊情况不得请假，

原则上一年请假不得超过两次。特殊原因不能出席会议的，应提前将书面请假报告送达市人大常委会办公室，并说明原因。一年内无故缺席两次会议的，由市人大常委会通报批评。

市人大常委会组成人员每次出席常委会会议的情况，在晋江人大网站上公布，并由市人大常委会办公室每年统计一次，在下一年度召开的第一次市人大常委会会议上书面公布。

22.市人大常委会组成人员要严守国家机密。凡属规定不应公开的内容，不得以任何方式传播。

晋江市人民代表大会常务委员会工作评议暂行办法

（2005年12月15日晋江市第十四届人大常委会第十四次会议通过）

第一章　总　则

第一条　为规范评议工作，加强对国家行政机关、审判机关、检察机关的监督，根据宪法、法律、法规的有关规定，结合晋江市实际，制定本办法。

第二条　本办法所称的工作评议是指市人民代表大会闭会期间，由市人民代表大会常务委员会（以下简称市人大常委会）组织对市人民政府及其所属工作部门、市人民法院、市人民检察院、本行政区域内依法具有行政管理职能的其他工作部门的执法和工作情况进行评议的一种监督形式。

第三条　市人大常委会开展工作评议，要坚持依法办事、实事求是、客观公正、民主公开、讲求实效的原则。通过工作评议促进国家行政机关、审判机关、检察机关依法行政、公正司法，推进队伍建设和机关效能建设，推进依法治市的进程。

第二章　组织领导和评议内容

第四条　评议工作由市人大常委会领导，成立市人大常委会评议工作领导组，负责组织实施评议工作。

第五条　市人大常委会评议工作领导组下设办公室，负责评议工作的具体事务。

第六条　工作评议的对象（评议对象）由市人大常委会会议讨论决定。

对国家机关的工作评议和对国家机关工作人员的述职评议可以结合进行。

第七条　工作评议的内容：

（一）执行宪法、法律、法规和国家方针政策的情况；

（二）执行上级和本级人民代表大会及其常务委员会决议、决定的情况；

（三）依法履行职责和队伍建设、勤政廉政的情况；

（四）人民群众普遍关心和迫切需要解决的问题的办理情况；

（五）办理人民代表大会代表（以下简称人大代表）提出的建议、批评和意见以及市人大常委会视察检查意见、审议意见的情况，办理市人大常委会交办、督办信访件的情况；

（六）市人大常委会认为应当评议的其他事项。

第三章　评议的程序和方法

第八条　工作评议分为准备、调查、评议、整改四个阶段。

第九条　准备阶段。主要包括以下五项工作：

（一）制定评议工作方案。由市人大常委会讨论通过评议工作方案，确定评议的指导思想、内容、时间、方法、步骤，组成评议工作领导组和办公室，提出工作要求；

（二）向评议对象发出评议工作通知，通报评议工作方案；

（三）组织参评人员学习有关法律、法规；

（四）进行评议的宣传、动员和部署；

（五）评议对象根据评议工作方案的要求制定接受评议工作方案，认真做好各项准备工作，根据评议的内容和要求进行自查、自纠，并在规定时间内将自查材料报送市人大常委会。

第十条　调查阶段。市人大常委会评议工作领导组采取接访、座谈、询问、走访、测评、问卷、考试、检查、视察、专题调查等形式，广泛听取各方面意见，了解掌握情况，形成调查报告和相关材料。

参加评议工作的人员以市人大常委会组成人员和本级人大代表为主，可邀请部分上级或下级人大代表和有关方面的人员参加。参加评议工作的人员，对涉及本人及其亲属或与其有利害关系，可能影响公正调查有关问题和案件的，应当回避。

参加评议人员依法进行评议调查时，评议对象和有关单位、个人应当积极配合，如实提供情况。

第十一条　评议阶段。评议采取会议形式进行。评议会议由市人大常委会主任或副主任主持，会议的主要程序有：

（一）评议对象的主要负责人作关于接受评议的自查报告；

（二）市人大常委会评议工作领导组向大会报告调查情况；

（三）市人大常委会组成人员和市人大代表进行评议；

（四）评议对象的主要负责人作表态发言；

（五）市人大常委会组成人员对评议对象进行综合测评。测评分满意、基本满意、不满意三个档次。

市人大常委会举行评议会议时，评议对象的领导班子成员、中层干部应当到会听取意见；市人民政府、人民法院、人民检察院相关领导，市人民政府所属工作部门负责人必须列席会议。必要时，可以邀请有关部门负责人列席会议，也可以邀请社会各界人士旁听会议。

第十二条　整改阶段。评议会议结束后，市人大常委会评议工作领导组根据调查报告和评议情况，形成评议意见，交评议对象进行整改。评议对象根据评议意见，认真制定整改方案并抓好落实，在15日内将整改方案书面报告市人大常委会评议工作领导组，并在3个月内向市人大常委会报告整改落实情况。如遇涉及面广、需要较长整改时间的重大问题，经市人大常委会评议工作领导组批准后，整改时间可以适当延长。

整改期间，市人大常委会评议工作领导组要跟踪整改情况，督促评议意见的落实。

评议整改工作基本结束后，市人大常委会评议工作领导组组织对评议对象从以下几个方面进行验收检查：

（一）评议中提出的意见、建议的办理情况；

（二）完善规章制度及工作改进的情况；

（三）有关重点案件的查处情况；

（四）对违法、违纪人员的处理情况。

市人大常委会对评议对象整改情况采取无记名投票的形式进行测评。测评分满意、基本满意、不满意三个档次。

市人大常委会组成人员半数以上对整改工作情况不满意的，评议对象应重新进行整改。

第四章　评议的处理

第十三条　工作评议结束后，市人大常委会对严格执法、政绩突出、代表信任的单位可给予表彰或者建议有关机关给予表彰，特别优秀的，可授予地方荣誉称号。

第十四条　市人大常委会对评议对象提出的评议意见，应送交有关机关、单位和组织，供考评工作和考核干部时作参考。

第十五条　评议对象违反本办法的有关规定有干扰阻碍评议工作、拒绝接受评议、消极对待评议、不予落实整改措施行为的，或者相关责任人有违法违纪、失职渎职，或者对参加评议和反映问题的人员打击报复的，根据其情节轻重作如下不同处理：

（一）责成限期改正或作出检查；

（二）依法提出质询；

（三）转由有关组织或部门调查处理；

（四）依法组织特定问题调查委员会进行调查；

（五）依法撤销或免去有关责任人由市人大常委会任命的职务；

（六）依法向本级人民代表大会提出罢免案；

（七）构成犯罪的，责成司法机关依法追究刑事责任。

第五章 附 则

第十六条 市人大常委会街道工作委员会可以依照本办法组织市人大代表对街道办事处所属工作机构，驻辖区行政、司法等工作机构进行评议。

第十七条 镇人民代表大会主席团可以参照本办法对本级人民政府所属工作机构，驻辖区行政、司法等工作机构进行评议。

第十八条 本办法由市人大常委会负责解释。

第十八条 本办法自通过之日起施行。

晋江市人民代表大会常务委员会讨论决定重大事项的暂行规定

（2006 年 11 月 10 日晋江市第十四届人大常委会第 21 次会议通过）

第一条 为规范和保证市人民代表大会常务委员会（以下简称市人大常委会）依法行使讨论、决定重大事项的职权，根据《中华人民共和国宪法》和《中华人民共和国地方各级人民代表大会和地方各级人民政府组织法》《福建省各级人民代表大会常务委员会讨论决定重大事项的规定》等有关法律、法规，结合晋江市实际，制定本暂行规定。

第二条 市人大常委会讨论、决定本行政区域内各方面工作的重大事项，适用本规定。

第三条 市人大常委会讨论、决定重大事项应当坚持党的领导、充分发扬民主、严格依法进行，维护国家和人民群众的根本利益。

第四条 下列重大事项，应当提请市人大常委会审议并作出相应的决议或决定：

（一）为保证宪法、法律、法规和上级人民代表大会及其常务委员会以及本级人民代表大会的决议、决定在本行政区域内得到遵守和执行的重大措施；

（二）加强社会主义民主法制建设的重大部署；

（三）国民经济和社会发展中、长期规划的调整；

（四）国民经济和社会发展年度计划主要指标的调整；

（五）预算的调整及本级决算；

（六）授予或撤销地方荣誉称号；

（七）确定或变更市树、市花、市歌等城市有形和无形标志；

（八）确定全市性节日、纪念日；

（九）与外国城市缔结友好关系；

（十）市人民代表大会授权或者交由市人大常委会讨论、决定的重大事项；

（十一）法律、法规规定应当提请人大常委会审议并作出相应决议或者决定的其他重大事项。

第五条　下列事项，应当提请市人大常委会审议，由市人大常委会作出决议或者决定后，再按照审批权限报请批准，并将批准情况报市人大常委会备案：

（一）土地利用总体规划的编制及重大调整方案；

（二）城市总体规划的编制及其局部调整中涉及城市性质、规模、发展方向和总体布局的重大变更方案；

（三）市人民政府驻地迁移方案；

（四）行政区划的调整和变更方案。

第六条　下列事项，应当向市人大常委会报告：

（一）贯彻宪法、法律、法规和上级、本级人民代表大会及其常务委员会决议、决定的情况；

（二）事关农业发展、农村改革和农民收入的重要情况；

（三）事关经济发展和涉及人民群众切身利益的重大改革措施及其他重大问题；

（四）国民经济和社会发展计划、预算的执行情况；

（五）预算执行和其他财政收支的审计情况；

（六）预算外资金的收支计划及其执行情况；

（七）国有资产的监管和运营的重要情况；

（八）财政性资金投资的事关国计民生的重大建设项目或人民群众普遍关注的重大建设项目的立项，市人民代表大会通过的重点建设项目的建设进展情况；

（九）人口、环境和资源保护等方面所采取的事关可持续发展的重大措施和有关规划的实施情况；

（十）教育、科学、文化、卫生等社会事业改革和发展的重要情况，民族、宗教工作方面的重要情况；

（十一）华侨、归侨、侨眷和港澳台胞合法权益保护的重要情况；

（十二）妇女、未成年人、老年人、残疾人等群体合法权益保护的重要情况；

（十三）历史文化街区、文物保护单位、风景名胜区和自然保护区、民间传统文化的保护及申报世界遗产、人类口头和非物质遗产的重要情况；

（十四）重大自然灾害和特大事故的处理情况；

（十五）城乡居民最低生活保障，农村合作医疗、被征地人员养老保险，城镇职工养老保险、失业保险、工伤保险、医疗保险和女职工生育保险等社会保障制度实施中的重大问题；

（十六）社会治安、行政监察、审计工作的重要情况；

（十七）审判工作、检察工作的重要情况；

（十八）市人民代表大会代表议案、建议、批评和意见的办理情况；

（十九）市人大常委会组织的特定问题调查委员会提出的调查报告；

（二十）市人民政府、人民法院、人民检察院认为需要报告的其他重大事项；

（二十一）法律、法规规定应当向人大常委会报告或者人大常委会认为需要报告的其他事项。

本条第（四）（五）（六）款规定的事项，市人民政府每年至少应当报告一次；第（十九）款规定的事项，由市人大常委会组织的特定问题调查委员会报告；其他各款规定的事项，市人民政府、市人民法院、市人民检察院应当根据实际情况或者按照市人大常委会的要求报告。市人大常委会在听取有关报告后，可提出审议意见，必要时，作出相应的决议或者决定。

第七条　本规定第四条、第五条所列事项，应当以议案形式提出，第六条所列事项，以报告形式提出。

市人大常委会主任会议、市人民政府、市人大常委会组成人员三人以上联名可以向市人大常委会提出议案。

市人民政府、市人民法院、市人民检察院可以向市人大常委会提出有关事项的报告。

第八条　议案、报告提请审议程序：

（一）市人大常委会主任会议提出的议案，直接提请市人大常委会会议审议。

市人民政府提出的议案，由市人大常委会主任会议决定提请市人大常委会会议审议。

市人大常委会组成人员三人以上联名提出的议案，由市人大常委会主任会议决定是否提请市人大常委会会议审议；不提请市人大常委会会议审议的，应当向提议案人说明并向市人大常委会会议报告。

（二）市人民政府、市人民法院、市人民检察院提出的报告，由市人大常委会主任会议决定是否提请市人大常委会会议审议，或者由市人大常委会有关工作委员会进行审查，提出报告，再由主任会议决定是否提请市人大常委会会议审议；不提请市人大常委会会议审议的，应当向提报告机关说明并向市人大常委会会议报告。

（三）市人大常委会组织的特定问题调查委员会提出的报告，由市人大常委会主任会议决定提请市人大常委会会议审议。

第九条　议案、报告应当真实、准确。议案一般应包括以下内容：

基本情况和需要解决的问题；

有关法律、法规、规章和政策依据；

决策方案及其可行性说明；

有关的统计数据、调研论证等资料。

非特殊情况，提交市人大常委会会议审议的议案、报告及相关材料，均应在规定的期限内送交市人大常委会。

第十条　市人大常委会会议审议有关议案时，提议案机关负责人或联名提出议案的领衔人应当到会说明，回答询问。提请机关负责人也可以委托相关工作机构负责人到会说明，回答询问。

第十一条　市人大常委会会议审议重大事项，必要时可举行听证会。

第十二条　市人大常委会对审议的重大事项，需要提交市人民代表大会讨论、决定的，应当依照法定程序提交市人民代表大会讨论、决定。

第十三条　市人大常委会对有关重大事项作出的决议或者决定，有关机关、组织和个人应当遵守和执行。提出的审议意见，承办机关应当认真办理，并在规定期限内向市人大常委会报告办理结果。

第十四条　市人大常委会对作出决议、决定的执行情况和审议意见的办理情况，应当加强监督检查。监督检查中发现有关机关对市人大常委会作出的决议、决定执行不力或者对审议意见办理不力，有关机关主要负责人应当在市人大常委会会议上说明情况，市人大常委会组成人员可以对其进行询问、质询。经两次督促仍未及时执行或办理的，依法追究责任。

第十五条　本规定第四条、第五条所列事项，有关国家机关擅自作出决定的，责令其限期改正或者依法予以撤销，并视情节追究有关机关或有关部门主要负责人的责任；本规定第六条所列事项，凡市人大常委会要求报告，有关机关不报告的，责令其限期报告。对报告失实或者隐瞒实际情况的，依法追究有关机关或有关部门主要负责人的责任。

第十六条　本规定未尽事宜，按相关法律、法规和《晋江市人民代表大会常务委员会工作规则（试行）》执行。

第十七条　本规定由市人大常委会负责解释。

第十八条　本规定自2007年5月1日起施行。

晋江市人民代表大会常务委员会
关于授予地方荣誉称号的暂行规定

（2007年8月31日晋江市第十五届人大常委会第四次会议通过）

第一条　为规范行使市人民代表大会常务委员会（以下简称市人大常委会）授予地方荣誉称号的职权，根据《中华人民共和国地方各级人民代表大会和地方各级人民政府组织法》（以下简称地方组织法）的有关规定，结合晋江市实际，制定本暂行规定。

第二条　遵守国家法律法规，为晋江市经济建设、政治建设、文化建设和社会建设作出突出贡献的集体和个人，均可被授予地方荣誉称号。授予地方荣誉称号可以界定时限。

第三条　授予地方荣誉称号议案的提出：

市人大常委会主任会议，可以向市人大常委会提出授予荣誉称号的议案，由常委会会议审议。

市人民政府、市人民法院、市人民检察院可以向市人大常委会提出授予荣誉称号的议案，由市人大常委会主任会议决定提请常委会会议审议。

市人大常委会组成人员三人以上联名，可以向市人大常委会提出授予荣誉称号的议案，由市人大常委会主任会议决定是否提请常委会会议审议。

第四条　提出授予地方荣誉称号的议案，应明确所授予地方荣誉称号的称谓，并有案由、案据和说明。

第五条　提议案者应在市人大常委会举行会议的一个月前，将提请审议授予地方荣誉称号的议案送交市人大常委会。

经市人大常委会主任会议研究同意，由市人大常委会办公室将提请审议授予地方荣誉称号的对象通过新闻媒体向社会公示。

第六条　市人大常委会会议对所提议案进行审议后，以无记名投票方式就是否授予地方荣誉称号进行表决，表决通过后，向社会公告。

第七条　对被授予地方荣誉称号的集体或个人，颁予奖章、证书或荣誉牌匾。

第八条　撤销或终止地方荣誉称号，由市人大常委会会议审议决定并予公告。

第九条　本暂行规定由市人大常委会负责解释。

第十条　本暂行规定自通过之日起施行。

晋江市人民代表大会常务委员会
关于授予晋江市荣誉市民称号的暂行规定

（2007 年 8 月 31 日晋江市第十五届人大常委会第四次会议通过）

第一条　为鼓励和表彰对晋江市经济建设、政治建设、文化建设和社会建设作出突出贡献的非晋江市户籍人士或晋江市户籍的非晋江籍贯人士，根据《晋江市人民代表大会常务委员会关于授予地方荣誉称号的暂行规定》，结合实际，制定本暂行规定。

第二条　本暂行规定所称非晋江市户籍人士指外国人、华侨、华人、香港特别行政区居民、澳门特别行政区居民、台湾同胞和内地非晋江市户籍人士；晋江市户籍的非晋江籍贯人士指在晋江市居住、工作的人士。

第三条　遵守国家法律法规并具备下列条件之一的非晋江市户籍人士或晋江市户籍的非晋江籍贯人士，可授予晋江市荣誉市民称号：

（一）推动晋江市经济社会发展，贡献突出的；

（二）推进晋江市教育、科学、文化、卫生、体育事业发展，贡献突出的；

（三）热心晋江市社会公益和慈善事业，贡献突出的；

（四）维护国家、集体利益和人民群众生命财产安全，贡献突出的；

（五）促进晋江市对外交流与合作，贡献突出的；

（六）作出其他突出贡献的。

第四条　授予荣誉市民称号的议案，由市人民政府向市人民代表大会常务委员会（以下简称市人大常委会）提出，由市人大常委会主任会议决定提请市人大常委会会议审议。

第五条　市人民政府应在市人大常委会举行会议的一个月前，将提请审议授予荣誉市民称号的议案送交市人大常委会。

经市人大常委会主任会议研究同意，由市人大常委会办公室将提请审议授予荣誉市民的对象通过新闻媒体向社会公示。

第六条　经市人大常委会审议决定授予晋江市荣誉市民称号的，由市人民政府颁发晋江市荣誉市民证书、证章。

对获得荣誉市民称号的人士，给予礼遇。

第七条　荣誉市民有下列情形之一的，经市人民政府提请，由市人大常委会决定撤销或终止其荣誉市民称号，并予以公布：

触犯中华人民共和国法律，被追究刑事责任的；

其他原因不宜保持荣誉市民称号的。

第八条　荣誉市民称号一般每两年评选一次。市人民政府可根据本暂行规定制定具体实施办法。

第九条　本暂行规定由市人大常委会负责解释。

第十条　本暂行规定自通过之日起施行。

晋江市人大常委会关于废止《晋江市人民代表大会常务委员会关于国家机关工作人员述职评议的暂行办法》的决定

（2007年10月30日晋江市第十五届人大常委会第五次会议通过）

晋江市第十五届人民代表大会常务委员会第五次会议决定，自即日起废止《晋江市人民代表大会常务委员会关于国家机关工作人员述职评议的暂行办法》。

晋江市人民代表大会常务委员会街道工作委员会工作规则

（2005 年 12 月 15 日晋江市第十四届人大常委会第十四次会议通过
2009 年 2 月 27 日晋江市第十五届人大常委会第十七次会议修正）

第一条　为加强和规范市人民代表大会常务委员会（以下简称市人大常委会）街道工作委员会的工作，根据《中华人民共和国地方各级人民代表大会和地方各级人民政府组织法》《中华人民共和国全国人民代表大会和地方各级人民代表大会代表法》的有关规定精神，结合晋江市实际，制定本规则。

第二条　市人大常委会街道工作委员会（以下简称街道人大工委）是市人大常委会派驻街道的工作机构，在市人大常委会的直接领导下开展工作，对市人大常委会负责并报告工作。同时接受街道党工委的领导。

第三条　街道人大工委设主任 1 名、副主任 1 名、委员 3—5 名。主任、副主任、委员的人选由市人大常委会主任会议提名，市人大常委会会议任免。街道人大工委配备专职工作人员。

第四条　街道人大工委履行以下职责：

（一）宣传、贯彻宪法、法律、法规和各级人民代表大会及其常务委员会的决议、决定。

（二）按照市人大常委会的工作计划和部署，组织辖区内人大代表参加学习，开展视察、检查、调研和工作评议等活动。

（三）联系辖区内的人大代表，接待、受理人大代表和人民群众的来信来访，反映人大代表和人民群众的意见和建议，督促街道办事处和市直机关派驻街道工作机构认真办理人大代表提出的建议、批评和意见。

（四）为人大代表执行代表职务提供必要的条件和服务。

（五）对街道办事处及其工作机构、驻辖区内的行政、司法等工作机构的工作情况以及执法情况，提出意见和建议。

（六）对辖区内经济建设、文化建设和公共事业发展情况以及人民群众关心的热点、难点问题进行调查研究，向市人大常委会和有关部门反映情况，提出意见和建议。必要时，可向市人大常委会作专题汇报。

（七）在市人大常委会和选举委员会的领导下，做好辖区内市人大代表选举的有关工作。

（八）办理市人大常委会及其主任会议交办的其他事项。

第五条　街道人大工委负责人列席市人大常委会会议。

第六条　街道人大工委议定事项，实行民主集中制原则。

第七条　街道人大工委会议一般每两个月举行一次。必要时，也可以临时召集会议。会议由主任召集和主持，也可由主任委托副主任召集和主持。

第八条　街道人大工委举行会议时，根据工作需要，可以通知街道办事处及其工作部门，驻辖区内的行政、司法工作机构及有关单位的负责人列席，也可以邀请辖区内的人大代表列席。

第九条　街道人大工委应与街道办事处、驻辖区内的行政、司法等工作机构建立工作联系制度，互相通报工作情况，讨论协调有关事项。

第十条　各街道人大工委之间要加强沟通联系。工作中，如遇相关行政、司法工作机构的管理服务范围涉及多个街道的，经报市人大常委会同意，有关街道人大工委可采取联合组织活动的形式开展工作。

第十一条　街道人大工委经费列入街道财政预算。

第十二条　本规则由市人大常委会负责解释。

第十三条　本规则自通过之日起施行。

晋江市人大常委会办公室工作制度

（晋人办〔2012〕8号）

为进一步加强市人大常委会办公室效能建设，提高服务质量和工作效率，现就办公室工作制定如下十三项制度：

一、办公室主任会议制度

实行办公室主任周会议制度，及时沟通交流，研究安排工作。重大事项须报常委会有关领导决定。

二、考勤请假制度

1.自觉遵守办公作息制度，按时上下班，不迟到、早退，不擅离职守。

2.严格上班纪律，禁止在办公电脑上玩游戏、看电影、播放音响图片或浏览与工作无关的网页。

3.一般工作人员因病因事请假，由科室负责人提出意见，报相关领导分级审批。请假1天以内由办公室分管领导审批，1—3天由办公室主任审批，3天以上由常委会分管领导审批，15天以上须经常委会主任同意后报组织人事部门备案。副科级以上干部请销假程序按《晋江市科级以上干部请销假暂行规定》执行。

4.未请假或请假未经批准擅自离开工作岗位者视为旷工，并视情节轻重给予批评教育、通报批评或行政处分。

5.秘书科每月统计工作人员出勤情况，作为机关工作人员年度考核、季度绩效考核重要依据。

三、印章管理制度

1.印章由办公室指定专人负责管理，印章管理人员请假或外出时，由办公室主任指定人员代管。

2.市人大常委会党组、人大常委会、人大常委会办公室印章使用须分别报人大常委会党组书记、人大常委会主任、人大常委会办公室主任批准。

3.印章管理人员要严格执行用印规定，认真核对审批手续，并做好用印情况登记(包括使用日期、用印事由、批准人姓名及经办人签字)。

4.任何人未经批准不得擅自使用印章。对违规使用印章者，视情节轻重给予处分，造成严重后果的，将依法追究相应责任。

四、保密安全制度

1.各类文件要分类保存，按时归档。需销毁的文件、资料，由秘书科指定专人负责统一销毁，不得随意丢弃。

2.办公室指定专人负责秘密文件、档案、资料及其他物品的收发、传递、使用、保存和销毁等处理工作，严禁私自留存、销毁或随意转交他人。

3.对内部刊物要及时收回，作保密性处理。

4.加强计算机使用管理，定期组织检查办公室计算机使用情况。

5.做好防火防盗、安全保卫工作，办公室内不得存放大额现金和贵重物品。

五、办文制度

1.来文管理

①文件收发及管理由秘书科专人负责。

②第一时间登记收到的各类文件、材料，送交办公室分管领导提出拟办意见，由办公室人员及时办理并跟踪落实。

③收到重要文件或特提公文，应即收即办即反馈。遇特殊情况，要根据需要简化程序，及时报告相关领导。

④及时做好有关文件、材料的收集、整理和存档工作。

2.发文管理

①常委会及各委办对外行文需经办公室分管领导核稿把关，再呈送相关领导签发。

②常委会会议或主任会议通过的各项决议、决定、议案、审议意见或会议纪要等文

件应在会后2个工作日内，视察意见应在视察活动结束后7个工作日内，呈送相关领导签批并及时印发。

③以办公室名义上报或下发的文件，由办公室主任或办公室分管领导签发。

六、活动筹办制度

1.常委会会议、常委会党组会议、主任会议及各项活动由办公室负责筹办。各工委活动的组织由办公室协调配合。

2.每月20日前根据常委会年度工作安排，汇总各委员会意见，形成常委会下一月份工作初步安排，由办公室主任报常委会领导同意后印发。

3.根据常委会月份工作安排，会市委办、政府办后，形成常委会领导每周活动安排，于周一上午印发常委会领导和各委办。

4.做好各项会议和活动的准备工作，提前落实参加对象出席情况并报有关领导，至少提前一天将会议文件材料、主持词、领导讲话稿等呈送常委会有关领导。

5.常委会会议、主任会议及其他重要活动，办公室主任、分管领导、秘书科及行政科负责人应做好现场组织工作。

七、信访工作制度

1.群众来信来访由信访科负责，统一受理。

2.遇重大群体性来访，应稳定事态并及时报告有关领导。

3.遵守信访工作纪律和保密制度，妥善保管信访相关文件资料，不得泄露、扩散或外传。

八、财务财产管理制度

1.严格财务报销审批制度，各种报销票据必须注明用途，由经办人、证明人签名后，报办公室主任审批。报销金额超过1000元的，须报常委会分管领导批准。重大项目开支应事先编制预算，由办公室呈报常委会主要领导及有关领导。

2.因公借支备用金，应先填写借款凭证，经办公室分管副主任审核后，报办公室主任审批。借款金额超过5000元的，须报常委会分管领导批准。所借款项须于事后5个工作日内结算还款。

3.购买日常办公用品及固定资产，由行政科提出采购申请，经办公室分管副主任审核、办公室主任审批后，统一购置分发。重大固定资产采购须报常委会分管领导批准。列入政府采购目录的物资采购按政府采购有关程序办理。

4.固定资产由行政科按规定登记造册，由领用人使用及保管，人员调离应及时办理移交手续。

九、接待管理制度

1.公务活动接待及会议食宿统一由行政科协调安排。

2.严格执行公务接待标准，工作用餐标准一般不超过80元/人，其他接待活动一般不超过150元/人。

3.用餐结束后，接待人员应及时清点、核对并签单，接待费用由行政科统一汇总结算。

十、驾驶员及车辆管理制度

1.驾驶员及车辆由行政科统一管理调度。

2.驾驶员要严格遵守交通安全管理规章制度，做好车辆日常养护工作。如发生交通违章或因违章造成事故，由驾驶员承担相应责任。

3.车辆燃油、过路过桥及维修等相关费用实行单车核算、每月汇总制度。车辆用油实行一车一卡、定点加油。故障维修由驾驶员根据车况填写车辆维修申报单，经行政科负责人签字、办公室分管领导审核后，报办公室主任审批。维修费用超过1000元的，须报常委会分管领导批准。

4.节假日期间或下班后无出车任务时，车辆一律在机关入库停放。未按规定停放造成车辆失窃或损坏，由驾驶员承担赔偿责任并严肃处理。严禁未经同意擅自将车辆借与他人使用，违者严肃处理。

十一、卫生保洁制度

1.常委会领导办公室保洁工作由通讯员专人负责，公共区域及会议室保洁工作由专职保洁员负责，机关大楼绿化及氛围布置由行政科负责。

2.每季度至少组织开展一次卫生大扫除，对机关大楼进行全面卫生保洁。

3.经常性组织检查卫生保洁情况，发现问题及时协调整改。

十二、值班保卫制度

1.认真做好机关节假日、双休日值班安排，提前通知值班领导及值班人员，并落实好车辆保障。

2.值班人员要按时在岗，坚守岗位，履行工作职责，做好值班记录。

3.机关安全保卫人员要坚守工作岗位，加强值班巡逻，落实防火防盗、安全防卫等工作。定期检查、维护监控设备，如发现故障或损坏应及时报修。

十三、老干部服务制度

1.认真制定老干部生日、节日慰问方案，由办公室报常委会有关领导同意后组织实施。

2.组织好每年老干部体检工作。

3.注意关心了解老干部生活情况，及时向常委会领导提出走访慰问建议。

晋江市人民代表大会常务委员会关于工作评议的规定

（2005年12月15日晋江市第十四届人大常委会第十四次会议通过
2013年2月28日晋江市第十六届人大常委会第八次会议修改）

第一条　为规范评议工作，提高监督实效，根据《中华人民共和国各级人民代表大会常务委员会监督法》等有关法律、法规的规定，结合晋江市实际，制定本规定。

第二条　本规定所称的工作评议是指市人民代表大会闭会期间，由市人民代表大会常务委员会（以下简称市人大常委会）组织对市人民政府及其所属工作部门、市人民法院、市人民检察院、本行政区域内具有行政管理职能的其他工作部门依法履职和工作情况进行评议的一种监督形式。

第三条　市人大常委会开展工作评议，要坚持依法办事、实事求是、客观公正、民主公开、讲求实效的原则。通过工作评议促进市人民政府及其所属工作部门、市人民法院、市人民检察院依法行政、公正司法，推进队伍建设和机关效能建设。

第四条　评议工作的组织领导：

（一）评议工作由市人大常委会领导，市人大常委会成立市人大常委会评议工作领导组，负责组织实施评议工作；

（二）市人大常委会评议工作领导组下设办公室，负责评议工作的具体事务；

（三）工作评议的对象（以下简称评议对象）由市人大常委会主任会议研究决定。

第五条　工作评议的内容：

（一）执行宪法、法律、法规和国家方针政策的情况；

（二）执行上级和本级人民代表大会及其常务委员会决议、决定的情况；

（三）依法履行职责的情况；

（四）人民群众普遍关心和社会普遍关注的热点问题的处理情况；

（五）办理人民代表大会代表（以下简称人大代表）提出的建议、批评和意见以及市人大常委会视察检查意见、审议意见的情况，办理市人大常委会交办、督办信访件的情况；

（六）市人大常委会认为应当评议的其他事项。

第六条　工作评议分为准备、调查、评议、整改四个阶段。

第七条　准备阶段。主要包括以下五项工作：

（一）制定评议工作方案。由市人大常委会讨论通过评议工作方案，确定评议的指导思想、内容、时间、方法、步骤，成立评议工作领导组并下设办公室，提出工作要求；

（二）向评议对象发出评议工作通知，通报评议工作方案；

（三）组织参评人员学习有关法律、法规及相关业务知识；

（四）进行评议的宣传、动员和部署；

（五）评议对象根据评议工作方案的要求制定接受评议工作方案，认真做好各项准备工作，根据评议的内容和要求进行自查、自纠，并在规定时间内将自查材料报送市人大常委会。

第八条　调查阶段。市人大常委会评议工作领导组采取接访、座谈、询问、走访、测评、问卷、检查、视察、专题调研等形式，广泛听取各方面意见，了解掌握情况，形成调查报告和相关材料。

参加评议工作的人员以市人大常委会组成人员和本级人大代表为主，可邀请部分上级或下级人大代表和有关方面的人员参加。参加评议工作的人员，对涉及本人及其亲属或与其有利害关系，可能影响公正调查有关问题的，应当回避。

参加评议人员依法进行评议调查时，评议对象和有关单位、个人应当积极配合，如实提供情况。

第九条　评议阶段。评议采取会议形式进行。评议会议由市人大常委会主任或副主任主持，会议的主要程序有：

（一）评议对象的主要负责人作关于接受评议的自查报告；

（二）市人大常委会评议工作领导组向大会报告调查情况；

（三）市人大常委会组成人员和市人大代表进行评议；

（四）评议对象的主要负责人作表态发言；

（五）市人大常委会组成人员对评议对象进行综合测评。测评分满意、基本满意、不满意三个档次。

市人大常委会举行评议会议时，评议对象的领导班子成员、中层干部应当到会听取意见；市人民政府、人民法院、人民检察院相关领导，市人民政府所属工作部门负责人必须列席会议。必要时，可以邀请有关部门负责人列席会议，也可以邀请社会各界人士旁听会议。

第十条　整改阶段。评议会议结束后，市人大常委会评议工作领导组根据调查报告和评议情况，形成评议意见，交评议对象进行整改。评议对象根据评议意见，认真制定整改方案并抓好落实，在15日内将整改方案书面报告市人大常委会评议工作领导组，并在3个月内向市人大常委会报告整改落实情况。如遇涉及面广、需要较长整改时间的重大问题，经市人大常委会评议工作领导组批准后，整改时间可以适当延长。

整改期间，市人大常委会评议工作领导组要跟踪整改情况，督促评议意见的落实。

评议整改工作基本结束后，市人大常委会评议工作领导组组织对评议对象从以下两个方面进行跟踪检查：

（一）评议中提出的意见、建议的办理情况；

（二）完善规章制度及工作改进的情况。

市人大常委会对评议对象整改情况采取无记名投票的形式进行测评。测评分满意、基本满意、不满意三个档次。

市人大常委会组成人员半数以上对整改工作情况不满意的，评议对象应重新进行整改。

第十一条　工作评议结束后，市人大常委会对严格执法、政绩突出、代表信任的单位可建议有关机关给予表彰，特别优秀的，可授予地方荣誉称号。

第十二条　市人大常委会对评议对象提出的评议意见，应送交有关机关、单位和组织，供考评工作和考核干部作参考。

第十三条　评议对象违反本规定，有干扰阻碍评议工作、拒绝接受评议、消极对待评议、不予落实整改措施行为的，或者相关责任人有违法违纪、失职渎职，或者对参加评议和反映问题的人员打击报复的，视其情节轻重，分别作出如下处理：

（一）责成限期改正或作出检查；

（二）依法提出质询；

（三）转由有关组织或部门调查处理；

（四）依法组织特定问题调查委员会进行调查；

（五）依法撤销或免去有关责任人由市人大常委会任命的职务；

（六）依法向本级人民代表大会提出罢免案；

（七）构成犯罪的，责成司法机关依法追究刑事责任。

第十四条　本规定由市人大常委会负责解释。

第十五条　本规定自通过之日起施行。

晋江市人民代表大会常务委员会关于授予地方荣誉称号的规定

（2007年8月31日晋江市第十五届人大常委会第四次会议通过
2013年2月28日晋江市第十六届人大常委会第八次会议修改）

第一条　为规范行使市人民代表大会常务委员会（以下简称市人大常委会）授予地方荣誉称号的职权，根据《中华人民共和国地方各级人民代表大会和地方各级人民政府组织法》（以下简称地方组织法）的有关规定，结合晋江市实际，制定本规定。

第二条　遵守国家法律法规，为晋江市经济社会发展、民主法治建设作出突出贡献的集体和个人，均可被授予地方荣誉称号。授予地方荣誉称号可以界定时限。

第三条　授予地方荣誉称号议案的提出：

市人大常委会主任会议，可以向市人大常委会提出授予荣誉称号的议案，由常委会会议审议。

市人民政府、市人民法院、市人民检察院可以向市人大常委会提出授予荣誉称号的议案，由市人大常委会主任会议决定提请常委会会议审议。

市人大常委会组成人员三人以上联名，可以向市人大常委会提出授予荣誉称号的议案，由市人大常委会主任会议决定是否提请常委会会议审议。

第四条　提出授予地方荣誉称号的议案，应明确所授予地方荣誉称号的称谓，并有案由、案据和说明。

第五条　提议案者应在市人大常委会举行会议的一个月前，将提请审议授予地方荣誉称号的议案送交市人大常委会。

经市人大常委会主任会议研究同意，由市人大常委会办公室将提请审议授予地方荣誉称号的对象通过新闻媒体向社会公示。

第六条　市人大常委会会议对所提议案进行审议，以无记名投票方式就是否授予地方荣誉称号进行表决通过后，向社会公告。

第七条　对被授予地方荣誉称号的集体或个人，颁予奖章、证书或荣誉牌匾。

第八条　撤销或终止地方荣誉称号，由市人大常委会会议审议决定并予公告。

第九条　本规定由市人大常委会负责解释。

第十条　本规定自通过之日起施行。

晋江市人民代表大会常务委员会
关于授予晋江市荣誉市民称号的规定

（2007年8月31日晋江市第十五届人大常委会第四次会议通过
2013年2月28日晋江市第十六届人大常委会第八次会议修改）

第一条　为鼓励和表彰对晋江市经济社会发展、民主法制建设作出突出贡献的非晋江市户籍人士，根据《晋江市人民代表大会常务委员会关于授予地方荣誉称号的规定》，结合实际，制定本规定。

第二条　本规定所称非晋江市户籍人士指外国人、华侨、华人、香港特别行政区居民、澳门特别行政区居民、台湾同胞和内地非晋江市户籍人士。

第三条　遵守国家法律法规并具备下列条件之一的非晋江市户籍人士，可授予晋江市荣誉市民称号：

（一）推动晋江市经济社会发展，贡献突出的；

（二）推进晋江市教育、科学、文化、卫生、体育事业发展，贡献突出的；

（三）热心晋江市社会公益和慈善事业，贡献突出的；

（四）维护晋江市国家、集体利益和人民群众生命财产安全，贡献突出的；

（五）促进晋江市对外交流与合作，贡献突出的；

（六）对晋江市作出其他突出贡献的。

第四条　授予荣誉市民称号的议案，由市人民政府向市人民代表大会常务委员会（以下简称市人大常委会）提出，由市人大常委会主任会议决定提请市人大常委会会议审议。

第五条　市人民政府应在市人大常委会举行会议的一个月前，将提请审议授予荣誉市民称号的议案送交市人大常委会。

经市人大常委会主任会议研究同意，由市人大常委会办公室将提请审议授予荣誉市民的初步人选通过新闻媒体向社会公示。

第六条　经市人大常委会审议决定授予晋江市荣誉市民称号的，由市人民政府颁发晋江市荣誉市民证书、证章。

对获得荣誉市民称号的人士，给予礼遇。

第七条　荣誉市民有下列情形之一的，经市人民政府提请，由市人大常委会决定撤销或终止其荣誉市民称号，并予以公布：

（一）触犯中华人民共和国法律，被追究刑事责任的；

（二）其他原因不宜保持荣誉市民称号的。

第八条　荣誉市民称号一般每五年评选一次。市人民政府可根据本规定制定具体实施意见。

第九条　本规定由市人大常委会负责解释。

第十条　本规定自通过之日起施行。

晋江市人民代表大会常务委员会关于公民旁听市人民代表大会及其常务委员会会议的规定

（2005年12月15日晋江市第十四届人大常委会第十四次会议通过
2013年2月28日晋江市第十六届人大常委会第八次会议修改）

为进一步扩大公民有序的政治参与，加强市人民代表大会及其常务委员会与人民群众的联系，增强市人民代表大会及其常务委员会工作的透明度，根据有关法律、法规和《晋江市人民代表大会议事规则》，结合实际，制定本规定。

第一条　市人民代表大会全体会议、市人民代表大会常务委员会（以下简称市人大常委会）会议建立公民旁听制度。

第二条　晋江市行政区域内年满18周岁具有完全民事行为能力的中华人民共和国公民（依法正被限制人身自由和剥夺政治权利的除外）和非外国籍的晋江市荣誉市民可持晋江市居民身份证、居住证或个人有效身份证件，由所在单位或社区居民委员会、村民委员会开具证明，向市人大常委会办公室报名登记，申请旁听。

市直有关机关、群众团体和企事业单位等，可以推荐公民旁听会议。

第三条　市人大常委会办公室应于市人民代表大会召开前10天、市人大常委会会议召开前7天在晋江市新闻媒体上将会议召开的时间、地点、议程及有关事项予以公告。

第四条　市人大常委会办公室汇总报名情况，经报名公民所在镇、街道（或有关部门）初步审核后，报市人民代表大会筹备处或市人大常委会主任会议批准，并于会前2天通知相关公民旁听会议。

第五条　市人民代表大会全体会议、市人大常委会会议的会场设立公民旁听席。旁听会议的公民应根据市人大常委会办公室的通知领取旁听证后，按时凭证报到，并在会议旁听席旁听会议。旁听所需交通、食宿等费用由旁听公民自行承担。

第六条　旁听会议的公民在旁听会议时，可以以书面形式提出意见或建议，但不能发言和提问。市人民代表大会秘书处、市人大常委会办公室也可以召开座谈会，听取旁听会议公民的意见和建议。反映的意见、建议整理后，转有关部门处理。

第七条　旁听会议的公民应遵守有关法律法规和会场纪律，自觉维护会场秩序，违反者，会议工作人员可以劝其离开会场、取消其旁听资格。对严重扰乱会议秩序者，依法追究责任。

第八条　本规定由市人大常委会负责解释。

第九条　本规定自通过之日起施行。

晋江市人民代表大会常务委员会议事规则

（2013年4月26日晋江市第十六届人大常委会第九次会议通过）

第一章　总　则

1.为进一步规范行使市人大常委会职权，根据《中华人民共和国宪法》和《中华人民共和国地方各级人民代表大会和地方各级人民政府组织法》《中华人民共和国各级人民代表大会常务委员会监督法》等有关法律法规及相关规定，结合常委会的工作实际，制定本规则。

2.常委会审议议案和报告、讨论决定重大事项，应当依照宪法和法律的规定，充分发扬民主，实行民主集中制，集体行使职权。

常委会行使监督职权的情况，向社会公开。

第二章　议事范围

3.常委会的议事范围是：

（1）讨论、决定全市遵守和执行宪法、法律、行政法规、地方性法规和上级人民代表大会及其常务委员会以及本级人民代表大会的决议、决定的事项；

（2）讨论、决定市、镇两级人民代表大会换届选举工作的有关事项；

（3）讨论、决定全市政治、经济、教育、科学、文化、卫生、环境和资源保护、民政、民族等工作的重大事项；

（4）审议全市国民经济和社会发展五年规划实施情况的中期评估报告，审查、批准规划调整方案；

（5）审查、批准全市国民经济和社会发展年度计划主要指标的调整；

（6）审查、批准市本级预算的调整及决算，每年审查和批准市本级决算的同时，听取、审议市人民政府提出的审计机关关于上一年度预算执行和其他财政收支的审计工作报告；

（7）听取、审议市人民政府、市人民法院、市人民检察院的重大工作情况报告和专项工作报告；

（8）听取、审议常委会办事机构和工作机构办理常委会交办事项以及重大工作情况的报告；

（9）受理人民群众对市人民政府、市人民法院、市人民检察院及其工作人员的申诉，讨论提出处理意见；

（10）讨论、决定撤销市人民政府不适当的决定、命令；

（11）讨论、决定撤销下一级人民代表大会不适当的决议、决定；

（12）审议、通过国家机关工作人员职务的任免、决定任免、决定撤销和接受辞职事项；

（13）市人民代表大会闭会期间，讨论、决定晋江市选举的泉州市人民代表大会代表的辞职、罢免、补选事项；

（14）讨论、决定市人民代表大会代表的辞职、罢免、补选事项；

（15）讨论、决定召开市人民代表大会会议的有关事项；

（16）讨论、决定市人民代表大会授权常委会处理的重大事项；

（17）市人民代表大会闭会期间，许可对市人民代表大会代表的逮捕、刑事审判或者采取法律规定的其他限制人身自由的措施；

（18）讨论、决定授予或者撤销晋江市荣誉市民等荣誉称号；

(19) 法律、法规规定应当提请常委会审议、决定的其他事项。

第三章　会议的准备

4.常委会会议每两个月至少举行一次。有特殊需要时，可以临时召集常委会会议。

5.常委会会议的召开日期和建议议程，由常委会办公室向有关机关和部门发出预通知，有关机关和部门应做好准备，拟提请常委会会议审议的议案等文稿和专项工作报告，应当分别在常委会举行会议的五日前和十日前送达常委会。常委会办公室应当在常委会举行会议的两日前和七日前，将有关议案等文稿和专项工作报告分别送达常委会组成人员。

6.常委会办事机构和工作机构，应当按照主任会议提出的建议议程，组织开展检查、调研等工作，为常委会会议的召开做好准备。

7.常委会会议的召开日期、建议议程和会议日程，在七日前由主任会议研究确定，同时，主任会议对拟提请常委会会议审议的议案等进行研究。

常委会办公室应当将开会日期、会议建议议程等事项，通知常委会组成人员和有关列席人员。

临时召集的会议临时通知。

8.常委会组成人员应当围绕会议建议议程做好审议的准备工作，并参加常委会组织开展的视察、执法检查及调研等活动，或者参加常委会委托办事机构或者工作机构组织开展的调研、检查等活动。

第四章　会议的召开

9.常委会会议由主任召集并主持，主任可以委托副主任主持。

10.常委会会议必须有常委会全体组成人员的过半数出席，才能举行。

11.常委会组成人员应当按时出席常委会会议。因病或者其他特殊原因不能出席会议的，应当事先书面向常委会主任请假。

12.主任会议提出的常委会会议建议议程提请常委会全体会议通过。会议期间需要调整议程的，由主任会议提请常委会全体会议通过；会议日程的相应调整由主任会议研究确定。

13.常委会举行会议时，下列人员列席会议：

(1) 市人民政府、市人民法院、市人民检察院的负责人；

(2) 市人民政府有关部门的负责人；

(3) 各镇人大主席（或副主席）、各街道人大工委主任（或副主任）；

(4) 根据会议议程确定的市人大代表；

(5) 主任会议确定的其他人员。

14.常委会会议对议案或者报告进行审议时，提案人或者提出报告的机关以及有关部门负责人，应当按照常委会办公室的通知到会听取意见，回答询问。

15.常委会举行会议，可以邀请公民旁听，具体办法按照《晋江市人民代表大会常务委员会关于公民旁听市人民代表大会及其常务委员会会议的规定》执行。

第五章　议案的提出和审议

16.主任会议可以向常委会提出属于常委会职权范围内的议案，由常委会会议审议。

17.市人民政府、市人民法院、市人民检察院，可以向常委会提出属于常委会职权范围内的议案，由主任会议决定提请常委会会议审议，或者先交有关办事机构和工作机构进行初审，再由主任会议决定提请常委会会议审议。

18.常委会组成人员三人以上联名，可以向常委会提出属于常委会职权范围内的议案，由主任会议决定是否提请常委会会议审议，或者先交有关办事机构和工作机构进行初审、提出报告，再由主任会议决定是否提请常委会会议审议。

主任会议决定不提请常委会会议审议的议案，应向常委会会议报告并向提案人说明。

19.常委会办事机构和工作机构受主任会议委托，可以拟订议案草案，并向常委会会议作说明。

20.对列入常委会会议建议议程的议案，提案人应当按要求提供有关资料或者调查材料。

提案人可以在常委会会议上对该议案作补充说明。

21.常委会会议审议撤销不适当的决议、决定和命令案，常委会办公室应当通知被提出撤销决议、决定和命令的机关，其负责人可以到会或者书面陈述意见。

22.列入常委会会议议程的议案，在审议中有重大问题需要进一步研究或核实的，经主任会议提出，常委会会议同意，可以暂不表决，交有关的办事机构和工作机构进一步调查研究，提出报告，由主任会议决定是否提交常委会会议表决。

列入常委会会议议程的议案，在交付表决前，提案人要求撤回的，经主任会议同意，并向常委会会议报告，对该议案的审议即行终止。

23.列入常委会会议建议议程的议案，主任会议认为必要时，可以举行听证会等形式，广泛听取意见，再由主任会议决定是否提请常委会会议审议或者交付表决。

第六章　听取和审议有关报告

24.常委会组织的执法检查以及调研等工作报告，由主任会议决定列入常委会会议建议议程，并由常委会组成人员或相关工作机构负责人向会议作报告。

25.常委会办事机构和工作机构的工作报告，由主任会议决定是否列入常委会会议建议议程。列入常委会会议议程的，由有关办事机构和工作机构的主要负责人向会议作报告，或者以书面形式印发会议。

26.常委会会议听取市人民政府、市人民法院、市人民检察院的有关报告，由主任会议决定是否列入常委会会议建议议程，或者先交有关办事机构和工作机构进行初审，再由主任会议决定是否列入常委会会议建议议程。

27.列入常委会会议议程的市人民政府的重大事项及专项工作等报告，由市长或者受市长委托的副市长向会议作报告。

列入常委会会议议程的市人民法院、市人民检察院的专项工作等报告，分别由市人民法院院长、市人民检察院检察长或者受其委托的副院长、副检察长向会议作报告。

28.列入常委会会议议程的各项报告的报告人因特殊原因不能到会的，有关机关应当及时向常委会主任报告，经同意后可以由相关负责人向会议作报告。

29.提请常委会会议审议的有关报告，经表决，常委会组成人员满意和基本满意不超过半数的，常委会可以责成报告机关在本次或者下次常委会会议上补充报告或者重新报告。

30.常委会会议听取和审议有关报告后，可以形成审议意见或者作出决议、决定。

第七章　质询和特定问题调查

31.常委会组成人员三人以上联名，可以向常委会书面提出对市人民政府及其部门和市人民法院、市人民检察院的质询案。

32.质询案必须写明质询的对象、问题和内容。

质询的主要问题是：

(1) 有关地方国家机关违反宪法、法律的重大问题；

(2) 有关地方国家机关违反市人大及其常委会的决议、决定等方面的重大问题；

(3) 市人民政府组成人员和市人民法院审判人员、市人民检察院检察人员涉嫌严重失职、渎职的行为；

(4) 有关地方国家机关工作重大失误、造成严重后果的事件；

(5) 其他需要质询的重大问题。

33.质询案由主任会议决定提请常委会会议审议，或者先交有关办事机构和工作机构进行初审、提出报告，再由主任会议决定提请常委会会议审议。

必要时，常委会可以作出决议、决定。

34.由主任会议决定，受质询机关的主要负责人应当在常委会会议上作出口头答复或者书面答复。

35.质询案以口头答复的，受质询机关的主要负责人应当到会答复；质询案以书面答复的，应当由受质询机关的主要负责人签署，印发常委会会议。

36.提出质询案的常委会组成人员过半数对答复不满意的，可以提出要求，由主任会议决定受质询机关重新作出答复。

37.质询案在未作出答复前，提案人要求撤回的，经主任会议同意，对该质询案的审议即行终止。

38.主任会议或者五分之一以上的常委会组成人员书面联名，可以向常委会提议组织关于特定问题的调查委员会，由常委会会议决定。

39.调查委员会由主任委员、副主任委员和委员组成，由主任会议在常委会组成人员和市人大代表中提名，提请常委会会议审议通过。调查委员会可以聘请有关专家参加调查工作。

40.调查委员会应当向常委会提出调查报告。常委会根据调查委员会的报告，可以作出相应的决议、决定。

第八章　发言和表决

41.常委会组成人员在常委会会议上的发言和表决，不受法律追究。常委会组成人员在常委会会议上的审议发言，应当围绕会议审议的议题。

42.列席常委会会议的人员有发言权，没有表决权。列席人员发言应当事先征得会议主持人的同意，发言内容必须围绕会议议题。

43.旁听常委会会议人员没有发言权和表决权。

44.交付表决的议案，有修正案的，先表决修正案。

45.常委会会议表决议案和其他有关事项时，采用按电子表决器或者其他无记名的表决方式。法律规定应当采用无记名投票表决方式的，从其规定。

46.人事任免逐人表决，也可以根据情况合并表决。

47.表决以常委会组成人员的过半数赞成为通过。表决结果由会议主持人当场宣布。

第九章　议定事项的办理

48.对于常委会组成人员的审议发言，常委会办事机构或者相关工作机构要安排专人做好记录，根据要求整理形成审议意见，经常委会主任会议审定，连同有关报告交由市人民政府、市人民法院或者市人民检察院研究处理。

常委会有关办事机构或者工作机构在市人民政府、市人民法院或者市人民检察院收到审议意见和有关报告后，要按照制度规定，督促有关方面进行整改，落实整改意见，改进相关工作。

市人民政府、市人民法院或者市人民检察院应当在三个月内，将研究处理情况向常委会提出书面报告，由常委会办公室印发常委会组成人员。

对市人民政府、市人民法院或者市人民检察院提出的研究处理情况报告，常委会认为必要时，可以对专项工作报告和审计工作报告作出决议；对执法检查报告及审议意见的研究处理情况，必要时由主任会议决定提请常委会审议，或者由常委会组织或者委托有关工作机构组织跟踪检查。

49.常委会作出的决议、决定，应当以常委会文件印发市人民政府、市人民法院、市人民检察院以及有关单位执行，并报泉州市人大常委会备案。

50.常委会作出的决议、决定，市人民政府及其部门和市人民法院、市人民检察院应当贯彻执行，并按要求书面报告执行情况。

51.对常委会作出的决议、决定不执行或者执行不力的，对审议意见不研究处理或者研究处理不力的，经主任会议决定，有关机关及有关部门主要负责人应当在常委会会议上说明情况，常委会组成人员可以进行询问、质询。经两次督促仍未见效，常委会依法追究有关机关或者有关部门主要负责人的责任。

52.常委会听取的有关报告及审议意见，市人民政府、市人民法院或者市人民检察院对审议意见和执法检查报告研究处理情况或者执行决议情况的报告，向市人民代表大会代表通报并向社会公布。

53.常委会会议作出的决议、决定，通过的人事任免，经常委会主任签发，于常委会会议通过的次日，在晋江人大网等媒体公布。

第十章　附　则

54.本规则由市人大常委会负责解释。

55.本规则自通过之日起施行。1999年2月9日晋江市第十三届人大常委会第一次会议通过的《晋江市人民代表大会常务委员会工作规则》同时废止。

晋江市人民代表大会常务委员会主任会议议事规则

（2013年4月26日晋江市第十六届人大常委会第九次会议通过）

一、为进一步规范晋江市人民代表大会常务委员会（以下简称常委会）主任会议议事范围和议事程序，根据《中华人民共和国地方各级人民代表大会和地方各级人民政府组织法》《中华人民共和国各级人民代表大会常务委员会监督法》等有关法律法规及相关规定，结合工作实际，制定本规则。

二、主任会议由常委会主任、副主任组成。常委会驻会委员、各办事机构和工作机构等相关负责人列席主任会议。

三、主任会议由常委会主任召集并主持，也可由主任委托副主任召集并主持。

四、主任会议一般每月召开一次，根据需要可以临时召开。

五、主任会议必须有过半数的组成人员出席，方能召开。

六、主任会议讨论、决定事项，实行民主集中制原则，坚持严格依法办事。主任会议的决定，必须经组成人员的过半数同意。

七、主任会议处理常委会的重要日常工作：

（一）讨论市、镇两级人民代表大会换届选举工作的有关事项，决定提请常委会会议审议。

（二）拟定常委会向市人民代表大会所作的工作报告（草案），决定提请常委会会议审议。

（三）讨论通过常委会的年度工作要点，并向常委会会议报告。

（四）讨论举行市人民代表大会会议的时间、议程和日程草案，主席团和秘书长等名单草案以及会议其他有关事项，决定提请常委会会议审议。

（五）决定常委会会议召开的日期，提出常委会会议的建议议程和日程；对会议期间需调整议程的，提请常委会会议通过。

讨论决定对列入常委会会议建议议程的议案、报告等是否需要作出决议、决定或提出审议意见。

（六）讨论常委会决议、决定的草案，决定提请常委会会议审议。

（七）讨论以常委会名义向本级人民代表大会提出的议案草案或者以主任会议名义向常委会提出的议案，提请常委会会议审议。

（八）讨论通过常委会听取、审议专项工作报告和执法检查的年度计划，印发常委会组成人员并向社会公布。讨论决定市人民政府、市人民法院和市人民检察院向常委会要求专项工作报告是否列入专项工作监督计划。

（九）讨论市人民政府、市人民法院、市人民检察院向常委会提出的议案，决定提请常委会会议审议，或者先交有关办事机构和工作机构进行初审，再决定提请常委会会议审议。

（十）讨论常委会组成人员三人以上联名向常委会提出的议案，决定是否提请常委会会议审议，或者先交有关办事机构和工作机构进行初审，再决定是否提请常委会会议审议。

主任会议决定不提请常委会会议审议的议案，应及时报告常委会，并向提案人说明。

（十一）讨论市人民政府、市人民法院、市人民检察院向常委会提出的报告，决定是否提请常委会会议审议，或者先交有关办事机构和工作机构进行初审，再决定是否提请常委会会议审议。

（十二）讨论常委会组成人员三人以上联名向常委会书面提出的对市人民政府及其部门和市人民法院、市人民检察院的质询案，决定交由受质询机关在常委会会议上口头答复或书面答复。

提出质询案的常委会组成人员过半数对答复不满意时，决定受质询机关重新作出答复。

（十三）向常委会提议组织关于特定问题的调查委员会。

在常委会组成人员和其他代表中提出调查委员会的主任委员、副主任委员和委员人选，提请常委会会议通过。

（十四）听取市人民政府及其有关部门、市人民法院、市人民检察院专题工作汇报，提出有关建议、意见。

（十五）讨论决定由常委会组织的视察、执法检查和调研工作等重要事项；决定将有关执法检查、调研等报告列入常委会会议建议议程。

（十六）决定将常委会办事机构和工作机构的工作报告列入常委会会议建议议程。

（十七）讨论有关检查督促市人民代表大会议案决议执行和代表建议办理工作的重要事项。听取市人民政府议案决议执行和重点代表建议办理工作情况的报告。

（十八）提出常委会代表资格审查委员会主任委员、副主任委员和委员的人选，提请常委会会议通过。

（十九）提出常委会办事机构和工作机构正、副职领导的任免议案，提请常委会会议审议。

提出街道人大工作委员会主任、副主任、委员的任免议案，提请常委会会议审议。

提出常委会工作机构兼职委员的任免议案，提请常委会会议审议。

提出常委会组成人员分工的议案，提请常委会会议审议。

（二十）人民代表大会闭会期间，讨论、决定晋江市选举的泉州市人民代表大会代表的辞职、罢免、补选事项，决定提请常委会会议审议。

（二十一）讨论市人民代表大会代表的辞职、罢免、补选事项，决定提请常委会会议审议。

（二十二）讨论市人民政府、市人民法院、市人民检察院提请常委会会议审议的人事任免事项和撤职案，决定提请常委会会议审议。

提出对市人民政府个别副市长及由市人大常委会任命的其他组成人员和市人民法院副院长、庭长、副庭长、审判委员会委员、审判员，市人民检察院副检察长、检察委员会委员、检察员的撤职案，提请常委会会议审议。决定市人大常委会五分之一以上组成人员书面联名提出的对上述所列国家机关工作人员的撤职案是否提请常委会会议审议；或者由主任会议提议，经全体会议决定，组织调查委员会，由以后的常委会会议根据调查委员会的报告审议决定。

（二十三）讨论常委会负责规范性文件备案审查的机构或工作机构关于违法的或不适当的规范性文件的初步处理意见，向有关制定机关提出予以修改或者废止的建议，或决定提请常委会会议审议。

（二十四）研究处理市人大代表在常委会闭会期间提出的重要建议、批评和意见以及人民群众来信来访反映的重大问题。

讨论人民群众对市人民政府、市人民法院、市人民检察院及其工作人员的申诉的处理意见，并决定是否提请常委会会议审议。

（二十五）对视察和执法检查中发现的本级行政、审判、检察工作中的重大违法案件提出监督意见。必要时，可以组织调查，并根据调查结果向有关机关提出处理意见，或决定提请常委会会议审议。

（二十六）研究处理法律、法规规定的或常委会授权处置的其他工作。

八、主任会议的议题，由办公室征求有关方面意见拟出建议，报常委会主任或主任委托的副主任同意后确定。

常委会办事机构和工作机构，应当按照主任会议的议题，组织开展检查、调研等工作，并通知有关机关和部门做好相关准备。

九、常委会办公室根据主任会议议题，通知市人民政府及其有关部门、市人民法院、市人民检察院领导列席会议。

十、主任会议议定的事项，由常委会分管领导和办事机构及有关工作机构负责落实，并报告结果。

十一、主任会议的会务工作由常委会办公室负责，指定专人记录并形成会议纪要。会议纪要由常委会主任或委托的副主任签发。

十二、本规则由常委会授权主任会议解释。

十三、本规则自通过之日起实施。

晋江市人民代表大会常务委员会任免国家机关工作人员规定

（2013年6月26日晋江市第十六届人大常委会第十次会议通过）

一、为保障晋江市人民代表大会常务委员会（以下简称市人大常委会）依法行使任免权，根据《中华人民共和国宪法》《中华人民共和国地方各级人民代表大会和地方各级人民政府组织法》《中华人民共和国各级人民代表大会常务委员会监督法》《中华人民共和国人民法院组织法》和《中华人民共和国人民检察院组织法》等有关规定，结合工作实际，制定本规定。

二、市人大常委会对权限范围内的晋江市国家机关工作人员的任命、免职、撤职、决定代理职务以及通过人选、接受辞职，适用本规定。

三、市人大常委会任命的国家机关工作人员，应当具备履行职责相应的素质和能力，忠实地遵守宪法和法律，认真执行市人民代表大会及其常务委员会的决议和决定，自觉接受市人大常委会、市人民代表大会代表和群众的监督，恪尽职守，全心全意为人民服务。

四、市人大常委会任免晋江市国家机关工作人员下列职务：

（一）根据主任会议的提名，任免市人大常委会办事机构、工作机构和派出工作机构的主任、副主任。

（二）在市人民代表大会闭会期间，根据市长的提名，决定副市长的个别任免。

（三）根据市长的提名，决定市人民政府组成部门的局长、主任的任免，由市人民政府报泉州市人民政府备案。

（四）根据市人民法院院长的提名，任免市人民法院副院长、庭长、副庭长、审判委员会委员、审判员。

（五）根据市人民检察院检察长的提名，任免市人民检察院副检察长、检察委员会委员、检察员。

五、在市人民代表大会闭会期间，市人大常委会推选、决定晋江市国家机关工作人员下列代理职务：

（一）市人大常委会主任因为健康情况不能工作或者缺位的时候，根据主任会议的建议，由市人大常委会在副主任中推选一人代理主任的职务，直到主任恢复健康或者市人民代表大会选出新的主任为止。

（二）市长因故不能担任职务的时候，根据主任会议的提名，从副市长中决定一人代理市长的职务。代理市长的人选不是副市长的，可以根据主任会议的提名，决定任命为副市长后，决定其代理市长的职务。

（三）市人民法院院长因故不能担任职务的时候，根据主任会议的提名，从市人民法院副院长中决定一人代理院长的职务。代理院长的人选不是副院长的，可以根据主任会议的提名，任命为副院长后，决定其代理院长的职务。

（四）市人民检察院检察长因故不能担任职务的时候，根据主任会议的提名，从市人民检察院副检察长中决定一人代理检察长的职务。代理检察长的人选不是副检察长的，可以根据主任会议的提名，任命为副检察长后，决定其代理检察长的职务。决定的代理检察长，须报泉州市人民检察院和泉州市人大常委会备案。

六、市人大常委会可以通过市人大常委会下列委员会人选：

（一）根据主任会议的提名，通过市人大常委会代表资格审查委员会的主任委员、副主任委员和委员的人选。代表资格审查委员会成员的人选，必须在市人大常委会组成人员中提名。

（二）根据主任会议的提名，通过市人大常委会特定问题调查委员会的主任委员、副主任委员和委员的人选。特定问题调查委员会成员的人选，必须在市人大常委会组成人员和市人民代表大会其他代表中提名。

七、市人民代表大会闭会期间，根据市人大常委会组成人员、市长、副市长、市人民法院院长、市人民检察院检察长提出的辞职请求，市人大常委会可以决定是否接受其辞职。市人大常委会决定接受辞职的，报市人民代表大会下一次会议备案。市人民检察院检察长的辞职，须由市人民检察院报泉州市人民检察院检察长提请泉州市人大常委会批准。

市人大常委会组成人员不得担任国家行政机关、审判机关和检察机关的职务；如果担任上述职务，必须辞去市人大常委会的职务。律师担任市人大常委会组成人员期间，不得执业。

八、市人大常委会可以撤销晋江市国家机关工作人员下列职务：

（一）根据主任会议提出的撤职案，决定撤销市人大常委会办事机构、工作机构和派出工作机构的主任、副主任职务。

（二）在市人民代表大会闭会期间，根据市长或者主任会议提出的撤职案，决定撤销个别副市长的职务。

（三）根据市长或者主任会议提出的撤职案，决定撤销市人民政府组成部门的局长、主任的职务。

（四）根据市人民法院院长或者主任会议提出的撤职案，决定撤销市人民法院副院长、庭长、副庭长、审判委员会委员、审判员的职务。

（五）在市人民代表大会闭会期间，根据主任会议的提请，决定撤换市人民法院院长。撤换市人民法院院长，须报泉州市中级人民法院提请泉州市人大常委会批准。

（六）根据市人民检察院检察长或者主任会议提出的撤职案，决定撤销市人民检察院副检察长、检察委员会委员、检察员的职务。

九、新一届市人民政府领导人员依法选举产生后，应当在两个月内提请市人大常委会任命市人民政府组成部门的局长、主任。未重新任命的，其原任职务自行终止。

除前款规定的人员外，市人大常委会任命的国家机关工作人员，在市人民代表大会换届后，继续担任原职务的，不需重新任命；不再担任原职务的，应当提请市人大常委会免职。

市人大常委会任命的国家机关工作人员，其任职的机构职能已调整，但名称未变更的，不需重新任命；新设立、更名、合并、撤销或者不再属于市人民政府组成部门的，应当提请市人大常委会任免。

十、提请市人大常委会任免国家机关工作人员，提名人应当书面向市人大常委会提出任免案，同时报送材料。

提请任命案的材料，应当客观、全面写明拟任命人员的基本情况、简历、德才表现、任职理由等内容。新设立的机构，须附批准机关的文件。

提请免职案的材料，应当写明拟免职人员的基本情况、免职理由等内容。机构更名、合并、撤销或者不再属于市人民政府组成部门的，须附批准机关的文件。

提请撤职案的材料，应当写明拟撤职人员的基本情况、撤职理由等内容，并提供有关材料。

十一、提请任免案及其材料应当在市人大常委会举行会议的十日前，送达市人大常委会。个别特殊情况不能按时报送的，提名人应当向主任会议作出说明，经主任会议同意后，可以列入市人大常委会当次会议议程。

十二、市人大常委会相关工作机构应当对任免案进行初步审查，并向主任会议报告。审查认为对拟任免人员情况需作补充说明的，提名人机关应当及时报送补充说明材料。

十三、对市人民法院、市人民检察院拟提请任命人员，由市人大常委会主任会议确定组织进行听取基本情况汇报、查阅相关业务材料、法律知识测试等德才表现的任前考察。

十四、任免案由主任会议决定是否提请市人大常委会会议审议。

主任会议认为对拟任免人员情况需作补充说明的，提名人应当按照主任会议的要求到会作任免情况说明。

十五、市人大常委会会议审议任免案时，提名人或者其委托的副职领导须到会作任免人员情况介绍和任免说明。由主任会议提名的，应当确定一名主任会议成员作提请说明。

十六、审议市人民政府个别副市长、组成部门的局长、主任，市人民法院副院长、庭长、副庭长、审判委员会委员、审判员，市人民检察院副检察长、检察委员会委员、检察员的任命案时，拟任命人员应当到会作供职发言，回答询问。

十七、审议撤职案时，被提出撤职的人员有权提出申诉意见。

十八、市人大常委会会议审议任免案时，提名人或者其委托的人员应当到会听取意见，回答询问。

十九、列入市人大常委会会议议程的任免案，在审议中发现有重大问题需要查清的，经主任会议提出，常委会会议同意，任免案可以暂不付表决。所提问题交有关机关调查、提出报告，由主任会议决定是否再次提请市人大常委会会议审议。

二十、列入市人大常委会会议议程的任免案，在交付表决前，提名人要求撤回的，经主任会议同意，对该任免案的审议即行终止。

二十一、市人大常委会会议对任免案一般应当逐人表决。通过市人大常委会代表资格审查委员会、特定问题调查委员会的人选，可以对每一项人选合并表决。

同一职务同时有任命和免职两项表决时，先进行免职项的表决，再进行任命项的表决。

二十二、市人大常委会会议表决任免案，采用无记名投票或者其他无记名的表决方式。

市人大常委会组成人员对任免案可以表示赞成，可以表示反对，也可以弃权。

任免案以市人大常委会全体组成人员过半数赞成通过。

任命案未获通过的，不得在同一次会议上就同一人选再次表决。如果提名人认为必要，可以向市人大常委会另一次会议作出说明，再次提出同一人选担任同一职务的任命案；如果再次未获通过，不得再提名其担任同一职务。

任免案表决结果，由会议主持人当场宣布。

二十三、市人大常委会办事机构、工作机构和派出工作机构的主任、副主任，市人民政府组成部门的局长、主任，市人民法院副院长、庭长、副庭长、审判委员会委员、审判员，市人民检察院副检察长、检察委员会委员、检察员的任命通过后，由市人大常委会主任或其委托的副主任在市人大常委会会议上颁发任命书。

任命书由市人大常委会主任签署。

二十四、任免案通过后，市人大常委会应当书面通知提名人机关。任免名单应当在市人大常委会公报和晋江市主要新闻媒体上公布。

二十五、市人大常委会任命的国家机关工作人员，任职期间死亡的，其职务自行终止，由提名人报市人大常委会备案。

二十六、市人大常委会可以通过视察、听取专项工作报告、执法检查、询问和质询、特定问题调查等方式，了解所任命的国家机关工作人员履行职务的情况，进行法律监督和工作监督。

二十七、市人大常委会受理人民群众对市人大常委会任命的国家机关工作人员的申诉和意见，交有关机关调查处理。有关机关应当将调查处理情况报市人大常委会。

二十八、市人大常委会任命的国家机关工作人员，应受降职处理或者撤职、开除处分的，处理机关须报市人大常委会依法予以免职或者撤职；受警告、记过、记大过、降级处分的，处理机关应当报市人大常委会备案。

二十九、本规定由市人大常委会负责解释。

三十、本规定自通过之日起施行。2001 年 12 月 19 日晋江市第十三届人大常委会第二十一次会议通过的《晋江市人民代表大会常务委员会任免国家机关工作人员暂行办法》同时废止。

晋江市人大代表履职请假规定

（2013 年 6 月 26 日晋江市第十六届人大常委会第十次会议通过）

为了保证市人大代表按时出席市人民代表大会会议和积极参加闭会期间活动等履职义务，根据《中华人民共和国全国人民代表大会和地方各级人民代表大会代表法》《福建省实施〈中华人民共和国全国人民代表大会和地方各级人民代表大会代表法〉办法》的有关规定，结合工作实际，制定本规定。

一、代表出席市人民代表大会会议，参加闭会期间统一组织的履职活动，应当安排好本人的生产和工作，优先执行代表职务。

二、市人民代表大会会议的请假。代表因健康等特殊原因不能出席市人民代表大会会议，须在会议召开前向市人大常委会请假。请假应以书面形式，写明请假原因，经所在镇人大主席团（街道人大工委）签署意见后报市人大常委会人事代表委审核，由市人大常委会主任、分管的副主任批准，未经批准的不得缺席。

三、市人民代表大会会议期间的请假。代表因健康等特殊原因需要请假的：若不能出席大会全体会议的，需以书面形式说明原因，由所在代表团团长签署意见后报大会秘书处组织组审核，呈送大会主席团常务主席批准；若不能参加代表团会议的，需以书面形式说明原因，由所在代表团团长批准，报大会秘书处组织组备案。

四、市人民代表大会闭会期间活动的请假。代表因健康等特殊原因不能参加市人大常委会直接组织的活动，须在活动开展前向市人大常委会请假，请假应以书面形式，写明请假原因，经所在镇人大主席团（街道人大工委）签署意见后报市人大常委会人事代表委审核，由分管的市人大常委会副主任批准。代表因健康等特殊原因不能参加市人大常委会委托各镇人大主席团（街道人大工委）组织的活动，须书面向所在镇人大主席团（街道人大工委）请假，由所在镇人大主席团（街道人大工委）批准，报市人大常委会人事代表委备案。

五、代表每次出席市人民代表大会会议情况，由市人大常委会人事代表委统计汇总，报市人大常委会，并由市人大常委会办公室向各镇人大主席团（街道人大工委）通报。

代表未办理请假手续或者请假未获批准，两次不出席市人民代表大会会议的，其代表资格按代表法第四十九条的规定予以终止。

代表每年出席市人民代表大会会议和参加闭会期间的活动情况，由市人大常委会人事代表委登记存档，于五年届满前进行汇总，由市人大常委会办公室向各镇人大主席团（街道人大工委）通报，并作为代表履职情况的依据。

六、本规定由晋江市人大常委会负责解释。

七、本规定自通过之日起施行。

晋江市人民代表大会常务委员会
关于进一步提高审议质量的若干意见

（2005 年 12 月 15 日晋江市第十四届人大常委会第十四次会议通过
2013 年 6 月 26 日晋江市第十六届人大常委会第十次会议修改）

为更好地履行宪法和法律赋予市人民代表大会常务委员会（以下简称市人大常委会）的职权，进一步提高常委会会议的审议质量，根据《中华人民共和国各级人民代表大会常务委员会监督法》等有关法律及《晋江市人民代表大会常务委员会议事规则》《晋江市人民代表大会常务委员会主任会议议事规则》等有关规定，结合工作实际，提出如下意见：

一、围绕法定职权，科学确定市人大常委会会议议题

1.市人大常委会要本着提高质量、增强实效的原则，科学确定好市人大常委会会议议题。纳入市人大常委会年度工作要点的议题，由市人大常委会主任会议讨论通过，并向常委会会议报告。必要时，可以对议题进行调整，由市人大常委会主任会议讨论确定，并告知市人大常委会组成人员。

2.主要从以下五个方面选择和确定议题：一是法律、法规规定的事项；二是法律、法规和上级、本级人民代表大会及其常务委员会决定、决议执行情况；三是事关全市改革发展稳定的重大问题；四是人民群众普遍关心的热点、难点问题；五是市人大常委会主任会议认为需提交市人大常委会会议审议的其他事项。

二、深入调查研究，增强审议的针对性和准确性

3.市人大常委会组成人员要密切联系市人大代表和人民群众，围绕常委会会议审议议题开展调查研究，走访选民及有关单位，认真听取意见、建议，及时向市人大常委会反映情况。

4.市人大常委会办事机构和工作机构要围绕常委会会议审议的议题，会前组织开展调查研究。

5.市人民政府、市人民法院、市人民检察院（以下简称“一府两院”）及其职能部门要根据市人大常委会年度工作要点，围绕每次市人大常委会会议审议议题做好报告准备。一般应在安排召开的市人大常委会会议前20日，提交提请审议的报告初稿或征求意见稿。

6.凡市人大常委会听取和审议市人大常委会主任会议议案、报告，办事机构或相关工作机构要向市人大常委会会议作说明；听取和审议“一府两院”议案、报告，相关工作机构要将调查研究情况向市人大常委会主任会议报告并讨论形成初审意见，向市人大常委会会议报告；

7.市人大常委会办公室应将召开市人大常委会会议的日期、拟审议的议题等主要事项，在召开会议7日前通知市人大常委会组成人员和“一府两院”及有关职能部门，议题相关材料在举行会议7日前送达市人大常委会组成人员。

8.群众普遍关注的热点问题通过晋江人大网等媒体，向社会公告，广泛听取和收集人民群众的意见、建议。

三、改进审议工作，提高审议民主化程度

9.实行中心发言制度。市人大常委会主任会议根据市人大常委会组成人员参加调研情况，确定若干名组成人员在审议时作中心发言。中心发言人要结合调研情况，了解常委会其他组成人员的意见，认真做好审议发言准备。

10.市人大常委会会议拟通过有关决议、决定和人事任免事项，均应进行表决。审议有关工作报告，一般应对其满意情况进行表决。对审议中意见分歧较大的事项，由会议三持人提议并经市人大常委会组成人员半数以上同意，可暂不付表决。

表决采用按电子表决器或者其他无记名的表决方式。法律规定应当采用无记名投票表决方式的，从其规定。程序性、原则性或审议中意见高度一致的审议事项，可由会议主持人提议采用举手表决方式，经市人大常委会组成人员半数以上同意方可进行。

表决结果由会议主持人当场宣布。

11.根据审议议题，市人大常委会组成人员可以投赞成（同意）票、反对（不同意）票、弃权票或表示满意、基本满意、不满意。

表决获市人大常委会组成人员半数以上赞成（同意）方为通过。审议有关工作报告时，常委会组成人员满意和基本满意不超过半数的，应责成报告机关在下一次常委会会议上重新报告。重新报告时，常委会组成人员满意和基本满意仍不超过半数的，可依法启动质询、组织特定问题调查或采取其他必要的监督措施。

12.市人大常委会组成人员在审议有关议案、报告时，可以向“一府两院”、市政府职能部门及本行政区域内具有行政管理职能的其他工作部门提出询问，有关机关（部门）负责人应当回答询问。

如询问涉及问题比较复杂的，由受询问机关提出要求，经会议主持人提议并获市人大常委会组成人员半数以上同意，受询问机关可在会后作出书面答复，书面答复印发市人大常委会组成人员。

13.市人大常委会审议有关工作报告一般应形成审议意见，审议意见可委托市人大常委会主任会议讨论通过，印发“一府两院”及有关部门研究处理。

14.市人大常委会对“一府两院”报告的事项，实行填写《审议意见表》制度。《审议意见表》在每次市人大常委会会议上发给市人大常委会组成人员。未在会议上发言的市人大常委会组成人员，可填写《审议意见表》并在会后 7 日内送达市人大常委会办公室，为形成审议意见提供参考。

15.市人大常委会审议决定重大事项时，市人大常委会组成人员一般应明确就重大事项的合法性、必要性、可行性表明态度、提出看法。具体程序、办法和要求按相关法律、法规和市人大常委会有关规范性文件执行。

16.建立健全市人大代表列席制度和公民旁听制度，具体办法按相关法律、法规和市人大常委会有关规范性文件执行。列席会议的人大代表有发言权，无表决权。旁听公民可以书面形式提出看法或建议，不能发言，无表决权。

四、加强跟踪监督，确保常委会决议、决定和审议意见的执行和落实

17.实行市人大常委会审议意见对口跟踪督办制度。对市人大常委会的审议意见，相关工作机构要加强跟踪、督促。

18.实行审议意见办理结果报告制度。“一府两院”要在规定的时限内将市人大常委会审议意见的研究处理情况书面报告市人大常委会。办理难度较大或其他原因在规定时限内难以答复的，也应在规定时限内书面说明原因或提出研究处理方案。

市人大常委会办公室负责将“一府两院”的有关书面报告印发市人大常委会全体组成人员。

“一府两院”如对市人大常委会审议意见有不同意见或看法，应及时以书面形式提出，由市人大常委会主任会议重新研究，确认意见不妥或与事实有出入的，必须予以纠正并报告市人大常委会会议。

“一府两院”未在规定时限内书面报告审议意见研究处理情况或提出不同意见、看法的，有关负责人应在市人大常委会会议上报告相关情况，接受询问。

19.市人大常委会可以组织对重要决议、决定执行情况和审议意见研究处理情况进行视察、检查、调查，也可结合市人大常委会开展的工作评议等其他工作调查了解其落实情况。

必要时，市人大常委会会议可专题听取和审议“一府两院”有关市人大常委会审议意见研究处理情况的报告。

五、严格纪律制度，提高常委会组成人员履职能力

20.市人大常委会组成人员要加强学习，熟悉掌握行使职权必备的知识，努力提高自身素质和审议水平。要遵守《晋江市人民代表大会常务委员会议事规则》，在审议过程中，坚持以人为本、以法为据、实事求是、客观公正。

21.市人大常委会组成人员要按时出席市人大常委会会议，无特殊情况不得请假。特殊原因不能出席会议的，应当事先书面向常委会主任请假。

市人大常委会组成人员出席常委会会议的情况，由市人大常委会办公室每半年进行汇总通报。

22.市人大常委会组成人员要严守国家机密。凡属规定不应公开的内容，不得以任何方式传播。

晋江市人大常委会关于审议意见研究处理情况满意度测评的暂行规定

（2014 年 4 月 15 日晋江市第十六届人大常委会第十五次会议通过）

一、为提高市人民代表大会常务委员会（以下简称市人大常委会）审议意见的处理质量，增强监督实效，根据监督法和我省实施办法，以及《晋江市人民代表大会常务委员会议事规则》《晋江市人民代表大会常务委员会关于进一步提高审议质量的若干意见》的有关规定，结合工作实际，制定本规定。

二、本规定适用于市人大常委会对市人民政府、市人民法院、市人民检察院（以下简称"一府两院"）研究处理市人大常委会审议意见工作的监督。

三、本规定所称的审议意见，是指市人大常委会会议在审议"一府两院"的专项工作报告、国民经济和社会发展计划及预算的执行情况报告、审计工作报告、执法检查报告后，根据市人大常委会组成人员提出的意见和建议形成的书面审议意见。

四、审议意见在市人大常委会会议结束后十日内，交由"一府两院"研究处理，并由市人大常委会相关工作机构对口督办。

"一府两院"应当自收到审议意见之日起九十日内，将研究处理情况送交市人大常委会相关工作机构征求意见后，向市人大常委会提出报告。

五、市人大常委会收到审议意见研究处理情况的报告后，常委会办公室应将报告和相关材料分发常委会组成人员，并适时由市人大常委会主任会议研究决定是否提请常委会会议进行满意度测评。

六、满意度测评采用按电子表决器或者其他无记名的表决方式进行。

表决分满意、基本满意和不满意。经表决，满意票和基本满意票不超过常委会全体组成人员半数的，为不满意。

测评结果由市人大常委会会议主持人当场公布，向有关机关和部门作出通报，并以适当形式向社会公布。

七、审议意见研究处理情况的报告被测评为不满意的，"一府两院"应对该事项的审议意见进行重新研究处理，九十日内向市人大常委会提出重新研究处理情况结果的报告。

八、市人大常委会会议对"一府两院"重新报告须再次进行满意度测评。测评结果仍为不满意的，常委会将按监督法规定的其他监督方式处理。

九、本规定由市人大常委会主任会议负责解释。

十、本规定自通过之日起施行。

晋江市人大常委会关于代表建议、批评和意见办理情况满意度测评的规定

（2017年4月27日晋江市第十七届人大常委会第三次会议通过）

一、为加强对代表建议、批评和意见（以下简称代表建议）办理工作的监督，增强代表建议办理工作实效，根据《晋江市人民代表大会常务委员会议事规则》和《晋江市人民代表大会代表建议、批评和意见办理工作规定》等规定，结合工作实际，制定本规定。

二、市人大常委会每年选择若干关系改革发展稳定大局和群众切身利益、社会普遍关注的代表建议，对“一府两院”办理情况开展满意度测评。

三、满意度测评工作应遵循依法办事、实事求是、注重实效、民主公开的原则。

四、列入满意度测评的代表建议的选定，由代表和负责督办的市人大常委会相关工作机构提出，经市人大常委会代表工作机构汇总筛选后，报主任会议研究确定。经主任会议研究确定为重点督办的代表建议，应列入满意度测评对象。

五、列入满意度测评的代表建议确定后，由市人大常委会代表工作机构牵头，会同相关工作机构，制定满意度测评实施方案，并通知有关承办单位。

六、满意度测评前，市人大常委会应组织开展视察或检查，也可委托负责督办的市人大常委会相关工作机构开展专题调研。负责督办的市人大常委会相关工作机构可以采取适当方式向市人大代表征求意见。

视察、检查、专题调研、征求意见结束后，由负责督办的市人大常委会相关工作机构形成视察、检查报告、专题调研报告、征求意见情况书面报告，并印发市人大常委会会议。

七、对于列入满意度测评的代表建议，有关承办单位应结合工作进展情况，提出代表建议办理情况的报告，于市人大常委会举行会议三周前，送交负责督办的市人大常委会相关工作机构征求意见。负责督办的市人大常委会相关工作机构在十个工作日内将意见回复有关承办单位。有关承办单位在市人大常委会举行会议一周前将修改定稿的报告送交市人大常委会办公室，由市人大常委会办公室分发市人大常委会组成人员。

八、市人大常委会会议举行时，承办单位主要负责人应当到会报告代表建议办理情况，听取意见，回答询问。承办单位主要负责人因特殊情况未能到会的，应向市人大常委会主要领导请假，获得同意后，应委托一位副职领导到会报告情况。

九、满意度测评采用按电子表决器或者其他无记名方式，由市人大常委会组成人员在市人大常委会会议上进行表决。

表决分为满意、基本满意和不满意三个等次。经表决，满意票数超过常委会全体组成人员半数的，测评结果为满意；满意票数不足半数，但加基本满意票数超过半数的，测评结果为基本满意；满意票数加基本满意票数不足半数的，测评结果为不满意。

测评结果由市人大常委会会议主持人当场公布，向有关机关和部门作出通报，并以适当形式向市人大代表和社会公开。

十、市人大常委会会议结束后十个工作日内，负责督办的市人大常委会相关工作机构整理形成市人大常委会会议审议意见，连同满意度测评结果交由有关承办单位研究处理。

市人大常委会代表工作机构负责将市人大常委会会议审议意见和满意度测评结果抄送市人民政府、市委组织部、市效能办。

十一、满意度测评结果为不满意的，由市人大常委会主任会议责成有关承办单位限期整改，并在二个月内向市人大常委会报告整改情况。

市人大常委会可以对整改情况报告再次进行满意度测评。如整改情况报告满意度测评结果仍为不满意的，市人大常委会可以再次听取整改情况报告，或者采取专题询问、质询、特定问题调查等方式进行跟踪监督。必要时，市人大常委会可以作出相应决议。

十二、本规定由市人大常委会主任会议负责解释。

十三、本规定自市人大常委会会议通过之日起施行。

晋江市人民代表大会代表建议、批评和意见办理工作规定

（2001 年 12 月 19 日晋江市第十三届人大常委会第二十一次会议通过
2017 年 4 月 27 日晋江市第十七届人大常委会第三次会议修改）

第一章　总　则

第一条　为了保障晋江市人民代表大会代表（以下简称代表）依法行使提出建议、批评和意见的权利，做好代表建议、批评和意见的办理工作，发挥代表作用，根据《中华人民共和国地方各级人民代表大会和地方各级人民政府组织法》《中华人民共和国全国人民代表大会和地方各级人民代表大会代表法》和《福建省实施〈中华人民共和国全国人民代表大会和地方各级人民代表大会代表法〉办法》的有关规定，结合本市实际情况，制定本规定。

第二条　本规定所称代表建议、批评和意见包括：

（一）代表在市人民代表大会会议期间书面提出的对本市各方面工作的建议、批评和意见；

（二）代表在市人民代表大会会议期间依法提出的议案，经主席团决定作为代表建议、批评和意见处理的；

（三）代表在市人民代表大会闭会期间书面提出的建议、批评和意见。

第三条　代表提出建议、批评和意见，是法律赋予的权利，是依法执行代表职务，代表人民参与管理国家事务、经济文化事业和社会事务，监督国家机关工作的一种重要形式。

国家机关和其他组织必须尊重代表的权利，为代表提出建议、批评和意见提供便利，对代表提出的建议、批评和意见应当认真研究处理并负责答复。

第四条　市人大常委会负责代表建议、批评和意见办理工作的领导和监督。

市人大常委会代表工作机构负责代表建议、批评和意见的交办、督办等具体工作。

第二章　代表建议、批评和意见的提出

第五条　代表应当与原选区和人民群众保持密切联系，听取和反映他们的意见和要求，积极提出建议、批评和意见。

第六条　代表建议、批评和意见，可以由代表一人提出，也可以由代表联名提出。在市人民代表大会会议期间向大会提出，在市人民代表大会闭会期间向市人大常委会提出。

代表联名提出建议、批评和意见的，联名的代表应当了解建议、批评和意见的内容，确认建议、批评和意见能够真实表达本人意愿。

第七条　代表提出建议、批评和意见，应当一事一议。标题准确，内容具体，书写清楚，按照市人大常委会印制的代表建议、批评和意见专用纸所列的项目填写，并亲笔签名。

第八条　代表应当正确处理从事个人职业活动与执行代表职务的关系，不得利用提出建议、批评和意见牟取个人利益。

第三章　代表建议、批评和意见的交办

第九条　市人大常委会对代表提出的建议、批评和意见，按照其内容和有关单位的职责，分别交由市人民政府、市人民法院、市人民检察院及其他有关机关和组织研究办理。

代表对市人大常委会工作提出的建议、批评和意见，由市人大常委会研究办理。

第十条　代表建议、批评和意见，在市人民代表大会会议期间收到的，应当自大会闭会之日起三十个工作日内交办；在市人民代表大会闭会期间收到的，应当自收到之日起五个工作日内交办。

第十一条　交市人民政府办理的代表建议、批评和意见，由市人民政府办公室确定具体的承办单位并负责交办。

第十二条　代表建议、批评和意见需要两个以上单位共同办理的，交办时应确定主

办单位和协办单位。

第十三条　市人大常委会代表工作机构和市人民政府办公室应当分别将确定的代表建议、批评和意见的具体承办单位及时告知代表，并抄送市人大常委会有关工作机构。

第十四条　代表建议、批评和意见涉及具体司法案件的，不适用本规定的办理程序，由市人大常委会有关工作机构依照有关规定处理。

第十五条　有关机关和组织对交办的代表建议、批评和意见应当及时研究，需要调整承办单位的，应当在交办之日起七个工作日内提出申请，并说明意见和理由，不得延误和自行转办。

市人大常委会代表工作机构或者市人民政府办公室对申请调整承办单位的代表建议、批评和意见，应当在收到申请后七个工作日内重新确定承办单位并交办。

第四章　代表建议、批评和意见的办理

第十六条　市人民政府、市人民法院、市人民检察院应当加强对代表建议、批评和意见办理工作的领导和协调，提高办理质量，并向市人大常委会报告办理情况。

第十七条　对涉及面广、办理难度大的代表建议、批评和意见，由市人民政府、市人民法院、市人民检察院及其他有关机关和组织的负责人组织有关单位研究办理。

第十八条　承办单位应当建立健全代表建议、批评和意见办理工作制度，严格工作程序，实行领导负责制。

对市人大常委会主任会议研究确定的重点督办的代表建议、批评和意见，市人民政府应当明确具体领导负责协调，承办单位主要领导作为第一责任人负责研究办理，并将办理情况及时向市人大常委会负责督办的工作机构通报。

第十九条　代表建议、批评和意见由两个以上部门共同办理的，主办单位应当主动与协办单位联系和协调，并负责答复代表；协办单位应当密切配合，协同办理，并在交办之日起一个半月内提出书面意见交主办单位。

第二十条　承办单位对于内容相同的代表建议、批评和意见，可以合并办理，但必须分别答复代表。

第二十一条　办理代表建议、批评和意见应重在解决问题，并遵循以下原则：

（一）应当解决且有条件解决的，应尽快解决；

（二）应当解决而受条件限制暂不能解决的，应列入下一年度或今后的工作计划，在计划期限内解决；

（三）不符合法律、政策规定或受条件限制确实不能解决的，应实事求是地向代表说明情况，作出解释；

（四）属于上级有关机关或组织职权范围内的，应及时向上级有关机关或组织反映，并向代表说明情况。

第二十二条　承办单位办理代表建议、批评和意见，应当通过开展“两见面、三结合”活动，密切联系代表，听取代表的意见和要求。必要时应当通过走访、座谈、邀请视察等方式，当面听取代表对办理工作的意见。

代表要求当面反映情况的，承办单位应当及时安排接待。

代表要求为本人和当事人保密的，承办单位应当为其保密。

第二十三条　承办单位办理代表建议、批评和意见，应当在交办之日起三个月内办理完毕并书面答复代表；需要延期答复的，应当经市人大常委会代表工作机构同意，并向代表书面说明情况，但所延长时间不得超过三个月。

第二十四条　对于代表联名提出的建议、批评和意见，承办单位应当逐人答复；对于以代表团名义提出的建议、批评和意见，承办单位应当将答复件送有关镇人大主席团（街道人大工委）转达代表。

第二十五条　代表应当向相关人民群众转告建议、批评和意见的办理情况。

第二十六条　对代表建议、批评和意见办理的答复，承办单位应统一格式行文，经单位主要负责人签名、加盖公章后送达代表，并抄送市人大常委会代表工作机构和有关镇人大主席团（街道人大工委）；市人民政府系统的承办单位，应同时抄送市人民政府办公室。

第二十七条　市人大常委会代表工作机构在承办单位办理期限结束后的十五日内，统一向代表寄送办理意见征询表，代表应当在办理意见征询表上对办理结果提出意见，并及时寄送市人大常委会代表工作机构。代表联名提出建议、批评和意见的，办理意见征询表应当寄送领衔代表，由领衔代表综合附议代表的意见后提出。

市人大常委会代表工作机构应在承办单位办理期限结束后的一个月内收集和统计代表对建议、批评和意见办理情况的反馈意见，并将收集统计的反馈意见及时转告市人民政府、市人民法院、市人民检察院及其他有关机关和组织。

第二十八条　代表对承办单位办理结果不满意并书面提出意见和理由的，由市人大常委会代表工作机构按本规定第九条规定交有关机关和组织重新办理。

有关机关和组织应当在一个月内重新办理完毕并答复代表，同时按本规定第二十六条规定抄送有关机关。

第二十九条　承办单位要认真落实代表建议、批评和意见的办理承诺，切实提高办理实效。承办单位答复中承诺办理的事项因情况变化未能兑现的，应当及时向代表说明情况，并抄送市人大常委会代表工作机构和有关镇人大主席团（街道人大工委）。市人民政府系统的承办单位，应当同时抄送市人民政府办公室。

第五章　代表建议、批评和意见办理的检查监督

第三十条　市人大常委会应当在下一年度市人民代表大会会议召开前，听取和审议

市人民政府或市人民法院、市人民检察院办理代表建议、批评和意见情况的报告。

承办单位在每年所承办的建议、批评和意见全部办理完毕后，要认真进行总结，在办结后一个月内，向市人大常委会代表工作机构报送办理工作情况总结；市人民政府系统的承办单位还应抄送市人民政府办公室。

市人大常委会在组织对市人民政府及其所属部门、市人民法院、市人民检察院开展工作评议时，应当把办理代表建议、批评和意见情况列为评议的内容。

市人大常委会应当组织常委会组成人员和代表对代表建议、批评和意见办理情况进行视察、检查。

市人大常委会应当将代表建议、批评和意见办理情况综合报告印发下一年度市人民代表大会会议。

第三十一条　市人大常委会主任会议可以研究确定若干件代表建议、批评和意见进行重点督办。市人大常委会有关工作机构负责具体督办工作。

第三十二条　市人大常委会主任会议可以研究确定若干件问题尚未解决的代表建议、批评和意见进行跨年度跟踪督办。

第三十三条　市人大常委会有关工作机构应当对各自分工联系单位办理代表建议、批评和意见的情况进行督促检查。

第三十四条　代表可以持代表证向承办单位了解代表建议、批评和意见的办理情况，或者约见承办单位主管领导，提出意见；也可以对代表建议、批评和意见的办理情况依法提出询问、质询。

第三十五条　市人民政府、市人民法院、市人民检察院及其他有关机关和组织应当加强对代表建议、批评和意见办理工作的督促检查。

承办单位应当建立内部督查制度，加强对代表建议、批评和意见办理工作的督促检查。

代表建议、批评和意见办理工作应当纳入承办单位年度绩效考评范围。

第三十六条　市人大常委会可以选择若干关系改革发展稳定大局和群众切身利益、社会普遍关注的代表建议、批评和意见，对“一府两院”办理情况开展满意度测评。

第三十七条　代表建议、批评和意见的内容、办理答复和代表反馈意见等相关信息应当通过市人大常委会门户网站向社会公开，法律规定不应公开和代表认为不宜公开的事项除外。

第三十八条　对违反本规定的承办单位和人员，有关主管机关应当给予通报批评或者效能问责；情节严重的，依照有关规定追究相关领导和直接责任人的责任。

第六章　附　则

第三十九条　本规定由市人大常委会负责解释。

第四十条　本规定自市人大常委会会议通过之日起施行。2001 年 12 月 19 日晋江市第十三届人民代表大会常务委员会第二十一次会议通过的《晋江市人民代表大会代表建议、批评和意见办理办法》同时废止。

晋江市人大常委会
关于审议意见研究处理情况满意度测评的规定

（2014 年 4 月 15 日晋江市第十六届人大常委会第十五次会议通过
2017 年 4 月 27 日晋江市第十七届人大常委会第三次会议修改）

一、为提高市人民代表大会常务委员会（以下简称市人大常委会）审议意见的处理质量，增强监督实效，根据监督法和我省实施办法，以及《晋江市人民代表大会常务委员会议事规则》《晋江市人民代表大会常务委员会关于进一步提高审议质量的若干意见》的有关规定，结合工作实际，制定本规定。

二、本规定适用于市人大常委会对市人民政府、市人民法院、市人民检察院（以下简称“一府两院”）研究处理市人大常委会审议意见工作的监督。

三、本规定所称的审议意见，是指市人大常委会会议在审议“一府两院”的专项工作报告、国民经济和社会发展计划及预算的执行情况报告、审计工作报告、执法检查报告后，根据市人大常委会组成人员提出的意见和建议形成的书面审议意见。

四、审议意见在市人大常委会会议结束后十个工作日内，交由“一府两院”研究处理，并由市人大常委会相关工作机构对口督办。

“一府两院”应当自收到审议意见之日起三个月内，将研究处理情况送交市人大常委会相关工作机构征求意见后，向市人大常委会呈送报告。

五、市人大常委会收到审议意见研究处理情况的报告后，常委会办公室应将报告和相关材料分发常委会组成人员，并由市人大常委会主任会议适时提请常委会会议进行满意度测评。审议意见研究处理情况的满意度测评的议题和内容应列入年度工作计划。

六、满意度测评采用按电子表决器或者其他无记名方式，由常委会组成人员在常委会会议上进行表决。

表决分为满意、基本满意和不满意三个等次。经表决，满意票数超过常委会全体组成人员半数的，测评结果为满意；满意票数不足半数，但加基本满意票数超过半数的，测评结果为基本满意；满意票数加基本满意票数不足半数的，测评结果为不满意。

测评结果由市人大常委会会议主持人当场公布，向有关机关和部门作出通报，并以适当形式向社会公布。

七、审议意见研究处理情况的报告被测评为不满意的，“一府两院”应对该事项的审议意见进行重新研究处理，三个月内向市人大常委会呈报重新研究处理情况的报告。

八、市人大常委会会议对“一府两院”的重新研究处理报告须再次进行满意度测评。测评结果仍为不满意的，常委会可以再次听取研究处理情况报告，或者采取专题询问、质询、特定问题调查等方式进行跟踪监督。必要时，常委会可以作出相应决议。

九、本规定由市人大常委会主任会议负责解释。

十、本规定自常委会会议通过之日起施行。

晋江市人民代表大会常务委员会关于工作评议的规定

（2013 年 2 月 28 日晋江市第十六届人大常委会第八次会议通过
2017 年 8 月 25 日晋江市第十七届人大常委会第五次会议修改）

第一条　为规范评议工作，提高监督实效，根据《中华人民共和国各级人民代表大会常务委员会监督法》等有关法律、法规的规定，结合我市实际，制定本规定。

第二条　本规定所称的工作评议是指市人民代表大会闭会期间，由市人民代表大会常务委员会（以下简称市人大常委会）组织对市人民政府及其所属工作部门、市人民法院、市人民检察院、本行政区域内的垂直管理部门、政府直属部门和负有政府行政管理职能的其他部门依法履职和工作情况进行评议的一种监督形式。

第三条　市人大常委会开展工作评议，要坚持依法办事、实事求是、客观公正、民主公开、讲求实效的原则。通过工作评议促进市人民政府及其所属工作部门、市人民法院、市人民检察院、本行政区域内的垂直管理部门、政府直属部门和负有政府行政管理职能的其他部门依法行政、公正司法，推进队伍建设和机关效能建设。

第四条　评议工作的组织领导：

（一）评议工作由市人大常委会领导，市人大常委会成立市人大常委会评议工作领导组，负责组织实施评议工作；

（二）市人大常委会评议工作领导组下设办公室，负责评议工作的具体事务；

（三）工作评议的对象（以下简称评议对象）由市人大常委会主任会议研究决定。

第五条　工作评议的内容：

（一）执行宪法、法律、法规和国家方针政策的情况；

（二）执行上级和本级人民代表大会及其常务委员会决议、决定的情况；

（三）依法履行职责、增强服务意识、提升服务质量的情况；

（四）人民群众普遍关心和社会普遍关注的热点问题的处理情况；

（五）办理人民代表大会代表（以下简称人大代表）提出的建议、批评和意见以及市人大常委会视察检查意见、审议意见的情况，办理市人大常委会交办、督办信访件的情况；

（六）市人大常委会认为应当评议的其他事项。

第六条　工作评议分为准备、调查、评议、整改四个阶段。

第七条　准备阶段。主要包括以下五项工作：

（一）制定评议工作方案。由市人大常委会讨论通过评议工作方案，确定评议的指导思想、内容、时间、方法、步骤，成立评议工作领导组并下设办公室，提出工作要求；

（二）向评议对象发出评议工作通知，通报评议工作方案；

（三）组织参加评议工作的人员学习有关法律、法规及相关业务知识；

（四）进行评议的宣传、动员和部署；

（五）评议对象根据评议工作方案的要求制定接受评议工作方案，认真做好各项准备工作，根据评议的内容和要求进行自查、自纠，并在规定时间内将自查材料报送市人大常委会。

第八条　调查阶段。市人大常委会评议工作领导组采取接访、座谈、询问、走访、测评、问卷、检查、视察、专题调查等形式，广泛听取各方面意见，了解掌握情况，形成调查报告和相关材料。

参加评议工作的人员以市人大常委会组成人员和本级人大代表为主，可邀请部分上级或下级人大代表和有关方面的人员参加。参加评议工作的人员，对涉及本人及其亲属或与其有利害关系，可能影响公正调查有关问题的，应当回避。

参加评议工作的人员依法进行评议调查时，评议对象和有关单位、个人应当积极配合，如实提供情况。

第九条　评议阶段。评议采取会议形式进行。评议会议由市人大常委会主任或副主任主持，评议对象的领导班子成员、中层干部应当到会听取意见；市人民政府、人民法院、人民检察院相关领导，市人民政府所属工作部门负责人必须列席会议。必要时，可以邀请有关部门负责人列席会议，也可以邀请社会各界人士旁听会议。会议的主要程序有：

（一）评议对象的主要负责人作关于接受评议的自查报告；

（二）市人大常委会评议工作领导组向大会报告调查情况；

（三）市人大常委会组成人员和部分市人大代表进行评议；

（四）评议对象的主要负责人作表态发言；

（五）市人大常委会组成人员对评议对象进行综合测评。测评分满意、基本满意、不满意三个等次。

经表决，满意票数超过常委会全体组成人员半数的，测评结果为满意；满意票数不足半数，但加基本满意票数超过半数的，测评结果为基本满意；满意票数加基本满意票数不足半数的，测评结果为不满意。

评议会议结束后，市人大常委会评议工作领导组根据调查报告和评议情况，形成评议意见并经常委会主任会议通过后向社会公布，交评议对象进行整改。

第十条　整改阶段。评议对象根据评议意见，认真制定整改方案并抓好落实，在15日内将整改方案书面报告市人大常委会评议工作领导组，并在3个月内向市人大常委会报告整改落实情况。如遇涉及面广、需时较长的重大问题，经市人大常委会评议工作领导组批准后，整改时间可以适当延长。

整改期间，市人大常委会评议工作领导组要跟踪整改情况，督促评议意见的落实。

第十一条　评议整改工作基本结束后，市人大常委会评议工作领导组组织对评议对象从以下两个方面进行跟踪检查：

（一）评议中提出的意见、建议的办理情况；

（二）完善规章制度及工作改进的情况。

经市人大常委会审议，市人大常委会组成人员对评议对象整改落实情况进行再次测评。测评采取无记名投票的形式进行，分满意、基本满意、不满意三个等次。

经表决，满意票数超过常委会全体组成人员半数的，测评结果为满意；满意票数不足半数，但加基本满意票数超过半数的，测评结果为基本满意；满意票数加基本满意票数不足半数的，测评结果为不满意。

若测评对象被测评为不满意的，市人大常委会依法启动其他监督方式。

第十二条　工作评议结束后，市人大常委会对严格执法、政绩突出、代表信任的单位可建议有关机关给予表彰，特别优秀的，可授予地方荣誉称号。

第十三条　对评议对象提出的评议意见，向市委报告，同时向有关机关、单位和组织通报。

第十四条　评议对象违反本规定，有干扰阻碍评议工作、拒绝接受评议、消极对待评议、落实整改措施不力的，或者相关责任人有违法违纪、失职渎职，或者对参加评议和反映问题的人员打击报复的，视其情节轻重，分别作出如下处理：

（一）责成限期改正或作出检查；

（二）依法提出质询；

（三）转由有关组织或部门调查处理；

（四）依法组织特定问题调查委员会进行调查；

（五）依法撤销或免去有关责任人由市人大常委会任命的职务；

（六）依法向本级人民代表大会提出罢免案；

（七）构成犯罪的，责成司法机关依法追究刑事责任。

第十五条　本规定由市人大常委会负责解释。

第十六条　本规定自通过之日起施行。

晋江市人民代表大会代表优秀议案和建议评选办法（试行）

（2017年12月15日晋江市第十七届人大常委会第八次会议通过）

第一条　为充分调动市人民代表大会代表（以下简称代表）履职的积极性，引导代表注重深入实际，加强调查研究，积极提出议案和建议、批评和意见（以下简称建议），进一步提高议案和建议质量，更好地发挥代表在参与管理地方国家事务、推进全市经济社会发展中的重要作用，根据《中华人民共和国全国人民代表大会和地方各级人民代表大会代表法》和《福建省实施〈中华人民共和国全国人民代表大会和地方各级人民代表大会代表法〉办法》及有关文件规定，结合工作实际，制定本办法（试行）。

第二条　评选范围

（一）代表在市人民代表大会会议期间提出的议案和建议；

（二）代表在市人民代表大会闭会期间提出的建议。

第三条　评选条件

（一）代表议案和建议的内容，符合法律、法规和国家政策，属于本级人民代表大会职权范围，为我市政治、经济、社会事业等方面的重大事项或人民群众普遍关心的热点、难点问题；

（二）代表议案和建议的内容真实，对问题产生的原因分析清楚，要求解决问题的法律法规、政策依据准确，提出解决问题的措施具有针对性、可操作性；

（三）代表议案和建议办理后，将对我市政治经济社会发展产生积极的促进作用；

（四）代表议案和建议一事一议（案），格式规范，内容翔实，条理明晰，文字简洁。

第四条　评选方法及程序

（一）评选工作每年进行一次；

（二）评选的优秀议案和建议不超过当年代表议案和建议总数的5%；

（三）市人民代表大会会议期间主席团确定的代表议案，列为候选优秀议案；市人大常委会主任会议研究确定的重点督办的代表建议，列为候选优秀建议；

（四）每年9月底前，市人大常委会办公室及各工作机构、市政府办公室按不超过当年代表议案和建议总数5%的比例推荐候选优秀议案和建议；各镇（街道）人大主席团（工委）按不超过当年本代表团议案和建议总数5%的比例推荐候选优秀议案和建议；各承办单位按不超过本单位承办代表议案和建议件数5%的比例推荐候选优秀议案和建议，不足1件的可以按1件推荐；

（五）市人大常委会代表工作机构根据推荐情况进行综合评定，按当年代表议案和建议总数6%的比例提出候选优秀议案和建议；

（六）每年 10 月中下旬将候选优秀议案和建议提交主任会议讨论确定后，提交市人大常委会评选；

（七）每年 10 月下旬，召开市人大常委会会议，由常委会组成人员对候选优秀代表议案和建议进行无记名投票评选，按得票多少顺序确定应选优秀议案和建议。

第五条　对经评选产生的优秀议案和建议，由市人大常委会予以表彰，表彰决定印发市人民代表大会会议，并在新闻媒体和市人大常委会刊物、网站公布。

第六条　本办法（试行）自市人大常委会会议通过之日起施行。

晋江市人大常委会关于对人大代表约谈、函询的暂行办法

（2018 年 8 月 23 日晋江市第十七届人大常委会第十三次会议通过）

第一条　为加强和改进对市人民代表大会代表（以下简称代表）的监督管理，促进代表更好发挥作用，根据《中华人民共和国全国人民代表大会和地方各级人民代表大会代表法》和《福建省实施〈中华人民共和国全国人民代表大会和地方各级人民代表大会代表法〉办法》及有关文件规定，结合工作实际，制定本暂行办法。

第二条　本暂行办法所称“约谈”、“函询”是指市人大常委会对代表在执行代表职务、履行代表职责及模范遵法守纪方面存在的问题和群众反映的问题，采取正式谈话方式或通过书面形式了解核实有关问题和情况并督促纠正的一项管理监督措施。

第三条　本暂行办法适用于晋江市人民代表大会代表。

第四条　代表有下列情况之一的，根据实际情况对其进行约谈或函询：

（一）未履行请假手续不参加市人民代表大会、市人大常委会会议和市人大常委会组织的学习、培训、视察、专题调研、执法检查及镇（街道）代表联系群众活动室（代表小组）活动的；

（二）当选后连续 3 年未提出议案或建议、批评、意见的；

（三）违反代表法及有关法律法规，或者不执行市人民代表大会、人大常委会决议、决定，造成不良影响的；

（四）向原选区选民述职测评结果为不满意的；

（五）妨碍依法行政、公正司法，或以代表身份从事与履行代表职务无关的活动，造成社会负面影响的；

（六）不带头模范遵守社会公序良俗，违反社会道德或存在与代表身份不符的行为的；

（七）拒不履行有关司法机关裁定或涉嫌违法犯罪，有关机关拟对其采取强制措施的；

（八）群众信访举报反映有关问题，须由本人说明、解释清楚的；

（九）其他需要进行约谈、函询的情况。

第五条　约谈、函询由市人大常委会人事代表委提出，或由镇人大主席团（街道人大工委）向市人大常委会人事代表委提出，报市人大常委会分管领导或主要领导审批后向代表发出约谈、函询通知。

第六条　约谈由市人大常委会指派人员进行，约谈人应不少于2人。约谈后可视情况要求被约谈代表在接受谈话之日起5个工作日内提交书面说明材料，并对说明的真实性作出书面承诺。如有特殊情况不能如期回复的，应当在规定期限内说明理由。

第七条　被函询代表应当在收到函询件后5个工作日内就函询内容实事求是地逐一作出书面回复，包括对问题的解释说明、具体整改措施等。如有特殊情况不能如期回复的，应当在规定期限内说明理由。

第八条　对约谈、函询问题未讲清楚的，可再次对其进行约谈、函询或者采取其他方式进行了解。

第九条　约谈、函询有关情况要及时整理，归入代表年度履职情况档案，并将约谈、函询内容抄送代表所在单位及相关部门。

第十条　有关工作人员对代表进行约谈、函询内容应严格保密，并妥善保管相关资料。

第十一条　本暂行办法自市人大常委会会议通过之日起施行。

晋江市人大常委会办公室关于晋江市人大工作“一镇街一亮点”活动成果展示情况的通知

（晋人办〔2018〕43号）

各镇人大主席团、街道人大工委：

为认真贯彻中央和上级关于加强县乡人大工作的要求，激发基层人大工作创新活力，打造一批具有区域特色、质量高、带动性强的特色工作，市人大常委会从2018年起在全市部署开展“一镇街一亮点”活动。各镇（街道）人大从推动基层民主政治建设与时俱进、促进基层治理能力提升的角度，围绕助推重点任务落实、提升监督工作实效、拓展代表履职渠道、密切与人民群众联系等方面，精心选题、培育亮点，不断推进工作创新、机制创新和履职创新。

经过近一年来的深入推进，晋江市人大工作“一镇街一亮点”活动取得阶段性成效。

一、成果展示情况

1.一等奖（1名）

安海镇人大主席团：“‘1+5’人大代表联系群众活动室工作机制”

2.二等奖（2名）

陈埭镇人大主席团："精准扶贫　人大代表来助力"

磁灶镇人大主席团："聚焦养老心系民生　务实履职增进实效"

3.三等奖（3名）

深沪镇人大主席团："一周一活动·一活动一主题·一主题一目标"

东石镇人大主席团："小小活动室　履职大舞台"

金井镇人大主席团："接地气代表议民生　见实效群众齐点赞"

二、有关要求

实践充分证明，推进"一镇街一亮点"是促进基层人大事业发展的有效载体和抓手，是提高人大工作整体水平和人大干部整体素质的有效途径。希望各镇人大主席团、街道人大工委要乘势而上，放大效应，继续梳理整合、深化提升，着力打造一批拿得出、叫得响、推得开的"金字招牌"，辐射提升全市人大工作的整体水平；要点面结合，全盘推进，通过典型引路，正确处理好"打基础"与"创特色"、"点"与"面"的关系，以点带面、整体推进，为开创新时代人大工作新局面，为晋江加快建设国际化创新型品质城市作出新的贡献。

晋江市人大常委会办公室

2018年12月4日

晋江市人大常委会办公室关于转办2019年上半年泉州市人大常委会组成人员"双联"活动部分代表和群众反映意见建议的通知

（晋人办〔2019〕14号）

晋江市人民政府办公室：

根据泉州市人大常委会办公室《关于办理2019年上半年市人大常委会组成人员"双联"活动部分代表和群众反映意见建议的通知》（泉人大办〔2019〕23号）要求，现将泉州市人大常委会组成人员"双联"活动部分代表和群众反映的属于我市职责的意见建议转交你办，请按照《晋江市人民代表大会代表建议、批评和意见办理工作规定》的相关要求，逐条认真研究处理，形成正式反馈意见，于5月16日前将办理情况书面反馈至市人大办统一汇总上报泉州市人大办。

附件：2019年上半年泉州市人大常委会组成人员"双联"活动部分代表和群众反映意见建议情况表

晋江市人大常委会办公室

2019年4月23日

附件：

2019年上半年泉州市人大常委会组成人员“双联”活动部分代表和群众反映意见建议情况表（共16件）

一、部分代表反映的意见建议（共5件）

常委会组成人员	时间地点	代表	序号	意见建议内容
陈灿辉 张翼翔	2019年3月14日，英林镇人大代表联系群众活动室	张文章	1	建议晋江抓紧与各级好的三甲医院对接，大病手术在三甲医院，康复期在晋江市医院康复，以缓解“住院难”问题
王伟明	2019年3月12日，晋江市人大“代表之家”	吴超峰	2	加强对晋江市龙湖镇福林村传统村落的保护工作，使其更好地展现闽南建筑瑰宝的价值
		吴超峰	3	加快晋江市龙湖镇镇区中山街的改造工作，对有历史风貌与价值的街区建筑要妥善保护
洪元程	2019年3月12日，龙湖镇人大代表联系群众活动室	洪水平	4	农村基层的干部工作压力逐渐增大，面对国家提出的振兴乡村经济，建议政府多引进一些人才到农村工作
释向愿	2019年3月13日，池店镇人大代表联系群众活动室	唐炎坤	5	唐厝村东唐路路名已经申请较长时间，至今未批。政府相关部门办事效率慢，相关工作人员办事拖拉、甚至存在行政不作为现象

二、部分群众反映的意见建议（共11件）

常委会组成人员	时间地点	群众	序号	意见建议内容
释向愿	2019年3月13日，池店镇人大代表联系群众活动室	李俊民	1	关于补偿安置户3年物业费问题。池店镇鸿雁小区安置户已经回迁5年了，政府承诺的补偿回迁安置户3年物业费至今还没有落实，造成部分小区业主不愿交物业费
		李俊民	2	关于池店镇“鸿雁小区”征名问题。鸿雁小区的命名由政府公开征名的，一旦采用就可以得到一定的奖励和荣誉证书，征名采用至今，政府没有兑现承诺
		李俊民	3	关于抓好移风易俗，提高群众幸福指数问题。抓好丧事简办、喜事新办，避免盲目跟风问题带来的负面影响；老百姓生老病死等民生工程的缺失还需要政府相关部门真抓实干，补齐短板

续表

常委会组成人员	时间地点	群众	序号	意见建议内容
释向愿	2019 年 3 月 13 日，池店镇人大代表联系群众活动室	李俊民	4	关于石头房（危房）改建问题。晋江地处地震多发地带，石头房改建问题必须引起相关部门重视解决
		李世荣	5	关于雁山路垃圾管理问题。池店镇新店村雁山路长期垃圾堆积，希望有关部门给予解决
		李世荣	6	关于池店镇新店村排水问题。池店镇南片区 3 号路建成后，新店村原有的排水系统被 3 号路截断，遇到大雨常常被淹，希望有关部门给予重视解决
		李世荣	7	希望提高失地农民的养老金标准
		李清洁	8	希望修整新店村下街安平路坑坑洼洼的道路
		李聪聪	9	新店村安平路是南片区的边角，在南片区拆迁时，政府答应给予修建，至今没有予以兑现
		李植源	10	关于在绿洲公园修建残疾人通道问题。现在，政府对残疾人的帮助主要在经济和生活方面，建议在文化和精神层面给予更多的关爱，建议在绿洲公园修建一条残疾人通道
		李文君	11	新店村雁祥路路名申请很长时间，至今没有审批

关于市人大常委会组成人员开展“控疫情、抓安全、促发展”专题“双联”活动的通知

（晋人办〔2020〕11 号）

市人大常委会组成人员，各镇人大主席团、街道人大工委：

为深入贯彻落实习近平总书记关于统筹做好疫情防控和经济社会发展工作的重要讲话重要指示精神，贯彻落实中央、省委、泉州市委、晋江市委关于加强疫情科学防控、有序做好企业复工复产、推动安全生产的部署要求，定于 4 月下旬至 5 月下旬组织常委会组成人员开展联系市十七届人大代表和基层群众专题“双联”活动。现将有关事项通知如下：

一、时间安排

2020 年 4 月下旬—5 月下旬。

二、活动内容

1.向代表、群众宣传习近平总书记关于统筹做好疫情防控和经济社会发展工作的重要讲话重要指示精神，中央、省委、泉州市委、晋江市委关于常态化疫情防控举措、全面推进复工复产、加强安全生产、推进经济社会发展等部署要求，以及各级人大及其常委会关于疫情防控的有关决议决定等。

2.围绕基层疫情防控、房屋安全“百日大整治”、安全生产、经济社会发展（包括畅通产业循环、市场循环、经济社会循环，全力打通操作链、服务链、政策链等“三大链条”，解决复工复产面临的问题，支持优势产业和企业加快复工复产、增产增效，帮助困难行业和中小微企业渡过难关，分类分批推进开学，加快推进生产生活秩序全面恢复等内容），广泛听取代表和群众意见建议。

三、活动方式

市人大常委会组成人员按照常态化“双联”要求，通过走访和座谈等方式，开展联系代表和群众活动，了解存在的困难与问题，听取代表和群众意见建议。鉴于疫情防控和当前工作需要，也可通过电话、微信等多种形式加强与代表及群众的联系。

四、工作要求

1.本次活动要严格遵守中央八项规定及其实施细则精神，严格按照疫情防控相关要求，科学安排行程，确保活动顺利开展。

2.市人大常委会人事代表委负责活动的统筹协调和情况汇总等工作。

3.各镇人大主席团、街道人大工委要为常委会组成人员联系代表、群众活动提供服务保障，配合做好组织协调和各项准备工作。

4.常委会组成人员按照活动内容的要求，认真做好意见建议的收集和分类梳理汇总（填写附件），于5月31日前交市人大常委会人事代表委。所提出的意见建议需要由市直有关部门办理的，可以闭会期间代表建议、批评和意见的形式提出，由市人大常委会人事代表委按照代表建议办理工作规定交有关部门办理。所提出的意见建议涉及镇（街道）工作职能的，由所在镇人大主席团、街道人大工委负责交办解决。

5.活动结束后，请常委会组成人员及时登录福建省三级人大代表履职服务平台做好履职申报，申报时履职主题、时间、地点要填写准确，履职内容应详细，并将活动图片等相关佐证资料作为附件上传。

附件：市人大常委会组成人员“双联”活动情况汇总表

晋江市人大常委会办公室

2020年4月21日

附件：

市人大常委会组成人员＿＿（姓名）＿＿“双联”活动情况汇总表

联系的代表或群众	时间	地点	联系形式	收集意见建议内容	处理方式

说明：1.联系形式栏填写“走访、座谈、电话或微信等”。

2.处理方式包括：“已当面解释、留作参考、以代表建议提出、交由镇、街道解决”。

3.本表请于2020年5月31日前交至市人大常委会人事代表委。

晋江市人大常委会办公室关于印发《晋江市人大代表素质提升计划》的通知

（晋人办〔2020〕13号）

市人大代表，市人大常委会各委办，各镇人大主席团、街道人大工委：

《晋江市人大代表素质提升计划》已经市人大常委会党组会议、主任会议研究通过，现印发给你们，请结合实际认真贯彻执行。

晋江市人大常委会办公室

2020年4月24日

晋江市人大代表素质提升计划

为进一步增强人大代表的代表意识，提高代表素质，充分发挥代表作用，打造一支讲政治、为人民、高素质、善作为的人大代表队伍，根据《中共福建省委关于加强新时代人大工作和建设的决定》《中共福建省人大常委会党组关于加强和改进人大代表履职有关工作的实施意见》精神，决定组织实施市人大代表素质提升计划。

一、提高政治站位

旗帜鲜明讲政治，坚持以习近平新时代中国特色社会主义思想为指导，不断提高代表的政治素质、政治站位。

1.强化政治意识。加强代表政治学习，引导代表深入学习贯彻习近平新时代中国特色社会主义思想特别是习近平总书记关于坚持和完善人民代表大会制度的重要思想，坚定人民代表大会制度自信，始终保持正确政治方向，以政治建设为统领，强化理论武装，提高政治站位，增强“四个意识”、坚定“四个自信”、做到“两个维护”，牢记使命担当，坚持以人民为中心，自觉履行代表义务，忠诚为党分忧，忠实为民代言。

2.增强大局观念。引导代表开阔视野格局，站在全局的高度思考问题，坚持从人民的长远利益和根本利益出发，紧紧围绕全市发展大局和中心工作，积极履行代表职责，为经济社会发展建言，为人民生活改善献策，为传承弘扬发展“晋江经验”、助推我市县域治理体系和治理能力现代化、加快国际化创新型品质城市建设作出代表应有的贡献。

3.严格职务规范。引导代表珍惜代表身份，坚决维护宪法权威，模范遵守宪法法律，自觉遵守中央八项规定及其实施细则精神，严格要求自己，弘扬和践行社会主义核心价值观，以实际行动践行“人民选我当代表、我当代表为人民”的庄严承诺，自觉接受人民监督。正确处理好个人职业活动和履行代表职务的关系，正确处理好个人利益与公共利益的关系，不得利用代表身份干预执法、干涉具体司法案件或插手招标投标等，牟取个人、小团体和特定关系人的利益；严禁参会期间和参加履职活动时拉关系、办私事、变相从事商业活动等。

4.践行为民宗旨。进一步健全代表联系群众工作机制。代表应当与原选区选民和人民群众保持密切联系，听取群众意见，了解社情民意，回应社会关切，推动选民群众最关心、最直接、最现实的利益问题的解决。代表与选民群众可以通过走访、电话、书信、网络通信工具等方式进行联系，或者通过人大代表联系群众活动室和网络平台保持联系。

二、提升理论素养

坚持学以致用、用以促学、学用相长，加强和改进代表学习培训工作，全方位提升代表理论水平和能力素养。

5.开展初任学习培训。初任学习培训是代表了解情况、明确职责的必修课，新当选的代表要参加初任学习培训。初任学习培训以集中学习的形式开展，主要学习新时代的政治理论、中央关于人大工作的精神、人民代表大会制度的基本理论，宪法、地方组织法、代表法、监督法、代表大会议事规则等法律法规和代表的权利和义务，以及廉政制度、廉洁纪律、会风会纪等内容。

6.开展履职学习培训。立足代表理论素养提升需要，创新学习培训组织形式，采取“请进来”和“走出去”有机结合方式，举办代表履职学习培训。在每年市人民代表大会会议前组织 1 期集中学习培训，组织全体代表参加。每年市人大常委会组织或委托培训机构举办 1 期代表履职能力提升培训班，分期分批组织代表参加。各镇人大主席团、街道人大工委依托活动室每年至少组织 1 次代表集中学习和 1 次履职经验交流，共同学习、共同提高履职水平。履职培训重点学习如何审议各项议案和报告、提出代表议案和建议、开展闭会期间活动等履职相关知识。

7.开展专题学习培训。每年举办若干期监督工作专题讲座，邀请专家学者或上级人大常委会领导授课，结合讲座主题邀请部分相关代表参加。鼓励和支持代表参加“晋江大讲堂”“晋江干部学堂”“国学讲堂”等学习培训。专题学习培训主要围绕党委中心工作、人大重点工作和人民群众普遍关注的热点难点问题等进行专门领域学习。

8.开展线上学习培训。在晋江人大网站和微信公众号开辟“代表参阅”专栏，整理编发人民代表大会制度的基本理论以及全国、省、泉州市、晋江市有关会议精神、其他地方人大业务经验等学习参考资料，为代表学习提供参考。各镇人大主席团、街道人大工委要通过微信公众号等多种渠道定期推送学习文章，不断提升福建省三级人大代表履职服务平台运用率，方便代表自我学习、自我提高。

三、提升履职质量

引导代表服务大局，践行履职为民宗旨，积极参与各级人大组织的各项活动，自觉落实“八个一”要求，切实提升自身履职水平。

9.每届列席一次常委会会议。改进代表列席市人大常委会会议的协调组织工作。根据每次市人大常委会会议议题邀请若干名代表列席，确保每位基层代表每届任期内至少列席 1 次市人大常委会会议。

10.每年参加一次代表专题调研、视察等活动。各镇人大主席团、街道人大工委按照市人大常委会统一安排，组织代表每年年中到其他镇（街道）开展 1 次有主题、有计划的专题调研，调研应注重实效，形成专题调研报告，并及时交有关单位研究处理。市人大常委会根据每年监督议题安排，邀请若干名代表参加集中视察、专题调研、执法检查等活动，活动过程中，代表应认真思考，提出意见建议。

11.每年参加一次代表座谈会。每年人民代表大会会议召开前，市人大常委会分片区召开代表座谈会，向片区内的代表通报常委会年度工作情况、下一年度工作初步安排和人民代表大会会议组织筹备工作等情况，听取代表对各方面工作的建议和意见，各镇人大主席团、街道人大工委汇总整理代表意见建议交市人大常委会办公室。

12.每年撰写一份议案或建议。各镇人大主席团、街道人大工委加强指导代表撰写议案、建议，引导代表紧紧围绕全市工作中心和发展大局，用心思考事关发展全局的重要问题，在接待选民群众收集意见建议和深入调研基础上提出高质量的议案、建议。每位代表每年应至少领衔或附议提出 1 件议案或建议。市人大常委会每年评选一批代表优秀议案、建议，并颁发证书予以表彰，激励代表提高议案、建议质量。

13.每次大会作出一次审议发言。各镇人大主席团、街道人大工委要做好代表闭会期间活动的组织服务工作，为代表出席大会审议各项报告、决议和议案作准备。代表在出席人民代表大会会议时，应围绕会议议题充分准备，提前思考，形成发言提纲，主动发表审议意见，传递选民群众心声。人民代表大会会议期间，每位代表应至少围绕1个议题作出1次审议发言，各代表团应做好代表审议发言材料的收集。

14.每季度参加一次代表小组活动。市人大常委会按照便于组织和开展活动的原则，组建代表小组，对我市五级代表混合编组，编入具体的“人大代表联系群众活动室”，主要依托活动室开展活动。代表小组推选责任心强、履职认真的代表担任小组组长、副组长，负责活动小组的组织协调工作。各镇人大主席团、街道人大工委要加强对所辖的代表小组的指导、组织、协调和后勤保障，并及时组织登记整理活动情况。每年年初，代表小组组长应牵头制定本小组年度活动计划，组织本组代表开展活动，每个季度至少活动一次。活动内容包括：开展学习，进行调研视察，组织主题活动，联系人民群众，为出席人民代表大会会议、列席人大常委会、专门委员会会议作准备等。

15.每季度参加一次接待选民群众活动。各活动室每年年初应制定活动室年度工作计划和代表接待选民群众计划，每位代表每季度至少参加1次所在的活动室开展的接待选民群众活动，并与原选区不少于10名以上的选民保持经常性联系，每半年至少联系1次。收集到的群众意见和建议，要及时按照活动室意见建议处理工作流程处理，活动室应做好相关活动记录。各镇人大主席团、街道人大工委要加强对活动室开展活动的指导、组织和协调。

16.每年助推一件民生微实事。广泛发动代表在服务经济社会发展、“为民办实事”、“四帮四扶”、“民生微实事”和资金技术人才引进、科技创新、文化教育、维护稳定等方面每年至少做1件实实在在的事情或解决一个实际问题。

四、提升管理水平

加强和改进对代表履职的管理监督，健全代表履职管理制度，规范履职行为，增强履职成效。

17.健全代表履职登记制度。按照“谁组织活动、谁负责登记”原则，利用代表履职服务平台，及时登记代表履职情况。代表依法自行开展的履职活动由代表本人申报，代表应当对其申报内容的真实性负责。各镇人大主席团、街道人大工委按照“一人一档”建立和规范代表履职档案，并于每年3月底前公开上一年度代表履职情况。

18.落实代表履职报告制度。每届任期内，每名代表原则上应向原选区选民报告履职情况不少于2次。各镇人大主席团、街道人大工委要统筹安排代表向原选区选民述职活动，指导代表撰写述职报告，组织选民对代表的履职情况进行满意度测评，测评以无记名投票方式进行，测评票设“满意、基本满意、不满意”三个档次和建议意见栏目。满意度测评结果应在述职大会结束后3天内报送市人大常委会人事代表委存档。述职结果为不满意的，代表应向提名单位（提名人）作出书面说明，并在六个月后再次向选民述职，接受满意度测评。

19.严格代表履职请假制度。代表应当安排好本人生产和工作，优先履行代表职务。市人民代表大会实行代表出席会议考勤通报制，代表不得无故缺席会议，因特殊原因不能出席会议的，应当按照规定请假。未经批准两次不出席市人民代表大会会议的，代表资格依法予以终止。代表出席市人民代表大会会议时，要严格遵守大会“三率”要求，被大会抽查到违反“三率”要求的，要向市人大常委会人事代表委及所属代表团作出书面说明。代表在闭会期间应积极参加统一组织的集中视察、异地专题调研等活动，因病或其他特殊原因不能参加的，要向组织单位书面请假。

20.完善代表约束机制。严格按照相关法律法规以及文件规定要求，健全完善代表约束机制。对存在法定终止代表资格或暂停执行代表职务情形的代表，应依法及时办理相关手续。因工作变动不宜继续担任代表、不称职或因身体健康等原因不能正常履职的，代表本人应当辞去代表职务。对违反社会道德或存在与代表身份不符的行为的，根据《晋江市人大常委会关于对人大代表约谈、函询的暂行办法》规定对代表进行约谈或者函询，及时督促纠正。

五、提升服务能力

坚持尊重代表主体地位，牢固树立服务代表意识，提高服务保障代表依法履职的能力和水平。

21.加强信息服务。市人大常委会各委办应加强同代表联系，通过多种方式主动听取代表对常委会工作的意见、建议，邀请代表列席常委会会议、参加常委会组织的相关活动。坚持向代表赠阅《人民政坛》《晋江人大》《晋江经济报》等报刊资料，拓展代表了解全市经济社会发展和人大主要工作情况的渠道。各镇人大主席团、街道人大工委应指导代表熟练使用福建省三级人大代表履职服务平台，切实保障代表履职。

22.加强履职宣传。依托晋江经济报、晋江电视台、晋江人大网站、“晋江人大”微信公众号等载体，全方位、多角度、深层次报道宣传代表履职尽责的案例、事迹和成果，树立代表良好形象。引导代表主动展示“人民选我当代表、我当代表为人民”的履职风采，鼓励和支持代表接受媒体采访。各镇人大主席团、街道人大工委每季度至少推荐上报1名履职表现突出的市代表，市人大常委会办公室定期择优若干名代表进行重点宣传。

23.加强履职保障。健全常委会组成人员联系代表制度，每年与相对固定联系的代表联系不少于2次。定期走访代表，强化与代表所在单位的联系，引导其尊重代表的权利，依法为代表优先执行代表职务给予时间保障，对代表执行代表职务按正常出勤对待，享受所在单位的工资和其他待遇。注重加强对代表的人文关怀，关心代表的工作、生活情况，积极创造条件为代表履职解决实际困难。建立代表“四必访”制度，对于代表家庭变故、伤痛病残、遭遇重大困难、亡故治丧的，应及时走访慰问。

市人大常委会各委办和各镇人大主席团、街道人大工委要结合各自实际，认真执行本计划，不断提高人大代表素质，大力支持人大代表依法履职，充分发挥人大代表作用。

晋江市人大常委会机关规章制度汇编

〔2020年8月6日，晋江市第十七届人大常委会第五十三次主任(扩大)会议讨论通过〕

市人大常委会机关公文办理及文电收发规定

为提高机关工作效率，逐步实现机关公文办理科学化、规范化和制度化，制定本规定。

一、发文办理

市人大常委会机关发文按下列程序办理：

（一）公文的拟稿、审核、签发

公文的拟稿。常委会各委办按工作职责负责相关文件拟稿工作。公文拟稿应使用文件发文稿纸，正确使用文种，力求观点正确、文字简练，符合规范。除规范性文件外，普发性文件一般不超过3000字，报送市委的请示、报告一般不超过1500字。

公文的审核。公文签发前拟稿人应进行审核，审核内容包括行文理由是否充分，行文依据是否准确；公文内容是否符合党和国家的方针、政策和法律法规；涉及其他单位的事项是否协商一致；同时应当会同秘书科审核文种使用、文件格式等是否符合规范要求。

公文的签发。文件拟稿人、审核人、会稿人和签发人应签署意见、姓名和时间，并按以下程序签发：

（1）常委会党组文件：相关委（办）工作人员拟稿—相关委员会主任及办公室主任核稿—常委会分管领导会稿—党组书记签发。

（2）常委会文件：相关委（办）工作人员拟稿—相关委员会主任及办公室主任核稿—常委会分管领导会稿—常委会主任签发。

（3）办公室文件：相关委（办）工作人员拟稿—相关委员会主任核稿—办公室主任经请示常委会领导后签发。

（二）公文的印制。签发后的文件，由秘书科统一登记编号，并按有关公文格式规定对进行校核，文印人员打出校样交拟稿人校对无误后如数印制。

（三）公文的传递。由办公室秘书科通讯员按文件发送范围统一寄送或分发。

二、收文办理

1.各级政务平台及传真系统接收的文电

(1）秘书科指定专人（非工作时间由秘书科安排值班员）负责每日工作时间做好签收、呈阅和分发。

(2）接收的文电应及时呈送办公室主任签署阅办意见，并按签署阅办意见印送相关领导和阅办人，同时电话或微信短信提醒对应的秘书科工作人员跟踪落实。

(3）如遇夜间或节假日，紧急事务性文件可由值班人员先行处理，立即报告常委会领导、办公室领导及相关工作人员，确保通知到位。

2.发送市人大常委会和办公室的纸质公文由秘书科统一登记，按本机关各委办的职责范围进行分类后，及时呈送办公室主任签批，并及时呈阅、分发或传阅。归属不清的公文应及时请示领导，根据领导指示办理。

3.所有涉密文件统一交由机关保密员登记编号，呈送办公室主任签署阅办意见，进行专夹报送、收回，并按照规定定时整理、清退、归档。

4.发送市人大常委会机关或领导的紧急文电函件，秘书科应随收随送有关领导，并按照领导的批示及时办理。

三、公文归档

1.文件办理完毕后由文件管理人员及时整理收集，对需归档的文件应根据文件来文单位、文种、时间等特征分类归档。

2.档案管理人员应在第二年的第一季度及时对上一年的归档文件立卷装订，明确保管期限，移交机关档案室。

3.需要销毁的密级文件，必须进行登记，经主管领导批准，由二人以上监销，严禁漏销和遗失。

市人大常委会机关考勤制度

为进一步加强机关效能建设，改进工作作风，提高工作效率，强化考勤管理，结合人大常委会机关实际，特制定本制度。

一、考勤对象为市人大机关全体干部职工。

二、工作日按工作时间签到、签退（夏季工作时间：上午8：00—12：00，下午3：00—6：00；冬季工作时间：上午8：00—12：00，下午2：30—5：30。工作时间调整以通知为准）。

三、超过上班时间到达视为迟到，提前下班视为早退。迟到或早退累计3次，按旷工半天计算。

四、在工作时间因事因病外出，不能按时考勤的，委办主任及其他科级领导报告常委会分管领导，一般干部职工应事先报告办公室分管领导，说明原因、去向及时间，经同意后方可离开，同时报办公室秘书科备案作为考勤依据。

五、因参加公务活动不能签到的，应及时报办公室秘书科备案并进行考勤登记。

六、请休假依据相关规定履行有关审批手续，由办公室负责登记，建立管理台账，纳入日常考勤管理。

七、办公室负责日常考勤管理工作，出勤情况每月汇总公布，接受监督。考勤结果作为机关人员年度考核、评先评优和绩效奖金发放的重要依据。

市人大常委会机关请销假制度

为了进一步加强机关组织纪律，提高机关工作效能，结合本机关工作实际，制定本制度。

1.机关工作人员根据有关规定，可分别享受探亲假、婚假、生育假、公休及丧假；因病、因事可请病假或事假。

2.探亲假、婚假、生育假、公休及丧假按国家有关规定办理。

3.一般工作人员因病因事请假，由科室负责人提出意见，报相关领导逐级审批。请假1天以内由办公室分管领导审批，1—3天由办公室主任审批，3天以上由常委会分管领导审批，15天以上须经常委会主任同意后报组织人事部门备案。

4.副科级以上干部请销假按《晋江市科级以上干部请销假规定》（晋委办发〔2018〕29号）执行。

5.凡请假者，须填写《干部、职工请假申请书》或《科级以上干部请假审批表》，按规定的审批权限报批；请假获准后，须将请假审批表（复印件）交秘书科备案。

6.假期结束后应及时销假。因特殊情况需要延长假期时，可事先口头报告相关领导，获批后方可延假。休假结束后应及时补办请假手续。

7.未请假或请假未经批准擅自离开工作岗位者视为旷工，并根据有关规定作出相应处理。

8.机关全体人员须自觉遵守办公作息制度，按时上班，不迟到、早退，不擅离职守。

9.秘书科每月统计出勤情况，作为机关工作人员年度考核、季度绩效考核重要依据。

市人大常委会机关印章管理制度

为加强常委会机关印章管理，促进机关工作规范化、制度化，结合本机关工作实际，制定本制度。

一、市人大常委会机关各类印章的制发、收回、销毁等事项，由办公室统一承办。若机构发生变动，应及时申报刻制新印章，停止使用的印章及时缴回办公室秘书科封存。

二、中国共产党晋江市人民代表大会常务委员会党组、晋江市人民代表大会常务委员会、晋江市人民代表大会常务委员会办公室印章，由办公室指定秘书科专人管理。机关党支部、机关工会、信访工作、财务工作的印章，由其主要负责人指定专人管理。

三、各类公文（含介绍信、证书、表格、报表等）需加盖市人大常委会党组的印章，须经党组书记批准；加盖市人大常委会的印章，须经常委会主任批准；加盖市人大常委会办公室印章，须经办公室主任批准；加盖机关党支部的印章须经机关党支部书记批准；加盖机关其他印章，须经该机构主要负责人批准。以上各类公文如已经上述领导签发，则可分别用印。

四、印章管理人员要认真核对签批手续，并做好印章使用情况登记（包括使用日期、事由、批准人及经办人签字），相关材料应复印归档备查。对于不符合审批、无审批手续或不属于用印范围的，一律不予使用印章。各类空白文书、介绍信、证书、纸张等一律不得加盖印章。

五、印章管理人员要坚持原则，妥善保管，非经领导批准，不得擅自委托他人代管，不得委托他人代为加盖印章。每次使用印章后要及时入柜上锁，若发现被盗或丢失应及时报告。

六、公文盖章必须认真工整，做到印章盖得正、字迹清。盖章的位置一般在公文落款年月日的中间，上沿不压正文，下沿略压年月，防止偏上、偏下、倾斜。

七、任何人未经批准不得擅自使用印章。对违规使用公章，视情节及后果给予严肃处理。

市人大常委会机关保密工作制度

为做好机关保密安全工作，根据《中华人民共和国保守国家秘密法》（以下简称《保密法》）及其实施办法和有关保密法规和保密制度，制定本制度。

一、保密制度

1.机关全体人员要自觉遵守党和国家的保密法规和有关规定，自觉保守党的秘密、国家秘密，确保机关各项工作的顺利进行。

2.保密工作实行“谁主管，谁负责”的原则，做到严格管理，责任到人，严密防范，确保安全。

3.坚决做到：不该说的秘密绝对不说，不该问的秘密绝对不问，不该看的秘密绝对不看。

4.认真做好文件、资料、计算机和网络、移动硬盘、U盘的使用与保密管理工作。

5.禁止在私人交往、通信、电话和无关人员面前谈论国家秘密、工作秘密、内部敏感信息，禁止携带涉密载体到公共场所。

6.凡发生泄密事件，责任人应及时采取补救措施，并立即报告办公室分管领导、主要领导。

7.对违反保密制度的人员视其情节，追究责任；造成泄密事件的，依法依规依纪给予处分。党内法规、法律法规另有规定的，从其规定。

二、涉密人员保密管理制度

1.涉密人员保密管理遵循科学确定、严格审查、分类管理、全程监督原则。

2.根据涉密岗位不同,涉密人员分为核心涉密人员、重要涉密人员和一般涉密人员。

3.任用涉密人员应先审后用、定期审核，对涉密人员基本情况按照有关规定进行保密审查。按照涉密人员的涉密程度，核心涉密人员每年复审一次，重要涉密人员每三年复审一次，一般涉密人员每五年复审一次。

4.涉密人员上岗前应当签订保密承诺书、重大事项报告表，涉密人员因公、因私出国（境）的，要进行审批，保密工作分管领导要对其进行保密教育和保密提醒。

5.涉密人员离岗离职时，应清退个人持有和使用的国家秘密载体和涉密信息设备，并做好清点、登记、移交手续。涉密人员离岗离职时应确定脱密期，核心涉密人员脱密期为两年至三年，重要涉密人员脱密期为一年至两年，一般涉密人员脱密期为六个月至一年；涉密人员脱密期内，未经批准，不得因私出国（境），不得到境外驻华机构、组织或者外商独资企业工作。

三、涉密文件资料保密管理制度

1.涉密文件资料保密管理坚持规范管理、严格标准、确保安全的原则。

2.中央、省委、泉州市、晋江市保密局文件及其他涉密文件必须专册（专机）登记、专柜存放，并指定专人做好签收、拆封、清点、登记、管理工作。

3.禁止通过普通传真、互联网或者其他非涉密网络及普通邮政、快递等无保密措施的渠道传递涉密文件资料。

4.收到涉密文件要及时呈送领导签批，并根据领导批示，及时做好传阅工作，禁止擅自扩大知悉范围。涉密文件传阅应做到保密、安全、及时，传阅文件禁止横向传阅，防止在阅办过程中遗失；传阅文件应做好登记，管理人员要随时掌握文件去向，及时收回。

5.绝密级文件资料，一般不得复制、汇编、引用、摘抄，确有工作需要的，应当征得制发单位或者其上级单位同意；复制机密和秘密级的文件资料须按有关规定履行审批手续，复制、下载、汇编、摘抄的涉密文件资料应视同原件管理。借阅涉密文件资料，需经分管领导批准，且借阅人必须注意保管，防止污损或丢失，阅后要及时归还。

6.涉密文件资料应当存放在符合安全保密要求的场所，配备必要的保密设备，与非涉密文件资料分别存放，并定期进行清查、核对。

7.涉密文件应定期整理、立卷、归档或者清退，无须立卷、归档或清退的文件资料应逐件清点、登记、造册后经办公室领导签批，在2人以上全程监督下到保密部门指定的单位销毁，自行销毁少量涉密文件的，应当使用符合保密标准的销毁设备和方法，确保涉密信息无法还原。禁止私自销毁涉密文件资料。

四、信息公开管理制度

1.信息公开坚持谁公开、谁审核、谁负责和先审查后公开的原则。信息公开是指在互联网网站、微信公众号、抖音号、政务微博及其他平台上公开传播信息、发表言论等行为。内容包含：文字、符号、图案、声像等表现形式。

2.禁止通过互联网电子邮件、微信、微博、QQ、抖音、论坛等平台上公开、谈论和传播国家秘密、工作秘密、内部敏感信息。

3.信息公开科室和信息提供科室，应对拟公开的信息进行认真的保密审查，经科室负责人审查、办公室领导审批后方可公开（审查表详见附件），确保上网信息不涉密、涉密信息不上网。已解密并可公开的文件资料，经保密审查后方可公开，公开时应当除去原有的国家秘密标识。

五、计算机和网络保密管理制度

（一）涉密计算机和网络保密管理制度

1.涉密计算机（含涉密笔记本电脑）坚持谁使用、谁负责的原则，做到专机专用、专人专管。

2.涉密计算机只允许连接涉密网络或单机使用，必须与互联网、政务专网等非涉密网络实行物理隔离。涉密计算机使用人禁止私自操作涉密交换机、路由器、防火墙等网络设备。

3.禁止使用除光盘以外的其他移动存储介质在非涉密计算机之间交换数据，使用外来的光盘，经查杀病毒后，确保安全情况下，方可接入涉密计算机。

4.如因工作需要，确须携带涉密笔记本电脑外出的，须经办公室主要领导批准，并采取必要的保密措施，使用人为安全保密第一责任人，禁止在公共场所等不利保密的场所使用。

5.安排专人负责对涉密计算机及涉密信息系统进行定期检查和维护，协助使用人做好开机和登录口令设置。禁止在涉密计算机上配备、安装和使用摄像头、无线设备等，禁止在涉密计算机与非涉密计算机之间共用打印机、扫描仪等输入输出设备。

6.涉密计算机在使用过程中出现故障或异常现象，应立即通知系统管理人员进行处理；涉密计算机在维修过程中，禁止随意下载、复制或自行处理涉密文件、资料；因维修需要必须进行下载、复制或其他方式处理的，须经办公室主要领导同意，禁止擅自保存涉密信息和扩大涉密信息知悉范围。遇到无法处理的故障，应请保密部门认定的涉密计算机维修定点单位派专人维修，并指定专人全程监督。相关设备确需送外维修的，须拆除涉密信息存储部件。

7.禁止私自改变涉密计算机的用途，需要更换、报废的涉密计算机，必须彻底清除涉密信息，统一送保密部门指定的销毁定点单位进行消磁处理和物理损毁，禁止擅自处理和另作他用。

8.发现涉密计算机泄密后，应及时采取补救措施，并按规定及时报告办公室分管领导、主要领导及告知市保密主管部门。

（二）内部计算机和网络保密管理制度

1.非涉密的内部计算机（含笔记本电脑）坚持控制源头、加强检查、明确责任、落实制度和谁使用、谁负责的原则。

2.内部计算机只允许存储和处理工作秘密、内部敏感信息或可对外公开的信息，禁止存储和处理国家秘密信息。内部网络禁止传输国家秘密信息。

3.内部计算机必须与互联网等公共网络实行物理隔离，禁止在内部计算机上配备、安装和使用摄像头、无线设备等。

4.禁止使用除光盘外的移动存储介质在互联网计算机与内部计算机之间交换数据，从互联网下载的文件要采用光盘的方式导入内部计算机。使用外来的光盘，经查杀病毒后，确保安全情况下，方可接入内部计算机。

5.安排专人负责对内部计算机及内部信息系统进行定期检查和维护，协助使用人做好开机和登录口令设置。

6.内部计算机及其网络在使用过程中出现故障，应立即通知系统管理人员进行处理；若故障无法自行处理的，应当委托单位认定（须签订保密承诺书）的计算机维修定点单位进行维修。相关设备确需送外维修时，须拆除内部信息存储部件。

7.禁止私自改变内部计算机的用途，经办公室领导批准，内部计算机可变更为涉密计算机，不可变更为互联网计算机。拟报废或更换的内部计算机，由单位统一送保密部门指定的销毁定点单位进行消磁处理和物理损毁。

（三）互联网计算机和网络保密管理制度

1.互联网计算机实行谁使用、谁负责的原则。

2.互联网计算机可连接互联网等公共网络，只能用于存储和处理可对外公开的信息。禁止使用互联网计算机存储、传输国家秘密、工作秘密、内部敏感信息。

3.使用外来移动存储介质,经查杀病毒后,确保安全情况下,方可接入互联网计算机。

4.互联网计算机限于机关工作人员使用，外来人员禁止使用机关互联网计算机及附属设备。

5.系统管理人员协助使用人做好开机和登录口令设置。互联网计算机使用人对计算机要定期使用杀毒软件查杀病毒，禁止私自下载或购买、安装黑客软件，禁止私自连接无线路由器等网络设备。自行下载的软件，要在确保安全的情况下进行安装，防止安装带病毒或木马的程序，发生网络安全事件。

6.互联网计算机在使用过程中出现故障，应立即通知系统管理人员进行处理；若故障无法自行处理的，应当委托单位认定（须签订保密承诺书）的计算机维修定点单位进行维修。

六、移动存储介质保密管理制度

1.移动存储介质包括涉密移动存储介质与非涉密移动存储介质（主要指硬盘、移动硬盘、U盘、光盘等）。

2.涉密和非涉密移动存储介质禁止交叉混用，涉密移动存储介质禁止在非涉密计算机中使用，非涉密移动硬盘、U盘禁止在涉密计算机中使用，涉密移动存储介质必须定密、标识密级并存放在安全保密的场所。

3.存储过涉密信息的移动存储介质，禁止降低密级使用；新启用为存储涉密文件资料的移动存储介质，必须进行安全检查和查杀病毒处理。

4.涉密移动存储介质需要送外维修时，必须到保密部门指定的单位进行维修；内部移动存储介质需要送外维修时，必须到单位认定（须签订保密承诺书）的维修定点单位进行维修。

5.涉密光盘启用时应先进行登记，确定密级与使用人，涉密光盘损坏或存满要报废时，经分管领导审批，在2人以上全程监督下，使用带有粉碎光盘功能的碎纸机进行粉碎处理。禁止将涉密移动存储介质和内部移动存储介质作为废品出售。

附件：

信息公开保密审查表

序号	责任科室	信息名称	信息来源	公开形式	科室负责人意见	分管领导意见
			本单位制发□ 转载（注明来源） ________	网站公开□ 依申请公开□ 其他________	同意□ 不同意□	同意□ 不同意□
			本单位制发□ 转载（注明来源） ________	网站公开□ 依申请公开□ 其他________	同意□ 不同意□	同意□ 不同意□
			本单位制发□ 转载（注明来源） ________	网站公开□ 依申请公开□ 其他________	同意□ 不同意□	同意□ 不同意□
承办人（签字）：					（签字）	（签字）

市人大常委会机关档案管理制度

为更好地发挥档案的查考和凭证作用，服务机关各项工作的需要，制定本制度。

一、档案收集、整理、归档制度

1.应归档的文件材料，必须收集齐全，分类整理，按规定时间移交档案室集中管理。

2.文书档案实行以件为单位进行整理归档，应当按照《机关档案工作业务建设规范》和《机关文件材料归档范围和文书档案保管期限规定》的有关要求整理编目。信访档案按照文书档案归档要求整理。

3.会计档案按照《会计档案管理办法》《会计档案案卷格式》的有关要求整理编目。

4.基建、设备档案按照《科学技术档案案卷构成的一般要求》的有关要求整理编目。

5.照片档案按照《照片档案管理规范》的有关要求整理编目。

6.录音、录像档案按照《磁性载体档案管理与保护规范》的有关要求整理编目。

7.建立文书档案电子编目，及时归档电子版文书档案，以便查阅。

8.归档的文件材料必须是原件，要完整、系统、准确、真实。

二、档案室管理制度

1.定期检查室内案卷，做到账卷相符，档案管理人员调动时，应在离职前办妥交接手续。

2.做好档案安全工作，潮湿天少开档案柜，炎热天应采取增湿降温措施。如遇水、火灾害、鼠咬、虫蛀、发霉、潮湿、被盗等意外情况应及时清理案卷。

3.室内严禁使用电炉或放置易燃危险物品，按规范放置药物，设置灭火器，并采用窗帘等遮阳措施，经常检查案卷，发现问题及时处理。

三、档案保密制度

1.档案工作人员要认真学习国家《保密法》和《档案法》，熟悉保密业务知识，遵守保密规定，严守国家机密，确保档案的安全。

2.档案室应有保密安全设施，安装有铁窗、铁门、铁柜。

3.档案室保存秘密级以上的档案，不准向外提供利用；本单位及各科室工作人员，因工作需要借阅秘密级以上的档案，必须经领导批准，才能利用。

4.对秘密以上的档案材料，不准擅自翻印、复印，如确因工作需要由办公室按规定报批后才能翻印、复印，并在使用完毕后及时收回档案室销毁。

5.档案工作人员不得在档案室接待亲戚、朋友，不准向亲友谈论档案材料的秘密内容。

6.利用者要自觉遵守保密制度，对违反制度的要给予批评，造成失泄密事故的，要严肃追究失（泄）密者责任。

四、档案借阅制度

1.本单位各委员会、办公室各科室因工作需要借阅档案材料，必须履行登记手续后，方可借阅使用。

2.外单位如因工作需要借阅档案材料，必须持有借阅单位介绍信、证明借阅者身份和使用档案的内容、范围和目的，经办公室主任批准，方可借阅。非工作需要任何人不寻借阅。

3.借阅档案材料，必须严格执行登记手续，交点清楚。如需借出，时间一般不超过一星期。借阅者归还档案材料时，档案管理员应予以核对检查。

4.借阅者对档案材料应注意保密，不得随意转借或私自摘录，不得将档案内容外传，以保证档案材料的安全。

5.借阅者必须爱护档案材料，不得有拆散、剪裁、涂改、划线、圈点或其他破坏档案资料的行为，以保证档案材料的完整无损。

五、档案鉴定、销毁制度

1.根据国家档案局《文书档案保管期限表》的规定，鉴定档案保存价值，确定档案文件的保管期限。

2.鉴定工作应从实际出发，定期进行。

3.鉴定工作的组织，应成立以办公室领导为负责人，档案管理人员参加的鉴定小组，确保鉴定工作的质量。

4.对无需继续保存的档案，经过鉴定后，征求有关部门的意见，报请档案局批准，方能销毁，未经鉴定和批准，不得销毁任何档案。

5.销毁档案必须严格、慎重，销毁前要造出清册，提出销毁报告。

6.销毁档案时要严格执行保密规定，应有两名以上监销人员监销，监销者应在档案销毁清册签字。

市人大常委会机关值班制度

为进一步落实值班制度化、规范化，确保机关运转正常、顺畅和安全、有序，根据有关规定和要求，结合市人大常委会机关实际，制定本制度。

一、市人大常委会机关实行法定节假日、双休日值班制度。

二、法定节假日值班设值班领导、带班领导、值班员，值班领导由常委会领导、带班领导由机关正科级干部担任，值班员由副级科干部、一般干部职工担任。

三、法定节假日按常委会领导排名顺序，带班领导、值班员按机关机构编制序列轮流排定、循环安排。双休日值班由办公室安排秘书科人员值班。

四、值班人员职责：

1.按工作时间在岗在位，保持通信畅通，接听电话，做好值班记录；

2.保持当班期间与市委、市政府、上下级人大及有关单位的联系，接待来访人员、协调处理相关事宜；

3.值班收发人员及时处理好当日文件、传真及来电等有关事宜，及时报告突发或重大情况，做好交接班工作；

4.做好防火、防盗、保密和卫生工作，确保机关安全整洁；

5.其他需值班人员办理、处理的事项。

五、值班安排由办公室秘书科于各法定节假日、双休日前排定，并报经办公室主要领导审定后印发执行，同时通过电话、微信、短信等形式通知值班人员到位。

六、值班人员确因有事或特殊情况需要请假的，须提前商请其他人员调换并报经带班领导批准，调换情况同时向办公室秘书科报备。

七、值班人员擅自脱岗，将予批评或效能告诫；如造成严重损失，视情节按党纪政纪有关规定追究责任。

市人大常委会机关财务及资产管理制度

为进一步加强机关财务管理，规范内部控制，加强廉政风险防控机制建设，结合工作实际，制定本制度。

一、预算管理

（一）各委办及办公室各科室在以前年度收支情况分析的基础上，结合下一年度工作计划及任务，合理申报经费预算。

（二）办公室负责预算数据汇总，并对具体项目名称、项目文本等进行规范性审核和总体平衡，将申报预算总额控制在相关文件要求之内。

（三）办公室汇总形成部门预算，报经市人大常委会党组研究通过后上报市财政局，并按有关规定进行公开。

（四）市人大常委会党组会议听取办公室关于半年及全年各项经费执行情况的专题汇报，研究新一年度部门预算和加强财务管理的有关问题。

二、收支管理

（一）所有行政、事业性收费的收支，均应纳入财政管理，不得隐瞒、截留、坐支、挪用。

（二）经费支出实行“一支笔”审批，按照厉行节约、量入为出、略有结余的原则安排使用。

1.涉及机关重大项目、大额资金使用、机关重大资产处置、大宗设备采购及购买服务等事项须由常委会党组集体研究决定。

2.日常单笔经费开支1千元（含1千元）以下的，由办公室主任审批；单笔经费开支1千元以上5万元以下的，由常委会分管领导审批。

3.5万元以上大额资金开支，有关委（办）提出意见，报常委会分管领导同意，提交市人大常委会党组会议审定后由办公室主任签报。

（三）财务报销管理

1.严格审核原始发票，报销凭证应当符合会计制度规定。原始凭证一般应为正式发票，500元以上（含500元）必须开具正式发票，1000元以上（含1000元）原则上应通过对公账户转账。所有原始凭证必须按照审批权限由经办人、相关委办（或办公室科室）负责人或常委会分管领导签字。

2.报支公用经费应与实际发生业务相符，保证会计凭证真实、完整，对不符合规定的报销凭证或附件不全的报账单据，财务人员不予报账并退回纠正。报支时限原则上在公务活动发生之日起半年内。

三、采购管理

1.办公文具、办公耗材、个人计算机、打印机、复印件、扫描仪、办公软件及网络服务、智能设备、音响设备、投影仪、视频会议设备、多媒体设备等由办公室秘书科指定专人负责采购。

2.机关小额易耗品、办公桌、椅、柜、沙发、茶几、会议桌椅，供电、供水、网络、空调设备、通用电器、电梯、消防、监控、门禁、机关食堂设施设备等的新增、更换；物业管理、绿化修整租赁、搬运、保洁等由办公室行政科指定专人负责采购。

3.属政府统一采购项目，需填报购置申报表，报常委会分管领导同意后按采购程序办理。采购物品、设施设备及服务不属政府采购目录范围的，应对提供厂商进行比对，选择质优价廉的厂商进行采购（询价厂商不得少于三家）。

4.单位内部零星临时性采购项目按经费支出审批权限要求报批后执行。小金额的零星物品可择优直接采购，设施设备的维修及更换部件可优先选择设施设备维保单位或建设采购单位。

四、资产管理

1.固定资产由财务人员、固定资产管理员负责造册登记，定期盘查核对，每年进行一次全面清查盘点，对单位固定资产信息系统账、财务账及实物进行清查盘点，做到“账、物、卡”相符。

2.因工作需要由个人使用和保管的物品实行登记领取制度，领用人需注明领用时间、使用地点、用途、数量等内容，在工作调动或退休时应及时办理移交手续。

3.因个人原因造成领、借物品或设备丢失、损坏的，由领用人照价赔偿。因保管人员管理不善，致使物品或设备损毁、被盗、遗失的，由保管人员照价赔偿。

4.根据市国有资产管理部门处置标准及程序提出国有资产处置申请，报办公室领导审核后，送市国有资产管理部门批复，并作相应账务处理。

市人大常委会机关公务用车使用管理制度

为进一步加强和规范机关公务用车使用管理，根据《晋江市公务用车制度改革实施方案》（晋车改办〔2016〕1号）、《关于印发〈晋江市党政机关公务用车使用管理规定〉的通知》（晋委办发〔2018〕7号）文件精神，结合机关实际，制定本制度。

一、机关公务车辆委托晋江市出行汽车服务有限公司平台管理，用于保障市人大常委会机关的公务出行。

二、根据《泉州市党政机关公务用车使用管理实施细则》(泉委办〔2016〕) 精神，使用一般公务用车必须符合以下情形：

1.牵头组织跨部门集体视察、工作检查、下基层调研活动；

2.执行抢险救灾、防汛、事故处理、突发事件处理等应急公务；

3.送领机要文件、紧急公文材料和大额现金；

4.参加重要外事活动及公务接待；

5.参加上级部门在当地的考察调研、督查活动，党委、人大、政府、政协、纪委重要会议的应急接送；

6.干部职工工作期间因伤因病紧急就医；

7.在社会化交通方式提供不足或成本过高的情况下，可以用于参加跨区域出差、下基层调研和集体公务等出行活动。

三、根据《晋江市离退休干部用车使用管理实施细则》(晋委办发〔2014〕4 号) 规定，享受县处级待遇及以下退休人员参加重要集体活动，重大节日走访慰问退休干部，退休干部生病住院、家庭出现重大变故走访看望，办理退休干部丧事等可以使用公务用车。

四、其他公务用车使用严格按照市党政机关公务用车使用管理规定以及相关会议协调明确的事项执行。

五、符合以上规定的公务出行，用车人可通过“晋江出行”APP 软件进行用车申请，经单位审核员审核通过后，由福建出行平台提供公务用车保障。所产生的费用由行政科核对后按财务规定支付。

六、晋江市出行汽车服务有限公司负责委托管理车辆的公务出行用车保障及日常管理工作，包括：车辆年检、保险、维修维护、定位系统，事故处理，驾驶员招聘、培训、管理等。

七、委托管理车辆的费用结算按照《晋江市人民政府办公室关于核定党政机关公务用车制度改革有关经费事项的通知》(晋政办〔2017〕46 号) 等相关细则执行。

市人大常委会机关接待制度

为进一步规范市人大常委会机关公务接待工作，根据党政机关国内公务接待有关规定，结合工作实际，制定本制度。

一、机关公务接待应当坚持有利公务、务实节俭、严格标准、方便简约的原则，认真热情地做好公务接待工作。

二、严格控制公务接待范围，无公函的公务活动和来访人员不予接待。

三、机关公务接待按照“统一管理、对口接待”的要求，实行对口接待。收到来晋公务活动的公函，由办公室报市人大常委会相关领导、主要领导批示后，相关委办根据公函内容对口接待，制定具体接待方案，负责公务活动的组织、联络、陪同工作。涉及多个委办的，由办公室协调明确接待委办。办公室行政科负责公务接待的食宿等后勤保障工作。

四、国内公务接待一般不安排宴请，确因工作需要，可安排一次工作餐。接待食宿应当严格执行我市有关规定，在定点场所安排，执行协议价格。

五、公务接待需严格控制陪餐人数，接待对象在10人以内的，陪餐人数不得超过3人；超过10人的，不得超过接待对象人数的三分之一。

六、按照“先审批、后接待”的管理程序，负责接待的工作人员根据派出单位公函填写公务接待费用报销审核表，附上相关凭证资料，报单位相关负责人审批。

市人大常委会机关安全保卫制度

为进一步加强市人大常委会机关办公场所的安全管理工作，促进安全保卫工作制度化、规范化，特制定本制度。

一、坚持“安全第一、预防为主”，办公室行政科负责并协助机关大院物业管理单位做好安全保卫工作，对机关水、电、消防、车辆运行和门卫值班进行经常性安全检查，查找薄弱环节，及时整改。

二、机关安全是机关全体工作人员和保安人员的共同职责，要牢固树立安全意识，做好防火、防盗、防泄密、防破坏突发事件工作，加强印章、秘密文件和档案材料安全管理，下班后必须关好门窗、切断电源。

三、机关值班人员应积极履行岗位职责，随时注意发现可疑人员和安全隐患，及时通知保安人员处理。

四、机关公共场所消防设施及灭火器材不得随意开启、挪动或移作他用。严禁在机关办公楼使用明火、随意拉设电源，严禁携带易燃易爆物品，严禁携带无关人员进入办公楼。

五、办公室行政科以劳务派遣形式聘用专职保安人员负责机关日常安全保卫工作，实行24小时值班、12小时轮岗制度。

六、保安人员必须认真履行以下工作职责：

1.在岗期间要按时执勤文明执勤，统一着制服，保持值班室卫生整洁，不得擅自离岗；

2.做好来访人员、电话登记，认真填写值班记录；

3.加强白天的门卫值班和夜间的巡逻，每天不定时对办公楼各楼层及周边环境进行巡查，排除安全隐患；

4.落实安全防范工作，熟练操作并定期检查、维护监控设备、消防设施等，如发现故障或损坏应及时报修；

5.严格做好交接班工作，对上班情况和寄存物品认真交接；

6.保安人员如需请假，需报行政科并经办公室分管领导批准后，及时办理调班及请假手续。

市人大常委会机关退休老干部服务制度

为了贯彻落实党和国家关于退休干部的有关政策，进一步抓好市人大机关退休干部（含职工，下同）的服务管理，提高老干部工作的制度化、规范化、精准化水平，根据各级有关做好加强和改进离退休干部工作的文件精神，现结合实际，制定本制度。

一、机关退休干部工作在市人大常委会领导下，由办公室负责服务管理的日常工作，各委协同配合，共同做好退休干部各项服务工作。

二、实行“五必访”（即“节日必访、生日必访、有病必访、有难必访、有故必访”）制度。每年在春节、重阳节等重要节日必定采取不同形式组织开展退休干部的走访慰问工作；每年在退休干部生日之际，组织上门祝寿慰问；退休干部病重或因病住院，组织常委会、办公室及相关委领导走访看望，并积极协调相关部门，为退休干部提供良好的医疗服务；退休干部遇到困难，及时沟通了解，协助解决实际问题；退休干部去世，组织常委会、办公室及相关委领导看望慰问家属，协助办理相关事宜。

三、建立和完善退休干部信息档案，及时了解掌握家庭、生活和健康情况，协助做好年度健康体检工作，积极主动为退休干部排忧解难。

四、通过多种形式向退休干部通报我市经济社会发展和人大工作情况，每年适时组织参观考察我市经济社会发展情况，征求意见和建议，发挥退休干部的作用。

五、走访慰问、生日慰问、参观学习及文体比赛等的经费开支范围和标准，按照我市有关规定执行。

六、及时落实各项退休干部政策，认真做好医药费用、抚恤金报销、调资及其他相关政策的落实工作，并及时将相关政策告知退休干部。

七、退休干部去世后，丧事按有关规定办理。退休干部（含退休干部配偶、父母、子女）去世，可以单位名义送花圈，花圈费用凭据报销不高于100元。退休干部去世后对其家属进行慰问，当年慰问金原则上不高于2000元。

八、退休干部用车按照我市离退休干部用车使用管理规范执行。组织退休干部集体活动、走访慰问老同志、退休干部和在职人员集体参加老同志去世吊唁及遗体告别仪式的，可安排公务用车或按规定租用社会车辆。

九、积极安排和协助机关党支部退休干部党小组开展党员组织生活和政治理论学习，及时传达学习上级重要文件、重要会议精神。

十、本制度未尽事宜按退休干部工作有关规定执行。

晋江市人大常委会机关绩效考评管理办法

为加强机关绩效考核工作，强化责任意识，制定本办法。

一、市人大常委会机关绩效考核管理工作在绩效考评管理领导小组领导下（领寻小组由常委会分管领导任组长，各委办主任任成员），由绩效考评管理领导小组办公室（挂靠在办公室）承担具体日常工作，各委办、机关党支部共同组织实施。

二、根据市直机关党群系列绩效评估工作实施方案，结合市人大常委会机关的工作实际，科学制定市人大常委会机关年度绩效管理工作方案。

三、机关绩效办负责定期对机关的绩效目标完成情况进行分析，对年度各委办、机关党支部各项绩效目标完成情况进行监测，发现问题及时督促整改。

四、各委办、机关党支部应指定专人负责收集、记录、整理体现绩效目标完成情况的相关材料，并依据职能目标和共性目标的一级指标及其年度工作目标，分门别类建立绩效评估档案，确保各项绩效指标信息及档案资料准确、及时、齐全、完整、规范。

五、各委办、机关党支部于本年度12月底前将所有绩效考评资料报送至绩效考评领导小组办公室，绩效考评领导小组办公室负责常委会机关绩效考评事项的汇总整理工作。

六、各委办、机关党支部依据机关年度绩效管理工作方案确定的评估指标和评估标准，于本年度12月底前对绩效目标及职责的完成情况和实际成效进行自我评估，绩效考评领导小组办公室负责撰写机关年度绩效自评报告及汇报材料。

七、各委办、机关党支部要注重挖掘，收集加分、定档的档案、资料，及时汇总至机关绩效办，由机关绩效办统一填报。

八、迎检工作在绩效考评管理领导小组领导下，各委办、机关党支部共同负责，绩效考评管理领导小组办公室组织落实。

晋江市人大常委会办公室关于印发《市人大常委会机关创建“五双五型”模范机关实施方案》的通知

（晋人办〔2020〕24号）

市人大常委会各委员会、机关党支部：

现将《市人大常委会机关创建“五双五型”模范机关实施方案》印发你们，请结合实际抓好落实。

晋江市人大常委会办公室

2020年9月30日

市人大常委会机关创建“五双五型”模范机关实施方案

为深入贯彻落实习近平总书记在中央和国家机关党的建设工作会议上的重要讲话精神，根据党中央《关于加强和改进中央和国家机关党的建设的意见》以及上级和市委部署精神，按照市直机关工委《关于在市直机关深入开展创建“让党中央放心、让人民群众满意”的模范机关的指导意见》要求，结合人大工作实际，制定如下实施方案。

一、总体要求

坚持以习近平新时代中国特色社会主义思想为指导，以党的政治建设为统领，以做到“两个维护”、当好“三个表率”、站稳人民立场为主要任务，以“让党中央放心、让人民群众满意”为根本目标，立足把人大及其常委会建设成为全面担负起宪法法律赋予的各项职责的工作机关、成为同人民群众保持密切联系的代表机关的“两个机关”时代定位，坚持党建与人大工作深度融合，着力防范“党建灯下黑”、提振“干事精气神”、打通“最后一公里”，努力打造“五双五型”模范机关，全面提高人大常委会机关党的建设质量，为传承发展“晋江经验”，推进县域治理体系和治理能力现代化，加快国际化创新型品质城市建设提供坚强有力保障。

二、对象范围

市人大常委会机关全体干部职工。

三、时间安排

创建工作从2020年9月部署启动，2020年底前后结合全面从严治党主体责任考核、机关单位年度绩效评估等进行调研分析，2021年7月前后进行总结评价。

四、主要内容

认真贯彻落实新时代党的建设总要求，严格执行党组全面从严治党主体责任，聚力创建“五双五型”模范机关。

（一）坚持党建和业务双发展，着力打造政治型机关

1.突出政治引领。一是坚持把政治建设摆在首位，充分发挥常委会党组把方向、管大局、保落实的作用，积极践行“四个善于”的职责定位和政治使命，将“四个意识”“四个自信”“两个维护”贯穿履职全过程。二是全面对照党中央《关于加强和改进党的政治建设的意见》，践行省委“三四八”机制，结合人大工作实际，健全完善重大

事项请示报告制度，在市委总揽全局、协调各方的领导格局中谋划、推进人大工作。三是加强和规范党内政治生活，严格执行关于《新形势下党内政治生活的若干准则》，扎实开展“三会一课”、民主生活会、主题党日等活动，落实党员领导干部双重组织生活要求，不断锤炼忠诚干净担当的政治品格。四是贯彻落实习近平总书记关于坚持和完善人民代表大会制度重要思想、《中共福建省委关于加强新时代人大工作和建设的决定》以及泉州市委相关文件精神，协助市委召开人大工作会议，不折不扣地执行我市贯彻实施意见，把讲政治体现到坚决贯彻党委决策部署的行动上，体现在履职尽责、做好本职工作的实效上，体现在党员、干部的日常言行上。

2.夯实组织保障。一是贯彻落实新时代党的组织路线，修订完善并严格执行常委会党组工作规则，认真履行全面从严治党主体责任，严格执行《党委（党组）落实全面从严治党主体责任规定》各项要求。二是传递市委“一二三四”选人用人导向，重视加强对机关干部的教育、培养、使用和交流，积极探索年轻干部“统筹统用、共有共享”管理使用培养机制，不断增强人大干部队伍政治辨别力、工作执行力、集体协同力、持续创新力和自我提升力。三是深入推进党支部标准化、规范化建设。组织开展好“创星达标”、“一堂好课”、“党员亮相”、党员“三诺”等系列活动，多措并举做好入党积极分子的培养考察工作。加强对党员的教育管理和监督，引导党员自觉缴纳党费、自觉佩戴党徽、自觉参加“三会一课”和主题党日活动。强化一切工作到支部的鲜明导向，引导党员增强党员意识、发挥主体作用，充分发挥党支部战斗堡垒作用和党员先锋模范作用。

3.强化作风建设。一是持续深化纠正“四风”，推动落实中央八项规定及其实施细则精神常态化、长效化。进一步在精简文件、改进会风上下功夫，落实基层减负工作措施，防止和纠正机关不良风气。二是组织党员干部精细做好“三会”服务和服务保障代表履职等重要工作，创新服务形式，提高服务质量。三是把制止餐饮浪费、厉行勤俭节约行为纳入模范机关创建、文明单位创建以及优良家风教育，完善机关食堂节约用餐规章制度，进一步加强公务接待、会议等公务活动用餐管理。积极倡议引导全体市人大代表、人大系统干部职工争做表率，推动形成厉行节约、反对浪费的良好社会风尚。

4.严守纪律规矩。一是始终把纪律挺在前面，严守党的政治纪律和政治规矩，突出抓好人大监督重点领域和关键环节廉政风险防控，强化权力运行制约和监督。二是建立反腐倡廉教育常态化机制，定期集中开展廉政教育、警示教育活动，落实廉政谈话制度，有序推进“党建引领树清风，人大常委会机关先锋行”廉政重点项目“八个一”系列活动。三是强化对党员干部的日常教育管理，继续深化家风助廉等形式多样的廉政教育。支持市纪委监委驻人大常委会机关纪检监察组履行监督职责，营造风清气正、廉洁从政的良好氛围。

5.抓好意识形态。严格落实意识形态工作责任制。贯彻落实《中国共产党宣传工作条例》，将意识形态工作纳入人大年度重点工作，市人大常委会党组每半年至少1次专题研究意识形态工作，每年至少1次通报意识形态领域情况。加强人大宣传阵地管理，牢牢掌握意识形态主导权，把握正确舆论导向。

（二）坚持素质和能力双过硬，着力打造学习型机关

6.强化理论武装。严格执行党组理论学习中心组“第一议题”学习制度，用习近平新时代中国特色社会主义思想武装头脑、指导实践、推动工作。围绕建党100周年、全面建成小康社会等时间节点，巩固拓展“不忘初心、牢记使命”主题教育成果，持续推进“两学一做”学习教育常态化制度化。深入学习贯彻党的十九届四中全会精神，增强依法推进县域治理现代化的意识和能力。

7.坚定理想信念。丰富学习教育方式，定期组织机关党员干部职工接受红色教育，重温入党誓词、感悟建党初心。深入推进“一月一学法”“知行学堂”等活动，营造机关浓厚学习氛围。注重运用“学习强国”、福建干部网络学院等学习平台，扩大干部职工学习外延，克服工学矛盾，提高党性修养。

8.提升实践能力。启动人大干部能力素质提升工程，有计划地组织开展市人大常委会组成人员、镇街人大负责人、人大机关干部履职能力专题培训班，举办宪法、监察法、民法典等法律法规、经济社会发展、国有资产监管等专题讲座，开展意识形态、安全保密等专题培训，切实提升人大干部的综合素质和业务能力水平，努力推动学习成果向指导人大工作实践转化。

（三）坚持监督和支持双推进，着力打造务实型机关

9.以更高站位融入全市工作大局。紧紧围绕建设国际化创新型品质城市要求，紧跟市委重大决策部署谋划开展人大工作，保证人大工作与党委部署同心同向、同步同行，真正做到“党有号召、人大就有行动”。在服务大局中找准定位，充分发挥人大制度强大的政治优势和组织功效，助力统筹推进常态化疫情防控和经济社会发展各项工作，将高质量发展超越重点任务融入常委会工作要点，细化到年度工作计划，努力在贯彻新发展理念、推动高质量发展上贡献人大智慧力量。

10.以更高标准助推当前中心任务。紧紧围绕“三大任务决胜年”“城乡环境整治深化年”“县域治理效能提升年”等中心任务，全力支持全市一盘棋统筹调度干部资源，广泛汇聚市人大常委会组成人员、人大代表、人大机关干部三支队伍合力，主动参与高铁新区、科创新区、九十九溪田园风光等重点项目建设。积极选派年轻干部参与巡察、党建、疫情防控等工作，发挥机党员和志愿服务队作用，广泛动员机关干部参与到世中运、创城创卫等工作，扎实推进扫黑除恶专项斗争、强基促稳三年行动。

11.以更高质量力促县域集成改革。一是坚持以“晋江经验”为引领，将助推县域

集成改革纳入人大监督工作重点，围绕转型升级、城乡融合、公共服务、社会治理、组织体系等15个方面专项改革任务，综合运用视察、调研、执法检查等多种监督形式，力促县域集成改革目标任务落地见效。二是找准县域集成改革突破口，聚焦“产业高级化”主题，将“老旧工业区改造提升”代表建议进行重点督办，深入调研产业转型升级，加快破解土地、人才、政策等要素制约，实施传统优势产业全链条、全流程升级，形成搬不走的产业优势。

12.以更高保障聚焦优化发展环境。一是紧盯经济运行，深化财政经济审查监督。依法听取和审议计划执行情况的报告，监督市政府坚持新发展理念，积极应对国内外复杂形势，扎实做好“六稳”工作、落实“六保”任务，统筹推进常态化疫情防控和经济社会发展，确保完成年度经济指标及发展任务。二是立足人大职能特点，加强对法律实施的监督，创新执法检查组织形式和工作方法，引入第三方评估机制，推动运用法治思维和方式更好地深化改革、推动发展、维护稳定，为创新创业创造营造良好的发展环境和法治保障。

（四）坚持代表和群众双联系，着力打造服务型机关

13.坚持“四下基层”，用心服务村社。一是牢固树立共建共治共享理念，及时走访慰问困难党员和群众，深入开展“四帮四扶”、残疾人“一助一”、党员“十必访”帮扶慰问活动，为挂钩的帮扶对象提供优质服务。二是落实党组成员联系基层支部制度，深入推进常委会领导到挂钩村（社区）现场办公活动，成建制包干治理“奋蹄马”、培育“领头雁”。深化机关党支部和在职党员“双报到”制度，持续开展“党员义工进村社”活动，推动机关党员到居住地社区、小区报到服务。三是充分发挥人大信访“窗口”作用，对突出信访问题带案下访、逐案研判、积极化解。

14.秉持“四到理念”，亲清服务企业。一是贯彻市委“不叫不到、随叫随到、服务周到、说到做到”服务理念，开展常委会领导走访挂钩企业、专题“双联”等系列活动，组织工信、税务、金融等部门面对面宣讲解读惠企政策，为企业排忧解难、提振信心，推动形成亲清互动、共谋发展的良好局面。二是立足晋江产业特色，创新设立行业人大代表联系群众活动室，为促进传统产业发展凝聚合力。三是持续抓好机关支部“情铸连心桥”特色党建品牌建设，深入开展机关亲清党建活动，着力构建亲情政商关系。

15.践行“四个一线”，全力服务项目。一是按照市委统一部署，选派机关党员干部投身项目一线，保持一线状态、展现一线作为、发挥一线作用，积极助推项目落地见效。二是关注项目建设进展，把服务重点项目建设作为人大工作的重要内容，组织开展重点项目专题视察、调研活动，在监督中有力支持项目建设。

16.弘扬“四个万家”，躬身服务群众。一是充分发挥人大代表来自人民、植根人民的特点和优势，力促“双联系”制度常态长效，规范提升人大代表联系群众活动室运

作机制，打通联系服务群众的最后一公里。二是优化“常委会领导领衔督办和各工委具体督办、重大问题集中督办和跨年度跟踪督办”的代表建议督办工作机制，推动解决一批代表、群众关心的问题。三是坚持以人民为中心的发展理念，持续优化创新为民办实事监督方式方法，监督推进民生实事项目落地落实，推动改革发展成果全民共享。

（五）坚持固本和强基双联动，着力打造创新型机关

17.在与时俱进中完善机关运行机制。一是落实市直机关党政机构改革“三定”方案，立足人大实际，完善专门委员会工作制度和运行机制，有效发挥社会建设委员会、监察和司法委员会职能作用。二是健全完善人大常委会机关规章制度，规范细化工作流程，切实增强工作质效。巩固和保持“省级文明单位”创建成果，广泛动员机关干部参与全市创建全国文明城市工作，积极在人大岗位上发挥作用。三是加强机关效能建设，大力倡导“马上就办、办就办好”，制定出台机关绩效考评管理办法，保护和激励干部干事创业积极性。

18.在创新探索中释放人大制度潜力。一是持续探索新时代县乡人大监督的有效路径，加大预算审查联网监督、规范性文件备案审查、地方政府债务及国有资产监督力度。二是健全县乡人大讨论决定重大事项运行机制，聚焦县域治理重大事项适时作出决定、决议，把县域治理实践特别是抗击疫情斗争中行之有效的做法固化上升为制度化规定，推动和保障县域治理改革创新。三是及时总结、宣传、推广各镇街人大的创新亮点，推动形成“创新—发展—再创新”的良性循环，激活基层治理的“神经末梢”。

19.在上下联动中提升整体工作效能。树立全市人大“一盘棋”理念，建立健全县乡人大联动工作动机制。一是完善市人大常委会领导定点挂钩联系镇街人大制度。围绕做好新时代县乡人大工作深入指导，定期召开挂钩片区镇街人大交流会议，形成“比学赶超”的良好氛围。二是选准涉及全市性、聚焦式、深层次的议题，围绕高质量发展超越、餐饮节约等开展联动监督，形成上下联动、一体运作的工作态势，切实提升人大监督实效。

20.在融合互促中激活人大宣传效力。认真贯彻落实习近平总书记全媒体思想，用活用好传统媒体和新媒体，“融”出人大特色，讲好人大故事。一是打造多媒体传播阵地。联合市融媒体中心开设《热点观察室》《代表监督镜》，推动解决经济社会热难点问题。在晋江人民广播电台推出“她风采”节目，传播女性人大代表“空中好声音”。主动加强与人民代表报、《人民政坛》《泉州人大》杂志等上级人大刊物联系，积极投送高质量稿件。在晋江经济报开设人大综合宣传专栏《人大视线》，下设冲锋“疫”线、监督在线、民声热线、代表连线等子栏目，集中展示晋江人大工作。二是构建全媒体传播体系。优化提升晋江人大网站、微信公众号等自有宣传平台，开设“监督公开”“代表之窗”“镇街动态”等栏目，并积极向上级人大官微、新华网、“学习强国”学习平台等

主流媒体投送稿件。精心制作人大工作短视频，在抖音、快手等新媒体平台推广，形成立体多样、融合发展的宣传工作格局。

五、组织实施

（一）加强组织领导。模范机关创建活动在市人大常委会党组领导下组织实施，作为全面从严治党的一项重要举措，摆上重要议事日程，对标最高最好最优，全力落细落小落实，抓紧推进相关工作。完善模范机关创建活动工作机制，常委会办公室牵头负责模范机关创建活动的组织协调工作，做好年度工作安排、总结等事宜。机关党支部要把模范机关创建工作与机关党建重点任务相结合，形成党员、干部、职工积极参与、齐心共建的良好局面，确保工作有力有序推进。

（二）强化统筹融合。要把开展模范机关创建工作，与党中央关于加强和改进新时代机关党的建设的党内法规、工作要求一体落实，与文明单位创建、平安单位创建等工作相统筹、相促进，与履行人大职责、加强效能建设等相结合、相协调，一起谋划、一起部署、一起推进、一起落实，推动创建活动落实到位。

（三）营造浓厚氛围。要结合人大工作实际，充分运用各类传统与新媒体手段，加强创建模范机关的正面宣传和舆论引导，及时反映模范机关进展情况和工作成效，为创建模范机关营造良好氛围。要注重发挥先进典型的示范引导作用，及时总结推广模范机关创建过程中的好经验、好做法，在机关形成学先进、当先进、赶先进的良好风气。

（四）增强创建质效。要紧紧围绕创建模范机关的总体要求、主要任务、工作目标，认清创建活动的政治属性，突出政治特点，不断提升把准政治方向，强化政治担当的能力，充分发挥党员干部忠诚干净担当的示范作用。要坚持问题导向，结合巡察发现的问题以及日常工作面临的新情况、新问题查漏补缺，加强整改，促进各项工作全面提升，彰显新时代人大担当。

晋江市人民代表大会常务委员会关于法官检察官履职评议的暂行办法

（2021年4月29日晋江市第十七届人大常委会第三十五次会议通过）

第一章　总　则

第一条　为了加强对市人大常委会任命的市人民法院、市人民检察院司法人员的监督，促进法院、检察院司法责任制落实，提高司法公信力，根据《宪法》和《中华人民共和国各级人民代表大会常务委员会监督法》等有关规定，结合我市实际，制定本暂行办法。

第二条　本暂行办法所称的履职评议，是指市人大常委会对其任命的法官、检察官履职情况进行评议的监督活动。

第三条　履职评议应当坚持党的领导、依法评议、客观公正、民主公开的原则。

第四条　履职评议工作在市人大常委会的领导下进行，由市人大常委会主任会议组织实施，成立履职评议领导组，负责履职评议的具体工作。

评议工作可邀请部分人大代表和有关部门的人员参加，根据工作需要可以聘请相关专业人士参加。

参加评议工作的人员，对涉及本人及其亲属或与其有利害关系，可能影响公正评议的，应当回避。

第二章　履职评议的对象和内容

第五条　履职评议一般每年一次，评议对象为员额法官和员额检察官。

履职评议对象确定后，评议对象若无正当理由，应当按要求参加履职评议。

原则上，五年内不对同一个员额法官检察官重复开展履职评议。

第六条　履职评议的内容包括：

（一）贯彻执行党的路线、方针、政策和《宪法》、法律、法规的情况；

（二）贯彻落实市委决策部署，执行上级和本级人民代表大会及其常委会的决议、决定情况；

（三）依法履职，严格落实司法责任制情况；

（四）廉洁守纪、文明司法情况；

（五）自觉接受市人大及其常委会和社会各界监督情况；

（六）市人大常委会认为需要评议的其他内容。

第三章　履职评议的步骤和方法

第七条　履职评议分为准备、调研、评议、整改四个阶段。

第八条　准备阶段。主要包括以下工作：

（一）制定履职评议工作方案，由市人大常委会主任会议研究通过，明确履职评议各个阶段的工作部署、程序和要求。

（二）确定履职评议名额和对象，向评议对象及所在单位发出评议工作通知。

（三）开展履职评议宣传、动员和部署。

第九条　调研阶段。履职评议领导组可以采取个别谈话、座谈、走访、民主测评、问卷、旁听庭审、案件评查、调阅工作材料等方式调查了解评议对象的履职情况，广泛听取各方面意见，形成调研报告和相关材料。

评议对象及其所在单位和相关单位、个人应当积极配合，如实介绍情况，提供有关材料。

履职评议领导组全面梳理相关调研材料，汇总形成履职评议调研报告，经主任会议讨论，提请市人大常委会审议。

第十条　评议阶段。集中评议在市人大常委会会议上进行。市人大常委会听取审议履职评议领导组的调研报告以及评议对象的履职报告，并对评议对象的履职情况进行满意度测评。

满意度测评采用无记名投票的表决方式进行。评议结果根据“满意”“基本满意”“不满意”三个档次所得票确定。满意票达到常委会全体组成人员半数以上的，测评结果为满意；满意票不足半数，但加基本满意票数达到半数以上的，测评结果为基本满意；满意票加基本满意票不足半数的，测评结果为不满意。测评结果当场予以宣布。

履职评议对象所在单位相关负责人应当列席会议，听取履职评议情况。

第十一条　整改阶段。集中评议后，形成评议意见，经主任会议讨论通过后，连同评议结果向履职评议对象及其所在单位反馈。评议对象要针对评议意见建议制定整改方案，认真整改，并在3个月内向市人大常委会书面报告整改落实情况。

履职评议对象所在单位要督促评议对象认真整改，积极为其整改落实提供条件。

履职评议领导组对评议对象的整改情况进行跟踪监督，推动整改落实。

第四章　履职评议的结果运用

第十二条　履职评议结果及评议意见在适当范围内公开，同时抄送市委组织部、市委政法委，注意在干部考核评价、评先评优中运用。

第十三条　评议结果为“不满意”的对象，市人大常委会应当听取和审议其整改报告，并对其整改落实情况再次进行满意度测评，测评结果仍为“不满意”的，市人大常委会向评议对象所在单位提出审判员、检察员职务的处理意见。

第十四条　评议过程中发现可能存在涉嫌违法违纪行为的，应当按照有关规定移交相关单位依法处理。

第五章　附　则

第十五条　本办法由市人大常委会负责解释。

第十六条　本办法自通过之日起施行。

关于市人大常委会组成人员集中开展“解放思想再出发，人大代表在行动”“双联”活动的通知

（晋人办〔2022〕11 号）

市人大常委会组成人员，各镇人大主席团、街道人大工委：

为深入贯彻落实中央、省委、泉州市委、晋江市委人大工作会议精神，贯彻落实市第十四次党代会精神和市委工作部署，密切市人大常委会组成人员同市人大代表、市人大代表同人民群众的联系，更好接地气、察民情、聚民智、惠民生，践行全过程人民民主，市人大常委会党组决定自即日起组织开展“解放思想再出发，人大代表在行动”“双联”活动。现将有关事项通知如下：

一、时间安排

2022 年 5 月上旬至 6 月下旬

二、参加对象

市人大常委会组成人员及其分工联系的市十八届人大代表。

三、活动内容

（一）深化“听民声、察民情、暖民心”活动，结合市委正在开展的“弘扬抗疫精神、凝聚发展合力，再创‘晋江经验’新辉煌”主题活动要求，宣传各级关于统筹疫情防控和经济社会发展的政策和精神，特别是习近平总书记重要讲话指示精神，广泛收集常态化疫情防控、复工复产、复商复市意见建议，助力解决堵点、难点、焦点问题，并做好抗疫事迹宣讲工作；

（二）围绕进一步传承弘扬“晋江经验”，聚焦“提高效率、提升效能、提增效益”行动，助推“五个年”活动，加快构建“一三一三七”发展格局，广泛听取代表、群众的意见建议，深入了解存在的困难与问题，收集汇总后交由有关部门办理，并督促推动问题解决；

（三）结合“党建+”邻里中心建设，指导推进“人大代表联系群众活动室”规范运作，打通代表联系群众的“最后一公里”。

四、活动形式

主动亮出身份、公开联系方式，灵活运用走访、座谈、微信、电话等线上线下方

式，与分工联系的代表和群众（附件 1）保持密切联系（每人至少一次），听取代表和群众意见建议，及时疏导民情民意，有效应对群众诉求。

五、工作要求

（一）本次活动要严格遵守中央八项规定及其实施细则精神，严格按照疫情防控相关要求，科学安排行程，确保活动顺利开展。

（二）市人大常委会人事代表委负责活动的统筹协调和情况汇总等工作；各委办负责分管的常委会领导和分工联系委员的服务保障工作；办公室行政科负责活动的车辆保障和相关后勤服务；秘书科负责活动的宣传报道。

（三）对代表和群众所提出的意见建议按人大代表联系群众活动室收集意见建议处理反馈流程机制及时进行处理，其中需要由市直有关部门办理的，可以由市人大常委会组成人员本人或指定代表以闭会期间代表建议的形式提出，由市人大常委会人事代表委按照代表建议办理工作规定交由有关部门办理，涉及镇（街道）工作职能的，由所在镇人大主席团、街道人大工委负责交办解决。

（四）各镇人大主席团、街道人大工委要为常委会组成人员提供服务保障，协助邀请安排联系的市人大代表和群众参加“双联”活动，配合做好意见建议记录梳理和相应的交办反馈等工作。

（五）活动结束后，请市人大常委会组成人员及时填写《市人大常委会组成人员“双联”活动情况汇总表》（附件 2），交市人大常委会人事代表委汇总，报市人大常委会党组。同时，要登录福建省三级人大代表履职服务平台做好履职申报，申报时履职主题、时间、地点要填写准确，履职内容应详细，并将活动照片等相关佐证资料作为附件上传。组成人员确有特殊原因不能组织开展本次活动的，需向市人大常委会党组提交书面说明。

附件：1.市人大常委会组成人员联系代表和群众一览表

2.市人大常委会组成人员“双联”活动情况汇总表

晋江市人大常委会办公室

2022 年 5 月 6 日

附件 1：

市人大常委会组成人员联系代表和群众一览表

序号	常委会组成人员	联系的人大代表	联系的群众	联系指导的活动室
1	林仁达	王金聪、许松军、吴秀冬、陈艺娟、施　建、姚建安、黄月莹、王翔鹏、刘基山、许子尧、张英英、陈昌卫、李　雯、吴世长、柯文托	洪建财、洪明灯、吴厚生、谢清泉、聂丽芳、洪丹晶、洪荣启、王珍妮、吴昆清、吴秀梨	金井镇东片代表团人大代表联系群众活动室
2	黄文福	杨雪山、王孟孟、许美容、许鸿江、肖文千、肖有余、张记录、周庆明、黄荣堆、蔡仁达、蔡丽娇、蔡美明、蔡炳煌、许四川、林英文	蔡荣北、叶明烈、叶晓萍、黄金鸿、蔡永泰、叶清瑜、蔡长伟、蔡联忍、叶东伟、周丽珠	晋江市伞业人大代表联系群众活动室
3	潘子良	陈培星、陈志达、吴锦桐、丁国庆、王金池、陈建恩、林狄强、林其龙、许珊珊、李国明、吴健康、吴群英、林欣妮	林秤彩、林清河、林俊欣、林志育、林福兴、林炳概、林　梓、林婉茹、林超凡、林水沓	陈埭镇江浦社区人大代表联系群众活动室
4	洪元程	丁珊娜、王贵珍、许书户、许泽取、许凉凉、吴长春、施小鹏、施丽容、施金专、施清棍、洪文伟、洪志强	施秀蚕、施火照、施雅利、施向阳、施养星、施少白、施养杰、李马图、施纯开、施文发	龙湖镇东片人大代表联系群众活动室
5	王清龙	李艳珍、吴金铭、陈金煌、赖振安、王东丘、蔡清招、苏嘉鸿、洪炳文、王育妙、刘晓斌、洪秀洒、郭静励	蔡荣记、蔡志超、蔡远东、苏美玲、赖春兰、蔡金营、苏金南、蔡瑞清、苏宝贵、黄建章	紫帽镇第二人大代表联系群众活动室
6	曾献礼	庄清乐、苏聪富、吴自勇、吴丽满、魏　巍、张淑精、陈志鹏、蔡友团、陈省奎、侯俊侯、施天扶、粘晓新	陈志生、吴奕澈、陈茂容、吴美艺、陈丽雅、陈茂界、汪文胜、陈奎修、陈志坪、陈清杰	晋江市海洋渔业人大代表联系群众活动室
7	王宏华	王宽南、尤祖椿、朱秀治、许秀春、孙辉永、苏桂芳、蔡江海、蔡来交	苏子崖、苏辉煌、苏大埕、苏联对、苏淑缄、苏孙命、苏承裔、苏孙强、苏孙演、苏子永	安海镇北片片区人大代表联系群众活动室
8	尤金榜	王金围、许自长、许维瑜、许婷婷、施培新、施维科、施燎原、洪良猛、骆炳招、翁丽芳	施清沛、施议朝、施俊杰、施宣泰、刘丽卿、洪桂金、施丽媚、留碧珍、许美容、洪金钟	龙湖镇西片人大代表联系群众活动室

续表

序号	常委会组成人员	联系的人大代表	联系的群众	联系指导的活动室
9	朱文育	许源龙、吴文楚、林乌偏	吴水库、吴晓琪、朱玉珊、洪雨雯、曾丽红、柯培钦、柯英思、柯炳财、郑美琴、柯双妮	英林镇龙西埭边片区人大代表联系群众活动室
10	庄伏龙	许秀霞、苏达娜、吴明筑	何泽阳、何文发、何荣灿、何文豪、何孙膑、吴金城、吴金顶、蔡荣权、柯华美、李元色	灵源街道片区人大代表联系群众活动室
11	庄克服	吴顺金、张以利、张昭娣、陈清沛、陈碧山、陈遵义	吴雄达、吴计忠、吴忠庆、吴燕妹、吴再福、吴明川、吴志纯、吴友钻、吴友煌、吴国平	磁灶镇南片区人大代表联系群众活动室
12	庄松龄	庄文华、许玉芬、俞建昆、施凤玲、蔡娟娟	庄铭梓、庄培育、庄剑萍、庄金通、庄建新、庄清河、庄金当、庄火狮、李晓婚、黄辉煌	梅岭第5选区人大代表联系群众活动室
13	许良晓	王金顶、毛娟文、庄秋松、吴莉莉、陈淑端	庄金顺、庄树灿、庄树仁、庄国荣、庄伟煌、庄长胜、庄垂民、王丽霜、王美蓉、李胜发	青阳街道东片人大代表联系群众活动室
14	许清心	冉　莉、李丽芳、吴金矿、陈丽治、蔡金印	郭光私、郭清源、郭自然、洪振兴、李鸿源、洪毅祥、李清春、李勤耕、黄曼清、郭美凤	罗山街道华泰社区人大代表联系群众活动室
15	孙丰裕	许连椅、许承志、许辉农、李珍玲、李谋章、曾跃进、颜金练、颜美蓉	苏杭州、吴滨青、颜海波、蔡成义、柯月萍、林绿涓、高　坤、杨贻佳、郑宝玉、刘岳华	安海镇兴安片区人大代表联系群众活动室
16	李志勇	王淑铮、林华智、洪荣基	郭鸿升、洪秀秀、洪江河、洪文铸、蔡期弹、王婉玉、张润泽、苏长钦、柯志仁、林艺琴	英林镇高湖片区人大代表联系群众活动室
17	李逊庆	王足月、卢东进、朱志达、李韦萍、李旭生	李秀锦、蔡象仔、苏宗正、苏德恭、李一红、杨少敏、苏志远、苏吉祥、苏江南、李进聪	池店镇桥南社区人大代表联系群众活动室
18	李蔚民	尤伟峰、李金炒、林天顺、林燕军、姚荣康、黄丽琴	尤永昌、林宝华、尤显宗、尤联侨、尤九熊、尤少华、尤胜初、尤金钟、尤文钟、尤永山	内坑镇北片人大代表联系群众活动室

续表

序号	常委会组成人员	联系的人大代表	联系的群众	联系指导的活动室
19	吴良景	王振焕、吴志明、吴秀琼、吴明星、吴建辉、吴敬章	吴家垵、吴建全、吴胜号、吴珍珠、吴今朝、吴有利、吴世雄、吴建阳、吴狄龙、吴建来	磁灶镇中片区人大代表联系群众活动室
20	吴鸿斌	陈连庆、陈垂偶、陈　婷、林天宝、林　传、施丽云、姚建杰	林荣天、林文烟、林玉川、林文达、林春节、林文锻、林树雄、林荣欠、林荣坚、林抗美	永和镇人大代表联系群众活动室
21	张开端	林雅宁、洪庆福、赖伟森	洪永胜、洪成佳、洪清池、洪承实、洪智超、赖雅婷、洪文典、陈秀捻、姚丹灵、洪清富	西园街道仕头社区人大代表联系群众活动室
22	张　昌	李国辉、何玲玲、张秋伟、陈树洋、陈德志	唐太强、唐永祥、唐培雄、唐进勇、唐晓朗、唐九锋、戴雄飞、谢小凤、颜　清、谢萍萍	池店镇新店人大代表联系群众活动室
23	张建元	丁富堆、李建升、张香治、陈文进、陈清河、柳飞杨、留栋滨	林加良、林火木、林长增、林伟杰、林东龙、李燕梅、林应富、林碧忠、林火灿、林火盼	陈埭镇人大代表联系群众活动室
24	张琳琳	苏子杰、吴立钊、张锦治、林金招、柳剑锐、谢燕春	吴成筑、吴电火、吴金矿、吴丽雅、郭亚快、吴清福、吴怡林、吴洪河、吴春满、吴炳章	磁灶镇北片区人大代表联系群众活动室
25	陈文路	王芳名、朱铭鑫、吴鸿容、张明集、陈志鹏、姚天敬、颜如芬	林金省、黄金潮、林福庆、蔡秀红、林金章、林时恒、林金矿、林荣芽、林荣盒、黄聪明	内坑镇南片人大代表联系群众活动室
26	陈萌雅	张秀念、张清河、柯火木	吕文凤、吕荣源、柯水浒、柯水金、柯孙文、柯连星、吕文艺、吕荣爽、吕辉展、吕培泽	西园街道官前社区人大代表联系群众活动室
27	陈晶晶	丁团聚、丁鹏鹏、丁福建、王桂香、朱丽红、林云龙、林祥平、	林佾生、蔡丹芳、林碧山、林春积、林清江、林金挺、庄美丽、张婷婷、林辉胜、林瑶通	晋江市鞋业人大代表联系群众活动室
28	周　莹	王礼海、毛宏英、许超英、许德新、李友限、杨建筑、曾丽贞、蔡清来	王传杉、王天沙、陈昌资、王晓昌、张贻新、王诗电、蔡淑篇、王国典、张贻州、王荣权	永和镇玉溪片人大代表联系群众活动室

续表

序号	常委会组成人员	联系的人大代表	联系的群众	联系指导的活动室
29	柯金鏰	杨丹瑜、吴国仕、吴剑芳、张百瑜、黄阮瑜、黄家铁、蔡尚进、颜远东	陈凌鑫、张红娥、陈丹瑜、姚怡琛、孙美蓉、肖静源、蔡小玲、蔡美丽、叶玉环、黄瑞真	晋江市装备制造业人大代表联系群众活动室
30	柯碧玲	王文荣、王祥轮、李菊梅、杨振宁、吴文建、周燕燕、柯一鸣、柯阿小	杨建新、杨志蓉、杨式换、杨位省、杨思穷、杨金顶、佘玉婷、陈昌标、陈剑英、杨美双	新塘街道人大代表联系群众活动室
31	洪水平	林子云、林俊凯、施　琳、黄怡蓉	蔡雄彬、周　红、陈建设、周锦丽、洪嘉奖、蔡晓乐、洪超拔、苏佳宝、谢清源、吴金明	金井镇南片代表团人大代表联系群众活动室
32	洪文惯	许晋杭、林金泰、林景昌、蔡文收、蔡金钟	苏上樑、曾国灿、詹淑雅、颜才镖、曾云开、林　琪、林承标、林劲松、苏晓瑜、姚婉萍	青阳街道南片人大代表联系群众活动室
33	洪明照	田腾霞、吕子利、吴长光、陈天星、陈茂哲、陈著贤、施仁来、赖文艺	张彬灿、吴万强、李娜琪、吴国平、翁温汉、陈智补、颜奇宣、陈丽玲、陈和平、翁长俊	深沪镇人大代表联系群众活动室
34	姚　腾	王玉莹、王育艺、张福丁、洪佳乐、洪家鑫	洪鸿鹏、洪华南、林冬晓、洪少群、洪建设、洪大埕、洪茵茵、洪祖概、洪文添、洪秋评	金井镇北片代表团人大代表联系群众活动室
35	黄进苹	吴晶晶、何长太、翁玉玺	何争取、何佳鹏、何贤添、黄小荣、何金选、蔡佳荣、吴明政、李金科、蔡金宣、吴健康	灵源街道人大代表联系群众活动室
36	粘文俊	林炳辉、徐丹芳、黄建南、曾浚滨、谢清裕	曾丽清、吴金潮、刘玲玲、曾焕光、郭延申、曾文跑、吴绶峰、陈哟娘、吴绶恒、吴绶阳	池店镇人大代表联系群众活动室
37	曾福泉	张林华、陈建成、陈清泉、聂招东、曾荣聪	郑天宝、许文昌、郑思杰、郑银聪、郑清太、陈建成、陈福林、陈文明、陈清江、郑天福	罗山街道人大代表联系群众活动室
38	蔡银青	王纯英、李永信、曾论水	王金贵、王金河、王铭泉、王荣渠、王诗换、黄诗剑、黄大平、苏丽云、吴如萍、陈长春	紫帽镇第五人大代表联系群众活动室

续表

序号	常委会组成人员	联系的人大代表	联系的群众	联系指导的活动室
39	蔡惠琼	王瑛材、洪雪女、洪景欣	洪祖肇、洪秋月、洪连巧、洪家鹏、洪志宝、谢尚扁、李少南、谢友谊、吴清清、谢辉翼	英林镇嘉排三欧片区人大代表联系群众活动室
40	颜永福	庄烜炜、苏连枸、李明锋、李峰岐、席　建	庄建芳、庄信用、庄国富、庄清溪、庄金沛、庄聪明、庄火龙、林红红、庄培坤、庄培德	梅岭第1选区人大代表联系群众活动室
41	颜　虹	袁军生、黄　韬	陈珊珊、洪奇凡、吴兰玉、蔡珍珍、陈婉华、尤　熹、丁勇勇、尤艳艳、杜建成、许志雄	西滨镇人大代表联系群众活动室
42	颜婉媚	苏礁进、李娟娟、邱志军、陈金超、曾怀宇	张克民、陈明绍、陈健康、陈招永、陈荣宣、张金生、杨丽娇、陈永改、庄美美、张垂发	青阳街道青华社区人大代表联系群众活动室
43	戴庆阳	柯水尖、孙文俊、吴梅泳、张阿南、洪文进、彭　静、蔡建贤、蔡荣勇	杨式平、杨元沙、杨志勇、杨元振、曾轮船、曾水抽、许踊跃、杨清清、杨双对、曾迎春	东石镇第四片区人大代表联系群众活动室

附件2：

市人大常委会组成人员“双联”活动情况汇总表

常委会组成人员	联系的代表或群众	时间	地点	联系形式	收集意见建议内容	处理方式

说明：1.联系形式栏填写“走访、座谈、微信或电话等”

2.处理方式包括：“已当面解释、留作参考、以代表建议提出、交由镇、街道解决”

3.本表请于活动结束后三日内交至市人大常委会人事代表委

编 后 记

根据晋江市委及晋江市人大常委会的部署安排，晋江市人大常委会于2022年4月启动了《晋江市人大志（2002—2022）》的编纂工作，成立了《晋江市人大志（2002—2022）》编纂委员会和编辑室，拟定了篇目。尔后征集、查阅了大量的资料，分章节进行摘录、整理。《晋江市人大志（2002—2022）》从2022年4月开始起草，至2023年9月完成初稿。初稿分送市人大常委会主任、副主任，市人大常委会各工作委员会、办公室负责人及各镇人大主席团、各街道人大工委负责人审阅。其间，还通过召开会议、个别走访等形式征求意见，后经修改充实，于2024年3月形成第二稿。2024年3月14日，晋江市人大常委会党组专题研究了《晋江市人大志（2002—2022）》的出版事宜，并要求晋江市人大常委会机关科级干部对第二稿进行再次修改充实。

《晋江市人大志（2002—2022）》是晋江市人大常委会依法行权履职工作历程的缩影，编纂过程承蒙诸多热心修志工作的老领导、老前辈的关怀指导及中共晋江市委组织部、中共晋江市委党史和地方志研究室、晋江市档案馆、晋江市融媒体中心等有关单位的大力支持，在此一并表示诚挚的感谢!

由于编纂时间仓促，水平有限，志书中难免有错漏和不妥之处，诚望指正。

编　者

2024年9月